李铁映社科文集 上

中国社会科学出版社

社会科学文献出版社
SOCIAL SCIENCES ACADEMIC PRESS (CHINA)

图书在版编目(CIP)数据

李铁映社科文集:全3卷/李铁映著.—北京:中国社会科学出版社,
社会科学文献出版社,2015.8
ISBN 978 - 7 - 5161 - 4952 - 2

Ⅰ.①李…　Ⅱ.①李…　Ⅲ.①社会科学—文集　Ⅳ.①C53

中国版本图书馆CIP数据核字(2014)第231236号

出 版 人　赵剑英　谢寿光
责任编辑　仲　欣
责任校对　李　莉
责任印制　王　超

出　　版　中国社会科学出版社　社会科学文献出版社
社　　址　北京鼓楼西大街甲158号
邮　　编　100720
网　　址　http://www.csspw.cn
发 行 部　010 - 84083685
门 市 部　010 - 84029450
经　　销　新华书店及其他书店

印刷装订　北京君升印刷有限公司
版　　次　2015年8月第1版
印　　次　2015年8月第1次印刷

开　　本　710×1000　1/16
印　　张　81.5
字　　数　1218千字
定　　价　298.00元(全3卷)

凡购买中国社会科学出版社图书,如有质量问题请与本社营销中心联系调换
电话:010 - 84083683

李铁映

在中国社会科学院任职时间（1998—2003）

1998—2003年，担任中共中央政治局委员，中国社会科学院党组书记、院长。曾担任中央候补委员、中央委员、中央政治局委员、沈阳市市委书记、辽宁省省委书记、电子工业部部长、国务委员兼国家教委主任、国务委员兼国家经济体制改革委员会主任、全国人大常委会副委员长等党和国家重要职务。

1998年6月8日，李铁映院长参加郭沫若故居庆祝活动，并与参会专家合影

1998年10月7日，李铁映院长会见英国伦敦经济学院院长

2000年3月20日，李铁映院长在解放军总医院看望胡绳同志

2000年4月，李铁映院长看望马洪同志

2002年10月2日，李铁映院长会见捷克教育代表团

科学、社会科学工作者，要

奋勇、忠诚地为党、为人

民、创新理论，资政育人，

服务社会，不断推动哲

学、社会科学繁荣发

展，为人类社会的进步，尽责。

中国社会科学院

不可替代而重要的信和作
用。

哲学社会科学是人类认识
世界改造世界的重要工具，
自然科学也是认识，是认识一，
也是改造是认识认识世界，
改造自然认识世界，社会科
学

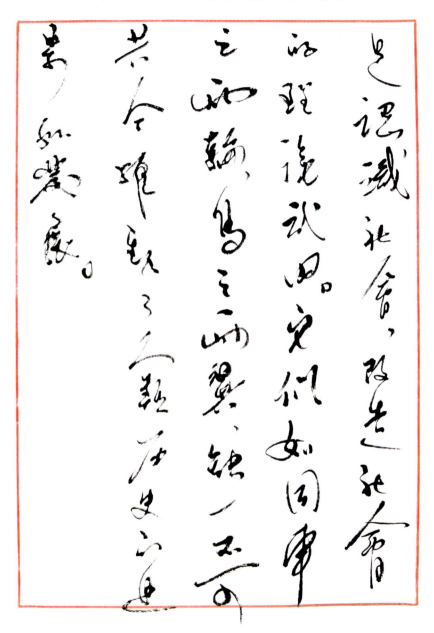

走 向 灭 亡 社 会, 隋 唐 走 向 会

的 理 论 状 况, 它 们 如 同 审

之 雨 轮, 鸟 之 两 翼, 缺 一 不 可

共 今 难 敬 了, 今 题 历 史 的 进

看) 知 发 展。

李铁映手迹

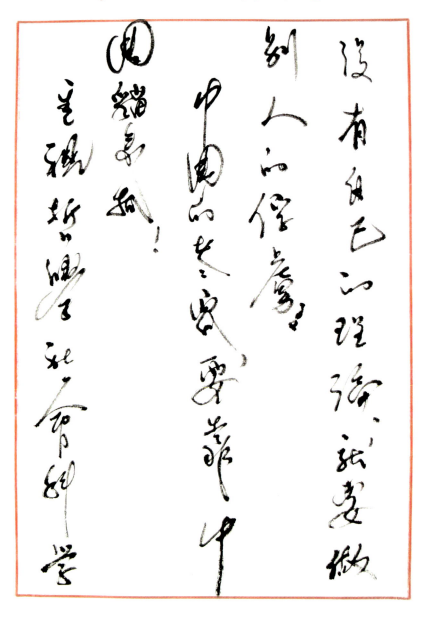

没有自己的理论,就要做别人的俘虏!

中国的大变要营中国自己的理论来指导!

是我哲理社会科学

李铁映手迹

是一项政治任务，也是要搞好

志。中国犯罪不仅是调研报告

法的经验，好好认真也是一

个很好体系，论证方法。

对北京社会科学来讲，

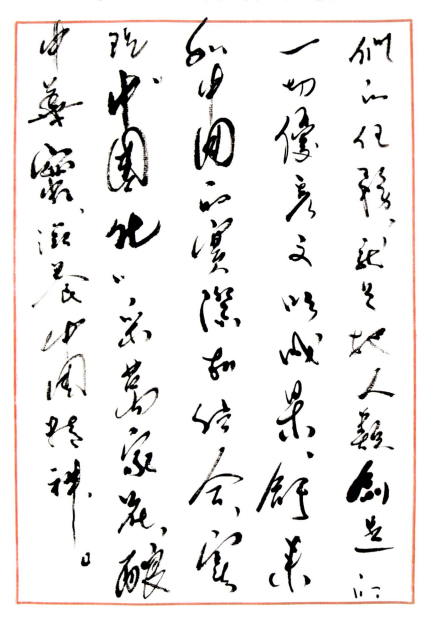

们认识难，就是�
故人类创造
一切优秀文以成果，阿来
和中国的实际相结合，
把中国化、形成家花，酿
中华密，泽及中国精神。

让理论之花开得更加美丽

（自序）

　　本书主要收入了我任中国社会科学院院长期间的讲话、文章，在这之前和之后的部分文稿也酌情收录。这些文稿题材各异，篇幅不一，时间跨度较大，但却有一个共同的主题，即对理论问题的思考。

　　文章千古事，甘苦寸心知。这些东西作为特定历史时期的产物，自然有其特定的历史痕迹，按今天的眼光来看，尚有这样那样的缺憾。然敝帚自珍，我还是很喜爱它们，因为贯穿其中的，是对理论的挚爱和求索——这也是我始终不渝的追求。

　　回顾自己的一生，大致可以分为四段：当了二十年的学生、二十年的技术员，又做了二十余年的公务员，到社科院后唯愿再做二十年研究员。虽几经曲折，有过苦恼，也有过"牛棚"生涯，但对理论的挚爱与求索，却从未动摇和停止过。不特如此，甚至可以说，无怨无悔。我是喝延河水长大的。童年的记忆中，延安虽然物质生活异常艰苦，但精神生活却是丰富多彩、生机盎然的。光荣的延安岁月，培育了我们那一代人。时常有人问我：延安生活对你最深的影响是什么？我感到，是"不怕鬼，不信神，走自己的路，一切全靠我们自己"的精神，这种精神使我终身受益。二十年的技术研究，则练就了一切以事实为依据、严谨求实、尊重规律、服从真理的作风。我以为，学风建设，无论对于自然科学研究，还是社会科学研究，都是一项基本建设。此后二十余年的公务员生涯中，我有幸在中央领导下，在小平同志等老一辈无产阶级革命家的指导下，亲身参与中国的改革开放事业。这段经历，给我的最大感受是，在我们这样一个有着十几亿人口的东方大国，改革开放，建设中国特色社会主义，是一项前无古人的伟大创举，没有既成的理论和模式可以拿来套用，必须慎之又慎，摸着石头过河，必须不断推进理论和实践的双重探索。

我刚到中国社会科学院工作时，深感对于哲学社会科学"基薄根浅"，但我喜爱理论、喜爱哲学，可以说是"魂牵梦绕"。几年中我学了不少知识，结识了许多有才识的学者，获益良多，真是有幸又上了一次大学。我感到欣慰的是，许多同志把我视为同行和朋友，可以倾心畅谈理论和学术，领悟深邃而奇妙的思想理论。纵观自己七十多年的人生经历，耳闻目睹了中国的历史性变化，我深深感到：我们党要始终站在时代的潮头领导人民前进，我们国家要繁荣富强，中华民族要全面振兴，必须有自己的理论，必须掌握一支优秀的理论研究队伍，有自己的"笔杆子"。否则，我们就站不住，在日趋激烈的综合国力竞争中就可能会掉队，甚至会有出现大的偏差和乱子的危险！

理论，是人类智慧的花朵，是文明的活的灵魂，是民族兴旺的动力，是政党成熟的重要标志，是综合国力的重要组成部分。对于一个政党、国家和民族来说，有了自己的理论，才有主心骨，才有方向，才有动力，才有凝聚力；没有自己的理论，就会做别人理论的俘虏，就不可能拥有光明的未来。

今年是中国共产党成立九十周年。九十年来，我们党创造性地把马克思主义同中国实际相结合，形成了自己的理论，这就是毛泽东思想、邓小平理论、"三个代表"重要思想和科学发展观。这是我们党所以能够领导人民不断克服各种艰难险阻，取得一个又一个胜利的根本保证，是我们的灵魂，是中国精神的核心，是中华民族的宝贵精神财富。什么是最宝贵的？自己的经验、自己的理论是最可宝贵的！

恩格斯说过，错误常常事后才被认识到。苏联解体，苏共垮台，原因有多种。其中重要的一条，在于当了别人理论的俘虏，理论上的僵化和混乱导致政治上的动乱，自己垮掉了。

　　理论的花朵要常开常新而不致枯萎，就必须是活泼的而不能是静止的，必须是开放的而不能是封闭的，必须是不断发展的而不能是一成不变的。换言之，要使理论之花永葆生机与活力，必须坚持解放思想、实事求是、与时俱进。

　　解放思想、实事求是、与时俱进是完全一致的，解放思想就是实事求是，也就是与时俱进。不解放思想，就不可能真正做到实事求是和与时俱进；不实事求是，也不是真正的解放思想和与时俱进；而不与时俱进，解放思想、实事求是也就失去了方向和动力。

　　理论为什么要与时俱进？这是由理论的特性所决定的。一是实践性。实践，特别是人民群众的社会实践，是理论的源泉、动力、价值体现，是检验理论真理性的唯一标准。客观事物的发展没有止境，人类的认识就没有止境。实践不停顿，理论就要随着实践的发展而发展，就要与时俱进。二是社会性。任何理论都是人们对一定社会存在的认识，而社会存在是无限丰富、复杂多变的。社会存在的多样性决定了人们的思想认识的多样性，决定了任何理论都具有一定的社会局限性。三是历史性。任何理论，都是一定时代、一定历史条件下的思想认识，都具有一定的历史局限性。所谓超时空、超历史的"普世理论"、"绝对真理"是没有的，也不可能有。

　　理论并不总是灰色的。理论之树要常青，理论之花要能够结出丰硕的果实，必须扎根于丰厚的大地上。真正的理论，不是漂荡在水面上的浮萍。理论能够在中国大地上存在并发挥应有的作用，就必须与实际相结合，必须与中国的实际相结合，必须中国化。

结合就是探索，就是创造，就是发展，就是观念形态的东西变为客观存在的过程，就是化理论为实践进而发展理论的过程。结合是一种科学方法，更是一种哲学。纵观人类发展史，一切鲜活的生命，一切发明创造，一切发展的东西，都是结合的产物。结合是前后相继、新旧相生、发展创新的必然过程。不结合，生吞活剥，外来的好东西不但不能滋养我们，反倒会因消化不良而贻害我们。结合就是把一切好的、成功的，同我们的实际相统一。

从一定意义上说，马克思主义发展史、社会主义发展史、中国共产党发展史，就是一部结合的历史。马克思主义正是因为同各国的具体实际相结合，才成为世界性的科学理论；社会主义正是因为同各国的历史和现实相结合，才具有强大的生命力；中国共产党正是由于把马克思主义基本原理同中国的具体实际结合起来，实现了马克思主义的中国化，才逐步探索出了中国革命、建设和改革的新道路，开启了中华民族复兴的新纪元。回顾党的历史，能否实现结合，以及实现怎样的结合，是党在理论上、政治上成熟的重要标志。

任何理论和学说，都必须同中国的实际结合，研究解决中国的问题，才能为中国人民所接受，才能发挥实际的作用。中国共产党九十年的发展历史证明，马克思主义一百六十余年的发展历史证明，一切教条主义都不是科学，都有害于共产党和共产党领导的人民事业。"东"教条不灵，"西"教条也不灵。"东"教条，就是把马克思主义教条化。"西"教条，就是"西化"，照抄照搬西方的理论、概念和话语体系。

　　理论之花是自由之花、创造之花。思想的本质是自由，是创造。不能设想，满脑子条条框框，紧箍咒时时念、处处念，会有思想的火花闪烁，会有理论的喷薄而出。一般地说，人能思想，能够自由地思想，这是人之所以为人的重要根据。谁能禁止人们的思想呢？思想自由，是人特有的精神能力，是人类精神的本质特征。西方一位哲人说过："思想形成人的伟大。""我们全部的尊严就在于思想。"① 恩格斯说得好："文化上的每一个进步，都是迈向自由的一步。"②从中国春秋战国时期的诸子百家到"五四"新文化运动，从西方的文艺复兴、启蒙运动到马克思主义的诞生，思想理论的每一次巨大进步，既是人类思想自由结出的硕果，又是人类文明新发展的种子。

　　但是，思想自由不是胡思乱想，理论创造不是天马行

---

① ［法］帕斯卡尔：《思想录》，何兆武译，商务印书馆 1985 年版，第157—158 页。

② 《马克思恩格斯选集》第 3 卷，人民出版社 1995 年版，第 456 页。

空。理论只有符合实际，能解决问题，才有价值。思想自由和理论创造的主体是人，而人总是在一定历史条件下开展自己的活动，并受一定社会关系的制约。一个人想什么、怎么想，那是他个人的事，是他的自由。但如果他要把自己的所思、所想发表出来，影响别人，那就是一种社会行为了。他要不要遵守社会的法则呢？当然要。

我在中国社会科学院工作时，提出了"思想有自由，研究无禁区，宣传有纪律，行为守法律"四句话，作为"双百"方针的具体化。实践证明，这几句话是站得住的。

理论之花是千姿百态、丰富多彩的。多样性是理论进步和发展的基石。中国古代的先哲说过："君子和而不同。"① "夫和实生物，同则不继。"② 所谓"和"，即和谐、融合。"和"的前提是承认事物之间的差异，然后使这些差异调整到某种适当的地位、情景、结构中，于是各得其所，而后整体便有"和"——和谐或发展。

存在的多样性，发展的多样性，是客观世界的普遍形式。正像在自然界，我们不能用一种色彩来看待无限复杂多样的事物一样，我们也不能用一种模式、一种观念、一种色彩来看待人类社会和理论的发展。有多样性，才会有自然界，才会有人类社会的发展。多样性是发展之母，发展是多样性之果。

---

① 《论语·子路》。
② 《国语·郑语》。

　　当然，强调多样性时，不能否认事物的共同性、统一性、普遍性。存异则生，求同则荣。多样性中蕴含共同性、统一性、普遍性，多样性是普遍性的存在形式，普遍性是多样性的抽象性质。

　　理论是要立学立派的。理论只要对实践、对社会有指导作用，就有人拥戴，就有人追随，也就自然有名了。理论的名声不是吹出来的，不是靠炒作能得来的，而是来自实践，来自社会，来自大众。中国的理论界应该鼓励成名成家、立学立派。我们的理论家要勇于参加世界范围的百家争鸣，学习、借鉴世界各国的优秀成果（但不照抄照搬），努力创建中国自己的理论、概念和话语体系。遍采世界"花香粉"，酿造中国发展"蜜"。

　　当代中国的理论，是当代中国社会的存在和发展的理性表达，是研究、解决中国问题的学问，是中国人民利益的声音，是中华民族全面振兴的灵魂。

　　一个民族要兴旺发达，要屹立于世界民族之林，就不能没有自己的理论。这既是人类文明发展史给我们的有益启示，也是中华民族五千年奋斗历程的必然结论。

　　问题是时代的声音。对于理论的发展来说，提出问题是解决问题的前提。提出好的问题本身就是学问。当代中国的理论研究，理所当然地要以研究中国现代化建设和发展中的问题为己任，在研究、解决重大时代问题的过程中，创新理论，为中华民族的全面振兴服务。抓中国的"老鼠"，要靠中国"猫"！

　　我们已经跨入 21 世纪的第二个十年。十三亿中国人民，正在中国共产党的领导下，高举中国特色社会主义伟大旗帜，满怀信心地齐步迈向工业化、现代化，这在整个人类历史上都是亘古未有的，是何等壮观的历史画卷，又是何等艰巨的宏图伟业！我们有充足的理由为之自豪，却没有任何理由自满。中国这艘巨轮在驶向未来的汪洋大海中，必然会遭遇太多的惊涛骇浪、太多的暗礁，有太多的难题需要我们去破解。可以说，当代中国比以往任何一个时候都更需要理论，需要理论的大繁荣、大发展，需要一大批思想家来耕耘我们的百花园。

　　大道至简，其意邃远。"纵听五千年涛声，横看七大洲风云。"

　　是为序。

李瑞环

二〇一一年三月

目 录

上　卷

社科院的发展方向[*]

——社科院工作会议

（1991 年 12 月 11 日）

中国社会科学院工作会议，经过一段时间筹备之后召开了。最近，江泽民、李鹏等中央领导同志先后听取社科院的工作汇报和座谈发言，并作了重要讲话。一些专家、学者对办好社科院发表了很好的意见。这次工作会议，将集中研究如何办好中国社会科学院的问题。下面，我就如何把社科院建成马克思主义的坚强阵地，发挥社科院在社会主义现代化建设中的作用谈几点意见。

一　新时期社会科学研究工作面临的形势和任务

哲学社会科学研究是党的意识形态工作和思想理论战线的重要组成部分，在社会主义革命和建设事业中占有十分重要的地位，对社会的稳定和发展起着重大的作用。十一届三中全会[1]以来，我国社会主义现代化建设和改革开放取得的成就，其中就包含着广大社会科学工作者的辛勤劳动。没有社会科学的发展，没有正确的理论指导，不仅不能开创社会主义现代化事业的新局面，推动两个文明

＊　这是李铁映同志在中国社会科学院 1991—1992 年度工作会议上的讲话。

的建设，而且也不会有安定团结的局面。实践表明，理论混乱，必然引起人们思想混乱，而思想混乱又会导致社会动乱和社会制度的蜕变。苏联解体、东欧剧变，一个重要原因就是这些国家和党的领导人在世界形势发生重大变化、第一个社会主义实践模式遇到挑战之后，迷失方向，背弃马克思主义，不能建设能够引领党和国家正确发展的哲学社会科学，造成思想混乱，继而引发社会动乱和社会制度的蜕变。因此，我们必须十分重视哲学社会科学工作，尽力创造条件发展和繁荣哲学社会科学事业。

当前，社会科学战线面临着严峻形势和艰巨的任务。一方面，从国际上看，我们面临着"两个挑战"：一是世界经济竞争和新技术革命的挑战；二是西方敌对势力推行"和平演变"的挑战。这种挑战在苏联解体、东欧剧变后来势更猛。西方敌对势力利用其经济和科技的优势，通过各种渠道宣扬资产阶级的意识形态、社会制度、价值观念和资产阶级腐朽的生活方式。在一些社会主义国家蔓延的民主社会主义，是一股屈服于帝国主义压力、出卖社会主义、复辟资本主义的反动思潮。国内，由于阶级斗争在一定范围内还将长期存在，四项基本原则与资产阶级自由化的对立，大量地经常地表现为意识形态领域的思想理论斗争。极少数顽固坚持资产阶级自由化的人并没有停止活动。"树欲静而风不止"[2]，资产阶级从来就没有停止过对马克思主义的进攻。因此，抵制和批判西方资产阶级腐朽思想和各种错误思潮，澄清思想理论上的混乱，使科学社会主义思想牢固地占领意识形态领域阵地，是社会科学战线面临的长期的、艰巨的战斗任务。

另一方面，我们国家的社会主义建设正处在一个非常重要的时刻。到本世纪末，我们要实现社会主义现代化建设的第二步战略目标，使社会主义中国胜利地跨入21世纪，建设和改革的任务是很繁重的。不论在理论上还是实践上，我们都将面临大量开创性的、前人没有提出或未涉足的课题，面临大量错综复杂的矛盾。广大的人民群众每天都在创造新事物、新经验，这就要求社会科学工作者深入实际，继续总结和探索有中国特色的社会主义政治、经济、文化发展的规律，特别是总结十一届三中全会以来改革开放和社会主义现代化建设的经验，回答实践提出的各种重大现实问题。

中国社会科学院作为我国社会科学的重要研究机构，作为党领导下的无产阶级的思想理论阵地，无论是对挫败国内外敌对势力的"和平演变"图谋，还是对探索、解决社会主义现代化建设面临的各种新问题，都负有不可推卸的责任和义务。社科院的研究方向、发展状况如何，客观上都会对整个社会科学界产生影响。因此，当前重要的问题在于把加强社科院的建设与新时期的任务联系起来，进一步明确我们面临的严峻形势和担负的历史责任。

中国社会科学院有着自己的良好传统。早在五六十年代哲学社会科学学部时期，就有一批国内外知名的马克思主义社会科学工作者。他们中的许多人是在国民党统治时期、在反动势力的"文化围剿"中战斗过来的。他们坚持运用马克思主义立场、观点和方法，开辟了社会科学研究的新天地。他们理论联系实际，注重研究中国的历史和现状，写出了一批有传世价值的学术著作，还言传身教地培养了一代年轻社会科学工作者。

从1977年建院以来，全院同志做了很多的工作，在加强现实问题、对策研究以及各学科基础理论建设方面，都取得了一定的成绩。学科得到发展，队伍也在扩大成长。十三届四中全会以来，在党中央的关怀指导下，院党组带领全院同志积极工作，经过清查和清理、干部考察和党员重新登记，进一步总结了在1989年政治风波中的深刻教训，为今后搞好工作打下了基础。希望院党委进一步结合国内外实际，加强形势和任务的教育，增强广大科研人员的责任感、使命感，使社会科学研究工作沿着正确的方向，进一步活跃繁荣起来。

当前，社会主义遇到严重挑战，国际共产主义运动处于低潮。但是，社会主义必将战胜资本主义，这是不可逆转的历史潮流。时代呼唤每一个马克思主义的社会科学工作者，去回答当代的课题，解决社会的矛盾，捍卫和发展马克思主义。这是一件具有世界历史意义的大事。我们一定要奋发工作，用我们的研究成果造福人民，培育新人，推动社会主义现代化建设，为人类的进步和文明做出应有的贡献。

二 牢牢把握办院的社会主义方向，
始终坚持马克思主义的指导

政治方向问题，是解决为什么办社科院、为谁服务的问题。社会科学从总体和本质上讲，是一定阶级的意识形态，具有鲜明的阶级性和党性。正如马克思所说，一个社会占统治地位的思想就是这个社会统治阶级的思想。在当今社会主义制度与资本主义制度、无产阶级思想与资产阶级思想尖锐对立的情况下，在社会科学研究中主张所谓完全摆脱或者排除意识形态的影响，主张完全脱离政治约束、超党性的"纯粹学术研究"的观点，恐怕既是不科学的，也是不现实的。只有坚持以马克思主义为指导，坚持工人阶级和广大人民群众的立场，我国哲学社会科学才能坚持正确的方向。

马克思主义作为科学的世界观和方法论，它揭示了人类社会发展的客观规律，指出了人类社会发展的方向，是工人阶级和广大劳动人民改造旧世界、建设新世界的锐利思想武器。历史上没有哪一种理论和学说能像马克思主义那样对推动社会进步起到那样大的作用。尽管当今世界发生了许多变化，但历史发展的总趋势并没有超越马克思主义所揭示的基本规律。

马克思主义是无产阶级解放和社会主义事业的理论基础。它有着鲜明的阶级性，这也就是共产党人的党性。有些人认为马克思主义"已经过时"，贬损马克思主义只是"一个学派"，鼓吹指导思想"多元化"，这是十分错误的。其实质是要动摇、取消马克思主义的指导地位。如果按照这些主张做，我们的社会科学研究必然偏离正确的方向和为人民服务、为社会主义服务的轨道，而滑向资产阶级自由化的泥坑。

　　我们要想在社会科学研究中有所作为，有大的建树，就必须自觉地坚持以马克思主义为指导。当前，有必要在广大社会科学研究人员中大力提倡重新学习马克思主义，把马克思主义和自己所从事的科学研究工作很好地结合起来，自觉地运用这一科学世界观和方法论去分析、研究事物，努力回答国内外现实生活中提出的重大问题，同时，丰富、深化和发展马克思主义理论。

　　坚持正确的办院方向，必须发扬马克思主义的革命的批判的精神，把反对资产阶级自由化的教育和斗争放到重要位置上来。江泽民同志在"七一"讲话[3]中指出，资产阶级自由化同四项基本原则这一政治斗争，大量地、经常地表现为意识形态领域的思想理论斗争。这是当前意识形态斗争的一个重要特点和基本内容。资产阶级自由化反对共产党的领导、否定社会主义制度，是一个政治问题，但它又是以资产阶级世界观、历史观和价值观为思想理论基础的。对资产阶级自由化的思想理论基础，对它在各学科中的影响，必须认真地进行清理。

　　学科清理本身就是一种科学研究，也是无产阶级思想同资产阶级思想在深层次上的斗争。在意识形态领域，资产阶级从未停止过对马克思主义、对社会主义思想的批判。那些污泥浊水有什么科学性可言呢？马克思主义是在斗争中发展的，也只能在批判错误、清理谬误的过程中不断开辟自己前进的道路。应当明确，批判资产阶级意识形态和价值观念，从来都是马克思主义社会科学工作者的重要历史任务。所以，进行学科清理，不仅要批判资产阶级自由化的政治观点，而且社科院作为社会科学的专门研究机构，更应该着重从深层次上清理它的思想理论基础，澄清它对各学科的影响，剖析这股思潮产生的社会历史根源。同时，要同批判民主社会主义思潮和西方资产阶级政治思想、价值观念结合起来。这样，才能把学科清理引向深入。

　　应该看到，这方面的工作我们做得还很不够，进展也很不平衡。有的学科做了一些清理，但还有待深入；有的学科正在进行；有的学科几乎还没有触动。总的来说，学科清理要考虑各学科的特点，按照实际情况进行。中国社会科学院是我国社会科学的重要阵地，认真搞好学科清理，总结十多年来社会科学工作的经验教训，不仅对社科院的工作，而且对全国社会科学工作都会产生积极的影响。

以马克思主义为指导进行学科清理，在思想领域划清社会主义和资本主义、无产阶级思想和资产阶级思想、科学社会主义和民主社会主义的界限，这个过程，就是重新学习马克思主义的过程，是坚持和扩大马克思主义阵地的过程，也是科学研究的过程。这是一件极其重要而又十分繁重细致的工作。希望在院党委的领导下，各部门通力合作，相互配合，有计划、有组织地把学科清理工作抓紧、抓好，务求取得实际效果。

三　以研究有中国特色的社会主义作为科研工作的主攻方向

面向实际，积极探索有中国特色社会主义的理论与实践，是当前我国社会科学研究工作的首要任务和主攻方向。

我们党历来强调理论工作要面向实际，毛泽东同志倡导必须用马克思列宁主义之"箭"[4]，去射中国革命之"的"。邓小平同志要求"理论工作要为社会主义现代化建设服务"[5]，强调"马克思主义的思想理论工作是不能离开现实政治的"[6]。我们当前最大的实际、最现实的政治，就是建设有中国特色的社会主义。

建设有中国特色的社会主义，是以邓小平同志为代表的中国共产党人，把马克思主义的基本原理同中国建设和改革的具体实践紧密结合的产物，是植根于中国大地的活生生的科学社会主义，是在新的历史条件下对马列主义、毛泽东思想的坚持和发展。只有社会主义才能救中国，只有社会主义才能发展中国。不管世界风云如何变幻，中国共产党人将坚定不移地把这件事干下去，对国际共产主义运动、对马克思主义的发展，尽到自己的历史责任。

我们党从十一届三中全会以来，就注意研究建设有中国特色社会主义的规律。在党的历次重大会议和一系列重要文件中，对建设有中国特色的社会主义的理论和实践，都做了科学的概括和阐明，推动了认识的深入和实践的发展。江泽民同志在"七一"讲话中，又进一步阐述了建设有中国特色的社会主义经济、政治、文化的本质特征和基本原则，这表明我们党对社会主义现代化建设的规律的认识又前进了一步。但是，要使这一理论更臻于完善和成熟，有许多课题还需要进行深入的理论研究和探索。总之，建设有中国特色社会主义的经济、政治、文化，这是一个总的题目。做好这篇大文章，是社会科学工作者的光荣使命。

围绕建设有中国特色的社会主义这一主题开展社会科学研究工作，既是当代中国社会主义实践的迫切需要，也是繁荣和发展我国社会科学事业的根本途径。社会科学研究工作者只有面向建设有中国特色社会主义的实际，才能使我们的理论研究更富于生机，更富有创造性，更能适应时代的需要。可不可以这样说，我们社科院的工作能不能得到人民的肯定、社会的承认和经受住历史的检验，从根本上说，取决于是否把科研方向真正转到为建设有中国特色的社会主义上来，为社会主义物质文明和精神文明建设，做出自己应有的贡献。这才是为中华的振兴、国家的兴旺、人民的幸福服务。

为了形成以建设有中国特色社会主义为主要内容的科研布局，必须统筹安排、保证重点。应当采取切实有效的措施，给予政策倾斜。要注意对重大理论课题组织各方面的协作攻关，充分发挥整体优势，表彰、鼓励在研究现实重大问题方面有突出贡献的研究人员。为了推动社会科学研究工作面向实际，党和政府有关部门应加强与社会科学院的联系，交流情况，提出研究课题，使科研人员能更好地发挥作用、施展才华。

要围绕科研的重点和主攻方向，按照"以我为主，为我所用"的原则，立足于国家利益的需要，积极开展对外学术交流。通过交流，向国外介绍我国光辉灿烂的民族文化和当代学术成就，吸收、借鉴外国一切积极的、有价值的文化思想成果和研究方法，促进我们的科学研究、学科建设和人才培养。要认真总结对外学术交流的经验，进一步加强领导，努力提高对外学术交流的效益和水平，警惕和抵制国际敌对势力的政治、思想、文化渗透，加强对资产阶级学术思想及其影响的分析和批判。

强调研究现实，突出应用研究，并不意味着可以忽视基础理论的研究，尤其是马克思主义基本理论的研究。基础理论研究得扎实，对策应用研究才能具有更高的水平。所以，一定要注意协调、妥善处理基础理论与应用研究、历史文化研究与现状研究、国内问题研究与国际问题研究、传统学科与新兴学科等各种关系，防止片面性。

当前，建设有中国特色社会主义的伟大实践，为社会科学工作者开辟了极为广阔的研究领域，提供了极其丰富的研究材料，创造了良好的条件。一切有志于社会主义现代化事业的社会科学工作者，是可以大有作为、充分发挥自己的聪明才智的。

四　加强队伍建设，培养新一代马克思主义社会科学工作者

建设一支具有较高思想政治素质和学术水平的、以马克思主义为指导的社会科学研究队伍，是办好社科院的基本条件和重要保证。从 1977 年建院以来，社科院科研队伍的发展是比较快的，学科也有较大发展。目前，由于一批老同志陆续离开科研岗位，队伍建设问题比过去任何时候都显得更为迫切。

应当看到，这几年社会科学领域出现了一批表现比较突出的青年同志，这些同志努力学习马克思主义，热心于现代化建设和改革开放大业，善于独立思考，勇于探索。特别是在资产阶级自由化泛滥时，有的敢于进行抵制和斗争，这是很可贵的。但由于一段时间来，在所谓"淡化政治、淡化意识形态"思潮的影响下，思想政治工作遭到削弱，一些青年，包括一些从事社会科学研究工作的同志，

思想混乱，对社会主义丧失信心，对马克思主义产生怀疑和动摇。现在的重要任务，就是帮助青年科研人员努力提高思想政治素质和业务素质，把他们培养成党和人民所需要的合格的科研人才。

根据当前改革开放和现代化建设实践的要求，结合社会科学工作自身的特点，对培养青年一代社会科学工作者应提出些什么要求呢？我认为：他们应具有坚定的政治立场、无产阶级世界观；应具有比较扎实的马克思主义理论功底；应具有比较坚实的专业知识基础；应具有一定的社会实践经验，了解中国国情；应具备一定的中国历史文化知识；应具有严谨的学风和治学态度。总的精神是要求新一代社会科学工作者，不仅要具有较好的科学文化素质和较强的业务能力，尤其必须具有良好的思想政治素质，有坚定正确的政治方向。

新一代马克思主义社会科学工作者，必须强调认真学习、钻研马克思主义的基本著作，打好理论功底。马克思主义是我们确立正确的世界观和人生观的理论基石。广大科研人员特别是青年同志，只有努力提高马克思主义理论水平，才能在科学研究中透过错综复杂的社会现象，深刻认识、把握事物本质和客观规律，出高质量的研究成果。学习马列原著、毛泽东著作，以及小平同志的著作，必须贯彻理论联系实际的原则，真正领会并掌握马克思主义的立场、观点和方法，并用以指导自己的思想和工作。

另外，要大力提倡深入实际，调查研究，走在实践中锻炼成长的道路。接触实际，了解国情，这是社会科学工作者的必修课。与自然科学不同，社会科学的实验室就是整个社会。了解、认识社会，这是一个基本要求、一项基本功。接触实际、深入社会生活有多种渠道，可以采取多种形式。总之，马克思主义社会科学工作者，不能脱离社会实际，不能脱离中国当代社会发展所面临的问题，不能脱离国际大环境。参与社会实践，在实践中研究解决现实问题的过程，总结、概括实践经验的过程，也就是社会科学人才成长的过程。经验表明，那种从家门到校门，再从校门到科研机关，关起门来搞研究的做法是不成功的。

在新的历史条件下，如何培养马克思主义社会科学研究人才，这是一项具有战略意义的工作。除了社会科学工作者深入实际、经受锻炼外，还应当注意从有实践经验的人员中发现和培养理论研究人才，充实社会科学研究队伍。希望社科院党委在总结过去工作的基础上，认真研究，制订规划，并建立若干制度加以保证，逐步摸索出一套切实可行的办法。希望广大青年研究人员，通过自己的主观努力，经过实践的锻炼，尽快地成长起来。

这里谈谈关于党的知识分子政策问题。各级党委、领导同志要继续坚定不移地贯彻执行十一届三中全会以来党中央制定的关于知识分子工作的一系列方针政策。要牢固树立"知识分子是工人阶级的一部分"[7]的思想，尊重知识，尊重人才，要团结、依靠、关心广大科研人员，经常倾听他们的意见，尽力改善必要的工作、生活条件。广大科研人员，要发扬我国知识分子的优良传统，认清自己肩负的历史使命和社会责任，以主人翁的态度为社会主义事业贡献力量。

应当肯定，社科院绝大多数知识分子是拥护共产党和社会主义、拥护四项基本原则和改革开放的。极少数顽固坚持资产阶级自由化立场的动乱"精英"，败坏了社科院的声誉，损害了知识分子的形象，他们是民族的败类，与广大知识分子不可同日而语。对于在1989年政治风波中犯有不同程度错误的同志，或者在不明真相的情况下说了错话、办了不妥当的事的同志，只要分清了是非、提高了思想认识，就应当团结他们、信任他们。要向前看。前几年在思想理论上有过失误的同志，只要认识到并愿意改正错误，都应受到欢迎；个别人一时思想转不过来，只要不坚持资产阶级自由化立场，都应当团结他们，给以热情的帮助，希望这些同志通过学习提高认识。总之，要在马克思主义基础上，最大限度地团结广大知识分子，调动他们从事社会主义科学研究的积极性。

五　努力改善办院条件

社科院建院时间较晚，但在一段时间里发展又比较快，目前存在不少具体困难，党中央、国务院对此是很重视的。今后在稳定规模的情况下，国家会尽量采取一些措施，逐项地解决这些问题。

"八五"[8]期间，要努力缓解科研人员、职工住房紧张的矛盾。近几年，社科院要把国家安排的基建投资重点用于科研人员、职工的住房建设。国家也将适当增加对社科院的基建投资。

要逐步解决优秀科学著作出版难的问题。当前，可筹集资金，建立起一笔补贴专款，支持优秀科学著作的出版。

同时要采取措施，鼓励和扶植优秀中青年社会科学工作者尽快成长，脱颖而出。对有卓越贡献的中青年科研人员，职称、待遇等问题的解决，要有特殊的考虑。

今年国家给社科院一批享受政府特殊津贴的名额，奖励有突出贡献的专家学者，明年还将继续实行。

总的来看，按照这几年社科院的发展速度和规模，国家对社科院的投入，采取了一些积极的措施，虽然每年经费按人均计算有一万多元，但还满足不了目前的需要。在当前国家财力、物力有限的情况下，社科院各项建设事业的发展，必须立足于现有条件，用社科院一些同志的比喻来说，就是走内涵发展的路子，即调整和理顺内部各种体制，建立各种规章制度和管理制度，合理组织现有人力、物力、财力，充分挖掘现有潜力。走内涵发展的路子，也是今后社科院长远建设的路了。

六　加强党对社科院的领导，发挥
党组织的战斗堡垒作用

要办好中国社会科学院，把它建设成为马克思主义的坚强阵地，

关键在于加强和改善党的领导。

哲学社会科学工作是党的事业的一个重要组成部分，是无产阶级重要的思想理论阵地。不论是在革命时期还是在建设时期，也不论是处于革命高潮还是暂时处于低潮，无产阶级政党都十分重视社会科学工作，要求它为捍卫无产阶级和人民群众的根本利益、实现党的历史使命服务。同时，党始终要求党内每一位从事社会科学工作的同志，自觉地把自己看做思想战线上的无产阶级战士，为坚守马克思主义、社会主义思想理论阵地勇敢战斗。当前，面临新的形势和党赋予社会科学战线的任务，迫切需要加强党的领导，努力推进党在社会科学领域的组织建设，充分发挥每个共产党员的先锋模范作用。

中国社会科学院作为马克思主义思想理论阵地，要实行党委领导下的院长、所长负责制。这是坚持和加强党对社会科学研究工作领导的一项重要的组织保证。各级党委要切实抓好党的思想建设、组织建设和作风建设，切实加强思想政治工作和干部管理工作。继续努力把院、所两级领导班子建设好，确保领导权牢牢掌握在忠于马克思主义的人手中。要按照德才兼备的标准，重视和加强后备干部队伍的选拔和培养。应当强调，党委主要是通过贯彻执行党的路线、方针、政策来实现思想政治领导的，但思想政治领导必须落实到学科建设和队伍建设的实际中去。

为了保证党的领导的实现，必须从严治党，大力加强基层党组织的建设。要改变部分基层党组织的软弱涣散状况，健全组织生活制度。要重视党务工作和思想政治工作队伍的建设，选派一批政治素质好、组织能力较强的党员干部充实党的政治工作队伍。要坚持民主集中制，开展批评与自我批评，严格执行党内生活准则。党组织要教育党员坚持党的立场，遵守党的纪律，努力实践党的宗旨。把党组织建成宣传和捍卫马克思主义、反对资产阶级自由化、反对"和平演变"的坚强堡垒。

广大党员的先锋模范作用发挥得如何，对办好社科院具有直接的影响。在党员知识分子中，要树立首先是党员，然后才是专家、学者的意识。所有共产党员必须努力学习马克思主义和建设有中国特色的社会主义理论，努力学习党的路线、方针、政策。必须坚持"一个中心、两个基本点"的基本路线，在政治上、思想上与党中央保持一致。要加强党性锻炼，用党员标准严格要求自己，认真履行党员义务，完成党组织交给自己的各项任务。在宣传、贯彻党的路线、方针、政策中，在反对各种错误思潮的斗争中，在推进我国的社会科学事业中起带头作用。

在社会科学研究中，必须在坚持四项基本原则的前提下，坚决贯彻党的"百花齐放、百家争鸣"的方针。实践证明，这是繁荣和发展我国社会科学事业的正确方针。一切有利于建设有中国特色社会主义的理论研究，一切有利于繁荣社会主义文化和弘扬民族优秀传统文化的探讨活动，都应受到鼓励和支持。在科学探讨中，提倡不同学术观点的争鸣，提倡同志式的批评和反批评，允许在学术上存在不同学派和风格，学术观点不强求一致，允许保留不同的意见。提倡坚持真理、修正错误的科学态度，创造一种勇于探讨和创新的气氛。

应当强调，对于社会科学工作者来说，不能因为我们实行"双百"方针、倡导学术自由，就可以偏离正确的政治方向。所以我们一定要全面正确地理解和贯彻"双百"方针，团结广大知识分子，为繁荣我国社会科学事业，为巩固、扩大马克思主义意识形态阵地而努力工作。

总之，要按以上所讲的几个方面，扎扎实实地加强社科院政治建设、思想建设、组织建设、学术研究建设。"八五"期间，要把"坚持方向、稳定规模、突出重点、提高水平、改善条件"作为社科院建设的方针和基本思路。"坚持方向"就是讲在政治、思想、组织建设问题上，都要坚持马克思主义指导。"稳定规模"就是在现有编制、研究所规模的基础上稳定下来，进一步精干。"突出重点"就是根据国际、国内形势和任务的需要，突出抓好重点学科、重点研究所和研究课题的建设。"提高水平"就是要提高政治思想水平和科学研究水平，为社会主义现代化建设出更多高质量的研究成果。"改善条件"就是逐步改善待遇和科研方面的条件。

同志们，从现在起到本世纪末，我国社会主义现代化建设和改革开放进入了一个至关重要的时期。在这一重要的历史时期，我们社科院的各项工作做得如何，对社科院自身的长远建设以至于整个社会科学研究事业的发展都具有重大的意义。希望大家充分认识在当前新的形势下，做好社会科学研究工作的重要性、紧迫性，全院上下一条心，振奋精神，齐心协力，为把社科院建成马克思主义的坚强阵地，为繁荣我国社会主义的社会科学事业做出应有的贡献。

注释：

[1] 十一届三中全会于 1978 年 12 月 18—22 日在北京举行。

[2] "树欲静而风不止"，意思是树要静止，风却不停息地刮得它摇动。比喻事物的客观存在和发展不以人的意志为转移。出自《韩诗外传》卷九："树欲静而风不止，子欲养而亲不待也。"

[3] "七一"讲话，是指 1991 年 7 月 1 日江泽民同志在庆祝中国共产党建党七十周年大会上的讲话，题目是《当代中国共产党人的庄严使命》。

[4] 马克思列宁主义之"箭"，见毛泽东《整顿党的作风》："马克思列宁主义理论和中国革命实际，怎样互相联系呢？拿一句通俗的话来讲，就是'有的放矢'。'矢'就是箭，'的'就是靶，放箭要对准靶。马克思列宁主义和中国革命的关系，就是箭和靶的关系。"参见《毛泽东选集》第三卷，人民出版社 1991 年版，第 815 页。

[5] "理论工作要为社会主义现代化建设服务"，参见邓小平《坚持四项基本原则》，《邓小平文选》第二卷，人民出版社 1994 年版，第 164 页。

[6] "马克思主义的思想理论工作是不能离开现实政治的"，参见邓小平《坚持四项基本原则》，《邓小平文选》第二卷，人民出版社 1994 年版，第 179 页。

[7] "知识分子是工人阶级的一部分"，参加邓小平《新时期的统一战线和人民政协的任务》，《邓小平文选》第二卷，人民出版社 1994 年版，第 186 页。

[8] "八五"，是指 1991—1995 年新中国第八个五年计划时期。

社会科学的研究任务*

——社科院工作会议

（1996 年 1 月 16 日）

中国社会科学院举行每年一度的工作会议，我很高兴借此机会与会议代表们见面。在此，我先向大家拜个早年。同时，还要祝贺同志们在过去的几年中，按照中央的方针，在哲学社会科学领域所取得的优异成绩。你们的工作为我国的改革开放和现代化建设提供了重要的理论支持，其中有些已成为中央决策的依据。这里，我想结合大家提出的问题和要求，讲四点意见，供大家参考。

一　中国社会科学院几年来的工作成绩要充分肯定

在过去的几年里，中国社会科学院坚持党的领导，坚持以马克思主义为指导，在哲学社会科学领域取得了许多令人高兴的成绩，无论是在理论研究方面，还是在提供决策咨询方面，以及在宣传邓小平建设有中国特色社会主义理论方面，都有新的进步，得到了党中央、国务院的肯定。江泽民同志和李鹏同志的题词就说明了这一点。

---

* 这是李铁映同志在中国社会科学院 1996 年工作会议上的讲话。

中国社会科学院在"八五"期间承担了540项重点社科基金项目，已经完成210项。去年完成各种专著427种，研究报告672份，还有论文3700多篇，其中《提高经济素质，转变增长方式》、《国有企业的改革和发展》、《文化市场法制建设》等研究报告都引起了有关方面的重视。你们关于经济、社会形势预测的两个蓝皮书，关于国际形势分析的黄皮书，关于农村经济形势预测的绿皮书，有关部门也非常重视。我对你们出的《要报》很有兴趣，每期都看。就我所知，党中央、国务院的许多领导同志对社科院提供的研究成果都是很重视的。这几年，你们还突出注意了跨世纪人才的培养。去年招收了145名博士生和硕士生，50名研究生获得了博士学位。这些都说明同志们的工作是很有成绩的。对你们在哲学社会科学领域所做出的贡献，我表示敬意。

二 认真总结经验，坚持正确的指导方针和科研方向

"九五"[1]时期是建设有中国特色社会主义事业承前启后、继往开来的重要时期，是实施我国"三步走"战略第二步目标的关键时期。哲学社会科学界肩负着为实现经济体制和增长方式的"根本性转变"、为社会主义物质文明建设和精神文明建设提供理论支持和决策依据的重要任务。哲学社会科学在经济和社会发展中的重要地位和作用，是不容怀疑的，也不能有丝毫的忽视。

对社会科学研究工作，中央一直很重视。江泽民同志1991年接见社科院领导和学者时指出："社会科学研究方向的正确与否，社会科学发展状况如何，对人们的思想意识和社会道德风尚，对经济建设，对社会稳定和发展，都会产生巨大而深刻的影响，甚至关系到中华民族的兴衰和社会主义的命运。"[2]这充分阐明了社会科学的重要作用和从事这项研究工作的重要意义。

从我国的历史发展来看，中华民族在发展过程中，创造、积累了丰富的社会科学成果，从而逐步形成了我们民族的优秀思想文化

传统，至今是我们的伟大精神财富。从近代中国革命发展历史看，我们党从诞生之日起就十分重视社会科学研究，十分重视指导中国革命和建设的理论的探索。我们党在民主革命时期，把马克思主义的基本原理同中国的具体实际相结合，形成了毛泽东思想，指导中国革命取得了胜利。在改革开放时期，继续实行这个结合，形成了邓小平建设有中国特色社会主义理论，指导改革开放和社会主义现代化建设不断胜利前进。事实说明，我们党无论是在新民主主义革命时期，还是在社会主义革命和建设时期，都非常重视理论建设和理论指导。事实还说明，没有社会科学研究的不断进步，就没有一个民族、国家的不断进步。

改革开放这十几年来几个重大的理论问题的研究，都对我国社会的发展起到了巨大的推动作用。如1978年邓小平同志领导的关于实践是检验真理的唯一标准的讨论[3]，使我们党重新回到了实事求是的正确思想路线上来，鲜明地提出了以经济建设为中心，实行改革开放，开辟了社会主义建设的新时期。如果没有这个讨论，就不能解放思想、实事求是，也就不可能有今天这样一种政治经济新局面。

再如，我们从中国的实际出发，提出了社会主义初级阶段理论和社会主义市场经济理论，改革经济体制，使我国从高度集中的计划经济体制向社会主义市场经济体制转变，促进了生产力的解放和发展。在社会主义制度下搞市场经济，利用市场经济的一些基本原则来发展社会主义生产力，实现社会主义现代化。这是具有开创性的理论建树，是对马克思主义政治经济学的重大发展。

十几年来，我们不仅坚持了马克思主义，而且大大丰富和发展了马克思主义。邓小平建设有中国特色社会主义理论，就是马克思主义的最新发展，是当代中国的马克思主义。它解决了许多前人没有解决的问题，使我国的社会主义建设事业充满了生机和活力。这些方面，也都凝聚着广大哲学社会科学工作者的心血和贡献，功不可没。

总之，国家兴旺、民族振兴、社会进步，既离不开自然科学技术，也离不开哲学社会科学。

总结这些年来社会科学研究工作的经验，我感到有这样一些重要原则，必须坚持。

第一，要坚持以马列主义、毛泽东思想和邓小平建设有中国特色社会主义理论，指导社会科学研究。这一条是不能动摇的。学习、研究、宣传马列主义和毛泽东思想，特别是邓小平建设有中国特色社会主义理论，是哲学社会科学工作者的历史使命、光荣职责和首要任务。同时，还要坚持用来指导社会科学的一切研究工作。只有在马克思主义指导下，社会科学研究才能保持正确的方向，得到新的繁荣，开拓社会科学发展的广阔道路。

第二，要坚持党的基本路线，并以此作为哲学社会科学研究的基本原则。建设有中国特色社会主义，就要坚持党的"一个中心，两个基本点"的基本路线。离开了以经济建设为中心，离开了改革开放，离开了四项基本原则，我们的研究工作就脱离了当前政治，就会走偏方向。社会科学研究的一个十分重要的任务就是要帮助我们的各级领导干部提高思想政治水平和领导现代化建设的能力，使党的基本路线在社会主义经济、政治和文化建设的各项工作中得到贯彻执行。坚持这条基本路线，就要不断研究新情况、解决新问题。搞中国特色社会主义，既没有现成的模式可以照抄，也没有现成的经验可以照搬，这就要从实际出发，通过不断总结经验，提出和形成新的思想、理论和方法，并以此来帮助人们认识和解决这些问题。

第三，要坚持"二为"方向[4]和"双百"方针，这是繁荣社会科学的根本方针。"为人民服务，为社会主义服务"和"百花齐放、百家争鸣"，是经过实践检验、证明的繁荣社会科学研究的正确方针，我们必须全面、准确地贯彻执行。在社会科学研究中，要十分注意区分学术问题和政治问题，鼓励大胆的积极的探索，保障学术自由。要继续努力创造一个充分体现"双百"方针的学术研究环境，开展平等的讨论和科学的批评，促进学术的发展。

第四，要进一步加强和改善党的领导。社会科学院要实行党委领导下的院长、所长负责制。党的领导的一个重要任务，就是充分调动广大哲学社会科学工作者的积极性，促进哲学社会科学的发展，创造更多优秀的科学研究成果并运用到社会主义现代化建设中去。要尊重知识，尊重人才，多出成果，多出人才。在一定意义上讲，人才是关键。今后重要的是培养一批优秀的坚持马克思主义的哲学社会科学工作者。要一代一代地培养下去，为我国的社会主义建设做出重大贡献。

三　面向 21 世纪，确定社会科学的研究任务

社科院制定的"九五"规划我已看过，总的印象是好的。"九五"期间，社科院确定的总任务是：在党的基本理论、基本路线和基本方针指引下，根据国家"九五"经济社会发展的需要，大力加强对建设有中国特色社会主义重大理论和实践问题的研究，建设一支跨世纪的社会科学专业人才队伍和社科管理人才队伍，推出一批全国一流的科研成果，促进世纪之交的中国社会科学事业的繁荣和发展。我看这个提法也是好的。

"九五"规划提出了五个方面的重点科研项目：

1. 关于马克思主义基本理论特别是建设有中国特色社会主义理论的研究

我们党历来强调理论工作要面向实际。毛泽东同志早就倡导必须用马克思列宁主义之"箭"，去射中国革命之"的"。邓小平同志也要求"理论工作要为社会主义现代化建设服务"，强调"马克思主义的思想理论工作是不能离开现实政治的"。我们当前最大的实际、最现实的政治，就是建设有中国特色的社会主义，实现社会主义现代化。

建设有中国特色的社会主义理论，是以邓小平同志为代表的中国共产党人，把马克思主义的基本原理同中国社会主义建设的具体

实际紧密结合的产物，是植根于中国大地的活生生的科学社会主义。

建设有中国特色的社会主义，实现社会主义现代化，需要我们深入钻研马克思主义，切实掌握其基本原理，同时又要深入研究中国的实际，切实掌握我们的国情，并把两者紧密地结合起来，去制定符合中国实际的发展战略和方针政策。这是伴随我们建设有中国特色社会主义全过程的历史性任务。希望同志们在这方面做出更大的成绩，不断丰富我们对马克思主义基本原理和有中国特色社会主义理论的认识。

2. 关于改革开放和经济社会发展重大理论和实际问题的研究

这方面的课题十分多，又关系着我国改革和建设的顺利发展，十分重要。例如，小平同志关于抓住机遇、加快发展的思想，就是一个重要的战略方针。发展是硬道理。联系到世界社会主义运动在一些国家发生的挫折，中国发展不能太慢。社会主义经济应当是快速健康发展的经济，社会主义市场经济应当比资本主义市场经济更优越。既要发展得快，又要发展得好，这里就有许多需要研究的理论问题。我们提出"两个根本性转变"[5]，就是在实践中总结出的科学认识。但是实现这两个转变，还有许多问题需要研究和探索，要力求在理论上和实践上有所突破。

再如，怎样正确处理改革、发展和稳定的关系，也需要很好地研究，统一认识。改革是动力，发展是前提，稳定是条件，三者辩证统一。发展离不开改革的推动，发展和改革又都离不开稳定做保证。我们强调的稳定，又是发展前提下的稳定，根本的目的是发展，有发展才能有真正的长期的稳定。发展是根本，许多事情最终都要靠发展才能解决。

经济生活，说到底，无非是两个问题：一是生产，生产和积累财富；二是分配，合理分配财富。社会生产的净积累越多，社会发展越快，因此，在生产和第一次的分配过程领域，必须实行市场原则，坚持效率第一、效率优先，但也要兼顾公平。在第二次的分配领域，则要更多地考虑公平的原则，不能忽视一定生产力条件下的能够实现的公平，否则会带来社会的不稳定。当然，绝对的公平是没有的，公平总是相对的，绝对平均主义[6]只会妨碍生产力的发展，效率高了，生产发展了，创造了新的财富，才能建立新的公平。在生产和分配问题上也有大量的课题，不仅包括观念的更新，还包括许多实际政策的研究。正确处理这些问题，对经济和社会发展具有重要意义。

农业问题中，粮食是核心问题。我国的粮食生产必须实现稳定增长，至少不低于人口增长的幅度。不仅要研究建立粮食稳定增长的机制，还要研究从田头到餐桌的体制。

最近，江泽民同志在党的十四届五中全会发表了《正确处理社会主义现代化建设中的若干重大关系》的重要讲话。这是指导我国社会主义现代化建设的光辉文献，是对17年来改革和发展经验的高度概括和系统总结。这十二个关系充满了辩证法，阐述了在改革和发展的新形势下带有全局性的重大问题。希望同志们认真学习，努力运用马克思主义的世界观和方法论，科学回答改革开放和社会主义现代化建设中的热点、难点问题，为决策提出更多更好的建议。

3. 关于社会主义精神文明和民主法制建设的研究

有中国特色的社会主义，不仅要有高度的物质文明，也要有高度的精神文明。物质文明同精神文明如何更加协调地发展，是当前一个十分重大的政治问题。社会科学工作者要研究精神文明建设，特别是要很好地研究在对外开放和发展社会主义市场经济的条件下，如何弘扬集体主义、爱国主义、社会主义思想和我国优秀的文化传统，如何引导人们树立正确的世界观、人生观和价值观。

社会科学研究还要有利于促进民主法制建设的发展。在全面建立新体制的改革阶段，我们特别需要注意法律规范。要积极研究制定规范社会主义市场行为的法律、法规和条例，保证各类市场的繁荣和健康发展。

4. 关于国际问题的研究

这包括对国际形势的分析及对其发展变化的预测，包括对我国国际发展战略和外交政策提出建议。我们还要注意对国际经济的发展变化进行跟踪研究。现在国际经济对中国经济的影响，一个重要的方面是金融。在金融问题上，我们还是"小学生"。近年来金融及金融衍生物发展很快，很多情况我们不熟悉，这样在国际市场上就要吃亏。比如近年国际金融危机对各国经济影响很大，需要有针对性地研究对策。今后世界经济秩序的建立，金融市场秩序是关键。

5. 关于基础理论的研究

强调研究现实，突出应用研究，并不意味着可以忽视基础理论的研究，尤其是马克思主义基本理论的研究。基础理论研究扎实，对策应用研究才能具有更高的水平。一定要注意妥善处理基础理论研究与应用研究、历史研究与现状研究、国内问题研究与国际问题研究、传统学科研究与新兴学科研究等关系，防止片面性。

总之，要发挥社科院多学科、综合能力强的优势，认真组织好重点项目的集体协作和联合攻关，有计划地组织跨学科的重大课题研究。在课题组之间以至更大的范围内，切实开展充分的学术讨论和切磋，集思广益，最大限度地发挥科研群体的智慧和力量。要有骨干工程，出拳头产品，集中力量完成一些大课题。

四　解放思想，振奋精神，开创
哲学社会科学工作新局面

在社会主义现代化建设中，社会科学具有重要地位。全党全社会都要重视哲学社会科学，热情关心和积极支持哲学社会科学研究，努力发挥哲学社会科学在社会主义现代化建设中的作用。哲学社会科学工作者在新时期担负着重大的历史任务，要增强责任感和使命感，进一步振奋精神，我认为这是很重要的。干任何事情都要有个精神，国家需要精神，单位需要精神，个人也需要精神。没有一股子为国家、为民族、为子孙后代努力奋斗的精神，是不能进行创造

性工作的。希望社科院的同志给全国社会科学工作者做出榜样，更好地发扬江泽民同志倡导的新时期的创业精神。

下面，我就大家提出的具体问题谈几点意见。

第一，关于地位和作用的问题。从一定意义上讲，"有为"才会"有位"。没有作为，没有贡献，就不会有位置、处于决定地位。从中央和国务院来讲，从领导来讲，要给大家地位，就是交任务、压担子。我们正在进行着伟大的、前无古人的历史性探索，有大量新的问题需要社会科学工作者研究，现实生活中一定有不少难点和热点问题，英雄大有用武之地。社科院要积极进行研究，出成果，起作用，一定会有地位。

第二，经费问题。忍之同志[7]昨天找我提了"一顶帽子"和"三笔钱"的问题。"一顶帽子"就是多给些职称的指标，这个事情还是比较好办的，太多了不行，但是每年给一些还是有可能的，我看可以到人事部再去谈。这是特殊情况，全国就一个中国社会科学院嘛！"三笔钱"是指搞硬件的经费，一个是图书馆，一个是计算机系统，一个是住房。图书馆的建设是要使大量的社会科学图书更好地为研究人员和社会服务，应当发挥这笔财富的作用，可以尽快列入"九五"计划。请社科院打专项报告，我投赞成票。关于计算机系统，我记得1991年李鹏同志召集会议时就谈到了。这个项目我也建议列入计划。社科院的住房问题，我看一是在"九五"期间请国家计委再给一些拨款，解决燃眉之急；二是尽快建立新的住房制度。中国住房问题唯一的出路是走商品化的路子。关于医疗费的问题、养老的问题，也要加快改革。按现行的办法每年大幅度地增加医疗费，既不可能，也走不下去了。

第三，人才培养和队伍建设问题。你们的"九五"计划中始终把人才培养、队伍建设作为一项重要工作任务，这是正确的。要想出成果，首先要重视人才培养，这个培养不光是增长科学文化知识，更重要的是学习马克思主义的基本理论，培养科学的世界观和方法论，包括对中国实际情况的了解，以及思想品德、职业道德的培养教育。我赞成社科院搞一个跨世纪人才培养工程。各个所都有一些有突出成就的老专家可以亲自带年轻人。一定要下大气力来培养新一代社会科学工作者，这是社科院一项重大的历史责任。

第四，关于内部管理体制的改革。这几年你们为了适应新时期的要求，为了进一步发挥社科院的作用，进行了许多内部管理体制的改革。我看这些思路和方法都是好的。内部管理体制的改革还是要随着整个国家经济体制改革进行。刚才谈到的劳动、人事、工资制度、住房、医疗、养老制度、新学科的投资方式和管理体制等，都需要加大改革力度。社科院内部管理体制改革要很好地总结经验，在队伍建设上要走一条高水平、精干的路子，关键是要有一些高水平的人才。在社会科学研究项目安排上要"在精不在多"，当然也要有一定的规模，但是核心的问题是要有水平。

最后，祝同志们在新的一年里取得更大的成绩，为促进中国哲学社会科学事业的繁荣和发展，为中华民族振兴，为实现"九五"计划和十五年宏伟目标而团结奋斗。

注释：

[1]"九五"，指 1996—2010 年新中国第九个五年计划时期。

[2]参见《人民日报》1991 年 2 月 24 日第 1 版。

[3]实践是检验真理的唯一标准的讨论，是指 1978 年 5 月，《光明日报》发表了由胡耀邦主持撰写的《实践是检验真理的唯一标准》的特约评论员文章，从理论上批判和否定了"两个凡是"的错误观点，引发了关于真理标准问题的大讨论。

[4]"二为"方向，指"文艺为人民服务，为社会主义服务"，在 1980 年 7 月 26 日《人民日报》发表的题为《文艺为人民服务，为社会主义服务》的社论中提出。

[5]"两个根本性转变"，1995 年 9 月 25—28 日，中共十四届五中全会通过了《中共中央关于制定国民经济和社会发展"九五"计划和 2010 年远景目标的建议》。该建议提出：实现"九五"计划和 2010 年远景目标的关键是实行两个具有全局意义的根本性转变，一是经济体制从传统的计划经济体制

向社会主义市场经济体制转变；二是经济增长方式从粗放型向集约型转变。

[6] 平均主义，是指要求平均享有一切社会财富的思想。

[7] 忍之同志，即王忍之，1933 年生，江苏无锡人，1949 年 6 月加入中国共产主义青年团，1950 年 11 月加入中国共产党，1951 年 8 月参加工作。曾任中央宣传部部长，时任中国社会科学院党委书记、副院长。

发展哲学社会科学[*]

（1997 年 5 月 20 日）

　　今天，我们在这里欢聚一堂，庆祝中国社会科学院建院 20 周年。20 年来，中国社会科学院在党的领导下，团结广大哲学社会科学工作者，为繁荣我国哲学社会科学事业做了大量工作，为我国改革开放和社会主义现代化建设做出了重要贡献。我代表党中央、国务院向你们表示热烈的祝贺！并向全国广大哲学社会科学工作者致以崇高的敬意！

　　哲学社会科学，是我们党的思想理论工作的一条重要战线。在 70 多年的奋斗历程中，我们党历来十分重视哲学社会科学。毛泽东同志曾反复强调，学习和研究哲学、学习和研究社会科学，对于党和人民的事业具有重大意义，并亲自运用马克思主义的观点和方法，总结革命实践经验，撰写了关于哲学、政治、经济、军事以及文艺理论等方面的重要著作。新中国成立后，毛泽东同志等老一辈无产阶级革命家又为发展和繁荣我国哲学社会科学花费了大量心血。中国社会科学院的许多研究所就是在他们的直接关心下成立和发展起

---

　　* 这是李铁映同志在中国社会科学院建院 20 周年庆祝大会上的讲话。

来的。邓小平同志对繁荣我国哲学社会科学也极为重视。20 年前，当改革开放刚刚开始的时候，他就以高瞻远瞩的战略眼光，支持建立中国社会科学院，要求我们大力发展社会科学的各个学科，以适应国家发展的需要。他说，中国不仅经济上要成为一个大国，文化上也要成为一个大国。今天，中国社会科学院取得的成绩，我国哲学社会科学呈现的繁荣局面，是同邓小平同志的关心、支持和指导密不可分的。

哲学社会科学，同自然科学一样，对人类认识世界、改造世界和人类自身发展具有十分重要的意义。哲学社会科学，可以帮助和指导人们正确认识社会历史发展和人的自身发展规律，可以为推动社会生产力的发展，推动社会变革和社会关系的调整，制定符合社会发展需要的政策和法律，形成科学的世界观、历史观、价值观和高尚的道德风尚，促进人类社会的文明与进步，提供理论和方法。哲学社会科学是一个国家精神文明建设的重要组成部分。江泽民同志指出："社会科学研究方向的正确与否，社会科学发展状况如何，对人们的思想意识和社会道德风尚，对经济建设，对社会稳定和发展，都会产生巨大而深刻的影响。"[1]

在推进建设有中国特色社会主义事业的伟大进程中，哲学社会科学始终是一支重要力量，有着不可替代的重大作用。哲学社会科学的成果，广泛而深刻地对物质文明和精神文明建设的各个领域产生着影响。可以说，一个国家哲学社会科学的发展状况，在很大程度上反映着它的文明的总体发展水平。发展和繁荣哲学社会科学，是新时期我们党的思想理论建设的一项重要任务，也是巩固和发展社会主义意识形态的一项重要任务。

我们正在走向 21 世纪。时代的发展要求我们把社会科学的地位和作用，放到建设有中国特色社会主义整个事业的大局中来考察，放到整个世界发展变化的大局中来认识。从现在起到 2010 年，是建设有中国特色社会主义事业承前启后、继往开来的重要时期。在这个时期，我们要巩固和发展十一届三中全会以来所取得的伟大成就，促进经济体制和经济增长方式的根本性转变，推动经济发展和社会全面进步；要面对世界范围内各种思想文化相互激荡和科学技术的迅猛发展，迎接综合国力剧烈竞争的挑战；要在前进道路上战胜各种困难，坚持党的基本路线不动摇，把我国建设成为富强、民主、文明的社会主义现代化国家。这是更加艰巨复杂的历史性任务。伟大的时代需要繁荣的社会科学，而社会科学要满足飞速发展的社会实践的需要，必须有一个大的发展。在此，我向哲学社会科学界的同志们提出以下几点要求：

第一，发展和繁荣哲学社会科学，必须坚持以马列主义、毛泽东思想和邓小平建设有中国特色社会主义理论为指导，坚持正确的政治方向和科学的思想方法。马列主义、毛泽东思想和邓小平建设有中国特色社会主义理论，是一脉相承的统一的科学体系。邓小平建设有中国特色社会主义理论，是毛泽东思想在新的历史条件下的继承和发展，是当代中国的马克思主义，是我们各项工作的行动指南。这一理论深刻总结了我国社会主义建设的历史经验，比较国外社会主义发展的曲折历程，把握时代前进的特点和条件，为我们指明了建设社会主义，实现国家富强、人民幸福和民族振兴的正确道路。这是我们党经过长期实践和艰苦探索取得的重大理论成果。建设有中国特色社会主义事业要取得成功，必须始终不渝地坚持党的这个基本理论。

哲学社会科学工作者应在学习、研究和宣传党的基本理论方面做出表率。坚持以党的基本理论做指导，是提高我国哲学社会科学研究水平的必然要求，也是我国哲学社会科学发挥更大作用的必然要求。只有这样做了，哲学社会科学才能更好地适应我们事业发展的需要、适应人民的要求，在推动社会全面进步中实现自身的发展，从而获得强大的生命力和创造力。中国社会科学院要发挥学科门类齐全、研究力量雄厚的优势，为进一步发展、繁荣我国哲学和社会科学做出更大的贡献。

第二，发展和繁荣哲学社会科学，必须坚持理论联系实际的原则，以建设有中国特色社会主义为主要任务，为推进改革开放和现代化建设、为中华民族的全面振兴服务。建设有中国特色社会主义是前无古人的伟大事业，也是一项艰巨复杂的历史任务，要取得成功，需要我们不断地研究新情况、总结新经验、探索新思路、解决新问题、开创新局面。因而，也要求我们必须把哲学社会科学的研究与发展同解决前进过程中的重大现实问题紧密结合起来。

广大哲学社会科学工作者要深入实际、深入生活，深刻地把握不断变化着的客观实际，敏锐发现并潜心研究改革开放和现代化建设的现实问题，运用理论去分析和解决现实问题，并在这一过程中推动理论自身的发展。这样，才能充分发挥哲学社会科学的科学认识功能和观察预测功能，发挥理论的超前作用和反馈作用，也才能实现理论的丰富、完善和发展。现实问题研究与基础理论研究，二者是相辅相成的，要以现实问题研究带动和促进基础理论研究，以基础理论研究深化现实问题研究。改革开放和现代化建设为广大哲学社会科学工作者提供了广阔的舞台，相信大家会做出无愧于我们伟大时代的业绩。

第三，发展和繁荣哲学社会科学，必须坚持"百花齐放、百家争鸣"的方针，尊重社会科学发展的规律。实践证明，坚持"双百"方针，有利于充分发扬学术民主，有利于增进学术界的团结，有利于繁荣哲学社会科学。在坚持四项基本原则的前提下，要继续支持和鼓励以科学研究为基础的大胆探索，提倡不同学术观点、不同学术流派的相互切磋和讨论，开展充分说理的批评与反批评，形成一种追求真理、服从真理、发展真理的良好学术气氛，使我国的哲学社会科学的理论研究大大活跃起来。

第四，发展和繁荣哲学社会科学，必须高度重视其在决策科学化过程中的作用，提高社会实践的自觉性、预见性和有效性。十一届三中全会以来，党和国家的许多重大决策，都注意听取哲学社会科学工作者的意见和建议。从制定党在社会主义初级阶段的基本路线到提出建立社会主义市场经济体制，从提倡"两个根本性转变"到制定我国经济和社会发展的跨世纪蓝图等许多重大决策，都包含着广大哲学社会科学工作者的智慧和贡献。在我们这样一个有十多亿人口的大国，从事建设有中国特色的社会主义这一开创性事业，任何重大决策都必须基于认真的科学分析和研究。这样，才能使我们在实践中多一点预见性，尽可能减少和缩小失误的可能性。历史经验证明，不重视社会科学，要实现决策的科学化、民主化是不可能的；没有高度发展的社会科学，要实现对社会的自觉调节和科学管理是不可想象的。

第五，发展和繁荣哲学社会科学，必须加强人才培养，努力建设高素质的社会科学理论队伍。中国社会科学院有一大批德才兼备、闻名海内外的老专家、老学者，这是我们国家的宝贵财富。我们在祝愿他们身体健康、永葆学术青春、充分发挥他们作用的同时，必须格外重视中青年人才的培养，为青年人才的成长创造更为有利的条件。

青年同志要虚心向老专家、老学者求教，打好坚实的马克思主义理论功底和学术基础，严格要求自己，不断进取。要讲政治，加强学习。不仅要学习和了解科学研究工作者取得的新的理论成果，也要学习和了解人民群众创造的丰富多彩的实践经验，不仅要注意我国的知识进步和理论发展，也要注意世界范围内一切有益的新知识、新发现。希望同志们继续大胆探索，刻苦钻研，努力为人民奉献最好的精神产品，不辜负党和人民的重托。

各级党委和政府要继续关心和高度重视哲学社会科学，积极支持广大哲学社会科学工作者开展研究，广泛听取他们的意见和建议，推进决策工作的科学化和民主化。对哲学社会科学工作者，同对所有的知识分子一样，要坚持从政治上正确引导、工作上积极支持、生活上热情关心，做他们的知心朋友。

让我们在以江泽民同志为核心的党中央领导下，勇于探索，扎实工作，为繁荣和发展我国哲学社会科学，为把我国建设成为富强、民主、文明的社会主义现代化国家而共同奋斗！

注释：

[1] 参见《人民日报》1991 年 2 月 24 日第 1 版。

对青年理论工作者的希望

（1998 年 2 月 19 日）

欣闻胡绳[1]青年学术奖和由中国社会科学院、共青团中央联合主办的第二届全国青年优秀社会科学成果奖颁奖仪式即将举行，谨向此次获奖的同志表示热烈的祝贺，并向全国的青年理论工作者表示诚挚的问候！

设立胡绳青年学术奖和全国青年优秀社会科学成果奖，是对全国青年理论工作者研究成果的一次比较全面的检阅，很重要，也很有意义。我们高兴地看到，我国社会科学战线上的跨世纪的年轻一代正在发挥越来越重要的作用，未来是属于青年的。

当前，我国正处在改革开放和现代化建设的关键时期。新形势、新任务对各项工作提出了更高的要求。社会科学研究担负着为现代化建设提供理论支持、智力服务的重任。面对即将来临的 21 世纪，要长期为经济与社会的发展提供经得起实践检验的理论成果，必须十分重视对跨世纪青年理论人才的培养。希望各有关部门多推出一些切实而又有效的培养措施，也希望广大青年理论工作者高举邓小平理论伟大旗帜，积极投身于建设有中国特色社会主义的伟大实践，拿出更多精品力作，为把建设有中国特色社会主义的宏伟事业全面推向 21 世纪做出更大的贡献。

注释：

［1］胡绳（1918.1—2000.11），中国著名哲学家、近代史专家。1985—1998 年
任中国社会科学院院长。

办好社科院[*]

（1998 年 4 月 10 日）

中央让我到社科院来工作，我深感责任重大。我是学物理的，自知社会科学知识基薄根浅，力难胜任。但是中央决定让我来，我就一定竭尽全力，与全院同志一起，努力完成党交付的任务，恪尽职守，对中央负责，对国家负责，对社科院负责，也对我国的社会科学事业负责。我将按邓小平同志曾经要求的那样，努力做好"后勤部长"，为科研服务，为研究工作者服务。

来之前，江总书记和胡锦涛同志都专门向我交代，一定要把中国社会科学院办好。要充分发挥中国社会科学工作者的聪明才智，为我国的现代化建设和中华民族的全面振兴，提供理论支持和精神动力。江总书记特意让我代问社科院全体同志好。

社会科学对建设有中国特色社会主义、实现中华民族全面振兴具有不可替代的重要作用。社会科学研究的状况如何、方向正确与否、理论的水平如何，是直接关系到国家的兴衰和民族发展的大问题。对此，社科院担负着神圣的职责、光荣的任务。

今天我第一次参加院务会，借此机会，讲几点意见。

＊ 这是李铁映同志在中国社会科学院院务会议上的讲话。

一

这些天来，我到二十多个研究所看了看，与所里的一些专家学者见了面，与院里的领导也都谈了话，看了你们和各所送给我的大量资料，对院、所的情况有了一些了解。最主要的印象是，社科院有一批优秀的人才，承担了国家大量的社会科学研究任务，尽管科研和生活条件比较差，经济拮据，但这些年来做出了很大的成绩，体现了全院广大干部和研究人员良好的精神风貌，为国家的改革开放和现代化建设做出了应有的贡献，功不可没。

十多年来，在胡绳院长的领导下，在这五年忍之同志任党委书记的直接负责下，社科院的工作是做得好的，院里的领导班子是得力的，是很有成绩的，中央是满意的。社科院的工作是一脉相承的，建院20年来，历届院、所领导班子、科研人员和职工都为其发展付出了艰辛的努力，取得了很大成就，这为今后的工作奠定了良好的基础。借此机会，我代表中央，向历届院领导、现任各级领导干部、科研人员和职工表示衷心感谢。

社科院是由国家创办、直接受党中央领导的我国最高社会科学研究机构。社科院的科研工作，一定要坚持以马克思主义为指导，坚定不移地高举邓小平理论的伟大旗帜，坚持党的基本路线。要按照江总书记和李鹏同志为我院题词的要求，把社科院建设成为马克思主义的坚强阵地，要以研究有中国特色社会主义理论为崇高使命，努力搞好基础理论研究、对策和应用研究。同时，要进行党的理论宣传，用正确的理论武装人。

要按照中央的要求，把中国社会科学院办好，要办得有中国特色，一些学科要能够达到世界先进水平。例如，对马克思主义、邓小平理论的研究，乃至哲学等学科，还有经济学以及国际问题的研究，都应达到很高的研究水平，并有独到的见解。社会科学在今天的历史使命，就是要为中华民族全面振兴服务，为中国的现代化建设服务，为中国成功地走出一条有中国特色社会主义道路服务。这是中华民族的根本任务，也是我们社会科学界的根本任务。今天中国正处于伟大的变革时代，需要有这样的理论和研究工作来支持。这也是社会科学界、我院的广大理论研究工作者孜孜以求的愿望。

院、所两级的工作，我看主要做到这么几点：一是要精心组织好科研。社会科学与自然科学有许多相同之处，很多项目需要多方协作，尤其是一些重大课题要组织相关学科共同攻关，这是现代科学研究工作的特点。二是提供较好的物质条件。包括科研经费、办公自动化、计算机信息系统、住房等，要努力改善科研工作和科研人员的物质条件。三是培养人才。院、所两级，包括研究生院，都必须注重培养21世纪的社会科学研究人才，使研究工作充满生气和活力。四是创造一个良好的学术研究氛围。要坚持解放思想、实事求是的思想路线，贯彻"百花齐放、百家争鸣"的方针，形成一个勇于和善于探索真理的生动活泼的局面。各职能局都要以科研为中心，为科研服务。这是我们的中心任务。总之，院直机关要千方百计为科研工作创造必要的条件。

二

关于社科院今年的工作，年初召开的院工作会议，按照十五大[1]精神，按照九届人大和政协"两会"精神，对各项工作已经做了部署。当前我们的主要任务就是勤奋努力，埋头苦干，扎实工作，抓紧落实，努力完成今年已部署的科研和其他任务，力争在十五大和九届人大后的第一年，全院工作有个新起色，能出更多的优秀成果。

今年是党的十一届三中全会召开20周年、改革开放20周年，也是真理标准大讨论20周年，还是周恩来总理和刘少奇同志诞辰100周年。为了纪念这些重大的历史事件和重要的历史人物，我院要搞一些理论研讨活动。要从理论上、学术上探讨老一辈革命家的丰功伟绩和他们对毛泽东思想的杰出贡献。对真理标准大讨论的纪念，要拿出一批高质量的科研成果。要从理论的高度对 20 年来的改革开放实践加以概括和总结。这既是一种研究，也是对理论的丰富。要通过这些活动，结合对邓小平理论、党的十五大精神的学习，在认识上、理论上有新的升华。

对于社会科学研究，我感觉有这么四项：一是基础理论研究；二是对策和应用研究；三是总结提炼实践经验，进行理论创新，从理论和实践相结合的高度正确阐述和宣传党的基本理论和基本路线，丰富和发展马克思主义；四是培养人才。这四项是否可以看做社科院的基本任务，请大家考虑。

三

社科院在 20 年中，逐渐形成了自己的科研作风和管理制度，许多是行之有效的。良好的作风和传统要继续发扬，但是有一些制度要根据新的形势和要求，做必要的调整和修改，目的是提高研究水平和工作效率，出更多的优秀科研成果，出更多的人才。当然，我讲的人才，是德才兼备的人才。德，主要讲他的政治观点、立场，当然也包括职业道德、科学态度和良好的学风。不利于出成果、出人才的制度，都应该随着时间的推移和形势的变化，加以调整和改革。

今年国家的改革工作内容很多，特别是国务院机构改革、国有企业改革和其他方面的经济体制改革，任务很重。因此，社科院今年应采取稳妥的方针，不急于出台更多的改革举措，不要使大家惶惶不安。各级领导都要聚精会神、尽职尽责、脚踏实地、勤奋努力，认真完成今年的既定任务。总之，今年的一切工作，都要有利于出更多更好的科研成果。

当前的一项工作，就是要根据形势的变化，对院里的各种会议制度、请示报告制度、公文制度、档案制度等工作制度，进一步修订和完善，使各项工作更加规范化、制度化。请办公厅对这些问题进行认真研究。院、所两级要有明确的目标和责任制，要规范并有效运作。

我对社科院的情况还很不熟悉，很多东西要学习。要当好学生，才能做好工作。今后，如果有什么问题处理得不当，希望你们及时提出来。我愿意和大家同心协力，努力把中国社会科学院办好，完成党和国家交给我们的任务，不辜负党和人民的期望。

院里当前还有很多困难，我们要根据中央的精神，努力解决这些实际困难，逐步地使社科院的面貌有所改善。当然我们不能随意开支票、讲大话。要实事求是，扎扎实实地干些实事。我们工作的好坏，最终要让实践来检验。我这个"后勤部长"究竟当得好不好，最后还是要由全院职工来做鉴定。

注释：

[1] 十五大，即中国共产党第十五次全国代表大会。于 1997 年 9 月 12—18 日在北京召开。

社会科学的发展是时代
发展的必然要求[*]

（1998 年 5 月 22 日）

座谈会开得很热烈，大家有很多的话要讲，未尽之意也很多，我听了很高兴。发言的同志谈了许多的见解，不但对办好社科院，而且对社会科学本身的学科设置、课题研究和人才培养等问题，都提出了很多很好的意见，院有关职能部门应对这些意见进行认真研究。院《通讯》还应开辟专栏，这个专栏可以叫《如何办好社科院》，发动全院的同志都来讨论、提意见。借此机会，我讲四个问题。

一　关于社会科学的地位和作用

恩格斯讲过，一个民族想要站在科学的最高峰，就一刻也不能没有理论思维。一个国家，特别是中国这样大的一个国家，要站在世界的前列，没有繁荣的、发达的、高水平的社会科学研究也是不可能的。可以说，没有社会科学的研究提供理论上的支持和精神上

＊　这是李铁映同志在同中国社会科学院部分青年科研人员座谈时的讲话。

的动力，中华民族的全面振兴，有中国特色的社会主义的发展是不可设想的。

社会科学对解放生产力、发展生产力具有不可替代的作用，这也是不容怀疑的。社会科学对于一个国家，特别是中国这样一个大国，它的发展水平如何、状况如何、导向如何，直接关系到中国的前途和命运。二十年前关于真理标准问题的大讨论，冲破了"两个凡是"[1]的思想束缚，推动了全国性的思想解放，对党的工作重点转移和改革开放，起到了重要的先导作用。这充分说明了社会科学在人类进步和发展中的历史地位和作用。如果再看历史，文艺复兴就是从人文科学开始的，促进了近代资本主义的繁荣和发展。如果没有文艺复兴，欧洲还处于不文明的，甚至是野蛮的黑暗时期。由此可见，没有社会科学的繁荣和发展，人类的进步和发展是不可能的。

今年是《共产党宣言》发表一百五十周年。马克思、恩格斯的《共产党宣言》，为全世界的无产阶级、劳动人民及其他追求人类社会进步的先进人士提供了科学的世界观、历史观和方法论，使人们能够科学地认识人类社会的发展历史，科学地分析人类社会的现状和预测人类社会的未来发展前景，使人们认识到将改造社会、创造历史的活动建立在对人类社会发展规律科学把握基础上的重要性。《共产党宣言》的发表，影响了整个19世纪的下半叶和本世纪的一百年。20世纪许多重大的历史事件，都和马克思主义的产生与广泛传播分不开，中国本世纪初以来的发展历史更是如此。

因此，我们可以非常明确地阐述这样一个观点：在本世纪末下世纪初我国的重要发展时期，社会科学必须有一个大的发展。社会科学研究工作的主要任务，就是要正确地回答实践中的问题，指导我们进一步认识社会，更好地改造社会、创造未来。

二　关于社科院的地位和作用

世界各国都有社会科学研究，但是不一定都有社会科学院。像中国这样一个社会主义大国，办社科院到底是中国社会科学研究的优势，还是相反？我们应该怎样理解新时期社科院的历史地位和作用？这个问题不仅需要我们社科院的工作人员做出回答，首先社科院的领导思想上要清楚，还要给全党全社会一个明确的回答。首先是关于21世纪社科院的地位和作用。无论是从学部时期还是社科院成立二十年来的发展历程看，社科院在我国经济、政治和社会发展特别是精神文明建设中发挥了重要的作用。我们完全相信，在新的历史条件下，社科院能够为中华民族的全面振兴，为21世纪中国的发展做出更大的贡献。因此它的存在是完全必要的。我个人认为，这是我们的特色，也是我们的优势。

问题在于如何把社科院办好，如果办不好，它就不一定是必需的，也不一定是不可替代的。没有作为的任何单位和个人，都是没有地位的。地位并不完全决定你的作为，但是作为可以决定你的地位和历史存在。中央领导同志一直明确表示，社科院一定要办好。社会科学十分重要，必须搞好，必须为中华民族的全面振兴和社会主义现代化建设提供理论支持和精神动力。

我们当前面临的最根本的问题，是如何适应国内深化改革和国际竞争日趋激烈的新形势，努力把社科院办好，这不仅关系到社会科学的发展，关系到社科院今后的前途命运，也关系到每一个社科工作者今后的成长、学术上的贡献。全院上下要同心同德，群策群力，共同努力把社科院建设好。这不仅是我们几个院长的事，更是每个研究所，甚至是每个课题组必须认真研究的大事。

三　关于社科院的体制改革

社科院的一切工作都要围绕着出成果、出人才来展开。人才是以成果作为衡量标准的，成果是人才的贡献，两者密不可分。为什么办社科院，就是希望社会科学领域多出高质量的研究成果。不出成果，自然没有人才；没有人才，也就出不了成果；那么，办社科院以及谈社科院的历史地位和作用都是空谈，没有意义，没有价值。

社科院的一切管理工作都要有利于和服务于出成果、出人才的宗旨，凡是不符合这个宗旨的管理方法都要改革。面向 21 世纪，要把中国社会科学院办成在中国和世界上享有崇高学术地位的科研机构，其管理体制也要与这个目标相适应。要以出成果、出人才来检验我们管理体制的优劣，这也是检验社科院各项工作的实践标准。深化我院管理体制改革的目标是什么？我初步考虑有以下几点：

第一，这个管理体制要符合中国的国情，要坚持正确的方向。这个方向不要简单地理解为只是政治方向，而是直接和中华民族的前途命运联系在一起的方向。为什么要办社科院，就是要坚持马克思主义为指导，为中华民族的全面振兴，为中国的社会主义现代化建设服务。

第二，要遵循社会科学研究的特点和规律。社会科学研究不同于自然科学研究，也不同于政府机关和其他部门的实际工作。作为一种科学研究，它具有不同于实际工作部门的特点；作为社会科学研究，它具有不同于自然科学研究的特点。我赞成这样一种提法：社科院的研究工作应该以基础理论研究为主，基础理论研究可以为对策研究提供理论支持，而对策研究则可以为基础理论研究带来新的推动力。离开了基础理论研究而进行对策研究，往往是浮光掠影，难以深入，也容易成为一种空谈。

所以，社科院的地位，社科院的水平，首先在于社会科学的基础理论研究做得如何。离开了这个前提，我们就不可能站在社会科学的前沿，也不可能取得世界社会科学研究的领先地位，当然也就不可能回答下个世纪我们将要面临的问题。我认为，对策研究和应用研究，都要建立在基础理论研究的基础上，要加强基础理论学科的建设。对策研究要搞，但更多的是要在战略性、前瞻性、全局性问题上进行对策研究，而不是搞一些细枝末节、拾遗补阙的研究，那不是我们的优势。

第三，要适应社会主义市场经济体制。社会科学研究离不开整个社会的经济基础，这就是要与社会主义市场经济体制相适应。因此，我院的整个管理体制，包括经费投入的方式、人事管理制度、科研管理制度、财务管理制度等都应大胆地进行探索和改革。

在建立和不断完善社会主义市场经济体制的过程中，中国社会科学院究竟需要什么样的管理模式，一方面需要在实践中进行探索，另一方面也需要集思广益，特别是希望全院的同志开动脑筋、献计献策。今天在座的都是青年科研人员，社科院的未来属于你们，究竟什么样的科研管理体制有利于多出成果、有利于科研人才的成长，你们应该积极去思考和研究。

我不赞成什么事都取决于领导的看法，院领导的本事主要在于集思广益，广开言路，广纳人才。古人曰：兼听则明。决策的民主化、科学化是十分重要的。今后社科院的管理要充分发扬民主，学术研究上也是如此。要进一步解放思想，按照"百家争鸣"的方针进行学术讨论。关于社科院的管理体制问题，今年下半年开始要列入研究计划，组织课题组进行研究，拿出方案，然后由大家讨论。

四　关于人才问题

现在社科院面临的一个突出问题，或者说关键问题，是如何培养青年一代科研人才。未来我国社会科学的发展寄希望于中青年人才，未来的社科院也要依靠这些中青年学者。如果没有一个良好的人才成长环境，如果现在不采取必要的措施帮助中青年科研人员提高素质，不创造机会让他们参与重大社会科学课题的研究工作，那么青年学者就成不了才。这个问题不解决，社科院的其他问题也不能得到顺利解决。因为社会科学研究在相当大的程度上取决于社会科学工作者的素质特别是创造性思维，许多有价值、有影响的重要科研成果都是学者个人创造性思维的产物。

要从根本上解决人才的成长问题，就要建立起一整套有利于青年科研人才成长的激励机制，使优秀的人才能够脱颖而出。院人事局的主要职责就是培养人才、选拔人才和吸引人才。如果我院没有人才，好的人才进不来，留不住，不适应科研工作的人员出不去，社科院的人员素质就会越来越低，人才越来越退化。今后，我院的人事工作要将全面培养人才，特别是青年人才作为一项重要任务，同时，这也是党的工作、科研组织工作的重要任务。

优秀的科研人才并不是自封的，也不是靠别人或媒介捧出来的，而是在艰苦扎实的科研实践中成长起来的。下一个世纪是世界大发展、大变化的时代，同时也是中华民族全面振兴的时代。当前世界经济、政治新格局正在加速形成，国际竞争也在日益加剧，我们面临着许多机遇和挑战。随着世界新技术革命的发展和国际政治经济格局的重大变化，随着国内经济体制改革的不断深化，我国的发展面临着许多亟待解决的新情况和新问题，一系列重大的理论问题和实践问题需要广大社会科学工作者认真研究并做出回答。在这样一个时代大背景下，社会科学同样面临着大发展、大繁荣的时机，这是时代发展的必然要求。

就改革开放二十多年来说，我们在社会科学方面就提出了不少新的观念和新的理论。例如，关于社会主义市场经济的提法，无论在社会主义发展上还是在经济理论上都是重大的突破。又例如关于社会主义法治国家的提法，历史上从来就没有提到社会主义法治国家的问题，我们现在提出来了，这也是社会科学研究取得的重大成果。还有全球化问题、知识经济问题，以及农业产业化问题、公有制的实现形式问题等。所有这些问题，都是重大的理论问题，也是现实的政策问题。如果没有广大社会科学工作者的勇敢探索和扎实的理论研究，要提出并科学地阐述这些问题也是不可能的。

我们国家在下个世纪，至少是前十年到前二十年中将遇到什么样的问题，将面临什么样的挑战和机遇，在理论上要解决和回答什么问题，应尽快列入我院的课题进行研究，这是社科院应当承担的重大任务和历史职责。社科院的优势在于深厚的基础理论研究，在于中长期的宏观战略研究和全局性、前瞻性的对策研究。如果在十年前，我们就对我国今天所遇到的一系列重大社会问题进行了系统的理论研究，积累了知识，提出了一些建议和方案，那今天评价社科院的工作就会不一样。就像我们今天评价二十年前那场关于"实践是检验真理的唯一标准"的大讨论时，必须承认社科院在当时做出了不可磨灭的历史贡献，也涌现出了一批著名的学者和专家。

在此我要提醒我们的研究人员，特别是中青年学者，现在不是搞"短平快"的时候，不是浮光掠影的时候，而是要选择下个世纪初五年、十年乃至二十年以后中国将要面临的一些重大的历史挑战和机遇，以及可能出现的问题和困难，进行扎实的理论研究，特别是要在对国家发展具有重大价值的基础理论研究和对策研究方面，做出应有的贡献。

还有一个值得全院中青年学者重视的问题，就是鉴于现代科学技术的发展和人类信息化社会的到来这样一个现实，我们社会科学研究人员的知识结构也需要有很大的变化。如果仅仅满足于文科知识，不懂得一些自然科学知识，不了解现代科技的发展，或者是把自己局限在一个比较狭窄的专业领域，都难于应付下个世纪的挑战。中青年科研人员要注意不断更新自己的知识结构，拓宽研究视野，特别是要尽快掌握现代化的研究手段。

要提高科学研究的效率和质量，必须实现研究方法、研究手段的现代化。这要抓好两个重要的环节：

一是尽快建立社会科学理论方面的数字化图书馆，以图书馆为中心，和国内、国外的图书资料信息中心建立网络联系，为全院科研工作提供信息和资料服务，以此解决报纸、杂志的短缺问题。

二是建立院、所、个人三级内部科研信息网络。院一级的网络要和国内、国际的网络相联系，主要是把所有的图书、资料输入计算机进行管理，同时对我院的科研、人事、财务、管理工作要逐步全部实现计算机管理。通过计算机管理，使全院的工作更加透明，实现全院科研工作的民主化管理。我们要加快科研手段的现代化进程，争取到本世纪末使全院科研人员全部实现科研手段现代化。

　　总而言之，我们要以下个世纪初期所面临的科研任务、党和国家对我们的要求，来确定我院的人才培养目标和人事管理制度。其他管理制度的改革，也要围绕着有利于人才的成长和多出高质量的科研成果去进行，并以此作为改革成功与否的检验标准。

　　我来社科院的一项重要任务，如同小平同志所说的，就是当好"后勤部长"。要当好"后勤部长"就要先当好学生，社科领域的很多事情我不懂，需要学习。做好了"后勤部长"，也才有资格当好院长。我有志于和大家一起努力，把社科院办好，为社会科学的繁荣做出我们这一代人应有的贡献。

注释：

[1]　"两个凡是"，指1977年2月7日《人民日报》、《红旗》杂志和《解放军报》社论《学好文件抓住纲》中提出的"凡是毛主席作出的决策，我们都坚决维护；凡是毛主席的指示，我们都始终不渝地遵循"。

纪念郭沫若[*]

（1998 年 6 月 8 日）

来参加这个会是为了纪念郭老，也是为了学习。

我在延安时，就受到鲁迅、郭沫若[1]这些文化巨匠的影响，进城后，也一直是把郭老作为我国知识分子、学者的楷模来景仰和学习的。郭老始终是站在历史潮头的伟人，是知识分子的典范，影响了一代人。

中国的知识分子有一个很好的传统，就是始终如一的、强烈的爱国主义精神，为国家、民族的前途奋斗一生。郭老的一生体现了中国知识分子、文人、学者的这样一种风范。现在，我们新的一代知识分子，也要继承老一代知识分子的优秀品格和精神，为中华民族的全面振兴而勤奋思考，为国家的迅速腾飞贡献聪明才智。

今天，我们学习郭老、研究郭老，就要继续发扬我们的老一代知识分子、学者能够站在历史潮头的精神，始终以爱国主义的强烈愿望进行学术研究，为把有中国特色社会主义的伟大事业全面推向21 世纪，提供更大的理论支持和精神动力。

---

* 这是李铁映同志在纪念郭沫若逝世 20 周年、郭沫若纪念馆开馆 10 周年活动仪式上的讲话（摘要）。

在社会科学领域，如何创造一个百家争鸣的学坛、一个百花齐放的花园，是大家非常关心的重大问题。我国促进学术发展唯一正确的政策，就是"双百"方针。如果没有"双百"方针，如果不能提供一个百家争鸣的社会环境，社会科学就得不到发展。因此，我们必须进一步培育、光大百家争鸣的学术环境。

学术发展、社会科学理论的发展，无非是两个条件：一是物质条件；二是社会科学理论研究的社会环境，要有好的学风、好的社会氛围，能够让大家都尊重科学，认真地来开展学术研究和学术争鸣。真理的裁判只有实践。在理论界、学术界，应该区分政治和学术，区分行动和认识，应该提倡百家争鸣的学风，不能开"帽子铺"。

在我们面向 21 世纪的时候，纪念一代文化巨匠，应该深入地研究近百年来社会科学各个学科发展的经验和教训，研究如何才能在 21 世纪使中国的社会科学和文化有一个更大的繁荣和发展。没有这个大的繁荣和发展，我认为，不可能实现中华民族的全面振兴。所以，一定要大大加强我们在社会科学和文化领域的投入，增加对这方面的关注、支持，为中华民族的全面振兴，为 21 世纪社会科学和文化的繁荣创造更好的条件。

我们要加强社会科学与自然科学的联姻，推动两大科学进行广泛的合作，从而既促进社会科学的发展，也促进自然科学的发展。

最后，我完全支持郭沫若纪念馆的这次活动，也感谢文物局对郭沫若纪念馆的支持，希望郭沫若纪念馆越办越好，为我们的后代留下宝贵的财富。作为社科院的领导，也有义务、有责任把郭沫若纪念馆办好。

注释：

[1] 郭沫若（1892—1978），乳名文豹，原名郭开贞，字鼎堂，号尚武，笔名沫

若。四川省乐山客家人，著名文学家、剧作家、诗人，是中国新诗奠基人之一，同时也是历史学家、古文字学家、书法家、学者、社会活动家，在中国古史研究、古文字研究、戏剧创作等方面取得了巨大成就。1949 年 10月至 1977 年 5 月，任中国科学院院长兼哲学社会科学学部主任。

关于知识经济的思考[*]

（1998 年 9 月 27 日）

今天，中国自然科学界和社会科学界的 100 多名专家学者会聚一堂，共同研讨"面向知识经济的国家创新体系"问题，意义重大，是中国科学界的一件盛事。借此机会，我想就知识经济问题谈点认识，以期起到抛砖引玉的作用。

一　世界经济的一个新趋势

在人类社会即将迈入 21 世纪之际，一个新的概念——知识经济，逐步在世界上流行起来。许多专家预言，在未来的新世纪，知识经济将以崭新的面貌，取代 200 多年来一直占据世界经济统治地位的工业经济。

20 世纪 70 年代以来，欧美许多著名专家学者，对信息技术革命将产生的巨大影响、对未来经济走势，都进行了大量研究和预测。他们从不同角度思考和概括，使用如"后工业经济"、"高技术经济"、"信息经济"等名称，来描述这类经济现象。到 1996 年，经济

＊　这是李铁映同志在"面向知识经济的国家创新体系"研讨会上的讲话。

合作与发展组织[1]（简称"经合组织"）首次将这种新型的经济，称之为"以知识为基础的经济"，知识经济的概念开始被越来越多的人所认可。

按照一些专家的说法，所谓知识经济，是指建立在知识的生产、创新、流通、分配和应用基础之上的经济。它以智力资源为依托，以高科技产业为支柱，以不断创新为灵魂，以教育为本源。不少专家指出，当今世界经济的发展，出现了以知识为基础的发展趋势，其表现为：

——产业知识密集度上升。如在整个80年代，经合组织成员国的电子产业、石油化工和造船业的知识密集度分别增长了46%、83%和133%。

——产业结构日益升级，传统产业就业人员比重下降。以美国为例，1960年制造业就业人数占就业总数的比例为31%，1995年降低到15.8%；全部版权产业就业人数高达650万人，超过农业就业人数一倍多。

——高新技术产业逐步成为制造业的主导。例如，近十年来，高新技术产品，在经合组织成员国的制造业中的份额增长了一倍，在出口中的比例翻了一番。1997年，美国经济27%的增长来自于高新技术产业。

——高新技术的广泛应用使得劳动生产率显著提高。1979—1996年，美国计算机制造业的劳动生产率增长速度比其他产业快两倍；信息产业的劳动生产率比全部产业的平均水平高70%；1990年以来，美国技术和知识进步对劳动生产率增长率的贡献高达80%左右。

——研究与开发投入增长。1997年全球研究与开发投入最多的300家公司的投资，比1996年增加了17%，主要集中在新兴的高新技术产业领域。

——教育事业发展迅速，人力资源素质大幅提高。发达国家25岁以上（含25岁）的居民中，受过高等教育的比例普遍达到20%

以上，美国 1994 年已经达到 46.5%。

——企业注重加强知识管理。在美国《财富》杂志中排行前 1000 名的企业中，已有 40% 设立了知识主管，这是以往企业中所没有的。

当今世界经济的确出现了许多新的现象，正逐步形成新的发展趋势。对这一趋势，正如江泽民总书记在北京大学建校 100 周年大会上的讲话中所指出的那样："当今世界，科学技术突飞猛进，知识经济已见端倪。"

人们从生产力角度来分析，把人类文明产生以来的经济发展过程，分为农业经济（也称劳力经济）阶段、工业经济（也称资源经济）阶段，并预言未来将进入知识经济（也称智力经济）阶段。当然，从工业经济发展到知识经济，需要有一个相当长的过程。知识经济作为一种新型的经济，目前还处在萌芽状态，有大量的复杂问题需要研究和探索。正因为如此，知识经济正引起国内外专家学者的广泛关注，形成了新的研究热点。

二　面临知识经济时代的几点思考

当今世界，科学技术突飞猛进，人类社会即将步入一个快速发展的知识经济时代。人们的生产方式、思维方式、生活方式及其他行为方式，都将发生巨大而深刻的变化。世界综合国力的竞争，日益表现为知识的竞争。从某种意义上可以说，谁在知识创新上领先，谁就能在未来世界竞争的总格局中处于优势。由此可见，对知识经济的研究和探索，是事关我国未来发展的全局性、战略性的大事，必须引起我们的高度重视。

知识经济的来临，对我国既是挑战又是机遇。经过 20 年的改革开放，我国的综合国力大大增强，科技、教育、文化、出版、信息等方面有了很大的发展，兴办了一批高新技术产业开发区，涌现出了像联想、方正等为代表的一批知识密集型高新技术企业。若干领域的部分技术，已经达到世界先进水平。

但是，我们应该看到，我国生产力水平还很低，而且呈现多层次结构。农业就业劳动力仍占近50%，比发达国家高10—20倍；文化较落后，就业人员中受过大专以上教育的只占2.8%，受初中以下教育的比例高达86%；研究与开发方面的投资少，1997年我国这方面投资的绝对额不到美国的3%；我们的家庭支出中，近50%用于吃饭，用于教育及其他方面的支出比例很低。我国还是发展中国家，离知识经济尚有相当遥远的距离。

面对21世纪知识经济的严峻挑战，我们必须从战略上认真、冷静、深入地思考和研究一些重大问题，以不失时机地抓住机遇、迎接挑战，力争在21世纪赶上去。

1. 关于科教兴国[2]

当今世界，各国激烈角逐的焦点是科技和教育。科技、教育的发展关系国家的兴衰。纵观近现代世界经济社会的发展史，英国的工业革命、美国经济的称雄、日本经济战后的崛起，无不是这些国家优先发展科技、重视教育的结果。小平同志说"科学技术是第一生产力"，我们越来越领会到这句话的深刻含义。中央提出的"科教兴国"战略，是实现我国现代化的重大战略决策，是国家和民族发展必须长期坚持的方针。在一定意义上讲，谁在科技、教育方面领先，谁就会在发展方面领先。

2. 关于可持续发展

知识经济的发展将使可持续发展成为可能。资源约束、生态环境恶化等问题，直接危及人类的生存和发展。知识经济将使人类的经济发展，从主要依赖自然资源转向主要依赖智力资源；从主要消耗物资转向更多地消费知识；从以牺牲环境为代价转向实现人与自然环境的相互协调。因此，在21世纪如何加快高新技术产业发展来实现我国的可持续发展，是一个迫切需要解决的重大课题，需要有一整套的体制和政策。

3. 关于知识创新体系

知识经济的灵魂是创新。创新的效率决定知识经济的发展进程。国家知识创新体系，是培育和推动知识经济发展的基础和引擎。知识创新体系，不仅包括技术创新，还应该包括组织创新、管理创新、制度创新等诸多方面。建立社会主义市场经济体制本身就是创新。尤其在我们这样的国家，市场经济体制还很不健全，没有制度创新、管理创新，形成有效的激励机制，科学技术创新就会受到束缚，科学技术成果就难以转化为现实生产力。

4. 关于教育与人才

知识经济的发展归根到底是教育、人才问题。教育是知识经济的基础。人才是知识创新的关键。人才培养是知识经济最重要的基本建设。目前，我国的总体教育水平还很低，人力资源素质不高，难以参与知识经济条件下的全球化竞争。我国庞大的人口规模，是我国发展的沉重负担，是现代化道路上的巨大难题，但如果开发和利用得当，人口负担可以转化为一个巨大的人力资源宝库。要开发人力资源宝库就必须大力发展教育。必须把教育放在国民经济优先发展的战略地位。振兴民族的希望在教育。只有优先发展教育，才能不断提高人的素质，造就现代化的劳动者。教育上不去，就谈不上迎接知识经济的挑战，甚至还会落后。

5. 关于知识经济与传统产业

知识经济的发展、智力资源在全社会范围内的有效配置，必将带来产业结构的优化升级。我国生产力水平低，传统产业结构从总体上说还处于低级阶段。结构调整一直是我国经济发展中的重大任务。知识经济的到来，将使我国的传统产业结构受到严重挑战。发展知识经济不仅包括发展高新科技，而且包括高度重视应用高新技术对传统产业的改造。对传统产业注入高新技术必将带来传统产业的优化升级，这并非意味着传统产业的萎缩和消亡，而是在更高技术水平上获得新的发展。如何提高传统产业的技术装备水平实现传统产业结构优化，是需要认真研究解决的重要课题。

6. 关于知识经济和政府的作用

市场在有效配置资源方面的巨大作用仍然是至关重要的，企业和科研机构作为创新的主体地位也是不可动摇的。但知识经济时代对政府的功能和宏观调控将会提出新的更高的要求。必须按照市场运行和知识经济发展规律的要求，重新构筑经济体制、运行机制和宏观管理方式。

要发挥政府在推动知识经济发展中的重要作用，积极创造各方面的条件。例如，制定知识经济中长期发展规划；保证国家重大基础研究项目的投入；发展公共教育和信息基础设施；建立风险投资机制，促进资源向创新领域流动；对高新技术企业给予支持和优惠；在利益分配上，制定鼓励创新人员的政策；制定既有利于保护知识产权，又能促进新知识扩散、扩大社会效益的知识产权法律体系等。要研究和创造推动知识经济发展的政策和体制环境。

总之，关于知识经济，我们还知之甚少，它也只是露出冰山一角。以上我仅仅提出几个问题，供大家思考。

三　社会科学界要与自然科学界携手合作，迎接知识经济时代

知识经济作为一种新型经济，仍处于萌芽状态，它的发展离不开政府、企业界、科技界、教育界等多方参与和支持。知识经济的支柱产业即高新技术产业的发展，需要自然科学领域不断取得突破，需要自然科学工作者付出艰辛的劳动。同时，知识经济作为一种新型经济，它的发展也必将对人类社会的生产和生活产生巨大影响，要求社会管理方式、企业组织方式、产品流通方式、利益分配方式、法律体系、伦理道德体系等与之相适应。因此，面对知识经济时代的到来，社会科学与自然科学具有同样的历史使命。

国际经验一再证明，落后国家所缺乏的不仅仅是知识，更缺乏将知识转化为生产力的能力。这种能力不仅取决于自然科学技术水

平和创新能力，也取决于制度创新、文化创新、知识管理、社会组织等能力，或者说，取决于社会是否具有更高的创新激励机制和管理水平。

知识经济研究涉及诸多领域，属多种学科研究的课题，需要自然科学和社会科学的联合。这是当代科学研究的一个重要特点。

近年来，我国国内对知识经济也进行了一些研究。中国科学院已经设立了知识创新工程，进一步推动高新技术发展，这是个创造。社会科学界应该向自然科学界学习，把对知识经济及其相关领域的研究放到重要的位置上来。

尽管我国进入知识经济时代尚需时日，但社会科学界有责任紧紧跟踪世界经济发展的趋势，认真总结其发展规律，结合我国经济发展的可能和需要，研究加快发展的条件和机遇，探索我国发展知识经济的战略和对策，为领导决策提供科学依据。科学无禁区，研究要站在潮头。希望自然科学界和社会科学界携起手来，为中华民族的全面振兴，为实现我国的现代化，做出更大的贡献。

注释：

[1] 经济合作与发展组织（Organization for Economic Co-operation and Development），简称经合组织（OECD），政府间国际经济组织，成立于1961年，成员国总数34个（截至2013年12月），总部设在巴黎。

[2] 科教兴国，1995年，党中央、国务院发布了《中共中央、国务院关于加强科学技术进步的决定》，召开全国科技大会，首次正式提出实施科教兴国发展战略。

国际问题[*]

（1998 年 9 月 29 日）

对国际问题，我是外行，了解甚少。我曾担任过教委主任，但没有访问过大国。我主要是借助各种新闻媒介和资料来观察国际上的巨大变化，因而有隔岸观火之感。今天，主要从中央对国际问题研究和对社科院的希望这一角度提些问题。

一 深入学习邓小平外交思想

新中国成立 50 年来，国与国之间、党与党之间、人民与人民之间的外交活动，大体分三个阶段。新中国成立初期到 1960 年前后为第一阶段，60 年代到 1978 年为第二阶段，第三个阶段是 1978 年以后。

前十年我国刚解放，又遇朝鲜战争[1]，这使我国的外交工作呈现出"一边倒"的局面，形成了以倒向社会主义阵营为基本点的外交路线，并在这个基础上确立了我国的国际关系、国际策略。第二个阶段是同苏联分道扬镳。社会主义阵营，已经不存在统一思想，而是发生了严重的政治问题争论。"文革"时期我国外交工作受到极"左"思潮的严重干扰和破坏。

---

* 这是李铁映同志在中国社会科学院国际片所级干部会议上的讲话。

　　第三个阶段的主要标志，是形成了邓小平的外交思想，并成为邓小平理论的重要组成部分。这个时期邓小平根据国际事务、国际走势，以及我国的实际和我们的历史经验教训，提出了比较完整的外交思想，制定了一系列方针、政策和方法，也是对外交工作的拨乱反正。我们搞国际问题研究，必须研究邓小平外交思想，而这个思想是马克思主义与时代特征和中国实际相结合的产物。

　　关于邓小平的外交思想，可以初步总结归纳为以下几点：

　　第一，战争与和平问题上的新观点。这个问题是20世纪各大国确立国际策略和国家外交政策、国家位置的基本出发点。十月革命后苏联建立了社会主义，1949年后我国建立了社会主义。在这种新的历史格局中，战争与和平始终是所有国际关系、外交关系的核心，各国围绕着它来展开和处理各种外交关系。

　　小平同志明确提出对这个政策要进行大的调整，认为在新时期不发生大规模的世界战争是可能的，维护世界和平是有希望的。战争的危险仍然存在，但只要维护世界和平的力量发展起来、第三世界国家发展起来，就可以争取相当长一段时期的和平。第三世界国家应当利用这段时间发展经济，逐渐摆脱贫困落后的状况。这就改变了过去的燕子低飞、山雨欲来风满楼、世界大战不可避免而且迫在眉睫的看法。这是邓小平对马克思主义的重大发展。党的十一届三中全会后，我们党的工作重心转移到经济建设上来，并对外交政策进行重大调整。邓小平的这一思想为我们提供了极其重要的科学依据。

　　正确的政策都是对形势进行科学分析后得出的结论。新中国成立后我们反反复复讨论的就是战争与和平问题。社会主义国家能不能根据和平共处五项原则同资本主义国家和平共处？能不能竞争、竞赛，是否一定要对立、战争？在60年代批判修正主义观点时，这也是一个重要的焦点。马克思没有研究社会主义国家建立以后与庞大的资本主义世界是什么关系，怎么处理这个关系。这个问题今后仍然是我们考虑形势的一个基本点。

第二，和平与发展。小平同志提出和平与发展是当今世界两大基本问题的论断。他指出，现代世界上真正的大问题，一个是和平问题，一个是经济问题或者发展问题。其他许多问题，都不像这两个问题那样关系全局，带有全球性、战略性。这两大问题，至今一个也没有解决。回答和平与战争的问题后，接着要回答当今世界最主要的问题是什么。这就是和平与发展。要想维护和平，就要解决和平问题；要想从根本上解决和平问题，就要解决发展问题；解决发展问题，也就是解决和平问题。国内工作决定外交工作，外交工作为国内工作服务。

第三，创造和平环境。小平同志强调外交工作的首要任务是争取和平，为我国现代化建设服务。要实现四个现代化，搞好改革开放，在国内需要有安定团结的政治局面，在国际上需要有一个良好的和平环境。我们的对外政策，概括起来就是反对霸权主义，维护世界和平。现在我们接受这个思想好像理所当然，回顾50—60年代，那时是"斗争哲学"，强调资本主义与社会主义、帝国主义阵营与社会主义阵营是两条路线的斗争，是你死我活的；那时也谈和平、反对战争，但着眼于推动世界革命和彻底埋葬国际资本主义的革命战略目标。今后我们的外交工作，就是为我国现代化建设创造和平环境。

第四，对外开放。小平同志强调，现代化建设必须对外开放。中国的发展，主要依靠自己的努力、自己的资源和自己的基础。但这绝不是关起门来搞建设。我们的发展，离开国际合作是不可能的。加强与世界各国的经济技术交流合作，是个战略问题。社会主义要赢得对资本主义的比较优势，就必须大胆吸收和借鉴人类社会创造的一切文明成果。

第五，既独立自主，不信邪，又韬光养晦，不当头。世界上的事情是复杂的。中国这样的大国要在人类历史上崛起，没有忧患意识是不行的。世界历史上一些国家，凡是无忧患意识的都垮台了。尾巴翘到天上，身子就要摔到地下。"捧杀"很厉害呀！我们说，我们落后，是第三世界，我们还是努力去干吧！理论界要讲清楚这个问题，不当头是非常英明的策略和战略，同时也完全符合我国的国情，符合马克思主义的国际原则。一句话，就是从中国的实际出发，走自己的路！

第六，调整对大国的关系，改变过去"一条线"的战略。小平同志强调，考虑国与国之间的关系，不能用社会制度和意识形态去画线，而是要从我们国家自身长远的战略利益出发，同时也尊重对方的利益。不能像过去那样，根据社会制度和意识形态来划分友好国家和不友好国家，而是要在和平共处五项原则的基础上发展同所有国家的友好合作关系。邻居要和睦，不能老争吵。

第七，团结第三世界。小平同志高度重视第三世界的战略地位和作用，把加强同第三世界即广大发展中国家的团结和合作，看做关系到我国长远战略利益的根本大计，是我国外交的立足点。所有第三世界国家的命运是相同的，必须团结奋斗。同第三世界国家相互交流、相互学习、相互合作，可以解决许多问题，前景是好的。这里不能有任何短视，这也是一条无产阶级的原则。

第八，要推动建立和平、稳定、公正、合理的国际政治经济新秩序。小平同志指出，建立在帝国主义、殖民主义、霸权主义基础上的旧秩序，使贫国越贫、富国越富。贫国和富国的差距越来越大，是发展中国家解放、发展和进步的重大障碍。应该建立国际经济新秩序，解决东西问题[2]；还应建立国际政治新秩序，解决南北问题[3]。应把和平共处五项原则作为今后国际政治经济新秩序的原则。

临近21世纪，世界各国都必然面对什么是国际经济政治新秩序、怎样建立这两个新秩序这一重大战略问题。我们应当研究建立新秩序的矛盾和斗争是什么，斗争的力量是什么，我们应当采取什么样的策略。

在20世纪有三个国际秩序。第一个是第一次世界大战前后以《凡尔赛和约》为基础，稳定了二十年左右的国际秩序。后来德、意、日崛起，其经济发展迅速，与英、法和美争夺利益，从而导致第二次世界大战。第二次世界大战后，以雅尔塔体制[4]为基础形成了两大阵营的冷战[5]格局。这是第二个国际秩序。从1945年一直到1991年，雅尔塔体制维持了近半个世纪。苏联解体后，形成了世界新格局，这就是世界政治的多极化趋势、经济的全球化趋势。这个新秩序是我们要跟踪研究的新问题。

第九，科学技术突飞猛进是当今世界的一个重要特点。邓小平同志强调，中国要在世界高科技领域占有一席之地。现代科学技术正经历着一场伟大的革命，特别是高科技领域的发展一日千里。中国要实现四个现代化，就要善于学习，不能甘于落后，这也是当今时代的特点。如果中国在这一领域里落后了，赶不上时代，就要被时代所抛弃，被时代车轮甩掉。我们谈的知识创新体系或知识经济以及高科技、高新技术产业，都与此有关。我感到，现在我们与发达国家的差距，有些方面在缩小，有些方面还在扩大。这种压力、紧迫感、严峻形势，都是我们需要研究的问题。

第十，"一国两制"[6]。邓小平同志提出的"一国两制"，是对马列主义的重大发展。它不仅解决了港、澳回归，而且为解决世界上许多问题，找到了一种新的思路。这是邓小平同志的高超智慧中非常灿烂的一点。

第十一，以主权属我、搁置争议、共同开发和发展的办法解决历史上遗留下来的领土、领海争端，也是邓小平同志的光辉思想。提出共同开发和发展的设想，是从我国的实际问题引发出来的。我们有个钓鱼岛问题，还有南沙群岛问题，只有按照小平同志的这一思想，才有可能解决好。

第十二，按照独立自主、完全平等、相互尊重、互不干涉的原则处理党际关系。小平同志提出，任何大党、中党、小党都要相互尊重对方的选择和经验，对别的党、别的国家的事务不应指手画脚。对执政党是这样，对没有执政的党也是这样。各国党的国内方针是对还是错，应由各国党和人民自己判断。党和党之间不能用意识形态来画线。与各国的政治力量建立正常的交往与合作关系，有利于我们创造和平的国际环境，也有利于我们从各国政党的思维中去研究和吸收某些有益的东西。

第十三，坚信社会主义必胜，前途依然一片光明。小平同志指出，尽管有一些国家受到严重挫折，社会主义国家好像被削弱了，但人民经受了锻炼、从中吸取了教训，将促使社会主义事业向着更加健康的方向发展。社会主义经过长期发展后，必然代替资本主义，这是社会历史发展不可逆转的趋势。我们这一代人正好处于社会主义事业比较低潮的时期。看到社会主义发展的曲折一面，使我们对人类历史和对社会主义发展有了更多新的认识。这个认识还在深化。这对我们无论是研究中国的社会主义，还是研究世界各国的发展，都很有意义。

第十四，在外交工作中要把原则的坚定性和策略的灵活性结合起来。小平同志以他高超的外交实践告诉我们，在原则问题上要立场坚定，旗帜鲜明，不怕压力，敢于斗争。在策略问题上要权衡利弊，不失灵活，注意把握好斗争的时机和分寸。在必须斗争时，要注意阶段性，做到有理、有利、有节。遇到国际变化时，沉着冷静，处变不惊，不怕鬼，不信邪，不怕孤立，不怕挑战。对外表态要深思熟虑，分寸恰当，信守承诺，说话算数。在整个外交活动中，要坚持平等相待、以理服人、不卑不亢、落落大方，体现大国风范，维护社会主义中国的良好形象。

从以上这些观点不难看出，邓小平同志不仅是伟大的政治家、马克思主义理论家，也是伟大的外交家。

二　政治多极化和经济全球化是当今世界的两大趋势

特别值得我们学者重视的，是世界多极化和经济全球化问题。一切大国都在研究这个问题。大国在国际上、历史上要确立自己的地位，找好坐标，明确方针和政策，不研究这两个大问题是不行的。发生深刻变化的就是新秩序。中央反复讲了这个问题。我建议国际片好好加以研究。我们研究美国，美国主张的新秩序是什么？说到底，他们是要在他们所主张的"新秩序"中抢占有利地位，推行霸权主义、单极主义，控制国际游戏规则，为其经济、政治利益服务。这里有些问题需要我们好好研究：一个是旧体制已崩溃，雅尔塔体制已崩溃，那么，新的体制是什么？

在讲到新秩序时，我们不要有误解，认为新秩序还早得很，还正在讨论研究过程中。实际上，这个新秩序在苏联解体之前或解体以后已处于迅速建立的过程中。这也是不以人们的意志为转移的，也是一场利益格局的争夺。不是没有游戏规则，没有新秩序格局，而是某个大国或某几个大国，想按照自己的利益来迅速构筑这个新秩序。美国的策略，是把中国排斥于制定游戏规则之外，迫使中国就范。这是第一点。

第二点，政治新秩序已不可能再回到两极世界。世界局势发生变化，正在向多极化发展，但美国又不甘心这一多极化趋势的发展，它想建立单极世界，这就发生了单极和多极之间的矛盾。这就是霸权主义同以和平共处五项原则为基础的多极世界之间的矛盾。当然，在短时间内，单极是客观存在的，如果否定单极的存在，否定力量的不均衡性，也是不符合实际的。美国在80年代，经济比重在世界上呈下滑趋势，但90年代以来又有所恢复。例如，其国民生产总值从占世界的25%上升到27%，上升两个百分点；国际贸易由12%上升到14%，提高两个百分点；在技术信息、知识经济方面，欧日远远赶不上美国。多极各方，都在为争夺在多极格局中的有利地位拼搏。

第三点，大国外交的调整。大国之间关系的重新调整，也是多极化的趋势。现在大国关系进入确定新关系的阶段，这不仅表现在双边关系方面，而且表现在多边关系方面。多边关系，主要是中、美、俄、德、英、法、日这些大国关系的定位。这非常重要。最近我国调整了对大国的关系，确定要与美发展建设性的战略伙伴关系、与俄建立战略协作伙伴关系、同法建立全面伙伴关系，等等，都是为了确定大国间的战略关系，我看这是一个重要趋势。如果国际片在苏联解体以前，就对诸如大国关系的重新调整、格局及其走向等问题有所研究，那社科院可能会对我国的外交工作做出非常重要的贡献。所以，研究应看到趋势，一定要在事物处于萌芽状态时就进行研究。

在建立多极多边关系中是有斗争的。虽然都在一个桌上吃饭，但目的各有不同。对这一点大家要有清醒认识。友谊是建立在利益基础之上的，是利益第一。在国际事务中始终不能忘记，西方大国要"西化"我们、要分裂我们、要搞垮我们。这并不奇怪，这是有深刻的历史、政治、经济、文化原因的。在这些原因未消除以前，这种情况绝不可能改变。这是历史唯物主义。

现在一些人有误解，好像美国人对中国多么友好，特别是1989年以前，说好得不得了。美国人有句名言："没有免费的午餐。"美国人怎么能解决中国的问题？只能我们自己救自己，自己解决自己的问题。合作是可以的，无偿只能是在小的事情上。在国家关系上，利害关系是第一位的，情、义是从属的。要看清最根本的深刻的政治、经济、文化原因。不管美国制定什么样的对华政策，怎样变来变去，万变不离其宗，其不仅要阻止中国建设社会主义，而且也要阻止中国成为一个工业化大国。无论如何，对我们来说，独立自主，自力更生，这条是绝不能丢掉的。

经济全球化，这是历史的必然，是客观规律，是不可阻挡的，也是这一时代的基本特征。全球化主要是贸易、资本、技术和市场的全球化。资本全球化过程也可以从这次东南亚金融危机中看清楚。技术全球化可以在整个工业化发展中看清楚。据统计，现在全球有4.5万个跨国公司控制着世界生产的40%、世界贸易的50%—60%、技术贸易的60%—70%、技术专利权的80%以上，这就是跨国集团！

跨国集团是经济全球化了的企业制度，或者说是世界经济微观的实现形式。资本也是如此。据说，现在西方国家所控制的金融资本已达到30多万亿美元，每天资本市场的交易量是1.5万亿美元，每年的成交量将近 500 万亿美元，说明资本市场的规模之大。在这种大市场趋势下，每个国家都是一个分子，都在拼命地竞争。这个趋势反映出两个方面：一是现代社会的生产、科学技术的世界化、全球化，使技术和资本冲破了国界。资本这个东西很厉害，是把双刃剑。它既是生产要素，可以用于发展经济；同时它也是一种特殊武器，可以吞噬一个国家的财富和主权。二是资本主义和资本主义的生产方式、市场经济在全球范围的延伸和扩大，这是当代资本主义发展的新特点和新现象。所以，全球化不是社会主义发展的结果，而是资本主义生产方式和资本主义市场体制在全球的扩大和延伸。

马克思在《共产党宣言》里讲生产力的大规模社会化，将要对世界产生巨大的深刻影响，将影响到民族、国家和权力的变化，将使一切国家的生产和消费都成为世界性的。过去那种地方或民族的自给自足的闭关自守状态，被各国各民族的互相往来、互相依赖所代替。现在随着生产力的飞速发展，马克思在一百五十多年前的预见，已经成为现实。

对经济的全球化，也要有两个方面的认识。一方面它有利于生产力的发展，有利于世界经济的发展。在全世界范围内配置资源，对生产力是个解放，是个发展，给世界经济特别是给资本主义国家的经济增长提供了新的动力。另一方面，也使资本主义主导的世界市场在广度和深度上空前扩大。就是说，一方面要看到它对世界经济的促进作用；另一方面，也要看到，这是资本主义生产方式、市场经济发展的一个新特点。正如马克思曾经指出过的，无论哪一种社会形态，在它所能容纳的全部生产力发挥出来以前，是决不会灭亡的[7]。

从人类社会发展趋势看，社会主义是比资本主义更高、更先进的社会形态；在世界范围内，社会主义取代资本主义是人类进步的必然归宿。但这是一个复杂而长期的历史过程，对此我们应有一个清醒的认识。也就是说，当前资本主义生产方式和市场体制容纳生产力的能力，还没有达到它的极限，还可以适应生产力的发展。对广大发展中国家来讲，这既有有利的一面，也有不利的一面。因为发达国家毕竟占据了优势，占有支配地位，它们推动着经济全球化的发展。广大发展中国家经济和技术相对落后，总体上处在被动不利的地位。它们不仅面临着国家经济发展和技术发展的巨大压力，也面临着国际经济全球化趋势的压力和挑战。

对这次东南亚金融危机，决不能看做某个国家的局部问题，应该看做全球的问题，是一种经济全球化乃至政治多极化的历史现象。这件事给发展中国家，也给其他国家上了一课。我们从中可以得到很多经验教训。建立一个公正、合理的政治经济新秩序，不仅是迫切的，而且是相当艰难、复杂的，是需要各国共同努力才能实现的。

这样一个多极化趋势和全球化趋势，对我国有利有弊。我们要实行开放政策，要利用外资，需要别国的技术和先进管理经验，也需要国际市场，同时又带给我们很大的压力、挑战和风险。就是说，要让一个发展中国家和发达国家进行一场游戏，一方是若干个富人，一方是个穷人，参加同一场游戏，而且这个游戏规则又是富人制订的。在这种游戏规则下，穷人面对的挑战和压力可想而知是非常大的。但是不参加这个游戏又是不可能的，我们不可能离开整个世界格局；而参加又会面临很大的困难和压力，特别是世贸组织问题，美国等西方国家在竭力拖延我们加入。他们希望把新的游戏规则搞完了才让我们参加。这样门槛增高了，我们进去要付出更多的代价。

最近欧盟、美国对中国加入世贸组织采取强硬态度，采取不断拖延和提高要价的政策，迫使我们更加让步。时间越久，我们就越被动。要想很快进去，我们就不得不做出更大的让步。现在我们处于被动状态。我们要有自己的专家，要懂得并要研究这个游戏规则，争取在可能的条件下修改游戏规则。总之，要尽最大努力改变对我国不利的形势，减少一切可能的损失。

当前国际形势风云变幻，非常复杂。大量的新情况、新问题、新动向，需要在深入研究的基础上，制定出新的正确的政策和策略。最近中央强调，我们党一贯主张深入调查研究，没有深入调查研究就不能确定政策、策略；正确的策略要以深入调查研究为基础。调查研究是谋事之基，成事之本。

在国际局势纷纭繁复的演变过程中，日本经济会怎么样，对华政策会怎样变化；美国的对华政策趋势，总体上来讲与美国当前的政治经济发展有关系。欧盟已占据世界总产值的31%，贸易量的20%。21世纪欧盟将是什么样的走势，将在世界格局中占有怎样的地位？我国周边局势如何？在21世纪新的格局中，发展中国家的地位和作用将是怎样的？这些问题都需要深入调查研究。

三　在国际问题研究上要立学成家

下面结合国际片各所的研究工作，谈几点个人意见。

首先，大格局中，社科院干什么、研究什么。我们的研究如何服务于我们的社会主义现代化建设？如何服务于中华民族的全面振兴？具体到国际问题研究，如何服务于我国新时期外交工作和经济建设，这个问题要很好地研究。在哪些方面要发挥出不可替代的作用，这是我们的优势，也是我们的责任。

学者要有自己的独特见解，正确、全面地阐述我国的外交政策，阐述有中国特色社会主义的一系列理论、方针和政策，让国际社会了解我们。通过学者的著作和阐述，通过国际交流扩大中国在世界上的影响。外国学者来中国也宣传自己的国家。要明确国际问题研究的基本出发点。

其次，我们怎样当好参谋和助手。是研究中国在世界新格局中怎么做呢？还是研究中国和这种新格局的关系呢？还是研究格局对象本身呢？这是三个问题，也可以说是三个相互关联的研究问题。

第一，研究中国正在干什么。国外有好多机构都在研究中国。中国各部门也都在研究中国问题，不然部长怎样讲话？形势变了，不像过去，讲话要代表部门、代表中国，现在要更多地依靠智囊来讲话。在现代信息化的社会里，依靠专家智囊的研究是社会进步的必然。我们社科院就是这样的研究机构。

第二，研究双边关系，实际上是研究外交。研究中美关系、中日关系、中俄关系等双边关系，实际是研究外交关系。研究外交，应处在外交旋涡之中、外交格局之中。研究外交主要研究其对每次重大事件的想法和做法。而且每次外交都有台上台下、幕前幕后的问题，有个演员和导演的关系问题。外交是现实的实际操作。我们有外交部、中联部，国外有上百个大使馆，那么多研究人员，有数万人，都在研究外交，我们院八个所也有相当力量在研究这方面的问题。

第三，研究人家想干什么，怎么干。我们可不可以建立美国学、日本学、欧洲学、德国学、法国学、俄罗斯学，还有联合国学、世贸组织学、世界银行和世界货币基金组织学？这就是对象学。我们需要许多美国问题专家、日本问题专家、俄罗斯问题专家等方面的专家。在美国问题专家中，又需要有专攻某个方面的学者，如美国史专家、美国经济专家、美国政治专家、美国文化专家、美国社会专家、美国宗教专家等。总之，我们需要有个群体来构成完整的美国学。知道了美国是什么以后，还要知道美国想要干什么，因为知道它的过去和现状，就可以知道美国未来想干什么，还可以知道它怎么干。知彼知己，这是我们的任务和优势。

我们的任务是造就"美国通"、"日本通"等通晓对象国情况的专门人才。如果有一些人长期研究美国、伊拉克、沙特、科威特，就能对海湾战争提出自己的看法。如果没有长期跟踪研究，做基础性工作，你就说不清楚。报纸、广播、新闻，别人都有，仅靠这些搞研究是不够的。新的世界，不能没有新东西。我们应该做些什么？如美国所编写的《美国学》，十卷、二十卷，搞个中国人写的《美国通史》，写当代史、近代史。每年还要出本中国人编的《美国年鉴》。年鉴是必读之书，这本书本身就是深入研究的成果。各个国家的年鉴每年出一本。通史要出系统的，年年代代传下去，永不断章。这样，学科基础就建立起来了。

　　未来三至五年或五至十年内把国际大问题好好搞一搞，要搞基础性的东西。中国人写出世界各国年鉴，要成为中国人研究世界问题最权威的著作。现在不求全，重大问题能写清楚就不错。还可写各种专论、专著。这样，把我们的学科建设、课题研究、对象国的整个知识体系都建立起来。在此基础上再提出问题和进行深入研究。针对国际事务的重大风云变幻，我们有一批学者可以提出好的意见。这就是社科院的特色。

注释：

[1] 朝鲜战争，亦称抗美援朝战争，1950 年 6 月 25 日始，1953 年 7 月 27 日签署停战协定，朝鲜与韩国开战后，美国、中国、苏联等 18 个国家不同程度地卷入，这场战争是第二次世界大战之后冷战中的一场"热战"。1953 年 7 月 27 日签署《朝鲜停战协定》，由于参战双方签署的是停战协议而非和平协议，从技术上来讲，这场战争尚未结束。2009 年 5 月 27 日，朝鲜单方面宣布不再遵守 1953 年所定下的停战协议。

[2] 东西问题，是指大多数地处东半球的社会主义国家和大多地处西半球的资本主义国家之间的政治、经济及意识形态等方面存在的问题。特指"二战"后到 20 世纪 80 年代末，以苏联为首的华沙条约组织和以美国为首的北大西洋公约组织之间的军事对立。20 世纪 80 年代末 90 年代初，东欧社会主义国家发生剧变，苏联解体，标志着以美苏矛盾为代表的东西问题的终结。

[3] 南北问题，也称南北关系，是指发展中国家和发达国家之间的经济关系。由于发展中国家大多数位于南半球，故称为"南"；而发达国家大都在北半球，故称为"北"。为了解决发展中国家与发达国家之间的经济关系所进行的谈判或"对话"称为"南北对话"。

[4] 雅尔塔体制，又称"雅尔塔格局"，是指第二次世界大战后美苏"两极"划定势力范围而形成的一种对立的国际政治格局。它是由美、英、苏三国首脑在 1945 年 2 月雅尔塔会议和同年 7—8 月波茨坦会议上所通过的有关协定确定的。这两次会议把世界划分为两个对立的阵营，初步确立了战后的国际秩序。东欧剧变，雅尔塔体制的基础动摇。两德统一，标志着雅尔塔体制的结束；苏联解体，宣告其彻底崩溃。

[5] "冷战"：指第二次世界大战后，美苏两个超级大国及其盟国之间除军事冲突以外，在政治、经济和宣传等方面所进行的全面对抗，这种对抗后来演

变为双方所采取的敌对政策。

[6]"一国两制"，是"一个国家，两种制度"的简称。参见《邓小平文选》第3卷，人民出版社1994年版，第49、58、73页。

[7]《马克思恩格斯选集》第2卷，人民出版社1995年版，第33页。

我们的时代责任[*]

(1998 年 10 月 9 日)

今年 3 月，中央决定让我到社科院来工作，我当时的心情和刚才几位新班子成员所表达的心情一样，深感责任重大；同时我也多次表示，将竭诚努力，为办好社科院服务。我来之前，江总书记、锦涛同志专门嘱咐一定要把社科院办好。中央的这一要求，就是我们新一届党组必须为之努力奋斗的任务。

下面我讲三点意见。

一　半年来的主要工作

到院半年来，我主要做了两件工作：第一件是调整院、所两级领导班子；第二件是起草向中央汇报的提纲和意见，目前已有了一个初步结果。

关于向中央汇报的提纲和全院大会的工作报告，是集全院特别是院、所两级班子的共同努力完成的。汇报提纲和工作报告，总结了社科院建院 20 年来的工作，也提出了面向 21 世纪，为实现社会

---

[*]　这是李铁映同志在中国社会科学院现职所局级干部会议上的讲话。

主义现代化建设，实现中华民族的全面振兴，我院在社会科学领域的任务。这两个稿子还要进一步征求大家意见，使之能充分体现中央在新时期对社会科学工作的基本要求。

关于调整院、所领导班子，从 1996 年届中考察就已开始酝酿。近半年的工作，就是与中组部、中宣部研究院、所两级班子的调整。这次调整，体现了中央的要求，即年轻化、革命化、知识化、专业化。在酝酿调整院领导班子过程中，前后谈话 170 多人。我和原党委的同志多次交换意见，中心就是谈如何建设一个跨世纪的领导班子。对所一级领导班子，从今年 2 月就开始全面地考察、研究，谈话有 1700 多人次。充分发扬了党内民主，是有群众基础的。在这个基础上，院里又分几个层次，进行了研究，最后党委研究通过，现已上报。

这两件事，都是直接关系到今后我国社会科学发展及社科院工作的大事，办好了，就为今后我院工作创造了基本的条件。我相信新班子在党中央和国务院的领导下，在社科院广大研究人员和全体职工的共同努力下，一定能把社科院办好。

二　充分发扬优良传统

五年来，上一届院党委做了大量工作，为社科院的建设和发展付出了很多心血。对这届班子，江总书记曾给予明确的指示："加强学习，总结经验，坚持理论联系实际，把中国社会科学院建设成马克思主义的坚强阵地。"按照这个指示，在胡绳同志、忍之同志的领导下，这届班子完成了中央交给的任务，交了一份合格的答卷。在这里，我代表全院同志向这届班子的同志，特别是向汝信[1]、滕藤[2]、刘吉[3]、永枢[4]同志表示崇高的敬意、诚挚的感谢和亲切的问候！

我认为，上一届班子的成绩，主要可以概括为以下几个方面：一是这届班子政治上是坚强的，始终与党中央保持一致。二是确定了新时期办好社科院的指导思想和具体办法。例如制定了把社科院"建设成为学科布局合理而又重点突出的、人员精干而又高水平的、开放而又充满活力的马克思主义坚强阵地，以更好地为改革开放和两个文明建设服务，当好党中央和国务院的参谋和助手"的办院方针。三是组织了精品战略，调整了学科布局，推出了一批优秀的科研成果。四是实施了培养200名中青年科研人员和100名管理干部的人才工程规划，促进了一大批中青年干部的成长。五是创造和改善了物质条件。这几年的科研经费，经过院领导的努力和国家的支持，平均以18%的速度增长；建了7万平方米的住宅，初步缓解了我院职工住房困难的问题。六是进行了体制改革，调整了人员结构，使科研人员的比例从60%提高到70%。

原班子所做的上述工作，为我们进一步办好社科院打下了很好的基础。

三　新一届院党组的态度和任务

我代表新党组谈几点认识。首先谈对社会科学工作重要性的认识问题。改革开放以来，中央领导同志对全国社会科学事业、社科院的工作做过多次指示，并在多种场合做了重要的论述。例如，改革开放初期，小平同志讲，科学当然包括社会科学；并尖锐地指出，我们自然科学落后了，社会科学（从可比的方面说）也落后了。小平同志讲这些话是有深远意义的，在当时条件下是一种"拨乱反正"。

从目前情况看，在实施"科教兴国"战略中，社会科学有它独特的、重要的、不可替代的作用。江泽民同志说，社会科学的方向正确与否、研究状况如何，关系到中华民族的兴衰和社会主义的命运；并指示我们，一定要把中国社会科学院建成马克思主义的坚强阵地。这些都是中央对社会科学工作的指导思想，也是办好社会科学院的重要方针。

新一届班子正值跨世纪之际，正值十五大以后，介于两个千年之间，可以说是任务繁重、情况复杂，面临一个新的发展时期。我希望新一届班子在全院同志支持下，为社会科学在21世纪的繁荣和发展创造一个良好的条件。这是中央对我们的要求，是我国人民在实现社会主义现代化、实现中华民族全面振兴的伟大进程中，对社会科学界的殷切希望，也是我们的历史职责。

上一届领导班子的老同志表现出了共产党员的崇高思想境界，在进退问题上，在对待党的事业和社会科学事业上，表现了高尚的思想和情怀。我们这一届新的班子，包括全院同志都应该很好地向他们学习，努力把今后的工作做得更好。

这里，我代表新党组的同志向大家表明四点态度：

第一，坚持以马列主义、毛泽东思想、邓小平理论，作为社会科学研究工作的指导思想。要高举邓小平理论的伟大旗帜，政治上坚定不移地与党中央保持一致。

第二，坚持民主集中制，做到"集体领导、民主集中、个别酝酿、会议决定"。所有重大问题，一定要努力做到决策的科学化和民主化。首先我们自己要尊重科学。同时希望院、所两级领导班子都应该坚持这样一个原则，使得我们的工作少一点失误，做得更好些。

第三，团结协作，勤政廉洁，尽职尽责，既治好院，又治好学。今后院、所两级领导班子，一方面要担起治院治所的职责，负起政治责任；另一方面要担起专家学者的责任，为发展、繁荣社会科学尽到学者的义务。

第四，当好学生，努力学习，成为学习理论，学习党的方针政策，学习社会科学、自然科学的模范。努力提高思想政治水平，提高思想境界，提高工作水平和能力。

我讲这四点，先征求大家的意见，是否也可以作为对新一届所局领导班子的要求，请同志们考虑。

我们这届班子，包括我在内，在能力、水平、资望等方面，与党和国家的要求，与社会科学界和全院同志的期望相比，都有相当差距，是基薄根浅呀！我们应该有这个自知之明。要领导好这么一个大党大国的社会科学院的工作，能够为中国社会科学的发展和繁荣做出贡献，乃至使中国社会科学院在世界社会科学领域中有自己的地位，能站在历史发展的潮头，确是一件十分艰难、复杂的工作。必须兢兢业业，谦虚谨慎，努力工作，不辜负党对我们的要求，不辜负社会科学界对我们的期望。

我在党组会上讲，我们这一届领导班子首先要当好"后勤部长"，为社会科学界服务，为社会科学的发展繁荣服务，为社会科学工作者服务，为出更多更好的成果、为培养更多的优秀人才、为出"大家"而做好后勤服务工作。之所以这样讲，是因为中央大政方针已经决定，并反复地多次阐明了，我们的任务就是贯彻好这些方针，做好服务工作，创造一个良好的社会科学研究的条件。

我到社科院来之后，反复地思考，大概有这么几件事情：最重要的原则是政治方向；最大的困难是物质条件；最重要的任务是出成果、出人才；最大的贡献是为我国的现代化建设、民族的振兴服务。总之，要为现代化建设、为21世纪中华民族的全面振兴，做出应有的贡献，努力交一份合格的试卷。为了完成时代赋予的光荣任务，希望全院同志不断对我们的工作提出批评建议，帮助和支持我们。大道至简，贵在实行。道理就是如此，多讲也无益，主要是看行动。

希望我们大家共同努力，在以江泽民同志为核心的党中央领导下，高举邓小平理论伟大旗帜，振奋精神，把中国社会科学院办好，为发展和繁荣社会科学做出应有的贡献！

注释：

[1] 汝信同志，1931年生，江苏吴江人，中国当代美学家、哲学家。1948年加入中国共产党。1949年毕业于上海圣约翰大学。1957年中国科学院哲学研

究所研究生毕业。后在哲学研究所从事研究工作。1985—1998 年，任中国社会科学院副院长。著有《西方美学史论丛续编》，合著《黑格尔范畴论批判》等。

[2] 滕藤同志，1930 年生，江苏江阴人。1948 年参加中国共产党，1951 年毕业于清华大学并参加工作。1985 年开始，历任中国科学院副院长、中国科技大学校长、国家科委副主任、国家教委副主任等职。1993 年当选为全国人大常委。1989—1991 年任联合国教科文组织执行局委员，1991—1993 年担任联合国教科文组织副主席，1995—1997 年为亚洲社会科学联合会主席。著有《核燃料后处理萃取工艺研究》、《金属溶剂萃取过程的热力学研究》、《化工热力学》等，译有《萃取化学》等。

[3] 刘吉同志，1935 年生，安徽安庆人。曾任上海市科学学研究所研究员、副所长，上海市委宣传部副部长，1993—1998 年任中国社会科学院副院长。

[4] 永枢同志，即龙永枢，广东顺德人，高级经济师。1950 年 12 月报名参加中国人民解放军军事干部学校入伍，1953 年加入中国共产党。曾任中国城市经济学会副会长、《中国城市经济》杂志编委会主任。1992—1998 年在中国社会科学院任秘书长、副院长、党委副书记等职。

几个国际问题[*]

（1998 年 12 月 10 日）

　　刚才各所的同志谈了许多很好的意见，听了以后很受启发。我主要谈两个问题：一是课题问题，二是体制改革问题。

　　首先，谈谈研究课题。最近，我和一些同志谈到，有一些大的课题提出来供大家参考。

　　第一，关于苏东问题的研究。

　　一个是苏共党史。从 20 世纪 60 年代到苏联解体，我们对苏联共产党党史的研究不够系统，有过中断。新中国成立前，我们没有研究苏联共产党史，新中国成立后也没有很好地研究。当时也不具备这样的条件。但是，苏联共产党九十多年的历史及其发展，是国际共产主义运动中的大事。我们讲马克思主义，讲国际共产主义运动，讲共产党的发展历史，就必须研究苏联共产党的历史。当年中苏论战中，我们对苏联共产党有一些认识是不正确的。苏联解体后有一个问题，一个有一千五百多万党员的执政党，怎么瞬间就瓦解了呢？这个执政党，我们要很好地研究，包括其理论、哲学、党的组织。

----

　　* 这是李铁映同志在中国社会科学院国际片所级干部会议上的讲话。

另一个是苏联历史。从 1917 年诞生，到 1991 年解体，历经 74 年，经过了几个历史阶段。我们对苏联历史的系统研究很不够。我的意思是，新中国成立前我们没有系统研究苏联史。20 世纪 60 年代后，对苏联问题的看法也有点偏颇。苏联作为第一个社会主义国家，其七十多年历史的兴衰，是很大的事情，也是带有世界意义的事情。十月革命和苏联解体是 20 世纪最大的事件之一，具有全球性的影响。还有新俄罗斯史，即 1991 年后的俄罗斯史，当然不一定包括苏联的独联体国家。每年都应出新俄罗斯年鉴，这是当前最紧迫的任务。如果说搞现实研究，那就是一年一年地对俄罗斯进行研究。我和我国前驻俄大使李凤林[1]专门谈过这个问题，他很赞成。建立新俄罗斯学，这是一个题目。

第二，关于苏联档案特别是涉及我国部分的翻译。

我看到最近出版的《突厥史》。这是我们社科院很多学者的贡献。对突厥的地理概念和突厥民族、突厥语系等，提出了一系列很有说服力的见解。如果没有基础研究，应用研究也拿不出像样的成果来。中央也很重视这个研究。苏联档案的翻译量很大，是否采取"先重点后全面"的方法，逐步系统地进行这个研究？

第三，关于日本史。

一个是日本军国主义问题。从明治维新以后，特别是甲午战争以后，日本逐渐走上军国主义道路。现在中日关系中一个争论的问题就是，日本人不承认其军国主义历史。德国人承认其法西斯主义史。我们应该写日本军国主义史，就像《第三帝国的兴亡》那样的巨著，而且要运用最翔实的、公开的和非公开的、官方的历史资料，全面反映日本军国主义史。现在需要中国人写一部日本军国主义史。

关于日本侵华史。至今的研究很多，很有成效。现在要写的是，日本军国主义政府，日本政治、军事、经济社会造成的这段侵华史，还包括在中国的罪行，即主要以日本档案为主的侵华史。最近，江总书记去日本访问，反复强调了要正确对待历史。现在需要一本非常翔实的、以报纸杂志公开发表的档案和美国、日本档案馆档案为基础的日本侵华史。

写日本侵华史，不能仅仅局限于日军在中国的暴行，而要站在国际问题和世界史的基础上来写日本侵华史。如果能写出来，那么对世界、日本、中国都有巨大的意义。为什么要谈这个问题呢？因为像南京大屠杀这样的一些历史档案，实际上也是近几年才从国际社会得到的。这说明在进一步挖掘史料的基础上，我们的研究还可以再深入、再提高。

第四，关于伊斯兰问题的研究。

这方面研究涉及民族、宗教和伊斯兰世界问题。当前世界上非常重视的问题就是宗教的发展，特别是伊斯兰教的发展。我们要研究整个阿拉伯世界的走向、宗教的发展及其将来在世界上的趋势。我们有阿拉伯史，但其中一些是西方人的写法。要从历史唯物主义的角度重新写一部阿拉伯史、伊斯兰史。结合阿拉伯国家，包括埃及、伊拉克、叙利亚等国的变化，从这个角度来分析阿拉伯世界的走向，世界对阿拉伯国家的插手及其引起的变化。要着眼于 21 世纪伊斯兰教和伊斯兰世界的发展。

第五，关于世贸组织和联合国、世界金融制度这三个大问题。

中国应有世贸组织、联合国、世界银行、国际货币基金组织方面的专家。我们对世贸组织的了解还很不够。它搞了很多组织、条约、法规，都是为什么？它为什么在几个方面制定条款？这些条款制约谁，对谁有利？有什么作用？要把这些游戏规则搞清楚，要研究这些游戏规则在制定过程中的问题和指导思想。现在看到的有关世贸组织的材料，多数是国外材料的汇编。

第六，关于欧盟问题和欧元。

实际上欧盟涉及欧洲地区国家主权的变化和新的一体化趋势。欧元作为经济的一极，也是政治的一极，涉及政治和经济新秩序的关系。

我提出上述题目的意思是，要去研究一些大的题目，这些大题目对国家决策有重大作用。没有好的题目，开题不顺，就不会有名震中外的著作。问题的提出就是成功的一半，关键是选好课题，题目的选择要与学科发展趋势联系在一起。任何研究机构对课题的选择都是很重视的。

其次，关于研究体制问题。这其中有八个方面的问题：

第一，经费问题。从社科院来讲有这么几个渠道：（1）国家财政拨款；（2）建立基金；（3）争取各种渠道的支持。国际片八个研究所，有四个研究所比较富裕，可以争取到外援；另外四个研究所比较困难，要多方筹措资金。

第二，人才问题。一是我们自己培养的人才留得住留不住的问题；二是采取兼职、客座教授合作研究的问题。如果体制束缚人才的发展，就要改革。如果人才队伍逐渐萎缩或弱化，则无法搞研究。没有活力的体制是不行的。

第三，国际合作，共同研究。国际上的问题仅靠我们坐在北京来研究是不行的。许多课题可以与国外的研究机构和学者共同来研究。对象国的研究，包括专题和年鉴，都要争取对象国的支持。我们还可以同研究机构、大学、政府乃至企业都建立起广泛的联系。看来对象国的研究仅靠我们这点钱、这套办法是很不够的，各个所要根据自己研究的对象来开拓新的国际合作，要多渠道地搞研究。

第四，研究所体制问题。我们现行的体制、政策不适应国际问题研究的实际需要。要相信我们的学者和专家。只有个别人违背我们的方针政策，做了有损国格、人格的事，不能因此影响整个科研队伍和多数人。现行体制的改革问题需要你们自己来研究，因为国际问题研究与国内问题不一样，你们要积极探索，提出建议。

第五，资料和统计材料问题。你们需要国内的资料，但更多的是需要国际的资料。我建议你们自己要打通对象国材料来源的渠道。可以采取多种方式，可以交换。要借船出海，搭别人的船。过去我们多与外交部门进行联系，现在恐怕更多地要同经济部门取得联系，探索一些新的方法。

第六，开放研究，实行客座研究员制度。特别是现在外交部的一些大使，他们有丰富的工作经验，又有语言文字工作能力，这是很大的人力资源，一笔宝贵的财富。改革就是要解决束缚我们的制度问题。我们应该借鉴国际上一些好的客座研究制度。

第七，杂志、学会、专著等问题。杂志和专著都是学术研究成果的形式或载体。国际片要把自己的杂志办成一流的杂志，把专著变成从事涉外工作和国际问题研究、教学的人离不开的案头卷、不可替代的参考书。一句话，有为就有位，有为有位就有财源支持，就会人才济济，兴旺发达。没有为就没有位，就只能萎缩下去。专家要有名气，研究所也要有名气。在这个问题上，专著、论文乃至一些通俗读物都要结合起来办，这样才有社会效益。如果几十万人都来读你的通俗读物，社会效益就大了。凡是涉及战略，涉及一些不同意见，特别是涉及外交政策的，可以与外交部商量，可以公开发表的就公开发表，暂时不能公开发表的就作为内部报告发表。

第八，改革的问题。创建符合社会科学研究规律、适应市场经济要求、为国家发展服务的现代科研院所的新体制，要靠大家探索、创造。没有实践是不行的。国际片的改革要从国际片的实际情况出发。社科院要建立现代科研院所新体制，就要围绕着出优秀成果、优秀人才进行改革。首先调整的是院的关系，即院与国家的关系、院与所的关系，而所内的问题主要还是要靠所长们来解决。正如企业改革不能完全靠国家，而要靠企业家和厂长来解决一样。研究所怎么搞，要靠所长和所党委。要实行院、所两级管理体制，加大所的权力，加强所的科研管理。但学术活动，横向联系应更加活跃。我院要建立学术委员会，来加强学术界的横向联系。

我就谈这两点：一是课题问题，二是体制问题，供你们参考。希望在今后，国际片的研究工作能在社科院的科研园地中开出朵朵鲜花。

注释：

[1] 李凤林，1935 年生于吉林省，曾就读于哈尔滨外国语学院和莫斯科大学，1958 年进入外交部工作，历任苏联东欧司处长、副司长，中苏谈判办公室主任，驻苏联使馆公使衔参赞、公使等职。1988—1998 年先后任驻保加利亚、罗马尼亚（兼驻摩尔多瓦）、俄罗斯大使。2008 年 10 月任外交部外交政策咨询委员会委员。

治学与治所 [*]

（1998 年 12 月 21 日）

这次所局领导班子的任命，标志着我院领导班子调整工作已经告一段落。对于这一次宣布的所局领导成员名单，我再做点解释。一是有的所没有党委书记，原因是原党委书记退下来了，而新的党委书记要按党章规定进行选举，暂由副书记来主持党委工作；二是有的所没有所长，原因是原所长退下来了，新的所长人选现在还不够成熟，先由党委书记负责主持工作。不过，这是个别情况。

关于成立学术委员会的问题。设立学术委员会的工作酝酿了半年左右。学术委员会成员是在征求各方面意见的基础上，针对我院工作实际状况而确定的，这对进一步发挥这些专家学者在学术上的作用，有重要意义。

这次院、所两级领导班子调整，都是按中央的要求进行的，用了一年左右的时间。其间，进行过多次酝酿、考核、征求群众意见。原院党委和这届院党组也进行过多次研究。上届院党委从今年 2 月就派出考察组对 51 个所局领导班子进行了考察，广泛地听取了各方面意见，谈话 1700 多人次，并且进行了民主测评，从而使所局领导

* 这是李铁映同志在中国社会科学院所局级干部会议上的讲话。

班子的确定有较为深厚的群众基础。本届院党组根据上届院党委的意见，又正式对 46 个所局领导班子进行了研究，对 112 位所局级干部进行了调整。调整后新班子最年轻的所长 42 岁，最年轻的副所长 34 岁，平均年龄为 49.9 岁，比调整前下降了 4.2 岁，比 1993 年换届后的平均年龄下降了 2.4 岁。新班子成员中有研究生学历的占 49.6%，比调整前上升了 12.7 个百分点。其中具有博士学位的占 24.1%，比调整前上升了 10.3 个百分点。新班子中女同志所占的比例，也上升了 3.1 个百分点；具有高级专业技术职务者与以前基本持平。从以上这些数字看，新班子的调整是符合中央方针的，也符合中国社科院的实际情况。

在这次调整中，由于年龄原因从领导岗位上退下来的老同志，多年来尽职尽责，为做好院、所两级工作贡献了自己的聪明才智，付出了大量心血，在我院的学科建设、人才培养、行政后勤管理等方面，做出了很大贡献。正是他们的工作，为我院在 21 世纪更好地出成果、出人才奠定了坚实的基础，创造了良好条件。我代表院党组和全院同志们，向他们表示诚挚的感谢！希望老同志离开领导岗位以后，继续发挥自己的聪明才智，为发展和繁荣人文社会科学，做出更大贡献，同时也希望他们保重身体。

这次成立的院学术委员会，是院一级的权威的学术评议和咨询机构。院学术委员会在院长的领导下，对学科发展趋势、科研规划、学科设置和人才培养等方面问题，进行研究，提出意见和建议。学术委员会在学术领域中要有更多的参与和发言权，充分体现"双百"方针在学术研究中的作用。以后，我院一些有关科研、课题、学科建设、科研规划、学术成果的评奖，乃至一些有争议的职称评定等问题，都要请学术委员会进行研究。在学术委员会研究的基础上，最后由院党组或院务会议做出决定。这是促使我们进一步按科学研究规律办事的一条途径，同时也是充分发挥专家学者作用的一项措施。首届院学术委员会成员主要是担任过所局或所局以上领导的资深学者、专家，其中大多数为已从领导岗位退下来的同志。这样，可以使现任实职的同志能更好地在其领导岗位上发挥作用。

充分发挥资深专家、学者的作用，不限于组织学术委员会这一种办法。学术研究方面，今后的课题设置也还要充分尊重老专家的意见。

这一届院、所两级领导班子是跨世纪的班子，肩负着重大的历史责任。我们设想，在今后 10 年或 20 年左右的时间里，中国社会科学院的战略目标为：一是要建设一批国际上知名的研究所；二是培养出一批享誉海内外的学术大家；三是推出一批对国家重大决策和学科建设具有重要价值的科研成果，把社科院建设成为以基础理论研究为依托，以宏观性、战略性、前瞻性研究为重点，以多学科综合研究为特长的全国人文社会科学最高研究机构，培养和造就社会科学高级研究人才及高质量管理人才的基地。

根据以上战略目标，社科院今后的任务是：

（1）加强基础理论研究。一个国家没有基础理论研究不行。一个国家要兴旺发达，一个民族要自立于世界民族之林，要保持长期持续的发展和稳定，没有理论的指导，是不可能有正确方向的，也不可能获得科学的依据和持久的精神动力。因此，中国社科院一定要承担起人文社会科学基础理论的研究重任，要出理论、出巨著，要成学派、成体系。

（2）在理论研究的基础上进行对策和应用研究。每当国家在发展中遇到重大问题、重大挑战和重大困难，以及在前进的方向上有重大调整时，社科院应在对策方面，提出一些重大建议，为国家的兴旺发达做出贡献。

（3）培养一批称得起社会科学家、人文科学家的学者。理论和学术大家是一致的。学术大家以其理论立于世，理论是以学术大家为代表而创立的。我国老一代的一些学术大家，在新中国成立前物质条件和社会环境都十分差的情况下，在中华民族遇到深重灾难的时候，在理论创新、学术研究方面尚能取得很大成就，有自己的学派，有自己独到的见解。我们今天面向 21 世纪，在具有更好的物质条件和社会环境的情况下，没有理由不造就一些大学者、大专家。

（4）要用正确的理论武装群众。我院人文社会科学工作者应担负起准确全面地阐述理论问题的历史重任。要给社会以正确的理论引导，而不是误导群众。中央的任何决策、政策要贯彻到群众中去，都需要这种理论引导工作。在这一点上，宣传邓小平理论和党中央、国务院的政策，坚定不移地和党中央保持一致，是一条重大原则，是政治纪律。

（5）按照小平同志的要求，担负起吸收、借鉴世界上一切文明成果的责任。纵观历史，世界上各个文明国家，都有吸收、借鉴域外文明成果的经历。在这一过程中，域外文明的成果都是靠学者，特别是靠人文社会科学的学者加以介绍，去粗取精，去伪存真，融入本国文明中来的。

要实现跨世纪的目标，完成历史性的任务，需要全院同志坚持不懈的努力。在这个时候，更要注重对各级领导干部的关心、培养和提高。办好中国社科院，不辜负党、国家和人民的期望，各级领导特别是所局级干部发挥着举足轻重的作用，担负着重大责任，面临着艰巨的考验。

新的所局领导班子成员，很多是新提上来的同志，他们在学识、年龄、精力等方面都有一定优势，但在政治、行政经验、领导能力、思想作风等方面，跟上一届老同志相比还有一定差距，尤其是从新形势、新任务的更高要求看，差距更大，需要不断锻炼和提高。江总书记对领导干部多次提出要"自重、自省、自警、自励"，因此，我们的干部一定要认识到自己所肩负的重大历史责任。

这里，我代表院党组对全院干部提出以下几点要求：

第一，要始终坚持以马克思主义、毛泽东思想、邓小平理论为指导，坚持党的基本路线。人文社会科学是研究人类社会自身发展规律的、研究社会自身发展中各种问题的，是认识社会、改造社会的理论，而我们自身又生活于这个社会、处身于一定的社会关系之中，这就必然有一个从什么人出发、为什么人的问题，有一个立场、观点和方法的问题。这是马克思主义唯物史观和认识论的基本观点。因此，人文社会科学研究总是存在一个指导思想的问题。我们的研究工作要始终坚持以马克思主义、毛泽东思想、邓小平理论为指导。我们的研究工作，从根本上说，就是为了实现中国的社会主义现代化，实现中华民族的全面振兴。

要坚持正确的指导思想，就必须加强学习，不断提高自身的理论水平和业务水平。最近党中央决定，在县以上干部中开展以"讲学习、讲政治、讲正气"为主题的"三讲"教育活动，党的十五大报告中专门强调在全党兴起学习邓小平理论的新高潮。对于我们全院的干部来讲，只有掌握了正确的理论，才有正确的思想和行动，才能办好中国社会科学院，繁荣和发展人文社会科学。

最近院党组在研究工作时特别强调要加强党组自身的学习，全院各所党委的重要工作也是学习。因为我们是研究机构，不同于政府行政机构，也不同于企业。我院党的工作，更重要的是认真领会党的方针、政策，在思想上、政治上和中央保持一致，其中学习有着特殊的意义。在做好院、所两级党的各项工作中，学习要摆在十分突出的位置。不学习，就不能坚持正确的政治方向，也就不能坚持正确的理论方向；不学习，人文社会科学的研究工作就可能出现偏差。

坚持马克思主义，要很好地贯彻"双百"方针，坚持"解放思想，实事求是"的思想路线。我到社科院任职后，深感思想解放的任务还是很重的，感到我院有很多工作不够活跃，缺乏活力。在和一些学者讨论学术问题时，我发现一些人眼界还不够宽，胆子还不够大。归结为一条，就是思想不够解放。不解放思想，就无从谈发展和繁荣社会科学，更谈不上发展马克思主义，也不可能在理论和对策方面为我国社会发展做出重大贡献。

解放思想和实事求是是统一的。小平同志提出"解放思想，实事求是"是对马克思主义世界观和认识论的丰富和发展。不解放思想，不可能实事求是；不实事求是，就不是真正的解放思想。对社会科学院来讲，不能只看成果的数量，只看出版了多少部著作、发表了多少篇论文，关键是成果的质量和水平，要看专著、论文的水平如何，是否提出了有价值的问题、是否真正解决了问题。

这些年来社科院的研究成果从数量上看，洋洋大观，十分显赫，但水平如何，要做分析。再过五年或十年，如果哪个所能够在一个重大理论问题上或一个重大对策问题上有所建树，有所突破，为国人乃至世人所称颂，或者能培养出一个或几个可以向国内外宣传的大专家、大学者，就说明该所的工作了不起。院里的工作就是要支持这样的理论研究和对策研究，支持这种人才的培养工作。

要全面地创造各种条件使优秀人才"成家"、"立说"，这应成为我院的风气，而不能有所顾忌。如果说在经济生活中允许一部分人先富起来，从而实现共同富裕，那么在科研领域，就应支持那些全身心搞学术研究的学者，帮助他们成为"学术大家"、"学术名人"。没有学术"大家"、"名人"，社科院自身的价值就无从体现。

从我院的实际情况看，从一定意义上讲，"出成果、出人才"就是坚持马克思主义，就是为中国的兴旺发达做贡献。没有能够促进我国社会发展、中华民族振兴的理论，没有能为实现有中国特色社会主义服务的理论，就谈不上坚持正确的政治方向。当然，这里所说的成果，必须是反映了客观规律的，能对社会发展有所贡献的。

人文社会科学研究有其自身的规律，特别是基础理论研究成果的价值，很难用商品价值来衡量，也不可能通过市场上的供求关系来反映社会对它的需要。基础理论研究成果，无论是社会科学还是自然科学，其学术价值与市场上的商品价值经常是很不一致的，学术价值很高的成果，在市场上可能完全没有销路或销路不大。在市场经济条件下，靠基础理论研究成果到市场上去赚钱发财恐怕很难。这是在市场经济条件下发展人文社会科学，特别是基础科学研究所遇到的新情况、新特点，我们这一届领导班子要很好地重视和研究这种新情况、新特点，要及时总结在市场经济条件下发展人文社会科学，特别是基础理论研究方面的经验教训，要尽力为出优秀成果、出优秀人才排忧解难。

第二，要坚持民主集中制，坚持团结。科研管理不同于行政工作，更不能采取个人决断的办法，而要通过集体讨论、集思广益的办法来完成。在院一级决策问题上，我多次谈到，社科院的科研管理及其他各项工作要实行决策的科学化、民主化。发扬社会主义民主、依法治国是我们的重大国策，如果我院不能实现决策的科学化、民主化，就与社科院作为高级研究机构的身份不符。

从科研工作的规律看，一项重大科研成果的完成，往往需要五年、十年乃至更长的时间，其间各项工作环环相连，都是按照一定的程序完成的，这就很需要管理工作的规范化、制度化。而规范化、制度化进一步就是法制化。学术工作要更多地发扬学术民主。在这方面，院、所两级领导班子要相互监督，真正做到决策的科学化和民主化。没有这样的气氛，就不利于"双百"方针的实现，也不利于调动广大科研人员的积极性。

不坚持决策的科学化和民主化，也不利于团结。团结既是一个原则，也是一种能力，又是一种品德。在社科院没有什么理由搞不团结。如果大家都在倾心研究自己的学术问题，所产生的无非是学术观点的不同，而这并不影响团结问题。过去有一种说法叫"文人相轻"，我认为应改为"文人相亲"。今后各所局要把团结作为一个原则，作为一项任务，一定要搞好。特别是党委要把维护领导班子的团结作为一项主要原则。

我来院以后发现个别所局班子有不团结现象，其实并没有什么原则上的意见分歧，大多数是自我修养、锻炼不够的问题，同时也与一些干部在决策中违背民主化、科学化原则有关。实践是检验真理的唯一标准，当然，这里所说的"唯一"是在"归根结底"的意义上说的。任何人都不掌握裁判科学、裁判真理的权力。领导干部只能做正确的决策，而不能做真理的裁判。希望调整后的院、所两级领导班子都建成团结的班子，团结才能奋进，才能出成果、出人才。

第三，要治学、治所"双肩挑"。本届领导班子的组成就是按这个原则配备的。我来院里之后听到两种意见：一种意见希望"双肩挑"，另一种意见认为"双肩挑"影响了学术研究。对这个问题我征求过很多人的意见，因为我本人就是搞科研出身，过去也曾遇到和思索过这个问题。一个大学者，能够治学，也可能创立一个学派，可能影响一批人，甚至影响一代人、几代人，为什么不能在创立理论、创立学派过程中带起一批人来？严格地讲，要创立一种新的理论，创立一个学派，一个人是不够的，只有通过一批人的努力，才能完善一种理论，才能形成一个学派，才能形成理论体系。

国内外一些大学者，都有通过理论建设组织起一批人的能力。在古代如孔子、苏格拉底[1]等人，都既是大学者又是大教育家，甚至还是大社会活动家。现代如郭老，既是大学者又担任科学院院长，在院长岗位上始终没有脱离学术研究。治学和治所并不是矛盾的。我要求院领导包括我本人都要做一些研究工作，希望各所领导都能著书立说、自成一家。

"治学"与"治所"并不存在不可调和的矛盾，关键是怎样正确处理两者的关系。从我院实际情况看，一批老专家、学者从领导岗位上退下来了，过去他们也是"双肩挑"的。对有些不愿担负行政职务的同志，也不要强求，应充分尊重他们的个人意见，让他们全心全意地治学。这里要强调的是，既然当了所局领导，就必须"双肩挑"，不能做"飞鸽牌"，不能"在其位不谋其政"。治所、治学相辅相成，关键在于如何做。希望大家处理好治所与治学的关系，既当好所长，又当好学者。

处理好治学、治所两者的关系，会更有利于出理论、出"大家"。各所党委、所务会议要很好地研究如何做好"双肩挑"。如果我们的所长和党委书记都是不学无术的人,"无论"、"无说"、"无著",就无法领导和组织好全所的科研工作。难道我们的所领导要由一些无学术水平、无著作、无理论的人来担任?我看这不符合社会科学研究工作规律。希望各所领导横下一条心,把"双肩挑"搞好。

当然,也不应否认"双肩挑"对搞学术研究会产生一些不利的影响,做领导工作毕竟要付出一些心血,占用一些时间。对此,各所要结合自身实际,摸索、建立一套规范化的工作制度。对这个问题院一级领导也在探索中,什么时间搞学术研究,什么时间处理事务性工作,要有制度性的安排。对所长们来说,实行"双肩挑",担子肯定是重了。这里顺便提一下,从长远讲应实行"任期制"。现在三四十岁的所级领导要不要连续干20多年?我看不一定。也可以在所领导岗位上干一两届后退下来,专心搞学术,换其他有能力的同志到所领导岗位贡献聪明才智。

今后,考核所级工作的最重要的标准,是出成果和出人才。这两条硬指标也是考核全院工作的重要标准。这是"发展是硬道理"在社科院的体现。没有这两条,其他考核就是空谈。不能实现这两条,其他工作再好,只能是浪费了财力、人力。因此,一切工作必须围绕出成果、出人才去开展。这个关系处理不好,人才流失了,课题搞不下去,成果出不来,研究所就要"破产"。

第四,坚持改革,创造良好的物质条件、体制环境和研究氛围,在探索中建立现代人文社会科学体制。这一体制的核心,就是出成果、出人才。出成果、出人才要有一定的物质条件作为保证,而经费问题是社科院近年来面临的最困难的问题。但是,也要清醒地认识到,经费问题并不是唯一重要的因素,有了钱也不一定必然能出好的成果,出"大家"。过去,我国老一代学术"大家"所面临的条件并不比现在好。我们现在研究问题的政治环境、学术环境都比过去好。目前,各所的物质条件正逐步得到改善,今后会越来越好。物质条件越好,对各所的要求也会更高,所领导的责任将更大,这就要求必须拿出更多更好的成果来。

吃"大锅饭"是我们需要解决的另一个重要问题。平均主义显然是不利于出成果、出人才的。但社科院要打破平均主义也不是一件容易的事。目前我院平均主义现象还比较严重，主要体现在不能给那些基础好、能潜心研究学术的人以更多的支持。今后制定各项政策都要倾向于出成果、出人才，这是我们的任务。干与不干、干多干少、干好干差都吃一样的饭，是养人制度，而不是养士制度。无成果，何谓士？

所谓"出人才"，一方面是指出学术"大家"；另一方面是指"人尽其才"，要根据每个人的专业水平、特点和能力，合理配置，科学使用。在这方面，要有明确认识，要做深入细致的工作。通过建立合理的体制、机制，调动起大家的积极性，挖掘出现有的潜力。社科院的各项改革，要有利于解放全体职工特别是科研人员的生产力。各所更要以人为本。人才难得，要十分珍惜、尊重人才。

要坚持改革。社科院曾经为我国经济体制改革提出过很多好的建议，应当说有条件把自身的改革搞得更好。从院一级来看，我们已着手进行了一些改革或做了一些与改革相关的工作：一是由党委改为党组；二是正在实行院、所两级管理体制，这也是一项重大改革，主旨是更多地依靠和调动所一级的积极性；三是建立院学术委员会；四是正在进行与科研工作相适应的体制改革的研究。主要包括经费投入体制改革、科研体制改革，以及住房、养老、医疗体制的改革，人事制度的改革。改革的目标，主要是探索建立一套在社会主义市场经济条件下，符合社会科学研究规律的现代科研院所新体制。今后，院党组要着力把院的体制改革和管理工作搞好；所的体制改革和管理工作，主要靠所党委和所长。各所规模和学科不同，情况千差万别，到底采取什么样的制度，所要根据院里的总体要求，结合本所的实际情况拿出切实可行的办法。相信将来各所体制会各有特色。

上面提出了四点要求，也是四项任务。能不能完成这四项任务，关键要看我们的工作。总之，要加强团结，面向未来，使各项工作出现一个新的局面。1999 年即将到来，祝同志们新年好！

注释：

[1] 苏格拉底（公元前 469—前 399），古希腊的著名思想家、哲学家、教育家，他和他的学生柏拉图，以及柏拉图的学生亚里士多德被并称为"古希腊三贤"，更被后人广泛认为是西方哲学的奠基者。

新世纪的机遇和挑战[*]

（1999 年 1 月 17 日）

极不平凡的 1998 年已经过去。在过去的一年里，全院科研人员、干部职工，做出了很好的成绩，付出了辛勤的劳动。在此，我代表院党组、院务会议，向全院同志表示亲切的问候！

我们这次工作会议的主要任务，是总结多年来建院建所、繁荣和发展哲学社会科学的基本经验，分析、展望 21 世纪哲学社会科学面临的历史任务，研究、制定我院跨世纪的发展目标和办院思路，安排、部署 1999 年的工作。

去年 3 月，我来社科院工作之前，江总书记和胡锦涛同志找我谈话，指示"一定要把社会科学院办好"，这是中央对我院的殷切期望，我深感责任重大。来院后，我做了一些调查研究工作，召开了多种形式的座谈会，听取了各方面同志对办好社科院的意见和建议。总的感觉是：面对新的形势和任务，社会科学研究十分重要；20 多年来，在胡乔木[1]、马洪[2]、胡绳同志的主持下，社科院的各项工作取得了显著的成绩；全院同志对办好社科院、发展和繁荣哲学社会科学有着强烈的愿望和许多很好的意见，这些都是把社科院办得更好的前提条件和良好基础。当然，我也了解到我院工作的某些薄弱环节，以及制约我院发展的一些不利因素和困难。

---

[*] 这是李铁映同志在中国社会科学院 1999 年工作会议上的讲话。

　　为了贯彻十五大报告中关于"积极发展哲学社会科学"的精神，落实江总书记和胡锦涛同志的指示，根据党中央、国务院提出的"科教兴国"战略和 21 世纪社会科学面临的繁重历史性任务，院党组（党委）和院务会议对我院当前的工作和今后的办院思路，多次进行研究，并广泛征求了专家、学者的意见，形成了一个初步的设想，准备以汇报提纲的形式向党中央、国务院请示。今天，我代表院党组和院务会议，就今后办院的思路、办院的设想谈几点意见，提请大家讨论。

一　21 世纪我国社会科学必须有一个大的发展

　　即将过去的 20 世纪，人类社会虽曾经历了两次世界大战的摧残，但所取得的发展仍然超过了以往任何一个世纪。在这 100 年中，世界殖民主义体系全面崩溃，广大发展中国家迅速崛起，科学技术突飞猛进，人类社会获得了巨大的发展；马克思主义关于人类社会发展规律的学说，马克思主义关于科学社会主义的理论，在俄国十月革命胜利后付之于实践：诞生了社会主义制度和社会主义国家，开创了人类在实践中探索社会主义实践模式的历史新纪元。

　　走向 21 世纪的人类社会，正经历一场更加广泛而深刻的变革。世界的发展、中国的发展都处于一个关键时期，相应的，马克思主义的发展、社会主义的发展也处于一个关键时期。历史经验表明，每当社会发生重大变革的时期，作为人类认识世界、改造世界和发展人类自身的一种强大手段，社会科学就显得特别活跃，它的各项社会功能也随着社会的进步与发展而日益增强。恩格斯说："一个民族想要站在科学的最高峰，就一刻也不能没有理论思维。"[3] 正如列宁所指出的，只有以先进理论为指南的党，才能实现先进战士的作用[4]；也正如毛泽东同志所说："指导一个伟大的革命运动的政党，如果没有革命理论，没有历史知识，没有对于实际运动的深刻的了解，要取得胜利是不可能的。"[5] 中国的发展需要哲学社会科学的大发展、大繁荣，中国应该成为文化大国，应该成为哲学社会科学发达繁荣的大国。否则，就不可能实现中华民族的全面振兴，也不可能建成富强、民主、文明的社会主义强国。

马克思曾经说过，每个时代总有属于它自己的问题，准确地把握并解决这些问题，就会把理论、思想，把人类社会大大地向前推进一步。"问题却是公开的、无所顾忌的、支配一切个人的时代之声。问题是时代的格言，是表现时代自己内心状态的最实际的呼声。"[6]社会科学的地位和作用，从根本上说，取决于它把握、理解和解决时代重大课题的程度和水平。面向21世纪的中国社会科学，必须紧紧把握世纪之交乃至下个世纪人类面临的重大问题，特别是我国社会主义现代化建设过程中出现的重大问题，在对时代重大问题的灵敏反应、准确把握和科学解答中构筑生长点，为我国的改革开放和发展，为人类的发展和进步做出应有的贡献。积极发展哲学社会科学是时代发展的客观需要。

下面我想从三个方面谈谈这个问题。

（一）国际形势的新变化，对面向21世纪的社会科学提出了具有战略意义的紧迫任务

和平与发展是当今时代的两大主题。政治多极化、经济全球化趋势日益增强，科学技术和知识经济迅速发展，社会主义事业在曲折中前进，这是世纪之交乃至下个世纪前期的主要特征。

"冷战"结束以后，世界多极化趋势反映了国际政治力量对比的深刻变化。多极化趋势的发展有利于世界的和平、发展和繁荣。但是，霸权主义、强权政治[7]的威胁仍然存在。世界是朝着多极化还是单极化方向发展，成为国际政治斗争的焦点。建立国际政治、经济新秩序，实质上就是关于世界向何处去这个总问题的集中表现。如何推动建立公正、合理的国际政治经济新秩序，维护世界和平、稳定与繁荣，已经成为当代世界所面临的具有战略意义的重大课题；如何为我国的经济社会发展争取更为有利的国际环境，自然也就成

为走向21世纪的我国社会科学所面临的重大历史性课题。

经济全球化的趋势日益加深，国际经济合作和竞争出现了新的态势。随着经济全球化趋势的发展，资本在全球范围的流动空前加快，各国，特别是发展中国家的经济安全成本急剧增长。面对这一新的复杂形势，迫切需要制定与新形势相适应的公正、合理的国际贸易与国际金融运作规则和机制。这就提出了一系列亟待探索和解决的重大理论和战略问题。例如，深入研究WTO多边贸易谈判机制和国际贸易争端解决机制，WTO内部不同类型国家间利益关系的调整规则；科学地认识国际金融的历史、现状和趋势，探索国际金融、国际资本的流动规律，以便为制定我国国际贸易战略、国际金融战略和国家金融体制改革与发展战略，有效地防范和化解金融风险提供理论依据等，就是我们社会科学工作者所必须着力解决的重大时代课题。

科学技术突飞猛进，知识经济迅速发展。江泽民同志最近强调指出："当今世界，科学技术突飞猛进，知识经济已见端倪，国力竞争日趋激烈。"[8]21世纪经济的发展，比以往任何时候都更加依赖知识（自然科学知识、社会科学知识和工程技术知识）的生产、扩散和应用。未来的经济乃至综合国力的竞争，将集中体现为科学技术的竞争、经济知识化程度的竞争。我国是一个发展中国家，科学技术相对落后，知识经济刚刚启动。为了缩短差距，我们必须对现代化道路进行深入研究，充分发挥后发优势，将建设国家创新体系作为提高国家竞争力的重大战略措施。

国家创新体系不仅包括自然科学研究的突破、工程技术的创新，而且也包括机制的创新和思想观念的更新。知识经济的发展，对走向21世纪的人类究竟意味着什么？处于社会主义初级阶段的中国，如何应对知识经济的机遇和挑战？我们必须对这些问题进行深入研究，做出真正有说服力的科学说明、科学预测，拿出既反映时代水平又能代表中国人自己声音的理论著述。

社会主义事业在曲折中前进。20世纪最伟大的历史性事件，是社会主义制度的诞生。社会主义制度产生后，显示出了巨大的优越性和强大的生命力，经受住了世界资本主义的封锁，特别是法西斯势力发动的第二次世界大战的严峻考验。任何新生事物的成长都不可能一帆风顺，作为人类历史上崭新的社会制度——社会主义制度也不例外。由于各种主客观原因，80 年代末 90 年代初，东欧剧变，苏联解体，世界社会主义遭受严重挫折。但这并不表明，社会主义必然代替资本主义这一历史发展的总趋势将会改变。我国的改革开放，建设有中国特色的社会主义所取得的举世瞩目的成就，便是历史的证明。

社会主义在一些国家遭受的挫折倒是表明，在经济相对落后的国家里，如何通过改革经济体制，集中力量发展社会生产力，改善人民生活；以及如何发挥社会主义制度的优越性，把社会主义建设与当代科技革命的潮流结合起来，在同当代资本主义的激烈竞争中不断发展、壮大社会主义，对现实的社会主义来说，始终是一个艰巨的历史性课题。正如邓小平同志深刻指出的："一些国家出现严重曲折，社会主义好像被削弱了，但人民经受锻炼，从中吸取教训，将促使社会主义向着更加健康的方向发展。"[9]

历史经验说明，每当共产主义运动处于低潮的时候，往往是马克思主义孕育着新的重大发展，从而为未来的共产主义运动的新高涨进行理论准备的时候。"伟大的阶级，正如伟大的民族一样，无论从哪方面学习都不如从自己所犯错误的后果中学习来得快。"[10] 人类在 20 世纪积累了极为丰富、宝贵的社会主义建设成功的和失败的经验，这些经验构成了人类社会进步的经验宝库中的最新内容。科学地总结正反两方面的经验，进一步明确现实社会主义的方向和道路，必将推动世界社会主义的健康发展。

面对世界形势的新变化、新趋势以及由此产生的新问题，中国作为最大的发展中国家，其社会科学工作部门必须加强国际问题的基本理论研究，为国家制定国际战略和对外政策、争取一个良好的国际环境尤其是周边环境提供理论支持；必须深入研究世界经济的新变化对我国经济发展的影响，为制定21世纪中国经济社会发展战略提供理论依据；必须深入研究知识经济自身发展的规律，研究知识经济引起的生产方式、生活方式、社会结构、组织管理方式和价值观念的变革，为我国迎接知识经济时代的挑战提供理论准备；必须运用马克思主义的立场、观点和方法，准确地把握时代的基本特征，科学分析当代资本主义的新特点，深入总结20世纪社会主义建设中的历史经验，坚持、丰富和发展邓小平理论，为把有中国特色的社会主义事业全面推向21世纪，做出新的历史性贡献。

（二）继续开拓有中国特色的社会主义事业，对面向21世纪的社会科学提出了一系列深层次的重大课题

从现在起到下个世纪前十年，是我国改革开放和现代化建设的关键时期。在这个关键时期，我们要确立、完善社会主义市场经济体制，实现国民经济工业化、信息化；要建设社会主义民主法治国家，保持社会稳定；要维护祖国统一；要在新与旧、东西方文化和价值观念的剧烈撞击中，繁荣有中国特色的社会主义新文化，实现中华民族的伟大复兴。

在这个过程中，我们不可避免地会遇到各种困难和风险，包括可以预料的和难以预料的，来自国内的和来自国外的，经济生活中的和社会政治生活中的。这就格外需要社会科学工作者以高度的责任感，探索有中国特色的社会主义经济、政治和文化发展的具体规律，以推进改革开放和现代化建设不断走向深入；需要用共同的理想、目标、价值观念凝聚全国人民，激发他们的聪明才智和创新精神；需要充分发挥社会科学的科学解释和预测功能，充分发挥理论的指导作用。

建设有中国特色的社会主义，是一项前无古人的伟大事业。正因为如此，任何重大决策都必须建立在科学研究、充分论证的基础上。对于一个无产阶级政党来说，理论上的成熟历来都是政治上成熟的基础。政治上成熟的一个显著标志，是每当重大历史转折关头，党能够适时地做出科学的决策，以指导人民群众的实践。而这就需要正确地总结历史经验，从社会生活纷繁复杂的现象中，把握社会发展不同阶段的本质，科学地揭示历史发展的客观规律；需要综合运用哲学社会科学各学科的知识和方法，科学地认识不断变化着的实际情况，充分发挥理论的反馈作用和超前作用，为决策提供科学依据，从而提高实践活动的自觉性、预见性和有效性。共产党人就是靠马克思主义、靠哲学社会科学来认识世界、改造世界的。历史经验表明，没有高度发展的哲学社会科学，不可能实现现代化，更不可能建设现代化的社会主义。

在改革开放20年伟大成就的基础上，党的十五大提出，把我们的事业全面推向21世纪，抓住机遇而不可丧失机遇，开拓进取而不可因循守旧，围绕经济建设这个中心，经济体制改革要有新的突破，政治体制改革要继续深入，精神文明建设要切实加强，各个方面相互配合，实现经济发展和社会全面进步。这是更加艰巨复杂的历史性任务，从而也就对社会科学研究工作提出了更高的要求。

例如，经过20年的艰苦奋斗，我们的改革开放积累了极为丰富、宝贵的实践经验，理论界在这方面的总结是否已经达到完备或比较完备了呢？关于社会主义初级阶段的经济、政治、文化发展的具体规律，社会科学界是否已经认识得比较清楚了呢？国有企业改革是党、政府和全国人民当前极为关注的一件大事，我们在这方面的研究成果是否让党和人民满意了呢？

我们常说，改革开放要继续解放思想，要有新的举措。新举措哪里来？绝不可能来自"两耳不闻窗外事"的书斋中，不可能来自某种本本，不可能来自对外国经验、模式的照抄照搬，归根到底，应该来自人民群众的伟大实践和伟大创造。这就非常需要理论工作者充分发扬理论联系实际的优良学风，从人民群众无比丰富而深刻的改革实践中汲取研究素材，将人民群众在实践中创造的新鲜经验加以科学概括、提炼和总结，着力探索、解决改革进入攻坚阶段所面临的一系列深层次矛盾和问题，用创造性的科学成果为改革实践排忧解难，为党和国家的科学决策提供咨询和依据，以此来推动整个社会科学事业的发展。

伟大的时代需要繁荣的社会科学，而社会科学要满足飞速发展的社会实践的需要，必须有一个大的发展。

（三）深入学习、研究邓小平理论，进一步开创马克思主义的新境界，对面向 21 世纪的社会科学提出了更高的要求

马克思主义是人类文明史上的皇冠，是哲学社会科学迄今为止所取得的最伟大的成果。20 世纪百年来的中国历史表明，中国人民找到了马克思主义，中国革命的面貌为之一新；马克思主义与中国革命和建设具体实际的结合，使我们不仅取得了人民革命的完全胜利，而且成功地走出了一条建设有中国特色社会主义的新道路。回想我们党幼年时期的状况，应该说，今天我们的马克思主义水平是大大地提高了；回顾我们党在改革开放前社会主义建设中所遭受的失误和挫折，应该承认，今天我们对马克思主义的理解是大大地深化了。

这一切，与广大哲学社会科学工作者的辛勤劳动是密不可分的。马克思主义与中国实际相结合，有两次历史性飞跃，产生了两大理论成果，即毛泽东思想和邓小平理论。这两大理论成果是以毛泽东、邓小平同志为代表的中国共产党人对马克思主义的创造性发展，是全党集体智慧的结晶，其中理所当然地凝聚了党领导下的广大哲学社会科学工作者的智慧。

历史经验反复表明，社会科学如果脱离马克思主义的指导，如果理论上僵化、落后，必然导致社会主义实践的严重挫折。苏联和东欧社会主义国家的剧变充分说明了这一点，我国十一届三中全会前在社会主义建设中的失误也说明了这一点。而社会科学理论上的重大发展，将可能成为推动经济和社会前进的巨大力量。20 年前理论界关于实践是检验真理的唯一标准的大讨论，冲破了"两个凡是"的思想束缚，推动了全国范围内的思想大解放，为党的工作重点的

转移和改革开放的全面启动，做了理论和思想上的先导。社会主义初级阶段理论的形成，社会主义市场经济理论、社会主义法治国家理论的提出，是我们党对马克思主义理论的丰富和发展，是当代社会科学的重大成就，为我国的改革开放和社会主义建设事业奠定了理论基石。

马克思主义的发展总是与社会变革息息相关，并随着时代、实践的发展而发展的。邓小平理论是当代中国的马克思主义，是马克思主义在中国发展的新阶段。在当代中国，只有邓小平理论，才能够解决社会主义的前途和命运问题。离开了邓小平理论的指导，我们就会失去前进的方向。

我国的社会科学研究必须坚持以邓小平理论为指导，这是我国社会科学沿着正确方向发展，在21世纪取得更大成绩的根本保证，也是从20年来我国社会科学发展的历史和现实中，得出的不可动摇的结论。十一届三中全会以来的这20年，是新中国成立以来社会科学发展最快、成果最多、思想最活跃、获得社会效益最大的一个时期。由此我们获得怎样的启示呢？这就是：坚持以马克思主义特别是邓小平理论指导社会科学研究，既是党的事业的需要，也是社会科学大发展的需要。

坚持以邓小平理论为指导，就要深入、系统、科学地研究这个理论体系。为了保证我们党和国家的整个事业的顺利前进，中央号召全党要兴起一个学习邓小平理论的新高潮。为此，很需要我们把马克思主义特别是邓小平理论的学习、宣传和研究，提高到一个新的阶段和新的水平上来。这既是一项重大的政治任务，又是一项重大的理论任务，绝不是改头换面地抄袭旧书本所能完成的工作，而是需要革命思想家和理论工作者费尽心血的崇高的创造性的科学工作。在这方面，社会科学界的同志理所当然地肩负着历史的重任。

深入学习、研究邓小平理论，对社会科学工作者来说，尤为重要的是，学习、研究邓小平同志关于哲学社会科学工作的思想，这些思想，是邓小平理论的重要组成部分。其主要内容包括：

——必须高度重视哲学社会科学研究工作。邓小平同志特别强调，我们国家要实现现代化，要赶上世界先进水平，从何着手呢？要从科学和教育着手。科学当然包括社会科学。

——思想理论战线上的同志，都应当是人类灵魂的工程师，在整个社会主义现代化建设事业特别是社会主义精神文明建设中，他们所担负的责任尤其重大。

——"解放思想，实事求是"是马克思主义的精髓，是我党的思想路线。它不仅是党的生命线，也是哲学社会科学研究工作的生命线。

——理论工作者要不断地加强学习，打好马克思主义的理论根底，同时一定要深入专业，深入实际，调查研究，用马克思主义的立场、观点、方法研究新情况，解决新问题。要发扬马克思主义的优良学风，理论联系实际，反对主观主义，特别是教条主义。

——实践是检验真理的唯一标准，一切从实际出发与一切从人民的根本利益出发有着内在的一致性，因此，理论工作必须把对真理的追求与对价值的追求有机地结合起来，把党性与科学性结合起来。

——要正确处理现实问题研究与基础理论研究的关系。提倡对改革开放和社会主义现代化建设中重大现实问题的研究，但同时，绝不能忽视基础理论的研究，这些研究是理论工作的任何巨大前进所不可缺少的。

——要放开眼界，加强国际交流，积极吸收和借鉴人类文明的一切优秀成果。

——发展哲学社会科学，一定要坚持"二为"方向和"双百"方针。鼓励以实事求是、科学研究为基础的大胆探索和创新，提倡不同学术观点的自由讨论，开展充分说理的批评与自我批评。

——革命事业需要一批杰出的革命家，科学事业同样需要一批杰出的科学家。要尊重知识，尊重人才，努力造就一支宏大的哲学社会科学研究队伍。

——必须加强和改善党对哲学社会科学工作的领导。党在这方面的领导，主要是政治上的领导，保证科研工作正确的政治方向，保证党的路线、方针、政策的贯彻，以调动各方面的积极性。要通过抓好科研规划来领导，把力量组织好。

当然，邓小平同志关于哲学社会科学工作的思想是极其丰富的，这里所做的归纳还只是初步的。系统地阐述这些极其宝贵的思想，并用以指导哲学社会科学研究，需要社科界同志们的共同努力。

总之，高举邓小平理论伟大旗帜，全面贯彻党的十五大精神，从哲学、政治经济学、科学社会主义等各个角度，深入学习、研究邓小平理论，研究和总结我国人民在党的第三代领导集体统帅下，全面推进有中国特色社会主义事业新的伟大实践，进一步坚持、丰富和发展邓小平理论，不断开拓马克思主义的新境界，把中国的事情办好，这将是中华民族对人类的新的重大贡献，也是我国哲学社会科学工作者的崇高历史使命。

二　面向 21 世纪的中国社会科学院

面对世界格局的新变化，中国改革和发展的新形势和新任务，以及 21 世纪哲学社会科学大发展的迫切需要，如何正确认识社科院的地位和作用，它所肩负的历史使命，这是中国社会科学院面向新世纪必须研究、回答的一个十分重要的问题。

中国社会科学院是党中央直接领导的、国务院直属的哲学社会科学最高研究机构，是全国哲学社会科学研究中心。1977 年，鉴于当时的形势，迫切需要在理论上进行拨乱反正，并为即将到来的改革开放新时期做好理论准备，邓小平同志做出重大决策，将原来的哲学社会科学部从中国科学院中独立出来，成立了中国社会科学院。这一高瞻远瞩的决策，对于促进新时期的思想解放运动，加强重大历史转折时期的理论导向，推动改革开放的深入和社会科学的繁荣，都起了重大作用。在我们纪念改革开放 20 周年的时候，我们更加深切地体会到这一决策是多么正确！20 多年来中国社会科学院的发展也充分证明了这一点。

建院以后，党中央和国务院一直对社科院的工作十分关心。建院初期，小平同志对办院方针、学科设置等做过许多重要指示。1991 年 2 月，中央政治局的主要领导同志听取社科院的汇报，并同部分学者座谈。江总书记强调指出："社会科学研究方向的正确与否，社会科学发展状况如何，对人们的思想意识和社会道德风尚，对经济建设，对社会稳定和发展，都会产生巨大而深刻的影响，甚至关系到中华民族的兴衰和社会主义的命运。"[11] 1994 年年初，江总书记和李鹏总理分别给我院题词。江总书记的题词是："加强学习，总结经验，坚持理论联系实际，把中国社会科学院建设成马克思主义的坚强阵地。"李鹏总理的题词是："以研究有中国特色社会主义理论为崇高使命。"1998 年 9 月 1 日，江总书记又给我院研究生院题词："把中国社会科学院研究生院办成一流的人文社会科学人才培养基地。"这些指示和题词，充分肯定了哲学社会科学的极端重要性，明确指出了我院的办院方针和根本任务，表达了党中央和国务院领导对我院工作的殷切关心和期望。

（一）跨世纪发展的基本目标和基本任务

我院跨世纪发展的基本目标可概括为三个"一批"、五个"中心"和一个"基地"，简称"三五一"发展战略，即经过十年、二十年的努力，建设一批国际知名的研究所，培养出一批享誉海内外的学术"大家"，推出一批对国家重大决策和学科建设具有重要价值的科研成果；把中国社会科学院建设成为以基础理论研究为依托，以宏观性、战略性和前瞻性研究为重点，以多学科综合研究为特长的全国哲学社会科学最高研究机构，并逐步形成马列主义、毛泽东思想、邓小平理论研究中心，经济改革与发展研究中心，社会主义民主法治与社会发展研究中心，中华文明和社会主义文化研究中心，国际问题理论与国际战略研究中心；使中国社会科学院成为培养和造就一流人文社会科学研究人才与高素质管理人才的重要基地。

中国社会科学院的基本任务是：

——以基础理论研究为主，推动社会科学的不断发展和提高。一个社会的全面进步有赖于社会科学整体水平的提高，而社会科学整体水平的提高则有赖于各学科基础理论的深化。中国社会科学院的首要任务，就是根据新的实践、新的时代特征，以新的思想、观点去研究、丰富和发展马列主义、毛泽东思想和邓小平理论，这对于坚持马克思主义在我国意识形态领域的指导地位，对于探索有中国特色社会主义的发展规律，增强我们认识世界、改造世界的能力，有着重要意义。要致力于对关乎国家前途命运和体制变迁、历史文化传统等方面的重大基础理论的研究，为社会的全面进步、经济的可持续发展以及国家的长治久安，提供理论支持和精神动力。

——积极开展具有宏观性、战略性和前瞻性的对策与应用研究。以基础理论研究为依托，对那些事关大局和发展方向的问题，提出宏观性的总体思路、战略性的对策建议、应用性的实施构想。

——坚持"古为今用，洋为中用"，继承中华民族的一切优秀文化遗产，大胆地吸收、借鉴人类文明的一切积极成果，建设有中国特色的社会主义文化，为中华民族的全面振兴服务。

——以科学的理论武装人，以利于提高全民族思想道德水平和科学文化素质。在社会全面进步的过程中，人的道德水平和文化素质，是凝聚和激励全国各族人民的巨大精神力量，是综合国力的重要标志，也是有中国特色社会主义的鲜明时代特征。西方国家的人文价值观不能解决由现代化本身带来的问题，这是我们必须吸取的教训。

——培养社会科学高水平的人才。通过出高质量的成果，培养高水平的人才；通过高水平的人才，出更新、更好的成果，形成两者的互促互动关系和良性循环机制。

为了实现我院新时期的发展目标，必须认真搞好跨世纪的重大研究课题规划，使出重要成果、出优秀人才的任务真正落到实处。

比如，精心组织完成对邓小平理论科学体系的深入研究，关于党的第三代领导集体对邓小平理论的丰富和发展的研究，苏联兴亡史及国外社会主义跟踪研究，对当代资本主义发展、变化和趋势的跟踪研究，社会主义市场经济中的产权制度和公有制实现形式研究，中国经济、社会的可持续发展研究，社会主义法治国家的内涵、模式研究，中国近代通史研究，马克思主义哲学原理，社会主义民主理论研究等重大课题，就是我们的重要任务。我们草拟了《2010 重大课题研究规划纲要》，已经发给大家，请同志们认真讨论、研究，充实、修改。

（二）办好中国社会科学院应坚持的基本原则

（1）坚持以马列主义、毛泽东思想特别是邓小平理论为指导，坚持党的基本路线，在政治上同党中央保持一致。

（2）坚持为我国的社会主义现代化建设服务，为中华民族的全面振兴服务。

（3）坚持实践是检验真理的唯一标准。

（4）坚持"双百"方针，鼓励科研人员大胆探索和勇于创新。

这里提出的四条基本原则，是经过广泛征求意见，院党组和院务会议反复研究后确定的。第一条是根本的理论政治方向问题，第二条是科研方向问题，第三条是思想路线、学风问题。关于这三条，我在前面已经做了较为充分的说明。下面我想侧重讲一讲第四条，即坚持"双百"方针的问题。

"双百"方针是促进文化繁荣和科学进步的一个基本方针。纵观古今中外，哪一个立之于世的、成"家"成派的重大理论和学说，没有经过激烈的甚至是反复的长时期的争鸣？争鸣是达到真理的方法和桥梁。真理是不怕争鸣的。历史经验证明，没有争鸣，就不可能有学术理论的大发展；没有争鸣，惧怕争鸣，真理就不可能克服谬误，学术就会僵化、停滞甚至枯竭。争鸣是学术讨论，是对真理的探索，它本身就是严肃、科学的研究过程，这就要求学者有良好的学术道德。良好的学风、文风就是学者的学术道德。尊重科学、尊重实践就是学者的人格、品格。

我们是彻底的唯物主义者，既然要探索真理、揭示规律，既然要当学者，要立论、成派、成"家"，那就应该有追求真理、尊重科学的勇气，唯真理、唯科学是从。要创造一个良好的"双百"方针的环境，还要不断提高对理论探索、学术研究的领导水平特别是政治领导水平。学术争鸣中，不要扣帽子、抓辫子、打棍子。在真理面前人人平等。权力不是真理的裁判，除了实践谁也当不了真理的裁判。真理是在实践中发展、由实践来检验的。

邓小平同志多次强调，在学术界要提倡学术研究的自由，不要横加干涉。所谓领导者的政治水平，很重要的一个方面，就是要严格地区分理论探索、学术研究和政治活动、政治行为的界限。当然，也要求学者的一切行为和活动都要符合宪法、符合法律，党员学者的行为和活动还要符合党章，这是法治社会的基本要求。如果我们的学者有良好的学术道德，我们的领导者有较高的政治水平，我们就一定能够创造一个有利于学术发展、理论发展的良好体制和宽松环境。

（三）实现我院跨世纪发展目标的现实基础和面临的挑战

在党中央、国务院的领导下，经过我院几代专家学者的辛勤耕耘和艰苦努力，以及全国社会科学界的通力合作，我们已经具备了向更高的发展目标迈进的现实基础。

比如，我院学科门类较为齐全，高层次研究人才较为集中，从而为进行全方位、多视角的基础性、宏观性、战略性、前瞻性研究，为诸多交叉学科、边缘学科、新兴学科的研究，以及促进社会科学与自然科学的结合创造了有利条件；基础理论的研究功底深厚，为多层面、高要求的应用研究、对策研究奠定了坚实基础；有较为稳定的国家财政支持，能潜心进行长期、深入而系统的理论研究，进行持续的、继承与发展相结合的学科建设，以及由此对重大理论发展和人才培养所产生的带动效应；业已建立的广泛的国际学术交流渠道，为进行国际学术合作、信息交流，提高我国社会科学的开放程度和研究水平，扩大我国社会科学研究在国际上的影响，创造了有利条件；整体素质较高的科研队伍，数量与学科门类较多的研究课题，宽松的理论研究环境和浓厚的学术氛围，使我院成为培养和造就社会科学高级理论研究人才的重要场所。正是因为有了这样的基础，才使我们在过去的岁月里取得了许多重要的乃至令世界瞩目的科研成果。

在此，我代表院党组和院务会议，并以我个人的名义，向曾经为我院的建设，为繁荣和发展我国社会科学而做出重要贡献的新、老一代学者，向全国社科界的同人，致以深深的谢意和敬意！

尽管我们已有了这样的基础，但与新世纪社会科学的大发展，与实现我院跨世纪的发展目标和任务的要求相比，还存在着相当的差距，面临着一系列严峻的挑战。

首先，我们面临着理论和学科建设上的挑战。如某些学科的学术优势在逐渐丧失，某些新兴学科的发展相对滞后等。

其次，科研队伍建设同样面临严峻形势，随着一批批老专家陆续退出学术第一线，再加上由于种种原因，部分科研骨干调出，造成不少学科学术带头人和学术骨干断层，现有科研队伍的素质亟待提高。

再次，科研经费拮据的状况仍未得到根本改变，致使一些重大项目无法展开，科研条件和生活条件差，科研手段落后的矛盾仍很突出。信息时代和知识经济的发展正在改变人们获取知识的方式和科学研究的方式，而我们的很多学者仍与互联网络无缘，还停留在以做卡片为知识积累手段的阶段，严重限制了我们学者的眼光，以及认识事物和出高水准科研成果的能力。

最后，科研、人事管理体制和后勤服务体制仍然同社会主义市场经济体制不相适应。

中国社会科学院要适应新世纪的需要，肩负起跨世纪的历史使命，首先需要解决自身存在的诸多问题，以锐意改革的姿态和行动去应对新形势下的各种严峻挑战。

三　深化改革，建立现代科研院所新体制

实现跨世纪发展的基本目标，必须深化我院的改革。我院现行的管理体制，基本上是行政管理体制，在相当程度上是计划经济体制的产物。随着社会主义市场经济体制的逐步确立，我院的这种管理体制不利于社会科学研究的繁荣与发展。因此，必须下大力气改革现行管理体制，以尽快建立现代科研院所新体制。

改革的总体思路和目标是：围绕出成果、出人才这个核心，建立符合社会科学发展规律，与社会主义市场经济相适应的现代科研院所新体制，为社会主义现代化建设和中华民族的全面振兴服务。

改革要从我院的实际情况出发，从有利于调动科研人员的积极性出发，在深入调查、充分论证、广泛征求意见的基础上，制订改革方案。改革的推进，要积极稳妥，要考虑到广大职工的承受能力，着眼于大家的根本利益。改革措施成熟一项，出台一项，确保改革成功。

改革现行管理体制，建立现代科研院所新体制，是一项极为复杂的工作。要拿出全院的整体改革方案，还有许多问题需要进一步探索。院有关部门也正在组织力量分专题进行研究。今天我在这里就改革问题谈一些初步的思路，供同志们研究、讨论。

院党组和院务会议认为，要建立现代科研院所新体制，必须在四个方面加大改革的力度。这四个方面是：科研管理体制的改革；人事管理体制的改革；物资条件保障和后勤服务管理体制的改革；社会保障和住房制度的改革。

（一）关于科研管理体制的改革

科研管理体制改革的主要目标是，从跨世纪发展的高度，通过

实施精品战略，组织具有基础性、宏观性、战略性、前瞻性的重大课题，促进科研工作向提高质量和效益转变，力争出重大成果，出优秀人才，造就学术"大家"。

1. 逐步推行课题责任制

实行课题主持人负责制，课题经费实行直接成本核算制，随项目拨付。对科研成果严格评估验收，强化奖惩制度。把是否承担课题和课题完成情况与科研人员的个人收益和其他待遇直接挂钩，使科研人员在承担课题的过程中，获取应得的利益。

实行课题责任制，应先试点，积累经验，然后逐步推行。

2. 重点项目实行院、所两级管理制度

院重点项目要少而精。今后由院直接管理的项目，应该是那些跨所、跨学科、由院牵头的少数重大项目。其他重点项目都应纳入所重点，由所管理，扩大研究所的管理权限。

3. 改革科研投资体制

院对各研究所的经费投入，除经常性事业经费外，研究经费实行项目拨款制，对重点项目实行倾斜。由所一级立项的课题，院里实行经费总量控制。基础理论研究，要有长期经费支持。我院研究经费主要靠国家财政拨款，但也要拓宽渠道，多方筹集科研基金。

4. 加强院、所学术委员会建设

充分发挥专家、学者（包括离退休的专家和学者）在科研组织、学科建设和队伍建设中的指导、咨询和监督作用，建立和完善院、所学术委员会。院学术委员会由资深学者、专家组成，作为我院权威性的学术评议和咨询机构，在院长和院务会议领导下开展工作。

所学术委员会应在原有的基础上进一步加强，注意提高中青年科研骨干所占比例。

5. 开展多层次、多渠道的学术交流活动

学术交流活动的活跃程度，反映了学术研究繁荣的状况。学术交流也是学术研究的方法和基本过程。院、所都要大力支持、推动各种形式的学术交流活动。各研究所要结合学科建设和重点项目的进展情况，组织学术报告会、研讨会。院里要多组织、安排所际的学术交流活动，及时掌握理论前沿信息，搞好学术成果季报和学术动态分析报告工作。我院各学科都要结合本专业的实际，加强跨学科、跨部门、跨单位的学术交流；加强同自然科学界和工程技术界的对话、联系与合作；加强同实际工作部门的交流与合作；加强对外学术交流，要配合实施精品战略，突出重点，拓宽渠道，逐步实行课题化、项目化，扩大我院学术成果的影响，努力提高我院的国际学术地位。

6. 进一步调整科研资源配置，加强学科建设

集中人力、财力向重点学科倾斜；扶持一批目前虽无优势，但有一定基础和发展前途的学科，以及新兴学科、边缘学科和交叉学科，抢救绝学，以适应新世纪学科发展的需要；对机构重复设置以及不具优势的学科，予以收缩、撤并。

（二）关于人事管理体制的改革

人事管理体制改革，要紧紧围绕有利于培养、吸引优秀人才，有利于出专家、出名家、出大家来进行，切实建立能上能下、能进能出、奖勤罚懒、优胜劣汰的具有活力的用人机制。

1. 改革任用办法，对各类人员实行分类管理

按照专业人员、管理人员的岗位要求、工作性质等不同特点，推行多种形式的任用制度。要实行领导干部的任期制、考核制，规范干部管理办法，加强领导班子建设；健全和完善专业技术职务聘任制度；进一步完善研究室主任、副主任聘任制度，以利于学科的建设和发展；对新调入的专业人员和管理人员实行聘用制，对新分配的毕业生坚持实行中期淘汰制度，对工人实行合同制；强化自收自支单位人员的聘用制。实行开放办院、开放办所，要面向全国遴选学科带头人。实行客座研究员、访问学者制度。

2. 进一步强化考核制度，拓展人才交流培训工作

考核是保证聘任制效果的重要手段。因此，要坚持科学的考核制度，考核结果要作为续聘、解聘、奖惩的重要依据。

要加大力度，逐步健全人才交流培训中心的机构和规章制度，充分发挥其在在职培训、转岗技能培训方面的作用，以开辟新的、能容纳更多人转岗就业的渠道和方法。

3. 深化职称改革，完善专业技术职务聘任制

对专业技术职务职数实行总量控制和结构比例控制，科学核定专业技术岗位，合理配置人才资源。评审工作要继续贯彻"精品战略"的方针和坚持"代表作"制度，要增加透明度，坚持公正、公平竞争等原则。严格评审标准，提高评审质量，使评聘专业技术职务更加公开、公正。职称评聘工作一定要做到严密、科学，对现行的评聘制度及办法要总结经验，进行改革，使之进一步完善。

4. 加强中青年人才培养的力度

要采取各种措施，在人、财、物诸方面向优秀中青年科研人员倾斜，着力培养跨世纪的学术骨干和学科带头人的后备力量。要把培养中青年人才作为社科院的一项重大战略任务和系统工程，做出规划，协调好各个方面，长期不懈地抓下去。要鼓励青年研究人员报考在职硕士生、博士生，继续办好博士后流动站，扩大学科覆盖面，加速培养拔尖的高水平的专门人才。要努力办好研究生院，结合我院学科建设和队伍建设的实际进行招生，使其成为一流的人文社会科学人才培养基地。

（三）关于物资条件保障和后勤服务管理体制的改革

1. 增加科研经费投入，向重点项目倾斜

在原院重点课题经费和所业务经费的基础上，增拨所重点课题经费。所重点课题经费实行课题制，纳入单位财务，"自成体系，独立核算，封闭管理"，由课题负责人审批，保证专款专用，提高资金使用效益。

2. 基本建设工作要为改善科研、稳定队伍、吸收人才创造条件

当前我院科研工作的物质条件差，与研究工作很不适应。基建工作第一是改善科研条件，推进科研手段的现代化。第二要加快住宅建设。要在"雪中送炭"的基础上，逐步改善职工尤其是高级研究人员的居住条件。要按国家住房制度改革的原则，停止福利分房，将新建住宅出售给职工，形成住房建设的良性循环，从根本上缓解我院的住房困难。

3. 加快后勤服务社会化改革

机关附属服务机构，应逐步成为社会化的独立法人实体，按照建立现代企业制度的思路，改组、改造服务部门内部机构和职能，形成有效的激励和约束机制，在保证对内服务的基础上，积极参与市场竞争。

（四）关于社会保障制度与住房制度改革

1. 社会保障制度改革，要根据国家和有关部门即将出台的相关政策，制定我院具体实施办法

遵循社会统筹和个人账户相结合的模式，推进养老、医疗保险制度的改革。建立基础养老保险、单位补充养老保险和商业保险三个层次的新体制；医疗保险制度的社会统筹部分，重点要放在大病、重病和住院治疗上。既要保证受保人治疗疾病的需要，又要节约经费、减少开支。

2. 加快住房商品化的步伐，改革福利分房的旧体制

进一步完善住房公积金制度，提高职工购买住房的支付能力，鼓励职工购买公有住房。住房制度改革工作要坚持在国家统一政策目标指导下，根据中央国家机关的统一安排，兼顾国家、单位、个人三者利益关系，平稳过渡，综合配套。

为了实现我院跨世纪发展目标，推进各项改革的顺利进行，必须加强全院各级党组织的建设，以提供坚强的组织保证和有力的思想保证。

根据中央决定，我院实行党组制，研究所仍实行党委领导下的所长负责制。进一步加强研究所党委的自身建设，充分发挥其领导核心作用，是搞好研究所各项工作的关键所在。各研究所要继续贯彻执行《研究所党委会工作条例》、《研究所所长工作条例》，不断完善党委领导下的所长负责制；要继续坚持所党委中心学习组制度，认真组织"讲学习，讲政治，讲正气"的"三讲"活动，带头学好马列主义、毛泽东思想特别是邓小平理论，用以指导科学研究和各项工作；要坚持党员领导干部双重民主生活会制度，自觉接受党和群众的监督，不断提高自身的政治素质；要切实贯彻党的民主集中制，认真实行集体领导与个人分工负责相结合的制度，搞好班子的团结协作，充分发挥集体智慧和班子成员的积极性、创造性；要坚持全心全意为人民服务的宗旨，勤政廉政，不断提高党员领导干部拒腐防变的能力。同时，我院实行院、所两级管理体制。院、所两级领导要努力做到治院、治所和治学"双肩挑"，既当好院长、所长，又当好学者。

要进一步加强基层党支部建设，加强党员教育和管理，充分发挥党支部的战斗堡垒作用和党员的先锋模范作用。各级党组织要高度重视本单位基层党支部的建设工作，加强对支部工作的指导，积极做好在中青年科研骨干中发展党员的工作。

全院同志要高举邓小平理论伟大旗帜，在以江泽民同志为核心的党中央领导下，以十五大精神统揽全局，团结一致，振奋精神，艰苦奋斗，开拓前进，为实现我院跨世纪发展战略目标，为21世纪中国社会科学的繁荣与发展，为全面推进有中国特色的社会主义伟大事业，实现中华民族的伟大复兴做出应有的贡献。

21世纪的大门就要叩响，让我们满怀信心地迎接它的到来吧！

注释：

[1] 胡乔木（1912—1992），本名胡鼎新，"乔木"是笔名。江苏盐城人。清华大学、浙江大学肄业。1930年加入中国共产主义青年团。1932年转入中国

共产党。久经考验的忠诚的共产主义战士、无产阶级革命家、杰出的马克思主义理论家、政论家和社会科学家、我党思想理论文化宣传战线的卓越领导人。曾任中共中央顾问委员会常务委员、中共中央党史工作领导小组副组长、中国社会科学院名誉院长。1992 年 9 月 28 日在北京逝世，终年 81 岁。

［2］马洪，1920 年 5 月生，山西定襄人。原名牛仁权，曾用名牛黄、牛中黄，后改名马洪。1979 年任中国社会科学院副院长。1982 年任中国社会科学院院长兼任国家机械委员会副主任、国务院副秘书长。后任国务院发展研究中心、中国政策科学研究会会长。

［3］参见《马克思恩格斯选集》第 4 卷，人民出版社 1995 年版，第 285 页。

［4］参见《列宁选集》第 1 卷，人民出版社 1995 年版，第 312 页。

［5］《毛泽东选集》第 2 卷，人民出版社 1991 年版，第 533 页。

［6］《马克思恩格斯全集》第 1 卷，人民出版社 1995 年版，第 203 页。

［7］强权政治，国际关系学上的一个名词，指主权国为了维护自身的利益，使用军事武力、经济或政治力量威胁其他国家。1979 年英国国际关系学学者马丁·怀特（Martin Wight）的著作以“强权政治”为书名。

［8］《江泽民文选》第 2 卷，人民出版社 2006 年版，第 123 页。

［9］《邓小平文选》第 3 卷，人民出版社 1993 年版，第 383 页。

［10］《马克思恩格斯全集》第 22 卷，人民出版社 1965 年版，第 325 页。

［11］参见《人民日报》1991 年 2 月 24 日第 1 版。

大力发展社会科学[*]

(1999 年 3 月 7 日)

今天我来参加社科界人大代表、政协委员的座谈会，感到很高兴。向大家拜个晚年，祝大家新春好！

在座的都是社科界的代表和委员，十分关心哲学社会科学的发展和繁荣问题。就此，我也谈一点个人意见。

社会科学战线是我们党和国家的一条极其重要的战线。恩格斯说："一个民族要想登上科学的高峰，究竟是不能离开理论思维的。"^[1]对于一个无产阶级政党来说，没有理论，就会失去生存的权利。当前，中国人民面临的历史性重任，就是全面振兴中华民族！要完成这一历史性任务，没有高度发达的哲学社会科学，是不可想象的。

我们正在走向 21 世纪。21 世纪的人类社会，将经历一场广泛而深刻的革命性变革。世界的发展处于一个关键时期，马克思主义的发展、社会主义的发展处于一个关键时期，中国的发展也处于一个关键时期。从现在起到下个世纪的前十年，我国的改革开放和现代化建设，面临着繁重的历史性任务。我们要确立、完善社会主义市场经济体制，实现国民经济工业化、信息化，建设社会主义法治国家，保持社会稳定，维护祖国统一，在新与旧、东西方文化和价值

＊ 这是李铁映同志在社科界人大代表、政协委员座谈会上的讲话。

观念的剧烈撞击中，繁荣有中国特色的社会主义新文化，实现中华民族的伟大复兴。

在这个过程中，我们不可避免地会遇到各种机遇和挑战，各种困难和风险。这就要求我国的社会科学，必须加强国际问题的基本理论研究，为国家制定国际战略和对外政策提供理论支持；必须深入研究世界经济的新变化对我国经济发展的影响，为制定 21 世纪我国经济社会发展战略提供理论依据；必须深入研究知识经济的迅猛发展，研究由此引起的社会生产方式、社会结构的种种变革及其发展趋势，为我国迎接知识经济时代的挑战提供理论准备；必须深入探索有中国特色的社会主义经济、政治和文化发展的具体规律，以推进改革开放和现代化建设。所有这一切，都要求我国哲学社会科学在新世纪必须有一个大的发展。

要使我国哲学社会科学在下个世纪有一个大的发展，首先应该解决一个极其重要的问题，这就是我们的各级党组织、各级政府，以及社会各界，必须高度重视社会科学。据我了解，广大专家、学者反映，改革开放的 20 年，是我国哲学社会科学事业发展最好的时期。其根本原因之一，就是以邓小平同志为核心的党的第二代领导集体和以江泽民同志为核心的党的第三代领导集体，重视、关心社会科学事业。大家知道，1977 年成立中国社会科学院，就是邓小平同志做出的重大决策。1991 年 2 月，江总书记用整整一天的时间听取社科院的汇报，同部分学者座谈，并发表了重要讲话。他说："社会科学研究方向的正确与否，社会科学发展状况如何，对人们的思想意识和社会道德风尚，对经济建设，对社会稳定和发展，都会产生巨大而深刻的影响，甚至关系到中华民族的兴衰和社会主义的命运。"[2] 1994 年和 1998 年，江总书记又先后给社科院和社科院研究生院题词。去年我去社科院时，江总书记和胡锦涛同志找我谈话，嘱咐"一定要把社科院办好"。可见，邓小平同志、江泽民同志对社会科学事业是何等的重视和关心！

当然，从社会上看，也还存在一些不尽如人意的地方。例如，对社会科学在"科教兴国"战略中不可替代的地位认识不足，不重视社会科学特别是忽视人文学科和基础理论研究的现象在社会上普遍存在；在投入方面，普遍存在经费不足，致使一些重大科研项目无法展开；等等。可以说，邓小平同志 1979 年指出的我国社会科学落后（就可比方面说）的状况并未根本改变。为了尽快扭转这种局面，为 21 世纪我国哲学社会科学的大发展创造条件，我认为当前应着力研究、解决以下几个主要问题：

第一，要进一步明确新时期哲学社会科学的地位、作用和任务。在政策上，应当把社会科学摆到与自然科学、工程技术同等的位置，建议将社会科学纳入国家科教领导小组的工作范围，研究讨论工作部署、科学规划、经费投入等问题，三大学科统筹考虑；国家召开全国科学大会等研究全国科学发展问题的会议，也应当包括社会科学界，并积极推动社会科学界与自然科学界的合作。

第二，从长远考虑，为了社会科学的发展和繁荣，避免在研究机构上重复设置、低水平重复研究，应该制定全国面向 21 世纪的《全国哲学社会科学发展规划》。就调整学科布局、重大科研课题、社科人才培养等方面的问题做出规划。

第三，为体现国家对社会科学的重视，鼓励社会科学研究人员潜心研究、勇于探索，多出精品，国家应当设立全国性的"哲学社会科学奖"。

第四，根据国家财力，适当增加对社会科学研究的经费投入。据我了解，近几年来，国家和地方财政对社会科学研究的经费投入虽有一定增长，但研究经费拮据的状况仍未根本改变。科研条件差、科研手段落后、学术著作出版难，以及一些重大项目因经费不足无法开展等矛盾仍很突出，致使研究工作远不适应国家经济社会发展的需要。因此，国家各级财政采取切实措施，适当增加对社会科学的经费投入，是必要的。

第五，应当重视对社会科学研究队伍的建设和后备人才的培养。要发展和繁荣哲学社会科学，就必须有一支高素质的研究队伍。我们现在这支队伍总体上说是好的。广大社会科学工作者潜心研究，艰苦探索，推出了一批高水平的成果，为国家的改革开放和现代化建设做出了贡献。面对新的形势和新的任务，我们的专家、学者，还要进一步加强对马列主义、毛泽东思想和邓小平理论的学习，深入实践，坚持理论联系实际，不断提高自身素质，为建设有中国特色的社会主义做出新的贡献。同时，还要注重培养各学科的青年人才，使我们这支研究队伍始终保持旺盛的活力。

上述意见是我个人的一些想法，在座各位都是专家、学者，希望大家在会议期间畅所欲言，充分发表意见，为发展和繁荣哲学社会科学、为国家的大政方针献计献策！

注释：

[1]《马克思恩格斯选集》第4卷，人民出版社1995年版，第285页。
[2] 参见《人民日报》1991年2月24日第1版。

"三讲"是思想教育 *

（1999 年 4 月 2 日）

　　我首先代表社科院对全景[1]同志给我们作了一个重要的报告表示感谢。全景同志的报告全面、正确地传达了中央的精神，讲清楚了为什么要开展"三讲"教育，"三讲"教育要解决什么问题，以及怎样进行"三讲"教育等问题，并对社科院的"三讲"教育工作提出了希望和要求。这是对我们深入开展"三讲"教育的动员，内容丰富，有很强的指导性。我在这里仅强调几个问题。

　　开展"三讲"教育，是新时期党的建设的工程。在改革开放20年和新中国成立50周年之际，在我们将要跨入新世纪的重大历史时刻，党中央决定，在全国县级以上领导班子和领导干部中，开展以"讲学习、讲政治、讲正气"为主要内容的党性党风教育。这是在新的历史条件下加强党的建设的一项重大工程，是一场马列主义、毛泽东思想特别是邓小平理论教育运动，是现阶段加强各级领导班子建设的重大措施，也可以说是一次新式整风运动。

　　回顾我党的历史，凡是在重大的历史关头，我们党都要对全党的干部进行一次全面的思想理论教育，整顿党的组织和党的作风，以提高全党的素质和战斗力。院党组完全拥护中央的战略部署，并决心按中央的要求把社科院的"三讲"教育搞好。对社科院来讲，

---

　　* 这是李铁映同志在中国社会科学院"三讲"教育报告会上的讲话。

这还是一项基础性的建设工作。哲学社会科学是研究人类社会发展规律和人类自身发展问题的，本身就属于思想理论范畴，属于上层建筑范畴。因此，搞好"三讲"教育，对提高我院各级领导干部和广大科研人员的思想理论素质，积极推动哲学社会科学的研究，为国家做出新的贡献，是一项基础性的、不可缺少的工作。就社科院自身的特点、任务和要求来讲，也需要不断地加强思想政治理论学习，这是我们搞好研究工作的基本内容。

下面结合全院的实际讲几点具体意见：

第一，讲学习，首先是要认真学习马列主义、毛泽东思想特别是邓小平理论。江泽民同志明确指出，思想理论素质是领导素质的灵魂。对于哲学社会科学研究工作者来讲，马克思主义既是我们的指导思想，也是我们每一个研究工作者的政治灵魂。研究社会理论问题，往往与政治密不可分，不是这样的政治，就是那样的政治；不是这样的理论，就是那样的理论。搞社会科学研究，不可能没有指导思想，不可能没有理论体系。理论上清醒，则一了千明；理论上浑噩，则一迷万惑。理论上的成熟是政治坚定的基础。

讲学习，对社科院来讲是切中要害的，是非常必要的，应始终贯穿在研究工作中。对每一个学者来说，学习是研究的基础，除了已经掌握的本专业基本知识以外，还要不断学习新的知识，包括自然科学、政治学、经济学、法学、文学等，这些知识都是研究工作必须具备的。尊重科学首先是要善于学习。讲学习是讲政治的基础，"三讲"教育能不能搞好，首先看能不能学好。

第二，讲政治，对社科院来讲是一个关键的、根本性的问题。搞哲学社会科学的人，什么时候都不能离开政治。邓小平同志1979年3月30日在《坚持四项基本原则》的讲话中指出，思想理论战线的同志不可能离开政治去搞思想理论研究，去搞社会科学研究。离开大局，离开国际国内的形势，离开了复杂的矛盾运动和发展变化，能搞什么研究呢？不仅难于出成果，还会出现偏差。讲政治，就是要坚定走有中国特色社会主义道路的政治信念。中国只能搞社会主义，这是历史的结论，是中华民族近百年发展的结论，也是国际共产主义复杂曲折运动给中国人的历史启示。我们既不能搞闭关锁国，思想僵化，也不能"全盘西化"，走资本主义道路。在政治上，在党的基本理论、基本纲领、基本路线上要坚定不移地和党中央保持一致，这是每一个共产党员必须坚持的基本原则，也是社科院必须坚持的政治方向。离开了这个政治方向，科研工作不但搞不好，还会出问题。

第三，讲正气，结合社科院的实际，就是要坚持马克思主义的世界观、人生观、价值观，不做任何有损国格、人格的事，不做任何违法违纪的事，要做一个明明白白、堂堂正正的、严肃的学者。要以真才实学立业，以科学解疑释惑，为探索真理、揭示规律而奋斗。要鄙视和反对那些政治上见风使舵、钻营拍马，学术上哗众取宠、沽名钓誉的歪风邪气，这是学风问题、科学态度问题。科学就是科学，是没有骗子片言立锥之地的。德为学之基，公道自在人心。愿我们大家都努力成为一个彻底的唯物主义者。

第四，要解决好科研方向问题，也就是研究什么、为谁服务的问题。一切理论都来自实践，又都回到实践，服务于实践，并接受实践的检验。研究和探索客观规律、获得真理最根本的目的，是为了改造客观世界。研究方向主要体现在课题的选择上。科研题目应该从建设有中国特色的社会主义事业中来，从学科发展的重大问题中来，从现实社会发展的重大问题和矛盾中来。要理论联系实际，要回答社会现实生活中的问题。远离现实问题，远离历史的基本潮流与规律，难以搞出真正有价值的东西来。今天中国最大的现实，就是建设有中国特色的社会主义，实现现代化。

第五，民主集中制是我们党和国家的一项根本组织原则，是党内政治生活的一项基本原则。没有充分的民主，就不可能有正确的决策。历史经验告诉我们，凡是正确贯彻民主集中制的时候，我们的事业就发展得比较正常，形势就比较好；凡是民主集中制遭到破坏，执行得不好的时候，我们的工作就不能正常进行，就会发生失误，甚至出现重大曲折。就一个班子来讲，如果民主集中制执行得不好，就会产生矛盾，导致人心涣散，严重的甚至还会产生违法乱纪的行为。坚持民主集中制，是我们党在长期实践中得到验证的一条正确的组织原则，也是一条政治原则。我们应该好好学习、运用这个原则。

第六，要拿起批评与自我批评的武器，广泛征求群众的意见。批评与自我批评是我们党的重要法宝。历史证明，什么时候批评与自我批评开展得正常，就表明我们党内的政治生活健全，党就充满生机和活力，就可以消除腐败、缺点和毛病，我们就不会脱离群众；什么时候批评与自我批评遭到破坏，放弃了这个武器，我们党就会产生问题，乃至导致重大失误，这也是历史所证明了的。

要拿起批评与自我批评的武器，并不是一件容易的事情。批评难，自我批评更难。一个党员领导干部，应当勇于和善于开展批评与自我批评。在这里，我代表党组，也代表我个人表明一下态度，希望在"三讲"教育中，全院广大的研究人员和干部职工，大胆提出你们的意见、建议和批评，有什么意见都可以提，畅所欲言。我是班长，意见应先向我提。院党组一定会虚心听取大家的意见，闻过则喜，决不会"抓辫子、打棍子、扣帽子"。我们一定要认真考虑大家的意见，改进我们的工作，按照中央的指示，努力把社科院办好，为社会科学事业服务，为社会科学工作者服务。

注释：

［1］全景，即张全景，时任中央组织部部长。

社会科学的历史重任[*]

（1999 年 6 月 6 日）

问：首先，您作为一名具有丰富领导工作经验的中国社会科学院院长，我们盼望听到您对于社会科学与一个社会、一个国家发展关系的评价。

答：社会科学是关于人类社会和人类自身的知识和理论的科学。马克思主义就是人类最伟大的哲学社会科学，社会主义就是这一科学理论的伟大实践。毛泽东思想、邓小平理论就是当代中国最伟大的哲学社会科学，中国人民的独立解放，社会主义现代化建设，中国的改革开放，就是这一理论的伟大实践。伟大的时代需要伟大的理论，需要繁荣的社会科学，而社会科学要满足飞速发展的社会实践的需要，就必须有一个大的发展。

建设有中国特色的社会主义，是一项开创性的伟大事业，任何重大决策都必须建立在科学研究、充分论证的基础上。对于一个工人阶级政党来说，理论上的成熟从来都是政治上成熟的前提。政治上成熟的一个显著标志，是在任何时候特别是在重大历史转折关头，党能适时地做出科学决策，正确指导人民群众的实践。这就需要科学地运用马克思主义的立场、观点、方法，正确地总结历史经验，从社会生活纷繁复杂的现象中把握社会发展不同阶段的本质，科学

---

　　* 这是李铁映同志接受《中华英才》杂志记者采访时的谈话。

地解释人类历史发展的客观规律；需要综合运用哲学社会科学各学科的知识和方法，科学地认识不断变化着的实际情况，充分发挥理论认识的超前作用和指导作用，为决策提供科学依据，提高实践活动的自觉性、预见性和有效性。历史经验表明，不重视社会科学，要实现决策的科学化、民主化是不可能的；没有高度发展的社会科学，要实现对社会的科学管理和自觉调节是不可想象的；没有社会科学研究提供理论支持和精神动力，实现中华民族的全面振兴就是一句空话。

问：我国改革开放现已进入攻坚阶段。请问，社会科学怎样才能满足飞速发展的社会实践的需要？

答：党的十五大提出，要把建设有中国特色的社会主义伟大事业全面推向21世纪。世纪之交，我国处在关键时期，经济体制改革要有新的突破，政治体制改革要继续深入，精神文明建设要切实加强，各个方面相互配合，才能实现经济发展和社会全面进步。这是更加艰巨复杂的历史性任务，从而也对社会科学研究提出了更高要求。有大量的新情况、新问题，需要我们研究、总结。

例如，经过20年的艰苦奋斗，我们的改革开放积累了极为丰富、宝贵的实践经验，需要理论界在这方面继续总结。又如，社会主义初级阶段的经济、政治、文化发展的具体规律是什么，怎样推进国有企业改革等，需要理论界做出回答。我们常说，改革开放要有新思路。新思路从哪里来，绝不可能来自"两耳不闻窗外事"的书斋中，不可能来自本本，不可能来自对外国经验、模式的照抄照搬，归根到底，只能来自人民群众的伟大实践和创造。这就非常需要理论工作者从人民群众无比丰富而深刻的改革实践中汲取养分，将人民群众在实践中创造的新鲜经验加以科学概括、提炼和总结，着力探索、解决改革进入攻坚阶段所面临的一系列深层次矛盾和问题，用创造性的科学理论成果为改革实践排忧解难，为党和国家的科学决策提供咨询依据，以此来推动整个社会科学事业的发展。

从国际形势来看，如何推动建立公正、合理的国际政治经济新秩序，如何为我国的经济社会发展争取更为有利的国际环境，如何迎接知识经济的挑战，等等，也都是我们社会科学工作者所必须着力研究的重大课题。总之，中国和世界正在经历一场广泛而深刻的变革。社会生活中的热点，也是社会科学研究的难点；社会科学研究的热点，也是社会生活的突出问题。唯因如此，社会科学才应有一个更快、更大的发展。

问：近几年来，社会科学界有一些同志反映一部分人对社会科学认识不足，社会科学没有受到足够的重视。您怎么看待这个问题？

答："有为"才能"有位"。"有为"与"有位"是相互关联的。我在社科院的一次会上专门谈过这一问题。任何单位和个人都必须对社会有所贡献，贡献大，当然地位就高。这是很自然的事。社会科学要做出更大贡献，多出优秀人才、多出高质量的成果。做不到这一点，就得不到社会重视。当然，在现实生活中，也确实存在对社会科学认识不足、重视不够的问题。

恩格斯认为，一个民族要想登上科学的高峰，就一刻也不能没有理论思维。[1]从我党的历史看，没有马克思主义及其指导下的社会科学，就没有今天的社会主义事业。江泽民同志提出努力建设高素质的干部队伍，其中有一条，就是要学习马列主义、毛泽东思想，特别是要学好邓小平理论，要学习社会科学知识。社会科学方面的问题无处不在，我们的各级领导干部天天都在与社会科学打交道。问题在于，你是否自觉地学习并运用社会科学来指导工作。社会科学就在我们身边，希望各级领导干部都要重视学习和运用社会科学知识。

问：刚才您就中国社会科学如何把握社会脉搏、进一步发展做了宏观分析，以往的一些研究似乎与此有一定距离。

答：历史经验反复表明，社会科学落后、理论上僵化，必然导致社会主义实践的严重挫折。苏联和东欧社会主义国家的剧变充分说明了这一点，十一届三中全会前我们党在社会主义建设中的失误也说明了这一点。社会科学理论上的重大发展，将可能成为推动经济和社会前进的巨大力量。以 20 年前理论界关于实践是检验真理唯一标准的大讨论为例，这场大讨论冲破了"两个凡是"的思想束缚，推动了全国范围内的思想大解放，为党的工作重点转移和改革开放的全面启动，做了思想和理论上的准备，从而才有今天这种欣欣向荣的局面。

问：从社会科学的角度，您怎样看目前我国社会发展中存在的一些负面问题？

答：辩证唯物主义和历史唯物主义是最重要的方法论。我们说，中国现在处于并将长期处于社会主义初级阶段，这就是运用历史唯物主义观察中国现实所得出的结论。我们所处的时代，不过是人类社会历史发展长河中的一个很小的阶段。从鸦片战争到现在不过才160 年。新中国成立才 50 年。无数志士仁人救亡图存，千辛万苦，才找到中华民族摆脱贫困、实现振兴之路。有些人希望我们国家很快就发达起来，一下子由贫困变得富有，这种愿望是好的，但不切合实际。

高楼大厦是一块块砖垒起来的。人类社会发展是一个自然的历史过程，不以人的意志为转移。社会主义是美好的理想，而不是现成的天堂，尤其在制度和体制尚不完善的时候，会存在不少矛盾和问题，如贫穷问题、社会治安问题、腐败问题等。社会主义大厦必须通过大家的辛勤劳动才能建立起来。只有通过不断改革，不断发展，才能使社会主义制度不断完善，才能由理想变成现实。中国只能走社会主义道路，不能搞资本主义。这是历史的选择，不是哪个人的主观愿望。理想是我们长期追求的目标，就像人们追求真理一样。如果认为社会主义就不能存在任何缺点和问题，那也不是历史唯物主义。

问：您兼任中国社会科学院院长已有一年。这期间，您进行了大量深入的调查研究，并提出了中国社会科学院跨世纪发展的目标和基本任务，对社科界震动很大。

答：党中央、国务院一直对社科院的工作十分关心。江泽民同志多次就社会科学的研究和发展做过极其重要的指示，甚至将社会科学的发展提到了关系党和国家命运和前途的高度。李鹏、镕基、瑞环、锦涛等领导同志也都多次就社科工作做过重要指示。

根据中央的要求，结合中国社会科学院的实际，我们提出搞好社科院工作的"四三五一"方针。所谓"四"，是指办好社科院的四个原则。第一，坚持以马列主义、毛泽东思想和邓小平理论为指导，坚持党的基本路线，在政治上始终同党中央保持高度一致；第二，坚持为我国的社会主义现代化建设服务，为中华民族的全面振兴服务；第三，坚持实践是检验真理的唯一标准；第四，坚持"双百"方针，鼓励科研人员大胆探索和勇于创新。所谓"三"，是指"三个一批"，即经过 10 年、20 年的努力，建设一批国际知名的研究所，培养出一批享誉海内外的学术"大家"，推出一批对国家重大决策和学科建设具有重要价值的科研成果。所谓"五"，是指要逐步形成"五个中心"：马列主义、毛泽东思想、邓小平理论研究中心，经济改革与发展研究中心，社会主义民主法治与社会发展研究中心，中华文明和社会主义文化研究中心，国际问题理论与国际战略研究中心。所谓"一"，是指建设一个培养和造就一流人文社会科学研究人才与高素质管理人才的重要基地。"三个一批"、"五个中心"和"一个基地"是社科院跨世纪发展的基本目标。

从总体上讲，中国社会科学院已经具备向更高目标迈进的现实基础，但是与新世纪社会科学的大发展，与实现跨世纪的发展目标和任务的要求相比，还存在着相当差距，面临着一系列严峻挑战。对社科院来说，重要的问题不在于出版了多少部著作、发表了多少篇论文，关键在于著作、论文的质量如何，水平如何，解决了什么实际问题。社科院的地位和水平，首先在于社会科学基础理论研究。离开了这个前提，我们就不可能站在世界社会科学研究的前沿，当然也就不可能解决下世纪我们将面临的问题。改革现行体制，创造良好的学术氛围，这样会更有利于出理论成果，出"大家"。总之，一个适应实际需要、肩负重要历史使命的中国社会科学院，正以锐意改革的姿态和行动，去迎接新世纪的新形势、新任务、新挑战。

问：请问，就中国社会科学院而言，当务之急的研究课题是什么？

答：邓小平理论研究。因为邓小平理论是当代中国的马克思主义，是马克思主义在当代中国发展的新阶段。在当代中国，只有把马克思主义同当代中国实践和时代特征结合起来的邓小平理论，而没有别的理论能够解决中国社会主义的前途和命运问题。离开了邓小平理论的指导，我们就会失去前进的方向。我国的社会科学研究必须坚持以邓小平理论为指导，这是我国社会科学研究沿着正确方向发展、在21世纪取得更大成绩的根本保证，也是从20年来我国社会科学发展的历史和现实中得出的不可动摇的结论。党的十一届三中全会以来的这20年，是新中国成立以来社会科学发展最快、成果最多、思想最活跃、获得社会效益最大的时期。

研究邓小平理论，就是研究当代中国的根本问题。邓小平理论就是实现中国现代化的理论，就是实现中华民族伟大复兴的理论，就是解决中国实际问题的理论。坚持以邓小平理论为指导，就要深入、全面、系统地研究这个理论体系，要在改革开放和现代化建设的实践中，不断丰富和发展这个理论体系。为了保证我们党和国家整个事业兴旺发达、顺利前进，中央号召要兴起一个学习邓小平理论的新高潮。为此，需要我们把马克思主义特别是邓小平理论的学习、研究和宣传，提高到一个新的水平上来。这既是重大的政治任务，又是重大的理论任务，是社会科学界的同志义不容辞的历史重任。

注释：

[1] 参见《马克思恩格斯选集》第4卷，人民出版社1995年版，第285页。

纪念罗尔纲[*]

（1999 年 6 月 28 日）

今天，南京太平天国历史博物馆专设的罗尔纲史学馆开馆暨罗尔纲[1]铜像揭幕仪式在这里举行，我代表中国社会科学院对此表示热烈祝贺！对各位为建立罗尔纲史学馆做出的努力表示衷心感谢！

罗尔纲同志是南京太平天国历史博物馆的创始者，生前为中国社会科学院近代史研究所一级研究员，是国内外公认的太平天国史研究的一代宗师，同时又是考据学、训诂学、金石学和晚清兵志专家。两年前，当这位享誉海内外的史学大师以 97 岁高龄去世的时候，我还没有到中国社会科学院工作。但罗尔纲同志的大名，我早已熟知。在年轻时，我就曾拜读过他的一些著作，他的太平天国史研究，给我留下了深刻的印象。

罗尔纲同志对史学研究，尤其是对太平天国史研究做出了巨大贡献。他花费毕生精力著述了以《太平天国史》为代表的大约 700 万字的论著，亲手编纂了 3000 余万字的太平天国资料。这些成就，为他树立起一座不朽的丰碑。正如人们所评论的：这是他个人的光荣，也是中华民族的骄傲！

---

* 这是李铁映同志在南京罗尔纲史学馆开馆暨罗尔纲铜像揭幕仪式上的讲话。

南京太平天国历史博物馆以罗尔纲的名字命名新建的史学馆，表达了我们要继承老一辈学者的研究事业，继承他们的精神风范并发扬光大的决心和信念，这是一件值得称赞的事。在 20 世纪即将过去、21 世纪来临之际，纪念罗尔纲的研究事业，学习罗尔纲的精神风范，对推动我国社会科学建设，具有重要的意义。因为这位世纪老人所走过的道路，正是中国的社会科学工作者及所有的正直的知识分子，正在走和必将继续走下去的一条光辉的道路。

一　罗尔纲同志一生向往光明，追求真理

罗尔纲是 20 世纪的同龄人。就在他出生的那一年，即 1900 年，帝国主义列强八国联军[2]在血腥镇压了中国的义和团运动后，强迫清政府签订了丧权辱国的《辛丑条约》[3]。我们永远不会忘记，我们的祖国正是在这种奇耻大辱下步入 20 世纪的。帝国主义、封建主义给中国人民带来的深重苦难，深深刺激了他幼小的心灵。向往光明、追求真理的信念，早在幼年时代的罗尔纲心中就已萌发。

1926 年，罗尔纲考取了上海大学社会学系。这是由共产党人领导设立的大学。邓中夏为教务长，瞿秋白为社会学系主任，一些著名的共产党人，如蔡和森、张太雷、恽代英、萧楚女等人都曾在该校担任过教职。这所学校不仅开设有马克思主义的理论课程，而且学校的师生始终站在反帝反封建斗争的最前列。故当时有"北有五四的北大，南有五卅的上大"的说法。青年罗尔纲在上海大学读的教本是《资本论》[4]、《政治经济学》、《社会学》，受的是马克思主义的启蒙教育。他后来曾回忆说：这是他"一生得到最新的、最丰富的新知"的阶段。

罗尔纲早年的生活经历及其所形成的政治思想，对他选择"做历史学家"的人生道路以及后来的"辨伪考信"的治学生涯，产生了重大的影响。新中国成立后，他又系统地、认真地学习马克思主义、学习唯物史观，力图以马克思主义的立场、观点和方法去考据

史实，做出正确的结论，从而将旧考据发展为新考据。早在 1950 年，他就表示"愿一生尽我所学，站在无产阶级的人民立场，用唯物的观点与辩证的方法，去整理史料和撰述历史，以尽我为人民服务的责任"[5]。

1958 年 5 月，经过党组织批准，罗尔纲加入了中国共产党。此后，他以共产党员的标准严格要求自己，更加努力学习马克思主义理论，积极关心国家的政治生活。1985 年他结合自己的专业实践，说过："我从建国后三十多年的切身经历说明，作为一名历史研究工作者，只有用马克思主义的立场、观点和方法来研究历史，才是正确的、科学的，才能起到为社会主义服务的目的。"[6]

正是因为罗尔纲早年曾经受大革命的洗礼并树立了向往光明、追求真理的坚强政治信念，他才有可能几十年如一日地孜孜以求，"迎着满途荆棘一直去做清道夫的工作"，终于跨越"乾嘉学派"的治学轨迹而自觉接受马克思主义，从而加入中国共产党，立志为共产主义奋斗终生，在学术上取得辉煌的成就。

二　罗尔纲同志一生治学不苟且

真正的大学问家，都是尊重科学、严谨治学的老实人。罗尔纲有一句名言：只有老实人能够做学问家，能够做历史学家。他本人就是这样的一个老实人。他治学的根本特点，就是他的"不苟且"的治学作风。

罗尔纲将"不苟且"的治学作风应用于太平天国史的研究。太平天国的失败，距当时虽然只有几十年的时间，但由于种种原因，其史料伪作之多、谬误之甚，为近代史中所仅见。罗尔纲对太平天国史料进行了极为认真的辨伪考信。他把这种辨伪考信的工作，比作布满荆棘的路途中的"清道夫"的工作。他自己说："这种工作必须忍耐、小心，一丝不苟，必须打破砂锅纹（问）到底。"他考证一个问题，必把相关的一系列问题都考证清楚。他的同学、著名历史学家吴晗说他"不肯轻信，也不肯武断地否认一切记载的可靠性"。

正是由于他的"不苟且"，扎扎实实地进行了辨伪考信的工作，使得大量的太平天国史料得到了订正，弄清了史实，恢复了历史的本来面目，为太平天国史研究打下了坚实的基础。新中国成立后，太平天国史研究之所以能成为一门独立的学科，并成为史学园地中最茁壮的一枝，是与罗尔纲"筚路蓝缕，以启山林"的"清道夫"工作分不开的。

三　罗尔纲同志一生坚持真理，胸怀坦荡

罗尔纲说过："一个科学工作者必须勇于承认错误，欣然去改正错误，在一生不断地改正错误过程中，向前迈进，然后方有利于人民的科学研究事业。"

他对于真诚的批评，对于别人发现的错误或晚辈提出的意见，都能虚心接受，知过即改，从不隐讳。1984 年有人写文章，就太平天国科举考试的开始时间与罗尔纲商榷。他不仅接受意见写了一篇订误文改正自己的错误，还致函《安徽史学》编辑部，要求在订误稿前加编者按语"以我为的"，并建议"提意见的同志应本学术为公与人为善的态度，以和风煦日的文笔提出商榷的意见，而被提意见的同志则应以闻过则喜和有则改之、无则加勉的态度接受批评"。《光明日报》、《文汇报》相继发表专论，赞扬罗尔纲这种"以我为的"，虚心求教、修正错误的精神，并指出：如果学术界的同志都能如此，百家争鸣必将出现崭新的局面。

然而对他自己经过充分考证所认定的见解，不管是怎样的来头，怎样的辩论、商榷，如果没有充分的根据，他还是要坚持到底的。

太平天国后期的杰出将领李秀成[7]，是罗尔纲费力最多、重点研究的一位太平天国人物。还在 1980 年，他在《李秀成自述原稿注》前言中说："回首初作注时，已四十九年。古人说白首穷经，我

注李秀成自述，也从青春注到白首了。""四十九年来，好似乌龟爬行一样，一点一滴去作注。"[8]正如大家所知道的，他在50年代曾发表李秀成学姜维伪降，欲争取曾国藩反清的学术观点。这种学术观点在当时看来是很"不合时宜"的。到了"文化大革命"前夕，戚本禹[9]借《李秀成自述》发难，罗尔纲也因此受到株连批判。"文化大革命"期间，罗尔纲成为大批判的靶子，处于逆境。他被"勒令"写检查，但他只检查自己学习运用马克思主义作研究指导所存在的问题，却始终不肯改变自己的学术观点。

四 罗尔纲同志一生布衣，为学者典范

罗尔纲自1950年起，曾先后任广西贵县和南京市、江苏省人大代表，1954年后又历任第二、第三届全国人民代表大会代表，第二、第五届全国政协委员。但他一生淡泊名利，生活简朴，始终保持着一个"布衣学者"的本色。他对学术研究专心致志，精益求精，直至耄耋之年仍笔耕不辍，奋斗不已。

罗尔纲乐于帮助青年学者，更关心他们的成长，与他们平等地探讨各种学术问题。他曾为他人的著作作序21篇。其中许多人是他的学生和青年晚辈。序文均长达千言，有的长达万言，花费了不少心血和宝贵时间。为了提携后进，他毫不吝惜，常常是把自己手头的工作放下，或带病为人写序。这些序文，都是十分有价值的学术文章，这也是罗尔纲同志伟大奉献中的一个重要组成部分。

罗尔纲自幼体弱多病，但他始终保持乐观态度，与疾病进行顽强的斗争。在他晚年的卧室兼书房中，经常贴着他亲自手写的若干警句，要求自己抖擞精神，振奋意志，制服疾病，康健快乐。就在1997年最后住进医院，他还相信能控制病情，恢复健康，继续工作。由于他始终处于科学的前沿，始终保持着青春的活力和敏锐的目光，从而使新的研究成果不断涌现。他的传世巨著《太平天国史》，就是在90岁高龄时完成的。

罗尔纲说过：要以三四十年时间读书，再以三四十年时间写作，这种为了发展和繁荣国家历史科学事业，真正践行"十年磨一剑"、"甘坐冷板凳"的精神，值得大力提倡，值得我们青年一代学者学习。

今天，我国人民正在以江泽民同志为核心的党中央领导下，高举邓小平理论伟大旗帜，把有中国特色社会主义全面推向 21 世纪。在建设繁荣富强的社会主义祖国，实现中华民族伟大复兴的历史进程中，我国的人文社会科学需要大发展，人文社会科学工作者是大有用武之地的。所以，南京建立罗尔纲史学馆，大力倡导罗尔纲做学问"十年磨一剑"、"甘坐冷板凳"的精神，是应该加以鼓励的！

注释：

[1] 罗尔纲（1901—1997），著名历史学家，太平天国史研究专家，训诂学家，晚清兵志学家。广西贵县（今贵港市）人。中国社会科学院近代史研究所研究员。主要论著有《太平天国史》、《太平天国史论文集》（十集）、《李秀成自述原稿注》、《湘军兵志》、《绿兵志》等。

[2] 八国联军，是指 1900 年（清光绪 26 年）英、俄、德、法、美、意、日、奥为为阻止义和团对北京使馆区的围攻并镇压中国北方义和团运动而派遣的联合远征军。八国联军的行动，直接造成义和团的消灭以及京津一带清军的溃败，迫使慈禧太后挟光绪帝逃往陕西西安，最终清廷与包含派兵八国在内的十一国签订《辛丑条约》，付出庞大的赔款，并丧失多项主权。

[3] 《辛丑条约》，亦称《辛丑各国和约》、《北京议定书》，是中国清朝政府与英国、美国、日本、俄国、法国、德国、意大利、奥匈、比利时、西班牙和荷兰在义和团运动失败、八国联军攻入北京后签订的一个不平等条约。条约规定：中国赔款 9.8 亿两白银（一说 4.5 亿两白银），划定北京东交民巷为使馆界，允许各国驻兵保护，不准中国人在界内居住；清政府保证严禁人民参加反帝运动；清政府拆毁天津大沽口到北京沿线设防的炮台，允许列强各国派驻兵驻扎在北京到山海关的铁路沿线要地。

[4] 《资本论》，是马克思用德语写作、由恩格斯等编辑的一部政治经济学著作，第一卷初版于 1867 年。这部作品对资本主义进行了批判性的分析，对日后社会科学和人文科学的诸多领域有着深远影响。

［5］罗尔纲纪念馆：《罗尔纲同志一生向往光明，追求真理》，《光明日报》
　　2007 年 5 月 24 日。

［6］罗尔纲纪念馆：《罗尔纲同志一生向往光明，追求真理》，《光明日报》
　　2007 年 5 月 24 日。

［7］李秀成（1823—1864），初名李以文，太平天国后期主要将领。天京变乱
　　后，率领太平军在军事上连连获胜，中兴了太平天国，李秀成也成为太平
　　天国后期的顶梁柱。1864 年，天京陷落后，李秀成被俘遇害。

［8］罗尔纲：《李秀成自述原稿注序》，《学术月刊》1981 年第 3 期。

［9］戚本禹，1931 年生，山东威海人。1949 年后加入中国共产党，曾任中央文
　　革小组成员、中央办公厅秘书局副局长、《红旗》杂志副总编辑、中共中央
　　办公厅代主任。在“文革”中犯下诸多罪行，1983 年 11 月 2 日，北京市中
　　级人民法院以反革命宣传煽动罪、诬告陷害罪和聚众打砸抢罪，依法判处
　　戚本禹有期徒刑 18 年，剥夺政治权利 4 年。

重庆社科院要当好市委、市政府的参谋[*]

（1999 年 6 月）

重庆成为直辖市后，各方面工作任务非常繁重，但也面临着千载难逢的发展机遇。作为一个新的直辖市和老工业基地，重庆要结合自己的实际情况，根据中央关于建立社会主义市场经济体制的一系列方针、政策，在多方面进行大胆探索和改革创新。实践证明，我国现代化建设 20 年来取得的伟大成就，都来自于改革、得益于创新。希望重庆市抓住历史机遇，在今后的工作中大胆探索新思路，努力开创改革开放、发展经济的新局面。

重庆社会科学院应对重庆经济社会发展进行广泛、深入的科学研究，要当好市委、市政府的参谋助手。新的时代需要一大批优秀的青年知识分子走出书斋，投身到火热的经济建设中去。希望青年专家学者不辱使命，积极参加社会实践，想事、做事都要实事求是，时时刻刻想到人民的利益，要为繁荣社会科学做出应有的贡献。

---

[*] 这是李铁映同志在重庆调研时谈话的一部分。

稳定和发展[*]

（1999 年 8 月 1 日）

社会科学工作者在研究中国问题的时候，要以马克思主义为指导，只有坚持马列主义、毛泽东思想、邓小平理论，才能解决中国的发展问题。

中国前途就在于保持社会的长期稳定，只有稳定才能确保改革和发展的顺利进行。正确处理改革、发展和稳定三者间的关系，是我们改革开放以来得出的一条基本经验。希望社会科学工作者为新疆的稳定和发展，为中华民族的全面振兴做出新的贡献。

生产建设兵团是新时期新疆经济发展、国防安全、维护边疆稳定的一支重要力量。兵团的发展壮大，关键在于把经济搞上去。广大兵团干部职工要进一步解放思想，大胆从实际出发，创造出有利于加快经济发展的多种形式。解放思想，实事求是，就是调动一切积极因素，大胆地在各个领域进行新的改革。

新疆拥有丰富的生态、旅游资源，开发旅游前景十分看好。在开发中要做到生态旅游和人文旅游并举，要加快培养旅游管理方面的人才，对旅游资源既要合理开发，又要科学管理。

纪念甲骨文发现一百周年[*]

（1999 年 8 月 20 日）

1899 年甲骨文的发现，是我国近代学术史上一件具有重大意义的事情。一百年来，从王国维到郭沫若，再到出席今天会议的各位专家、学者，甲骨文研究取得了卓著成绩，甲骨学已经成为一门成熟的学科。

在甲骨文研究和甲骨学的形成、发展过程中，20 世纪二三十年代的安阳殷墟发掘，具有十分重要的意义。在历时 10 年的 15 次大规模科学发掘中，发现了王陵区、宫殿宗庙区等重要遗迹和大批精美绝伦的青铜器、白陶、玉器等珍贵遗物。殷墟科学发掘不仅推动了甲骨学研究的发展，还为今日考古学的繁荣打下了坚实的基础。我国学术界一批享誉世界的考古学家，就是在殷墟发掘的磨炼中成长起来的。他们所取得的成就和做出的贡献，将永远受到中国人民的怀念与尊重。

甲骨文的发现，为 20 世纪中国上古文研究的发展奠定了坚实的基础。本世纪初，王国维等学者利用甲骨文，把其中的殷先公先王剔发出来，从而使《史记·殷本纪》等书所传的殷代王统得到了物证，同时也纠正了《史记》对个别殷代王世记载的失误。因此，甲骨文的发现，一下子便把中国有文字记载的历史上提了一千年。这

---

* 这是李铁映同志在"纪念甲骨文发现 100 周年"国际学术研讨会上的讲话。

对以往学术界的"东周以上无史"论和某些外国学者主张"中国文明只能上溯至公元前七八世纪"的错误看法，无疑是一个有力的反驳。郭沫若全面地继承了前人的研究成果，以历史唯物主义作指导，创造性地研究甲骨文，从而完成了他的划时代著作《中国古代社会研究》、《甲骨文字研究》、《青铜时代》、《十批判书》和《奴隶制时代》，成功地主编了《中国史稿》等书，大大地推动了我国马克思主义历史科学的发展。

甲骨文是迄今我国发现的最早文字，它同古埃及的纸草和古巴比伦的泥板文书交相辉映，在世界文明宝库中大放异彩。不同的是，纸草文字和泥板文书都已失传，而中国的甲骨文几经变异，一脉相承，终于成为现在中国通行的文字。甲骨文发展到现代汉字，不仅对中华民族的发展具有巨大的凝聚力，而且记录了中华民族灿烂的五千年文明史。由于中华文明在世界文明史上占有重要地位，因此，甲骨文被发现以后，很快就引起了海外学者的注意。他们或收集著录，或考释文字，或研究甲骨文蕴藏的古代社会奥秘，或探索甲骨文自身的演变规律，无不取得了可喜成绩。

经过几代学者的努力，流散在世界12个国家和地区的甲骨文都已著录发表，为甲骨学和中国古代文明研究增加了新的资料。海外学者的努力和追求，不仅为甲骨学的发展做出了贡献，使甲骨学成为一门国际性学问，而且对世界各国人民认识中国古代文明，宣扬中国古代文明做了十分有意义的事情。我们向所有热爱、研究中国古代文化的学者表示深深的敬意。

今天，有来自欧美、日本、韩国等国家的数十位学者出席我们的盛会，这就是甲骨学已成为一门国际性学问的最好说明。我们虽然语言不同，但甲骨文却是我们的共同语言。请允许我对远道而来、崇尚学术、追求友谊的各国朋友们表示亲切的慰问。

我们党和国家历来重视中国古代优秀文化传统的弘扬和发掘。当年毛泽东主席曾经亲临安阳殷墟，并多次讲到甲骨文。江泽民主席也到过殷墟考察，并说"殷墟的学问很深"。早在 1950 年，在国家百废待兴的困难情况下，我们就恢复了殷墟的发掘工作。五十年来，殷墟的科学发掘工作从未中断，1973 年在小屯南地出土甲骨七千余片，1991 年在花园庄东地出土甲骨六百余片，这是继 1936 年 127 甲骨储藏坑后的两次集中发现。

为了全面整理甲骨等古代优秀文化遗产，在 1956 年制定国家 12 年科学研究远景规划时，历史研究所就提出编纂、整理甲骨文的计划。在主编郭沫若、总编辑胡厚宣和十多位年轻学者锲而不舍的努力下，终于在 1982 年将《甲骨文合集》13 巨册全部出齐。这部被誉为"甲骨学发展史上里程碑式的著作"，大大推动了甲骨学研究的发展。

为了全面总结甲骨学一百年来的成就，推动新世纪甲骨学研究的辉煌，1996 年我们中国社会科学院确立了重点项目"甲骨学一百年"。经过课题组全体同人的努力，现在这个项目的成果以《甲骨学一百年》、《甲骨文合集补编》和《百年甲骨学论著目》三部书的形式，奉献给海内外学术界，并作为向甲骨文发现一百周年和建国五十周年的献礼。

一百年来，我们的甲骨学研究取得了辉煌成就，硕果累累，令人欣喜。但是人类社会和人类文明的发展永无止境，科学研究也是永无止境的。我十分赞成一些专家的意见，"甲骨学当前的课题还有许多"，"甲骨学的研究不是已经完成，而是刚刚开始"[1]。因此，停止的观点和无所作为的观点都是要不得的。在新的一百年里，我们的甲骨学家还有很多的事情要做，任重道远，大有作为。

弘扬中华民族的优秀文化传统，是建设社会主义精神文明的需要。为了中华民族的伟大复兴，党和国家需要一批站在世界学术前沿的甲骨学专家、古文字专家和历史学家、考古学家。这是历史赋予我们的重任，我们要义无反顾地挑起这副重担。

注释：

[1] 参阅王宇信、宋镇豪主编《纪念殷墟甲骨文发现一百周年国际学术研讨会论文集》，社会科学文献出版社 2003 年版。

在实践中发展马克思主义[*]

（1999 年 8 月）

　　社会科学工作者要从实际出发，以研究有中国特色社会主义为首要任务，适应形势发展的要求，为中华民族的全面振兴服务。

　　凡是社会发生变革的年代，必然产生许多新事物、新情况和新问题，也就越需要加强人文社会科学研究，对它们做出科学的解答。

　　下个世纪的一百年将是中华民族继续艰苦奋斗、实现中华民族全面振兴的一百年。我们面临着复杂、多变的国际、国内形势。面对新世纪和新形势，社会科学工作者要认真研究中国新的实践。要坚持马克思主义，坚持在实践中发展马克思主义。只有坚持，才能发展；只有发展，才能更好地坚持。

　　要选准一批社会主义物质文明建设和精神文明建设的重大题目，通过抓重大课题，把科研人员组织到研究建设有中国特色社会主义的重大理论和实践问题上来。搞研究离不开一定的物质条件，应给他们创造必要的物质条件，但是，关键在人。社会科学工作者必须具有高度的社会责任感，才能承担起发展和繁荣人文社会科学的伟大历史使命。

志在高远　竞创一流[*]

（1999 年 9 月 6 日）

参加今天的期刊颁奖大会，感到十分高兴。首先我要向获奖期刊所在单位的同志们表示衷心的祝贺，祝贺大家在刊物编辑工作中所取得的优异成绩。

我来院工作不久，就有一个非常突出的感觉，就是社科院的学术期刊数量多，而且其中有不少是各个学科中比较权威的高水平期刊。应当说，这样一批在学术界具有较大影响的学术期刊既是我院科研成果的集中体现，也是我们搞好科研工作十分有利的条件，是我院的一笔宝贵财富。如何把这些刊物办得更好，办成国际知名、国内一流的学术期刊，非常值得我们认真研究和思考。下面我想就这个问题讲几点意见。

一　人文社科期刊是我院的重要品牌

我院有近 80 种学术期刊，内容涵盖了人文社会科学的主要一级学科和相关二级学科。这些学术期刊对于我院乃至全国的人文社会科学

＊　这是李铁映同志在中国社会科学院优秀期刊颁奖暨全院期刊工作会议上的讲话。

研究，发挥着不可替代的重要作用。

（一）学术期刊是社会科学研究成果走向社会的中介和桥梁

如同自然科学的研究成果需要转化才能变成现实生产力一样，社会科学研究成果要从学者的书斋和案头走向社会，必须经过媒介的传播，其中学术期刊就是最重要的传播媒介。同时，许多非常专门的基础理论研究成果，要能够为广大群众所理解和接受，并成为武装群众的思想武器，还需要有一个向科普转化的过程，这同样少不了媒介的参与。当然，这样的信息传递路径不是单向的，而是双向的。学者的科研成果也必须接受社会和实践的检验，社会反响也要通过刊物反馈给作者。有的同志借用经济学的表述，把研究工作看成精神产品的生产过程，把书刊的出版发行看成精神产品的实现过程，如同物质生产领域的产品不进入市场就不成其为商品一样，社会科学研究成果如果不能通过媒介为社会所用，研究工作也不能算是最终完成。这样的说法是有道理的。

（二）学术期刊是科学创新成果展示的窗口和舞台

学术期刊的周期短、反应快，学术研究的最新成果，特别是有发明创造的成果，往往是最先通过期刊向外界发布的。我们的学术期刊虽然都是由我院主管，由院、所两级主办的，但又都是开放办刊，反映全国社会科学界的研究成果。因此，读者通过我们的刊物所看到的，应是我国社会科学研究的整体状况和最新的高水平成果。国内外许多学者正是通过我们的众多学术期刊，认识和了解中国的社会科学，了解中国社会科学院的。中央领导、国务院各主管部门指导社会科学工作，除了听取汇报以外，期刊所提供的学术动态和成果也是重要的渠道之一。

（三）学术期刊是出成果、出人才的沃土和摇篮

我们院的工作要以科研为中心，一切都要围绕着出成果、出人

才来展开。而出成果、出人才要有良好的土壤，也要有一个合理、完善的机制。比如说通过同行专家评审保证课题立项的科学合理；通过行政机制保证立项的课题得到必需的人、财、物的支持和保障；通过管理体系对项目的实施进行监督和协调等，这些都是必不可少的。不过这些还不是机制的全部，只是这个机制中直接调控的部分。另一部分则属于间接调控，或者说发挥引导作用、事后调节的机制。就是通过对科研成果的社会评价，如同行及相关领域专家、学者广泛而公开的评论，不同观点和学派的争鸣，广大读者的批评和质疑等，使科研成果进一步得到完善和提高。这一部分机制运行的载体主要是学术期刊。学术期刊不仅推出成果，同时也在不断地锤炼成果，在这个过程中也就造就了人才。新中国成立后特别是改革开放以来，活跃在我国以及国际学术界的知名学者中，有不少就是在学术期刊这块沃土上成长起来的。

（四）学术期刊是对科研工作具有导向作用的航标和旗帜

刊物所发表的稿件就是刊物的旗帜。它是一种无声的号召，昭示作者和读者，我们扶持什么、倡导什么。刊物的办刊方针、编辑思想乃至刊物的风格，无不体现办刊人对政治方向的把握、对党的方针政策的理解、对学术前沿的敏感、对学术规范的要求等。这些信息自然会对作者、读者发挥导向作用。我们一定要通过我们的刊物进行正确的引导。只有坚持以马克思主义为指导，才能使我们的社会科学研究不会偏离方向。同时又要认真贯彻"双百"方针，促进学术的繁荣发展。我们的刊物还要做严格执行学术规范的模范。在这方面，我院不少刊物已经做了很好的工作，产生了一定的影响，对于克服当前学术研究领域里的不良风气，发挥了良好的导向作用。

总之，学术期刊的作用确实很大，它在我院的科研工作中具有独特的重要地位。

二　精益求精，创办一流的学术刊物

我院跨世纪发展的基本目标已经确立为"三五一"[1]发展战略，即经过十年、二十年的努力，建设"三个一批"、"五个中心"、"一个基地"。详细的表述大家都已经知道，我就不在这里重复了。有的同志把它概括为"名所、名家、名作"战略，虽不一定完全准确，倒也简明扼要。在这里我们还需要再加一个"名刊"，就是要求期刊工作与院提出的跨世纪目标相适应。要在原有的基础上再上台阶，把我们的重要期刊都办成国际知名、国内一流的学术刊物。

什么是我们所追求的一流刊物？当然首先是刊物的内在质量，包括刊物的政治质量、学术质量、编辑出版质量。在政治上，我们的刊物一定要坚持以马克思主义为指导，坚持正确的政治方向、理论方向、科研方向，这是任何时候都不能动摇的。中央要求我们一定要把中国社会科学院办好。江泽民总书记指出："要把中国社会科学院建设成马克思主义的坚强阵地。"可以说，我院这一大批学术期刊就处在这个阵地的前沿。

在学术上，我们的刊物所发表的成果一定要最高水平的，正像一些同志在介绍经验时所讲的，没有一流的稿件就办不出一流的刊物。所以编辑工作的重心就是要抓一流的稿件，要千方百计把一流的稿件吸引到我们的刊物中来。在编辑出版质量方面当然也应要求高质量，要与我们刊物的学术水平和学术地位相一致。应当说在编辑出版方面，我院绝大多数刊物跟国内的多数刊物比是好的，但是距离一流还有不少差距。

其次，刊物的外在质量，比如纸张、印刷、装帧等有关刊物外部形象的问题也要逐步改善。可能主要是经济方面的原因，这方面我们的多数刊物差距都比较大，今后要在可能的情况下，逐步有所改善。

三　无私奉献，建设一流的编辑队伍

办成一流的学术期刊，必然要有一流的编辑队伍。截至 1997 年年底，我院共有编辑人员 450 人，占全院专业人员的 15%，是我院专业人员中仅次于研究人员的第二大专业队伍。其中具有高级专业技术职务的占 50% 以上。这样的一支编辑队伍是我院能够办出一批"名牌"、"精品"刊物的重要条件。

学术期刊编辑工作是一个特殊的岗位，与专业领域的研究人员相比，要求编辑人员知识面要更宽、掌握的学术信息量要更大。合格的编辑应当是学术动态方面的专家，要有敏锐的政治嗅觉、准确的学术判断力；既能够心静如水地埋头于案头工作，又要善于交际，活跃于学术前沿，广交学界朋友；既要具备较高的编辑业务素质，又要具有一定的研究能力，还要有较高的文字水平，熟悉相关的政策和法规等。因此编辑是特殊的专业人才。

从编辑工作的性质来说，也可以说它是科研工作大系统中的服务性岗位，如同大家所说的，是"为他人作嫁衣裳"。客观地说，虽然绝大多数编辑人员把办好刊物作为自己终生事业的追求，其中也不乏事业成功的名编辑，但是与研究工作相比，出成果的概率要小得多、困难得多，个人的发展机会也要少得多，更多的人是在默默奉献。我院大多数编辑人员不计名利，兢兢业业地在编辑岗位上辛勤工作。正是靠了大家的努力和奉献，才有了我院学术期刊的群体优势，我院众多优秀学术期刊不仅是广大科研人员努力的结果，也是几代编辑学人心血的结晶。在此，我们向全院所有的编辑同志们表示由衷的敬意和感谢。

我们也注意到编辑队伍近年来出现的萎缩问题，有的编辑部已经出现严重的人才断档，危及刊物的质量和生存。对于存在的问题，院、所两级要认真地调查研究，寻求适当的解决办法。同时，我们仍然提倡编辑人员还是要讲一点精神，就是要弘扬奉献精神，像蜡烛那样点燃自己、照亮别人。其实，在燃烧自己的过程中，你的生命就发出了智慧之光，在"为他人作嫁衣裳"的过程中，你练就了一手绝活，你的自我价值就体现在你和作者共同的事业之中。

今天是颁奖会，平常专门谈论编辑工作的机会又比较少，所以上面我讲刊物工作的成绩、重要性比较多。但是我们也应当清醒地看到，我们的工作还存在不少问题和差距，包括获奖的刊物在内。我们虽然有一半以上的刊物是各学科的核心期刊，但是这更多的是表示这些刊物的重要性，并不完全表明已经达到了一流期刊的水平。全院的刊物从总体上看水平比较高，但是真正高质量、社会影响非常大的文章还是不太多，多数刊物是中上水平的稿件居多。

还有文字方面。学术文章当然要严谨、严肃，但是也不能形成一种干巴巴的"学术八股"，孔子说："言之无文，行而不远。"因此社会科学的文章还是要有一点文采，有一点生动活泼的气息。我希望今后能在我院的期刊上读到更多既有理论深度又有活泼气息的好文章。

同志们，新世纪正在一天天向我们走近。在即将到来的 21 世纪，社会科学的重要性将更加凸显。正如江总书记所说："社会科学研究方向的正确与否，社会科学发展状况如何，对人们的思想意识和社会道德风尚，对经济建设，对社会稳定和发展，都会产生巨大而深刻的影响，甚至关系到中华民族的兴衰和社会主义的命运。"[2]这说明社会科学工作者的任务异常光荣而艰巨。我院每一个岗位上的同志们，不论是研究人员还是编辑人员、图书资料人员，以及行政后勤人员，都要增强历史的责任感，切实做好本职工作，用自己的学识和敬业精神为实现我院跨世纪的发展目标、为繁荣和发展社会科学事业而努力。

最后，再次向今天获奖的刊物表示祝贺！预祝同志们把我们的学术园地经营得枝繁叶茂、花满果盛。谢谢大家！

注释：

[1] "三五一"，是指中国社会科学院提出的"三个一批、五个中心和一个基地"的战略目标。

[2] 参见《人民日报》1991年2月24日第1版。

纪念孔子诞辰 2550 周年

（1999 年 9 月 8 日）

今天我们在这里集会，纪念我国古代伟大的思想家、哲学家和教育家孔子诞辰 2550 周年。这是世纪之交我国学术界的又一盛事。

晚于孔子四百多年的司马迁曾感叹，许多显赫的人物很快就被人们忘记了，而"孔子布衣传十余世，学者宗之"[1]。两千多年过去了，今天我们仍然要隆重地纪念这位文化巨人，纪念他对于中国、东亚乃至世界文化与文明的发展产生的重大影响。

孔子创立了"仁"的学说。孔子仁学的核心内涵就是"修己安人"。孔子的思想理论经过后世儒家的传承与发展，衍生出一整套道德法则和社会伦理规范。这些道德法则和伦理规范不仅保存在学者们的书本里，而且在历史的发展中，通过警句、格言、启蒙读物、书院教育和官方文献等途径广为传布，对于社会大众的生活发生了深刻而持久的影响，成为"百姓日用而不知"的传统习俗的重要组成部分，成为民族精神的重要因素。其中的许多内容，今天仍然在社会生活的各个方面发挥着广泛的作用。

中华民族是一个具有悠久文化传统的民族，中华文明也是人类社会发展中唯一没有中断的古老文明。江泽民同志一再告诫我们要"以史为鉴"，并指出中华民族的历史是全民族的宝贵财富。我们民族在历史发展的长河中经历了那么多的内忧外患，却能够奋发有为、自强不息，不断地探索稳定与发展的新途径，并始终表现出很强的凝聚力，应当说以孔子和儒家学说为主要代表的文化传统，在其中发挥了重要作用。

近十几年来，伴随着改革开放的进程，我国学术界有关孔子、儒学、传统文化的研究有了很大进展，包括在座的各位都做了很好的工作，取得了许多重要的成果。当然，对于孔子其人学界并没有"盖棺定论"。在经历了两千多年曲折的发展后，关于孔子与他所开创的儒家学派，人们仍然存在着也将继续存在着不同的见解与争论。学术上一定要坚持百家争鸣，推陈出新。研究中也会不断地出现新问题，这些问题的解答需要时间，需要做艰苦细致的努力。

例如，英国科学史家李约瑟[2]博士在他著名的《中国科学技术史》一书中，高度赞扬了中国古代的科技发明。那么，曾经在历史上走在世界前列的科技发明与儒家思想究竟是怎样的关系，后来科技的衰弱乃至近代"落后挨打"的现实又应当怎样解释？20 世纪 60年代中期以后，某些在历史上受到儒家思想影响的东南亚国家与地区，经济上出现了高速的发展，近年来这些国家和地区又发生了金融危机。所有这些，都使儒家传统与东亚现代化的关系成为国际学术界所关注的问题。对于上述现象与问题，都需要做出深刻的分析和回答，需要做长期、深入而系统的研究。

今年是五四运动 80 周年。纪念"五四"新文化运动与纪念孔子并不矛盾。以孔子和儒家学说为主要代表的传统文化是一个非常复杂的体系，我们在研究中必须以马克思主义为指导，采取历史的、分析的态度，坚持"批判继承"的原则。应当总结经验教训，彻底走出对于传统文化全盘肯定或全盘否定的简单化模式。研究中要面向新时代、新问题，面向社会主义新文化建设的实际。

早在抗日战争时期，毛泽东就指出："今天的中国是历史中国的一个发展；我们是马克思主义的历史主义者，我们不应该割断历史。从孔夫子到孙中山，我们应当给以总结，继承这一份珍贵的遗产。"[3]这样一种重大的思想总结工作，应当包括实践和理论两个方面。在中国共产党领导革命和社会主义建设的历程中，我们取得了值得骄傲的成果，毛泽东思想和邓小平理论，就是马克思主义基本原理同中国具体实际（包括中国传统文化）相结合的两大理论成果。而在学术领域进一步整理、发掘和继承优秀文化遗产的工作，仍然是一个长期而艰巨的任务，需要我们的专家学者们发挥自己的聪明才智，做出更大的贡献。

今天，我国人民正在以江泽民同志为核心的党中央领导下，为早日把我国建成有中国特色的社会主义现代化强国而努力奋斗。对孔子和儒家思想加以认真的研究和发掘，继承优秀文化遗产，在马克思主义世界观、人生观和价值观的指导下，创造我们面向21世纪的民族的、科学的、大众的文化，无疑具有十分重大的意义。

各位学者、同志们，人类就要跨入21世纪了。在新世纪到来之际，我们面对着复杂的环境和艰巨的任务，面对着许多新情况、新问题。五千年的文明，丰厚的文化遗产，是我们民族的宝贵资源。我们应该而且能够对于人类文化与文明的发展做出更大的贡献。历史上中华民族曾经以博大的胸襟吸收和成功地消化了佛教文化，今天中华民族正以昂扬的姿态走向世界，我们更不应当拒绝任何外来的优秀文化成果。

我们相信，伟大的民族复兴与人类的共同发展是统一的。应该说，一个既善于总结自己优秀的文化传统，而又肯于吸收全人类文明成果的民族，才是最有前途、最有希望的。

让我们满怀希望和信心地迎接21世纪的到来！谢谢！

注释：

［1］"孔于布衣传十余世，学者宗之"，出自《史记·孔子世家》，意思是孔子是一个平民，传到十几代，读书的人都尊崇他。

［2］李约瑟（1900—1995），英国伦敦人，著名生物化学专家、汉学家，英国剑桥大学李约瑟研究所名誉所长。数次来到中国，先后任英国驻华科学参赞、

中英科学合作馆馆长，1946 年赴巴黎任联合国教科文组织自然科学部主任。长期研究中国科技史，著有《中国科学技术史》28 卷 。他关于中国科技停滞的李约瑟难题引起广泛关注和讨论。

[3]《毛泽东选集》第 2 卷，人民出版社 1991 年版，第 534 页。

成就和未来[*]

（1999 年 9 月 27 日）

世纪之交，我们迎来了中华人民共和国 50 华诞。

新中国的诞生，开创了中国人民在中国共产党的领导下，建设新社会、创造新文明的伟大时代。新中国 50 年的光辉历程，是中华民族五千年文明史上最激动人心、最壮丽辉煌的篇章。伟大的时代需要伟大的理论。在创建新中国、推进改革开放和社会主义现代化建设的实践中，马克思主义与中国具体实际相结合出现了两次历史性飞跃，产生了毛泽东思想和邓小平理论。这两大理论成果是党和人民群众实践经验和集体智慧的结晶，为新中国哲学人文社会科学的发展，奠定了坚实的理论基础。

50 年来，特别是改革开放 20 年来，人民群众的伟大实践，社会的深刻变革，五彩缤纷的社会生活，为人文社会科学的研究和发展提供了丰富的素材，开拓了无比广阔的思维空间。在伟大时代的感召下，广大人文社会科学工作者迸发出前所未有的创造热情。新中国发展进程中所创造的伟绩、提出的问题、出现的困难、遇到的挫

---

[*] 这是李铁映同志在中国社会科学院举办的"新中国人文社会科学 50 年"学术报告会上的报告。

折，都成为他们思之所至、情之所钟、魂牵梦绕、苦苦探讨的理论课题。

50 年来，广大人文社会科学工作者不畏艰难、呕心沥血、努力探索，为我国人文社会科学事业的发展做出了不可磨灭的贡献，功垂共和国史册。我愿借此机会，向广大人文社会科学工作者表示崇高的敬意和亲切的慰问。

一　艰辛的历程　亲切的关怀

我国人文社会科学是党的思想理论战线和国家文化建设事业的重要组成部分，历来受到党和政府的高度重视。中国共产党从诞生之日起，就领导了以马克思主义为指导的科学文化生力军。新中国的人文社会科学事业，是在马克思主义的指导下，以这支生力军为骨干，在荡涤半封建半殖民地文化糟粕和创建社会主义新文化的过程中，在建设新中国的实践中，逐步形成和发展起来的。尽管在前进的道路上有过曲折和反复，但新中国的人文社会科学研究事业发展到今天，已形成人才济济、学科齐全、硕果累累、繁荣昌盛的大好局面，为推进改革开放和现代化建设做出了巨大贡献。

回顾 50 年来新中国人文社会科学事业的发展，大体可分为三个阶段。

1. 第一阶段：奠基起步（1949—1965 年）

这个阶段人文社会科学工作的重点是：确立马克思主义的指导地位，形成新的科研体系构架，创建科研和教学机构，培养新一代科研人才。

新中国成立之初，人文社会科学不仅百废待兴，且基础薄弱，科研机构规模小、数量少，这种状况无法适应新中国社会主义建设的迫切需要。为发展新中国的人文社会科学事业，早在 1949 年，周恩来同志就作了《动员更多的力量从事社会科学研究》的讲话，明确提出马列主义是人文社会科学的指导理论，要求调动旧中国从事人文社会科学工作人员的积极性，吸取其积极的科研成果。中国人民政治协商会议《共同纲领》规定："提倡用科学的历史观点，研究和解释历史、经济、政治、文化及国际事务，奖励优秀的人文社会科学著作。"首次将发展马克思主义指导下的人文社会科学，以法律的形式确定下来。

为加强科研和教学机构建设，加快人才培养，1950 年建立了新中国第一所人文社会科学大学——中国人民大学，并相应充实了各大学人文社会科学的教学研究力量。1955 年成立了中国科学院哲学社会科学学部，为系统研究发展人文社会科学奠定了组织基础。

50 年代中期，针对社会上出现的对人文社会科学重视不够的现象，毛泽东同志指出要"重理不轻文"[1]。他还批评了一度出现的照搬苏联教科书的教条主义倾向，提出不要学习苏联社会科学研究的短处。1956 年，国务院规划委员会制定了我国哲学社会科学研究工作十二年（1956—1967 年）远景规划，第一次用规划形式提出了我国今后一段时期人文社会科学发展的主要任务。

1956 年，毛泽东同志明确提出了"百花齐放、百家争鸣"这一发展和繁荣我国科学文化事业的基本方针。并指出，在宪法范围之内，各种学术思想，正确的、错误的，让他们去说，不去干涉；就是社会科学，也有这一派、那一派，可以说各种意见。在"双百"方针指引下，新中国人文社会科学事业的发展开始呈现欣欣向荣的态势。然而，从 50 年代后期起，由于指导思想发生偏差，人文社会科学发展开始受到影响。60 年代初，党中央曾一度注意纠正"左"的偏差，制定了保证正常学术研究和教学工作的文件，人文社会科学又有了新发展。

从 1949 年至"文化大革命"前的 17 年，新中国人文社会科学事业已初具规模，奠定了发展基础，取得了很大成就，根本改变了原来的落后状况，并发生了质的飞跃。其主要表现是：牢固确立了马克思主义在人文社会科学中的指导地位；基本建立起较完整的教育和科研体系；出了一批重大科研成果和编著出版了 100

多种大学文科教材。中国科学院哲学社会科学学部先后建立了15个研究所，有22个省、自治区、直辖市共设立了37个人文社会科学研究机构。人文社会科学研究与教学队伍迅速壮大，不少领域取得了较好的研究成果。尽管这期间也有过偏差和曲折，但成绩是主要的。

2. 第二阶段：严重挫折（1966—1976年）

这一阶段是我国人文社会科学事业遭受严重破坏的时期。"文化大革命"在理论和实践两个方面都把"左"的错误推向了极端，使新中国人文社会科学遭到空前浩劫。学术空气很不正常，以僵化、庸俗化、教条主义的态度对待马克思主义理论研究；对科学研究设置种种禁区，动辄打棍子、扣帽子，"双百"方针实际上停止执行；人文社会科学研究主要围绕"以阶级斗争为纲"做注解。尽管这一时期科研工作几乎处于停顿状况，但有不少专家学者仍在极端困难的条件下，坚持自己的研究工作。

"文革"后期，由于周恩来总理和邓小平同志的关心和努力，个别领域，如考古学、语言文字学、中俄关系史等研究有所复苏。尤其是不少人对"文革"及其相应问题，开始冷静反思，这些都为粉碎"四人帮"、实行改革开放后较快恢复人文社会科学的发展，准备了一定的条件。"十年浩劫"，使党和全国人民痛切地认识到，指导思想上的失误，思想和理论上的僵化、庸俗化、混乱，否定人文社会科学的作用，会直接导致我们的事业遭受严重的挫折和损失。教训是极其深刻的。

3. 第三阶段：发展繁荣（1978年至今）

这一阶段人文社会科学发展的主要特点是：冲破了"左"的束缚，排除了右的干扰，从恢复走向繁荣。科研领域不断拓展，研究方法不断创新，科研机构不断充实，科研队伍不断壮大，对外交流合作日益增强，学术成就硕果累累。人文社会科学对我国改革开放和现代化建设，对物质文明和精神文明建设，产生了积极的推动作用。

"文革"结束后，面对百废待兴的局面，党中央和邓小平同志特别关心我国人文社会科学事业的恢复和发展。1977 年，邓小平同志指出，我们国家要赶上世界先进水平，从何着手呢？要从科学和教育着手，并明确指出："科学当然包括社会科学。"[2]同年，党中央决定在原中国科学院哲学社会科学学部的基础上组建中国社会科学院，这是新形势下推动人文社会科学发展的重大举措。1978 年，邓小平同志高度评价并坚决支持"实践是检验真理的唯一标准"的大讨论。这场大讨论和随后召开的党的十一届三中全会，不仅解决了思想路线上的拨乱反正，拉开了我国改革开放的序幕，而且也为新时期我国人文社会科学的发展繁荣开辟了道路。

为创造宽松的学术环境，邓小平同志重申，要坚决贯彻"双百"方针，坚决执行不抓辫子、不戴帽子、不打棍子的"三不主义"政策。1979 年，邓小平同志指出：现在也应该承认社会科学研究工作（就可比的方面说）比外国落后了，必须下定决心，急起直追[3]。政治学、法学、社会学以及世界政治的研究，我们过去忽视了，现在需要赶快补课。要求各级党委一定要把思想理论工作放在正确轨道和重要地位上来。后来，针对社会上出现的右的干扰，邓小平同志又鲜明地提出必须坚持四项基本原则，纠正了当时出现的否定共产党领导、否定社会主义道路的错误倾向。

邓小平同志十分重视基础理论研究。他指出，哲学、社会科学同自然科学一样，绝不能忽视基础理论的研究，这些研究是理论工作的任何巨大前进所不可缺少的。他提议组织力量，订好计划，迅速写出一批有新内容、新思想、新语言的有分量的论文和著作。他还建议评选出好的著作，由党和国家给予奖励。

1982 年，中共中央转发了《全国哲学社会科学规划座谈会纪要》，并特别指出，各级党委要充分认识到，我国哲学社会科学事业今后必须有一个大的发展，没有哲学社会科学的发展，要开创社会主义现代化建设事业的新局面是不可能的。1983 年成立了全国哲学社会科学规划领导小组，负责制定社会科学研究规划。1986 年设立了国家社会科学基金，专门用于资助规划课题。这两大举措有力地推动了人文社会科学的发展。后来党中央提出和实施"科教兴国"战略，更具有划时代的意义。

党的第三代领导集体高度重视我国人文社会科学事业的发展。1991 年，江泽民同志指出，社会科学研究方向的正确与否，社会科学发展状况如何，对人们的思想意识和社会道德风尚，对经济建设、对社会稳定和发展，都会产生巨大而深刻的影响，甚至关系到中华民族的兴衰和社会主义的命运[4]。在 1995 年全国科学技术大会上，江泽民同志再次明确指出：科学当然包括社会科学。在党的十五大报告中，江泽民同志进一步指出，积极发展哲学社会科学，对于坚持马克思主义在我国意识形态领域的指导地位，对于探索有中国特色社会主义的发展规律，增强我们认识世界、改造世界的能力，有着重要意义。

这里我们要特别指出的是，党的第三代领导集体对中国社会科学院的建设和发展给予了极大的关怀和支持。1991 年，江泽民同志和其他中央领导听取了中国社会科学院的工作汇报，同专家、学者座谈，并作了重要讲话。1994 年，江泽民同志为中国社会科学院题词，要求把中国社会科学院建设成马克思主义的坚强阵地。今年 7 月，政治局常委听取了中国社会科学院党组的工作汇报，江泽民同志做了重要指示，要求一定要把中国社会科学院办好，要坚持马克思主义，还要结合实际丰富和发展马克思主义。这是人文社会科学工作者的庄严历史使命。我们要全面贯彻落实江泽民同志的重要指示和党中央的战略决策，充分认识人文社会科学在"科教兴国"战略中不可替代的重要作用，以崭新的姿态，迎接 21 世纪我国人文社会科学事业的大繁荣、大发展。

正是由于党和国家领导的高度重视，广大科研人员的共同努力，改革开放以来的 20 年，成为新中国成立以来人文社会科学事业发展最快、最活跃、成果最丰硕和社会效益最显著的时期。

二　光辉的业绩　重大的贡献

新中国的人文社会科学是伴随共和国的成长、社会主义建设的伟大实践发展起来的。50 年来，在党的领导下，在广大人文社会科学工作者的共同努力下，我国人文社会科学研究事业从小到大、从弱到强，不断发展壮大，在各个方面都取得了显著进展，其主要表现为：

——人文社会科学的研究机构和队伍迅速发展壮大。形成了社会科学院系统、高等院校系统、党政部门（包括地方志）系统、党校系统和军队系统组成的五大人文社会科学研究大军。共有研究机构两万多个，专职研究人员三万多人，从事教学并参与研究工作的人员有二十多万。科研人员的素质普遍得到了提高。

——人文社会科学研究领域不断拓展和深化，已基本形成比较完整的学科体系。传统的文、史、哲学科在原有基础上不断深化、拓展和创新，经济学获得较快发展；法学、政治学、社会学、人口学、民族学、宗教学、新闻学和国际问题研究等一些过去被取消、受批判或不被重视的学科，得到恢复和迅速发展。在学科基本建设方面，各学科都推出了一批奠基之作，其中不乏传世之精品，反映了新时期的学术成就。

——人文社会科学的研究方法不断创新。数学方法、案例分析、实证研究、模型模拟、综合集成、对比分析、系统研究等方法被广泛采用；传统的手工收集处理资料和写作的方式，正逐步被现代化的电子信息化手段所取代；自然科学与人文社会科学相互渗透，人文科学与社会科学紧密结合等，都使我国的人文社会科学研究面貌一新。

——我国人文社会科学对外交流和合作不断扩大，国际声誉日益提高。这些年来，学术界向国内介绍了大量国外的学术思想、理论和方法；我们不少人文社会科学的学术著作被译介到国外；在对外学术交流中，许多著名专家、学者获得了外国政府和权威学术机构授予的荣誉称号和奖励；近年来国际合作研究不断扩大。我国人文社会科学已在国际学术界受到重视并产生一定影响。

经过50年的发展，目前我国已基本形成了以马克思主义为指导、与建设有中国特色社会主义要求相适应、学科门类比较齐全、科研实力比较雄厚的人文社会科学研究和教育体系。这一体系为21世纪我国人文社会科学的更大繁荣和发展，奠定了坚实的基础。

新中国成立50年特别是改革开放20年来，每一时期的社会实践都提出了一系列重大而紧迫的课题。中国人文社会科学工作者敏锐地把握时代的脉搏，在一系列重大问题研究方面取得了很大进展，为我国改革开放和社会主义现代化建设提供了理论和智力支持，做出了重要贡献。

1. 研究和传播马克思主义取得显著成就

马克思主义是科学的世界观和方法论，是我们党的理论基础，是新中国社会主义建设的指导思想。新中国成立以后，党和政府高度重视思想理论建设，及时组织广大人文社会科学工作者系统地翻译了马克思主义的经典著作。对一些主要著作特别是毛泽东著作展开了深入细致的研究，这对于提高全党的马克思主义理论水平发挥了重要作用。新中国的人文社会科学正是在马克思主义的指导下迅速发展起来的。

改革开放以来，人文社会科学工作者解放思想、实事求是，逐步摆脱了教条、僵化、庸俗化的理论模式，努力将马克思主义基本原理与当前实践和时代特征结合起来。从80年代起，理论界开始研究邓小平著作。党的十五大把邓小平理论郑重地写入了党章，作为我党的指导思想，学术界形成了研究邓小平理论的热潮。学者们对邓小平理论在马克思主义发展史上的历史地位、这一理论的时代特征等，进行了广泛深入的研究，取得了不少科研成果。同时结合时代的发展，对马克思主义的哲学、政治经济学和科学社会主义进行了新的探索和研究，对国际社会主义思潮进行了跟踪分析。党的十五大以来，不少学者还就以江泽民同志为核心的党中央第三代领导集体对邓小平理论的运用、丰富和发展进行了研究。所有这些研究，对宣传马克思主义，推动广大人民学习、理解和把握马列主义、毛泽东思想特别是邓小平理论，起到了十分重要的作用。

2. 对确立社会主义初级阶段理论做了大量探索

改革开放前我们在社会主义实践过程中出现失误的根本原因之一，在于提出并实施了脱离国情、超越社会主义发展阶段的一些目标、任务和政策。早在 50 年代末 60 年代初，毛泽东、刘少奇、周恩来等在阅读苏联《政治经济学教科书》后，就已经提出社会主义发展应分阶段。改革开放初期，理论界又对我国国情进行了分析和研究，提出了中国社会主义处于初级阶段即不发达阶段的论点，在理论界和社会上产生了重要影响。1981 年十二届六中全会通过的《关于建国以来党的若干历史问题的决议》，正式宣布我国社会主义制度还处于初级阶段。80 年代中期，社会科学工作者进行了广泛的国情调查，为党和国家制定社会主义初级阶段的方针政策提供了科学依据。党的十三大特别是十五大系统阐述了社会主义初级阶段理论，形成了全党和全国人民的共识，这是对马克思主义特别是社会主义理论的一个重大发展。

3. 对形成社会主义市场经济理论做出了重要贡献

社会主义的根本任务就是发展生产力，它必须创造比资本主义社会更高的生产力。要做到这一点，关键是要探寻能够解放和发展生产力的经济体制。我们过去实行高度集中的计划经济，这在新中国成立初期起了积极作用，但随着经济的发展，逐步暴露出种种弊端。早在五六十年代，针对经济工作中出现的问题，一些学者大胆地探讨了社会主义条件下的商品经济、价值规律问题。1979 年，有些经济学家提出社会主义市场经济的问题。1982 年前后，经济学界就提出了社会主义经济是商品经济，必须充分发挥市场机制的作用，尊重价值规律。

1984 年 10 月，党的十二届三中全会[5]确认社会主义经济是有计划的商品经济后，经济学界继续探索，进而提出经济体制改革应为市场化改革、发展社会主义经济就是发展社会主义市场经济的论点。1985 年 10 月邓小平同志指出，社会主义和市场经济之间不存在根本矛盾。1992 年邓小平同志南方谈话，提出计划和市场都是经济手段，从根本上解除了把计划和市场看做社会基本制度属性的思想束缚。

党的十四大[6]明确提出我国经济体制改革的总目标，是建立社会主义市场经济。随后人文社会科学工作者围绕建立和完善社会主义市场经济体制的各种问题，从经济学、法学、伦理学、社会学等方面进行了大量深入的探讨。十五大前后，围绕国企改革、公有制实现形式等问题，理论界提出了许多有价值、启发性的论点。这方面的研究成果，对我国社会主义市场经济建设的实践提供了重要的理论参考。社会主义市场经济理论是邓小平理论的重要组成部分，它的形成具有划时代的意义，标志着中国经济理论研究出现了一次新的飞跃。

4. 社会主义法治理论研究取得重要进展

建立社会主义法律制度和法律体系，是实现国家长治久安的重要保证。我国法学界为此做出了不懈努力。50 年代，国家立法机关重视法学界的作用，学者们积极参与国家的立法工作，并就相关理论问题进行了探讨。"文革"结束后，为拨乱反正，突破"左"的束缚，法学界开展了民主与法制、人治与法治、法律与政策等问题的讨论，提出了民主是法制的基础、法制是民主的保障等重要论点，对推动法学领域观念的转变起了重要作用。通过讨论，确认了法治是治国安邦之本，为"依法治国"方略的提出和实施提供了理论准备和智力支持。

社会主义市场经济必然是法治经济。为加快建立与社会主义市场经济体制相适应的法律制度和法律体系，法学界从不同角度、不同领域进行了广泛而深入的研究，在更新传统法学分支学科的基础上，开辟了许多新的研究领域，如行政法学、经济法学、知识产权法学、环境法学、国际经济法学等，并形成了一些有开创性的法学理论。面对复杂的国际人权斗争形势，以及我国实行市场经济以来的社会变化给公民权利保护带来的新问题，加强了人权理论及对策研究。法学工作者还积极参与国家立法工作，对司法中的重大问题提供咨询。

20年来我们基本形成了有中国特色社会主义的法学学科体系，为提出并实施依法治国、建设社会主义法治国家的治国方略，提供了坚实的法学理论基础。

5. 经济社会发展理论和发展战略研究成绩斐然

以经济建设为中心，使我国经济学理论出现了前所未有的繁荣局面。为了实现我国的发展战略目标，学术界针对我国现代化进程中的重大理论问题，如中国现代化发展理论，人口理论，产业结构理论，科教兴国理论，可持续发展理论，城市化理论，环境保护问题，中西部发展战略，社会发展指标体系，改革、发展和稳定的关系，经济全球化与中国经济发展等，进行了广泛深入的研究，提出了一系列新的理论观点和思路，并积极参与国家、地区、行业发展战略和规划的制定。这些科研工作都取得了较好的经济社会效果，很多政策建议被中央和有关部门采纳。

农业、农村和农民问题，涉及人口最多、地域最广，是我国现代化的关键问题之一。改革开放伊始，我国学者就大胆提出应该改革农村"政社合一"[7]体制和对包产到户问题进行重新思考，引起了很大反响，受到党中央的重视。理论探索和社会调查紧密结合，先后对农村联产承包责任制、所有制结构、土地制度、农业和农村的可持续发展、乡镇企业发展、农业劳动力转移及其社会影响等问题，进行了多角度、多层面的实证调查、经验总结和理论探索，推出了许多有价值的成果。这方面的研究成果对推进农业发展、农村改革和建设发挥了积极作用。

中国是人口最多的发展中国家，人口状况怎样，对经济社会发展有着举足轻重的作用。改革开放以来，我们积极开展对人口发战略、人口政策、人口老龄化、社会保障、人口与可持续发展等方面的研究，为制定科学的政策做出了积极贡献。

6. 中华文明和社会主义新文化建设的研究成就突出

50 年来，在马克思主义指导下，哲学、史学、考古学、文学、语言学、社会学、民族学、宗教学等都逐步建立了新的理论体系，各学科都推出了一批重要成果。考古领域的许多重大发现和研究，金文、甲骨文的资料整理和研究，中国古代史、近代史、通史、断代史和世界史研究，中国古代传统文化特别是儒、释、道的文献资料整理和学术思想研究，经济史、政治制度史、宗教史、哲学史、文学史、城市史、社会生活史等领域的研究，中国历史地理和边疆史的研究，规模空前的少数民族社会历史和语言文字调查研究，中国民族关系史与中华民族"多元一体"格局的研究，古代汉语、汉字和现代汉语的研究，中国古代文论和现代、当代文艺理论的研究，中国重要历史文献的系统整理等，都取得了令人瞩目的成就。这些领域的研究成果对于弘扬中华民族五千年的优秀文化传统、增强中华民族的凝聚力、促进各民族文化的共同繁荣发展、建设社会主义新文化、提高中华文化在世界的影响力，发挥了重要作用。

改革开放以来，人文社会科学工作者从改革开放和现代化建设的实际需要出发，围绕社会转型时期思想、道德和文化问题，对中国传统文化和世界文化进行了大量比较研究，就经济建设和文化建设、市场经济与伦理道德、科学精神和人文精神、文化的民族性与世界性、文化的传统性与现代性、不同文化间的冲突与交融关系等问题进行了广泛的研讨，对建设有中国特色的社会主义新文化发挥了重要作用。

7. 国际问题研究取得了显著成效

新中国成立后，我们就建立了国际问题研究机构。60 年代初，为适应国际斗争新形势的需要，中央做出了关于加强国外情况研究、新建一批相应研究机构的决定。党的十一届三中全会以后，随着我国对外开放不断扩大，国际问题研究获得了前所未有的发展。科研机构迅速增加，科研队伍不断壮大，基本形成了门类比较齐全的学科体系。

根据改革开放和现代化建设的需要及世界形势的变化，国际问题学科研究的领域逐步扩展，涵盖了经济、科技、社会、文化、宗教、民族、人口、资源、环境、可持续发展等领域，一个以世界经济学、国际政治学、国际关系学、比较经济学、发展经济学、世界经济形势分析与预测、国际文化思潮与文化战略等为主的国际问题研究体系正在逐步形成。

这些年来学术界重点研究了我们所处时代的性质和基本特征、民族宗教和国际关系、世界各国经济调整和改革、90年代世界政治和经济格局的新变化、政治多极化、经济全球化、构建国际政治和经济新秩序、东南亚金融危机及其对世界的影响、国际竞争力和综合国力比较等问题，提出一系列新论点，为我国发展战略和对外政策的制定提供了理论依据。值得指出的是，这些年对国际社会主义运动和思潮进行了跟踪研究，特别是对苏联和东欧剧变的根源、性质、教训及其对世界的影响，进行分析研究，取得了积极成果。

认识当代世界，离不开对世界各国历史和文化的深入了解。50年来，世界历史和国际文化思潮、外国语言和文学史、世界哲学和宗教史、世界经济和政治史、世界民族与文化、中外关系史、国别史的研究，都取得了可喜成果。

人文社会科学工作者还积极参与解决经济和社会问题、制定相关政策，完成了大量为中央和地方党政部门决策咨询服务的研究成果。如80年代初以来，中国社会科学院与政府有关部门合作，对中国经济形势、社会形势、农村形势和国际形势进行年度分析与预测，并提出若干政策建议，在国内外产生了广泛的社会影响。越来越多的省、市社会科学院也开展了当地经济社会形势的年度分析与预测的研究工作。这方面的科研工作促进了决策的科学化和民主化。

三　宝贵的经验　深刻的启示

50 年来的实践充分表明，没有党的正确领导和国家的强盛，就不会有人文社会科学的发展与繁荣；反过来，理论上僵化或偏离马克思主义方向，人文社会科学落后，必然导致党的路线方针和政策上出现偏差和失误，使社会主义事业遭受挫折。发展和繁荣人文社会科学是全党和全社会的重要任务。自然科学和人文社会科学是科学的两翼，相辅相成、相互促进，只有双翼共振、比翼齐飞、共同繁荣，才能使我国的科学事业获得全面发展，才能为实现中华民族的全面振兴提供强大的理论支持、精神动力和智力保证。

50 年来，新中国人文社会科学有了长足的进步，取得了很大的成绩，这是主流，但也有过失误和深刻的教训。进步和成绩，坚定了我们在新世纪走向胜利的信心；曲折和教训，使我们引以为戒，保持清醒。认真总结 50 年积累的宝贵历史经验，对新世纪我国人文社会科学的发展，具有重要意义。

1. 必须坚持以马列主义、毛泽东思想特别是邓小平理论为指导，坚持正确的政治方向、理论方向和科研方向

马克思主义是人文社会科学的桂冠。新中国成立 50 年来，我们以马克思主义为指导，逐步形成了有中国特色、中国风格、中国气派的人文社会科学研究体系。毛泽东思想和邓小平理论，就是当代中国人文社会科学的最高成果。中国的人文社会科学研究，必须坚持以马列主义、毛泽东思想特别是邓小平理论为指导，这是 20 世纪中国历史发展的结论，也是百年来几代中国人文社会科学工作者在艰辛求索中感悟到的真理。

对待马克思主义，要有一个科学的态度。在这方面，我们有许多宝贵的经验，但是也曾犯过僵化、教条、照抄照搬的错误，使我们的事业蒙受严重损失。邓小平同志在新的实践基础上开拓马克思主义新境界的伟大理论勇气和品格，为广大人文社会科学工作者树立了光辉典范，极大地鼓舞他们在运用马克思主义基本观点、立场分析和研究具体问题过程中，充分发挥自己的创造能力。

50 年来的基本经验是，人文社会科学的研究必须坚持以马列主义、毛泽东思想、邓小平理论为指导。只有这样，人文社会科学研究才能有正确的世界观和方法论，才能有自己的灵魂和生命力；坚持马克思主义为指导，必须反对教条主义，反对否定马克思主义；要把坚持马克思主义和发展马克思主义有机结合起来。只有坚持才能推动发展，只有发展才能更好地坚持。不发展的理论是僵死的，不仅不能坚持，而且终将被历史所抛弃。因此，把马克思主义当作指导我们研究工作的指南，必须创造性地运用，并结合新的实践经验来不断丰富和发展。

2. 必须坚持解放思想、实事求是的思想路线，发扬理论联系实际的优良学风

解放思想、实事求是，是马克思主义的精髓，是邓小平理论的核心和灵魂，是我们党在改革开放和现代化建设时期的思想路线，是我们党的生命线，也是我国人文社会科学研究工作的生命线。邓小平理论之所以能够成为马克思主义在中国发展的新阶段，就是因为它坚持了解放思想、实事求是的思想路线。我国人文社会科学研究必须坚持解放思想、实事求是的思想路线，必须发扬理论联系实际的优良学风。每一时代的理论思维都是那个时代社会实践的产物。社会实践是人文社会科学发展的动力和源泉，是检验真理的唯一标准。

江泽民同志在党的十五大报告中，再次强调了发扬马克思主义优良学风的极端重要性。在新的历史条件下，我国的人文社会科学研究工作要想有一个新的大发展，就必须进一步解放思想、实事求是，运用马克思主义的立场、观点和方法，不断研究新情况，解决新问题，总结新经验，创造新理论，从而推动整个人文社会科学各学科的发展。总之，解放思想，实事求是，大胆探索，勇于创新，是科学发展的必由之路。

3. 必须为中华民族的全面振兴服务，体现鲜明的中国特色

任何理论都必然具有一定的民族特色。中国的问题只能靠中国的学者自己去探索。中国的人文社会科学只有深深地植根于中国改革开放、现代化建设，植根于中华民族振兴的伟大实践之中，才能有强大的生命力。

五千年的中国传统文化博大精深，是中国人文社会科学发掘不尽的宝藏。50 年来，人文社会科学工作者以马克思主义为指导，研究中华民族传统文化的精华，进而在构建中国社会主义现代新文明方面取得了可喜的成果，并使中华民族的文化进一步走向世界。在吸收世界各国人文社会科学优秀成果方面，我们既要注意克服和防止"食洋不化"的倾向，又要克服和防止自我封闭。我国人文社会科学研究既要有浓厚的民族特色，又要有鲜明的时代特色。世界文化像一个百花园，是由各民族文化构成的。从一定意义上讲，越具有民族性的东西，也就越具有世界性。这正是人类文化的统一性和多样性的辩证法。我们坚信，具有中国特色的人文社会科学，必将对丰富世界文化宝库做出应有的贡献。

4. 必须坚持"双百"方针，创造良好的学术环境

"双百"方针是发展和繁荣我国科学文化事业的基本方针。新中国的历史表明，凡是"双百"方针执行得好的或比较好的时期，人文社会科学事业就健康发展；凡是"双百"方针执行得不好或被否定的时期，人文社会科学事业就遭受挫折。科学研究是一种探索性的创造活动和认知过程，认识科学真理的途径和方法是多种多样的。应该看到，不同观点的争鸣，是科学发展和繁荣的必然现象。人文社会科学中的学术争鸣，犹如自然科学中的科学实验，是科学研究和发展的基本方法，是必经之路。

在科学研究中形成不同学派，对科学理论和知识的比较、继承、创新和发展具有重要的意义。学派的产生是科学发展过程中的必然现象，也是发展的规律。各种学派的形成和发展，不同学派的自由争论和竞争，是科学发展的必要条件和途径，是推动科学创造和发

展的动力。学派、争鸣、实践，这是人文社会科学探索真理、向前发展的三个重要方法、重要过程。历史一再证明，没有哪一个大理论、大学问不是经过长期争论而逐步完善的。科学真理也从不借助于行政权威而让人信服。

认真贯彻"双百"方针，就要严格区分政治行为和学术行为，做到"学术无禁区，宣传有纪律，行为守法律"；就要鼓励基于科学研究基础上的大胆探索，允许研究者出现失误，不求全责备，不扣帽子。

5. 必须尊重知识、尊重人才，努力造就一支高素质的科研队伍

发展人文社会科学，必须尊重知识、尊重人才。在如何正确看待知识分子这个问题上，我们有成功的经验，也有沉痛的历史教训。1957年"反右"以及"文革"期间，知识分子遭受不公正的待遇，严重损害了我国学术事业的发展。党的十一届三中全会后，邓小平同志引导我们党改变了过去对知识分子的错误看法，明确宣布知识分子是工人阶级的一部分，并深刻指出，搞社会主义现代化建设，关键在人才。尊重知识、尊重人才，是我们的事业不断取得胜利的重要前提。

江泽民同志在十五大报告中赋予知识分子先进思想传播者、科学技术开拓者、"四有"公民的培养者和优秀精神产品生产者的崇高荣誉称号，是对知识分子的莫大鼓舞和鞭策。我们要努力为培养、造就、壮大一支高素质的人文社会科学研究队伍，创造各种有利条件，营造良好的学术环境，把各方面的积极性保护好、引导好、发挥好。努力做到政治上关怀，决策上重视，研究上支持，学术上尊重，生活上关心。

我们即将跨入21世纪，时代的发展，需要一大批高素质的人文社会科学人才。我们要充分认识到，造就21世纪优秀的人文社会科学家，与造就21世纪优秀的自然科学家同样重要，要努力创造使优秀人才脱颖而出的条件。

6. 必须加强和改善党的领导，实行科学规范管理

50 年的历史表明，没有党和政府对人文社会科学的高度重视，就不会出现今天人文社会科学的繁荣局面。针对"文革"造成人文社会科学停滞落后的状况，1979 年邓小平同志曾指出，领导方法不对，禁区太多，关心和支持太少[8]，是我国人文社会科学一度落后的原因之一。党的十一届三中全会以来，党和政府加强和改善了对人文社会科学事业的领导。党对人文社会科学的政治领导，主要表现为确保学术研究的正确方向和重大方针政策的贯彻执行。

这些年来，党和政府对人文社会科学宏观管理的主要方式：一是制定正确政策；二是制订发展规划；三是建立专项基金，增加投入。实践证明，这三大举措是人文社会科学事业发展的有力保障。政策要符合人文社会科学发展的客观规律，正确处理人文社会科学的意识形态性与科学性、普遍性与特殊性的关系。发展规划要体现未来发展趋势和社会发展的需求。人文社会科学政策和规划的制定和实施，是一项长期连续性的重要工作，要坚持不懈。人文社会科学与自然科学一样，既有无尽的前沿，也有无尽的资源。保证这种资源的增长和有效利用，并服务于现代化建设，是人文社会科学政策和规划追求的总体目标。

7. 必须坚持改革开放，注重吸收人类文明的一切积极成果

改革是解放和发展生产力的必由之路，是社会主义制度的自我完善。改革开放的伟大实践，既为人文社会科学的发展创造了物质条件，又为其发展提供了丰富的素材，从而使我国人文社会科学获得了空前的发展。

改革开放使我们冲破了"左"的思想束缚，实现了人文社会科学研究主题的重大转变。总结改革开放的实践经验，研究改革开放中提出的重大问题，成为新时期我国人文社会科学研究的主要内容。以改革开放的精神从事人文社会科学研究，鼓舞着人们以崭新的眼光和开阔的视野观察和分析问题。为适应社会主义市场经济体制的需要，必须推进科研管理体制的改革，建立与之相适应的现代科研

管理新体制，并逐步实现研究手段、研究方式的现代化。

加强我国人文社会科学研究同世界各国的学术交流与合作，是实施对外开放基本国策的重要方面。过去的闭关锁国，一度使我们的人文社会科学疏离国际学术前沿。1979年，邓小平同志就殷切地希望我们知彼知己，急起直追[9]。这些年来，人文社会科学研究领域的拓宽、研究方法和手段的丰富和完善，与对外学术交流和合作的逐步扩大是分不开的。我们要大胆学习、借鉴和吸收世界各国的优秀文明成果，学习一切有益的知识和文化，来为我国人文社会科学的发展和现代化建设服务。要弘扬中华民族传统文化精华，扩大它在世界的影响力。积极向世界介绍中国的发展成就，包括人文社会科学的成就，让中国走向世界，让世界了解中国。

四　结束语

人类社会即将跨入21世纪。21世纪将是人类社会发生深刻变革的时代，将是中华民族实现全面振兴的时代，也将是中国人文社会科学大发展的时代。我们一定要从关乎中国发展前途和命运的战略高度，来认识人文社会科学的地位和作用，并积极促进其繁荣和发展。

面向21世纪的人文社会科学，必须进一步研究、丰富和发展邓小平理论。必须不断研究总结改革开放和现代化建设的新经验，深入研究当代世界发展的新特征、资本主义的新变化，不断开拓马克思主义的新境界。

面向21世纪的人文社会科学，必须深入研究建设有中国特色社会主义事业中的重大理论和实践问题。例如，如何建立并完善社会主义市场经济体制；如何进一步完善共产党领导下的有中国特色社会主义民主政治制度；如何建设社会主义法治国家；如何发展社会主义新文化，使物质文明建设和精神文明建设协调发展；如何保证改革发展进程中的社会稳定等。这些问题归结到一点，就是要探讨、解决什么是有中国特色社会主义的经济、政治和文化以及怎样建设这种经济、政治和文化。这是建设有中国特色社会主义最基本的理论问题，需要人文社会科学工作者从理论上做出科学回答。

面向 21 世纪的人文社会科学，必须深入研究世界新情况、新变化所提出的重大战略课题。我们要把握世界发展的总趋势，跟踪研究世界科技发展、国际政治格局演变、经济全球化、金融国际化与经济安全、知识经济、可持续发展、新霸权主义和强权政治等重大时代课题。21 世纪我国的国际问题研究，应为世界和平和发展，为创造对中国有利的国际环境，为维护国家安全、实现祖国统一，做出积极贡献。

"潮平两岸阔，风正一帆悬。"[10] 社会主义中国的伟大历史航船正乘风破浪，向 21 世纪高歌猛进。让我们更加紧密地团结在以江泽民同志为核心的党中央周围，高举邓小平理论伟大旗帜，坚持党的基本路线，全面落实党的十五大精神，迎着新世纪的曙光，开拓进取，锐意创新，努力开创 21 世纪人文社会科学大发展的新局面。

注释：

[1] 1957 年 3 月 13 日晚，毛泽东在中南海颐年堂约见历史学家翦伯赞，在听翦伯赞说"现在是重理轻文"后说："从我们的历史和现状来看，重理有道理，但轻文就不对了。"（《毛泽东与文化名流——历史故事》，参见网址 http://www.eduzhai.net，2007 年 4 月 11 日）

[2]《邓小平文选》第 2 卷，人民出版社 1994 年版，第 48 页。

[3]《邓小平文选》第 2 卷，人民出版社 1994 年版，第 181 页。

[4] 参见《人民日报》1991 年 2 月 24 日第 1 版。

[5] 十二届三中全会于 1984 年 10 月在北京召开。

[6] 党的十四大，于 1992 年 10 月 12—18 日在北京举行。

[7] "政社合一"，指人民公社的政权性质。

[8]《邓小平文选》第 2 卷，人民出版社 1994 年版，第 181 页。

［9］《邓小平文选》第2卷，人民出版社1994年版，第181页。

［10］ 引句引自唐代王湾的《次北固山下》，全诗为："客路青山外，行舟绿水前。潮平两岸阔，风正一帆悬。海日生残夜，江春入旧年。乡书何处达，归雁洛阳边。"

21 世纪人文社会科学[*]

（1999 年 10 月 3 日）

　　人文社会科学在 21 世纪将会有一个更大的发展，这是社会发展的必然要求。因此必须深入研究当前人文社会科学自身面临的问题，包括人文社会科学的发展规律，与其他科学之间的关系，以及如何制定与新时代相适应的科研体制、政策和方针。

　　"哲学社会科学"这种提法是从苏联借鉴过来的，而现在世界通行的提法是"人文社会科学"。这里存在一个概念规范化的问题。在今天总结 50 年来中国社会科学发展的经验时，应将这一问题作为一个科学范畴来加以研究和解决。目前，对于人文社会科学研究的领域和对象，还缺乏一个科学的界定。这其中当然有历史的原因。因为真正近现代意义上的中国人文社会科学，只有近百年的历史，而有中国特色的人文社会科学的繁荣和发展则是在新中国成立后。在马克思主义理论指导下，中国的人文社会科学研究，才迅速达到了国际学术研究水平。

　　邓小平同志 20 年前曾讲过"科学当然包括社会科学"[1]，这是对马克思主义关于科学概念的十分精辟的论述。马列主义、毛泽东思想、邓小平理论是人文社会科学的最高成就，可以说是整个科学领域的桂冠，因此处于指导地位。这一点我们过去论述得不够，需

---

　　* 这是李铁映同志在中国社会科学院举办的国庆 50 周年老专家座谈会上的讲话。

要人文社会科学工作者进一步加以研究和阐述。

邓小平同志还曾讲过，"科学技术是第一生产力"[2]。有同志说自然科学是第一生产力，社会科学不是第一生产力。但如果没有人文社会科学的发展，就不可能有资产阶级文艺复兴，就不可能有中世纪封建思想的瓦解和资本主义社会及人文思想的发展。如果没有马克思主义及其在中国的发展，就不可能有新中国的成立、生产力的解放和改革开放的成就。自然科学是研究自然界的发展变化规律，人文社会科学则是研究人类社会自身的发展变化规律。社会科学与自然科学同是科学，仅仅是研究的领域、范畴和对象不同，而不应将人文社会科学从科学中肢解出去。建议我们的学者从各方面去研究和论述人文社会科学与自然科学的关系、人文科学与社会科学的关系，以及科学与生产力的关系。

人文社会科学的发展，要适应社会主义市场经济体制的需要和当代世界科技进步的发展趋势。我院学者应当认真研究 21 世纪中国所面临的各种国内外大问题，研究大战略。同时，还应研究中国人文社会科学面临的许多自身发展问题。要从时代的要求出发，从各自学科发展的角度，提出进一步发展人文社会科学的思路，探索人文社会科学发展的规律，努力实现人文社会科学研究体制、方法和手段的现代化，为 21 世纪实现中国社会主义现代化，实现中华民族的全面振兴服务。

注释：

[1]《邓小平文选》第 2 卷，人民出版社 1994 年版，第 48 页。
[2]《邓小平文选》第 3 卷，人民出版社 1993 年版，第 274 页。

哲学五十年[*]

（1999 年 10 月 18 日）

由中国社会科学院哲学研究所主办的"新中国哲学 50 年"学术研讨会，今天召开了。很高兴有这么多来自全国各地、包括哲学所有分支学科代表的老中青学者，还有科技界、企业界的专家，济济一堂，共同回顾新中国哲学 50 年的历程，商讨 21 世纪哲学发展的大计。这是我国哲学界举行的一次全学科的盛会。它的召开，将对我国哲学事业的发展产生重要影响。为此，我谨向大会表示热烈的祝贺！向在座的各位表示热烈的欢迎！向多年来在哲学园地里辛勤耕耘，为新中国哲学和思想文化建设做出贡献的哲学家们，表示崇高的敬意！

我不是专业哲学工作者，但是我喜爱哲学，从中受益颇多。多年来，老一辈无产阶级革命家亲自给我的教诲"学好哲学，终身受益"，一直是我关注哲学、学习哲学、应用哲学并支持哲学事业的精神动力。今天我愿借此机会，就会议的主题谈几点体会，以参加研讨，并就教于各位专家、学者。

---

* 这是李铁映同志在"新中国哲学 50 年"学术研讨会上的讲话。

一　哲学与祖国人民共命运

50年来，特别是近20年来，我国的哲学事业同新中国的整个事业一起走过了光辉发展的历程。

哲学作为系统化、理论化的世界观、方法论，历来被看做最高意义上的"智慧之学"。马克思主义创始人则进一步揭示了哲学与社会实践、哲学与历史进步之间的内在联系。他们把哲学称作"时代精神的精华"和"文明的活的灵魂"[1]。他们认为，不同时代的真正的哲学，是每个时代最精深的思想成果、每种社会文明的精神实质的集中体现。这一极其深刻的科学论断，不仅指明了哲学在整个人类生活中的地位和作用，而且也为理解哲学的历史状况和命运，提供了一条最重要、最可靠的线索。循着这样的线索，我们可以从宏观上更加清晰地回顾和总结50年来的中国哲学。

这50年的历程表明，新中国哲学事业的曲折发展，始终是与祖国人民的命运、与社会主义事业的命运紧密联系在一起的。可以说，党领导人民在国内外艰难复杂环境下，开创社会主义事业的伟大历史进程，在每一个重要阶段、每一个重大关头，对每一个重大现实问题的思考，都有哲学上的反响和表现，都受到哲学的深刻影响。

新中国成立初期，我们党面临在经济、政治、军事和外交等各个方面巩固新生的革命政权，组织人民投入新中国建设的艰巨任务。与这一形势相联系，在思想理论战线上则有一个清除唯心主义、封建主义、资本主义意识形态，宣传马克思主义的唯物主义，确立无产阶级思想主导地位的斗争。在党的领导下，广大哲学工作者以极大的热情和积极性学习、运用马克思主义的立场、观点、方法，在这场斗争中发挥了重要的作用。毛泽东同志及时提出的"双百"方针，体现了党对待科学文化事业的根本原则，指明了繁荣、发展科学文化事业的正确方向，也反映了党和人民的信赖与期待。

随着国内社会主义基本制度的确立和国际国内形势的复杂化，

社会主义建设的复杂性和艰巨性进一步显露出来。许多重大的现实问题、思想问题和决策问题，在一次次的哲学讨论中，以理论的形态得到表现。从50年代后期开始，哲学界围绕毛泽东同志的《论十大关系》和《关于正确处理人民内部矛盾的问题》，开展了关于两类矛盾问题、矛盾的同一性和斗争性等基础理论问题的热烈讨论，取得了很好的效果。后来又进行了哲学史、逻辑学、美学和生物遗传学等许多重要学术问题的讨论。这些讨论不仅对当时的学术发展有重要的意义，而且对实践的发展也有重大的影响。可以说，其中大部分讨论的实质，都与邓小平同志后来所指出的，要面对现实弄清楚人们的"根本问题"——"什么是马克思主义？""什么是社会主义，怎样建设社会主义？"有关，在不同的时期从不同侧面反映出对这些重大问题的思考。这些讨论的主要积极意义在于，为从根本上回答这些问题探讨相关的哲学基础。而且，这些讨论反过来又促进了哲学研究的深化，加强了理论与现实的联系，对哲学自身的发展产生了积极的影响和效果。

当然，理论上的问题总是随着实践的发展而不断产生和解决，不可能通过一次或几次讨论就结束。坚持马克思主义的世界观、人生观和价值观，反对各种唯心主义和形而上学的任务，总是伴随着解决社会主义事业前进道路上的重大问题而提出来，并不断深化。在"文化大革命"期间，曾一度出现了毛泽东同志所批评的"唯心主义横行，形而上学猖獗"的情况，不仅给党、国家和人民造成了严重的灾难，给哲学事业造成了严重的摧残，同时也给我们留下了一个反面的哲学典型。那种公然蔑视科学真理、宣扬现代迷信的东西，是完全脱离人民群众、根本违背实践规律的，是反马克思主义的。在最终战胜这种错误思潮的斗争中，正是马克思主义的科学理论、思想方法和坚定信念，成为我们党和广大人民群众制胜的精神武器。

党的具有历史意义的十一届三中全会，翻开了中华民族振兴发展的新篇章。众所周知，为这一划时代转变吹响第一声号角的，正是哲学。20多年前关于实践标准的大讨论，在邓小平和老一代革命家的关怀支持下，冲破了"两个凡是"的思想束缚，推动了全国范围内的思想解放，为党的工作重点转移和改革开放的全面启动，做了思想和舆论上的先导。这一与中国当代伟大思想解放运动相联系的、不可磨灭的历史功绩，也是我们的哲学向新高度发展、繁荣的起点。

20多年来，广大哲学工作者珍惜和继续这一份光荣，自觉地以马克思主义为指导，密切关注当代世界和中国实践的发展，注意辨析各种社会思潮，提出并讨论了许多具有重要理论和实践意义的新问题，形成了不少有价值的新观点、新思想。我们高兴地看到，在这20多年里，哲学开拓了不少新的研究领域，如科学实践观、价值和价值观念、社会哲学和社会发展理论、经济哲学和经济伦理、人的问题、国外马克思主义、科学技术与经济社会、当代文化比较、中国传统哲学的现代意义、生态环境理论、西方最新哲学流派研究等。十一届三中全会以来，我国哲学事业呈现了前所未有的良好发展局面。各种迹象表明，由哲学呼唤来的思想解放的春天，也为哲学的进一步繁荣和发展提供了大好的时机。

更值得庆幸的是，经过多年的实践、奋斗和探索，我国党和人民终于得到了这个时代最重大、最宝贵的思想理论收获，这就是当代中国的马克思主义——邓小平理论。作为毛泽东思想的继承和发展，作为马克思主义在当代中国发展的伟大成就，邓小平理论是在凝聚了全党全国人民的宝贵历史经验和高度智慧的基础上，创造性地形成和发展起来的。

我认为，邓小平理论不仅是对当代世界经济政治发展的深刻见解，也不仅代表了我国科学社会主义学说发展的新高度，而且——诚如有的学者已经指出的——它所显示的解决重大现实问题的深刻思想、理论、智慧和勇气，也在多方面包含了对马克思主义科学世界观、方法论的新理解、新应用，并且与当代人类文明优秀的新成果、新风格、新语言相通，是走在时代前沿的思维方式的卓越体现，是马克思主义哲学的新发展。以邓小平理论为指导，我们的哲学必将走向新的境界。

回顾50年，我们不应该忘记另一个具有深远意义的重大成就，就是哲学在中国大地上的空前普及。50年来，随着生活实践的不断深入发展，党中央在每一重要时刻，都十分重视以马克思主义的世界观、方法论来武装全党全国人民，及时地开展学习马克思主义哲学的活动。通过坚持不懈的普及宣传教育，并和一次又一次重大事件、重大哲学讨论相联系，我国人民对哲学基础知识、基本理论、基本方法的了解，有了普遍的提高，对哲学与现实生活的联系、哲学对社会人生的意义，有了更深切的感受和理解。在我国，哲学意识、哲学语言在人民群众中、在各行各业工作中的普及，已经达到了一种可观的程度，以至于从一个普通工人、市民的话语里，随时都能够听到"辩证看问题"、"实事求是"、"一分为二"等这样专门的哲学术语。与世界上许多国家、民族相比，应该说这是我国50年来思想文化建设的一个突出成果、一个值得自豪的现象。哲学普及的效果，又反过来成为我国社会主义事业发展的强大精神凝聚力和创造力的一个来源。

马克思说："人民最精致、最珍贵和看不见的精髓都集中在哲学思想里。"[2]哲学本质上是属于全人类的智慧，它产生于实践，也应该而且必须由广大人民来掌握，回到实践。尽管在哲学大普及中，也曾产生过例如简单化、庸俗化之类的偏差，但我们无疑应该充分肯定哲学普及的意义，高度珍惜已经取得的宝贵成果，并进一步巩固它，发展它。用高度的哲学理论思维武装起来的民族，必将走在人类的前列。我们要让历史来证明，中国人民是当之无愧的！

纵观50年的哲学历程，我们有丰富的经验，也有教训，需要认真总结，也有许多重大问题需要研究思考。

马克思曾说："理论在一个国家实现的程度，总是决定于理论满足这个国家的需要的程度。"[3]并进一步指出，要让理论需要与实践需要直接地联系起来。哲学的命运，取决于社会对它的需要和它的发展满足社会需要的程度。

回顾这50年可以清楚地看到，真正的哲学，并不是停留在书斋和头脑里的教条，而是与社会生活实践、与国家人民的命运息息相关的学问。可以说，新中国哲学事业的50年，从一个层面反映了新中国波澜壮阔的历史画卷。哲学的发展，是和党、国家、人民的命运相互联系、相互影响着的。哲学思想的活跃，往往是社会兴旺发达的标志，健康活跃的哲学思想，也深刻有力地促进着社会的发达兴旺。正因为如此，人民永远需要哲学，生活离不开哲学，党和国家始终关注和支持哲学事业的健康发展。

我们的哲学工作者，要十分珍惜自己与共和国共同走过的历程，以崇高的历史责任感发展、繁荣我们的哲学，为中华民族的全面振兴、为建设中国特色社会主义的伟大事业，做出无愧于时代的贡献！

二　哲学是"解放的头脑"

我们必须高度重视哲学在社会发展、文明进步中的地位和作用。

记得马克思在谈到德国人民的解放时，曾用非常明确的语言指出："这个解放的头脑是哲学。"[4]这个比喻非常精辟地说明了先进哲学的社会意义。从历史上看，哲学的发展，总是意味着人的思想的解放，哲学首先是"头脑的解放"，即解放思想的学问；而思想的解放，又从来是启动和引导整个解放事业的中枢，从而成为"解放的头脑"。人类社会的一切发展、一切进步、一切革新，首先要解放头脑，解脱精神束缚，才能有创造的动力和创造的能力。

欧洲的文艺复兴运动，虽然首先从文艺领域发起，却是以一种新的人文主义哲学观念为武器，才有了冲破封建主义宗教统治的思想力量；虽然文艺复兴最初的显著成果，是科学和艺术的大发展，但最后的历史丰碑则是为资本主义崛起开辟了道路。哲学是这丰碑的"塔尖"。哲学家布鲁诺[5]曾为科学真理而献身。如果没有近代唯物主义哲学对宗教神学的清算，不知道还会有多少个布鲁诺会被活活烧死！

众所周知，马克思发现了剩余价值规律，并使社会主义从空想变成科学，从而改变了人类的历史。但他的这个伟大贡献之"功"，也发端于哲学上的革命变革——创立了唯物史观这一全新的、能够揭示人类历史发展规律的科学理论。

在我们党的历史上，能够打破教条主义和经验主义的束缚，纠正"左"、右倾机会主义的错误，恢复并发扬实事求是的优良作风，进而推动革命和建设事业顺利前进的最强有力保证，归根到底也是"功"在马克思主义哲学。

因此，我们伟大事业的缔造者——马克思主义创始人及其继承人，不仅自己都有深厚的哲学功底，而且都非常重视研究和发展哲学。恩格斯有一句名言，他说，一个民族要想站在科学的最高峰，就一刻也不能没有理论思维[6]。而要提高理论思维的能力和水平，除了学习以往的哲学以外，没有别的更好途径。毛泽东同志在延安时期，号召全党学习研究马克思主义哲学，并把这种学习研究与指导中国革命的具体实际结合起来。邓小平同志在20世纪80年代初就批评了一些领导干部埋头事务工作，"不懂哲学"，忽视哲学，思想方法、工作方法简单片面的倾向，强调要学好马克思主义哲学，以指导我们的各项工作。江泽民同志近年来多次发表重要讲话，都一再强调全党同志特别是领导干部，一定要从讲政治的高度看待学习，加强学习。并指出，在各方面的学习中，首先要学好马克思主义哲学。

也许有人还不太理解：为什么在以经济建设为中心的今天，邓小平、江泽民同志仍然强调要学习哲学、研究哲学？不理解，是因为还没有站在社会发展全局的高度来看待我们的事业，也就是说，思想解放还不够。而进一步解放思想，仍然是目前形势对我们的客观要求，是保证我们的事业顺利前进的基本思想条件。

邓小平说："我们干的事业是全新的事业。"[7]建设有中国特色的社会主义，是一项前无古人的伟大创举。在全面推进这一伟大事业时，首先必须使人的思想正确，才能摆脱陈旧观念和僵化思维的束缚，才能认识新事物，接受新观念，采用新方法，解决新问题。总之，只有这样，才能对改革、发展和稳定有全面的、辩证的理解，从而创造性地工作，开拓出新的局面。解放思想与实事求是是完全一致的：解放思想所要达到的目标，就是要使思想符合客观实际，使政策和行动符合客观规律和人民的利益，这正是实事求是的含义；唯有坚定不移地做到实事求是，才能不受一切偏见的干扰，敢于和善于从实际出发，做一切有利于人民的事，而这也正是解放思想的含义。

思想解放无尽头。有发展就有新事物、新问题，就要解放思想。现在思想解放的任务依然十分重要而迫切。我们已经站在 21 世纪的门口，即将推开新世纪的大门。为了实现现代化，为了中华民族的振兴，我们不仅需要科学、技术，需要物质、资金，需要各种知识和人才，需要一切有益的东西，同时，我们更需要解放思想，需要通过解放思想所焕发起来的理想、胆识和智慧。一句话，更需要哲学。

为了提高实践活动的自觉性、预见性和有效性，任何重大决策都必须建立在科学研究、充分论证的基础上，一切科学预测与管理，都必须以对社会客观规律的正确认识为根据。而认识规律只能依靠理论思维，不可能仅靠经验直观地来完成。对待理论思维的态度、理论思维能力发展的状况，直接关系着有中国特色社会主义事业的兴衰成败。哲学是理论思维的高级形态，是观察、认识和指导实践和科学研究的根本立场、观点和方法。每一个有足够生活经历的人，头脑都不会是哲学真空，都会有一定的哲学思想，有一定的观念和方法，不是这样的，就是那样的，有科学的，也有错误的。这些思想时刻都在起作用。只有用科学的、先进的哲学武装头脑，才能引导我们掌握科学的精神和方法，防止唯心论、形而上学和主观主义的泛滥，使各项事业沿着正确轨道发展。

重视哲学还有更广泛的意义，这就是哲学在整个精神文明中的基础性和指导作用。我们的社会主义事业，归根到底是以促进人和社会的全面发展为目标的事业。我们要的共同富裕，不仅是国家和人民在物质生活上的富裕，也是在精神生活上的富裕和文明。哲学作为一门关系到世界观、历史观、人生观和价值观的学问，其任务不仅在于为各项工作提供认识工具，而且在于为整个精神文化提供必要的基础理论、观念和方法，提供信念、信仰和理想。精神文明的其他领域，如科学、文化、教育、道德、艺术、政治、法律，乃至人们的日常生活方式等，无不渗透和体现着一定的哲学思想、观念和方法。哲学的状况必然在深层次上影响精神文明的状况。要使我国的社会主义精神文明日益发展，就必须不断丰富、发展和普及哲学，去抵御愚昧落后文化的影响，铲除各种迷信邪说泛滥的土壤，从而提升人们的精神境界和科学素质。我觉得，懂得哲学、会用哲学的人是聪明的人，在精神生活里也是富有的、幸福的人。因为他迈上的是一条通向"自由王国"的道路。

总之，我们的事业需要哲学，实现社会主义现代化需要哲学，实现中华民族的伟大振兴需要哲学。没有哲学，没有马克思主义哲学与时代俱进的发展，就不可能有真正的思想解放；而没有思想的解放，就不可能有科学的、创造性的工作和局面。在把我们的事业全面推向21世纪的关键时刻，必须高度重视哲学，大力普及哲学，发展哲学，让哲学充分发挥"解放的头脑"作用。

三　团结奋斗，开创新境界

总结20世纪，走向21世纪，哲学肩负着极为重大的使命，面临着大发展的机遇。

当我们站在新世纪的门口，面对难得一遇的千年之交时，人类社会正经历着一场从未有过的最广泛、最深刻、最激动人心的变革。世界上许多地方出现了社会发展模式、文化模式的深层激荡。一些旧的模式遇到了尖锐的挑战，原有的经济格局、政治格局正在被打破。世界各国、各民族都在探索新的模式，争取有利于自己发展的新格局。人们都在进行着紧张的观察、思考、探索和比较。在这种时刻，国家与国家之间、民族与民族之间，势必展开一场新的孰优孰劣的文明大竞赛。谁能够正确认识时代、认识自己，谁就能够抓住机遇，争得优势，走在世界的前头、站在历史的潮头。而解决问题只有靠解放思想、实事求是、大胆创新，只有靠科学。科学理论也是综合国力。未来几十年的世界性竞争，将是一种比思想、比知识、比创造力的竞争。这一切都与哲学有密切的关系，或者说，将受到哲学发展的深远影响。

世界的变化，为我们这个有十二亿多人口、五千年文化的中华民族提供了新的机遇。我们党和人民高举邓小平理论的伟大旗帜，正在满怀信心地投入建设有中国特色社会主义的事业中，探索一条崭新的、充满光明的社会发展道路。这条道路是马克思主义和中国实际相结合的产物，也是面对当代世界新形势所做出的新创造。我们相信，只要首先把我们自己的事情做好，把改革开放的大好形势巩固发展下去，我们就一定能够达到目标，把祖国建设成为一个富强、民主、文明的社会主义现代化国家。由于我国的国情和国际地位，这种成功本身，就将具有世界性的历史意义，就是对解决人类发展问题的一个响亮回答，就是对人类未来做出的巨大贡献。在这个过程中，我们同样离不开，并且比别人更需要重视哲学的繁荣、发展和创新。

说到哲学的繁荣和发展，我想谈几点希望：

第一个希望，是"团结"。时代呼唤一切富有社会责任感和民族荣誉感的哲学家们，为我国人民自己的事业提供更多更好的精神成果，为从事这一伟大事业的人们提供更加有力的智力支持。要做到这一点，就要充分认识当前的形势和我们的责任，并且意识到它的紧迫性，紧密团结在以江泽民同志为核心的党中央周围，在邓小平理论的旗帜下，以建设有中国特色的社会主义为共同目标，以中华民族振兴为己任，齐心协力去推进我们的哲学事业。我们应该鼓励形成学派，但学派不是宗派，不同学派可以而且应该在政治上团结起来。学术界的团结并不排斥学术上的争论，而恰恰需要学术上的开诚布公、相互交流、砥砺切磋。积极的学术争鸣，历来是学风正、文风正的一个综合表现，是不断生长出新思想、新智慧、新成果和优异人才的肥沃土壤，是科学发展、繁荣的标志。通过这样的团结，使哲学界成为一方有凝聚力、感召力和不懈生命力的热土，对于哲学的繁荣和发展来说，这是一个十分重要的积极因素。让我们大家都来精心浇灌好这块属于自己的园地。

我想谈的第二点希望，可以叫作"务实"。这主要是就学风而言的。务实，对于理论工作来说，是指关注现实、尊重实践、讲求实效，总之就是联系实际。"实际"首先是指理论对象自身的客观现实，进一步还包括人的实践活动及其效果。"务实"是理论联系实际的真正体现。任何理论，如果不顾对象的客观存在和变化，不去自觉地接受实践的考验，也不对照检查实际效果，而是凭空杜撰、堆砌材料、罗列概念，不仅是缺乏科学态度，也很难算作理论工作。我们需要的是理论联系实际的科学。严谨而不保守，活跃而不轻浮，坚持原则而不故步自封，锐意进取而不哗众取宠，这才是应该提倡的科学态度。江泽民同志在十五大报告中指出，对于当前学习和研究马列主义、毛泽东思想、邓小平理论来说，"一定要以我国改革开放和现代化建设的实际问题、以我们正在做的事情为中心，着眼于马克思主义理论的运用，着眼于对实际问题的理论思考，着眼于新的实践和新的发展"[8]。这番话，正是对这种求真务实优良学风和科学态度的精确阐述。

第三点希望，是"活跃"。就是要充分贯彻党的"双百"方针，发挥每个人的积极性和创造性，开展多样化的学术活动，形成敢于发现问题、提出问题、讨论问题的活跃气氛，以促进学术深入和真理发展。对于哲学和人文社会科学来说，讨论、争论，就像自然科学的实验一样，是达到真理的基本方法和必由之路，是必要的、必需的、不可逾越的"实验"方式。在科学发展的道路上，不怕有分歧、有争论、有失误，只怕僵化、停滞、单调。没有了比较和鉴别，也就失去了动力。历史经验证明，没有争鸣，就不可能有哲学理论的大发展；没有争鸣，思想就会封闭、枯竭，真理就不能战胜谬误。惧怕并压制争鸣，从来不是马克思主义的态度；听到一点相反意见就如芒刺在背，无法容忍，也不是真正的学者胸襟。当然，活跃不等于不计后果、不负责任。在哲学社会科学领域，有时要区分研究与宣传、思想与行为的界限。我常讲，在人文社会科学领域里，"研究无禁区，宣传有纪律，政治有方向，行为守法律"。这四句话，是我们处理有关问题必须掌握的尺度。可以确信，在党的领导下，通过总结经验，使"双百"方针制度化、法制化，并不断加以完善，一个更加活跃、更加繁荣的学术发展机制，一定会形成。

最后一点希望，是"创新"。随着实践的发展而不断地自我更新，是哲学和科学的本性，也是其生命之所在。哲学是人类最早产生的理论学科，是众多现代科学的母体。几千年来，它不断地分化出新的学科，自身不但没有衰竭，反而日益繁茂并显示出无可替代的独特魅力。这是为什么？我看，主要是由于它植根于人类的生活实践，并始终关注着人的心灵。正因为如此，它才不怕否定自己、改变自己，它能够放弃那些已不再属于自己的东西，重新发现可以成为自己的东西。这就是创新。

有人曾以为，唯物主义哲学，尤其是马克思主义哲学，它所讲的那些基本结论，都已经是一些普遍的、永恒的真理，因此不可能，也不应该再有什么创新。这完全是误解。恩格斯早就说过，"甚至随着自然科学领域中每一个划时代的发现，唯物主义也必然要改变自己的形式"[9]。马克思主义并没有穷尽真理，而是开辟了通往真理的道路。党的十五大报告也指出："马克思主义是科学，它始终严格地以客观事实为根据。而实际生活总是在不停的变动中，这种变动的剧烈和深刻，近一百多年来达到了前人难以想象的程度。因此，马克思主义必定随着时代、实践和科学的发展而不断发展，不可能一成不变。"[10]可见，否认马克思主义和唯物主义的发展创新，并不是马克思主义和唯物主义本身的立场观点，而是违背马克思主义基本精神的。

哲学发展最深厚的源泉和动力，来自社会实践，来自人类文明成果的不断积累。马克思主义哲学正是这样获得了自己无限的生命力。我们哲学工作者要高度重视当代自然科学、社会科学的新发展，切实加强哲学与自然科学、社会科学的联盟，加强哲学内部各分支学科的联合，加强理论工作者与实际工作者的联盟，在不同学科的交流与合作中，从各个学科的新发展中汲取一切有助于丰富和发展哲学的营养，哲学的发展就是一个采百花酿蜜的过程。中国当代哲学家要批判地继承中国古代哲学的遗产，弘扬中华民族优良的传统文化，也要积极地开展同外国哲学家的对话，研究世界各国、各民族的哲学，大胆学习、吸收他们提出的积极成果。"海纳百川，有容乃大。"[11]中国的哲学界，是注定要走向世界并被世界所瞩目的。我们要勇于参加世界范围内的百家争鸣，善于在同各种学派的竞争中，磨砺我们的锋刃，提高我们的水平，发展我们的哲学。

走向21世纪的中国和世界，都处在发展的关键时期。相应的，马克思主义的发展也处在一个关键时期。哲学的强大生命力，从根本上说，决定于它把握、理解和解决时代重大课题的程度和水平。对于当代社会生活的巨大变化，实践和科学日新月异的发展，及由此产生的层出不穷的新现象、新问题，我们要站在马克思主义的立场上，用创造性的理论思维加以研究，通过调查研究给以概括和总结，说出实事求是的新道理，提炼出启迪智慧的新观念、新方法，形成富有时代感和生活气息的新话语。在这方面，邓小平理论是一个光辉的典范。

同志们、朋友们，发展当代的中国哲学、马克思主义哲学，是时代赋予我们哲学战线的崇高历史使命，也是中华民族振兴的呼唤。我们的哲学要在21世纪有大的发展，就要学习邓小平同志的典范，像他那样解放思想、振奋精神，不唯书、不唯上、只唯实，从因循守旧的束缚中解放出来，从教条主义的羁绊下解放出来，敢于和善于发展创新，力争达到一个新高度和新境界，创造出无愧于时代和使命的哲学。

我希望经过在座的和全国哲学界的共同努力，在不久的将来，能够写出一套面向21世纪的马克思主义哲学新版本、中国哲学的新版本，世界哲学的新版本，向人类文明的宝库贡献一份具有最新时代面貌和鲜明中国特色的哲学厚礼！

让我们团结起来，去创造中国哲学更加辉煌的未来！

最后，预祝这次会议圆满成功！

注释：

[1]《马克思恩格斯全集》第1卷，人民出版社1956年版，第121页。

[2]《马克思恩格斯全集》第1卷，人民出版社1956年版，第120页。

[3]《马克思恩格斯选集》第1卷，人民出版社1995年版，第11页。

[4]《马克思恩格斯全集》第1卷，人民出版社1956年版，第467页。

[5] 布鲁诺（1548—1600），意大利思想家、自然科学家、哲学家和文学家。他勇敢地捍卫和发展了哥白尼的太阳中心说。由于批判经院哲学和神学，反对地心说，宣传日心说和宇宙观、宗教哲学，1592年被捕入狱，最后被宗教裁判所判为"异端"烧死在罗马鲜花广场。主要著作有《论无限宇宙和世界》、《诺亚方舟》。

[6] 参见《马克思恩格斯选集》第4卷，人民出版社1995年版，第285页。

[7]《邓小平文选》第3卷，人民出版社1993年版，第253页。

[8]《江泽民文选》第2卷，人民出版社2006年版，第12页。

[9]《马克思恩格斯选集》第4卷，人民出版社1995年版，第228页。

[10]《江泽民文选》第2卷，人民出版社2006年版，第12页。

[11] 此句出自林则徐的名联"海纳百川，有容乃大；壁立千仞，无欲则刚"。

不信神　不怕鬼[*]

（1999 年 11 月 1 日）

　　中国人民正在坚定而豪迈地把有中国特色社会主义现代化事业，全面推向新的世纪，推向新的千年。正是在这片东方大地上，我们的祖先曾经生生不息地创造出五千年光辉灿烂的文明。他们艰苦创业，立德、立功、立言，以四大发明等一系列科学技术推动中国社会和世界文明的发展，以诗文名篇、历史诸子、美术戏剧等精神创造，滋润自身的人文情怀和人格品位，从而充分地证明了这个伟大民族具有第一流的生命力、创造力和凝聚力。

　　站在新千年的门口，回顾五千年的历史，我们深切地感受到，历史是人民创造出来的，绝不是什么神鬼操纵的结果。两千六百多年前就有一位史官说得相当高明："国将兴，听于民；将亡，听于神。"[1]到底是听从人民的聪明才智，还是听从关于神鬼的歪理邪说，这是关系到国家兴衰存亡的原则问题，也是关系到家庭、人生是幸福美满还是家破人亡的原则问题。在社会进步、科学昌明的今天，我们对历史哲学的理解，难道还不如古代的一位史官吗？

---

　　*　这是李铁映同志为中国社会科学院文学研究所编《不信神的故事》一书写的序言。

　　我们提倡大家读了《不怕鬼的故事》之后，再来读一读《不信神的故事》，就是想把古代故事当寓言，点醒其中的思想内核，鼓舞起一种不怕鬼魅、不信神邪、振奋精神、振兴中华的民族正气。前一本书强调"不怕"，讲的是"胆"；后一本书强调"不信"，讲的是"识"。胆识兼备，正气蓬勃，从而帮助人们破除迷信，荡涤歪理邪说，摆脱鬼怪邪神的精神束缚，发挥历史主动性和创造潜力，为中华民族气宇轩昂地自立于世界民族之林，提供深厚的精神动力。

　　应该承认，神鬼邪说的出现，存在着认识论和社会学上的根源。辩证唯物主义认为，人类对自然界和社会的认知，存在着一个从无知到有知、从知之不多到知之渐多的发展过程。只要人类存在，这个认识过程就不会结束，它的面前就存在着许多有待进行科学探索的未知领域。这些未知领域，也就有可能成为那些愚昧的、玄幻的、歪曲的思维方式和别有用心之徒制造神鬼迷信的场合。剥削阶级的统治者甚至常常用"神道设教"[2]的方式，利用鬼神来控制人心，制造精神枷锁。对此，必须用科学的宇宙观和人生观，用科学的认识方法，才能识破其虚妄，才能不上当受骗。

　　恩格斯说过："只有对自然力的真正认识，才把各种神或上帝相继地从各个地方撵走。"[3]人类不是在信神，而是在撵神中，取得自己对自然和社会的认识能力的进步的。波兰16世纪的天文学家哥白尼[4]，经过精细的观察和精到的数理运算，提出地球绕太阳运动的天体运行学说，从而把为上帝创世教条服务的托勒密[5]地心说挤出人类认识领域。英国19世纪的生物学家达尔文[6]，经过广泛的搜集考察和新鲜的理论建构，提出了物种起源演变的生物进化论，从而动摇和摧毁了上帝创世造人的"合理性"基础。中国东汉时期（公元1—2世纪）的杰出科学家张衡[7]批判当时朝廷上下"欺世罔俗"的迷信风气，认为那是"虚伪之徒，以要世取资"，主张"宜收藏图谶，一禁绝之"，从而解放了自己的创造精神，制造出浑天仪和候风地动仪，对天文观察和地震预测做出了世界领先的贡献，赢得了"数术穷天地，制作侔造化"[8]的崇高评价。这些事例说明，人类认识史上每一次革命性的进展，都是在打破神鬼迷信，甚至是敢于在宗教神学体系的太岁头上动土，才获得的。对于自然界和社会的未知领域，是采取科学态度开拓探索求真的道路，还是采取迷信态度设置神鬼欺世的陷阱，这从来都反映了人类认识史上的两种宇宙观、人生观的尖锐斗争。

历史上，神权是君权的护身符。剥削阶级统治者把未知领域神秘化，以"神道设教"设置精神陷阱，愚弄人民，以维持其社会秩序。毛泽东主席早在70多年前写的《湖南农民运动考察报告》中就指出："政权、族权、神权、夫权，代表了全部封建宗法的思想和制度，是束缚中国人民特别是农民的四条极大的绳索。"[9]他主张通过革命实践和思想启蒙，使农民认识封建迷信的祸害，"菩萨是农民立起来的，到了一定时期农民会用他们自己的双手丢开这些菩萨，无须旁人过早地代庖丢菩萨"[10]。中国共产党领导中国人民，进行了70多年艰苦卓绝的革命斗争，中国人民站起来了，不仅是在民族独立的意义上站起来了，而且是在精神解放的意义上站起来了。广大人民不怕鬼、不信邪的精神状态，成为我们的革命和建设事业的精神动力和胜利的基础。但是也应清醒地认识到，由于剥削阶级数千年的愚民政策，神鬼观念已渗入社会心理，尤其是风俗心理，所以破除神鬼迷信和扫荡歪理邪说也就不可能毕其功于一役，必须有进行长期的思想文化斗争的准备。

近期一些封建迷信活动的抬头，尤其是"法轮功"组织及其头目李洪志组织的一系列非法活动，就是企图把中国人民已经挣脱的神权绳索重新捡回来，把中国人民陆续埋平的精神陷阱重新挖掘和伪装，以实现其反科学、反社会、反政府的险恶图谋。他们出于无知加狂妄，以地球爆炸的邪说制造精神恐惧，用度众生到法轮世界的玄幻制造精神诱惑，软硬兼施，花样百出，蛊惑人心，提出了一整套与中国人民在共产党领导下，把社会主义现代化事业全面推向21世纪的宏伟规划完全相反的世界末日论，以及依赖救世主的谰言。他们在恐吓和诱惑兼施的神秘主义骗术中，把自己的头目神化为功法大于如来千百倍的救世主，用令人头晕目眩的光环，把一些练功健身者纳入"开天目"和得道升天的精神迷幻的圈套中，有病拒医，走火入魔，造成一幕幕触目惊心的上吊自焚、剖腹投河的惨剧。他们拼凑"真、善、忍"的美丽名词，进行"大法无形"的伪装打扮，建立一个带有精神奴役性质的严密组织，用修炼升级和"考试"的方式，鼓动和组织一些信徒和糊涂人聚众闹事，企图破坏来之不易的社会安定局面，扰乱我们同心同德搞社会主义现代化建设的注意力。对于这么一个包藏祸心、罪恶昭著的非法组织及其歪理邪说，我们必须广泛地发动群众，揭下其伪装的彩绘的"画皮"，还其"裂人腹，掬人心"的狰狞本质，在我们的人民中开展一场辩证唯物主义和无神论的教育，提高国民素质，净化人文环境，推进科教兴国和社会主义精神文明建设的事业。

以江泽民同志为核心的党中央采取果断措施，及时地处理和取缔"法轮功"组织，是大得民心的。古语云"当断不断，反受其乱"，当引为鉴戒。江泽民同志语重心长地告诫全党：必须坚持用正确的世界观、人生观、价值观教育广大干部和群众。难道我们共产党人所具有的马克思主义理论，所信奉的唯物论、无神论，还战胜不了"法轮功"所宣扬的那一套东西吗？果真是那样，岂不成了天大的笑话？毫无疑问，历史发展的滚滚车轮，必将把蛊惑人心的李洪志的"法轮"碾个粉碎。

在当前的形势下，读一点古代不信神的故事，对于我们提高辨别是非的能力，增强反对歪理邪说的文化底气，是有益处的。历史上丑恶迷信的社会现象，竟然在千余年、两千余年后还残渣泛起，说明这些泛起的残渣如何与历史前进的步伐背道而驰。历史上破除神邪鬼魅害人的英雄行为，也以其难能可贵的正气、胆识和智慧，光照史册，启迪后人。两千四百多年前，在现在的河北漳河地区任地方官的西门豹[11]，初上任就访贫问苦，发现并取缔了"河伯娶妇"的迷信陋俗。那里的巫婆和官吏狼狈为奸，采取的也是制造恐怖心理的手段，吓唬老百姓如果不送少女给河神当老婆，就会发洪水淹没土地和人民。他们的目的就是每年向老百姓搜刮大量钱财，然后用巫术仪式把少女推入河中。西门豹说要出席这种祭河神的仪式，先把他们稳住，获得罪证。然后在仪式上说那位少女不够漂亮，要巫婆和她的女弟子去向河神请求改日更换美女，把她们一一抛入河中，既惩办了坏人，又保护了民女。鬼把戏一经拆破，吓得那些为非作歹的官吏叩头如捣蒜。西门豹不仅取缔陋俗，而且为人民办实事，开凿河渠，引水灌田，使人民不受洪水之害而富足起来。作为一个地方官员，他这种以人民安居乐业为己任，不信神邪，铁腕除弊的作风，是无愧于"贤大夫"的称号的。唐太宗说："常恐骄奢生于富贵，祸乱生于疏忽。"[12]西门豹的行为证明，他的工作作风是深入细致、踏实果断的，没有疏忽和骄奢的习气。

韩愈[13]是唐朝的大文学家，人文学者，后来还当过最高学府的校长（国子监祭酒）。当时皇帝把佛指骨大张旗鼓地迎入皇宫供奉，导致整个社会走火入魔，王公贵族奔走施舍，唯恐落后；老百姓中更有人废业破产，甚至焚烧肢体来表示狂热。韩愈冒着杀头的危险，挺身而出，写了一篇《谏迎佛骨表》，义正词严地指责："皆云天子大圣，犹一心敬信，百姓微贱，于佛岂合惜身命？所以灼顶燔指，百十为群，解衣散钱，自朝至暮，转相仿效，唯恐后时，老幼奔波，弃其生业。若不即加禁遏，更历诸寺，必有断臂脔身以为供养者。伤风败俗，传笑四方，非细事也。"[14]他把这种一人提倡、朝野变态的怪现象，看做关系到社会风尚和国家体统的大事情。他还写诗嘲讽过得道飞升的怪现象，认为"人生处万类，知识为最贤"[15]。这说明了当崇高的社会责任感和文化知识充实人的精神世界的时候，他的内心便磅礴着一种刚直正大的浩然正气。生为人类，不仅要用精密的科学思维发现客观真理，而且要以精美的人文情怀来滋润生活情趣，这二者是相辅相成的。它们对于排挤掉那些无知而狂妄的歪理邪说，将发挥良好的精神保健作用。

读一点不信神的故事，还可以滋养我们勇敢地面对当代世界动荡不宁的形势和复杂纷纭的重大问题的精神魄力。邓小平同志曾经把不怕鬼、不信邪与我们的民族形象联系起来，他认为：

"发达国家欺侮落后国家的政策没有变。中国自己要稳住阵脚，否则，人家就要打我们的主意。世界上希望我们好起来的人很多，想整我们的人也有的是。我们自己要保持警惕，放松不得。要维护我们独立自主、不信邪、不怕鬼的形象。我们绝不能示弱。你越怕，越示弱，人家劲头就越大。并不因为你软了人家就对你好一些，反倒是你软了人家看不起你。……中国肯定要沿着自己选择的社会主义道路走到底。谁也压不垮我们。"[16]

我们自然要坚持改革开放不动摇。"泰山不让土壤，故能成其大；河海不择细流，故能就其深。"[17]我们在改革开放中要有泰山、河海这种博大的胸怀。但是这个不动摇是有自己的主心骨，有自己的政治立场和文化立场的。在世界上存在着霸权主义、强权政治的时候，我们的立场绝不能放弃，我们还应该坚持不怕鬼、不信邪的英雄气魄。作为一个拥有12亿人口的发展中国家，不可能有什么神或救世主凭空地给我们赐福，不存在什么"天上掉馅饼"的便宜事。我们要以博大的、开放的胸襟，汲取人类文明的一切优秀成果，包括汲取先进的科学技术、管理体制和经营方式。但是我们必须从中国的实际出发，破除迷信，解放思想，充分地发挥全体人民的聪明才智和创造能力，脚踏实地地艰苦创业，独立自主地开辟出一条中国社会主义现代化的快速持续发展的道路来。在这个原则问题上，我们难道会听从别人用"一体化"的漂亮言辞和空头支票，把我们"化"过去吗？难道会听从什么人冒充救世主向我们发号施令，施加压力吗？

毛泽东同志在修改何其芳的《〈不怕鬼的故事〉序》时，这样写道："难道我们越怕'鬼'，'鬼'就越喜爱我们，发出慈悲心，不害我们，而我们的事业就会忽然变得顺利起来，一切光昌流丽，春暖花开了吗？"[18]党的第一代、第二代领导人为我们倡导的"不怕鬼，不信邪"的民族性格是一致的，是我们民族追求独立发展、繁荣昌盛的精神动力。

古代有一个故事，说是乡村路口的神庙里有一座木雕神像。一个过路人要跨过水沟，就把神像放倒，踏着过水。后来有人于心不忍，把神像扶回座位。这个神怪他不供香火，登时就降他头痛之灾。判官小鬼都禀道："踏着大王过水的倒没事，扶起来的倒降灾，何也？"这神说："你不知道，只是善人好欺负。"[19]神心目中的"善人"，就是迷信神灵的人，那么对不起，他不仅要你把他扶上神座，还要你三跪九叩头，供奉香火，做他的精神附庸。稍有不周，他是会让你头痛的。做人做到这个份上，也是够可怜的了。与其这样，倒不如像头一个人那样，使神像物尽其用，将它用来搭桥，跨过水沟去，继续走自己的路。

上述的木头神欺软怕硬，似乎还有点"老实"，不像唐代志怪小说《郭元振》中那个乌将军那样专横跋扈，以救世主自居，动不动就用暴力教训平民百姓。偏偏这位邪神遇上了不信邪的刚烈男子郭元振。郭听到野庙中有女子哭泣，问明是献给乌将军为妻，次日就要收尸埋葬者。郭元振义愤填膺，宁可付出生命，也不使这女子枉死于淫鬼之手。他不仅有义愤，而且有智谋，感到正面冲突占不上多少便宜，就冒充陪送新人的傧相与之周旋，还献上一小盘鹿脯。当那个酒色邪神贪婪地伸手取鹿脯的时候，他看清破绽，捉住乌将军的手腕，一刀切断。原来是只猪蹄。他以此为证据，教育那些长期处在乌将军"不获民女，就以风雨雷雹为虐"的威慑之下的乡民，指出这种妖淫残暴，天理不容。最后与乡民一道，顺着血迹找到洞穴，消灭了猪精乌将军。这种故事喻示人们：正义总是要战胜邪恶的。尽管邪恶利用其为"此乡镇神"的救世主派头来欺骗人民，利用风雨雷雹的恐怖行为来威慑人民，可以得逞于一时，却不能得逞于长久。只要正义的人们有不怕鬼、不信邪的气概，又有能够捉住其猪爪子的谋略，励志图强，群策群力，就能把握历史的主动权，使邪神现出原形，身败名裂。

站在新千年的门口，回看五千年烟云，我们记起了古史中的一句话：民者，神之主也[20]。唯物主义者认为，神是人从幻影中想象出来的，人也会把它还原为幻影。因而"志正则众邪不生"[21]，彻底的唯物主义者是无所畏惧的。这也就是这本《不信神的故事》的立意所在吧。

注释：

[1]《左传·庄公三十二年》史嚚曰："国将兴，听于民；将亡，听于神；神，聪明正直而壹者也，依人而行。"

[2] 神道设教，见《易·观》："观天之神道，而四时不忒，圣人以神道设教，而天下服矣。"神道，本指天教，即神明之理，后指关于鬼神祸福之说。意思是利用鬼神迷信作为教育手段。

[3]《马克思恩格斯全集》第 20 卷，人民出版社 1971 年版，第 672 页。

[4] 哥白尼（1473—1543），伟大的波兰天文学家、数学家、教会法博士、牧师。40 岁时，哥白尼提出了日心说。著有《天体运行论》。

[5] 托勒密（约 90—168），相传生于埃及，古希腊天文学家、地理学家和光学家，"地心说"的集大成者。

[6] 达尔文（1809—1882），英国生物学家，生物进化论的奠基人。他以博物学家的身份，参加了英国派遣的环球航行，做了五年的科学考察。在动植物和地质方面进行了大量的观察和采集，经过综合探讨，形成了生物进化的概念。1859 年出版了震动当时学术界的《物种起源》。

[7] 张衡（78—139），字平子，南阳西鄂（今河南南阳市石桥镇）人，我国东汉时期伟大的天文学家、数学家、发明家、地理学家、制图学家、文学家、学者，曾官至尚书，为我国天文学、机械技术、地震学的发展做出了不可磨灭的贡献。

[8]《后汉书》卷五十九《张衡列传》。

[9]《毛泽东选集》第 1 卷，人民出版社 1991 年版，第 31 页。

[10]《毛泽东选集》第 1 卷，人民出版社 1991 年版，第 33 页。

[11] 西门豹，是三国时期魏国人，著名的政治家、水利家。初到邺城为地方官时，看到这里人烟稀少，田地荒芜萧条，一片冷清，百业待兴，于是立志改善现状。后借河伯娶妻的机会，惩治了地方恶霸势力，随后颁布律令，禁止巫风，教育了广大百姓。

[12]《资治通鉴·太宗贞观十二年》。

[13] 韩愈（768—824），字退之，唐代文学家、哲学家、思想家，河南河阳（今河南省焦作孟州市）人，世称韩昌黎，晚年任吏部侍郎，谥号"文"，

又称韩文公，唐宋八大家之一。

［14］韩愈：《谏迎佛骨表》。

［15］韩愈：《谢自然诗》，《全唐诗》第 336 卷。

［16］《邓小平文选》第 3 卷，人民出版社 1993 年版，第 319—320、321 页。

［17］（秦）李斯：《谏逐客书》。

［18］毛泽东：《对何其芳〈《不怕鬼的故事》序〉修改和批语》，《建国以来毛泽东文稿》第 9 册，中央文献出版社 1996 年版。

［19］（明）赵南星：《笑赞》，《明清笑话四种》，人民出版社 1958 年版。

［20］《左传·桓公六年》季梁所言。

［21］（汉）陆贾："志正则众邪不生，心静则众事不躁。"载（西晋）陈寿《三国志·魏志·徐胡二王传》。

关于中国发展格局[*]

（1999 年 11 月 8 日）

在即将跨入 21 世纪的关键时刻，中央召开的这次经济工作会议，是一次极为重要的会议。会议统一了认识，明确了任务，确定了一系列发展我国经济的重大战略和措施，具有特别重要的意义。

当前我国的经济形势是好的。需求不旺的经济现象，是我国经济和社会发展到小康阶段时出现的新问题。要解决这个问题，必须从扩大内需和调整经济结构入手，综合运用多种手段调控经济运行，保证我国经济在今后较长时期内持续快速地增长。在世界范围内，从世界贸易组织和跨国企业的发展来看，国际经济形势和格局正发生着深层次的变化，这些变化对我们今后的发展将产生一定的影响。

中央明确指出开发西部地区经济，这是 21 世纪中国经济发展的大战略。我院要成立西部经济开发研究中心，全面研究中国战略发展格局。针对国内和国际经济发展的新情况、新问题，社科工作者应该看到，我们正面临着新的机遇和挑战。特别是经济学科的研究人员，应该充分利用自己的学科优势，对我国当前的经济社会发展

---

　*　这是李铁映同志在中国社会科学院学习贯彻中央经济工作会议精神大会上的讲话。

形势进行深入研究，尤其要努力研究今后十年到二十年我国的经济发展理论和经济发展战略、措施。这些都是要求我们立即进行研究的课题。中国的问题要靠中国人研究解决，不能依靠他人，也没有可供套用的模式，要靠我们自己在理论上做出新的突破和发展。

今年我院上报的《要报》、《信息专报》有 200 多期，其中许多篇得到了中央领导同志的批示，这说明党中央和国家对我们的研究工作是非常重视的。今后，要提高《要报》等刊物的质量和时效性，为国家的重大决策提供更多的研究成果。

我院将在科研和管理体制上进行进一步的改革，并制定一系列相应的制度。各项改革措施的确立和实施，要充分征求大家的意见，并在部分单位进行试点。

中央经济工作会议总结了前一阶段我国经济发展的经验和教训，分析了当前的经济形势，明确了近期的工作任务，部署了 2000 年的工作重点。总书记和总理的重要讲话，对于社会科学工作者有三点重要启示：一是发展是硬道理，中国的问题只有通过改革、发展才能解决；二是对国内外形势的判断和预测应当放在经济全球化的大背景下，才能做出较为正确的结论；三是对今后的经济发展要有明确的思路。当前国际经济政治形势风云变幻，要求我们加紧发展自己；同时，全球化、高科技的迅猛发展也向我们提出挑战。在这样的世界形势大背景下，中央经济工作会议对我国下世纪的发展做出战略部署，意义非常重大。

宝贵遗产[*]

——写在"乔木文丛"出版会

（1999 年 12 月 8 日）

四卷本专题文集《乔木文丛》[1]的出版，对我国思想文化战线来说是一件大事，对我国思想理论和文化宣传领域将会产生重大而深远的影响。

胡乔木[2]同志是杰出的马克思主义理论家、百科全书式的学者，从 40 年代到 80 年代，是中国共产党在思想理论、文化宣传战线上的重要领导人。他在哲学社会科学的诸多学科中都有高深的造诣和独到的见解。他除了对国际国内重大问题富有研究、起草过许多党和国家的重要文件、写过许多重要文章以外，在中共党史、新闻出版、语言文字、文学艺术等领域具有开创性的建树。人民出版社出版的这部《乔木文丛》，集中反映了他在这些领域的成就，是对 90 年代前期胡乔木同志生前编定的三卷本《胡乔木文集》的重要补充。至此，胡乔木同志毕生对国际、国内重大问题，在上述学术领域，发生过重大影响的文章、讲话、谈话，基本上已经结集收存，长留于世。这是胡乔木同志留给党和人民的宝贵的精神财富，对思想理论战线坚持和发展马列主义、毛泽东思想、邓小平理论，对做好中

---

[*] 这是李铁映同志在《乔木文丛》出版座谈会上的讲话。

共党史、新闻出版、文学艺术、语言文字等方面的实际工作，具有长远的借鉴和指导作用。

作为中国共产党在思想战线上的重要领导人，胡乔木同志是党性坚强、立场坚定的忠诚战士。在国际政治斗争的大风大浪中，他撰写了不少著名文章，产生了很大的影响。面对"文革"结束后"左"的错误影响，他先后发表了《按照经济规律办事，加快实现四个现代化》、《关于社会主义时期阶级斗争的一些提法问题》等著名文章，为解放思想、拨乱反正制造了舆论。他负责《关于建国以来党的若干历史问题的决议》的起草工作，先后在党中央的会议上和起草小组内发表了三十多次谈话。他反复修改决议文稿，亲自撰写"文化大革命"等重要段落，全面贯彻执行了以邓小平同志为核心的第二代领导集体的要求，认真总结了历史经验，正确评价了毛泽东和毛泽东思想，为统一全党思想做出了重大的贡献。当出现资产阶级自由化思潮时，他毫不犹豫地拿起批判的武器，发表了《当前思想战线的若干问题》和《关于人道主义和异化问题》等讲话，明确指出："正确的批评当然首先要坚持四项基本原则，这是任何领域的批评的共同基础。""至于宣传个人主义和资产阶级人道主义的作品，当然要进行批评，不管什么人反对，也要进行批评。"胡乔木同志这种立场坚定、旗帜鲜明的做法，是值得思想理论战线的领导干部和哲学社会科学工作者学习和发扬的。

在《乔木文丛》中，我们读到胡乔木同志对中共党史、新闻出版、文学艺术、语言文字工作的许多精粹的见解。这些见解是在长期实践中深入研究这些领域而得到的规律性的认识，具有长远的指导意义。

胡乔木是中共党史研究和编纂的开拓者。从1951年写成中共党史的奠基作品《中国共产党的三十年》，到1991年为纪念中国共产党70周年而写就的《中国共产党怎样发展了马克思主义》，他在党史领域辛苦耕耘了四十年。他提出，党史研究工作既要有坚定的党性，要站在党的立场上叙述党的历史，又要有严格的科学性。他认为党史工作的战斗性所以有力量，是因为我们依靠的是科学、是真理；要用科学的态度、科学的方法、科学的论证来阐明党史中的各种根本问题。这些意见，对党史研究以至所有的历史科学研究，都是有指导意义的。

胡乔木是新中国新闻事业的奠基人。他指导过延安《解放日报》、重庆《新华日报》的工作，写过许多著名的社论、评论和其他新闻稿。在解放战争期间，他以中宣部和新华社的名义就解决新闻工作中存在的问题，发出过一系列重要的指示。新中国成立后，他长期领导新华社和《人民日报》的工作，强调要坚持正确的办报方向，指出报纸是党的工具，是帮助党推动工作前进的。报纸是党和政府联系群众的桥梁，改进报纸的工作一要联系实际、二要联系群众、三要在报纸上开展批评和自我批评。他指导了1956年《人民日报》改版的工作，指出《人民日报》应该发表党的指示，尽量反映人民群众的意见，反映国内、国际生活里重要的新的事物；要开展自由讨论，加强报纸作为社会的言论机关的功能；主张报纸的副刊要办成贯彻"百花齐放、百家争鸣"方针的重要园地。党的十一届三中全会后，他积极贯彻解放思想、实事求是的思想路线，坚持四项基本原则，既不断推进新闻事业的改革和发展，又切实扭转思想战线上涣散软弱的状态。1982年春，针对社会上出现的片面宣扬党报的"人民性"、试图否定党对新闻工作领导的错误倾向，胡乔木同志进行了有理有节的批评。

胡乔木同志一直关注和指导出版工作。他是新中国出版事业的奠基人之一，是首任新闻总署署长。新中国成立初期，他担任中宣部常务副部长，按照毛泽东同志的指示，主持组建了出版事业的编辑、印刷、发行机构，倡导和推动出版事业走上健康发展的轨道。党的十一届三中全会以后，胡乔木同志直接指导了新中国出版史上的许多重大工程。他既是《中国大百科全书》总编委会主任，又是《当代中国丛书》的首倡者。1982年6月，他主持起草了中共中央、国务院《关于加强出版工作的决定》，确定了新时期出版工作的性质、任务和指导方针。1985 年以后，胡乔木同志十分关注《著作权法》、《出版法》的制定，从起草到修改都发表了指导性的意见，为我国出版工作法制化做出了巨大的努力。他多次向中央建议要建立健全出版行政管理机构，中央规定各省市区建立新闻出版局，就是采纳了胡乔木同志的意见。对如何处理好长期困扰出版业的经济效益和社会效益的关系问题，胡乔木同志从实际出发，提出了不少建议。这些建议也被中央采纳。

胡乔木同志又是中国文字改革和社会主义文学事业的推进者。他一直为完成简化汉字、推广普通话、制订和推行《汉语拼音方案》三项文字改革的任务而不遗余力地奋斗。1982 年，他在对汉字字形结构长期研究的基础上，提出了简化汉字的十五条原则，为实现汉字信息化提供了基本思路。他多次指出汉字是消灭不了的，在很长的时期内汉字还要用，拼音化的过程会是很长的。他强调在新的历史时期内，仍然要坚持稳步进行文字改革的方针，改革的主要任务是推广和普及普通话、研究整理现行汉字、推行《汉语拼音方案》，并使之完善化和规范化。这就把新时期文字改革工作放到了一个切实可行的基础上。

胡乔木同志始终关注社会主义文艺的繁荣和发展。他积极主张、大力宣传用"文艺为人民服务，为社会主义服务"的新口号来代替"文艺为政治服务"的旧口号。他指出，在新的历史时期，用"两为"的新口号来代替"为政治服务"的旧口号，很有必要。"两为"的口号比"为政治服务"的提法，在表达我们的文艺服务目的方面更加直接、更加明确，为我们的文艺开辟的服务途径更加宽广。胡乔木同志指出，文学艺术反映我们社会生活的社会主义内容，这是历史的必然要求。我们要提倡文艺作品表现某些强烈的政治主题，但是，这远不能代表文学艺术的全体；某些没有倾向性或者没有明显的政治倾向性的文艺作品也应该存在和发展。这就大大拓展了社会主义文学艺术的道路。

赞扬优秀作家作品，批评错误创作倾向，是胡乔木同志指导文艺工作的主要方式。对片面宣扬现代派的思潮，他从中外文学史的大量事实出发进行了科学的分析和批评。一方面，他肯定艺术的创新是永远需要的，但同时又指出艺术不能离开生活，创新离不开艺术实践最根本的原则。对我国文学艺术家的优秀创作，他总是满腔热情地发表谈话、写文章，予以肯定和赞扬。我国社会主义文学艺术的繁荣和发展，同胡乔木同志的关心和指导是密切相关的。他的文艺理论批评遗产，至今对我们仍然具有启发和借鉴作用。

胡乔木同志是中国社会科学院的创始人和第一任院长，被公认是我国社会科学的学术大师。他从小受到中国优秀传统文化的教育和熏陶，在高中读书时就接受了马克思主义的教育和影响。在清华、浙大学习期间，他广泛地阅读了欧美文学作品和学术著作，又积极投身抗日救亡运动和左翼文化运动。1932年他就加入了中国共产党，成为一名自觉的共产主义战士。与大多数学术大家的道路不同，他作为革命者投身于党的事业，不是在书斋里而是在革命斗争的实践中成为一个大学问家的。他具有别人所没有的得天独厚的优越条件，1941年年初他就到了毛泽东同志身边，担任政治秘书。在毛泽东同志的言传身教下，他的思想理论水平得到了很大的提高，才华也得到了充分的发挥和展现。胡乔木同志之所以能够取得巨大的成就，还在于他的博古通今、学贯中西的学术修养，善于思考、勇于实践的品质，勤奋刻苦、不倦求索的精神。他对自己学术上取得的成绩从不满足，总是虚心听取和吸纳各种意见，不断弥补自己的不足，修正自己的错误，使自己的认识日臻完善。通向学术大师之路各不相同，后人无法重复，但他们的共同特点和经验，特别是自强不息、追求真理的精神，却是后人应该学习和借鉴的。希望今天的学者能够从胡乔木同志的革命道路和学术道路中得到启示，希望在哲学社会科学方面，有更多优秀的学者、更多学术大家成长起来，涌现出来。

注释：

[1]《乔木文丛》，胡乔木著，人民出版社 1999 年版，由《胡乔木谈中共党
　　史》、《胡乔木谈新闻出版》、《胡乔木谈文学艺术》、《胡乔木谈语言文字》、
　　《胡乔木诗词集》、《胡乔木书信集》六卷专题文集构成，收录了胡乔木同
　　志几十年来对上述领域产生过重大影响的文章、讲话、谈话、书信等264
　　篇，相当全面地记录和展示了胡乔木同志在这些领域的指导作用和学术
　　成就。
[2] 胡乔木，参见《办好中国社会科学院　繁荣和发展社会科学》注 2，第
　　115 页。

缅怀钱锺书

(1999 年 12 月 16 日)

中国社会科学院原副院长、特邀顾问、著名学者和作家钱锺书[1]先生，于 1998 年 12 月 19 日，带着他对祖国、对人民、对中华文化的无限挚爱和眷恋，带着他无穷的睿智和学识，离我们而去。时光荏苒，但我们对钱先生的缅怀之情却益发深切。这使我想起俄罗斯伟大诗人涅克拉索夫悼念杜勃罗留波夫的诗句：怎样一盏智慧的明灯熄灭了，怎样的一颗心脏停止了跳动。

中国人文社会科学界正在生机勃勃地走向新世纪。整个学界都在思考，如何通过不懈的努力，产生出一批享誉海内外的学术大家，以一批重要的科研成果推动中国的发展和人类的进步。因此，纪念锺书先生的最好方式，就是应当将他作为 20 世纪中国人文学术的一个杰出象征，走近他，认识他，深刻地探讨他的学术道路和学理体系，从而进一步总结一代大家成长的基本经验，以往鉴来，开拓 21 世纪人文社会科学更高历史水平的繁荣鼎盛的前程。

一

钱锺书先生是中国数千年文化传统在一个风气开通、历史转型时期的特殊结晶。他 1910 年生于江苏无锡，幼承家学，其尊翁基博先生是颇有成就的国学家。钱锺书天资过人，自幼即以多才蜚声乡里，代父司笔札。青年时代就曾受到前辈学者陈衍、钱穆、张申府、吴宓等的高度称颂，被誉为"人中之龙"（吴宓语），称他"兼通中西文学，博及群书，宋以后集部殆无不过目"（钱穆语）。可以说，他青少年时代就练就了文史方面的"童子功"。1933 年钱锺书毕业于清华大学外文系，两年后到英国牛津大学攻读，获 B. LITT（OXON）学位，后又至巴黎大学研究法国文学。抗日战争期间归国，曾在多所大学任教。1953 年被聘为中国科学院文学研究所一级研究员。后相继担任中国社会科学院副院长、院特邀顾问。60 年来，钱锺书先生为我国的高等教育、学术研究和文化建设做出了巨大的贡献。

钱锺书先生的一生，是以生命的极限去探索人文写作和人文学术的极致的。他笔耕不辍，著作等身。新中国成立前出版了集幽默睿智于一身的散文集《写在人生边上》，短篇小说集《人·兽·鬼》，描绘旧中国知识分子百相的长篇小说《围城》，融中西学于一体、见解精辟独到的《谈艺录》；新中国成立后出版了《宋诗选注》、《管锥编》五卷、《七缀集》、《槐聚诗存》，待出版者还有《〈宋诗纪事〉补正》等。他还参与了中国科学院文学研究所编著《中国文学史》的工作，并做出了重要贡献。

自 50 年代以来，钱锺书出色完成了党和国家委托的工作。早在 1950 年他就参加了《毛泽东选集》英译委员会，并翻译了《在延安文艺座谈会上的讲话》，1960 年他又参加了《毛泽东诗词》英译定稿小组的工作，断断续续直到"文革"开始受冲击"靠边站"，工作才停顿下来。1972 年，他从干校返京后，又于 1974 年参加了英译工作，终于使《毛泽东诗词》英译本得以出版。在将毛泽东著作推向世界的工作中，钱锺书发挥了重要而独特的作用，但他从不以此炫耀，宣示他人。

二

钱锺书是本世纪我国最杰出的学者之一。他不仅精通英文、法文、德文、意大利文乃至西班牙文和拉丁文，而且对西方古典的和现代的文学、哲学、心理学以至各种新兴的人文学科，都有很高的造诣和透辟的理解。一位听到过他讲演的德国教授对他佩服得"五体投地"，连说"他是我生平仅见的学养深厚的知识分子"[2]。一位美国学者则称他是"当今世界上最大的智者之一"。博学的胡乔木同志曾说："同锺书谈话是一大乐趣，但是他一忽儿法文，一忽儿德文，又是意大利文，又是拉丁文，我实在听不懂。"

钱锺书先生对我国古代的经、史、子、集都有广泛而深入的研究。他立足于我国的文化传统，努力打通古今中外，使之熔于一炉，并铸广博的知识与精审卓识于一体，使丰富的原创性发现和坚实的学理性论证达到完美的统一。他为学不迷信任何偶像和权威，对任何问题都充满犀利的批判眼光。《谈艺录》是钱锺书青年时期的著作，书中对许多问题都做了前无古人的发掘和辨析，出版之初就以视角的独特、观点的新颖和材料的丰赡震动了学界。《宋诗选注》是钱锺书在文学研究所工作期间完成的一项成果，对传统的选学开拓了崭新的境界。这部书有普及性的一面，可供雅俗共赏；同时又体现了钱锺书对宋诗乃至全部中国古典诗歌的深湛研究，资料极为繁复，论述多有发明，体例独特别致，充满了创造性，具有重大的学术价值。《管锥编》是钱锺书晚年的力作，现已出版的几卷远非钱锺书计划的全部。他最初设计为八卷，而只完成四卷，后出的第五卷是前四卷的"补遗"，如果天假钱锺书以年，这部著作的规模一定还要更加宏伟，其涵盖面也一定会更广阔。但就目前出版的五册来看，它们依托对《周易》、《毛诗》、《楚辞》、《老子》、《左传》、《史记》等典籍的独到研究，论及后代许多文化论著和文学作品，熔铸古今，观照中外，还就这些典籍中所涉及的文化、人生的诸多问题，做了深入的探讨并得出许多精辟的结论，堪称当代学术的一座高峰。

钱锺书的学术成就及其历史地位和价值是多方面的，其中最重要的一点，就是他自觉而科学地梳理和弘扬中华文化，在人类文化的总格局中把中华文化安放在一个恰当的位置上，从而推动中华文化有力地走向世界，并努力打通中西之间的隔阂，自觉而科学地吸取和借鉴外国文化一切的优良因素，从而使我国新文化建设的路途更宽广也更健康。钱锺书的全部工作，归根到底，就是提炼和熔铸人类以往文化的精华，并努力把它推向更高更美的境界。

作为一代学术大师，钱锺书先生的著作表现出一种恢宏的气度，他对中华文化的精通，他对外国特别是西方文化精髓的深刻理解和把握，他以中华文化为基础、为内涵，对西方文化予以大气包举、融会贯通的魄力和驾驭力，在当代学林是高踞峰巅，很少有人能够企及的。钱锺书是世界级的学者，他的眼光也是前瞻性的。这一点世界上也有公论，法国总统雅克·希拉克先生在唁电中说"他将以他的自由创作，审慎思想和全球意识铭记在文化历史中，并成为对未来世代的灵感源泉"，这十分准确地指出了钱锺书的学术业绩对于世界和未来的意义。

钱锺书的每一部著作，都以深邃独特的思想、新颖广博的知识和优美幽默的文字令人百读不厌，常读常新。钱锺书是文学家，但其研究领域绝不只限于文学，即便是讨论文学问题也是高屋建瓴地结合社会科学、人文学科许多领域的知识，综合考察文学的规律与特征。

可以说，锺书先生在文学上是一个全才，既是一位大学者，又是一位大作家。在文学创作上，他也是一个多面手。他的成名之作是旧体诗，受到许多学界耆宿的称许；以后在短篇小说、长篇小说、散文等方面的成就也为文学界称赞。特别是长篇小说《围城》，影响更大。钱锺书在文学创作上的成就，是一个与他的学术成就相平行而又相关联的课题，值得我们仔细地研究和总结。要想培养出更多的钱锺书式的学贯中西的大学者、大作家，就要下大气力研究钱锺书，总结他的学术道路，把他的治学经验真正学到手。这是时代对我们的要求，是正在展翅腾飞的祖国和亿万人民对我们的殷切期望。我们应该努力交出一份令人满意的答卷。

当今世界高新技术飞速发展，知识创新层出不穷。我们回顾钱锺书的学术创新机制，更感到他的学术战略眼光高人一筹。他总是想方设法，尽量广泛地汲取有实质价值的世界人文学术的前沿知识，用以激发和培植自己独立创新的能力。锺书先生精熟典籍，许多人以为他是位"非三代两汉之书不敢观"的老先生，实际上这是一个大误会。虽然钱锺书安坐斗室，晚年几乎是足不出户，但是世界思想界的动态对他来说并不陌生。他十分关心当前世界上的各种新事物、新思潮，不仅包括文学，而且及于哲学、史学等领域。伦敦的《泰晤士报》的每周文学增刊，他是每期必看的，而且看得很细，所以一些新观点、新学说都逃不出他的视线。

作为宏通渊博的学者，钱锺书从不满足于既有的成就，总是孜孜不倦地阅读和写作，如饥似渴地吸收、采纳新知识、新学说，不断地思考并发现新问题，寻求更新更准确的答案。他对学术事业的态度，用严肃认真、兢兢业业这样的词语来形容是远远不够的，他的顶真严谨几乎到了苛刻严酷的程度。他撰写著作，在付印以前要反复修改润色自不必说，就是已经出版了，在钱锺书看来也不是工作的终点。书出版以后，他仍然研究不辍，总有所补充，有所修订，所以他的书几乎没有一部在重印或再版时不做大大小小的修改。他的《谈艺录》初版于1948年，到1984年再版，所作的补订，篇幅几与原作相等。补订本不但增加了对中国古代文论的辨析和阐发，而且还大量吸收了西方当代兴起的新学科、新理论的成果，使这部30多年前的书依旧能够傲然屹立在当代的学术前沿。《管锥编》1979年出版，很快就有了新的补订，第5卷就是"补订"的结集。同样，他的《宋诗选注》乃至长篇小说《围城》，在重印时也都做了一些修改。这其中，既有对排印错误的改正，也有不少是对原文的修订、对资料的增删，甚至有成段的改写。这一切充分体现了钱锺书在学术和创作上精益求精、永不满足的精神，体现了他对自己著作近于苛刻的态度。可以说，他有一种刻骨铭心的学术精品意识。

凡是钱锺书的朋友、同事或学生，或者哪怕是仅仅与钱锺书交谈过一次的人，都会对钱锺书学问之广博、思维之深刻、反应之敏捷、悟性之高、记忆力之强，叹为观止。钱锺书的天资禀赋我们很多人不具备也学不到，可以而且应该学习的是他那超常的勤奋。事实上，钱锺书的成就也主要不是靠他的天才，而是靠他数十年如一日的勤奋所取得的。他的成就再一次雄辩地说明：勤奋，唯有勤奋，才是实现和完成天才的真正必要条件。

关于钱锺书的勤奋，流传着许多感人的故事。据50年代在文学研究所工作的一些同志回忆，他们当时还是青年人，而钱锺书早已是名震遐迩的大学者了，可是，他们每次进入线装书库，几乎都会见到钱锺书。钱锺书拿着铅笔和笔记本，不断地翻检书籍，不断地抄录、做笔记，常常不知不觉地就过了半天。有时，他会在那里向青年人介绍各类古籍，告诉他们这些书的插架所在，如数家珍。文学研究所图书馆馆藏线装书十分丰富，许多线装书的借阅卡上只有钱锺书一个人的名字。钱锺书爱书，熟悉书，了解书，文学研究所图书馆当年收藏有许多好书，特别是珍贵的外文书，其中不少就是他帮助订购或搜寻来的，可以说渗透着他的心血。

钱锺书读书最肯下苦功夫，又最具探索精神，爱追根究底，善于把读书所得的知识融会消化，比较参证，互相发明。据说他精读的每一部书都反复批点，有的连天地两头和页边都写满了，再也找不到一点空地方。现在整理出版的《〈宋诗纪事〉补正》，就是批注在《宋诗纪事》空白之处的。还有一个例子，他的夫人杨绛先生曾在一篇文章中说，钱锺书撰著《管锥编》时，她为他整理、检点笔记本，整整费了两天工夫，装了几大麻袋。《管锥编》印出的书虽然只是5本，可是钱锺书为它做了长期、深厚的学术积累。这是名副其实的厚积薄发啊。

即使在条件不好的时候，他也照样抓紧一切时间读书。据说有一次他在旅途中奔波了一个月，生活很不安定，但每天仍是手不释卷。1969—1972年，钱锺书在河南的"五七"干校无书可读，他就反复地读随身所带的字典和笔记本等，不放过任何一点可以利用的时间，他这种顽强的学习精神实在是感人至深，永远值得我们学习的。

还应该一提的是，钱锺书在为人、治学上的一个最大特点，就是在学术上直言不讳，对于自己不同意的意见，总是坦诚地谈出自己的看法。这也是非常难能可贵的学术品格。与此同时，对一些向他请教的青年人，尽管问题不大，甚至比较浅薄，他一般也从不表示不屑，更不以自己的学问骄人，而是循循善诱，问一答十，把他们的问题和思考引向深入。凡是曾向钱锺书请益过的年轻同志，都有如坐春风，甚至有与先生一席谈，"胜我映雪十年功"[3]之感。他就是这样，不仅在学问上，而且在为人和言行上也为后辈学子树立了楷模。当然，对于浮夸取巧、华而不实的学风，对于弄虚作假、追名逐利的行为，钱锺书是深恶痛绝的，这种现象无论发生在谁身上，他都不能容忍，都会在言谈和文字之中有所批评、有所讥讽，有时还相当尖锐激烈。其实，这正是他对学问人品持极端老实态度的又一表现。为了学风的纯洁健康，为了在学术界树立正气，我们很需要提倡这种刚正不阿而又智慧充溢的人格风范。

钱锺书先生留学英、法，谙熟西方文化，但他谦逊有加，从不以此为傲。早在1945年，一位友人就在一篇记述钱锺书的文章中写道："他为人崖岸有骨气，虽曾负笈西方，身上却不曾沾染半点洋进士的臭味，洋文读得滚瓜烂熟，血管里流的则全是中国学者的血液。"这段话是颇能再现锺书先生风貌的。

精深的人文情怀，是精诚的爱国情怀的精神支柱。钱锺书的风骨来源于深沉的爱国主义情怀。打开《槐聚诗存》便可以看到许多怀念家乡与祖国、凝聚着爱国激情的篇章。1938年，他留学英、法结束时，像他这样杰出的俊彦，当时在英、法找个收入丰厚的工作本是轻而易举的事，但是此时祖国正处在日寇侵略的水深火热之中，他怀着"相传复楚能三户，倘及平吴不廿年"（《槐聚诗存·巴黎归国》）的赤诚的爱国之心，毅然地回到了"忧天将压、避地无之"、"国破堪依、家亡靡托"（《谈艺录》）的故国，和自己的祖国同忧愤、共患难。

1949 年北京解放前夕，有的人流亡国外，可是钱锺书偏要留在大陆。杨绛先生后来在《干校六记》中怀着深挚的感情忆及这件事时说："我们俩当时为什么有好几条路都不肯走呢……默存常引柳永的词：'衣带渐宽终不悔，为伊消得人憔悴。'我们只是舍不得祖国，撇不下'伊'"[4]。"文革"中，钱锺书受到冲击，并被下放到"五七"干校劳动，杨先生曾问钱锺书："你悔不悔当初留下不走？"钱锺书毫不犹疑地回答说："时光倒流，我还是照老样。"[5]表现了钱锺书对新中国、对中华这块热土和对安身立命基础的传统文化无限的热爱，不管国家怎样贫困落后，也不管在前进的道路上有多少曲折和苦头，自己受到过多么不公正的对待，他都不更改自己的选择，无怨无悔。几十年来，他同我们的国家、我们的党一道，历经风风雨雨、共度艰难险阻，也共享收获与成功。他始终积极地工作着，用他满腹才华和生花妙笔为我们的国家和人民提供着最好的精神产品，也为世界的知识宝库积累着财富。他为此贡献了自己全部的力量和生命。这是中国知识分子最重要、最可宝贵的品格。

钱锺书自己虽未参加共产党，但他的唯一的女儿、北京师范大学教授钱瑗就是一个优秀的共产党员。钱锺书和杨先生还拥有不少共产党人朋友。钱锺书长期在文学研究所工作，无论是在个人研究还是在集体撰著中，都受到所长何其芳同志的高度尊重和信赖。何其芳同志经常教育所里的同志要尊敬钱锺书，要虚心地向他请教。何其芳同志自己也以身作则，他写的文章，在发表之前，经常要先请钱锺书过目指正。钱锺书对其芳同志的为人和学问也很赞赏，所以总是诚恳尽心地给他以支持和帮助。钱锺书与胡乔木同志是清华的先后同学。乔木同志对钱锺书的人品、学问、诗才一贯佩服之至，对他在学术上的独特造诣深为了解，曾一再向不了解钱锺书的人宣传钱锺书是"稀有金属"，并批评个别人对钱锺书的误解和诋讦。乔木同志在遇到问题时也经常向钱锺书请教，钱锺书也总能给他一个满意的答复。

80年代前期，中国社会科学院为了扩大本院在国际学术界的影响，加强国际学术文化交流，并更好地推动学术工作的开展，特聘请钱锺书担任了副院长的职务。院里当时有个不成文的规定，一般的事情不轻易地打扰钱锺书，但学术方面的重大事情，则一定要请示他，并充分尊重他所提出的意见。而钱锺书也总是知无不言、言无不尽，并力所能及地为扩大本院的国际影响而努力。例如，80年代中期，当时的联合国教科文组织负责人、著名的意大利学者普拉齐先生来华探视钱锺书，钱锺书就趁机请他与社科院的同志座谈，遇到困难问题时，钱锺书还亲自为之翻译，起到非常好的效果。可以看出，乔木同志与钱锺书之间的友谊，不仅是两个人之间的私人交谊，更重要的，是体现了我们共产党人与知识分子良好关系的典范，这是非常可贵的，是值得我们永远作为榜样学习的。

三

党的十一届三中全会开辟了我国社会主义发展包括人文学术发展的新纪元。它所确立的解放思想、实事求是的思想路线，给我国的学术文化发展带来了一个崭新的春天。钱锺书对此是由衷拥护、全力支持的。他的长达一百余万字的《管锥编》开始写作于"文革"未终、"四人帮"尚在肆虐之时。而这部体大思深的著作中没有一句趋时的话语，完全是锺书先生郁积多年思考的集中表达。《管锥编》的写作正像一朵迎春花预示着严冬即将逝去、繁花似锦的春光就在眼前。

正是由于十一届三中全会后这种政治的大气候，给一切有价值的学术文化创造提供了一个广阔的空间和自由驰骋的天地。钱锺书的旧作，如《围城》这一部过去遭到过攻击非难的作品不仅再版了，而且印行了几十万册，受到广大读者的欢迎，并被译成了英、法、俄、德、日、丹麦、荷兰、韩等十多种文字，享誉世界。钱锺书饮誉文坛的《槐聚诗存》，以及他的优美隽永的散文集《写在人生边上》再版了，学术论著《谈艺录》增订本再版了，而且"体大思精"的《管锥编》及其补遗问世了，视名利如敝屣的锺书先生广为中外关心学术和热爱文学的读者所知，并受到应有的欢迎和尊敬。如果没有十一届三中全会的方针路线，这一切都是不可能实现的，所以我们可以毫不夸张地这样说：钱锺书的学术成就是与国运同兴的。我们应该高度重视钱锺书的学术文化创造成果，也应该十分珍视党的十一届三中全会以来的方针路线给我们国家所开创的发展机遇。

　　我和钱锺书先生相识得较晚，但和许多同志一样，我也是钱锺书著作的热心读者。他书中所阐述的深邃哲理，常常使我受到启发，他的幽默机智，常常在让我忍俊不禁之余，感到回味无穷。尤其使我钦佩的，是钱锺书的文章所显示的知识之广博、风格之高峻、词采之雅丽。我到社科院工作之前，曾在几次会议上见到过钱先生，每一次我都特意趋前问候，并曾专门去看望过他。到社科院工作之后，我先后有几次去医院探望他，钱锺书和杨绛先生慢慢和我熟悉了，有什么心里话，也愿与我坦诚交流。去年11月，恰逢他八十八华诞，我和几位同志特意到北京医院，向他献上一束花，祝愿他早日康复。那一天他和杨先生都显得很愉快。

　　党中央和江泽民总书记及中央其他领导同志一直十分关心、惦记着钱锺书的病情。我每次见到总书记，他总是特别关切地询问钱锺书先生的近况。1998年12月19日晚八时三刻许，总书记看到中国社会科学院12月18日晚关于钱锺书病危的报告，心里十分着急，即给杨绛先生打电话。通话后，总书记默然良久，后在病报上写道："本拟去看望，后考虑给杨绛同志打一电话，不料钱老已于凌晨七时许逝世。我向她表示沉痛哀悼。"杨绛先生后来专门让我转达她对总书记和中央其他领导的诚挚谢意。

　　按照我们的想法，钱锺书的后事应该跟他的身份、贡献和影响相称。但杨绛先生坚持钱锺书的遗愿，要求后事一切从简，遗体由两三位亲人护送，不举行任何悼念仪式，不保留骨灰，并恳辞花篮、花圈。我们既为钱、杨二位先生崇高的思想境界而感动，又觉得那样做未免简慢了些，难以充分表达我们对这位大学者的哀悼之情。但是为了尊重两位先生，经过反复研究，我们还是尊重了他的遗愿。钱锺书生前专心学问，淡泊名利，不喜俗套，最忌张扬招摇，他的去世也希望能摆脱掉一切虚礼和俗套。然而，我想强调的是，钱锺书的学术丰碑早已矗立在中国乃至人类的文化史、学术史上，今后将永远存在于我们每个人的心中。对钱锺书最好的纪念应该是认真地研究他的书，学习他崇高的精神和品格，发扬他博大而谨严的学术风范。

　　钱锺书先生离我们而去了，按照他的遗嘱，连骨灰也不曾保留。但是，钱锺书先生是不朽的，他的音容笑貌、他的崇高品质和他的等身著作将永远地留存于天地之间，放射出耀眼的光芒。他杰出的学术和创作业绩，不仅是中华民族的文化瑰宝，而且属于全人类。作为后来者，我们中国社会科学院的全体人员，以及全国人文社会科学战线的同志们，应该很好地继承并发扬钱锺书先生忠于祖国、忠于人民、忠于科学的精神，以弘扬中华文化和建设有中国特色的社会主义新文化为己任，为此锲而不舍，奋斗不息。

　　钱锺书先生作为 20 世纪人文学术的杰出象征，留下了一份丰厚的思想文化资源和一个崇高的学术文化标准，启迪和激励着新世纪的人文社会科学家，充满求实态度和创造精神地开拓中国社会主义文化建设的新天地，实现中华民族文化的伟大复兴。

注释：

　　［1］钱锺书（1910—1998），原名仰先，字哲良，后改名锺书，字默存，号槐

聚，曾用笔名中书君。1910 年 10 月生，江苏无锡人，中国现代著名作家、文学研究家。晓畅多种外文，曾为《毛泽东选集》英文版翻译小组成员。晚年就职于中国社会科学院，任副院长。钱钟书在文学创作、文学研究、文化批评等领域的成就斐然。1998 年 12 月逝世，享年八十八岁。著有短篇集《人·兽·鬼》、长篇小说《围城》、散文集《写在人生边上》，学术著作有《谈艺录》、《管锥篇》等。

[2] 庄因：《钱锺书印象》，原刊台北《联合早报》1979 年 6 月 26 日。

[3] 语出"与君一席肺腑语，胜我十年萤雪功"。囊萤映雪，原是讲车胤用口袋装萤火虫来照书本，孙康利用雪的反光勤奋苦学的故事。后用"囊萤映雪"比喻家境贫苦，刻苦读书。见《晋书·车胤传》。

[4] 杨绛：《干校六记》，生活·读书·新知三联书店 1981 年版。

[5] 杨绛：《干校六记》，生活·读书·新知三联书店 1981 年版。

哲学社会科学的时代性[*]

（1999 年 12 月 31 日）

为贯彻落实党的十五大关于"积极发展哲学社会科学"的精神，我们选编了马克思、恩格斯、列宁、斯大林和中共三代领导集体关于哲学社会科学的论述，供大家学习。

马克思主义经典作家和我们党三代领导人，历来高度重视哲学社会科学。他们依据自己时代的社会实践，从不同的角度，以不同的形式和语言，论述了哲学社会科学在人类认识世界、改造世界、推动社会进步、促进人类自身发展进程中的地位和作用；阐明了哲学社会科学的研究对象、任务、性质和方法；揭示了哲学社会科学发展的基本规律；为哲学社会科学的研究和发展提供了世界观、历史观、价值观和方法论的指导。在毛泽东、邓小平、江泽民等领导人和党的重要文献的有关论述中，包含着许多我们党领导哲学社会科学事业的历史经验总结，关于我国哲学社会科学发展的指导方针、原则与政策的阐发。这些论述的基本精神，是马列主义、毛泽东思想、邓小平理论的重要内容，具有长远的指导意义，必须在实践中加以坚持、运用和发展。

在跨入 21 世纪的今天，我们重温这方面的论述，就是要高举邓

---

　* 这是李铁映同志为《马克思、恩格斯、列宁、斯大林和中共三代领导人论社会科学》一书所作的序。

小平理论伟大旗帜，用马克思主义的立场、观点和方法，进一步认识我国哲学社会科学的战略地位，明确其走向 21 世纪面临的研究任务，坚持正确的指导方针和原则，加大对其支持和改革的力度，积极发展哲学社会科学，更好地为建设有中国特色社会主义事业服务。

一　哲学社会科学的重要地位

哲学社会科学是一个以世界总体和社会各个特定领域为研究对象的学科群的通称。其中，经济学、文学、历史学、社会学、政治学、法学、民族学和宗教学等社会人文学科，分别是从人类社会某个侧面或现象领域，研究社会发展和调控管理的特殊的本质、规律或原理、原则与规范；而哲学则是对自然科学和社会科学的概括和总结，是时代精神的精华。哲学社会科学同自然科学一样，都是人类认识世界、改造世界的精神成果和不可缺少的思想武器，是极为重要的人类知识。

邓小平指出："科学当然包括社会科学。"[1]这就意味着，发展社会科学和发展自然科学一样，都是我国"科教兴国"战略中的有机组成部分。而且，相对于自然科学而言，哲学社会科学还有着独特的地位、作用和社会功能。这正如江泽民在党的十五大报告中指出的那样："积极发展哲学社会科学，这对于坚持马克思主义在我国意识形态领域的指导地位，对于探索有中国特色社会主义的发展规律，增强我们认识世界、改造世界的能力，有着重要意义。"[2]在把建设有中国特色社会主义伟大事业全面推向 21 世纪，为实现我国社会主义现代化而奋斗的过程中，我们既要高度重视自然科学的重要战略地位，也要充分认识哲学社会科学的重要战略地位。没有哲学社会科学的大繁荣和大发展，中华民族的全面振兴，中国社会主义现代化建设的伟大目标是不可能实现的。哲学社会科学这种战略地位和重要性，绝不是人为的主观认定，而是由哲学社会科学在物质文明、制度文明和精神文明的历史发展中的重要作用所决定的。

第一，哲学社会科学是解放和发展社会生产力、创造物质文明的巨大动力。生产力的发展、物质文明水平的提高，必然会带来哲学社会科学的繁荣和发展。与此同时，哲学社会科学对解放和发展社会生产力、创造物质文明也有着巨大的推动作用。在科学技术突飞猛进的当今世界，这一推动作用不但没有减弱，而且呈现出愈来愈强的趋势。

马克思曾指出，随着劳动规模的扩大，协作、管理、指挥成为劳动过程本身进行的必要条件，成为实际的生产条件。他把协作、管理、指挥形成的表现为"集体力"的生产力，称为"劳动的社会生产力或社会劳动的生产力"[3]。在市场竞争中，一些规模和技术档次不相上下的企业，为何有兴衰成败之别？这主要是由协作、管理、指挥水平的高下决定的，靠哲学社会科学知识在组织和决策、管理和经营中的应用情况所决定。这种知识的运用，贯穿于企业生产组织的全过程，涉及资源有效配置和劳动生产率的提高，劳动者生产积极性的激励，相应的利益分配结构，企业精神、企业文化和企业哲学的培养和塑造等一系列相关内容。在社会乃至国家的范围内，协作、管理、指挥，实质上是对经济发展和物质文明建设的一种全面的运作和管理过程。生产力的发展在很大程度上取决于管理科学的突破，取决于社会科学各个相关领域的突破。哲学社会科学为国家经济管理运行体制、科技教育体制和技术创新体制等方面的改革提供重要的理论指导和支持。

人是生产力中首要的和最活跃的因素。企业职工乃至全民族的科学、思想、文化素质的提高，已成为现代社会生产力发展的基石。科学和教育是兴国之本。在实现科教与生产力的紧密结合、全面提高职工素质和国民素质的过程中，哲学社会科学发挥着不可替代的推动作用。党的十五大适时提出实施"科教兴国"战略，也给哲学社会科学提出了新的时代任务。

不仅如此，哲学社会科学在社会发展的一定条件下，对社会生产力的发展具有决定性作用。一般来说，生产力和社会经济的发展决定和推动哲学社会科学的发展，但是，当社会的生产力与生产关系、经济基础与上层建筑发生严重矛盾和根本冲突时，必须通过批判旧制度或旧体制、旧观念，论证并确立新观念、新制度或新体制，才能实现社会变革，使社会生产力获得解放和更广阔的发展空间。而这一切，离不开哲学社会科学对社会发展的规律性认识和对社会实践的指导能力。

哲学社会科学能够为自然科学的发展提供世界观和方法论，促进自然科学的完善和发展，并与其结合成一个完整的科学体系，从而为人类社会的物质文明和可持续发展提供指导和动力。与此同时，哲学社会科学也增加了自然科学在实践和应用中的合理性，促使现代科技知识更快更好地转化为现实生产力。正如恩格斯所说："一个民族要想登上科学的高峰，究竟是不能离开理论思维的。"[4] 离开了辩证的思维方法，科学的发展和实践应用就难免有片面性。在高新科技迅猛发展并广泛应用于现代化生产、人类物质文明取得巨大进步的今天，仅靠自然科学和工程技术已难以确定现代生产和经济活动的合理性，难以创造出现代化的生产力和高度的物质文明。当今人类社会正面临着生态失衡、环境污染、土地沙漠化和资源枯竭等全球性危机。要解决这些全球性问题，单靠自然科学是不行的，还必须要有哲学社会科学的支持和参与。因此，自然科学技术和哲学社会科学是人类物质文明前进的两个历史车轮，两者相辅相成、相互促进。倚重或偏废任何一方，都会付出巨大的代价。

当前，世界范围内经济结构正在进行重大调整；科技进步突飞猛进；跨国公司的影响力不断增强；我国即将加入WTO。面对国际经济政治的一系列新形势、新情况和新问题，我国如何恰当应对，关系重大。在此关键性的历史时刻，亟须哲学社会科学和哲学社会科学工作者发挥特殊的作用。我们也完全有理由相信，我国的哲学社会科学，一定能够为我国进一步扩大开放，促进我国生产力的进一步发展做出新的更大的贡献。

第二，哲学社会科学是实现社会变革、创建制度文明的理论先导。应该确认，社会制度的更替和进步，根源于社会经济发展的必然性。但是，理论创新是制度变革和体制创新的前提。自近现代以来，要建立适应生产力发展要求的经济政治制度及相应体制，推进社会变革，创建制度文明，则在日益增大的程度上，直接取决于哲学社会科学对社会的认识和指导作用。

唯物史观认为，人类对社会发展规律的认识是一个由必然王国向自由王国的演进过程。社会的历史性进步，即生产力与生产关系、经济基础与上层建筑之间的矛盾运动和社会冲突的解决，是在人们对这种矛盾运动有所认识，以及由此指引的社会实践过程中展开的。而这种社会认识，即对社会制度革故鼎新的要求，往往首先是由那个时代、代表一定阶级的先进的哲学家和思想家提出新思想、新理论，成为政治革命和社会变革的前导。从近代产生社会科学以来，特别是马克思主义创立以来，哲学社会科学通过对社会矛盾和社会发展规律的认识、把握和应用，使人类的社会变革活动逐渐由自发趋向自觉，进而创立符合社会发展规律和趋势、反映时代和本阶级要求的社会制度。

自14世纪和15世纪开始的西欧文艺复兴，及后来的资产阶级思想启蒙运动，成为冲击中世纪封建专制和神学禁锢的思想解放运动。当时，资产阶级思想家、理论家用人道主义做武器，批判教会和封建贵族的特权与禁欲主义，用资产阶级的自由、平等、博爱、人权等口号，呼唤资本主义，从而为行将到来的资产阶级革命做了理论和舆论准备，为雇佣劳动制度和资产阶级民主制度，奠定了思想基础。但丁、薄伽丘、达·芬奇、培根、洛克、卢梭、孟德斯鸠和狄德罗[5]等巨人，因此永载史册。资本主义取代封建主义、商品经济取代自然经济，是一种历史必然和巨大的社会进步。但是，如果没有体现这种历史要求的近代欧洲文艺复兴和思想启蒙运动，也就没有近几百年的西方资本主义文明。

资本主义文明的历史进步性，是相对于封建制度而言的。由于内在的社会矛盾运动的结果，它终究要被更高级的社会形态，即社会主义所取代。这是更深刻的社会变革，更根本的制度创新，更伟大的社会进步。但是，如果没有马克思创立唯物史观和剩余价值理论，使社会主义由空想变成科学，就没有国际无产阶级的觉醒，没有国际共产主义运动；如果没有列宁把马克思主义应用于帝国主义时代和俄国的实际而发展为列宁主义，就没有十月革命和社会主义苏联；同样，如果没有毛泽东思想的正确指导，就没有中国革命的胜利和社会主义制度的创立。

俄国十月革命及中国新民主主义革命胜利后建立社会主义制度的实践，是人类社会制度发展史上的伟大创举。社会主义在随后的建设事业中也取得了重大成就。但有一个时期，由于原有体制逐渐僵化，从而束缚了生产力的发展，致使社会主义制度的优越性没有得到充分发挥。什么是社会主义、怎样建设社会主义的问题长期没有真正解决。十一届三中全会以来，邓小平同志领导我们党积极探索，在我国改革开放和现代化建设的实践中，在总结我国社会主义实践的历史经验、借鉴其他社会主义国家兴衰成败的基础上，逐步形成了邓小平理论，从而开创了建设有中国特色社会主义的新道路。这个道路的核心就是以经济建设为中心，坚持四项基本原则，实行改革开放，包括进行体制创新，用社会主义市场经济体制取代高度集中的计划经济体制，并改革其他相关体制。这是"中国的第二次革命"，有利于进一步解放和发展生产力，社会主义制度因此焕发出勃勃生机。这种体制改革和体制创新是社会主义制度的自我完善和发展，它巩固和弘扬了社会主义的制度文明。

我们党领导的这种制度和体制创新，是中国人民自觉创造历史的活动，是马列主义、毛泽东思想和邓小平理论指导的结果。在这场深刻的社会变革中，马克思主义思想体系的指导作用就在于，它以其对社会发展规律和无产阶级历史使命的科学揭示，为我们党提供指导思想；为制定党的纲领、路线和政策提供理论依据；为党和人民的全部理论和实践活动，提供世界观和方法论的指导。所以，马克思主义科学理论，是社会主义制度和体制创新的行动指南，是这种制度文明的灵魂。而马列主义、毛泽东思想和邓小平理论，本身就是哲学社会科学，是迄今为止哲学社会科学的最高成就。当然，以马克思主义为指导的各门哲学社会科学，如哲学、经济学、社会学、法学等学科，都在各自的学科领域，通过对社会发展某个侧面的特殊本质和规律的认识，为社会主义的制度确立和体制创新，发挥了独特的能动作用。

第三，哲学社会科学是创造精神文明、实现人的全面发展的强大支柱。建设有中国特色社会主义，不仅要有高度的物质文明，而且要有高度的精神文明。塑造有理想、有道德、有文化、有纪律的公民，不断提高人的素质，实现人的全面发展，既是社会主义精神文明建设的根本目标，也是建设有中国特色社会主义的根本条件。

在精神文明建设中，我们无疑应当重视教育和自然科学。但是，决定精神文明的性质和发展方向的，是社会主义的思想和道德。马克思主义及其指导下的哲学社会科学，是社会主义精神文明的核心内容和主导成分。比如，哲学尤其是马克思主义哲学，可以帮助人们树立科学的世界观、方法论，提高理论思维水平，指导人们不断解放思想、破除迷信、超越自身，不断认识和掌握真理。其他如经济学以其对经济运行规律的探索和理性把握，指导人们更好地从事经济活动，更有效地调控社会经济的发展；政治学和法学通过揭示政治、法律与现实生活的本质联系，帮助我们优化对社会秩序的调控和管理；伦理学借助于对人际关系的伦理基础和道德准则的研究与阐释，帮助人们提高道德境界，并正确体认和实践伦理道德规范；而文学理论和美学则有助于人们提高审美意识和审美情趣，陶冶情操，净化心灵；史学帮助人们总结历史经验，揭示历史规律，汲取历史智慧，批判地继承传统文化遗产，促进民族文化的积累、承传、发展和弘扬，如此等等。总之，哲学社会科学在实现"以科学的理论武装人，以正确的舆论引导人，以高尚的精神塑造人，以优秀的作品鼓舞人"方面，在努力培育一代又一代的"有理想、有道德、有文化、有纪律"的社会主义新人，在提高中华民族的思想道德和科学文化素质方面，具有极为重要的作用。

建设社会主义精神文明，发展有中国特色社会主义的文化，最重要的是在全社会形成共同理想和精神支柱。邓小平认为，我们的人民要有建设有中国特色社会主义的"共同理想"，党员要有共产主义的"坚定信念"，我们国家才有凝聚力，才有人民的团结。我们要坚定这样的理想信念，靠什么？我以为，不能仅靠感性体验，更不应该盲从，而要靠依据实践的理性思考，靠思想自觉。也就是说，要在实践中通过学习马列主义、毛泽东思想、邓小平理论，掌握哲学社会科学，懂得社会发展规律，走历史发展必由之路，把理想信念置于科学认识的基础之上，立志为社会主义事业献身。

相反，如果我们只注重经济，单打一地抓物质文明，忽视马克思主义，轻视哲学社会科学，不能真正坚持两手抓、两手都要硬，那么我们的社会就会缺乏凝聚力；一些共产党员就会在纷繁复杂、变化剧烈的社会生活面前迷失前进的方向，以致理想淡化、信念动摇，堕落成历史的罪人；人民群众就会失去精神支柱，社会风气就会每况愈下，其后果非常严重。

建设社会主义精神文明，是有中国特色社会主义的重要特征和必然要求。哲学社会科学在提高人的理论思维素质，增强认识世界和改造世界的能力，提高思想境界和道德境界，在全社会形成共同的正确理想信念方面有着不可替代的重要作用。它不仅为社会主义物质文明建设提供精神动力、思想保证和智力支持，而且对提高全社会的精神文明水平有着直接的促进作用。

到中国社会科学院兼职后，我出访几个国家，接触了世界上知名的社会科学家和自然科学家。他们几乎得出一致的结论，在21世纪，争夺科学的制高点除了微电子、生命科学领域外，第三个便是社会科学。在与我国意识形态根本不同的西方发达国家，对社会科学，也呈愈来愈加重视的趋势。

我们必须从战略高度来认识和对待哲学社会科学事业。

二　新世纪中国哲学社会科学面临的历史任务

走向 21 世纪的人类社会，正经历一场广泛而深刻的变革。世界的发展、中国的发展都处于一个关键时期；相应的，马克思主义的发展、社会主义的发展，也处于一个关键时期。历史表明，每当社会发生大变革的时期，哲学社会科学就特别活跃，它的各项社会功能也会因社会进步的需要而日益增强。

马克思曾说过，每个时代总有属于它自己的问题，准确地把握并解决这些问题，就会把理论、思想，把人类社会大大地向前推进一步。历史也多次表明，一个国家和民族若能科学地把握历史发展的总趋势，并在正确的理论指导下充分发挥其主观能动性，这个国家和民族就一定能够发展壮大自己，否则就可能落伍和衰弱，甚至丧权辱国。因此，面向 21 世纪的中国哲学社会科学，必须紧紧把握世纪之交乃至下个世纪我们党、国家和民族所面临的重大问题，在对时代重大问题的灵敏反映、准确把握和科学解答中，构筑新的生长点，形成新思想、新观点、新理论，为我国社会主义现代化建设，为中华民族的全面振兴和人类进步，做出应有的贡献。

（一）要研究时代发展的趋势、特征及当代世界的重大问题

苏东剧变后，国际形势发生了新的重大变化。如何看待和平与发展、世界政治多极化、经济全球化、科学技术发展及其创新体系、不同国家意识形态的差异等，这些带战略性质的重大问题，亟须中国的哲学社会科学工作者，做出自己的深入思考和正确阐明。

1. 关于世界和平与发展和格局多极化趋势

苏东剧变后，世界向何处去？毫无疑问，要和平、促发展是世界各国人民和广大发展中国家的共同愿望；多极化的趋势在继续发展，国际形势总体上趋向缓和，和平与发展依然是时代的主题。但是，天下仍很不太平。世界上唯一的超级大国，利用其在经济、科

技和军事上的优势，在全球强制推行霸权主义，甚至进行武力侵略和扩张，妄图建立由它主宰的单极世界，遏制别国特别是广大发展中国家的发展，继续维护旧有的甚至图谋建立更加不公正、不合理的国际政治经济"新秩序"。

在苏东剧变后不久的 1992 年，邓小平就敏锐地指出："世界和平与发展这两大问题，至今一个也没有解决。"[6]现实的国际形势表明，多极化格局的最终形成，将是一个充满复杂斗争的长期过程，虽然这一历史方向不可逆转，但在一定时期内，可能出现霸权主义横行的状况。世界究竟是朝多极化还是单极化方向发展，已经成为国际经济、政治甚至是军事斗争的焦点。如何对当今时代的本质和特征进行准确判断；如何既坚持对外开放，又旗帜鲜明地反对霸权主义和强权政治；如何有力推动世界向多极化的方向发展，维护世界的和平、稳定与繁荣；如何为我国的社会经济发展争取更为有利的国际和平环境和良好的周边安全环境，这已经成为走向 21 世纪的我国哲学社会科学所面临的重大历史性任务。

2. 关于经济全球化趋势

经济全球化趋势的加深，有力地增强了世界各国的经济联系和合作，经济竞争也出现了新态势。但经济全球化趋势是一柄双刃剑。它既能形成国际范围内生产要素的优化配置，从而有利于经济效益的提高，又会使发展中国家，在竞争中面临更加严峻的挑战。我们看到，经济全球化非但没有缩小南北差距，反而使这种差距日益扩大了。此外，还有人口、粮食、能源、生态等全球性问题困扰着人类。

因此，如何努力改变由少数西方发达国家支配的不合理的国际经济旧秩序，建立公正、合理的经济新秩序，尽量消除和努力避免经济全球化的负面影响，使世界各国都受惠于经济全球化等，这就包含着一系列亟待探索和解决的重大理论问题和实践问题。比如，在当代，金融已成为整个经济的枢纽，"是现代经济的核心"。在国际经济和金融日趋全球化的新形势下，如何科学认识国际金融的历史、现状和趋势，探索国际金融、国际资本的流动规律，以及如何推动建立公正、合理、高效的国际贸易和国际金融运作规则与机制，都需要做深入的研究。加入WTO，从整体上看，无疑是利大于弊，由此我们将迎来新的发展机遇，但是我们无疑也会遇到新的诸多方面的严峻挑战。我们必须加紧对加入WTO后各项应对的研究，为制定我国的金融发展战略和金融体制改革战略，有效地防范和化解金融风险提供理论和对策支持，从而更加积极地参与国际经济竞争，更好地维护我国的国家利益和经济安全。

3. 关于高新科技与知识创新的发展前景

邓小平指出："科学技术是第一生产力。"[7]这深刻地揭示了经济发展的制高点。当今世界，科学技术突飞猛进，各国都在争夺这个制高点。可以预见，21世纪的经济发展，将比以往任何时候更加依赖知识（自然科学知识、社会科学知识和工程技术知识）的生产、扩散和应用。未来经济乃至综合国力的竞争，将集中体现为科学技术的竞争、经济知识化的竞争。我国作为发展中国家，为缩小这方面的差距尝试建立国家创新体系，这是一项重大战略性举措。由于知识在今后经济中所占据的决定性地位和作用，现在国内外都有人在谈论知识经济。究竟如何看待知识经济，它同农业经济、工业经济和信息经济有什么联系和区别；知识经济的发展，将会对21世纪的产业结构、社会结构和劳动方式、生活方式与思维方式等产生什么样的影响；处于社会主义初级阶段的中国，如何利用后发优势，应对知识经济的机遇和挑战等，这些都是哲学社会科学需要研究和回答的重大课题。

4. 关于西方意识形态霸权问题

近些年来，为谋求经济、政治、高新科技和军事等方面的霸权，一些西方思想家和政治家提出了一系列关于国际关系的所谓"新观点"、"新理论"和"新规则"，如"人权高于主权论"、"为价值观而战论"、"合法的人道主义国际干预论"、"北约新战略概念论"[8]、"文明冲突论"[9]、"第三条道路论"、"历史终结论[10]"等。这些其实都是他们大打没有硝烟的意识形态之战的"软武器"[11]。可以断言，他们推行霸权主义的各种理论还会不断花样翻新，新式"软武器"还会层出不穷。使用各种手段其中包括不惜使用武力推行其价值观和意识形态，是国际敌对势力对我实施"西化"、"分化"的一种更为巧妙、更为根本、更为长远，因而更为险恶的战略。揭穿这些理论的欺骗性、荒谬性，对他们在意识形态上的挑战和进攻做出有力的回应，无疑是我国哲学社会科学工作者一项十分紧迫而又重大的战略任务。特别是加入 WTO 后，不仅我们经济战线面临新的挑战，我国思想文化战线同样面临着诸多严峻挑战。广大哲学社会科学工作者要树雄心、立壮志，力争形成并光大站在历史潮流前列、反映时代精神的，能抵御霸权主义意识形态、在国际学术文化界有广泛影响力的中国理论和学派。

21 世纪有可能是社会主义在曲折中重新走向兴盛的世纪。中国作为发展中的社会主义大国，应当密切关注世界和时代的走向。我国哲学社会科学必须加强关于国际问题的基本理论和国际战略研究，认真总结 20 世纪世界社会主义运动的经验教训，深入研究当代世界经济政治文化方面的新变化及发展趋势，努力探索当代科学技术特别是高新技术发展和应用的规律，以及知识创新和发展的规律等重大问题，以便为党和国家确定和实施下个世纪的发展战略提供理论和决策支持，继往开来，推进社会主义大业。

（二）要研究有中国特色社会主义实践中出现的重大问题

建设有中国特色社会主义是中国共产党人的伟大创举。21 世纪前十年，是我国社会主义改革开放和现代化建设的关键时期。在这个时期，我们要巩固发展已经取得的改革开放和现代化建设的成就，探索解决在前进道路上出现的新情况、新问题、新矛盾；要应对和防范各种挑战、困难和危险，特别是要着力探索解决改革开放和现代化建设中深层次的重大问题。党的十五大为解决这些问题确定了方针原则，指明了方向，但臻于实现还要继续进行理论和实践上的探索。

例如，就经济建设而言，怎样实现经济增长方式的转变，怎样处理好经济增长和环境保护、社会全面进步的关系，怎样实现科教兴国和可持续发展战略？就经济体制改革而言，国有企业改革已进入攻坚阶段，但究竟怎样搞活整个国有经济，使公有制为主体、多种所有制经济共同发展的基本经济制度真正实现与市场经济的最佳结合？就政治体制改革而言，怎样从中国国情出发，推进政治体制改革，进一步发展社会主义民主，健全社会主义法制，建设社会主义法治国家？就思想理论工作而言，如何坚定不移地坚持马列主义、毛泽东思想和邓小平理论在意识形态中的指导地位，着力抵御西方敌对势力对我"西化"、"分化"的图谋和思想文化的渗透，切实做好思想政治工作，牢牢把握正确的理论和舆论导向？就精神文明建设和文化建设而言，如何在坚持以经济建设为中心的前提下，使物质文明与精神文明建设协调发展，防止和克服一手硬、一手软？如何在发展社会主义市场经济的条件下，形成和坚持有利于社会主义现代化建设的共同理想、价值观念和道德规范，克服拜金主义、享乐主义和极端利己主义，防止和遏制剥削阶级腐朽思想及丑恶现象的滋长、蔓延？如何丰富和满足人民群众不断增长的精神文化生活需要，在人民群众中深入开展崇尚科学精神，反对封建迷信和愚昧，坚持辩证唯物论反对唯心论的宣传教育？如何在扩大对外开放的情况下，既善于吸收国外的包括西方资本主义国家创造的人类文明成果，弘扬祖国传统文化精华，又能有效防止文化糟粕、文化垃圾的传播，建设社会主义新文化？如此等等。

在探索解决涉及我国改革、发展、稳定大局的重大课题的过程中，哲学社会科学工作者应该进一步坚持马克思主义的立场、观点和方法，正确地总结实践经验，深入地进行理论思考，科学地进行理论创新，充分发挥哲学社会科学的认识功能、解释功能、预测功能、导向功能，为建设有中国特色的社会主义经济、政治、文化，为全面推进我国社会主义现代化建设提供智力支持和精神动力。

（三）坚持邓小平理论，深入研究和创造性地发展这一理论，不断开拓马克思主义的新境界

马克思主义是人类文明史上最优秀的成果，是哲学社会科学迄今为止所取得的最突出的成就。20 世纪的中国历史证明，中国人民找到了马克思主义，才在精神上由被动转入主动；马克思主义一经与中国革命和建设的具体实践相结合，中国革命和建设的面貌就为之一新，使我们不仅取得人民革命的完全胜利，而且成功地走出了一条建设有中国特色社会主义的发展道路。

马克思主义与中国实际相结合，有两次历史性飞跃，产生了两大理论成果，即毛泽东思想和邓小平理论。这两大理论成果是以毛泽东、邓小平同志为代表的中国共产党人对马列主义的继承和创造性发展，是全党集体智慧的结晶，其中当然凝聚着党领导下的广大哲学社会科学工作者的智慧。20 年前，理论界关于"实践是检验真理的唯一标准"的大讨论，冲破了"两个凡是"的思想束缚，推动了全国范围的思想解放，为党的工作重点转移到经济建设和改革开放的全面启动，做了理论和舆论上的准备，得到邓小平同志的高度评价。20 余年来，理论界在哲学、经济学、社会主义理论和法学等领域的探索和研讨，其中特别是对解放思想、实事求是的思想路线，社会主义初级阶段理论，社会主义体制改革理论，社会主义市场经济理论和社会主义法治理论等的探索和研讨，以及在对邓小平理论科学体系的研究、阐发中，都凝聚着理论工作者的心血和创造性劳动。

邓小平理论是当代中国的马克思主义，是马克思主义在中国发展的新阶段，是我们整个事业和一切工作的根本指针。今年年初，江泽民同志在省部级主要领导干部金融研究班结束时的讲话中指出：我们不仅要在实践中善于坚持和创造性地运用邓小平理论，而且要善于从中提炼出规律性的认识和结论，继续丰富和发展邓小平理论[12]。江泽民同志的这一号召，既是全党同志的庄严历史责任，更是哲学社会科学工作者义不容辞的职责。

建设有中国特色社会主义，不仅是世界社会主义发展史上的伟大创举，也是对人类文明发展道路的崭新探索。我们的哲学社会科学工作者，应该认真研究和总结我国人民在以江泽民同志为核心的党中央第三代领导集体领导下，在继续开拓建设有中国特色社会主义宏伟事业中所进行的历史性创造。应当责无旁贷地通过自己艰苦的创造性研究，更好地坚持邓小平理论，丰富和发展邓小平理论体系，从而不断推进马克思主义和时代特征相结合，不断开拓马克思主义的新境界。这将是中华民族对人类历史做出的新的重大贡献。

三　积极发展哲学社会科学的方针和原则

（一）必须坚持以马列主义、毛泽东思想、邓小平理论为指导

这是 21 世纪推动我国哲学社会科学健康发展的最根本的思想保证。当然，坚持以马克思主义为指导，绝不是要我们照抄照搬，或脱离实际，仅从马克思主义一般原理去做抽象的推论，或用马克思主义的个别结论代替具体的科学研究。以教条主义态度对待马克思主义，与我们强调以马克思主义为指导是根本对立的。在这方面，我们有过惨痛和深刻的教训。我们要认真总结过去的经验教训，善于用马克思主义指导哲学社会科学的研究工作。但也决不能因此走向另外一个极端，即认为马克思主义过时了，甚至以此为借口否定马克思主义在思想界的指导地位。否则，就会极大地妨碍哲学社会科学研究，妨碍我们对真理的追求。

马克思主义是在实践中不断丰富和发展着的科学。它在本质上是批判的和革命的。实践也反复证明，在思想意识形态领域，马克思主义不去主动占领阵地，各种反马克思主义和非马克思主义的错误思想就必然会去占领。资产阶级腐朽没落思想和封建主义残余思想就会与我们争夺群众、争夺人心，以致最终动摇和瓦解党的领导

和社会主义政权的基础。因此，坚持以马克思主义为指导，高举邓小平理论的伟大旗帜，可以从根本上使我国哲学社会科学事业排除"左"的或右的错误思潮的干扰，抵御资产阶级和一切剥削阶级腐朽思想的侵蚀，沿着正确的方向发展和繁荣。

（二）必须坚持"二为"方向和"双百"方针

坚持为人民服务、为社会主义服务，是我国哲学社会科学事业的方向。哲学社会科学必须把为人民服务、为社会主义服务作为自己研究工作的出发点和归宿，作为根本的价值取向。研究工作虽然有基础理论研究、应用研究和对策研究的区分与侧重，但各个方面和层次的理论工作，都应当直接和间接地为实践服务，为社会主义改革开放和现代化建设事业服务，为人民服务。

"双百"方针是推动科学进步和文化繁荣的基本方针，因为它符合人类认识发展的规律。纵观古今中外，哪一个能立之于世的、成"家"成派的重大理论和学说，没有经过激烈的，甚至是长期反复的争辩和讨论？人类认识史证明，没有争鸣，就不可能有学术理论的发展；没有争鸣，惧怕争鸣，真理就难以克服谬误，学术思想就会僵化、停滞、枯竭。争鸣是学术讨论、探索真理的有效方式，是严肃的、科学的研究过程不可缺少的组成部分。因此，繁荣学术，发现和发展真理，就必须营造一个良好的"百家争鸣"的环境。要鼓励大胆探索，锐意创新，坚持真理，修正错误的彻底唯物主义态度。要严格区分理论探索、学术行为和政治活动、政治行为的界限，不扣帽子、不抓辫子、不打棍子。要坚持在真理面前人人平等。权力不是真理的裁判。只能在实践中发现、检验和发展真理。研究无禁区，宣传有纪律，行为守法律。"二为"方向与"双百"方针是辩证的统一，两者并不矛盾。在提倡和保障学术研究自由的同时，也要求学者的一切行为和活动都要遵守宪法和法律，党员学者的行为和活动还不能违背党章。这些都是建设社会主义法治国家的基本要求，与坚持"双百"方针是一致的和互补的。

（三）必须坚持"古为今用"、"洋为中用"的方针

应该明确，当代中国的哲学社会科学，作为社会主义文化的核心内容，是中国传统文化吐故纳新、发展到新阶段的本质体现。包括毛泽东思想和邓小平理论在内的整个社会主义意识形态，既是社会主义经济关系的客观要求和反映，又根植于中国文化的土壤，是努力反映历史潮流和时代精神的当代中国的民族文化。因此，它不但离不开现实生活的源泉，也需要从传统文化的优秀成分中汲取营养，而不能割断历史，把现实和历史人为地对立起来。同时，也必须指出，社会主义新文化及其哲学社会科学，既渊源于传统文化又在性质上区别于旧的传统文化。我们对传统文化只能通过去其糟粕、取其精华，批判性地吸收和继承，将其作为建设社会主义新文化、发展当代哲学社会科学的思想资源。无论是民族虚无主义、历史虚无主义，还是颂古非今的复古主义、国粹主义的态度，都是不正确的，都不利于哲学社会科学的进步和发展。

同样，对外域文化、对西方的资产阶级哲学社会科学，也要采取辩证分析的科学态度。我们既要虚心学习、大胆吸收和广泛借鉴人类创造的包括在西方资本主义制度下创造的优秀文化成果，又要防止和克服照抄照搬别国的制度、理论和文化。我们同样要明确，今日西方的主流文化毕竟是资本主义文化，西方哲学社会科学毕竟主要是资本主义社会存在的反映。其中当然不乏合理和有益的成分，但也有不少资产阶级的偏见，乃至腐朽没落的东西。所以，我们应该吸收和借鉴其优秀和有益的东西，批判和抵制其腐朽和没落的东西。

（四）必须认真探索建立符合哲学社会科学发展规律、与社会主义市场经济体制相适应的现代科研管理新体制

大胆改革旧的管理体制，努力探索符合哲学社会科学发展规律、同社会主义市场经济相适应的现代科研管理新体制，是贯彻和落实

党的十五大关于"积极发展哲学社会科学"精神的必然要求。

现行的哲学社会科学事业的管理体制，主要是在计划经济体制条件下形成的，是具有行政管理性质的体制。虽然它在过去发挥过积极作用，但已不适应社会主义市场经济体制的新要求，不利于出成果、出人才，因此必须进行改革。这种体制改革的基本要求和基本取向，就是要围绕出成果、出人才这个核心，建立符合哲学社会科学的发展规律、与社会主义市场经济体制相适应的现代科研管理体制。至于这种体制模式究竟是什么样子，改革的进程和步骤如何具体设计，这需要在实践探索中总结经验，集思广益，循序渐进，逐步完善。

建立哲学社会科学事业的现代科研管理新体制，是否应遵循以下几条原则：第一，要有利于打破待遇和分配上的平均主义，奖勤罚懒，择优扶植，以充分调动和发挥科研人员的积极性，使杰出人才、优秀成果脱颖而出。第二，适应现代科学发展既高度分化又高度综合的特点，提倡和鼓励社会科学与自然科学、哲学与各门具体科学的相互渗透与交流，提倡多学科的联合攻关。第三，优化学科布局，合理配置资源，有效克服机构重复设置、条块分割和低水平重复立项、重复研究的现象。第四，要有利于各个学科的长远发展，克服急功近利的浮躁心态，兼顾基础理论研究、应用研究和对策性研究，并针对不同学科和学术层次的特点，实行有差别的鼓励政策。第五，有利于社会科学研究成果的转化推广和社科研究资金的筹集及投入。

（五）必须加强和改善党对哲学社会科学事业的领导

我们党的三代领导集体历来高度重视哲学社会科学事业，并给予了许多具体的关怀、指导和支持。在中国哲学社会科学迈向新世纪，要有一个大发展的今天，就更加需要各级党组织和政府进一步加强这方面的领导和支持。

毋庸讳言，目前有一些领导干部对哲学社会科学工作的战略地位和重要性认识不足，重视不够；社会上也存在着一种忽视、轻视哲学社会科学的倾向。这种状况，应该尽快加以改变。

应当十分明确，"科学技术是第一生产力"中所讲的科学，当然包括社会科学，但社会科学就像自然科学中的一些基础学科一样还不是直接的现实的生产力。哲学社会科学研究及其成果的主体不可能直接进入市场。要积极发展哲学社会科学，其物质条件的支撑主要应靠国家和地方各级财政的直接拨款。当然，我们也要积极探索社会筹款的途径和方式。

各级领导同志一定要从事关党和国家民族的前途命运的高度，认识哲学社会科学的战略地位，重视哲学社会科学，动员和引导全党、全国人民都来关心和支持哲学社会科学的发展。要随着国力的增强，逐步加大对哲学社会科学事业的投入，为其发展提供必要的物质基础与条件。要像对待自然科学和技术那样，尊重哲学社会科学知识，尊重哲学社会科学人才，制定并实施哲学社会科学发展及人才培养的长远规划和政策；在实施"科教兴国"战略时，要明确把哲学社会科学纳入其中。

我们要正确认识和指导哲学社会科学事业，眼光要远大一点，不能急功近利。各级领导乃至全党、全社会的重视与支持，是积极发展哲学社会科学的基本保证。

四　当代中国哲学社会科学工作者的历史责任

党和人民对于哲学社会科学工作者寄予了殷切的希望，每个哲学社会科学工作者都应当成为自己所从事的那门学科、领域的专家和理论家。

早在延安整风时期，毛泽东就指出：我们所要的理论家，应"能够依据马克思列宁主义的立场、观点和方法，正确地解释历史中和革命中所发生的实际问题，能够在中国的经济、政治、军事、文化种种问题上给予科学的解释，给予理论的说明"[13]。当代中国哲学社会科学工作者同样要有这样的气魄，承担起时代赋予的神圣职责。

新中国成立 50 年来，特别是改革开放 20 年来，哲学社会科学事业空前发展，队伍不断壮大。工作在哲学社会科学战线上的同志们，辛勤耕耘，默默奉献，取得了显著的成绩。但哲学社会科学研究队伍的现状，同它承担的使命、同党和人民的期望相比，还有明显的差距。科学昌明，贵在人才。繁荣和发展哲学社会科学的关键在于造就一支高素质的宏大的理论队伍。没有一流的人才和专家，就不会有一流的科研成果；没有学术"大家"，就不会有经典性的传世之作；没有学术权威，就不会有新学说、新学派和新学科的产生与发展。在这方面，我们党和政府，已经和正在采取更为切实有效的政策和措施，加强科学研究队伍的建设，为哲学社会科学的发展，提供一切必要的物质条件与社会支持。

与此同时，工作在哲学社会科学战线上的同志们，特别是年轻一代的学者，应当十分热爱哲学社会科学，立志献身哲学社会科学事业，增强使命感和责任感，努力为中国哲学社会科学事业的繁荣和发展，贡献自己的一分力量。为此，我希望广大哲学社会科学工作者努力做到：

第一，要忠于职守，敬业奉献。和其他人相比，哲学社会科学工作者更要充分认识哲学社会科学事业的重要战略地位，进一步增强献身于这一崇高事业的自觉性。

既然选择了哲学社会科学研究工作这一职业，就不能仅仅视之为谋生的手段，更应当看做一种事业。不仅是个人的事业，更是我们党、国家和人民的事业的一部分。鉴于社会分工和人生价值目标定位上的差异，我希望志在哲学社会科学研究的同志们，既能宽容别人对财富、名位和生活方式的合法追求，又能对自己的职业和事业的这种自觉选择，无怨无悔，引以为豪，并能经受住世俗的种种诱惑和考验。搞哲学社会科学研究，尤其要求有倾心事业、忠于职守、敬业奉献的精神。因为其职业特点和劳动方式本身，就需要淡泊名利、力戒浮躁、专心致志、潜心治学。

许多前辈学者，数十年如一日，安于清贫，自甘寂寞，孜孜不倦，默默无闻，在许多学科领域做出了开创性的贡献。在当今市场经济环境中，凡有志于哲学社会科学研究的人，特别是青年学者，要不断改造主观世界，牢固树立正确的世界观、人生观和价值观，学习和发扬先辈师长的这种热爱科学，献身科学，不计较个人名利，对真理矢志求索的品格与境界。

第二，要进一步增强政治意识、大局意识和责任意识。这是任何一个有成就的哲学社会科学研究者，亦即真正的理论家所必须具有的眼光和胸怀。

以马克思主义为指导的哲学社会科学的主旨和使命，就是力图对中国、世界和人类社会发展的大局做理性思考和深刻把握，进行科学的阐明，用以指导我们的实践。邓小平同志曾精辟指出："不能设想，离开政治的大局，不研究政治的大局，不估计革命斗争的实际发展，就能成为一个马克思主义的思想家、理论家。"[14]江泽民同志反复强调"领导干部一定要讲政治"，"要有正确的政治立场、政治方向、政治观点、政治纪律、政治敏锐性和政治鉴别力"[15]。这些论断，对于理论工作者具有长远和重要的指导意义。

我们的理论研究者只有不断提高政治素质、着眼政治大局，才能更上一层楼，极目远望，在当今扑朔迷离的国际风云变幻和繁重艰巨的国内改革中，正确把握我们时代的本质，认准历史的主流和总体走势，从而创造性地开展研究工作。我们的同志，无论是搞基础性理论研究，还是从事宏观性、战略性和前瞻性的对策研究，都需要有这种综观全局、洞悉底蕴和预见未来的眼光。如果缺乏必要的政治意识和大局意识，即使对某个社会现象研究得很具体深入，也只是坐井观天、管窥蠡测，难有大的作为，甚至会走偏方向。

真正的马克思主义理论研究工作者，还必须树立高度的政治责任感，具有很强的政治鉴别力和政治敏锐性，在各种错误思潮"起于青萍之末"[16]时，能敏锐地识别，对事关党和国家、民族前途命运的重大政治、理论是非问题，要立场坚定、旗帜鲜明地表明态度，并勇于同各种错误思潮做坚持不懈的斗争。

我国的哲学社会科学工作者，理应是人民的理论家、人类灵魂的工程师。我们每天都在从事精神产品的生产，以自己的文章和思想观点去教育或影响别人。为此，我们必须牢固树立高度的社会责任感，为广大人民群众提供更多更好的精神食粮。

第三，要深入实践，注重研究现实问题。

哲学社会科学发展的最深厚的源泉和动力，是社会实践。哲学社会科学只有在正确回答自己时代和当代社会实践所提出的重大问题中发挥应有的作用，才能体现自身的价值和理论力量。

因此，广大哲学社会科学工作者必须坚持理论联系实际的马克思主义学风，以我国改革开放和现代化建设的实际问题、以我们正在做的事情为中心，着眼于马克思主义理论的运用，着眼于对实际问题的理论思考，着眼于新的实践和新的发展。我们要重视哲学社会科学的基础研究和历史经验的总结，但同时必须把研究我国社会主义改革开放和现代化建设的重大理论和实践问题作为主攻方向，致力于探索和解决改革进入攻坚阶段所面临的一系列深层次矛盾与问题。在邓小平理论指导下，积极探索有中国特色社会主义经济、政治、文化的发展规律，为党和国家的重大决策提供理论支持和对策咨询，努力为改革开放和社会主义现代化建设服务。

第四，要进一步解放思想，不断推动理论创新。

科学研究的本质就是要探求真理，不断充实和完善既有知识，推动知识和理论创新。江泽民同志一再指出，"创新是一个民族的灵魂"[17]，"科学精神的精髓是求实创新"[18]。以马克思主义为指导的我国哲学社会科学，尤其应当坚持和发扬这种"科学精神"，促进"求实创新"。

马克思主义的辩证发展观认为，既不存在一成不变的事物，也不存在一成不变的"终极真理"体系。各个时代的哲学社会科学，随着人类实践和认识能力的发展，总是"后来居上"、"青出于蓝而胜于蓝"。这是包括马克思主义理论在内的一切哲学社会科学发展的规律。应当看到，复杂多变的国际经济政治的新形势，日新月异的科学技术的新发展，波澜壮阔的建设有中国特色的社会主义新实践，对哲学社会科学的发展和创新，提出了迫切的要求。新形势、新发展和新实践，呼唤并催生着新的理论，生机勃勃的理论创新必将反过来有力指导和推动时代的前进。故步自封、因循守旧，甚至思想僵化，首先窒息的是理论本身的生机。

所以，哲学社会科学工作者一定要坚持解放思想、实事求是的思想路线，大胆探索，勇于创新，敢于提出新观点、新理论，创建新学说、新学派。当然，理论创新，绝不是胡思乱想，更不是肆意妄为，而应是大胆探索和实事求是的统一、革命性与科学性的统一。只有这样，我国哲学社会科学才能不断开拓新境界，才能有进一步的新发展和新繁荣。

第五，要刻苦钻研，严谨治学。

哲学社会科学研究是一项探求真理的神圣事业，因而也是一种异常艰难的创造性劳动。通往真理的道路往往不是鲜花簇拥的平坦大道，而是充满荆棘、坎坷的险峻之路。这里不仅要有"下地狱"的勇气，更要洒下辛勤的汗水，要筚路蓝缕、呕心沥血。哲学社会科学工作者要想学有所成，就需要有这种不畏艰险、知难而进和矢志不移、锲而不舍、持之以恒的严谨治学精神。

做学问、搞研究是苦差事，需要有"板凳要坐十年冷"、"文章不写半句空"的精神和毅力。切忌浅尝辄止、一知半解、自以为是，或靠小聪明、想当然，去哗众取宠、一鸣惊人；更不能急功近利、浮躁炒作，甚至投机取巧、沽名钓誉。科学认识的发展本身有规律，科学研究活动必须遵循体现这些规律的科学规范。科学研究中固然要鼓励理论创新、标新立异，但必须有理有据、诉诸实践。在重大的理论问题上，轻言"突破"，草率"创新"，动辄自称发现了"根本规律"，填补了"空白"，都是极不严肃的。恩格斯指出："即使只是在一个单独的历史事例上发展唯物主义观点，也是一项要求多年冷静钻研的科学工作。"[19]只有这种严谨的治学态度，才可能有真正的科学发现和理论创新。

世纪之交，千年一瞬。回顾 20 世纪，有凯歌行进也有苦难挫折，但仍不失为一个伟大而辉煌的世纪。展望 21 世纪，尽管仍会有艰辛和曲折，但必将是一个更加伟大和辉煌的世纪。我们正生活在一个伟大的变革时代，这是一个迫切需要哲学社会科学理论的时代，因而也是哲学社会科学工作者大有作为的时代。我深信，广大哲学社会科学工作者一定会做出无愧于国家、无愧于民族、无愧于时代的业绩来，为实现中华民族的全面振兴谱写更加灿烂的新篇章。

趁着选编马克思主义经典作家和我们党三代领导集体关于哲学社会科学论述之际，我对哲学社会科学工作谈了一些看法和希望。由于受思想理论水平的局限，本书的选编和我的议论，难免有不当之处，请批评、指正，以便互学共勉。

注释：

[1]《邓小平文选》第 2 卷，人民出版社 1994 年版，第 48 页。

[2]《江泽民文选》第 2 卷，人民出版社 2006 年版，第 34 页。

[3]《资本论》第 1 卷，人民出版社 1975 年版，第 362、366 页。

[4]《马克思恩格斯选集》第 4 卷，人民出版社 1995 年版，第 285 页。

[5] 但丁、薄伽丘、达·芬奇、培根、洛克、卢梭、孟德斯鸠和狄德罗：但丁（1265—1321），欧洲文艺复兴初期意大利人文主义者、诗人、政治思想家；薄伽丘（1313—1375），文艺复兴时期意大利著名作家、人文主义重要代表；达·芬奇（1452—1519），意大利人，著名艺术家、科学家、工程师、哲学家，人文主义者，文艺复兴时期最有代表性的博学多才人物之一；培根（1561—1626），近代英国著名哲学家、历史学家和自然科学家，实验方法的创始人之一，著有《新工具》一书；洛克（1632—1704），近代英国唯物主义哲学家，著有《政府论》等；卢梭（1712—1778），近代法国启蒙思想家、哲学家、文学家，著有《社会契约论》等；孟德斯鸠（1689—1755），近代法国启蒙思想家、社会学家、资产阶级国家与法学理论的奠基人，著有《论法的精神》等；狄德罗（1713—1784），法国哲学家、思想

家、文学家、美学家、艺术评论家、启蒙主义者，《百科全书》的倡办者。

［6］《邓小平文选》第 3 卷，人民出版社 1993 年版，第 383 页。

［7］《邓小平文选》第 3 卷，人民出版社 1993 年版，第 274 页。

［8］"北约新战略概念论"，指北约战略新概念，是指导北约发展的纲领性文件，北约 1991 年和 1999 年先后通过两份新概念，根据冷战后变化的安全形势做出战略调整。后于 2010 年通过第三份战略新概念。

［9］"文明冲突论"，是美国著名政治学家塞缪尔·亨廷顿（Samuel Phillips Huntington，1927—2008）的理论，认为冷战结束之后，国际冲突的根源将主要是文化的而不是意识形态的和经济的，全球政治的主要冲突将在不同文明的国家和集团之间进行，文明的冲突将主宰全球政治，文明间的断裂带将成为未来的战线。

［10］"历史终结论"，是美国著名学者弗朗西斯·福山的理论，认为 20 世纪下半期人类在迅猛的科技发展的条件下，社会意识形态、道德伦理观念，以及文明演进模式等将发生相应变化，从黑格尔哲学出发，重新提出并阐释了"历史的终结"的社会科学概念，认为自此之后，"自由、民主"的理念已作为社会进步的常识而为世人所普遍接受；不论人们所处的社会正处于何种形态，这一人类理论的实现进程是不可更改的。

［11］"软武器"，是相对于"硬武器"而言的。一般来说，武器可根据其在作战时发挥的作用分为两类。其中，直接杀伤敌方有生力量，以摧毁敌方军事装备和目标的武器称为硬武器；而不以直接杀伤敌方人员和设备，而以间接手段影响敌方作战能力，或加强己方作战能力来协助取胜的武器，则称为软武器。

［12］《江泽民文选》第 2 卷，人民出版社 2006 年版，第 286 页。

［13］《毛泽东选集》第 3 卷，人民出版社 1991 年版，第 814 页。

［14］《邓小平文选》第 2 卷，人民出版社 1994 年版，第 179 页。

［15］《江泽民文选》第 1 卷，人民出版社 2006 年版，第 455、457 页。

［16］"起于青萍之末"，出自宋玉《风赋》，原句"夫风生于地，起于青萍之末"。原意指风从地上产生出来，开始时先在青萍草头上轻轻飞旋，最后会成为劲猛彪悍的大风，即是说大风是自小风发展而来。后来喻指大影响、大思潮从微细不易察觉之处源发。

［17］《江泽民文选》第 3 卷，人民出版社 2006 年版，第 537 页。

［18］参见江泽民《论科学技术》，人民出版社 2001 年版，第 158 页。

［19］《马克思恩格斯选集》第 2 卷，人民出版社 1995 年版，第 39 页。

关于世界政治、经济研究[*]

（2000 年 1 月 1 日）

"21 世纪的世界政治"和"21 世纪的世界经济"，应作为两个课题来研究。研究世界政治，要参照列宁的《国家与革命》和《帝国主义是资本主义的最高阶段》的分析方法，参照邓小平同志在 20 年前提出的"和平与发展"两大主题的思路和分析方法。对于"大格局"、"大棋局"[1]、"文明的冲突"、"历史的终结"、"不战而胜"[2]等，也要读，但要批判、分析。

对多极化、全球化、战争与和平、霸权主义、"新殖民主义"[3]、"意识形态战"等，要列出题目，逐项讨论。对"新干预主义"[4]、"北约新概念"、"人权高于主权"、"主权有限论"、"为价值观而战"等，也应逐项搜集资料、观点，进行专题研究。

对美国关于世界（特别是对第三世界）的分类，如民主国家、准民主国家、转轨国家、无赖国家等，要批驳。这是和毛泽东同志提出的"三个世界"的划分相对立的。

要研究世界历史，研究 20 世纪国际格局变化的历史，研究世界

---

* 这是李铁映同志致"21 世纪的世界政治"、"21 世纪的世界经济"课题组的信。

各国对 20 世纪变化的看法与分析方法。

要研究政治和宗教、民族冲突的关系。研究多民族国家、移民国家、联邦制国家、单一民族国家的发展，研究民族、宗教与国家的关系。还要研究国家间的冲突同国内冲突的关系。新干涉主义的提出就是借国内冲突干涉主权国家的内部事务。

当然，首先要研究政治关系，特别是历史上英国的崛起、法国的崛起、德国的崛起、日本的崛起等。一百年斗争的结果，现在只剩美国一家霸权。这些发展变化，历史上研究得很多，但多半是别人的理论和观点。应综合分析已有的观点，要有我们的大国兴衰论。

这方面研究要有深入的理论分析，理论色彩要浓，能有自己的理论体系更好。当然，这种研究要构筑的，是以马克思主义历史唯物论为基本方法的理论体系，同时拿出中国人的观点。

要贯古通今，鉴古知今，洞悉未来。为此先要做几件事：

一、依托世界经济与政治研究所，建立书目、数据库，最好有间资料室，建立中心。

二、规定必读之书。阅读后讨论其主要观点。

三、列出提纲，列出问题，逐条请专人报告，讨论议定。

四、根据提纲分配写作任务，定期讨论。

五、同时搜集词条，为下一步编写世界政治经济词典打基础。

六、研究过程中要出几份东西，如简报、要报、论文等。课题结束时即可汇集成册出书。

七、研究过程中还要带研究生，建立主要研究人员小组，形成老中青结合的队伍结构。研究人员的外文要过关。

八、课题研究进程中要出国考察。要请若干外国同行来讨论，要翻译若干新著，并举行若干次中外学者研讨会。

九、通过这项研究（也许若干年）形成我们的观点、理论、学派。能为国家认识、分析国际形势提供一种理论、一种研究方法，也要带出一批人。

当然这是设想，但可能实现。请"民主理论问题"课题组的同志来介绍该组的做法，但要创造自己的路子。

　　参与这项课题的同志，要有理论兴趣，要有志向。急功近利者，坐不住冷板凳者，难于潜心静思者是不可能出理论、出大成果的。

注释：

[1] "大棋局"，是前美国总统国家安全事务顾问、著名战略学家兹比格纽·布热津斯在其著作《大棋局》提出的理论。该书为美国在 21 世纪保持其举足轻重的地位提出了大胆的地缘战略设想，认为欧亚大陆西起葡萄牙、东至白令海峡、北起拉普兰、南至马来西亚，是一个"大棋盘"。在未来的岁月中美国的至高无上的地位将在这个棋盘获得认可和受到挑战。他认为，美国面临的主要任务是处理欧、亚和中东的冲突和关系，防止出现任何超级大国对手来威胁美国的利益或福祉。

[2] "不战而胜"，是美国前总统尼克松在其著作《1999：不战而胜》中的观点，认为西方国家可以对社会主义家实行和平演变政策，瓦解社会主义国家的政治制度和意识形态，以达到对社会主义国家不战而胜的目的。

[3] "新殖民主义"，是第二次世界大战以后西方强国对非西方国家实施的一种侵略政策和手段。国家政权和跨国公司是新殖民主义侵略渗透的两大支柱。

[4] "新干预主义"，也称新干涉主义，是指在当前的国际环境下出现的一种以人道主义和捍卫西方共同的价值观为借口，以武力干涉别国内政为手段，以推行霸权主义和构筑有利于西方的国际关系新秩序为目的的思潮和模式。以科索沃危机为契机，新干涉主义正在西方乃至全球日渐抬头。

视察江西九江市[*]

（2000 年 1 月 12 日）

借此机会，我想讲三个方面的问题。

一　关于经济形势

在地方工作的同志，应该从三个层次来观察经济形势：一是全省形势；二是全国形势；三是全球形势。当然，中央看形势首先是观察世界的经济形势，你们主要应看清全国和省的经济形势。

去年世界经济形势怎么样？应该说，总的态势是缓慢回升。欧洲经济在进一步发展，东南亚、日本经济在复苏，美国经济仍保持较好的增长势头，俄罗斯、东欧经济也在逐步摆脱困境、恢复发展。这是对世界经济形势总的看法，即全球经济是"趋暖"的。

从全国经济形势看，前几年我们成功地治理了通货膨胀、经济过热。随后又成功地抵御了东南亚金融危机的冲击。近几年来我国经济结构面临战略性调整，出现了一定程度的通货紧缩。由于我们采取了一系列扩大内需、拉动出口等措施，取得了显著成效。1999

---

　　* 这是李铁映同志在江西省九江市调研时的讲话。

年我国经济总的情况是稳中有升，宏观经济运行平稳，经济质量和技术水平都有所提高。

我国经济已进入买方市场，商品相对丰富，当然，不能说完全过剩。这是多年来经济改革和发展一直追求的目标。我们的经济，不应该是市场供给不足的短缺经济，而应该是市场比较丰富、供给比较充足的经济。当然，生产过剩也是一种浪费。当前出现的生产相对过剩，需求不旺，通货紧缩，是我们过去所没碰到的新情况、新问题。所有搞经济工作的同志都要深入研究这些经济现象，不能再幻想出现1992年以前那种极度短缺的情况，也不要期望短期内会迅速出现通货膨胀的局面。随着市场约束的加强，如何在充分发挥市场配置资源作用的情况下，保持经济持续、快速、健康发展，是值得我们认真研究的问题。只有健康的经济才可能持续发展，不健康的经济，是不能持续发展的，必然会大起大落。

从江西省来讲，经济形势怎么样，是不是也还可以？你们把三个层次的经济形势，都要通盘考虑，研究清楚，这样才能把握九江经济发展的趋势和大局，确定其在全省、全国经济发展中的位置，做出科学决策。不管外界经济形势怎么样，九江必须有自己的路子，有自己的办法。因为大的经济形势变化，是不以你们的意志为转移的。你们要着重研究在外界经济形势不断变化的情况下，怎样发展九江，发展九江的机遇是什么，发展九江的路子、办法是什么等问题。这是我想谈的第一点。

二　关于农民增收和发挥优势

如何增加农民收入，在改革和发展的不同阶段，有不同的侧重。概括起来，主要有：调整和提高农副产品价格、乡镇企业的崛起和农村剩余劳动力外出打工。这三大块收入，也构成了农业、农村自身的资金积累。下面谈点看法。

第一，关于农产品涨价问题。改革之初，针对当时农副产品价格过低的状况，我们较大幅度地调高了农副产品价格，调动了农民的积极性，增加了农民的收入。但现在情况发生了很大变化。粮食连续几年丰收，库存增大，不仅涨价的空间没有了，而且价格出现下跌。现在不可能再指望靠粮食等农副产品价格不停地上涨来增加农民的收入。况且，粮食等农副产品的价格应长期保持稳定，这是保持我国经济运行和市场稳定的一个重要方面。因此要解决农民增收的问题，从农业本身看，主要是在采用科学技术、提高劳动生产率、多种经营上做文章，包括发展特种和优质农副产品，通过特产特价、优质优价来增加农民收入。当然，这要发挥自己的优势。如果没有优势，搞大众化农副产品是没有市场的。从国家战略利益来讲，必须长期保持农副产品价格稳定，即使通过搞补贴，也要保持价格稳定。

第二，关于乡镇企业的发展。在不少地方，乡镇企业收入构成了农民收入的大部分甚至绝大部分。这对当时当地农村的资本积累起了很大的作用。但现在乡镇企业的发展进入了一个新阶段。由于受到整个加工工业发展饱和、产品过剩的压力，过去一些乡镇企业赖以生存的中、低档加工工业产品，已经没有市场。乡镇企业原来依靠的机制灵活、反应灵敏以及劳动力便宜的优势，现在逐渐被大规模的生产和激烈的市场竞争所弱化。乡镇企业也不可能靠涨价来增加收入，相反，加工产品的价格在下跌。如现在的服装价格，想涨也涨不起来，除非是特殊名牌。所以，乡镇企业要增收，必须调整产业、产品结构，全面依靠科技进步，开发新产品；即使是生产旧的产品，也必须降低成本，搞规模经营。现在有不少乡镇企业逐渐学会了如何在市场中竞争。

第三，关于农民进城打工。过去，农民进城找工作，人数较多，这也构成农民收入的一大块。但是，从1997年到1999年，农民外出打工是负增长，重新回乡的有两千万人左右。可见，外出打工也是一个定数，不可能无限增加。因为这几年城市产业结构、劳动力结构和劳动力市场都发生了很大变化。过去，在国有企业里不愿意到市场找工作的工人，现在，由于一千多万人下岗的压力，在城市里大量的工作岗位为他们所取代。另外，城市的就业结构方向也发生了很大变化，特别是第三产业发展，一些农民进城能干粗重脏活，但干不了知识、技术含量高的活，所以不容易进入第三产业。这又带来一个问题：农民收入从哪儿来？你们九江农民增收的渠道在哪里？

我建议你们要深入实际调查，注重发挥自己的优势产业。这些优势包括旅游、水陆交通、水产养殖和商贸。交通承载人流和物流，物流就是贸易。如果商业不发达，这种交通便利的条件就不会转化为经济优势和市场优势。所以九江的定位，除了发展旅游、交通、水产养殖经济外，要把商贸作为九江今后发展的一个战略来考虑。你们要把批发、零售、仓储和转运都发展起来。要充分利用交通，也必须发展商贸。你们的商品零售总额还不足一百亿元，浙江义乌的市场交易额就有二百五十亿元；海城一个县的服装市场交易额就有一百八十亿元。所以在九江这个七省通衢的地方，必须把水运、铁路、公路、商贸这几大块都搞起来，这样你们的旅游业就可以兴旺发达。旅游业发展后，就可以带动消费，带动城乡经济结构调整和发展。

当然旅游业没有商业的支撑也发展不了，还要与文化结合在一起。没有文化活动，光搞旅游、吃喝也不行。要把旅游业与商业、饮食业、旅馆业、文化业等结合起来，全面协调发展。如果不全面发展，有利的交通条件转化不成经济优势，旅游业也转化不成经济优势，水产品也不会有大的市场。从城市发展来看，现在九江市城区内将近五十万人口，假如今后每年增加五万人，十年后就可以发展成一百万人口的城市。这不是说要把九江城市搞得很臃肿庞大，但没有一定的城市人口，就不可能有带动经济发展的市场。如果旅游业、商业等服务性消费没有市场，那么，拓展农村市场，让农民来拉动消费市场是不可能的。所以农村剩余劳动力必须逐步转移出来，这与推进工业化和城市化是一致的。只有城市化的发展，才能支持工业化发展；只有工业化的发展，才能实现城市化的发展。这样，整个消费才能上去，现代化才能逐渐实现。

九江沿江、临鄱阳湖，还可以建设成为一个水网城市。充分发挥九江的区位优势，是否可以考虑以商贸作为突破口。因为没有商贸，文化市场等发展不起来，因而没有人消费。要沿交通干线、沿长江、沿鄱阳湖来发展小城镇。假如你们发展一两百个小城镇，每个在两万人左右，就有三百万城镇人口。沿京九线、高速公路以及湖边、江边发展小城镇，这样又不占耕地。同时要把建设小城镇与乡镇企业发展、农业产业化结合起来。

关于出口，当然现在这还不是你们的主要方面。我们过去主要出口原材料和农副产品，后来就出口轻工产品，90年代开始大规模出口一些机电产品，今后将逐渐以机电产品和高新技术产品出口为主。我们现在出口轻工产品的市场已相对饱和，很难再扩大了。如果再扩大，无非拓展拉美、东欧、非洲这些地区的市场。

关于拉动投资。现在从工业方面来讲，已经转为以企业投资为主。作为基础设施投资，也主要采取贷款方式，而不是过去那种以财政拨款方式为主。至于其他方面，比较多的诸如科教文卫、城市建设、大江大河整治等，政府投资还占有相当比重。政府投资已经从工业投资、商业投资、基础设施投资中转出来了。也就是说，从整个社会投资总量看，政府投资所占比重较少。在这种情况下怎么解决拉动投资问题呢？如何吸引民间投资，这是个值得研究和解决的重要问题。

关于消费观念。原来的消费观念就是吃，后来是穿，再就是农村建房，城市则进行住房改革，拓展住房消费。住房、医疗、养老是城市三大消费。进一步发展起来的是旅游和文化消费。一般来说，居民收入达到八百美元至一千美元以上，旅游和文化消费才会逐步发展起来的。当满足了住房、医疗、养老消费以后，那么相当一部分人便转向旅游、文化消费。文化消费包括购书、看节目、健身、文化娱乐这样一些项目。当然，消费结构的变化，不仅取决于居民收入、消费观念的变化，还取决于整个产业结构的根本性变化。

小康社会的经济问题，应该成为现在经济理论、经济政策、经济体制改革研究的重点课题。要全面研究小康社会的经济现象和经济理论问题，经济政策不能够停留在现有的层面上。温饱时期的经济结构、经济体制和经济政策，不能完全解决小康社会的新矛盾、新问题。在小康之后，如果再过二三十年，我们一些城市达到相当发达的程度，那么在经济体制、政策等方面，就必须有新的举措，才能相适应。关于这个问题，我建议你们请一些专家、学者，谈谈小康之后的经济将怎么发展，需要什么样的体制、战略和政策，怎样发挥优势，等等。

跨入新世纪之后，对绝大多数地区和绝大多数人来讲，温饱不应该成为问题了。但只有不断推动经济和社会发展，才能走向更加富裕。如果还在温饱层次上做文章，就有可能走回头路，甚至返贫。在出现买方市场后，如果你不去解决经济发展中的新问题，就没有新的收入，就要出现相对贫困。所以只有不断发展和适应新形势，才能够逐渐富裕起来，并走向更加富裕。

我觉得，实际工作者和经济学家要全面研究小康之后的经济问题，从理论、制度、战略，到政策、方案、措施，提出一些新的思路。我这次到湖北、江西所听到的问题，多数都是从短缺经济向温饱型或者小康经济转变过程中出现的新问题，人们往往习惯于用老眼光来看待和研究这些新问题。一看短缺没有了，就不知道怎样对付。今后怎样进一步发展？感到很困惑，压力也很大，甚至还留恋80 年代依靠国家投资搞建设的那一套。现在应该提倡面向市场，依靠科技，调整结构，发挥优势，通过提高劳动生产率、提高效益，来促进发展。

从去年开始，国家投资比较多地转向发展科技、教育、文化事业，转向支持西部地区开发。所以，面对新形势，无论是西部还是东部、中部地区，都要调整产业结构，推动产业升级，以便使经济获得新的发展。不考虑这个问题，一些地区的经济就可能落后。这也是一个抓住机遇的问题。抓住机遇的关键是要认清大局，认清自己的优势，这是我谈的第二个问题。

三　几点建议

一是放开交通经营。刚才我也谈了，对九江来讲，要发展旅游，就要充分利用水陆交通。因此，你们在交通上，特别是在公路、船舶方面要放开，让各种所有制经营者去搞运输、搞物流和人流，也就是去竞争。如果在这方面限制太多，还是主要依靠国有部门来经营，那么你们的水陆交通就难以得到充分利用，就不可能成为物资集散地。充分利用水陆交通涉及一个体制改革问题。你们现有的设施已有一定规模，如果不利用起来，就没有经济效益，导致资源浪费；如果再建什么交通设施，就会造成更大浪费。现在不是一个再建的问题，而是一个如何充分利用的问题。九江的货物周转量是八千万吨左右，如果进一步放开经营、改革体制，可以辐射整个中部地区，带来更多的物流、人流。所以交通是一个充分利用的问题，是个体制改革问题。

二是关于水产业问题。九江的水产业，同样是个体制问题、政策问题，还有个科技问题。我刚才了解到，你们这里有水产研究所，要好好利用起来。如果不依靠科技去指导水产养殖、加工，那实际上还是低层次的粗放经营。

三是关于发展商贸问题。商贸从运输到仓储、从批发到零售等各个环节，比较可行的办法，不是什么都自己做，而是让人家来经营。可以把上海、广州、深圳以及武汉、南昌那些会做生意的"神"请来。只要把众"神"请来，八仙过海，各显其能，来承包你这里的整个商业体系，你就管收税，其他就不要管了。不仅可以解决职工就业问题，而且你也把商店、仓库、柜台租出去了。这是商业体制改革一个很重要的形式。卖也行，股份制也行，全面承包也行，总之结合实际，区分不同情况，把商业体制大改一下。如果不改的话，商业体系包括饮食、旅馆及其他商业文化等，光靠自己来搞，资金、经营、管理以及信息、客源渠道都会受到影响。做好这篇文章，也可以说能起到一定的龙头作用。旅游业、交通业也可以因此搞活，第三产业就会得到较快的发展。

四是加快小城镇建设。九江水陆交通发达，是个优势，要利用好这个优势，有计划地加快发展小城镇。发展小城镇，关键是人怎么办，资金怎么筹集，政策怎么制定，我看可以采取一些优惠政策，把乡镇企业逐渐吸引到那里去。这样还可以减少农村的污染。可以采取逐渐离土的办法，先吸引三种人迅速向小城镇转移：第一种是带资的，能创办企业；第二种是有相当知识和文化程度的；第三种是具有专业技能的，以及已经在城里有正常职业的。国外城市一般对有正常职业的人，工作五年以后就可以转为城市居民。我们可以借鉴这种办法，因地制宜，结合自己的实际，应用于小城镇的发展。如果依照这个计划，经过十年或更长一些时间，每一个小城镇平均发展两万人，一百五十万人"农转非"的问题就解决了，城市化就起来了。

乡镇企业不可能分散于网状的农村，必须集于一定规模、具备各种条件和环境的城镇。当然，小城镇建设现在就要有科学指导，要有规划，要完全采用新体制，不能背包袱。整个社区建设也应采取新体制。小城镇建设应各具特色，形成自己的优势。如有的地方以水产加工为主，有的地方以轻工为主，有的地方以农副产品、皮革制造为主，有些地方以粮食加工为主，等等，形成独特产业优势。这些方面，你们大有文章可做。同是一片蓝天，关键要各显其能，形成自己的特色和优势。

四　关于精神文明建设

今后几年，精神文明建设要抓好以下几个方面的工作。

第一，要坚持我们已经提出的口号、方针、原则、政策。在精神文明建设上，不要经常口号翻新，而是要长期坚持、常抓不懈。坚持就有效果，坚持才能普及，只有坚持才能把精神文明融入人民的思想观念和社会生活之中。这里所说的坚持，是积极的坚持，即在坚持中求发展。这是不断加强精神文明建设、提高文明程度的一条重要经验。

第二，要巩固支持先进典型。先进典型一出来，不能任其自生自灭，这样不行。要给予物质的、精神的、政治的支持。一个先进单位，除了给予精神上的鼓励外，不给予必要的物质投入也不行。我觉得对先进单位给予一定的保护支持，给一些"偏袒"，是正常的。这与我们所反对的"吃大锅饭"不同。过去，哪个国有企业搞得不好甚至亏损，就给它偏袒，"吃偏饭"，结果政府变成了一个大医院，专门去"救死扶伤"。这不仅导致资源浪费，还养成依赖习惯。现在不同了，搞社会主义市场经济，对企业采取"优胜劣汰"、"扶优限劣"的政策。又如，我们对有发展前途的体育、文艺等优秀人才投资，目的是让他们快速健康成长，形成人才辈出的局面。所以越是先进，越要注意关心和支持。先进本身更要注重保持荣誉。我们支持先进，不光是从道义上、精神上、政治上，还要从物质上给予支持。要让先进之花越开越鲜。你们已经树立的典型，就要给予支持，要让它长盛不衰。要保持花色始终鲜艳，不给予一点投入是不行的。我们过去讲，不让改革者吃亏。我们也不能让先进分子、先进单位吃亏。让先进吃亏，谁去争当先进呢？！

第三，社区建设。社区建设是我们精神文明建设的社会组织基础，也就是微观实体。我们过去讲经济的微观是企业、社会的微观是单位，认为单位（厂矿、学校、商店等）是精神文明建设或者社会结构中的微观实体，因而，在实际工作中，比较多的是依靠单位来解决社会治安、社会管理、精神文明建设、思想政治教育等问题。但是对社区这一块的依靠、建设、发展不够。实际上，我们每天在单位工作的时间也就是八小时，其他时间主要在家庭。家庭是社区的组成部分，也就是说，我们主要是在社区生活。一个社区是一个独立的社会实体，是社会的基层组织、载体和精神文化活动的微观基础。因此，我们应该重视社区在精神文明建设中的作用。

九江在今后的发展当中，无论是小城镇建设还是县城建设，要大胆地探索社区建设问题，包括社区的领导体制、干部政策、管理制度，等等，都要好好探索。从全国来讲，许多城市都在探索，有些地方还创造了很好的经验。就我所知，上海早在十年前就开始探索社区建设；北京这几年在社区建设方面也有很大的改革动作；沈阳重新划分了社区，改革了领导体制，转变了社区职能和整个社区的服务方向，成为深受广大群众拥护的社会组织。搞精神文明建设如果仅仅依靠工作单位而不依靠社区，是搞不好的。城市管理、社会文化生活，一头是单位，一头是社区，只有这两个基层组织都依靠，才能把我们的精神文化活动全面抓起来，并收到良好效果。

提出建设社会主义精神文明，本身就是对马克思主义理论的发展，也是对社会主义精神文化领域长期实践经验的总结，是邓小平理论的重要组成部分。世纪之交，如何继续贯彻落实党的十四届六中全会精神，贯彻落实十五大精神，如何在新形势下继续探索精神文明建设的规律，仍然是我们面临的重大课题。我们讲企业要创新，精神文明同样也要创新。今年，江总书记在新年之始、千年之初，就提出了精神文明建设必须长期坚持不懈地抓下去，不能有丝毫的动摇和偏颇。什么时候都要两手抓，两手都要硬。经济越是发展，精神文明建设的重要性越大。前面我说过，我们现在要研究的是小康之后的精神文明建设问题。

我建议，你们把江总书记最近的批示、中央关于加强思想政治工作和精神文明建设的若干意见，很好地组织讨论，认真研究，提出具体实施方案。当然，这要从当地实际出发，而不能照抄照搬。我们所做的一切，都要从人民的利益出发，一定要得到人民的拥护。要把好事办实，实事办好。一切以人民拥护不拥护、满意不满意、答应不答应为基本标准。让人民受益，让人民满意。精神文明建设，实际上是人民群众自己的事业，是人民群众直接参与建设自己美好生活、美好环境的实践，这项伟大事业不是一蹴而就的，必须长期坚持、常抓不懈。

建立现代社科研究体制[*]

（2000 年 1 月 17 日）

　　国际形势的新变化，对面向 21 世纪的社会科学提出了具有战略
意义的紧迫任务。和平与发展是当今时代的两大主题，政治多极化、
经济全球化发展趋势不断加深，科学技术和知识经济迅速发展，是
世纪之交乃至下个世纪前期的主要特征。

　　面对世界形势的新变化、新趋势以及由此产生的新问题，中国
作为最大的发展中国家，其社会科学工作部门必须加强国际问题的
基本理论研究，为国家制定国际战略和对外政策，争取一个良好的
国际环境和周边环境，提供理论支持；必须深入研究世界经济的新
变化对我国经济发展的影响，为制定 21 世纪中国经济社会发展战略
提供理论依据；必须深入研究知识经济自身发展的规律，研究知识
经济的迅猛发展引起的生产方式、生活方式、社会结构、组织管理
方式和思想观念的变化，为我国迎接知识经济时代的挑战提供理论
准备。

　　继续开拓有中国特色的社会主义事业，对面向 21 世纪的社会科
学提出了一系列深层次的重大课题。从现在起到下个世纪前十年，
是我国改革开放和现代化建设的关键时期。在这个关键时期，我们
要实现国民经济工业化、信息化，确立、完善社会主义市场经济体

---

* 这是李铁映同志在中国社会科学院 2000 年工作会议上的讲话。

制；建设社会主义民主法治国家；保持社会稳定；维护祖国统一；在新与旧、东西方文化和价值观念的剧烈撞击中，繁荣有中国特色的社会主义新文化，实现中华民族的伟大复兴。

在这个过程中，我们不可避免地会遇到各种困难和风险，包括可以预料的和难以预料的，来自国内的和来自国外的，经济生活中的和社会政治生活中的。这就格外需要社会科学工作者以高度的责任感，探索有中国特色的社会主义经济、政治和文化发展的规律，以推进改革开放和现代化建设走向深入；需要用共同的理想、目标、价值观念凝聚全国人民，激发他们的聪明才智和创新精神；需要充分发挥社会科学的科学解释和预测功能，充分发挥理论的指导作用。

深入研究邓小平理论，进一步开拓马克思主义的新境界，对面向 21 世纪的社会科学提出了更高的要求。首先要学好，学懂。马克思主义是人类文明史上最优秀的成果，是哲学社会科学迄今为止所取得的最伟大的成就。马克思主义与中国实际相结合，有两次历史性飞跃，产生了两大理论成果，即毛泽东思想和邓小平理论。邓小平理论是当代中国的马克思主义，是马克思主义在中国发展的新阶段。在当代中国，只有把马克思主义同当代中国实践和时代特征结合起来的邓小平理论，而没有别的理论能够解决中国社会主义的前途和命运问题。离开了邓小平理论的指导，我们就会失去前进的方向。

坚持以邓小平理论为指导，高举邓小平理论伟大旗帜，就要从哲学、政治经济学、科学社会主义等各个角度，深入、全面、科学地研究这个理论体系，研究和总结我国人民在党的第三代领导集体统率下，在继续开拓建设有中国特色社会主义宏伟事业中所进行的历史性创造，以新的实践经验丰富和发展邓小平理论，不断开拓马克思主义发展的新境界，把中国的事情办好，这将是中华民族对人类做出的新的重大贡献，也是我国哲学社会科学工作者的崇高历史使命。社会科学工作者要努力学习邓小平理论，认真开展"三讲"活动。要努力造就一支政治强、功底深、业务精的研究队伍。

中国社会科学院是党中央直接领导的、国务院直属的哲学社会科学最高研究机构，是全国哲学社会科学研究中心。党中央和国务院一直对社科院的工作十分关心。建院以来，邓小平、江泽民、李鹏、朱镕基、李瑞环、胡锦涛等中央领导同志对办院方针、学科设置等做过许多重要指示，充分肯定了哲学社会科学的极端重要性，表达了党中央和国务院领导对我院工作的殷切关心和期望。

为了贯彻落实江泽民、胡锦涛同志"一定要把社会科学院办好"的重要指示精神，面对世界和中国的未来，我院跨世纪发展的基本目标可概括为"三个一批"、"五个中心"和"一个基地"，即经过10年、20年的努力，建设一批国际知名的研究所，培养出一批享誉海内外的学术大家，推出一批对国家重大决策和学科建设具有重要价值的科研成果，把中国社会科学院建设成为以基础理论研究为依托，以宏观性、战略性和前瞻性研究为重点，以多学科综合研究为特长的全国哲学社会科学最高研究机构，并逐步形成马列主义、毛泽东思想、邓小平理论研究中心，经济改革与发展研究中心，社会主义民主法治与社会发展研究中心，中华文明和社会主义文化研究中心，国际问题理论与国际战略研究中心，培养和造就一流人文社会科学研究人才与高素质管理人才的重要基地。

为了实现上述目标，要努力做到：一是以基础理论研究为主，推动社会科学的不断发展和提高。二是积极开展具有宏观性、战略性和前瞻性的对策与应用研究。三是坚持"古为今用，洋为中用"，继承中华民族的一切优秀文化遗产，大胆地吸收、借鉴人类文明的一切有用的成果，为中华民族的全面振兴服务。四是以科学的理论武装人，以利于提高全民族思想道德水平和科学文化素质。五是培养社会科学高水平的人才。

办好面向21世纪的中国社会科学院，必须坚持以下四条基本原则：一是坚持以马列主义、毛泽东思想特别是邓小平理论为指导，坚持党的基本路线，贯彻落实党的十五大精神，在政治上同党中央保持一致。二是坚持为我国的社会主义现代化建设服务，为中华民族的全面振兴服务。三是坚持实事求是和实践是检验真理的唯一标准。四是坚持"双百"方针，鼓励科研人员大胆探索和勇于创新。

"双百"方针是社会科学研究的一个基本方针。没有这个方针，就不可能有正常的学术讨论。任何学说和理论都必须经过讨论、争鸣，才能臻于完善、臻于成熟。争鸣是学术研究的一个重要方式和方法，是学术活动、学术研究的一个组成部分。综观古今中外，有哪一个重大的理论和学说，不经过激烈的甚至是反复的长时期的辩论、讨论，而能立于世、成论成派的呢？争鸣、讨论不是检验真理的标准，但是达到真理的一种方法。真理是不怕争鸣、不怕讨论的。但是争鸣、讨论要有良好的风气和环境，要有良好的学风。争鸣、讨论是学术的讨论，是真理的探索，本身就是一个严肃的科学研究过程，不是戴帽子、抓辫子、打棍子。理论是在实践中发展，由实践检验的。除了实践，谁也当不了真理的裁判。

贯彻"双百"方针要有具体的措施、科学的态度和良好的学风，要求领导有政治水平，要求学者有良好的学术道德。当然，也要严格地区分思想认识、学术观点、理论探索和政治行为、政治活动。一切行为、活动都要符合宪法、符合法律，党员的行为、活动还要符合党章。在法律面前，人人平等，没有例外。

为了实现中国社会科学院跨世纪发展的基本目标，必须深化改革，建立现代科研院所新体制。改革的总体思路和目标是：围绕出成果、出人才这个核心，建立符合社会科学发展规律，与社会主义市场经济相适应的现代科研院所新体制，为社会主义现代化建设和中华民族的全面振兴服务。

今年我院已经进行了一系列重要改革：一是院领导体制由党委制改成党组制，行政工作由院的行政领导来进行管理。这有利于党政分开，有利于党在社科院很好地抓大事，抓政治方向、理论方向，抓学习贯彻中央的方针、政策，抓人才、干部队伍的培养。二是院长对全院工作不再实行分片管理的方针，直接实行院、所两级的管理体制，这就加大了所一级的权限和职责，使各所在院的统一规划和指导下，更大胆、更全面地负责起所的各项工作和任务。三是成立院学术委员会，把更多的学术性的工作交给学术委员会进行研究，提出意见。四是各职能局除了日常的工作管理和服务之外，还要每年为院的建设和发展办几件实事。同时把全院的管理工作、改革工作纳入课题管理，像研究所的课题一样进行科学研究和论证，目前正在组织力量落实课题。

我院还要着重抓好四个方面的改革，即科研管理体制改革、人事管理体制改革、物质条件保障和后勤服务管理体制改革、社会保障和住房制度改革。这些改革要在明年上半年拿出基本的方案，经全院讨论以后逐步实施。

院、所两级班子要以新的精神风貌来做好工作。各级领导首先要抓好邓小平理论的学习。学不好，就会迷失方向，还可能出问题。历史的经验，决不能忘。特别是所局班子要抓好学习，只有不断加强学习，才能使我们和中央保持一致，才能贯彻好党的各项方针政策，才能更好地指导科学研究，提高素质。"三讲"教育是党中央的一项重大举措，各级班子一定要认真抓好。希望社科院的学者们立下远大的理想、宏大的抱负，创学说、成名家，为中华民族昂首于世界民族之林，为中华民族的全面振兴，写下光辉的诗篇。

让我们在以江泽民同志为核心的党中央领导下，高举邓小平理论伟大旗帜，坚持党的基本路线，以十五大精神统揽全局，团结一致，振奋精神，艰苦奋斗，开拓前进，为实现我院跨世纪发展战略目标，为21世纪中国社会科学的繁荣与发展，为全面推进有中国特色的社会主义伟大事业，实现中华民族的伟大复兴做出应有的贡献。

对社科的要求[*]

（2000 年 1 月 18 日）

在人类进入新千年、新世纪的特殊时刻，我们召开这次工作会议，具有重要的意义。这次会议开得很好，尤其值得一提的是，在这次会议上，特别设立了院学术委员组、老干部组和青年组，使更多的同志为我院的工作进言献策。大家就实现我院跨世纪发展目标，以及我院的改革与发展等问题，进行了深入讨论，提出了许多有益的意见和建议。下面我再讲几个问题，供大家参考。

一 社会科学在人类历史上具有巨大作用

纵观历史，科学在人类社会的发展进程中，起着无可比拟的巨大作用。社会科学作为科学的重要组成部分，与自然科学一样，发挥着不可替代的作用。

欧洲 14 世纪兴起的文艺复兴运动，带来了思想启蒙，对资本主义制度的确立和发展，起到了巨大的推动作用。特别是 19 世纪中期，马克思主义的产生，具有划时代的意义，为国际共产主义运动的兴起和发展，提供了强大的思想武器。列宁继承和发展了马克思主义，在 20 世纪初，建立了世界上第一个社会主义国家，开辟了人

---

　　* 这是李铁映同志在中国社会科学院 2000 年工作会议闭幕式上的讲话。

类历史的新纪元。

在中国，过去的一百年里，发生了三件大事，即资产阶级民主主义革命（辛亥革命）、新民主主义革命和社会主义革命与现代化建设。这三件大事是与孙中山、毛泽东和邓小平这三位伟人的名字紧密联系在一起的，也是与进步的、科学的思想理论联系在一起的。孙中山创立了三民主义，领导了辛亥革命，推翻了几千年的封建帝制。毛泽东把马克思主义的基本理论同中国革命的具体实践相结合，创立了毛泽东思想，领导中国人民推翻了"三座大山"，建立了社会主义新中国。邓小平把马克思主义的基本理论同中国社会主义现代化建设和改革开放的具体实践相结合，创立了邓小平理论，使中国的面貌发生了巨大的变化。

历史证明，先进的思想、科学的理论是人类社会进步的强大动力。同时，理论也是在解决人类社会面临的困难和问题中体现自己价值的，并为自己的发展开辟前进的道路。社会科学是人类认识世界、改造世界和发展自身的强大武器。人类的发展和进步，一刻也离不开理论的支持和指导，而理论的支持和指导一刻也离不开社会科学的发展和繁荣。

二　认清形势，迎接挑战

20世纪的历史波澜壮阔、起伏跌宕。爆发过两次世界大战，出现了俄国十月革命和社会主义国家兴起的局面，殖民体系瓦解，民族独立、解放运动风起云涌，也经历过"冷战"时期，发生了苏联解体、东欧剧变等重大历史事件。世界经济曾经历过30年代的大萧条和90年代金融危机的冲击。科学技术在20世纪的迅速发展，使生产力得到了迅猛提高，为人类社会创造了巨大财富，同时也产生了日益深刻的社会问题。如何正确总结过去一百年的历史，揭示当代社会发展的新特点、新规律，是社会科学工作者面临的重大课题。

"冷战"以后，国际政治格局发生了重大变化，世界向着多极化的方向发展。但是，天下并不太平，多极化的发展受到了一极化的严重干扰。以科索沃战争[1]为标志，美国正在营造以其为核心的一极化局面，按照自己的主观意志推行"新霸权主义"，抛出"人权高于主权"、"新干涉主义"等谬论，企图构筑以它为霸主的国际政治新格局。如何批驳这些谬论，戳穿它们的阴谋，维护世界和平，推动多极化发展，是社会科学工作者面临的重大课题。

当前，国际经济竞争日趋激烈，科学技术日新月异，信息革命不断深化，知识经济初见端倪，经济全球化的进程正在加快。在国际经济总格局的变化中，在经济全球化的进程中，我国如何趋利避害、争取主动、抓住机遇、加快发展，也有许多值得社会科学工作者研究的重大课题。

改革开放20年来，我国的经济体制、产业结构、人民的生活方式，都发生了巨大的变化。当前我国正处在改革开放和现代化建设的关键时期。要把建设有中国特色的社会主义事业全面推向21世纪，我们既要面对长期积累下来的深层次矛盾和问题，也会遇到新的困难和挑战。

如何建立社会主义市场经济体制，如何建立健全社会主义民主和法制，如何妥善处理改革、发展、稳定三者之间的关系，如何进一步深化国有企业改革，如何实现可持续发展，如何进一步加强民族团结，早日完成祖国统一大业等，都是社会科学工作者面临的重大课题。

20世纪留下了社会科学的浓墨重彩，21世纪国际、国内形势对社会科学提出了许多迫切需要解答的问题，同时也为社会科学提供了广阔的活动舞台和用武之地。社会科学与中华民族的命运息息相关，与中国特色社会主义的前途息息相关。时代的发展需要科学的理论，时代提出的问题，就是社会科学要研究解决的课题。

社会科学在21世纪必须有一个大的发展和繁荣，也能够有大的发展和繁荣。马列主义、毛泽东思想和邓小平理论的指导，为社会科学的发展和繁荣提供了根本保证；改革开放和社会主义现代化建设的伟大实践，为社会科学的发展和繁荣提供了肥沃土壤；社会科学工作者的辛勤劳动和献身精神，为社会科学的发展和繁荣提供了内在动力。我们坚信，21 世纪的社会科学有光明的未来，21 世纪的社会主义事业有光明的未来。

三　积极推进"三五一"战略，努力　　实现跨世纪发展目标

中国社会科学院是推动我国社会科学发展和繁荣的"国家队"。建院以来，我院科研队伍不断壮大、人才辈出，产生了一大批重要科研成果，对我国哲学人文社会科学的发展起了重要的作用，为我国改革开放和现代化建设做出了重要贡献。在新世纪，我们应当百尺竿头、更进一步。搞好我院的改革和发展，努力实现我院的跨世纪发展战略目标，迎接新的挑战。

我院去年提出了"三个一批、五个中心和一个基地"的战略目标，简称"三五一战略"，即经过十年或更长时间的努力，要建成一批国际知名的研究所，培养出一批享誉海内外的学术"大家"，推出一批对国家重大决策和学科建设具有重要价值的科研成果。逐步形成马列主义、毛泽东思想、邓小平理论研究中心，经济改革与发展研究中心，社会主义民主法治与社会发展研究中心，中华文明和社会主义文化研究中心，国际问题理论与国际战略研究中心。把我院建设成为以基础理论研究为依托，以宏观性、战略性、前瞻性研究为重点，以多学科综合研究为特长的全国哲学人文社会科学最高研究机构，成为我国培养和造就社会科学高级研究人才与高素质管理人才的重要基地。

这样一个发展目标，是基于对我院二十多年发展经验的总结，是基于世纪之交我们对发展和繁荣社会科学事业历史使命的深刻认识，更是新时期我院进一步发展的方向，也是我院生存所系、前途所在。这个目标是积极的、乐观的、切合实际的，经过努力是可以

达到的。实现上述目标应遵循的基本原则和应完成的基本任务，我在去年的工作会议上已经作了明确的阐述，这里不再重复。现仅就如何组织落实，采取什么措施保证它的实现，讲几点意见。

第一，选择几个条件较好的研究所进行探索，力争用五年至十年时间，把它们建成世界一流的研究所。我国目前在世界政治经济发展变化中处于特殊的地位，处在多种新旧矛盾变换交织的旋涡之中，这就决定了我国社会科学应该而且可以大有作为，社会科学研究工作者应该而且可以大显身手。这些所自身要有这个雄心壮志，要认真制定切实可行的规划，以及相应的激励和保障措施。院里也要从政策上、从科研条件等方面，给予支持。

第二，树立精品意识，实施精品战略。我们所有的科研工作，所有的科研人员，都必须牢固树立起质量和精品的意识。尤其是重大课题的研究，从课题立项开始，就必须明确所有工作都要按出精品来要求，按出精品来操作，最后按出精品来验收。我院已确定了一批重大科研课题，并将积极支持和鼓励广大科研人员就这些课题进行深入研究，力争出精品、出名著，出传世之作。与此同时，我们也充分尊重学术研究的选择权，支持科研人员根据个人的兴趣和特长，选择一些其他课题进行研究，希望他们多出精品。

第三，下决心，"五子登科"[2]，长期坚持，培养一批优秀人才。在人才的培养上，我们同样应以精品意识来指导工作。为了培养优秀的科研人才，造就世界一流的学者，我们必须有长远的眼光和措施，有五年、十年一贯制的政策和机制来保证。

第四，建立健全奖励制度，完善激励机制。对社会科学的投入不仅要给予一笔课题费，而且在成果出来以后，经过一段时间的检验，确实证明是优秀的成果，还要给予奖励。我们要大力提倡和采取有效措施，鼓励科研人员积极参与重大课题的研究，承担国家社科基金项目，完成中央和国务院交办的任务，力争使自己的成果成为精品力作。对那些长期潜心钻研并卓有成就的研究人员，对那些对党和国家决策和社会实践产生了重大影响的科研成果，我们都要给予重奖。除了院的奖励制度之外，各个所也要根据自己的能力和条件，建立所一级的奖励制度。今年我院将出台所长专项业务经费制度，这是院里从财力上对所长工作的支持。希望各所用好这笔经费。当然仅靠这笔经费还不够，各所还应多筹集一些资金，用于对所级优秀成果的奖励。我想，一旦我们院、所两级都完备了奖励制度，对我们的科研工作将会产生很大的推动作用。

为了体现国家对社会科学的重视，鼓励社会科学研究人员潜心研究，勇于探索，多出精品，在适当的时候，我们将建议国家设立"国家哲学社会科学奖"。

四　以科研为中心，进一步深化我院改革

江泽民总书记要求我们"要把中国社会科学院办好"，这充分表达了党中央对我院的殷切期望。1999 年 7 月，中央政治局常委和其他中央领导同志听取我院党组的工作汇报，并给予了具体指导，这是对我们的鼓舞和鞭策。在世纪之交，我们要根据国际、国内形势变化的要求，从我院的实际出发，以科研为中心，进一步深化我院的体制改革。改革总的目标是，建立适应社会主义市场经济体制并符合社会科学发展规律的现代科研院所体制。

近年来，我院进行了一些改革。比如逐步推行了课题制；实行了重点科研项目院、所两级管理制和项目拨款制，科研经费投入向重点项目和重点学科倾斜；深化了专业技术职务评聘改革，对各类人员实行分类管理；加快了后勤服务社会化步伐，积极推进社会保障制度和住房制度改革等，均取得了一定成效。但是总的看来，适应社会主义市场经济体制的现代科研院所新体制，尚未建立起来。

科研是我们的中心工作。一切改革都要紧紧围绕科研这个中心来展开。改革的目的是为了多出优秀成果、优秀人才。这是我们判断改革是否有成效的根本标准。离开了科研，就谈不上成果，没有成果，就更谈不上人才。科研成果最能反映我们的生产力。改革不

在于速度的快慢和规模的大小，而在于是否达到了这个目的。中国社会科学院对国家和社会的贡献，就体现在我们的成果和人才上。只有把科研工作搞好了，并且这些科研成果对我国的改革开放和现代化建设事业真正发挥了作用，社科院才能体现自己的价值，我们才会被社会所承认。这就是说，"有为"才能"有位"。

搞科学研究，物质条件是必要的，适当增加工资和提高福利待遇也是合理的。但是不能简单地把改革同涨工资、增加福利待遇画等号。物质条件是一方面，但良好的科研氛围也是一个重要方面。要通过改革，使我院真正成为科学的园地、学术的殿堂，真正创造一个宽松和谐、心情舒畅、有利于科研工作和人才成长的环境。

科研体制的改革要以课题制为龙头，选好课题，组织好队伍，拿出有分量、有水平的成果。科研的组织形式要多样化，要灵活有效。比如，院领导牵头的重大课题，可以用研究中心的方式来组织实施。研究中心可以根据研究课题的需要，规模可大可小，时间可长可短。总之，一切以有利于科学研究为目的。

人事制度也要相应地进行改革。人事制度的改革要以聘任制为核心，要在国家政策的指导下，结合我院的实际，积极稳妥地推进。要通过改革，解决我院机构臃肿、人浮于事的问题，真正使愿意献身科学研究的人、能出精品力作的人，进得来，留得住。

要进一步完善院、所两级管理体制，做到"院管院事，所管所事"。管理就是服务，院各职能部门要一切服务于科研，大力减少行政事务，减少不必要的会议和公文报表，从行政色彩的事业单位向学术科研型机构转变。院里要有科研基金，所里也要有科研基金。要给所里更大的自主权来搞科研，改变目前所里还比较多地依赖院里的状况。

外事工作要转变职能，今后不再把主要精力放在迎来送往的接待工作上，而要向国际学术交流与科研合作等方面转变。要加大选派合格的人员出国学习进修工作的力度。

行政后勤方面的改革要以社会化为目标。在这方面，这两年我

院已经进行了初步的尝试，高等院校也创造了不少好的经验，我们
要很好地总结和借鉴。

五　加快实现研究手段和研究方法的现代化

进入新千年，面临新世纪，人类社会正经历着一场广泛而深刻
的变革，有许多全局性、宏观性、战略性、前瞻性的重大理论和现
实问题，需要社会科学工作者进行研究，予以回答。社会科学工作
者要完成这一艰巨的历史任务，继续沿用传统的研究手段和方法已
经显得很不适应，必须加速实现研究手段和研究方法的现代化。

一支笔、一张纸，埋在书堆中查资料的研究方法，是社会科学
研究者长期以来所使用的基本研究方法，也成为社会科学研究者的
基本功，这是历史形成的，有其一定的道理。不过，在现代信息技
术迅速发展的今天，它的弊端就越来越明显了，不仅研究效率低、
利用信息不及时，而且造成大量的资源浪费。从一定意义上说，研
究手段和研究方法的陈旧，已经成为阻碍社会科学发展的重要原因。
小平同志在二十多年前一针见血地指出，社会科学在可比的领域里
已经落后了[3]。虽然我们是马克思主义者，是历史唯物主义者和辩
证唯物主义者，我们掌握着最先进的科学理论，但由于研究手段和
研究方法的落后，导致我们在科学研究上的落后。二十多年后的今
天，这种落后状况还没有根本改变。

现在，党和国家对社会科学的各项大政方针都十分明确，并创
造了"百花齐放、百家争鸣"的宽松学术环境。在这样的大好形势
下，社会科学的发展和繁荣一靠调动积极性，二靠加大投入，三靠
研究手段和研究方法的现代化。我们讲"四个现代化"，其中科学的
现代化，理所当然地包含社会科学现代化。社会科学要现代化，首
先就应该实现研究手段和研究方法的现代化。广大社会科学工作者
要转变观念，克服困难，扎实工作，尽快实现研究手段和研究方法
的现代化。只有这样，才能更好地为党和政府的科学决策服务，为

国家的长治久安和持续发展服务，为丰富人民群众的精神生活服务。

近年来，我院已投入不少经费，用于网络建设和信息开发。九个局域网已经联通启用，网络带宽不断拓展。今后，我们要加大现有信息资源的开发利用，推进全院科研机构和科研人员的网络互联、信息共享，建立一个联络畅通、内容丰富、应用方便、管理科学的社会科学网络，逐步实现研究手段和研究方法的现代化，使科研工作和科研人员充分利用现代化技术，多出高质量的科研成果。

六　提高政治素养，明确政治方向

在过去的一年里，在党中央的领导下，我们开展了三场大的政治斗争：一是与美国霸权主义的斗争，一是与李登辉[4]分裂祖国言行的斗争，一是与"法轮功"邪教组织的斗争。我院广大科研人员积极投入到这些斗争中去，在理论支持、宣传教育、释疑解惑等方面做了大量工作，表现出坚定的政治立场和很高的政治觉悟，得到了党中央和社会的肯定。事实说明，越是形势复杂，越是任务繁重，越是斗争尖锐，越需要社会科学工作者树立科学的世界观、人生观、价值观。

面对新的世纪，社会科学工作者肩负着繁荣和发展社会科学的神圣使命，只有坚持以马列主义、毛泽东思想和邓小平理论为指导，不断提高政治理论水平和政治思想素质，才能更好地坚持正确的政治方向、理论方向、科研方向，才能按照江泽民总书记的要求，"把中国社会科学院建设成为马克思主义的坚强阵地"[5]，才能出精品力作，为祖国和人民做出自己应有的贡献。

中国社会科学院虽然不是党的机关、政府机构，但是，是党中央领导的、国务院主管的国家社会科学研究机构。毋庸讳言，我们的科研不能脱离政治，而是要为社会主义国家服务。因此，在我们院，损害共产党和社会主义中国的言行、损害社会科学界的言行、损害中国社会科学院的言行，都是绝对不能允许的。

加强理论学习，加强党的建设，加强队伍建设，加强政治纪律，明确政治方向，全面提高全院干部职工和科研人员的政治素质，在今后相当长的时间里，应该是我院的一项重要工作。因此，要处理好以下三个关系：一是正确处理学术与政治的关系；二是正确处理坚持"双百"方针与坚持党的领导和遵纪守法的关系；三是正确处理个人利益与维护社会科学界的荣誉、维护我院荣誉的关系。在我院，一定要营造一个既有广泛民主，又有健全法制的环境。总的来看，这几年我院在这些方面做得是好的，党中央是充分肯定的。

在这里，我提出"责任、荣誉、科学、奉献"八个字，与全院同志共勉。所谓责任，是指政治责任、社会责任和对事业的责任感；所谓荣誉，是指维护国家和民族、社会科学界和社科院的荣誉；所谓科学，是指科学的理论、科学的方法和科学的态度；所谓奉献，是指要有奉献精神，要为国家和人民做出实实在在的贡献。我院每一个同志都应当向自己提出这样的要求。

同志们，我国新世纪发展战略目标要实现，拥有十二亿多人的社会主义中国要繁荣，中华民族要全面复兴，没有理论的支持是不可想象的。新的挑战孕育着新的发展，新的世纪充满新的希望。21世纪是需要科学巨匠和学术巨著的时代，也将是产生科学巨匠和学术巨著的时代。在这新千年、新世纪交替之际，让我们更加紧密地团结在以江泽民同志为核心的党中央周围，高举邓小平理论的伟大旗帜，坚持党的基本路线，全面贯彻落实十五大精神，解放思想，开拓进取，明确任务，真抓实干，为完成我院今年的各项任务，为实现我院跨世纪的发展战略目标而努力。

最后，祝大家新年好！新世纪好！新千年好！

注释：

［1］科索沃战争，是指1999年3月24日至6月10日共78天的北约对南联盟的

空袭行动。20世纪90年代南斯拉夫解体后，内部民族矛盾激化。在南联盟科索沃地区，占人口多数的阿尔巴尼亚人要求独立，从而引发内战。1998年年底起，以美国为首的"北约"打着"人权高于主权"的旗号开始介入，爆发了科索沃战争。

［2］"五子登科"，据《宋史·窦仪传》记载：宋代窦禹钧的五个儿子仪、俨、侃、偁、僖相继及第，故称"五子登科"。现用作结婚的祝福词或吉祥语。

［3］《邓小平文选》第2卷，人民出版社1994年版，第181页。

［4］李登辉，1923年生，中国台湾地区前领导人。在任和卸任后，不断地抛出"两国论"等"台独"言论，受到海内外中华儿女的强烈谴责。

［5］1994年年初，江泽民同志为中国社会科学院题词："加强学习，总结经验，坚持理论联系实际，把中国社会科学院建设成为马克思主义的坚强阵地。"

老干部是我们的宝贵财富[*]

（2000 年 1 月 19 日）

今天，我们在这里欢聚一堂，喜迎世纪之交新千年的新春佳节。我代表院党组向在座的各位老同志拜个早年，并借此机会，向全院离退休干部致以节日的问候和良好的祝愿，祝大家春节好！

刚刚过去的 1999 年，是极不平凡的一年，是辉煌的一年，是我们祖国永载史册的一年，也是我们难以忘怀的一年。在以江泽民同志为核心的党中央坚强领导下，在错综复杂的国际、国内环境中，我们取得了改革开放和经济发展的显著成绩，举国同庆新中国成立 50 周年，举国同庆澳门顺利回归祖国。我国国内政治稳定，经济繁荣，民族团结，国际地位日益提高。我们的国家和人民是满载着辉煌，满载着自豪，满载着幸福和欢乐，跨进世纪之交、千年之交的神圣之门的。

回首 20 世纪，从清朝末年到蒋家王朝覆灭，历史记载的，尽管也有短暂的兴盛，但主要是我国沦为半殖民地半封建社会之后，所受到的封建主义、帝国主义、官僚资本主义"三座大山"的压迫、剥削，是国家的羸弱、民族的屈辱、人民的苦难。只是在中国共产

---

* 这是李铁映同志在中国社会科学院 2000 年老干部迎春团拜会上的讲话。

党诞生以后，将马克思主义基本原理和中国实际相结合，才逐渐找到了救亡图存、改变中国面貌的正确道路。我们国家，就是在中国共产党领导广大人民群众经过英勇奋斗，才改变了命运，扭转了乾坤，横扫了落后，洗刷了奇耻大辱。百年千载的历史证明，只有共产党才能够救中国，只有社会主义能够兴中华，只有人民才是推动历史前进的根本动力。在这一点上，我们老干部更有深刻的体会，党和人民在回顾成就的时候，也不会忘记共和国的旗帜上有无数革命前辈赴汤蹈火、前仆后继血染的风采和呕心沥血、艰苦奋斗洒下的汗水。

我们院的离退休干部已达2392人，占全院职工总数的39.3%，不仅是一支有相当数量人员的队伍，而且层次高、资历深；他们不仅是干部，而且许多人是饱学之士，是专家、学者。据院老干部局的统计，离退休干部中有正高职称者809人，副高职称者742人，合计达1551人，占全院离退休干部总人数的64.8%。这样一支离退休干部队伍不仅是我们党和国家的宝贵财富，更是我们院的宝贵财富。

20世纪即将过去，人类所创造的文明成果以及为此付出的沉重代价，激励和警示着我们更加坚定地去开拓未来。创造了灿烂的古代文明和正在建设有中国特色社会主义的中华民族，拥有全人类五分之一人口的中华民族，在新的历史创造活动中责任重大。

今年是本世纪最后一年，承前启后，继往开来，改革、发展和稳定的任务十分繁重。今年也是完成我院"九五"规划和实现跨世纪发展目标的重要一年。我院的各项工作都要围绕和坚持以科研为中心、以改革为动力，集中精力实施精品战略，以多出优秀人才、多出高质量成果的优异成绩跨入新世纪。我们也衷心希望离退休干部关心和支持我院的改革和建设，关心和支持各项工作，在保证身体健康、颐养天年的同时，继续为21世纪中华民族的全面振兴，为繁荣社会科学而贡献自己的力量。

同志们，我们一定要百倍千倍珍惜和爱护已打下的基础，更加紧密地团结在以江泽民同志为核心的党中央周围，高举邓小平理论的伟大旗帜，进一步振奋精神，开拓进取，同心同德，艰苦奋斗，深化改革，促进发展，迎着新世纪的曙光，创造更加美好的明天！

最后，祝各位老同志健康长寿，阖家欢乐，春节愉快，万事如意！

关于改革的理论[*]

（2000 年 2 月 10 日）

    今天，越南国家社会科学与人文研究中心邀请我到这里来介绍中国的改革，我深感荣幸，也十分高兴。在此，请允许我代表中国社会科学院代表团，并以我个人的名义，向在座的各位越南朋友表示衷心的感谢！

    中越两国同属共产党领导的社会主义国家。当前，我们两国面临着同样的历史任务，都在推进改革开放和现代化建设的伟大事业。我们有相同的目的，也会遇到相同的问题和困难；在寻找克服手段和解决方法的时候，尽管我们都强调要从本国的国情出发，但仍然会存在许多相似的地方。作为中国共产党和中国政府的一名领导成员和负责干部，我不但亲历了这一伟大的历史进程，而且还在其中参与、领导和指导了部分工作，努力尽到一名共产党人应尽的责任。我愿借此机会，从理论的层面上，向越南同志简要地介绍一下中国改革过程中的经验与教训。如果这有助于越南同志对今日中国之了解的话，那对于我则是莫大的欣慰了。

    众所周知，近二十年来，全世界的社会主义国家几乎都在改革，

---

[*] 这是李铁映同志在越南国家社会科学与人文研究中心的演讲。

时间有先有后，进度有快有慢，效果有好有坏。然而，全世界都看到，并且都承认这样一个事实：中国的改革是取得了很大成绩！

在我看来，中国改革之成功，主要取决于科学理论的正确指导。没有科学和正确的改革理论，就不会有成功的改革实践。理论是实践的先导；没有正确理论指导的实践，注定是盲目的、要失败的。我们党在新民主主义革命时期，如果没有把马克思主义的基本原理同中国革命的具体实践相结合，没有毛泽东思想的指导，中国人民就不可能推翻"三座大山"，建立起人民共和国。同样的，在改革开放和社会主义现代化建设时期，如果没有把马克思主义的基本原理同中国的具体实践相结合，没有邓小平理论的指导，当代中国的面貌就不可能发生举世惊叹的变化。

中外历史的许多史实都证明，先进的思想和科学的理论，从来就是人类进步的强大精神动力：一方面，它在解决人类社会面临的困难和问题过程中展现自己的价值，同时，又为自己的进一步发展开辟了前进的道路。科学的理论是人类认识世界、改造世界和发展自身的强大手段。人类文明社会的发展和进步，一刻也离不开理论的支持和指导。作为当代工人阶级的先锋队，共产党更是离不开科学的理论，因为只有依靠科学的理论，用科学的理论武装全党，共产党才能走在时代前列，才能朝气蓬勃、富于战斗力。总之，对于工人阶级政党来说，理论上的成熟，从来都是政治上成熟的根本前提。

中国共产党历来高度重视理论武装，并特别强调理论与实践的统一，即首先是尊重实践，总结实践，把实践经验提升到理论的高度，反过来又指导实践。改革开放以来，中国有一句妇孺皆知的名言，叫"摸着石头过河"。这就是说，在改革开放中，坚持"实践第一"，改革的路子要稳妥、务实，每走一步都要摸清、看准，经过总结经验和抽象到一般以后，即获得一定的理性认识后再迈出第二步、第三步……我们认为，这个生动的比喻，完全符合"实践—认识—再实践"的辩证唯物主义的认识论和方法论。依赖于这种实事求是的科学态度，我们党不断解放思想，逐渐深化认识，创造性地提出和形成了一套比较完整的建设有中国特色社会主义的理论体系，即邓小平理论。这一理论，是对马列主义、毛泽东思想的继承和发展。

邓小平理论中最为精彩的华章，当属社会主义市场经济理论的确立。提出社会主义市场经济理论，既突破了传统的社会主义实践模式，也突破了传统的市场经济理论。传统的计划经济理论排斥商品货币关系，否定市场机制的作用；传统的市场经济理论，把市场调节看做私有制特有的东西，否定公有制能与市场经济相结合。而社会主义市场经济理论则认为：计划和市场都是经济手段，社会主义能够同市场经济融汇在一起，形成一种全新的运行机制，并推动和促进社会生产力较快发展。毫无疑问，社会主义市场经济理论，从根本上否定了把计划经济和市场经济看做属于社会基本制度范畴的传统观点，并努力把市场经济与社会主义基本制度结合起来，因而在经济学领域具有划时代的革命性意义。这是对马克思主义的最新贡献，特别是对马克思主义政治经济学的重大发展。

社会主义市场经济理论的确立，起到了纲举目张的作用，从而带动了在社会主义经济学各个具体领域的一系列创新。在这里，我择其要，略加说明：

譬如，在所有制改革理论方面，其集中表现在两点：一是从单一的公有制理论向以公有制为主体、多种所有制经济共同发展的理论转变，形成了社会主义初级阶段所有制结构理论，即我国处于社会主义初级阶段，需要在公有制为主体、国有经济为主导的条件下，发展城乡合作经济、个体经济和私营经济等多种所有制经济；二是把所有制和所有制的实现形式区分开来，形成了公有制实现形式理论，即所有制可以有不同的实现形式，同一种所有制在生产力发展的不同阶段，可以采取不同的实现形式，不同的所有制可以采取同一种实现形式。

譬如，在农村改革理论方面，其有四：一是摆脱人民公社体制，形成了以家庭承包经营为基础、统分结合的双层经营体制理论；二是形成了农产品流通体制改革和培育农产品市场体系的理论；三是冲破传统做法，走出符合中国特色的农村工业化、城镇化的道路；四是提出了通过发展农业产业化，逐步实现我国农村现代化的理论。值得特别一提的是，中国农村改革有两个伟大创举：一个是创办乡镇企业，一个是中国式的小城镇发展道路。目前，中国乡镇企业创造的增加值已占到国内生产总值的1/4、农村社会增加值的2/3，转移了大约1.3亿名农村富余劳动力，从而找到了一条有别于世界上其他国家的、有中国特色的农村工业化道路。

譬如，在企业制度改革理论方面，其主要有：一是摒弃传统的企业作为行政附属物的观念，提出了企业是市场主体、具有法人资格的理论；二是提出了政企分开、所有权与经营权分离的理论；三是提出了建立现代企业制度的理论；四是提出了从整体上搞活国有经济的理论。

譬如，在市场体制改革理论方面，其主要表现在：一是承认生产资料、生产要素都是商品（或具有商品属性）；二是确认价格改革是形成市场机制的关键，必须建立主要由市场形成价格的机制；三是形成了资本市场和劳动力市场，逐步建立完善的市场体系。

譬如，在宏观管理体制改革理论方面，其表现在：一是政府应当从以行政性的直接管理，转向以经济和法制手段为主的间接管理；二是建立健全协调统一的宏观调控体系；三是辩证处理宏观调控与市场机制的关系。

譬如，在收入分配改革理论方面，其主要在四个方面：一是允许一部分地区、一部分人先富起来，鼓励先富帮后富，最终实现共同富裕；二是实行效率优先、兼顾公平的政策；三是坚持按劳分配为主，允许生产要素参与分配；四是坚持建立多层次、社会化的社会保障体系，创建社会统筹和个人账户相结合的制度。

譬如，在对外开放改革理论方面，其主要表现在：一是摒弃封闭半封闭发展模式，确立对外开放基本国策，建立开放型经济体制；

二是大胆吸收人类社会包括资本主义社会所创造的一切文明成果，充分利用国际国内两种资源、两个市场；三是创建经济特区和发展外向型经济理论；四是正确处理对外开放和独立自主的关系。

我国在经济领域的理论和实践不限于以上所述，因时间关系，请大家原谅我不能够一一列举。我还想说的是，我们在改革理论进程上的每一步迈出和跨入，都是来之不易的，都是经过反复实践与反复认识的。其间有过痛苦，也有过迷惑；有过失误，也有过挫折。错误和失败教育了我们，使我们逐渐清醒过来，变得比较聪明起来，终于一步一步地走到了今天，基本达到了改革的预期目标。应该说，在这一伟大的历史进程中，我国人文社会科学工作者提供的理论思考和智力支持，是功不可没的。

科学理论的提出和创立，离不开人文社会科学的繁荣与发展。自我就任中国社会科学院院长以来，职责所在的思考使我越来越清楚地认识到：不重视人文社会科学的作用，要实现决策的科学化、民主化是不可能的；没有高度发展的人文社会科学，要实现对社会的科学管理和自觉调节是不可想象的；没有人文社会科学知识的大普及，要提高全民族科学文化综合素质是不可企及的；没有人文社会科学研究提供理论上的支持和精神上的动力，一个民族的全面振兴是无法实现的。因此，发展和繁荣人文社会科学，是每一个社会的重要任务。

人类社会正在进入21世纪。21世纪是人类社会发生深刻变革的时代，也将是人文社会科学大发展、大繁荣的时代。面对新的形势、任务和挑战，我们将比以往任何时候都更加依赖于知识和知识创新，更加依赖于国民的科学技术素质、人文社会科学素质、文化和精神素质的普遍提高。所以，我们一定要高度重视人文社会科学的地位和作用，积极促进它的繁荣与发展。

面对21世纪，中国的人文社会科学应当从何着手呢？我认为：

第一，必须深入研究建设有中国特色社会主义事业中的重大理论与实践问题。当前，我国改革开放和现代化建设事业进入了关键时期，有一系列深层次的问题亟待研究解决。例如，如何实现经济增长方式的根本转变，保持经济的持续增长；如何完善社会主义市场经济体制，使国有企业充满生机与活力，资源得到合理而有效的配置；如何完善共产党领导下的有中国特色社会主义民主政治制度；如何建设社会主义法治国家；如何创建社会主义精神文明，使物质文明和精神文明建设协调发展；如何保证政策实施过程中的社会稳定；如何有效地防范和抑制敌对势力对我国进行"西化"、"分化"的图谋，等等。这些制约和影响我国现代化进程的难点、热点问题归结到一点，就是要进一步探讨什么是有中国特色社会主义的经济、政治和文化，以及怎样建设这种经济、政治和文化。这是建设有中国特色社会主义最基本的理论和实践问题，需要我们人文社会科学工作者从理论上继续做出深入的研究和科学的回答。

第二，必须深入研究世界新情况、新变化所提出的重大战略课题。当今世界风云变幻，政治多极化和经济全球化趋势在曲折中发展，科学技术突飞猛进。面向未来，我们要把握世界发展的总趋势，跟踪研究世界科技发展、政治格局演变、经济全球化、可持续发展、"新霸权主义"和强权政治等重大时代课题。在即将到来的新世纪，我们致力于国际问题研究，努力为世界和平、发展与人类进步事业，为促进亚洲的团结与合作，也为创造有利于中国现代化建设的国际和平环境，实现我们祖国完全统一，做出积极的贡献。

把建设有中国特色社会主义事业全面推向21世纪，是中国共产党和中国各族人民的坚定信念。不论前进的道路上遇到怎样的风浪，碰到怎样的困难，我们都将毫不动摇。我们真诚地祝愿我们的友好邻邦——越南兴旺发达，祝愿越南人民在越南共产党的领导下，在社会主义革新事业中取得新的伟大成就。我们真诚地希望同全世界所有国家和人民建立、发展友好关系，开展广泛的交流与合作，为共同创造一个和平美好、繁荣昌盛的世界而不懈努力。

中国改革开放的基本进程[*]

——在胡志明政治学院演讲

（2000 年 2 月 11 日）

　　胡志明[1]国家政治学院是越南培养党的高级干部的摇篮。今天，我有机会到这里，与阮德平院长等同志交流看法、探讨问题，并借此机会向越南同志介绍中国经济改革开放的基本进程，感到非常高兴，也非常荣幸。

　　回顾二十多年来的风风雨雨，中国的改革开放大体经历了三个发展阶段：

　　第一阶段（1978 年 12 月至 1984 年 9 月），是改革的起步阶段。改革的重点在农村，同时在城市进行扩大国有企业经营自主权的试点，创建了经济特区。

　　第二阶段（1984 年 10 月至 1991 年 12 月），是改革的展开阶段。改革的重点在城市，国有企业是整个改革的中心环节，价格改革是关键。改革由经济领域扩展到科技、教育等社会各个领域。

　　第三阶段（1992 年年初至今），是初步建立社会主义市场经济

---

　　* 这是李铁映同志在越南胡志明国家政治学院的演讲。

体制的阶段。改革的重点是制度创新，主要是进一步扩大和发展市场、建立现代企业制度、构建新的宏观调控体系。

如果说，前两个阶段的主要任务是打破旧体制，那么，第三阶段的任务则是创建新体制。经过二十多年的改革开放，我国的经济体制和运行机制已发生深刻的变化：高度集中的、以行政手段为主的计划经济体制，已逐步为社会主义市场经济体制所取代，市场在国家宏观调控下对资源配置的基础性作用大大加强；对外开放的格局基本形成；综合国力大大增强，人民生活水平显著提高。其主要表现：

一　农村经济体制改革，实现了从人民公社制度向以家庭承包经营为基础、统分结合的双层经营体制的根本转变

吃饭问题始终是我国的头等大事，这一问题曾困扰了我们近三十年。农村改革自然成了我国经济体制改革的起点。

二十多年来，农村经济体制改革跨出了大的步伐：一是普遍推行了以家庭承包经营为基础、统分结合的双层经营体制，废除了"人民公社"制度；二是取消了农业生产指令性计划，实行合同定购制；三是放开了绝大部分农产品的价格，国家对关系国计民生的粮、棉等主要农产品实行保护价；四是鼓励农村各种所有制经济和非农产业的发展，乡镇企业异军突起，发展迅速；五是推进了农业产业化经营，实行贸、工、农一体化，加强了产、加、销一条龙建设，适度规模经营和集约化经营也有一定发展；六是积极稳妥地推进小城镇建设，等等。

可以说，经过二十多年的改革，农村作为传统经济中自然经济色彩最浓、经济发展水平最薄弱的环节，其运行机制基本上已进入市场经济的轨道。农村经济体制改革取得成功，对其他方面的改革开放起到了极大的示范和带动效应。

二　生产流通领域的资源配置方式，基本上实现了从计划向市场的根本转变

过去指令性计划无处不在、无所不包，覆盖国民经济的方方面面。经过改革，已全部取消农产品生产的指令性计划，国家只对少数主要农产品生产实行指导性计划管理。

在工业总产值中，由国家计划安排的比重已由 1979 年的 70% 以上降为目前的 4.6%；实行指令性计划管理的工业品只有 12 种，仅占全国工业总产值的 4.1%，与改革前相比减少了 90%。95% 以上工业消费品的生产及其价格，由生产者根据市场供求状况自主决定。

在商品零售总额中，国家管理的价格占商品总价值的比重，已由 1979 年的 95% 以上降为 7.7% 左右。全国统一的商品市场已基本形成。

要素市场尤其是资本证券市场发展已粗具规模。截至 1999 年 12 月底，在上海、深圳上市的证券品种总数已超过 1000 个，上市公司达 949 家，市场总值达 26471 亿元，开户投资者达 4481.97 万户。

三　国有企业的管理体制，正在从传统体制向现代企业制度转变

国有企业改革从开始时的放权让利、两步"利改税"[2]、承包制到转换企业经营机制、建立现代企业制度试点等，迈出很大步伐。尽管目前不少国有企业在激烈的市场竞争中步履维艰，但与改革前相比，其管理体制和经营机制都发生了重大变化。

"抓大放小"[3]、对国有企业进行战略性改组、"三改一加强"[4]和国有企业脱困等举措得到有效实施，建立现代企业制度正在积极进行。公司制、兼并、联合、租赁、承包、股份合作制和破产、出售等改组改制的具体形式灵活多样。国有资本正从一些低效领域和

不宜进入的领域向基础性、战略性、关键性产业领域转移，从而大大提高了国有经济的素质和质量。这不仅有利于发挥国有经济的主导作用，而且有利于多种所有制经济发展。

不少国有企业正在从工厂制向公司制转变；产品经营正在向资本经营转变；单一投资主体正在向多元化投资主体转变；分散化、小型化的企业开始转向联合化、集团化。

但是，国有企业冗员、债务和社会负担等历史遗留问题尚未根本解决，其竞争条件和竞争环境有待进一步改善。国有经济与市场结合、国有企业成为市场主体的改革，正处在关键时刻。

四   在所有制关系上，实现了从单纯的"一大二公"[5]向以公有制为主体、多种所有制经济共同发展的格局转变

改革开放以前，我国的经济成分基本上是单一的公有制经济。中共十一届三中全会以后，从我国社会主义初级阶段的基本国情出发，我们提出了以公有制为主体、多种所有制经济共同发展的方针，积极探索公有制的实现形式，鼓励发展个体、私营等非公有制经济，使所有制结构发生了重要变化。

彻底打破了传统计划经济体制下单一的公有制格局。国有经济的结构和质量有很大的提高，对国民经济的控制力大大增强。例如，1978年国有企业固定资产原值为4488.2亿元，固定资产净值为3201.4亿元；1996年国有企业固定资产原值和净值分别达到50428.2亿元和34995.9亿元，比1978年分别增加10.2倍和近10倍。公有经济占主体、国有经济占主导的地位得到保持。国有、集体、个体、私营、外商等不同经济成分在市场竞争中共同发展的局面初步形成。

所有制的这种格局，不仅适应了我国社会主义初级阶段生产力发展的要求，有利于经济发展，而且有利于形成多家竞争、充满生

机和活力的市场机制。

五　政府对经济的调控方式，实现了从
直接控制向间接调控的基本转变

我国在改革过去高度集中的计划管理手段时，并没有对市场放任自流，而是稳步加强宏观调控体系建设。

首先，财政体制改革取得了突破性进展。从 1980 年财政实行"划分收支，分级包干"的体制，到 1994 年建立中央与地方划分事权基础上的分税制，基本上确立了适应市场要求的新的财税体制框架，并保证了国家财政收入的稳定增长。

其次，金融体制改革走出了决定性步伐。中央银行的宏观调控和监控体系初步建立，调控方式有较大改进。以国有商业银行为主体、政策性金融与商业性金融相分离、地方股份制合作银行和外资银行等多种金融机构并存的金融组织体系已经初步形成。实现了汇率并轨，建立了有管理的人民币浮动汇率制，实行了人民币经常项目下的可兑换制度。统一开放、有序竞争、严格监管的金融市场体系得到了稳步发展。

最后，投融资体制改革取得了实质性进展，开辟了多种融资渠道，重视了产业政策、地方政府对社会投资的引导。总之，新的宏观调控体系的框架已大体确立，国家越来越多地利用经济手段来调节社会的经济活动。

有效的宏观调控体系的形成，促使我国在保持较快发展速度的同时，经济稳定性不断增强。1978—1999 年，经济增长率的级差，即年度最高增长率与最低增长率之差为 11.4 个百分点；而改革开放前 26 年，经济增长率的级差高达 48.6 个百分点。

特别是目前国民经济呈现出"高增长、低通胀"的良好态势，标志着我国成功地摆脱了历史上多次出现的大起大落和通货膨胀的困扰，目前又在解决通货紧缩[8]带来的各种问题，国民经济开始走

上持续、快速、健康发展的轨道。

六　分配体制发生了根本性变化，初步形成了与社会主义初级阶段所有制结构和市场经济要求相适应的分配体制和社会保障体系

改革以来，我们坚决执行允许一部分人、一部分地区通过诚实劳动和合法经营先富起来的政策，坚持效率优先、兼顾公平的原则，实行以按劳分配为主、多种分配方式并存的政策，允许生产要素参加分配，把个人的贡献与经济利益挂钩，有效地调动了各方面的积极性。

平均主义的分配方式已基本被多劳多得的分配方式所取代；单一的分配格局已被按劳分配为主、多种分配方式并存的格局所取代。为了解决收入差距过分悬殊，最终实现共同富裕，在逐步理顺初次分配关系的同时，注重建立以税收为主要手段的再分配调节体系。传统的福利型住房分配制度，正在从实物分配向货币化分配转变，停止了福利性分房，建立了住房公积金制度和经济适用住房供应体系。

多层次、社会化的社会保障体系已基本形成。按照社会统筹和个人账户相结合的原则，统一了全国养老保险制度。到1999年年底，全国参加养老保险的职工（包括离退休职工）总数达1.23亿，离退休职工参保人数2893万人，占总数的98%左右；在职职工参保人数9435万人，占总数的80%。此外，我们对医疗、失业、工伤保险都进行了积极探索，取得了不少经验，各项商业保险也得到了较大发展。

七　在社会经济秩序和法制建设方面，初步建立起与新体制相适应的法律体系框架

市场经济是法治经济。社会主义市场经济越是发展，法制建设越需要全面加强和完善。

改革以来，全国人大十分重视立法工作，加快了依法行政、依

法改革的力度。据统计，1979—1999 年年底，全国人大及人大常委会共审议通过 371 件法律和有关法律问题的决定；国务院发布和批准发布了 844 件行政法规；各省、自治区、直辖市人大及其常委会制定和批准了大约 8500 件地方性法规；国务院有关部门、地方人民政府制定的规章约有 30000 件。在规范市场经济主体行为、维护市场秩序、加强宏观调控、增强法律意识、扩大对外开放等方面，起到了重要作用。

为适应市场经济的国际化需要，加强知识产权的国际保护，我国先后签署了一系列国际公约，这也为我国早日加入世界贸易组织提供了法律基础。

八　在对外经济关系上，实现了从封闭到开放的根本转变

在改革前期，我们就建立了 4 个经济特区，开放了 14 个沿海港口城市，以后又建立了海南特区和浦东开发新区，建立了一系列沿边开放口岸、内地开放城市和开发区，基本形成了多层次、多形式、宽领域、全方位的对外开放格局，适应国际惯例的对外经济运行机制已初步建立。

外贸体制改革不断深化。从 1994 年年底开始，国家取消了外汇收支计划和进出口总额的指令性计划，多次大幅度调低关税总水平。外贸进口总额由 1978 年的 206 亿美元增加到 1999 年的 3606.9 亿美元，增长 16.5 倍。我国在世界贸易中的位次，由第 32 位上升到第 10 位。

政府积极支持有条件的国内企业进入国际金融市场直接融资，到 1999 年年底，已有 46 家国有大中型企业成功地在海外上市，共筹措资金 100 多亿美元。

吸收外商直接投资和利用外资取得突破性进展。1979—1999 年，我国累计实际利用外资 4069 亿美元，其中，吸收外商直接投资总额

2656亿美元。已累计批准外商投资项目30多万个，从业人员1750万人。1993年以来，我国已连续六年成为世界上吸收外资最多的发展中国家。

境外投资也迈出了可喜的步伐。到1999年年底，在境外设立的企业共有5976家，遍及世界160个国家和地区。在充分利用国外资金的同时，又注意有效避免外债风险。

总之，改革开放使我国经济运行机制发生了历史性变化，行政指令性、计划纵向分配资源的方式已基本上向多家竞争、市场横向配置资源的方式转变；实现了由凭票供应、商品匮乏的卖方市场向品种繁多、产品丰富的买方市场转变；实现了由封闭半封闭的经济向多层次、全方位开放的经济转变；经济运行由以"短缺"为基本特征的供给约束型向以市场需求约束为主并与资源约束相结合的类型转变；经济增长方式正由粗放经营向集约经营转变；国民经济由大起大落转向持续、快速、健康发展。

改革开放有力地推动了经济和社会各项事业的发展，使我国发生了翻天覆地的变化。

据测算，1999年国内生产总值可达83190亿元，按不变价格计算，是1978年的6.8倍左右。1979—1999年，国内生产总值年均增长为9.7%，大大快于改革开放前26年年均6.1%的速度。

1978年粮食总产量只有6095亿斤，1996年就增加到10090亿斤，中国以占世界7%的耕地解决了占世界22%人口的吃饭问题。

外汇储备1999年年底估计达到1547亿美元，仍居世界第二位，为1979年的184倍。

人民生活水平大大提高。全国城镇人均生活费收入从1978年的316元，增长到1999年的5854元，扣除物价因素，1979—1999年年均增长6.3%。全国农民人均纯收入从1978年的134元上升为1999年的2210元，扣除物价因素，年均增长7.7%。城乡居民储蓄存款余额已由1978年的210.6亿元上升到1999年的5.96万亿元。全国农村贫困人口由1978年约2.5亿人减少到1998年年底的4200

万人左右。

科教兴国成就显著。各级各类教育迅速发展，全国基本普及九年义务教育和基本扫除青壮年文盲的县级单位达 1882 个；各类普通中等职业学校达 18600 所；普通高校达 1032 所，成人高等学校达 1138 所。"科学技术是第一生产力"的方针得到有效贯彻，科技体制改革逐步深化，高新技术产业迅速发展，基础研究在国际上产生一定影响，科技战线取得了一批重大的科技成果，科技进步对经济增长的贡献率已达到 30% 以上。卫生、文化、新闻、出版、体育等事业都出现了新的局面。

由于改革开放奠定了坚实的基础，我国成功地抵御了国内、国际政治风波。尤其是 1998 年，经受住了亚洲金融风暴和国内发生严重洪涝灾害的严峻考验，并取得了重大胜利。

综合国力的增强，人民生活水平的提高，科教的发展，各项社会事业全面进步，等等，这一切都表明：21 年前我党十一届三中全会关于改革开放的重大决策是完全正确的，也充分证明了邓小平同志所说的"改革是我国的第二次革命"[6]的英明论断。中国开始成功地走上了一条符合本国实际的实现现代化、振兴中华民族的发展道路。

注释：

[1] 胡志明（1890—1969），是越南共产主义革命家，是越南共产党、越南民主共和国和越南人民军的主要创立者和领导人，曾担任越南劳动党主席和第一书记、越南民主共和国主席和政府总理。

[2] "利改税"，又称以税代利，是指将国营企业上交利润形式改为征收所得税的形式。1980 年在部分省、市，部分行业进行试点。1983 年 4 月国务院正式批转《关于国营企业利改税试行办法》。

[3] "抓大放小"，是我国在深化国有企业改革、推进国有企业战略性改组中提出的一个重要方针。"抓大"，是指着力培育实力雄厚、竞争力强的大型企业和企业集团，"放小"，是指放开搞活国有中小企业。

［4］"三改一加强"，即国有企业的改革、改组、改造和加强企业管理，这四个方面工作结合起来称之为"三改一加强"。

［5］"一大二公"，是中共中央在社会主义建设总路线的指导下，于1958年在"大跃进"运动进行到高潮时，开展的人民公社化运动的两个特点的简称。具体是指，第一人民公社规模大，第二人民公社公有化程度高。

［6］《邓小平文选》第3卷，人民出版社1993年版，第113页。

21世纪初世界经济的发展趋势[*]

（2000年2月14日）

人类社会即将迈进充满希望和挑战的21世纪。把握21世纪世界经济与政治的发展趋势，是摆在人文社会科学工作者面前的一项光荣而艰巨的任务。

自20世纪90年代以来，全球化和信息革命已成为世界经济的两大特点。在21世纪，至少在21世纪初的相当一段时间内，以现代信息技术为基础的全球化，仍将是世界经济发展的主要特征。全球化是指这样一种趋势：人类经济活动突破地域限制，根据内在的需要，在全球范围内展开。

实际上，经济全球化并不是什么新现象。早在一百五十多年前，在《共产党宣言》中，马克思和恩格斯就已经指出，全球化是资本主义生产方式的基本特征之一，资本主义生产方式本身就有一种打破国家疆界、在全球范围内扩张的内在冲动。

预测趋势有时是费力不讨好的事，但对人类社会的发展而言，这种预测又是必不可少的。我们预料，在21世纪初期，世界经济很可能将呈现如下重要趋势。

　＊　这是李铁映同志在越南胡志明市社会科学院的演讲。

一　科学技术进步在经济增长中的作用将进一步提高，全球性的科学技术竞赛将进一步加剧

资本积累、劳动力投入、人力资本积累和技术进步是经济增长的四大推动力。

在 19 世纪，资本积累是世界经济增长的主要动力。西方列强的一切经济活动乃至政治活动都是以加速资本积累为中心的。在 20 世纪，特别是第二次世界大战以后，技术进步在经济增长中的贡献率越来越高。科学技术的飞速发展，特别是高科技在生产中的迅速推广和应用，业已成为战后世界经济发展的重要特征。

在 21 世纪的最初十几年，网络技术的发展和应用将大大改变人类的生活方式和生产方式。可以预见，在 21 世纪科学技术将呈现加速发展的趋势，科学技术进步在经济增长中的作用将随经济发展水平的提高而不断提高。

在 20 世纪，发展中国家可以通过实行赶超战略，逐渐缩小同发达国家之间的科学技术差距。然而，在 21 世纪，高新技术将越来越具有"全球自然垄断性"。也就是说，谁能抢先取得新技术的知识产权、谁能抢先取得新技术发展和应用的标准制定权，谁就能对这一技术领域取得垄断地位。而后来者就有可能永远失去在这一领域内取得一席之地的可能性。

在 21 世纪，大国之间在高新技术领域内的争夺战将日趋白热化。发达国家正在纷纷加大研究和开发费用，加大在信息技术方面的投资。制定正确的科技发展战略，选择正确的科技发展模式，是世界各国特别是发展中国家在 21 世纪所面临的重要课题。

二　金融资本的自由化和全球化继续发展，国际金融动荡的可能性依然存在

金融全球化是 20 世纪 90 年代世界经济发展的重要特征之一。随着世界各国资本跨境流动限制的逐渐解除，随着各种衍生金融工具的大量出现和信息技术的迅猛发展，银行资本和证券资本（股票与债券）在全球范围内跨境流动的规模急剧扩大，流动速度日益加快。当前，全球资本跨境流动的增长速度不仅大大超过了世界产出的增长速度，而且大大超过了国际贸易的增长速度。

金融全球化的本质特征，是金融资本在全球范围内迅速流动以追逐最高的回报率。金融全球化有助于资源在全球范围内的合理配置，但同时也大大增加了国际金融体系的不稳定性。巨额国际资本可能由于非理性的心理作用，从世界的这一角落迅速流到另一个角落，并引起有关国家汇率的急剧变化和国内金融体系的严重混乱，从而在一些国家引发严重的经济危机。在连续发生了墨西哥金融危机和亚洲金融危机之后，金融自由化和全球化的势头并未减弱，国际资本跨境流动的规模仍在继续增大。

在 21 世纪，金融自由化和全球化的趋势并不会改变。目前，尽管国际金融市场已经恢复稳定，但导致金融危机发生的一系列基本因素并未消除。当前，亚洲国家在整顿国内金融秩序上进展缓慢，美国股市泡沫还在进一步发展，国际金融体系改革也停滞不前。在 21 世纪初期，爆发新的、更为严重的国际金融危机的可能性依然存在。

为了避免国际金融危机通过"传染效应"造成的冲击，在积极参与金融全球化进程、逐步开放本国金融服务业市场的同时，发展中国家必须正确把握资本项目下本币自由兑换的速度和时序，同时加强本地区的货币合作，以维持本地区的金融稳定。

三　国际分工将进一步深化，国际贸易将继续维持较高的增长速度

在过去几十年中，世界各国进出口总额在本国 GDP 中所占比重普遍明显提高。与此相关的一个现象是，世界贸易的增长速度大大高于世界总产出的增长速度。世界贸易增长速度提高的直接原因，在于国际分工的广度和深度的大大加强。与此同时，世界贸易组织（以前是"关贸总协定"）亦有力地推动了国际贸易的发展。

当前，世界经济正处于结构性调整时期，全球性生产过剩相当严重。此外，在发达国家，特别是美国，服务业的增长速度大大高于其他产业的增长速度。而服务业的许多产品从传统上看是非贸易品。因而，不能完全排除这样的可能性，即在进入 21 世纪的最初一段时间内，国际贸易的增长速度将会有所下降，世界贸易在世界总产出中所占比重不断提高的趋势将有可能中断。但是，从长远的观点来看，在 21 世纪，国际分工将进一步加深，世界贸易增长速度有可能获得进一步提高。

在 21 世纪，发展中国家所面临的一项严峻挑战，是如何及时调整自己的产业结构、出口的产品结构和地区结构，培植有竞争力的跨国公司。一方面，发展中国家应该充分发挥自己的比较优势和资源优势；另一方面，发展中国家必须使自己的产业结构和出口结构不断升级，避免永远受制于西方国家占支配地位的垂直分工体系。

四　跨国直接投资将继续迅猛发展

在国际贸易迅猛发展的同时，跨国直接投资也在迅猛发展。直接投资的发展最初起因于贸易壁垒的存在。为了绕过贸易壁垒，一个发达国家在其他发达国家和发展中国家进行直接投资，以求占领

对方市场。时至今日，直接投资主要同跨国公司的全球化经营战略密切相关。为了降低生产成本，实现利润最大化，跨国公司越来越在全球范围内安排生产和销售。

跨国公司的生产，通常同时在几十个国家和成百上千个工厂中进行。在20世纪90年代，发达国家对发展中国家的直接投资规模之大，可谓史无前例。20世纪90年代中期以来，直接投资更是成为发达国家对发展中国家的最重要投资形式。值得注意的是，尽管世界经济经历了亚洲金融危机，但全球范围内的直接投资的增长趋势依然没有发生重大变化。这也说明跨国公司的全球化经营战略并未发生根本变化。

在21世纪的相当长的一段时间内，由于贸易自由化和资本自由化的深化，由于新技术特别是信息技术的发展，直接投资将进一步增加。在发展中国家，跨国公司对服务业和高新技术领域的投资很可能出现加速趋势。由于新技术的发展，传统模式的直接投资可能被新的直接投资模式所取代。直接投资的形式将趋于多样化。

对发展中国家而言，直接投资不形成债务负担，并且可以带入先进的技术和管理经验。但是，在积极引资的同时，发展中国家必须注意自身的产业发展方向和环境后果，避免让未来的经济增长背上沉重的包袱。

五　跨国公司联合与兼并浪潮进一步高涨，跨国公司日益成为世界生产的主要组织者

在国际贸易和直接投资的发展过程中，跨国公司的作用日益增强，它们构成了国际经济的微观基础。许多跨国公司的经济实力已超过一些中等国家的经济实力。科学技术进步所导致的运输、通信、技术传播成本的下降，使跨国公司的国际化生产能力大大加强。

发达国家的跨国公司实力雄厚，它们按照自身的发展战略和经营策略，在全球范围内融资，在全球范围内组织生产和销售。跨国

公司日益成为世界范围内的社会化生产的组织者。

由于科学技术的加速发展，跨国公司的联合与兼并的规模效应，将使它们的竞争力大大提高。由于高科技的研究与开发（R&D）费用之高已达到惊人地步，而且周期长、风险大，所以联合开发成为唯一的选择。在 21 世纪，跨国公司的联合与兼并的势头很可能还会进一步发展。

发展中国家必须努力培育本国的大型企业或超大型企业，培育以本国为基础的跨国公司。否则，在 21 世纪激烈的全球竞争中，失去关税保护的发展中国家的企业，将面临越来越大的困难。

六　世界经济组织的作用日益加强，改革世界经济秩序的呼声将越来越高

在 21 世纪，国际货币基金组织、世界银行和世贸组织，仍将是金融、发展和贸易三大领域中维持世界经济秩序的主要支柱。它们构成了全球经济的宏观体系。

在经济全球化的过程中，由于现存世界经济秩序的不合理性和无效性，改革现存世界经济秩序的要求必将日益强烈。发展中国家和发达国家在世贸组织和其他国际组织内部或外部的斗争，将是非常激烈的。一方面，发展中国家应该遵守和维护现在国际经济组织的权威；另一方面，发展中国家应加强相互之间的协调，打破少数大国对国际组织和国际经济规则制定权的垄断与控制，积极推动对现存国际经济组织的改革。

七　全球范围内的收入不平等将进一步加剧，人类社会还将面临严重的贫困问题和环境问题

全球化无疑大大促进了世界经济的发展。但是，在穷国与富国

之间，在同一国家的不同社会阶层之间，经济发展成果的分配是极
不平衡的。20 世纪 90 年代以来，穷国与富国之间、穷人与富人之间
的收入差距急剧扩大。

　　据统计，世界前 225 个最富有者的财富总额超过了 1 万亿美元，
相当于 25 亿人（占世界人口 47%）的年收入总和。仅美国微软公
司总裁比尔·盖茨、沃尔顿家族[1]和沃伦·巴菲特三家的财富，就
超过了阿富汗、也门和赞比亚等 48 个发展中国家年收入的总和。由
于这种全球性不平等的加剧，在一定时期内，发达国家与发展中国
家之间的矛盾与冲突将会加剧。在一些国家内部，社会矛盾与冲突
也存在着加剧的可能。

　　除了收入不平等问题外，人类的贫困问题和生存环境问题也远
未解决。单纯追求经济增长速度的时代已经过去。在 21 世纪，更多
的资源应被用于解决平等、贫困和环境问题。换言之，可持续增长
应成为 21 世纪各国经济政策的主要目标。如何实现增长模式的良性
转换，是各国政府需下大力气解决的问题。

八　区域性经济合作与经济区域
一体化趋势将进一步加强

　　自 20 世纪 90 年代以来，全球范围内的经济区域化或区域经济
一体化的趋势方兴未艾。经过数十年的努力，欧洲经济共同体终于
实现了货币联盟。21 世纪初，在主要欧洲国家中，欧元将最终取代
这些国家原有的货币。

　　欧洲经济一体化的成功，也使不愿接受世界经济霸权的国家和
经济体受到鼓舞。通过各种形式的区域经济一体化或区域合作来促
进自身经济的发展，已越来越成为亚洲和其他地区各国和经济体的
共同愿望。21 世纪的世界，特别是亚洲地区，经济一体化的趋势必
将大大加强。以自由贸易区为主要特点的各种区域经济一体化组织
的兴起，将成为 21 世纪世界经济发展的重要特征之一。

　　亚洲金融危机留给世人的一个重要教训是，在全球化的条件下，一个国家或经济体，很难独自抵挡实力雄厚的国际资本的冲击。而现有的国际经济组织（如国际货币基金组织），又难于（或不愿意）对受到冲击的国家提供及时的帮助（主要表现为帮助的条件无法令人接受）。在这种情况下，地域上接近的国家便会自然而然地把希望寄托在邻国或相邻经济体之间的互助之上。

　　近年来，亚洲货币基金之类的货币合作概念，已引起越来越多的亚洲国家和经济体的关注与兴趣。基于亚洲目前的政治经济现实，实现经济与货币一体化的条件还很不成熟。但是，在新的世纪，亚洲国家或经济体之间的经济与货币合作，特别是相互之间的贸易政策、宏观经济政策和汇率政策之间的协调，必将得到加强。

　　20 世纪是人类历史上最为辉煌的一百年。在 20 世纪，在马克思列宁主义的旗帜下，世界范围内的社会主义运动和民族解放运动取得了伟大的胜利。尽管苏联的解体给社会主义运动带来了严重挫折，社会主义的旗帜仍然在中国、越南等国家高高飘扬。我们对自己的前途充满信心。

　　20 世纪是无产阶级革命和科学社会主义付诸实践并探索建设模式的时代。正是由于科学地认识了历史发展规律，把握了时代特征，中国共产党才得以制定正确的方针政策，领导中国人民取得了中国革命和社会主义建设的伟大胜利。在 20 世纪 80 年代，根据世界经济与政治形势的变化，邓小平同志高瞻远瞩，提出和平与发展是当代的两大主题。正是在邓小平理论的指导下，中国共产党领导人民推进改革开放和社会主义现代化建设，并取得了举世瞩目的伟大成就。

　　当前，在以江泽民同志为核心的党中央领导下，中国人民正在满怀信心地把建设有中国特色的社会主义全面推向 21 世纪。我们相信，在 21 世纪，中国人民将在建设社会主义的道路上取得更加辉煌的业绩，为世界的和平、发展和人类进步事业做出更大的贡献。

注释：

[1] 沃尔顿家族（Walton family），是美国的一个家族，是世界上最富有的家族，其财富来源于山姆·沃尔顿和巴德·沃尔顿兄弟所创建的沃尔玛——世界上最大的连锁零售企业。整个沃尔顿家族共持有沃尔玛 39% 的股份，每人大概拥有 180 亿美元，家族全部财富总和约 895 亿美元（2010 年 3 月估计）。

马中友谊与亚洲经济发展[*]

（2000 年 2 月 22 日）

　　我非常高兴有机会访问你们美丽的国度。这次我率领中国社会科学院代表团访问马来西亚，是为了加强对贵国的了解，促进两国人文社会科学界的合作。我相信，这种合作对进一步推动两国关系的发展，具有重要的意义。

　　我们这次访问正值一个重要的历史时刻，即新年、新世纪和新千年刚刚开始。按照中国的传统习惯，春节要过到正月十五。尽管正月十五刚过，但我还是想利用这个机会，给大家拜个晚年，祝大家新年好！新世纪好！新千年好！

　　中国与马来西亚的交往有着悠久的历史。据历史记载，早在公元 6 世纪就有外交和经贸关系。目前，两国关系是历史上最好的时期。自 1974 年两国正式建交以来，在经济、政治领域的关系取得了迅速发展。在地区和国际事务上，我们两国有着一致和相似的看法，有着密切的合作。1997 年江泽民主席对贵国的访问，使两国关系发展到一个新的阶段。

　　中国对马来西亚在经济现代化中所取得的成就深表钦佩，对贵

---

　　* 这是李铁映同志在马来西亚马中友协的演讲。

国在克服金融危机中所采取的坚定正确的政策措施表示赞赏。事实证明，在金融危机发生后，马哈蒂尔[1]总理领导的政府为稳定资本市场所采取的果断措施是正确的。这也为发展中国家今后如何应付外国投机资本的冲击、控制资本外流、稳定和发展本国经济，提供了有益的经验。同时，马来西亚在对外关系中奉行的独立自主的外交政策，在地区稳定与合作中发挥着重要的作用。我们相信，新的世纪里，两国的关系会得到更大的发展。

我们两国同处亚洲地区，创造了为世人赞誉的经济奇迹，也经受了金融风暴的洗礼。不管人们如何评说东亚经济，在人类进入21世纪之时，东亚已开始恢复增长，重新成为世界最富有活力的地区之一。今天，我想借此机会谈谈我对东亚经济的一些看法。

一　东亚经济发展取得了举世瞩目的成就

从20世纪60年代后期至90年代后期，包括日本、中国和亚洲"四小龙"在内的幅员辽阔的东亚地区的经济，经历了史无前例的持续高速增长时期，取得了引人注目的成就。东亚创造了连续三十多年的高经济增长率，大大超过了世界其他地区，被誉为"亚洲奇迹"。

经济的高速增长使东亚地区迅速改变了面貌。作为世界上人口最稠密的地区，直到20世纪60年代以前，东亚一直是一个比较贫穷落后的地区。但此后三十多年的经济高速增长，为本地区带来了繁荣和富裕。在这期间，东亚发展中国家和地区人均实际收入增长了大约3倍，绝对贫困人数平均下降了2/3，健康与教育水平明显提高。客观地说，在促进经济增长、提高人民生活水平方面，世界上做得像东亚地区这么出色的，并不多见。1966年东亚地区的国民生产总值仅占当时世界的4%，而30年后的1996年，这一比例上升到24%。

东亚地区经济的迅速发展，大大提高了东亚在世界上的地位。

东亚不再是一个被人瞧不起的"病夫"，而是一个令人刮目相看的新兴地区，充满活力与生机，吸引着来自世界各地区的投资者。东亚人民用勤劳的双手和过人的智慧，创造出令世界惊叹的经济奇迹，这是大家有目共睹的事实。

随着东亚经济的快速发展，扎根于东亚深厚的历史文化土壤的亚洲价值观，也受到世界的重视。古老的东方文明焕发出新的活力。

然而，事物的发展总是曲折的。正当东亚经济发展迅猛之时，一场突如其来的金融危机袭击了整个东亚地区。1997 年 7 月，亚洲金融危机从泰国爆发，后迅速蔓延，东亚各个经济体都或大或小地受到冲击。

亚洲金融危机确实给东亚地区经济造成了严重的损失。一些国家出现了暂时的经济衰退。但是，东亚地区三十多年来高速发展所取得的上述经济成就，并没有化为乌有。东亚人民数十年来的艰苦奋斗，也没有付诸东流。东亚的经济奇迹是客观存在的、不容否认的事实。不能因为发生了金融危机，就全盘否定东亚人民所创造的经济成就。一年多前，当金融危机的后果充分暴露时，一些西方媒体曾试图全盘否定东亚的经济成就、发展模式和价值观，把东亚经济的前景说成一片漆黑。显然，这是不符合事实的。

二　关于亚洲金融危机的原因与教训

亚洲金融危机给东亚各国留下了深刻的教训，它使我们认识到自己的不足之处。为吸取金融危机的教训，有必要对引起这场危机的原因进行深入的分析。两年多来，世界上对这个问题的研究与讨论一直没有停止过。西方国家一些学者把这场危机简单地归结为唯亲主义，并与亚洲价值观直接挂钩，认为东亚奇迹并非真正的"奇迹"，而只不过是"海市蜃楼"而已。这种说法显然是片面的，不合实际的。

造成这场危机的因素比较复杂，既有外部因素，又有内部因素。

外部因素主要是国际投机资本的攻击。经济全球化、金融自由化和信息化的飞速发展，使国际资本的流动性空前增强。东亚经济的高速发展，吸引了大量国际资本向东亚流动，其中许多是短期资本，而短期资本中又有很多是专靠投机、炒作来赢利的国际游资，包括一些国际著名的对冲基金。这部分资金数量不小，能量很大，一有风吹草动就兴风作浪。由于东亚一些国家市场和管理机制尚不完善，对国际投机资本的攻击缺乏足够的抵御能力，因此让它们钻了空子。

从东亚国家内部因素来看，主要是金融领域方面的问题，如不良债权比重过高，金融体制不健全、不透明，还有短期外债过多、经常项目赤字过高等，也都是直接的因素。另外一个重要的因素是一些国家中出现的泡沫经济。经济过热和泡沫掩盖了许多内部的问题。在东亚，泡沫经济首先发生在日本，后来转向东南亚一些国家。泡沫经济的背后是地区性产业结构的失调。自 90 年代初起，日本产业结构的升级出现停滞，致使东亚各层次经济体之间的产业转移也发生停滞。

金融危机是否表明东亚模式和亚洲价值观不灵了呢？东亚地区确有腐败、任人唯亲等不良现象，但把这些都归结于东亚模式或亚洲价值观是有失偏颇的。腐败是一个世界性问题，不仅仅存在于东亚。东亚发展模式和亚洲价值观中的积极因素是主要的，应当予以肯定。亚洲人民勤劳、节俭、重视家庭和集体，重视子女教育，这些都是有利于经济发展的积极因素。东亚模式中的高储蓄率、高积累率、集体精神，也都是有利于经济发展的积极因素。这些因素并没有"失灵"，在今后还需要进一步发扬光大。

当然，另一方面，时代在前进，社会在发展，东亚各国都面临着新的、艰巨的挑战。经历了这一场金融危机，我们看到了体制中存在的问题，有了深刻的教训。东亚需要改革。

经过金融危机的艰难历程之后，东亚各国都在痛定思痛，总结教训。中国虽然没有被直接卷入这场危机，但也受到了不少影响。中国也需要吸取教训，防患于未然，这对中国今后的经济发展极为重要。这场危机给我们的教训主要有下面几个方面：

第一，发展中国家对资本市场的开放要谨慎。现行的世界金融体制并不能保障国际金融的安全。发展中国家金融体系比较脆弱，抗击外部冲击的能力较差，贸然开放资本市场，风险较大。因此，开放资本市场一定要有次序，要有配套政策和措施，需要建立起一套金融风险防范机制和预警系统。

第二，举借外债要慎重，要控制好短期外债的规模。这次危机中受打击最重的国家，皆有外债失控，特别是巨额短期外债无法偿还方面的原因。

第三，要加强对金融机构的管理，理顺银行与政府的关系。在东亚，不少国家的金融制度不严格、不透明，管理不善，这是导致坏账高居不下的一个主要原因。从中国的情况来看，对亏损国有企业的政策性贷款规模较大，是造成银行坏账的一个重要原因。

第四，要以高新技术为先导，进一步调整产业结构。开发高新技术产业，促进产业升级，是降低金融危机发生概率的根本所在。

1999 年是东亚经济复苏势头较旺的一年，受灾最重的五个国家的经济状况已明显好转，东亚其他经济体的情况已有较大改善。

东亚经济恢复增长是有许多有利条件的。例如，高储蓄率、对教育的重视、对外国资本和技术高度开放、贸易网发达、劳动力资源丰富且年轻，以及社会凝聚力较强等。这些"东亚特色"大大增强了东亚经济的发展潜力。

当前，东亚各国应该充分利用这些有利因素来巩固经济复苏势头。各国需要进一步调整宏观经济政策，加快经济结构调整，深化金融与企业改革，加大科技投入，提高劳动生产率，健全市场机制和法规，清除腐败。这样，东亚的经济发展会有更加光明的前景。

三 加强东亚的经济合作

金融危机给我们的深刻启示之一是：东亚经济要转危为安、恢复发展势头，不仅需要各国坚持推进改革和经济结构调整，而且需要我们进一步加强协调与合作，在合作中求发展。

中国与东亚的合作卓有成效，并且这种合作已在金融危机中经受了考验。中国是东亚的一员，与东亚各国有密切的经济联系。金融危机发生后，中国政府采取了一系列措施来稳定东亚地区的经济和克服危机。

这些措施包括：首先，中国政府在 IMF（国际货币基金组织）的框架内，并且通过双边途径向受危机冲击最重的几个国家，提供了力所能及的帮助。其次，中国政府做出了保持人民币汇率稳定的承诺。两年多时间内，人民币没有贬值。当然，我们为此也付出了代价。

事实证明，中国所采取的稳定人民币汇率和刺激国内经济增长的政策已取得成效。这充分显示出中国政府对克服这场危机所持的高度负责的态度，同时也反映出中国与东亚各国密切合作、同舟共济的诚意。

东亚合作的首要任务是进一步营造和平的环境，集中精力发展经济。因此，今后相当一段时间内，东亚合作的重点应该放在经济领域。具体而言，要在贸易、金融、投资、科技领域进一步加强合作，考虑到金融危机的教训，金融合作应是当前和今后东亚合作的重点之一。

目前，东亚合作正在取得显著进展。1999 年 11 月，东亚 13 个国家的领导人在马尼拉召开了非正式首脑会议。这是第三次这样的会议，但发表联合声明还是首次。东亚领导人在加强合作方面达成了许多共识。今后我们还要积极努力巩固和完善这一合作机制，并扎扎实实地落实一些具体的经济合作项目。东亚的这种合作不具有排他性，是与国际上、亚太地区的其他合作相辅相成的。

东盟有 10 个国家，是我国的近邻，在中国的外交战略中占有特别重要的地位。中国与东盟都是亚洲发展中国家，双方文化背景相通、认同感强，在价值观、人权观、民主观及国际事务中的许多问题上都有相同或相近的看法。

　　中国与东盟彼此合作，互相支持，双方是可靠的合作伙伴。双方在资源、技术和资金、人才方面的互补性强。近几年，东盟已是中国的第五大贸易伙伴，但双方扩大贸易的潜力还很强。虽然在出口市场和出口产品方面彼此间有事实上的竞争，但毕竟是经济领域的合作机遇更多一些。

　　中国与东盟已建立了多种交流与合作渠道，包括首脑互访、外长对话、高官磋商、东盟地区论坛（ARF）及民间交往，等等。此外，还相继建立了中国—东盟联合合作委员会、中国—东盟科技委员会、东盟北京委员会等机制。1997 年年底，双方又建立睦邻互信伙伴关系，并将这种新型关系带入了 21 世纪。这样的合作关系不仅符合双方的利益，也有利于亚太地区的和平、发展与稳定。我真诚地希望，在新的千年和新的世纪到来之时，双方能把这种合作关系推上一个新的台阶。

　　在新的世纪，亚洲的前景是光明的。亚洲有成功的过去，也一定会创造更加辉煌的未来。

　　谢谢大家！

注释：

[1] 马哈蒂尔，即马哈蒂尔·穆罕默德（Mahathir Mohammed），1925 年生，是马来西亚第四任总理。自 1981 年起至 2003 年执政长达 22 年，是马来西亚就任时间最长的总理。

必须发展和繁荣社会科学[*]

（2000 年 3 月 10 日）

一 党中央一贯高度重视哲学社会科学的建设和理论的作用

党中央一贯高度重视哲学社会科学的建设和理论的作用。江总书记1991年听取社科院工作汇报时指出："社会科学研究方向的正确与否，社会科学发展状况如何，对于人们的思想意识和社会道德风尚，对经济建设，对社会稳定和发展，都会产生巨大而深刻的影响，甚至关系到中华民族的兴衰和社会主义的命运。"[1]江总书记的指示，深刻地揭示了社会科学的历史地位和作用，精辟地阐明了发展与繁荣社会科学的必要性和紧迫性。

1994年年初，江总书记和李鹏同志分别给我院题词，江总书记的题词是："加强学习，总结经验，坚持理论联系实际，把中国社会科学院建设成为马克思主义的坚强阵地"；李鹏同志的题词是："以研究有中国特色社会主义理论为崇高使命"。1998年9月，江总书记给我院研究生院题词："把中国社会科学院研究生院办成一流的人

＊ 这是李铁映同志在九届人大三次会议分组会上的发言提纲。

文社会科学人才培养基地。"

1999 年 7 月中央政治局常委和其他中央领导同志听取我院党组的工作汇报，对我院的发展作了一系列重要指示。江总书记要求我们"要把中国社会科学院办好"，这充分表达了党中央对我院的殷切期望。

这些指示和题词，是党中央、国务院领导对广大社会科学工作者的莫大鼓舞和鞭策，对于推动我国社会科学的繁荣和发展具有十分重要的意义。

二　去年我院广大学者贯彻中央精神，努力探索重大理论和实践问题，为党和国家提供了理论支持和政策咨询

在人类进入新千年、新世纪的关键时刻，面对我国改革开放和现代化建设的新发展，面对国际格局变化的新趋势，我院社会科学工作者紧紧围绕我国社会主义现代化建设进程中出现的重大问题，21 世纪人类面临的重大问题，潜心研究，大胆探索，力求为我国经济改革、现代化建设和社会的全面进步，做出自己应有的贡献。

在过去的一年中，在党中央的领导下，我院广大科研人员积极投入抗议美国炸我驻南使馆、反对"两国论[2]"、反对"法轮功"等三场大的政治斗争中，在理论支持、宣传教育、释疑解惑等方面做了大量工作，得到了社会的肯定。

去年，我院积极实施"精品战略"，科研工作取得了一定的成果。其中专著 472 种，论文 3496 篇，研究报告 709 篇，学术资料 106 本，教材 43 种，译著 101 种，译文 408 篇，普及读物 103 种，工具书 69 种，还在古籍整理、图书编辑和期刊出版等方面，做了大量工作。

在 1999 年举办的全国"五个一工程"奖[3]和首次国家社科基金项目优秀成果奖的评选活动中，我院共有 53 项作品获得国家级奖。

其中，7 项作品荣获全国第七届精神文明建设"五个一工程"奖，32 项作品荣获国家社科基金项目优秀成果奖（占全国同类奖项的 20.5%），14 项作品荣获第四届"国家图书奖"。我院《要报》围绕国内外重大现实问题，刊登了科研人员撰写的大量对策研究报告和政策建议，得到了领导同志和有关部门的重视。

三　在 21 世纪，我国哲学社会科学必须有一个大发展

要实现我国新世纪的发展战略目标，实现中华民族的全面振兴，没有理论的支持是不可想象的。新的挑战孕育着新的发展，新的世纪充满了新的希望。

21 世纪是需要社会科学大发展、大繁荣的时代，也将是产生科学巨匠和学术巨著的时代。为了适应形势的需要，我院党组以科研为中心对今年各项工作做了全面的安排和部署。

今年我院将集中精力实施精品战略，实施院重大课题研究计划，对具有全局性、宏观性、战略性、前瞻性的重大理论问题进行深入研究，力争推出一批对国家重大决策和学科建设具有重要价值的科研成果；将深化我院的体制改革，积极探索建立符合社会科学发展规律、与社会主义市场经济体制相适应的现代科研院所新体制；将进一步加强科研队伍的建设，坚持正确的政治方向和理论方向，逐步培养一批享誉海内外的学术"大家"。努力出更多的优秀成果，出更多的优秀人才。

在这新千年、新世纪交替之际，我院的广大学者将高举邓小平理论的伟大旗帜，坚持党的基本路线，紧密团结在以江泽民同志为核心的党中央周围，为把有中国特色的社会主义事业全面推向 21 世纪，为发展和繁荣我国哲学社会科学事业，为实现中华民族的伟大复兴而努力奋斗！

注释：

[1]《人民日报》1991 年 2 月 24 日第 1 版。

[2]"两国论"，是指 1999 年 7 月 9 日，当时"中华民国总统"李登辉接受德国之声录影专访时对于台湾与中国之关系的一个诠释。他公然表示，台湾当局已将两岸关系定位为"国家与国家"，或"至少是特殊的国与国的关系"，这再一次暴露了他一贯蓄意分裂中国的领土和主权、妄图把台湾从中国分割出去的政治本质，与"台独"分裂势力的主张沆瀣一气，在分裂祖国的道路上越走越远。

[3]"五个一工程"奖，是由中共中央宣传部建立的奖项，全称中宣部精神产品"五个一工程"评奖。其宗旨是弘扬民族文化，创造艺术精品，繁荣和发展社会主义文化事业。首届于 1992 年颁发，每年一届。作品必须是由中华人民共和国各省市自治区、部委、中国人民解放军总政治部等制作、推荐、申报，作品分为五个方面，分别是戏剧作品、电视剧或电影作品、社会科学方面的图书作品、社会科学方面的理论文章作品、歌曲作品。

坚持正确方向[*]

（2000 年 3 月 13 日）

这是一次非常重要的会议，是在我院各所新一届党委成立和纪检监察组织新调整以后，我院召开的第一次党委书记暨纪检监察工作会议。这次会议具有承前启后的作用。所谓承前，就是要把过去老一届党委和纪检监察组织所做的工作、优秀的传统继承下来；所谓启后，就是要面向新的世纪，做好新一届党委和纪检监察工作。关于党委和纪检监察工作，中央已经有了明确的指示和部署。前一届党委和纪检监察组织的工作是有成绩的，院党组应对你们的工作表示肯定和表彰。

我希望各所新一届党委班子和新的纪检监察组织不要去议论前一届班子的优劣，去挑人家的缺点、毛病。一代人做一代人的事情。我们的职责是开创未来，而不是议论前人，这样才是新一届党委和纪检监察组织正确的态度。当然，已经退下来的同志，对新一届党委和纪检监察组织的支持，就是不要去干涉他们的工作，有意见可以按组织程序提。这样才会形成新老班子的团结，才能使新一届党委和纪检监察组织，按照中央的精神全力以赴地做好工作。

＊ 这是李铁映同志在中国社会科学院党委书记暨纪检监察工作会议上的讲话。

我一直关心我院的两件事情。一件事情，就是我院的政治素质问题，特别是院、所两级领导班子的政治素质问题。实际就是讲政治的问题，党的领导班子的建设问题。如果我院两级党的领导班子都认真地坚持党的基本路线，坚持邓小平理论，坚持在政治上同以江泽民同志为核心的党中央保持高度一致，坚持以马克思主义来指导我们的学术研究，就能保证全院在政治方向、科研方向和理论方向上不发生偏差，即使有了局部的、暂时的偏差，也容易得到纠正。在各种倾向性问题面前，我们也才会有敏锐的政治鉴别力，始终保持清醒的头脑。所以，政治问题、班子问题是第一位的。希望新一届党委和纪检监察组织的工作，能够全力以赴地加强党的建设，加强班子的建设，在这方面做出自己应有的贡献。

第二件关心的事情，就是我们院的学术理论研究。按照江泽民同志题词所指出的，一定要把我院建成马克思主义的坚强阵地。在这一思想指导下，我们要把建设有中国特色的社会主义作为我们学术理论研究的历史使命和基本任务。这就要求社科院的学者，为国家、为民族的全面振兴贡献聪明才智。国家也需要从事人文社会科学研究的知识分子为建设有中国特色社会主义的宏伟事业提供精神动力、理论支持和决策咨询。这就是为什么党和国家重视社科院，为什么要我们办好社科院的根本原因。离开了这个正确的方向和任务，社科院的存在意义和我们工作的目的就成了一大问题。

所以，希望新一届党委和纪检监察组织把这两件事情都做好。大家是党委书记和纪检干部，许多同志工作也是"双肩挑"。但是第一条，一定不要忘记我们都是党的领导干部，不要忘记一个党员干部肩负的职责。

去年我们进行了"三讲"，今年还要开展"三讲""回头看"活动。院党组已经做了安排，中央还要派巡视组来。今年我院的政治建设，第一条，就是要通过开展"三讲"教育"回头看"活动，把新党委、新班子的建设工作搞好。只要我们领导班子是好的，政治建设就可以取得好成绩。

第二条，认真贯彻江泽民总书记在中央纪委第四次全会上提出的，加强政治纪律这一要求。社科院担负着学习、研究、宣传马列主义、毛泽东思想特别是邓小平理论的崇高职责，我们的研究成果对我国的政治、经济、文化建设产生着重要的影响。所以，我们必须更加突出地强调严肃政治纪律和宣传纪律。在思想意识形态领域，马克思主义、无产阶级思想不去占领，各种非马克思主义、非无产阶级思想，甚至反马克思主义的思想就会去占领。在我们的研究工作中，要认真坚决地贯彻"双百"方针，但同时也必须坚持和加强马克思主义在意识形态领域中的指导地位。在指导思想上绝不能搞多元化。在这个大是大非面前，我们必须清醒坚定。我们既然是共产党员，既然是吃国家和人民供给的"皇粮"，当然要按照党纪和国家的法律来办事。这是毋庸讳言的事情。

第三条，新班子要重视对青年人的培养。我看我们对青年干部的培养还没有提到一个十分重要的位置上。在今年年初的院工作会议上，明确今后召开重大的会议，我们要组织一批青年学者作为一个特别组来参加，充分听取他们的意见，也使他们受到教育。这是我们办院的一件大事，使我们的社会科学研究事业能够代代相济、后继有人。希望新一届党委、各个所局的领导，都要对40岁以下的青年人，给予特别的关心、支持和帮助。

最后，希望我们每一个人都要十分珍惜社科界、社科院的荣誉。我希望今后大家对一些别有用心和图谋的人要注意，防止他们借着社科院这块牌子来谋利或有意损害社科院的形象。凡是有正义感的，有科学态度的，有强烈的为中国现代化建设服务的责任心、事业心的学者，要来伸张正义，维护我们社科院的荣誉和形象。实际上，我们很多学者做了很多有益于国家和民族的事情。去年，我在新中国成立50周年报告会上专门肯定了这些成绩。我想，还是需要大家行动起来，共同创造一个良好的百家争鸣、百花齐放的学术环境，使我们的社会科学工作者，能够在这块园地上做出有价值、有意义的贡献，希望在这块园地上出学术大家，出传世之作。

希望各所局党组织的领导、部门负责人，纪检监察部门的同志共同努力，在新的世纪，使我们社科院有更良好的形象，为党和国家做出更多的贡献。

与胡绳同志谈党史研究问题

（2000 年 3 月 20 日）

李铁映：我最近看了中共党史《中卷》稿，有些问题想请教一下胡老。比如说朝鲜战争爆发的直接原因是什么？俄罗斯已经公布了那段历史的档案，披露了当时的情况；我们自己出版的一些书中，也援引了这些资料。这类问题应怎么写，值得研究。不知胡老对此有何考虑？

胡绳秘书：有关朝鲜战争问题，需要说明的是中央党史研究室将《中卷》稿第一编送胡绳同志审读时附有龚育之同志的报告，其中有段文字可看做编写这一问题的指导思想："关于抗美援朝，这是由于俄国档案引起学界诸多争议的一个热点。关于战争发生前中国的态度，关于中国出兵决策的变化，关于停火谈判中的策略等争论问题，我们采取不无视这些档案提供的材料，而又不多写细节的办法，试图做一个简明、如实、妥当的叙述。"（载《龚育之论中共党史》）

李铁映：1956 年至 1957 年，毛泽东、刘少奇、周恩来都曾经提到多种经济成分并存，吸引外资，请外国人到我国投资办厂等问题。在国家很大又没有经验的情况下，建设社会主义要利用多种可能性。但是后来这些想法不仅没有实行，相反，一切都发生了变化。"三大改造"之后，在党的高层领导，在思想领域内，这些变化是如何发生的？也就是说，怎么写我党对社会主义探索的历史和经验？

胡绳秘书：那时胡绳同志正担任《红旗》杂志的副主编。毛主席1958年亲自给《红旗》写了一篇文章。此文是为《农村社会主义高潮》一书撰写的序言，其中表达了主席的想法。

李铁映：在《中国社会科学文摘》今年第1期上，我看到了胡老的文章，而且看得很仔细。对这篇文章，有的同志表示了不同的看法。就我个人的想法，还是换个角度更好些。比如说，可否不从"民粹主义"的角度来看待党和毛主席所犯的错误。因为党的历史经验和毛主席的功过，已有两个党的若干历史问题的决议做出了评价。事实上，民粹主义产生于俄国特殊的历史条件下。列宁曾严厉地批判过这种思潮。中国的情况与俄国很不相同。中国革命是通过"农村包围城市，武装夺取政权"而取得胜利的，是通过新民主主义革命再到社会主义的。

胡绳：我说毛主席在1958年搞"大跃进"和人民公社，染上了民粹主义色彩，但这并不是说毛主席就是一个小资产阶级革命家或民粹主义者。在中国的历史条件下，说毛主席染上了民粹主义是不奇怪的，也是可以理解的。

李铁映：我有一个看法。对社会主义发展道路的探索，我们党曾经历过三个阶段，有过三次机会。一是新中国成立初期，百废待兴，但由于朝鲜战争的爆发，我们受到了帝国主义的封锁，被逼到了墙角，结果是"一边倒"。二是党的八大以后，我们党提出了一系列符合中国实际的路线、方针、政策。但后来却偏离了这一路线，搞了"大跃进"、中苏论战，进而搞"以阶级斗争为纲"，尤其是出现了十年"文革"动乱，不仅失去了发展机遇，而且使国民经济几乎走向崩溃的边缘。三是粉碎"四人帮"和党的十一届三中全会以后，这次我们抓住了发展的机遇，取得了二十多年的巨大发展成就，走出了一条符合中国国情的正确发展道路，并产生了邓小平理论。

当然，也应该看到，我们现在仍处于继续探索建设有中国特色的社会主义道路的过程之中。这一探索并没有完结，还面临着许多矛盾和问题，需要我们去解决。在探索过程中，我们必须毫不动摇地坚持马列主义、毛泽东思想尤其是邓小平理论，并在实践中不断丰富和发展马克思主义。

社会学大有作为[*]

（2000 年 3 月 21 日）

我首先代表中国社会科学院，代表在座的所有学者、同志们、朋友们，感谢两位学界老前辈——九十五岁的雷洁琼[1]教授和九十岁的费孝通[2]教授到会讲话。他们一生对社会学钟情、执着，对学界后辈寄予厚望。我们一定要承继前辈在开风气、育人才方面的传统，开启今后中国社会学的发展之门。

今天，老中青社会学研究工作者在这里庆祝中国社会科学院社会学研究所成立 20 周年。这是一件在中国社会科学界有重大意义的事情。过去对社会学争论了很长时间。社会学到底是不是科学？它应该研究些什么问题？回答些什么问题？正是由于"文革"十年动乱的深刻教训，使我们清醒地认识到社会学是一门很重要的社会科学，应该重建它，补上这一课，很好地用这门科学来研究中国社会的实际问题。

社会学恢复和重建以来的 20 年，也正是中国改革开放的 20 年，是中国社会发生巨大变化、中国人民大踏步前进的 20 年。还很少有

---

* 这是李铁映同志在中国社会科学院社会学研究所建所 20 周年庆祝大会上的讲话。

这样的历史机遇和历史巨变：中国在政治、经济、文化、社会、体制、思想观念以及生活方式等各个方面，都发生了前所未有的、人类历史上罕见的变化。正是在这20年里，社会学恢复了、发展了，并在脚踏实地的深入研究中取得了丰硕成果，这就是中国社会学20年的足迹。

实事求是、一切从实际出发，是我们党的思想路线，也是社会科学研究必须遵循的最重要的基本原则。用马克思主义的立场、观点和方法研究中国社会的实际，是我们党一贯倡导的。所谓有中国特色的社会主义道路，所谓实事求是，所谓马克思主义同中国实际的结合，就是要通过对中国实际问题的深入研究，来提出解决这些问题的方法。

社会学研究的一个显著优点，也正在于它注重实地调查的传统。毛泽东同志20世纪20年代在深入调查研究基础上撰写的《中国社会各阶级的分析》和《湖南农民运动考察报告》，至今仍然是马克思主义社会学的基础文献，他所提出的"没有调查，没有发言权"，可以说是社会学研究的基本原则和前提。因为研究社会，只有从社会的实际调查入手，才能提出问题和回答问题。

早在改革开放之初的1979年，小平同志就向全党提出："四个现代化靠空谈是化不出来的。""政治学、法学、社会学以及世界政治的研究，我们过去多年忽视了，现在也需要赶快补课。"[3]小平同志讲话后，中央决定迅速地恢复和重建社会学等一系列社会科学学科。

20年来，通过老一辈社会学家的传、帮、带，在继承社会调查的优良传统的基础上，我院社会学研究人员进行了大规模的社会调查，获得了大量第一手资料和数据，也写出了一批很有价值的调查报告和学术文章，为中国社会学的发展做出了积极的、重大的贡献。

这里特别要提到的是费孝通先生关于"小城镇"的研究。它受到了中央领导的高度重视，也为推动中国农村的工业化和城市化发挥了很大作用。我在80年代读了费老的《小城镇大问题》这篇文章后，更加感到中国完全有可能在实现工业化、城市化的时候，走出一条不同于西方所走过的道路。有可能依靠中国社会主义的优点和传统文化的优点，在小城镇的基础上集中乡镇企业和农村的一些传统优势，形成星罗棋布的、各有特色的小城镇这样一种结构和布局，来实现中国的工业化、城市化。也是在这篇文章的启迪下，我开始研究了一些城市学的问题，还参加了我国第一次城市学研讨会，也发表了一些观点和意见。在改革初期通过实行家庭联产承包责任制解放了农村生产力，农业生产得以迅速发展。在这种情况下，费老这篇文章极富远见地提出了小城镇发展在今后中国现代化道路中的地位和作用问题，发挥了社会学研究对社会发展的重要作用。

今天，对于社会学这门学科，对于它 20 年来取得的成就，对于社会学在促进社会发展与稳定中的作用，中央、中国社会科学院以及社会科学界，都是充分肯定的。我来社科院之前，在国务院分管了很长一段时间的文化、教育和体制改革等方面的工作，深感社会学的重要，并从社会学中受益匪浅。我十分看重这门学科。

中国目前正处在一个伟大的变革时期，经济体制和社会结构在 20 年中发生了极其深刻和巨大的变化，这在中国和世界历史上都是罕见的，这为社会学的发展和研究提供了难得的机遇，应当说，现在是中国社会学发展的黄金时期，社会学大有作为。

中国现代化所面临的问题，有许多是前人没有遇到过，也没有现成答案的新问题，需要我们的社会学研究人员去深入探讨，做出回答。中国社会经过几千年的绵延发展，今天第一次进入小康社会，虽然我们历史上有过盛唐，有过宋代经济和科学的发展，但还不能把那些时代看成小康社会。中华民族作为一个大国，真正解决了温饱问题并进入小康社会是在今天。那么，小康之后的中国社会会出现什么样的问题？我们不知道，也没有现成的答案。对我们来说，这是在新世纪门槛上需要深刻认识和研究的新问题。在没有进入小康、温饱还没有解决的时候，更多考虑吃的问题；而在解决了温饱、进入小康以后，必然会考虑社会的文化精神生活的问题。

现在我们的现代化事业正在推向前进。我国的广大农村怎样才能实现现代化？适合中国国情的城市化道路究竟是什么？中国进入小康社会后社会结构已经发生了哪些深刻变化？社区组织形式在新形势下会有什么样的特点？家庭在今后的社会发展中应该起到什么样的作用？这些新形势下的新问题，都是中国社会发展中不可回避的。

我这里还想特别谈一下家庭。中国进入小康社会以后，家庭问题将以新的形式提到社会学的面前。随着社会现代化程度的提高，家庭的一些传统功能是不是会被取代？是不是要发生一些变化？现在，在一些发达国家，家庭已经出现了一些值得注意的新现象，但现代化是否就意味着家庭的破碎？破碎的家庭能否拥有幸福的孩子？没有幸福的孩子和幸福的家庭，会不会有幸福的社会？我们不是在讲人权、讲民主吗？不是在讲幸福、讲富裕吗？不幸的家庭可能制造多少不幸的孩子？将为社会带来多大的痛苦和困难？家庭是构成社会的基础和细胞，幸福的家庭是构成幸福的社会的细胞和基础。

再比如，中国历史上人口的大迁徙，一般都是由战乱和灾荒所致，而现在出现的近亿人的民工流动，其原因是根本不同的。这反映了中国社会走向现代化、城市化的潮流和趋势。我们要花大力气引导它，使之有秩序、有步骤地沿着经济社会可持续发展道路前进。通过深化改革来调整城乡关系，推动我国的城镇化。当然，我们要认识到这样的问题不是一天两天形成的，解决起来也需要时日和相关的政策、制度、法规；并且，也不能只看到人口流动和迁徙的正面效应和正面意义，也应研究一下这样大规模的社会迁徙会产生哪些与之相伴随的新问题，特别是会有哪些新风险，真正让它成为有利于而不是不利于社会稳定与发展的变迁过程。中国社会学的历史任务以及自身学术地位的确立，就在于能够回答中国现代化过程中出现的这类重要问题。否则，社会学就很难有它的地位和价值。中国的"猫"要能够抓中国的"老鼠"。只有能够回答中国现代化道路中的根本问题，只有抓住那些现实中的重大问题和学术上的前沿问题，集中力量，坚持不懈，长期跟踪，才能有所突破，才能形成社会学的中国学派。

　　社会学是一门综合性的学科，它要回答的问题正是其他单一学科难以回答的问题。社会学有其综合的优势，有其独特的视角，有其整体的维度，这就是它的地位和价值。有人问，中国的社会学和世界的社会学是什么关系？有没有中国的社会学？我且不去说有没有中国社会学，但是中国的社会学家首先要回答中国的问题，这种回答就是形成社会学的中国学派的开始。我们的社会学研究人员，一定要从中国的实际出发，做深入扎实的实地调查，建立一些观察点、调查点，跟踪几十年、上百年，这样才能揭示社会变迁的历史轨迹。

　　我们的研究还要有前瞻性，这就要求我们借鉴别人的研究成果。因为有些问题别的国家今天遇到了，我们可能明天也会遇到；也有些问题别的国家已经遇到过，对于我们可能还是新问题。

　　总结历史的经验和学术发展的规律，只有坚持"百花齐放、百家争鸣"的方针，才能保证科学和艺术的繁荣与发展。要想百家争鸣就要有学派，但学派不是宗派，宗派破坏团结，而持不同观点的学派和学者之间可以建立良好的友谊，不是"文人相轻"，而是"文人相亲"。我们要反复强调学术上要解放思想和百家争鸣，允许用不同的观点、方法去从事研究，要鼓励交流，互相取长补短。

　　我们要大胆地学习、借鉴和吸收一切科学的、现代的研究手段和研究方法。这其实也是我们社会科学院现在面临的问题之一。目前我们的研究手段还比较落后，还很不适应时代的发展。加快实现我们社会科学研究手段、研究方法的现代化，是站在新世纪门槛上的社会科学的迫切任务，否则我们就难以满足党和国家对我们的期望和要求。

　　我们也要继承一切行之有效的传统研究方法和调查技术，从不同学科，包括从自然科学中借鉴方法和手段。对于人类历史文明中积累下来的丰富成果，我们都要继承。我不认为文明之间"必然"

要发生冲突，文明之间首先应该相互补充、相互学习、相互借鉴、相互融合。任何有生命力的文明形式一定是具有包容性的，有较强的内在学习能力，一定是包含着社会进步发展的因素，朝向人类的光明未来的。即使一种文明形式消失了，它原有的合理内涵也会被其他文明所吸纳、所继承，而不是被彻底毁灭掉了。

当然，我们的社会科学研究，是有原则的。对于一些探索性的问题，可以而且应当展开积极的讨论和争论，但是社会科学的研究也必须讲政治，因为社会发展本身就包含政治的内容。我们提倡解放思想、实事求是，我们提倡严肃的学术研究和学术争鸣，就是要探索真理，为社会的发展与稳定提供保证，提供科学依据，提供精神动力，而绝不是相反。如果一种观点和理论导致社会的动乱，影响社会的稳定，延缓社会的发展，我们是不赞成、不接受的。社会学要为社会发展与稳定服务，为建设有中国特色的社会主义服务，为实现中华民族的全面振兴服务。

我们正处在一个大变革的时代，社会学研究也必须有敏锐而强烈的时代感。我们的社会学研究工作者，要敢于迎着时代的风浪。这当然不是要大家去追风潮赶时髦、去充当什么"泡沫明星"，而是要敢于做时代的弄潮儿，敢于用科学的视角和眼光去正视大变革时代提出的种种难题，并且，从广阔的时空视野，以坚实的实地调查和长期的追踪研究为依据，去回答这些难题。

让我们以中华民族特有的博大胸怀，热烈地拥抱新世纪，纳百川、采万花，创造新世纪中华民族的新文明。这就是我们的社会学者、社会科学工作者的理想和责任，也只有这样，社会学才能无愧于我们的伟大时代。

注释：

[1] 雷洁琼（1905—2011），女，广东台山县人，中国著名社会学家、法学家、

社会活动家、教育家,她也是中国民主促进会的主要创始人之一,1988年在第七届全国人民代表大会第一次会议上当选为全国人民代表大会常务委员会副委员长。

[2] 费孝通(1910—2005),江苏吴江人,著名社会学家、人类学家、民族学家、社会活动家,中国社会学和人类学的奠基人之一,第七、第八届全国人民代表大会常务委员会副委员长,中国人民政治协商会议第六届全国委员会副主席。其主要论著有《乡土中国》、《江村经济》等。

[3]《邓小平文选》第2卷,人民出版社1994年版,第180—181页。

在实践中积极探索[*]

——与中联部同志座谈

（2000 年 3 月 22 日）

在社会科学研究机构与党和政府的各个部门之间建立直接的、密切的联系，开展多种形式、多种渠道的合作，为党和国家的发展战略服务，这是一种好形式。这种合作既有利于国家在决策上充分利用学者的研究成果，也有利于学者研究水平的提高，这是理论和实际相结合的一种重要形式。

当代世界各个国家的政府部门和研究机构、决策咨询部门、"智囊团"之间密切结合已经成为一种必然趋势。从国家来说，凡是缺乏这种机制的，决策就难以避免重大失误；从研究机构来说，科学研究不与国家的兴旺发达、民族的前途命运联系在一起，远离政治、远离国家和社会，研究成果不能为国家的发展服务，科学研究本身就不可能发展和繁荣。所以，两者的合作是必不可少的，对双方都是十分有益的。

社科院和中联部之间的合作没有任何限制。任何合作形式和方

————————
　＊　这是李铁映同志与中联部同志座谈时的讲话。

法都可以，无论是院与部、所与局之间的合作，还是研究人员个人之间的合作，或是召开研讨会、搞课题研究、作报告、联合考察、共同出书、共同写建议等都可以。当然，具体合作的形式还要从实际效果出发。中联部是党中央机关，有它的政治纪律，社科院的同志是理解的。社科院不是政府部门，是学术研究机构，它的优越之处是可以大胆地解放思想、研究问题。社科院研究国际问题是第二渠道或第三渠道，中联部应该是第一渠道，两家有所区别。社科院要遵守中联部按照党的纪律、规章制度所采取的措施。这些年来，社科院的学者在为中央服务的过程中，也深知党和国家有关保守机密、遵守纪律的重要性和必要性。

作为一门独立的学科体系，社会科学产生于 19 世纪的西方。20 世纪末和 21 世纪初，西方人文社会科学陆续传入中国，但作为现代中国人文社会科学，特别是用马克思主义作为指导来从事人文社会科学研究，应当说是在五四运动之后。虽然也有一些学者和一些研究机构试图用科学的方法来研究人文社会科学，但是以马克思主义为指导，用辩证唯物主义和历史唯物主义的方法，科学地来研究人文社会科学，研究人类世界，总结中国几千年历史发展所积累起来的文明成果，是在中国共产党成立后，主要的研究工作是在新中国成立之后。其集中体现是以毛泽东、邓小平为代表的中国共产党人，领导中国人民在中国革命和建设的实践中，把马克思主义的基本原理与中国的实际相结合，所形成的毛泽东思想和邓小平理论。

新中国成立后我国人文社会科学的发展主要分三个阶段。

第一个阶段是"文革"以前。这个时期尽管出现过一些曲折，但人文社会科学研究已全面展开，奠定了科学研究的基础。中国科学院哲学社会科学学部、高等院校、政府部门、党校等广泛开展了人文社会科学研究工作，取得了一批优秀成果，培养了一大批人才，在全国形成了在马克思主义理论指导下进行人文社会科学研究的新局面。

　　第二个阶段是"文革"十年。这个时期人文社会科学遭到了严重的破坏，研究工作基本处于停顿状态。但还是有许多学者做了努力并经过不断反思，深刻地总结了这段历史。如果没有这个过程，1978 年以后就不可能迅速在人文社会科学方面取得那么多新的研究成果。其中，突出的代表就是 1978 年开始的"实践是检验真理的唯一标准"大讨论。这场大讨论直接否定的是两个"凡是"，但也指向了对"文革"的否定和反思，这就让我们看到了改革的必然性，看到了不能再固守教条的社会主义模式的紧迫性。

　　第三个阶段是 1978 年至今。这个时期我国人文社会科学迎来了发展的"春天"，党恢复和进一步发扬了解放思想、实事求是的思想路线，在人文社会科学界进一步贯彻和落实了"双百"方针，为我国人文社会科学的发展创造了一个很好的社会文化环境。我国人文社会科学的广大学者也不辱使命，奋力拼搏，做出了自己的贡献。当然，具体到某位学者或某本书、某篇论文，个别观点有可能是偏颇的、不全面的，但作为中国人文社会科学的整体，包括全国近两千个研究机构，二十多万人所进行的人文社会科学各个方面的研究，取得了丰硕的成果。这个时期是人文社会科学发展的最好时期。当然也出过问题，主要是在 1989 年。但此后，对于"什么是社会主义，怎样建设社会主义"，"什么是马克思主义，如何运用与坚持马克思主义"的问题，整个学术界进行了深入的思考和研究。这也标志着我们在建设社会主义的新时期、在改革开放这个历史阶段理论上和政治上的成熟，同时，也反映了在人文社会科学研究上所取得的成果。

　　在社科院，我给自己的定位就是当好"后勤部长"。我的目标是要为大家创造一个良好的学术园地，创造一个宽松的学术环境，使大家能够在学术研究上"百花齐放、百家争鸣"，使学者紧密地与中国的现代化建设、与中国的社会主义事业联系在一起，为国家的兴旺发达做出各自的贡献，奉献自己的聪明才智。能做到这一点，我的任务就完成了。上个月我到东南亚去访问，他们问起我的经历，我说，我当了18年学生，搞了20年技术工作，当了18年公务员，现在准备再当学生。我认为，学术问题和政治问题是能够分得开的。学术问题由学者们去研究，政治问题我们要和中央保持一致。处理好政治问题和学术问题的关系，是全面正确地贯彻"双百"方针的重要前提。所以，创造一个良好的、和谐的、有利于出成果的学术园地和学术氛围，是我第一位的任务，希望能够通过这样的园地，把社会科学界的广大学者们团结在党中央的周围，引导到中国现代化建设事业之中。我想，这也是广大学者的愿望。

站在世纪之交的门口，我最近思考了几个问题。

第一是"两个主义"，即马克思主义和社会主义。

这是人类历史的两个根本问题。这"两个主义"要持之以恒地研究下去。不仅要研究，还要发展和丰富，因为这关系到中国的前途和命运。

19世纪产生的马克思主义，使社会主义由空想变成了科学。20世纪出现的社会主义制度，使社会主义理论在实践中不断深化和完善。这"两个主义"在20世纪谱写了辉煌壮丽的篇章，影响了整个20世纪人类的发展。

20世纪发生了两次世界大战，这是热战，还有一次持续时间更长、影响更久远的冷战；发生了三次重大的革命性事件，一次是十月革命，一次是中国的革命，还有就是"二战"以后出现的反殖民主义的民族解放运动，这是第三世界的崛起；还有几次大的分裂、解体，先是奥斯曼帝国的解体、殖民主义体系的瓦解，然后是苏联的解体，其间还有印巴的解体。所有这些重大事件都同马克思主义、社会主义有着这样那样的联系。对社科院来讲，研究和丰富马克思主义应该是一项重要的任务。如果我们连马克思主义的书都没读过，连马克思主义的本质还没有掌握，不知道什么是马克思主义，就去宣传马克思主义，运用马克思主义，这是要闹笑话的。

共产党是以马克思主义为指导的，而马克思主义恰恰是人文社会科学的桂冠，是人文社会科学的具有历史性的重大成果。马克思主义本身就是科学。正是由于它的科学性，才被共产党人所接受，才被历史所接受，才会影响人类历史的发展。中国在 20 世纪的命运，是和马克思主义、社会主义分不开的。在 21 世纪，我们还要靠这"两个主义"。中华民族走向全面振兴还要靠这"两个主义"。继续深入地研究马克思主义、研究社会主义，运用马克思主义基本的立场、观点、方法来解决社会主义建设中遇到的问题，从而在实践中丰富马克思主义、发展马克思主义，是广大社会科学工作者义不容辞的责任。

现在有一种论调，说"马克思主义过时了"。这不是无知，就是别有用心。马克思主义虽然产生于 19 世纪 40 年代，但它是认识世界的科学、改造世界的科学，它的基本原理是被人类实践证明为反映了客观规律的科学，因此，它的科学精神，它的基本立场、观点和方法是不会过时的。不过，由于马克思主义产生以来，世界发生了急剧的变化，它的个别观点和结论是需要改变的，马克思、恩格斯在世时就明确地表示过这样的态度。就整体而言，马克思主义是随着历史发展而不断发展的开放的科学体系。不断随着时代、实践的发展而发展，这正是马克思主义理论体系的品格、科学性。

有人说不要马克思主义作指导。那用什么作指导？总不能用佛教讲的"空无"来作指导吧！没有指导思想，行动就是盲目的；没有统一的意志、统一的行动，将是无政府主义，将是无家无国。全面振兴中华总得要有个思想作指导。有人说用科学作指导，这在原则上说是对的。人们的行动只有在科学理论指导下才能获得预想的成功。我们之所以要用马克思主义作指导，就是因为马克思主义的基本原理是被实践证明为科学的、正确的理论。

最近我读了些有关文化的论述。文化是一个民族存在和发展的一种标志，一个民族没有自己的文化，就不成其为民族。历史上从来没有哪一个民族是抛弃了自己的文化，而只依靠外来文化去实现自己民族振兴和发展的。我们党的历史经验也表明，马克思主义的基本原理只有和本国实际（包括本国的文化）结合起来，才能正确地发挥它的指导作用。总之，不以科学的思想作指导，就不可能统一思想，也不可能有国家和民族的发展。一个民族、国家没有指导思想，缺乏精神支柱，就会成为一盘散沙，结果就是动乱、内战、分裂、贫穷、落后，直至被开除球籍。

有人说，我们不应该搞社会主义，而应去当"孙子"。当年八国联军侵略进来的时候就不该打，日本侵略进来的时候也不该打，也不该抗美援朝，当"孙子"多好，你看现在凡是当"孙子"的国家都发展起来了。这些人还自封学者，纯粹是在胡说八道。愿意当"孙子"的人可以自己去当，何必劝人家也去当"孙子"呢？有的人还大言不惭地写文章称这是"孙子哲学"，讲"我这个'孙子'不是《孙子兵法》[1]的孙子，而是爷爷、孙子的孙子"。中国人绝不会低下自己高贵的头，这些卑躬屈膝、出卖尊严灵魂的人，不但没有骨气，而且缺乏人格。这不仅是媚骨，纯粹是一块霉骨。这样的"孙子"也绝不会有人要！谁会相信一个不要自己的母亲，不要自己人格的人，而会去爱别人的母亲，去爱别人呢？这些话纯粹是鬼话。

我们不搞社会主义，那我们搞什么主义？搞自由主义？搞民主主义？搞资本主义？什么主义适合中国？什么主义能救中国？西方不仅仅是因为我们信仰共产主义才反对我们，它是以一种讨伐异教文化、异教民族的观念来看当今世界的。从中世纪基督徒对穆斯林发动的侵略战争[2]讨伐异教，到现在还是打着讨伐异教的旗号，什么"主权有限论"、什么"人权高于主权"等，这正是资本主义几百年来意识形态、宣传教育培植起来的文化思维方式，它们从来不承认其他国家文明的存在。中国社会发展到今天，经历了原始共产主义社会、奴隶社会、封建社会、半殖民地半封建社会，现在是社会主义社会。有人说我们现在不要搞社会主义，而应该去搞"世界主义"。所谓搞世界主义，无非是要我们给人家做附庸。如果我们去给人家做附庸，去当"孙子"，真的会成为世界的弃儿，像毛主席讲的，"要从地球上开除你的球籍"[3]。

第二是"两个化"，即经济全球化与政治多极化。

20世纪末出现了经济全球化与政治多极化，21世纪还会有新的发展。三百年前资本主义开始向全世界扩张，他们用坚船利炮征服其他国家和民族，实行殖民统治。马克思讲，资本主义对外扩张，这是其历史发展的必然，是不可避免的[4]，这正是资本主义制度的残暴性、阶级性及其发展的必然结果。他们在国内道貌岸然，在国外却以残忍的手段来征服、消灭其他国家和民族。冷战结束后世界上出现的经济全球化，是资本主义生产方式、意识形态、社会制度在全世界继续扩张和发展的结果，只是方式方法与坚船利炮、殖民统治不同而已。当然，全球化有它历史发展的必然性，也有有利于世界发展的积极因素，也有机遇。

现在是什么经济全球化？是资本主义生产方式的经济全球化，而且伴随着资本主义制度、意识形态、文化在全世界对其他国家、民族的扩张、控制和压迫。现在全世界不是都在讲环境保护、生态保护吗？为什么不讲保护文化生态呢？为什么不讲保护各个民族的文化生态呢？美国要统治全世界。今后，霸权主义与世界各国所期望的政治多极化、期望有一个平等和平国际环境之间的斗争将长期存在，这种斗争取决于世界经济、科技力量的消长，而不完全取决于政治斗争的结果。

美国全面提高自己的综合国力以推行霸权主义。在这种情况下，中国在世界经济全球化、政治多极化发展过程中唯一可选择的发展道路，就是小平同志讲的，在国际上韬光养晦，在国内坚持改革开放政策，集中力量发展经济，提高综合国力。中国当前所面临的机遇，不能说是中华民族的最后一次机遇，但至少应该说是难得的一次机遇，我们绝不能丧失这次机遇。

对于经济全球化，我们应当看到这是历史发展的必然，是经济、信息、科技发展的必然。人类要发展，社会资源要合理配置，科技、信息等需要更广泛地进行交流，这是一种社会的进步。对于广大发展中国家来讲，这既有机遇又有挑战，它关系到国家民族的生死存亡。

21世纪中国的前途有几种选择、几种风险、几种机遇？如何避免风险，抓住机遇？有哪些妨碍我们抓住机遇的问题存在？这些都需要我们的学者从理论上认真地加以研究，给中央决策提供理论依据和合理化建议。

第三是"两个国家"，即中国和美国。

我们坚信21世纪中华民族一定会全面振兴。20世纪是中华民族站立起来的世纪，21世纪将是中华民族全面振兴、繁荣强大的世纪。20世纪美国的发展，使它成为全世界影响最大的国家，特别是20世纪后半期几乎主宰了整个世界的进程，在世纪末更是唯我独尊。

要加强对美国问题的研究。左右当今世界的已不是两大阵营，而是美国。美国在近几年经济实力增长过程中气焰很盛。比如，美国的媒体已经成为第四种力量，美国的信息控制着世界广播的60%，电视的70%，因特网的80%。特别是因特网发展起来以后，新闻媒体无国界、无警察地泛滥。我们要研究美国如何通过多媒体来控制、影响世界的舆论，它的体制是什么。当前我们要集中力量研究美国。陈水扁当选是李登辉用12年时间培养的结果。如果美国不插手，台湾问题早就解决了。

第四个问题是"两个世纪"，即总结20世纪，探索21世纪。

社会科学要在理论上有所建树，对民族全面振兴提出有价值的建议，一是要深刻地研究总结20世纪，二是要大胆地探索21世纪发展的各种可能性。我们不能简单地用所谓的"大时代"、"大格局"以及"文明的冲突"去构筑21世纪的框架和蓝图。我们要用马克思主义辩证唯物主义和历史唯物主义的方法深入地研究。学者的研究应该具有超前性、战略性。研究21世纪，首先要研究21世纪的前十年、前二十年的发展前景。通过我们科学的理论思维，提出真知灼见。

21世纪是20世纪的继续。研究21世纪不能空想、主观臆想，只能从 20 世纪的历史发展经验中去总结，去研究。20 世纪是我们的实践，是影响未来最现实、最直接的因素。研究 21 世纪，首先是总结 20 世纪。20 世纪，中国、世界都发生了人类历史上前所未有的、巨大的变革。中国的学者应有这样的雄心，总结人类和自己的历史，得出科学的见解。我看学术"大家"定会出自于此，"传世之作"也定会出自于此，对中华民族的发展有贡献的作品和学者将垂名青史。我最近讲话时说过，中国的"猫"一定要抓中国的"老鼠"，外国的"猫"跑来干吗？它是来吃肉的，它才不会去抓中国的"老鼠"。中国的问题只能靠中国人解决，中国的"老鼠"要靠中国的"猫"去抓。中国的学者，首先就要研究中国，但也要学习研究外国成功的经验。社科院和中联部双方合作的主要课题应该是总结 20 世纪、探索 21 世纪，这是重大的历史课题。20 世纪初一些伟大的哲学家、历史学家，他们的思想就是在总结 18 世纪、19 世纪的历史中诞生的。科学地、历史唯物主义地、实事求是地把 20 世纪的历史说清楚的人，不就是伟大的历史学家吗？而他的著作不就是传世之作吗？现在中国需要中国人把自己的历史、文化写出来，而且翻译成外文，向全世界传播，让全世界都了解中国悠久的历史和文化。

江泽民总书记最近在中央政治局会议上讲了十个问题，我把它归结为"两个保证"、"两个建设"、"两项改革"、"两大任务"、"两项安全"。"两个保证"，即马克思主义（包括毛泽东思想、邓小平理论）和党的领导。"两个建设"，即精神文明建设和物质文明建设。"两项改革"，即经济体制改革和政治体制改革。"两大任务"，即"一国两制"下的祖国统一和妥善解决民族宗教问题。"两项安全"，即正确处理国际问题、积极开展外交工作，同时加强国防建设。这是我们改革开放以来的主要实践，也是对 21 世纪初我们党的工作任务的高度概括。研究工作要紧密结合我们的时代和主要任务。社科院和中联部都是为国家的兴旺发达、为中国现代化建设事业服务的，只不过站在不同的角度和不同的岗位。因此，我们之间应该加强合作，积极探索，用我们的研究成果，用我们的科学知识为党中央、国务院服务，为国家的兴旺发达服务。

注释：

[1]《孙子兵法》，又名《孙子》、《孙子兵书》、《吴孙子兵法》、《孙武兵法》或《孙子兵书》等，是中国古代的兵书，据《史记》、《吴越春秋》等书记载，《孙子兵法》的作者为春秋末年的孙武，成书于公元前515至前512年，全书为十三篇，是孙武与吴王初次见面赠给吴王的见面礼。

[2] 此次战争，发生于1096—1291年，伊斯兰世界称之为法兰克人入侵，是一系列在罗马天主教教皇的准许下，由西欧的封建领主和骑士对他们认为是异教徒的国家（地中海东岸）发动的持续近200年的宗教性战争，东正教徒也参加了其中几次。

[3]《毛泽东文集》第7卷，人民出版社1999年版，第89页。

[4]《马克思恩格斯选集》第1卷，人民出版社1995年版，第276页。

台湾问题与祖国统一[*]

（2000 年 3 月 23 日）

今天来所里，一方面，是看望同志们，但是来晚了，向同志们表示歉意；另一方面，是对同志们多年来在台湾问题研究中所做的大量工作，表示衷心的感谢和慰问。

下面，我想就如何搞好台湾研究所的工作，谈几点意见，供大——家参考。

第一，要认真总结经验，进一步开阔思路。应该充分肯定台湾研究所成立十多年来，在研究台湾问题，促进祖国统一、促进两岸交流方面所做的大量工作，在许多重要的时刻、重要的问题上，为党中央、为中央对台工作领导小组的重要决策提供了很多背景情况和积极的建议。没有这样一个研究机构是不行的，因为任何科学的决策都要以研究为基础。

台湾研究所的地位十分重要。正如我们反复强调的，台湾问题直接关系到中华民族的感情和命运，关系到国家兴旺、祖国统一、中美关系和国际大局。党中央对台研所十分重视。你们所处的地位、所做的研究是不可替代的。

---

* 这是李铁映同志在台湾研究所考察工作时的讲话。

　　我们研究台湾问题已经 50 年了，有许多好的经验值得总结。面对新世纪，面对变化了的新形势，我们更要加倍努力，进行开创性的工作。国民党在这次台湾地方性选举中垮台了，从执政党变成了在野党。一个具有"台独"性质的民进党在台湾执政了。这是一种新情况，局势变得扑朔迷离，存在许多变数，有许多新的问题需要我们去认识、去研究，并提出解决办法。台湾岛内的局势将怎样变化，两岸关系将会怎样，美国、日本和我国台湾的关系将怎样变动，美国将怎样打"台湾牌"等，都充满了变数。因此，对台湾问题的研究工作要大大加强，要开展多方面的综合研究，要加强研究力量。

　　今天的陈水扁既不是蒋介石也不是蒋经国，和李登辉也有区别；民进党已不是国民党，更不是国民党退到台湾时的那样一股政治力量，而是在美国暗中一手操纵下，由李登辉导演，经过 12 年演变推出来的政治角色和政党。所以，在新世纪，"台独"问题变得更为错综复杂，对台湾问题的研究显得更加重要。

　　如果说，过去还可以继续沿用国共两党斗争、第三次国共合作这样的思路来研究台湾问题的话，那么，现在的情况则变了。首先是跟谁合作？

　　台湾原来没有多党的历史，现在出现一个多党政治，必然会出现不同政治势力的较量和重新组合，出现许多新情况。这种多党政治是美国人一手扶持起来的所谓资产阶级民主政治，其最终目的，是要把台湾从中国分离出去，并制约中国的发展。台湾问题，不仅是"台独"问题，同时也是美国人在中国扶持资产阶级政治民主模式，旨在加速其对中国的"西化"、"分化"。

　　第二，要加强研究。当前，祖国统一大业任重道远，台湾政治格局出现新的变化，有大量的新问题需要深入研究，这对你们研究所的研究工作，提出了更高的要求，任务更重了。要增加研究力量。要开拓新的渠道，强化综合研究，并采用新的研究方法。要充分利用社科院这块牌子来扩大研究。

要注意加强宣传。台湾问题牵系着每一个中国人的心，所以老百姓不知道不行。要让国内的老百姓知道，特别要让国内的专家、学者知道。我们的对台政策不仅要让台湾人知道，还要让更多的美国人、欧洲人、日本人知道。

现在，台湾问题，除了涉及统一、两岸关系和中美关系外，出现了更为复杂的情况。这次台湾选举，民进党是怎么上台的？是美国人、李登辉暗中支持的结果，是他们通过十几年的所谓"改革"，制造出来的一个所谓的台湾"民主政治"模式。现在他们希望，把这个台湾"民主政治"模式进一步培植、发展起来，向大陆兜售，向中国的群众，特别是向知识分子兜售，通过影响知识分子来影响我们。如果说在国民党时期，他们打的是经济繁荣招牌，今后还将打"民主政治"的招牌。不过，由于国民党自身腐败、黑金政治，这块招牌将不由国民党而主要由民进党来打了。

民进党上台，自我标榜是"清廉的民主政治"，实际上是完全按照美国的"民主政治"模式来构筑的。他们试图通过打"民意牌"、打"民主牌"，来与大陆、与中国共产党对抗，来分化、演变我们。这样的斗争是十分激烈的意识形态斗争。这些年西方的意识形态对我国渗透很多，而效果并没有他们所想象的那样理想。现在用台湾"民主政治"这个方式来渗透，要比美国直接渗透的方式更方便、更容易得多。这样对台工作就变得更为复杂。

台湾这些年来，从蒋家父子来讲，经济上还是发展的，而且还有它发展的很多空间。从世界范围来看，资本主义还有发展余地，还会存在较长的一段时间。正像马克思讲的，无论哪一个社会形态，在它所容纳的全部生产力发挥出来以前，是决不会灭亡的；而新的更高的生产关系，在它的物质存在条件在旧社会的胎胞里成熟以前，是决不会出现的。[1]这是历史唯物主义最基本的观点。从现在来看，我们还会在一个相当长的时期内，和资本主义共同存在于一个地球上，而且现在是彼强我弱。况且资本主义还在发展，速度并不慢。目前科学技术日新月异，经济全球化、知识化的进程在加快发展，西方各国正在进行大规模的经济结构调整。我们正是在这种情况下来建设社会主义的，也是在这种情况下来解决台湾问题的。我们要充分估计形势，充分估计解决问题的艰巨性、复杂性。

有许多变数是不以我们的意志为转移的。台湾问题有好几根线在牵制着，背后的力量是不可低估的。台湾这次选举，我看主要是体现了美国人的战略意图。在美国看来，是不是到了必须要强烈遏制和对抗中国、不能再让中国自由发展的时期了？如果到了这个时期，美国就要抓住台湾这张牌，来制造遏制中国发展的态势。

美国是玩大战略、大阴谋的老手。苏联的解体、伊拉克战争、阿富汗战争、东南亚金融危机、科索沃战争，都贯彻着它的战略意图，都是它玩阴谋的结果。它在台湾问题上，已经玩了50年，它会不惜再玩一百年！它的战略意图是，既用这张牌来遏制中国的发展，又用这张牌逐渐疏远两岸中国人血浓于水的关系，让台湾最终从中国分离出去。美国的利益没有变，美国打台湾牌也没有变，仅仅是它的手法变了而已。

我们要认真研究并提出自己的一整套战略。要从全球角度、从战略的高度来看台湾问题的复杂性。台湾问题不单纯是祖国统一的问题，它始终是美国手中遏制中国的最重要的一张牌。这张牌不到万不得已的时候，它绝不会交出去的。即使交出去，它也不会舒舒服服地交出去的，或许是给你留下一个烂摊子，让你再背上几十年。

研究工作要登堂入室，成为座上客，不要拾人牙慧。一定要和研究的对象直接接触，直接了解情况，掌握第一手资料。要多做实际工作。要在研究对象还没当大官时去找他们，否则到时再找，已无暇顾及。研究台湾问题，要注意研究美国和日本，美、日对台研究很深。我们强调台湾是内政问题，要坚决反对台湾问题的国际化。而美日、"台独"分子则处心积虑地要把台湾问题国际化。

我建议对台湾研究工作，在内部要解放思想、敞开讨论，而出门就要有纪律，公开发表东西要遵守制度，统一口径。在探讨研究问题的过程中，可以请一些外面的人，包括邀请社科院其他所的学者来谈。这有利于我们更全面地了解情况，了解各种不同的想法和观点，有利于我们搞好研究。台湾问题，有危机，也有机遇。危机是客观存在的，要设法防范和避免，而机遇要看能否抓住。

第三，社科院将全力支持台湾研究所的工作。在新世纪进一步搞好台湾研究，要充分利用社科院的力量。社科院各个方面都可以给你们提供资料、理论和研究方法上的支持。

这里，我想特别强调实现研究方法的现代化问题。我在社科院曾多次讲过，要加快实现社会科学研究方法的现代化。再不能单靠一张纸、一支笔这类手工方式来搞研究。这种落后的方式，连信息都不可能及时获得，更谈不上去处理大量的信息了。要采取最现代化的手段和方法来研究，省时、省力，能及时出成果。研究就是信息的收集、分析、归纳、加工和处理。信息占有不足，不可能得出正确的理论。社科院各学科的杂志很多，学者要广开眼界，就得广泛浏览。知识越丰富，综合研究能力才会越强。你们的刊物也可以给社科院一些，免得社科院的学者连台湾问题都讲不清楚。同时，也让更多的人来关心和支持台湾问题的研究。

社科院的学术委员会你们也可以参加，这也是一块可利用的牌子。社科院研究生院你们也可以去招生，培养人才。可以请社科院的学者来讲课。只要你们提出要求，院里都可以支持。

总之，我就讲三句话：一是总结经验，为进一步搞好研究开阔思路。二是加强研究，实现现代化研究。三是充分发挥社科院力量，来支持台湾研究所。在台湾问题研究上，寄希望于你们能提出一些不仅是近期的，而且是长远的统一祖国大业的根本大计和战略、策略。前年我去夏威夷美军一个研究所，他们讲，我们这里什么都可以研究，但什么都不能发表。我再重复一遍，建议你们在内部研究时，要充分解放思想、拓宽思路，对各种观点要畅所欲言，充分讨论，反复论证。

　　最后，请你们转达我对全所同志的亲切问候，再次对你们过去所做出的贡献表示祝贺！

注释：

[1]《马克思恩格斯选集》第 2 卷，人民出版社 1995 年版，第 33 页。

知古鉴今，启迪后人 *

（2000 年 4 月 5 日）

我非常高兴和大家一起参加今天的座谈会。《中国历史大辞典》的出版，使我心中充满欣慰和自豪：我们的史学家和出版工作者无愧于历史赋予的光荣任务，用智慧和心血铸就了 20 世纪中国历史学科的世纪之鼎，在中国的文化建设上写下了浓重的一笔。

《中国历史大辞典》是伟大时代的产物。中国历史上下五千年，包罗万象，蔚为壮观，然而以往却没有一部为读者解惑释义的历史辞典。中国的史学家早就存志要编纂一部大型中国历史辞典。但是这种愿望在旧社会不啻是一种梦想。新中国成立后，有些学者又曾经提出过编纂大部头历史辞书的倡议，20 世纪 60 年代初期，中共中央宣传部也曾将编纂中国历史辞典的任务交给中华书局辞海编辑所（上海辞书出版社的前身）筹备。但由于众所周知的原因，这个愿望一直未能实现。直到党的十一届三中全会以后，改革开放的春风吹拂神州大地，学术界几代人的梦想才有可能变为现实。

《中国历史大辞典》从开始启动到编辑出版，始终受到党和政府的多方关心。1978 年，正逢我国改革开放起步之时，百废待兴，到

---

* 这是李铁映同志在《中国历史大辞典》出版座谈会上的讲话。

处都要用钱，但国家还是拨出巨额款项资助这一文化工程，并把它列为国家重点科研项目，调动了国内大批第一流的史学家共襄盛举。这就从人力、财力上保证了大辞典工程的顺利开展。中国社会科学院在组织编纂过程中，得到了全国史学工作者，以及教育部、新闻出版署、中共上海市委宣传部、上海市新闻出版局、上海辞书出版社的大力支持。如果没有党和国家的关心，没有改革开放，没有经济发展和政治的安定，没有文化学术的宽松和繁荣，就不可能有《中国历史大辞典》这样规模巨大的高质量工具书问世。伟大的时代产生伟大的作品。《中国历史大辞典》是"盛世修典"的又一里程碑，是我们所处时代强盛与兴旺的标志。

编纂代表国家学术水平的《中国历史大辞典》，是一项十分艰巨的综合性工程。我们的史学家为此贡献了宝贵的智慧和才能，付出了呕心沥血的辛勤劳动。不管是老一辈史学家，还是中青年史学工作者，为了发掘、研究、传承、光大中国历史文化这一崇高目标，宵衣旰食，笔耕不辍，历经21个寒暑的艰辛劳作，春华秋实，终于在世纪交替、千年更迭之际，完成了这部能藏之金匮、历之春秋、纪之后世的鸿篇巨制。这种精神值得称赞。

《中国历史大辞典》是权威性、学术性、科学性相统一的杰作。它的权威性主要体现在编纂这部辞典的编委会和作者都是代表学科最高学术水平的专家、学者。而且这些专家没有一个是挂虚名的，他们用自己高超坚实的学养与功力，为大辞典各个分卷撰写和审读了大量条目。这些学者对具体史实的精深研究，以及对大辞典工程的高度投入和负责，使撰写的条目能够代表中国史学研究的最高水平，从根本上保证了《中国历史大辞典》的权威性。

《中国历史大辞典》的编纂出版是中国历史学科发展到当前阶段的总结。它不仅包含了该学科领域内的最基本的知识，而且全面地反映了前人的文化积累和当前的研究成果，对学科的承前启后、积累创新、总结发明将起到积极的促进作用。目前，我国已经出版了不少大型的通史类著作。这些著作注重对历史的纵线勾勒，在宏观上对历史进行界说阐述，对读者了解历史发展的基本脉络极有裨益。而《中国历史大辞典》则注重历史的横面分解，全方位陈列历史基本细节，熔可读性、知识性、学术性、文献性于一炉，可以同通史类著作互为依托、相得益彰。

人类历史包含着许多内容，除了政治、军事、经济现象以外，还包括知识、艺术、信仰、道德、法律、风俗，以及人类在生命活动过程中与自然和社会所产生的一切关系。如果仅仅将历史理解成朝代的兴衰更替、治乱得失、人事变迁，或者将注意力只局限于政治、军事、经济等几大条块，那么，这样表述出来的历史不是完整意义上的历史。《中国历史大辞典》改变了过去许多历史著述中对历史表述的这种局限性，在内容上兼容并包，力求完备，全方位、多视角地反映出中国历史的本来面貌，将五千年的伟大文明熔铸于一典之中，并在释文的科学性和精确性方面，下了很大的工夫，达到了很高的水平。这是应予以充分肯定的。

江泽民总书记指出："以史为鉴，可以知兴替。中华民族历来重视治史。世界几大古代文明，只有中华文明没有中断地延续下来，这同我们这个民族始终注重治史有直接的关系。"[1]一个伟大民族的重新崛起与振兴，必然有其悠久的人文传统、丰厚的历史蕴积作为铺垫。因此，珍视自己的历史文化遗产，不断地予以梳理总结，温故知新，是一个充满活力和创造力的民族的必然之举。《中国历史大辞典》这项工程的胜利完成有着非凡意义：它不仅使我们的人民得以回首往昔，借鉴历史，述往思来，更加锐意于民族今日的振兴与进取，而且对提高全民族整体的科学文化水平，增强民族的凝聚力和亲和力，高扬爱国主义的伟大旗帜将起到重要的作用。

一百年前，卓越的思想家梁启超曾充满激情地写道，中华民族"纵有千古，横有八方，前途似海，来日方长"[2]。我坚信，中华民族还将以其雄健不息的生命力和泉水勃涌般的创造力，继续谱写中华文明的新篇章，为社会主义现代化建设、为人类做出更大的贡献。

注释：

［1］江泽民：《给白寿彝同志的贺信》（1999 年 4 月 24 日）。
［2］梁启超：《饮冰室文集五·少年中国说》。

加快科研手段的现代化[*]

（2000 年 4 月 7 日）

　　我离开电子行业已经有 13 年了，今天听了你们讲的东西，既兴奋，又感到时间不饶人啊！

　　1985 年我出任中国电子工业部部长，那时中关村电子一条街刚刚开始搞。当时遇到了两个重大问题：一个是技术发展方向问题，就是我们国家计算机发展走什么道路的问题；一个是经济发展方向问题，也就是所有制问题。"文革"刚结束的时候，在计算机发展方向问题上，我们是希望走出一条中国人自己的道路。1986 年 9 月在山东石岛，我主持召开了一个全国研究计算机发展战略问题的工作会议。那次会议就中国计算机发展方向问题展开了一次大讨论，全国的计算机专家都参加了会议。会议开了三天，讨论的核心问题是中国的计算机发展是走一条自己发展的路子，还是走一条国际合作的路子。

　　再有一个就是从市场出发，不是一开始就马上出高技术。那时我们的研究所都在搞技术鉴定，一个东西鉴定完了就放在那里。当时我做了几件事情：一个是直接和国际计算机研究成果结合，能搞

　　* 这是李铁映同志考察联想集团时的讲话。

到什么程度就搞到什么程度，哪怕用大炮打苍蝇。把中低档的产品特别是低档产品做出来，不是一味地去追求高技术。取消了只限于搞鉴定的这条技术发展路线，因为没有市场的东西搞鉴定没有任何意义。没有市场的东西就没有资源、没有资本积累，什么也发展不起来。当时我还举了一个例子，是先搞1000套示波器还是先把10套示波器研究过关；搞计算机是先搞大型计算机，还是从语言程序开始，走一条中国自己的计算机发展的路子？我说科学是没有国界的，只要市场有需求，掌握了这个科学技术，就在这个领域占领了一席之地，这样一来，就确定了计算机发展的方向。

我那个时候为什么这样做呢？因为6800第一个芯片是我搞的，我把它整个解剖了，搞成一个大约2米乘2米的芯片照片，我把它切成8块，然后重新反设计。1978年做出了第一个6800芯片，1979年进行了鉴定，那是我们自己做出的包括CPU外国接口的微型计算机。我为什么搞这个设计呢？我在1970年解剖摩托罗拉的整个电路时，还没有照片，只有图，我把它的商品册子拿来解剖，然后把它的逻辑图翻译成线路图。因此，我到电子工业部后敢于采取这样的措施，大胆地直接采用国际的先进技术，包括体制来发展计算机。

不过在发展技术的道路上还有一个需要解决的问题，这就是先发展主机还是先发展外形设计？是先搞软件还是先搞使用？我提出如果计算机没有做出来，不等于中国使用计算机的水平就很低；外形设计做不出来不等于主机不可以做；硬件做不出来不等于软件一定要落后，这也是在1986年计算机会议上确定的。计算机技术方面哪一个东西能够先上，我们就先上哪一个。思想上解放了，政策就放开了，可以引进、可以组装、可以代理。首先是电子工业部计算机局成立了一个长城公司，他们当时做代理商，我说你们不要做代理商，你们成立个公司自己做，不要用政府贷款。四通是以民营企业的形式起步的，所以做这件事开始议论很大。我说要让人家去发展，就不要去干预人家，你干预，他不一定能搞好，我们自己得先搞上去，我们自己搞不上去，又不让人家发展那怎么行呢？这样从一开始就把所有制的问题解决了。

联想集团诞生的时候，实际上已面临一个比较宽松的技术路线或者产业路线，经济路线环境也比较好。我任电子工业部部长时也到中关村一条街去看过，但我不是以电子工业部部长的身份，因为支持还是不支持那时有争论，我那时没到体改委不好表态，但从电子工业部部长的角度讲，没有管而且放开，我想这种政策对你们集团的诞生可能有一定的影响。以上是我讲的第一点。

第二点，联想集团发展到现在已经有15年的历史了，从两个方面讲，一个是在技术发展方面，一个是在信息产业发展方面，杀出了一条血路，办成了一个成功的企业，为中国在高技术领域的发展闯出了一条路。

不管是"技工贸"还是"贸工技"，关键是如何走出一条路来。你有"技工贸"的条件，你就走"技工贸"的路子，没有"技工贸"的条件，就走"贸工技"的路子。当时我支持的十五所就是走"技工贸"的路子。太极集团公司的名字是我给他们起的，我说，你们一个单位挂两个牌子，一个是公司，一个是研究所，两头占，什么有利干什么，全面协作，把小型机全部接过来做全国的总代理，改造后再去卖。那时太极公司不做代理，他们没有你们这样的能力和经验，两个所不但机遇丧失了，还亏空一大块。当时十五所和计算所的技术力量是相当强的，但是没走出来，这并不等于"技工贸"路走不成，而是观念问题。

不管走哪一条路子，只要结合自己的实际情况就能杀出一条血路。这符合小平同志的思想。应该说，现在整个高新技术产业乃至我们的国有大企业，在管理模式、管理体制、管理机制方面都有所创新，摸索出了中国人自己的经验，也为中国的企业改革发展做出了贡献，这是应该充分肯定的。

第三点，社会科学的研究工作也面临一个现代化的问题。单纯靠一支笔、一张纸搞研究已经不能满足信息化社会发展的需要，不仅效率低、信息不及时，而且资源利用差。要想提出科学准确的对策，就要充分利用人类所积累的文明成就和知识经验，作为研究的基础。不然，研究的科学性首先就存在很大的问题，更不要说效率性、及时性、论证的充分性。人类社会科学发展到今天，全世界出现了这样一个现象，就是要充分利用社会信息、计算机通信等现代化工具、现代化手段，再结合各种现代研究方法来进行社会科学的研究。

我去过一些国家，并与一些外国专家、学者进行探讨。我见过乌克兰科学院的院士、原苏联科学院的院长巴德[1]，他今年80多岁了，在乌克兰活人当中立像的只有巴德一个人，连赫鲁晓夫的像都全拆了。我问巴德，下个世纪的科学什么是第一位的。他说，社会科学，信息科学、生物科学都排在它之后。我问他为什么，他说，人类首先研究的是自身的发展问题，社会如何才能进步，社会如何才能有计划组织，社会如何才能长期稳定和发展。也就是说，未来社会的发展取决于社会科学，社会只有解决了本身的根本问题，才能更充分地利用自然科学的成就。我看这个话有一定的道理。

现在我们正面临历史转折时期，思想观念、体制、生活方式、社会组织、人际关系等都发生了深刻的变化，所遇到的问题没有现成的答案。西方社会的理论、方法解决不了中国的问题，而中国社会所面临的问题也是中国历史上所没有的，大量的社会问题需要回答。要回答这些问题首先要查阅大量历史资料。现在查阅历史资料手段很落后，又要查文献，又要查图书，查出来是一大本子，好几天也看不完，想把它们排列组合也没一个好办法。我们在人文社会科学资源的利用上也很差，比如说去年科索沃事件，要把有关科索沃的历史资料调出来，把所有关于科索沃的内容再写一遍，有些人半年就写成了一本书，算比较快的，但是书的质量怎样？而有关巴尔干半岛的历史，关于那里的人物，这些都有现成的资料，但很多研究成果却无法利用。

现在人文社会科学的研究基本上仍采用手工操作方式，这远远不能满足现代化的需要，甚至比较大的问题的研究需要都很难满足，更不用说满足社会生活服务的需要了。我们马上就要进入老年社会了，人到了老年以后对自然科学的兴趣逐渐减弱，对社会科学的兴趣逐渐增加。但是当要使用的时候又没有资源，没有东西，那干什么呢？如果有大量丰富的资源可以研究利用，他们就不去了。如果说我们把世界上最大的九个邪教组织的真实情况全部介绍上网，让人们看一看邪教到底是怎么一回事，我们的一些教授、学者还会相信这些？中国的传统文化中，精神文化生活的消费要超过物质文化生活的消费，物质消费始终不如精神文化消费。社会科学研究要充分利用现代工具，才能更好地为社会服务。无论是正确引导、鼓励，还是科学地武装，都离不开科学所创造的现代化手段。

今天，借这个机会宣传宣传我们中国社会科学院。我现在是中国社会科学院的院长，首先要为人文社会科学呼吁，不但是为它的研究繁荣呼吁，还要为社会科学服务于全社会呼吁。你们刚才讲的银行、证券、金融、信息都是属于社会科学的范畴。要炒股，怎么掌握炒股票所需要的金融知识，这属于社会科学。现在要打官司，那么多法律，那么多法律咨询顾问，电子商务如果为打官司服务，那有多少人要找你打官司。搞一万个律师上网，介绍每一位律师资信和业绩供用户选择，作为中介可以收多少费。社会矛盾也有，比如上街的、示威的、罢工的、静坐的，这都是社会问题。不能光想着两三个赚钱的行业。社会问题是大问题，金融也好，税收也好，通信也好，社会出了问题还赚什么钱。从这个意义上讲怎么能够为社会的长期稳定发展去做一点贡献。大企业家都应是大政治家，国外有些大企业家为什么要游说国会呢？他们不得不投入，不这样做就得不到老百姓在其他方式上的支持。

社科院有6000人，离退休人员2200人，其中有教授1500人，在职人员中有1500名教授，总共有3000名教授。不是说社会科学工作者退休了就不能搞科研了，企业大老板退休了还可以做生意，自然科学家退休了还可以搞设计发明，社会科学家退休了也可以有惊世之作。历史学家白寿彝退休后用了20年时间搞历史研究，一直搞到80岁。社会科学研究更有它的特殊性。我们鼓励所有社会科学工作者在研究问题上平等竞争，退休了在制度上离开了工作岗位，但研究工作仍然可以去做，可以称他们是"第二社科院"。他们有些人是双重身份，既是领导干部又是学者，也搞研究，这些人退下来以后还是兢兢业业于自己原来的学问。不像我们有些干部退下来以后只能买菜、抱孩子、养花。

社科院研究工作仍以手工方式为主，科研手段极其落后。小平同志在20年前就批评社会科学，说社会科学在可比的领域里已经落后了。原来我们不承认，以为我们是马克思主义者，是历史唯物主义、辩证唯物主义者，我们掌握最先进的科学，我们的社会科学怎么会落后呢？但是邓小平同志讲的是"可比"的领域里，意思就是说你在有些方面是落后的，信息不灵，还谈什么科学研究，这个局面至今没有改变。社会科学在社会上被忽视、被轻视，甚至有一种"危险论"，也还有一定的市场。联想集团是否存在危险？你们的危险可能是竞争对手的存在。

敢不敢大胆地接触现实中的大量问题，这就与采用的手段和掌握的信息有关。比如全国金融状况掌握得很准，再进行一段时间跟踪研究，当然敢说话了。掌握的东西越准确、越科学，就越有发言权，就越敢讲话。目前我们无论是研究国内国际，还是研究社会问题，基础理论也好，对策研究也好，都存在一种不适应我们国家现代化发展需要的情况。不适应有很多原因，我们也不能单纯地责备我们的学者水平不高、不努力，其中有一个原因就是研究手段和方法的落后，这种情况再继续下去，社科院就难以维持了。国家需要解决的很多问题，你都拿不出对策、办法和建议来，国家为什么还要给你钱？尽管我们的学者有远大的抱负，提出要建设一流的研究所，要出传世之作，要出大家，但是方法如此落后怎么能出传世之作？现在年轻学者用计算机写作，上网查询资料非常便捷，但是老一代学者就有一定的困难，你们如果把翻译软件、手写、语言输入都搞好，就可以为老一代学者提供方便。

科研工作的现代化，直接关系到社会科学的生存和进一步发展。

我到社科院已经两年了，刚去的时候我就倡导信息化、现代化，但是我们的一些同志都不大敢搞，说"我们不懂，我们都是搞文字的，搞不了技术"。请十五所帮忙，两年了还是没把它搞起来。靠谁去把中国介绍给世界，美国人是不会把中国介绍给世界的，只有靠中国人自己，而这个任务只能靠中国学者来完成。我最近讲一句话：中国的"猫"一定要抓中国的"老鼠"，而抓中国的"老鼠"只能靠中国的"猫"，美国的"猫"是来吃肉的，它绝不抓"老鼠"。

现在的政策非常宽松，我们不给人戴任何帽子，大家都是搞学术研究的，历史教训很多，何必要给人家戴个帽子。谁要触犯了法律，可以用法律的办法去解决，在法律面前，人人平等。

社会科学的发展已经不再是一个简单的政治方针问题了，百花齐放、百家争鸣，学术环境宽松。现在关键问题是投入不足，研究手段和方法落后，这就直接影响人文社会科学的发展。

我们讲四个现代化，科学现代化是否包括社会科学现代化？社会科学现代化究竟指什么？首先是手段和方法的现代化，至于说研究的东西是不是站在时代的前沿，具有战略性、前瞻性，具有科学性，那是研究的学术水平问题。

联想集团壮志雄心，我希望你们对社科院关心关心，到社科院来看看，帮社科院出点主意，请你们给予支持！

注释：

[1] 巴德（1893—1960），德国天文学家，在美国度过了大部分科研生涯。巴德提出了两类星族的概念，正确区分了两类造父变星，并对宇宙距离的尺度做出了重要的修正。巴德1893年3月24日出生于德国的施勒廷豪森，青年时期曾在蒙斯特和哥廷根大学求学。1919年获得博士学位。随后在汉堡大学的贝格多夫天文台工作。1931年巴德移民美国，在威尔逊山天文台工作。1948年又进入帕洛玛天文台工作，1958年退休。退休后巴德回到哥廷根，1960年6月25日逝世。

关于地方志工作[*]

（2000 年 4 月 20 日）

　　第一届修志任务尚未完成的地方，要在保证质量的情况下抓紧进度。已经完成的地方要出简志，认真进行总结，收集资料，做好续修新志的准备工作。地方志是很有价值、内容很丰富的地情书，要充分加以利用。但现在的志书分量大、价钱贵，很多人经济上支持不了，进不了寻常百姓家，要搞简本。地方志要为政府决策提供历史的、现实的资料，提供咨询，要为经济、社会发展服务，为科学研究服务。要使决策部门，搞经济的、文化的、社会的、人物的、语言的等各行各业、各方面，都能方便地利用地方志。

　　不能因为机构改革影响修志工作，要把地方志工作作为 21 世纪文化建设的基础工作来抓，不能中断。对续修志书的意义、目标、要求、做法、组织机构等，要搞个文件，作为今年地方志工作会议的重要内容。文件搞好了，向刘奇葆同志^[1]汇报。

　　要组织力量编一部《志书通鉴》^[2]。内容应包括志书规范通例，修志的指导思想和遵循的原则，志书的语言、文采，方志理论，志书评点、评论，读志用志导引等，使之成为地方志的工具书，方志工作者人手一册，但不是辞典；也可以帮助用志人员读志用志。地

---

　　* 这是李铁映同志关于地方志工作的谈话。当时他兼任中国地方志指导小组组长。

方志资料丰富，但志书一定要有文采，这样人家才爱读，爱不释手，像《史记》那样，既是历史书，又是文学书。搞好了可作为培训教材，要举办培训班，提高修志队伍素质。

关于方志馆的建设，可与北京市联系合建，叫国家方志馆。此事，与北京市协商，提出方案，由北京市和社科院联合给国家计划发展委员会打报告，申请立项。

办公室要加强建设，可以参照研究所的建制。要建立必要的机构，建立党组织。要健全制度，提高人员素质，提高工作效率和工作质量。要增加一些搞历史研究的、有志于方志事业的人员；也可以在北京聘任一些不存在户口、编制、住房问题的人员来工作。一切按新体制！

经与有关同志研究，人员要做些调整，在院内物色一些搞历史的、有能力的，并且愿意献身地方志事业的同志替换那些年龄太大、精力不济的老同志，这也是对他们负责。

注释：

[1] 刘奇葆同志，时任国务院副秘书长。
[2]《志书通鉴》，参阅《〈志书通鉴〉编委会第一次会议在北京召开》，《中国地方志》2002 年第 2 期。

关于中日两国
青年的学术交流[*]

关于中日两国
青年的学术交流[*]

（2000 年 4 月 29 日）

　　我首先代表中国社会科学院，诚挚地欢迎以国分良成先生为首的日本青年学者代表团。中日青年论坛这种形式很好，已经举办了四次，一次比一次成功，受到中日双方学者的欢迎。中国社会科学院支持这种由中日双方学者参加的研讨会，尤其在青年学者之间开展这种交流，更具有长远意义。我大胆设想一下，中日青年论坛不是举办几次，而是在 21 世纪再召开一百次，参加学术交流的就不是几十个人，而是几千几万人，而且是几代人之间的相互交流。交流不仅可以解疑释惑，而且对加强相互理解具有重大意义。

　　中日两国、两个民族山水相连，中日双方的交往与互利合作源远流长，前景广阔。中日两国都要发展繁荣，这是历史的必然。因此，中日两国不应越走越远，而应越走越近。中日关系不应该是不好的、紧张的关系，而应该是友好的、亲密的、相互信任的关系。每次会见日本朋友时，我都用双方都能理解的"世世代代友好下去"这句话，来概括我们的愿望和未来的中日关系。中日关系理应如此，这是由两国人民的根本利益决定的。中日两国必须友好下去。有没

---

* 这是李铁映同志会见第四届中日青年论坛日方代表时的讲话。

* 这是李铁映同志会见第四届中日青年论坛日方代表时的讲话。

有人不喜欢这种友好关系呢？有没有人希望中日之间产生矛盾乃至对立呢？有的，但那是少数。所以，中日学者之间的交流就是要研究双方的共同利益，排除干扰和误解，促进相互之间的友谊和合作。你们的学术研究和交流是颇有成效的。许多事情在事发时人们不大看重，若干年后才知道了它的价值和意义。我祝贺中日青年论坛举办成功，希望这种每年一次的研讨会再开一百年。

我们现在站在新世纪、新千年的门口，都在思考各种问题，关心世界怎样发展，日本怎样发展，中国怎样发展，中国、日本与世界的关系，中日之间的关系怎样发展。我是个乐天派。人类总是要前进的，总是要发展的。一代比一代人聪明，人类历史中多少重大疑难问题都被人类自身的发展和进步解决了，我们没有理由对 21 世纪持悲观态度。当然，风浪、曲折是不可避免的，但前途肯定是光明的。作为中日两国的青年学者，就是要总结历史教训，不让历史的错误重现。

日本民族是伟大的民族。在 20 世纪的后 50 年，日本在经济建设方面取得了巨大的成就，令世人瞩目。日本人民的这种成就、精神、文化值得中国人民学习。我们的日本研究所不仅要研究中日关系，还要认真研究日本在历史发展中取得的文明成就，以资我们的人民学习。日本人民在 21 世纪必然会创造新的辉煌。

我们热切期望并真心欢迎日本的发展。如果 21 世纪日本经济再翻几番、再放大几十倍，则不仅能给日本人民带来更多幸福，也能对世界人民做出更大贡献。我们不认为日本的发展会对中国构成威胁，而是希望日本发展得更好。威胁不在于发展本身，而在于军国主义利用这种发展，威胁其他国家以及日本人民。同样，中国的发展不仅是中国人民期望的，同样是日本人民和世界人民期望的。现在中国的人均 GDP 仅为日本人均 GDP 的 1/40。如果中国的经济再发展 40 倍，达到日本现在人均 GDP 的水平，就等于中国的市场还要放大 40 倍，那时我们之间的贸易也会发展 40 倍，共同点就更多了！

共同繁荣、共同发展是世界发展的前景。有人说中国的发展对日本和其他国家构成威胁，这是一种挑拨。中国人民和日本人民一样，希望发展、富裕和幸福，不希望对他人造成危害。中国人民的真诚理想和愿望是实现国家的现代化、人民的富裕和幸福，把中国建成一个民主的、文明的、富强的国家。有人说这是外交辞令，中国发达后会去威胁别人。我认为，如果中国发达后去威胁别人，那么这样做首先会威胁中国自己的利益，威胁中国人民的根本利益。这是中国人民在中国历史，尤其是遭受列强欺侮的中国近代史中悟出的真理。我们的真诚愿望是与世界各个国家、各个民族、各种文化历史传统建立真诚友好的、平等的合作关系。

有人说，你们不是共产党吗，不是马克思主义者吗？这样做不是与你们的理想和信仰相违背吗？我看这是误解。如果认真读过马克思主义的著作，或读过中国共产党人的重要文献，就不会得出这样的结论。中国共产党人的第一个也是最基本的任务，就是为中华民族的独立和解放而奋斗，为人民的富裕和幸福、为国家的发展和繁荣而奋斗。实现这个基本任务的外部条件就是和平，就是与世界人民真诚友好地合作。这就是我们的主义、方针与思想。

中日之间有些不同看法是客观存在的、必然的，没有不同的看法倒是奇怪的。我们之间的学术交流、讨论应该是直接的、坦诚的，应该是百花齐放、百家争鸣，没有任何限制。讨论、争论是达到真理的途径，谁也离不开。我希望中日两国的学者成为无话不说的真诚朋友，成为净友。我建议，双方的学术交流应进一步发展、扩充，在每一次学术交流之前，双方皆可到对方那里，进行短期或长期的、专题或综合的研究。两国学者可以共同研究一个课题，共同写书，共同培养研究生。我们的政策是非常宽松的。

研究无禁区，认识没边界。近年我院日本所的研究取得了很大的成绩，扩大了范围。今后应进一步扩大研究领域，进一步加强对双方感兴趣的问题的共同研究。中国学者要请日本学者到家里吃饺子，中国学者到日本去，日本朋友也要请吃面条。中日两国的学者不仅要在学术上交流，而且要在感情上进行交流。交真朋友。

　　我希望在日本的青年学者中，成长起一批像根本安雄先生这样的日中友好的积极热情的支持者。我是"二战"初期在延安出生的，是八路军的孩子，对八年抗日的历史非常熟悉。但我还是一个真诚的中日友好的支持者。我们都是亚洲人。我相信21世纪亚洲人将无愧于时代而立于世界。我还希望在日本青年学者中成长起一批优秀的中国问题专家。我们中国社会科学院的日本研究所，就是坚定的中日友好的学术团体。我希望你们常来常往，成为中国社会科学院的好朋友，你们可以到我这儿来喝茶。中国社会科学院的大门对日本朋友从来都是敞开的。

关注世界社会主义运动[*]

（2000 年 4 月 29 日）

在 20 世纪即将过去，21 世纪正向我们走来的重要时刻，我们召开纪念江总书记批示六周年暨中国社会科学院世界社会主义研究中心成立大会，意义重大。

这次大会旨在进一步认真贯彻江总书记的批示，继续深入研究世界社会主义问题，并在过去六年工作的基础上，正式成立世界社会主义研究中心。研究中心的成立将为我们对世界范围内社会主义问题的研究，提供有利条件。我对中心的成立，表示热烈的祝贺。

下面，我想讲四个问题。

第一，社会主义制度的产生改变了 20 世纪世界大格局。

20 世纪诞生了社会主义国家，开创了人类历史发展的新纪元。列宁领导的布尔什维克党带领俄国人民进行了十月革命，建立了苏维埃共和国，在世界上诞生了第一个社会主义国家，从而使社会主义由一种理想、一种理论，变成了现实社会制度。随后，在其他一些国家，相继建立了社会主义制度，以致出现了社会主义阵营。这

---

 * 这是李铁映同志在"纪念江总书记批示六周年暨中国社会科学院世界社会主义研究中心成立大会"上的讲话。

是 20 世纪人类历史上最伟大的事件。在人类历史上第一次产生了由多数人统治、消除了剥削的新的社会制度，这无疑对人类历史有着重大深远的影响。世界的政治格局因而出现了大变化，即社会主义国家与资本主义国家同时存在，既相互联系、交流，又相互矛盾、斗争。21 世纪将是 20 世纪这样一个大格局的继续。

20 世纪社会主义理论与实践，其意义至少有以下几点：一是为人类社会开辟了崭新的发展道路，展示了美好前景；二是在很大程度上遏制了帝国主义在全世界的扩张；三是社会主义阵营的出现和社会主义运动的发展，导致了殖民主义体系的瓦解，绝大多数殖民地国家取得了国家独立、民族解放的胜利；四是一部分国家走上了社会主义道路，使世界的政治格局发生了巨大变化。尽管 20 世纪末发生了苏联解体、东欧剧变，但这并不能说明历史就此转向，因为社会主义必将战胜资本主义，是不以人的意志为转移的客观趋势。

从以往的历史可以看出，没有社会主义运动，也不会有资本主义世界的许多调整和改革；而在社会主义发展处于低潮的时候，资本主义国家总是会采取各种手段加以控制，以削弱社会主义势力，阻止本国社会主义的再度兴起。认真跟踪研究世界社会主义发展趋势，是当代重大的理论和实践课题，具有世界意义和历史意义。这对中国共产党人来说，无疑是十分重要的课题，而且对世界人民来讲，也是如此。

江总书记在纪念中国共产党成立 78 周年座谈会上的讲话中指出："我们共产党人的根本政治信仰是社会主义和共产主义，世界观是马克思主义的辩证唯物主义和历史唯物主义，这是任何时候都丝毫不能动摇的。一个党员特别是领导干部，如果在思想上动摇了这些根本的东西，也就动摇了共产党人的根本政治立场，就必然偏离正确的政治方向。"[1] 他在向中央政治局通报政治局常委会"三讲"情况时提到，毋庸讳言，现在在社会上的一些人中存在着对共产主义的"信任危机"问题。他指出，现在，一些党员干部共产主义理想和社会主义信念模糊甚至动摇。这不能不引起我们的警惕。

面对国际、国内出现的新情况、新问题，我们完全可以说，世界社会主义的研究有重大而深远的意义。它涉及是否能坚持和发展马列主义、毛泽东思想和邓小平理论的重大问题，涉及是否能坚定对社会主义和共产主义的政治信仰问题，涉及如何坚定不移地走有中国特色社会主义的道路、保持社会主义旗帜永远不倒的问题。

第二，社会主义事业前景光明。

正如一位俄罗斯学者所说："隧道的尽头是社会主义的复兴"[2]，"让历史再度沸腾起来"，这是全世界社会主义者和人民大众的强烈呼声和热切期望，是历史的必然。

事实证明，经过一段曲折和沉寂后，马克思主义的新的思想运动，按照西方的说法，已再次兴起。短短的几年间，世界性的"马克思主义大会"一个紧接一个。有的会议与会学者和自愿参加的群众达上千人乃至数千人。其中影响较大的有：1995年9月在巴黎举行的"马克思主义一百年回顾与探索"大型国际研讨会；1996年4月十多个国家千余名学者在纽约召开的"社会主义再展望"国际学术会议；1996年7月在英国伦敦云集世界各地六千多人，举行了声势浩大的"'96伦敦马克思主义大会"；1998年六十多个国家和地区一千五百名马克思主义研究者聚集巴黎，召开"纪念《共产党宣言》发表150周年国际大会"；前不久在美国召开的有两千名学者参加的"2000年社会主义学者大会"。此外，今秋还将在巴黎举行"世界社会主义者大会"。这些研讨会用事实证明，社会主义思想和运动仍在全世界范围内继续存在并得到研究；通过对20世纪经验的总结，必将结出丰硕成果，推动世界社会主义的复兴。

在这里，我想引用巴黎"纪念《共产党宣言》发表150周年国际大会"开幕词中的一句话："回归马克思，让历史再度沸腾起来！"为什么历史将会"再度沸腾起来"呢？为什么马克思主义、社会主义还如此牵动亿万人们的心呢？法国《当代马克思》的主编说得好："为了总结苏联社会主义失败的教训，为了对当代资本主义进行新的批判，人们发现马克思主义仍然是最有力的工具。"我们可以更深入、更中肯地说，这是因为资本主义所固有的社会基本矛盾不仅没有解决，反而更加深化。

我们坚信，社会主义必将最终代替资本主义，在 21 世纪，美好的社会主义将会更加成熟稳步地向前发展。

第三，关键是把中国的事情办好。

马克思主义者历来重视总结历史经验，总结世界无产阶级、社会主义运动成败的历史经验。巴黎公社失败以后，马克思及时总结了巴黎公社的经验。巴黎公社虽然只存在七十多天，但却得到了马克思的高度评价。马克思曾热情地赞扬说："工人的巴黎及其公社将永远作为新社会的光辉先驱而为人所称颂。它的英烈们已永远铭记在工人阶级的伟大心坎里。"[3] 46 年后，俄国工人阶级正是吸取了巴黎公社的经验教训，取得了十月革命的胜利，建立了苏维埃政权。这个政权存在了 74 年，虽遭严重挫折而解体，但积累了更多、更丰富的正反两方面的经验。邓小平同志正是以一个伟大的马克思主义者的眼光，审视了苏联东欧所发生的剧变，指出"从一定意义上说，某种暂时复辟也是难以完全避免的规律性现象。一些国家出现严重曲折，社会主义好像被削弱了，但人民经受锻炼，从中吸取教训，将促使社会主义向着更加健康的方向发展"[4]。

苏东剧变以后，世界人民把期待重振社会主义的眼光聚焦到中国。我们是当今世界上最大的社会主义国家。但是作为第三世界国家，面对霸权主义横行，面对世界资本主义的包围，面对错综复杂的政治局势，我们应该坚定不移地遵循小平同志"韬光养晦"的思想，在国际政治斗争中不扛大旗。这样做不仅是讲究策略，而且是推进多极政治格局、牵制霸权主义扩张、抓住机遇搞好国内建设的重大战略之举。

21 世纪初的几十年，将是抓住机遇、加快中国现代化建设的历史时期。千万不能错过这个机会，关键在于中国的事情能不能办得更好一些。我们要认真贯彻小平同志"要有所作为"的思想，贯彻江总书记"要抓紧对社会主义这个大主题的研究"的指示。

在过去的六年里，我们在进行"国外社会主义跟踪研究"中，做了大量工作。今天，我们成立了"世界社会主义研究中心"。我相信"中心"将会为广大学者提供更好的条件，推动对这个时代性的重大课题，进行深入、长期的考察和研究。

世界社会主义研究中心要以马克思主义为指导。研究中心的宗旨和任务是：团结国内从事社会主义理论研究工作的专家、学者，开展对世界社会主义问题的研究。对这方面的理论、思潮、运动、制度和成败经验等，可以设立许多课题，进行深入研究。总结20世纪社会主义运动、共产党人实践经验和研究21世纪社会主义发展趋势的任务，历史地落到了中国共产党人身上，落到中国的社会主义研究学者的身上，我们应勇敢地承担起这一历史的重任。

世界社会主义研究中心的同志们，要深入研究总结20世纪社会主义实践的经验，为未来社会主义发展提供丰富的理论和科学的经验；在学术界和人民群众中宣传社会主义思想，帮助人们了解世界社会主义运动情况，坚定走建设有中国特色社会主义道路的信念；密切关注社会主义理论与运动的最新发展，为世界社会主义运动的重新振兴做出贡献。

当前，世界社会主义研究的主要内容，可确定为：认真总结苏东剧变的原因与教训，关注这些国家、地区社会主义力量的现状和发展前景；深入研究发达国家的共产党和左翼力量的理论与实践经验；研究发展中国家社会主义力量的情况和发展趋势；研究现有社会主义国家的理论与实践；跟踪研究国外社会主义思潮和流派的新动向，等等。重点还是研究总结苏东剧变的原因与教训，包括：研究苏共的思想政治路线和政策的形成与演变，俄罗斯和东欧原社会主义国家中的社会主义和其他左翼力量的情况，观察这些国家今后的发展趋势，还要研究现在社会主义国家改革开放和发展的新经验和新问题。

马克思曾明确指出：社会主义与资本主义息息相关[5]。对世界社会主义的研究，离不开对当代资本主义和全球化问题的研究。特别是当代资本主义出现了新的变化，这就是当代霸权主义的产生。当代霸权主义的实质是新的帝国主义理论。其手法可能不同，但本质没有什么变化。当代资本主义如何发展，美国霸权主义会发展到什么程度，这直接关系到世界社会主义的发展前景。因此，只有通过研究当代资本主义，我们才能更深入地研究社会主义的发展问题。

第四，社会主义必将代替资本主义，共产主义理想仍是人类的共同理想。

我们的理论工作者只有自己有了正确的理想，才能搞好这项研究。只有理论上的彻底性才有政治上的坚定性。反过来说，只有政治上坚定，理论上才能彻底。

从1848年2月马克思和恩格斯发表标志科学社会主义诞生的伟大著作《共产党宣言》，至今已经一百五十多年了。一百五十多年来，多少仁人志士为了这个崇高的理想和正义的事业苦苦奋斗，流血牺牲。今天，我们这一代共产党人和今后几代的共产党人，都要坚定不移地沿着这条道路探索下去，奋斗下去。在座的都是理论工作者，我们要把研究社会主义当作毕生追求的真理并为之努力奋斗。希望我们的研究，能为世界社会主义的发展做出理论上能引以为荣的贡献。这也是中国共产党人不可推卸的历史责任。既然我们今天建立了这个研究中心，那就让我们不遗余力地开展工作吧。我衷心祝愿大家在今后的研究中能多出高质量的、无愧于历史的成果！

注释：

[1]《江泽民文选》第2卷，人民出版社2006年版，第361页。

[2] "隧道的尽头是社会主义的复兴"，见俄罗斯《真理报》1993年11月18日刊登的娜塔莉亚·莫洛佐娃的文章《隧道的尽头是社会主义的复兴》，该文介绍了1993年10月29—30日国际科学家争取民主和社会主义协会在莫斯科召开的一次学术会议。

［3］《马克思恩格斯选集》第 3 卷，人民出版社 1995 年版，第 81 页。

［4］《邓小平文选》第 3 卷，人民出版社 1993 年版，第 383 页。

［5］参阅《马克思恩格斯选集》第 1 卷，人民出版社 1995 年版，第 272—294 页。

关于"夏商周断代工程"研究[*]

（2000 年 5 月 11 日）

今天的会议开得很好。各位专家学者都以严谨的科学态度，对"夏商周断代工程"[1]及其所取得的成就发表了看法，我完全赞成。在此需要首先声明，我也是外行，我对自己的工作定位，是"夏商周断代工程"的一个积极支持者，而学术问题则由专家学者讨论。下面，我补充几点意见。

一 "夏商周断代工程"的重大历史意义

在中华文明史上，在科学研究领域，"夏商周断代工程"所取得的成果都具有开创性，具有里程碑意义。正如刚才宋健[2]同志所讲的，中华民族对自己的历史已经争论了两千多年。对于中华文明历史的探索，是中华民族历代学者和仁人志士的科学理想和伟大志向。今天，在我们这一代，中国历史年代坐标向前推进了五百年左右，这是了不起的成就。不用说向前推进了五百年，就是推进一百年或者几十年，也是巨大成就。之所以这样讲，是因为我们已经离开那个时代三千余年了。事隔数千年，无论是对考古学还是对历史学而言，其研究难度可想而知。

---

* 这是李铁映同志在"夏商周断代工程"领导小组会议上的讲话。

随着时间的推移，人们越来越会看到这个成果的意义。科学史上常有这样的事，当一项科学研究成果刚刚问世时，人们往往意识不到它的全部价值，但随着时间的推移，其价值便逐渐显现出来。所有参与"断代工程"的同志，都应该为自己能够参与其中感到自豪和骄傲，因为这项工程为中华民族、中华文明做出了巨大的贡献。这一成果将载入史册。当然，工程所取得的成果中有些是有争论的，其中对有些问题的争论还比较热烈。看来，这方面的争论可能还要持续几十年甚至几百年，但这不会使研究成果的价值有任何减损。

在科学发展的进程中，有些早就已经作了结论的问题，仍然还有人要研究，永动机就是一例。类似的还有关于神、鬼、怪的讨论，一直争论了几千年。无论科学怎么发展，作为一种精神现象，信神怕鬼屡见不鲜，大科学家也是如此。再比如，谁都知道人不可能长生不老，但我最近看了一本关于帝王将相的书，书中记述从周代开始就有仙道之说，起源于燕齐，历代皇帝都信奉吃金丹妙药能够长生。尽管都没有结果，但炼食金丹以求长生之道还是传到了阿拉伯，又从阿拉伯传到欧洲，至今仍不断地有人相信这个东西。同时，一些早已成为客观事实、具有真理性质的事物和观念，时至今日还在不休的争论之中，更何况那些本身就是一种学问、是有争论的论题呢？正是基于这一点，我才说争论可能会持续几百年。此外还要看到，要让近四五百年来占世界主导地位的西方思想文化传统，来接受我们的研究成果，我看没有相当时间也是不行的，对此我们要有思想准备。

在充分肯定这项科研成果的同时，一方面我们要有自信心，要有科学的态度和科学的勇气；另一方面，在文字的表述上，不妨说明一下，这是我们当代中国科学家的研究成果，欢迎世界各地学者乃至我们的后人加以重新修订和补充，使之更加完善和准确。我看加上这么几句话就主动多了。

二 "断代工程"的科研组织工作和
指导思想值得很好总结

（一）关于自然科学和社会科学结合的必要性

20世纪五六十年代"两弹一星"[3]的成功发射，振奋了国威，鼓舞了志气，使我们取得了大国地位，并让世界认识到，一个贫穷落后的社会主义国家，也可以攻克核技术与卫星发射等尖端的科学。这对我们民族、国家，对人民的思想解放，都有重大而深远的影响，堪称我们社会主义国家在科学领域取得的伟大成就。

自然科学的重要性早已为人们所认识，但对社会科学的重要性的认识尚不充分。我曾会见过原苏联科学院、现任乌克兰科学院院长的巴德教授。当我问到什么是21世纪最重要的科学时，八十多岁的巴德教授认为是社会科学。我想，人类首先要把自身的问题搞清楚，把自己生活于其中的社会搞清楚。社会科学重要就重要在它是关于人自身、关于人类社会的科学。

随着时间的推移，综合研究已成为当代自然科学和社会科学研究的一个趋势。自然界和人类社会的复杂性，也决定了自然科学和社会科学两者必须相互结合。"断代工程"正是自然科学和社会科学结合的成果。在这样短的时间里，对如此复杂的历史问题，特别是在全国范围内，经过自然科学和社会科学家的共同研究，"断代工程"才取得了值得大书特书的成就。

（二）关于科研组织工作

在20世纪末，特别是在即将到来的新世纪，如何找到一条途径，进一步加强自然科学和社会科学的结合，并在国家的支持下，通过这种结合，卓有成效地对一些中国历史上的重大理论和学术问题进行探讨，是我国科学界面临的重大问题之一。这里，"断代工程"为我们提供了一个好的范例。宋健同志曾经参加了"两弹一星"的研制工作，我也从电子学的角度间接地为"两弹一星"做了一点点努力，从而深知国家的支持对重大工程成功的意义。鉴于综合性科学研究的规模往往巨大，所耗时间较长，因此就更需要国家给予支持。这一点，中外都是如此。

同时，"断代工程"也需要更多的来自国内外社会力量的支持。在寻求社会支持方面，可以更开放一些。对一些确有独到见解的研究，应该给予肯定和一定的资助。下一阶段的研究，我建议设立一个基金，国内外学者，包括国内一些偏僻地方的学者，都可以通过课题的形式直接申请资金支持。学术研究无地界，很难说偏僻地区的学者就提不出独到的见解来。总之，在下一阶段，"断代工程"项目办公室在以"工程"为主要运作方式的同时，也需要运用设立基金的方式，吸收社会上的其他研究力量加入。

（三）关于今后如何借鉴这种研究方式

我建议，应该把"断代工程"的研究，作为 20 世纪 90 年代末在探索中华民族的振兴之路，以及在社会主义现代化建设过程中，对具有复杂性和综合性课题进行研究的成功案例。对"工程"本身不仅应加以总结和继承，而且还可以将其成功的经验推广到其他研究领域。其研究方式，大工程可以采用，小工程课题也可以采用。在一次中科院、工程院和社科院三院院长讨论时，我们曾特别讲到这个问题。

既然社会科学和自然科学的结合，是未来世界科学发展的趋势，因此，我建议"断代工程"办公室，就关于自然科学和社会科学结合的必要性，关于科研组织工作，关于今后如何借鉴这样一种方式来解决一些重大疑难课题，很好地写一个详细的总结报告。

三　如何结题

刚才大家已对这个问题发表了看法，这里我再做几点补充。

其一，结题报告写了简本，将来还要写繁本。另外我还建议写普及本。作为史学、考古学的重大研究课题，"断代工程"毕竟涉及多门学科的专业知识，对外行人来说，甚至是一门全新的学问。我读报告简本的时候就感到吃力，金文铭文很难读懂，对许多概念也难以透彻理解。故我建议写一个普及本，让凡是有兴趣的青年人都可以拿来看一看。

其二，我建议拍一部电视片，通过艺术形式记录中华文明研究的过程，把"断代工程"的关键点，以图像的方式直观地展示出来。

其三，与国家文物局和中国历史博物馆合作，搞一个展览。把"断代工程"实施以来所取得的一切成果，包括图表、照片、文献、历表、文物在内的资料，向社会公布。

其四，我建议"工程"领导小组，正式给中央和国务院写个报告，以反映学者们共同取得的这一重大科研成果。

其五，建议教育部举办教师培训班。首先把科研成果给大学、中学和小学的历史教师们讲清楚，让他们明白。这样他们就会成为这一科研成果的普及力量。

其六，建议参与"断代工程"的一百七十多位学者，不仅要在研究过程中通过课题组的报告表达观点，研究成果公布以后，也要从自己实际参与工作和进行研究的角度，从各个不同层次发表论文、著书立说，进一步阐述自己的观点。论文可能完全赞成"工程"的结论，也可能不完全赞成，但只要取科学的态度，赞成或不赞成都没有关系。同时，还可以进行必要的学术争鸣和讨论，而且最好在结题报告里就能体现这种精神。这样就使得更多的学者能够充分体会到学术研究的自由氛围和广阔空间，进一步将科学研究推向深入。

其七，关于最后到底用什么方式来推荐结题报告。我刚才和邓楠同志商量，是否可以考虑这样一种方式，即由课题组学者联名申报、验收组以专家的身份对成果做验收鉴定，最后给中央和国务院写报告的方式，并建议有关部门采用。（宋健同志插话："可不可以建议中国的一些历史教科书和与中国古代史有关的文件，在没有新的年表之前，都参照这个年表？"）

四　关于继续研究

（一）科研成果的阶段性与继续研究的关系

我们的研究成果当然是阶段性的。纵观历史，任何一门科学的发展都有阶段性，不同时代的人们所取得的阶段性的研究成果汇集起来，共同推动着这门学科的发展。所以，我们科研成果的阶段性和研究的继续发展并不矛盾。

史学研究上有这么几个问题，现在仍然还有所争论，例如，什么是中华文明？什么是中华民族？谁是炎黄子孙？如果没有考古探源，简单地讲我们都是中华民族，恐怕有些人就不赞成。只有通过科学考察和历史论证，得出的结论才令人信服。对夏商周断代问题的进一步研究，就涉及中华民族、中华文明以及中国文化的形成问题，因而具有重大的历史意义。再如，今天会议一开始就有学者谈到黄帝纪元，刚才宋健同志也谈到了，对此我是赞同的。我曾经在一些场合，包括在社科院历史所跟一些学者座谈时讲过，希望将来能够通过学者的研究，把黄帝纪元作为农历纪元的开始。中国的历法现在是有尾没有头。当然，有可能这是纪元的优点，但是如果确定一个纪元的开始时间，区分农历纪元前、纪元后，亦不失为一种科学的方法和科学成果。

（二）继续研究的方式

最近一年多来，关于以何种方式继续进行"断代工程"研究的问题，一直都在不间断的讨论之中。以下几种方式可供参考：

其一，建立二期工程。二期工程主要以夏前期或后期，再加上商前期的一段时间作为研究对象，具体的组织方法和参加人员不变。刚才有些学者在发言中也提到了这种意见。过去我们搞了一些重大的工程项目，多数是硬工程，软工程很少。是否可以考虑把二期工程作为一个软工程，同时申报国家"十五"计划项目。

其二，如果大家不赞成上述意见，也可以立新项。干脆就将科学研究的时间跨度再拉得更远一点，从黄帝纪元开始，取名"探源工程"。作为一个新项目，其复杂性也将随之增大。

其三，"探源工程"和"断代工程"同时进行。"断代工程"作为新的学术研究的前期工程，"探源工程"是寻源，找新的证据。"断代工程"可以作为"探源工程"的前期工程继续进行。

总之，现在是个很好的机会。已经有这么一批优秀的科研人员，有这样一个组织，有这样一套经验，在此基础上继续研究，可能会事半功倍。如果让研究中断很长时间，无疑是一种浪费。

五　科学态度和科学勇气

究竟该由谁来研究中国的文化？中华民族的文化、中华文明，应该也只能主要靠中国人自己，而不可能主要靠西方人来研究、论述和揭示。埃及的历史可以主要由欧洲人来研究，但中国不同于埃及，中国不能这样。对中华文明历史起源问题的研究，非中国人莫属。研究自己的祖先问题，是中国人义不容辞的责任。

如何处理好科学态度和科学勇气的关系？科学勇气和科学态度相辅相成。如果没有科学态度和历史唯物主义的观点，毛泽东就无法把马克思主义同中国实际相结合，从而也就不会产生毛泽东思想。西方人也讲，马列主义、毛泽东思想是独特的、创造性的，而不是简单的教条。如果没有马克思主义的科学态度，邓小平也不会发展和突破由毛主席确定的一整套方针和政策，从而形成改革开放新时代指导中国实践的伟大理论。所以，真正的科学态度是最具有大无畏精神的，是最能给人以勇气的，是最具创造性的。有科学态度也就必然有科学勇气；同时，任何科学勇气也只能来自科学的态度。总之，科学勇气和科学态度是一个问题的两个方面。

关于宋健同志刚才特别提到的"民族主义"问题，我曾和前澳大利亚总理霍克谈到过。我说你们用"民族主义"来指责我们，这是你们的一个错误、一种偏见。谁会不爱自己的民族呢？如果说不爱自己的民族才不是"民族主义"，那么不爱自己的民族爱什么呢？爱民族同样是爱国主义的一种表现形式，但这并不意味着把爱民族变成一种排外的、歧视外国人的、不开放的行动，并不意味着拒绝外域文化、不向其他的人类文明学习的狭隘主义。我们现在讲的爱国主义，是为了自己的国家、民族而努力奋斗、发愤图强的一种精神。这是人类共同的精神力量，哪个民族没有？"断代工程"所寻求并力图发扬光大的，也正是这样一种"民族主义"。应该看到，西方用来批评我们、非洲或者是其他亚洲国家的"民族主义"，是别有用心的政治语言，而不是一种精神文化的东西，完全可以置之不理。当然，我们不赞成狭隘"民族主义"。我们的一些学者也可以写些文章，去批评一下、驳斥一下。

我们该如何对待西方的反华力量呢？毛主席曾讲，凡是敌人拥护的我们就反对，凡是敌人反对的我们就拥护。这句话不是绝对真理，但作为一种现象，凡是我们拥护的，敌人通常都要加以反对，这一点不可否认。只要是共产党支持的，西方就会有一些人不满意。美国人看待事物，总是看它是否符合美国的利益。当听到美国人说要中国符合美国利益的时候，我就问他们，符合美国利益的中国，是否符合中国人民的根本利益？我们可否说，美国应符合中国的利益？我们对此类问题的提法是：首先要符合本国人民的根本利益，也要有利于世界人民的根本利益，有利于世界的和平与发展。

西方国家为什么要看到中国的强大呢？我们可以希望美国继续发展强大，但美国就不一定希望中国发展强大。我与许多西方政治家和学者都讨论过，为什么你们的发展我们认为是好事，而我们的发展你们认为就是威胁？当中国的事情搞好了，你们说是威胁；当中国的事搞糟了，你们又说共产党腐败、无能。那我们该怎么办？既不能搞好又不能搞坏，简直就没有余地去做事情了。总之，现在西方世界用巨大的物质力量和发达的科学手段所进行宣传的，就是这样一种舆论思潮，占了世界新闻宣传的80%以上，可谓铺天盖地。我看西方反对我们是一个长期现象，不足为怪。我们也不求他们赞誉。我们只是做自己该做的事情。对"断代工程"的成果，任后人评说，任世人评说。甚至对一些责骂，对那些非科学的争论，我也建议不予理睬。我们是讲科学的，责骂不是一个科学态度。在责骂面前，我们既要坚持科学态度，更要有科学的勇气和自信。

　　我就讲这几点，供专家小组和领导小组参考。

注释：

[1] "夏商周断代工程"，是中国的一项文化工程，是一个以自然科学与人文社会科学相结合的方法来研究中国历史上夏、商、周三个历史时期的年代学的科学研究项目，是一个多学科交叉联合攻关的系统工程。该工程作为"九五"国家重点科技攻关项目于1996年5月16日正式启动，到2000年9月15日通过国家验收。

[2] 宋健，1931年生，山东威海市荣成人，1947年6月加入中国共产党，1945年5月参加工作，苏联莫斯科包曼工学院研究生毕业，博士，研究员，中国科学院院士，中国工程院院士。

[3] "两弹一星"，最初是指原子弹、氢弹和人造卫星。1964年10月16日我国第一颗原子弹爆炸成功，1967年6月17日我国第一颗氢弹空爆试验成功，1970年4月24日我国第一颗人造卫星发射成功。中国的"两弹一星"，是20世纪下半叶中华民族创建的辉煌伟业。

加强西部问题研究[*]

（2000 年 5 月 17 日）

　　今天，由中国社会科学院和云南省委共同举办的"中国西部六省区市西部大开发[1]研讨会"隆重召开了。这对于认真贯彻落实中央提出的西部大开发战略，加快西南地区发展的步伐，具有十分重要的意义。在此，我代表中国社会科学院对此次会议的召开表示热烈的祝贺。

　　下面，我着重讲四个问题：

一　西部大开发是中华民族振兴的大战略

　　早在 20 世纪 90 年代初期，邓小平同志就明确提出了"两个大局"的战略思想：一个大局，就是东部沿海地区要充分利用有利条件，加快对外开放，较快地先发展起来，中西部地区要顾全这个大局；另一个大局，就是当发展到一定时期，可以设想在 20 世纪末全国达到小康水平的时候，就要拿出更多的力量帮助中西部地区加快发展，东部沿海地区也要顾全这个大局。这是一个伟大的战略，是

---

　　[*]　这是李铁映同志在"中国西部六省区市西部大开发研讨会"上的讲话。

振兴中华的一个伟大战略。

改革开放二十多年来，我国国民经济获得了较快的发展，综合国力显著增强，人民生活水平明显提高，大多数地区基本实现了小康目标。尤其是，沿海地区凭借其区位优势和国家政策的支持，通过自身的积极努力，地区经济获得了持续的高速发展，目前已基本形成了一种自我发展的机制，具备了经济快速发展的自立条件。在这种情况下，国家已完全有能力把加快西部开发提到一个重要的战略位置上来。

从现在起到 21 世纪中叶，是实现我国现代化建设第三步战略目标的关键时期。在这一关键时期，中央决定实施西部大开发战略，意味着我们党将带领全国人民开始一次新的"长征"。这次新的"长征"是一项十分艰巨的历史性重大战略任务，是我国最终实现现代化目标、中华民族圆强国富民之梦的决定性步骤。没有西部地区的现代化，就没有全国的现代化。没有西部地区的全面振兴和繁荣，就不可能有中华民族的全面振兴和繁荣。

二　西部大开发是一项长期的战略任务

西部地区现有发展水平较低，产业竞争力较弱，基础设施建设也较为薄弱，投资软环境还有待进一步改善。因此，西部地区要逐步缩小与东部地区之间的发展差距，实现地区经济社会的全面振兴和繁荣，不是一两个五年计划或者十年规划能够达到的，需要经过许多代人的长期不懈的努力。

实施西部大开发是一项长期而又十分艰巨的任务。各地在实施西部大开发的过程中，都必须树立长期开发的观念，做好打"持久战"的思想准备。要按照中央的统一部署和安排，统筹规划，合理布局，有计划、分阶段地稳步推进，不可急于求成、盲目冒进，搞低水平的重复建设。同时，要正确处理好中长期规划与各年度计划之间的关系，搞好二者之间的相互衔接和协调，做到稳扎稳打、突出重点、逐步推进。

西部地区地域辽阔，各地区的情况千差万别，发展差异较大。既有像重庆、西安、成都、昆明等经济实力较强的大中城市，也有许多目前尚未解决温饱问题的贫困地区。在目前国家财力有限的条件下，国家对西部地区的支持，不可能采取"天女散花"的方式，而应该实行区别对待、分类指导，明确各时期开发的战略重点，并在政策上允许一些有条件的地区先行一步，率先发展起来，形成示范效应，由此带动其他地区共同发展。

西南地区水电、矿产和生物资源丰富，人文、自然景观众多，目前在许多产业方面都已形成较好的基础。在今后开发的过程中，一定要坚持经济建设与人口、经济、环境协调发展的方针；坚持物质文明、精神文明共同进步，物质资本与人力资本开发一起抓；坚持统筹规划、合理布局，发挥优势、突出重点，逐步形成各具特色的地区产业结构；坚持以体制创新为突破口，加快改革开放的步伐。

三　认真总结历史经验

在旧中国，我国的工业高度集中在沿海少数大城市地区，广大西部地区经济发展十分落后，几乎没有什么现代工业。新中国成立后，党中央就一直十分重视对西部地区的开发。尤其是在三线建设时期，国家在西部地区投入了上千亿元的资金，建成了一大批新兴工业基地、国有大中型企业和科研单位，由此奠定了西部工业化的基础。

过去西部开发的过程中，我们既取得了较大的成效，积累了一些有益的经验，但同时也存在着许多问题，如投资效益不高、资源浪费严重、土地沙化和水土流失加剧等。对于西部开发的历史经验和教训，我们必须认真加以总结。"前事不忘，后事之师。"[2] 只有认真总结历史的经验和教训，才能避免错误、少走弯路。

实施西部大开发，同样需要吸收沿海地区的有益经验。在改革开放的过程中，经济特区、上海浦东新区和沿海其他地区经过多年的探索，已经积累了许多有益的经验，形成了一些较好的办法。这些好的经验和好的做法，完全可以借鉴过来，为西部大开发服务。

实施西部大开发还需要认真总结国外落后地区开发的经验教训。从20世纪30年代以来，美国、英国、德国、法国、意大利、日本等许多国家，都曾采取了多方面的政策措施，如提供贴息贷款、投资补贴、减免税收和技术信息服务等，积极支持落后地区的经济发展。对于国外落后地区开发的一些好的经验、好的做法，也应认真加以总结和借鉴，为我所用。关键还是从实际出发，大胆探索，闯出一条西部开发的路子来。

四　社会科学界要加强对西部问题的研究

西部大开发是一项巨大的系统工程，它涉及生态环境保护、基础设施建设、产业结构调整、科技教育、改革开放以及民族和宗教等各个方面。今后一定要加大研究经费和人员的投入，加强学术交流和学科之间的合作，积极开展多学科的综合性研究。尤其是广大社会科学工作者，要积极投入到西部研究的行列中，为西部大开发献计献策，提供多方面的服务。

当前，在西部开发的过程中有许多问题都值得深入研究。例如，如何正确处理西部生态环境保护与经济发展之间的关系；如何充分发挥中央和地方两个方面的积极性；如何引导东部企业、外商投资和民间资本参与西部大开发；如何提高西部开发中的财政投资效果；如何发展西部地区的特色产业，提高西部地区的产业竞争能力；如何在开发的过程中保护好西部地区的文化；如何正确处理好西部大开发与东、中部发展之间的关系，等等。

对于上述诸多问题，都需要组织力量，开展深入的调查研究，为今后国家政策的制定提供参考。对于有些重要的问题，如退耕还林还草等问题，还需要进行长期的跟踪研究和典型案例研究。只有通过长期的跟踪研究和案例研究，才能为政府决策提供科学的理论依据。总之，在西部大开发的过程中，各方面的学者都可以发挥自己的聪明才智，都可以大有作为。

让我们紧密团结在以江泽民同志为首的党中央周围，为建设一个山川秀美、经济繁荣、人民安康的大西南、大西北而奋斗！

注释：

[1] 西部大开发，特指 1999 年 9 月中国共产党十五届四中全会提出的对西部地区进行开发的战略。西部大开发的范围包括重庆、四川、贵州、云南、西藏自治区、陕西、甘肃、青海、宁夏回族自治区、新疆维吾尔自治区、内蒙古自治区、广西壮族自治区 12 个省、自治区、直辖市，面积为 685 万平方公里，占全国的 71.4%。

[2] "前事不忘，后事之师"，语意为牢记以前的经验教训，作为今后行事的借鉴。语出《战国策卷十八·赵一·张孟谈既固赵宗》："前事之不忘，后事之师。"

沉着应对和研究经济全球化[*]

（2000 年 5 月 23 日）

    国际问题研究中心由世界经济研究中心和世界政治研究中心组成，是我院五大研究中心之一。它是一个很好的研究机构，因为它更灵活、更开放。不论是对国内学者，还是国外学者，都可以采取这种灵活的方式来研究和讨论问题。研究中心是纯粹的学术研究机构，不带行政色彩，有利于各个研究所利用这种形式来开展跨学科、跨部门的研究。当然，各个研究所也可以根据学科发展的需要，创立自己的研究中心，把研究室、课题组和研究中心这三种不同的科研组织形式有机地结合起来。我希望院、所两级研究中心都能办好。

    我们正面临新世纪的到来。刚才有的同志谈到，21 世纪的中国会是什么样的？21 世纪的世界又会是什么样的？这两个问题是必须搞清楚的。什么是 21 世纪的发展道路和发展战略，也是国内外都在关注和研究的问题。

    20 世纪末世界上发生的最大变化，就是苏联解体以后，美国推行全球霸权主义和经济全球化的不断加深。如果追溯经济全球化的起源，应当说它是在资本主义发展以后出现的。在资本主义发展以前，还不能说世界上出现过经济全球化的趋势。经济全球化实质上是资本主义生产方式在全世界的一种扩张，只不过第一次扩张是以

---

   * 这是李铁映同志在"经济全球化讨论会"上的讲话。

殖民主义的形式出现，而这一次扩张则是以新经济、新技术的方式来推行的。

在 20 世纪，资本主义发展的全球化趋势受到了很大阻碍，原因在于发生了俄国十月革命，产生了社会主义国家，形成了两极对立的格局。所以，20 世纪基本上是两极世界、两种道路、两种制度长期并存和斗争的局面。在这个斗争过程中，资本主义出现过新的变种，就是法西斯主义，由此导致了第二次世界大战。在这个历史发展的进程中，社会主义也遇到了较大的曲折，就是发生了苏联的解体和东欧的剧变。20 世纪已经过去了，像 20 世纪 50 年代到 90 年代那样的历史时代和格局，短期内恐怕不会出现。因为美国的发展，以及整个世界资本主义的发展，使西方发达国家在军事、经济、科技和文化等领域，已经取得了全面的优势。

我们曾经说，20 世纪是社会主义在全世界范围内不断发展和取得胜利的时代。当然，除此之外，还有其他一些更高的提法。那么，21 世纪是不是社会主义在全世界不断发展和取得胜利的时代？这关系到我们对整个世界格局的看法。从长远来看，我们应该这样讲，也应该有这样的信心，但在 21 世纪内是不是会出现社会主义在全世界胜利的局面，值得研究。

20 世纪最主要的，是以美国和苏联为代表的两种制度和两极世界的对抗。苏联解体以后，美国和中国构成 21 世纪国际政治舞台上的主要对手力量。在 20 世纪，美苏之间合作少、对抗多。

21 世纪的中国和美国，能不能合作多、对抗少？当然，从某种意义上讲，合作也是一种对抗。合作是手段而不是目的，是达到自己目的的一种手段。所以，能否形成和保持一个与资本主义世界长期并存的局面，既和平共处、长期合作，同时又坚持自己的制度和保护自己的利益，实现中华民族全面振兴的理想，是我们必须认真加以研究的课题。如果在这个长期的并存与合作过程中，我们不能实现中华民族的全面振兴，那么，这个世界可能还会发生根本性的变化。

社会主义是针对资本主义不可克服的内在矛盾应运而生的。它的出现改变了人类历史发展的总趋势，带来了一个崭新的社会模式，向人类展示了一个光明的发展前景。在 21 世纪，我们将面临经济全球化这样一种趋势，有中国特色的社会主义能不能应对有方，长期坚持自己的道路和方向，从而最终实现中华民族的全面振兴？我看，只要我们深入开展研究，应对得法，这一目标是完全可以实现的。

我们希望 21 世纪是一个以和平和发展为主题的，社会主义和资本主义长期并存、竞争、斗争、合作的时代。但历史的发展有自己的规律。

对中华民族来讲，20 世纪是解放、独立和站起来的世纪；21 世纪则应该是中华民族全面振兴和发展的世纪。所以，我们研究经济全球化，立意应当更高一点。我主张，对西方的全球化观点，要进行深入分析，要解读其概念、观点、理论的内涵。西方政治哲学最大的特点是，他们以自己的利益为最基本的出发点，并以此为基础来建构其琳琅满目的概念、语言、观念和哲学理念。而我们的利益同美国等西方国家的利益有很大差别，所以在名词、语言、观念乃至理论的建构上，不能简单地照抄照搬。试想，如果马克思当时不是对资本主义的经典理论进行鞭辟入里的解读和研究，怎么会有马克思主义呢？马克思主义就是用全新的理论和语言，来揭示资本主义世界内在矛盾的。

譬如，马克思在论述剩余价值、劳动、商品和货币的时候，就是既有继承的一面，又有创新的一面。如果毛泽东不把马克思主义，或不把当时一些外国政党、学者理解下的马克思主义中国化，把它们变成中国共产党自己的东西，那么毛泽东思想也不存在。譬如，关于新民主主义，关于人民民主专政，都是如此。小平同志如果不是提出了有中国特色的社会主义，也不可能构筑出我们现在的国家战略和策略。"特色"这两个字在马克思主义的经典著作中是没有的。这种创造一下子就把社会主义从一种普遍性的理论、观念，变成了和中国国情相结合的具体的现实的东西，变成了处于我们实践中不断探索和发展中的东西。在研究经济全球化的过程中，要对西方的概念、观点、理论进行认真分析，然后提出我们自己的一套对于全球化的看法和解释。

在进一步研究的基础上，今年可否出一本中国学者论述经济全球化问题的专著。该书应分上、下篇，上篇论述世界经济问题，包括宏观、微观、市场、规则和机构等方面；下篇论述世界政治问题，包括联合国改革、美国霸权、国际组织、军事、文化、意识形态等方面。以后每隔两三年，或在必要时，就修订、补充一次，最终形成中国人自己的关于经济全球化的概念、观点和理论，形成研究国际问题的中国学派。我们不能说西方的理论、观点都是不对的，而是要对它们进行解读、翻译和改造，结合我们中国的实际进行创新，让其中的某些概念、观点和理论为中国人服务，为中国人民的利益、前途和命运服务。所以，对西方的理论和观点，我们必须进行深入研究，还要直接同西方学者展开讨论。

经济全球化既有给我们提供机遇的一面，也有给我们带来风险的一面。何去何从，怎样做到趋利避害，完全取决于我们如何应对。有人问我对中国加入 WTO 怎么看，对经济全球化问题怎么看。我讲了两句话：第一条，不可避免；第二条，就看你是否有应对能力。应付得好，则利大；应对得不好，则弊大。实际上，对中国来讲，经济全球化孕育着极大的风险。在研究中国在经济全球化中面临的风险方面，我们尚有所不足。应该看到，在研究的过程中，如果粗枝大叶，在某一方面出现差错，或者应对无方，即使暂时看不出问题，过若干年后也会出问题。更有甚者，倘若过 20 年或 30 年后才发现问题，那就将铸成大错，无可挽回了。

现在，我们正迎接新世纪的到来，我寄希望于世界经济研究中心和世界政治研究中心。你们应该列出题目，定期深入研讨，写成论文，最后还要形成专辑。对一些重要问题，应写出《要报》来，一篇一篇地反映。我们一定要形成自己的看法，即中国学者对经济全球化的系统而权威的看法。

纪念吕振羽[*]

（2000 年 5 月 24 日）

今天我们在这里聚会，纪念吕振羽[1]同志百年诞辰，缅怀吕振羽同志革命的一生，以及他为我国马克思主义新史学的建立和发展所做的重要贡献。方才各位专家的学术报告，对于吕振羽同志始终不渝地坚持运用马克思主义指导研究中国历史，在经济史、社会史、思想史、民族史以及通史编写等方面的成就和贡献，进行了充分的论证，给予了高度的评价。我完全赞成同志们的意见。

吕振羽同志是中国共产党的优秀战士，是我国早期马克思主义历史科学的开拓者之一。他集革命与学术于一身：为中华民族的前途，戎马倥偬，转战南北；为开拓马克思主义新史学，生命不息，笔耕不辍。

20 世纪 20 年代末，整个中华民族面临着"向何处去"、"走什么路"的问题。党内外的进步知识分子都在认真地思考，决定未来的去向。郭沫若率先以马克思主义历史唯物论为指导，写成《中国古代社会研究》一书，明确地向世人宣告："认清过往的来程，也正好决定我们未来的走向。"[2]

30 年代初，吕振羽同志以马克思主义历史唯物论作指导，研究中国社会经济和历史，先后出版了《最近世界之资本主义经济

　＊　这是李铁映同志在纪念吕振羽同志百年诞辰座谈会上的讲话。

（上）》和《中日问题批判》两书，被国民党当局查禁。1934—1935年，他相继完成《史前期中国社会研究》和《殷周时代的中国社会》两书，对中国古代社会的内部结构、特征及发展规律提出独到的学术见解，受到国内外学术界的重视。在1937年出版的《中国政治思想史》中，吕振羽同志第一次对中国古代哲学思想和政治思想做出系统的阐述，这是我国第一部运用马克思主义观点撰写的中国思想通史。

抗日战争期间，吕振羽同志在戎马生活中依然不忘思想战线的理论斗争。为了批判日本法西斯和中国反动派歪曲中国历史的谬论，他于1942年出版了《中国社会史诸问题》一书。同时，推出《简明中国通史》（第一分册），这是我国最早运用马克思主义观点编写的中国通史。解放战争期间，在完成《简明中国通史》（第二分册）的同时，吕振羽同志又出版了《中国民族简史》，这是我国马克思主义民族史研究中一部具有开拓性的论著。

新中国成立以后，吕振羽同志特别重视民族史的研究。1957年，在青岛召开的民族工作会议上，他因此而受到周恩来同志的鼓励。此后，他连续发表《中国民族关系发展的历史特点》与《新疆和祖国的历史关系》等论文，对加强民族团结、推动民族史和边疆问题的研究，起到了重要作用。

吕振羽同志的一生，是革命的一生、战斗的一生，在坚持运用马克思主义历史唯物论研究中国历史，建立和发展我国马克思主义历史科学方面，吕振羽同志做出了重要贡献，他的名字和业绩，将同我国马克思主义历史科学的开拓者郭沫若、范文澜[3]、翦伯赞[4]、侯外庐[5]等一道，永垂不朽！

时代在前进，社会在发展。在中国共产党的领导下，中国人民正在建设有中国特色社会主义的道路上，为实现中华民族的伟大复兴而努力。值此世纪交替之际，我们面临着各种新的挑战。马克思主义要发展，社会科学要发展，历史科学要发展，这是摆在我们面前的重大课题，是时代对社会科学工作者、历史科学工作者提出的崇高要求。

为了完成时代赋予我们的神圣使命，我们的史学工作者必须旗帜鲜明地坚持马克思主义对历史研究的指导，把发展马克思主义历史科学自觉地作为我们的历史责任。同时，在具体的研究工作中，我们提倡解放思想、实事求是，要始终如一地贯彻执行党的"百花齐放、百家争鸣"的方针，善于吸取人类一切优秀的史学成果，取精用宏，融为我有。

中国有句古话，"有容德乃大"[6]。悠久而博大的中华文明，正是古往今来，容纳百川而成。马克思主义是真理，是实践的、开放的、科学的世界观和方法论，而不是僵死的教条。唯有在生动活泼的实践中，他山取石，容纳百川，我们才能推动马克思主义的发展，才能推动马克思主义历史科学的发展。

历史研究一定要体现时代精神。我们的史学工作者，要关注现实、立足现实，为现实而研究历史。今天，我们缅怀吕振羽同志，就是要继承中国老一辈马克思主义历史学家开创的辉煌业绩，像他们那样，去工作、学习，去献身学术，为人民服务。我们一定要站在时代主潮的前列，紧密结合建设有中国特色社会主义的伟大使命，紧密结合促进社会主义精神文明和物质文明的建设，创造性地理解和应用马克思主义，以容纳百川的博大襟怀，为繁荣马克思主义的历史科学，繁荣我们的整个社会科学，做出更大的贡献。

注释：

[1] 吕振羽（1900—1980），湖南武冈（今属邵阳）人。1926 年毕业于湖南高等工业学校。同年参加北伐战争。九一八事变后，积极参加抗日救亡活动。1936 年加入中国共产党。后从事理论、历史研究和统战工作，是中国早期马克思主义历史科学研究的开拓者之一。新中国成立后，任东北人民大学校长兼党委书记、中国科学院哲学社会科学部委员。著有《中国政治思想史》、《简明中国通史》和《吕振羽史论选集》等。

［2］郭沫若：《〈中国古代社会研究〉自序》，《沫若文集》第 14 卷，人民文学出版社 1963 年版，第 10 页。

［3］范文澜（1898—1968），湖南桃源人，维吾尔族。1924 年赴美国留学。1926 年回国后参加北伐战争。1937 年加入中国共产党。抗日战争时期，参加发起中苏文化协会湖南分会和湖南文化界抗敌后援会，主编《中苏半月刊》。新中国成立后，任政务院文教委员会委员、中央民族委员会委员、中国科学院学部委员。著有《中国史纲》、《中国史纲要》、《历史问题论丛》等。

［4］翦伯赞（1898—1968），湖南桃源人，维吾尔族。1924 年赴美国留学。1926 年回国后参加北伐战争。1937 年加入中国共产党。抗日战争时期，参加发起中苏文化协会湖南分会和湖南文化界抗敌后援会，主编《中苏半月刊》。新中国成立后，任政务院文教委员会委员、中央民族委员会委员、中国科学院学部委员。著有《中国史纲》、《中国史纲要》、《历史问题论丛》等。

［5］侯外庐（1903—1987），山西平遥人。原名玉枢。1922 年，分别考入北京法政大学和北京高等师范学校。1927 年赴法国巴黎大学。1928 年在巴黎加入中国共产党。1930 年回国，与组织失去联系。后任哈尔滨法政大学、北平大学教授。1936 年曾翻译出版《资本论》第一卷全译本。1951 年重新加入中国共产党。后任西北大学校长、中国科学院哲学社会科学学部委员、中国社会科学院历史研究所所长、中国史学会理事。著有《中国思想通史》、《中国近世思想学说史》和《中国封建社会史论》等。

［6］语出《尚书·君陈》："有忍，其乃有济；有容，德乃大。"

哲学社会科学[*]

——在国防大学讲演

（2000 年 5 月 25 日）

今天来到国防大学，我非常高兴。我也当过兵，可以说从小就受到了八路军、解放军的熏陶和教育。伟大的中国人民解放军，不仅为新中国的建立立下了不可磨灭的、历史性的功勋，而且在社会主义建设中，发挥着积极作用，是我们共和国的钢铁长城。借此机会，我代表中国社会科学院，向我们伟大的人民解放军，致以最亲切的问候和崇高的敬意！

今天，我不是来作报告的，而是来汇报的，因为我本人不是一个科班出身的哲学社会科学工作者。我过去是学物理的。由于工作的需要，我走到了这样一个岗位上。我给自己的定位就是学习，首先当好学生。所以今天来，就是向大家汇报我学习的一些心得体会，也可以说是来应试的。

我今天讲五个问题：第一，哲学社会科学的形成和发展；第二，哲学社会科学在人类社会发展史上的重要作用；第三，新中国哲学社会科学的发展历程；第四，新世纪哲学社会科学面临的挑战和发展机遇；第五，新世纪发展哲学社会科学的基本原则。

---

* 这是李铁映同志在国防大学的讲演。

一   哲学社会科学的形成和发展

我们要考察哲学社会科学的历史地位和作用,首先要研究一下什么是哲学社会科学,哲学社会科学是怎样发展起来的,它在人类几千年的历史当中有什么地位和作用。哲学社会科学这个命题,是新中国成立以后我们借鉴苏联的经验提出来的,即把自然科学之外,所有关于人类社会及其关系,关于人的自身发展等方面的知识、理论,统称为哲学社会科学。

在历史上,西方关于这个范畴的一般提法,称人文社会科学。事实上,对此有了三种提法:一种叫哲学社会科学;一种叫人文社会科学;还有一种一般的讲法,叫社会科学。如果我们单纯地讲社会科学,西方的一些学者就听不大懂,好像此中不包括人文科学。如果我们讲哲学社会科学,似乎我们只是讲哲学和社会科学,也没有包括人文科学。

最近我专门查了一下词典、辞海、大百科全书。一般对哲学下的定义是:哲学是指理论化、系统化的世界观和方法论,是关于自然界、人类社会和人的思维的本质和发展规律的最一般的理论体系。社会科学呢?其定义为:是人和人类社会及其关系的历史发展的科学知识体系,是包括人类的各种活动和各种社会现象及其关系的理论和历史的科学。人文科学则是包括历史、文学、文化等方面的科学。但这样界定并不完全准确,因为世界各国的说法并不一样。一般来说,西方的人文科学包括哲学;对社会活动特别是各种社会关系的研究则属于社会科学。那么,下面我要讲的社会科学,就是指人文社会科学,也包括哲学在内。军事科学属于什么?属于社会科学。经济学、法学都属于社会科学。也可以简单地讲,一切非自然科学的领域都属于人文社会科学,我把它叫作社会科学。这是这门科学历史发展过程中所形成的总体性概念。

现在我们考察,这门科学是怎么发展起来的呢?应该说,人类从原始社会后期开始，逐渐摆脱蒙昧状态，向文明社会发展的时期，由于有了人的集体活动，有了人的思维活动，有了人和自然作斗争所建立的各种社会关系，就产生了最初的关于社会科学知识的萌芽。其中最重要的就是原始宗教和神话。因为当时的生产力水平极低，对于人们所达不到的那种力量，就以为是超自然的力量（实际上它属于自然的力量）。对他们来讲，这类巨大的客观存在的外界力量，由于无法解释，便把它看做一种超自然的、人格化的神秘的东西。这就产生了最初的原始宗教，形成了当时最主要的一种思想。当然还有其他方面的，如关于社会问题，关于人与自然的关系，以及关于人本身的经验性认识等，都和宗教有关系。

从历史上看，在中国，最早的文字记载、直到现在仍影响着人类生活的，应该说是老子、孔子的思想和著作。孔子生于公元前551年，老子还要早于孔子一些年。而中国的文化、中国的文明，也正是在春秋战国时期，以孔子及其所代表的儒家思想的崛起为标志，呈现出空前繁荣的局面。这一时期诸子百家的争鸣，尤其是儒家思想和道家思想，对其后两千多年中国文明的发展，产生了久远的影响。

而欧洲古代的思想家，比较早而且影响大的要数苏格拉底、柏拉图、亚里士多德等人。苏格拉底生于公元前469年，柏拉图生于公元前427年，分别比孔子晚了80多年和100多年的时间。亚里士多德是柏拉图的学生。那个时候，也逐渐产生了最早的关于哲学、神学，关于人类社会的知识。后来这些学问影响到了罗马帝国的发展。罗马帝国继承了古希腊的哲学以及宗教神学，进一步形成了早期的欧洲文明。

为什么我要说这个问题呢？因为人类社会发展到今天，这样一些思想，在几千年当中都产生了巨大的作用。这是人类最初所获得的文明成就。可见，一种思想观念，对社会的认识影响是非常深远的。

在公元395年罗马帝国解体以后，出现了东罗马和西罗马。东罗马、西罗马之争，就是争谁是正教。在君士坦丁堡，就是现在的伊斯坦布尔，他们说自己是正教，叫作东正教，即为东罗马。西罗马在现在的意大利罗马，他们叫作天主教。在西罗马帝国于公元476年灭亡以后，宗教在欧洲还继续统治了一千多年。欧洲中世纪乃是千年黑暗时期。

否定中世纪宗教制度的，是文艺复兴。文艺复兴产生了像但丁、薄伽丘这样一些人文学家。但丁的《神曲》，薄伽丘的《十日谈》，都是反宗教、反封建、反贵族僧侣的。这样出现了人文思想，开始了以人文主义为主要内容的思想解放运动，逐渐形成了欧洲文艺复兴的思想体系。而文艺复兴则为资本主义制度的产生奠定了思想基础。至今，在文艺复兴和启蒙运动中所产生的一些思想、哲学口号，还在世界上广泛使用，比如说资产阶级启蒙运动中喊的民主、自由、人权、博爱等口号，仍然是当今社会的重要题目。文艺复兴为资本主义奠定了思想文化理论基础，催生了资产阶级革命，为资本主义的发展开辟了道路。

五四运动为中国的新民主主义革命开辟了道路，标志着从旧民主主义革命转到了新民主主义革命，马克思主义得到广泛传播。我讲这些话的意思，就是说随着人类社会、历史的发展，在近代逐步形成了关于人类社会自身的这样一门科学。而这门科学的产生和发展，对每一个阶段历史的发展，都有着深刻的影响。但是，在以往人类社会发展的历史过程中，阶级之间的斗争，多数还是处于一种不自觉的、自发的状态。只有到马克思创立了历史唯物主义，揭示了从原始社会、奴隶社会、封建社会到资本主义社会，再到社会主义社会（共产主义是其高级阶段）的发展规律，特别是揭示了阶级社会发展的规律以后，无产阶级才意识到自己的阶级地位，意识到自己的阶级使命，才第一次由自在的阶级成为一种自觉的、自为的阶级，才可以科学地认识人类社会的发展规律，并运用这个规律去推动历史的发展。

无论社会科学还是自然科学，都有其发展过程。人类在自然界面前，一开始大都是有盲目性的。在没有掌握自然规律之前，人们的行为都具有盲目性和偶然性。一旦掌握了自然规律，并学会运用这些规律，就增强了改造自然的力量，特别是在生产劳动中有了一定程度的自觉性。而这种自觉性，就是人们的能动性。所谓"能动性"，我的理解，就是基于在实践中产生的对自然的科学认识，并运用这种科学认识，去成功地改造自然、改造社会。如果没有这种科学的认识，这种能动性还可能带来相反的后果。

由此可见，人类所形成的关于社会科学的整个知识体系，都会随着人类社会实践的发展而不断发展，特别是在改造自然和改造社会的历史过程中得到不断丰富和完善。我们把正确揭示出来的规律，称作真理，也可以说科学就是探索规律、揭示真理的学说。只不过自然科学所探索的真理，是关于自然界的，而社会科学则是关于人类社会、关于人自身及其活动的科学。如果不掌握这个科学，其行为必然是盲目的，带来的损失、曲折也是不可避免的。只有掌握了社会科学，人们在认识、改造和建设社会的活动中才可能做到合目的性和合规律性的统一。马克思主义的创立，第一次科学地揭示了人类社会发展的历史规律，从而成为社会科学的桂冠，成为人类社会科学最高理论水平的皇冠。我们也可以说，以马克思主义为指导的社会科学为人们认识社会、改造社会，提供了科学的理论依据，提供了科学的方法论的基础。

哲学社会科学知识的普及，必然促进人们素质的提高，促进国家、民族素质的全面提高，进而成为整个国家和人民改造社会的一种强大的精神动力。有了正确的世界观、人生观、价值观，有了对社会的科学的、合理的认识，人们才能够正确地认识社会和改造社会，才能在发展的道路上避免失误。从这个意义上，我们可以看得很清楚，哲学人文社会科学，或者简称社会科学，有其重要的价值和地位。

二　哲学社会科学在人类社会发展史上的重要作用

（一）社会科学是实现社会变革，推动社会进步，构建社会制度的理论基础

社会的变革和发展的基本层面，往往表现为生产力和生产关系的进步，也可以简单地表述为生产工具、科学技术和制度文明等的进步。这里我想强调一下，社会制度的进步方式，作为一种制度文明，是从原始社会解体以后，逐步形成和发展起来的。从奴隶社会、封建社会，到资本主义社会，再到社会主义社会，都是人类在探索、推进制度文明过程中所创造的形式。而这些形式，取决于生产力和生产关系的状况，尤其是取决于生产力发展的水平。

制度发展的最基本的原因，就是生产力和生产关系的矛盾运动。当生产关系不适应生产力的发展要求时，也就是这种制度和体制已经成为生产力发展的桎梏时，就必然要促使这种制度和体制发生演变。制度的演变，一种形式是采取革命暴力，另外一种就是渐进的形式，即改良、改革等。如果我们认识到这种制度发展的规律，那么我们就可以按照这种规律的要求来发展制度。现在我们搞改革，就是按照这个规律来做的。我们也可以把改革，称为制度演进、制度发展的一种方式。社会科学正是人们自觉改造社会、推动社会前进的科学。

19 世纪是马克思主义产生的世纪，是形成马克思主义科学理论体系的世纪。而这个理论对于人类社会发展的科学预见，在 20 世纪先后由列宁、毛泽东、邓小平等所领导的革命或改革付诸实践。20 世纪的最大事件，就是产生了社会主义制度。从此，改变了人类社会发展的方向，是具有里程碑意义的。社会主义第一次向人类昭示了无剥削阶级统治的社会，指出了社会主义制度的发展前景，这对于数千年来的阶级社会来讲，无疑具有革命性的意义。没有马克思

主义，就不可能产生社会主义运动和实践。而社会主义事业的发展，更加证实了马克思主义的科学性。在中国近百年的历史长河中，也可以清楚地看到这样一点，如果没有毛泽东思想，我们可能还在黑暗中摸索。

社会主义不仅是一种理论，而且还是一种运动，也是一种国家和社会制度。从我国探索建设社会主义的实践看，有许多经验教训值得我们总结和汲取。十年动乱结束后，人们的思想和行动都很迷茫，正是后来在全国掀起的"实践是检验真理的唯一标准"的大讨论，解放了人们长期以来被禁锢的思想，为十一届三中全会的成功召开奠定了思想理论基础，进而开启了中国改革开放的大门。邓小平同志进一步把马克思主义、毛泽东思想和当前的实践相结合，创立了建设有中国特色社会主义理论，即邓小平理论。这一理论，推动了中国二十多年的改革开放、经济发展和社会全面进步。这就是理论的作用。如果没有邓小平理论，我们会不会有今天的改革开放的成就呢？我想是不会的。

邓小平同志为什么要提出建设有中国特色社会主义？社会主义就是社会主义，怎么还是"有特色"的呢？这个问题我想了很长时间。有中国特色的社会主义，就是不同于一般的社会主义。一切现实的、存在的，都是有特色的。一般的社会主义科学理论是一种抽象的、观念的东西，而把这种科学理论变成社会主义运动和实践，变成一种现实的社会制度，变成一个国家、一个民族的社会制度，它只能是有特色的，而不可能是一般的、抽象的。任何一个国家搞社会主义，都应该从本国实际出发，都是有特色的。所以"特色"这一提法，使我们摆脱了长期以来关于社会主义的抽象的争论、教条的理解和模糊的观念。这样，我们才能摆脱许多教条思想的束缚。可以说，有中国特色的社会主义的"特色"这两个字，一下子使得我们对于社会主义的认识，得到了很大的解放，提高到了一个新的水平。

这些年来，无论是对国际社会的认识，对世界和平与发展两大主题的认识，还是对国内各项政策调整、经济体制改革、政治体制改革，以及其他各个方面的认识，都是我们在总结正反两个方面的历史经验教训之后所得出来的，使得我们对于当前国内外形势的认识，对于中国所处的时代、面临的任务，以及今后应该走什么道路的认识，更加实事求是，更加符合当代中国和世界的实际。而这些认识及其条理化，都属于社会科学的范畴。如果没有这些科学认识，我们就不可能自觉地去领导、参与改革开放和现代化建设，从而也不可能使中国社会发生像今天这样的深刻变化。

什么是毛泽东思想？什么是邓小平理论？就是中国化了的马克思主义。如果马克思主义不中国化，那也不可能在中国扎根，也解决不了中国的实际问题。所谓"化"者，就是和中国的实际相结合，成为解决中国问题的理论基础。世界上一切好的东西，我们当然要学。但要结合自己的实际来学习，学习不等于照搬。世界各国也有这样的说法，一个善于学习的民族，一个有理论思维的民族，是最聪明的民族，也是永远打不垮的民族。什么叫善于学习呢？并不在于你学得多，而在于你能把学得的东西和自己的实际相结合。也就是毛主席在延安讲的实事求是，解决实际问题。真正的科学，是解决问题的科学，而不是空谈。

以上所谈的都涉及社会科学。要建设有中国特色的社会主义，要实现中华民族的振兴，就要靠科学理论的指导，才能够少走弯路、少犯错误，才能够抓住机遇、应对有策、迎接挑战，才能够实现中华民族的振兴。可以说，在一定意义上，中华民族振兴之路，就是中国运用社会科学规律的历史过程。一切唯心主义的，或者是照抄、照搬国外和盲从、盲目的东西，只能带来灾难性的后果。正如江泽民同志1991年2月在与中国社会科学院专家学者座谈时所指出的那样，"社会科学研究方向的正确与否，社会科学发展状况如何，对人们的思想意识和社会道德风尚，对经济建设，对社会稳定和发展，都会产生巨大而深刻的影响，甚至关系到中华民族的兴衰和社会主义的命运"[1]。1994年江泽民同志为中国社会科学院题词："把中国社会科学院建设成为马克思主义的坚强阵地。"在十五大报告中，他又强调："积极发展哲学社会科学，这对于探索有中国特色社会主义的发展规律，增强我们认识世界、改造世界的能力，有着重要意义。"[2]

从毛泽东到邓小平，再到江泽民同志，中国三代领导人都十分重视、关心社会科学的发展。如中国社会科学院的宗教所、民族所，还有其他一些研究所，都是当时毛泽东同志亲自要求成立的。现在社科院的宗教所，可以说是世界上最大的关于宗教领域研究的机构，形成了最有权威性的研究。我们的民族所，在世界上也是很大的。我们的哲学所现在将近两百人，也可谓世界上最大的。党的十一届三中全会之后，邓小平同志不仅发表了许多关于自然科学的重要讲话，同时也对社会科学给予了很大的关注。中国社会科学院的建立，社科院研究生院的建立，都是邓小平同志提议和批准的。对于社会科学，小平同志讲，"科学当然包括社会科学"[3]。后来他又讲了一句话，"我们已经承认自然科学比外国落后了，现在也应该承认社会科学的研究工作（就可比的方面说）比外国落后了"[4]。这两句话都是过去没有说过的，在当时有着深刻的拨乱反正意义。

所以，总结国际、国内历史和现实的经验，充分证明了必须高度重视哲学社会科学理论。哲学社会科学的发展，必须坚持马克思主义为指导，紧紧结合我国面临的实际问题。马克思主义是科学的理论，是关于人和人类社会发展的科学，是建设社会主义、振兴中华民族的理论基础、精神源泉。马克思主义的历史唯物主义和科学社会主义理论，正是我们的制度文明的灵魂。我们运用马克思主义作为社会科学各个门类的指导，来研究人类社会现在和未来发展中所遇到的各种问题，必然会对中华民族的全面振兴和社会主义制度的发展，起到巨大的不可替代的作用。

（二）社会科学是解放和发展生产力、创建物质文明的巨大动力

不能认为物质文明的创造仅仅是自然科学的事。创造物质文明

的一股巨大力量来自社会科学，如经济学。随着生产力的发展、物质文明的进步，社会科学必然要有相应的大发展。作为科学的两翼，自然科学和社会科学，必然是相辅相成、相互促进的。自然科学的发展，物质文明的发展，对社会科学提出了许多需要认识、需要解答的新命题和新问题，而社会科学的许多新认识、新发展，又要回到实践的过程中去，以便得到检验、丰富和完善。社会科学对解放生产力、发展生产力有着巨大的作用。社会科学特别是经济学，就是研究生产发展、经济发展的基本规律是什么，生产力在什么条件下、在什么样的制度和体制下，发展得最快。所以说研究解放和发展生产力的学问，基本上是属于社会科学的。

我们讲科学是第一生产力，这个科学当然包括社会科学，但怎么去理解呢？我认为应该辩证地理解。社会科学的成果，并不直接体现为生产力，但是却对解放生产力、推动社会生产力发展，对于人类社会进步，有着巨大、不可替代的作用。如果社会科学出了问题，其损失也是难以估量的。例如，20世纪50年代我们错批了马寅初[5]的"人口论"，结果带来了三亿多人口的畸形增长，至今我们都背着人口过多的包袱。

为什么会发生严重的失误呢？一个重要原因，是由于社会科学出了问题。不能只看到，众人拾柴火焰高，还要看到人是社会财富的消费者。马克思讲过，生产有两种，一种是物质的生产，另一种是人口的生产[6]。人口的生产超过了物质生产的可能性，当然会带来灾难性后果。那时选择了"大跃进"这样一种经济发展模式，同样是社会科学出了问题，是经济学出了问题。经济学里最重要的是讲如何解放生产力、如何发展生产力，而不单单是靠人的主观能动性所能解决的。经济发展有它的客观规律。你不能不尊重价值理论，不能不尊重经济生活的规律。

我曾经在海城工作过。据说，过去海城的山上有很多高大的树木，1958年都被砍掉炼钢铁了，生态环境遭到了很大破坏。后来，为了防止资本主义"复辟"，搞了"文革"，造成了十年动乱，那于经济发展更是风马牛不相及的，是完全错误的。什么地方出了问题？也可以说是社会科学理论出了问题。这不是哪一个自然科学理论的错误可以比拟的，也不是有一个正确的自然科学理论就可以避免的。"文革"的错误，不只是金钱上的问题，我们失掉了多少机遇？耽误了多少人？特别是在发展机遇这个问题上。抓住机遇者事半功倍，失掉机遇者，事倍不一定功半。

在科学技术迅猛发展的今天，社会科学的作用不是减弱了，而是越来越强了。这里举一个例子，马克思也反复提到，随着生产劳动的日益社会化，协调、管理、指挥等活动都成了社会劳动、社会生产的必要组成部分。没有这种协调、管理、指挥，社会化大生产就不可能正常进行[7]。如果没有科学的、规范的规则，人类的经济社会活动就没有秩序和效率可言。

随着科学技术的进步和生产规模的进一步扩大化和社会化，对社会科学的要求就越来越多。随着社会的发展，分工越来越细，如把决策的功能分出来，让别人去给你筹划、决策。军事上首先是用参谋，参谋就是替司令员、替指挥官想问题、出点子的。政府如何发挥作用，如何去协调、管理、指挥整个社会经济活动，这些属于宏观经济方面的问题，也都属于社会科学的问题。所以，经济越发展对社会科学要求越高。

社会生产力的进一步发展，对企业的所有成员，包括干部、工人、技术人员都提出了比以前任何时候更高的要求。他们不仅要掌握自然科学、生产技能，也要掌握更多的社会科学知识。企业制度、公司制度的产生是资本主义的事情，有人说公司制度的产生应该得诺贝尔奖，因为它第一次构筑了经济细胞的模样，第一次通过公司制度把个人财产变成了法人财产，由此才可以用法人资格参与市场经济活动。如果没有这种法人制度，市场经济的微观主体就形成不了。所以公司制是一种比较好的企业组织形式，这也正是我们为什么要大力发展公司制包括股份制的原因。

哲学社会科学对于发展经济，对于解放生产力、发展生产力，无疑有着深刻的、巨大的推动作用。但是，现在社会上仍然较为普遍地存在着一种轻视、忽视社会科学的倾向。新中国成立以后，我们在对待社会科学问题上也有很多曲折和失误，至今影响很深。

哲学社会科学为自然科学的发展提供了世界观、价值观和方法论，为人们进一步认识世界、改造世界提供了理论和方法基础。

（三）哲学社会科学是创建精神文明、实现人的全面发展的强大支柱

哲学社会科学的繁荣与否是衡量一个时代、一个民族、一个国家文明程度的重要标志，是综合国力的重要标志，也可以说是衡量民族智慧程度的重要标志。

例如，我们把哲学说成是"解放的头脑"。所谓"解放的头脑"，就是人的思想解放以后所认识到的科学体系，也可以看做"头脑的解放"，即哲学可以使人们的思想得到解放。

我对经济学有一个自己的看法，我认为经济学研究的是生产力如何发展和如何解放的学说。不仅研究生产力是什么，而且主要研究生产力是如何发展以及如何去解放生产力，创造适应生产力发展的、最优化的社会经济制度。

政治学和法学揭示的是国家的政治制度和法律制度的实质和演变规律；伦理学研究人类社会的道德准则及其伦理基础，帮助人们提高道德境界；文艺学、美学则有助于人们提高审美意识和审美情趣，陶冶情操；史学帮助人们总结历史经验，揭示历史规律，汲取历史智慧。历史唯物主义第一次科学地揭示了人类社会的发展规律，使一切掌握了历史唯物主义的阶级和民族，都能够自觉地沿着这条道路前进。我们要以科学的理论武装人，以正确的舆论引导人，以高尚的精神塑造人，以优秀的作品鼓舞人。这些都属于社会科学的范畴。我们要使得人民有理想、有道德、有文化、有纪律，同样离不开社会科学的武装。

（四）21世纪哲学社会科学必然要有一个更大的发展

我们回想一百年前的这个时候，八国联军的铁蹄踏入北京城，极其残暴地蹂躏了当时中华民族的国都。从鸦片战争至今一百五十多年来，中国人民前仆后继，探索中华民族振兴之路，就是探索如何认识社会和改造社会，这都属于社会科学的范畴。19世纪，中国人民第一次打开了眼界，看到了世界。而20世纪是中华民族争取独立解放并站起来的世纪。

总的来看，20世纪这一百年世界上主要有四件大事：第一件是社会主义制度的诞生，当然在后来社会主义运动中也发生了曲折特别是苏联解体和东欧剧变；第二件是殖民主义体系的瓦解和民族解放独立运动的蓬勃发展；第三件是科学技术、生产力在人类历史上获得了空前规模的发展；第四件是发生了两次世界大战。这些重大事件无一不和社会科学相联系。对这些事件的认识属于社会科学研究的范围。由此所得出的经验和教训，一旦上升为理论形态的东西，就会成为人类宝贵的精神财富。

21世纪将是20世纪的继续和发展。如果我们回过头来看看，可以说，没有哪一个人能够预测到20世纪波澜壮阔的历史画卷和曲折道路。同样，21世纪也是极其复杂的，就其发展的速度、规模、广度和深度等来看，可能都远不是20世纪所能比拟的。有大量的新问题、新情况、新事物我们尚无法知道，而且解决这些新情况、新问题，也不能简单地套用20世纪已有的经验模式，因为它们以前从未出现过。

我到中国社会科学院后和一些学者谈，也和国外一些研究机构的大科学家探讨过。80多岁的乌克兰科学院院长巴德，曾是苏联科学院最著名的科学家，我问他21世纪什么科学最重要，他回答说是社会科学。

除了现代信息科学、生命科学之外，社会科学无疑是影响20世纪后半期和21世纪发展的最重要的科学。为什么说社会科学很重要呢？就是因为它是关于人和人类社会自身发展的科学，是关于解放和发展生产力的学问。离开了这门科学就要吃苦头，受到惩罚。只有掌握了科学理论和社会发展规律的民族，才是一个自为的民族，才能把握自己的命运，对未来充满信心。

三 新中国哲学社会科学的发展历程

首先，我们怎么看待、评价我国五十年来的社会科学状况。应该说，尽管这五十年中有那么大的曲折，但社会科学还是取得了巨大的发展。真正形成现代社会科学是新中国成立以后的事。新中国成立前有一些零零散散的研究，许多是个人研究。当时在国民党政府里也有一些研究所，也搞了一点经济学、法学、历史学、考古学等方面的研究。但还不能称得上成规模、成建制，更谈不上形成现代的社会科学体系，而且许多领域的研究还没有开展起来。

马克思主义指导下社会科学的发展，主要是新中国成立以后的事情。这五十多年来，中国社会科学的发展大体可以分为三个阶段：

第一个阶段是从 1949 年到 1965 年，是奠基起步阶段。这一时期初步建立了马克思主义指导下的现代社会科学体系。就其人数、学科、研究成果等来看，都有一定的规模，开拓了一些现代社会科学的研究领域，而且有着深厚的中国文化传统背景，初步形成了中国社会科学的理论体系。

社会科学的发展，离不开本国的社会的实践，离不开它活动的时空条件和历史舞台。由此所产生的社会科学是为各自国家的发展服务的。西方产生的社会科学是在西方那块土地上发展形成的，它反映的是那些国家历史上的发展要求，也是为那些国家的发展服务的。不仅仅是产生的土壤不同、时代不同、历史文化环境不同，而且其利益也是不同的，都是为不同国家的利益服务的。而为中国服务的社会科学是什么呢？解决中国问题的社会科学是什么呢？只能是中国这块土地上，在马克思主义指导下，中国人民实践及其经验的升华。现在有一种倾向，一谈到社会科学就谈西方，但那毕竟是为西方的发展服务的，它所体现的是西方的价值观和利益。而今天我们要解决中国的实际问题，要振兴中华民族，只能靠产生在中国土地上的哲学社会科学。

第二个阶段是从 1966 年到 1976 年，是严重挫折阶段。这是十年"文革"动乱时期，在极"左"思潮影响下，新中国哲学社会科学遭到空前浩劫。

第三个阶段就是从 1978 年至现在，为发展繁荣阶段。可以说这是中国哲学社会科学发展的一个黄金时期。社会科学取得了更大规模的发展，更加结合中国的实际，为中国改革开放和现代化建设做出了应有贡献。

其规模怎么样呢？我可以讲几个数字。中国社会科学院有 31 个研究所，加上当代中国研究所、台湾研究所，以及两个实体性研究中心，共有 35 个研究单位。在职和离退休人员共 6000 多人，在职职工接近 4000 人，其中研究员（教授）和副研究员（副教授）近 3000 人。截至 1999 年年底，全国各省区市建立的社科院有 46 个、研究人员有 5000 多人。设有社会科学院、系、所的高等院校有 815 个，教职员工 23 万人，有 1750 多个研究机构、专业研究人员 16000 多人。1998 年县以上政府的研究机构有近 300 个、专业人员有 15000 多人。另外全国的党校系统、军队系统有近两万多人从事社会科学研究。现在全国的五大系统所从事社会科学研究的人员超过 30 万人。当然这个规模还是小的。因为还有很多社会科学领域没有展开研究，力量还是薄弱的。

改革开放以来，我们在法学、社会学、人口学、行政学、新闻学、管理学、国际问题研究等方面都有了新的发展。目前对社科院来讲，除了军事科学之外什么都研究。我们有一句话叫"研究无禁区，宣传有纪律，行为守法律"。科学研究是没有禁区的，但是如果你把它作为一种社会行为就要遵守法律和纪律，这和学术研究是两回事。在社会上你不能想说什么就说什么。至于说你的行为，任何人都不能违法。

当今中国的社会科学，包括研究手段和研究方法等各方面都有了很大的发展。我们不仅借鉴了有效的科学方法，而且还有自己的创造。今天的社会科学已经不像过去那样处于封闭或半封闭状态，而是广泛地、开放式地进行研究。所以现在社会科学研究出现了一些新的特点。第一是综合性，即各学科包括社会科学和自然科学相互渗透与结合式的综合研究；第二是群体性，即跨学科的集体研究；第三是应用性，即与实践的结合更加紧密；第四是研究手段和方法的现代化；第五是国际性，即国际合作与交流日益增强。现在每年进出社科院的学者达两千多人，而且还在迅速地发展。社科院出国进修或曾留学的学者有近千人。

改革开放以来中国最大的社会科学成就是什么？是邓小平理论！邓小平理论科学地回答了什么是社会主义、怎样建设社会主义这一根本问题，使我们对时代、对国际国内问题、对中国的发展道路有了清醒的、科学的认识，澄清了长期以来存在的一些错误的、模糊的认识。邓小平同志关于建设有中国特色的社会主义理论，其中特别是关于社会主义初级阶段的理论，关于市场经济、法治国家、一国两制、世界的和平和发展等，都是带有时代性的重大历史课题，都给予了精辟的论述。我们应该清醒地看到，今天的中国人民已经通过自己的实践寻求到了一种科学的理论，并且按照这个科学理论在继续向前探索和发展。这将会产生多么大的历史力量啊！只要我们沿着这条道路走下去，中国人民就是不可战胜的，中华民族的振兴就是必然的，是谁也不可能阻挡的！

四　新世纪哲学社会科学面临的挑战和发展机遇

21 世纪的人类社会将会怎样？我有这样一个看法，就是进入了一个新的时代。为什么这样看呢？

首先，国际社会已经发生了重大的变化，无论是政治、经济、文化、科学等都发生了空前的、深刻的变化。其次，中国发生了深刻的变化。经过五十多年的建设，中国已经进入了一个新的发展阶段，特别是在中国历史上第一次进入了小康社会。小康社会对中国来讲，是什么样子呢？小康社会的政治、经济、文化、社会、思想又会是怎么样呢？中国历史上没有过，而且在十二亿人这样一个大的国家，将要发生什么样的变化呢？这都是一些新情况，也是面临的新问题。

进入新的时代，会有什么新的问题呢？从国际、国内看，我归纳了这样四对需要深入研究的问题：第一，"两化"，即经济全球化和政治多极化。这是从国际上讲的。第二，对中国来讲就是"两个主义"，即马克思主义和社会主义，仍然是中国要始终坚持研究和发展的，离开了马克思主义、社会主义，中国就没有前途。第三，"两个国家"，即中国和美国。美国有些人一再声称，中国是最大的潜在威胁。而中国人民梦寐以求的是不断地发展自己的国家，振兴中华民族。中国人民要幸福，国家要繁荣富强，要永远地站起来，这是中国人民的利益。为什么美国把要发展起来的中国看做最大的对手呢？是潜在的威胁呢？第四，"两个世纪"。即 20 世纪和 21 世纪。21 世纪不是天上掉下来的，是 20 世纪的必然发展。所以要研究 21 世纪，最重要的是总结 20 世纪，这种总结无疑就是直接对 21 世纪的研究和探索。20 世纪是我们人类刚刚过去的切身的、活的历史和实践。我们不能空想，不能离开历史的发展去揣测、臆断 21 世纪。

进入 21 世纪，对中国来讲，如何既保持国家的稳定、实现祖国的完全统一，又保持国民经济持续、快速、健康地发展，是我们的利益所在，也是我们的根本任务。我们依靠什么呢？我认为还是要靠共产党的领导、靠马克思主义的指导、靠走有中国特色的社会主义道路。马克思主义、社会主义在 21 世纪必然有许多新的发展。因为，这两个"主义"揭示了人类社会发展的一般规律，是我们认识和改造世界的强大思想武器，是解放和发展生产力的理论。现在，我们认识的是小康社会以前的社会发展问题，将来会有大量的新问题，没有既成的答案。

中国的问题，是在资本主义世界比社会主义世界要强大的长期历史过程中存在的，所以研究中国的问题，不可能离开资本主义世界。从世界格局来讲，21 世纪仍然还是资本主义和社会主义长期共存、既有和平共处又有尖锐矛盾和斗争的世纪；既有竞赛的一面，也有明争暗斗的一面。尼克松当年访华，说他是为美国利益而来。他为什么不说为世界利益而来，更不说为中国利益而来？我们经常讲我们是为中美两国人民的利益，他却讲就是为美国利益而来。21 世纪绝不会是一帆风顺、扬帆万里的，必然是充满了各种机遇和挑战，总之是复杂多变的。中国应该在可以预见的未来，沿着邓小平理论继续稳定发展。我们讲坚持这一基本理论一百年不变，我看一百年以后也变不了，只能是在这个理论基础上不断丰富和发展。怎么能改变它呢？它是关于中国人实践经验的总结和升华嘛。理论总是随着实践的不断发展而发展。

最近江总书记在关于"三讲"的讲话里，提出了当前第三代领导人所抓的十个问题。我看这十个问题也是 21 世纪初我们必须要做好的工作。我把它归结为五对：第一是"两个文明"建设，物质文明和精神文明建设。第二是"两项改革"，经济体制改革和政治体制改革。经济改革要建立社会主义市场经济体制，而且是完善的、成熟的社会主义市场经济。政治上要建设社会主义法治国家。社会主义法治国家的提出，在马克思主义理论史上是第一次，是对马克思主义的发展。第三是"两件大事"，"一国两制"条件下的祖国统一问题和民族宗教问题。民族宗教问题已经不完全是国内问题，因为西方假借人权、宗教这些问题干涉别国的内政，已经屡见不鲜，所以必须把它作为维护稳定、促进发展的大事处理好。第四是"两个安全"，国防安全和外交安全。所谓外交安全就是创造一个和平的国际环境，这当然也直接涉及国家安全。第五是"两个保证"，坚持马列主义、毛泽东思想、邓小平理论和坚持党的领导。最近，总书记专门提出了"三个代表"重要思想，这是新时期中国共产党人对马克思主义建党学说的重大发展。

在 21 世纪初，上述问题必须深入研究。我简单举几个例子。比如什么是社会主义条件下的宗教？苏联用七十年左右的时间一直压制宗教的发展，但当苏联解体后，东正教爆发性地在全社会发展开来，几乎人人都成了东正教徒，并成为一支很重要的社会力量。但实际上当年信教的那一代教徒早就没有了。在苏联解体前的许多年中，这些现在的新教徒从没有受过宗教教育，但宗教感情、宗教情绪为什么却会如此迅速爆发和蔓延？这个问题值得我们思考。在国家和阶级产生之前，就产生了原始宗教，而在国家、阶级消亡之后会不会还有宗教呢？社会主义应该如何认识、处理、解决这个问题？如何使它成为一种健康的社会力量，能够与社会发展相适应，并有利于社会的发展，而不是成为社会发展的相反力量？这在理论上是值得研究的。

关于民族问题，过去毛主席讲过一句话："民族斗争，说到底，是一个阶级斗争问题。"[8]那么我们今天没有阶级压迫了，还有没有民族问题呢？我看，民族问题也是长期的历史社会现象，如何妥善地处理，既是个重大的政治问题，也是个重大的理论问题。在这些方面我们虽然进行了许多研究，但仍然还是很不够，仍需要好好研究。

关于民主与法制问题。社会主义法治国家和资本主义的法治国家有什么区别？过去马克思曾论述了资产阶级共和国的形式，说资产阶级共和国是资产阶级最完备的民主政治制度。列宁在《国家与革命》中也专门讲了类似的话，认为它是资产阶级民主制度的最后形式、最完备的形式。这里就提到了资产阶级的民主、资产阶级的民主政治和民主国家的问题。马克思主义讲的民主是什么意思呢？如果说民主是人民当家做主，那么为什么资产阶级一直在高喊"民主"呢？是不是在资产阶级的国家里已经实现了人民真正当家做主了呢？应该说在它的国家法律条文上，给人一种全民都有当家做主的权利的幻觉。但是由于财产的限制，多数人不具有当家做主的实质权力，这就是资产阶级民主的虚伪性。这也就是"实质民主"和"形式民主"不可调和的内在矛盾，体现为形式民主的是人民当家做主，反映在实质民主上的则是资产阶级统治的国家。所以对西方的宣传，很多年轻人不了解。资产阶级的国家就是资产阶级统治的形式，就是资产阶级维护其私有制及其利益的工具。而只有无产阶级专政的国家，只有社会主义的民主、无产阶级的民主才是在人类历史上，第一次真正实现了国家制度和人民的根本权利的统一。

从国际事务来看，我们说和平与发展仍然是当今时代的两大主题，至今一个也没有解决。当前世界上正在出现经济全球化和政治多极化趋势。有人认为这意味着正在形成新的国际政治、经济秩序。国际政治秩序、经济秩序，不是有没有的问题，过去就有，现在也有。不是等着我们去建立一个新秩序，而是世界各种力量的斗争正在加快形成这个秩序。问题在于形成什么样的制度？为谁服务？

苏联解体以后，雅尔塔体制就解体了。两极体制解体之后，新的政治、经济秩序又是什么呢？实际上，以美国为首的西方国家早就在加快构筑。从政治上来讲，联合国的改革、七国首脑会议、欧盟会议等，都是构筑西方国家政治秩序的一个方面。能改革联合国，就改联合国为他所用、为他所控制。改革不了，就绕开联合国来处理国际政治问题。在维护"人权"、"秩序"的掩盖下，用武力进行干涉。很明显的例子有伊拉克问题、科索沃问题等。

现在，谁在操纵国际政治新秩序呢？是美国。美国在加快构筑自己新世纪的政治秩序，依托其强大的军事、外交、经济、科技力量，通过北约来控制欧洲，甚至阿拉伯国家、非洲，直接遏制俄罗斯。通过美日安保条约，在亚太地区控制整个亚洲，遏制中国。经济秩序也是这样。例如原有的世界银行、国际货币基金组织、经合会组织等，都成为其构筑世界经济新秩序的重要组成部分。世界贸易组织也是以西方的根本利益、以维护欧美大国的"游戏规则"为基础而建立起来的。这构成所谓的世界经济秩序。

对于全球化、多极化，我是这样认识的：第一是必然的，是个历史发展的趋势。第二，就其实质而言，所谓全球化，绝不是社会主义的全球化，不是社会主义制度的全球化，而是资本主义生产方式的全球化。资本主义可以说有两次大规模的全球化。一次是殖民主义，进行了两三百年的殖民主义的扩张，使资本主义的生产方式和资本主义制度在全世界大规模地发展。在20世纪，由于两极世界的对立，产生了社会主义国家，产生了社会主义阵营，遏制了资本主义的发展。而且由于殖民主义的瓦解，也遏制了资本主义在全球范围的发展。所以，20世纪社会主义的发展和殖民主义的瓦解，恰恰证明了资本主义在向全世界扩张的过程中受到了阻挡和遏制。现在美国人、欧洲人又一次利用强大的经济、科技、军事势力，铺天盖地地向全世界推行他们的意识形态和社会制度。可谓一种新的殖民主义形式，即"经济殖民主义"和"意识形态殖民主义"。

在座的诸位都是军事家，当然看到军事方面的因素多一些。我是搞社会科学的，我看意识形态这种"软武器"也很厉害。不能光看"热战"，还要看"冷战"；不仅要看"硬武器"，还要看"软武器"。美国的意识形态"软武器"发挥到什么程度呢？我简单举些例子。目前世界放映的电影50%是美国的，广播60%是美国的，电视70%是美国的，网上85%还是美国的。这些都是美国的文化意识形态在全世界铺天盖地的传播。去年"科索沃事件"他们连篇累牍地报道了那么多。但北约炸我使馆，除了我们自己内部报道很多外，美国人却不报道。我那时候正好在国外访问。我看了，西方的新闻媒体基本上不作报道，而且仅有的一点消息报道也做过特别处理。他们光说"为人权而战"，最近洛德[9]来了还说，美袭击我驻南使馆，还是"地图出了错误"。他们就是这样利用宣传武器，铺天盖地地宣传，其事实真相也许五十年以后才会解密，那时才能真相大白于天下。但现在他就这样说，国家利益高于一切。所以，美国是一个意识形态很强烈的国家。

可见，国际上意识形态的斗争有时是相当尖锐的。要权衡利弊，适应环境。人家也问我，中国加入WTO会怎么样呢？我觉得首先你必须加入，没有别的路子可走。因为这是世界历史发展的一个必然趋势，你离开了它，是不可能的，也不可能得到发展。但是你加入以后怎么办呢？这就要看你的本事了，看你如何应对了。加入是一场尖锐的斗争，加入后可能是更加尖锐复杂的长期斗争。丢掉幻想，准备斗争，这就是结论。就像我们中国今天在搞社会主义，我们离不开世界上的资本主义国家，不可能离开美国、欧洲、日本。所以必然要长期合作、共处、周旋、斗争。

那么怎么样才能应对自如，而不伤其本、获其利呢？靠科学，靠社会科学。无论是战略，无论是决策，无论是外交，都属于社会科学研究的范畴。如果不能够明察秋毫，观察到历史发展各个方面可能出现的趋势、威胁，就不可能正确处理。我们看毛泽东著作，毛主席反复地讲，"论目前形势和我们的任务"，一谈就是形势和任务。形势是什么？趋势是什么？现在是怎么回事？搞清了这些，然后才会知道我们的任务是什么，对策是什么，我们该干什么。如当前国际形势中的政治格局发展趋势是多极化还是单极化？值得研究。为什么会出现单极、多极的斗争呢？根本原因是利益问题。我们为什么要支持多极化呢？因为多极化对我们有利，符合中国人民的根本利益，符合世界各国、各民族的共同利益。单极化不利于世界的发展，不利于世界人民保护自己的根本利益，也不利于中国人民实现自己的根本利益，所以我们反对单极化。

全球化也是如此，这也是历史的必然。究竟经济全球化的发展会带来多么深刻的变化，我们现在还不十分清楚。因为我们既没有这样的实践，又没有到这个水平。另外，有很多东西我们还不懂。

此外，还要研究科学技术革命会怎样发展，它会带来怎样的后果。早在 20 世纪 80 年代初，就有人提到第三次浪潮，提到了科学技术在人类社会发展中所带来的巨大影响。那么 21 世纪又会怎么样呢？这需要深入地研究。科学技术的发展，不仅影响经济发展，而且会影响政治格局，甚至直接成为列强干涉别国内政，构筑世界政治、经济霸权的手段。没有发达的科学技术作后盾，就不可能构筑新的经济秩序。

还要研究文化融合和冲突问题。当前文化遇到了历史上从未有过的交流、融合，也包括有一定程度的碰撞和冲突。20世纪是中国历史上最大规模的一次面向西方文化交流的历史。今天的中国人已经自觉地直面世界，直面一切人类的文明，以一种博大的胸怀，吸收人类的文化，滋养自己的肌体和发展自己，继承和弘扬民族优秀传统文化。可以说是采万家之花、酿中国之蜜，为中国的发展服务。

西方现在有一种说法，叫作"制度霸权"、"话语霸权"。做任何一件事情，他先用一种法律，构筑一种制度、一种规则，然后请你按这个规则来游戏。而制度是他定的，由他来坐庄，你来参加这个赌局，参加他这个俱乐部，这就叫"制度霸权"。世界政治、经济制度都是如此。什么叫"话语霸权"？就是他不停地抛出一些新概念、新名词、新理论，要你来按照他的解释、他的价值观念去理解、去认识，即先入为主，占据人们的思想。西方最近这些年抛出的所谓新观点、新理论、新规则有些什么呢？如"人权高于主权"、"为价值观而战"、"基于人道主义的国际干预"、"文明冲突"、"第三条道路"、"历史终结论"等。

西方对世界各国宣扬的，是资产阶级的自由、民主、人权，而且是经过精心设计、包装，是披着"糖衣"的一些观念、意识，很具欺骗性，影响也很深。比方说，我们给群众讲民主，但一些青年人接受的是西方对民主的解释。我给他们讲马克思主义的民主，讲社会主义的民主，讲中国应该具有的民主观念和制度，要非常费口舌，而且许多人还不信。这就是"话语霸权"的影响。又如，直接选举和间接选举问题，有些人就认为直选是一种高级形态，比间接选举要好。这又是受"话语霸权"的影响。事实上美国至今搞的还是间接选举。

要深化对社会主义和资本主义的认识。我们对社会主义的认识、对资本主义的认识，在20世纪经历了相当复杂的过程。比如说，列宁在1920年以后就讲过，我们好像离共产主义形态的东西不远了，可以看到很多共产主义的东西，并曾经提出苏维埃加电气化等于共产主义。但现在看来，这个认识可能把社会主义看得容易了、短了，把资本主义看得简单了，也看短了。马克思揭示了资本主义不可克服的内在矛盾、必然灭亡的客观规律。资本主义在 20 世纪的发展，是不断地在和社会主义斗争当中，来调整它的内部结构，缓解它的内部矛盾。如社会保障制度，就是在 20 世纪中期以后才逐步建立起来的，它作为社会"安全阀"，对资本主义社会的稳定起到了很大的作用。

总之，不能把资本主义看轻了、看短了，不能把社会主义看易了、看近了。无论资本主义还是社会主义，都是一个很长的历史阶段的社会形态。从历史唯物主义看，社会主义必将最终取代资本主义，这是不以人的意志为转移的历史客观规律。

中国在 21 世纪初遇到的主要问题，就是江总书记讲的那十大问题，需要我们认真研究。关键问题是，必须把我们的党建设好。如果讲中国的民主政治，讲我们的政治制度，最大的一个特点，就是有共产党的领导。这不是用资产阶级的政党学说、政治学说能够加以解释的。正如不能用资产阶级的学说来解释社会主义的制度一样，也不可能用西方的政治学说来解释共产党的领导及其在中国历史上的地位，这是不同质的东西嘛！所以，中国只要始终坚持党的领导，坚持社会主义，坚持马克思主义，我看中国就必然会振兴，这是不可阻挡的。一个觉醒的民族所产生的巨大的力量，是不可阻挡的。

现在也有人说，为什么一定要用邓小平理论，用别的理论行不行？你看现在形形色色的理论多得很，西方讲了那么多东西。言必谈西方，我说那不行！在当代中国，只有把马克思主义同当代中国实践和时代特征结合起来的邓小平理论，而没有别的理论能够解决中国社会主义的前途和命运问题。我们不要中国自己土壤中产生的邓小平理论，要什么理论？按谁的理论来认识中国、建设中国？

现在有一些人，不是从中国的土壤中去研究规律，去提炼、升华成为理论，而是在那儿冥思苦想，甚至搬出国外的一些书来构造理论。我说你看的都是外国的政治家、学者、思想家讲的东西，无非是一些学者的一家之言，有些是连他们自己都做不到也不准备去做的东西。有的完全是"烟幕弹"，或者是一种兜售给别人的东西，是一种鸩酒！

高举邓小平理论伟大旗帜，始终坚持用它来指导我们的实践，并在实践当中不断地丰富和发展这个理论，这是我们坚定不移的信念，是不可动摇的历史结论。邓小平理论是我们的理论，是我们走向新世纪、实现中华民族全面振兴的理论。21世纪必将是马克思主义不断丰富、不断发展的世纪。马克思主义的生命力在于它的科学性，在于它不断随着实践的发展而发展的品格。丰富和发展马克思主义，是21世纪共产党人的历史使命，关乎我们的前途和命运。

五　新世纪发展哲学社会科学的基本原则

关于社会科学的发展，从中国历史的发展和实践经验来看，有几条原则必须坚持。

第一，要坚持正确的方向，包括政治方向、理论方向。所谓政治方向、理论方向，就是坚持马克思主义、毛泽东思想特别是邓小平理论。

第二，要坚持解放思想、实事求是的思想路线。马克思主义活的灵魂，就是实事求是。所以必须结合实际，研究实际问题，提出新的观点、结论和理论概括，之后再回到实践，指导实践的发展，再使理论得到验证、丰富和发展。

第三，要坚持"二为"方向和"双百"方针。我们的哲学社会科学必须坚持为人民服务、为社会主义服务，坚持百花齐放、百家争鸣的方针。在哲学社会科学领域，必然要产生各种学派、各种不同的观点，而他们之间的争论是社会科学进步的必由之路，是不可缺少的。纵观历史，所有大的影响深远的学问，无一不是经过长期的，甚至几百年、上千年的争论而发展起来的。真理是不怕争论的，关键是我们要建立一个良好的学术争论、争鸣的环境。

第四，要坚持"古为今用"、"洋为中用"。我们必须借鉴吸收人类一切文明成果。不能割断历史，不能割断社会，不能离开世界，但是又不是照抄照搬。世界本来就是多样化的，就是多层次、多形式的。如果没有多样性，世界就会变得单调、枯燥，就必然要走向枯竭和死亡。多样性是事物发展的客观规律。

第五，要尊重知识，尊重人才。我想这不仅是针对自然科学，对社会科学也是一样。但社会科学有它自身的、不同于自然科学的一些特点。自然科学的对象是自然界，研究可以在实验室里进行，要求研究者不带有任何的价值立场和感情色彩；而社会科学由于研究的对象是人类社会，研究就不能在一个相对封闭的实验室里进行，研究者不可能不带有一定的价值立场和感情色彩，如果说社会科学也有"实验室"的话，这个"实验室"就是人的全部社会实践，社会科学的真理性在通过社会实践检验的时候，这种社会实践往往会经历相当长的时间，并呈现多次反复的特点。我们要在全社会树立一种良好风尚，像尊重自然科学知识那样，尊重社会科学知识；像尊重自然科学家那样，尊重社会科学家。

第六，要加强和改善党对社会科学的领导。这是社会主义国家、工人阶级政党所必须做的。任何对社会科学的轻视、忽视以至削弱，必然带来灾难性的后果。党和政府对社会科学事业的领导，一是从政治方向、理论方向上指导哲学社会科学的健康发展；二是为哲学社会科学的发展提供政策、制度和物质保障；三是制定哲学社会科学发展的宏观规划，明确其科研任务，使哲学社会科学更好地为国家和社会服务。

关于哲学社会科学的研究体制问题。社科院提出，要建立适应社会主义市场经济体制、符合社会科学发展规律的现代科研院所新体制，以适应新时期的各种变化。只有这样，才能创造适应社会科学繁荣和发展的外部环境和体制环境。

如果说通过长时间的努力我们达成了这样一些共识，即在认识、改造世界的过程中，哲学社会科学同自然科学同样重要，不可偏废；在提高人民的素质方面，哲学社会科学和自然科学同样重要；在培养造就一大批科学家方面，哲学社会科学家和自然科学家同样重要；在社会主义建设的事业中，哲学社会科学和自然科学同样重要，不可此重彼轻或此轻彼重。对此，我们应该感到高兴。

新世纪正在伴随着经济、社会、政治、文化、技术的巨大变革向我们走来。人类社会的发展进入了一个崭新的时代，是一个令人兴奋、震惊、神往的时代。每个国家和民族都不可能避开这个时代，只有抓住机遇、争夺历史的制高点、争夺自己的有利形势，才能够迎接这个挑战。

新时代呼唤理论的发展和创新。正如马克思所说的，理论在一个国家实现的程度，总是决定于理论满足这个国家需要的程度。我们要像邓小平同志那样，在理论和实践上表现出巨大的勇气，以大无畏的精神和科学态度，面对不断变化的形势，不断研究新的问题，提出新的理论。

在新的世纪里，让我们更加紧密地团结在以江泽民同志为核心的党中央周围，高举邓小平理论伟大旗帜，坚持党的基本路线，为中国哲学社会科学的繁荣与发展，为中华民族全面振兴做出更大的贡献。

注释：

[1] 参见《人民日报》1991年2月24日第1版。

[2]《江泽民文选》第2卷，人民出版社2006年版，第34页。

[3]《邓小平文选》第2卷，人民出版社1994年版，第48页。

[4]《邓小平文选》第2卷，人民出版社1994年版，第181页。

[5] 马寅初（1882—1982），浙江嵊县人。早年留学美国获经济学博士学位，1915年回国，在北京大学先后任经济系教授、系主任和教务长，兼任中国银行总司券、中国经济学社社长等。1940年12月因反对蒋介石独裁统治被

捕入狱，后被中央营救。新中国成立后，曾任浙江大学校长、北京大学校长、中国科学院哲学社会科学学部委员、中国人口学会名誉会长等。著有《新人口论》《马寅初经济论文集》等。

［6］《马克思恩格斯选集》第1卷，人民出版社1995年版，第80页。

［7］《马克思恩格斯全集》第23卷，人民出版社1972年版，第367—369页。

［8］毛泽东：《全世界人民团结起来　打败美国侵略者及其一切走狗》，人民出版社1964年版，第4页。

［9］洛德，即温斯顿·洛德（Winston Lord，1937—　），1985—1989年任美国驻华大使，1993—1997年任美国助理国务卿。

祝贺马洪同志从事研究工作六十年

（2000 年 5 月 29 日）

今天，由国务院发展研究中心和中国社会科学院共同举办《自学成才的经济学家——马洪》和《中国社会科学院学者文选——马洪集》两本书的首发式，以此庆祝马洪[1]同志八十寿辰暨从事经济管理、经济理论与政策研究工作六十年。我谨代表中国社会科学院，并以我个人的名义，对本次会议的召开，尤其向马洪同志表示热烈的祝贺和诚挚的敬意！

马洪同志是在抗日战争时期从革命圣地——延安成长起来的我国当代著名学者，是享誉中外的经济学家。六十年来，马洪同志坚持马克思主义的基本原理同中国革命与建设的实际相结合，深入调查研究，考察国情，了解民情，注意借鉴国外的先进理论和科学方法，积极探索中国民主革命和社会主义建设的理论与政策，为中国的革命和建设事业做出了贡献。特别是改革开放以来，马洪同志在经济理论与政策研究领域取得了突出的成就，堪称我国社会科学工作者的楷模。

马洪同志是新中国经济理论研究的带头人和领导者之一。1978年马洪同志创建中国社会科学院工业经济研究所并担任第一任所长，以后又担任中国社会科学院院长。其间，进行了大量卓有成效、富于开拓性的工作。马洪同志当时提出，"社会科学院要做党和政府的助手，真正对社会主义现代化事业出一些好主意"，强调"注意发挥每个科研工作者的专长和积极性，社会科学工作者要与自然科学工作者结合起来，共同研究现代化建设中的重大问题"。这些很有见地的主张，至今依然对我们社会科学院的工作有指导意义。

马洪同志是一位受人尊敬的长者。马洪同志的学术著作以及他的勤奋、严谨、执着、求实的治学精神，影响教育了几代人。在世纪之交，在我国社会主义现代化建设日新月异的今天，社会科学工作者要以马洪同志为榜样，学习马洪同志的治学精神和态度，自觉地承担起历史赋予我们的使命，做出我们应有的贡献。

祝马洪同志健康长寿！

注释:

[1] 马洪（1920—2007），山西人，中国经济学家。中共十二届候补中央委员，中共十三大、十四大代表，七届全国人大常委会委员兼财经委员会副主任委员。兼任北京大学、清华大学、上海交通大学、中国人民大学、复旦大学等校教授。长期从事经济管理和研究工作，在经济改革、经济结构、经济发展战略、工业管理和企业管理等研究方面有丰富的成果。积极倡导对传统的社会主义经济管理体制进行改革，从中国国情出发，发挥市场机制作用，探索有中国特色的发展道路。主持的《2000 年的中国》是制定"七五"计划和长远规划的主要参考文件。

李铁映社科文集 下

中国社会科学出版社

社会科学文献出版社
SOCIAL SCIENCES ACADEMIC PRESS (CHINA)

李铁映

在中国社会科学院任职时间（1998—2003）

1998—2003年，担任中共中央政治局委员，中国社会科学院党组书记、院长。曾担任中央候补委员、中央委员、中央政治局委员、沈阳市市委书记、辽宁省省委书记、电子工业部部长、国务委员兼国家教委主任、国务委员兼国家经济体制改革委员会主任、全国人大常委会副委员长等党和国家重要职务。

　　2000年5月19日上午，北京通州区，中共中央政治局委员、中国社会科学院院长李铁映，副院长李慎明与北京市委领导来到研究生院，听取研究生院新校园发展工作情况汇报后，到待征地现场视察

　　2000年10月20日，李铁映院长出席中国社会科学院第三届优秀科研成果奖颁奖大会

　　2001年6月25日，李铁映院长参加中国社会科学院庆祝中国共产党成立80周年大会，并与优秀党员合影

2002年1月31日，李铁映院长看望王忍之同志

2002年10月10日，李铁映院长会见国际哲学团体联合会执委会成员

献身者、法首先应应保护
劳动者和劳动者且与劳动
所获得的财富，以及劳动者
对自己期待的使用权、劳动
所得精神圣不可侵犯。
法是样保护国家和国家
利益的，国的法在最终
和于意义上应高于国际法！

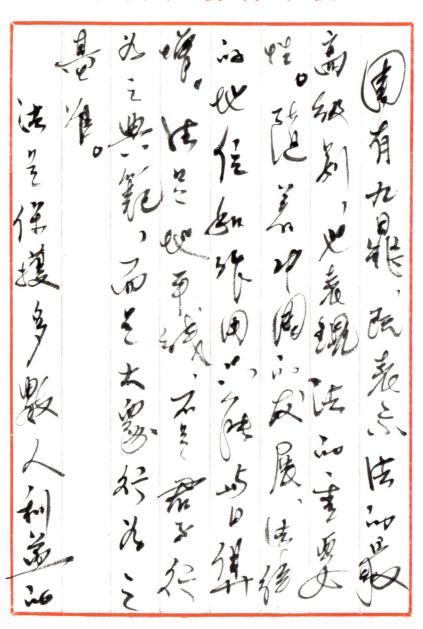

国有九鼎，张表志法而最
高级别，也表现法而重要
性。随着中国而发展，法律
如此信如作用，建与此料
增，法律必更线，不是君子所
为之典范，而是大家行为之
善准。

法是保护多数人利益的

任何一个国家民族，都不
可走上照搬别国的模式、兴
照搬教条，只有从各自
正规深的道路，然才是
不谨慎，只有走自
自己的道路，推动自己的
发展的理论，才是属于自
之理论。走壳贯截之一赋

李铁映手迹

中 国 社 会 科 学 院

以乃確，國家立場示了歷

史，而發展热绪，尤其中國

之一，以乃確，國家立之中

國化而，尤其中國家隊相結

合。

最大而理論議題，就是如何

在此基础更好思更藏古籍中

發展更去思主義。

目　录

下　卷

理论的生命力[*]

（2001 年 9 月）

一 认真学习贯彻江总书记"七一"讲话，在实践中进一步丰富和发展马克思主义

（一）学习讲话，是全党的马克思主义再学习、再教育

一个党有无生命力，是否是用科学理论武装的党，就是看它能否随着时代的发展，不断总结自己的实践经验，并将其上升为科学的理论。进入新世纪，新的国际国内形势向我们党提出了一系列重大而严肃的时代课题，认真研究并正确解决这些课题，始终与时俱进，是党面临的一项十分重要而紧迫的任务。

20 世纪一百年来，中国经历了四次思想解放。第一次是反对封建主义，打倒"孔家店"，以辛亥革命、五四运动为标志。第二次是延安时期，解决了马克思主义要中国化，不能照抄照搬的问题。第三次是十一届三中全会前后，以"实践是检验真理的唯一标准"大讨论为标志，重新确立了解放思想、实事求是的思想路线，解决了

---

[*] 这是李铁映同志在四川省调研时的谈话要点。

要正确对待毛泽东思想的问题。不仅别人的教条不行，自己的教条也不行，不能把自己的教条也背在身上。第四次思想解放就是现在，以江总书记"七一"讲话的发表为标志。

江总书记的"七一"讲话意义重大，集中了全党和中央领导集体的智慧，是在全面总结、研究我们党的历史经验的基础上，面向21世纪，继往开来，理论性、政治性和政策性都很强的重要文献，必将对我们党的建设和经济社会的更快发展，产生巨大的推动力量。

中国共产党已有80年的历史，这80年的经验应该加以科学总结。刚刚进入21世纪的中国正处在一个关键时期，面临着一个最重大的理论问题，就是正确总结80年来中国共产党和中国人民奋斗的历史经验。这些经验是最可宝贵的精神理论财富。无论是成功的经验还是局部挫折的教训，都值得我们认真总结。

江总书记"七一"讲话，科学地总结了80年历程中党的成功经验和失败教训。不仅总结了我们党作为革命党领导人民推翻三座大山、建立新中国的历史经验，还总结了我们党52年执政的经验，在理论上实现了马克思主义的新发展。这是中国共产党从一个革命党到一个执政党再到一个领导建设的党的历史转变的经验总结。讲话还总结了改革开放20多年的实践经验。这些经验是改革开放以后，我们党作为一个执政党、一个领导社会主义建设的党，通过改革来推动社会主义发展、推动社会主义制度完善的历史性创造。

学习江总书记"七一"讲话，实际上是对马克思主义的再学习，对社会主义的再认识，对我们党在新时期的历史任务的深入思考。面对复杂局势，面对各种困难、艰险，我们要做出准确判断，就要重新学习马克思主义，重新进行马克思主义教育。当前，中国和世界正处在剧烈变动的新的历史时期，重新学习马克思主义，而且是结合中国的实际来学习，结合中国80年历史巨变来学习，无疑具有深远的历史意义。

学习"七一"讲话，是我们党的历史上又一次伟大的马克思主义教育运动。政治斗争、政治运动不该搞，但学习运动总该搞。全民学习，学习理论，尤其是学习马克思主义理论，用以观察世界，观察中国，观察自己身边的各种问题，很有必要。设想一下，如果我们6000多万党员和广大干部群众，经过若干年的学习、实践，真正在观察世界、认识历史发展问题上，提高到一个新的思想水平，将会产生多么大的精神动力，产生多么强的民族凝聚力。

学习的目的，是掌握理论并用以指导实践。在学习"七一"讲话中，要积极探索为广大人民群众所喜闻乐见的学习方式。宣讲团、培训班、研讨会等都是形式，对于不同阶层的人、不同单位的人，应有不同的学习方式。只有用很恰当的方法，才能使学习见到效果。

当前，首先要加强学习，不学习一切都谈不上。现在对于劳动、劳动价值论、剩余价值论、所有制、人的价值等问题，人们的认识还不太一致。我自己就有很多东西搞不清楚，我也在学习、研究。我们安排了一大批研究者正在作专题研究，总的原则是提倡百花齐放、百家争鸣。过去斯大林讲过一句话，胜利者不该受指责[1]。我看还应再加一句，说真话的人也不该受指责，否则，就会影响我们的理论学习和研究。我组织了一些专家讨论研究劳动价值论、社会主义市场经济等专题，搞了两年了，很快要出一个资料集。什么是劳动？什么是劳动价值论？什么是剩余价值？什么是所有制？什么是分配？什么是效率？什么是公平？都要放在今天这个历史条件下来重新研究。

从地方的研究来说，要更多侧重当地人民群众所接触、所关心的问题。我在中国社科院讲，地方社科院和中央社科院要有分工，我不赞成叫"分层"。四川的问题，中国社科院研究不了；全国的问题你们研究可能有困难，世界的问题你们研究也会有困难。所以，国家社科院研究不了的你们研究，你们研究不了的，我们研究。当然，研究劳动价值论，研究宏观性问题，地方有少数人愿意搞可以，但作为地方党委，一定要从四川人民的实际出发，主要研究四川的实际问题。

现在社会上有许多情绪或牢骚，产生的原因，一是现实中确实存在一些社会不公的现象；二是时代变化节奏加快，新旧观念反差很大。观念落后，认识就跟不上，本来是一种正常现象，他却认为不公。涉及自身利益，他要求平均主义；涉及别人利益，他要求市场经济。这种思想观念在新旧体制转轨中就会冲突。如果不通过这次深入学习，提高干部群众的思想境界，冲突还会激烈，将直接影响改革开放和经济的发展。加快改革和发展需要有三种承受力：一是物质承受力，受经济发展水平限制；二是干部的操作能力；三是社会承受力，社会承受能力有物质有精神。现在有一些人是端起碗吃肉，放下碗骂娘，这就是精神承受能力太差的表现。

（二）坚持社会主义，发展社会主义

进入 21 世纪，中国面临的国际国内形势与上个世纪相比，已发生了很大变化。从国内形势看，我们已经基本建成了社会主义市场经济体制，已经开始建立法治国家，全国人民生活总体上已经达到小康水平。我们党在 21 世纪面临的历史任务，就是实现中国的社会主义现代化，实现中华民族的全面振兴。从国际形势看，苏联解体，美国的霸权主义抬头，全球化进程加快，中国仍然面临着被西化、分化的危险，对此我们必须有清醒的认识。苏联的前车之鉴，我们必须吸取。

当今中国，已经和世界紧密相连，中国发展离不开世界，世界发展也离不开中国，中华民族的发展必须和世界融合。既要融合进去，又要保持自己的独立性。如果没有独立自主，没有自己的主权，那我们就真成殖民地了，过得还要差，还要惨。在中国，搞资本主义早就没有前途了，必须坚持和发展有中国特色的社会主义。

我们要经历与整个资本主义世界既联合，又斗争，又竞争这样一个长期共存的历史时期。这个时代就是共存、合作、斗争、竞争的时代。他们要我们社会主义西化，你搞社会主义人家不喜欢，你成为发达的资本主义国家人家就高兴了？和美国平起平坐他就愿意了？他不会的！他不仅不喜欢你的社会主义，而且根本就不希望你成为一个发达的国家。

今天，我们是在社会主义市场经济条件下搞社会主义建设。苏联解体的时候，没有外资进入，也没有全面对外开放。我们现在不一样了，我们有那么多私营经济，有那么多外资经济，对全世界开放。

苏联走社会主义道路并没有走下去，想回头走资本主义道路，那是它的事。但是中国不能这样，因为中国历史上资本主义道路根本没走通，无回头路可走。俄罗斯重走资本主义道路，能不能走通，重新实现它的大国梦还说不清楚。但我们中国建设社会主义强国的梦是不能变的。

在中国，不搞社会主义，只有死路一条，没有任何前途。这是我们加快发展的唯一道路。就像当年长征夺泸定桥一样，你不那样走，就会全军覆灭，即便是花再大的代价，也要跨过去。今天我们走社会主义道路也是一样，危险大得很。我们正处在资本主义的包围之中，必须有忧患意识。我们中国共产党人，只有在和资本主义打交道的整个历史过程中成为胜利者，中华民族才能全面振兴。如果在这一过程中举措失当，我们就会遭受严重失败。

当然，我们今天搞社会主义，也不完全是走马克思所描绘的社会主义道路。马克思讲，社会主义的实现，要有两个前提：一是在发达的资本主义国家搞社会主义革命；二是在世界上几个主要发达国家同时搞社会主义。这两个条件我们都不具备！列宁首先突破了这个理论，证明了在一个国家，一个落后国家可以搞社会主义革命。列宁解决了社会主义革命的问题，但没有来得及解决社会主义持续发展和长期存在的问题，斯大林也未能解决这个问题，他们都没有真正回答和解决"什么是社会主义，怎样建设社会主义"这一个根本性问题。我们很长一段时间也没有把这个问题搞清楚。社会主义制度建立以后，第一位的是发展生产力。经济落后的国家搞了革命，要想生存就必须集中力量发展生产力。不发展生产力，不仅不是合格的社会主义，而且这个社会主义是不稳固的，因为它存在于整个资本主义的包围之中，随时都有可能被颠覆。

历史上实现工业化、现代化的模式有两种：一种是社会主义式的，苏联实现了工业化，中国正在实现工业化；另一种是资本主义式的，就是欧、美、日等少数发达国家实现了的工业化。广大的亚洲国家、非洲国家、拉美国家还不能说实现了工业化。工业化、现代化是人类历史不可逾越的发展阶段，但不同国家、民族实现工业化、现代化的方式、道路是不同的。在中国，只能通过社会主义道路，实现工业化、现代化。我们搞社会主义的目的就是要实现工业化、现代化，实现国强民富。国强才能保护我们的人民，人民才能富裕和幸福。中国现在无论从哪方面讲，都没有可以通过资本主义方式实现工业化、现代化的条件。这个道理，必须给人民群众讲清楚。

我们党的历史任务就是，把中国建设成为一个高度发达、民主、文明的社会主义现代化强国。为此，就要实现长期稳定，长期发展。如果我们不能够实现长期的稳定，也就不能实现长期的发展。没有长期的发展，也就不可能有长期的稳定，这是相辅相成的。

建设有中国特色的社会主义，还是要落实在两个文明建设上。一是物质文明，由先进生产力来体现。所谓党要代表先进生产力的发展要求，先进生产力的发展要求是什么？就是改革，就是解放生产力，就是改革束缚生产力发展的生产关系和上层建筑。有些人认为，这个企业家，那个学者，是生产力代表，不对。代表先进生产力的是工人阶级，并不是某部分、某些个人。党要代表先进生产力的发展要求，就要解放生产力，改革、消除一切束缚生产力发展的生产关系和上层建筑，这是共产党人的职责。

二是精神文明，由先进文化来体现。先进文化的前进方向是精神文明的灵魂。先进文化就是有中国特色社会主义的文化。通过建设先进文化，可以振奋民族精神，推动人民去实现自己的利益，团结广大人民群众去实现现代化。我在中国社科院讲，知识分子总不能代表落后吧，而应是始终代表人类先进文化前进的方向。因为你是人类文明的继承者、宣传者，而且还是人类文明的创造者。

（三）坚持党的领导，改善党的领导，提高党的执政水平

我们党在民主革命时期，始终有一个同资产阶级怎样既联合又斗争的问题，联合资产阶级去推翻三座大山，与资产阶级斗争，克服资产阶级的软弱性、妥协性和摇摆性。新中国成立以后，"文革"前，我们还处在一个相对封闭的社会里，和资本主义世界交往不多，他们无论是香风袅袅还是沉渣泛起，对我们几乎没有什么影响。

在新的历史时期，我们必须进一步发展和完善党的执政理论。中国共产党是一个执政党，而且还不是一般的搞社会主义的执政党，更不同于资产阶级的执政党，而是一个要通过改革来完善和发展社会主义制度的执政党。社会主义本身在人类历史上是空前伟大的，社会主义建设是从未有过的历史伟业。社会主义怎么搞，如何才能长期稳定地发展，社会主义制度如何通过改革不断完善，这都是共产党人的历史使命。完成这些使命，既没有什么现成经验可借鉴，也没有什么现成的模式可照搬。我们党在当今时代条件和历史环境下，担负着人类发展史上从未有过的历史重担，面临着巨大的挑战和风险，没有理论上的深入思考和新发展，是不可能完成如此艰巨的历史使命的。理论上成熟，是政治上成熟的重要基础。"七一"讲话是我们党执政理论进一步成熟的重要标志。

毛泽东同志回答了如何推翻三座大山，建立新中国以及建立一个什么样的新中国的问题；小平同志回答了什么是社会主义，怎样建设社会主义的问题；江总书记回答了建设一个什么样的执政党和怎样建设执政党的问题。当年，小平同志提出来，不改革死路一条，怎么改？大家去探索，尊重人民群众的首创精神，对的就坚持，错的就改正，及时纠正嘛。我们党的建设同样是这样，用实践来证明，你这个理论怎么样，先进性怎么搞。

小平同志提出了建设有中国特色社会主义，现在我们提出在社会主义市场经济条件下，大力加强中国共产党作为执政党的建设。

江总书记提醒全党，社会主义搞不好会垮台，共产党搞不好也会下台。中国共产党必须始终坚持"三个代表"，用"三个代表"重要思想来研究和指导党的建设新的伟大工程，永葆党的生命力和活力，增强我们党的创造力、凝聚力和战斗力，永葆党的先进性和执政能力。

如果我们思想、理论上僵化，将带来政党制度上的僵化，进而造成失败、垮台。这就要求我们进一步解放思想、实事求是，与时俱进，开拓创新。无论是先进生产力的发展要求，还是先进文化的前进方向，最终都要落脚于最广大人民的根本利益。离开最广大人民的根本利益，先进性就是空洞的。无论是党的先进性，工人阶级的先进性，生产力的先进性，文化的先进性，集中一点就要体现在人民的根本利益上。

我们的干部随时随地要代表人民群众的利益，这样就容易理解共产党作为工人阶级的先锋队、中国人民的先锋队和中华民族的先锋队这样一个关系。如果说工人阶级的先锋队和人民群众的利益相矛盾，那么你这个先锋队是干什么的？工人阶级代表谁？马克思说过，工人阶级只有解放全人类，才能最终解放自己。工人阶级不是单纯地为解放自己而奋斗，是为了解放全人类；不解放全人类，自己解放不了。这是工人阶级先进性的根本要求。

"三个代表"思想的提出，总结了我们党的历史发展经验，也借鉴了世界上其他共产党的历史经验。由于我们搞的社会主义不是马克思当年所描绘的社会主义，我们就不能简单地按照马克思构想的那种模式进行建设。我们党执政的现实任务和历史使命，决定了党的建设、党的性质。如果脱离共产党的历史使命和具体任务，脱离时代的要求来建设一个党，那么你这个党是干什么的？是为谁服务的？是解决什么问题的？中国共产党在 1927 年以前曾经讨论过能否吸收农民阶级、小资产阶级和其他阶级中的优秀分子入党的问题，这与当时党的历史任务有很大的关系。中国共产党不同于其他的党，这是中国自己的国情所决定的。

中国社会主义政治制度的核心是中国共产党的领导。如果讲政治体制改革，说来说去，就是坚持共产党的领导地位，就是共产党如何永远保持先进性、永远执政。动摇了中国共产党的领导地位，整个政治制度就会变化，就会和资本主义一样。一些主张西化的人谈所谓"政改"，其实质是削弱或取消中国共产党的领导地位，这根本就不叫"政改"。中国政治体制改革的核心是加强中国共产党的领导，是始终保持中国共产党的领导，是使中国共产党始终成为永葆生命力、活力和创造性的马克思主义政党。任何削弱、取消中国共产党及其领导核心地位的思想，都有害于中国的发展，不仅不是我们所需要的，而且也是别有政治企图的，是完全违背四项基本原则的，都是我们坚决反对的。

（四）与时俱进，不断推动马克思主义中国化

马克思主义是不断发展的理论，而不是封闭的僵死的教条。这次全党各级干部认真学习"七一"讲话，对我们进一步解放思想，实事求是，认清形势，明确任务，在理论上大胆创新，极有好处。一个国家、民族如果能够始终站在时代发展的前沿，具有很高的理论思维，那就是不可战胜的。江总书记在"八七"北戴河讲话中指出，一个民族要兴旺发达，要屹立于世界民族之林，不能没有创新的理论思维。我们开创了历史上从未有过的伟大事业，如果不具有这种创新的理论思维能力，怎么能够长期稳定、长期发展呢？怎么能够实现社会主义现代化呢？

至于在学习过程中如何认识马克思主义的问题，当然要结合我们现在的实际。马克思主义经典作家在 19 世纪所提出的许多关于资本主义、社会主义、历史唯物主义的论断、学说和思想理论，不是对与不对的问题。这些论断、学说和思想理论是关于那个时代的说明。他们的认识来源于当时历史时代的实践，他们的理论概括了当时历史时代的知识、资料。

每一个历史时代都有自己的理论和人物。用简单的对与错来看

待理论是不恰当的。首先，用对与错来看待理论，就等于要求理论必须说明一切真理，说明一切地域、一切时空中的事物，这样的理论是没有的。这种观点本身就是一种教条主义、形而上学。所以任何理论都是对所处时代的认识。其次，除了时代的局限性外，还有个人的、社会及阶级的局限性。理论家、先哲们的一个重要作用就是开辟了理论发展的新境界，给我们后人启迪了如何从思想、理论上认识事物发展的新的方法论。

21 世纪，中国共产党在理论上面临的最大问题仍然是发展马克思主义。教条主义和经验主义是不行的。教条主义不仅有"东教条"，还有"西教条"。"东教条"就是我们党曾经批判过的教条主义，即把马克思主义作为教条来理解。所谓"西教条"就是照搬西方，"西化"、自由化的思想。

从哲学上来讲，任何一个国家、民族都不可能通过照搬别国的模式兴旺发达起来，只有符合自己实际的模式或道路才是正确的。只有能够解决自己的问题、推动自己发展的理论，才是真正属于自己的理论。马克思主义之所以正确，因为它揭示了历史发展的客观规律。它在中国之所以正确，因为它是中国化的，是与中国实际相结合的。

我认为"中国化"这三个字很有科学性。无论什么东西，不与中国实际相结合，就不能转化为中国自己的理论。马克思主义的"中国化"，是我们党 80 年来几代领导人和中国人民奋斗的历史经验，已经成为中国模式，成为中国自己的道路。借鉴西方资本主义的文明成就，也要同中国实际结合，也有一个"中国化"的问题。不同中国实际相结合，就不能形成一套解决中国问题的理论和办法。如果搞"西化"，不仅在政治上是错误的，从历史发展的经验上、从哲学上看也是完全错误的，是不可能行得通的。我们现在很多人在西方学习，接触一些西方文明的东西、进步的因素，这固然很好，但也不能照搬照抄，而是要研究如何将这些东西同中国的实际相结合。

我们当前正处于马克思主义在实践中发展的时代，这对社会科学来讲，对理论界来讲，具有非常重大的意义。在 21 世纪，对我们中国共产党和中国人民来讲，最大的理论课题，就是如何在发展马克思主义的过程中坚持马克思主义，在坚持马克思主义的过程中发展马克思主义。不发展的东西必定是落后的，一切不发展的东西都站不住。发展的东西、发展的理论才具有生命力，才能够站得住；不发展的东西只能进博物馆。一切事物都是发展的，关于事物的理论认识也必然是发展的。

至于讲话中的某些个别论断，包括某一句话、某一个词怎么理解，都可以讨论。总之，就是要与时俱进。马克思主义的真理性就表现在与时俱进。江总书记的讲话也没有结束真理。其意义在于，告诉人们怎样认识我们今天所处的社会，我们怎样继续往前走。当然有些同志有这样那样的看法，我看还是可以讨论，都是认识问题嘛！这是我的一点学习体会，错误的东西算我的，总的是要按中央精神办。

二　贯彻"三个代表"重要思想，抓住机遇，加快四川经济发展

"三个代表"最重要的是，要切实代表最广大人民群众的根本利益。要通过我们的领导，我们的工作，加快经济发展，真正让老百姓尽快富起来。

四川发展思路明确，措施得力，各级干部、各族群众精神状态很好。这几年各项工作的确取得了很大的成绩，令人振奋，有些还走在全国的前列。关于经济问题，我就简单讲一讲。

关于建立绿色食品基地。四川还没有受到很大污染，很适宜建立绿色食品基地。现在世界上，真正具有发展绿色食品条件的国家和地区并不多，最好的是德国，也就占 50%，其他的都要差点。现在的污染，不光是农药、化肥，还有转基因问题。四川应该提出建

设"中国绿色食品基地"的目标。据估计，目前中国绿色食品占全世界绿色食品的百分之几，十年之内可望达到15%。现在是100亿美元，大概几年以后达到1000亿美元，最终达到1万亿美元贸易额这个规模。四川作为中国重要的食品基地，要把生态建设和环境保护搞好，把城市工业污染、生活污水的治理，作为一个长远的发展战略来考虑。这不仅为旅游业的发展，也可为其他产业的发展奠定一个很好的基础。如果环境污染严重，旅游业必然会受到限制。

建设中国绿色食品基地，最好是环保局、经贸委和食品工业部门等综合考虑，提出详细的规划。旅游、林业、农业、养殖业，全部都要走生态建设可持续发展之路。农业化肥的使用，要降解；白色污染，要治理。大开发也容易造成大破坏、大污染。不要以为大开发只有正效益，没有负效益，其带来的大破坏、大污染，重新再花钱去治理，那就是一个很大的问题。不知道全国建设绿色食品基地这个旗帜，省一级有哪些在打？我建议四川把中国绿色食品基地这个牌子首先打出来，请专家全面论证，把所有有害绿色食品的产业逐渐淘汰，该治理的治理，这是一个很重要的决策。全省搞十年甚至五十年的规划都可以，只要能建成就不得了。

所有的发达国家，都在发展绿色食品，这是一个趋势。现在争论的不是化肥、农药污染，而是基因污染的问题。我在德国考察时，德国一个全国性专业系统在论证基因污染。现在允许不允许发展，直接考虑的问题还不光是克隆人，还有食品问题。我们是大自然的孩子，现在这个大自然造就了我们人类，自然基因都改变了，我们人将会是什么样子。

关于机械冶金业发展，应该进一步搞精一些。精密机械一定要有，现在我们国家精密机械就比较落后。今天我看了成都高新区，我跟王荣轩他们讲，那个做光纤的进口设备没有什么了不起，我们自己都可以做，结果大量到国外去买，为什么不依托自己的高新技术开发？首先应该依托我们自己，同时引进一些关键部件或关键技术，这样我们不仅有了一个好的产品，而且拥有了先进加工技术。

以前，我们各种电子、服装、化工、机械设备大量都是引进的。我觉得你们现在有一个全面引进消化设备的时机。西部大开发要是重复搞二次引进、三次引进，再去买人家淘汰下来的设备，那我们西部大开发的成本就太高了。我们交学费，别人赚了钱。交一次就行了，不要再交第二次。西部大开发的整个机械装备，靠谁来生产，一个是靠东部，一个是靠自己，不能只靠西方。引进西方的，只能是少数我们做不了的关键部件。这不光是个产业问题，还关系到西部大开发的成本问题，买一个工业化，没有前途。现在不是像我们早期东部开发的时候没有条件，现在条件很好，而且关键部件还可以引进。

关于化工医药业发展。如果大化工搞起来，你的绿色食品我看就可能受到威胁。要立足于搞精细化工。各种催化剂、试剂呀，一小瓶一小瓶的，用料就是一点点，可是效果非常之大。我建议你们不要去搞大化工，当然天然气、化肥还是要搞的，但是搞的过多，或者大量去搞已经过时的农药，都是要不得的。有了大量的工业废水、废物，将来你怎么再搞绿色食品？大学搞化工研究，还是要多考虑最少污染的精细化工。天然气还可以，搞石油加工，污染就很厉害。盐化工业也可以向精细方面发展。如果去搞盐酸，搞烧碱，就会造成很大污染。发展化工不能只图眼前利益和小利。医药工业也包括西药和中药。西药污染也不小，西药本身就是用化学的方法制造成的，是不是也可以大力发展天然药物，西方在药物上也是从化学药物向天然药物转变，用天然药物和物理疗法，也就是非药物疗法来保持健康。西药现在进口很多，成本也很高，而且很快就淘汰了。再搞的时候，特别在引进西药厂的时候，建议要小心些，不要最后别人赚了钱，公害都留给你了。

关于建设小城镇。如果农业效益是1，那么工业大概就是100，商业金融就是10000，效益差别很大。一个没有聚集化的社会，就不可能有工业化，也不可能有文化化、社会化。当前农村的状况，既未社会化，更未现代化。城市化、工业化是一个同义语，是一回事。

我们发展 1000 个小城镇，一个城镇 2 万人，就是 2000 万人，然后再发展几个大城市，或者十几个百万人口的城市，加起来可能就占了人口的 50%。我建议发展小城镇时，要把少民寡户集中起来，把小城镇建设和少民寡户的搬迁联系在一起。这次我去阿坝、九寨沟看，这种少民寡户不少，这儿几家、那儿几家，你怎么解决他们的贫困问题，把他们留在那个地方，也破坏生态，还是要采取政府行为。

关于发展旅游业。我重点结合阿坝州的实际来谈。阿坝州是一个少数民族地区，发展潜力很大。旅游资源十分丰富，九寨沟、黄龙风景很美，植被很好，管理也好。要开发以长征精神为题材的旅游资源。当年红军长征在阿坝州停留的时间长，在阿坝州境内召开了很多重要会议，留下了许多革命遗迹。阿坝州要围绕红军长征遗迹开发旅游资源。要注意发挥红军长征纪念碑园所具有的科学研究、教育阵地和收藏保存三大功能，多方面收集红军长征时期留下的各种文物，选择一个地方采用微缩的办法，将红军长征全过程再现出来，从而更加充分地集中展现红军长征的艰苦历程。要把红军长征精神同旅游开发结合起来，充分利用松潘特有的自然、人文、民族风情和长征历史等多方面资源，发展民族地区经济。

要大力弘扬红军长征精神，以此永远激励后人。可在碑园及川主寺镇周边划定旅游植树绿化区，定植一些名贵树种提供给游客，让来此地考察的领导和游客种植纪念树，这样既治理了生态环境，又有利于弘扬红军长征精神，把川主寺建成山青水碧的高原红军镇。可聘请离退休干部到碑园当义务讲解员，川主寺的管理工作人员可穿红军装，执勤人员可穿红军装，学生的校服可制成红军装，游客也可以租红军装、买红军装，使游客一进入川主寺就可以感受到红军坚韧不拔、艰苦奋斗的精神。要把川主寺建成红军长征革命历史博物馆和爱国主义教育基地，建成革命文化广场。建议把红军进入阿坝州的第一天作为"红军节"，使当地群众和各方游客在这里受到爱国主义教育。

　　要办好博物馆，核心是要解决好体制和机制问题，体制要创新，机制要灵活。松潘红军长征纪念碑园当前存在的问题就是体制不顺。以前光靠政府养馆的机制不行，不要以馆养人，而要以馆养馆，新建的博物馆要有高起点的规划，逐步确立老人老政策、新人新办法的建馆机制，对业务人员实行聘用制，后勤工作基本实现社会化。要用机制去管人。博物馆建筑风格既要继承传统，又要与川主寺及黄龙风景区相互协调，规模要实事求是。很多方面的建设应多听专家的意见，集众家所长综合采纳意见，这样才能做到科学决策。

　　九寨沟景色秀丽，但较难发现动物行踪，建议在九寨沟长海人工放养虹鳟鱼，在日则沟放养高山裸鲤鱼，这样可以增加海子生物的多样性和可参观性，但要定期打捞，确保水质。九寨沟导游服务很好，以后要注意语种的多样性，服务技巧的灵活性，不断扩展知识的深度和广度，争取与世界一流的服务接轨。应该对九寨沟树正磨房加以维修，增加安全感后对外开放，让远道而来的客人了解藏民族生活习俗，体会当地的人文风情。建议在黄龙五彩池顶端雕刻一条惟妙惟肖的龙作为黄龙的标志，让游客来到黄龙就能产生归属感。九寨沟、黄龙作为世界自然遗产，一定要把保护放在第一位，要在保护的前提下适度开发和建设。要注意使建设风格与景区协调一致，九寨沟、黄龙的建设一定要考虑民族风格。无论是城市外观还是具体的建筑都要突出民族特色，可视经济实力在室内搞现代化装修和服务设施。

注释：

[1]　参见中共中央党校理论研究室编《历史的丰碑：中华人民共和国国史全鉴·八》（外交卷），中共中央文献出版社2004年版，第5—6页。

"彼学"研究，要蹬堂入室[*]

（2001 年 10 月 9 日）

进入 21 世纪，随着国际形势出现的复杂变化，国际问题的研究越来越重要。世界各国、各地区之间的联系正在不断加强。任何国家要发展、要进步，都离不开其他国家的发展。闭关锁国是没有前途的。中国是世界的一部分。所以，中国要发展，就必须进一步扩大开放，大胆地与世界各国交往，吸收世界各个民族创造的优秀文明成果，以滋养我们中华民族的肌体。

今年是辛亥革命 90 周年。回顾这一段中国历史，可以看到，中国的盛衰、荣辱，中国的发展、进步，是和世界各方面的交往分不开的。在 21 世纪，我们的奋斗目标就是要在坚持社会主义基本制度的条件下，实现中国的工业化、现代化。

纵观历史，已经实现了工业化、现代化的，也就是少数发达资本主义国家。它们实现工业化、现代化的历史过程，包含着对其他民族的残酷剥削和掠夺。其中最典型的是殖民主义、贩卖黑奴和发动战争。不发达国家实现工业化、现代化，绝没有可能再去重复发达国家走过的道路。无论是从国内条件，还是从世界形势看，都没

---

[*] 这是李铁映同志在中国社会科学院国际问题研究工作会议上的讲话。

有这样的可能。各个国家都只能走既符合国内实际，又符合世界形势的路子，也就是说只能探索自己的实现工业化和现代化的路子。

历史是公正的，它不会偏袒或偏爱哪一个民族。历史的发展是不以任何人、任何民族的意志为转移的；同样，历史发展进程的残酷性也是不以人的意志为判准的。谁不发展、不进步、不前进，历史也将无情地对待它。在这一点上，我们可以说，历史不会有"上帝的仁慈"、"佛祖"的宽大为怀，或儒家的"仁爱"。从来都是发展战胜停滞，进步战胜落后。工业化、现代化是任何国家和民族都不可逾越的发展阶段。没有工业化，就没有近代资本主义的存在和发展。没有工业化、现代化，也就谈不上社会主义和社会主义的优越性，社会主义就不能生存和发展，更谈不上社会主义战胜资本主义了。

历史和实践反复证明，每个国家和民族所走过的道路都是不同的。我们不能沿着人家的道路走，因为条件是不同的。我们也不可能走一条闭关锁国的道路，因为没有这种现实的可能性。我们今天所走的道路是符合中国实际的，也是符合世界发展潮流和趋势的。

从文艺复兴到现在，西方资本主义国家对世界至少已经研究了三四百年。当时，西方人研究中国文化以后，对中华五千年的灿烂文化大加赞叹，在其皇室里都有中国诗……可以说，中国文化大大滋养了西方。东方文化、阿拉伯文化与西方文化的结合，促进了西方国家从文艺复兴到资本主义的萌芽、到近代资本主义的发展进程。

中华民族走向世界，现在是一个最好的开端。为此，要全面地向世界开放，全面地建立和加强与世界各国、各民族的经济、政治和文化联系，学习国外一切先进的东西，学习一切对我有用的东西。为什么要拒绝好的东西呢？一个拒绝好的、优秀的东西的民族能够发展吗？我们要研究一切人类文明的成果。不仅要研究，而且还要拿来用于建设我们的国家。

要向中国人民介绍世界，主要是靠知识界；无论是马克思主义，还是其他知识特别是科学技术，要传到中国来，介绍给中国人民，也要依靠知识界。知识界是中国人民看世界的眼睛，是观察世界的窗口和望远镜。就我院来说，要靠国际片的各个研究所，要靠外国文学研究所、世界历史研究所、世界宗教研究所，还有其他有关研究所一切懂外语的研究人员，要通过你们的眼睛看世界。其他人（如商人）出去，未必能够像你们那样理性地看待世界，并且有选择地吸收和借鉴对我们有用的东西。我们研究世界的目的，就是为了吸收优秀的东西来滋养我们自身，使我们在世界发展的潮流中找到一条适合我们自己的发展道路。

从这个角度来考虑问题，我们国际片应当明确自己的研究方向是什么，研究目的是什么，应当承担什么样的研究任务。研究方向要有所调整，要把自己的研究工作与中华民族的前途命运、中国人民的根本利益更紧密地结合起来。

研究工作的价值，体现在它的社会作用上。对社会的作用越大，研究的理论价值就越大。离开了对社会的有用性，理论的价值怎么谈？理论的真理性又怎么看？我们这一代人研究的理论价值是什么？这和我们研究的目的有关系。中国当前最需要的，就是价值和效益最大化的东西。对社会越是有用的东西，价值就越大；越是优秀的东西，价值就越大；理论越具有真理性，价值就越大。我们的理论研究是为社会服务的。社会使用了我们理论研究的成果，承认了它，它的价值就存在了。

我们的理论研究方法、体制、制度要不要有一个根本的变化？我认为，不仅有一个理论本身的创新问题，而且有一个理论研究的方法、研究体制和制度的创新问题。要借鉴世界各国研究国际问题、研究国外文明成果的方法，使我们的国际问题研究具有现代研究的水平。

研究方法问题主要有两个方面：一是在"硬件"方面，研究手段要现代化；二是科研组织和一些具体研究方法的问题，如数据分析、学术会议、国际交往等，这些具体方法也要现代化。如果我们的研究手段落后，很难有什么大的理论创新。今天的理论研究，尤其是国际问题的研究，更带有国际性、群体性。

在研究领域问题上，有一个"己学"、"彼学"和"关系学"的问题。"己学"有我们院其他研究所、国内的许多研究机构研究；对策问题主要是政府部门研究，而且有成千上万人在搞。研究"彼学"，首先要了解"己学"。我院国际片各研究所的学者，要了解国内问题，要经常请研究国内问题的学者来讲讲国内问题。中国的历史、文化、宗教、经济、政治，这些不是我们主要研究的对象，却是我们研究的基础，是我们服务的对象。"彼学"研究的目的，是服务于"己学"，特别是服务于"关系学"。与国际片直接有关的，就是"彼学"和"关系学"。所谓"关系学"，就是研究己与彼的关系，研究哪些东西对己有利，哪些东西对己有害，如何增加对己有利的东西，减少对己有害的东西。

"关系学"历来是国际问题研究的重点。国外学者也很重视"关系学"。我去国外访问，他们给我大讲"关系学"。其实我是想了解"彼学"。"彼学"不懂，"关系学"就无法理解。有一次我到英国去，他们给我讲地理人权，一开始我弄不明白，后来听下去觉得还真有些意思，是一门学问。我们国际片的研究基础是"彼学"。"己学"不知，"关系学"的服务对象就不清楚；"彼学"不通，研究也会有问题。

在一定程度上可以说，"关系学"就是对策学。国际问题主要是研究利益关系，研究根本利益、现实利益、具体利益，研究哪些可以妥协，哪些不可以妥协，哪些可以搁置，哪些不可以搁置，哪些可以模糊，哪些不可以模糊。利益关系搞清楚了，才知道桌面上该谈什么。

新中国成立以后，特别是改革开放以来，我国外交思想的一个重要方面，就是强调战略利益。我们现在正在寻求同美国共同的战略利益，如果没有共同的战略利益，两国关系怎么也搞不好。我们同阿拉伯国家和其他国家的关系，也是首先要研究共同的战略利益是什么，根本的利益、现实的利益、眼前的利益、长远的利益是什么。中央的思想也很明确，就是寻求共赢、互利。如果不互利、不共赢，那只能是一锤子买卖。就如同我和你做生意，钱都跑到我这里来了，下次你就不来了。吃一次亏，最多再吃一次亏，下次再也不干了。即使是个别政治家愿意干，那终究也会造成深刻的民族矛盾。彼此间有些疙瘩就会长期解不开，甚至几百年也解不开。

例如中印边界问题。中印之间本来没有什么根本的利害冲突，但英国人埋下了火种，致使中印关系一直调整不过来。应该说，中印之间共同的战略利益要大得多。所以，战略利益上出了问题，长期调整不过来，就会授人以柄，成为干涉我们的一个借口。这些国际方面的问题，一般老百姓不大容易了解，往往产生情绪化的问题。一个民族的成熟，关键是理性的成熟。一个民族如果情绪化太重，就可能酿成悲剧性的结果。所以，必须把战略利益、现实利益和局部利益放在一起来平衡和考量。没有局部利益上的让步，也就没有对战略利益的真正维护。对这样一些问题，一般群众也是不容易理解的，这就需要我们去研究它，做解疑释惑的工作。

我们社科院的研究人员，人人都应该是战略家。我们为国家服务，就是要在战略上使我们国家永远处于有利地位，在具体问题上提出我们的建议，哪些可以妥协，哪些不可以妥协，妥协到什么程度。我们的国际问题研究，应使我们处理国际问题的理性程度大大提高。当然，这是一个很复杂的问题。所以，我们国际片的学者个个都应是"彼学"专家。

我听说东欧中亚所有个阿富汗问题专家，近来常被邀请讲课，受到有关方面的重视。什么叫藏龙卧虎？首先你得"藏"。别人不知道的，你知道，你就是专家。每个人都要选准一个问题，成为"彼学"专家。要做到在这个问题上你是最权威的，别人讲的都没有你研究得深。社科院要出专家，而不是"万金油"。"彼学"是基础，同哲学、经济学一样，是基础理论。

我们要首先解决这样几个问题：21世纪中华民族面临的问题是什么？我们的研究方向、目标、任务要不要作些调整？体制上如何作些调整？希望我们国际片成为中国研究国际问题的一个权威性的群体。我们研究国际问题的人数，包括世界历史所、外文所、宗教所、民族所，总有四五百人吧？这样，我们就有四五百个专家，即四五百个"彼学"专家。如果全院有 1/3 的人研究国际问题，那就是一千人。这是一支很大的研究队伍。博士生、硕士生来了以后，要首先确定一个方向，如果长期钻进去，就能够成为专家。宁可三五年不出成果，也要把一个国家或地区的政治、经济、文化都读通。你要想搞懂一个国家的经济，不懂得经济学的基础理论不行。你要想读懂一个国家的文化，不懂得外文、不懂得文学的基本知识不行。

什么叫综合研究？不同的知识才能构成综合研究。没有不同的知识，不能叫综合研究。从不同的理论、不同的知识、不同的角度进行研究，然后才能综合。我有个建议，不知大家是否同意，即成立一个小组，每年开一次会，研究和讨论我刚才说的这样一些问题。当然不是讨论具体的事件，而是讨论当前国际片要研究什么。是研究国际关系，还是研究国际问题，这是可以调整的。某一时期可以集中研究国际关系，某一时期则集中研究国际问题。但无论什么时候，基础研究不能少。所以，要确定国际问题研究中的基础理论问题。每个人都要确定自己的基础研究方向。

我们要构筑中国人研究国际问题的理论、概念和话语体系。在国际问题研究中，我们现在大量使用的是外国人的概念和话语。任何概念都是客观事物在人们头脑中的反映，是人们对客观事物的认识。任何理论都不可避免地会有两个方面的局限性。一个是时代的局限。任何时代的理论，都是这个时代的人们所达到的对事物的认识。这个局限是任何理论都不能超越的。第二个是阶级的局限性。任何理论都离不开具体的人、具体的群体，这就是它的阶级性。任何个人、群体都是有立场的，这个立场是由他的利益决定的。这就决定了他的认识是有局限性的。绝对的、不与人的利益相联系的认识是没有的。

了解了理论的局限性，了解了国外的理论、话语、概念产生的历史背景，我们就知道如何去运用这些理论、话语、概念。我们不可能完全照搬。别人的概念、话语体系，说明的是别人要说明的事物，要用来说明我们要说明的事物，我看很困难。我们要以马克思主义为指导，研究概念、语言体系产生的历史背景，弄清它所研究的对象是什么，以及用它来说明我们要说明的事物时的局限性是什么，它说明的是哪一部分，说明到什么程度。

对于国际问题研究领域的其他理论、概念、话语，是不是也应该抱着这种实事求是的态度呢？美国人说的话，是表达美国人利益的。而我们要表达的是中国人的利益。西方的理论是为西方国家的利益服务的。

现在有人提出什么"孙子理论"，要让中国人当孙子。可是，"孙子理论"从来都是"老爷"提出来的。"老爷"是从来不想当"孙子"的，怎么能够制造出当孙子的理论、当奴隶的理论，去弱化和腐蚀中国人民的民族自信心和民族自强之心呢？我们现在介绍西方文化和西方的各种理论，要看它们解释的是什么问题，是为谁服务的，而我们要构筑的新理论又是什么。我们不能祈求美国人来解释中国发生的事情。中国的事情最终只能由中国人来解释。美国人的解释不一定正确，不一定符合中国的实际，但这不是说我们可以不予以重视，不去研究。对他们的解释，我们不排斥，而是采取科学研究的态度。任何人的话，我们都可以拿来研究，听一听也无妨嘛！

我们要提出中国人 21 世纪对世界的看法，包括构筑我们自己的"彼学"和"关系学"。对于 21 世纪的世界，如果我们没有自己的观点，没有自己的看法，不能构筑我们自己的理论和概念体系，我们就只能永远讲"外文"，而不是讲中国话。我们要构筑的恰恰是中国在 21 世纪迫切需要的基础理论，因为它反映了我们的利益和需要。这是我们专家学者的历史责任。比如，我们常说反帝反封建的民族民主革命，是对殖民主义的胜利，而西方一直说的是非殖民化的发展。这是完全不同的两个概念。今天，我们有的学者也在说

"非殖民化的历史过程"。这怎么是"非殖民化的历史过程"呢？他们的说法，姑且不说它的阶级性，至少是歪曲历史的。

毛主席说过，干任何事情都要先有舆论准备。这个舆论准备的工作，很大程度上是由理论界来做的。你们如果不把一件一件的理论武器制造出来，别人怎么好利用这些武器去战斗呢？我们提出的所有理论，都要在中国工业化、现代化的实践中得到检验，要得到社会承认。

我建议成立一个组织，由国际片牵头，一年开一次会，研究一些带有共性的大问题，研究21世纪的中国所面临的重大国际问题，甚至还可以包括如何使图书馆、数据库成为大家能够共享的资源。我们只有一个目的，就是形成我们国内对国际问题有最深入、最全面研究的基地，成为国际问题基础理论研究的基地。在科学研究的同时，要随着时代的变化和世界形势的变化，不断地给国家提供理论、知识和对策性的建议。

实现上述目标，不仅要与全国学术界通力合作，而且要较大范围地、大胆地进行国际学术交流与合作。进行国际交流与合作，要登堂入室，要见"大家"。所谓"大家"，无非是三"家"：政治家、学问家、大企业家。大企业家不懂政治，他怎么搞企业、搞跨国公司？要登堂入室，要善于交朋友。至于一些敏感的问题，可以通过办理相关手续来解决。这次我在欧洲就见了彭定康。美国所应当去见克林顿、见老布什。宗教所要去见哈梅内伊。在这个问题上，思想要解放。这次为什么把世界历史所、宗教所、外文所找来？就是为了加强综合研究。我反复说，中国社会科学院要形成中国研究国际问题的一块基地，最高水平的一块基地。我建议这两天你们都围绕这个问题来谈。

再有一个问题，就是我们现在的国际问题研究所存在诸多"不适应"：一是和我们的研究任务很不适应，一是在体制、手段、方法、人员上也都不适应。我作过一次调查，全院能说外文的，能说会写、能直接用外文交流的人比较缺乏。国际片有四五百人，能够直接与国外学者对话的人有多少？我在率团出国时，要求代表团的成员必须能说会道。我这个院长不会说，下边的人也都不会说，都是聋子哑巴，那怎么行？

我在这里向你们提出一个要求，即迅速地在三五年的时间内使所有科研人员都过外语关，别的问题可以暂时放一下。我看这个问题没有什么可商量的。研究拉美问题的人不懂西班牙文，也不懂英文，那怎么搞研究？别人研究不了的，你们才应该研究呀！别人能研究的，领导人和决策部门能研究的，你们还研究什么？我建议你们回去以后要把这项工作作为一项政治任务来完成。

关于知识产权法律制度[*]

（2001 年 10 月 17 日）

　　首先，我代表中国社会科学院，对中国法学会知识产权法研究会的成立，表示热烈的祝贺！

　　中国的知识产权法律制度是改革开放的产物，是发展社会主义市场经济的必然要求。中国作为一个发展中国家，在短短的 20 年间，建立了较为完善的知识产权法律制度。同时，知识产权法律制度，又为中国社会主义市场经济的发展，做出了很大贡献。这是有目共睹的事实。

　　加入世贸组织，标志着我国的改革开放进入了一个新的历史阶段，我国经济将进一步融入世界经济大潮，我国将更广泛、更深入地参与经济全球化的进程。以网络技术为代表的信息技术和现代生物工程技术等高新技术的迅速发展，也给知识产权研究提出了许多新的课题。这对我们既是机遇也是挑战。我们要以邓小平理论和江泽民总书记"三个代表"重要思想为指导，认真研究世贸组织规则，扬长避短，不断完善我国知识产权制度，以推动我国社会主义市场经济的发展。

　　知识产权法律制度是市场经济法律制度的重要组成部分，也是知识经济法律制度的核心。世贸组织是以强制性规则为基础的政府

---

　　* 这是李铁映同志在中国法学会知识产权法研究会成立大会上的讲话。

间国际经济组织。世贸组织的知识产权协议，是当前世界知识产权保护领域中最重要的一个国际协议、国际公约。加入世贸组织，就要认真研究和熟悉世贸组织的知识产权协议。我们不但要严格履行我们应当承担的义务，还要认真研究如何利用知识产权协议来保护和发展自己；研究世贸组织成员的相关法律、法规，以及他们实施、运用知识产权协议的经验与教训；研究、借鉴发达国家在知识产权法律体制建设方面的成功经验；还要认真研究世界经济的发展趋势，研究如何改进、发展世贸组织的知识产权法律制度，使之更加广泛地适应广大发展中国家的发展要求，推动国际经济新秩序的建立。

目前，我们对世贸组织知识产权协议的理论与实践的研究还很不够，特别是在深度和广度上对知识产权协议的认识还有一定差距。为此，我们需要一大批精通世贸组织知识产权协议、了解世贸组织知识产权协议实践的人才。中国法学会成立专门研究知识产权法的研究会，对于广泛开展知识产权法研究工作意义深远，很有必要。

希望中国法学会知识产权研究会能够团结和组织全国知识产权法学工作者、法律工作者及其他有识之士，密切关注我国入世后法律领域面临的新情况、新问题，理论与实践相结合，进行更加深入、全面、系统的研究，积极开展国内外知识产权法学术交流活动，为加强知识产权法律制度建设，完善知识产权保护，推动建立国际经济新秩序，加快推进我国社会主义现代化建设，为繁荣和发展我国哲学社会科学，不断做出新的贡献。

辛亥革命史研究[*]

——为纪念辛亥革命90周年而作

（2001 年 10 月）

　　90 年前的辛亥革命，是中国近代史上一场具有划时代意义的资产阶级民主革命，在中华民族振兴的进程中，具有不可磨灭的历史功绩。

　　辛亥革命推翻了清朝统治，结束了我国两千多年的封建专制制度，实现了我国国家体制的一次重大转变，使民主共和的观念从此深入人心。

　　辛亥革命是反帝反封建的资产阶级民主革命的起点，是 20 世纪中国历史的第一次伟大的革命飞跃，是标志中国近代历史发展进程的里程碑。

　　对于这样一个伟大事件，我国学术界历来都给予相当的关注和重视。新中国成立后，半个世纪以来，历史学界为辛亥革命史研究做出了重要贡献。在新世纪到来之初，如何进一步地推进辛亥革命史的学术研究，仍然是学术界的一项重大课题。在此，我简略地谈

---

　　* 这是李铁映同志为纪念辛亥革命 90 周年而写的文章，发表于《近代史研究》
　　2002 年第 1 期。

谈个人的一些想法，以与学术界同仁共勉。

辛亥革命史研究的成就

在中国这样一个具有悠久历史和史学传统的国度里，史学往往与历史进程同步。重大历史事件的发生，往往是历史学家记载与研究这段历史的开始。民国初年，一批记载这次革命历史的著作，便以中国革命史、辛亥革命史或中华民国开国史等名目问世。这些早期的辛亥革命史著作，多为革命党人亲历亲闻的史事记述，为后来的研究者提供了大量的史料。国民党建立其全国性的统治后，辛亥革命史研究被纳入国民党党史的范畴之内。正如时人所说："现在谈中国革命史的，多数是从兴中会起；而普通的又多由兴中会，而同盟会、国民党、中华革命党、中国国民党等相联接。"[1]这样，一些渗透着浓厚党见气息的辛亥革命史著作，便成了为国民党正统观念服务的工具。不少史实被曲解，大量史事面目全非，实在难得一部信史。即使以资料见长的著述，如冯自由[2]的《革命逸史》和邹鲁[3]的《中国国民党史稿》，也因作者囿于党派成见，使其学术价值大打折扣。与此同时，中国的马克思主义史学家以唯物史观为指导研究辛亥革命，写出了诸如《帝国主义与中国政治》（胡绳）、《辛亥革命与袁世凯》（黎澍[4]）等具有开创意义的学术著作，为辛亥革命史研究奠定了良好基础。

新中国成立后，中国史学工作者认真学习历史唯物主义和辩证唯物主义，努力清除封建的、资产阶级的唯心史观影响，创建马克思主义历史学的新体系。辛亥革命史研究被纳入这个新的研究体系之中，阶级分析的方法成为基本的研究方法，人民群众的革命活动成为主要的研究对象，新时代的辛亥革命史研究逐渐摆脱旧史学的影响，而成为一门独立的历史学分支学科，并呈现出良好的发展势头。1956年，毛泽东为纪念孙中山诞辰90周年，发表了著名的《纪念孙中山先生》一文，高度评价了孙中山及其领导的辛亥革命的历史功绩，称他是"伟大的革命先行者"和"中国革命民主派的旗帜"。1961年，为纪念辛亥革命50周年，史学界在武昌举行了第一次全国规模的学术讨论会，展示了一批辛亥革命史研究的新成果。这两次活动，对于新中国成立以后的辛亥革命史研究有着重要的推动作用。另外，中国同盟会机关报《民报》的影印、中国近代史资料丛刊《辛亥革命》以及《辛亥革命回忆录》等文献资料的出版，为辛亥革命史研究提供了大量有价值的基本资料。

党的十一届三中全会以后，政治上的拨乱反正带来了思想上的大解放，辛亥革命史研究进入一个蓬勃发展的新时期。从1979年在广州举办的"孙中山与辛亥革命学术讨论会"，1981年纪念辛亥革命70周年，到2001年纪念辛亥革命90周年，一系列关于孙中山与辛亥革命的国际学术讨论会的召开，为中外学者提供了广泛而直接的交流机会。在这个双向互动交流的过程中，中国学者大量优秀的学术成果被介绍出去，引起了国际学术界的相当关注与重视；同时，国外学者的一些新的研究方法与重要的研究成果也被译介进来，有力地推动了辛亥革命史研究走向繁荣。

这个时期，中国史学界出现了一批重要的研究成果，如章开沅、林增平主编的三卷本《辛亥革命史》，李新主编的两卷本《中华民国史》（第一编），金冲及、胡绳武合著的四卷本《辛亥革命史稿》等。同时，研究方法的多样化，大大地扩展了研究者的视野。现代化理论与其他社会科学方法的运用，使史家笔下的辛亥革命不再是一个孤立的标志政权更替的政治事件，人们更多地关注了清末民初中国政治结构的近代转型问题，以及与此相关的社会环境、社会群体、社会文化、社会心态等多方面的变动问题；历史学家不仅进一步研究了革命派的革命活动与思想，还开始研究立宪派的立宪运动及清政府的新政活动；不仅注意研究革命派、立宪派与旧官僚等各个政治派系的领袖人物，还注重研究各个政治派系其他众多的非领袖人物。另外，大量档案、文集与文史资料等文献资料的整理与出版，以及专门研究机构的建立与研究人员梯队的形成，都表明辛亥革命史的研究正在日趋成熟。经过这个时期的建设和发展，辛亥革命史研究已经从中国走向世界，成为一门具有国际意义的历史学分支学科。

90 年来的辛亥革命史研究与 90 年来的中国历史进程密切相关。新中国建立以后，学术界关于辛亥革命史的研究取得了很大成绩。这些成绩，既增进了人们对辛亥革命史的认识，也推动了对广大人民的爱国主义教育。

高度评价辛亥革命的历史进步作用

辛亥革命是近代中国第一次具有完全意义的资产阶级民主革命。从今天的眼光来看，我们对辛亥革命的历史进步意义必须给予高度估价。那种忽视、轻视甚至否定辛亥革命，认为辛亥革命是可有可无的观点，是不尊重历史的表现。

"在分析任何一个社会问题时，马克思主义理论的绝对要求，就是要把问题提到一定的历史范围之内。"[5]这是马克思主义关于历史评价问题的一条基本原则。要想给辛亥革命一个恰当的历史定位，就必须把它放在近代中国历史发展进程中来考察。

中国历史步入近代的历程是艰难而屈辱的。1840 年的鸦片战争，英国殖民者迫使古老的中国向近代西方资本主义世界打开门户，一步步将中国变为半殖民地半封建社会。"满族王朝的声威一遇到英国的枪炮就扫地以尽，天朝上国万世长存的迷信破了产，野蛮的、闭关自守的、与文明世界隔绝的状态被打破，开始同外界发生联系。"[6]近代中国"不是一个独立的民主的国家，而是一个半殖民地的半封建的国家；在内部没有民主制度，而受封建制度压迫；在外部没有民族独立，而受帝国主义压迫"[7]。

近代中国的社会性质是半殖民地半封建社会，社会基本矛盾是帝国主义与中华民族的矛盾和封建主义与人民大众的矛盾。这样特殊的国情，决定了近代中国人民的首要任务，必然是反帝反封建的资产阶级民主革命。因为帝国主义和封建主义都是阻碍、压制中国民族资本主义发展的势力，只有完成反帝反封建的民主革命，才能为中国民族资本主义开辟发展的道路。通过反帝反封建的民主革命以实现民族独立和人民民主，通过现代化运动以实现国家富强，是近代中国历史发展的两大基本任务。

从民主革命的角度看，辛亥革命是资产阶级民主革命的真正起点。毛泽东曾说："中国反帝反封建的资产阶级民主革命，正规地说起来，是从孙中山先生开始的。"[8]辛亥革命以前的革命斗争，都没有从新兴资产阶级的利益出发，明确提出发展资本主义的经济纲领，更没有提出推翻封建帝制建立民主共和国的政治纲领。只有在辛亥革命中，以孙中山为首的资产阶级革命派，组织了反映资产阶级根本利益的革命政党——中国同盟会，提出了反映近代中国时代特征的以"民族、民权、民生"三大主义为标志的革命纲领，有计划地领导了中国人民开展反帝反封建的武装革命斗争，最后推翻了腐朽的清政府，沉重地打击了帝国主义在华侵略势力，将近代中国革命运动引上了资产阶级民主革命的轨道。这是符合世界历史发展方向的，也是符合中国历史发展方向的。辛亥革命在近代中国革命史上的历史地位、它的历史进步意义是不可低估的。

从现代化的角度来看，辛亥革命开启了中国早期现代化的闸门。政治上，辛亥革命推翻了清王朝的统治，结束了中国两千多年的封建君主专制制度，为政治现代化扫除了制度性障碍，并作了制度创新的有益尝试，建立了中国第一个资产阶级民主共和国。经济上，辛亥革命推翻了封建帝制，冲击了封建主义的经济基础，南京临时政府发布了一系列发展资本主义工商业的政策法令；再加上革命之后孙中山、黄兴等人致力于民生主义和实业建设，使民国初年出现了"振兴实业"的热潮。民国的建立与帝制的废除，不仅仅是政体形式的变换，更重要的是思想观念的革命性变革，民主共和观念的深入人心。孙中山曾明确地宣称：在建立民国以后，"敢有帝制自为者，天下共击之！"[9]从此，帝制将不复存在于中华大地，袁世凯称帝与张勋复辟的败亡，便是最好的铁证。辛亥革命推动中国早期现代化进程的积极作用同样是不可低估的。

由于时代条件和资产阶级的软弱，辛亥革命又是一次不彻底的革命，并没有最终完成反帝反封建的任务，也没有给中国带来独立、民主和富强。但是，辛亥革命的成功和失败，给此后的反帝反封建革命提供了经验教训，开辟了前进的道路。特别是以孙中山先生为代表的资产阶级革命派最早喊出了"振兴中华"的响亮口号，激励了几代中华儿女，为后人留下了宝贵的精神财富。从这个角度来说，中国共产党领导的新民主主义革命及其胜利，是辛亥革命的继续和发展。

学术界对于辛亥革命历史功绩的肯定一直是主流。然而，最近几年，在这个主流基调之外出现了一个极其不和谐的声音，即所谓的"告别革命"说。论者宣布要告别一切革命，不仅要告别法国大革命，告别俄国十月革命，也要告别辛亥革命，以及辛亥革命以后的一切革命。所谓"告别"革命，就是否定革命。奴隶们不要反抗，不要选择，应该认命，甘当奴隶。按"告别"论者的说法，历史上发生过的革命是可有可无的，与其崇尚革命，不如推崇改良，如果改良搞得好，革命是可以避免的。就辛亥革命而言，他们认为："当时中国可以有两种选择，一是康、梁主张的'君主立宪'之路，一是孙中山主张的暴力革命的道路。现在看来，中国当时如果选择康梁的改良主义道路会好得多，这就是说，辛亥革命是不必要的。"显然，这是历史唯心主义者观察历史运动的看法，它完全无视历史发展是有规律可循的客观历史运动。

"人们自己创造自己的历史，但是他们并不是随心所欲地创造，并不是在他们自己选定的条件下创造，而是在直接碰到的、既定的、从过去承继下来的条件下创造。"[10]革命作为历史发展过程中的一种客观的历史运动，不是可以随心所欲创造出来的，也不是可以随心所欲制止的，更不是由什么人可以宣布否定就否定得了的。人类历史上发生过的一切革命运动，都是阶级矛盾和社会矛盾不可调和的历史产物，辛亥革命也不例外。

的确，20 世纪初期的中国确实存在着革命与改良两条政治道路的选择，两条道路之间也曾有过激烈的斗争。但是，一个明显的事实是，当革命党人领导的武昌起义爆发时，立宪派人士大都从对清政府宪政改革的绝望中自然地转到革命阵线中来，是历史抛弃了康梁的"君主立宪"之路，选择了孙中山的"暴力革命"道路。20 世纪初期的中国历史就是这样发展过来的，这是一个不争的历史事实，是谁也"告别"不了的。

客观存在的历史事实是不能否认的，无视客观存在的历史虚无主义是不可取的。诚然，对于革命的成败利弊得失问题，我们可以进行客观的历史研究。辛亥革命有成功的经验，也有失败的教训，我们都可以进行具体的分析。"究天人之际，通古今之变，成一家之言。"[11]弄清历史事实，总结经验教训，发现历史规律，这才是历史学家的神圣使命。

评价历史人物要以时代贡献作为基本标准

历史是人民创造的，研究历史自然离不开对人物的评价问题。对于近代中国历史人物的评价，必须看他是否符合近代中国历史发展的潮流。如前所述，近代中国历史发展的两大基本任务是民族独立和现代化，民族独立和现代化问题决定了近代中国历史发展的基本走向。这样，是否坚持反帝反封建的民主革命，是否有利于中国现代化的历史进程，就是评价近代历史事件与人物的基本标准。从这个标准出发，才能科学地判定历史人物给历史时代贡献了什么。我们对辛亥革命历史进步作用的估价就是根据这个标准，对辛亥时期历史人物的评价当然也离不开这个标准。

在辛亥革命时期历史舞台上表演的历史人物大致可以分为革命派、立宪派与旧官僚三大类。正如辛亥革命有成功也有失败一样，对革命派人物的评价也应该实事求是，客观公道，一分为二，既要看到其历史功绩，也要看到其历史局限性。一方面，对于革命领袖人物孙中山、黄兴、宋教仁等人的历史功绩，我们应该给予充分的肯定。孙中山揭橥的民族、民权、民生"三民主义"的革命纲领，表明辛亥志士追求的是民族独立、人民民主和国家富强，这是时代的最强音。黄兴、宋教仁等一批革命党人自觉地汇集在孙中山的革命旗帜之下，是他们共同领导了辛亥革命的胜利。他们真正地开启了近代中国的资产阶级民主革命，并有力地推动了中国早期现代化进程，这是他们最主要的历史功绩。

另一方面，辛亥革命的不彻底性以至于最终的失败结局，固然可能有多方面的客观原因，但革命的主要领导人孙中山、黄兴、宋教仁等对封建旧势力的妥协退让，民族、民主革命和反封反帝的认识的局限，无疑也是一个重要因素。我们在评价革命派人物的时候指出这一点是很有必要的，这才是实事求是的历史主义的态度。当然，我们也不能一味地苛求前人，那可能会走向事物的反面。"判断历史的功绩，不是根据历史活动家没有提供现代所需要的东西，而是根据他们比他们的前辈提供了新的东西。"[12]以孙中山为首的资产阶级革命派人物在近代中国历史前进的道路上，正是提供了他们的前辈不曾提出过的东西，而他们提供的东西是符合时代要求的，是符合历史前进方向的，他们的历史功绩应该是首位的。

从现代化的角度来看，立宪派发动的立宪运动，以及他们在发展资本主义工商企业方面所作的实际努力，也是中国现代化历程中的重要环节，对于推动中国早期现代化进程也有一定的积极作用。就是晚清政府在工商实业、军事警察、教育文化以及司法改革方面出台的一些实际措施，历史学家也要给予恰当的评价。在这方面，不仅梁启超、张謇等立宪派人物值得肯定的评价，即使张之洞、袁世凯等旧官僚人物的新政活动也不容忽视。然而，如果我们把新政、立宪与革命三大运动作一简单的比较就会发现，清政府新政改革的根本目的，是要维护封建君主专制统治，因此，不得不对成长中的资产阶级做一些让步，许诺他们若干政治权利，制定一些有利于资本主义发展的行政法规；立宪派的君主立宪活动，也是以承认皇权的合法性权威为基本前提的，他们害怕革命，希望在皇权掩护下发展资本主义。但是当朝廷以"预备立宪"敷衍他们的立宪要求时，他们也会起而奋斗，其中一部分人最终附和革命；而革命派的奋斗目标，是要推翻清王朝的封建君主专制统治，建立民主共和国。这是从国体和政体两方面保障资产阶级的根本利益，把中国引导到资本主义社会。

在中国社会发展的资本主义前途上，革命派和立宪派的方向实际上是一致的。在达成资本主义社会的手段上，革命派与立宪派的政治主张是对立的。总的说来，在需要用革命手段来推进历史进步时，立宪派的反对、对抗革命与旧官僚势力的阻碍、破坏革命的消极影响，是不能否认的。对于他们对抗与破坏革命的反动性，也应该有更加清醒的认识。

近年来，随着学术思想界一股否定革命的思想逆流的出现，以往被肯定的革命人物，受到指责与批评；相反的，以往被基本否定的革命对立面人物，则受到肯定与颂扬。一些近代史的人物、事件，受到不实事求是的、歪曲历史的评价。应当说，在历史人物的评价方面，对于过去某些把握不准的地方，以及某些过火的地方，给予纠正是很有必要的。但是，不分青红皂白，大做"翻案"文章也是不必要的。对辛亥时期历史人物的评价，有一种所谓的"扬袁抑孙"现象，即有意地抬高袁世凯而贬低孙中山。诚然，袁世凯并非一无是处，孙中山也自然有其不足。但是，有一个客观历史事实是非常清楚的：孙中山领导辛亥革命推翻帝制建立民国的不世功勋，是不可磨灭的；袁世凯帝制自为出卖国家利权的昭彰罪恶，也是无法掩盖的。这是历史的事实，是否定不了的！

褒贬是非，扬善惩恶，是中国史学的优良传统，也是历史之正义与史学家之良知。我们必须注意的是，评价历史人物要有正确的历史观。我们提倡马克思主义唯物史观，就是要实事求是，尽力做到客观公正。"判断一个人当然不是看他的声明，而是看他的行为；

不是看他自称如何如何，而是看他做些什么和实际是怎样一个人。"[13]正确的历史观，是史家的基础。对历史人物的评价，我们只有本着实事求是、客观的科学的态度，一切从客观历史事实出发，不饰非，不溢美，才有可能得出平实公允的结论，恢复历史人物的本来面目。

继续推动辛亥革命历史的研究

辛亥革命以来已经有了90年的历史，辛亥革命史的研究也有了90年的历程。经过学术界长期不懈的努力，辛亥革命史研究已经达到了相当的高度，形成了所谓的"学术高原"，如何进一步发展、深入，是一个紧迫的现实问题。在新世纪已经到来的时刻，我们应当理性地总结过去，展望未来，努力将辛亥革命史的学术研究推向前进。

首先，坚持马克思主义唯物史观，实事求是地进行科学研究。回顾90年来的辛亥革命史研究，成绩固然很多，问题也还不少。其中一个重要的问题就是历史观问题，以往一些历史评价的偏差失误，根本原因就是历史观的偏向与错误。只有一切从客观历史事实出发，实事求是地进行科学研究，才能使辛亥革命史研究不至于偏离正确的轨道，并能一步步地走向真理。

其次，开阔研究视野，拓宽研究领域。辛亥革命不是一个孤立的政治事件，辛亥革命前后的中国社会变动是一个整体的结构性转型，不是单纯的政治史研究所能解决的问题。当时的世界，正是第一次世界大战的前夜，中国已和世界发生了许多深刻的联系，外国列强不仅纷纷进入中国，还不断干涉和吞蚀着中国。研究方法的多样化，如借鉴其他社会科学的研究方法，可以扩大我们的研究视野，从而拓宽研究领域。事实上，近年来，现代化理论与一些其他社会科学方法的运用，已经使辛亥革命史的研究逐渐摆脱了以往单纯的政治史研究取向，政治史、中外关系史、经济史、社会史、文化史、心态史等多元取向，更为接近历史的本来面目。这就为辛亥革命史研究开辟了许多新的领域，其中不少领域的研究还刚刚开始，还有待于学术界进行具体的实证研究。当然，就政治史研究而言，也远远没有达到穷尽的地步，不仅辛亥革命本身还有许多问题需要进一步研究，与辛亥革命相关的立宪运动、清末新政等，也都需要加强研究，提出新的认识，以丰富我们的历史知识。

我们的眼光不能仅停留在辛亥革命历史本身。研究辛亥革命历史，要与辛亥革命以后的中国历史发展联系起来，要与当时世界形势的发展变化联系起来。辛亥革命后由于孙中山先生的努力，由于辛亥革命所造就的精神力量，近代政治史上曾发生过两次国共合作，两次国共合作都推动了中国历史的进步；两次国共合作都带来了中国的解放和中华民族振兴的机遇。这种机遇，同时给中国国民党和中国共产党提供了发展条件和活动舞台。但是在历史的机遇面前，由于中国共产党一贯代表了中国大多数人民的根本利益，人民选择了中国共产党，选择了中国的社会主义前途。中国共产党人始终认为，我们党的奋斗是孙中山先生选择的继续，是辛亥革命选择的继续，是中国近代历史选择的继续。半个世纪以来，我国在社会主义建设和发展道路上做出的成功探索，是辛亥革命以来我国历史道路探索的结果。对这个历史过程，我们也要努力研究，提出有说服力的解释。

再次，加强国际学术交流。20 余年来辛亥革命史研究的繁荣，在很大程度上得益于改革开放政策下的国际学术交流。通过这个途径，我们不仅让国际学术界了解了我们的学术成果，更重要的是，我们译介了国外学者一些重要的研究成果，借鉴了一些好的研究经验，引进了一些新的研究方法，这些对于我们的学术研究起了很大的推动作用。今后，我们应继续加强国际学术交流，以更加开放的心态学习、掌握外国学者的研究方法，让辛亥革命史研究进一步走向世界。

最后，史家要关注现实。历史学虽然有其自己的独立品格，但是，历史是连续的，现在是由过去发展而来的，现实离不开历史，历史学也离不开现实，历史学家应关注现实。现实中不断地出现一些新问题。历史学家研究的对象是历史事件、历史人物、历史运动、历史上的社会现象，这是这门学科本身所规定的。但是历史学家也要解放思想，要借助今天科技发展的水平，要借助一切最新的科技手段和研究方法。比如，在辛亥革命历史研究上，建立有关辛亥革命历史资料权威的数据库，使这种数据库光盘化、网络化，有方便的检索功能，彻底改变历史学家传统的研究手段，大大提高研究工作的质量和水平。

值此纪念辛亥革命90周年之际，应该继续重视辛亥革命史的研究。无论是辛亥革命的历史作用还是现实意义，以及一切与辛亥革命相关的课题，都是需要学术界进一步用心加以研究的。在历史学研究领域里，应该出更多的精品力作。我们期待着学术界，为繁荣和发展历史学做出新的贡献。

注释：

[1] 陆丹林：《研究中国革命史的我见》，《革命史谭》，重庆，独立出版社1945年8月初版，第162页。

[2] 冯自由（1882—1958），广东南海人。原名懋龙，字健华，生于日本横滨。1895年在日本加入兴中会后参与创办《开智录》半月刊，鼓吹革命。1905年参加同盟会成立会，被推为评议员。南京临时政府成立后，任总统政府机要秘书。1924年国民党改组带头反对与共产党合作，被开除出党。1935年恢复党籍，1951年由香港去台，任国策顾问。著有《革命逸史》、《中华民国开国前革命史》等。

[3] 邹鲁（1885—1954），广东大埔人，字海滨，曾留学日本。1905年加入中国同盟会。1914年加入中华革命党。1925年孙中山逝世后组成西山会议派。1927年以后与蒋介石合作，不久又与汪精卫、胡汉民等联合反蒋。1933年任广州中山大学校长。抗日战争时期，先后任国民党政府国防最高委员会常委、国民党政府委员、国民党中央委员和中央常委。1949年到台湾。著有《中国国民党党史稿》。

［4］黎澍（1912—1988）中国历史学家，湖南醴陵人，1912年2月7日生。曾就读于北平大学法商学院商学系。1936年加入中国共产党。著有《辛亥革命前后的中国政治》、《马克思主义与中国革命》（文集）等。

［5］《列宁选集》第2卷，人民出版社1995年版，第375页。

［6］《马克思恩格斯选集》第1卷，人民出版社1995年版，第691页。

［7］《毛泽东选集》第2卷，人民出版社1991年版，第542页。

［8］《毛泽东选集》第2卷，人民出版社1991年版，第563页。

［9］《孙中山全集》第1卷，中华书局1981年版，第297页。

［10］《马克思恩格斯选集》第1卷，人民出版社1995年版，第585页。

［11］司马迁：《史记·太史公自序》。

［12］《列宁全集》第2卷，人民出版社1959年版，第150页。

［13］《马克思恩格斯选集》第1卷，人民出版社1995年版，第560页。

纪念胡绳同志

——在纪念胡绳同志逝世一周年
学术座谈会上的讲话

（2001 年 11 月 5 日）

今天，我们聚集在这里，深切缅怀我们的老院长胡绳同志逝世一周年。胡绳同志是著名的马克思主义理论家，杰出的哲学家、历史学家，是在国内外产生广泛影响、深受学术界敬仰的大学者。

胡绳同志从 1985 年至 1998 年担任中国社会科学院院长，长达 12 年，为中国社会科学事业和我院的发展做出了卓越贡献，给我们留下了宝贵的精神遗产。

第一，始终忠诚于党的社会科学事业，高度重视社会科学的地位和作用，强调社会科学要为社会主义现代化建设服务。

胡绳同志是一个学者，而他首先是一个爱国者，是对党和人民的事业无限忠诚并为之奋斗终生的战士。他热爱并毕生献身于社会科学事业。他高度重视社会科学的地位和作用。在他看来，重视社会科学，是一个民族文明进步的标志，是一个政党走向成熟的标志，是一个国家兴旺发达的标志。不重视社会科学，要实现决策的科学化、民主化，要走一条正确的民族振兴道路，要实现社会主义现代化，是不可能的。十一届三中全会以前，我国在社会主义建设问题上的一些重大失误，都和我们在社会科学研究方面产生的曲折有关。这些重大失误"固然与自然科学、技术科学落后有关，但更重要的是没有重视社会科学研究"[1]。

第二，强调社会科学要以研究重大现实问题为主攻方向，同时，也不能忽视基础理论研究。

他指出，社会科学研究的首要任务，就是从我国社会主义物质文明建设和精神文明建设的实践出发，抓住实践中最紧迫的和最具有战略意义的问题，调查研究，总结经验，深化认识，探索规律，努力从理论上做出有科学根据的回答，并努力为党和国家的有关重大决策提供切合实际的思路和建议。

同时，他也认为，必须重视基础性研究、理论研究、历史研究，以及各种学术专业领域的研究。他强调，不进行高水平的系统的基础理论研究和历史研究，就无法保证和提高现实问题研究、对策性研究的质量。

第三，强调坚持马克思主义与发展马克思主义的有机统一，以马克思主义为指导与切实贯彻"双百"方针的有机统一。

胡绳同志是一个坚定的马克思主义者。他反复强调，以马克思主义为指导，是我国社会科学事业健康发展的最根本的思想保证。在这一点上不能有任何动摇，一切怀疑和否定马克思主义的思想和做法都是错误的、有害的。

他同时又强调："我们要坚持马克思主义，就必须发展马克思主义。"[2]因为马克思主义是不断发展的理论，而不是封闭的僵化的教条。"马克思主义的这种特性，决定了它可能而且必然要求理论随着实际生活的发展而不断地发展。"[3]如果无视历史的发展变化，教条主义地对待马克思主义，那绝不是真正的坚持，而只会损害马克思主义的威信。马克思主义具有与时俱进的理论品格，只有发展才是真正的坚持，而坚持就必须随着时代的发展而不断地发展理论。

胡绳同志认为，以马克思主义为指导，与贯彻"双百"方针并不矛盾，二者应该而且能够达到统一。他指出，马克思主义是主张学术自由的。在学术问题上应鼓励大胆探索和平等讨论。对于任何学术见解，允许批评，也允许反批评。他特别强调，马克思主义者要正确对待那些有成就的非马克思主义者，对于这样的学者应当团结，对于他们的科研成果应当尊重和借鉴。这个态度，表明了一个马克思主义者对待一切人类文明所应采取的正确态度。

第四，坚持围绕提高素质的战略目标，狠抓学术带头人建设，积极推进学科调整，认真组织实施精品战略。

胡绳同志特别强调学术质量、人员素质的重要性，提出了加强学术带头人和所局级管理干部两支队伍建设的构想。他积极推动学科调整，制定了根据需要与可能，"有所加强、有所保持、有所合并、有所舍弃，以突出重点"的学科调整方针。他倡议并指导实施了"精品战略"。

第五，强调弘扬马克思主义优良学风和文风。

他反复呼吁，必须进一步克服教条主义、主观主义的习气；倡导运用马克思主义的立场、观点、方法，来深刻地研究、分析历史和现状的优良学风；倡导生动活泼、新鲜有力的文风，并身体力行。他的文章和著作，文风朴实，逻辑缜密，见解独到，辞章考究，著名文论家钱锺书先生曾以"有理不在高声"加以赞许。胡绳同志的道德文章，永远是我们学习的榜样。

历史是不能割断的。"饮水不忘挖井人。"[4]中国社会科学院发展到今天，我们不能忘记曾经领导过社会科学事业和社会科学院的前辈们。我们是历史唯物主义者，而不是历史虚无主义者。在纪念胡绳同志逝世一周年之际，缅怀他的业绩，我们同样不会忘记为我院建立和发展做出卓越贡献的其他三位老院长：郭老（沫若）、胡乔木同志和健在的马洪同志。

郭沫若同志，是我国现代杰出的文学家，著名的历史学家、古文字学家，是我国马克思主义史学的奠基人之一，是学贯中西、百科全书式的学术大家。他是首任中国科学院院长兼哲学社会科学学部的主任，为新中国社会科学事业的发展和我院的发展做了奠基性的工作。

他坚定地贯彻党对社会科学的领导，坚定地以马克思主义为指导，模范地执行党的方针、政策，成为我国学术界公认的、享有很高威望的科学事业的领导者和组织者。

在他担任哲学社会科学学部（即中国社会科学院的前身）主任期间，先后领导创建了哲学、历史、经济、考古、文学、法学等14个研究所，并从全国范围内选调了一大批著名学者到学部各所工作，从而奠定了新中国社会科学和我院发展的基础。

他亲自主持重大科研项目，如编撰《中国史稿》（通史）、《甲骨文合集》等，推出了一批学科奠基之作，培养了一批学术骨干，其中不少人后来成为我们史学界、考古学界的学术带头人。

他领导创办了一批知名刊物，如《历史研究》、《哲学研究》、《考古》、《经济研究》、《法学研究》、《文学评论》等。这些刊物，现已成为我院的重要品牌和资源，在国内外有着广泛的影响。

胡乔木同志，是杰出的马克思主义理论家，党在宣传思想战线和哲学社会科学事业中的卓越领导人。1977年，他根据邓小平同志指示，负责组建中国社会科学院并担任院长，从而开创了我国社会科学事业和我院发展的新的历史阶段。

他在邓小平同志领导下，以年迈、多病之躯，组织领导了社会科学界的拨乱反正，提出要把中国社会科学院建成党中央和国务院的"参谋和助手"，从而明确了办院的基本思路。

他领导了社会科学的战略转移，即从服务于阶级斗争为主转向以科研为中心，并撰文说明，这是与党的工作重心转移完全一致的。他以极大的勇气和惊人的毅力，平息"文革"中形成并膨胀起来的派性斗争，增进了学术界的团结。

他重视规划的作用，多次组织召开各学科规划座谈会，并推动召开了全国社会科学规划座谈会，进而形成了中央48号文件。这一文件对新时期我国社会科学发展产生了重大的指导作用。

他领导恢复重建了一批学科和研究所，并新建了一批改革开放、现代化建设及社会科学事业发展急需的学科和研究所。前者如社会学、政治学等，后者如马列所、工经所、农发所、财贸所、数技经所等。我院现有学科格局，基本上是在乔木同志任院长期间形成的。

他爱惜人才，重视人才。他运用自己的影响，妥善安置了一大批受到不公正待遇的老专家，使他们重新焕发了学术青春。他特别重视中青年人才的培养，领导创办了我院研究生院。

他重视信息资料的收集与整理。强调我们的学者要有世界眼光，要紧密跟踪世界学术动态，要能够与国外学者对话、交流，院里应该为此创造必要的条件。

马洪同志，是著名的经济学家，中国社会科学院工业经济研究所的创建者。1982—1985 年担任中国社会科学院院长，为我院的发展做出了重要贡献。

他特别强调社会科学研究要面向经济建设主战场，要为领导机关决策服务，并领导、组织学者参加了一系列国家重大项目，如上海发展规划、深圳发展规划、山西能源基地建设规划的制定等。

他较早组织领导制定了中国社会科学院的科研体制改革方案。改革方案提出，搞科研重要的是选好课题。社会科学研究成果的学术价值，应看其社会效果，不管它是什么形式、什么体裁，要不拘一格，既要重视大部头著作，也要重视研究报告。

他积极推动社会科学与自然科学联盟，呼吁社会科学工作者学习自然科学知识，在某些重大现实问题上协同攻关，并推动了两院的交流与合作。他提出的加强自然科学与社会科学结合的建议，受到党中央的重视。

马洪同志还健在，我们向他表示由衷的敬意，并祝他健康长寿。

我们已经胜利地跨入 21 世纪。我国人民，正在中国共产党的领导下，沿着建设有中国特色社会主义道路，满怀信心地走向富强、民主、文明。中国的社会科学事业，中国社会科学院，也进入了一个新的历史发展阶段。

面对新世纪、新形势、新挑战、新任务，江总书记号召我们，要继续坚定不移地坚持解放思想、实事求是的思想路线，与时俱进，不断推动理论创新，不断推动马克思主义的中国化，进一步丰富和发展马克思主义。

我们一定要响应江总书记的号召，与时俱进，大胆探索，开拓创新，自觉地把我们的思想认识，从那些不合时宜的观念、做法和体制的束缚中解放出来，从对马克思主义错误的和教条式的理解中解放出来，从主观主义、形而上学的桎梏中解放出来，以理论创新的实绩，为马克思主义的发展做出应有的贡献。

我们一定要深入研究、回答和解决21世纪中国社会发展所面临的重大时代课题，力争创造出无愧于时代的理论成果。今天的中国，已经不是在孤立、封闭的条件下，而是在中国与世界的相互作用下，解决自身的发展问题。在世界资本主义的包围之中，处于霸权主义的威胁之下，如何抓住机遇，加快发展？如何科学地认识和处理与整个资本主义世界的关系？这些都没有既成的答案、经验和模式可以照搬照抄。像这类关系党、国家和民族生死存亡的重大问题，中国学者不研究，谁研究？答案从哪里来？中国人不回答，谁回答？历史的结论早就告诉我们，中国只能走一条符合自己实际的发展道路，没有别的道路可走。不能搞以"三权分立"为特征的西方议会制，不能搞"轮流坐庄"式的"两党制"或"多党制"，不能搞否定党的领导的所谓"新闻自由"。总之，任何照搬照抄别国经验、别国模式的做法，都是行不通的。

我们一定要坚持马列主义、毛泽东思想和邓小平理论为指导，反对指导思想的多元化。同时，又要切实贯彻"双百"方针，充分发扬学术民主，活跃学术氛围，提倡平等讨论和争鸣。我们多次强调，"思想有自由、学术无禁区、宣传有纪律、行为要守法"。争鸣不是检验真理的标准，但却是到达真理性认识的重要方法。

我们一定要以"出成果、出人才、出传世之作、出大家"为目标，切实贯彻院党组和院务会议提出的新世纪社科院"三五一"发展战略，努力把我院办成国际著名的学府、科学殿堂。检验我院各项工作好坏、成败的根本标准，就是"出成果、出人才"。要大力培养人才，尽一切可能为优秀人才脱颖而出创造条件。要贯彻江总书记"八七"讲话精神，努力造就一大批用马克思主义武装起来、立足中国、面向世界、学贯中西的思想家和理论家，造就一大批理论功底扎实、勇于开拓创新的学科带头人，造就一大批年富力强、政治和业务素质良好、锐意进取的青年理论骨干。

我们一定要弘扬马克思主义的优良学风和文风，着力研究解决中国的实际问题。要努力克服教条主义、本本主义，既要克服"东教条"，也要克服"西教条"。要创建有中国特色的理论体系、概念范畴体系和话语体系，努力形成中国风格、中国气派的哲学社会科学。那种急功近利、照抄照搬的不良习气，是不能创造理论成果的。我们的文风应该是新鲜活泼、生动有力的。学者要有自己的语言和风格。理论、学术和科学从来都是社会文化的精髓，都是引导社会风气的清风细雨。画家最难的是形成自己的风格，学者最苦的是找不到自己的语言。任何重大的理论要有自己独到的概念和话语。我曾经说过，"艺在别中，论在新中"，意思是说，艺术贵在立异，理论贵在创新。没有区别、特色，艺术就会死亡；没有创新，理论就没有价值。

让我们在以江泽民同志为核心的党中央领导下，高举邓小平理论伟大旗帜，以"三个代表"重要思想为指导，认真、深入地研究时代的重大课题，为新世纪我国哲学社会科学事业的发展做出更大的贡献。这也是对郭沫若同志、胡乔木同志、胡绳同志的最好纪念。

注释：

[1]《胡绳全书》第3卷，人民出版社1998年第1版，第467页。

[2]《胡绳全书》第3卷，人民出版社1998年第1版，第442页。

[3]《胡绳全书》第3卷，人民出版社1998年第1版，第244页。

[4]"饮水不忘挖井人"语出（北周）庾信著《徵调曲》："落其实者思其树，饮其流者怀其源。"

学风与文风[*]

（2001 年 11 月 20 日）

　　59 年前，在中国革命和中国共产党处于重大转折的历史关头，我们党卓有成效地开展了整风运动，即反对主观主义以整顿学风、反对宗派主义以整顿党风、反对党八股以整顿文风。延安整风，极大地提高了全党的马克思主义思想理论水平，使党在思想、组织上达到了空前的团结。

　　今天，时代发生了深刻变化。新事物目不暇接，新问题层出不穷，新任务异常艰巨。我们党再一次面对重大转折的历史考验。江泽民同志的"七一"讲话，就是中国共产党人迈向新世纪的理论宣言和行动纲领，是面向全党的马克思主义再学习、再教育。最近，党的十五届六中全会通过了《中共中央关于加强和改进党的作风建设的决定》，必将把这一再学习、再教育运动进一步推向前进，从而大大提高党的领导水平，增强党的执政能力。党风涉及党的事业、政治、生活的方方面面。本文着重就思想理论界、学术界的学风文风问题谈几点看法。

---

　　* 此文初刊于《中国社会科学院要报》2001 年 11 月 20 日，后公开发表于《求是》2002 年第 1 期。

一　党风、学风与文风

党风是党的生命。党风关系党的形象，关系人心向背，是党区别于其他一切政党的重要标志。陈云同志说过，执政党的党风，是关系党的生死存亡的大问题[1]。经过80年艰苦卓绝的奋斗，我们党已经由一个数十人组成的秘密组织，成为拥有6000多万党员的大党；由一个以夺取政权为目标的革命党，成为领导12亿中国人民，为建设富强、民主、文明的社会主义现代化国家而奋斗的执政党。历史选择了我们党，人民寄厚望于我们党，时代赋予我们党以重大责任。党风建设，不可避免地成为摆在全党面前的战略任务。

学风是党风的灵魂。党风好坏，学风是关键。党风表现在党的生活的各个方面，表现为党的思想、领导、工作、生活作风，也表现为学风和文风，核心是学风。学风反映了党的思想、理论的素质和水平，是一个政党及一个人的世界观、历史观、价值观的集中体现。马克思主义的理论联系实际的优良学风，反映在思想认识上必然地要求解放思想、实事求是；反映在党的工作实际中必然是一切相信群众，一切依靠群众，一切为了最广大人民群众的根本利益；反映在文风中，就是要具有为人民大众喜闻乐见的生动活泼的语言风格。与此相反，主观主义的学风，反映在思想认识上，必然是教条主义和经验主义，是思想僵化；反映在实际工作中，必然是脱离群众的官僚主义；反映在文风中，必然是空洞无物的八股。

重视学风是一个政党走向成熟的重要标志。1942年的延安整风，1978年的"真理标准"大讨论和十一届三中全会，其伟大意义绝不仅仅在于从政治上清算"左"倾路线（比较而言，这相对容易些），更重要的在于思想理论上的拨乱反正。苏联解体，表面上看，是苏共政治上的失败，但深层原因却是其思想理论上的长期僵化，无力应对时代的深刻变化，逐渐丧失民心，丧失了执政能力。历史经验表明，一个政党，思想理论上僵化，跟不上时代前进的步伐，必然在政治上遭到破产。

学风问题的实质，是用马克思主义的态度对待马克思主义。马克思主义是实践的科学、发展的理论，而不是一成不变的僵死的教条。用马克思主义的态度对待马克思主义，其基本点是：一要用实践的观点来对待马克思主义。就是要面向实际，解决中国的实际问题。不解决实际问题的马克思主义，不是中国化的马克思主义，不是中国人民所需要的马克思主义，而是抽象的空洞的马克思主义。二要用发展的观点来对待马克思主义。就是要与时俱进，勇于探索，不断推动马克思主义的理论创新。归结到一点，就是解放思想，实事求是，把马克思主义基本原理同中国实际相结合。

中国共产党人在 80 年间，成功地实现了这种结合，形成了中国化的马克思主义：毛泽东思想和邓小平理论。这是我们能够取得巨大成就并不断走向新胜利的最可靠的思想保证。"实事求是"、"三个有利于"、"三个代表"，尽管就其思想渊源来说，都可在马克思主义经典作家那里找到根据，但由于注入了中国共产党和中国人民的实践经验与理论创新，具有鲜明的中国气派和时代品格，因而是中国共产党人对马克思主义的创造性运用和发展。

文风是学风的集中体现。古人云："文如其人"，今人（李大钊）谓："铁肩担道义，妙手著文章"[2]，说的都是作文与做人的一致性。其实，这个道理，更进一步地说，应该是"文如其学"。文风是学风的表现形式。如果说学风是理论的灵魂，文风则是其血肉，有灵有肉才是好理论；如果说学风是思想的根，文风则是其叶，有根有叶，思想之树才能茂盛长青；如果说学风是学说的质，文风则是其言，有质有言才是好学说。

文风是理论掌握群众的重要方式。理论不是花瓶，不是摆设。理论的作用终究是要指导实践，特别是千百万人民群众的实践。理论只有掌握群众，才能变成指导社会变革和发展的巨大的物质力量，才能实现其价值。从历史上看，任何僵化的理论，总是以漠视群众开始，而以被群众抛弃为结束的。

理论怎样掌握群众？第一，理论必须彻底。所谓彻底，就是抓住事物的根本，就是"透过现象看本质"。第二，理论必须反映群众的利益、愿望和要求，反映群众的喜怒哀乐。第三，理论必须具有为群众所喜闻乐见的生动活泼的表现形式。有谁说深刻的思想只有通过艰涩的语言才能表述？任何鲜活的深刻的思想，总是通过明白畅达的文字来传播的。邓小平说，马克思主义打不倒不是因为它大本子多，而是因为它是真理，是很实在的道理。真理总是朴实的。

文风是时代风气的缩影。我国魏晋的奢华，宋代的缠绵，晚清的沉闷，西方文艺复兴时期的自然、张狂，第二次世界大战后的颓废，都是那个时代风气的反映。

二　创新理论，必须端正学风和文风

创新理论，是当代马克思主义者的庄严历史责任。目前，我国已进入全面建设小康社会，加快推进社会主义现代化建设的新的发展阶段。今天的中国已经不是在孤立、封闭的条件下，而是在中国与世界的相互作用中来解决自身的发展问题。在世界资本主义的包围之中，处于霸权主义的威胁之下，如何科学地认识和处理与资本主义世界的关系？我们没有既成的经验、模式可以照抄照搬，这就要求全党同志必须高度重视理论学习，提高理论思维能力和水平，要求我们以极大的政治勇气和理论勇气，不断推动理论创新。深化对"三大规律"的认识，需要理论创新；解决党的建设"两大历史性课题"，需要理论创新；实现中华民族的伟大复兴，同样需要理论创新。

理论创新不是凭空杜撰，不是胡思乱想，不是"空中楼阁"。理论创新就是对客观规律的新揭示，对实践经验的新概括，对真理的新认识，对新事物、新问题的科学思考，就是在改造世界的同时加深认识世界的过程。

创新理论，必须改革学风与文风。学风文风之所以要改革，是因为当前在理论界、学术界，确有一些不良学风文风，妨碍着哲学社会科学的进一步繁荣和发展，妨碍着理论创新事业的健康发展。诸如有的开口"马列"，言必"外国"。仿佛一经引用马列词句或外国学者的言论，其立论马上就能变得坚实起来。其实这恰恰反映了理论思维的不丰厚、不扎实。"东教条"不灵，"西教条"也不灵。一切教条，一切照抄照搬，都不是科学，都是不可能成功的。再如，有的无的放矢，言之无物；有的隔靴搔痒，无病呻吟；有的盛气凌人，"帽子工厂"；有的晦涩玄奥，故作艰深；有的千篇一律，剽窃抄袭；有的陈词滥调，文字干瘪；等等。

存在于理论界、学术界的上述种种不良学风文风，本质上都是违背解放思想、实事求是的思想路线，违背理论联系实际的马克思主义学风的，都是教条主义学风和文风的表现，都是大不利于理论创新、大不利于党和人民事业前进的，都是必须逐步加以克服的。

我们必须将学风文风问题提到党风的高度来认识和解决。

端正学风文风，必须实现思想认识的"三个解放"。即自觉地把我们的思想认识，从那些不合时宜的观念、做法和体制的束缚中解放出来，从对马克思主义错误的和教条式的理解中解放出来，从主观主义、形而上学的桎梏中解放出来。

端正学风文风，必须着力研究解决重大时代课题。正确地提出问题，从来都是正确地解决问题进而推动理论创新、学术发展的首要环节。只有善于把握那些全局性、前瞻性、战略性的重大时代课题，才能从根本上克服理论脱离实际、无的放矢、言之无物的不良风气。问题是什么？问题就是事物的矛盾，"问题就是时代的声音"[3]（马克思语）。目前中国社科院已确立了100余项重大课题，力争在今后若干年内推出一批重大科研成果。

所谓重大课题，主要是对一个时代、民族、国家的发展而言的。对于这类问题的思考，能够导引实践前进、理论发展，进而成为人类由必然王国走向自由王国的一个环节。这就要求问题的提出者有宽阔的眼界、敏锐的感觉和深邃的思考。当然，大而无当不足法，小中见大也能巧夺天工。在提问题方面，大而不空洞，专而不琐碎，深刻而不浮躁，新锐而不数典忘祖，那是再好不过了。

江总书记非常重视理论研究，给社科院出了很多重大题目。希望党和国家各部门都能给社科院出题目。

端正学风文风，必须创建有中国特色的理论、范畴、话语体系。概念、范畴、话语，是人类思维之网上的纽结。时代在发展，社会在前进，社会生活日益复杂多变，因此，旧的概念、范畴、话语逐渐被新的概念、范畴、话语所取代，是人类思维发展的必然，也是理论前进的重要标志。"三个代表"，就是新的范畴体系。

为了推动理论创新、学术发展，有必要学习借鉴外国优秀文化成果，但切忌简单照抄照搬外国的理论、概念、范畴、话语体系。因为它们归根到底反映了别国、别人的社会存在、利益和愿望。学习的目的是"为我所用"，而不是充当"留声机"。要努力适应时代发展的要求，创建有中国特色的理论、范畴、话语体系。

端正学风文风，必须确立"精品意识"。随着传播手段的发达，一个人要发表自己的思想、学术成果已经不那么困难了。相应地，提高学术质量、增强思想的原创性就显得格外重要。以中国社科院为例，每年出版84种期刊，发表450余部著作，论文（含研究报告）4000余篇。这个数量不算少，但质量如何呢？实在说，不能令人满意。与江总书记"八七"讲话中对社会科学界的要求相比，更是有很大差距。这种状况，必须从根本上加以改变。

端正学风文风，必须有生动活泼的语言。古人讲，写文章，语言要"有开有合"，摇曳多姿，横看成岭侧成峰，有山峦，有叠嶂，有瀑布，有溪流，切忌一马平川，一览无余。新的时代不仅催生新的思想、理论，而且在创造新的语言。这就要求我们的理论家、学者与时俱进，光大传统，博采众长，打好语言基本功。一是要向群众学习语言。进入小康社会的我国人民，创造了大量新鲜经验和新鲜活泼的语言，大大丰富了我国的语言文化资源。目前，对于这项资源，确有深入挖掘的必要。二是要向我国古代的文化传统学习。

古人讲，"惜字如金"，这是学者必备的素质。现在不少青年学者在这方面的修养不高，写文章，做演说，新话不多，废话不少。古人在遣词造句等方面有很丰富的遗产，对此，我们要进一步加以整理、吸收。三是要向外国语言学习。经济全球化背景下，各民族的文化交流日益广泛而紧密。20 年前，即使在学术界，又有多少人知道"世贸组织"是何物呢？而今，普通百姓都耳熟能详了。

我们相信，在以江泽民同志为核心的党中央领导下，在人民群众无比丰富而深刻的实践推动下，我们的理论创新事业一定会蓬蓬勃勃地发展起来，并结出绚丽的花朵和丰硕的果实。

注释：

[1]《陈云文选（1956—1985）》，人民出版社 1986 年版，第 245 页。

[2] 李大钊遗墨条幅。

[3] 参见《马克思恩格斯全集》第 1 卷，人民出版社 1995 年版，第 203 页。

关于社会科学的几个问题[*]

——在国防大学的演讲

（2001 年 12 月 10 日）

　　江泽民同志的"七一"讲话，科学地总结了我们党 80 年的历史经验，号召全党要在实践中不断丰富和发展马克思主义。江泽民同志在北戴河的"八七"讲话，全面阐述了哲学社会科学的地位和作用，为新世纪我国哲学社会科学的发展指明了方向。今天，我结合学习"七一"和"八七"讲话精神，就哲学社会科学的繁荣和发展，特别是马克思主义的创新与发展问题，谈几点看法。

一　哲学社会科学的地位和作用

　　哲学社会科学是研究人和社会的形成、存在及其运动、发展、变化的人类知识体系，它揭示着人和社会的形成机制和发展道路，是揭示客观规律、探索真理的科学，是分析人类社会发展过程中遇到的各种问题，提供解决的知识、理论和方法，成为人类认识自身、改造社会的理论工具。哲学社会科学知识的普及，对于帮助人们形成正确的世界观、人生观和价值观，提高国民的文化素质和精神境

＊　这是李铁映同志在国防大学的演讲。

界，具有重要意义。哲学社会科学的研究能力和成果，也是综合国力的重要组成部分。从这个意义上讲，哲学社会科学的创新与发展能力如何，直接关系到一个国家、民族的盛衰兴亡。

具体来说，哲学社会科学的地位和作用，主要表现在以下几个方面：

（一）哲学社会科学是实现社会变革、创建制度文明的理论先导

社会的进步，表现为在生产力的推动下生产关系和上层建筑的更迭，即社会制度的变革。在人类社会的历史发展进程中，当生产力发展到新的水平，生产关系和上层建筑成为生产力发展的障碍时，社会制度的变革就显得格外重要和迫切。而社会制度的变革，在很大程度上取决于哲学社会科学对一定社会的认识水平。因此，哲学社会科学的理论发展，是制度变革和体制创新的重要前提。

纵观古今中外，这样的例证，俯身可拾。如14—16世纪的文艺复兴运动，17—18世纪的资产阶级启蒙运动，都体现了当时社会制度变革的要求，为行将到来的资产阶级革命作了舆论和理论上的准备。倘若没有文艺复兴和启蒙运动，也就不可能有近代的西方资本主义文明。在当代中国，如果没有"实践是检验真理的唯一标准"大讨论，就不可能重新确立解放思想、实事求是的思想路线，也不可能有改革开放的全面启动和深入展开。

（二）哲学社会科学是解放和发展生产力、创建物质文明的巨大动力

从社会运行机制来看，生产力的发展，不仅同生产关系、社会基本制度的变革有关，而且同劳动过程的科学组织和管理制度的创新密不可分。马克思说过，社会生产力既包括科学的力量，又包括生产过程中社会力量的结合。生产过程中的社会结合，也即劳动过程的科学组织和管理制度，正是社会科学研究的重要对象。社会科

学中有关这方面研究的理论创新和突破，必然极大地影响和改变生产过程，从而推动社会生产力的发展。例如，随着当代经济学的发展，现代企业制度不断完善，这使企业生产中人与物、人与人之间的结合方式更加科学化、合理化，从而成为促进生产发展的巨大动力。

我国已经加入世界贸易组织，将更深更广地参与经济全球化进程。在世界范围内实现资源的优化配置，对于解放和发展生产力十分有利。但中国是一个社会主义国家、发展中国家，加入，意味着我们将与发达资本主义国家进行面对面的竞争与合作。我国的经济安全，特别是金融安全，将面临前所未有的挑战。如何抓住机遇，化解风险，把危险降到最低程度，确保我国经济持续、快速、健康发展，哲学社会科学将发挥越来越重要的作用。

（三）哲学社会科学是创建精神文明、实现人的全面发展的强大支柱

哲学社会科学在"以科学的理论武装人，以正确的舆论引导人，以高尚的精神塑造人，以优秀的作品鼓舞人"[1]，大力提高中华民族的思想道德和科学文化素质等方面，起着极为重要的作用。例如，哲学，可以帮助人们形成世界观、认识论、方法论、价值观，提高人们观察、认识世界和改造世界的能力；经济学，以其对经济运行规律的探索和理性把握，指导人们更好地从事经济活动，更有效地推动社会经济的发展；政治学和法学，通过揭示政治、法律与现实生活的本质联系，帮助人们对社会秩序实施有效的调控和管理；文学和美学，促进人们提高审美意识和审美情趣，以陶冶人的情操，净化人的心灵；史学，帮助人们总结历史经验，揭示历史规律，汲取历史智慧，批判地继承传统文化遗产，促进民族文化的传承、弘扬和发展；如此，等等。

恩格斯说得好，一个民族要想登上科学的最高峰，就一刻也离不开理论思维。[2]缺乏理论思维，缺乏创新的理论思维，科学的发展

就难免走弯路。当今世界，一方面，科技迅猛发展；另一方面，人类又普遍面临着生态失衡、环境污染等全球性危机。解决这些危机，就要求自然科学与哲学社会科学进行多学科的综合研究，单靠自然科学或单靠哲学社会科学，都是无法胜任的。随着经济的迅速发展、社会的全面进步和人类自身的不断完善，哲学社会科学的地位、作用也愈益突出。在 21 世纪科学制高点的争夺中，哲学社会科学将是最重要的领域之一。

江泽民同志在"八七"讲话中明确指出："加强哲学社会科学研究，对党和人民事业的发展极为重要。""在认识和改造世界的过程中，哲学社会科学与自然科学同样重要；培养高水平的哲学社会科学家，与培养高水平的自然科学家同样重要；提高全民族的哲学社会科学素质，与提高全民族的自然科学素质同样重要；任用好哲学社会科学人才并充分发挥他们的作用，与任用好自然科学人才并发挥他们的作用同样重要。"[3]贯彻"八七"讲话精神，我们必须像重视自然科学那样重视哲学社会科学。

二 哲学社会科学的基本特点

哲学社会科学与自然科学都是科学，但是，它与自然科学又有所区别。它有自己的研究对象，有独特的研究方法。因此，它有自己基本的特点：

——实践性。人类的全部社会生活在本质上是实践的。哲学社会科学的各种理论，都来源于实践，服务于实践，并通过实践来检验其真理性和价值。社会生活的实践性决定了哲学社会科学的实践性。

"理论是灰色的，而生活之树是常青的。"[4]只有植根于社会实践的理论，才能长盛不衰。哲学社会科学的各种理论，只有通过认识和解决社会实践所提出的重大问题，才能体现自身的理论价值和现实意义；也只有通过实践，才能检验其科学性。实践、认识、再实践、再认识，此种形式循环往复，这既是人类认识的一般规律，也是社会科学发展的一般规律。实践和认识的每一轮循环，都使认识、使哲学社会科学理论进到更高一级的程度。

——历史性。人们的实践活动随着时间的流逝而成为历史。人类历史的不断延续和发展，决定了人类对社会矛盾和发展规律的认识，也是不断发展的。社会科学研究的对象、素材是历史性的；社会科学是从历史事件、历史资料、历史经验中提炼理论的。正如马克思所说，一切社会科学都可以看做历史科学。[5]

辩证法包含历史性。我们对任何一个社会问题，都应该放到一定的历史范围内，进行具体的、历史的分析。列宁说得好：马克思主义的全部精神，它的整个体系，要求人们对每一个原理都要"历史地"、"同具体的历史经验联系起来加以考察"。[6]例如，要科学地研究国家问题，就应当将特定的国家历史地放到它所处的社会结构中去，从它与相应的经济基础的关系、从它与这个社会结构的历史背景的关系中进行分析，才能科学地揭示其本质，预测其发展趋势。

——民族性。人类社会是由各个民族构成的，人类文明是各个民族共同创造的。虽然世界各国都要走向文明、走向现代化，但每个国家走向文明、走向现代化的道路是不同的，方式是多样的。世界历史本身就是由多样性的民族史构成的。由于各民族的文化传统不同、思维方式和价值观念不同、民族心理不同、风俗习惯不同、话语体系不同，因而不同民族都有不同的特点。这种客观存在的民族性，也就决定了哲学社会科学的民族性。

作为一定民族精神的集中体现，各国的哲学社会科学都植根于本民族的文化传统中，具有民族的形式，反映一定国家和民族的特点。吸收外国的文明成果，也必须与本民族的实际相结合。越是民族的，越是世界的。民族性是世界性的组成部分，世界性是民族性综合的产物。正因为哲学社会科学的民族性特点，世界文化才呈现出绚丽多彩的景象。

——阶级性。一般说来，自然科学是没有阶级性的，而哲学社会科学具有明显的阶级性。这是哲学社会科学区别于自然科学的一个显著特点。所谓哲学社会科学的阶级性，其实质是理论学说反映谁的利益，为谁服务的问题。不同的阶级有不同的思想意识、价值观念和理论体系，它们都为实现本阶级的利益服务。我们搞理论研究的同志，始终要注意两个问题：一个，"是什么"；另一个，"为什么"。对西方学者和政治家提出的概念、观点和理论，我们首先要搞清楚它们说的是什么、为什么这样说。马克思主义不隐瞒自己的阶级性，公开申明自己的理论，是为无产阶级和广大劳动人民的根本利益服务的。而西方资产阶级的理论则掩盖它们的阶级性，宣扬所谓普遍的、超阶级的民主、自由、平等、人权，而其实质则是为资产阶级的统治和利益服务。

当然，我们讲哲学社会科学有阶级性，并不否认其科学性。对于我们来说，在理论研究中，必须始终坚持科学性和阶级性的辩证统一。对人类社会发展规律的认识越深刻，就越符合无产阶级和广大劳动人民的利益；越是坚持无产阶级的立场和阶级性，就越能深刻地认识人类社会发展的客观规律，达到真理性认识。

——时代性。哲学社会科学作为一定时代精神的集中反映，总是一定时代的产物，总是那个时代的声音，总要反映那个时代的客观要求，因而总具有那个时代的特征。随着时代的发展，哲学社会科学理论必须与时俱进。

我们强调社会科学要研究时代问题，即现时代的一些重大理论和实践问题，这关系到我们党、国家、民族的前途命运。研究、回答时代性问题，是社会科学的历史责任。时代在发展，没有理论创新不行。今天的中国正处于一个新的历史时代，今天的世界也正处于一个新的历史时代，有大量的问题需要我们去研究、解答。世界是无限的，这种无限性决定了理论探索的无限性，决定了理论是不断发展的。没有发展的理论就是僵死的，就要进入博物馆。没有发展的理论，也没有必要去坚持；所以要坚持，是因为它能不断回答新的问题。坚持就是坚持它的真理性。发展就是研究新情况，解决新问题，总结新经验，开辟新境界。只有发展，理论才有生命力。

三　关于哲学社会科学的发展规律

哲学社会科学有自己的研究对象、研究方法和基本特点，也具有自身的发展规律。

与时俱进、不断创新的规律。一切哲学社会科学的概念和理论，一方面，始终要受到历史的局限和阶级的局限，因而总是具有相对性；另一方面，人们的社会实践是不断发展变化的，新情况、新问题不断出现。所以，哲学社会科学要跟上实践和时代前进的步伐，就必须不断创新和发展。

实现哲学社会科学的创新，就必须紧跟时代发展和社会进步的潮流，研究新情况，解决新问题；发现新材料，应用新方法；总结新经验，提炼新理论，以新思想、新观点，引导人们正确地认识世界，从而使哲学社会科学的理论不断地适应时代的变化和实践的发展。

在多学派争论、争鸣中认识并发展真理的规律。"双百"方针，是党和国家总结历史经验，为繁荣和发展我国科学文化事业而制定的基本方针。这一方针恰恰反映了哲学社会科学的本质特点和发展规律。

科学研究是一种探索性、创造性的活动，而认识真理的途径和方法是多种多样的。任何一门学科中，由于学者们的知识水平和社会阅历不同，研究角度不同，研究方法不同，掌握资料不同，自然会形成不同的学术观点、不同的学术派别。在科学研究中，形成不同的学派，不同的学派之间展开争鸣，是社会科学理论创新和发展的重要环节。

政治与学术，既有区别，又有联系。没有完全脱离政治的学问，但不能因此把学术直接地、简单地等同于政治。学术问题不能一概用政治标准来裁判，也不能用行政手段来解决，而要通过争鸣的办法、用实践检验的办法来解决。没有争论、争鸣，任何学问不仅不能让人心悦诚服，而且得不到发展。我们要积极开展学术争鸣、学术讨论；要建立宽松的学术环境，鼓励争鸣，保护学派。

辩证否定、批判继承的规律。哲学社会科学的发展，在立足于时代变化和实践发展的同时，还必须批判继承本民族的历史文化传统，分析借鉴外来文化。正确对待古今中外的优秀成果，吸取精华，剔除糟粕，"古为今用"、"洋为中用"，是哲学社会科学发展的基本途径之一。

马克思主义对待民族文化传统的方法论原则，是批判与继承相统一。用哲学的语言讲，就是"扬弃"，既有所克服，又有所保留；既有所否定，又有所肯定。不能把批判理解为全盘否定，也不能把继承理解为全盘肯定。我们要尊重自己的历史，而不能割断历史。既不搞颂古非今的复古主义，也不搞数典忘祖的虚无主义。

对于外国的哲学社会科学成果，我们既要大胆"拿来"，又要借鉴批判，辩证分析，消化改造，使之与中国国情相适应，成为中国哲学社会科学的有机组成部分。盲目排外和崇洋媚外都是不可取的。

无论是批判继承民族传统文化，还是分析借鉴外来文化，都是为了推动理论创新，都是为了发展中国。

分化演进、综合发展的规律。世界上的事物既相对独立，又相互联系。人类对世界万物既需要分门别类地进行研究，也需要从宏观上加以把握。一方面，随着社会分工的发展，科学出现分化的趋势，学科之间的划分越来越细；另一方面，社会生活是复杂多变的，任何社会问题的认识和解决，都不是哪一个学科所能完全胜任的，必须靠多学科、跨学科协同攻关，从而科学又出现综合发展的趋势，学科之间的联系越来越密切。

从历史上看，近代科学的分化，产生了完整意义上的社会科学，一大批社会科学的二级、三级学科相继出现，形成了现代社会科学体系。当代科学发展的综合化趋势，则开辟了人们认识世界的新途径、新方法，产生了很多交叉学科、横断学科、边缘学科，从而把社会科学的发展，推向一个崭新的境地。在分化的基础上综合发展，在综合的基础上分化演进，是哲学社会科学发展的重要规律。

领导社会科学，管理社会科学，一定要把握社会科学发展规律，尊重规律，按规律办事。

四　关于马克思主义的创新和发展

马克思主义，是哲学社会科学迄今为止所取得的最高成就。马克思主义的诞生，开创了真正现代意义上的社会科学。它集中反映了哲学社会科学的特点、规律和发展方向。

（一）创新、发展是马克思主义的本质要求

马克思主义，是与时俱进、不断发展的理论，而不是一成不变的僵死的教条。马克思主义的诞生，本身就是一次空前的思想解放，巨大的理论创新。在马克思看来，"科学是一种在历史上起推动作用的、革命的力量"[7]。社会科学的重大变革，其意义不亚于人类历史上的科技革命。

马克思主义，从诞生的那一天起，就把创新、发展，写在了自己的旗帜上。创新、发展，之所以是马克思主义的本质要求，这是由马克思主义的特性决定的。

——实践性。这是马克思主义的最重要特性，是马克思主义区别于其他哲学社会科学理论或学说的根本标志。

马克思主义的实践性表明：第一，实践是认识、思想、理论的源泉。第二，实践是检验真理的唯一标准。第三，实践是理论发展的根本动力。第四，理论的作用和价值，只有在指导实践的过程中才能得以体现。

正因为实践性是马克思主义的根本特性，所以，马克思主义就不是什么书斋里的摆设、博物馆里的古董。马克思主义，必须随着实践的发展而创新、发展，必须在运用并指导实践的过程中不断创

新、发展。

——辩证性。这是马克思主义作为一种立场、方法的灵魂，是马克思主义区别于一切形而上学机械论的重要标志。

马克思主义的辩证特性，其基本点是：

第一，它总是从联系、运动、变化和发展中来观察世界，认识世界，揭示规律，探索真理。它反对一切孤立、静止、片面和僵死的观点。

第二，强调具体问题具体分析，普遍与特殊相结合，一般与个别相结合。马克思主义坚定地认为，"正确的理论必须结合具体情况并根据现有条件加以阐明和发挥"[8]。列宁也说过，具体问题具体分析是马克思主义活的灵魂。

马克思主义的辩证特性，决定了我们没有任何理由，用孤立、静止、片面、僵化的眼光来对待马克思主义。

——科学性。这是马克思主义区别于一切宗教教义的根本标志。

马克思主义的科学性表明，它严格地以事实为依据，反对用固定的原则、结论、公式来裁剪无限丰富、不断变化着的社会生活。

马克思主义的科学性表明，它是方法，而不是教义；是行为的指南，而不是万古不变、到处可以套用的公式和教条。

马克思主义的科学性还表明，它是真理，但不是终极真理；它开创了人们认识真理、达到真理的崭新道路，但并没有结束真理。所谓"终极真理"，本身就是荒谬可笑的话题。

马克思主义既然是科学，就要求我们用科学的态度来对待它。什么是用科学的态度对待马克思主义？毛泽东在1941年9月中央政治局扩大会议上，明确提出："要分清创造性的马克思主义和教条式的马克思主义"；要"宣传创造性的马克思主义"；"对于理论脱离实际的人，提议取消他的'理论家'的资格。只有用马克思主义观点来研究实际问题、能解决实际问题的，才算实际的理论家"[9]。

创造性地研究、解决实际问题，才是对马克思主义的科学态度，才是真正的马克思主义。而教条式的马克思主义，则马列主义的词句不离口，一切从本本出发，就是不解决实际问题。不仅如此，谁要是创造性地研究、解决实际问题，讲了"新"话，仿佛犯了弥天大罪。当年王明就提出，马克思主义"至矣，尽矣，不可以复加矣"（加了就"不纯洁了"）。所谓"为马克思主义的纯洁性而斗争"，"为中共百分之百的布尔什维克化而斗争"，实际上是教条主义的两把剑，用以对待"山沟里的马克思主义"。

历史已经证明，在中国，恰恰是"山沟里的马克思主义"，才真正把中国革命引向了胜利。而"教条式的马克思主义"，几乎断送了党、红军和中国革命。

——开放性。这是马克思主义区别于一切经院哲学、学院派理论的重要标志。

马克思主义，当然有它的体系。但这一体系不是封闭的、僵死的、绝对的，而是开放的、发展的。它为后人不断地丰富、完善、创新和发展它，留下了无比广阔的空间。马克思主义一旦凝固化、绝对化，就会走向它的反面。

马克思主义的开放性表明，它不是少数人才有权或有能力研究的一门学问，不是什么"精英理论"，它本质上是属于千百万人民群众的，属于全人类的。马克思主义不否认杰出人物、领袖人物的历史作用，但历史终究是人民群众创造的。尊重群众的首创精神，善于总结群众的实践经验，让群众掌握理论，在指导群众的实践中创新并发展理论，是马克思主义不断发展的奥妙所在。

马克思主义的开放性还表明，它不是脱离人类文明的发展大道而孤立存在的东西。马克思主义，总是要批判地借鉴、吸收人类文明的优秀成果，来丰富、发展自己。马克思主义的胸襟，是无比开阔的。

马克思主义的开放性，要求我们必须在新的历史条件下，放开眼界，吐故纳新，不断地丰富、完善、发展它。

（二）进一步丰富、发展马克思主义

伟大的事业需要伟大的理论。在 21 世纪，进一步丰富和发展马克思主义，是中国共产党人、马克思主义者的庄严历史责任。

发展马克思主义，是个大题目，涉及诸多领域、各个方面，需要大家共同努力。这里，我讲几点意见。

——要进一步解放思想、实事求是。解放思想、实事求是的思想路线，是党的生命线，是哲学社会科学的生命线，也是马克思主义的生命线。

什么是解放思想？第一，解放思想，就是在马克思主义指导下，打破习惯势力和主观偏见的束缚，研究新情况，解决新问题。第二，解放思想，就是使思想和实际相符合，使主观和客观相符合，就是实事求是。第三，解放思想永无止境，实事求是不是一劳永逸的。邓小平说："今后，在一切工作中要真正坚持实事求是，就必须继续解放思想。认为解放思想已经到头了，甚至过头了，显然是不对的。"[10]

如何从深层次上把握解放思想、实事求是的思想路线呢？

解放思想、实事求是，不仅是思想认识方法，也是价值观。从真理观与价值观统一的角度，坚持解放思想、实事求是，必须把握两个统一：一个，一切从实际出发，与一切从人民的根本利益出发的统一；另一个，科学态度与创新精神的统一。只有代表最广大人民群众的根本利益，才能真正做到解放思想、实事求是。

马克思主义发展150多年的历史，中国共产党80年的历史都表明，一切教条主义、照抄照搬都不可能成功。"东教条"不灵，"西教条"也不灵。"东教条"，就是我们党以往批判过的教条主义，即把马克思主义教条化。"西教条"，就是照抄照搬西方，即西化、自由化的思想。

在新的时代条件下，全党同志进一步解放思想、实事求是，不仅是重大的政治任务，而且是重大的理论任务。这也正是江泽民同志在"七一"讲话、"八七"北戴河讲话，以及在十五届六中全会闭幕式上的讲话等一系列重要讲话中反复强调的思想。我们党要在21世纪永葆先进性，始终做到"三个代表"，永葆生机和活力，就必须自觉地把我们的思想认识，从那些不合时宜的观念、做法和体制的束缚中解放出来，从对马克思主义错误的教条式的理解中解放出来，从主观主义和形而上学的桎梏中解放出来，不断开创马克思主义的新境界。

——要进一步推动马克思主义中国化。马克思主义之所以正确，因为它揭示了历史发展的普遍规律。它在中国之所以正确，因为它是中国化的，是与中国实际相结合的。

根据史料记载，在我国，最早提出马克思主义中国化的是哲学家艾思奇。他在 1938 年 4 月 1 日武汉出版的《自由中国》创刊号上，发表了《哲学的现状和任务》一文，明确提出了"现在需要来一个哲学研究的中国化、现实化运动"[11]。艾思奇这里所说的"哲学"，实际上是指马克思主义哲学。

艾思奇的这一主张，得到了毛泽东同志的赞许。毛泽东还对马克思主义的中国化，作了系统而深入的阐发。他在 1938 年 10 月党的六届六中扩大会议上，作了政治报告《论新阶段》，明确指出："马克思主义必须和我国的具体特点相结合并通过一定的民族形式才能实现。"[12]后来，他又明确指出："对研究实际问题的文章，要多给稿费。能使马克思主义中国化的教员，才算好教员，要多给津贴。"[13]什么是马克思主义的中国化？从根本上说，就是把马克思主义基本原理与中国实际相结合。具体来说：第一，要与中国的国情相结合，即与中国的历史、现实的具体特点和发展要求相结合。第二，要与中国人民的实践经验相结合。自己的经验是最可宝贵的。第三，要通过解决中国的实际问题来实现。第四，要通过一定的民族形式来实现，即要切合民族的思维方式、价值观念，形成有中国特色的理论、概念和话语体系，具有"中国作风和中国气派"。如共产党领导的政治协商和多党合作制，就不同于西方的多党制，而是有中国特色的社会主义民主政治制度。"三个代表"，就是具有鲜明中国气派和时代品格的理论、范畴、话语体系。

我认为，"中国化"这三个字很有科学性。无论何种理论，不与中国实际相结合，就不能转化为中国自己的理论。马克思主义中国化，是我们党80年来的宝贵历史经验，已经成为中国模式、中国自己的道路。

即使我们借鉴西方资本主义的文明成就，也要同中国实际相结合，也有一个"中国化"的问题。不同中国实际相结合，就不能形成一套解决中国问题的理论和方法。如果搞"西化"，不仅在政治上是错误的，从历史经验、哲学上看也是完全错误的，行不通。

——要深入研究、解决重大时代课题。每个时代总有属于它自己的问题，准确地把握、回答、解决这些问题，就会把理论、思想乃至人类社会大大地推向前进。

回答、解决时代问题的过程，也就是发展马克思主义的过程。我们党的三代领导核心在这方面，为我们树立了典范。毛泽东思想的最大功绩，在于科学地回答、解决了在半殖民地半封建社会中，如何推翻"三座大山"，建立新中国及建立社会主义制度的问题。邓小平理论的最大功绩，在于科学地回答、解决了"什么是社会主义，怎样建设社会主义"的问题。江泽民同志"三个代表"重要思想的最大功绩，在于科学地回答、解决了建设一个什么样的执政党，怎样建设执政党的问题。

深入研究、回答、解决重大时代问题，要求我们必须具有强烈的忧患意识。具有忧患意识，是一个民族、国家、政党成熟的表现。"无忧者亡。"没有忧患意识就没有发展和创新。

总结历史经验，每当社会处于重大的历史转折关头，共产党人，马克思主义者就有一个"重新学习"、"重新研究理论的基本问题"的任务。这个任务完成得好与坏，将在很大程度上决定着党、国家、民族的前途命运，决定着马克思主义能否顺利地推向前进。正如列宁所指出的，时代的深刻变革，必然迫使马克思主义者"重新研究各种基本问题，重新注意理论"，"企图用空谈来回避这些问题，是最有害的、最无原则的"做法。[14]

今天，我们又一次处于重大转折的历史关头。新事物目不暇接，新问题层出不穷，新任务异常艰巨。为了加快发展建设有中国特色社会主义伟大事业，实现中华民族的全面振兴，我们同样要"重新研究各种基本问题，重新注意理论"。

五　21世纪初我国哲学社会科学面临的重大课题

中华民族是带着巨大的成功迈入21世纪的。21世纪必将是人类社会深刻变革的时代，是中华民族全面振兴的时代。加快发展哲学社会科学，为中华民族的全面振兴服务，要求我们必须围绕那些重大时代课题来开展研究。正确地提出问题，从来都是正确地解决问题，进而推动理论创新、学术发展的首要环节。只有善于把握那些全局性、前瞻性、战略性的重大时代课题，才能从根本上推进哲学社会科学的创新与发展，才能不断丰富和发展马克思主义。

（一）关于时代问题

把握时代的本质、特点和发展趋势，向来是无产阶级政党制定战略和策略的重要基础。马克思主义者一向重视时代问题的研究。科技革命、经济全球化和世界多极化的迅速发展，客观上要求我们对当今时代的基本特征，作进一步的深入研究，并在理论和实际相结合的基础上，发展马克思主义的时代理论。科学分析20世纪世界所发生的变化，正确认识我们所处时代的本质特征，以及时代主题、时代问题与时代本质的关系等，无疑具有重要的理论意义和现实意义。

（二）关于经济全球化

经济全球化是世界经济发展的重大趋势。我国正式加入世贸组织，这意味着我国将越来越深地参与经济全球化的进程。经济全球化是一柄"双刃剑"，它既有助于国际范围内资源的优化配置，同时，由于我国是社会主义国家、发展中国家，在经济安全方面面临的挑战将更加严峻。如何把握经济全球化的发展趋势，如何应对加入后的种种挑战，是时代性的大课题，关系到我们国家、民族的前途命运。

（三）关于科技革命及其影响

20世纪70年代以来，随着信息技术、基因技术、航天技术、纳米技术的兴起，新科技革命飞速发展，对人类的经济、政治、社会文化生活产生了巨大而深刻的影响。进一步研究新科技革命的本质特征、发展趋势及其对生产方式、生活方式、产业结构、劳动组织管理方式乃至人们的思维方式、价值观念等各个方面的深远影响，对于我们正确实施科教兴国、可持续发展战略，积极主动地迎接新科技革命的挑战，充分发挥后发优势，赶超世界科学技术发展的潮流，具有非常重要的意义。

（四）关于建立国际政治经济新秩序

冷战结束后，世界格局发生重大变化。美国凭借其经济、科技、军事等方面的优势，在全球范围内推行霸权主义。如何推动建立公正、合理的国际政治经济新秩序，有效地遏制霸权主义和强权政治，维护世界和平，促进共同发展；在参与经济全球化的进程中，如何粉碎西方敌对势力对我的"西化"、"分化"图谋，维护国家安全；面对世界各种文化的激烈碰撞，如何反对西方的文化霸权和意识形态渗透，大力发展有中国特色的社会主义先进文化，等等，都是我们必须进一步研究的重大课题。

（五）关于社会主义执政党建设

马克思主义经典作家关于建党的理论十分丰富，但这些理论更多地集中于解决无产阶级夺取政权以前，党如何保持革命性与先进性的问题。而党在执政时期，"建设一个什么样的执政党，怎样建设执政党"，则是一个新课题，关系党和国家的前途命运。怎样以"三个代表"重要思想为指导，研究执政党建设的发展规律，不断增强党的阶级基础，扩大党的群众基础，永葆党的先进性，巩固党的执政地位，提高党的执政能力和执政水平，是一个重大的历史性课题。

（六）关于进一步开创建设有中国特色社会主义新局面

我国已进入全面建设小康社会、加快推进社会主义现代化建设的新的发展阶段。现代化建设的第二步战略目标已经顺利地实现，正在向第三步战略目标迈进。经济体制改革逐渐深化，政治体制改革稳步推进，一些深层次的矛盾和问题愈益凸显出来。如何深化社会主义市场经济理论研究，进一步完善市场经济体制；如何更好地实施西部大开发战略，缩小东西部差距，推动东、中、西部经济共同发展；如何建立健全有中国特色的社会保障体系，维护社会稳定；如何进一步把依法治国与以德治国结合起来，在大力加强社会主义民主法制建设的同时，大力加强社会主义精神文明建设；如何正确认识和妥善地处理民族、宗教问题，打击分裂势力和恐怖主义，等等，都是必须抓紧研究的重大问题。

（七）关于正确总结 20 世纪的历史经验

20 世纪刚刚过去。在过去的 100 年，无论是资本主义，还是社会主义，都发生了巨大变化。如何从资本主义 100 年的变化中把握当代资本主义的本质特征及其发展趋势，如何科学地总结 20 世纪社会主义实践的正反经验，特别是苏东剧变的历史教训和我国改革开放的成功经验，把握社会主义社会的发展规律，推动有中国特色社会主义事业不断前进，是时代赋予我们的重大历史任务。

（八）关于进一步丰富和发展马克思主义

马克思主义具有与时俱进的理论品质。丰富和发展马克思主义，是中国共产党及其领导下的哲学社会科学工作者，在新世纪所面临的最重要的理论任务。如何立足新的实践，把握时代特点，运用马克思主义的观点和方法，研究现实中的重大问题，不断深化对共产党执政的规律、对社会主义建设的规律、对人类社会发展的规律的认识，不断推进理论创新，推进马克思主义中国化，是哲学社会科学工作者的神圣职责。

让我们更加紧密地团结在以江泽民同志为核心的党中央周围，高举邓小平理论伟大旗帜，以"三个代表"重要思想为指导，与时俱进，开拓创新，以繁荣和发展哲学社会科学的优异成绩，迎接党的十六大胜利召开。

注释：

[1] 参见《十四大以来重要文献选编》上，人民出版社 1996 年版，第 647 页。
[2] 参见《马克思恩格斯选集》第 4 卷，人民出版社 1995 年版，第 285 页。
[3] 参见《人民日报》2001 年 8 月 8 日第 1 版。
[4] 语出德国诗人歌德的诗剧《浮士德》，后被列宁在《论策略书》一文中引用。
[5] 参见《马克思恩格斯选集》第 1 卷，人民出版社 1995 年版，第 66 页注②。
[6]《列宁全集》第 47 卷，人民出版社 1990 年 12 月第 2 版，第 464 页。
[7]《马克思恩格斯选集》第 3 卷，人民出版社 1995 年版，第 777 页。
[8]《马克思恩格斯全集》第 27 卷，人民出版社 1972 年版，第 433 页。
[9]《毛泽东文集》第 2 卷，人民出版社 1993 年版，第 373—374 页。
[10]《邓小平文选》第 2 卷，人民出版社 1994 年版，第 364 页。
[11]《艾思奇文集》第 1 卷，人民出版社 1981 年版，第 387 页。
[12]《毛泽东选集》第 2 卷，人民出版社 1991 年版，第 534 页。
[13]《毛泽东文集》第 2 卷，人民出版社 1993 年版，第 374 页。
[14]《列宁选集》第 2 卷，人民出版社 1995 年版，第 281—282 页。

发展与创新*

（2001 年 12 月 14 日）

我们正处在人类历史上发展最迅速、变化最深刻的时代。

在过去的 100 年里，有几件大事：1917 年俄国十月革命开创了社会主义的新纪元，相当一部分国家先后取得了社会主义革命的胜利；两次世界大战给人类造成了空前浩劫；20 世纪 80 年代末 90 年代初，东欧剧变、苏联解体，社会主义遭受严重挫折；中国的改革开放和社会主义现代化建设，取得了举世瞩目的成就；在科技革命的推动下，世界资本主义获得新的发展，经济全球化趋势进一步加深。

分析研究这些重大变化，总结 20 世纪 100 年的历史经验，是哲学社会科学面临的重大课题。

哲学社会科学要研究 21 世纪的问题，首先必须研究 20 世纪、总结 20 世纪。最宝贵的是自己实践经验的总结。面对复杂多变的新时期，如果不能正确总结 20 世纪中国人民英勇奋斗的历史经验，如果不能全面分析研究人类 20 世纪的宝贵遗产，对 21 世纪的认识就会停留于想象或臆测。

---

* 这是李铁映同志在中国社会科学院研究生院的演讲。

在新世纪里，今天在座的同学们，将纪念 2011 年中国结束封建专制统治 100 周年；将纪念 2017 年俄国十月社会主义革命胜利 100 周年；还将纪念 2021 年中国共产党建党 100 周年；许多同学可能还会看到中国实现第三步战略目标，达到中等发达国家水平的历史性情景。这是多么令人振奋的事情！

在过去的 100 年间，中国人民经过艰苦跋涉，英勇奋斗，才取得了今天的成就。在新的 100 年里，中国人民还是要艰苦奋斗，实现中华民族的全面振兴。能否顺利地实现这一宏伟目标，很大程度上取决于我们能否科学地认识世界。如果没有对世界的科学认识，曲折甚至灾难就不可避免。

一个国家、民族要立于世界民族之林，就必须有创新的理论思维，就必须重视哲学社会科学，就必须有一大批哲学社会科学方面的专家学者。

哲学社会科学，是研究人和社会的本质、揭示人和社会发展规律、探索人类发展道路的科学。哲学社会科学的每一个学科，都从不同侧面研究人和社会的存在和发展。

哲学社会科学是以人类社会为对象的。人类社会是什么，人类社会如何发展，哲学社会科学就是要回答这些问题。哲学社会科学的研究能力和水平，是综合国力的重要组成部分。一个国家、民族在历史发展上的重大曲折和失误，既与自然科学的落后有关，更与哲学社会科学的失误密不可分。哲学社会科学的研究能力和发展水平如何，直接关系到国家、民族的兴衰。理论思维水平是国家民族文明程度的重要标志。

社会科学不同于自然科学，有其独特的研究方法。哲学社会科学的研究很多是不能做自然科学那样的实验的，即使做实验，也不能拿整个社会做实验，因为这关系到人民的切身利益。那种在整个社会范围内进行的大规模的实验经常会使整个社会和人民面临极大的风险，所以一般不允许，也很难为人民所接受。哲学社会科学更多的是观察分析社会，用比较抽象的、逻辑的理论思维方法，去研究社会发展的规律。如果不掌握这样一些方法，对社会特别是其中一些复杂的问题，仍然还是比较迷茫的。

因此，我一再强调研究生院要开哲学课。哲学之于社会科学就像数学之于自然科学一样。如果说数学和物理是自然科学的基础学科，那么哲学应该是社会科学的基础科学，是方法论。假如这样一个基本方法都没有掌握，怎么去观察和分析社会的矛盾和运动呢？当然也不是说实证性的研究方法不重要，例如调查研究、搞试点，做定量分析也是很必要的。总之，社会科学有独特的研究方法，同时也要大胆借鉴自然科学的研究方法。不仅如此，还迫切需要研究方法的创新。任何重大理论的创新，在一定意义上讲，也是方法论的创新。

哲学社会科学有它独特的价值，这个独特的价值以什么作为标准来衡量呢？只能以是否符合社会发展的需要，是否符合人民群众的利益为标准。也就是说，哲学社会科学的价值不在书桌上，而在社会生活中，在实践中。我们的哲学社会科学，要和人们的社会生活紧密联系在一起，要和人民的利益紧密联系在一起。

以上我所讲的，是关于哲学社会科学的三个问题：独特的对象、独特的研究方法、独特的社会价值。

正因如此，哲学社会科学有其自身的特点：

第一个特点是实践性。马克思讲过，全部社会生活本质上是实践的。实践性是哲学社会科学最本质的特点。

理论的来源是实践，理论的标准是实践，理论的价值也是实践。这也就是从实践到理论，从理论到实践。理论的发展过程，往往折射出人们的社会实践过程。西方的学者，研究的是他们的社会实践。我们研究的是我们的社会实践。强调哲学社会科学的实践性，无论是对于我们推动理论创新，还是学习理解古今中外的哲学社会科学理论知识，都是很有价值的。实践性会有助于我们去理解社会科学。

第二个特点是历史性。哲学社会科学也可以说是一门历史的科学，是关于人类社会历史发展的学问。今天是昨天的发展。研究社会的今天必然要研究社会的昨天。这一点和自然科学有很大区别。当然，即使是自然科学，也有很多关于历史方面的研究课题，如宇宙的起源问题，生物的起源问题，人类的起源问题等，这都是从历史的角度，考察宇宙、自然界和人类社会的产生过程。但自然科学的重点不在这里。

历史性是哲学社会科学的鲜明特点。很多学者著书立说时常常引经据典。所谓引经据典，无非是把前人、古人的观点，作为立论的依据，或者进行评点。比如马克思的《资本论》，是在批判地继承古典政治经济学科学成分的基础上，研究、分析了资本主义产生、发展及其矛盾运动规律之后，才创立了科学的劳动价值论和剩余价值理论。离开当时的社会，不可能有《资本论》；如果没有对古典政治经济学的批判性继承，也不可能有《资本论》。人是不可能一步达到真理的，真理是无穷尽的。人的认识总是有局限性的。其中一个是历史的局限性，另一个是当时人们所达到的科学文明程度的局限性。我们不能苛求前人，前人完成了在他那个时代能够完成的任务。我们今天是站在巨人的肩膀上，当然应该看得更远些。

在自然科学里可以讲有很多突破，在社会科学怎么理解这个问题？是不是一定要用"突破"这个词呢？前人并没有束缚你，没有把他的话当作绝对真理，你突破了他什么？不过是发展了他，看到了他没有看到的事情，这是历史条件决定的。你看到了，是你应该看到而且给予解释的。如果我们硬要把前人讲的话当作教条、绝对真理，那又谈何突破呢？马克思主义经典作家自己都没有说，他们的理论是教条、是绝对真理，而是要求后人去发展它、丰富它，那么你突破了它什么？继续沿着前人开辟的认识社会发展规律的道路前进，这正是我们的责任。要求前人解释清楚今天的事情，这是不对的。如果因为前人没有解释清楚今天的问题，就去批判他们，就更加不妥。我们的职责就是丰富和发展，站在前人的肩膀上，去看前人没有看到的事物，解释和回答前人没有遇到的问题。认识的历史局限性是人类历史发展的一个必然现象，也可以说是个规律。任何学者都摆脱不了他的历史局限性，这是由当时的人类文明所达到的程度决定的。

第三个特点是民族性。人类社会，是各个民族国家在漫长的历史发展过程中逐渐形成的。在这个过程中，产生了有关社会发展的各种学说和见解，形成了各具民族特色的哲学社会科学理论和思潮。哲学社会科学是民族性很强的科学。中国的哲学社会科学，体现了中华民族的民族性，是和中华民族五千年的历史紧密联系在一起的。欧洲的社会科学，从古希腊文明开始，到文艺复兴，启蒙运动，再到当代欧洲的社会科学，是和欧洲的历史发展联系在一起的。哲学、文学、政治学、社会学、宗教学、经济学，东西方都有很大差异。我们了解它的民族性，是很有意义的。比如马克思主义，我们强调要"和中国实际相结合"，要"中国化"。这是什么意思呢？就是必须把马克思主义的基本原理与中国的具体实际相结合。如果离开了中国的具体实际，马克思主义在中国就不能生根，就不能发展。

在这里，我还想强调，人类的文明本身是多样化的，人类的历史发展，本来是多种方式、多种模式、多条道路的。世界是多样性的，民族、国家是各不相同的。我们讲自然生态的多样性不能够消亡，否则将给人类生存造成危险。人类文化的多样性、人文多样性如果消亡了又会怎么样呢？我看危险将会更大。客观事物存在着多样性，人类社会发展史，就是各种文化、模式、制度、道路发展的历史。因此，我们在理解各种社会科学理论学说的时候，要看到寓于其中的民族性与多样性。

当然，强调民族性与多样性，并不是说我们不要借鉴人类的文明，不是说这种多样性中没有一般性、共同性、普遍性。人类一切优秀的东西我们都要学习和借鉴，只要能解决我们的问题，对我们就是好的，我们就要拿来，为我所用。人类的发展史，本来就是各个民族相互影响、学习的历史。

第四个特点是阶级性。自阶级产生之后，人类社会就进入了阶级社会。从此，每一个人都生活在一定的阶级之中，生活在一定的阶层之中，生活在一定的国家和民族之中。因此在哲学社会科学领域，不管什么理论，不管什么学说，都有为哪一个阶级服务的问题。阶级性，即代表谁的利益，为谁的利益服务，这是社会科学的一个基本特征。马克思主义在创立时就宣布，它是为无产阶级的根本利益服务的，为整个被压迫被剥削的劳动阶级服务的。而资产阶级的理论体系有一个特点，就是抹杀其阶级性，总是标榜为一种抽象的、普遍的、超阶级的东西。实际上这是一种掩饰。

为谁服务、为哪个阶级的利益服务，这个问题在社会科学中谁都回避不了。凡是想回避这个问题的，我看都是羞羞答答，遮遮掩掩，藏本示表。真理是不需要包装的。中国的社会科学理论，就是为中国人民的利益服务的，为实现中华民族的全面振兴服务的。如果我们的社会科学，离开了中国人民的利益，离开了中国人民的前途命运，我看就没有什么价值。没有所谓超社会的理论、学说。

第五个特点是发展性。哲学社会科学，不仅是历史的，也是时代的，具有鲜明的时代性。我们强调社会科学要研究时代问题，即现时代的一些重大理论和实践问题，这关系到我们党、国家、民族的前途命运。每个时代有自己的声音，这个声音就是矛盾的呼声。研究这些矛盾，回答这些问题，是社会科学的历史责任。我希望我们的学者，特别是年轻学者，要敢于触及时代的大问题。马克思、恩格斯在写《共产党宣言》的时候，也是相当年轻的。我们有不少青年学者，精力充沛，有良好的学术基础，思想比较活跃，广泛地接触社会，应该具有这样的雄心壮志。时代在发展，没有理论创新不行。今天的中国正处在一个新的历史时代，今天的世界也正处于一个新的历史时代，有大量的时代问题需要我们去研究。这样，我们才能无愧于时代。

世界是无限的，这种无限性决定了理论探索的无限性，决定了理论是不断发展的。没有发展的理论就是僵死的，就要进入博物馆。没有发展的理论，也没有必要去坚持；所以要坚持，是因为它能不断回答新的问题。坚持就是坚持它的真理性。发展就是研究新情况，解决新问题，总结新经验，开辟新境界。只有发展，理论才有生命力。

当前最重要的是要批判教条主义。什么叫解放思想呢？其中一个含义就是反对教条主义。教条主义是唯心主义和形而上学的东西。为什么教条主义的影响这么深呢？这与中国历史传统有关。中国历史上有两千多年的封建社会。在封建社会，不是把皇权圣命看做最高权威吗？这种传统的思维方式至今仍有影响。如果我们摆脱不了教条主义的思维方式，是非常危险的。教条主义不仅有"东教条"，而且有"西教条"。资产阶级自由化，在一定意义上，也是教条主义思想方式，只不过所奉行的是"西教条"而已。历史经验证明，什么教条都不行，一切照抄照搬都不能解决中国的问题。我们只能立足中国人民的实践，提出符合中国人民利益的理论，来解决中国的问题。

科学 责任 奉献 荣誉[*]

——在社科院研究生院的讲话

（2001 年 12 月 14 日）

你们刚才讲了不少令人欣慰的话，我讲几点意见。

第一，研究生院现在还有很多困难，主要是物质条件的限制。在现有条件下，研究生院的各项工作取得如此成绩很不容易。刚才大家对研究生院工作给予很高的评价。研究生院所取得的成绩，是研究生院领导同志和全院同志，包括研究生共同努力的结果。我们既要看到成绩，也要正视当前的困难。从根本上解决这些困难，第一位的还是要把新校园尽快建设起来。

第二，研究生院的学习方式、学习气氛、学术氛围，都应该有自己的特点，应该有不同于其他大学的风格。我非常赞赏刚才同学们所谈到的，大家共同努力，来创造一个有利于学习、有利于成才的校园软环境。所谓软环境就是一种人际关系、人文环境，这也反映一种价值取向。一个学生，不热爱社会科学，我看就不一定要进

---

* 这是李铁映同志在中国社会科学院研究生院研究生会干部座谈会上的讲话。

研究生院。到这儿来就是学习，就是钻研理论的，就是从事社会科学研究的。社会科学带有相当抽象的性质，它不直接和人们的经济利益挂钩，也不直接和人们的社会地位挂钩。所以，在这里要强调理论思维，强调抽象思维能力，强调对理论的学习和钻研兴趣。已经进来了，就要严格要求自己，"自律"是学习、生活第一位的，是"做人"的第一要义。如果连自律的能力都没有，还奢谈什么认识社会、改造社会呢？我建议把"自律"作为第一条，每一个人都要自律。自律是在社科院成长的一个标准，是做学问、做人的最基本条件。

研究生会应该有自己的特色，有自己的风格。同学们在校学习期间，要学会自我管理，自我服务，要通过对各种事物的分析研究，提高自己处理问题的能力。

我看了一下图书馆，感到计算机还是太少，应该再增加一批。

同学们能够体谅研究生院的实际困难，这很好。这些困难不是研究生院单独能够解决的，这也是社科院的困难，我们正在进行多方面的努力。

借此机会，讲一讲我给《研究生论坛》的题词"科学、责任、奉献、荣誉"的含义。

第一条"科学"。对于一个人的价值观来讲，对于一个人安身立命而言，最重要的是具备科学精神。不管是学自然科学的，还是学社会科学的，不管是搞管理的，还是搞经济的，或者做其他工作的，其精神支柱都是他的科学精神。希望大家在研究生院学习期间，用科学精神武装自己，矢志不渝地追求真理。这是我们从事科学研究必要的基本条件。

第二条"责任"。每个人都有自己的责任。作为一个国民，有国民的责任；作为一个中国人，有中国人的责任；作为一个学者，有学者的责任。责任感是价值观、人生观的反映。人是社会的高级生物，脱离了社会，人只是一个自然的人，不是一个社会的人。只要生活在社会中，就不可避免地产生关系、产生责任。责任感，是国家、社会、个人的基本要素、基本素质。

第三条"奉献"。奉献是我们讲了多年的一句话，但怎么理解"奉献"？讲奉献，不是不承认个人利益、不承认个人要求，也不是不承认众多个性的差别。应该将"奉献"理解为，把自己的聪明才智、自己对社会的认识，通过自己的劳动贡献给社会，就是对社会尽到了一份责任。

第四条"荣誉"。荣誉是什么？荣誉也是一种价值观，是人格，是国格。可以这样讲，没有荣誉感的人，将不会成其业，也不会立其身。做中国人就要有中国人的荣誉感；做社科院的学者，就要有社科院的荣誉感。要提倡荣誉感、荣辱感，不知荣辱，怎么安身立命？！

最后，希望同学们都能够成长为新世纪出类拔萃的学者和人才。

千年文明祭[*]

（2001 年 12 月 18 日）

中华文明又走进新的千年。这个"又"字包含着沉重的分量，包含着过去五千年的灿烂辉煌，包含着近百十年的艰难曲折，更包含着远绍汉唐盛世、实现中华民族全面振兴的意气轩昂。

历史赋予各个民族千差万别的命运，而各个民族在应对机遇与挑战的过程中，表现出千姿百态的民族性格和民族精神。作为人类世界最古老的文明之一的中华文明，在公元前的三千年中就已留下坚实而辉煌的足迹。大量的古陶器、甲骨文字、青铜器物以及宫城遗址，显示了一个伟大民族在公元前三千至一千年间独立创造文明的惊人智慧。

降至公元前 1000 年以后，周王朝以礼乐治世，春秋战国诸子百家创造了异彩纷呈的理论主张和精神文化。秦汉统一中国，开创了只有比它略晚出现的罗马帝国才能相比拟的大国气象。在公元后的头一个千年，中国人把中原文化与南北少数民族文化、本土文化与外来佛教文化相融合，经过隋唐的统一，在西方世界尚处在动乱不

---

　*　此文最初以《千年文明论赞》为题发表于山东大学《文史哲》2001 年第6 期。

已的时候，创造了"贞观之治"和盛唐气象。也就是说，在公元前后的两个千年间，古老的中国在综合国力和文明程度上都处在世界领先的地位，为全人类的上古文明和中古文明做出了杰出贡献，也为中国在公元1000年以后的发展提供了具有深厚历史文化内涵的民族根源。

值此千年交替之际，登高望远，考察和反思过去一千年我们民族的生存状态、命运遭际和文明收获，深化和重释"以古为镜，可以见兴替"[1]的历史意识，从中可以探寻重振大国雄风的精神动力和历史经验。

一　纷哉万象的千年历程

公元1000年，西方世界尚有不少区域未脱离分裂战乱的状态，欧洲各地陷入"千禧恐惧"，连一些帝国公牒也用"兹以世界末日行将来临"一类语调开头。意大利的威尼斯城举行与亚德里亚海的结婚仪式，把精制的戒指投入海中，自称是海洋后裔。

而在东方文明古国，这一年是中国宋真宗咸平三年，时值北宋开国不久，正呈现着一派文明昌盛的景象。世界上最早的纸币——北宋交子，也在这个时期发行了，其社会学和经济学的价值是不言自明的。到11世纪后期，华北已经拥有炼铁工业，每年生产约125000吨，主要供应军队和政府使用。这个生产数字，比17世纪英国工业革命早期的铁产量还要多得多。因此，美国学者保罗·肯尼迪在《大国的兴衰》一书中这样写道："在近代以前时期的所有文明中，没有一个国家的文明比中国文明更发达，更先进。"[2]

由此可知，这一千年编年史的帷幕，是在东西方民族生存方式具有强烈反差的状态下揭开的。在以后的岁月中，中华文明经历了比以往的几个千年都更加严峻的挑战和巨大的转折，云谲波诡、纷哉万象。但是它往往绝处逢生，成为一艘不沉的东方之舟。这是我们民族生命史上的旷世奇迹。

　　两宋三百年面临着改革发展以及如何处理与辽、金、西夏诸少数民族政权的关系这样两大课题。于是有了范仲淹和王安石领导的"庆历新政"和"熙宁新政"。在相对武弱文昌的现实格局中，国势虽蹙，经济犹能发展，文化上更具时代特色。张择端的《清明上河图》，描绘了中原名都的繁华与昌盛。包拯与岳飞，成为家喻户晓的铁面无私的清官和精忠报国的英雄典型，对中国人的气质品格起到巨大的潜移默化的建设作用。

　　文化是一个民族的灵魂和精神标志，早在《易经》中就有"观乎人文以化成天下"[3]的说法。在这千年间，辽、金、西夏、元、清诸朝，均为少数民族统治者当政，而元、清两代又曾入主中原，但他们无不根植于华夏文明的博大精深的土壤，在融合多民族文化中变得丰富多彩、枝繁叶茂。13世纪，一代天骄成吉思汗率蒙古诸部崛起于北方，其后破金灭宋，结束了中国长达几百年的南北对峙局面。世居金朝中都、博览中华群书的耶律楚材，在行军施政中受到重用，推进了南北各民族文化的融合。从成吉思汗开始的三度西征，到马可·波罗的万里东来，东西方文明的剧烈撞击反而促进了彼此间的热切交往。明代建国之初，以强权统治为基础，依然保持着领先于世界的优势。

　　就当时衡量综合国力水平的人口而言，中国已有一亿多人，而欧洲仅五千多万。15世纪前半叶，中国依然出现了当时堪称"世界之最"的全书逾两万卷的《永乐大典》；依然出现了云南回族出身的郑和率领大型船队七下西洋，交通亚非三十余国的旷世盛举。戚继光大败倭寇的战将雄风，尤其是郑成功率师驱逐荷兰殖民者，收复台湾的壮举，均给这段历史添光增色。当然，殖民者东来也传递了一个令有识之士不无担忧的信息：对比欧洲文艺复兴以后的体制更新和科技发展，这个文明古国在专制主义的政治积弊和保守主义倾向的文化暮气的拖累下，逐渐放弃了海外拓展的历史良机，转而闭关自守，竞争意识与探险精神阻塞不畅。从此，以往一直领先于世界的优势开始丧失，令人产生一种暮色苍茫的悲凉。

中华民族以其强大的凝聚力维护着祖国的统一。在这一千年中，尽管也曾出现过分裂的局面，但是，它始终把维护领土完整、主权独立，视为国家尊严的一个基本标志。因此，中华民族的生命力在"统一"二字中获得了崇高而实在的证明。我们不时也听到某些人对"大一统"的传统观念说三道四，那么试问：没有国家的统一和社会的安定，怎么谈得上经济的充分发展？又怎么谈得上人民的安居乐业？就全球范围而言，那些整日在民族仇恨和权利争夺中生活的人群，由于缺乏一种长时期在多民族和睦相处状态下的生活经历，自然也很难体会到视民族团结、国家统一为生命线的强烈意识。

17世纪，满族势力入关主政，在血与火的搏斗中，平定三藩之乱，收复台湾，稳定西北，完成了中华民族统一的版图。其间虽然有多民族间的猜忌和笼络，甚至出现"文字狱"暴政，但是所谓"康乾盛世"，在本质上还是体现了中华文明的集大成气象。出现过《古今图书集成》，出现过《四库全书》，出现过《红楼梦》，都属于中华文化之"最"的行列。当然，从整个王朝文化发展历程来看，称当时集大成有余而创新机制不足，确也是一种事实。历史进入19世纪，曾是中国人发明的指南针和火药，到后来却被英国殖民者用来制造炮舰，输出鸦片和战争，王朝国门被炮舰政策轰毁，古老帝国陷入半殖民地、半封建的深渊。在一百多年间，割地赔款，统一的版图面临着被瓜分的危险。

中国人民不甘心俯首称臣，不甘心永远沉沦。面对着乘硝烟而降的西方强势文化，在经历了一连串丧权辱国的惨重教训之后，中华文明越来越深刻地走上自我更新的历程。从洋务运动到戊戌变法，再到"五四"新文化运动，中华文明在实业、政体和文化自身的日益深刻的层面上，汲取近代世界科学和民主的成果，推进自身由封建、半封建社会向现代社会的历史转型。这种现代转型是付出了血的代价的。

19世纪末的谭嗣同说："各国变法无不从流血而成，今中国未闻有因变法而流血者，此国之所以不昌也。有之，请自嗣同始。"[4]

在探求强国之路的艰难历程中，20 世纪的中国出现了孙中山、毛泽东、邓小平三位世纪伟人。早在 1894 年，孙中山先生就提出"振兴中华"[5]这一响亮的口号，体现了无数爱国者的共同心声，树立了一代又一代中国人民为之前赴后继、奋斗不息的雄伟目标，成为 20 世纪最振奋人心的时代主题。

以毛泽东同志、邓小平同志为杰出代表的中国共产党人，更是为"振兴中华"这一口号赋予了新的内容，把"振兴中华"的共同理想变为现实。毛泽东同志以前所未有的气魄率领中国人民推翻了压在头上的"三座大山"，建立了强大的社会主义国家；邓小平同志高瞻远瞩、审时度势，确立了在社会主义初级阶段始终坚持"一个中心、两个基本点"的基本路线，将社会主义现代化建设推向崭新的阶段。

革命领袖的学说与实践，为中华民族的生命力拓展了全新的境界。他们以旷世智慧和过人胆略，领导中国人民化艰难困苦为壮丽辉煌，使中华民族在迎接新千年之际，保持着东方巨龙腾飞的强劲势头。诚如江泽民同志在《2000 年贺词》中所说："中华民族没有屈服，而是前赴后继地进行艰苦卓绝的斗争。以毛泽东同志为代表的中国共产党，坚持把马克思主义基本原理同中国革命具体实际相结合，领导人民经过伟大的革命，终于在本世纪中叶建立了新中国。中国从此进入了建设社会主义的新时代。现在，中国人民沿着邓小平同志开创的改革开放之路，正在向现代化的彼岸阔步前进。"[6]

这千年中国，有一个文明昌盛的开端，又有一个气壮山河的收束。其间如长江大河，在蜿蜒曲折中考验生命，在惊涛骇浪中显示雄力，在九派汇流中趋于壮阔，在凯歌高奏中走向辉煌。

二　震撼世界的三大发明

20 世纪著名史学家陈寅恪先生曾这样描述最近公元一千年初始阶段的宋代文化："华夏民族之文化，历数千载演进，造极于赵宋之世。"[7]中国人引以为豪的四大发明，其中有火药、印刷术、指南针等三项发明广泛运用于宋代。这三项发明连同汉代发明的造纸术对于世界文明的巨大贡献无论怎么评价都不过分。

美国学者卡特（Thomas Francis Carter）在《中国印刷术的发明和它的西传》序论中说："欧洲文艺复兴初期四种伟大发明的传入流播，对现代世界的形成，曾起重大的作用。造纸和印刷术，替宗教改革开了先路，并使推广民众教育成为可能。火药的发明，消除了封建制度，创立了国民军制。指南针的发明，导致发现美洲，因而使全世界，而不再是欧洲成为历史的舞台。这四种以及其他的发明，中国人都居重要的地位。"[8]四大发明不仅深刻地影响了人类的科学技术和社会制度的历史变迁，而且深刻地改变了人类精神世界的视野，以此为出发点，人类逐渐走出各自的区域，开始认识到全世界之所谓"全"的意义所在。也就是说，中国的四大发明为人类世界整体观念的革命提供了潜在的动力。

古代中国的发明往往取之迩，行之远，从日常生活中体验着天地法则，渐渐地给整个社会历史发展提供了深远的推动力。众所周知，火药的主要成分是硝石、硫黄和木炭，西汉以来的炼丹士在用这三种原料炼丹时，有时由于操作不慎而引发起火爆炸的现象。于是，人们注意到这种配方的独特效果。唐代医学家孙思邈所作《丹经》一书，就保留了火药配制的方剂。唐末，已经用它来"飞火"向敌人射击。北宋初年，冯继升始用火药制成"火箭"，把火药用到军事方面。北宋首都开封设立的兵工厂里有专门制造火药的作坊。宋仁宗时，曾公亮、丁度等人奉命编写的《武经总要》一书中，有三种制造火药的配方，还记载了十几种火药武器名称。经过改造，到南宋时又发明了爆炸性的"铁火炮"或"震天雷"。以后又发明了叫作"突火枪"的管型武器，就有点像近代的枪了。12世纪，火药和火炮的制造方法经过中亚而传至欧洲。

马克思在《1861—1863年经济学手稿》中指出："火药、指南针、印刷术——这是预告资产阶级社会到来的三大发明。火药把骑士阶层炸得粉碎，指南针打开世界市场并建立殖民地，而印刷术变成新教的工具。总的说来，变成科学复兴的手段，变成对精神发展创造必要前提的最强大的杠杆。"[9]恩格斯在《德国农民战争》1875年版的自注中说："现在已经毫无疑义地证实，火药是从中国经过印度传给阿拉伯人，又从阿拉伯人那里同火器一道经过西班牙传入欧洲的。"[10]他在《反杜林论》中也说："火药从阿拉伯人那里传入西欧……它使整个作战方法发生了变革。……以前一直攻不破的贵族城堡的石墙抵不住市民的大炮；市民的枪弹射穿了骑士的盔甲。贵族的统治跟身披铠甲的贵族骑兵队同归于尽了。"[11]

经典作家的论述充分说明，四大发明传入欧洲，不仅在生产方面、军事方面起到推进作用，而且震撼了欧洲的封建制度。它们不仅对欧洲文艺复兴提供了物质契机和客观条件，更是为精神发展创造了必要的前提，从而促进资本主义的发生和发展。换一句话说，欧洲从封建社会过渡到资本主义社会的划时代的变革，是和我国四大发明的西传分不开的。从这个意义上说，四大发明从根本上改变了世界文明的进程。

以四大发明为标志，在15世纪之前，中国科学对欧洲的贡献，远远大于西方科学对中国的影响。据1975年出版的《世界自然科学大事年表》记载，15世纪以前世界上重要的创造发明和重大科学成就有300多项，中国175项，占总数的57%以上。据专家统计，欧洲从中国引进的重大发明和创造就多达20多项。这种东学西渐的状况一直持续到17、18世纪欧洲启蒙运动，他们所提出的重要理论主张，多以中国为榜样，或者说，吸收了中国传统科学文化中的精神特质。

从人类文明发展史上看，中国传统的物质文明与精神文明是世界文明的重要组成部分。在相当长的一段历史时期内，它们深深地影响着世界文明的发展。随着时间的流逝，中国传统的科学逐渐和欧洲近代科学融在一起，以至于人们几乎忘记了它们的来源，尤其对欧洲中心论者来说，他们以为中国是一个在各个方面都不如欧洲的国家。虽然它有着古老的文明，但这种文明早就衰落了，近代中国的先进东西几乎都是从欧洲引进的。稍有历史知识的人就会发现，这是一种无视历史事实的偏见。现代西方中国科技史专家李约瑟博士客观地指出："倘若没有中国古代科技的优越贡献，我们西方文明的整个过程，将不可能实现。试问若无火药、纸、印刷术和罗盘针，我们将无法想象，如何能消灭欧洲的封建主义而产生资本主义。"[12]

人类的文化成果需要横向的交流和纵向的传承，而指南针、印刷术的发明为这种交流和传承提供了可能和便利，从而使人类文化成果在纵横两个方向，即时间和空间的不同维度上得以保存和增值。中原与西域相交通的陆地丝绸之路，由于辽、西夏和金等王国长时间与宋处于交战状态，第二个千年伊始就开始受到阻隔，因而借助于指南针开通海上丝绸之路，成为中国与世界相交往的重要方式。我国海外交通，可以推溯到东汉初年，以后历朝均有发展。宋代在广州及福建的泉州并设市舶司，而南宋的市舶所入几乎占了国库收入的一半。

海外交通这样发达，与指南针的发明当然有着直接的关系。据沈括《梦溪笔谈》记载，当时已经有人造磁石的"指南鱼"和"指南针"。《萍洲可谈》和《梦粱录》都明确记载，北宋末叶，我国航海船只已经使用罗盘针。一方面，说明这一仪器的发明，极大地促进了人类的海上交通，另一方面，由于海运的发展，又推进了我国的造船技术。宋元时代的造船技术在当时世界是首屈一指的，仅宋真宗天禧五年（1021）官方造船就多达2916艘。近年在泉州出土的南宋海船，长24.2米，宽9.15米，排水量370吨。据《马可·波罗游记》记载，当时世界多国海船在刺桐城（今泉州）打造。海船连同商品运来的是友谊和文化，中国输出丝绸、瓷器、茶叶，进口珠宝、香料。

明成祖派郑和七下西洋，到访亚非三十余国，许多国家派遣使者来建立邦交和进行贸易。郑和的同行者马欢所著《瀛涯胜览》、费信所著《星槎胜览》、巩珍所著《西洋番国志》等，记载了所至各国的情况，丰富了中国人民的世界知识。万历、天启年间，徐光启向意大利耶稣会士利玛窦学习天文、历算、火器等，成为当时理解西洋并掌握西洋文化的第一人。指南针所带来的航海发达，拓展了中国人的视野，为中国文化的进一步开放奠定了坚实的基础。

印刷术把人类智力创造加以物化，对于知识创新、整理、积累和传播发挥了巨大作用，因而在实质意义上提高了人类的文明水平。雕版印刷术出现于唐代。今天尚能看到的唐人刊刻的金刚经画像，就是唐代咸通九年（868）印制而成的，说明当时雕版技术已广泛应用，而且达到很高水平。北宋初年，雕版印刷日益兴盛，仅1005年国子监书版就多达十万余片，经史皆具。至今保存下来的北宋早期刻本，在国内外各大图书馆中成为镇馆之宝。但是，这种刻版，每一页都单刻木版，每一本书都要单独雕刻，既费时，成本又高。随着文化普及的需要，书籍的流通越发频繁多样，这样，传统的雕版印刷业显然已不能满足时代的需求。

宋仁宗庆历年间（1041—1048），平民毕昇发明了更为便利的活字印刷术。据《梦溪笔谈》记载，其方法是："用胶泥刻字，薄如钱唇，每字为一印，火烧令坚。先设一铁板，其上以松脂、蜡和纸灰之类冒之。欲印，则以一铁范置铁板上，乃密布字印，满铁范为一板，持就火炀之；药稍熔，则以一平板按其面，则字平如砥。若止印三二本，未为简易；若印数十百千本，则极为神速。""神速"工作效率，"简易"降低了成本。毕昇发明的活字印刷给文化传播带来极大方便，使书籍文化走向民众、走向市场成为可能，因此它的更深远的意义，是创造了文化的新类型，并将传统文化推向新的阶段。

中国社会科学院"中国活字印刷术的发明和早期传播"课题研究，通过大量的首次发布的珍贵实物图片和文献资料，展现了目前所见世界上最早的西夏文活字印刷品和敦煌回鹘文木活字实物。这些实物无可争辩地告诉世人：活字印刷术是中国人发明创造的成果。这项成果问世之后很快就传到日本、朝鲜，并经由西夏、波斯传到埃及和欧洲，14 世纪末，欧洲出现了木板雕印的纸牌、圣像、经典和拉丁文课本，德国古腾堡在公元 1456 年率先在欧洲用活字印刷《圣经》。小小的泥、木、锡制活字，加速了人类文明的车轮。这是中国人民为世界文明创立的又一不朽功绩。

三大发明对于世界文明的贡献，犹如杠杆的功效，轻轻一撬，竟然使得人类文明一跃而跨越到新的世纪舞台。诚如哲学家弗朗西斯·培根所说："因为这三大发明首先在文学方面，其次在战争方面，第三在航海方面，改变了整个世界许多事物的面貌和状态，并由此产生无数变化，以致似乎没有任何帝国、任何派别、任何星球，能比这些技术发明对人类事务产生更大的动力和影响。"[13]

三　原创包容的文化品格

江泽民同志指出："创新是一个民族进步的灵魂，是国家兴旺发达的不竭动力。"[14]先秦时代的百家争鸣、汉唐盛世的文学艺术、宋元以后的程朱理学乃至当今建设具有中国特色的社会主义理论，无一不是中华民族适应时代要求，对于世界文明所做出的原创性理论贡献。

中华文明的原创性是与其强大的包容性紧密相连，在原创中包容，在包容中创新。这是中华民族的文化性格，也是中华民族千古一贯的文化哲学。

宋代以后的思想文化领域，占主导地位的是盛行一时的理学。当时的理学有所谓"濂、洛、关、闽"之分。"濂"是指原居道州营道濂溪的周敦颐。"洛"是指洛阳的程颢、程颐兄弟。"关"是指陕西的张载。"闽"是指讲学于福建的朱熹。此外，还有陆九渊、王阳明的"心学"，别开生面；陈亮"永康学派"、叶适"永嘉学派"，讲求实际。这些学说，其着眼点和出发点，各不相同。但是在维护封建等级制度这一点上，大体还是相通的。对此，我们可以举出种种理由，说明它的弊端，但是有一点不能否认，即宋明理学并非完全恪守孔孟之道，而是吸收融合了佛教、道教中的一些观点而加以融会贯通。因此，这一学说创立伊始，就表现出一种兼容并蓄的特点。

此外，宋明理学讲究学行一致、表里如一，讲究文以载道、积极入世，也并非一无是处。"为天地立心，为生民立命，为往圣继绝学，为万世开太平。"[15]张载的这句名言，鲜明地表现了东方哲学与西方哲学迥然有别的特点，注重人的精神修养和历史责任感。在中国周边一些国家，特别是地处儒家文化圈的东亚诸国，至今还可以看到经过理学家改造后的儒家学说的深刻影响。这种文化思想在与其他文化派别的接触中，往往表现出一种雍容尔雅、博大兼容的君子风度。

元明以后，各种思想学说，各种宗教教义，纷至沓来。佛教、道教、基督教、伊斯兰教、犹太教等，在不同时期，不同程度上，都对中国的思想界产生过影响。尽管如此，正像汤因比在《历史研究》中所说，还没有一种学说完全取代以儒家思想为正宗的传统文化。这说明，不同的思想，不同的学说，如果是处于一种共处而互借的地位，彼此之间可能会有冲突，甚至对抗，但是在碰撞中，往往又会激发新的思想，进而取长补短，达到彼此间新的融合，新的发展。中华民族传统文化中这种能兼始博、有容乃大的品格，是一笔重要的精神财富，对于提高人类生存竞争和知识创新的境界，具有重要的价值。

中国是世界上最重视教育的国家之一。春秋战国时代的私学、汉代的太学、隋唐以后的科举制度、宋代以后的书院等，不仅培养了一代又一代的政治家、军事家、科学家、文学家等，更重要的是，中国的教育思想，历来强调道德修养与知识传授的统一，历来追求经世致用与天人合一并重的原则，这些思想对于我们民族心理与文化品格的形成与发展，起到了重要的作用。

应该充分认识到，一个人口众多的文明古国，这千年的文化创造，绝不是几位、几十位思想家苦思冥想的结果，更多的是广大知识者、劳动者在生产实践和社会实践中，用智慧和汗水培育出来的。这一千年，上承数千年的文明积累，不断地汲取民间能工巧匠的智慧和外来的学理工艺，从而使得这一千的中国文化在许多领域取得了举世公认的发展。与中国的西文名字相关联的瓷器，精美绝伦，举世赞叹。宋代有官窑、汝窑、定窑、钧窑、哥窑五大瓷窑。相传北宋真宗景德年间（1004—1007）派员在江西新平监烧瓷器贡品，连地名也因此改称景德镇。元代在此设立"湖田瓷局"，其后又赢得了"有明一代，至精至美之瓷，莫不出于景德镇"的美誉。清代康熙年间的青花瓷、五彩瓷，雍正、乾隆年间的粉彩瓷、珐琅彩瓷，精美程度又超过明代。类似这样的例子不胜枚举，说明我们的工艺技术在这千年中确已达到很高的境界。

通观千年文化的演变，汪洋赡博，气象万千，倘若择其要者，除上述内容外，不妨再提炼出四个系列，即典籍文化、医药文化、建筑文化和文学艺术。管窥蠡测，摄取神韵，可以透视中华文明千年演变之一斑。

由于知识的积累和印刷术的发达，在这一千年文明进程中，典籍文化获得极大的发展。其中，最引人注目的便是宋元以后对中国典籍的集大成式的整理。我们知道，在中国文化传播史上，有三个重要的时期值得铭记：第一是汉代对于先秦典籍的汇总，第二是宋代对于汉唐典籍的整理，第三是清代对于整个古代文化的全面清理。

今天能够看到唐及唐前的典籍，汉人之外，最主要的功臣是宋人。他们编纂了许多文学总集、史部汇编及大型工具书，至今仍然是学人案头或公共图书馆必备的典藏，如《文苑英华》、《太平御览》、《太平广记》、《太平寰宇记》、《元丰九域志》、《册府元龟》、《乐府诗集》、《资治通鉴》、《建炎以来系年要录》、《三朝北盟会编》等都出自宋人之手。与此同时，他们还大量刻印前代史书、文集及众多先秦两汉诸子著作。宋代对于古籍的刊刻和研究，对于中国文化的传播起到承前启后的重要作用。

清代近三百年对于中国古典文献的整理更是远迈古人。他们编纂的《古今图书集成》、《四库全书》、《全唐诗》、《全唐文》、《全上古三代秦汉三国六朝文》、《通志堂经解》、《皇清经解》及《皇清经解续编》等都是影响深远的著作。此外，清人对于经学、史学、文字音韵学、金石学、舆地学、天文历算学、目录校勘学等也作了总结性的研究，其成就可以说达到封建社会的顶峰。中国传统文化生生不息，作为知识载体的文献典籍在传播文化方面所起的重要作用，日益巨大。推终原始，汉代、宋代、清代的劳动人民、知识分子无疑是文化传播的功臣。历史上文化传播的三个重要时期，有两个出现在这一千年中。为此，我们应当时时怀着感激的心情重温这段历史。

中国医药文化自成体系。它把人体看做自然界整体的一部分，又把人体自身看做有机整体，诊疾求本，辨证施治，造福于人类，举世为之赞叹。医学书籍之有刻本始于北宋仁宗天圣五年（1027年），官方校定医书，摹印颁行。清代乾隆年间修《四库全书》时收集到历代医书96部，其中宋代人著述就多达30部，其数量居历代医书之冠。

这里应当特别提出的是针灸学的发展。我国针灸学有着悠久的历史，针灸学著作和针灸图在宋代以前早已出现，但是没有人体标本。到天圣五年，就在官方校定医书的同时，太医王惟一用铜铸人体模型，上钻各种穴位，并成《新铸铜人腧穴针灸图经》三卷。这部《图经》曾摹刻于石，由宋仁宗题写碑额。其印本更是广为流传，不仅大大便利了针灸的实际操作，而且极大地丰富了祖国医学的宝库。20世纪50年代北京开掘地基时发现了碑刻的残石，足以证明历史的记载信而有征。

金元时代有所谓四大家名医之说（刘完素、张子和、李杲、朱震亨）。至明代，以李时珍的《本草纲目》为杰出代表的中国医药学，在总结前人成果的基础上，将我国药物学的研究推向新的阶段。传统中医药学外，地处青藏高原的藏医学从15世纪开始，以《四部医典》为依据，形成南北两大学派，也以其独特的理论和疗效别树一帜，世所瞩目。

中国的建筑文化蕴含着丰富的哲学思想、深邃的宗教理念和精美的工艺技巧。它以丰富多彩的空间造型，给世人留下无限的美感。现存古建筑物，多为这一千年所建，譬如宋代修建的开封铁塔和太原晋祠圣母殿，辽代修建的蓟县独乐寺、应县木塔等就是杰出典范。卢沟桥始建于金代，同一时期出现的云南景洪县傣族飞龙白塔堪称精品。元代的居庸关也异常精美。今存明清建筑，更是佳构如云。明代重新修复的长城为地球上最大型的建筑物，明清两代递修的北京紫禁城，也是世界各国帝王宫殿中规模最大的一座。清初重建的拉萨布达拉宫，雄伟豪华，宫殿与山丘浑然一体，相得益彰，堪称艺术杰作。

此外如明十三陵，清东陵、西陵，承德避暑山庄、圆明园、颐和园，北海白塔和静心斋，以及天坛祈年殿，还有民国年间建于南京紫金山的中山陵，都在其规模、结构上有巧夺天工之胜。即使是民居建筑如北京的王府花园和久负盛名的四合院，山西平遥的深宅大院、江南的贵族园林以及云南丽江的古城街道，等等，无不透露着悠久而又丰富的文化底蕴。北宋初年喻皓的《木经》及其后李诫的《营造法式》，清朝初年李渔的《闲情偶寄·居室部》以及雍正年间的《工程做法则例》，直至 20 世纪梁思成的《中国建筑史》，都从不同角度总结了建筑艺术的理论、技术和历史。

这千年的建筑艺术以其独特的结构体系和高超的造型装饰，成为中国历史不曾消逝的载体和中国人民聪明才智的象征，是矗立在东方大地上的令人叹为奇观的丰碑。

四　精神享受的四大名牌

文学艺术是一种审美的精神文化。一个民族是否有美化的心灵，雅化的素质，净化的聪明和刚强的意志，不妨看一看它的文学艺术。千年中国的文学艺术虽然也出现过泥古守旧、柔靡不振的现象，但其中的优秀之作对于鼓舞中国意志，陶冶中国情趣，提高中国生活质量，丰富中国心灵，发挥了不可替代的作用。表现形式，千姿百态；名篇杰作，脍炙人口，长期浸润着人们的智慧和人格。经过漫长的历史考验，文人画、书法、古典诗词和京剧，成为最富有特征和魅力的中国艺术样式，成为中国人精神享受的四大名牌。

宋以后的文学艺术史中不乏被誉为诗书画"三绝"的奇才。北宋的苏轼、文同；元代的赵孟頫、倪瓒、王冕；明代"吴门四家"中的文徵明、唐寅以及徐渭；清初四画僧中的八大山人和石涛，其后"扬州八怪"中的郑板桥，近人则有吴昌硕。他们工诗、善书、能画，成为众所倾慕的文化素质雅博高明的象征。

书法是汉字的舞蹈，也是一种抽象的艺术，令高雅的中国人在诗化的线条中陶醉。继唐代欧、颜、柳的端庄严整之后，宋代苏、黄、米、蔡四大家以意运笔，韵味超逸。元代赵孟頫端丽妩媚，圆熟沉着。直至今人毛泽东体，俊爽豪迈，荡漾着一股磅礴千古、笔削山岳的气势。清人梁𪩘《评书帖》说："晋尚韵，唐尚法，宋尚意，元明尚态。"王澍《论书剩语》说："唐以前书，风骨内敛；宋以后书，精神外拓。"可见这千年的书法艺术出手不俗，别出蹊径且造诣深厚。

千年画史中，自然也不应排除宋徽宗赵佶那种工细华贵的花鸟、人物画，不应排除宫廷画师张择端的《清明上河图》、王希孟的《千里江山图》，以及历朝的工笔人物、花鸟、山水画。自然更不应忘记散布于全国各地的壁画，如新疆高昌回鹘王国宫廷寺院的壁画；不应忘记流布于民间的木刻年画，如杨柳青、桃花坞、杨家埠、朱仙镇的年画。但最能显示出中国士人才气的，却是从宋代就形成传统的文人写意画，它的诗化特征与西方文艺复兴后绘画的写实化特点，形成了东西方各具千秋的两大潮流。

自从北宋的全才型文豪苏轼推崇王维作品"诗中有画"、"画中有诗"之后，文人画风追求诗趣和意境逐渐成为习尚。元代钱选、赵孟頫接上文人画的血脉，而被画史称为"元四大家"的黄公望、吴镇、倪瓒、王蒙进一步强化了笔情墨韵。直到明代"吴门四家"沈周、文徵明、唐寅、仇英，又拓展文人画技法，灵动中融入精细；徐渭满纸淋漓的花果写意画也影响深远。董其昌的"南北宗"画论，又为文人画推波助澜。

清初的"遗民画家"以八大山人朱耷的大写意最为有名，石涛的山水兰竹也别有一股奇气。其后"扬州八怪"借梅竹禽鸟抒写胸间愤懑。清末海上画家任伯年、吴昌硕或师法造化，或以金石书法入画，都开辟了文人画的新境界。直至近代的齐白石、徐悲鸿，或才气清逸，花鸟虫鱼饶有神韵；或吸取西洋技法，奔马人物咸具功力。这些画家作了一千年的画，却是借画面结构和线条写了一千年的书法，做了一千年的诗，从而使中国文化洋溢着诗的神韵和画的色彩。

汉族文人古典诗歌发展到中唐时代，开始由过去一统天下的局面，演变成三分天下而有其一的现实。所谓三分天下，首先是由于韩柳古文运动的蓬勃发展，推动了古典散文创造的繁荣；其次，起源于民间的小词也逐渐登上文坛，引起文人重视，并尝试拟作，不到几十年时间，便波浪推涌，汇为奔流的江河。唐诗过后，虽然宋诗颇盛，向来有唐宋并称的美誉，但作为时代性标志的文体，无疑已是宋词的天下。

词原本是配乐的诗歌，唐代称之为曲子词。翻开《全唐诗》，发现许多诗也是可以入乐的，为了演唱的需要，在原有的四言、五言，甚至七言诗的基础上，加进一些衬字，使其变得长短不一，便于演唱。词又称长短句，在五代时出现的《花间集》和敦煌石室的《云谣集》中已经定型。至李后主出，把词从花间酒席引上抒发作者真情实感的创作道路。宋词发展的主流是倾于婉约，柳永、周邦彦、李清照、姜夔，是其中翘楚。当然，宋代也有人在词作中输入豪放气质，范仲淹、王安石、苏轼等就是如此。可惜他们所开创的词风在北宋并没有得到应有的回应。

南宋以后，当民族矛盾空前尖锐、半壁江山沦为异族统治之际，以岳飞、陆游、辛弃疾、张元幹、张孝祥、刘克庄、刘辰翁、刘过、陈亮等为杰出代表，以"收复中原"相号召，唱出时代的强音，一扫柔靡轻丽之风，将宋词创作推向高峰。辛弃疾之后，虽然作家辈出，名作也不少，在艺术上也有发展，但是从俊爽豪放上说，没有人能超越北宋苏轼和南宋辛弃疾所创立的两座高峰。尔后，词作为时代标志性文体就让位于元曲了。

元曲实际包含两种文体，一种是散曲，一种是杂剧。这两种文体均起源于南宋及金代，是一种综合了前代多种文学艺术形式而成的新型文体。尤其是元杂剧，代表了元代文学的高峰。据《录鬼簿》等文献考证，元代有姓名可考的剧作家多达一百余人，作品五百余种，现在还保留一百六十多种。出现了关汉卿、王实甫、白朴、马致远等杰出作家，以及《西厢记》、《窦娥冤》、《梧桐雨》、《汉宫秋》和《赵氏孤儿》等著名作品。与杂剧相互辉映的南戏，则出现了《琵琶记》。进一步衍化为明清两代的传奇，则以汤显祖"临川四梦"，尤其是《牡丹亭》以及清康熙朝洪昇的《长生殿》、孔尚任的《桃花扇》最为著名。

清乾隆年间四大徽班进京，广泛吸取各种戏曲的精华，适应北京的语言风俗，逐渐发展成影响全国的大剧种——京剧。到20世纪前中期，京剧舞台上出现了以梅兰芳等"四大名旦"为代表的诸多流派的杰出表演艺术家，饮誉海内外。由于他们的贡献，中国传统的表演艺术当之无愧地跻身世界三大表演体系之一，成为国宝级的艺术品种。

中国小说也许是世界上最长寿的文学形式，战国时代发其端，汉魏六朝分道扬镳，形成志怪、志人、杂史诸门类，到唐朝就出现名叫"传奇"的小说精品。但是以后千年与以往千年的小说，存在着实质上的差异。宋元小说接受了佛教俗讲的影响。由说话人在勾栏瓦舍表演，因而走向市场，并吸收了民间智慧，这就为这种文体的长足发展提供了深厚的社会和文化的源泉。宋元以后虽然还出现过属于志怪、传奇类型的《聊斋志异》这样的短篇杰作，但是源于民间说话，其后又有文人不同形式参与的章回体长篇和话本体短篇，已经逐渐成为最有成就的文学部门。明清时代的《三国演义》、《水浒传》、《西游记》、《金瓶梅》、《儒林外史》、《红楼梦》等六大古典小说名著，成为古代叙事文学的里程碑。晚清小说出现变异，讽刺或谴责之风极盛。

"五四"新文学运动以后，现代白话小说脱颖而出，以鲁迅为先驱，出现了茅盾、老舍、巴金、李劼人、沈从文、丁玲、赵树理等文学巨匠。20世纪中后期，又出现了《红旗谱》、《青春之歌》等文学名著。金庸的武侠小说也拥有众多的读者。中国少数民族文学也是中华文明的重要组成部分。在这一千年间有《格萨尔》、《江格尔》和《玛纳斯》三大史诗崛起于少数民族地区，至今仍被惊叹为人类史诗发展史上的奇观。

这一千年文学艺术的发展表明，中华民族是世界上拥有最丰富文学艺术资源和最精深文化传统的民族之一，它的精神文化创造能力也是第一流的。

五　千年文明的四大特点

中华文明的千年演进，给人以丰富的启示。这里既有光彩夺目的辉煌，也有惊心动魄的危难。辉煌与危难交替并存，使千年"中华文明经验"蕴含着深刻的"文化哲学"。一个曾经为人类提供指南针、火药、造纸术和印刷术"四大发明"，并且继续创造着典籍文化、医药文化、建筑文化和文学艺术"四大奇观"的古老民族，相对于近代西方文明的巨大变革，17世纪以后日益显得滞后、滑坡、衰落，甚至陷入深重的危机。如此世事沧桑的巨大反差，难道真的如孟夫子所说"彼一时，此一时也。五百年必有王者兴，其间必有名世者"？难道真的有什么"宿命"吗？

我们被历史规定着，我们又在能动地创造着历史。任何漠视和割断历史的做法，都是不足取的。孟夫子说过："君子不怨天，不尤人。"我们需要做的是对千年历史的经验教训，进行深入的总结和反省，用以作为创造新历史的理智支持和精神动力。这就是我们的"历史自审意识"，其中充溢着一种卧薪尝胆、发愤图强的顽强精神。

中华文明一千年的发展变化，其中所蕴含着的深刻哲学意义，上文已经有所论述。这里还想就中华文明所具有的四个明显特点，并由此而产生的三重疑惑作进一步的阐述，并就新世纪所面临的新课题略抒管见。

第一，中华文明具有强大的民族亲和力。这种亲和力底蕴深厚，源远流长，在东方文明起源之初，就包容黄河、长江、漠北、岭南的多元区域文明，并在其历史发展进程中，呈现出向中原内向汇聚以及中原文化向四周辐射的双向认同趋势。隋唐五代以后，辽、金崛起于北方，元、清统一中国。尽管是少数民族占据最高统治地位，但是他们依然继承、发展并推进着中华文明的不断前进，从而避免了世界其他地方发生过的文明传承中的断裂悲剧。

辽代疆域极盛时期，实行北南两面官制，"以国制治契丹，以汉制治汉人"。元代开国统治集团采纳耶律楚材的主张，"以儒治国，以佛治心"。忽必烈的周围形成儒士幕僚集团，甚至他本人也被尊为"儒教大宗师"。清代虽然也是少数民族统治，但在"收拾世道人心"方面也采取了一种崇儒重道的积极政策。

纵观千年文明发展的历史，每当改朝换代、民族冲突转剧之际，中华文明总是适时地起到了民族精神黏合剂的作用，互借所长，融合再生，使整个民族文化在痛苦中重获新的希望，走向新的辉煌。

第二，中华文明表现出强大的兼容性。对待不同文化的智慧，乃至纷繁复杂的宗教派别，中华文明总是以其中和的气质和集美的胸襟，兼收并蓄，容纳百川。从公元 1 世纪到 10 世纪，中华文明充分吸收了以印度西域佛教为主要成分的外来文化，同时又改造了外来文化，极大地促进自身的传统文化更快、更丰富、更健康地向前发展。

中国地域辽阔、民族众多，各民族的精神信仰有很大的区别。

没有文化上的兼容哲学，势必国无宁日。凭借着中华文明的中和精神和兼容哲学，各种文明模式和宗教流派往往能够在长期的共存和冲突中，逐渐发现和汲取对方的长处，寻找和重释相互可以沟通的精神脉络，在某种特殊的文化张力和渗透中探寻共同发展的可能。魏晋玄学实现了儒道合流，唐代三教并重，为大唐帝国的高度繁荣奠定了思想基础。此后，作为中国文化重要派别的儒、佛、道三教在宋代走向融合。这个时期，逐渐成为官方意识形态的程朱理学，"出入于释、老，反求诸六经"，从各种思想中吸取养分，这是人所共知的事实。

金、元时代与儒者关系极深的道教全真派，创教之初就"欲援儒、释为辅"，丘处机拜会成吉思汗时，建议向儒者垂询治国之道，"以敬天爱民为本"。并不是说他们创造的教派和学理有何等高明之处，而是说中国文化的本质中存在着化解冲突、走向共存的因素。尤其在民族冲突、宗教冲突、文化冲突日益成为困扰当代世界的焦点问题的时候，这种兼容精神必将成为一种世界性的精神财富而被发扬光大。

第三，中华文明具有自己独特的原创品格。这种独特性主要表现在向外拓展和形式转移的强大功能上，从而为自己拓宽了可供利用的智慧资源。以文学发展为例，一种文体发展到极致而转向僵化、衰落的时候，往往有一批敏锐的、有才华的文人把目光转向民间，从尚未定型的文体中汲取养分，开创新的天地。正如鲁迅所说："旧文学衰颓时，因为摄取民间文学或外国文学而起一个新的转变，这例子是常见于文学史上的。"

作为时代性文体的宋词，最初在隋朝不过是把西域胡人的俗乐转化为燕乐，初盛唐时期渐渐流传于教坊，无名氏依曲填词，中晚唐诗人参与其事，最终大盛于两宋。元代戏曲源于"近代教坊院本"。所谓"院本"，就是流行于伶人聚居的行院中的戏曲底本，可见也是民间艺术形式刺激了文人创作"新声"的灵感。成为明清时代标志性文体的小说，在晚唐五代接受了佛教俗讲的影响，在宋元时期流行于民间，最后由文人加工定型，出现了《三国演义》、《水浒传》、《西游记》和《金瓶梅》等"四大奇书"。

这一系列重大的由俗入雅、以雅化俗的文体转移和创新现象，说明中华文明最具有创造性的部分不是封闭的，而是开放的，向不同的文化层面开放。这一点，与"五四"新文化运动以后，中国文化向外国文化开放，从而推动自身现代化进程，可以说先后辉映。

第四，中华文明讲究事物的整体性和有机性。它注意事物的内在联系和外部关系，在文明创造中强调人与自然的协调与和谐。老子强调事物法则的相互联系，说"人法地，地法天，天法道，道法自然"。中国医学讲究把人体作为有机整体，人体又作为自然整体的一部分，已如前述。从这千年之初，宋朝太医局翰林医官铸造第一具针灸铜人，到这千年后期，清朝宫廷太医使用《明堂经络图》，都是把人体内外各组织器官看做不可分割的有机整体，由一症状而作全息透视，牵一发而动全身，通过局部刺激而调动全身的内在潜能。

中国绘画不拘泥于定点透视，而讲究流动视点的统合观察，山水云林，远近浓淡，都是用心和自然直接对话，从中体悟诗趣画境。园林艺术讲究"虽由人作，宛自天开"，讲究曲折错落的布局，达到曲径通幽的诗趣。又巧妙运用"借景"，把远近山峦塔影、河湖树木借来与园内之景相映成趣。

中华文明精华中这种对人、对艺术、对天地万象的协调性和整体性的理解，与现代环境保护意识有相通之处，不仅相通，而且还具有一种潜在的诗意。

六　知耻而勇的忧患意识

洞察世界大势的忧患意识，是一个民族革除积弊，充分调动和开发内在潜力的精神酵素。久历辉煌的中华文明，本应在世界潮流中发挥举足轻重的推动作用，但在这千年的后半叶二三百年间，却江河日下，危机重重，竟至陷入任人宰割的境地。历史赋予中华文明血泪淋漓的沉痛教训。纵观历史，我们既要增强发愤图强的信心，更要加深发愤图强的忧患意识。知耻而勇，方能奋起。

历史沧桑巨变的分水岭就在 15 世纪。

15 世纪以后的中国，特别是明代弘治、正德、嘉靖、隆庆、万历五个皇帝主政的 16 世纪，是中国国力下滑，逐渐与世界拉开距离的关键的一百年。在这一百年间，尽管统治阶层的有识之士也感受到了社会危机和巨大压力，也试图通过各种改革的措施对此做出反应，但是，封建制度中最具权威的皇权中心体制一方面过着醉生梦死、荒淫无度的生活，兼并土地，耗尽财力，加之宦官专权、藩王叛乱、官僚党争，把整个政治运作机制推进了腐败与内耗的怪圈，从而破坏了中国社会发展的生机和活力。

清代乾隆后期，盲目的自大和制度的僵化，致使自己与世界隔绝起来。有一位打着为乾隆祝寿旗号来华窥探虚实的英国使官说："支那朝廷于新学之发明毫不关心"，"不复以科学为人生所急"。而这个时候的西方，正是培根、笛卡儿的科学思想和实验方法生根开花，以牛顿的万有引力为代表的科学理论蓬勃发展，系统生物学、电学、化学取得重大成就，启蒙运动又逐渐树立起理性、法制和知识权威的世纪。

西方社会在技术起步上原本落后于中国两千年，这个时期首先从印刷术、火药、指南针的改进和运用入手，在不到两三百年的时间内迅速崛起。

首先，英国、法国资产阶级革命取得成功，宣告西方资产阶级的崛起以及资本主义的扩展。从此，资本主义生产力和生产关系使西方社会一日千里地赶上和超过了在缓慢中爬行的中国封建社会。其次，哥伦布发现新大陆和麦哲伦环游全球的壮举，引起了商业上的革命，扩大了世界市场，迅速把南北美洲、非洲、印度纳入其殖民地方式的商业市场系统。冒险开拓市场，市场带动工业，工业刺激科技，一盘棋就这样走活了。同时，德国进行了宗教改革。特别是英国，从圈地运动开始，棉纺、制造、交通运输业取得重大发展，并且迅速向海外扩张，以赤裸裸的暴力手段进行征服和掠夺，用火与血写下罪恶累累的殖民史。商人在政府的支持下，组织贸易公司，专营海外某些地区的商业，进行大规模的远程贸易扩张活动。

下列具体数字或许可以说明一些问题。1579 年伊士特兰公司成立，经营地中海东岸的贸易。1588 年几内亚公司成立，专门由非洲输出黄金和向美洲贩运黑奴。同年，英国击败西班牙的"无敌舰队"。1891 年冲破葡萄牙的海上封锁，进入印度洋。1600 年东印度公司成立，专门负责从好望角到东方一切国家的贸易，从此不遗余力地打通与中国通商的道路。1622 年英国伙同荷兰进攻澳门未果，抢劫了中国两艘装满货物的船。1637 年英国人威尔代率领的舰队，闯进珠江口，炮轰了虎门炮台。他们在海盗式的贸易中，获得了丰厚的利润。英国从 18 世纪 50 年代到 19 世纪 30 年代，不到百年的时间，由于工业化和军事扩张的结果，其生产力得到三百至四百倍的提高，成为当时第一工业王国。随后，欧美其他各国紧随其后，实现工业化革命，使得自己的国家在世界工业总量中所占比重迅速攀升。

据《大国的兴衰》统计，1750 年，中国占世界工业总产量的比重依然保持在 32.8% 的水平上，而整个欧洲不过占 23.2%。但是，只过了 150 年，1900 年，中国仅占世界工业总量的 6.2%，而欧洲一跃占据 62%。力量的对比发生了根本性的变化。

殖民者在国内与国际采用双重价值标准，是其惯伎。当全球竞争盛行弱肉强食的原则时，残暴一再强奸公理，欲壑难填，不思振作的弱国非陷入"人为刀俎，我为鱼肉"的任人宰割的悲惨命运不可。东西方列强乘中国国力下滑之机，开始了不依不饶的野蛮侵略行动。

葡萄牙、西班牙、荷兰、英国、俄国、德国、日本等先后插手了瓜分中国的阴谋。1514 年（正德九年），葡萄牙人首先到广东，1557 年（嘉靖三十六年）窃据澳门。1575 年（万历三年），西班牙人到达福建。1601 年，荷兰的军舰首次闯进中国领海。1624 年（天启四年），荷兰人侵占中国台湾，直至 1661 年被郑成功驱逐期间，在岛上实行残酷的殖民统治。1840 年（道光二十年），英国野蛮地发动了第一次鸦片战争，迫使中国签订丧权辱国的《南京条约》，其中第三款规定，中国永远割让香港给英国。1856 年（咸丰六年），英国挑起第二次鸦片战争，炮轰广州。第二年英国和法国联合出兵，攻陷广州。1858 年攻陷大沽，直逼天津城下。英、法、俄、美四国先后强迫签订《天津条约》。1860 年英、法攻陷北京，焚毁圆明园，强迫签订《北京条约》。1898 年（光绪二十四年），中英签订《展拓香港界址专条》，规定把位于深圳河以南、九龙半岛界限街以北及附近岛屿的中国领土，即所谓 "新界" 租借给英国，期限为 99 年。1903 年（光绪二十九年），英军入侵西藏，占领春丕、帕里等。如果说，英、法、荷兰等国家从东南沿海直叩中国大门的话，那么俄国则从陆路拆毁中国的篱墙。17 世纪 30 年代以后，俄国的侵略矛头已经越过外兴安岭，直指中国的黑龙江流域。1850 年侵占了黑龙江口的庙街。1853 年侵占中国的库页岛，并策划入侵黑龙江地区，以便 "牢固地控制邻邦中国"。1856 年后，沙皇俄国乘清政府内外交困，东北边境 "各路无防" 的时机，背弃《尼布楚条约》的规定，大举入侵黑龙江地区，军事威胁和外交讹诈双管齐下。1858 年（咸丰八年），迫使中国签订《瑷珲条约》、《北京条约》、《中俄勘分西北界约记》、《中俄改订条约》以及以后五个勘界条约，占领我 150 多万平方公里的国土，是侵占中国领土最多的国家。

后起的殖民者也不以他们在本国独立、统一和维新中受到的欺侮、凌辱为鉴，略动恻隐之心，反而自己一经强大，就把欺侮、凌辱强加给其他弱国。他们的信条是落井投石，弱国的命运也就雪上加霜了。自 19 世纪下半叶起，德国、美国、日本也相继加入瓜分中国的行列。早在 1874 年，在美国的支持下，日本入侵中国台湾岛，后又迫使清政府订立《北京专约》，规定日军撤离台湾，清政府给银50 万两。1894 年日本发动了甲午战争。翌年，议和全权大臣李鸿章同日本首相伊藤博文在日本马关签订了《马关条约》，割让辽东半岛、台湾、澎湖列岛。赔偿军费白银 2 亿两。开放沙市、重庆、苏州、杭州为商埠，允许日本在通商口岸开设工厂。1914 年（民国三年），日军借口对德宣战，侵占山东潍县车站，旋即占领济南，胶济全线遂为日军所占。1897 年（光绪二十三年）冬，德国借口传教士在山东被杀，派军舰强占胶州湾。第二年，它强迫"租借"胶州湾，把山东变成德国的"势力范围"。其他帝国主义国家竞相效仿，掀起了瓜分中国的狂潮。1899 年美国向英、俄、德、日、意、法等六国政府提出"门户开放"政策，承认各国在中国的势力范围和特权，同时要求在其他各国的租借地和势力范围内享有均等的贸易机会；要求中国内地全部开放，享有投资权利。美国在中国的侵略势力日益膨胀起来。1900 年（光绪二十六年），新老殖民者组成八国联军攻入北京，次年签订《辛丑条约》，在西太后"量中华之物力，结与国之欢心"的诏令下，赔款四亿五千万两，超过清政府年收入的五倍。若加上《马关条约》的两亿两，所负赔款之沉重，足以扼杀一个民族的经济生机。

面对日益沦落、饱经蹂躏的破碎山河，人们为之感慨，为之疑惑：中国的科学技术传到欧洲，伴随而来的是文艺复兴运动和近代工业革命，而在中国却没有产生这样的结果。一种文明，两种命运，这是什么原因？同样是环游世界，哥伦布的成功，激发了欧洲人的拓展精神，决心通过海洋战略来改变世界的政治和经济力量的对比，其结果是获得丰厚的财富，并由此刺激产生追求更多利润的欲望。而郑和七下西洋虽然堪称世界航海史上的壮举，却主要是为宫廷享乐生活增添新鲜刺激，缺乏用域外探险拉动国内生产需求的强大机制和精神动力，并没有形成更大范围的冲击波。这又是什么原因？当欧洲相继完成文艺复兴、工业革命蓬勃发展之际，昔日的赫赫天朝却逐渐走上闭关锁国的道路，最终成为西方列强蚕食的对象。这到底是什么原因？

反省自己比起怨天尤人，更能够体现一个民族自我拯救和振兴的历史理性。一百多年来，中国革命的先行者们一直在理论与实践这两个层面上苦苦地思索着这些萦绕于怀的困惑，一直在努力寻求着重振中华雄风的出路。洋务运动、百日维新、辛亥革命等挽救衰败的实践活动相继失败，更促使人们睁开眼看世界，从中西文化思想的比较中，从中华文明的盛衰际遇中评估礼乐文化的优劣，反思家庭文化与探险精神的矛盾，探寻科技思想和义利观念的冲突，衡量创新意识与社会体制革新的关系等，强化了国人的危机意识。

林则徐、魏源等早期启蒙思想家重新审视了世界大潮的变化，发觉自己落后的危机。魏源在《海国图志》中就用了相当大的篇幅专门评述了西方近代科学技术的发展及其成就，逐渐意识到科学技术是富国强民的必由之路和根本保证。另一位著名思想家、文学家黄遵宪也在《日本国志》中指出，欧美诸国在近代以来所以能够飞速发展，最根本的原因在于它们重视和发展科学技术。他说："今欧美诸国，崇尚工艺，专门之学，布于寰宇。""举一切光学、气学、化学、力学，咸以资工艺之用，富国也以此，强兵也以此；其重之也，夫实有其可重者也。"

这种观念，在儒家文化长期居于主导地位的中国封建社会，不啻是破天荒之论。科学技术的发明，绝非一个孤立的科技问题，而是与国家政治体制相配套，与社会经济发展相适应，与国民科技意识相联系。中国封建道统文化崇义非利，把科学技术视为"奇技淫巧"，对于科技的自觉的和体制性的发展具有较强的排异功能。在这种文化背景下，很难设想由封建统治集团来建立相互激励和推进创新的科技体制。鸦片战争以后，许多有头脑、有良知的志士仁人痛定思痛，日益清醒地意识到了科学技术对于一个国家、一个民族事关生死存亡的重要意义，从根本上改变了中国文化中对于科学技术的歧视与偏见。科技救国，一时成为当时先进知识分子的热切追求。

然而，当中华文明进入第二个千年的最后一个世纪时，异常严酷的现实告诉中国人民，国家的兴盛，经济和科学技术的发展虽然扮演着重要的角色，虽然影响着社会结构、政治制度和战略地位，并成为一个国家强大和兴盛的主要推动力。问题是，谁来操纵或破坏这个推动力，谁来促进和阻碍这个推动力，这才是事物的本质所在。正如战争年代，武器虽然是取胜的重要因素，但不是决定性的因素；经济和科学技术虽然至关重要，但却是由人来掌握的。如果缺乏强有力的正确领导和有效机制，如果缺乏广大人民群众的积极参与，渴望科技救国，依然是一个遥远的梦想。

由此可知，毛泽东主席在1949年的开国大典上宣告"中国人民站起来了"，这句气壮山河的宣言在中国命运进程中具有何等伟大的史诗般的分量。正是中国共产党人领导人民前赴后继，进行了具有史诗般震撼人心和成效卓著的艰苦奋斗，才选择了建设具有中国特色的社会主义道路，将独立、民主、繁荣、富强的梦想变成现实。在毛泽东的政治军事战略和邓小平的改革开放战略的指引下，中国人民昂首挺胸地站立起来，脚踏实地，向中华文明的伟大振兴迈开雄伟步伐。

七　再创辉煌的崭新世纪

人类进入新千年以后，面对经济全球化的潮流和国际政治多极化的趋势，每一个有所作为的民族都试图从战略的眼光审视未来世界的走向，并对世界历史和文化的发展进行更高层次的思考。

科学技术的突飞猛进已经达到了一种前所未有的程度，它要求打破地区或国家的封闭与限制，在国际市场的范围内实行对资本、技术、原材料和劳动力等生产要素的迅速流通和优化组合。它有可能使进入新千年的人类获得享有文明发展的共同成果的广泛机遇。同时，这种经济全球化趋势，仍是以国际经济秩序的不平等性、国际金融体系的不合理性，以及发达国家操纵市场游戏规则的霸权姿态和利己主义为重要特征的。因此机遇与风险同在。许多国家，尤其是发展中国家时时都感受到时间的压力，速度的压力，全球战略举措上的压力，并在多重压力中考验着民族生命力的坚韧程度。

当前，某些崇尚霸权的国家用"民主"、"人权"一类词语包装它们的特种价值观，干涉别国内政，并通过卫星全球转播、互联网超国界联通以及电视电影节目大量倾销的方式，对世界各国丰富多彩的文明进行着人类有史以来最为严重的"脱色处理"。

在这样一个历史背景下，保护人类文化生态，维护多民族的文化景观，为这个世界多保留一份精彩，也就成为新千年人类发展的一项战略性目标。

中华文明对新千年充满乐观。这是深晓机遇与风险同在的负责任的乐观。作为世界上最大的发展中国家，我们在经济和科技诸方面，与发达国家还存在着很大的差距。中华民族的全面振兴是一个必然的趋势，也是一个漫长的、需要长期发愤图强的过程。为此，我们在前人未曾做过的建设具有中国特色的社会主义事业方面，就必须锐意进取，勇于探索，充分吸收全人类优秀的科技文化成果，弘扬中华文明的优良传统，重振博大精深的汉唐魄力，展现其历久弥新的现代气象，使之融入现代文明的长河中，继续为全人类的共同发展，做出独具神韵的贡献。

从上一千年文明发展的历程来看，在相当长的一段时间里，是西方向东方学习，并很快将这种学习成果转化成巨大的生产效益。

譬如说我国的纺织工具手摇车，从出现到宋代时多锭纺车的发明使用，前后大约经过了1300年，此后到明代，又是600多年，纺织工具似乎没有根本性的变化。而欧洲14世纪才出现手摇纺车，比我国晚出现近1600年，但是到了16世纪就出现了多锭纺车和自动纺车，这中间相距不过200多年，比我国缩短1100多年。

又譬如我国从春秋末年即开始冶炼工业，而欧洲从12世纪才从阿拉伯人那里学来炼丹术，中国先于欧洲1700多年，但15、16世纪，欧洲与中国在冶炼设备、冶炼工艺等方面基本达到同一水平。这中间的差距也是十分明显的：中国冶炼技术从发明到成熟用了2100年，而欧洲仅仅用了400多年。

时间就是优势，科技创造财富。1780—1870年，最早发生技术革命的英国，纺织用棉量增加200倍，钢铁产量增加350倍，煤产量增加 42 倍。特别是这千年的后半叶，欧洲的科学技术呈加速度发展趋势。电机和内燃机的广泛使用，不仅使原有的重工业部门有了进一步的发展，而且导致一系列新的重工业开始在世界工业中占据主导地位，带动全部国民经济的大发展和工业化的实现。这一事实说明了一个深刻的道理：一个国家、一个民族要想加速自己科技文明的发展，就必须借鉴全人类最优秀的科学技术和文明成果，取长补短，刺激创新，而闭关锁国是没有出路的。

16 世纪以来，随着资本主义的崛起和工业革命的完成，欧美诸国逐渐后来居上，在世界舞台上扮演了重要的角色。正如马克思在《共产党宣言》中所说："资产阶级在它的不到一百年的阶级统治中所创造的生产力，比过去一切世代创造的全部生产力还要多，还要大。"[16] 相比较而言，近代中国落伍了。

我们必须化忧患意识为全面振兴的精神原动力，掌握历史发展的主动权。一百多年来的实践经验告诉人们，只有社会主义才能救中国，只有社会主义才能发展中国。社会主义在中国的建立时间虽然很短，但是它有着资本主义无可比拟的优越性。它在保持自己强大的政治优势的同时，完全可以在更短的时间内汲取他人之长，创造"中国奇迹"。

事实也正是如此。千年中国在最近 20 年中创造了以往所不能想象或不敢想象的巨大生产力和物质精神财富，并且在历史上前所未有地迈向小康社会。中国经济的增长率保持在年均 8% 以上。到 2000 年年底，我国国内生产总值已经达到 8.9 万多亿元。按当时汇率折算，首次突破 1 万亿美元，约占世界生产总值的 3%，居世界第 7 位。我国外贸进出口总值达 4743 亿美元，在世界上的位次由 1999 年第 9 位上升到第 8 位，占世界贸易总额的 3%。

根据《国民经济和社会发展第十个五年计划和 2010 年远景规划》，今后十年的经济增长率年均在 7% 以上。照此速度发展，到 2010 年我国生产总值将达到 2 万亿美元，外贸进出口总值超过 1 万亿美元。其生产总值和外贸总额均占世界总量的 5% 以上。到那时，我们国家真正可以说已由"经济大国"向"经济富国"结结实实地迈进了一大步，成为严格意义上的多极世界经济格局中新的一极而自立于世。这与一百年前那种百孔千疮的旧中国形成了多么鲜明的对照啊。

纵观千年，回顾百年，我们百感交集。新中国成立五十多年社会主义实践的经验和教训告诉我们，中国要发展壮大，归根结底，就是在独立自主、自力更生地发挥自己的创造精神的同时，充分地汲取和借鉴人类一切优秀的文明成果，包括资本主义创造的一切有价值的成果，从而创造出既无愧于五千年中华文明的光荣历史，又能推动人类文明发展的全新社会形态和物质精神成果。

在跨进 21 世纪大门之际，我们冷静地反省自己走过的辉煌而又曲折的历程，深刻地总结这千年中外文明兴衰交替的经验教训，最终展现在我们面前的依然是这样一个已为历史证明，并将继续为历史证明的真理：中华文明的生命力和创造力，是可以战胜一切艰难险阻而重造辉煌的。在建立具有中国特色的社会主义的政治优势下，中国经济、社会和文化的全面振兴是任何势力也阻挡不住的。

中华文明已经以一种崭新的姿态走进新的千年，迎面而来的是丰富复杂的历史机遇和严峻的挑战。继续推进现代化建设、实现祖国统一、维护世界和平与促进共同发展，是我们进入新世纪所面临的三大任务。宋人曾公亮诗云："要看银山拍天浪，开窗放入大江来。"驾驭全球波澜壮阔的风浪，实现中华民族的全面振兴，已经成为新千年的伟大目标。对此，我们胸罗风云，充满信心。

注释：

[1] 唐太宗语，他在悼念魏徵时说："人以铜为镜，可以正衣冠；以古为镜，可以见兴替；以人为镜，可以知得失。魏徵没，朕亡一镜矣。"
[2] 保罗·肯尼迪：《大国的兴衰》，国际文化出版公司 2006 年版，第 5—6 页。
[3] 《周易·贲·彖辞》。

［4］当年戊戌变法失败后，日本使馆曾派人与他联系，表示可以为他提供"保护"，他毅然回绝，并对来人说了所引的这段话。

［5］1894 年 11 月，孙中山在檀香山华侨中发起成立了第一个反清革命团体——兴中会。在为兴中会起草的章程中他明确提出："是会之设，专为振兴中华、维持国体起见。"这便是"振兴中华"这一口号的由来。

［6］参见·《人民日报》2000 年 1 月 1 日第 1 版。

［7］陈寅恪：《金明馆丛稿二编》，生活·读书·新知三联书店 2001 年版。

［8］参见［美］卡特《中国印刷术的发明和它的西传》，商务印书馆 1957 年版，第 9 页。

［9］《马克思恩格斯全集》第 47 卷，人民出版社 1979 年版，第 427 页。

［10］《马克思恩格斯全集》第 10 卷，人民出版社 1998 年版，第 468 页注。

［11］《马克思恩格斯选集》第 3 卷，人民出版社 1995 年版，第 510 页。

［12］转引自李云泉主编《中西文化关系史》，泰山出版社 1997 年版，第 124 页。

［13］弗朗西斯·培根：《新工具》，商务印书馆 1986 年版，格言 129 条。

［14］《十四大以来重要文献选编》，人民出版社 1997 年版，第 1389 页。

［15］张载：《张子全集·张子语录》。

［16］《马克思恩格斯选集》第 1 卷，人民出版社 1995 年版，第 256 页。

写好时代的地方志

（2001 年 12 月 20 日）

　　全国第三次地方志工作会议，是在新中国第一届修志任务基本完成、新一轮修志工作即将启动之际召开的，它也是新世纪第一次全国地方志工作会议。这次会议将对新中国成立 50 年来第一轮修志工作的经验进行总结，并对第二轮修志工作做出部署。因此，它具有承前启后、继往开来的重要意义。

　　希望大家在这次会议上，在肯定成绩、总结经验的基础上，认真研究一下我们新一轮修志工作需要做的事情。朱佳木同志[1]刚才所做的工作报告和毛福民同志[2]所作的《关于全国地方志工作的若干规定》的说明，反映了我们改革开放 20 年来修志工作的基本成就和经验，提出了新世纪地方志工作的设想，内容很全面，我完全赞同。下面，我想就地方志工作的几个问题谈一点自己的看法。

一　地方志工作取得的成就

　　记得 1986 年，曾三同志[3]在主持第一次全国地方志工作会议时就提出，在 20 世纪末或稍长一些时间，要基本完成全国省、市、县三级志书的编修工作。人们在当时就曾估计到，这项工作可能会有很多困难，在一些地方可能不会按时完成。但是，我们还是下了这个决心。而且，第二届指导小组仍然坚持了这个意见。

从第一轮修志工作开始，特别是自上个世纪80年代初到现在，中国的地方志事业获得了很大发展，修志工作取得了巨大成就。经过20多年的努力，基本完成了第一届修志工作所提出的任务，建立起了具有中国特色的、将中国历史文化传统和时代相结合的志书体例，积累了比较丰富的经验，成就了一项事业，使方志成为一门学问、一个学科，为今后特别是第二轮修志工作奠定了良好的基础。

目前，全国已编纂出版新编省、地、县三级志书4789部，一些省市已全部完成首届三级志书的编纂出版任务。各地还编纂出版了许多专志和地情资料。在修志工作中，逐步形成了一支包括2万专职人员在内的10万人的修志队伍，并且产生了一批修志方面的专家学者。如此丰硕的修志成果和如此庞大的修志队伍，这在中国方志发展史上都是空前的。

二　要充分认识地方志工作的重要性

编纂地方志在我国有着悠久的历史传统。中国志书在世界上独树一帜，是我国历史文化的优势，具有独特的历史文化价值和经世致用的价值。因此，地方志工作绝不是可做可不做的事，而是一定要做好的事情。

现在我们所从事的是社会主义的地方志事业，修志工作是政府行为，是在各级党委领导、政府主持下对地情、国情的全面调查。编修社会主义新方志，是两个文明建设的重要组成部分，是社会主义文化建设的一项系统工程，是承上启下、继往开来、服务当代、有益后世的千秋大业。新编地方志是一种特殊体例的著述，是汇集我国各地自然、人文、社会、经济的历史和现状的全面、系统、准确的国情书、地情书。它真实地记载了中国历史发展的脉络，特别是新中国历史前进的足迹。

志书"存史、教化、资治"的作用，特别是"存史"的作用，已经表现出来。志书史学体例的特点在于，它是断面地、横切地而不是纵向地分析社会，是当代人记述当代事的一种学术事业和文化事业，完全反映当代人的思想行为和认识，对我们当代人所从事的事业，对于后人，都具有极大的借鉴意义。各级党委和政府一定要把修志工作当成一项重要的政治建设、思想建设、文化建设、史学建设的工作来抓，要代代相承，世世相传。

三　进一步做好新一轮修志工作

要把新一轮修志工作做好，就要特别注意总结上一届修志工作的经验。正如我们搞社会主义一样，如果没有社会主义实践，是不可能有社会主义经验的，只能是停留在书本上来认识社会主义。无论是对一个国家和民族来说，还是对一个组织和群体而言，最可宝贵的就是自己的实践。自己走过的路，是自己走向未来最宝贵的财富。所以，总结过去 20 年的经验，是我们在新世纪将地方志工作提高到一个新水平的关键所在。如"党委领导、政府主持、各级地方志编委会组织实施"的体制，"一纳入、五到位"的要求，坚持实事求是、求真存实的原则等，凡是成功的经验，我们都要坚持。地方志本身，可以说就是一部当代人的史诗和记录。

要把新一轮修志工作做好，就要坚持质量第一的原则。"志乃信史"[4]，真实、准确是志书的根本，质量是志书的生命和价值所系。我们现在修志的基础和条件，已不是"文化大革命"结束时的基础和条件。那时，百废待举，为填补空白，人们几乎是以突击和抢救的方式来修志和搜集资料的。而现在，我们的地方志工作已经有了很好的基础和条件，至少已有了近 5000 部志书，又有改革开放以来这么多的资料积累，还有了现代化的修志手段。既然基础不同了，条件不同了，任务和要求也要有所不同。对于续修志书和新一轮的修志工作，在质量上应该有新的更高的要求，从一开始就把质量放在第一位。要把精品意识贯穿到工作的全过程和各个环节，一切工作都以出精品作为纂修志书的基本精神，不要在数量和速度上做文章。我们可以设想一下，在今后 10 年，我们还要编四五千本或五六千本志书，如果质量上出了问题，那会造成什么样的结果？不仅贻害子孙，还会危害当代，失去它的文化价值和社会价值。

因此，新一轮修志就是要推出一批符合时代要求，具有很高科学水平和重要文化价值、社会价值的志书，使修志真正上升为一个科学体系，把修志真正当成一门学问和学术来做。一本好的志书，在某种程度上并不亚于一部学术专著。只有具有科学性、文化价值和社会价值的"名志"、"佳志"，才可能流芳百世，为后人所借鉴，为当代人资政。每部志书都是一部学术著作，都是一部精品，这是对新世纪修志工作最基本的要求。

当然，我并不是说我们现在的志书质量存在多大的问题。问题总是有的，这有历史的客观的原因。我要说的是，新一轮修志工作如果一开始不把质量摆在首位，那么，不仅将来编纂出的志书在质量上难以保证，而且还会受到社会各界的批评和责难。

要保证志书的质量，首先要做好充分的资料准备，在充分准备和积累的基础上，进行科学的纂修。其次，要形成志书自己的科学规范和概念体系。我们的史学研究已基本形成了独特的学术语言、话语体系和自己的概念、范畴、体例，并由此成为一门科学。在修志工作过程中，注意吸取中国历史上优秀的文化传统，借鉴其他科学，特别是人文社会科学的成就，形成志书自己的一套科学规范，这一点是极为重要的。任何文化知识，如果不具有科学性质，就不可能资世和垂世。第三，要做好规划。现在不能再像第一轮修志开始时那样，仓促起步，而是要充分论证和规划。就像国家计委批准一个项目，首先要反复论证它的科学性、必要性、可行性。这种可行性研究已成为我们修志工作基本建设方面一个必不可少的内容，我们编修新一轮志书，也一定要充分论证。充分论证也就是总结经验，就是一次培训，一次学习，就是把经验上升到理论的过程。

这次会议之后，全国各地无论是已完成第一轮修志的还是正在加速进行的，都要论证新中国第二轮修志规划。怎么修，修什么，为什么修，都需要认真研究。就全国来讲，如果我们想让包括 2 万专职人员在内的 10 万大军积极投入新世纪新一轮方志纂修工作，就必须把很有价值、很有前途的规划拿出来，不要忙于分配任务。这样，大家才能够投入，才知道怎么办。要把规划当作一门科学。各地搞出的规划，要报省委、省政府和各级政府通过，纳入各级政府工作的议事日程。

四　要做好用志工作

要进一步研究修志和用志的辩证关系。修志的目的在于用志，用志是在新一轮修志基础上开始第二轮修志的最重要的一个环节。唯有用志，当代人用志，后代人用志，才能体现志书的价值，才能资政，才能利民，才能检验志书的优劣、真伪和正误。有志不用，就失去了它的实践性，也就失去了检验标准，那它就只是纂修人员自我欣赏的东西，而不能成为社会的公利之物。把新一轮修志前的准备工作放在用志上，是为了更好地修志，是我们方志工作者责无旁贷的责任。

用志要大胆探索，要有创新精神。志书首先是服务当代人的，自然应当以当代人的社会实践和需要作为标准。离开了当代人的实践和需要，后人怎么用志？只有对当代人服务好了，后代人才会从用志的历史过程中加以总结。如果志书不得用或未尽其用，那怎么获得社会的承认呢？它的文化价值和社会价值怎么体现出来呢？有用处才能有价值。

要通过对地方志这座丰富的地情、国情资源宝库的开发利用，根据社会各方面的需要，尽快编纂各种各样的专著、论文、资料，尝试出版地方志音像制品，如电子版、光盘，逐步实现数字化、网络化，利用现代化手段收集、整理、加工、存储资料，提高工作效率，并通过现代信息手段，不断扩大地方志的影响，实现地方志的成果价值。

要召开几次专门讨论如何用志的工作会议。要有针对性地来用志，要知道政府需要什么，怎样为政府不断提供用志材料；还要知道怎样为各级干部、为学校、为普通百姓提供服务，怎样为青年知识分子和学生提供他们自己的家乡志，等等。为了扩大志书的读者面，方便领导查阅和群众阅读，各种志书还要出简本，要搞干部读本和群众读本，使之成为各级领导干部的案头卷和群众的家藏书，从而为地方志事业的发展赢得更好的环境和条件，形成良性互动的发展形势。

五　要重视修志人才的培养

志书是人修的，所以修志人的素质决定着志书的质量。有什么样的人才素质就会产生什么样的志书。志书的质量取决于人才！新的世纪，新的历史时期，在编纂地方志方面，我们已经有了很好的条件。要建立一门学问和学科，就必须培养一批专家。新一轮修志工作一定要依靠专家。

因此，我建议各个地方，在新老交替的时候，要充实一批大学生，吸收一些有志于此的青年人，为他们创造良好的工作和生活条件，在科学的道路上给他们以光明的前途，使他们经过若干年的锻炼，成为中国新一代志书专家。国务院过去已经作了批示，可以解决修志人员的职称问题。各地要把这项工作看做稳定和发展修志队伍一个重要措施。

我相信，再经过十年的努力，必然会产生出一批在这方面有很深造诣的学者；修志这门学问和学科，将愈益显示出它的独特文化价值和学术价值。这也是我们志书人的光荣职责和神圣使命。史学家有史学家的任务，志书家有志书家的任务。我们不仅要纂修志书，而且要把它作为一门学问建立起来，建设方志学科，培养方志专家。我曾经提出要编纂《志书通鉴》，目的在于总结我们自己的和国际的文化历史经验，对修志这门学问加以概括和总结。当然，《志书通鉴》还具有理论性质。这些基本的工作现在就可以而且应该开始做。

明年，地方志办公室要组织全国力量编写教材，为各地修志人员的培训做好准备。明年最好先完成几种形式的教材，如果条件允许的话，有的地方也可以同时写不同的教材。在这个问题上，要提倡"百花齐放、百家争鸣"。应该从明年开始制定今后几年的全国人才培训计划，大规模培训人才，把我们已有的经验，变成新一轮修志的精神财富，新一代修志人的知识基础。如果没有一批铁心于此、甘于奉献的志书人，没有一批学者和专家，志书的质量是不可能提高的。

同时，我们还要重视培养能专门为社会服务的用志人才。唯有用志，才会使志书纂修工作代代相济，连绵不断；也只有用志，才会使我们这支队伍的素质不断提高，才能知道进一步编纂的意义。

六　要加强地方志理论的研究

这一届地方志指导小组的领导干部已经基本实现了年轻化，其工作任务也应有所变化。今后，地方志指导小组办公室除了要继续为地方志指导小组服务，组织协调全国地方志工作外，还要特别重视对方志理论、方志学以及志书的体例和规范的研究，形成深入研究志书理论的局面。建立科学的志书理论，是一项很迫切的任务。没有科学的理论指导，不讲科学性和学术性，志书的质量就没有保证。

从明年起，要设立志书方面的研究课题。今后几年，要吸收一批有理论素养、有志于修志工作的人进行理论研究。现在，地方志杂志刊载比较多的还是工作性的文章，今后要注意经常推出一些理论性文章，探讨地方志理论，对各地方志工作的实践经验进行理论概括和总结。而且，每年都应当召开理论研讨会。

我认为，今后地方社会科学院都应参与地方志工作。国务院委托中国社会科学院来具体承办地方志工作，各个地方的社会科学院也应积极介入方志理论和方志学的研究。研究人文社会科学的学者都应关心和研究方志理论，并充分利用方志成果。另外，各个地方的大学也都应当参与地方志工作，各地方志部门也要积极吸收大学教师参加地方志工作。他们有的可以做理论研究工作，有的可以做人才培养工作，有的还可以直接参加志书的撰写。同时，还要充分发挥一些退下来的学者，特别是研究历史和政治经济学的学者的作用。他们中不少人也有志于此，至少是有兴趣。

总之，要调动一切积极因素，把有志于此的各种社会力量都吸收进来，让他们从不同方面参与地方志的工作。这样，在修志特别是在用志方面一定会有更新、更广阔的天地。

七　新一轮修志工作要有体制保证

任何体制都是一种制度保证。如果在开始新一轮修志工作时，体制不到位，不在总结历史经验的基础上不断完善各个方面的体制，包括领导体制和内外合作体制，那么，修志工作肯定搞不好。在这个问题上，各地的情况可能有所不同，一定要从自己的实际情况出发，把体制理顺。各地地方志办公室要把这一问题作为一个重要问题，向当地政府汇报。

我想，新一轮的修志工作不能完全继承20世纪的体制。我国在经济体制上已经发生了根本的变化，许多事情要按市场经济的规则，进行市场运作。地方志办公室既是政府的一个职能部门，又要成为一个研究单位。这是一种体制上的设置。此外，在人事制度上，要更多地采用聘任制、合同制，这也是体制问题，在经费上，除了依靠来自于政府的拨款外，还要充分吸收来自于社会的捐赠，甚至可以通过用志，从社会上获取一部分报酬。总之，要使志书人感到有前途，要体现志书工作的社会价值，要得到社会的回报。

因此，志书体制问题是我们新一轮修志所必须解决的问题。我们不能津津乐道于上一个世纪已经解决的体制问题，而是要在新的

情况下有新的发展。在修志工作过程中，还要积极开展国内外学术
交流。

八　修志工作要坚持正确的指导思想

我们编纂志书是为中国社会主义现代化建设事业服务的，是为
中华民族的全面振兴服务的，是为当代社会各个方面的需要服务的。

志书有没有它的灵魂和指导思想呢？中国当代社会的指导思想，
当代社会的基本方针政策，当代社会的基本理论就是我们志书的灵
魂，就是我们编纂志书的指导思想。怎么能离开时代的精神、当代
的理论和指导思想去纂修一部反映当代人事迹的书呢？我把地方志
叫当代书，不叫当代史，因为它是一种特殊的"史志"，是记述当代
人各个方面实践活动的。所以，这种当代书，当然是当代人思想理
论体系的表现，是对当代人活动的记述。关于这一点，地方志工作
者都必须明确。

在新的世纪，我们要继续毫不动摇地坚持以马列主义、毛泽东
思想和邓小平理论为指导，认真贯彻江总书记"三个代表"重要思
想。在志书工作上如何贯彻"三个代表"重要思想呢？就是要为当
代服务。各省、市、县都有自己具体的发展方针、政策和任务，地
方志要反映各级政府为发展当地事业所确立的方针、政策和任务。
同样，各个行业也有自己的方针、政策和任务，它们都是党和国家
总的方针、政策和任务的组成部分，都是对总方针总政策总任务的
具体实施和落实。所以，在新一轮修志工作中，指导思想要更明确，
要更全面、更准确地反映时代的精神和当代所发生的事情。

志书在一定程度上也是史学。这里，我想谈一谈近年来在史学
研究领域中存在的一个问题，通俗地讲，就是"造史学"问题。什
么叫"造史学"呢？就是胡编乱造历史，给历史泼一盆脏水，把历
史搞得污垢不堪，不堪入目，无一是处，一团漆黑。结果，后人不
知道真实的历史是什么。你们可以看看苏联解体以后一些人所撰写

的历史，他们把苏联共产党执政 70 年的历史，把苏联社会主义 70 年的历史涂抹成了什么样子？整个是一部黑暗史。如果照此下去，一个民族还怎么前进，怎么发展呢？

历史上曾经有不少这样的先例，即灭其国先灭其史[5]，抽取其历史的一个部分，加以篡改，使这个民族失去了自己的精神支柱，使这个民族在走向未来的时候，有一段空白，有一段不堪回首的历史。于是，这个民族的精神受到巨大的损害、摧残，乃至遭到泯灭。刀笔吏也很厉害，下笔就能给人定案哪！功过是非都在笔下，笔也可杀人灭国呀！所以，志书人的政治素质，志书人的学术良心，志书人遵循哪一种理论，是非常重要的。一些人的所谓"造史"（当然还不是讲文艺上的"戏说"之类），就是通过各种各样的个人杜撰、揣测、"分析"，来伪造历史。现在，摆在我们面前的许多史实就真伪不清嘛。有的人在描述历史的时候，好像最后只剩下他一个人在撰写和裁定历史，后人只能以他之史论为结论。这是很危险的。

苏联解体以后，在历史学研究上出现的"造史"现象，对我们的志书人，对历史学界，对社会科学界，都是一个非常深刻的教训。我们要写苏联（社会主义）史，写苏共史。对于这一社会主义历史发展阶段的经验，我们要总结。对于这笔财富，共产党人怎么能不继承呢？无论成功与失败，都是历史经验，都是我们应当继承的遗产。

现在，我们记述当代史，就是要真实地记述我们社会生活的各个侧面。写历史离不开照片。从这个意义上说，所有历史都是当代史，所有史学都具有很浓烈的社会色彩。为什么一代又一代的人都在写史，而且有的史写了几千年还在写？这里就有一个为当代人服务的问题。我们应当从时代精神方面来理解历史，要继承历史上优秀的文化传统。

任何一门学问都有自己的局限性，也就是它的历史的、阶级的局限性。我们的志书同样也有局限性，但我们力求真实、准确地记载历史。1986 年，乔木同志曾经专门讲过要注意志书工作中存在的一种倾向，就是过分地政治化、宣传化，不能真实地反映历史事实和历史过程。他提出要实事求是地反映历史过程。上个世纪80年代初，耀邦同志在重庆也曾提到志书问题。他说，重庆史要真实地反映历史，包括当时国民党在重庆陪都时的情况。所以，志书的价值在于它真实地存史，具有写真意义。这也是我们建立志书理论所必须注意的。

我们正处在一个最广泛、最深刻、最激动人心的大变革的时代，地方志事业将面临更多的挑战和机遇。盛世修志，功在千秋。希望各级领导和广大方志工作者，在新的世纪里积极进取，不辱使命，进一步推动中国地方志事业的发展和繁荣。

新年将至，在此我谨代表党中央、国务院，向全国地方志工作者致以亲切的问候，预祝这次会议成为新世纪新一轮修志工作的良好开端。

注释：

[1] 朱佳木同志：时任中国社会科学院副院长、中国地方志指导小组常务副组长。

[2] 毛福民同志，时任国家档案局局长、中国地方志指导小组副组长。

[3] 曾三（1906—1990），时任中共中央顾问委员会委员、中国地方志指导小组组长。

[4] "志乃信史"即"志属信史"，由清代杰出的史学理论家和方志学家章学诚第一次提出。他对地方志的性质作了科学界定，明确了方志的性质。章学诚力排陈说，提出了"志乃史体"、"志乃史裁"、"志属信史"、"方志为国史要删"、"方志乃一方全史"等主张，将方志纳入史书范围，认为史书与志书具有同样的性质和作用。他说："有天下之史，有一国之史，有一家之史，有一人之史。传状志述，一人之史也；家乘谱牒，一家之史也；部府县志，一国之史也；综记一朝，天下之史也。"

[5] "灭其国先灭其史"，清龚自珍说："灭人之国，必先去其史；灭人之枋，败人之纲纪，必先去其史；绝人之材，湮塞人之教，必先去其史；夷人之祖宗，必先去其史。"后章太炎将其概括为："欲灭其国者，先灭其史。"

关于民主理论的几个问题[*]

——《论民主》一书的绪论

（2001 年 12 月）

发展社会主义民主政治，是建设有中国特色社会主义的伟大历史任务之一，也是实现社会主义现代化和中华民族全面振兴的最重要的政治保证和制度保证。

为了把有中国特色社会主义民主政治建设不断推向前进，需要进一步加深对有中国特色社会主义民主的系统理解；海内外敌对势力妄图利用"民主牌"，实现对我国进行西化、分化、弱化的政治图谋，有中国特色社会主义民主自然成为它们攻击的重点，也需要认真加以回应。因此，加强民主问题研究，系统地论述马克思主义经典作家的民主理论，阐明有中国特色社会主义民主的基本理论、基本制度和基本特征，总结民主政治建设的历史经验，分析当前的新问题，对于进一步增强全党和全国人民的民主意识，树立正确的民主观，积极稳妥地推进社会主义民主政治建设，坚定不移地走自己的民主之路，无疑具有重要意义。在这里，我想就民主理论中的几个问题，做一些探讨。

---

* 本文发表于《中国社会科学》2002 年第 1 期。

一

民主概念是历史的、具体的、发展的。在人类历史上，作为政治上层建筑的民主，是随着阶级和国家的产生而产生，又是随着阶级和国家的变化而变化的。

"民主"一词起源于古希腊语的 δημοκρατία。δημos，意思是民众，κρατία 意思是掌握、做主，合在一起就是民众掌握、做主。因此，后人把 δημοκρατία 译为"人民统治"，就是人民管理自己的事务。古希腊历史学家希罗多德（公元前484—前430/420）在其所著《历史》一书中，最早把雅典的政治制度称为民主政治。雅典著名政治家伯里克利（公元前495—前429）说，我们的制度所以被称为民主制度，是因为政权在多数公民手中，而不是在少数人手中。古希腊著名思想家亚里士多德（公元前384—前322）曾依据城邦统治者为一人、少数人或多数人，把古希腊政治制度分为君主、贵族和共和三种常态政体，以及僭主、寡头和民主三种变态政体。可以看出，希罗多德、伯里克利、亚里士多德对于民主的理解大体一致。这是人类文明史上最早的民主概念。不过，必须指出，他们讲的"人民"或"多数人"并不包括奴隶在内。被后人誉为古代民主灯塔的雅典是一个城邦，在最繁荣的时期，境内人口约40万人，其中奴隶20万人，外邦侨民3.2万人，公民及其家属16.8万人。有权参加议事和审判的公民约4万，仅占总人口的十分之一。这就是说，古希腊政治家、思想家们讲的"人民统治"实际上是奴隶主的统治，政权只是在奴隶主的手中。雅典民主制实质上是奴隶主的民主制，是奴隶主对奴隶的统治。管理国家的民主权利只属于奴隶主，而不属于奴隶。

从欧洲中世纪末期起，资本主义生产关系得到了迅速发展，资产阶级逐渐成为社会生活中的重要力量。可是，那时的国家政权仍然掌握在封建统治阶级手中，封建的政治制度及其意识形态保护着封建的经济制度，阻碍着资本主义的发展。于是，欧洲历史上先后发生了文艺复兴运动和资产阶级思想启蒙运动。在启蒙运动前后，资产阶级思想家们举着自由、平等、民主和人权的旗帜，批判神权、王权、等级特权，为资产阶级革命作了思想和舆论上的准备。

英国资产阶级思想家约翰·洛克（1632—1704）在《政府论》中，批判"君权神授"和"王位世袭"理论，宣传社会契约和天赋人权学说，认为政府的权力来自人民。法国启蒙思想家孟德斯鸠（1689—1755）在《论法的精神》中，反对封建专制政体，提出三权分立的思想。法国激进的启蒙思想家卢梭（1712—1778）在《社会契约论》中，提出了人民主权原则，认为主权就是公意的运用，公意就是人民共同体的意志，所以主权属于人民。这些是资产阶级启蒙思想家对民主思想的重大发展。19 世纪特别是 20 世纪以来，资产阶级的民主理论，又有了许多新的发展和变化。

资产阶级民主政治制度虽然被标榜为"人民主权"，但实际上不过是资产阶级统治的一种形式。这种制度下的自由、平等、民主和人权，只是资本的特权。随着资产阶级与工人阶级及其他劳动人民矛盾的发展和激化，资产阶级民主就日益暴露出它为掩盖其阶级统治本质的欺骗性和虚伪性。

在中国古代典籍中，民主一词最早见于《尚书》。《尚书·多方》中有"乃惟成汤，克以尔多方，简代夏作民主"[1]的记载。这里提到的"民主"是作民之主的意思，它与西方关于民主是"人民统治"的含义迥然不同。在我国，把民主理解为人民统治，只是到了近代才开始的。从清末到中国共产党诞生之前，最具代表性的是孙中山的民权思想。孙中山说，民国则以国家为人民之公产，凡人民之事，人民公理之。他的民主观念，在中国近代史上属于资产阶级的旧民主主义范畴。不过应该指出，在中国古代奴隶社会和封建社会君主专制长期占统治地位的情况下，在一些杰出思想家的著作及其他记载中，有不少带民主性的思想因素；在具体制度设置方面，也存在一些可资借鉴的东西。

　　总之，在不同的历史时期，人们一般地都把民主理解为"人民统治"，但他们对"人民"和"统治"却作了不同的解释，实际上建立起来的制度及由法律规定的权利，也是大不相同的。这就形成了不同的民主概念和民主实践形式。在社会主义国家民主制度建立以前，各种民主制度有一个共同特征，就是国家制度与劳动人民权利的分离。我们在认识和分析历史与现实中存在的各种形态的民主制度时，绝不能停留于思想家、理论家、政治家对民主概念所做的词面解释，而要揭示其历史的、具体的、阶级的含义，把握其实质。只有从民主的实际含义和民主的阶级实质出发，才能真正揭示出民主在人类历史上的发展规律。

二

　　马克思主义经典作家通过批判地继承包括资产阶级民主理论在内的人类文明成果，总结无产阶级革命斗争的实践经验，创立了马克思主义民主理论。这个理论在人类历史上第一次揭示了民主的阶级实质，阐明了民主的科学规定，确立了民主问题在无产阶级解放斗争中的重要地位，为实现人类历史上更高类型的民主——社会主义民主奠定了理论基础，为全世界劳动人民争取和实现人民民主的伟大实践指明了正确方向，在人类民主理论发展史上做出了划时代的贡献。

　　唯物史观是马克思主义民主理论的哲学基础。人民群众是社会实践的主体，是历史的创造者，这是唯物史观的一个基本观点。从这一基本观点出发，人民群众应该是国家权力的真正主体。马克思主义经典作家通过对人类民主实践的深入分析，特别是通过对资产阶级启蒙思想家提出的人民主权理论的批判性继承，阐明了民主概念的内涵，揭示了它的本质特征。马克思主义认为，民主就是人民主权、人民意志的实现，就是人民自己创造、自己建立、自己规定国家制度，并运用这种国家制度决定自身的事务。概括地说，民主就是人民当家做主。不过，由于人民和人民当家做主都是历史的范畴，因而，不同历史时期的民主就具有不同的本质和形式。

民主在社会结构中属于上层建筑，是由经济基础决定的，而阶级斗争、政治斗争、思想文化、历史传统等因素，也对民主产生着重大影响。在阶级社会中，民主的主体从来都是经济上占支配地位、政治上占统治地位的阶级，因而民主总是具有阶级性的，总是一定阶级用来实现其统治的形式和手段。在此基础上，马克思主义论述了民主的阶级实质及其表现形式的多样性，民主和专政，民主的阶级性和一般社会性，民主的历史性和继承性，民主的目的性和手段性等问题。一般民主、普遍民主、绝对民主在历史上是不存在的。但在历史上存在的阶级的、具体的民主，则总是具有可以为后人继承、借鉴的一般的普遍的因素。在人类历史上，民主是不断发展和演变的。随着这种发展和演变，人类社会自身的组织管理变得越来越有效，越来越文明。深刻理解和把握民主的阶级本质，同时也注意认真总结和批判继承不同历史时期的人们在民主实践中创造的文明成果，是马克思主义对民主问题所持的基本态度。

马克思主义经常在社会不同层面上和不同领域中使用民主概念。在国家政治制度层面上，把民主理解为一种国家形态或国家形式，称作民主的政治制度或民主政体；在人民权利层面上，指广义的民主权利；在管理层面上，指组织管理的民主原则、民主体制；在思想观念层面上，指民主观念、民主精神；在行为方式层面上，指民主作风、民主的工作方法。在把民主概念扩展到政治领域以外的其他领域时，如经济、文化和社会生活领域，则形成了经济民主、文化民主和社会民主。总之，民主既有基本的含义，又有扩展和延伸的含义，但作为人民权利和国家制度的民主是它的基本含义，是马克思主义民主理论研究的重点。

马克思主义在肯定资产阶级民主所具有的历史进步性的同时，又深刻揭露了它的阶级实质及其历史局限性。由于生产资料的私人占有，资产阶级民主只能是资本的特权，是实现资产阶级统治的政治形式。对于工人阶级及其他劳动人民来说，资产阶级民主不过是金钱的统治，是资本项下的权利，是金钱笼子里的自由鸟。马克思揭示了资本主义社会的基本矛盾，并进而揭示了资产阶级民主的深刻矛盾，即：理论上标榜代表社会普遍利益，而实际上保护和实现的只是资本的特殊利益；法律形式上的平等，而经济地位事实上的不平等；国家机构形式上的权力分立，而国家政权仍然凌驾于社会之上。因此，资产阶级民主不可能真正实现国家制度与劳动人民权利的统一。在国际上，资产阶级一方面打着"民主、自由、人权"的旗号，另一方面对外却从未停止过侵略和掠夺，推行殖民主义、霸权主义和强权政治。我们认为，这是资产阶级民主内在矛盾的又一表现。

马克思主义通过深刻分析资本主义社会的基本矛盾及由此决定的资产阶级民主的内在矛盾，揭示了社会主义取代资本主义、社会主义民主取代资本主义民主的历史必然性。社会主义民主是工人阶级和其他劳动人民当家做主的民主，是社会成员中绝大多数人享有的民主，是绝大多数人对极少数敌对分子依法实行专政的民主，是工人阶级政党领导、组织人民群众参加管理和实施监督的民主，是为了实现劳动解放、社会解放、人类解放的民主。因此，只有社会主义民主才是人民主权、人民意志的真正实现，才能真正做到国家制度和人民权利的统一，真正做到人民当家做主。这就表明社会主义民主是人类历史上新的更高类型的民主。

一切民族都将不可避免地走向社会主义，但各民族所走的道路并不完全一样。在民主的这种或那种形态上，在无产阶级专政的这种或那种形式上，每个民族都会有自己的特点。巴黎公社是人类历史上工人阶级夺取政权、争得民主的第一次伟大尝试；俄国十月革命胜利后建立的苏维埃政权，是社会主义民主的第一次伟大实践；第二次世界大战后，随着社会主义在一系列国家中的胜利，社会主义民主又在更大范围内得到了进一步的实践和探索。由于社会主义民主是迄今为止真正由人民当家做主的民主，也由于现实的社会主义制度大都诞生于经济、文化比较落后的国家，因此，工人阶级政党必须从本国实际出发，领导人民群众积极探索和创造社会主义民主的实现形式，在实践检验的基础上，将其制度化、法律化。同时，还要清醒地看到，在任何国家，民主的实现都是有条件的。创造社会主义民主的实现条件，探索社会主义民主的实现形式，完善和发展社会主义民主，需要经历一个相当长的历史过程。这是工人阶级及其政党在执政后，将长期面临的重大历史任务。

三

中国共产党的创立和已经走过的近 80 年的发展历程，都是与如何争得人民当家做主的权利和怎样建设社会主义民主政治紧密联系在一起的。

五四运动是近代中国反对帝国主义、封建主义的伟大爱国民主运动。它倡导民主与科学，促进了马克思主义在中国的广泛传播。中国共产党在成立初期，就制定了反帝反封建的民主革命纲领，提出了争取和实现人民民主的历史任务。1931 年在江西革命根据地建立的中华苏维埃共和国，成为中国大地上第一个人民民主政权的雏形；在延安创建的民主政权受到当时全国各界追求民主的人们的普遍赞誉，延安被称为中国民主的摇篮。在整个新民主主义革命时期，党领导全国人民，为争取民族解放和人民民主进行了艰苦卓绝的斗争，取得了革命的伟大胜利，在 1949 年成立了新中国，中国人民开始真正享有民主权利。

在社会主义革命和建设时期，中国共产党领导全国人民为创建适合中国国情的社会主义民主制度，实现人民当家做主，进行了大量的探索和创新，取得了前所未有的成就。毋庸讳言，在民主政治建设过程中，也有过曲折和失误，甚至发生了"文化大革命"那样的严重破坏社会主义民主和法制的全局性错误。党的十一届三中全会以后，中国共产党进行了思想路线、政治路线和组织路线上的拨乱反正，开创了改革开放和社会主义现代化建设的新时期，恢复并健全了一系列民主制度，使社会主义民主和法制建设走上了健康发展的道路。

以毛泽东、邓小平、江泽民为代表的党的三代领导集体，把马克思主义基本原理与中国实际结合起来，总结了我党和我国人民在民主建设方面长期探索的实践经验，集中了全党和全国人民的智慧，逐步形成了建设有中国特色社会主义民主的理论。

以毛泽东为核心的党的第一代领导集体，正确回答了新民主主义革命时期、社会主义革命和建设时期的一系列有关民主的问题，创造性地发展了马克思主义的民主理论。毛泽东从中国的实际出发，根据近代中国模仿西方政体屡遭失败的经验教训，指出中国的政治制度绝不能照抄照搬别人的东西，中国的民主政治建设，只能从自己的实际出发，走自己的路。毛泽东创立了人民民主的理论，科学地阐明了国体和政体的概念，论述了人民民主专政是我国的国体，人民代表大会制度是我国的政体；论述了统一战线和共产党领导的多党合作与政治协商制度，创立了社会主义的新型政党制度；阐述了民主宪政的思想，领导制定了新中国第一部宪法，创造了合理配置国家权力的形式；论述了民主集中制是我们国家政权的基本政治原则和组织原则。他提出了在少数民族聚居地区实行民族区域自治的理论，为我们正确处理统一的多民族国家内部的民族问题奠定了理论基础；论述了用民主的方法正确处理人民内部矛盾的思想。毛泽东还倡导在科学文化工作中实行"百花齐放、百家争鸣"的方针；倡导把民主精神和方法推广到社会生活的各个方面。他强调了从群众中来、到群众中去的工作方法；提出要努力创造一种既有集中又有民主，既有纪律又有自由，既有统一意志又有个人心情舒畅、生动活泼的政治局面，等等。所有这些都为形成有中国特色社会主义民主理论和制度奠定了基础。

以邓小平为核心的党的第二代领导集体，坚持和发展了毛泽东思想，正确回答了改革开放和社会主义现代化建设中的一系列问题，形成了有中国特色社会主义民主理论体系。邓小平阐明了民主与社会主义的关系，指出发展民主是社会主义的本质要求，没有民主就没有社会主义，就没有社会主义现代化。他提出了在坚持人民民主专政条件下，改革和完善社会主义政治体制的一系列理论观点和基本原则，主张通过改革逐步实现党和国家政治生活、经济管理和整个社会生活的民主化。他进一步论述了党内民主与人民民主的关系，强调必须坚持和不断改善党的领导，正确界定党和国家的职能，用党内民主来推动国家政治和社会生活中的民主。他强调，中国人民今天所需要的民主，只能是社会主义民主或称人民民主，而不是资产阶级的个人主义民主。他进一步论述了社会主义民主是民主与专政、民主与法制、民主与纪律、民主与集中、权利和义务的统一，而不是"文化大革命"那样的无政府状态。他强调要坚持四项基本原则，牢牢把握民主政治建设的正确方向，既要反对资产阶级"自由化"和西方的"和平演变"，也要抵制封建主义腐朽思想的复活与侵蚀。他提出，民主要制度化、法律化；要加强法制建设，坚决贯彻法律面前人人平等的原则，真正做到有法可依，有法必依，执法必严，违法必究；要加强民主监督，防止和惩治腐败。他要求建立人与人之间的平等关系和个人与社会之间的正确关系，发展基层社会生活的群众自治。他创造性地提出，要用"一国两制"方针解决香港、澳门和台湾问题，实现祖国统一。所有这些，构成了建设有中国特色社会主义民主理论的基本内容。

以江泽民为核心的党的第三代领导集体，高举邓小平理论的伟大旗帜，在建设有中国特色社会主义的实践中，继承、丰富和进一步发展了毛泽东和邓小平的民主理论。江泽民明确提出了依法治国、建设社会主义法治国家的治国方略，开始了我们党在领导方式和执政方式上的重大转变。他强调，共产党执政就是领导和支持人民当家做主，掌握管理国家的权力，保证人民依法享有广泛的权利和自由，尊重和保障人权。他指出，要继续推进政治体制改革，加强社会主义民主政治建设，进一步坚持和完善人民代表大会制度及共产党领导的多党合作和政治协商制度，推进政府管理体制的改革。要扩大基层民主，保证人民群众直接行使民主权利，依法管理自己的事情。他强调必须加强法制建设，逐步形成有中国特色的社会主义法律体系；法制建设与精神文明建设必须紧密结合，同步推进；要完善民主监督制度，发挥党内监督、法律监督、群众监督和舆论监督的作用，加强对宪法和法律实施的监督，维护国家法制统一，坚决防止和铲除腐败。他倡导的在全党进行的"讲学习、讲政治、讲正气"的教育活动，是发扬党内民主和人民民主的一次成功尝试。他明确提出了"三个代表"的重要思想，这是对我们党的性质、宗旨和任务的科学概括，是对马克思主义政党理论的重大发展。

总体来看，党的三代领导集体创立的建设有中国特色社会主义民主理论，从中国国情和所处的国际环境出发，从中国革命和社会主义现代化建设的全局出发，从中国人民的根本利益出发，回答了关于中国民主政治建设的一系列基本问题。它阐明了中华人民共和国的国体、政体、政党制度、国家结构形式和政权组织原则；论述了民主法制建设与党的领导、经济体制改革、精神文明建设和社会稳定之间的关系；明确了推进中国民主政治建设的战略方针、基本目标与具体步骤，理清了发展中国社会主义民主政治的基本思路。

党的十一届三中全会以来，我国的改革开放和社会主义现代化建设取得了巨大成就，社会主义民主政治建设不断取得新的进展，政治体制改革在保持政局总体稳定的条件下逐步深入。人民代表大会制度和多党合作与政治协商制度得到了加强和完善；宪法的权威得到了维护和加强。在修宪立法、民族区域自治、政府机构改革、司法改革、反腐倡廉、惩治腐败、城乡基层政权建设、基层群众自治等方面，都取得了积极进展。社会主义法律体系的框架初步形成。人民的民主权利不断扩大，人权保障不断加强，公民的参政议政意识和法律意识不断增强。特别是在"一国两制"的构架下，香港、澳门顺利回归祖国，继续保持繁荣、稳定，公民权利和自由得到切实保障。所有这一切，都证明了有中国特色社会主义民主理论和政治制度是符合中国国情的，是行之有效的。

四

有中国特色的社会主义民主与资本主义民主相比，具有本质的区别；与马克思主义经典作家所设想的社会主义民主相比，它是社会主义初级阶段的民主，是具有鲜明中国特色的民主。那么，有中国特色的社会主义民主有哪些基本特征呢？我想着重强调以下几点。

1. 共产党领导和人民当家做主的高度统一

资产阶级通过自己的政党，巩固和维护本阶级在经济和政治上的统治权。无产阶级也必须组织本阶级的政党，在它的领导下争取和维护无产阶级和广大人民群众的权利。否则，就难以争得统治权；即使一时争得了，也很容易丧失。这是无产阶级用血的代价换来的教训。在旧中国，人民争取解放，争取民主的斗争，曾屡屡遭受挫折和失败。只是在以马克思主义为指导的中国共产党登上政治舞台之后，才根本改变了这种局面。没有共产党，就没有新中国，就没有社会主义，就没有人民当家做主的地位和权利。

共产党领导地位的确立，不仅是中国人民所做出的历史选择，也是推进中国社会主义现代化建设和实现人民根本利益的现实要求。中国是个人口众多、幅员辽阔、多民族的国家，经济、文化总体发展水平还比较落后，地区间发展很不平衡，面临着迅速发展生产力，实现共同富裕，推进体制改革，维护民族团结，实现国家完全统一，保持国家稳定和安全，全面振兴中华等一系列繁重而艰巨的任务。完成这些任务是全体中国人民的根本利益之所在。只有坚持共产党的领导，才能够完成上述任务，加快发展生产力，实现中国的社会主义现代化，以满足人民不断增长的物质文化需求。在当代中国，只有共产党能凝聚全国各族人民的力量，调动一切可以调动的积极因素，驾驭如此复杂的局面，完成如此艰巨的历史使命，带领人民走向光明的未来。反之，离开共产党的领导，中国社会就会是一盘散沙，国家就会四分五裂，社会主义现代化建设事业就会夭折，已经取得的成就也将毁于一旦。

中国共产党是工人阶级的先锋队。江泽民指出，中国共产党始终代表中国先进生产力的发展要求，始终代表中国先进文化的前进方向，始终代表中国最广大人民的根本利益。这一重要思想进一步阐明共产党能够担任领导责任的根本前提。共产党来自人民，服务于人民。它的唯一宗旨是全心全意为人民服务，除了人民利益之外，没有任何自己的特殊利益。党的领导和执政的根本目的，就是实现人民当家做主。因此，党的领导与人民当家做主是高度统一的。

人民代表大会是实现共产党领导和人民当家做主高度统一的有效形式，是人民行使国家权力的机关。人民要能够有效地行使自己手中的权力，就必须依靠自己的政党——中国共产党，把自身组织起来，统一自己的思想，协调自己的行动，通过选举自己的代表实行对国家事务的管理。在人民代表大会中，人民代表经过讨论，把正确的意见集中起来，形成国家的法律，再通过各级国家机关来加以执行。共产党对国家政权机关的政治、思想和组织上的领导，是在宪法和法律范围内实行的。这就从制度上保证了党的领导和人民当家做主统一的实现。

共产党领导和人民当家做主的内在统一及其制度化，是中国社会主义民主的一个基本特征。

2. 多党合作和民主协商的新型政党政治

共产党领导的统一战线既是中国革命取得胜利的一大法宝，也是实现社会主义现代化和维护国家统一的一大法宝。它使我们能够团结一切可以团结的力量，调动一切可以调动的积极因素，完成我们在各个时期的历史任务。它充分体现了协商合作的民主精神。多党合作和政治协商，是在统一战线的历史进程中逐步形成的一种新型政党政治。

在新民主主义革命时期，中国共产党与民主党派和民主人士结成了广泛的统一战线，逐步形成相互合作和协商共事的传统。在长期的共同奋斗中，确立了共产党在统一战线中的领导地位。新中国成立前夕，共产党与各民主党派和民主人士亲密合作，共同制定了起临时宪法作用的《共同纲领》，迎来了新中国的诞生。在社会主义时期，共产党与各民主党派的亲密合作关系继续发展和完善，形成了"长期共存、互相监督、肝胆相照、荣辱与共"的富有中国特色的新型政党关系。共产党与各民主党派之间的关系，就成为执政党与参政党的关系，成为与西方那种执政党和在野党之间迥然不同的友党之间的关系。

共产党领导的多党合作和政治协商制度，如共产党在重大问题上与各民主党派进行民主协商；在多党合作中，进行充分的讨论和研究；共产党和各民主党派之间相互监督，特别是民主党派和无党派爱国人士对共产党进行监督；举荐民主党派、无党派人士在各级政府和司法机关担任领导职务，等等，经长期的实践证明，是符合中国实际的。它丰富了马克思主义的民主理论，是我们政治制度的一大优势和特征，是对政党制度的发展与创新。

3. 对最广大人民的民主和对敌对分子的依法专政相结合

有中国特色社会主义民主，是在工人阶级和其他劳动人民掌握了国家政权之后实行的民主，是人民管理国家和社会的政治形式。民主的运作过程不再受资本的操纵。人民是有中国特色社会主义民主的主体，这不仅是法律上规定的主体，也是民主实际运作过程中的主体。

在有中国特色社会主义民主制度下，享有民主权利的人民的范围十分广泛。全体社会主义的劳动者、拥护社会主义的爱国者和拥护祖国统一的爱国者，依法享有民主权利。最广大的人民享有广泛的民主权利，同时对极少数敌对分子实行专政，这就是有中国特色社会主义的民主政治。

民主与专政是辩证统一的。当把人民民主专政作为国家政权的整体时，没有广大人民的民主，就没有人民当家做主的国家，没有对敌对分子的专政，人民的权利就得不到保障，就没有国家的安全。

当把民主与专政作为两个侧面时，民主是人民的权利，是人民管理国家和社会事务的方法；专政是国家的一项职能，是依法制裁敌对分子的方法。民主只适用于人民内部，专政只适用于敌对分子。但是，资产阶级的一些理论家和政客，宣称民主与专政是对立的，是互不相容的，攻击人民民主专政。他们用所谓的"一般民主"、"绝对民主"掩盖资产阶级民主的阶级专政实质。而任何实行民主制的国家，都是民主与专政的统一体。任何国家都有专政机器，对危害其安全的行为，都要依法惩处。资产阶级国家机器就从来没有放弃过它的阶级专政。

为保障人民当家做主的权利，保障国家的安全、稳定和发展，我们必须始终坚持人民民主专政，充分发挥它的职能作用。对人民的民主和对敌人的专政，是我国民主政治的又一基本特征。

4. 以人民当家做主的制度确保人权的真正实现

有中国特色社会主义民主是尊重和保障人权的民主。社会主义的权利主体是人民，保障人权是社会主义的本质要求。社会主义制度是切实保障人权的制度。我国人民民主专政的国体，确认了人民在国家中的主体地位，从而使人权在社会主义制度下体现了其应有的真实性和普遍性。我国人民代表大会制度的政体，通过宪法和法律，确认了全体公民的各项人权和基本自由，并通过各种渠道、以各种方式保障人权的充分实现。在我国，没有这种新型的国体和政体，就没有人民当家做主，就不可能从根本上尊重、保障和实现人权。

我国的人权保障体现出三个显著特点。一是广泛性。人权的主体不是少数人，而是全体人民；享有人权的内容，不仅包括政治和公民权利，而且包括经济、文化和社会等各方面的权利；保障人权的范围，不仅有个人人权，而且有集体人权（即与个人人权相对应的由集体作为主体所享有的权利）。二是平等性。在社会主义条件下，各项人权不受金钱和财产状况以及民族、种族、性别、职业、家庭出身、宗教信仰、教育程度、居住期限等的限制，为全体人民平等地享有。三是真实性。国家从制度上、法律上、物质上对人权给予保障，实现了法定权利与现实权利的统一。以人民当家做主的制度确保人权的真正实现，是中国社会主义民主政治的又一特征。

人权是历史地产生的，在其发展过程中，必然受到经济发展水平、社会制度、历史文化等条件的制约，体现出人权内涵规定的社会历史性、人权理解上的文化差异性、人权保障的多样性和人权发展的渐进性。对近代以来饱受殖民主义、帝国主义侵略和欺侮的中国人民来说，维护人权首先要保障国家的主权、人民和民族的生存权和发展权。没有这些最基本的权利，其他一切人权均无从谈起。国权不立，人权不保。国家主权是享有人权的基本前提，是实现人权的根本保障。丧失了国权，就从根本上丧失了人权。这是中国人民从亲身经历中得出的历史结论。

5. 以民主集中制保障民主政治正常有序地运转

民主集中制是我们国家政权的基本政治原则和组织原则。这是我们党的民主集中制原则在国家政权建设中的运用。所谓民主集中制原则，就是在民主基础上的集中和集中指导下的民主。这一原则要求在充分反映人民群众意愿的基础上，形成统一意志和共同目标，再通过群众的实践把这种统一的意志和共同的目标变为现实。民主集中制原则已载入我国宪法，并通过有关的法律法规作了进一步具体的规定。按照这一原则，全国人民代表大会和地方各级人民代表大会都由民主选举产生，并按照民主集中制原则进行工作，对人民负责，受人民监督；国家行政机关、审判机关、检察机关都由人民代表大会产生，对它负责，受它监督；中央和地方的国家机构职权，是按照在中央的统一领导下充分发挥地方的主动性、积极性的原则来划分的。

民主集中制原则可以保证我国社会主义民主政治正常有序地运行。实行这一原则，能够使人民群众充分发表自己的意见，使各级政权机关能够及时了解人民群众的利益、要求，使我国的民主政治具有广泛的群众性；实行这一原则，能够集中绝大多数人的意志，从而体现人民意志的至上性，使我们在实行统一意志和决策的过程中避免干扰，保证我国的民主政治具有高度的权威性；实行这一原则，能够使我们恰当地处理国家与社会、政府与公民、上级与下级、多数与少数等的相互关系，正确处理各种人民内部矛盾，保证我国民主政治运行的有序性；实行这一原则，能够使我们避免那种议而不决、决而不行、相互牵扯的现象，在统一意志和决策形成之后，立即实施，保证我国民主政治运行的有效性。上述广泛性、权威性、有序性和有效性的有机结合，保证了决策的合理性和科学性，保证了我国民主政治的稳定、正常运行。

实践证明，当我们正确地贯彻执行了民主集中制原则，我国的民主政治就正常有序地运转，并向前发展；反之，就会出现不正常情况，导致我们的事业遭受挫折。我们应该认真总结正反两方面的历史经验，在政权建设中正确执行民主集中制原则。在人民内部要处理好多数和少数的关系，实行"尊重多数，保护少数"的原则。在不影响由多数通过的决策贯彻执行的前提下，应该允许少数保留自己的意见。必须正确处理好民主与集中的辩证关系，既要反对无政府主义的所谓"民主"，又要防止把个人意志凌驾于集体意志之上的所谓"集中"。只要我们正确地贯彻了民主集中制原则，我国社会主义民主政治制度的优越性就一定会得到更好的发挥。

总之，中国共产党在领导全国人民进行革命和建设的伟大实践中，逐步创立了有中国特色的社会主义民主。这种民主坚持了马克思主义民主理论的基本原则，与中国的具体实际相结合，而不是教条式地搬用。这种民主借鉴了世界文明包括西方民主的优秀成果，但与资产阶级民主有着本质的不同。这种民主深深扎根于中华沃土，它吸收了中国传统思想和制度文明中的民主性精华，摒弃了其封建性糟粕。有中国特色的社会主义民主是中国人民真正需要的民主，是人民普遍享有的民主，是能够实现国家的长治久安和兴旺发达的民主。它是世界民主发展史上的伟大创造。

需要指出的是，有中国特色的社会主义民主，同我国正在进行的改革开放和现代化建设的要求相比，还有许多不成熟、不完善的地方，现实生活中也存在着不少违背民主和法制的社会现象。发展和完善有中国特色的社会主义民主是全党和全国人民所面临的重大历史任务。我们强调它是有中国特色的，就是要说明，中国的民主只能在我们自己的实践探索中发展和完善。它必须适合中国的社会制度和经济、文化发展水平，适应中国的社会环境和社会需要，而绝不能照抄照搬人家的东西。在别人那里可行的，在我们这里由于国情不同就不一定可行；适合别人的，不一定就适合我们。世界上一切对我们有用的东西，我们都要加以借鉴和吸收，为我所用，从而使有中国特色社会主义民主更快地完善和成熟起来。

五

21世纪已经到来。有中国特色社会主义民主政治建设有着光明的前景，也面临着许多新的挑战和艰巨的任务。对此，我们要有充分的思想准备，要勇敢地面对、科学地回答一系列不可回避的尖锐而复杂的问题，把我国的社会主义民主政治建设不断推向前进。

从世界范围来看，经济全球化是一种客观趋势，但必然伴随着经济、政治和意识形态的激烈斗争。如何正确认识经济全球化条件下的民主问题，正确处理经济全球化和独立选择本国的发展模式及文化多样性的关系，是我们面对的一个重大课题。多极化是国际政治发展的趋势，但超级大国倚仗其经济、科技和军事实力，推行霸权主义和新干涉主义，企图使其他国家，特别是发展中国家沦为其附庸，仍是当前的现实。民主问题必然成为国际政治斗争的一个焦点。如何挫败霸权主义包围和遏制中国的图谋，更好地坚持和发展有中国特色的社会主义民主，是我们面对的又一个重大课题。科学技术特别是信息技术和生物工程的迅速发展，正在极大地影响和改变人们的生产方式、生活方式、交往方式和思维方式。如何在高科技迅速发展的今天，更好地建设有中国特色社会主义民主政治，也是我们必须认真研究和应对的重大课题。

还要看到，世界社会主义运动现在处于低潮。如何全面正确地总结无产阶级专政的历史经验和教训，总结社会主义民主政治建设的经验和教训，保证我国的长期稳定发展，是摆在我们面前的一项重大政治任务。

在国内，随着改革开放和社会主义现代化建设的深入发展，民主政治建设也面临着许多迫切需要解决的问题。例如，如何进一步健全和完善民主监督，遏制和消除腐败；如何继续加强党内民主建设、基层政权和群众性自治组织的民主建设，满足人民群众在进入小康社会后日益增长的精神文化需求；如何进一步提高全民族的民主素质，增强法制观念，建立完备的法律体系，更好地尊重和保障人权，实行依法治国；如何促进民主政治建设与经济体制改革和精神文明建设的同步发展；如何在目前这个社会急剧变革、人们的利益关系有重大调整的发展阶段，积极稳妥地推进社会主义民主政治建设。所有这些问题也都必须加以回答。

迎接挑战，实现发展，必须坚持邓小平理论，一切从社会主义初级阶段的实际出发，在党的领导下，按照党的十五大所确定的发展有中国特色社会主义民主政治的战略目标和改革任务，按照江泽民提出的"三个代表"重要思想，积极稳妥地推进政治体制改革。政治体制改革是个逐步推进的历史过程。当前，我们一方面要把已经形成的民主制度的作用发挥好，把已经制定的法律、法规执行好，把正在进行的改革继续深入下去；另一方面，要注意研究新情况、新问题。在政治体制改革问题上，我们既要有紧迫感，但也不能操之过急。

迎接挑战，实现发展，必须加强对有中国特色社会主义民主政治的理论研究，进一步搞好理论建设。必须看到，在建设有中国特色社会主义民主政治的进程中，积累了很多新的经验，有待我们从理论上去提炼和升华；对实践中出现的许多新情况、新问题，需要我们从理论上去探索和回答。尤其对新世纪国际国内提出的一系列重大课题，需要我们去研究和应对。社会主义民主政治理论是科学社会主义的重要内容，是马克思主义的政治学说，必须加强马克思主义政治理论的研究；要总结历史上的经验教训，揭示世界范围内民主政治的发展规律，必须加强政治哲学和民主史的研究。要正确对待人类在实践中所创造的民主成果，既看到民主在社会发展中的积极进步作用，也看到民主不是万能的。值得注意的是，西方敌对势力利用民主问题大做文章，它们运用花样翻新的政治和理论的"软武器"，发动了一场没有硝烟的政治战、意识形态战。我们必须加强社会主义民主政治的理论宣传和教育，增强全民的社会主义民主政治意识，坚决抵御资产阶级民主政治思潮的扩张和渗透。坚持、丰富和发展有中国特色社会主义民主的理论体系，是我们肩负的崇高历史使命。

迎接挑战，实现发展，还必须继续探索有利于体现社会主义民主本质的具体实现形式，进一步搞好制度建设。我们认为，衡量社会主义民主政治建设成败得失的基本标准是：第一，要看它是否有利于坚持四项基本原则，真正实现人民当家做主；第二，要看它是否有利于解放和发展生产力，促进经济发展，逐步实现人民的共同富裕；第三，要看它是否有利于维护国家统一、民族团结和社会稳定；第四，要看它是否有利于增强党和国家的活力，调动一切积极因素，实现社会的全面进步。社会主义民主政治建设是一项探索性很强的实践活动。一个构想，一项政策，一种制度安排，只要符合了这些标准，就应积极稳妥地去试，在实践中不断地加以完善，使之逐步成熟和定型。

有中国特色的社会主义民主政治建设，是一项前无古人的开创性事业。尽管由于特定的国情，中国社会主义民主政治建设中存在着特殊的复杂性、艰巨性和长期性；尽管在前进的道路上，难免有这样或那样的错误和挫折；尽管我们面临着错综复杂的国际环境，但是，彻底的唯物主义者是无所畏惧的。中国共产党人对马克思主义，对中国的社会主义事业，有着坚定的信念。只要我们高举邓小平理论的伟大旗帜，紧密地团结在以江泽民为核心的党中央周围，坚持党的基本路线，从中国的实际出发，沿着建设有中国特色社会主义这条道路坚定不移地走下去，我们就一定能够实现社会主义现代化，一定能够使有中国特色的社会主义民主日臻完善，一定能够实现中华民族的伟大振兴！

注释：

[1] 此句意谓：夏桀无道，大失四方人心；唯有成汤，能用四方之贤，深得民心，所以灭掉夏朝，取而代之，作天下之民主。

迎接十六大[*]

（2002 年 1 月 14 日）

我今天着重就社科院、社科界如何迎接十六大，讲四点意见。

一　增强政治敏锐性，自觉与中央保持一致

刚刚过去的 2001 年，无论中国还是世界，都发生了一系列的重大事件。我们隆重地举行了中国共产党建党 80 周年纪念活动，江总书记"七一"重要讲话发表；北京申办 2008 年奥运会获得成功；我们党和国家妥善应对了"9·11"事件带来的冲击；成功地举办了 APEC 上海会议；中国加入世界贸易组织。

2002 年，对我国发展来说，最重大的事件，将是党的十六大的召开。十六大，是进入新世纪，我们党召开的第一次全国代表大会，是一次极其重要的会议。2002 年，我们的所有工作，都要围绕迎接十六大、学习贯彻十六大精神来展开。

——迎接十六大，社科界责任重大。迎接十六大，是当前全党、全国的中心工作，社科院、社科界更是义不容辞。

要努力营造"昂扬向上，团结奋进，开拓创新"的良好思想政

---

* 这是李铁映同志在中国社会科学院 2002 年工作会议上的讲话（摘要）。

治环境。

要通过我们的理论研究和成果，引导社会，启迪新风，凝聚、激励人民，为实现中华民族的伟大复兴而奋斗。

要排除各种干扰，自觉与中央保持一致。我们所做的一切，都是为了发展中国。我们一定要维护稳定的环境，抓住机遇，发展自己。"树欲静而风不止。"目前国内外各种干扰和破坏力量都在蠢蠢欲动，全院同志，一定要排除各种干扰，保持清醒头脑。

——要注意维护社科院、社科界的形象。我们要始终坚持"思想有自由，研究无禁区，宣传有纪律，行为守法律"。如果有与中央不一致的意见，可以通过内部报送等方式向上反映，但公开发表，就要坚持"六个不得"。遵守纪律是社会主义民主的重要一环。

要十分珍惜社科院的声誉。社科院是国家办的最高社会科学研究机构，不是什么"自由撰稿人联合体"；成员是科学家、学者，不是什么自由职业者。绝不容许个别人打着社科院的旗号，到外面去败坏社科院的声誉。

最近发现，有个别人擅自会见外国记者，或者在网上匿名发表文章，散布错误言论，甚至有人造谣。他们把这些做法看做所谓学术民主、自由。其实，这已不是学术行为，而是政治行为。处理政治问题和处理学术问题不一样。学术问题应该坚持"百花齐放、百家争鸣"，而政治行为就要受党纪国法的约束。

我们要尊重人格，更要尊重国格。国格不存，人格何在？任何人都不得损害党和国家利益，不得损害社科界利益，不得损害社科院利益。

——要进一步加强学习。社科院是个研究机构，出成果、出人才的基础是学习。学而后知，不断组织学习，是社科院的基本工作任务，是科学研究的组成部分。谁不断学习，学习得好，谁就有可能对问题提出真知灼见。不深入学习，不精心研究，要提出为世人瞩目的思想、观点，是不可能的。组织好学习，是院党组和所党委的重大任务。

"七一"讲话是历史性的文献，是马克思主义在当代中国发展的新篇章。去年江总书记的"八七"北戴河讲话，为新世纪我国哲学社会科学的繁荣和发展，指明了方向。要继续深入学习"七一"讲话，认真研究"三个代表"重要思想。要继续深入学习"八七"讲话，领会讲话精神，努力实现讲话中对我们的要求，加快发展我国哲学社会科学。

要继续深入学习贯彻十五届六中全会精神，切实改进党的作风，特别是思想作风、学风和文风。学风浮躁，是学界之大忌，可谓之公害也。

——认真学习、贯彻十六大精神。学习、研究、宣传十六大精神，是今年下半年社科界首要的政治、理论任务。

下半年，全院同志要以饱满的政治热情，学习好十六大精神，把思想统一到中央精神上来。

要组织一批学习报告会，特别是要组织好院党组理论学习中心组学习报告会，请院内外同志做专题报告。报告会可以扩大范围，让更多的社科院同志都能听到。同时，各所也要结合本学科、本专业，组织一批学习讨论会、座谈会。

围绕十六大精神，要组织一批重大课题。组织一批高质量的文章，送往各大报刊发表。

我院各学术期刊，要组织、编发一批研究和宣传十六大精神的文章。

——各所党委和所长要精心组织学习，切实负起责任。无论是学习"七一"、"八七"讲话，十五届六中全会精神，还是学习贯彻十六大精神，都要精心组织，密切联系实际。

学习中，要紧密结合时代的发展，紧密结合中国正在发生的深刻变化，紧密结合本学科、本专业，方向明确，形式多样，讲究实效，切忌走过场。

今年要特别注意维护社会稳定。各单位在政治上、原则问题上决不能让步，态度必须明确、坚决。软弱无能，无所作为，在职不在位，就是不负责任。

研究所不能出问题。刊物、学会、研究中心、挂靠单位（包括公司）都不能出问题。

二　解放思想，不断推进马克思主义中国化

解放思想，是一个永恒的课题。时代在变化，实践在发展，一定要不断地解放思想，创新理论。

——解放思想就是实事求是。如何理解解放思想？

第一，解放思想，就是在马克思主义指导下，打破习惯势力和主观偏见的束缚，研究新情况，解决新问题。

第二，解放思想，就是使思想和实际相符合，使主观和客观相符合，就是实事求是。

第三，迄今为止，所有哲学社会科学理论，都是人类实践经验的总结，都是一定历史条件下的产物，都具有历史时代的局限性，也有阶级的局限性。不断地克服这样一些局限性，才会有理论的发展。不能把理论绝对化，而应把理论看做不断发展的东西。

今天，我们强调解放思想，就是强调理论要同中国今天的实际相结合，同今天世界的发展变化相结合。离开了今天的世界和今天的中国，理论既不能正确回答今天的问题，自身也不能发展。

——在解放思想中统一思想，在实践中、发展中统一思想。思想不解放，不可能认识新情况、新事物，也就不能在正确认识新事物、新变化的基础上统一思想。解放思想，不是胡思乱想。脱离实际，在概念中兜圈子，不能解放思想；缺少理论思维，囿于一时一地的狭隘经验，同样不能解放思想。解放思想，从根本上说，也就是要正确处理理论与实践的关系。前人说得好，脱离实践的理论是空洞的，脱离理论的实践是盲目的。

进入新世纪，中国的发展、世界的发展、社会主义的发展、马克思主义的发展、党的建设，都面临全新的条件和问题。解放思想，

不仅是重大的政治任务，也是重大的理论任务。

我们一定要在坚持、发展马克思主义的基础上解放思想，在解放思想，回答、解决实际问题的基础上统一思想，立足于新的社会实践和人类社会的发展来统一思想。

思想的统一是实践的、发展的。

——解放思想，实事求是，不仅是思想认识方法，也是价值观。一切从实际出发，与一切从最广大人民的根本利益出发，是一致的。只有代表最广大人民的根本利益，才能真正做到解放思想，实事求是。

从价值观的角度看，解放思想，实事求是，要求我们不仅要有科学的态度，而且要有大无畏的理论勇气和政治勇气，不断推动理论创新。

——创新是理论发展的本质要求。江总书记在"八七"讲话中指出："一个民族要兴旺发达，要屹立于世界民族之林，就不能没有创新的理论思维。"[1]

理论的实践性、历史性、开放性和发展性要求理论不断创新。

社会科学的理论创新，不同于自然科学创新、技术发明。在一定意义上，技术发明可以想入非非，可以异想天开。而社会科学在任何意义上都不能想入非非，不能异想天开。技术发明的想入非非，即使错误，也不失为美丽的错误。社会科学的想入非非，却往往会给人类、给社会发展带来灾难。

社会科学的理论创新，大体可以分为这样几种情况：第一，采用了一种新的研究方法；第二，开辟了一个新的研究领域；第三，发现了一种新的资料；第四，提出了一个新的观点；第五，创建了一个新的理论体系。没有理论创新，社会科学就没有生命力，也就无所谓精品。

——创新理论的实质，是理论为中国发展服务，不断推进马克思主义中国化。今天中国的解放思想，实事求是，其核心是坚持和发展马克思主义，继续推进马克思主义中国化。马克思主义之所以成为中国共产党和中国人民的指导思想，就因为它符合中国的实际，能够解决中国的根本问题，推动中国的发展。马克思主义在中国的发展历程，就是马克思主义不断中国化的过程。

什么是马克思主义中国化？从根本上说，就是把马克思主义基本原理与中国具体实际相结合。具体来说：

第一，要与中国的国情相结合，与中国的历史、现实的具体特点相结合。

第二，要与中国人民的实践经验相结合。自己的经验是最可宝贵的。

第三，要通过解决中国的实际问题来实现，推动中国的进步和发展。

第四，要通过一定的民族形式来实现，即要切合民族的思维方式、价值观念和语言风格，要有"中国气派和中国风格"。

第五，要同一定的时代特征相结合，即要"当代化"。

我认为，"中国化"，这三个字很有科学性。无论何种理论，不与中国实际相结合，就不能转化为中国自己的理论。马克思主义中国化，是我们党80年积累的宝贵历史经验，已经成为中国模式，中国自己的道路。

当然，强调马克思主义中国化，并不是忽视马克思主义基本原理的学习与研究。譬如，一些学者反映：为什么研究生教学中不开设《资本论》课程呢？既然各种各样的经济学理论，包括新古典主义、自由主义、凯恩斯主义、新制度学派等，都可以学，为什么《资本论》反而不学了呢？这些意见是有道理的。我们现在已决定，研究生院恢复《资本论》课程，经济所重建《资本论》研究室。

——社会科学，要为推进马克思主义中国化做贡献。在哲学社会科学领域，理论创新的含义就是理论研究必须同中国的实际相结合，研究解决中国的实际问题，推动中国的发展。从总体上讲，今天的中国社会科学就是研究中国问题的科学、解决中国问题的科学、探索中国社会发展规律的科学。

哲学社会科学，应该为理论创新、推进马克思主义中国化做出应有的贡献。

第一，要研究、回答重大时代课题。回答、解决重大时代问题的过程，也就是发展马克思主义的过程。据统计，自从 1999 年我院实行重大课题制度以来，已确立了 203 项重大课题，并推出了一批重要成果。

江总书记非常重视理论研究。前不久，院党组结合学习江总书记"七一"讲话和在十五届六中全会上的讲话，组织了"劳动和劳动价值论"、"经济全球化"、"时代问题"、"我国社会结构和阶层问题"等 13 项重大课题。今年要力争高质量地完成一批中央交办的重大课题。

第二，要切实改进学风和文风。老学者、所领导要带头改变学风。要严于律己，宽以待人。如对锐意创新的年轻人，不能随意指责他们"连基本知识都不对"。如果这样，怎么会有理论创新呢？我们否定了资本主义永存的基本知识，否定了唯心主义基本知识，否定了形而上学机械论的基本知识，才有了马克思主义、科学社会主义。我不是说基本知识不重要，而是强调要尊重、宽容青年学者，要改变因循守旧的学风。要倡导新鲜活泼、生动有力的文风，改变无的放矢、语言干瘪的八股习气。要努力创建有中国特色的理论、范畴、话语体系。

要反对一切形式的教条主义。"东教条"不灵，"西教条"也不灵，什么教条都不行！一切照抄照搬，都不是科学，都不可能成功。

第三，要认真贯彻"双百"方针，活跃学术气氛。理论学术有其自身的发展规律，不能由行政、政治来裁断。对待不同的理论观点，不要以一己的标准去裁判。

要鼓励争鸣，保护争鸣，充分发扬学术民主，"百花齐放、百家争鸣"。讨论、辩论、争鸣对社科界来讲，就是科学实验。越是重大理论问题，越要经过长期广泛的争鸣才能搞清楚。真理不经过辩论是不会为社会所接受的，真理不怕争论，也是争论不倒的。

三　继续实施精品战略，努力造就高素质人才

社科院最重要的工作就是出成果、出人才。判断我们工作的好坏，判断社科院、研究所乃至学者的贡献大小，标准就是能否出精品、出优秀人才。成果水平越高，优秀人才越多，对国家的发展越有积极影响，贡献就越大。

——出精品、出人才，是我院一切工作的核心。我们所做的一切工作，如实行重大课题制，建重点研究室和重点学科，优秀成果奖励制，职称评聘制，成立院学术委员会、青年中心和研究生院教授委员会，以及搞数字化工程等，都是为了出精品、出人才，为出精品、出人才创造体制环境和物质条件。我们提出的"三五一"发展战略，也是为了出精品、出人才。

要全面提高我们的精品意识，切实解决"书多好的少"的问题。据不完全统计，1998—2001年，我院学者共出版专著1643部，发表论文13947篇，完成研究报告3035份，出版译著357部，学术工具书181部，此外还有其他形式的大量成果，数量颇丰。问题已不在数量，而在于质量。这些成果中，确实有不少质量很好的著作、论文和报告，在社会上受到广泛好评和奖励。但从总体上讲，优秀成果所占的比例还不大。

出精品，就要强化课题主持人负责制。无论是 A 类课题，还是 B 类课题，主持人自己，要把质量放在第一位，从浮躁中解放出来，从急功近利中解放出来，从短期行为中解放出来，真正做到"语不惊人死不休"，"成果不精寝不安"。只有这样，才能用"精品意识"要求并带动课题组每一位成员。

出精品，还是要提倡学者们坐冷板凳，还是要倡导"十年磨一剑"，"三年不鸣，一鸣惊人"，"字字千金，句句中的"。

——出精品，关键是人才。要像江总书记在"八七"讲话中指出的那样，牢固树立"人才资源是第一资源"的思想。人才历来是

一个国家、民族最可宝贵的财富，是活的国宝。要努力造就一大批思想家和理论家、学科带头人和青年理论骨干。

这几年，中央给了我们很大关心和支持，院、所为稳定、吸引人才做了不少努力，但也的确面临不小的压力。特别是加入 WTO 后，我们将面临世界范围内新一轮人才竞争，形势更加严峻。怎么办？院党组要考虑，各所党委要考虑，全院同志都要考虑。因为社科院是我们大家的。院兴我荣，院衰我耻。每一位在社科院工作的同志都是"桃花源"中人，而不是旁观者。大家出主意，想办法，就有希望。

——要更新人才观念。去年暑期工作会议上，大家谈论得最多的，是人才"流失"。问题在于，什么叫"流失"？如果人才感到在我们这里难以出成果，心情不舒畅，不能发挥聪明才智，走了，那叫"流失"。如果人才抱着服务社会的目的，到其他单位工作，充分发挥了他的聪明才智，对国家、该单位、学者本人都有好处，不完全叫人才"流失"，从总体上讲，这应算是正常的人才流动。就大环境而言，我们要人尽其才，才尽其用，要使学者能够出更多的优秀成果。

我还是那句话，社科院要向国家、社会输送人才，这也是我们的任务。不断地培养人才，是我院的基本任务之一。把人才输送到社会上去，不也是我们的贡献吗？

我们是为整个国家、为全民族振兴服务的，要不断为国家发展、民族振兴培养和输送人才。

我们既要吸引和留住人才，又要不断培养和输送人才。要加大人才的培养量。在这方面，研究生院有义务，全院各所都有义务。不仅研究生院要成为人才培养基地，全院各所都要成为人才培养基地。

——要宽以待人。学者都是有个性的，不容纳怎么行？"有容乃大"嘛。

学术观点有分歧，要通过平等的学术争鸣来解决，"以理服人"。

解决不了也没关系，继续研究、探讨就是了。不能用行政手段整人，不能搞人身攻击。

我主张学者之间要"亲和"。理论家和学者，历来都是社会上高雅的人，应是非常理性的人。如果把自己的言行降为家长里短，街头庸人，热衷于传播小道消息，甚至搞人身攻击，又怎么称得上学者呢？又怎么能进行学术研究、理论创新呢？风清、风正来之不易呀！"空气污染"应该休矣。

——要高度重视青年人才的培养。中国社会科学的未来在青年，中国社科院的未来靠青年。要努力造就一大批青年思想家、青年学科带头人、青年理论骨干。

青年代表未来，代表希望。只有不断加强对青年人才的培养，才能使我院充满生机与活力，否则我院将走向老龄化。

对于青年工作，近几年院里做了一些努力，但还不能完全解决当前的困难，仍然需要大力加强。院领导要给青年工作足够的重视，提供必要的物质、体制上的环境支持。要大力培养青年人才，给他们压担子，使他们尽快成长。

青年中心要坚持自主、自律、自愿、自我服务的原则，组织形式多样的学术活动，为青年人的成长成才创造条件。总之，要办成真正的"青年之家"。

——解决人才问题，既要改善"硬环境"，更要改善"软环境"。改善"硬环境"，不能一蹴而就，要有一个过程。在这个问题上，希望大家能够理解。第一，中央财政并不十分宽裕，我们要体谅。第二，社科院创收能力有限，而且社科院不宜搞创收。第三，搞平均主义，普遍提高待遇既不对，也不可能，我们只能逐步改善优秀人才的待遇。

要努力改善"硬环境"，更要努力改善"软环境"，造就和谐、舒畅的研究体制和环境，留住人才，吸引人，用好人。我们不可能以单纯的物质利益留人，真正的人才也不一定就是为了物质利益，"方孔"之中不一定就有人才呀！这里还存在一个"软环境"的问题。改善"软环境"，已迫在眉睫。目前我院的"软环境"有所改善，但仍然有些问题。譬如，有的所内部凝聚力很大，大家心情舒畅，很少有人调走；有的所就不是这样，甚至个别所内部"软环境"非常令人担忧。这一点，所长、党委书记要高度重视。当然，院领导也有责任，要及时帮助研究解决。

改善"软环境"，首先是要尊重人才，真正让学者感到，在我们这里搞学问，心情舒畅，能够出成果。这是最重要的。

今年第一季度要召开全院人才工作会，组织实施好全院的"人才计划"。各所也要制订相应的计划。

四　贯彻"八七"讲话，办好中国社科院

——由国家办社科院，是我们的特色和优势。世界上，社会科学研究体制，主要有两类模式：一类是分散的（如美、英、日）；另一类是集中与分散相结合（中、俄、法）。实践证明，在我国，由国家办社科院，是我们的特色，也是优势，是必须的。

进入新世纪的中国，处于资本主义的包围之中，是后发国家、社会主义国家。如何抓住机遇，加快发展自己？一方面，我们没有既成的经验、模式可以照搬；另一方面，又面临大量新情况、新问题。对于这些事关党、国家、民族前途命运的重大问题，中国共产党人不回答，谁回答？中国理论界不研究，谁研究？

研究、解决重大时代课题，国家需要集中一批精干力量。因此，问题不是要不要办社科院，而是如何办好它，发展它。

贯彻总书记"八七"讲话精神，加快发展哲学社会科学，必须办好中国社科院。这就是我们今后办院的指导思想。

——2001 年我院的工作取得了很大成绩。总的来看，2001 年，我院各方面工作都取得了不小的成绩，可以说，为新世纪加快我院的发展，开了个好头。

政治上，学习"七一"、"八七"讲话和十五届六中全会精神，

与中央保持一致。

中央交办了一批重大课题，有的已完成，有的在进行。

推出了一批成果。据初步统计，出版专著300余部，论文3300余篇，研究报告700余份。有不少成果，水平还是比较高的。

科研、人事、机构、后勤、研究生院改革迈出了一定步伐。当然，还不太令人满意。

院中心图书馆大楼基本建成。

——办好社科院，必须提高院、所两级管理水平。要整顿和加强院所两级工作秩序，切实解决某些环节上的软弱涣散问题。

要使院、所两级管理体制进一步规范化、制度化，以提高效率，减少摩擦，化解矛盾。

——办好社科院，必须认真贯彻"三个代表"重要思想。在新的一年里，一定要按照"三个代表"的总要求，努力开创我院各项工作的新局面。

"三个代表"要求既要反映在政治上、党的建设上，也要反映在学者研究的价值观上，还要反映在我们的实际工作中。我院的实际工作，就是要反映全院6400人的切身利益，体察他们的愿望和要求，更好地代表他们。

我院最主要的任务就是出成果、出人才，无论在什么岗位上，支持科研人员出优秀成果，就是对"三个代表"思想的最好贯彻。

要转变工作作风。中央提出，今年是"转变作风年"，"调查研究年"。我们也不例外。院党组、各所党委要切实改进工作作风，大兴调查研究之风，坚决克服形式主义、官僚主义。

注释：

[1] 参见《人民日报》2001年8月8日第1版。

青年之"家"*

(2002 年 1 月 15 日)

　　作为青年之友，我很高兴今天有机会和大家在一起交流思想。院青年人文社科研究中心刚刚成立一年，这一年做了不少事情。大家提了很多很好的建议，反映了大家对青年中心的关心和厚爱。青年中心是我院的青年之"家"，是青年学者之"家"。这个"家"办得怎么样，有没有吸引力，要靠大家的共同努力，靠大家共同来办好这个"家"。

　　青年中心要在总结经验的基础上，逐渐形成自己的工作思路，建立起一套比较完善的制度。做任何事情都会有利又有弊，俗话说，积德的同时也有可能积怨。任何制度、方法、工具，都是为我所用的，都有适用的场合和利弊问题，没有绝对好的制度、方法、工具。如何去判断制度、方法、工具的好坏呢？只有通过实践，要在实践中逐步摸索和完善，消其弊，达其利。

　　下面，我就青年中心的工作提几点建议，供大家参考。

　　第一，要明确青年中心的主要任务。明确了主要任务，大家就可以围绕如何实现这些任务，逐步地开展工作，为青年科研人员更好地服务。对社科院的青年人来讲，首先是要打好基础。打基础不

---

　　* 这是李铁映同志在与参加 2002 年中国社会科学院工作会议的青年代表座谈时的讲话。

是说不要参加课题，而是强调围绕学术和科研工作，把基础打得更坚实、更丰厚，为今后的研究创造一个必要的前提。"三个代表"重要的一条是代表最广大人民的根本利益。青年人的要求是什么？他们的根本利益是什么？青年中心的工作必须考虑这一点，满足最大多数青年科研人员的根本利益。当然这种满足不可能是对每个青年科研人员具体利益的满足，而是从总体上、宏观上为青年人的成长创造一种条件，这是青年中心一切工作的出发点。

第二，采取一些具体措施，为青年人的成长成才创造条件，如组织调查、进修、实践等。所谓调查，是指与科研结合在一起的各种各样的调查，如搞民族、宗教、历史问题研究，都离不开调查，包括文献调查和实证调查。所谓进修，是指不断学习新的知识，完善知识结构，扩充知识领域。所谓实践，是指到企业、地方或其他单位去挂职锻炼。所有这些，都应当同青年学者的研究方向、价值取向相结合，应当体现为学者自觉、自愿的行为。青年中心的任务，就是尽力提供条件，满足广大青年学者的要求。

第三，开展形式多样的学术交流活动。如通过举办论坛、讲座、讨论，满足青年学者开展学术交流的愿望。我院的青年学者分布在各个不同的学科，要找到大家共同的兴趣点不容易。不同的学科，甚至同一学科的不同专业，可以成立若干个研究小组，规模不一定很大，3人至5人就可以，经常在一起就大家感兴趣的问题开展学术讨论。我不赞成用行政的手段来管理学术，学术问题应当用学术的办法来解决。

青年中心应当鼓励青年学者，自己创造灵活多样、生动活泼的学术交流方式。在这个问题上，院里没有任何限制，只要不违纪违法，院里都是积极鼓励的。我的工作是为大家服务，搭建一个舞台，由大家来唱戏，戏唱得好坏不是由我说了算的，要由观众来评价。在学术问题上，丑媳妇是一定要见公婆的，任何理论都要大白于天下，由公众来评价，由社会实践来检验。当然，没有限制不等于不要纪律。每个学者都要对自己的行为负责。要坚持"学术无禁区，宣传有纪律，行为守法律"，绝不允许搞以推翻我们国家制度为目标的所谓研究。

现在的问题是，大家如何根据学科的发展，根据自身学术成长的需要，在学术研究方法上大胆探索，不断推动理论创新。现在也还有一些大家认为不公正、不科学、不民主的方法，还需要在实践中不断加以改进。任何事物的发展都不是一帆风顺的，都是需要付出成本和代价的。在学术交流方面，去年青年中心参与搞了一个"中关村青年创新论坛"，社会反响不错，今后还可以继续搞下去，看看我们的青年人在学术舞台上有多大建树。我们还可以积极探索其他形式的学术交流，在这方面，青年人的自主、自愿、自律是很重要的。我们相信青年人的创造能力，也相信青年人的辨别能力，因为对错都是经过讨论才能判定的，真理是不怕见阳光的。

第四，院里将采取多种措施支持青年学者成长成才。青年中心的工作要逐步制度化、规范化。要制定切实可行的条例、规章制度。今后全院的所有工作都要从条例、规矩入手，严格按条例、规矩办事，否则我们将无所适从。社科院是最有条件实行制度化、规范化管理的，但制度、规范同样是一种工具，它也不可能是尽善尽美的，需要在执行的过程中不断加以修订、完善。院里将为青年学者提供尽可能充裕的科研条件。同时，院里还将从其他方面关心青年科研人员。

最后，希望我们的青年之"家"办得一年比一年好。

自己的经验是最宝贵的 [*]

（2002 年 2 月 4 日）

我今天是来给大家拜年的，同时也祝贺你们在过去一年中所取得的显著成绩。

当代中国研究所在过去的一年里，进一步理顺了与党中央、国务院和中国社会科学院以及有关单位的关系，调整了内部机构；制定了三年国史研究规划，并且得到了中央的批准；进一步加强了内部管理，解决了关系群众切身利益的一些问题。这些都是当代中国研究所领导和全所同志共同努力的结果。

下面，我谈两个问题。

一　关于国史研究问题

世界上各个国家都写当代史，只不过撰写的方式不同而已。任何一个国家、民族，不研究自己的历史，不正确总结自己的经验教训，就不能够成功地走向未来。认识只有上升为理论，才能正确指导实践，少走弯路。党史、国史研究，是总结我们党和国家实践经

---

[*] 这是李铁映同志在当代中国研究所春节座谈会上的讲话。

验的最直接的方式。国史研究是一种特殊的历史学科，其特殊性就在于，它是一种政治性很强、意识形态性很强的学科。它和我们国家、民族的现实发展，和人民的利益紧密相关。它可以影响人们对国家的认识。

古人讲，"灭其国必先去其史"。什么叫"去其史"呢？就是去其精神支柱。可见，历史学家手中的笔重千斤。我们讲要爱国，首先是指要人们爱这个国家的历史，否则，爱国就是一句空话。我们爱祖国、爱中华民族，我们国家和中华民族的历史源远流长，辉煌壮丽，博大精深，丰富多彩，令人感到自豪，使人产生自信。如果把我们国家的历史说成是一部黑暗的历史，又怎么能谈得上热爱祖国，热爱中华民族呢？

历史，在一定意义上讲，是一个国家的精神支柱，是一个民族凝聚力的基础。当历史被描写成黑暗史的时候，是不可能形成凝聚力，形成民族奋发向前、走向未来的动力的。戈尔巴乔夫上台后，提出要搞"公开性"，一批西方政治家和政府首脑，纷纷跑到莫斯科去吹捧他。他们当然不是去支持苏联的，而是去否定苏联的。一个国家、民族，如同一个人一样，都要在实践中，经过对正反两方面的经验总结，才会逐渐成熟起来，发展起来。人的历史是曲折的，一个国家、民族的历史也是曲折的。所谓"公开性"，无非是让外部的敌人、内部别有用心的人和一些糊涂虫，把自己历史中的一些曲折统统翻腾出来，痛快地骂上一顿，从而把整个历史涂抹成一片黑暗。软刀子也可以杀人。苏联解体、苏共下台，原因都出自内部，也就是说是它们自己倒下去的。

写历史要尊重事实，但写历史也有个历史观的问题。不同的历史观，会得出不同的甚至截然相反的历史结论。在殖民主义者笔下，一部贩卖黑奴的罪恶史变成了所谓的开发新大陆，侵略中国的鸦片战争史变成了自由贸易战争史，世界人民的民族解放运动变成了"非殖民化运动"。当年老殖民主义分子杀害美洲印第安人的历史，并没有得到充分研究。日本军国主义对中华民族和亚洲其他国家人民犯下的罪行，也没有得到应有的反省。为什么会出现两种史学观，两种历史的评判标准？不同的阶级，不同的国家，对历史的观点从来不同。唯物史观和唯心史观是两种根本对立的历史观。这些问题，很值得我们搞历史的人去思考。

历史从来都是统治阶级写的。统治阶级写历史，当然是为了维护本阶级的统治。不仅如此，统治阶级还要创造许多为自己服务的概念、范畴、话语。资产阶级史学家，是为资产阶级的利益而写历史。社会主义国家的史学家，则应为无产阶级、人民大众的解放和发展而写历史。不同的国家、民族，都是为着自己的国家和民族的兴旺发达而写历史。世上没有这样的历史学家，他写历史的目的，是要损害自己阶级的利益。哪有为使自己灭亡而写史的？所以，写历史的确有为谁而写、为谁服务的问题。

我来社科院这几年耳濡目染，学到不少东西。我感觉，对待学问有两个问题要搞清楚，一个叫"是什么"，一个叫"为什么"。对于历史学，我们也要首先问问，它要研究的对象是什么，是什么历史阶段，什么事情。然后再问，为什么是这个样子，我们可以从中总结出什么经验教训，以为今天借鉴。我最近看到一些历史书，使我想到一些问题。比如，我们搞夏商周断代工程，就是想通过科学研究，发掘历史上存在的事实，来丰富我们对中华民族的起源和历史过程的认识，把原来属于传说的东西，经过科学研究加以甄别、证实。但是，国外一些人不这样看，他们说我们是民族主义，是政府行为搞了一个民族主义的工程。可见，他们首先把历史学看成政治，看成意识形态，而我们有些同志还没有他们这么敏感。

史学研究，尤其是当代史研究，今天已经成为一种意识形态武器，我把它叫做"软武器"。历史上从来没有像今天的西方世界这样，用现代科技手段，用现代经济力量，制造出这么多的"软武器"。他们制造"软武器"的目的，一方面是为了从精神上摧垮别的国家和民族，另一方面是为自己的行为寻找正当的理由。例如，美国反国际恐怖主义，打的是"代表全人类"进行"圣战"的旗号。谁授权他了？他们的这种做法，促使我对西方的价值观，对其思想意识、思想方法有了一些新的认识。我看西方有些资产阶级文人政客是用尽了人间的好话，他们把好听的话语都拿来，像什么自由、民主、博爱、人权，他们拿过来，把它们抽象化，加以彩色包装，然后为己所用。我们中国共产党人奋斗了80年，从新民主主义革命到社会主义革命、建设和改革开放，所追求的就是民族的解放和振兴，结果在他们的话语体系中反倒成了"民族主义"、"专制主义"；而他们以及追随他们的败类，倒成了"自由世界"的斗士、"民主阵营"的捍卫者；本来是我们为中国人民的解放、独立和幸福而奋斗，他们反倒打着"人权"的幌子来攻击我们。

　　我讲这些，是为了提醒我们的学者，在学术研究中，要充分认识到历史学的重要地位和作用。尤其是现在，我们正处在改革开放新的历史时期，要看到国际环境的复杂性。中国今天还处在被资本主义世界包围之中，他们任何时候都没有放弃过对我实施"西化"、分化图谋，没有放松过对我们的遏制。中国的社会主义建设有特殊的复杂性、特别的艰巨性、特有的长期性。我之所以在这三性前加上"特殊"、"特别"、"特有"，是因为在我们这么一个大国，有这么悠久的历史，处在这样一个国际环境中，千万不能忘乎所以，放松警惕。失去忧患意识，是很危险的。

　　今天，我们搞历史研究同样会面对一个现实，即在复杂的国际环境下，会不断从国外传来关于中国，尤其是关于上世纪以来我们党史和国史的种种说法，而且必然会涉及我们党和国家的意识形态，涉及我们的政权、制度、执政地位等政治内容。不把我们的党史、国史涂黑，那些别有用心的人是决不会善罢甘休的。不要只看到军事、经济上的斗争，从原子弹、氢弹到TMD、NMD，从军事包围到经济封锁，这些东西都打不倒中国。像苏联这样一个国家，十月革命时，十几个资本主义国家的包围、侵略，也没能扼杀她；在第二次世界大战中，希特勒数百万的军队也没能战胜她。但是，就是这样一个铜墙铁壁的国家，一夜之间却自己瓦解了。我们研究国史，最核心的问题，就是要研究如何防止苏联的悲剧在我们国家重演。历史研究如果走错了方向，促使苏联的悲剧重演，我看就不是文学研究的问题了，而纯粹是政治阴谋，不过是借一些历史学的名词作为装饰而已。搞乱一个国家的思想，是搞乱这个国家的最重要的"软武器"。

研究国史也会涉及我们怎么看待现实。大家都觉得现在问题很多，我看什么时候问题都不会少。旧的问题解决了，还会出现新的问题，还会有很多我们认识不到的问题。已经认识到的问题解决了，没有认识到的问题又出现了。要知道，解决问题的过程，也是产生问题的过程。一位老同志跟我说，当你认识到的时候，问题就很多；一旦你解决了，旧的问题就没有了，但新的问题又产生了。可以说，解决问题的时候，也是产生问题的时候，差别在于问题不同，而不是有没有问题。现在是新问题大量出现的时期，也是新事物、新办法大量出现的时期。改革开放已经二十多年，以江泽民同志为核心的第三代中央领导集体主政，也已经十二年。这个历史时期，可以说是中国历史上最好的时期之一。尽管还有很多事情不尽如人意，还会有不少新问题，但是，我们毕竟解决了大量艰巨复杂的问题，也就积累了宝贵的历史经验。我们有了经验，也就提高了应对和处理复杂情况的能力。

研究历史，尤其是研究当代史，不可能离开今天去观察昨天。人们认识社会，总要受到两个局限性的制约，一个是阶级的局限性，一个是历史的局限性。所谓历史的局限性，就是指特定历史时期的经济、科技和社会发展水平，对于人们认识能力的局限。正是这种局限性，才使得人们对历史的认识总是相对的，就是说，人们对人类社会发展规律的认识，总要随着历史的发展才能不断完善，进而推动历史研究不断深入，不断发展。在史学界经常有人讲，"一切历史都是当代史"[1]。我认为，这个话有道理。否则，为什么同样的历史，数千年来要不断地写、反复地研究？比如，周、秦已经过去两千年了，我们今天还在研究先秦史，我看再过两千年还会有人研究，为什么？就是因为当代人需要通过研究那段历史，反映当代人对那段历史的看法，希望在反复研究中，为当代人走向未来提供一些有益的借鉴，纠正过去史书上的一些偏差、谬误或者不实。

二　关于史学研究的指导思想问题

有人说，我们现在史学研究不应该再坚持历史唯物主义，因为历史唯物主义也有很多局限。什么理论没有局限？要求理论没有局限，就等于把理论绝对化，当成教条，就不要发展了。但是，我们不能因为理论有局限，就否认理论的指导作用，就不再坚持它。我们坚持马克思主义，因为它是科学，是真理，因为它是与时俱进、不断发展的理论，而不是僵死的教条。什么理论都要发展，不管过去这个理论多么正确，曾经如何被充分证明过，随着时代的发展，它都要继续发展。历史唯物主义，把历史看做不以人的主观意志为转移的客观存在，这个基本观点是对的，是正确的。至于对一些历史事件的具体描写，个别结论，不同时期会有不同看法，但这不能成为不坚持历史唯物主义的理由。

还有人说我们现在应该坚持马克思主义的史学观，不一定再坚持唯物史观。有没有所谓离开唯物史观的马克思主义史学观呢？我看没有。今天的历史学，从历史观来看，主要是两家：一家是资产阶级的历史观，即唯心主义的史学观；一家是马克思主义所体现的无产阶级的历史观，即唯物主义史学观。

中国的历史发展已经证明，中国只能搞社会主义，只能走社会主义道路。搞社会主义，具体的方法、模式可以是多种多样，但是走社会主义道路，这样一个方向是中国人民的唯一选择。我们坚持社会主义方向，坚持社会主义道路，同时努力探索有中国特色的社会主义。一切有利于中国发展，有利于中华民族振兴的，都是有中国特色的社会主义所需要的。在这个历史过程中，我们只能坚持和发展马克思主义唯物史观的基本理论和基本观点，在这个思想的指导下探索中国的发展道路。而我们的国史研究要忠实记录、正确表述的，正是中国人民探索这条道路的奋斗史，因此，也必须坚持和发展马克思主义的唯物史观，用以指导国史研究。国史工作者是中国人民、中华人民共和国历史探索的记录人、见证者，是实践的总结者。国史研究，就是为国立史、立传。对于一个国家、民族乃至一个人，最宝贵的就是自己的实践经验。只有善于总结经验的人，才会逐渐成熟。别人的经验，是别人对其历史存在的认识；自己的经验是自己对其历史存在的认识。别人的经验反映的是别人的利益，自己的经验反映的是自己的利益。

江泽民同志提出"三个代表"重要思想，要求我们党代表中国先进社会生产力的发展要求，代表中国先进文化的前进方向，代表中国最广大人民的根本利益。先进性的本质是代表人民的根本利益。离开了人民的根本利益，就不具有先进性。只有反映人民的历史和现实要求，才能代表人民的根本利益。中华人民共和国是中国人民利益的最大保障和代表。写国史，就要真实反映亿万人民建设有中国特色社会主义的伟大实践，认真总结历史经验，努力探索有利于中国发展、有利于振兴中华民族的道路，写出中国人民的探索史、进步史和发展史。

以上所讲的，是我的几点粗浅看法，今天借这个机会和学者们交流，可能有偏颇，或者过分强调了某一个方面。我要强调的是，国史研究是非常重要的，是绝对不可忽视的。国史研究不仅是研究过去，也是为我们国家和民族的未来服务的。你们任重道远，寄希望于你们。

注释：

[1] 参见［意大利］贝奈戴托·克罗齐《历史学的理论和实际》，商务印书馆1982年版，第2页。

政治是利益的声音*

（2002 年 2 月 28 日）

借今天这个机会，我强调三点。

一 坚持科学研究态度与正确政治态度的统一

——在理论研究中必须坚持科学性和阶级性相统一的原则。社会科学的一个显著特点，就是具有鲜明的阶级性。当然我这样说，并不否认在社会科学领域里，有许多学术、学问，具有普遍的社会性，属于人类的共同文明。但从总体上说，只要有阶级，所谓超阶级的"普适"理论、不偏不倚的"中立"学说，就是不存在的。没有超历史、超时空的理论。理论，都是人类社会客观存在的反映，都有为哪个阶级、代表哪个阶级利益的问题。

马克思主义在创立时，就把无产阶级的性质写在自己的旗帜上，公开宣布为无产阶级和广大劳动人民的根本利益服务。资产阶级思想家不承认理论的阶级属性，标榜自己的理论是超阶级的、普适的。实质上，这是一种文字游戏、一种掩饰，目的在于取得理论上的普

---

* 这是李铁映同志在中国社会科学院纪检监察工作会议上的讲话。

遍性和政治上的合法性，维护他们自己的阶级利益。这是一切剥削阶级理论、概念、话语体系的共同特点。

不讲科学性，对无产阶级来说就失去了阶级性；不讲科学性，无产阶级就不可能取得自己的历史地位，就不可能获得解放；不讲科学性，也就没有科学社会主义。绝不能把阶级性和科学性对立起来，二者是辩证统一的。对社会发展规律的认识越深刻，越接近客观真理，就越符合无产阶级的利益；同样，越是坚持无产阶级的立场和阶级性，就越能深刻地认识社会发展规律，揭示客观真理。

中国的社会科学，必须坚持科学性与阶级性的高度统一。这是我们的学术、学科的特点，是我们的话语体系。

——严谨的科学态度和正确的政治态度具有一致性。今天，中国人民的历史任务，就是走有中国特色社会主义的发展道路，实现社会主义现代化。政治任务决定政治态度。为实现这个政治任务而奋斗，就是我们的政治。

因此，我们讲理论的科学性、学术的科学性，要讲科学态度和政治态度的一致性。我们今天的人文社会科学研究，对象是什么？主要就是中国的发展。目的是什么？就是实现中国的发展。理论科学性的检验标准是什么？就是中国发展的实践。离开了中国的实际，离开了中国的发展，怎么去谈理论的价值、科学性和实践标准呢？

有的人把科学性和政治性对立起来，认为科学应该远离政治。我认为，政治不能直接裁判理论，行政不能干预学术。政治，就是解决关乎国家前途命运的路线、方针、政策问题。但是社会科学呢？不可能远离政治，因为它不可能离开中国人民的生活，不可能离开中国人民的命运，不可能离开中国的前途和发展道路。一句话，不可能离开中国人民的根本利益。政治是利益的声音。当代中国的政治，就是中国人民根本利益的集中表现，就是谋求中国人民的根本利益。

我们强调，在社会科学研究中，要坚持正确的政治方向、理论方向、科研方向。这既是社会科学内在发展规律的要求，也是中国现实发展的政治要求。科学态度和政治态度必须统一，不能割裂。如果我们的研究和学问，脱离了中国的现实，妨碍了中国的发展，就不仅在政治上背离了中国人民的利益，而且在理论上也不具有科学价值。当然，正确的政治态度，也必须建立在对客观规律的科学认识基础上，不能主观臆断，不能搞"唯意志论"，不能离开人类社会发展的客观规律。否则，政治也会走上歧途。

——在研究工作中，坚持理论和实践的统一。社会科学的本质特征，就是它的实践性。实践既是理论的源泉，又是理论的裁判，同时也是理论的价值体现。一切伟大的学说和理论，都源自实践，并经过人类社会实践的检验而得到肯定。一切脱离实践的理论，既失去了目的性，也失去了发展的源泉，也就不具有真理性。我们的一切理论工作，一切课题研究，都要服务于社会主义现代化建设的大局，服务于改革发展稳定的大局，服务于推动社会全面进步的大局，服务于中华民族伟大复兴的大局。

——实践探索和理论探索，是人类社会发展的双重探索。在今天的中国，实践探索和理论探索，只能统一于中国人民推进社会主义现代化建设的历史过程，并在这个过程中得到发展。发展，既是实践的发展，也是理论的发展。这就是理论和实践的结合过程、发展过程。

二　坚持"双百"方针和遵守政治纪律的统一

对社科院来讲，加强党风建设，加强党的组织纪律建设，最重要的，就是坚持贯彻"双百"方针和遵守政治纪律的统一。

——贯彻"双百"方针，就是尊重社会科学的发展规律。"百花齐放、百家争鸣"，反映了社会科学发展的一般规律，是繁荣和发展我国社会科学和文化的基本方针。

社会生活是复杂多变的，作为它的理论反映也不可能是单一的；研究社会的人，由于知识水平和阅历不同，所持的世界观和政治立场不同，研究方法不同，甚至对同一事物的看法，也存在着诸多差异，自然会形成不同的学术观点、学术派别；人们对社会的认识，也不是一步完成的，需要经过循环往复的过程，才能揭示其发展规律。因而，争鸣、争论是必然的，多学派也是必然的。贯彻"双百"方针，就要鼓励学术争论，提倡创立和保护各种学派。

在社会科学领域，讨论、辩论和争鸣，就是科学实验，是解决主客观矛盾的必要环节，是揭示规律和认识真理的桥梁。只有认真贯彻"双百"方针，才能真正活跃学术气氛，推动理论创新。一句话，争鸣是社会科学领域特殊的科学实验。

——学术是非，只能靠学术争鸣和社会实践来评判。学术与政治，既有联系，又有区别。就社会科学的大多数学科而言，没有完全脱离政治的学问，但不能因此把学术直接等同于政治。政治就是解决政治问题，行政就是按照行政职能去解决行政问题。学术是非，无非是对客观事物的不同认识。在学术领域，要坚持小平同志倡导的"三不"主义。评判学术是非，要靠学术争鸣，靠广大群众的社会实践。

——学术自由必须以遵守政治纪律为前提。贯彻"双百"方针和遵守政治纪律是辩证统一的。在这个问题上，长期以来有所争论。有人认为，坚持"双百"方针和遵守政治纪律是对立的。我认为，这二者是统一的。用政治纪律来否定"双百"方针是错误的，用"双百"方针来否定政治纪律也是错误的。既然社会科学的绝大多数学科具有政治性，学术研究当然要遵守政治纪律，也就是我们经常所说的"思想有自由，研究无禁区，宣传有纪律，行为守法律"。我多次强调，如果我们的研究成果，特别是在敏感的问题上，与中央的现行方针政策不一致，可以通过内部报送等方式向上反映；公开发表，就要慎重。

中国社会科学院，是国家办的最高社会科学研究机构，不是什么"自由撰稿人联合体"。任何漠视党纪国法，哗众取宠，煽动是非，甚至攻击谩骂的言行，都是与学术自由格格不入的。

迎接十六大召开，中国社科院责任重大。我们在政治上，要自觉地和中央保持一致，遵守党纪国法，坚决维护稳定的环境。

三　坚持荣誉感和责任感的统一

——学者要有崇高的荣誉感和责任感。我们社会科学工作者，是具有高度责任感和荣誉感的群体。可以这样讲，没有荣誉感的人，既不会成其业，也不会立其身。不想成为大学问家的人，既没有荣誉感也没有责任感。从事科学嘛，就是探求真理，就是在科学的大漠之中、荒原之中，探索出一条道路；就是在科学的海洋之中，寻觅珍宝。没有理想，悠闲度日，得过且过，萎靡不振，这样的人，既没有荣誉感，也没有责任感。

还有一种现象，就是只把荣誉、责任看成一种个人行为。实际上，任何荣誉和责任都是社会行为，离开了一定的社会、集体，怎么谈荣誉和责任呢？

社会科学工作者的荣誉感、责任感，必须反映"三个代表"的要求。在当代中国，所谓学问，所谓理论研究，不代表先进生产力的发展要求，不代表先进文化的前进方向，不代表中国最广大人民的根本利益，代表什么？为什么服务？社会科学工作者，作为文化的传承者、客观规律的探索者，必须坚持"三个代表"的思想，实践"三个代表"的要求。

在今年的工作会议上，我强调要爱社科院，要爱社会科学界，要爱社会科学。一个不爱社会科学的人，怎么能够搞社会科学？一个不爱社科院的人，又何必待在社科院呢？社科院有自己的方圆，不愿意受这个方圆的约束，还一定要戴社科院这顶帽子，何苦呢？作为社会科学工作者，一定要珍惜集体荣誉，珍惜我们的人格和国格。

我们要坚决反对极端个人主义的做法。那种为了个人虚名而哗众取宠、粗制滥造、沽名钓誉的行为，就是没有责任感。失去责任感的人，荣誉感也靠不住。

——要以严谨的科学态度探索真理，切实改进我们的学风和文风。我不赞成通过商业炒作的办法来获取虚名。真理是不需要包装的，也是不需要炒作的，谎言才需要炒作。真理是不能被当作商品在市场上运作的。市场上叫卖的是商品，而不是学术和理论。热衷于包装和炒作，是一种不良学风。

我们不仅要高度重视学风建设，还要重视文风建设。文风是学风的外衣，是学风的表现。有些文章，内容姑且不谈，但读者首先看的，是它的文字、文风好不好。言简意赅、清秀、流畅，读起来很好，就爱不释手。相反，包装太多，艰涩难懂，就很难赢得读者。

社科院是全国最高的社会科学研究机构，担负着引导学风、文风的重大责任。如果我们自己的学风坏了，文风坏了，怎么可能引导社会？

要大胆探索，推动理论创新，努力创建有中国特色的理论、概念、话语体系，用以解释中国的事物，研究和解决中国的实际问题。抓中国的老鼠还是要靠中国猫。研究和解决中国的问题，只能靠中国人，靠中国学者。我们不仅要防止"东教条"，也要防止"西教条"。

我们社科院的学者，一定要切实改进自己的学风、文风。要懂得自爱、自尊，走到哪里都应是堂堂正正的大学者。

今天是中国新世纪的极为重要的一年。将召开十六大，社科院一定要坚持邓小平理论和"三个代表"重要思想，围绕大局，服务大局，出精品，出人才，做好今年各项工作。

"实践、理论"的双重探索[*]

(2002 年 3 月 5 日)

我完全赞同朱镕基总理所作的《政府工作报告》。该报告实事求是地总结了去年的工作,科学地部署了今年的工作要点,是一个继往开来、催人奋进的好报告。下面,我讲三点意见。

一 近十几年,是我国历史上最好的时期之一

——去年,我国经济社会发展取得了重大成就。过去的一年,我们党和国家经历了几件大事,取得了了不起的成就。

我们隆重地庆祝了中国共产党建党 80 周年,江总书记发表"七一"重要讲话,全面系统地阐述了"三个代表"重要思想。中共十五届六中全会召开,党的作风建设进一步加强。我国正式加入世贸组织,对外开放进入一个新阶段。北京申办 2008 年奥运会获得成功。成功举办了 APEC 上海会议。在世界经济增长明显趋缓的背景下,我国经济却呈现出旺盛的发展势头,全年 GDP 增长 7.3%。

现在回过头来看,应当说,这些成绩,确实来之不易。

---

* 这是李铁映同志在九届人大五次会议云南代表团分组会上的发言之一。

——实践证明，中央制定的一系列路线、方针、政策是完全正确的。自从1989年江泽民同志主持中央工作以来，面对复杂多变的国际形势，面对异常艰巨的改革、发展、稳定任务，党中央冷静观察，运筹帷幄，纵横捭阖，采取了一系列行之有效的方针、政策，把有中国特色的社会主义伟大事业，不断推向前进。

国民经济持续、快速、健康发展。社会主义市场经济体制初步建立。有中国特色社会主义法律体系逐步完善，民主政治稳步推进。精神文明和先进文化建设蓬勃发展。综合国力显著增强，国际地位大大提高。人民生活，从总体上步入小康。人的发展和社会全面进步，跃上一个新台阶。我国已进入全面建设小康社会，加快推进改革开放和社会主义现代化建设的新的发展阶段。

实践证明，党中央制定的基本纲领、路线、方针、政策，符合当代中国实际，反映了时代要求和人民意愿，是完全正确的。

诚然，我们还面临不少困难、矛盾和问题。要发展，怎么会没有困难、矛盾和问题？只要有发展，就会有问题。从一定意义上说，解决旧问题之际，也是产生新问题之时，这是客观规律。没有困难，要共产党人干什么？没有问题，没有矛盾，也就无从前进、发展了。发现问题，化解矛盾，战胜困难，就是进步，就是发展。

纵观历史，从世界范围来看，又有几个国家能够正确认识自身的历史、正确把握自己的发展道路？因此，我认为，这十多年，是中国历史上最好的时期之一。

中国今天的发展，不仅是中华民族历史上的奇迹，也是世界发展史上的奇迹。一个昔日任人宰割、积贫积弱的东方大国，一个拥有13亿人口的大国，满怀信心地走向富强、民主、文明，走向自己的光明前途，这难道不是奇迹吗？用马克思主义的科学理论武装起来的中华民族，告别了封建主义的愚昧、落后，告别了帝国主义的奴役、压迫，走上了有中国特色社会主义的发展道路，这难道不是震惊世界的奇迹吗？毛主席曾经说过，中华民族应对人类做出较大的贡献。我看，13亿人口的中华民族走向小康，本身就是对人类的一大贡献。只要中国发展了，中国的事情办好了，中国的路走对了，就是对人类最大的贡献。

沿着这条道路坚定地走下去，中华民族的全面振兴就一定会实现。

二　实践探索和理论探索，是当代中国的双重探索

——实践探索和理论探索，是推动人类社会发展的双重探索。实践探索，是理论探索的源泉和动力。不断地总结实践探索的经验，加以理性升华，就是理论探索。理论探索反过来可以指导实践，使人们在实践中少走弯路，从而进一步推动实践探索的深化和科学化。两种探索相辅相成，共同推动人类社会的发展。

当然，双重探索并不总是亦步亦趋。马克思说过，人们还没有意识到，但在实践中已经做了。理论探索滞后于实践探索，在人类社会发展中是常有的。这并不说明理论不重要，而恰恰说明了理论必须随着实践的发展而发展。理论与实践的矛盾，既是理论发展的动力，也是实践前进的动力。通过解决这一矛盾，推动理论与时俱进，同时，明确实践下一阶段的任务和方向，增强实践的自觉性和创造性。脱离实践的理论是空洞的，脱离理论的实践则是盲目的。

任何理论都离不开实践，任何实践也离不开理论，区别只不过在于，这究竟是一个自然、自发的过程，还是一个自觉、自为的过程。今天，中国人民正越来越成熟地行进在自己的道路上，更加自觉、自为地进行实践和理论的探索。今天，中国共产党正在全面推进"党的建设新的伟大工程"，这是理论和实践的双重探索。有中国特色的社会主义发展道路，也是实践和理论的双重探索。中国要实现社会主义现代化，实现中华民族的全面振兴，同样是实践和理论的双重探索。

探索的目的是为了发展。解决中国的一切问题要靠发展。检验探索成功与失败的标准，也是中国的发展。发展，既是实践的发展，

又是理论的发展。

——十多年来，我们在实践探索方面取得了巨大成就。实践探索，集中体现为制度探索：制度完善、制度改革和创新。有中国特色的社会主义经济、政治、文化制度建设全面展开，并逐渐形成，标志着我们在探索社会主义基本制度，与当代中国实际的结合及其发展方面，迈出了重大步伐，取得了历史性成就。

经济上，针对社会主义初级阶段的基本国情，初步建立了社会主义市场经济体制，并在改革的两个关键环节上获得重大进展。在所有制结构方面，确立了以公有制为主体、多种所有制经济共同发展的基本经济制度。在分配方面，实行以按劳分配为主体、多种分配方式并存的制度。此外，还推行了现代企业制度。

政治上，提出并实施了"依法治国"方略，建设社会主义法治国家。社会主义民主政治制度逐步完善。进一步完善了党内民主集中制，进一步完善了全国人民代表大会制度、共产党领导的多党合作和政治协商制度，以及民族区域自治制度。

社会上，初步建立了有中国特色的社会主义保障体系。实施可持续发展战略。在全社会范围内整顿和规范市场经济秩序，建立基本信用制度。

文化上，大力加强社会主义精神文明建设，发展先进文化，提出并实施"科教兴国"和"以德治国"。

——实践探索推动理论探索，党在理论上获得大发展。纵观十多年的发展，重要的不仅在于我们已经取得的成就，而且在于，伴随着实践探索的每一步，我们的理论探索都有新的飞跃，我们在思想、理论上都有新的认识。

如果说，十多年前，我们对在社会主义条件下搞市场经济，还心存疑虑，或认识肤浅，那么，我们在今天则是坚定不移，而且认识深刻得多、丰富得多了。

如果说，十多年前，依法治国，建设社会主义法治国家，还仅限于学者的个别议论，那么，今天已经成为全党、全国人民的共识了。

例如，关于民主，我们越来越清楚地认识到：民主，没有固定的模式。民主，无非是一种政治文明、政治制度、政治保障和政治理想。当今世界上的民主，主要有两大类：资本主义民主和社会主义民主。在中国，只能实行有中国特色的社会主义民主政治制度，因为它符合中国的实际，符合中国人民的根本利益。

又如，关于人权，我们讲生存权和发展权是最基本的人权，这已得到了国际社会的广泛认同。人长了一张嘴，是先吃饭，还是先说话？说话的目的是什么？还不是为了吃饭！讲人权，就有个是谁的人权，是为谁服务的问题。"老爷"的权利与奴隶的权利从来是不一样的！

在当今世界，我们面临的不仅是军事、外交、经济上的斗争，而且还有文化、意识形态上的斗争。民主、人权等已成为西方国家干涉别国内政，推行其思想文化、价值观的"软武器"。

在国际问题上，特别是涉及民主、人权这类重大问题，我们在思想、理论上也有很大进步：一方面，我们不排斥外来文明，睁大眼睛广览博取，以滋养、丰富和发展我们自己；另一方面，不管人家的制度、道路如何，我们都不能照抄照搬，只有从中国的实际出发，选择合乎我们自己需要的、有中国特色的制度、发展道路和发展模式。只有符合我们自己现实要求和发展目标的，才是好的，是我们所需要的。我们已逐步形成了一整套成熟的应对复杂国际局势的思想、政策和策略。

最重要的是，我们形成了正确的理论，反映时代特征和当代中国现实发展要求的理论，这就是"三个代表"重要思想。这一思想成果，是十多年来党和人民双重探索的伟大结晶。

当代中国的双重探索，不仅具有历史意义，而且具有世界意义。

我们不应忘记，这双重探索，是在怎样的国际背景下进行的。恰恰在这期间，苏联解体，东欧剧变，世界社会主义事业遭受严重挫折。而在中国，社会主义制度通过改革开放，却呈现勃勃生机，取得了重大的历史性发展。面对世界资本主义的重重包围，在社会主义与资本主义"你中有我，我中有你"，既对立、竞争，又合作、交流的复杂情况下，能够保持稳定，不断发展，是多么难得呀！

我们不应忽视，这双重探索，是在整个中华大地上，在中国社会的各个方面，由全国各族人民共同参与的事业。在这一历史进程中，中国人民的精神境界、精神面貌焕然一新，古老的中华文明实现了民主化、科学化，并开始走向现代化，非常了不起。

总之，我们这十多年真正在实践和理论的结合上，坚持、丰富和发展了邓小平理论。有中国特色的社会主义制度、道路和发展模式逐步确立并完善起来。

三　加快发展哲学社会科学，进一步 推动实践探索和理论探索

——重视理论，重视哲学社会科学，是一个政党、国家和民族走向成熟的重要标志。朱镕基总理在《政府工作报告》中多次提到社会科学，强调："繁荣发展哲学社会科学，注重研究全局性、前瞻性、战略性的重大课题"，要"加快发展社会科学"。这充分体现了江总书记"七一"、"八七"讲话中对社会科学界的明确要求，反映了党和政府对哲学社会科学的高度重视和殷切关怀。

"七一"讲话，是历史性的文献。讲话科学地阐明了马克思主义与时俱进的理论品质，是马克思主义在当代中国发展的新篇章。"八七"讲话，科学地论述了哲学社会科学的地位和作用，为新世纪我国哲学社会科学的发展指明了方向。

"八七"讲话指出："加强哲学社会科学研究，对党和人民事业的发展极为重要。""一个民族要兴旺发达，要屹立于世界民族之林，不能没有创新的理论思维。"

也许有的同志会问：改革和发展的任务如此繁重，工作千头万绪，为什么还要强调理论，强调哲学社会科学研究的重要性呢？理

由很简单，正因为我们现在做的，是别人没有做过的，没有现成的本本、模式可以借鉴；正因为我们今天处于极其复杂的历史条件之下，所以，中国要发展，只有靠不断总结自己的经验，大胆探索，通过理论创新，以指导制度创新及其他创新。实践越复杂，社会生活越丰富，就越是需要我们重视理论，重视哲学社会科学，创新并发展理论，以减少失误，克服不足，不断前进。

——哲学社会科学，要为推动实践探索和理论探索，丰富和发展马克思主义做贡献。进入 21 世纪，中国的发展，实践和理论的双重探索，集中体现为马克思主义的发展。这是中国共产党人最大的理论任务和政治任务。

哲学社会科学，怎样为丰富和发展马克思主义做贡献？

第一，要进一步推动马克思主义中国化。马克思主义既然是科学，就要求我们用科学的态度对待它。什么是对待马克思主义的科学态度？就是使马克思主义中国化。

所谓马克思主义中国化，从根本上说，就是把马克思主义基本原理与中国具体实际相结合。具体来说：要与中国的国情，即中国的历史、现实的具体特点和发展要求相结合；要与中国人民的实践经验相结合；要通过解决中国的实际问题来实现，推动中国的发展；要通过一定的民族形式来实现，要切合民族的思维方式和语言风格，有"中国作风和中国气派"；要同一定的时代特征相结合，即要"当代化"。

20 世纪的中国历史，就是马克思主义指导下中国人民的解放和发展史，就是马克思主义中国化的历史，就是马克思主义在中国的发展史。

"中国化"，这三个字有很高的科学性。马克思主义中国化，是党 80 年的宝贵经验，已经成为中国模式、中国自己的道路。什么是最宝贵的？自己的经验是最宝贵的！

第二，要进一步解放思想，实事求是。十多年来，我们党、人民在思想理论上的一大飞跃，就是思想的空前解放。

解放思想，从根本上说，就是要正确处理理论与实践的关系，就是从我们自己的实际出发，使主观与客观相符合，研究解决中国的实际问题，就是实事求是。

解放思想，实事求是，不仅是思想认识方法，也是价值观，是科学的真理观与价值观的高度统一，是彻底的唯物主义和辩证法的高度统一。要真正坚持解放思想，实事求是，必须把握两个一致性：一个，一切从实际出发，与一切从人民的根本利益出发的一致性；另一个，科学态度与创新精神的一致性。

进一步解放思想，实事求是，在解放思想中统一思想，就要反对教条主义。既要反对"东教条"，也要反对"西教条"。"东教条"即我们党历史上多次批判过的，把马克思主义教条化。"西教条"，即照抄照搬西方的制度、道路、思潮或理论。资产阶级自由化，从政治上看，其实质是否定共产党的领导，否定社会主义制度；而从思想方法上看，则是唯心主义、形而上学，是另一种形式的教条主义，即"西教条"。

总结历史经验，什么教条都不灵，都不能解决中国的实际问题。解决中国的问题，只能从中国的实际出发，只能靠中国人民自己。由于国情不同，发展阶段不同，世界各国的发展道路、方法、模式必然是多种多样的，任何照抄照搬都不可能成功，这也是人类社会发展的客观规律。

第三，要注重研究、解决全局性、前瞻性、战略性的重大时代课题。这是江总书记在"七一"、"八七"讲话和十五届六中全会上的讲话，以及朱总理在《政府工作报告》中对社会科学界的明确要求。

加入WTO，标志着我国改革开放进入了一个新阶段。中央做出这一战略决策是完全正确的。这一关迟早要过，无非是代价大小的问题。

加入WTO，意味着我们的改革开放更深入、更宽广、更复杂，意味着我们将直接面临国际上强大对手的挑战。这是一场综合实力的较量，也是智慧的较量，这是在别人坐庄、别人制定的规则条件下进行的生死较量，很不简单。

时代条件发生了如此巨大的变化，大量我们未知的情况，从未遇到的问题不断涌现出来。只有深入研究、正确解决我们所面临的重大时代性课题，与时俱进，开拓创新，我们才能立于不败之地。

云南是祖国的宝地，是一个巨大的"花盆"。我相信，在党中央的正确领导下，云南省委和勤劳智慧的云南各族人民，一定会把这个大"花盆"保护好、建设好、发展好，祝愿你们取得更大的成绩。

马克思主义中国化的新成果[*]

——九届人大五次会议发言

（2002 年 3 月 14 日）

九届人大五次会议的各项报告，都充分体现了江总书记提出的"三个代表"重要思想，可以说是"三个代表"重要思想在中国社会各个方面的一次实践检验，得到了与会代表的真诚肯定和热烈支持。下面，我着重就"三个代表"重要思想的学习，谈几点体会，与同志们交流。

一　阶级、政党、执政的共产党

——政党是阶级的最高组织形式。历史唯物主义认为，政党是阶级的政治工具，是阶级的最高组织形式，是为一定阶级利益服务的，是一定阶级的代言人。离开一定的阶级，政党就失去其存在的基础，就失去力量源泉；离开一定的政党，阶级就失去其核心和领导，就会迷失前进方向，也就无从实现本阶级的利益。阶级分析方法，是我们观察、认识政党性质、宗旨的基本方法。

---

[*]　这是李铁映同志在九届人大五次会议云南代表团分组会上的发言（二）。

近来，关于阶级和政党问题，社会上有些议论，如阶级分析方法还要不要坚持？是否可以用阶层分析方法来代替阶级分析方法？我看不行。只要有阶级，只要人类社会还处在阶级社会，阶级分析方法就不会过时。阶层，只不过是在阶级分析的基础上，依据一些社会参数，对不同的利益群体进一步划分的结果。比如农民，划分为雇农、贫农、中农，但他们都是农民阶级、劳动阶级。用阶级分析方法划分社会群体，是以社会群体对生产资料的占有情况以及在生产中所处的地位为标准，而不是以职业、受教育程度为标准，更不是以民族、宗教信仰为标准。

一般来说，阶层分析方法原是西方学者分析、研究社会的方法。马克思主义不排斥阶层分析方法，但认为阶级分析方法是本质的、第一位的。而资产阶级否定阶级分析方法，其根本目的，是为了掩盖资产阶级的剥削阶级本质，掩盖其政党的资产阶级性质。

当然，在分析社会结构和社会变迁方面，阶层分析也是一种社会学研究方法，可以帮助我们认识很多事物。但不管哪种方法，分析的目的和结论，只能是维护今天中国的团结和稳定，推动中国的发展。

——共产党的先进性，来源于工人阶级的先进性。从历史上看，近代的政党，产生于资产阶级同封建君主专制做斗争的过程中，是在废除了封建君主制度之后，资产阶级所寻求建立的一种政治组织、政治代表。共产党，则是各国工人阶级的革命运动与马克思主义相结合的产物。工人阶级从一个自在的阶级，成长为一个自为的阶级，从幼稚走向成熟，其标志就是共产党的诞生。共产党的产生，是历史发展的必然，开创了人类历史的新纪元。

共产党与资产阶级政党的根本区别在于：共产党从诞生之日起，就把代表工人阶级和广大劳动人民的利益，写在了自己的旗帜上，公开宣布，除了工人阶级和广大劳动人民的利益，它不谋求任何特殊的私利。

而资产阶级政党，本质上是为资产阶级利益服务的，是资产阶级谋求并稳定其统治地位的政治工具，不管它如何"改革"、"改良"，这一点没有也不可能改变。

共产党的先进性，来源于工人阶级的先进性。这种先进性突出地体现在三个方面：第一，是先进生产力及其发展要求的代表。第二，以马克思主义这一最先进的思想理论为指导，吸收、借鉴人类创造的全部文明成果，并随着时代和实践的发展而不断进行理论和文化创新，自觉地代表着人类先进文化的前进方向。第三，工人阶级只有解放全人类，才能最终解放它自己。正因如此，工人阶级的利益，才集中体现了一切劳动人民的利益。实现这种利益，实现工人阶级和劳动人民经济、政治、文化等各方面的解放，代表了人类社会发展的总趋势。

——共产党作为革命的领导党与作为执政的领导党之间，既有继承关系，又有发展关系。在我们党80年的历史中，前30年是革命的领导党，后50年是执政的领导党。我们党作为执政的领导党，不同于西方的执政党，是革命党在执政时期的发展，是革命的领导党合乎逻辑的必然发展，它依然保持着革命性，即以实现共产主义为最高奋斗纲领。但党在革命时期与在执政时期，终究条件不同，任务不同，领导方式也有很大不同。

党作为革命的领导党，面对穷凶极恶的敌人，最大任务是动员和领导工人阶级和广大劳动人民，团结一切可以团结的力量，建立最广泛的统一战线，推翻"三座大山"，武装夺取政权，建立社会主义新中国。

党作为执政的领导党，面对生产力水平不高、经济文化比较落后的国情，最大任务是领导人民管理国家，当家做主，制定符合实际的路线、方针、政策，解放和发展生产力，建设有中国特色的社会主义经济、政治和文化，实现社会主义现代化，实现中华民族的全面振兴。

适应从革命的领导党到执政的领导党这一根本转变，党在思想理论、领导方式、工作制度等诸方面，都必须有所发展和创新。

共产党执政与资产阶级政党执政，有着本质的区别。这种区别不但在于共产党不谋求任何私利，而且还在于共产党不滥用、不迷信任何权力。立党为公，执政为民，是执政的共产党的基本信念。反之，立党为私，执政为己，则党必然蜕变为资产阶级政党，也就失去其存在的阶级基础和群众基础。

——坚持党的领导，是当代中国人民的根本利益之所在。不能用资产阶级政党制度来看待和衡量我国的政党制度。中国共产党是中国人民的领导党。党的领导，代表着人民的最大利益。在资产阶级政治学说中，是没有共产党的理论、共产党的地位的。共产党的理论，就是关于广大人民利益的理论，共产党的地位，是广大人民群众确立的。

中国共产党的领导，是通过国家政权，即人民代表大会来实现的。我们的最高权力机构——全国人民代表大会，与西方的议会组织形式是完全不同的。我们的政党制度，是共产党领导的多党合作和政治协商制，其他党不是共产党的反对党，而是友党；不是什么"在野党"，而是参政党，这与西方的政党制度也是完全不同的。这是新型的政党形式、政权形式。

我国各族人民当代的共同利益只有一个，即实现我国的社会主义现代化。如果最广大人民的根本利益分裂了，那么代表不同根本利益群体的，一定会是几个相互对立、斗争的党派。假如中国在政治上分裂了，那么中国的一切前途也就没有了。中国人民根本利益的一致性，决定了我国的政党制度，也决定了我们的政治制度，即国体和政体。中国目前的政党制度和政治制度，符合中国的实际，是中华民族政治上成熟的重要标志。

二 "三个代表"重要思想是马克思主义的新发展

——"三个代表"重要思想，是国际共产主义运动历史经验的科学总结。理解"三个代表"重要思想，必须有一个宽广宏阔的历史视野。

1847年6月2日，世界上第一个共产党"共产主义者同盟"诞生。1848年2月，《共产党宣言》在伦敦发表。1864年9—10月，"国际工人协会"即第一国际成立。1889年7月14日，"国际社会主义者代表大会"在巴黎召开，第二国际成立。1898年3月，俄国社会民主工党成立。1903年7月，俄共（布尔什维克）宣告诞生。1917年，俄国十月革命胜利，随后出现了社会主义苏联。1919年3月，共产国际成立，又称"第三国际"。1945年"二战"胜利以后，又出现了中国、古巴、越南等一批社会主义国家。社会主义制度的诞生，是人类历史上最伟大的事件，开创了人类发展史的新纪元。

1991年苏联解体，苏共垮台，原因很复杂，我看至少有三条深刻教训：第一，理论上长期搞教条主义，思想僵化。苏共长期以来把马列主义当作教条。理论的教条化，使理论不能解释世界发生的变化，也不能解释苏联自己遇到的问题。第二，制度上僵化，一成不变，失去了活力。第三，共产党蜕变为脱离群众的官僚集团、特权阶层，失去民心，失去群众基础，直至苏共领导集团走向背叛。这些都是极为深刻的历史教训。

"三个代表"重要思想的提出，具有极强的现实针对性。中国要避免苏联的结局，中国共产党要避免苏共的结局。20多年来，我们是在市场经济条件下、法治条件下，在与资本主义世界合作与竞争的时代背景下，搞社会主义建设的。这无论在中华民族发展史上，还是在社会主义发展史上，都是前所未有的。在这样一个全新的历史阶段，我们党如何体现时代精神、时代前进的要求，始终保持先进性？这是一个极大的历史性课题。

——"三个代表"重要思想，是我们党80年伟大实践的科学总结。自己的经验是最宝贵的。别人的经验，是别人实践的总结，反映了别人的社会存在。我们的经验，则是党领导人民80年伟大实践的总结，反映了我们的社会存在，反映了我们的利益要求。别人的经验可以借鉴，但不能照搬。

80年来，我们党领导人民革命、建设和改革，积累了极其丰富、宝贵的历史经验。总书记在"七一"讲话中，阐述了三条基本经验。而这三条归结起来，也就是党要始终走在时代的前列，领导人民不断从胜利走向新胜利，就必须始终做到"三个代表"。

"三个代表"重要思想是中国化的马克思主义。要全面而深刻地理解这一思想，需要解放思想、实事求是，需要理论创新。所谓创新，就是不断地在实践中总结经验，探索新事物，解决新问题，而不是离开人民的利益、人民的实践想入非非。理论的发展，是同实践特别是人民的实践不断结合的过程。

历史上我们吃的教条主义的亏很多，教训深刻。任何理论一旦成为教条，就会僵化，就会脱离实际，也就失去了真理性和价值。理论从来不应是教条，任何教条都不是科学。

在20世纪的中国，第一个反对教条主义的是毛泽东，他主张不能把马克思主义当作教条；第二个是邓小平，他主张既不能把别人的经验当作教条，也不能把自己的经验当作教条。江总书记提出"三个代表"重要思想，在新的历史条件下，要求全党在理论和实践上，必须摆脱教条主义的羁绊，与时俱进，开拓创新。否则，就会被历史所否定。

——"三个代表"是有机的整体，相辅相成，缺一不可。

代表先进生产力的发展要求，是党的先进性的基石，也是建设先进文化，实现最广大人民的根本利益的物质前提。

代表先进文化的前进方向，是党的先进性的灵魂。先进文化，就是人类认识世界、改造世界的最高精神成就，是优秀的精神文明。先进文化是共产党的精神动力，思想意识的灵魂。先进文化之所以先进，是因为它反映了先进生产力的发展要求，反映了由此决定的人类历史进步的总趋势。反过来说，如果不以马克思主义为指导，就不可能科学认识先进生产力的发展要求，不可能正确把握什么是最广大人民的根本利益，当然，也就不清楚如何代表这种根本利益。

代表最广大人民的根本利益，是党的先进性的本质。人民是历史的主人、创造者。实现人民的根本利益，不仅是人类历史发展的目的，也是人类历史发展的动力。人民的利益、追求，是先进性的基础。无论是解放和发展生产力，还是建设先进文化，党的一切工作的根本出发点和落脚点，都是为了实现最广大人民的根本利益。

"三个代表"的核心是永葆党的先进性。先进性是什么？为什么先进？怎么才能代表先进性？这三个问题要搞清楚。先进性最根本地体现为代表人民的根本利益。脱离人民的根本利益谈先进性，这是什么先进性？在谈到先进性时，还必须搞明白：以谁为参照系？一些人因为看到欧美资本主义国家经济比我们发达，科技水平也比我们高，就往往在思想认识上产生偏颇：因为它发达，所以它的一切都是对的、先进的……先进性，不是一个不加思考就一目了然的问题。我们理解的先进性，不是超越时空、离开国情、离开人民实际利益的先进，不是脱离群众的先进，而是贴近人民利益的先进。维护、实现、发展中国最广大人民的根本利益，这是先进性的基本要求。

——"三个代表"重要思想，是马克思主义在当代中国的新发展。

第一，这一思想，第一次把解放和发展生产力、文化建设和人民的根本利益统一起来，思考和指导党的建设，突出了党的先进性，与人类社会发展的根本性力量之间的一致性，揭示了党的先进性的基础、灵魂和本质，形成了一个系统的马克思主义建党学说的当代理论。

第二，这一思想，把文化建设从党所领导的一个方面的工作，提升到党的性质、宗旨的层次上来，把代表先进文化的前进方向，作为党的先进性的重要标志，作为党的理论建设、政治建设、组织制度建设乃至作风建设的内在要求。这在马克思主义思想发展史上，是第一次，反映了我们党对当代社会发展趋势和特征的深刻把握。这是一个重大的理论创新。

第三，这一思想，揭示了社会主义制度下，执政的领导党建设的极端重要性，进一步深化了我们党对社会主义本质的科学认识。

它表明，在当代中国，加快推进社会主义现代化建设，关键在于加强党的建设；社会主义不仅要有繁荣的经济，而且要有繁荣的文化；不仅要实现人民当家做主，而且要保障人民不断走向富强、民主和文明，推动人的全面发展和社会全面进步。社会主义必将是人类最文明的社会，必将是全人类为之向往、奋斗的社会。

第四，这一思想，极大地推动了全党全国的思想解放，充分展现了马克思主义与时俱进的理论品质，显示了马克思主义在当代中国的强大生命力，开创了马克思主义的新境界。

总之，"三个代表"重要思想，是党的第三代领导核心的标志性理论成果，是对马列主义、毛泽东思想、邓小平理论的继承、丰富和发展，是中国共产党人对马克思主义理论宝库的新贡献。

——进入新世纪，坚持"三个代表"重要思想，就是坚持马克思主义。"三个代表"，既是政治纲领，又是理论上的创新。既有重大的历史意义，又有重大的现实意义，是衡量我们一切工作好坏成败的根本标准。

从"代表先进生产力"，到"代表先进生产力的发展要求"；从"为人民服务"，到"代表最广大人民的根本利益"，再到"三个代表"的高度概括和全面表述，无论从政治上、理论上，还是工作制度、领导方式上，都有一个新的飞跃，都有认识上的前进。

"三个代表"要求，既是衡量党的工作作风、工作方法成败的根本尺度，也是衡量党的各级干部工作好坏的准绳。无论是政治领域、经济领域，还是文化领域，都可以贯彻。

"三个代表"重要思想，在理论和实践的统一上，在中国的现实和未来发展的统一上，在党的奋斗目标和国家的发展任务的统一上，成为党的政治纲领和理论指针，非常清晰、明白，具有鲜明的中国气派和时代品格，也带有很强的实践性、可操作性。只要坚定地实践"三个代表"的要求，我们党就能始终保持先进性，就能够站在时代的潮头，始终得到最广大人民群众的衷心拥护。按照"三个代表"的要求去做，我们党的领导制度、作风、工作方法、党群关系就会有极大的改善。

我坚信，经过一段时间的发展，再回首今天，我们对"三个代表"重要思想的历史意义，会认识得更加清楚、全面和深刻。

三　与时俱进是理论的生命

马克思主义是我们党的指导思想。我们要坚持和发展马克思主义，就要用科学的态度来对待它。这就涉及如何看待理论、学说以及人对客观规律的认识等问题。

理论为什么要与时俱进？这是由理论的特性所决定的。

第一，实践性。任何理论都是实践的经验总结。实践，既是理论的源泉，又是理论发展的不竭动力；既是理论的价值体现，又是理论真理性的检验标准。任何脱离实践的理论，都是无本之木、无源之水、无根之花，都是没有生命力的，注定要被历史所否定。而实践永远不会停留在一个水平上，理论必须随着实践的发展而发展。

第二，历史性。任何理论都是人类一定历史阶段的认识，都要受当时经济、科技、文化等方面发展水平的制约。再伟大的思想、理论，都不可能是超时空、超历史的。不管哪种理论，都带有历史的局限性，不能要求前人解释今天的事情。任何理论都不是永恒的、绝对的，所谓"终极真理"本身就是个荒谬的话题，是唯心主义、形而上学。

理论的历史性也就是理论的发展性。任何事物都是发展的，客观事物的发展性决定了理论的发展性；客观事物的多样性，决定了理论对客观事物反映的多样性。因此就有很多学说，它们从不同侧面反映了事物的多样性。资本主义不止一种模式，西欧、日本、美国的资本主义，都有自己的特点；社会主义也不是只有一种模式，中国特色的社会主义和苏联式社会主义就不同。事物的多样性与发展性共生并存，离开了多样性，事物的发展就会停滞，就没有生命力了。理论是在发展中坚持的，不发展的理论是僵死的，是不具有真理性的，就要走向历史博物馆。

第三，社会性。任何理论都是一定社会存在的反映，都要受到一定社会条件的制约。理论的社会性主要包括：阶级性和民族性。

阶级性。自从人类进入阶级社会以后，任何学说、理论都要反映一定阶级的客观存在，都有一个为哪个阶级服务、代表哪个阶级利益的问题。马克思主义，反映的是无产阶级和广大劳动人民的利益和要求，是为无产阶级和广大劳动人民服务的。资产阶级的学说、理论，总是要掩盖自己的阶级性，掩盖阶级性是为了取得理论和政治上的普遍性、合法性，而恰恰这一点使它失去了真理性。强调理论的阶级性，并不意味着否定它的一般社会性。把阶级性和人类文明完全对立起来，这也是不科学的，也是一种形而上学。只要是属于人类文明的共同成果，我们都应该积极学习和借鉴，我们剔除的只是那些糟粕和阻碍社会前进的东西。

民族性。当今世界的各种理论，无不带有国家、民族的特点，无不打上历史文化传统的烙印。今天中国需要的理论，是中国气派和时代品格相统一的理论，一句话，就是人类文明的中国化和中国传统文化的现代化。文化是一个民族的"身份证"，也是该民族对人类的贡献。人类的文化，像一个百花园，是由多种文化构成的，这才有生命力，才能发展。理论是文化的发展，是文化的灵魂。文化多样性失去了，理论的发展也就无从谈起。现在美国极力向全世界兜售它的文化和价值观，对此我们应保持足够的警觉。我们要用中国的理论、概念、话语解释中国的事物，研究解决中国的问题。理论、制度、道路都不能照抄照搬。目前大家都在谈生态的多样性，而人类文化的多样性，不是更应该关注吗？为什么要让世界各国都符合美国的价值观、美国的文化呢？

通过学习"三个代表"重要思想，学习"七一"讲话，我思考了很多问题。今天的中国不仅处于一个创造历史奇迹的时代，同时也是出现伟人、创造理论的时代。要使我们的国家站在世界之巅、时代前列，就必须使我们的理论站在世界之巅、时代前列，否则我们的行动就是盲目的。没有理论指导的民族是不成熟的民族，是不能走向未来的。

江总书记号召我们，要大胆地进行理论创新。一个拥有创新的理论思维的政党、国家、民族，是拥有未来的，是不可战胜的。

我呼吁理论界、社科界的同志们，要走出书斋，不断地总结实践、研究实践、参与实践。这是时代的要求。只要我们的理论、思想和认识，正确地反映了我们的客观实践，反映了时代的客观规律和发展要求，我们就能够为中华民族的全面振兴做出应有的贡献！

以史为鉴　面向未来[*]

（2002 年 3 月 16 日）

今天能够有机会与诸位会面，就某些问题进行讨论，我感到非常高兴。首先，我谨代表中国社会科学院，对前来出席中日资深外交家恳谈会的各位日本朋友，表示热烈的欢迎！

中日两国同在亚洲，同属东方文化，两国人民有着相同的肤色。而且，到现在为止，日本还在使用很多汉字。所以，我见到你们，有一家人见面的感受。虽然过去你们都是外交官，但今天是朋友见面，希望我们能够坦诚直率地交谈。

你们几位是中国问题的日本专家，在座的几位中国学者是日本问题的中国专家。刚才，日方的各位先后提出了一些很好的意见，特别是对中国新时期的经济社会发展及存在的问题，直言不讳地提出了一些值得我们重视的看法。这是你们对中国友好的表示。

今天的中国，既有成就的一面，也有存在问题的一面。从哲学上讲，解决问题的时候，也就是产生问题的时候。刚才，那位最年轻的资深外交官[1]提出了许多问题，认为这些问题应注意解决好。当然，这些问题在中国领导人的头脑中都是很清楚的。我希望，我

＊ 这是李铁映同志在会见出席中日资深外交家恳谈会日方代表时的讲话。

们在解决这些问题的时候，能够借鉴日本的经验，听一听日本朋友的看法。

关于中国目前面临的最大问题，我认为，是保持社会的稳定，是保持经济社会的持续发展，继续推进改革开放。它们是相辅相成的。目前，中国正处于中华民族历史上发展变化最快的时期，各种社会关系和利益关系正在迅速调整，因而也必然会产生诸多矛盾。要在发生这样剧烈变化的条件下保持社会稳定，是一个很复杂的问题，也是十分艰巨的任务。譬如，一部分人先富起来与实现共同富裕，东部发展和西部开发，农村发展和城市发展，农民增加收入与解决城市由于结构改革造成的下岗工人（失业人员）的社会保障问题等，都需要认真研究，并妥善解决。但必须清醒地认识到，这些问题是在较长时期内积累起来的，不是一朝一夕就能够彻底解决的。只有在深化改革、完善制度的过程中，依靠发展解决这些问题。如果今天的中国不能保持经济的持续健康发展，这些问题就得不到解决。因此，发展是中国所面临的一项最重要的任务。用邓小平先生的话说，发展才是硬道理。

在发展的同时，又必须保持社会稳定。稳定也是为了发展，稳定是发展和改革的前提。改革开放调整各种关系，解决各种矛盾，首先必须考虑到国家和社会的稳定。没有稳定，一切都无从谈起。

要调节好各种关系，解决好各种矛盾，只有依靠和通过改革。改革是中国发展的动力，也是发展的源泉。我曾经做了七年中国国务院经济体制改革委员会的主任，一直在研究如何通过改革调整各种利益关系，维持社会稳定，实现经济社会的发展这一问题。

关于国际问题，我认为，当今最重要的还是促进世界的和平与发展，各国、各民族能够友好相处。冷战时期已经过去，冷战思维应该抛弃，对抗应该变成全面的对话与合作。20世纪前50年，可以称作"热战"时期。发生了两次世界大战，世界各国人民蒙受了巨大的灾难。20世纪的后50年，世界处于冷战时期，天下也太平。所以，世界各国在21世纪所面临的严峻任务，就是认真总结20世纪人类历史进程中的经验教训，避免历史的悲剧重演。21世纪应该是世界各国和平、合作、共同发展的时期。

今天，我们研究世界各国的问题，研究社会主义国家特别是中国与包括日本在内的西方发达国家的关系问题，就是为了创造一个长期和平、合作和共同发展的世界。我们说要有竞争，但这种竞争是合作基础上的竞争，而不是对抗基础上的竞争。我们之间有分歧，可以在共同发展过程中，通过谈判和对话而不是对抗而加以解决。正如有些学者所说的，21世纪要成为世界各国共同发展的世纪。我们反对霸权主义、强权政治，反对搞单极化世界，是因为它们威胁世界的和平。任何威胁世界和平的事情，都会损害人类社会的发展。我们主张世界向多极化发展，就是说不要一个国家说了算，有问题应该大家协商解决。这是国际政治和国际关系民主化的要求。

有人说，我们主张多极化，是为了对抗单极化。我看这还是一种冷战思维。多极化就是为了克服单极化对世界的不利影响。倡导多极化，一个最重要的思维，就是"双赢"和"共赢"。我们不赞成美国用自己的那一套价值观和利益标准，用双重标准去衡量和裁判其他国家的价值观和利益。让别的国家的价值观都要符合美国的价值观，要别国的利益都要服从美国的利益，否则就要进行制裁等，这是霸权主义的逻辑，是任何国家都不能接受的。

关于中日关系，首先有一个如何看待对方的问题。我们中国人包括高层领导人都认为，日本的稳定和发展对中国是有利的，今天低迷的日本经济对中国的发展没有好处。我们自1978年开始进行的改革开放，在很多方面借鉴了日本的经验。我在体改委工作的时候，就看了大量研究日本经验的资料。现在，有些人或是出于偏见，或是有意散布不利于中日友好关系的言论，说日本经济不好、低迷，中国人看了高兴。有什么好高兴的？日本经济越发展，为中国提供的市场越大，中国可以借鉴、可以合作的潜力就越大。同样，中国的发展对日本也有好处。目前，中国的国民生产总值大约相当于日本的四分之一，人均产值约为日本的三十分之一。如果中国经济发展了，产值增加一倍，那么对日本而言，其市场也增加一倍。如果哪一天中国的人均产值达到日本的水平，就可以更多地购买日本的产品，日本的对外市场也就大大地扩展了。

中国主张"中日两国人民世世代代友好下去"。这句话对中日关系而言非常重要。它是在中日关系长期的历史发展过程中，在吸取了诸多的经验教训的基础上而得出的结论。江泽民主席近期又提出，中日之间的唯一选择，就是友好相处、共同发展。邻居之间如果不友好，那不是自取其祸吗？

中日友好交往已有两三千年的历史。据中国史书记载，中日两国的正常交往始自中国汉代，到隋、唐时期，也就是7世纪以后，得到更大发展，中国的鉴真和尚等人和日本的遣隋使、遣唐使，都是对中日文化交流做出了历史性贡献的友好使者。到12世纪，也就是日本的幕府时期，日本和中国之间的来往也没有中断。江户时期也是如此，只是到了近代，两国关系才开始疏远了。日本侵略中国，使两国关系遭到严重破坏。但即使在近代，中国仍有大量的留学生去日本求学，最多时达上万人。譬如，马克思主义最初就是经日本学者介绍传播到中国的，《共产党宣言》、《资本论》等马克思主义经典著作也是先从日文翻译成中文的。在明治维新以后，日本首先研究了西方的历史文化和资本主义发展过程中的一些成功经验，然后在本国的发展中加以借鉴、学习和运用。在这方面，日本是中国的先生，中国的许多东西是从日本学习过来的。

从1840年鸦片战争英国侵略中国，到1997年香港回归，这中间有150多年的时间。但是这样一个历史过程终结的时候，中英两国建立并发展了友好关系。中日关系的发展也是有阶段性的，对那些中日之间的历史问题，今天的日本人民不应该负责任，但应正视。任何国家、民族的发展史，不仅有光明的一面，也有不光明的一面。今天的日本人民是不应该背历史包袱的，而是应当正视历史，以史为鉴，面向未来。我们要努力开创一个中日两国人民友好合作的新的发展时期，这是日本老一辈有长远眼光的政治家、战略家，还有中国的老一辈革命家、政治家为之努力奋斗的目标。尽管他们曾经在中日战争中是对抗的，但后来都在努力构筑两国和平友好、共同发展繁荣的新局面。继往开来，不断拓展和深化中日和平友好、共同发展繁荣，是新的历史时期赋予两国新一代领导人的历史责任。

今年是中日邦交正常化30周年。就两国关系而言，30年来的经验教训是"和则两利，不和则两伤"。但是，总会有一些噪音，有一些制造麻烦的人，会给中日关系里面加一些"麻辣"的味道。日本有少数人在教科书问题上做文章，我们中国人认为，这是在向中国和曾经遭受日本侵略及奴役之苦的亚洲其他国家、民族的伤口上撒盐。今天的中国，无论从哪个方面讲，都是要和日本真诚友好。中国没有也不可能威胁日本。从历史发展的角度和亚洲乃至世界发展的现实看，中日之间友好合作是唯一选择，这也是两国人民的根本利益所在。当然，两国之间可能存在某些分歧和不同看法，但这都是友好合作、共同发展前提下的问题。我认为，没有什么问题不可以通过谈判、对话、友好协商加以解决的。今天谈不完明天还可以谈，如果明天还有不同意见，后天接着谈嘛！你们这些老外交家没有谈完，新一代外交家还可以继续谈嘛！如果有意扩大分歧，制造矛盾，就成了别有用心。

我是在抗日战争时期出生和长大的，亲眼目睹了日本军国主义侵略对中国人民所造成的巨大伤害，但我也是坚定的中日友好人士，当年在延安的外国人中，有许多人，野坂参三即冈野进我也见过。我和海部前首相、桥本前首相，还有小泽一郎，都是好朋友。我还有平山郁夫等其他许多日本文化界的好朋友。你们也是我的好朋友。朋友只怕少，不怕多。朋友越多，世界就越太平。

注释：

[1] 指谷野作太郎，前日本驻中国大使。

科研手段的数字化、信息化[*]

（2002 年 3 月 26 日）

    当今世界信息化步伐明显加快，发达国家在这方面已经远远领先于我们。发展中国家如果不迎头赶上，就面临被边缘化、被淘汰的危险。因此，加快信息化建设十分重要。中国社会科学院作为我国社会科学研究的最高机构，如果信息化建设跟不上时代步伐，那就名不副实了。今天，我想就我院数字化信息化建设问题，讲几点意见。

一　关于"一个工程，两个板块，三个层次"

    社科院，要努力建设成数字化社会科学院；各研究所，要建设成数字化研究所，全面实现数字化。作为第一步，就是要实现"一个工程，两个板块，三个层次"的目标。

    ——"一个工程"就是数字化图书馆工程。新图书馆要完全数字化。今后借阅书籍，要通过数字化媒介——光盘、e-mail 来实现，而不必再去翻阅书目那些东西。包括图书馆内的报纸杂志，都要尽快地扫描进入图书馆的网络系统中去。读者只要坐到图书馆的计算机旁边，就什么都可以看到，不必再钻到图书馆里去找

---

　*　这是李铁映同志在中国社会科学院网络信息化工作会议上的讲话。

书了。

数字化图书馆要名副其实，要能够全面地为读者服务，能够为读者做文件拷贝、刻录光盘或者把读者需要的信息送到他的电子邮箱里。图书馆要能够进行个性化服务。这种服务要采用商业式服务，是有偿的。同时，图书馆还可以应读者的要求，帮助他建立个人数据库。图书馆要按照知识产权的有关规定，统一向世界上各大图书馆和政府等部门，购买数据面向全院服务。

图书馆要真正面对每一个学者，必须解决四个问题：第一，图书馆要负责信息的收集、整理、加工，要把全院的信息直接服务到个人；第二，要和中央的各个部门建立普遍的联系；第三，要和各大学图书馆、各研究机构，包括各地方社科院，建立信息联系；第四，要和国外的各大图书馆、各国政府及其他信息机构建立联系，统一购买信息。

我们的图书馆还承担着一个重要任务——为中央各个部门和为社会服务。根据各个方面的需要，提供信息服务。

要实现上述目标，就要有硬件设备，要配必要的计算机，使每个人到图书馆去，都可以打开一台使用。数字化工程要立足于21世纪最先进的技术成果。为此，院里决定今年适当压缩科研经费，加大信息化建设的投资力度。

——"两个板块"就是指办公自动化板块和科研自动化板块。办公自动化板块由办公厅负责，要一步步地实现无纸化办公。

第一，先实现办公厅下发文件和通知的无纸化，通过 e-mail 来完成。保密和机要文件通过另外的方式传达。财务和科研的各种报表也在网上填报。仅仅购买了硬件设备并不等于办公自动化。今年要考虑一下院、所、局，哪些工作可以实现无纸化，能够完成多少。办公厅要负责全院各个局所与国务院各部门的文件网上传输与发送，要改变目前收发信件文字处理方式。电子签名、电子印章可以先在院里进行试点。为此，办公厅要引进专门搞计算机的大学生，还要对各局、所领导进行计算机应用的考核。

　　第二，要把所有的档案（院、所、局）收集起来做成光盘。办公厅应该收集各所局的各种档案资料，并进行分类管理，这是一项院史、院情的基础性工程。办公厅已经和中央档案馆建立了渠道，有些档案直接交给中央档案馆，有些档案留在我院。文件、照片、录音、录像、手稿，凡是具有档案性质的文件，一律由各个所局制好，交办公厅统一管理。我院各个图书馆里，要建立档案库，专门保存各种档案，可作为研究对象的非保密档案、科研档案，要公开供大家查阅。

　　科研自动化板块由科研局负责。我们的科研工作应全部在网上进行，包括选题论证、课题申报评审、职称评定、课题结项验收、优秀成果评奖等，均要实现无纸化。要逐步达到在网上可以直接面对每一课题组，包括课题组每一名成员以及经费使用、课题进展情况。我院编辑出版的杂志、书籍，应由文献中心组织全部上网，在保护知识产权的前提下，供院内人员使用。院杂志社和出版社也要尽快建立网上的出版联系、审稿校稿和服务系统。科研工作，包括各种学术会议，也尽可能放在网上实现透明化。我们的学者也要尽快改变单靠纸和笔的研究方式，逐步达到运用数字化来进行研究。

　　——"三个层次"就是要建立院级、所局级和个人三个层次的数据库。院要有院级的数据库，实现与国内和国外的直接联系；所要建立所级的数据库，并使其成为本所研究领域最为完善的数据库；每个学者都要在此基础上建立自己的数据库，实现阅读、查找、加工、利用、写作、交流的信息化，努力达到当前世界社会科学研究手段和方法的现代化水平。

二　终端个人化与相关政策问题

　　终端个人化提出了一些政策问题，有待于进一步研究。在这里，我提出五个方面的问题，一是上网费、购买信息费；二是购买个人电脑的费用；三是软盘、光盘的制作费；四是计算机纸张费；五是应用软件费，为节省成本，所有软件由网络中心统一购买。以上问题，请计财局研究，报财政部批准。

三　加强领导，稳步推进，全面实现数字化、无纸化

社科院要争取在 2005 年全面实现数字化，实现无纸化办公和科研。今年要抓好几个样板单位，选定三个职能局和三个研究所进行试点，各所局应积极投标。在确定试点单位、通过论证方案后，院里在经费上要给予充分保证，以便试点单位快速实现数字化。试点单位必须通过全员计算机应用能力的考试，这是一项重要标准。若不能达到全员熟练使用计算机网络，投入就成了浪费。因此，各所局一定要重视提高个人适应数字化的能力。

院信息化建设领导小组要专门开会论证、审议办公自动化方案、科研自动化方案、图书馆数字化方案、试点单位信息化方案。论证方案通过后，由计财局作为工程项目来管理。每个局、所都要有工程负责人，要签立工程合同，最后要通过工程验收。数字化工程的建设和院重点研究室、重点学科建设是密切联系的。目的就是要实现我院的全面数字化和信息化。

今天就提上述的要求，争取在 4 月份论证一些工程。论证的形式要公开，所有感兴趣的人都可以参加，特别是学者，因为他们是数字化工程的用户，能否满足他们的要求是衡量我们工作的重要标准。

文化产业 [*]

（2002 年 4 月）

随着中国社会主义市场经济体制的确立和发展，经济全球化和以信息科技为代表的新经济的迅猛发展，文化产业在国民经济中的重要性日益凸显。世界上一些发达国家，一些文化出口大国，其文化产业，业已成为本国重要的经济支柱，特别是信息产业和文化产业的联姻，正推动文化产业进入一个飞速扩张的时代。许多国外的政要、专家学者，不约而同都将其看成 21 世纪经济全球化时代的朝阳产业；他们甚至断言，21 世纪的经济将由文化与产业两个部分构成，文化必将构成经济进步的新元素。这种看法是很有启发性的。

在我国，文化产业近年来发展迅速，成为国民经济发展富有潜力的新的增长点。但毋庸讳言，我国的文化产业，还处于刚刚起步的阶段，发展还不充分，无论是产业规模、结构还是社会化、产业化的程度，比起发达国家来，都有相当大的差距。因而，对文化产业的认识、研究、规划和实践，对如何创建有中国特色的文化产业之路，以及加入 WTO 后如何应对国外文化资本进入中国

---

　　* 这是李铁映同志为《2001—2002 年中国文化产业蓝皮书》所作的序。

市场的挑战，所有这些理论和实践问题，都有重要而急迫的意义，都是需要我们以创新进取的精神，在实践中不断探索和总结的。

文化产业的重要性或特殊性在于，它提供的并不是一般的产品，而是精神产品，满足的是人们精神和文化上的需求。一方面，文化产业中的劳动在创造着价值，劳动的结果有些已是商品，用于商品交换。这种劳动是商品生产劳动，这种产业是经济产业结构中的重要组成部分。另一方面，文化产业又包含着精神文化的创造，不同于一般的物质产品的生产。随着"温饱"问题的解决，中国进入"小康"社会，在获得物质需求的同时，人民也将更多地渴望获得更高层次的精神和文化上的满足。而且，更为重要的是，信息传播技术的革命，更使得文化产品在传播速度、覆盖面和对公众的影响力上达到了前人难以想象的程度。可以预见到，这将会是一个无比巨大和广阔的市场。

可见，文化产业不仅仅是经济领域的市场行为，它同时也承载着建设社会主义精神文明和发展社会主义新文化的任务。古语说："观乎人文，以化成天下。"[1]世界上没有不包含着内在价值观的文化。培养一代又一代有理想、有道德、有文化、有纪律的公民，促进全民族思想道德素质和科学文化素质的不断提高，为我国经济发展和社会进步提供精神动力和智力支持，是文化产业应有的方向性目标。因此，将文化产业提高到代表先进生产力、先进文化，代表最广大人民的根本利益这样的高度来认识和要求，是我们首先必须坚持的基本原则。

文化产业的发展，对精神文明建设的内容、机制、手段的创新发展都具有十分重要的推动作用。它不仅为精神文明建设形成自我发展、自我更新的良性循环提供了强大的物质基础，而且为精神文明建设成为千百万人民群众共同参与的自己的事业，创造了社会氛围和社会环境。当然，我们在看到市场对文化资源合理调节和配置的杠杆作用的同时，也应认识到，市场不可能解决文化发展的一切问题。这就要求我们既要顺应市场经济的一般规律，又要有政治的眼光、文化的抱负、创造性的魄力和长远的规划，尊重文化发展自身的规律和特性，使文化产业得到健康、快速和可持续发展。21世纪是中华民族伟大复兴的世纪，我相信，文化产业的发展和壮大，必将在这一令人振奋的伟大进程中发挥重要的不可替代的作用。

中华民族有五千年悠久的历史和灿烂的文化，有多民族创造、兼融和共构一个伟大的文化共同体的辉煌。其文化累积之丰厚、文化形态之多样和文化哲学之深刻，是世界上其他国家少有的。这是一笔极其宝贵的文化资源，是我们得天独厚的优势。对于中国新兴的文化产业来说，启动并整合、包装这些文化资源，就有可能形成具有中国特色的文化产业，并在全球市场的激烈竞争中占有可观的优势。

20多年的改革开放，社会主义市场经济体制的确立和综合国力的增强，也为文化产业的发展提供了强大的物质基础、宝贵的经验和人才储备。其中，文化产业所依托的信息产业的快速发展，使我们在硬件方面与发达国家的差距已不那么明显。"十五"计划纲要中更是明确提出了"要推动信息产业和有关文化产业结合"，这是一个高瞻远瞩的提法，使得文化产业的发展有了一个强大的助推器。另一个有利的形势，是2008年奥运会将在我国举办。这是一次世界体育的盛会，也是发展文化产业的一个难得的契机，许多有识之士已经提出"人文奥运"这样的口号，可以预计未来几年内，我们将会充分借助这个令世人瞩目的奥运舞台，来加速发展我们的文化产业，向世界展示和传播中华民族优秀的文化产品。

当然，在看到希望的同时，我们也应正视挑战与压力。毕竟我们的经济还不发达，文化产业才刚刚起步，文化市场机制还不健全，在经济全球化过程中，必然会面临外国跨国文化资本的冲击和挑战。而中国加入WTO，对文化产业的发展，影响更为深远。

一是文化资本和文化产品的冲击。在一个开放的国际文化环境中，越是强势的文化产业，就越有市场优势。到2005年，大体上中国文化产品的消费能力将达到5000亿元，对于这么大的一块市场蛋糕，外国资本正虎视眈眈，是决不会轻易放过的。

二是价值观念和传统文化面临挑战。文化产品作为精神产品，不仅负载着积累和传承文化成果的责任，更潜移默化地影响着人的世界观和人生观。对于世界上优秀的文化遗产我们当然要吸收，但这种吸收应该是有利于发展的，是拿来主义的，是有自身的主体性的，是创造性的，不是以丧失本民族固有文化血脉的传承为代价的。

三是对我们的文化市场的管理造成冲击。长期以来，我们偏重依靠行政手段治理文化市场、指导文化产业发展，"入世"将使这种管理模式发生变革。因此，如何转变旧有管理模式使文化产业得到健康发展，则是文化产业的规划者和管理者需要解决的迫切的问题。

冲击和挑战并非坏事。机遇从来是对挑战的胜利，挑战同时也是发展的契机。它有利于我们对文化产业和文化市场性质、功能和作用的再认识，促进人们观念的转变和思想的解放；有利于文化产业的结构调整、产业化改革和产业管理的法制化进程；也有利于促进国际文化交流，输出本民族的优秀文化产品。面对这些挑战和机遇，我们要有长远的眼光、冷静的头脑、细致的规划以及笃定的行动，积极而妥善地处理好文化先进性和市场运作机制的关系、文化的中国特色和吸取外国优秀成果的关系、文化领导权和信息超国界流通的关系，建立起既具有先进性、时代性、原创性和开放性，又具有强大的媒体传播效能和市场竞争能力的现代中国特色的文化产业。唯有这样，我们的文化产业才能在激烈的国际竞争环境中，立于不败之地，为弘扬中华文化，为现代世界文化的共同繁荣做出贡献。

《2001—2002年中国文化产业蓝皮书》的编写，正是上述努力的一个表现。这样的工作是很有意义的。我很高兴看到本书的出版，相信它无论是在理论上，还是在实践上，都会对我国文化产业的发展有所帮助。

　　是为序。

注释：

　　[1]《易经》说"观乎人文，以化成天下"。

时代呼唤[*]

——全国社科院院长会

（2002 年 5 月 21 日）

　　五月的南京，处处郁郁葱葱，生机勃勃，令人心旷神怡。今天，我们聚集在这座历史文化名城，学习贯彻江总书记重要讲话精神，共商新世纪我国哲学社会科学的发展大计，很有意义。首先，我代表中国社会科学院，向大力支持本次会议的江苏省委、省政府，向会议的主办方——江苏省社会科学院，表示诚挚的敬意和谢意！

　　全国社会科学院院长联席会议，已举办多次。实践证明，它是一种很好的形式，应该继续办下去，并使之制度化。这对于全国社会科学战线学习贯彻中央精神，交流经验，共同商讨一些大事，以及给中央、地方及有关部门提出建议，增进我们之间的合作，都是极为有益的。

　　刚才几位同志的发言，都谈得很好，听后感到在贯彻中央的精神方面，我们大家都在积极研究，提出了一些新的思路，工作有了一些新的起色。下面，我结合学习贯彻江总书记重要讲话精神，就哲学社会科学的改革发展问题，讲四点意见。

---

　　* 这是李铁映同志在全国社会科学院院长联席会议上的讲话。

一　深刻领会江总书记重要讲话精神

4 月 28 日，江泽民总书记考察中国人民大学，并就哲学社会科学发表了重要讲话，这是继去年"八七"北戴河讲话之后，又一篇指导新世纪我国哲学社会科学发展的纲领性文献。

在去年的"八七"讲话中，总书记提出了"四个同样重要"[1]；在今年的"四二八"讲话中，又提出了"五个高度重视"[2]和"五点希望"[3]。

"四个同样重要"，充分肯定了社会科学和自然科学在认识世界、改造世界及认识社会、改造社会中的地位和作用，充分肯定了它们在建设有中国特色社会主义中的地位和作用。忽视任何一个方面，不仅是错误的，而且是危险的。为什么要提出"四个同样重要"呢？就是因为社会上包括一些部门存在着模糊认识，没有看到社会科学与自然科学具有同样的重要地位，没有看到社会科学是人类认识世界、改造世界的两大武器之一。社会科学是一个理论武器，它关系到国家的兴旺发达，关系到我们民族的前途命运。不重视哲学社会科学，将会造成我们认识社会、改造社会的极大困难。一个民族，如果不重视科学，包括自然科学和社会科学，必然是愚昧的、没有前途的。

"五个高度重视"，强调要把哲学社会科学工作，摆到各级党政领导部门的案头，是指出了工作任务。如何高度重视呢？只有把工作落实了，变成一项社会主义建设的重大事业来办，才能体现出高度重视。这是对我们领导部门提出的明确要求。人类社会发展到今天，任何领导部门、决策部门没有"思想库"，不依靠科学，决策就必然要导致失误。这就要求各级党政领导部门，响应总书记的号召，关心哲学社会科学研究工作，加强对社会科学的领导：配好班子，改善条件，充实力量，交办任务，还要努力培养年轻一代研究人员。要繁荣发展哲学社会科学，就必须创造条件，包括物质条件、体制条件和政策条件，这些都应放在落实江总书记"五个高度重视"指示的工作日程上。

我在这里呼吁，希望大家回去后向省委、省政府汇报，希望省委、省政府在适当的时候研究一次哲学社会科学的工作。当然，你们也要提出比较好的意见来，供领导决策部门参考。从刚才几个省社科院发言的情况看，各省都很重视，现在看来，将加快发展哲学社会科学摆到工作日程上的时机已经成熟。

总书记在不到一年的时间里，两次发表关于哲学社会科学的重要讲话，就是向全党发出了如何做好社会科学工作的指示和要求。"五点希望"是对社会科学战线全体同志提出来的。他要求我们这条战线，加快自身的建设和体制改革，不断提高队伍素质，适应国家发展的要求，深入研究、回答改革开放和现代化建设中的重大理论和实际问题。这两次重要讲话，系统地提出了新世纪社会科学发展的指导思想，不仅有理论上、认识上的高度，同时又有很强的实践性、操作性；不仅反映了时代发展的特点，而且体现了有中国特色社会主义事业的必然要求；不仅具有长远的指导意义，而且具有很强的现实针对性。

对于总书记的讲话精神，既要认真学习，更要坚决贯彻。我们这次会议，其宗旨不仅是社科院系统内部学习贯彻总书记的重要讲话精神，而且希望会后大家拿起笔来，写出好文章，向社会广泛地宣传、解释。

当然，更重要的是我们要拿出理论成果来，因为有为才能有位。社科界落实总书记的要求，就要改变目前存在的"四个不适应"：（1）成果质量上的不适应；（2）人才素质上的不适应；（3）研究方法、研究手段上的不适应；（4）体制上的不适应。要振奋精神，加快哲学社会科学的改革和发展。

二   全社会都要高度重视哲学社会科学

哲学社会科学，担负着"认识世界、传承文明、创新理论、资政育人、服务社会"的历史职责，在人类社会发展中，具有不可替代的重要地位和作用。

——哲学社会科学是人类认识世界、改造世界的重要工具。

自然科学是认识自然、改造自然的武器，社会科学是认识社会、改造社会的理论武器。这两个认识过程和实践过程，本来就是同一个历史进程的两个方面。也可以把它们看做人类历史车轮的两个轮子，或者是人类从必然王国走向自由王国的两条腿，缺一不可。它们共同地推动了人类历史的进步和发展，推动了人类文明的前进。

——哲学社会科学是推动理论创新的重要力量。

总书记指出："一个民族要兴旺发达，要屹立于世界民族之林，不能没有创新的理论思维。"[4]一个国家、民族，什么时候离开了理论的思维，离开了科学理论的武装，就必然要走弯路，就会吃苦头。

中国目前无论从理论上还是从实践上讲，都处于一个空前的历史性探索阶段，没有现成的本本、经验可以照搬。对于这样一个新的历史时期，当然必须要有新的理论和认识。新的时代呼唤新的理论、新的观念、新的话语。在各种创新中，理论创新是首要的、基础的、居于支配地位的，是其他一切创新的指导，规定着其他创新的方向。

理论创新，也就是理论发展。理论创新不是随心所欲，它实质上是一个理论与实践相结合的过程。任何重大的理论都来源于实践，实践不仅为理论发展提供了丰厚的资源，而且提供了动力和要求，同时也提供了检验标准。正因为如此，理论的发展归根结底是基于实践的发展，理论与实践相结合的过程既是理论发展的过程，也是理论实现自身价值、达到科学性的过程。

哲学社会科学的性质、发展状况，在一定意义上，决定着理论创新的性质、程度和水平。

——哲学社会科学是综合国力的重要组成部分。

当今世界，经济全球化、政治多极化在曲折中发展，科技革命突飞猛进，综合国力竞争日趋激烈。综合国力不仅包括经济、政治、军事、科技等"硬"力量，而且包括思想、文化、意识形态等"软"力量；不仅包括自然科学技术，而且包括哲学社会科学。

哲学社会科学在一定意义上是重要的国家"软"力量，也可以说有着更为独特、更为重要、更为根本、更为持久的作用。理论正确，思想路线就正确，就可以开民智、兴国家；理论错误，思想路线就可能错误，就可能出现人亡政息国衰的局面。苏联解体、苏共垮台，原因是多方面的。从哲学社会科学上看，长期的思想理论僵化，脱离苏联国情，脱离世界的发展，不能回答苏联所面临的实际问题，是一个重要原因。苏联的解体，不是由于军事力量、经济力量的衰落，恰恰是由于思想理论的苍白僵化，造成了思想的混乱。理论上的失败，导致政治上的失败和制度的解体。苏联不是外部力量打倒的，是自己倒下去的，是自己投降的，是自己瓦解的。这是一个深刻的历史教训。

一个政党、国家、民族，其哲学社会科学落后，理论上错误和僵化，跟不上时代的进程，就必然导致停滞、倒退、衰落，被历史所否定。没有自己的理论，就必然要做别人理论的俘虏。理论从来都是有社会性的，就是说它有一个为谁服务、代表谁的利益的问题。在阶级社会，这个社会性的本质就是阶级性。压迫者的理论和被压迫者的理论从来就不是一个理论。今天中国人民需要的理论，就是有助于实现社会主义现代化，有助于振兴中华民族的理论。

中国的社会科学，担负着提升我国人民的思想理论素质、科学文化素质、精神道德素质，为国家发展和民族振兴提供理论支持、精神动力和智力保证的神圣职责。它应该而且能够在提高我国综合国力的历史进程中，发挥重要作用。

——哲学社会科学是决策科学化、民主化的重要基础。

江总书记在"四二八"讲话中指出："掌握必备的哲学社会科学知识，对于人们正确认识纷繁复杂的社会现象，提高道德素质和精神境界是十分重要的，对于领导干部特别是高级干部学会讲政治、懂全局，驾驭复杂形势、研究战略策略、提高领导水平更是十分重要的。"[5]这个论断，精辟地阐明了哲学社会科学在治党兴国中的重要作用，科学地论述了掌握哲学社会科学知识，对于提高领导干部的政治政策水平、提高我党的执政能力的极端重要性。

一般地说，一个社会越复杂，人们在实践中遇到的新情况、新问题越多，就越是需要理论，需要哲学社会科学的知识和智慧。今天的中国，正处于一个变化空前剧烈、任务异常艰巨复杂的新时期。单纯的经验决策是绝对不够的，有时甚至是危险的。哲学社会科学的理论、知识和方法，可以帮助人们正确认识人类社会发展规律，提高实践活动的预见性、主动性和创造性，减少盲目性和失误；可以帮助人们提高理论思维水平，研究制定战略策略，增强驾驭复杂局势的能力；可以帮助人们克服活动中的自在性，增强自为性，从而大大推进决策的科学化、民主化，提高决策水平。

建设有中国特色的社会主义，是实践和理论的双重探索。实践探索是理论探索的源泉和动力。理论探索反过来可以指导实践探索的深化和科学化。两种探索相辅相成，共同推动人类社会的发展，共同谱写建设有中国特色社会主义的灿烂篇章。

——重视哲学社会科学是一个政党成熟的重要标志。

我们党历来有重视理论、运用理论、发展理论的优良传统。从思想上建党，从理论上武装全党，这在中国革命、建设和改革开放的各个历史时期，都构成党的建设的中心任务。党的三代领导集体历来高度重视哲学社会科学，关心并指导哲学社会科学的发展。毛泽东思想、邓小平理论和"三个代表"重要思想，是全党同志实践经验的总结、集体智慧的结晶，其中当然凝聚了广大哲学社会科学工作者的智慧。

以江泽民同志为核心的党中央，对哲学社会科学的重视、关心和正确指导，是党内外公认的。改革开放以来，我们党在理论上的每一次重大进步，在实践上的每一次重大发展，无不凝聚着广大哲学社会科学工作者的心血和智慧。可以说，改革开放以来是我国哲学社会科学发展最快、成果最多、社会效益最好的时期之一。

重视哲学社会科学，对于我们党和国家的发展，对于中华民族的全面振兴，有着更为深远的历史意义。以马克思主义为指导的、扎根中国大地上的社会科学，是马克思主义中国化的重要手段。

我们党在 80 年的伟大实践中，对待理论、对待哲学社会科学，一个成功的经验就是"中国化"，就是理论和实际相结合。"中国化"是个好提法、好概念、好话语。对于哲学社会科学来讲，我们的任务就是把人类创造的一切优秀文明成果，拿来和中国的实际结合，实现"中国化"。"中国化"不仅是一个概念、话语，也是一个理论体系、理论方法。在改革开放的今天，我们要大胆吸收、借鉴人类创造的一切优秀文明成果特别是理论成果，采取什么样的方法很重要，是照抄照搬、生吞活剥，还是拿来和中国的实际结合？当然是后者。结合中国的实际，实现"中国化"，这是我们最可宝贵的历史经验。

我们要在中国社会科学领域大力提倡理论联系实际，实现人类文明成就的中国化。中华民族从来没有像现在这样睁大眼睛，拥抱世界，向世界学习，吸收全世界的文明成就。我们不戴有色眼镜，不带任何偏见，希望能够采万朵花，吸万家蜜，来滋养中华民族的精神。达此目标，就要靠广大哲学社会科学工作者的努力了。

三   加快发展哲学社会科学应坚持的基本原则

这些基本原则可以说是我们党长期领导哲学社会科学事业的经验总结。

第一，坚持以马列主义、毛泽东思想、邓小平理论为指导，认真贯彻江泽民同志"三个代表"重要思想。这是在 21 世纪，加快发展我国哲学社会科学最根本的思想保证。

马克思主义是哲学社会科学的最高成就。马克思主义之所以具有强大生命力，因为它是与时俱进、不断发展着的理论，而不是一成不变的僵死的教条。

马克思主义在中国之所以正确，因为它中国化了，因为它指明了中国人民在极度贫穷落后的情况下，谋求自身解放、独立、富强的发展道路，并在中国人民近百年的奋斗实践中得到检验和证明。

江泽民同志提出的"三个代表"重要思想，是党的第三代领导核心的标志性理论成果，是对马列主义、毛泽东思想、邓小平理论的继承、丰富和发展，是中国共产党人在新时期对马克思主义理论宝库的新贡献，是马克思主义中国化的新成果。

进入新世纪，世界和中国都发生了深刻的变化。我们党在这个新时期，要领导中国人民实现社会主义现代化，要治国兴邦，必须坚持"三个代表"重要思想，坚持和发展马克思主义。始终体现中国先进生产力的发展要求，体现中国先进文化的前进方向，体现中国最广大人民的根本利益，是衡量我国哲学社会科学性质、方向和水平的根本尺度。哲学社会科学工作者，要努力做中国先进生产力及其发展要求的探索者，中国先进文化及其前进方向的开拓者，中国最广大人民根本利益的维护者。

第二，坚持解放思想，实事求是，与时俱进。解放思想，实事求是，与时俱进，不仅是党的生命线，也是哲学社会科学的生命线，是科学的思维方式和方法。

任何理论，都具有实践性、历史性和社会性，都具有历史、时代和阶级的局限，都不是什么"绝对真理"。理论要指导实践前进，就必须随着实践的发展与时俱进。

总书记号召我们推动理论创新，进一步解放思想，反对各种各样的教条主义。既要反对"东教条"，也要反对"西教条"。"东教条"，就是我们党在历史上多次批判的，把马克思主义当作教条。"西教条"，就是照抄照搬西方的东西，那些搞自由化的人，就是严重的"西教条"主义者。历史的经验告诉我们。什么教条都不灵，理论一旦成为教条就要走进博物馆，走向历史的终结。

第三，坚持理论联系实际，实践是检验真理的唯一标准。实践性，是哲学社会科学的基本特性。实践是理论的目的、源泉和动力，是理论的价值体现，是理论的科学性、真理性的标准。

任何脱离实践的理论都不能称其为科学，理论一刻也不能离开实践，实践也一刻不能离开理论。区别只在于，这究竟是一个自然自发的过程，还是一个自觉自为的过程。今天，我们党正领导人民越来越成熟地前进在自己的道路上，更加自觉自为地从事理论和实践的双重探索。这是一个国家、民族成熟的标志。有中国特色社会主义的历史发展过程，是理论和实践的双重探索。全面推进党的建设新的伟大工程，也是理论和实践的双重探索。实现社会主义现代化，实现中华民族的伟大复兴，同样是理论和实践的双重探索。

探索的目的是为了认识规律和真理，是为了发展。探索解决中国的所有问题，要靠发展。发展，既是实践的发展，也是理论的发展。二者相生相随，缺一不可。

坚持理论联系实际，实践是检验真理的唯一标准，这是我们哲学社会科学研究的一个基本原则。这就要求广大哲学社会科学工作者必须深入实践，研究解决中国的实际问题，推动中国的发展；必须深入群众，尊重群众的首创精神，总结群众的实践经验，始终代表中国最广大人民的根本利益。

第四，坚持"双百"方针。"百花齐放、百家争鸣"，反映了社会科学发展的一般规律，是繁荣和发展我国社会科学和文化的基本方针。

贯彻"双百"方针，就要鼓励学术争论，提倡创立和保护各种学派。在哲学社会科学领域，讨论、辩论和争鸣，就是科学实验，是特殊的、必不可少的科学实验，是解决主客观矛盾的必要环节，是揭示规律和认识真理的中介。真理不经过辩论，是不会为社会所接受的。真理是不怕争论的，也是争论不倒的。

这里，我想着重讲一下政治和学术的关系。有一种看法，认为科学、学术应该远离政治。我认为，政治不能代替学术，学术也不直接就是政治。政治不能直接裁判理论，行政也不能解决学术争论。政治，就是解决关乎党、国家前途命运的路线、方针、政策问题，确定关系国家命运的理论体系。但是，哲学社会科学又不可能离开政治，因为它不能离开中国人民的实践，不能离开中国人民的生活，不能离开中国人民的前途命运。一句话，它是和中国人民的根本利益息息相关、命运相随的。政治是利益的声音。在当代中国，政治就是中国人民根本利益的集中表现，就是谋求并实现中国人民的根本利益。

今天我们的理论，是为中国人民根本利益服务的理论，是为实现社会主义现代化服务的理论。因此，坚持"双百"方针与遵守政治纪律、严谨的科学态度与正确的政治态度是辩证统一的。用政治纪律来否定"双百"方针是错误的，用"双百"方针来否定政治纪律也是错误的。既然社会科学是和社会的前进、人民的利益联系在一起的，它就具有社会性，具有一定的政治性。哲学社会科学界要遵守政治纪律，与中央保持一致，这也就是我们经常说的"思想有自由，研究无禁区，宣传有纪律，行为守法律"。

第五，坚持"三个服务"、"三个面向"的原则。"三个服务"，即"服务社会，服务大众，服务中国"。"三个面向"，即小平同志倡导的"面向世界，面向未来，面向现代化"。"服务社会，服务大众，服务中国"就是说，我们的哲学社会科学研究，必须始终与祖国和人民同呼吸、共命运，必须有助于中国的发展，而不能妨害中国的发展。要把个人的创造性研究与社会发展的要求、人民的需要和民族振兴的事业紧密联系起来，反对脱离中国实际的闭门造车。

"面向世界，面向未来，面向现代化"就是说，我们的哲学社会科学研究，既要有中国气派和中国风格，又要有世界眼光。要胸襟开阔、吐故纳新，大胆吸收和借鉴人类文明的一切积极成果，努力参加世界范围的百家争鸣。哲学社会科学，要始终走在时代的前列。

四　新世纪我国哲学社会科学的任务

改革开放 20 多年来，我国哲学社会科学获得了长足的发展。中国的哲学社会科学，第一次大规模地与世界各种文明相互交流和激荡。某些学科、某些领域的研究，接近或达到世界先进水平，涌现出了一大批享誉海内外的学者，产生了一大批高质量的研究成果，为我们党在新时期许多路线、方针和政策的形成，为改革开放和现代化建设做出了积极的贡献。

目前，我国哲学社会科学已形成了以马克思主义为指导、学科门类相当齐全、研究队伍颇具规模的科研体系，形成了社科院、高校文科、党政科研部门、党校和行政管理、军队院校等"五路大军"，全国从事社会科学研究和教学的达 30 万人，专业研究人员 4 万余人。

社科院是从事哲学社会科学研究的专门机构。今天，全国省、中等城市两级社科院已达 46 家，研究人员 5000 余名，其中高级研究人员 2500 余名。作为国家社会科学研究中心，中国社会科学院现有 31 个研究所（中心），专业人员 2975 人，其中高级专业人员 1538 人。

近年来，中国社会科学院实施了"三五一"发展战略，即经过十年至二十年的努力，把中国社会科学院建设成为"三个一批"、"五个中心"、"一个基地"的高水平哲学社会科学研究机构。"三个一批"，即建设一批国际知名的研究所，培养一批学术"大家"，推出一批重要科研成果。"五个中心"，即建成"马克思主义研究中心"、"中华文明和社会主义文化研究中心"、"经济改革与发展研究中心"、"国际问题理论与国际战略研究中心"、"社会主义民主法治与社会发展研究中心"。"一个基地"，即建成高水平的社会科学研究人才和管理人才的培养基地。在党中央、国务院的正确领导和关心支持下，经过全院同志的共同努力，"三五一"发展战略的实施，取得了良好效果。

进入新世纪，面对新形势、新任务、新挑战，贯彻江总书记重要讲话精神，加快发展我国哲学社会科学，需要全党、全社会的共同努力，社会科学界责任尤其重大。

第一，要深入研究全局性、战略性、前瞻性的重大时代课题。这是江总书记最近反复强调的一个思想，也是哲学社会科学的历史任务。

每个时代总有属于它自己的问题。"问题就是时代的声音"，问题就是事物发展中的矛盾。改造世界，首先就要认识世界。回答问题，解决矛盾，才能推动理论的前进，推动人类社会的发展。从一定意义上说，研究解决重大时代课题的过程，既是推动哲学社会科学各学科不断进步的过程，也是不断丰富、发展马克思主义的过程。

例如，《共产党宣言》发表 150 年来，世界经济、政治、科技、社会结构、文化，人们的生活方式、思维方式、价值观念等方面，都发生了巨大而深刻的变化。科学地分析、研究这些变化，总结 20 世纪社会主义的历史经验，正确认识当代资本主义的新特征和新趋势，就是社科界所面临的重大课题。

再如，正确认识小康阶段我国经济社会发展的客观规律，正确认识小康社会人们的物质文化生活的特点和规律，也是社科界所面临的重要任务。

第二，要树立良好的学风文风。学风是哲学社会科学研究的灵魂，是一个政党乃至一个人的世界观、历史观、价值观的集中体现。文风是学风的载体和"外衣"。学风文风不正，理论、学术就不能健康发展，还会危害党风，殃及党的灵魂健康。

当前，在理论学术界，确有一些不良学风文风，妨碍着哲学社会科学的发展繁荣，妨碍着理论创新事业的健康发展。例如，教条主义、照抄照搬；急功近利、浮躁炒作；脱离实际、主观臆造；粗制滥造、文理不通；如此，等等。当前，不良学风文风的最大表现是商业炒作。在发展市场经济条件下，哲学社会科学界也出现了一股追逐商业效果、热衷炒作的不良风气，使得许多研究无法深入进行下去。科研成果数量很多，出书速度很快，但质量不高，精品很少。浮躁之风，炒作之风，危害极大，绝不能忽视。

我希望社科界，加强内部建设，在近一两年开展一次整顿学风文风、提高科研人员素质、提高科研成果质量的活动。中国社会科学院，已经把整顿学风文风作为今年工作的一件大事，全面检查学风文风上存在的问题。推动理论创新，必须树立优良的学风文风。学术可以高低并存，学风却不能正邪共处。要坚持解放思想、实事求是、与时俱进，反对因循守旧、不思进取；坚持理论联系实际，反对照抄照搬、本本主义；坚持学术民主、以理服人，反对学术专断、乱扣帽子；坚持追求真理、扎实严谨，反对沽名钓誉、急功近利；坚持中国气派、中国风格，反对晦涩难懂、生搬硬造。要倡导新鲜有力、生动活泼的文风，努力创建有中国特色的理论、概念和话语体系。

第三，要努力造就一大批高素质的哲学社会科学专门人才。对于哲学社会科学来说，人才是第一位的。正如总书记在"八七"讲话中所强调的，"人才资源是第一资源"。在哲学社会科学领域，靠的就是人的智慧创造，就是人的脑力劳动，而且经常是个体创造性的劳动。所以人才是第一位的，人才难得。

哲学社会科学战线要珍惜人才，爱护人才，千方百计地保护人才，抛弃那些过时的、狭隘的人才观念，树立"大人才"观。要克服部门所有、单位所有的观念，克服平均主义、论资排辈等观念，不拘一格降人才。

我们哲学社会科学工作者是研究社会、研究人本身的，是要济世、兴国、强民的，如果我们内讧不休，不是很让人难以理解的事情吗？这种状况不改变，将十分有害于社会科学的发展。相互之间的内斗、无谓的争吵、茶余饭后的搬弄是非，不是一个哲学社会科学工作者应有的品格，早就应该从我们这个高雅的科学殿堂中清除出去。学者之间应该消除门阀之见，互相学习、互相借鉴、取长补短。要提倡平等讨论，反对相互攻讦；提倡文人相亲，反对文人相轻。我们要努力建设一个宽松健康、有益于讨论和争论的融洽的学术环境。

要特别注意青年人才的培养。江总书记5月15日在建团80周年大会上的重要讲话中指出，马克思主义的政党只有赢得青年，才能赢得未来。我国哲学社会科学的未来靠青年。要用先进的理论引导青年，用哲学社会科学的崇高事业凝聚青年，用良好的学风文风吸引青年，用优秀的成果成就青年。要注意改善青年人才成长的"硬"环境和"软"环境。

要把加强人才培养变成一个行动计划。2002年，是中国社科院实施人才工程的一年。我们准备在全院范围内加强人才队伍建设，也希望各地社科院为我们提供经验。

第四，要大力推进研究手段的现代化。要大胆借鉴人类一切优秀的文明成就，借鉴国际上的科学方法，大胆地使用科技进步所提供的一切先进的研究手段。

今天的世界已经发展成为一个高度复杂的世界，新事物、新问题层出不穷，瞬息万变，如果没有现代化的科研手段，是难以认识和应对的。进入21世纪，"一支笔、一张纸"的传统研究方式，再也不能延续下去了。中国社会科学院正在加快建设数字化研究院、数字化研究所以及数字化研究个人。各省社科院在向省委、省政府提建议的时候，应首先提出解决研究手段、研究条件现代化的问题。研究手段落后，只能是心有余而力不足，有再好的想法也不能变成科学成果。落实总书记的指示，首先就要改善科研条件。改善科研条件不仅是建大楼的问题，更重要的是推进研究手段的现代化。

第五，要积极推进社会科学管理体制创新。现在的社科院体制还带有计划体制的色彩，带有机关化的色彩，缺乏活力。要努力实现社会科学各种资源的优化配置，强化竞争机制，创建既反映社会科学发展规律，又适应社会主义市场经济发展要求，既有时代特点，又有中国风格，有利于优秀人才脱颖而出的现代科研院所新体制。

我希望全国的社科院，都积极探索如何创造一个现代化的、有活力的社会科学管理体制。建议在明年召开的全国社科院院长联席会议上，专门讨论建立社科院的新体制问题。

第六，要加强合作，扩大交流。要扩大社科院系统内的合作与交流，形成一个资源共享、广泛合作的新体制。在院和院、所和所、院和所、人和人、学科和学科、课题和课题之间，形成广泛的、多重的、多形式的交流与合作，这也是哲学社会科学发展的必由之路。

中国社会科学院十分重视与各地方社会科学院的交流与合作，我愿就此提出四点建议：

——加强信息交流。目前，中国社会科学院已初步建成数字化图书馆。这个图书馆向国内外开放，特别是向各地方社科院开放。我们希望，在不远的将来，全国社科院系统实现联网，以做到信息、图书资源共享。

——开展合作课题研究。实行重大课题制后，我们提倡中国社会科学院的每一个重大课题组，都要尽可能吸收其他单位，尤其是地方社科院学者参加。同时积极支持我院学者参与各地方社科院的课题研究。

——在组织开展学术活动方面加强合作。中国社会科学院与各地方社科院，可以共同举办一些学术研讨会、座谈会、专题论坛。也可以共同组成专家代表团、学术访问团，为地方政府决策咨询或出国进行学术交流。

——深化各个领域、各个方面、各个层次的交流与合作。我们既支持院际合作，也倡导所际合作，更鼓励学者之间的个人合作。

第七，要扩大对外开放，加强国际学术交流。今天的中国社会科学已经国际化。中国要认识世界、学习世界、借鉴世界，同时世界也需要认识中国，借鉴中国成功经验。扩大对外开放、加强国际交流，是当今中国哲学社会科学的必由之路。只有在国际舞台上，只有在国际交流中，才能展开一场全球范围内的竞争，才能进行世界范围内不同思想、文化的碰撞，也可以说是民族智慧的较量。这样一场较量是必然要来临的，是不可回避的，这也是中华民族走向现代化的一次机遇、一个挑战。战胜挑战就是机遇，不能战胜挑战，机遇就会变成危险。

各级党委和政府，要响应江总书记的号召，按照中央的要求，高度重视哲学社会科学，关心哲学社会科学的发展，努力用科学的方式领导和管理社会科学。要加大对哲学社会科学的支持力度，虚心听取哲学社会科学工作者的意见和建议，尊重他们的创造性劳动，做他们的知心朋友，关心他们的学习、工作和生活，为加快发展我国哲学社会科学事业多办实事、办好事。

中国古代的先哲说过："思其艰以图其易"[6]，"言有物而行有恒"[7]。新世纪的中国社会科学，任重而道远，前景广阔，百花斗妍，百鸟争鸣。新世纪的中国社会科学必将有一个大发展、大繁荣，这是时代的要求，也是中国社会科学界的光荣职责。

让我们更加紧密地团结在以江泽民同志为核心的党中央周围，高举邓小平理论伟大旗帜，认真贯彻"三个代表"重要思想，肩负起历史重任，振奋精神，与时俱进，开拓创新，为加快发展我国哲学社会科学，实现中华民族的伟大复兴，谱写无愧于时代的理论华章，以优异成绩迎接党的十六大的胜利召开！

注释：

[1]"四个同样重要"：哲学社会科学与自然科学同样重要，培养高水平的哲学社会科学家与培养高水平的自然科学家同样重要，提高全民族的哲学社会科学素质与提高全民族的自然科学素质同样重要，任用好哲学社会科学人才并充分发挥他们的作用与任用好自然科学人才并充分发挥他们的作用同样重要。

[2]"五个高度重视"：始终高度重视哲学社会科学在治党治国和建设有中国特色社会主义事业中的巨大作用，高度重视哲学社会科学领域高等教育的改革与发展，高度重视改善哲学社会科学研究和人才培养的条件，高度重视哲学社会科学研究领域重大课题的攻关，高度重视为哲学社会科学发展做出杰出贡献的学者的成就和作用。

[3]"五点希望"：希望大家增强创新意识，在推动理论创新、制度创新、科技创新方面不断取得新的成绩；希望大家深入改革开放现代化建设的实践，努力对全局性、战略性、前瞻性的重大课题做出科学的理论回答；希望大家既立足中国又面向世界，努力继承和弘扬中华民族的优秀文化，积极学习借鉴各国人民创造的有益文化成果；希望大家坚持严谨治学、实事求是、民主求实的学风；希望大家坚持用马克思主义的立场、观点和方法来指导哲学社会科学的发展。

[4]参见《人民日报》2001年8月8日第1版。

[5]参见《人民日报》2002年4月29日第1版。

[6]《尚书·正义卷》十九君牙第二十七。

[7]《周易·家人》。

思想的对话与发展[*]

——在莫斯科大学的讲演

（2002 年 6 月 18 日）

    今天，我和我的同事们，来到久负盛名的莫斯科大学，参观访问，与诸位交流思想，加深了解，感到十分高兴。由"俄罗斯科学之父"罗蒙诺索夫创建的莫斯科大学，不仅是俄罗斯文化的瑰宝、科学的摇篮、人才的圣地，而且是世界文明的一颗璀璨明珠。我们今天来这里，既是为了友谊，又是为了学习。借此机会，我代表中国社会科学院，并以我个人的名义，向多年来关心、支持中俄学术文化交流的各方人士，致以崇高的敬意和谢意！

    中、俄都是伟大的民族，都为人类文明的发展做出了重要贡献。两国的学术文化交流源远流长。早在 1728 年，两国政府签订的《中俄恰克图条约》就明确规定，俄每一届派 6 名留学生来华，学习汉文、满文。在 18 世纪，共有 24 名俄国留学生来华，他们译介了大量中国文化典藏、制度，为推动中俄文化交流做出了积极贡献。

　　中国人民，对俄罗斯人民同样抱有非常深厚的情谊。普希金等人的诗歌，托尔斯泰等人的小说，柴可夫斯基等人的音乐，在中国可谓家喻户晓，妇孺皆知。我本人还在上中学时就开始接触俄罗斯的科学、文化和思想，并为之深深吸引。罗蒙诺索夫的著作令我痴迷，普希金的诗令我感动，《莫斯科郊外的晚上》、《天鹅湖》的旋律令我神往，《安娜·卡列尼娜》、《静静的顿河》令我心潮澎湃，列宁的著作令我终身受益。时至今日，我仍然清晰地回味起最初接触它们时心灵所迸发的愉悦和振奋。

　　我们更不会忘记，在中国人民反抗日本法西斯的八年抗战中，在新中国成立后从事大规模工业化的建设中，俄罗斯人民给予我们的巨大援助。莫斯科大学，曾经为新中国培养了一大批科学家、工程师、艺术家、哲学家、经济学家和法学家，他们至今仍活跃在我国现代化建设的各条战线上。我们有理由相信，伟大的中俄友好之花，在新的世纪，将绽放得更加绚丽夺目。

　　思想，是人类智慧的花朵，是文明的活的灵魂。一个民族要兴旺发达，要屹立于世界民族之林，就不能没有与时俱进的思想，不能没有创新的理论。而思想、理论的发展，离不开对话和交流。

　　俄罗斯现代著名思想家、文学家巴赫金（1895—1975）说过："思想，是在两个或几个意识相遇的对话点上演出的生动的事件。""思想，就其本质来说是对话性的。"[1]巴赫金的这一论断，道出了对话与思想的内在关联，道出了对话、交流对思想发展的意义。

　　中国古代的先贤，也十分重视对话在思想发展中的作用。两千多年前的杰出思想家墨子就曾说过："夫辩者，将以明是非之分，审治乱之纪，明同异之处，察名实之理，处利害，决嫌疑焉。"[2]意思是说，通过对话，可以分清是非，辨析异同，探寻自然与社会的发展规律。

　　无论是古代的先贤，还是当今的哲人，他们都格外重视对话对思想发展的意义，这说明了一个普遍而深刻的道理：对话，可以增进了解，扩大共识，共同进步；可以使思想的翅膀更加自由地翱翔。对话，是一种态度，更是一种境界；是一种艺术，更是一种哲学。对话，是人类伟大的文明。

——对话，是达到真理性认识的桥梁。世界是丰富多彩的，客观事物的多样性，决定了人们对它们的认识也不是单一的、刻板的。更何况，人们的社会立场不同、生活阅历不同、思维背景不同，即使是对同一事物，人们的思想、认识，也会呈现多种多样的风格。人类思想史反复告诉我们，所谓终极真理，实际上是根本不存在的。一切追求真理的人们，都必然要重视对话，通过对话来取他人之长，补己之短，来消除谬误，逐步接近或达到真理。

——对话，是消除隔膜、实现和睦相处的方法。当今世界，各国之间、各国思想家之间的联系愈益紧密。对于世界的和平与发展，大家有着共同的向往，也面临着共同的问题。解决这些共同问题，需要各国政府和人民、各国思想家的合作。对话，则是合作的前提。历史的经验证明，霸权主义无助于世界的和平与发展，而只会适得其反。历史上，人类曾经遭受过太多的劫难，而缺乏应有的理解与尊重，缺乏必要的沟通与交流，乃至积怨日久，则是造成这些劫难的一个重要原因。对话，可以帮助人们消除误解，增进了解，共同发展。尊重对话，善于对话，是一个民族精神上成熟的重要标志。

——对话，是催生新思想的"助产婆"。思想不等于独白。一种思想，要影响社会，总要通过恰当的方式予以表达和传播。对话，不仅可以使思想得到传播，而且有助于催生新思想。一位哲人说过，两种物品相交换，结果仍然是两种物品，而两种思想交换，却可以产生第三种思想。这是思想的伟大，更是思想对话、交流的伟大。中国的佛学，最初是从印度传入的，但在中国大地上生根开花后，其发展，则已经呈现出有别于印度佛学的另一种风姿。这是思想的对话、交流催生新思想的典型例证。

　　——对话，是世界文化发展的必由之路。当今世界的各种思想、理论，无不带有一定国家、民族的特点，无不打上历史文化传统的烙印。文化是一个民族的"身份证"、"护照"，也是该民族对人类的贡献。人类的文化，像一个百花园，是由多种色彩、多种文化构成的，这才有生命力，才能发展。思想、理论是文化的升华，是文化的灵魂。文化多样性失去了，思想、理论的发展也就无从谈起。文化的多样性，决定了不同文化之间对话的必要性，决定了对话、交流对世界文化发展的重要性。

　　进入 21 世纪，经济全球化趋势的进一步加深，愈益凸显出不同思想文化之间对话的价值和必要。我们认为，各国的国情不同、社会制度不同、历史传统不同，因而各国文化上的多样性，是必然的、必需的。这种多样性，既是全球化的前提，也是全球化进一步发展的条件。文化多样性，是人类发展的基石。所谓一体化的"单质世界"，是个单调的世界，是不会为世界大家庭所普遍认同的。任何现实的、具体存在的东西，总是有特色的。没有特色，就没有文化，就没有思想，就没有人类，就没有世界。现在，大家都在谈论生态的多样性，而人类文化的多样性，不是更应该关注吗？保护人类文化的多样性，促进世界各民族文化的共同发展，已经成为各国人民、各国思想家的共同课题，成为人类共同的历史任务。

　　进入 21 世纪，要和平，促发展，是世界各国人民的强烈愿望，也是人类社会进步的必然趋势。有对话，才会有人类的和平，才会有世界各国的共同发展。对话，是当前不同国家、民族，不同文明之间最重要的交往形式。

　　——对话的第一要义是平等、互利。平等、互利是对话的根本前提。对话，不是恩赐，不是相互算计，更不是以势压人。有平等，才会有对话；有互利，对话才会有意义。世界是大家的，对于维护世界的和平与发展，每个国家、民族，都有平等的权利，也承担着相应的义务。承认平等，就要承认不同国家、民族之间利益上的差异。利益上的不同，必然反映为不同的价值观念。承认差异，尊重并理解差异，求同存异，才能保证对话、交流与合作的顺利开展。

当今世界，任何国家、民族，都没有高人一等的特权。不平等是世界的一大公害。国家有主权，人民有自己决定自己国家的制度、发展道路、生活方式的权利。世界各国，不分大小、贫富、强弱，一律平等，在平等的基础上对话、交流，通过对话达到互信、互利、共赢，是世界稳定、和平与发展的基础，也理应成为21世纪国际政治、经济新秩序的基本价值观念。有平等，才有互利，才有共同繁荣和发展。

开展富有成效的对话，就要摒弃对抗、战争、干涉别国内政、以大欺小、以强凌弱的观念和做法。

——对话的第二要义是理解和尊重。理解的前提是尊重，一个不尊重别人的人，不会得到别人的理解。世界是多姿多彩的，各民族的文化、价值观念、发展道路也是多样的。当然，承认多样性，并不否认各国、各民族之间的共同性。所谓共同性，也就是人类在历史发展中形成的共同特点和共同利益。但这种共同性不是预设的，不是通过某种外在的强制性力量，而加之于各国、各民族之上的。共同性寓于多样性之中，并且通过多样性才能展现出来。例如，世界各国、各民族都追求现代化，都要走向现代化，这是共同性。但是，各国、各民族走向现代化的道路、模式却是多种多样的。多样性与共同性是辩证统一的，这种统一，将在各国、各民族的对话中得到最好的体现。

当今世界，总的来看，和平与发展已成为时代的主题，但天下仍不太平。恐怖主义与霸权主义，仍然是渴望和平与发展的人们挥之不去的两道阴影。恐怖主义与霸权主义，不管其表现形式如何，都体现了对人类，对不同国家、民族，对不同的文化、价值观念和发展道路，缺乏应有的理解和尊重。恐怖主义与霸权主义，是反对话的，因为它们本质上是反人类、反文明的。

开展富有成效的对话，就要摒弃仇视、冷漠、偏见、夜郎自大的心态和做法，就要在世界范围内广泛开展反对恐怖主义与霸权主义的斗争。

——对话的第三要义是"双赢"、共同发展。动辄以制裁乃至武力威胁对方，或者借助自身的经济、科技实力损害对方利益的观念和做法，都是违背对话精神，不明智的。总结历史经验，任何对对方利益的损害，也必然是对自身利益的损害。"兼相爱，交相利"[3]，是中国古人处理人与人之间、国与国之间关系的价值准则，即使在今天，它也仍然给人以有益的启示。

当今世界，每个国家、民族的发展，都不是孤立的。各国都有不同的利益追求，但在普遍的交往中，要实现自身的利益，就不能不顾及他国的利益。这也是对话能够成功的重要条件。就世界的繁荣和发展来说，发达国家因为历史的原因，走在了其他国家前面。但发达国家的进一步发展，却又离不开发展中国家。没有广大发展中国家的繁荣，也就没有发达国家的持续发展。损害广大发展中国家的利益，也必然危及发达国家和整个世界的发展。

开展富有成效的对话，就要摒弃"单边主义"、唯我独尊、损人利己的观念和做法，努力推动建立公正、合理的国际政治经济新秩序。

——对话的第四要义是学习。对话、交流，是一种学习，而且是最重要的学习。每个国家、民族的文化，都有其长处，也都有其短处。重要的是认清自己的长短优劣，既不妄自菲薄，也不故步自封。故步自封只能导致落后。从思想史的角度上说，任何思想、理论，都是一定历史条件的产物，都有其历史的局限性。任何伟大的人物、思想、学说，都不是超历史、超时代的。正视这种局限性，不是要苛责前贤，而是要求今人在前人的肩膀上，站得更高些，看得更远些。进步是什么？就是克服自身的不足。发展是什么？就是继承前人的成就，超越前人的局限。因此，对话，不仅包括不同思想、文化的横向交流，而且包括纵向的对话，这也就是学习。

当今世界，人类已经进入了一个信息社会。信息社会的重要特点，就是各种知识、信息最大限度地呈现在每个人面前，使人类进入了一个空前的对话、交流、学习的时代。学习，可以使一个民族不断进步。一个善于通过对话、交流而不断学习的民族，是一个成熟的民族。"他山之石，可以攻玉。"[4]在对话中学习，不仅可以鉴往知今，而且可以"采万家之蜜，以滋养自己"。

俄罗斯横跨欧亚大陆。勤劳、智慧的俄罗斯人民，在这块神奇的大地上，将东西方思想、文化的对话、交流演绎得五彩斑斓，并逐渐形成了自己独特的文化、思想和理论。这是俄罗斯民族对世界文明发展的杰出贡献。

中华民族有五千年的文明传统。这种传统之所以绵延不绝，一个重要原因是我们这个民族善于学习，不断吸收和借鉴世界各国人民创造的优秀文化成果。特别是1978年实行改革开放以来，我们更加自觉、更加大胆，全方位地打开国门，向世界各国人民学习。永远抛弃"有色眼镜"，睁大眼睛观察世界，观察别国、别民族的思想、文化和科学。我们对世界文明的认识越来越清醒，态度越来越积极。

我们本着"支持留学、鼓励回国、来去自由"的原则，将一大批青年学子送出国门深造。据不完全统计，自1978年以来，我国在世界各国的留学生已达到近40万人。其中，在俄罗斯留学的就有近万人，而在莫斯科大学学习的就有数百人。

我们欢迎世界各国的政治家、科学家、思想家到中国访问、讲学和对话。从1978年以来，我们接待来访的外国政要、科学家、思想家达数十万人次。

对话、交流，不仅加深了中国对世界的认识，也推动了世界更好地认识中国。随着中国加入WTO，中国与世界的交流将变得更广泛、更深入。今天的中国，已进入了一个与世界各国全面对话的时代。

　　我们高兴地看到，近年来，中俄两国的高层对话保持着良好的发展势头，两国理论学术界的对话、交流也在不断加强。

　　本着增进友谊、加强了解、扩大对话、共同进步的宗旨，这里，我向各位简要介绍一下中国的人文社会科学发展状况。

　　中国的人文社会科学，有着悠久的历史传统。早在两千多年前的春秋战国时期，就出现了诸子百家、百派竞相登场、争鸣的局面。中国古代最著名的思想家之一孔子的《论语》，不仅是一部哲学著作，而且是一部史学著作、文学著作和教育学著作。

　　1949 年新中国成立后，中国的人文社会科学获得大发展。1978 年改革开放后，中国的人文社会科学则迎来了成果最多、思想最活跃、社会作用最显著的时期。在这一时期，中国的人文社会科学，开始大规模地与世界各国学术界对话和交流。这在中国几千年文明史上也是空前的。某些学科、某些领域的研究，达到或接近世界先进水平。一大批专家学者不断涌现，并为世界所瞩目。

　　目前，中国的人文社会科学，已形成了学科门类比较齐全、研究队伍颇具规模的科研体系。全国从事人文社会科学研究和教学的达 30 万人，专业研究人员 4 万余人。作为国家人文社会科学最高研究机构，中国社会科学院目前有 31 个研究所（中心），专业研究人员 3000 人，其中高级专业人员 1500 余人。

　　在中国，人文社会科学担负着"传承文明、繁荣学术、创新理论、资政育人、服务社会"的历史职责。我们认为，在人类的知识体系中，自然科学与社会科学，如车之两轮、鸟之两翼，共同推动着人类社会的发展。人文社会科学是人类认识世界、改造世界的重要工具，是推动理论创新的重要力量，是综合国力的重要组成部分，是决策科学化、民主化的重要基础。重视人文社会科学，是一个国家、民族和政党成熟的重要标志。

　　中国政府高度重视和支持人文社会科学研究工作，并为之制定了一系列正确的方针和政策。从去年 8 月 7 日，到今年 4 月 28

日，中国国家主席江泽民两次发表关于社会科学的重要讲话。讲话精神已经成为全社会的共识，并逐步得到落实。

目前，中国已经进入全面建设小康社会、加快社会主义现代化的新的发展阶段。面对新形势、新任务、新挑战，中国比以往任何一个时期，都更加重视理论，更加重视并发挥人文社会科学的作用。

进入 21 世纪，中国人文社会科学的基本任务是，研究自己，学习、借鉴世界文明，不断推动理论创新，为中华民族的全面振兴提供理论支持和精神动力。

当代中国的人文社会科学，既重视研究国家现代化建设中具有全局性、前瞻性、战略性的重大时代课题，又重视基础理论研究；既强调学术研究要为国家发展服务，又强调"百花齐放、百家争鸣"。我们鼓励并保护各种学派，支持学者们开展自由、民主、健康的争鸣和对话。

当代中国的人文社会科学，既强调中国气派和中国风格，又强调世界眼光；既重视弘扬中华文化的优良传统，又注重大胆吸收和借鉴世界各国的积极文明成果。我们鼓励学者们走出国门，努力参与世界范围的百家争鸣，也欢迎世界各国的思想家到中国来对话、交流。

俄罗斯最伟大的诗人普希金在叙事诗《鲁斯兰和柳德米拉》中，曾有这样的诗句：

> 在迷人的田野里，
> 五月的轻风吹来了阵阵凉爽；
> 在摆动着的树枝的阴影里，
> 中国的夜莺在尽情歌唱。[5]

1830 年，普希金出于对中国文化的向往，曾经表达了想要到中国访问的强烈愿望。但很遗憾，由于主客观条件的限制，诗人的愿望未能实现。而今，170多年过去了，当年横亘在伟大诗人面前的障碍早已不复存在。今天的中国已敞开胸怀，接纳世界各国的群贤英才。

我们热诚欢迎伟大诗人故乡的人士，到中国走一走，看一看。热诚欢迎俄罗斯的思想家到中国社会科学院访问、讲学，并同中国同行对话。

中国欢迎各位，中国社会科学院欢迎各位！

注释：

[1] 巴赫金：《诗学与访谈·陀思妥耶夫斯基诗学问题》，白春仁、顾亚玲译，河北教育出版社1998年版，第118页。

[2]《墨子》卷一一，《小取》。

[3]《墨子·兼爱中》。

[4] "他山之石，可以攻玉"参见本书中卷《开创马克思主义的新境界》一文注[35]，见本书第750页。

[5] 转引自戈宝权、刘文飞主编《普希金名作欣赏》，中国和平出版社1996年版，第6页。

相互学习　共同发展[*]

——在俄罗斯科学院讲演

（2002 年 6 月 18 日）

今天，莫斯科罗蒙诺索夫国立大学在这里举行隆重仪式，授予我莫斯科大学名誉博士称号，我深感荣幸。这不仅是我个人的荣誉，也是中国社会科学院全体学者的荣誉。在此，请允许我代表中国社会科学院全体科研人员，并以我个人的名义，向萨多夫尼契校长和莫斯科大学的老师们、同学们，表示衷心的感谢！

青年时期，我就非常景仰莫斯科大学。1955 年，我被派到捷克斯洛伐克卡理士大学学习，这是欧洲最古老和优秀的大学之一，但这丝毫没有减少我对莫斯科大学的向往。我每次来到莫斯科，都要到此仰望这巍峨的大楼，期盼成为贵校的一员。今天这一愿望终于实现了！

莫斯科大学是中俄两国人民友好历史的见证者。正是在这里，毛泽东主席发表了"青年是早晨八九点钟的太阳"的著名演讲；周恩来总理接受了名誉博士称号。一年以前，江泽民主席在这里

＊ 这是李铁映同志在接受俄罗斯莫斯科大学授予其名誉博士学位仪式上的答谢词。

阐述了中俄两国人民"世代友好、永不为敌"，永做好邻居、好朋友、好伙伴的重要思想。

莫斯科大学曾为中国人民的解放事业和社会主义建设事业培养了大批人才，他们中的不少人成了国家的栋梁。对此，中国人民是永远不会忘记的。希望中俄两国学术界、教育界，在新的历史时期，一如既往，积极加强交流合作，相互学习，共同发展。

最后，再次感谢莫斯科大学给予我的崇高荣誉！

WTO 与中国[*]

（2002 年 6 月 18 日）

　　我非常荣幸地应邀在享誉全球的俄罗斯科学院作讲演。今天我讲的题目是：WTO 与中国。我将从中国加入 WTO 的意义、中国可能面临的严峻形势和应对措施三个方面进行介绍。

　　中国加入 WTO 有着深远的历史意义和现实意义。

　　中国去年底加入 WTO，成为这个组织的正式成员。这在中国历史乃至世界经济史上都有深远的意义。从中国历史看，加入 WTO，意味着这个具有五千年文明史、拥有 13 亿人口的国度第一次积极主动、全方位地对外开放；第一次在一个全球性分工、合作和竞争体系内继续其工业化、现代化进程。从世界经济史看，占人类 1/5 人口的经济意味着一个巨大的市场空间。它对世界市场的开放，必然有利于世界经济的发展。此外，WTO 中发展中国家或地区的成员占 3/4。作为世界上最大的发展中国家，中国的加入有利于维护广大发展中国家在国际分工与交换体系中的正当权益，从而有可能促进国际经济秩序的合理化。

　　中国需要 WTO，WTO 也需要中国。当代中国人深切体会到，

---

　　* 这是李铁映同志在俄罗斯科学院的演讲。

国家要发展，民族要振兴，必须加入全球经济体系中，分享国际分工给人类带来的文明进步的成果。人类的分工合作是一个规模不断扩大的过程。经济全球化是一个历史发展的必然进程。

特别是20世纪80年代以后，经济全球化成为每个国家和地区难以置身事外的历史潮流。经济全球化，首先是生产、交换和消费的日益全球化。生产率的提高、物质文明的增进，都是人类劳动分工深化的结果。而劳动分工的深化却受市场规模的制约。全球化正是市场规模的扩展过程。如今它已超越国家界限，影响到各国居民的生产与生活方式。其次，竞争规则的一体化。各个国家和地区的政府、企业和社会组织在全球经济活动中都必须共同遵循规范国际经济关系的准则。尽管国家或地区间还存在各种利益分歧甚至冲突，但总的来说，不同地域、不同国家人们交往程度在不断加深着：越来越多的企业跨越国界寻求获利机会；越来越多的居民跨越国界生活和工作；各国政府也发现，大家坐下来平等协商，遵守规则，比起对抗和报复来，更能有效地维护本国、本地区人民的利益和促进社会的发展。和平与发展问题是当代世界的两大主题。没有和平就不能发展，不发展也维护不了和平。

改革开放以来，随着中国对世界政治、经济、文化领域的广泛参与，无论国际社会还是中国自身都感受到，中国需要WTO，WTO也需要中国。据初步估算，未来五年中国对国外商品的需求累计将达到15000亿美元左右，将会为国外企业提供超过3000亿美元的投资机会。中国的经济发展对世界经济的发展提供了新的动力。从这个意义上说，中国加入这一体系有利于各方的经济利益，也使得WTO这一世界性贸易组织更有代表性。

加入WTO是中国经济发展和改革开放的大势所趋。在经济全球化的历史潮流下，中国的国家发展战略必须进行重大调整。那就是：进一步开放市场、引入竞争、参与国际分工，充分利用国内和国际两个市场、两种资源；促进经济结构调整，进一步获得制度进步带来的经济增长动力，加快自身发展。

一个国家要实现现代化，不能长期依靠贸易与投资壁垒等保护性手段为国内产业创造生存空间。中国正处于工业化、现代化的历史过程中，加入全球经济体系是历史的必然，尽管这样做会有代价，有的代价甚至还很大。通过 20 多年的改革开放，中国已经奠定了加入全球经济体系的基本条件：一是社会主义市场经济的体制基础，二是发展中国家的现实条件。

20 世纪 70 年代末 80 年代初，中国启动了体制改革进程，并进行了大胆的探索。进入 90 年代，社会主义市场经济的体制框架基本建立起来。

经济改革的不断深入极大地推动了经济的发展。中国经济长期保持着（不低于 7% 的）高速增长势头。2000 年 GDP 开始超过 1 万亿美元，列世界第七位。进出口贸易额由 20 世纪 80 年代中期的 700 多亿美元上升到 2001 年的 5000 多亿美元，平均增长率超过 13%，并第一次继欧盟、美国和日本之后成为世界第四大贸易体。进出口贸易额占 GDP 的比重由 1978 年的 9.5% 上升到 2001 年的 43%。外汇储备由 20 世纪 80 年代中期的 20 多亿美元上升到 2001 年年底的 2100 亿美元，增长了 100 倍。

加入 WTO 也标志着中国的经济改革进入一个新的阶段。将对中国的改革和今后的经济发展方向产生深远的影响。

历史上国家间的竞争表现在经济实力的对比，但归根到底还是制度的竞争。我们建立社会主义市场经济体制，目的就是要解放和发展生产力。经验证明，改革和开放二者相辅相成、相互促进，构成体制变迁和经济发展的强大动力。目前中国社会主义市场经济的完全成熟还有很长一段路要走，改革面临着一系列深层次的问题需要解决，比如国有经济的战略调整，打破行业垄断和地区分割，促进市场资源配置功能的发挥，规范政府行为，建立完善的宏观调控体系，等等。中国在学习和借鉴人类一切优秀文明成果方面是开放的和积极的。如果说此前中国经济改革以自主探索性为主要特征的话，那么加入 WTO 后则将以适应 WTO 为主要特征。中国社会主义市场经济体制的建立也将进入一个快车道。

总之，中国在世纪之交加入 WTO，是中国政府做出的战略决策，是中国经济社会进步事业万里长征中极其重要的一步。同时我们还清醒地认识到加入 WTO 后中国可能面临的严峻形势。

全球经济一体化意味着贸易收益的增加，但收益的分配则取决于各国的贸易条件，取决于各自的比较优势和竞争能力，更取决于成员方能否采取积极有效的应对之策。

从 1986 年中国首次提出恢复在关税及贸易总协定缔约国地位申请到 2001 年底中国正式加入 WTO，经历了 15 年的艰苦谈判过程。一个重要原因是一些国家在与中国谈判中要价太高，超过了中国作为发展中国家所能承受的水平。理论上讲，作为 WTO 的正式成员，我们不仅是相关规则的接受者，也是制定这些规则的积极参与者。但在现行国际政治经济秩序下，共同规则能否带来共同收益，必须考虑到各成员方的现实条件。中国是世界上人口最多的发展中国家。农业为国民经济的基础，64% 的人口生活在农村。产业结构落后，企业竞争力弱，工业化程度低，经济欠发达。这些都使中国在参与全球化贸易中处于十分不利的地位。对此我们有着清醒的认识。

中国加入 WTO 后面临的突出问题表现在农业、现代服务业和一些制造业领域。中国农业十分落后，仍以家庭手工生产和个体经营为主。2 亿多农户，平均每户耕地仅 0.41 公顷，农户平均商品率 50%，带有半自给性质。农业现代化水平低，抵御自然灾害能力差。小麦、玉米、大米等大宗农产品平均价格已高于国际水平 20%—70%。加入 WTO 后，农业发展、农民收入提高的问题将异常严峻。农村劳动力转移与城市就业问题交织在一起也会变得更加紧迫。对此中国政府已开始高度重视。

中国服务业，特别是现代服务业对外开放起步较晚。金融、保险、商业、电信、铁路、民航等行业市场化的改革任务还没有完成。它们还难以参与跨国同行间的竞争。特别像金融和电信业，如何在通过对外开放提高竞争力的同时，避免影响到国家的经济安全，是我们亟待研究的大问题。

中国工业制造业，目前劳动密集型产业有比较优势，资本密集和技术密集型产业与工业发达国家存在巨大差距。从生产规模看，中国还没有一家工业制造企业进入世界 500 强。最大规模的制造业如汽车、机床、发电设备企业年产量往往只占发达国家同类企业的 1%—5%，处于绝对的规模劣势。从研发能力看，2000 年中国用于 R&D（Research and Development）的总投入仅占 GDP 的 1%。按照国际标准生产的出口品还未达 50%，剔除加工贸易后，尚不足 30%。高新技术产业领域的多数核心技术控制在少数发达国家手中。这种状况在短期内无法改变。

有鉴于此，中国为加入 WTO 只能做出与其发展中国家地位相适应的承诺。在总体受益，局部和短期利益与代价分布不平衡的条件下，能否对承受代价者进行适当的补偿，能否顺利地进行结构调整，能否在长期成功地进行体制转换，提高整个国民经济的竞争力，将是中国面临的主要挑战。

中国加入 WTO 后机遇与挑战并存。任何时候机遇都不会自动带来现实的收益。对中国来说，能否最大限度地趋利避害，很大程度上取决于我们所采取的对应措施是否及时有效。任何盲目的乐观和消极应付都是不可取的。

初步看来，目前中国要采取的主要应对措施包括八个方面：

第一，加快经济结构调整和产业升级。

加入 WTO 以后，那些以前受保护程度低、市场竞争充分、具有比较优势的产业将从中受益；那些受保护程度高、竞争不充分且不具备比较优势的产业将受到强烈冲击。这就意味着中国必须进行大幅度的经济结构调整和产业升级。

进行经济结构的战略性调整将主要依靠市场力量。一方面要根除那些限制生产要素流动的制度障碍，打破行业垄断和地方保护；另一方面还要为各类经济主体提供公平的市场准入机会，通过资产流动来优化产业结构，让企业在激烈的国际竞争中提高自身竞争力。对于农业，要建立符合 WTO 规则的农产品出口支持体系，发展有竞争优势的特色农业。对制造业，通过必要的产业援助，按比较优势收缩和发展相关行业。对服务业，根据 WTO 保障条款，对市场准入进行合理限制，提供适当的保护。要不断完善投资环境，吸引更多的跨国公司直接投资，在促进产业升级的同时，主动有选择地接受发达国家产业转移。

第二，深化国有企业改革，进行国有经济的战略调整。

国有企业改革是中国改革的中心环节，在这方面已取得了阶段性成果。国有企业全要素生产率已经有了大幅度提高。但要使国有企业成为市场经济中真正的竞争主体，成为有能力与国际跨国公司进行竞争的生力军，需要进一步深化改革。中国国有企业改革的目标是完善法人治理结构，建立现代企业制度。

我们已经决定对国有经济进行战略调整，本着有进有退、有所为有所不为的原则安排国有资本在国民经济中的比重和布局。国有经济资源要继续向关系国家安全、自然垄断、提供重要公共产品服务等领域集中，同时从一般竞争性领域退出。这要求建立完善的退出机制，解决就业转移、社会保障、资产重组等方面的问题。

第三，打破行业垄断和地方保护主义，建立全国统一市场，维护市场秩序。

WTO 规则要求其成员在关税领土范围内实施统一的经济政策，中国必须从根本上改变目前地方、部门对国内市场实施的行政性分割和产业垄断，加快实现国内市场的统一，真正使得市场机制起到资源配置的基础作用。

我们已经着手开始破除长期以来形成的重点产业的行政垄断，金融、保险、电力、电信、石化等行业将逐步实现对内、对外开放，实行国民待遇原则。对有些行业自然垄断的特性，在价格、服务、企业准入和退出等方面形成符合市场经济要求的新的规制机制。

通过制定《反垄断法》，修订和完善《反不正当竞争法》，以法制手段遏止地方保护主义，保证国内市场的统一。大力发展自律性市场中介组织，发挥其自我服务、自我监督和自我协调功能。

第四，建立健全社会保障制度，通过转移支付手段补偿和帮助市场竞争中的弱势群体。

市场经济因其竞争机制极大地提高了社会经济效率，但也给人们带来了更大的风险和不确定性。即使没有加入 WTO，中国市场经济转轨过程中经济的周期波动、产业结构调整或其他原因，已经使社会中某一部分人处于竞争的不利地位。加入 WTO 这一世界市场竞争体系后，上述情况可能会更为严重。作为一个社会主义国家，我们不会对收入分配的过分悬殊坐视不管，政府也有责任使社会弱势群体得到应有的关心和帮助。我们正在采取措施提高我国九亿农民的收入，正在动员社会各方面力量解决失业、退休、伤残及贫困人口的生活问题，正在探索建立有中国特色的社会保障体系。目前迫切需要解决加入 WTO 后个别弱势产业的劳动者收入补偿和就业转移问题，保持市场大幅度开放后社会经济秩序基本稳定，让大多数人从开放和进步中收益。这也是由我们社会主义国家性质所决定的。

第五，实施"科教兴国"战略，加速人才培养，提高总体经济竞争力。

在国际贸易体系中，各国都按照自己的比较优势参与国际分工。其中技术进步和人才培养是改变原有分工格局的有效途径。中国现代化过程中一个重要措施是实施"科教兴国"战略。政府通过财政支出，并动员社会资金加大科技投入力度，加强基础研究、应用基础研究和战略高技术研究，提高自主创新能力，建设国家创新体系，繁荣发展哲学社会科学。通过体制改革加快科技产业化进程，建设技术标准体系。调整和优化教育结构，加强基础教育，切实普及义务教育，大力实施素质教育。加快培养适应经济社会发展的各类人才，吸引境外高级人才，鼓励留学人员回国创业。

第六，加快西部大开发，促进地区经济协调发展。

中国按照既定的现代化发展战略，在世纪之交开始大规模开发西部地区。中央政府投入了大量的财政资金，对西部地区进行扶贫开发、资源开发、生态保护和基础设施建设。加入 WTO 后，中国整体投资环境会得到较大改善。从去年情况看，外商进入中国西部的协议投资增长率已经高于东部和中部。我们将按照 WTO 规则要求，对早期制定的某些招商引资政策进行修改完善，以便吸引更多的外商直接投资参与中国西部大开发，促进中国各地区经济协调发展。

第七，转变政府职能，适应 WTO 规则的要求。

在 WTO 规则当中，绝大部分条款是基于市场经济原则约束各国政府行为的。尽管我们对政府机构和管理体制进行了多方面的改革，脱胎于计划体制下政府管理模式与现代市场经济的需要还有很多不适应的地方。政府对微观经济过多的直接干预和地方、部门的保护主义，不仅严重地阻碍了政府自身的改革，而且也限制了全国统一市场的形成，最终会影响总体经济效率的提高。因此政府职能转变是个很大问题。

转变政府职能的内容包括：继续推进宏观调控职能的改革，凡是需要和能够由市场机制及市场主体决定的经济活动，政府将不再审批，而是将工作重点转向建立和规范市场经济秩序；凡是仍需保留的审批事项，将简化手续，减少环节，增强规范性和透明度。按照已经达成的承诺，半年多来，中国已经清理和取消了大量的部门规章。阻碍中国法律、法规的统一实行的地方规章也将被逐渐废止。对现行法律法规中的条款，我们将继续根据 WTO 规则的要求进行修订。

第八，运用 WTO 规则，合理保护幼稚产业，维护经济安全。

WTO 规则允许发展中国家有 3 年至 5 年的过渡期。中国将充分利用这一时机，加快改革和调整的步伐，对幼稚产业进行适度、合理的保护。但是这种保护是有条件的，既要符合 WTO 规则的要求，又要着眼于今后的开放并参与竞争。所以短短几年过渡期的产业保护必然伴随着紧张的改革和调整，使企业具备一定的竞争力。

近来贸易保护主义有所抬头，一些国家滥用反倾销、保障措施、技术堡垒等手段，给世界经济贸易发展带来了明显的消极影响，中国也深受其害。加入 WTO 后，中国有权利用相关规则，进行双边和多边贸易磋商和交涉，防止某些成员以前对中国常常使用的贸易歧视做法，切实维护我们的经济安全和正当权益。

经济全球化给人们提出了许多前所未有的问题。例如，如何分享全球经济一体化带来的好处，同时避免外部要素流入和制度变迁给国内带来的冲击？如何加强政策、体制上相互协调的同时保持主权独立与经济安全？如何在推进制度进步的同时保持经济持续、健康、稳定发展？等等。大量的理论和实践问题值得大家共同思索。中国社会科学院成立了专门的 WTO 研究中心，力图为政府、企业和社会公众提供帮助，现在已有不少出版物面世。我们也期待着与各国包括俄罗斯同行一起进行这方面的探讨和交流。

中华民族是一个勤劳、勇敢和智慧的民族，有着悠久的历史传统，曾经在经济、政治、文化诸方面领先世界达几个世纪之久。后来的闭关自守一度使这个民族付出了沉重的代价。中国有着全球独特的市场规模，正成功地进行着经济改革，目前政治稳定，经济持续增长。中国坚信自己有能力在经济全球化和贸易自由化进程中，抓住机遇，迎接挑战，继续为增进人类文明的进步做出自己的贡献。

俄罗斯在加入 WTO 的过程中会与中国有不少相似的经历。我们积极支持俄罗斯为此所做出的努力，衷心希望俄罗斯已经进行的入世谈判早日圆满结束，欢迎俄罗斯成为当代世界贸易体系中有积极作为的一员。中国人民愿意同各国人民包括俄罗斯人民一起推进人类文明的进步事业，共同分享由这一进步所带来的福祉。

中俄社科交流与合作[*]

——在俄罗斯科学院

（2002 年 6 月 18 日）

应俄罗斯科学院的邀请，我率领中国社会科学院代表团来到俄罗斯进行访问。一踏上这片广袤的土地，我们就感受到俄罗斯同行们的真挚友情，沉浸在友好的气氛中。

今天，俄罗斯科学院在这里举行隆重仪式，授予我俄罗斯科学院荣誉博士称号，对此，我感到十分的荣幸。这不仅是我个人的荣誉，也是中国社会科学院的荣誉。请允许我以个人的名义，同时也以中国社会科学院的名义，向奥西波夫院长和俄罗斯科学院的同行们，表示真诚的感谢！

俄罗斯科学院素以悠久的历史闻名于世。至今，她已走过了 278 年的历程。俄罗斯科学院是科学家们会聚的圣堂，历史上名人辈出，群星灿烂。科学家们以自己艰苦卓绝的创造性劳动，推动着俄罗斯科学事业的前进，为人类文明的发展做出了卓越的贡献。可以毫不夸张地说，俄罗斯科学院不仅是属于俄罗斯的，而且也是属于全人类的。

两百多年来，俄罗斯科学院虽然历尽风风雨雨，却始终保持了

＊ 这是李铁映同志在接受俄罗斯科学院授予其荣誉博士学位仪式上的答谢词。

她作为科学圣堂的本色。即使在最近十年困难的条件下，她仍然保留了自身的完整性，其研究成果在许多关键领域居于世界先进行列。

我们非常高兴地看到，在普京总统的领导下，俄罗斯政治稳定、经济发展，进入了新的发展时期。毫无疑问，俄罗斯科学也将迎来自己的又一个春天。

当今世界正处于深刻的变动之中。这既给了中国难得的发展机遇，也带来了严峻的挑战。在这种形势下，中国社会科学院也肩负着发展中国社会科学、振兴中华的历史使命。为完成这一历史使命，中国的人文社会科学必须加强与国外人文社会科学的交流与合作。我此次率团访问俄罗斯的目的，就是为了扩大与俄罗斯同行们的合作，向俄罗斯同行们学习。

最后，祝俄罗斯早日实现复兴和昌盛，祝俄罗斯科学的又一个春天早日到来。谢谢！

中国改革开放的理论思考[*]

（2002 年 6 月 18 日）

今天，有机会在这里和诸位朋友会面，并受到盛情接待，我感到十分荣幸。借此机会，我想和大家交流一下关于中国改革开放的看法。

一　中国改革开放的历史背景

中国的改革开放，是一场新的革命，其目的就是要大力解放和发展生产力，使中国走上富强之路。这场新的革命实际上是要在共产党执政和坚持社会主义基本制度的前提下，通过改革生产关系和上层建筑，走出一条有中国特色的社会主义建设道路，逐步实现社会主义工业化、现代化，实现国家富强、人民幸福，实现中华民族的伟大复兴。

中国的改革开放是在特殊的历史背景条件下发生和展开的。回顾近 200 年来的世界历史和中国历史，我们看到，18 世纪末至 19 世纪初，英、美、法等西方国家先后在完成了资产阶级革命的基础上，

---

[*]　这是李铁映同志在俄罗斯莫斯科名人俱乐部的演讲。

开始了工业革命，大大推进了社会生产力的发展。也就是说，资产阶级革命为这些西方国家的工业化准备好了制度条件。而在当时，中国正处于最后一个封建王朝即清王朝走完所谓"康乾"盛世，进入嘉庆年间而开始衰败的时候。特别是1840年鸦片战争后，资本主义列强侵入中国，使中国沦为半殖民地半封建国家。这样，在当时的中国，没有能像西方国家那样通过资产阶级革命来解决反封建和工业化这两大历史任务。

到了19世纪末20世纪初，欧美国家继续推进工业化，又进入了电气革命时代。当时，中国曾于1911年发生辛亥革命，推翻了清王朝，结束了统治中国几千年的封建君主专制制度。辛亥革命是比较完全意义上的反帝反封建的资产阶级民族民主革命。但是，辛亥革命未能改变旧中国的社会性质，未能使中国走上工业化的富国道路。

1949年，中国共产党领导的新民主主义革命取得胜利，中华人民共和国的成立使半殖民地半封建的旧中国变成社会主义的新中国。新中国成立后，我们就开始探索中国工业化的道路。从新中国诞生到1978年的29年间，我国的社会主义事业曾经有过健康的发展并取得了很大的成就。问题在于，我们没有把社会主义制度建设看成不断变化的，而把计划当成了绝对的东西，从而没有能够很好地推进生产力的发展，中国经济仍处于不发达状态。特别是在当代科学技术迅猛发展、综合国力竞争日趋激烈的情况下，形势逼人，不进则退，落后就要被动，就要挨打。

以1978年中国共产党十一届三中全会为标志，中国开始改革开放。这场新的革命也可以说是利用社会主义制度，实现发达国家已完成的工业化革命。现在，世界上少数发达的资本主义国家已完成工业化，但绝大多数国家还在搞工业化。我们正在完成人类历史发展中不可逾越的工业化过程。而且，在今天，不仅要推进工业化，还要实现现代化。所以，中国的改革开放，是中国历史乃至世界历史上从未有过的一场伟大实践。

二　关于中国改革开放进程中的几个 重大理论和实践问题

关于改革的目标模式。在这方面，我们曾进行过反复的探索。1982 年，提出"计划经济为主，市场调节为辅"，开始打破计划与市场水火不相容的传统认识；1984 年，又提出实行"有计划的商品经济体制"；1987 年，提出"国家调节市场，市场引导企业"；1989 年，提出"计划经济与市场调节相结合"；直到 1992 年，正式提出"我国经济体制改革的目标是建立社会主义市场经济体制"。什么是社会主义市场经济？就是用一切有利于解放和发展生产力发展的手段，来建设社会主义。一切能发展生产力的手段，只要是适合中国国情的，有利于中国经济发展的，我们都要拿来用。正如我们吃饭一样，筷子和刀叉都是吃饭的工具。是用筷子，还是用刀叉？看用哪个吃得快就用哪个。也就是说，怎样最有利于促进生产力的发展，就怎样做。

关于计划与市场这两大经济发展手段。计划与市场都是资源配置的方式或方法。属于"方法"的东西，只有对其运用得是否恰当的问题。过去，在我们的经济工作中，把计划看成了绝对的、万能的东西。计划成了政治问题，成了社会性质问题，成了行政命令。从而，把计划推到了极点。计划成了僵死不变的东西，而没有随着情况的变化而变化。问题是，没有运用多种手段，没有运用一切有利于发展生产力的手段，特别是市场经济手段来推进我们的经济发展。社会主义市场经济就是用市场经济发展社会主义，用社会主义发展市场经济。

关于改革、发展与稳定的关系。改革是制度创新。改革是世界潮流。计划与市场手段的运用离不开制度创新。第二次世界大战后，发达的资本主义国家对市场经济下的各种运行制度也在不断的改革。不改革就不能进步，不能发展。中国的改革不是在原有经济体制的某些方面做些修修补补，不是在经济运行的某些环节做些小改小动，而是全面的、深刻的制度创新。任何改革都要带来发展、促进发展。改革本身不是目的，不是改成了市场就成。不能停下发展来搞改革。每一步改革都要带来可看得见、摸得着的利益。改革是解放生产力的过程，改革不能损害发展。同时，任何改革和发展都要在稳定中进行。没有稳定的政治环境和社会秩序，就什么事也做不成。改革是利益的调整，必然会有震荡，但震荡不能太大。要考虑三个承受能力问题，即经济物质上的承受能力、社会精神上的承受能力和各级政府操作上的承受能力。没有物质条件而搞社会保障改革，是做不到的。没有广大人民群众的支持和社会认同，任何改革都不可能成功。改革若操作不好，也会搞坏。三个承受能力都要有。

关于改革与开放的关系。没有改革，就谈不上开放。没有开放，就无所谓改革。改革不是在封闭的笼子里自我改革。关起门来搞改革，就等于大家坐在屋子里互相换座位。换来换去，结构上没有本质的区别。只有开放，才能促进经济结构的深刻变化。改革过程也是开放过程，都有风险问题、承受能力问题。每一步开放与改革一样，不是目的，而必须带来利益。开放哪个领域，怎么开放，要看国情，要看发展情况，要看国家利益和国家经济安全。中国加入WTO，使改革开放进入了一个前所未有的更深刻、更广泛的新阶段。

三　中国改革开放呼唤经济学理论的创新和发展

一个国家的经济理论若不发达，要想经济发达就很困难。对世界上各种不同经济理论，我们应该采取什么态度？我们要以博大胸襟，吸取一切对我们有用的东西。一切人类的文明成果都可以用。对于各种理论，要看它能不能解决我们的问题，不管这个理论是谁发明的。

当然，就理论的社会属性讲，各个国家条件不同，实际情况不同，国家利益不同，价值观不同，就会有不同的理论。不论"东教条"还是"西教条"，都不能搞。

理论发展的唯一正确道路是与实践相结合。离开实践的东西只能是遐想。当代中国的历史任务，就是利用社会主义制度实现发达国家已完成的工业化革命。历史的发展创造了理论。人类工业化的道路和方法可以是不同的，改革的模式和道路可以是不同的。我们很注重包括俄罗斯在内的一切国家的改革经验和理论，愿与各国进行广泛的交流。

我们正在进行的改革，没有现成的和固定的模式。西方国家当年在工业化过程中创造原始积累的种种手段，我们是不能用的。中国的改革无论在理论上还是实践上，都要大胆探索，即理论与实践的双重探索。在探索中，发展自己的、具有中国特色的经济理论。所谓中国特色的经济理论就是能够实现中国工业化、现代化的经济理论。我们应该注意到，无论是计划还是市场，其本身也都在不断发展变化，经济理论也是与时俱进的。

经济学是社会科学的基础科学，构成人类意识的基础。因为生产活动、经济活动是人类最基本的活动。不懂经济学，最后没饭吃，还谈什么政治。

四　不断推进理论和实践的双重探索

经过改革开放以来的不懈努力和探索，中国今天的面貌比起20多年前，已发生了深刻的变化。2001 年国内生产总值是 1978 年的7.9 倍。在这 23 年间，国内生产总值年均增长速度为 9.4%。特别是近几年来，我们抵御了亚洲金融危机的严重冲击，抵御了世界经济衰退的严重影响，使国民经济仍保持了 7%—8% 的稳定增长。今年第一季度，国内生产总值增长 7.6%。今年 1—4 月份累计，工业增加值增长 11.2%，社会消费品零售总额增长 8.4%。今年上半年的经济发展基本上正常。

回顾 20 多年来改革开放的历程，我们感到，我们的理论还不完善，我们的经验还不成熟，在我们前进的道路上还存在着许多困难和问题，有待我们去解决。比如改革中发生的国有企业职工下岗与失业问题，建立与完善社会保障体系问题，收入差距与地区差距问题，等等。这些问题我们正在解决之中。毕竟改革开放20来年，时间还是很短暂的。进入新世纪，我国进入了全面建设小康社会、加快推进社会主义现代化的新的发展阶段。我们将继续探索和努力，弘扬与时俱进的精神，在建设有中国特色社会主义的道路上实现中华民族的伟大复兴，完成历史和时代赋予我们的庄严使命。

中俄长期睦邻友好 [*]

——在俄罗斯国立远东大学

（2002 年 6 月 19 日）

感谢库里洛夫校长的邀请，使我有机会在鲜花盛开的季节访问景色宜人的符拉迪沃斯托克，访问久负盛名的俄罗斯国立远东大学。感谢国立远东大学授予我名誉博士学位。两年前，中国全国人民代表大会常务委员会委员长李鹏阁下曾获此殊荣。这不仅仅是给予我们个人的崇高荣誉，更体现了俄罗斯人民对中国人民的深情厚谊。我将把俄罗斯人民的这份美好感情带回中国，带回北京，与中国社会科学院的全体同事们分享这一崇高的荣誉。

今天，我站在这里，站在这块俄罗斯联邦距离中国最近的土地上，沉浸在俄罗斯人民对中国人民的浓浓的情意中，不禁回想起我们两大民族友好交往的历史。

在中华人民共和国成立之前，苏联政府和伟大的苏联人民就曾积极帮助和支持中国人民的解放事业。在 20 世纪 30 年代和 40 年代，俄罗斯的远东地区成为中国东北反抗法西斯侵略的后方，中国的抗战部队时常撤到苏联的远东地区森林中躲避侵略者的围剿。在伟大的卫国战争中，英勇顽强的苏联人民浴血奋战，付出巨大牺牲，

---

* 这是李铁映同志在俄罗斯国立远东大学的书面演讲。

打败了极其凶恶的法西斯侵略者，赢得了卫国战争的胜利。苏联人民同世界所有爱好和平的人民一起，不仅在欧洲战场，也在东方战场为世界反法西斯斗争的历史性胜利做出了不可磨灭的贡献。1945年8月，在中国人民解放战争的最后的决定性时刻，苏联军队从远东进入中国东北，用鲜血和生命支持了中国人民的民族解放事业。今天，在中国东北最大的城市——沈阳矗立着一座苏联军队进军中国东北的高大的纪念碑，上面记载着在这场战役中牺牲的每一位苏联人民的优秀儿女的名字；在与符拉迪沃斯托克隔海相望的中国大连市，到处可见记载着中俄两国人民友谊和相互支持的历史遗迹。

新中国成立以后，俄罗斯人民同样给予了中国人民大量的真诚的援助，在中国人民建立民族工业体系的过程中发挥了重要作用。在黑龙江省哈尔滨市，苏联援建的三大动力系统项目至今仍然在良好地运转，那个时代兴建的俄式建筑，构成了今天这个城市独特的风貌，受到了当地政府和人民的重点保护，它们记载着我们两大民族间的友谊与合作。正如中国国家主席江泽民所说："对于俄罗斯人民在中国人民抵抗侵略和从事建设的过程中给予的有力支援和帮助，中国人民永远不会忘记。"[1]

同样，在俄国人民的革命和建设事业中，中国人民也做出了自己应有的贡献。

苏联解体以后，中俄两国政府和人民深刻总结了我们两大民族交往的历史经验和教训，逐步加深了两国政府和两国人民相互理解和信任，不断推进了两国的友好合作关系，并逐步解决了两国关系中的历史遗留问题。

在过去的十年里，中俄两国双边合作关系经历了不断深化的三个发展阶段。

1992年12月俄罗斯总统叶利钦访华期间，中俄两国最高领导人发表了《中华人民共和国和俄罗斯联邦相互关系基础的联合声明》，声明中强调：两国"互视为友好国家"。

1994年9月开始了我们两国关系发展的第二个阶段。中国国家主席江泽民访问了莫斯科。两国领导人签署的《中俄联合声明》，宣布两国关系已经发展为"新型的建设性伙伴关系"。

1996 年开始了中俄关系发展的第三个阶段。4 月，中俄两国领导人在北京再次举行会晤并发表联合声明，宣布两国建立"平等、信任和面向 21 世纪的战略协作伙伴关系"。中俄战略协作的政策目标是：第一，深入发展双边合作，保持长久的睦邻友好，促进两国共同发展与繁荣，造福于两国人民。第二，密切双方在国际事务中的磋商与协调，维护各自的独立、主权和民族尊严，维护各自在国际上应有的地位和正当权益。第三，通过双方合作和共同努力，促进国际局势的缓和与稳定，推动世界多极化趋势的发展和公正合理的国际新秩序的建立。

进入新世纪，我们两国的关系取得了新的发展，特别是去年 7 月江泽民主席和普京总统签署了具有重大历史意义的《中俄睦邻友好合作条约》。条约总结了过去十年中俄关系发展的基本方针和原则，将两国世代友好、永不为敌的和平思想和永做好邻居、好朋友、好伙伴的坚定意愿，以法律的形式确定下来。这标志中俄两国关系进入一个新的发展时期。

总之，十年来，在上述方针和原则指导下，中俄关系取得了重大进展。两国确立了战略协作伙伴关系，在各个领域加强互利合作，取得了丰硕的成果。双方建立了国家元首和政府首脑定期会晤机制，各层次的交流和人员往来频繁；在维护各自国家主权、独立和领土完整方面相互支持；基本解决了两国间历史遗留的边界问题；经贸等领域的交流合作不断扩大。中俄在促进世界多极化、维护全球和平与稳定方面进行了卓有成效的战略协作。我们两国与中亚四国共同创建的"上海合作组织"，将成为维护地区和平与安全、促进建立新型安全观、新型国家关系和区域合作模式的典范。

中国政府和中国东北地区的各级政府特别重视与俄罗斯远东地区发展各领域的合作关系，因为，远东地区是我们两大民族接触和交往的起点。我们两国 4300 多公里的共同边界的 98% 以上集中在这里。位于这一地区的漫长的共同边界，为我们两大民族的经贸合作、文化交流和旅游观光等领域的相互交往，提供了诸多的便利条件。我们要共同努力，把两国的边境地区建设成为中俄人民世代友好和合作的纽带。

在与俄罗斯远东地区相邻的中国东北各省，每一所综合大学都设有俄语系，从事着俄罗斯语言、文化、历史和现状问题的研究。同样，我们也注意到贵校在两国文化交流领域发挥的重要作用。国立远东大学是俄罗斯最早开展汉语规范教学和研究的学校之一。早在建校初期就开设了汉语课程，后来又成立了汉学系，全面系统地研究中国的语言、历史、经济和文化。贵校已故的著名汉学家鲁达可夫教授为俄罗斯的汉语教学和研究，为中国文化在俄罗斯的传播做出了杰出贡献。国立远东大学已经成为俄罗斯重要的汉学研究中心。中国教育部专门在国立远东大学设立了俄罗斯公民汉语考试中心。

令人高兴的是，今天，国立远东大学同中国学术界和教育界的交流与合作继续保持着良好的发展势头。这对加强中俄两国人民的文化交流和友好合作关系，促进科技进步和相互了解产生了积极的作用和影响。

祝我们两国人民之间的友谊与合作关系日益巩固和发展！

祝俄罗斯国立远东大学的各项事业兴旺发达！

注释：

[1] "……中国人民永远不会忘记"参见 http：//news. xinhuanet. com/ziliao/2001 – 12/03/content_ 499558. html，《江泽民在罗蒙诺索夫大学发表的演讲全文》，2001 年 7 月 17 日。

用大智慧做好中俄友好这篇文章[*]

——在俄罗斯远东研究所

（2002 年 6 月 19 日）

　　首先非常感谢贵所授予我名誉博士称号。俄罗斯科学院远东研究所是俄罗斯汉学家的中心，是俄罗斯东亚问题专家学者会聚的地方。从今天起，我加入了贵所名誉博士之列，深感荣幸。

　　中华民族历史悠久，文化博大精深，我们的很多学者皓首穷经，仍感到难以洞悉中国古老文明的精髓。远东所的专家学者们在这方面所表现的孜孜以求的探索精神，令人十分钦佩。我非常高兴地看到，远东所近些年来在中国问题研究上取得了丰硕成果，出版了大量的学术著作，选题既包括孔子、庄子等中国传统文化和哲学问题，也包括当代中国改革开放和现代化问题。这反映了远东所科研工作达到了新的高度和广度。中俄关系非常重要。中国和俄罗斯都面临共同的历史任务，在今后相当长的时期内，都要集中力量于国内的改革和发展，因此都需要和平的国际环境，特别是稳定的周边环境。

---

　　* 这是李铁映同志在接受俄罗斯科学院远东研究所授予的名誉博士称号时的书面答谢词。

中国有句古话："亲仁善邻，国之宝也。"[1]中俄作为欧亚大陆两个最大和相邻的国家，两国之间长期稳定的睦邻友好关系具有深远的战略意义。中俄两国不仅要现在友好，而且要世代友好，永不为敌。这是一篇大文章，需要大智慧才能做好。

远东研究所在加深中俄两国相互了解、推动中俄关系发展方面，做出了重要的贡献。我真诚希望你们的科研工作再上一层楼，特别是对中国的研究方面取得更大的成绩，为中俄战略协作伙伴关系的发展注入新的思想，为中俄世代友好，永远做好邻居、好朋友、好伙伴做出新的贡献。

远东研究所是俄罗斯的中国问题研究中心，中国社会科学院所属的俄罗斯东欧中亚研究所是中国的俄罗斯问题研究中心。听说，你们两个研究所是对口合作单位，这很好。在我看来，你们之间的合作还很不够。希望你们进一步拓宽交流渠道和合作领域，为两国科学院所际交流做一个好榜样。

注释：

　[1]《左传·隐公六年》。

让祖国和人民为你们而自豪*

（2002 年 7 月 12 日）

  我们今天举行的是一个隆重而庄严的庆典。之所以说它隆重，是因为我们 2002 届 300 多位硕士生、博士生圆满完成了三年的学业，取得了人生道路上又一个新的重要成就。之所以说它庄严，是因为今天将成为同学们新的人生起点。在此，我谨向被授予硕士学位和博士学位的同学们，表示热烈的祝贺！向三年来付出辛勤劳动的全体研究生导师和教职工，致以亲切的问候！

  谈起我们研究生院，大家要说的话可能还有许多，如校园还比较精致，也就是比较小。但值得高兴的是，我们正在建设一个新的研究生院。我们的目标是，按照江泽民总书记为研究生院建院 20 周年题词的要求，努力把我们的研究生院办成世界一流的人文社会科学人才培养基地。为实现这一目标，我们曾在去年召开了首届"中国社会科学院研究生院工作会议"。这次会议，是研究生院建院以来的一次不同寻常的会议。它是以中国社会科学院的名义召开的，目的在于集全院之力，共同实现建设一流人文社会科学人才培养基地的目标。在这次会议上，我们做出了许多决定，提出了许多具体措施。一年来的实践证明，这次会议的召开是非常适时的，会议做出

---

  * 这是李铁映同志在中国社会科学院研究生院 2002 届毕业典礼上的讲话。

的决定和制定的措施是行之有效的，促进了研究生院的健康发展。今后，我们仍然要着力于全面提高硕士生、博士生的培养水平，因为这正是研究生院的生命力和吸引力所在。

去年，研究生院荣获两个"全国优秀博士论文奖"，但这还不够。在这个问题上，还是"韩信点兵，多多益善"[1]。我们要独占鳌头！整个社会科学院都为同学们今天取得的成绩而自豪，也希望明天我们的国家和人民为你们而自豪。预祝你们每一个人在中国的社会主义现代化建设中脱颖而出，成大家，建伟业！

青年兴则民族兴，青年强则国家强。[2]生活在这样一个充满机遇和挑战的时代，每个青年学子都应当学习和掌握一些生活的辩证法。借此机会，我讲几个问题，供同学们思考。

一　理想与现实

没有哪个青年没有理想、没有志向，也没有哪个青年不设计自己，不想做出成就。这都是青年的特点，是必然的，是好的；没有，则是不可设想的。在人生的道路上，如何把自己的理想和现实结合起来，是任何人都不可回避的问题。像我们这些白发不少的人，谈起人生的酸甜苦辣，都会有切身的感受。相对来讲，青年人对这个问题的理解是不够深的。在理想和现实之间，没有哪个现实不是一步一步走出来的，没有哪一种理想不是经过艰苦跋涉才实现的。

中国人剪掉辫子才91年。人类社会发展到今天，走向工业化或者现代化国家的人口，加起来都没有中国人多。今天的中国已进入小康社会，并开始大规模地向工业化和现代化迈进。在人类历史上，什么时候有过这样的奇迹！这是人类历史上一个最伟大的壮举。你们正是在这样一个历史关头走向社会的。你们所处的时代，是一个伟大的时代。如果把自己的理想和这个时代的发展密切结合起来，你们就一定能够创造出美好的人生。

二　国家与个人

在今天的世界上，有哪一个人是不属于任何国家和民族的呢？没有！任何人都是一定社会、一定国家和民族的人。因此，在考虑实现自己理想的时候，都不可能离开国家和民族的前途，都必须把自己的理想与国家、民族的命运和人民的意愿统一起来。国之兴旺，是我们每个人的事业取得成功的根本前提，是我们的共同利益之源。我要强调的是，我们任何时候都不可能离开全局利益去考虑个人利益，不能离开长远利益去考虑自己的眼前利益。如果时时盯着蝇头小利，处处盘算一己之私，脱离时代和人民，必将一事无成。

作为社会科学界的学者，研究的对象就是人类社会本身。认识社会、改造社会，是我们的主要人生目标。当然，要把握全局性、战略性的问题，首先就要研究国家和民族的发展，在国家和民族的发展进程中去寻找自己的坐标和位置。只有这样，你们才会做出前人没有做出的成绩，才会成为有益于国家、民族和人民的人，才能成为栋梁之才。但是，如果忽略了这一点，就可能会失去自己的位置，找不准自己的坐标，也就很难在这样一个历史的潮流中做出自己应有的贡献。

三　学习与奉献

今天的时代，比以往任何时代都发展得更快、更复杂、更不可预测，因而，人们比任何时代都更需要学习。事物发展越快，事情越复杂，就越会出现各种可能性。如何应对这样的时代呢？如何在这样的时代中不成为迷途羔羊呢？必须学习！学而后成！不学，则无所知！对一个国家和民族来讲，不断学习是其成熟的表现，是它走向未来所必备的素质。对个人来讲，也是如此。

奉献是一种高尚的道德情操，是创造、是学习的最终目的；而学习是创造、奉献的基础，不断学习，是为了更多、更好地创造。今天，学习已经不再仅仅局限于校门里头，亦不仅仅是在书桌旁，实际上已构成一个人终生的、须臾不可离开的生活的一部分。学习不仅是一项任务，或者一种兴趣，而且是我们生活的一个主要内容。我希望同学们走向社会后，把学习作为自己终生的生活来对待。一个人要坚持不懈地向实践学习，向别人学习，向社会学习，向书本学习。而且，不仅要积累知识，还要注意掌握辩证的思维方法和工作方法。这样，无论你遇到什么样的困难和挫折，你也一定会成为一个高尚的人，一个有创造、有所为的人。

四　理论与实践

同学们在这里学习的是理论，社会科学界研究的也是理论，那么理论到底是什么呢？我们每一个学者都必须思考这个问题。如果连自己终生都要从事的事业的真谛都弄不明白，就必然会处于糊涂状态。

理论就是客观世界的主观映象，就是认识主体对客观世界和人类社会的解释和说明，理论就是主体对实践、对客观事物的规律性认识。它不是猫，而是画得像猫的一幅画。理论就是帮助我们认识社会、改造社会，帮助我们进行实践和创造的知识体系。

实践性是理论的第一属性，任何理论都来源于实践，都以实践为动力，以实践为标准。简言之，理论就是对人类实践活动经验的总结，就是对人类实践活动的理性概括和认识。当然，它要受时代的局限，受国家和民族的局限，受人类认识水平的局限，而且归根结底要受经济社会发展水平的制约。没有什么绝对的理论、终极的真理，任何理论都要随着实践而不断发展，这是理论的一个根本属性，甚至可以说是第一属性。学习理论，就要了解这个理论的对象是什么，而不是把它当作教条来背诵。建设有中国特色社会主义的过程，就是在实践和理论上进行双重探索的过程。

社会性是理论的又一重要属性。任何理论都是说明一个具体的国家、民族或一个具体时代的社会的。怎么能够离开一个具体的社会而构筑什么虚幻的理论呢？什么叫宗教？无非是地上的事情说不清楚了，转而去说天上的事情，虚构出一些所谓天上的事情，来解答现实中未获真解或者不理解的一些问题。社会性当然包括阶级性，社会性比阶级性要广。自从人类进入阶级社会，理论就带上了阶级的性质。我们今天的世界是阶级社会，怎么能说理论没有阶级性呢？怎么能无视阶级的存在呢？

五　继承与创新

任何理论的确立和发展，都要继承和弘扬前人所创造的文明成就。没有继承，很难有什么创新。创新就是发展，是在继承基础上的发展。创新就是超越，是在坚持基础上的超越，而且无非是站在"巨人"的肩膀上，看得更远一些，发现新的东西。"巨人"是谁呢？就是整个人类所创造的优秀文明成果！传承文明，是我们创造新文明的一个历史起点。创新正日益成为一个国家和民族生存与发展的决定性因素。

总书记一再号召我们，要解放思想，实事求是；要与时俱进，创新理论。"三个代表"重要思想，之所以成为新时期我们党在思想上、精神上的一面旗帜，赢得全党和全国人民的衷心拥护，就在于它是对马列主义、毛泽东思想和邓小平理论的继承和发展，是一个重大的理论创新。如果把理论当成教条，那是学者的悲哀，是国家和民族的灾难。"东教条"不行，我们吃亏之多大家都铭记在心。"西教条"和"食古不化"也同样不行。理论一旦奉为教条，就走向反面。

时代发生了巨大变化，许多新情况、新问题都有待我们去思考，去解答。一切从事哲学社会科学理论研究的人，都承担着继往开来的神圣使命，都必须随时注意观察时代和实践的变化，随着时代和实践的发展而不断调整和发展自己的理论和学术观点。

如果说 20 世纪创造了人类历史上从未有过的壮丽和辉煌，那么，21 世纪将比 20 世纪更加辉煌、灿烂。

这里，我想引用几句古诗词，与大家共勉："三万六千日，夜夜当秉烛。"[3] 我们不应浪费自己一时一刻的宝贵生命。"游人武陵去，宝剑值千金。"[4] 你们此刻所获得的七尺博士帽，正是你们开拓自己人生道路的一把宝剑。

最后，我想送给青年朋友们八个字：

"爱国"——国必须爱，而且永远要爱；

"科学"——永远要尊重，要信奉；

"责任"——是人生历程上谁都不可推脱的肩上重担；

"奉献"——应当成为你们一生的追求。

注释：

[1] "韩信点兵，多多益善"语出（西汉）司马迁《史记·淮阴侯列传》："上曰：'于君何如?'曰：'臣多多而益善耳。'"

[2] 青年强则国家强即"少年强则国强"，出自梁启超的《少年中国说》。详见黄岳洲、茅宗祥主编《中国古代文学名篇鉴赏辞典》（明清文学卷），汉语大词典出版社 2002 年版，第 655—662 页。

[3]（唐）李白："三万六千日，夜夜当秉烛。白日何短短，百年若易海。"

[4]（唐）孟浩然《送朱大入秦》："游人武陵去，宝剑值千金。分手脱相赠，平生一片心。"

在江泽民视察社科院时的
汇报提纲*

（2002 年 7 月 16 日）

今天，江总书记和中央其他领导同志来到中国社会科学院考察指导工作，充分体现了中央对我院、对社科界、对社会科学事业的关心和重视。这不仅是中国社科院发展史上的大事，也是中国社会科学事业发展史上的大事；不仅是中国社科院的光荣，也是全国社会科学界的光荣。

下面，我把来院工作后，院党组抓的几项主要工作，向总书记简要汇报一下。

——坚持正确方向，与党中央保持一致，努力把社科院建设成马克思主义的坚强阵地。根据总书记"把中国社会科学院建设成马克思主义的坚强阵地"的题词精神，院党组把学习、研究、宣传马列主义、毛泽东思想、邓小平理论和"三个代表"重要思想，作为首要的政治、理论任务来抓，坚持正确的政治方向、理论方向和科研方向，始终与党中央保持一致。两年来，以党组中心组名义，举

* 2002 年 7 月 16 日，中共中央总书记、国家主席江泽民考察中国社会科学院并发表重要讲话。这是李铁映同志代表中共中国社会科学院党组向江泽民同志汇报的提纲。

办了20场学习报告会。为落实十五届六中全会精神，院党组组织了13项重大课题。组织发表学习、研究邓小平理论的文章约100篇，学习研究"三个代表"重要思想的文章约100篇。根据中央精神，加强对"法轮功"邪教问题的研究。

——制定并实施"三五一"发展战略，努力把社科院建设成为国际一流的社会科学研究机构。我们制定并实施了"三五一"发展战略，即经过五年至十年的努力，建设一批国际知名的研究所，造就一批学术"大家"，推出一批高水平成果；把中国社会科学院建设成为马克思主义研究中心、经济改革与发展研究中心、社会主义民主法治与社会发展研究中心、中华文明和社会主义文化研究中心、国际问题理论与国际战略研究中心；培养和造就一流人才的基地。概括地说，即"三个一批"、"五个中心"、"一个基地"。目前，我们正抓紧实施这一发展战略，并已取得显著进展。

——抓重大课题研究，实施精品战略。为更好地服务于党和国家宏观决策，我们组织精干力量，对全局性、前瞻性和战略性的重大问题进行深入研究。如党的第三代领导集体对马克思主义理论的新发展、《共产党宣言》发表以来世界发生的主要变化、经济全球化、劳动和劳动价值论等，推出了一批高质量的研究成果。

——加强学风建设，推动理论创新。我们始终把学风问题提到党风的高度加以认识和解决，强调学风直接反映学者的思想理论水平，反映学者的世界观、价值观。大力倡导坚持解放思想、实事求是，反对因循守旧、不思进取；坚持理论联系实际，反对照抄照搬、本本主义；坚持学术民主、以理服人，反对学术专断、乱扣帽子；坚持追求真理、扎实严谨，反对沽名钓誉、急功近利；坚持中国气派、中国风格，反对晦涩难懂、生搬硬造。

——加强队伍建设，重视人才培养。在普遍提高全院科研人员的政治素质和业务素质的基础上，着重抓了三个环节：一是充分发挥老专家学者的作用，成立了院学术委员会；二是加强学科带头人队伍建设，遴选出约400位优秀学科带头人，在政策上予以重点倾斜；三是加强青年优秀人才的培养，成立了院青年人文社会科学研究中心，为他们脱颖而出创造良好环境。

——推进体制改革，建立现代科研院所新体制。我们紧密结合我院的实际和特点，积极推进体制改革。改革的基本目标是：建立有利于出精品出人才、符合社会科学发展规律、与社会主义市场经济体制相适应的现代科研院所新体制。新体制的基本思路是：实行党组（党委）领导下的院（所）长负责制；建立院管院事、所管所事的两级管理体制，充分发挥研究所的积极性；大力推进科研管理和科研手段的现代化；建立和推行以聘任制为主的基本用人制度等。

——加强基础设施建设，为社会科学研究创造良好的条件和环境。近年来，在中央和国务院有关部门的大力支持下，我们的办院条件有一定改善：财政拨款有较大增长；新图书馆已经落成；数字化工程也已展开；科研人员住房紧张状况有所缓解，生活待遇有所提高。

通过这些年的工作实践，我感觉到：全院职工的精神状态是好的，政治上是可靠的，业务素质是高的，成果是显著的。当然，同中央的要求相比，还有很大差距，我们必须加倍努力，励精图治，把社科院办得更好。

在探索中发展哲学社会科学*

（2002 年 7 月 16 日）

今天上午，江总书记来我院考察，参观了我院科研成果展览，同专家学者座谈，并发表重要讲话。这是对我院全体同志的辛勤劳动和精神面貌的检阅，也是对我院的最大鼓励，是中国哲学社会科学和中国社科院发展进程中的重要历史时刻，充分体现了党中央对哲学社会科学界的关心和重视。我们既感到鼓舞，更感到责任重大。

江总书记在讲话中指出，我们党历来高度重视理论工作，高度重视哲学社会科学事业，高度重视对哲学社会科学事业的领导。中国社会科学院人才汇集，学科齐全，一定能够为改革开放和社会主义现代化建设做出越来越多的贡献。建设有中国特色社会主义这项前无古人的伟大事业，要求我们必须建设一支强大的哲学社会科学队伍，中央也需要掌握一支从事哲学社会科学研究的专门队伍。我们要认真学习和宣传这一思想。

江总书记指出，我院是党中央直接领导的国家哲学社会科学研究机构，在哲学社会科学研究方面肩负着重要职责。面对新世纪的新形势和新任务，我们一定要办好中国社会科学院。这就进一步明确了我院的体制、地位和职责。办好中国社会科学院，是江总书记的殷切期望，是党中央的重要决策。

---

* 这是李铁映同志在中国社会科学院所局干部大会上的讲话。

江总书记强调，建设有中国特色社会主义，是我国物质文明、政治文明、精神文明全面建设的进程。我们的哲学社会科学建设，既是精神文明建设的重要组成部分，又是为推进"三个文明"建设服务的。这是一个极其重要的思想。这既是对"两个文明"建设理论的发展，也是对十五大提出的建设有中国特色社会主义的经济、政治、文化这一基本思想的发展，是对当代中国哲学社会科学的功能和任务的科学概括。加强对物质文明、政治文明、精神文明这三个领域的研究，是哲学社会科学界光荣而艰巨的使命。

我们不仅要大力发展自然科学，而且要大力发展哲学社会科学。我们的干部不仅要掌握自然科学知识，还要掌握哲学社会科学知识。这样，才能够善于讲政治，善于驾驭各种复杂局势，才能从宏观上把握社会主义现代化建设的规律，不断提高决策和领导水平。进入新世纪，面对各种新情况、新问题、新挑战，只有在掌握自然科学知识的同时，掌握丰富的社会科学知识，才能成为新时代合格的领导干部。

江总书记在讲话中，提出一个十分重要的思想，即"双重探索"和两个"不可替代"。建设有中国特色社会主义，需要在实践和理论上进行不懈探索，不断在实践的基础上提出创新的理论，用发展着的理论指导实践。在实践和理论的双重探索中，哲学社会科学具有不可替代的重要作用，哲学社会科学工作者是一支不可替代的重要力量。江总书记关于"双重探索"的思想，正确阐述了实践和理论的辩证关系。纵观人类发展的历史，可以看出，人类的实践要更有效、更少失误、付出更小代价、取得更大发展，就必须不断把实践经验上升为理论。社会科学就是运用理性的思维，研究人类的实践活动，总结实践经验，进行理论升华，用以指导实践。实践探索是理论探索的源泉、动力、价值体现和真理性标准。双重探索并行不悖、如影随形，贯穿人类社会发展的全过程。

我们应根据江总书记的要求，大力加强哲学社会科学各学科的建设。江总书记指出，我国哲学社会科学要努力担负起"认识世界、传承文明、创新理论、资政育人、服务社会"的职责。这二十个字，应成为我们的院训。

江总书记对哲学社会科学界提出了五点要求。我理解，这五点要求，也就是指导新世纪我国哲学社会科学发展的五条基本方针，是对党长期领导哲学社会科学事业基本经验的科学总结。

哲学社会科学研究必须坚持以马克思主义为指导，坚持正确的政治方向、理论方向和科研方向。失去了方向就失去了旗帜、动力和凝聚力。坚持以马克思主义为指导，就要不断推进马克思主义中国化，在实践中丰富和发展马克思主义。要反对各种形式的教条主义，既要反对"东教条"，也要反对"西教条"，还要反对"食古不化"的"老教条"。今天对中国社会科学界来讲，坚持正确的方向就要全面贯彻"三个代表"重要思想。理论的价值就在于促进我国先进生产力和先进文化的发展，为维护和实现最广大人民的根本利益服务。

要坚持解放思想、实事求是。总书记指出，只有坚持解放思想，实事求是，与时俱进，我国哲学社会科学才能蓬勃发展、充满活力。我认为，把与时俱进同解放思想、实事求是并提，是对党的思想路线的丰富和发展。毛泽东同志在延安时期，为我们党确立了实事求是的思想路线；十年动乱结束后，邓小平同志科学地总结了我们党深受"左"的教条错误之害的沉痛教训，明确提出只有解放思想，才能实事求是，把解放思想同实事求是并提，丰富和发展了党的思想路线；进入新世纪，江泽民同志总结了我们党80年，特别是改革开放20多年的实践经验，面对新形势、新任务、新挑战，提出了"三个代表"重要思想。在"5·31"讲话中，江总书记明确指出，贯彻"三个代表"要求，关键在于坚持与时俱进。把与时俱进同解放思想、实事求是并提，这是在新时期对党的思想路线的进一步丰富和发展。

江总书记提出要努力建设具有中国特色、中国风格、中国气派的哲学社会科学。这应该成为我们社科界的奋斗目标。中国的哲学社会科学，只有同中国人民的命运紧密相连，才具有生命力。这就要求我们代表中国人民的根本利益，反映中国人民的现实生活和愿望要求，要具有中国风格。我们的思想方法、话语系统、文化传承，都要有中国气派。这也就是我们的哲学社会科学的中国特色。

江总书记强调做人、做事、做学问相统一，我们应永远铭记。世界观、学风、文风、学问相统一，是我们中华民族的优良传统。在历史上，一切做出重大理论贡献的人，都能把以上几个方面很好地统一起来。我们一定要像总书记强调的那样，老老实实做人，踏踏实实做事，扎扎实实做学问。

江总书记还强调，要坚持和改善党对哲学社会科学事业的领导。这既是由我们党的性质和任务决定的，也是由当代中国哲学社会科学的性质和任务决定的。放弃或者削弱党的领导，既会危害哲学社会科学的繁荣和发展，也将会直接危害我们国家的前途和命运。各级党委要大力加强和进一步改善对哲学社会科学事业的领导，哲学社会科学界也要自觉地接受党的领导。

江总书记最后讲到人才问题，强调指出当今世界的人才竞争是全方位的，不仅包括领导人才、科技人才、管理人才的竞争，也包括文化人才的竞争，当然也就包括哲学社会科学人才的竞争。综合国力的竞争，主要是人才竞争，人才是第一资源。哲学社会科学的研究能力、创新能力，也是综合国力的重要组成部分。所以，哲学社会科学领域，要造就一批用马克思主义武装起来、立足中国、面向世界、学贯中西的思想家和理论家，造就一批理论功底扎实、勇于开拓创新的学科带头人，造就一批年富力强、政治和业务素质良好、锐意进取的青年理论骨干。这三个"造就一批"，也是我们中国社会科学院人才培养所面临的重要任务。我们要采取得力措施，予以落实。要落实江总书记的讲话精神，努力构建培养、激励、选拔、任用人才的良好机制，促进哲学社会科学优秀人才茁壮成长。

江总书记说，在推进社会主义现代化建设，实现中华民族伟大复兴的历史进程中，我国哲学社会科学任重道远、大有可为。这是党中央对我们的殷切期望和勉励。广大哲学社会科学工作者，特别是我院的广大科研人员，要振奋精神，开拓进取，不辜负党和人民的殷切期望。

江总书记的讲话，高屋建瓴，内涵丰富，论述精辟，语重心长，表达了我们哲学社会科学工作者的心声，从治党兴国的战略高度，科学地阐述了哲学社会科学的重要地位和作用，对新世纪我国哲学社会科学的繁荣和发展，具有重大而深远的指导意义。我们一定要学习好、宣传好、贯彻好江总书记的讲话精神，抓住机遇，发挥优势，使我院的各项工作再上一个新台阶，办好中国社会科学院，以优异成绩迎接党的十六大胜利召开。

深入研究 WTO*

（2002 年 7 月 17 日）

今天，我院 WTO 研究中心成立，这是我院学术上的一件大事。中国加入 WTO 是全新的历史性事件，也可以说是一次考试。中华民族在这次考试中能不能考出好成绩，直接关系到中华民族未来的发展、前途和命运。

WTO 是一个什么样的组织呢？是世界经济发展到一定阶段所产生的一个国际组织。这个组织在总体上，主要的结构和权利是在发达资本主义国家手里，是发达国家以他们的意愿和利益为主建立起来的。要看到 WTO 的两种"不可避免性"。一种是从历史潮流看，WTO 是世界经济发展中不可避免地产生的组织，适应了发达国家要把贸易、服务、金融推向全球这样一个历史过程的发展需要。第二种"不可避免性"是 WTO 所反映的经济全球化，实质上是资本主义生产方式在全世界范围的一次大扩张。它的产生并没有完全反映全世界人民的利益，特别是发展中国家包括中国的利益。

我们要辩证地看待这件事情。加入 WTO 有没有利呢？当然有

　＊　这是李铁映同志在"WTO 与中国研讨会"暨中国社会科学院 WTO 研究中心成立大会上的讲话。

利，没有利我们何必要参加？有没有弊呢？肯定有弊，应对不好将会带来大的风险。加入 WTO 对中国具有多方面的重要影响，直接关系到中国未来的发展。WTO 在形式上是经济组织，实际上是发达国家推进经济全球化的一个组织。如果说加入 WTO 之前，我们的改革是主动调整内部的体制和结构，以适应我们发展的需要，那么，加入 WTO 之后的改革则更带有适应性，一定程度上带有被迫性和条约的制约性。我们的主动性、自主性和主权性在一定程度上会受到限制和制约。当然，限制和制约并不全是消极的，有很多东西是符合我们利益的，属于我们主权的范围，具有主动性质，但也有一些东西，在我们还没有达到一定的水平时，就必然具有适应性、被迫性。

中国加入 WTO 后，其开放程度将远远超过改革开放的前 20 年，是真正地全面加入了世界经济的结构。无论是从改革的深度，还是从开放的广度上来讲，中国都已经成为一个世界性的国家。从这个意义上讲，中国加入 WTO 是不可避免的，是迟早的事情。条件成熟就应该加入。但加入只是进了门，并不等于考试及格。中国加入 WTO 犹如中国足球踢入世界杯，我们虽然进入了世界杯的比赛圈，但并没有打进前 16 名或者前 8 名。中国的人均 GNP 还处于较低水平，不可估计过高，不能盲目乐观。因此，加入 WTO 必然给中国提出大量的理论、法律、制度、经济、对策等方面的问题。不能等一切都准备好了再加入 WTO。今天不需要研究进不进的问题了，而是要研究如何应对这场考试，如何赢得这一场竞争。研究 WTO，这就要做到知己知彼。

今天中国正处于实现社会主义工业化、现代化的历史进程中。历史表明，商品经济、市场经济是人类发展不可逾越的经济形态和历史阶段。工业化是人类社会不可逾越的发展阶段。也许某些小国不一定是这样，如果有特殊的资源或者特殊的自然环境，通过发展旅游业，也许不一定都成为工业国。但工业化对大国是不可避免的。中国这样一个大国不可能逾越工业化这个发展阶段。从英国的工业革命算起，200多年来，只有若干发达资本主义国家实现了工业化。而其工业化过程伴随着残酷的剥夺和殖民战争，才形成了资本主义赖以发展的原始积累。今天的中国不可能再走资本主义那样的工业化道路，不可能采取他们曾经采取的方法。中国工业化只能走一条完全崭新的道路。中国如何实现工业化？资本积累如何形成？不能通过对内压榨、对外掠夺的方式，而只能依靠我们自己的积累，依靠人民的劳动积累，在世界市场上进行一场旷日持久、艰苦卓绝的竞争。竞争胜利了，中国的工业化才能最终实现。

中国的工业化是震惊和改变人类历史的一件大事。纵观世界各国的近现代史，在一个统一国家的范围内，近13亿人口同时步入工业化进程，这是人类历史从未发生过的。迄今为止，主要资本主义国家的工业化只限于7亿多人口，占世界人口的11%；而中国的工业化将直接影响13亿人口，占世界人口的21%。这样一个大规模的人群和民族大踏步地迈向工业化，难道世界不会因此而改变吗？肯定会改变！中国的工业化是中国人民对人类历史的贡献。同时，中国的工业化是在社会主义制度条件下进行的，也可以说是要用社会主义方式完成资本主义过去200多年间完成的工业化任务。这在世界历史上也是从未有过的。难道工业化只有一条道路吗？只能按照资本主义道路来走吗？不是这样。中国将在社会主义制度下，走出一条具有自己特色的工业化道路。

我把WTO看成"经济联合国"，实际上它在经济方面的权力比联合国更大。与世界银行、国际货币基金组织等结合在一起，就是要控制世界经济。我们要实现自己的发展就必须保持自己的独立性。如果丧失自己的独立性，发展就是在别人的控制之下，甚至是在别人的授意之下，不可能有自己的发展。看看1997年金融危机以后，一些发展中国家发展的模式和道路，他们的主权有多大？是按自己的意愿和利益发展，还是按别人的指挥棒来发展呢？中国这样一个大国可能这样吗？中国如果经济上出了问题，谁给你饭吃？如果像韩国、泰国那样出问题，谁来救中国？中国的工业化必然产生许多人类历史上从未出现过的现象和问题。所以，要认识中国的工业化，研究中国的工业化，就必须深入分析各种复杂现象和复杂问题，揭示中国工业化的内在规律，从而探索出一条具有中国特色的工业化道路。不仅中国的工业化成果，而且这条道路和模式本身就会对人类历史产生重大影响，也是中华民族对人类重大的贡献。

我对 WTO 研究中心寄予厚望。近期，WTO 研究中心应当努力完成以下几方面的任务。第一，动员各方力量编辑 WTO 全书，系统地整理从最初到目前的全部资料。如果不占有资料、信息，我们的研究就只能是支离破碎的。第二，总结国外应对 WTO 的经验教训，尤其是具有较长时期发展经历的国家和地区的经验和教训。案例是很重要的。第三，培养人才，编写教材。我们这个研究中心要与外经贸部、国家计委的研究机构有所区别。社科院的 WTO 研究中心是一个理论为主的研究机构。我们可以从另外一个视角编写关于 WTO 的教材。从理论角度、学术角度来编写教材。现在许多教材是用西方的，西方的教材不是不能用，这些教材很有价值，但毕竟不是为中国人服务的。

看到今天在座有很多年轻人，我很高兴。现在，有太多的新东西要学习，年轻人精力充沛，外语好、计算机熟练，易于掌握新知识。我们这些年纪大的人可以做人梯，完成我们的历史任务。要吸收优秀的青年，包括在国外的青年学者来参与 WTO 的研究。WTO 研究中心也要办成开放式的研究机构。要吸收一批社科院以外的优秀研究人员，形成一批 WTO 问题的专家。将来这些专家要参与应对国际经济斗争、贸易摩擦，利用 WTO 规则打官司，参加各种会议，为我国参与规则的制定、修改服务。中心不要单纯研究 WTO，而是要将研究 WTO 与研究中国这样一个发展中国家如何加快发展紧密结合起来，针对我国加入 WTO 后已经出现的和可能出现的问题提出对策建议。谋于先，成于后。

中心要制订一个五年计划。针对今后五年至十年中国可能面临的重大问题，积极开展研究工作，要与各部门合作，与国际组织合作。中心要充满活力，牌子要打出去。在我院的各个研究中心中，WTO 研究中心虽然是新成立的，却要成为最有活力、最受社会关注和最为社会需要的研究中心。

文化的创新与创新的文化[*]

（2002 年 7 月 18 日）

今天，我们怀着热烈、兴奋的心情在这里隆重集会，纪念中华民族的文化瑰宝、藏蒙等民族历史上不朽的诗篇——《格萨（斯）尔》诞生一千周年。这是当代中国文化事业的一件盛事，也是各民族团结共进、万方乐奏的喜庆节日。

一千年前，在雄奇壮丽的青藏高原上，传诵着雄狮大王格萨（斯）尔征战四方、除暴安良的神奇故事。这部凝聚着古代藏蒙等民族劳动人民的智慧和心血，反映他们对美好未来的憧憬的长篇叙事史诗，世世代代，吟唱不衰。

《格萨（斯）尔》是我国多个民族集体创作的一部伟大的英雄史诗。她起始于藏族地区，标志着古代藏族文化的最高成就。后来流传到蒙古、裕固、土、纳西等民族地区，成为我国西部地区兄弟民族间表达共同愿望、传递手足情谊的精神纽带。

《格萨（斯）尔》通过一个个生动可感、光彩照人的艺术形象所展现出来的文化成就，和她精深博大、卷帙浩繁的丰富内涵，交相辉映，凝聚着中华民族追求公平正义、向往美好生活的崇高理想。

---

* 这是李铁映同志在史诗《格萨（斯）尔》千年纪念大会上的讲话。

《格萨（斯）尔》所展现的气势磅礴、波澜壮阔的宏大画面，和她万人齐咏、千年流传的艺术魅力，相得益彰，闪烁着中华民族伟大的创造精神和智慧光芒。

《格萨（斯）尔》是中华民族文化百花园里的一朵奇葩，是世界文化宝库中一颗璀璨的明珠，是中华民族对人类文化的一个重要贡献。我们今天纪念这一伟大诗篇，不仅是要重温她深刻博大的思想内涵，分享她历久弥新的艺术魅力，更重要的，是要通过这部史诗，思考一下如何看待中华民族传统文化，思考一下中华民族传统文化如何与时俱进，开拓创新。

借此机会，我谈几点看法，供大家参考。

一　关于文化的民族性和开放性

世界上各个国家和民族的文化，都是特定的人群在不同的具体历史条件下活动的产物，都有其自身发生和发展的演变过程，都有其自身的特点和优缺点，在不同的历史时期起着不同的历史作用。历史上的一切文明成就都是对全人类文明做出的宝贵贡献，都应得到充分承认和尊重。没有哪一种文化或文明可以自诩为天生优越，高人一等，那种以自我为中心（如所谓"欧洲中心论"），总是以自己文明的价值观和标准去衡量别的文明，甚至横加干涉的做法，显然是文化霸权的表现，是不可取的，也是完全行不通的。

宋代诗人卢梅坡有一首诗：

梅雪争春未肯降，
骚人搁笔费评章。
梅须逊雪三分白，
雪却输梅一段香。[1]

在对待文化的多样性问题上，我们要切忌重蹈"梅"、"雪"互争短长的狭隘和庸俗，既要坚决反对全球文化霸权主义，又要坚决反对文化相对主义、文化孤立主义或文化部落主义。

中国自古以来就是一个疆域辽阔、民族众多的国家。由于各民族具体的生存条件和环境不同，文化源流不同，他们在文化传承上也呈现出多样性。这种文化上的多样性，一方面极大地丰富了中华民族的文化百花园；另一方面，又成为中华民族保持不竭活力和无限创造力，共同创造光辉灿烂的中华文明的源泉。中华民族历来讲求"和而不同"，讲求尊重每个民族的多样性，讲求爱其所同，敬其所异，进而纳其所长，正因如此，我们国家才能形成源远流长、海纳百川的大国气象，才能长期屹立于世界民族之林，才能对人类文明有着伟大的贡献。

在漫长的历史过程中，由于各民族的频繁交往，形成了唇齿相依、水乳交融的关系，你中有我，我中有你，谁也离不开谁。各民族对祖国大家庭都有着强大的向心力，呈现出统一性的特征。因此，中国传统文化是一个巨大的复合体。一方面，她有着内在的时代差异和空间差异，绝非一根而发，而是殊途同归，包容着各种不同的文化传统；另一方面，不同特色的民族文化构成了中国传统文化的全貌，形成中华民族文化的整体。这种"一"与"多"的辩证统一，使中国文化既具有大传统，又具有小传统，大小传统互相激荡，互相凭依，共同发展。

应当看到，从中国和世界文明发展的整个过程来看，各个不同文化个体之间的矛盾和碰撞虽然是经常发生的现象，但并不一定会发展成不可调和的冲突。恰恰相反，各个不同文化个体之间的和平共存、相互影响、相互渗透乃至交融互变，才是文明发展的常态现象和主流。

二　关于文化的人民性与先进性

人民大众是文化的创造者。在人类社会的童年，人们在长期的劳动和生活实践中，创造了语言，发明了文字。石斧、镰刀、房子、弓箭等，不是凭空产生的，也不是什么圣人的发明，而是劳苦大众日积月累、艰苦实践的成果。

在历史上，《格萨（斯）尔》长期遭受僧侣贵族的排斥和压制，被讥讽为"乞丐的喧嚣"，吟咏史诗的民间艺人也受到歧视和迫害。但是，千百年来，这首英雄史诗之所以能广泛流传，历久不衰，主要应归功于那些优秀的行吟诗人，他们是史诗最直接的创作者、继承者和传播者，是真正的人民艺术家，是最优秀、最受群众欢迎的人民诗人。

马克思主义认为，从来的一切运动都是少数人的，或者是为了少数人利益的运动；只有无产阶级的运动是绝大多数人为了绝大多数人利益的独立的运动，创造文化的大众应该享受创造的成果。中国共产党从它诞生的那天起，就把全心全意为人民服务作为自己的根本宗旨和行为准则，并贯穿于党的一切活动中。在革命、建设和改革的每一阶段和关键时期，都把人民拥护不拥护、人民赞成不赞成、人民高兴不高兴、人民答应不答应作为制定各项方针政策的出发点和归宿，并在执行这一政策中全面体现它为人民服务的宗旨。

文化的人民性必须和文化的先进性相结合。20世纪初叶，中国大地上新见迭出，思潮竞起。唯有以马克思主义为指导思想的中国共产党，由小到大，由弱到强，最后取得了革命的胜利。马克思主义是19世纪中叶以来世界上最先进的社会思想，是人类最科学的、进步的革命理论体系。它一经和中国的具体实际相结合，就成为中国共产党人百战不殆的思想武器。

在新世纪，中国共产党要更好地代表中国先进文化的前进方向，就必须更加努力地继承和弘扬中华民族的一切优秀文化传统，必须以更大的气魄和胸怀学习和吸收一切外国的优秀文化成果。更重要的是，必须以发展的思想、观点去继承马克思主义。马克思主义之所以先进，就因为它是开放的、发展的学说，始终严格地以事实作为自己的根据。不以发展变化了的客观实际为依据，不研究活生生的现实生活，既发展不了马克思主义，也坚持不了马克思主义。只有以我国改革开放和现代化建设的时代主题、以我们正在做的事情为中心，着眼于对现实问题的理论思考，着眼于新的实践和新的发展，形成有科学根据的新观念、新理论，才能把中国特色社会主义现代化事业不断推向前进；才能充分体现文化的先进性和人民性的辩证统一。

三　关于文化的继承性和创新性

全球化浪潮是对建设有中国特色社会主义文化的一个新的挑战。如何正确处理文化的继承性与创新性的关系，是当前面临的重大时代课题。

文化作为精神现象，有其自身发展的规律，继承性和积累性是文化发展的重要规律之一。任何文化的发展，都需要继承和发扬一切优秀的文化遗产，在优秀的文化传统中吸取丰富的营养。对于每一个民族作为文化个体所表现出来的多样性，以及作为中华民族整体中的一分子而表现出来的同一性，我们都要倍加珍惜，认真总结。我们要尊重文化的多样性，发掘每一种民族文化里所蕴含的独特而珍贵的文化价值，并加以认真学习、借鉴。只有这样，文化创新才不是无源之水，无本之木。

但是，既有文化的继承和借鉴只是前提和手段，文化的创新才是目的。《格萨（斯）尔》里说得好："青苗若结不出果实来，禾秆再高也只能当饲草。"文化作为现实的反映，在继承文化遗产的基础上，要根据新的生活、生产实践补充内容，发展和创造出新的精神产品。

文化的继承性和文化的创新性是辩证统一的。任何一国的文化都既不能割断历史又不能停滞于历史，既不能无视现实又不能拘泥于现实。文化作为联结历史和现实的纽带，维护传统和创造未来的工具，是继承性和创新性的统一。

列宁说："在文化问题上，性急和皮相是最有害的。"[2]我们既要反对无视文化的历史联系，用绝对怀疑、绝对否定的观点看待传统文化的文化虚无主义，又要反对无视文化的现实内容和发展趋势，用绝对相信、绝对肯定的观点看待传统文化的文化复古主义。两种观点看似对立，本质上都是割裂了文化的继承性与创新性的内在联系，是缺乏历史唯物主义的批判精神——所谓坏的就是绝对的坏，一切皆坏；所谓好的就是绝对的好，一切皆好，因而是一种形式主义的看问题的方法。正确处理文化的继承性与文化的创新性的关系，一要坚持科学的历史主义原则，反对粗暴简单地、不负责任地视民族文化瑰宝为文化垃圾加以清除，以文化的现代化为名制造民族文化荒漠；二要坚持科学的价值论原则，使文化建设深深植根于人民群众的历史创造活动，继承发扬民族优良文化和革命传统文化，学习借鉴世界一切优秀文化。

对民族文化的保护、发掘和弘扬，是关系到各民族增进团结、共同进步，实现国家长治久安的大事。党中央、国务院历来重视这项工作，新中国成立以来，特别是改革开放以来，投入大量人力、物力，精心组织、积极推动对各民族传统文化资源的保护、整理和利用。《格萨（斯）尔》的收集、整理、出版和研究工作，成绩斐然，已成为我国民族民间文学中最活跃、最有潜力的领域之一，这是党的民族文化政策的生动体现。

今后，要进一步加大对包括《格萨（斯）尔》在内的一切民族优秀文化的整理、研究和宣传工作，让这些优秀文化遗产所蕴含的历史价值为全社会所了解和共享。

进入新世纪，和平与发展成为时代的主题，世界格局和国际形势发生了深刻变化，文化的多样化发展也呈现出丰富多彩的局面。

我们要致力于促进不同文明的和平共存、相互交流和共同发展，彼此取长补短，使我们这个世界更加绚丽多彩。

我们要立足于改革开放和现代化建设的具体实践和时代要求，结合人民群众精神生活的需要，继承发扬民族优秀文化传统和革命文化传统，学习国外一切优秀文化成果，解放思想，与时俱进，积极推进文化创新。

让我们以江泽民同志"三个代表"重要思想为指导，努力繁荣和发展具有思想感召力和艺术感染力的先进文化，为实现中华民族的伟大复兴，为促进人类文明的发展，做出新的更大的贡献。

祝愿《格萨（斯）尔》千年纪念活动取得圆满成功！

注释:

[1]（北宋）卢梅坡《雪梅》："梅雪争春未肯降，骚人搁笔费评章。梅须逊雪三分白，雪却输梅一段香。有梅无雪不精神，有雪无诗俗了人。日暮诗成天又雪，与梅并作十分春。"

[2] 参见《列宁选集》第 4 卷，人民出版社 1995 年版，第 784 页。

《新编现代经济词典》序言

（2002 年 7 月）

　　中国的改革开放，建设有中国特色社会主义，是一项前无古人的伟大事业。二十多年来，在实践和理论的双重探索中，我国的经济学也获得了显著的发展。一批新概念、新术语应运而生，而原有的一些概念和术语也扩展了其内涵。同时，世界范围内的新技术革命和经济全球化趋势迅猛发展，有大量的新知识、新词汇需要我们掌握。词典，作为一种知识工具，它应该是一个时代的相关领域的实践总结和理论结晶。摆在我们面前的这本《新编现代经济词典》，其最重要的一个特色就是鲜明的时代性。

　　一个国家，如果没有发达的、符合本国国情的经济理论，要实现经济持续、健康、快速的发展是不可能的。社会主义市场经济理论，是马克思主义经济学与我国改革开放和社会主义现代化建设实践相结合的理论结晶，是指导我国的社会主义经济建设持续、健康、快速发展的理论。有中国特色社会主义市场经济理论，是一个开放的科学体系，它当然也吸收和借鉴了西方经济学的积极成果。

　　当代西方经济学，虽然较少从社会基本制度层面研究经济问题，大多在经济运行层面，亦即在研究如何增加、聚积和拥有财富方面做文章，但其中有许多有价值的、科学的成分，如：市场失灵理论与有效需求理论，论证了政府干预经济生活的必要性；供求理论与边际效用理论，分析了价格的形成和作用；新增长理论、人力资本理论和可持续发展理论，强调了技术、知识和教育在经济增长中的重要作用。此外，像成本效益分析、投入产出分析、边际分析等具体的分析工具与方法，我们在分析经济问题时，也应大胆引进、积极借鉴。

但是，由于社会制度不同，国情不同，经济发展水平不同，即使是对于当代西方经济学中有价值的成分，我们也不能照抄照搬，而是必须结合我国的具体实际。"东教条"不行，"西教条"也不行，各种形式的教条主义都不行。理论发展的唯一正确的道路是与实践相结合，脱离实践的东西，只能是遐想。特别是我们正在进行的改革开放，发展社会主义市场经济，逐步实现工业化、现代化的伟大实践，没有现成的模式和经验可资借鉴。我们必须在实践和理论上不断探索，在实践和理论的双重探索中，形成并发展中国气派和时代风格相结合的经济理论。这是时代赋予我国广大经济工作者特别是经济理论工作者的历史使命。

这本词典是中国社会科学院经济研究所组织所内外专家，在江苏人民出版社的大力支持下，历时近四年，集体编撰而成的。它所包括的内容不限于经济学理论，而是扩展到现实经济生活的各个领域，共涉及 19 个专题，6000 多个词条。希望这本词典的出版，能对经济学研究和各个经济领域的工作带来新的便利和推动。当然，流水不断，学问无涯。随着实践和理论的发展，我希望这本词典能不断充实、提高和完善，以发挥更大的作用。

加快数字化工程[*]

（2002 年 8 月 9 日）

听了几个所局数字化工作的介绍，看了演示，很高兴。这标志着我们院数字化工程、信息化工程进展还是不错的。当然，这只能说还是起步，还没有达到建成和使用的阶段。对于今后这方面的工作，我提几点要求：

第一，每个所、局都必须要有专门的领导负责数字化工程。凡我院的网站，无论是所的、研究室的，还是个人的，只要是属于社科院的，都要进入各个所、局的网络里面，不应有游离于所、局网站之外的网站。信息化领导小组要把网站的管理工作全面抓起来。我们习惯于抓报纸、抓期刊，还没有学会抓网站。院、所网站的管理是个新鲜事物，一定要有专人。

第二，各个所要把现有的资料室，迅速改造成为数字化工作室，其职责是负责这个所的数据库、网站，以及资料的收集、加工、利用、服务等这些工作，不能再停留在只是收集纸张信息方面，要成为数字化的资料室。

第三，数字化工程建设，要运用现代化的研究方法。例如，数量经济需要很多数学公式、数学的统计办法，数量经济所的网站就

---

* 这是李铁映同志在中国社会科学院 2002 年暑期工作会议上关于信息化工作的讲话。

应该把各种重要的数学公式、各种分析方法都输进网站，使得研究人员可以随时使用各种数学公式、分析方法。历史所可以把各种分拣的年表输进网站。社会学所可以把现代调查的设计方法、调查方案、调查数据的处理分析等放在网上。只要是属于工具类的，包括某些工具字典、历年统计数字等，都应该上网。现代化的研究方法，由于各个专业不同，如何上网，为学者服务，各个所要很好研究。当然图书馆也应该做这些工作，但那是一些大众性的，专业性的还是要靠各个所。

第四，网络中心要尽快建立网上学校，开始系统地对所有人员进行培训。今后凡进院、进所人员，都要考核计算机使用能力。职称评定、课题评审也要将计算机使用能力作为一个考察指标。如果今年马上实行有困难，从明年开始就应正式列入考核指标。为了提高职工的计算机技能，我们不仅要开办传统式的培训班，还要开办网上学校，大面积来提高我院学者、行政工作人员的计算机技能水平。参加计算机培训班、网上学校，要达标，要有及格标准，要进行考试。在职的职工都要达标。

第五，院信息化领导小组要编制院的五年数字化工程规划。这个规划要覆盖院、所直至个人。要包括预算、技术指标，既要包括硬件，也要包括软件。这要成为我们贯彻落实总书记视察我院重要讲话，办好社科院的一个重要任务。要将数字化工程作为我院的一个重大工程来完成。院数字化工程规划要立足于"第一流"。一是院内网的完善问题。要把各个局域网站都链接起来，通过院内网可以全部利用整个社科院的资源。二是要建立国内网。就是将凡是和社科院系统有关的，甚至把自然科学的网，以及其他的地方网、文化网都链接进入我们社科院的网。这样，我院的学者可以通过社科院的网去查询国内的所有公开网，甚至包括一些专业网、内部的局域网。三是要建立国际网。要把社科院的网和国际上相关网站链接起来。就是说，这个规划要实现"三网"联网。

第六，我建议在今后的三五年内，每年这个时候都把数字化建设作为一个重要议题来讨论，以推动我院的数字化工程尽快达到实际使用的水平。明年国际合作局、人事局、研究生院、老干部局、财务基建局五个局都要来全面演示一下。至于说哪些所再进入试点，还是应采取支持先进、鼓励优先的办法。而且，研究所的名单要尽早定下来，下半年他们就要开始论证方案，启动试点工作，准备明年这个时候来讲。要加快光盘的制作工作，每个学科都应有一个光盘，把我们最重要的、有文化价值、有理论价值的重要成果全部制成光盘，而且务必制成精品光盘。制作光盘的工作具体怎么做，请网络中心、图书馆研究。网络中心还要建立一个"网报"，专门从事信息服务。网上学校是教人，网上的信息报是为大家提供信息服务。

致首届中国科学家、教育家、
企业家论坛贺词

（2002 年 8 月 10 日）

实施"人才强国"战略，是党中央全面分析新世纪我国面临的新形势、新任务而做出的一项重大决策，是贯彻江泽民总书记关于"人才资源是第一资源"思想的战略选择。说到底，一个国家、民族的未来，决定于整个民族的素质、国家的人才水平和数量。

今天，众多科学家、教育家、企业家欢聚一堂，共同探讨实施人才强国战略，具有深远意义。我对首届中国科学家、教育家、企业家论坛的召开表示祝贺。希望与会代表深入学习贯彻江泽民总书记"5·31"讲话[1]等一系列重要讲话精神，以"三个代表"重要思想为指导，振奋精神，与时俱进，开拓创新，为建设有中国特色的社会主义不断做出新的贡献。

最后，祝大会取得圆满成功，祝各位代表身体健康！

注释：

[1]"5·31"讲话参见贾庆林《要认真学习江泽民总书记"5·31"重要讲话》，《北京日报》2002 年 6 月 7 日。

从现状和问题入手[*]

（2002 年 8 月 10 日）

今年的暑期工作会议具有特殊的意义。20 多天前，江总书记考察我院并发表了重要讲话，阐明了繁荣和发展哲学社会科学、办好中国社会科学院的一系列指导思想；年内，党的十六大将要召开。所以我们这次会议，既是为了进一步认真学习"7·16"讲话，研究如何贯彻落实讲话精神，同时又是为了迎接党的十六大。可以说，我们的会议，是在重要的历史时刻举行的重要会议。

这次会议的中心议题，就是贯彻江总书记重要指示，研究如何进一步办好中国社科院。只有把社科院办好，我们才能为繁荣和发展哲学社会科学做出应有的贡献，才能更好地为社会主义、为人民服务，才能不辜负党中央和全国人民包括社会科学界广大学者的期望。会议期间，同志们热情很高，经过热烈、充分的讨论，取得了很多共识，提出了不少好的建议。可以肯定地说，这次暑期工作会议开得很好、很成功。下面，我讲三点。

＊ 这是李铁映同志在中国社会科学院 2002 年暑期工作会议闭幕式上的讲话。

一　现状和问题

落实江总书记考察我院的讲话精神，核心工作就是要"进一步办好中国社会科学院"，这是一篇大"文章"、一项大"课题"。"文章"做得如何，"课题"完成得如何，取决于全院每个人，要靠全院干部职工齐心协力，是集体成果。办好社科院，当然首先要"知己"，弄清我院的现状和存在的主要问题。从现状和问题入手，才能实事求是。

我这里不讲成绩，只讲问题和不足。成绩不讲跑不了，问题不说就会有危险。从会议期间反映的情况看，我院目前存在的主要问题有：

——在科研成果方面，每年出版的著作、发表的论文数量不少，但精品不多，也就是说存在着"书多好的少"的问题。从根本上解决这一问题，尽可能多地出精品力作，才能进一步提升我院的地位和声誉，对繁荣和发展哲学社会科学做出更大的贡献。

——在学风方面，浮躁情绪有所滋长，"重利轻学"现象有所增加。有些人追求的不是学问高低，而是关注待遇多少。创新意识不强，低水平重复情况较为突出；理论脱离实际、教条主义倾向依然不同程度地存在；积极健康的学术批评氛围尚未完全形成。

——在制度建设方面，近年来虽有很大进展，但还没有真正确立起一套科学、合理的科研成果和人才评估机制，某些制度的执行也不够好。比如，在业绩考核中，虽然也有明确的质量要求，但数量实际上被有意无意地放在了突出的地位。

——在人才队伍建设方面，既不能简单地说我院的人才队伍状况越来越差，也不能简单地说越来越好。社科院仍可以说是人才济济，但总体上还不能令人满意。加入WTO后，我们面临着新一轮国际范围内的人才竞争，在稳定队伍、吸引人才方面，面临新的压力和挑战。

——在科研手段现代化方面，许多学者仍是手工操作，这已成为我院出成果、出人才的严重制约因素。近年来，我院数字化工程建设速度虽有所加快，但还处于起步阶段。同国际上先进的研究机构相比，还有很大差距。

——在对外学术交流与合作方面，还需要有个大的发展。我们已经加入 WTO，如何更加积极地参与国际学术交流与合作，充分利用资源，还有一些问题亟待解决。最突出的是我们的学者语言交流能力跟不上。据有关方面统计，目前我院能独立进行国际学术交流的学者还不多，这与我院的地位和作用很不相称。

——在物质条件和经费保障方面，经过几年来的不懈努力，我院的科研经费和科研设施条件的保障能力已有较大提高，科学事业费预算从 1997—2002 年，总增幅达 111%。但是，与我院科研事业发展的需要相比，我们的财政仍然比较困难。

——在研究所建设方面，存在着书记、所长不精心治所的现象。一个研究所，如果党委工作不到位，所长工作不到位，是建设不好的。研究所建设不好，就谈不上把社科院办好。

上述八个方面的问题，反映出我院同江总书记及中央的要求相比，同时代发展的要求相比，还有很大差距。概括地说，就是四个"不适应"：（1）研究水平上的不适应；（2）人才素质上的不适应；（3）体制上的不适应；（4）研究手段、方法上的不适应。解决问题，就是要从"不适应"到"适应"，需要有一个大幅度的提高。为此，我们要认真考虑我们的目标和任务，以及解决问题的有效措施。

二　目标和任务

办好中国社科院，是党中央的重大决策，是社科院全体同志义不容辞的光荣职责。当前和今后一个时期，我们至少应实现以下几个方面的目标和任务：

——要成为马克思主义理论创新的重要基地。江总书记在 1994 年为我院的题词中，指出"把中国社会科学院建成马克思主义的坚强阵地"。这是我院作为中央直接领导的哲学社会科学研究机构，应履行的首要职责，是建设有中国特色社会主义事业的客观要求。

马克思主义具有与时俱进的理论品格，是坚持和发展的辩证统一。发展着的马克思主义，才是指导我们前进的理论武器。只有成为马克思主义理论创新基地，才能成为马克思主义的坚强阵地。所以我院一定要把推动马克思主义的理论发展作为首要任务。

我院所有学科、专业，都要在马克思主义指导下进行理论创新，努力建设与中国实际相结合的，具有中国气派、中国特色、中国风格的哲学社会科学。

——要成为重大时代课题研究的基地。目前我国改革开放和社会主义现代化建设，面临许多亟须解决的重大理论和实践问题。我院在研究和解决这些问题中，要充分发挥综合研究能力强的优势，拿出有重大价值的研究成果。

我们主要研究具有全局性、前瞻性和战略性的重大问题，为国家经济、政治、文化的建设和发展提供咨询，提供创造性的思想、理论和方法，为推动物质文明、政治文明、精神文明建设服务，成为党中央、国务院宏观决策的参谋和助手，成为笔杆子和智囊团。

——要成为主要学科基础理论研究的基地。哲学社会科学各学科都有自己的基础理论。研究工作如果不建立在扎实的基础理论之上，将是无源之水、无本之木。为大力加强学科的理论和体系建设，每个研究所都要成立本学科的基础理论研究室，要专门设立基础理论研究课题。青年科研人员来院后，首先要扎扎实实地从事基础理论的学习和研究，积极申请基础理论研究课题，为成长为"大家"，奠定扎实、雄厚的基础。

——要成为新兴、交叉学科建设和发展的基地。我们要大力加强现代化建设急需的新兴学科、交叉学科的培育和建设。这些学科不可能一朝一夕形成，必须经过较长期的研究、积累，逐渐趋于成熟。而我们恰恰在这方面具有优势。要通过发挥这一优势，使新兴学科、交叉学科逐渐成为我院独具特色的学科领域。

此外，我们还要担当起存继某些"绝学"的任务，如西夏文、梵文等领域的研究，目前面临着极大困难，我们要注意予以扶持。这对于传承文明具有重要意义。

——要成为高素质人才的培养基地。我院不仅要成为国家哲学社会科学的研究中心，而且还要成为一流的人文社会科学研究人才和管理人才的培养基地。研究生院担负着培养人才的主要任务，各所也同样承担着这个任务。我们要以雄厚的研究资源为依托，把科研和教学有机结合起来。这是我们培养高素质和创造性人才的优势所在。

要改变狭隘的人才观念。我们不仅要为自己培养人才，而且要为全社会输送人才。要建立有利于出成果、出人才的人事管理制度。

——要成为国家人文社会科学的信息中心。推进数字化建设，是提高科研生产力的重要途径。我们要围绕正在进行的"一个工程"、"两个板块"和"三个层次"的建设，大力推进信息化、数字化进程，在硬件和软件方面都努力达到世界先进水平。

我们的信息化服务要面向全社会，成为全国人文社会科学的信息中心。通过我院中心图书馆数字化建设，推动全国社会科学数字信息资料的数字化建设，并逐步实现全国联网。

——要成为我国哲学社会科学对外学术交流与合作的主要平台。我院作为国家办的社会科学研究机构，要成为向世界展示我国社会科学最新研究成果的窗口，成为学习、借鉴世界各国优秀文化成果的基地，成为对外学术交流的主渠道。

我们要与世界各国主要的人文社会科学研究机构、大学和政府有关部门，建立广泛的双边或多边交流与合作机制。我们的学者应勇于和善于参加世界范围的百家争鸣，扩大我国哲学社会科学的影响。中国社会科学一定要大踏步地走向世界。

以上七个方面的目标和任务，与我院的"三五一"发展战略是一致的。"三五一"战略实施好了，社科院也就基本办好了。当然，我们说的"办好"，是相对的，绝不是一劳永逸的，全院同志必须持久不懈地努力。

三　要求和措施

办好社科院，是一个系统工程，是一个有机整体。院、所（局）和每个人，都要认真研究解决问题和完成任务的有效措施。我这里只提出几点想法和要求：

——政治上要和党中央保持一致。我们的所有工作都要以解决中国的问题为目标，服从于建设有中国特色社会主义事业的大局。我们的哲学社会科学研究，是代表先进文化、体现人民利益的，我们一切研究工作的出发点和落脚点，都是为了最广大人民的根本利益。

我院作为中央直接领导的研究机构，在同党中央保持一致方面，一定要做表率。我这里还是强调要坚持正确的政治方向、理论方向和科研方向，要以"三个代表"重要思想为指导，自觉地在政治上与党中央保持一致。

——发挥各层次、每个人的积极性，增强凝聚力。院要办好院事，所要办好所事，每个研究室和个人都要办好自己的事，都要有明确的目标。

要围绕"办好社科院"增强凝聚力，每个人都要树立"院兴我荣，院衰我耻"的责任意识。一定要热爱社会科学院，热爱社会科学界，热爱社会科学。

一盘散沙，就什么也干不成。应杜绝"内耗"、"内斗"、"文人相轻"等不良现象。学者们从事探索真理的神圣职业，要以学立事，以学立命，绝不能把自己降为市井"小人"。

办好社科院，我们每个人（包括离退休老干部）都不是"局外人"，都是"个中人"。每个人都有责任，都要做出自己的贡献。这也是每个人的光荣。

——办好社科院，关键在所。社科院是个大平台，各所是平台上的主角。社科院办得好与不好，一是取决于院这一平台建设得好不好，二是取决于研究所办得好不好。关键还是各研究所。

研究人员要强调治学，所领导要强调治所。所办不好，责任在所长和书记。我相信各所书记、所长，完全有能力把研究所办好，能把每一个研究室和每一学科都建设好，使每个学者学有专长，业有专精。

办好所，主要靠自己。每个研究所都要在所的制度创新方面有所作为，不要遇事就"等靠要"。院主要解决共性、解决平台的问题，绝大部分制度都要由所自己制定。

所党委会、所务会要开好，这是治所的关键。所长要把治学和治所结合起来，不要总是"满天飞"，要真正踏踏实实地做好本职工作。

——坚持不懈地抓学风建设。重点是反对教条主义。既反对把马克思主义教条化，也反对把西方的理论当作教条。"东教条"，"西教条"，什么教条主义都不灵。我们要建立自己的理论体系、话语体系，不要人云亦云。

要加强对青年科研人员的思想引导，鼓励他们踏踏实实做学问。科研工作者获得名誉和地位，还是要靠辛勤劳动、刻苦钻研。毕业后工作刚三五年，就要地位、要名誉、要待遇，这怎么行？还是要靠劳动，靠写出好的文章。

学风建设，一靠教育，二靠制度，三靠评估。学者要自觉地提高思想修养，加强学风自律；院要建立、健全相关的管理、监督制度。

我院关于加强学风建设的意见已出台，大家认真审议，正式通过后，付诸实施。

——大力加强人才队伍建设。要牢固树立"人才资源是第一资源"的思想，走人才强院强所之路。人事局要像抓重大课题那样，抓人才的培训、吸引和使用，要有阶段性目标，要有具体措施。

要遵循"用好现有人才，稳定关键人才，引进急需人才，培养未来人才"的原则，加快实施我院人才工程。关键在于构建激励竞争机制。如研究员分等分级问题，要抓紧调查研究。

关于青年科研人员住房补贴问题，会议期间大家议论较多。解决这一问题的基本思路应是多渠道筹措资金，坚持优秀原则、差别原则、青年原则。要高度重视青年人才的培养和使用。要进一步办好青年中心。

——加快信息化数字化建设步伐。我院要建成全国一流的社会科学数据库、数字化图书馆。各级领导要高度重视，实行总体规划，建章立制，统筹管理。要组织一支稳定的信息化建设队伍，并充分调动全院职工参与的积极性。要一手抓建设，一手抓管理，健全信息网络管理体制。这是一个全新的课题。

要不断提高水平，加快我院数字化图书馆建设，最终形成馆藏电子资源和印刷型资源相结合的基础文献保障体系，加强我院各所、学者个人的数据库和网页建设。

——多出精品力作、多出优秀人才。社科院要靠理论创新、靠优秀科研成果讲话。"言不正则名不顺"[1]，所谓"言正"，就是有"为"。有了"为"，才会有"位"。关键是有"为"。有"为"，就是要出精品，出人才，不断推动理论创新。只有精品力作，才能体现出我院的重要地位和价值。

从今年开始，每个所每年都要自己推荐代表本所水平的一本书和一篇论文。这可称为"两个一工程"。

——修订完善我院的发展规划。要成立专门小组，修订到2010年的我院建设总体规划。规划要以我院"三五一"发展战略为基础，涵盖全院的科研工作、人才队伍建设、后备队伍建设、国际交流、后勤建设等各个方面。这是结合我院具体实际，贯彻落实江总书记"7·16"讲话精神的具体措施。

同志们，再过一段时间，党的十六大就要召开。这将是一次极其重要的会议。做好我们的各项工作，意义非同寻常。

让我们更加紧密地团结在以江泽民同志为核心的党中央周围，高举邓小平理论伟大旗帜，认真贯彻"三个代表"重要思想，以学习贯彻江总书记"7·16"讲话为契机，振奋精神，与时俱进，开拓进取，以优异成绩迎接十六大的胜利召开。

注释：

[1]"言不正则名不顺"语自《论语·子路》："名不正则言不顺，言不顺则事不成。"此处为语义反用。

用自己的眼光审视世界*

（2002 年 8 月 12 日）

研究世界历史，首先要明确用什么样的视角、什么样的思想方法来观察和解释世界历史的发展。

撰写《世界历史》（多卷本）是一个重大的文化工程。现在，经济全球化、世界多极化呈现出新的发展趋势，中国改革开放进一步深入和扩大，我们已经加入了世贸组织。在这种形势下，中国人用自己的眼光，比较全面地审视世界，根据我们当代人的思想认识来撰写世界史，有重大的意义。我们不能停在世界历史进程之外，孤立地研究中国的问题。今天的中国需要世界，离不开世界，我们必须主动地进入世界历史发展的新的进程之中。在此关键时期，迫切需要为我们的各级干部、为全国人民，提供一部能够体现出中国人对世界历史问题的新看法的《世界历史》。

撰写好这部《世界历史》关键在于，它应当写出当代中国人对世界历史的新看法。这就要求我们，必须坚持以马克思主义的历史唯物主义为指导，并结合中国人民的实践，特别是一百多年来中国近代史的发展给我们的启示，来进行理论思维。

撰写《世界历史》，首先是研究世界历史的过程，而不仅仅是一个撰写的过程。我们的研究和撰写，不仅要准确地记录历史，更重

＊ 这是李铁映同志在《世界历史》（多卷本）理论研讨会上的讲话。

要的是用正确的思想、正确的观点来审视和解释历史。我们要在世界各个国家，特别是欧洲国家对世界历史的看法的基础上，提出中国人对世界历史的看法。

任何一部历史著作，任何一种理论，都具有以下三个基本特点：

一是历史性。就是说，不论什么著作、理论或观点都是一定历史阶段人们对客观事物发展规律的认识，都与一定历史阶段的科学文化水平及人们的认识能力有关。所以不论哪一部著作，它都是一定的历史性的著作，也就是有历史局限性。我们的前人关于世界史的看法，都是有历史局限性的。我们今天写的历史，过多少年以后，在我们的后人看来，也会有历史局限性。什么理论都是如此，没有什么绝对的、终极的真理。

二是社会性。任何一部理论著作都是一定社会的产物。因为它是人的创造物，是人对客观事物发展规律的认识。而人，都不可能超越社会，所以理论著作或理论观点，都有社会属性，也就是它的民族性、阶级性。在一定意义上，社会性是利益的表现。社会中的人的追求，反映的是他的社会利益。他的社会利益，特别是他的经济利益，对他的历史观、对他有关世界史的看法产生着重大的，甚至是决定性的影响。经济地位、物质生活环境不一样，所写的东西也绝不会一样。美国人写的东西当然离不开美国人的利益追求，殖民主义者写的东西当然会体现出殖民主义者的利益要求。奴隶主写的历史著作绝不会和奴隶写的历史著作一样，殖民主义者写的历史著作绝不会和被统治的殖民地人民写的历史著作一样。

我们中国人写的历史著作当然要反映我们中国人民的态度，反映今天中国人民的利益追求。这一点和现在西方一些国家的历史著作至少在指导思想上是不一样的，甚至在具体的话语体系上也是不同的。例如，他们认为整个殖民过程是地理大发现的产物，推动了世界各个国家的进步。我们不排除殖民过程客观上给殖民地带来某些进步的东西，比如，传播了文化，进行了贸易。但是，我们认为，整个殖民统治过程是一部血泪史、屠杀史。一些西方学者把民族革命、民族解放的历史过程，说成非殖民化过程。对这种说法我们就不同意，我们认为这是世界各国人民，通过民族独立和民族解放运动而导致的殖民主义体系的瓦解过程。现在在日本，有人说日本军国主义者对整个中国的侵略、对整个亚洲的侵略，是"排西方的"，是一场为亚洲人"争取摆脱西方压迫"而进行的战争；或者说，侵略中国是为了日中的"共同繁荣"。对这些为侵略者辩护的说法，我们怎么能够同意呢？所以哲学观点不同，历史观不同，理论观点就不同，话语体系也不同，这就是历史唯物主义所讲的人们的社会存在决定着他们的社会意识。没有新的话语体系就不会有新的概念。所谓新的话语体系不过是人们某种哲学思想、理论观念的表达而已。

三是实践性。人类的认识离不开实践。人类历史的发展过程，就是人类劳动实践发展的过程。离开了人类劳动的实践过程，也就无所谓人类社会，无所谓人的发展，当然也就没有什么历史了。如果人仍处于类人猿的阶段，会有什么人类的历史进程？所以人的劳动，人的生产活动、经济活动才是本质性的东西，才是第一位的东西。这一点《资本论》讲得很清楚。

当代人类的社会实践，包含了诸如无产阶级革命、全球化、多极化、科技革命、经济发展等重要的内容。当然我们更要看到社会主义的实践，尽管社会主义的实践历程还很短。近五百年里，文艺复兴、启蒙运动、科技革命、资本主义发展，还有社会主义运动，都是人类历史的大事。一些资产阶级学者总是强调文艺复兴、地理大发现、启蒙运动、科学大发展、资本主义大发展等，他们始终不愿谈到还有一个社会主义发展的历史过程，这是资产阶级学者的局限性。资产阶级学者的这种局限性，是由他们的利益所决定的，他们的社会存在所决定的。

为了让我们的这部《世界历史》写得更好，还要特别注意以下几点：

第一，事实准确，大事不丢。在这个基础上再去做加工、分析、论述，构筑理论体系。这个体系中的某些看法很可能与其他国家学者对他们本国历史的看法不一样。那没关系，这是我们中国人的看法。西方人大胆地构筑了世界各国的历史体系，给世界各国写历史，他们并没有理会这些国家人民对自己的历史是怎么看的。我们既要纠正他们的偏见，又要构筑自己的体系。

第二，坚持以马克思主义历史唯物主义为指导。人类历史从原始社会发展到今天，就是一部体现历史唯物主义的画卷。我们把它叫作自然历史过程。就是说，这个历史过程是一个客观过程，其进程取决于它的内在因素。这种客观性或内在因素，是不以我们的主观愿望为转移的。因此，我们研究历史，必须坚持以历史唯物主义为指导。当然，这里还存在着一个准确地理解马克思主义历史唯物主义的问题。我建议研究历史的人读一点马克思主义的经典著作，如读读《资本论》，还可以学习一点马克思主义哲学。希望你们在研究过程中、在讨论问题的时候，吸收哲学所、马列所、经济所的同志参加，这样有利于使我们的历史研究不致陷在西方历史观的范畴之中。西方资产阶级的历史学，用唯心主义的历史观、欧洲中心主义的历史观来解释历史，我们不能这样做。但是我们也切忌把马克思主义当成教条来理解。把马克思讲的某些话当成教条，当成公式套用，这是我们自己的错误，而不是马克思的错误。我们自己把它当成教条得出错误的结论，反而说这是马克思的错误，进而宣称要改变马克思主义，就是错上加错了。后人的错误不能由前人负责。

第三，向世界各国各民族学习。我们写这部《世界历史》，也是为了吸收历史上世界各个国家和民族创造的优秀文明成果，来滋养中华文明，实现中华民族在 21 世纪的全面振兴。这部书如果写好了，不但能够为中国人正确地认识世界历史提供史实、资料，同时还有利于中国人从世界史中学习、借鉴历史经验。任何一个民族都想屹立于世界民族之林，而不愿永远落后、衰败，更不愿被人奴役。这也取决于能否正确认识、正确对待历史。我们要通过研究世界历史上一些大国兴亡的原因，寻找振兴中国、发展中国的途径。

要正确地对待世界各国的历史，既不能把别人的历史都看成黑暗史，也不能把别人的历史完全看成一片光明史。什么"蓝色文明"、"黄色文明"，对这些说法都必须持批判的态度。各种文明之间都是相互渗透、相互影响的。每个民族在历史上都有过创造，都有过辉煌。任何一种文化都有优有劣，优与劣是相辅相成而共存的。当某一文明的特长表现得很明显的时候，可能它的缺陷也表现得很明显。中国文化也是这样。我们要在研究世界各国历史的过程中，通过比较研究，来清除中国文化中的糟粕，继承、发扬中国文化中的精华。

在如何看待各国历史的问题上，我们会涉及"欧洲中心论"问题。15世纪末哥伦布所谓"发现新大陆"之后，这五百多年来欧洲一直处在历史发展的中心。所谓中心是客观的，不是说你愿意封它为中心它就是中心。近代中国，我们想封她为世界中心也不行，因为她客观上不是世界中心，不是世界发展的主要的力量所在。如果一个地区，其经济力量、科学力量、文化力量和政治力量所产生影响，在世界历史进程中起着主导作用，那它就是世界中心。

但是，"欧洲中心论"认为，欧洲将决定人类未来历史发展，永远主宰世界历史，它甚至排斥、否定其他一切国家和民族未来发展的可能性。这是我们所不能认同的。我们只是说，在一定历史阶段里，由于欧洲的经济、科学、文化，甚至政治、军事的发展，使欧洲成了历史发展的中心地带和主要力量。不仅如此，我们还要研究欧洲为什么会在一定的历史阶段里形成这样的力量，有哪些东西可以作为经验教训加以汲取。中心和中心论是两回事情。

最后，我想要强调，要写出准确地理解世界历史的著作，不是很容易的，也不是一代人能够完成的，可能要数代人的艰苦劳作，才可能逐渐趋于准确。我们这部著作，要质量第一，绝不能粗制滥造，贻害于世。我相信，集全所之力，依靠全院、全国的学者，写出一部比较好的世界历史著作是完全可能的。我希望你们这部著作面世之时就是精品力作。

研究苏联历史[*]

（2002 年 8 月 23 日）

一　认真总结苏联的历史经验，是中国共产党人的历史责任

20 世纪，苏联是同中国的发展联系最紧密的一个国家。中国在新民主主义革命中，从苏联（俄罗斯）获得了很多支持。中国的近现代史，在很大程度上受苏联（俄罗斯）的影响。在 21 世纪，俄罗斯对中国实现社会主义现代化、实现民族振兴的事业仍将会有巨大影响。

在 20 世纪，人类历史上最伟大的事件，便是诞生了社会主义制度。这一事件深刻地影响了人类社会发展和前进的方向。社会主义革命是人类历史上第一次为消灭阶级和剥削，实现人的全面解放和发展，建立人类最理想的社会制度而进行的革命斗争。十月社会主义革命的胜利，社会主义制度的建立，其意义超过了两次世界大战。假如没有苏联的社会主义，第二次世界大战的结局将会是另一种结果。纵观 20 世纪人类历史的发展，正是社会主义展示了人类未来的光明前途。所以，社会主义不仅是苏联人民的事业，也不仅仅是中

---

　　* 这是李铁映同志在同中国社会科学院俄罗斯东欧中亚研究所学者们座谈时的讲话。

国人民的事业，而是整个人类从根本上摆脱阶级压迫和剥削的伟大历史性起点。

对于 20 世纪的社会主义来说，发生了两起重大的事件：第一件是十月革命的胜利、苏联的诞生。第二件是中国革命的成功、中国的社会主义建设，以及目前正在实施的全面改革开放和探索一条新的有中国特色的社会主义的发展道路。

20 世纪社会主义历史发展最大的历史教训也无非是两个：一个是苏联的解体，一个是中国的"文革"。前者是右的典型例子，后者是"左"的典型例子。两者都可能葬送社会主义的前途。总结研究苏联共产党的历史、苏联社会主义的历史，就是为了使其他社会主义国家，尤其像中国这样的大国在走社会主义道路时吸取这个教训。这个教训，就是社会主义在强大的外部资本主义包围下，搞不好，可以演变、颠覆，共产党可以下台，解散！一切历史研究，不仅仅是要说明历史现象，重要的是为今天的社会和人民服务。人们常说，学习历史可以知兴衰，也就是这个道理。

研究苏联的这份遗产，是中国共产党人的历史使命。苏联共产党的历史由谁来写、谁来总结呢？本来应该由苏联人民、苏联共产党来写、来总结。但在斯大林时期思想路线出现偏颇，在赫鲁晓夫时期不大可能，在今天的俄罗斯更难以做到。目前谁在写苏联共产党的历史呢？一定程度上是美国人、西方人。苏联 70 多年的国家历史也是如此。但是作为社会主义国家和共产党的历史，不是共产党人来总结、来写，而是由资产阶级来总结、来写，这个历史将被写成什么样子？现在看来，作为世界社会主义事业的继承人，作为社会主义的建设者和开拓者，这份政治遗产应该由中国共产党人来继承。因此，总结苏联共产党历史的这个任务，也落到了中国学者的身上。

其实，从历史上看，这一点也不奇怪。巴黎公社失败后，谁来总结巴黎公社的经验教训呢？不是法国的资产阶级学者，而是马克思；俄国"二月革命"[1]失败后，是列宁总结了这次革命的教训。十月革命成功的经验，不可能由资产阶级学者来总结，他们宣传的那一套是要将十月革命扼杀在摇篮中。中国辛亥革命以后的经验、教训的总结，不是国民党，而是中国共产党。苏联的遗产也是社会主义的政治遗产，我们一定要把它继承下来，继承遗产不仅要继承正确的和成功的经验，而且要吸取失败的教训。在某种意义上，失败的教训比成功的经验更宝贵。

二　通过总结苏联的历史经验，重新学习和理解马克思主义

中国人了解马克思主义是在十月革命之后。中国共产党人不是完全从书本上接受马克思主义的。由于已经有了苏联的社会主义，我们是通过列宁、斯大林以及苏联党的实践，通过苏联社会主义建设的历史进程接受马克思主义的。所以，我们在接受马克思主义的过程中也有许多甘苦，有理解对的，也有教条主义理解的。而所有这些，都同中国共产党人的革命实践和历史环境有直接关系。

我们过去为什么没有直接从马克思的原著中学习马克思主义，而从俄国人那里接受马克思主义呢？因为十月革命取得了成功，并确立了列宁主义的指导地位，马克思主义在苏联以列宁主义的形态得到传播和发展。列宁去世后，斯大林高举列宁主义的旗帜，全面介绍马克思主义和列宁的学说。斯大林在传播列宁主义和马克思主义方面有其独特的贡献。将马克思主义通俗化是他的一个特点。马克思讲的一些话贯穿着欧洲的哲学和文化传统，中国人难以理解。俄国是东西方文化交汇的国家，马克思主义经过斯大林的解释，许多东西就通俗化了，广大老百姓都能够理解。而且斯大林的语言很有特点：简明、条理化和通俗化。然而，问题的另一方面是简单化。简单化的结果容易导致教条化和僵化以致最后绝对化了。这种倾向如果进一步发展，就会将理论的概念、语言都变成政治语言，将所有的理论都变成为政治；反过来，又会进一步教条化、僵化和绝对

化。再加上当时苏联的国际地位也很特殊，处于资本主义的包围之中，国内甚至党内都存在着残酷的政治斗争。在这种情况下，要通过通俗化来解释马克思主义，难免会导致对马克思主义理解的简单化、教条化和政治化的倾向。

今天，形势已经发生了翻天覆地的变化，我们理解马克思主义，可以而且必须通过中国人自己的头脑，并结合80多年中国共产党的实践，以及我国50多年的社会主义建设实践，通过重读马恩经典著作来理解马克思主义。认真总结苏联共产党的历史和苏联史，有助于我们从实践角度，从更开阔的视野，用时代的眼光来重新学习和研究马克思主义。

三　深入持久地研究苏联解体的教训，建立中国的"苏联学"

苏联作为社会主义国家开创了人类社会的新纪元。这个新纪元直接同马克思主义的诞生和发展有关，是马克思主义在人类社会历史中的实践。苏联虽然解体了，但是，这个政治遗产要留下来。因此，今天研究这个问题，有极大的意义。这个问题可能不是三五年，写三五本书就能回答得了的。这是一门学问。要形成一个新的学科可以称作"苏联学"，长期地研究下去。通过新学科的建立和长期的研究，我们就能知道，到底应该从中吸取哪些教训。

现在西方写的苏联史都是在给苏联历史泼脏水。欲灭其国，先灭其史。如果苏联70年历史是黑暗史，苏联人民如何回首往事？当一个国家、一个民族失去精神支柱后，什么时候才能重新站起来？对一个国家来说最危险的就是失去精神支柱。中国人哪怕是从自己的利益出发，也应该写一本苏联史，展示中国人眼中的苏联，中国人眼中的苏共。我们务必要集欧亚所全所的力量，经数年之磨炼，写一本权威的苏联史。共产党人研究社会主义，必然要研究、总结苏联史，回答"苏联学"的问题。只有研究苏联的过去，才能了解俄罗斯的今天。研究苏联史必须要研究其政治史和经济史。政治史在相当程度上就是苏联党史。虽然从文化角度来研究苏联解体很重要，但首先要研究苏联的政治史和经济史。苏联的解体有其历史的原因，这种"原因"恰恰可能出在苏联人在实践过程中对社会主义、马克思主义的认识和理解方面所存在的问题。

我们中国共产党人对社会主义的认识也经历了一个不断深化的过程，经历了几个阶段。第一，我们认识到在落后的半封建半殖民地社会不能直接搞社会主义革命，而应该先搞新民主主义革命；第二，中国搞社会主义不能照抄、照搬苏联模式；第三，社会主义制度本身是在不断实践、探索和发展中，社会主义必须不断进行改革。社会主义制度建设的过程就是改革、探索、创新和完善的过程；第四，贫穷不是社会主义，落后不是社会主义，发展太慢也不是社会主义。所以，社会主义必须集中精力，长时间地解放生产力和发展生产力。社会主义制度的建设过程，就是中国社会主义现代化发展的过程。

社会主义不是从书本上就能理解的。列宁在 20 世纪 20 年代就说过，仅从书本上理解社会主义的时代一去不复返了。这就是说，除了从书本上了解社会主义之外，更要从现实中、从社会主义的实践中理解社会主义。毛泽东在 1956 年也说过，不搞社会主义就没有社会主义经验。总结我们自己的实践经验，分析、研究苏联的兴衰史和苏联共产党的历史，都是为了不断深化对社会主义的认识，深化对马克思主义的认识。

四　一定要办好研究所

要办好中国社会科学院，核心在于办好各个研究所。

第一，要群策群力。要认真落实江泽民同志考察我院时的重要讲话精神，贯彻今年中国社会科学院北戴河暑期工作会议精神。你们研究所一定要开展如何办好俄罗斯东欧中亚研究所的讨论。要进一步解放思想，坚持与时俱进，将那些旧的东西、与现实相脱离的东西都甩掉。院所两级要各司其职。办好研究所是所长和所党委的主要职责，研究所的问题要由研究所来解决，院里不干预。所长和所党委的任务就是搞好研究所。干部的政绩是群众脸上的笑容。要办好研究所，就必须办好每一个研究室，建设好每一个学科，提高每一个学者的素质。每一个学者都应该有自己的科研计划。社科院正在努力创建一个平台，为每一个学者提供充裕的时间，尽可能使每一个有志于献身社会科学的人都能够在这里潜心做学问。在中国社会科学院，人立于世，靠的是学问。要强化竞争激励机制，切实实行奖励、支持、保护研究的制度，不研究学问，不出学术成果，学者不为学者，研究所也就没有存在的价值了。

第二，大力推进信息化建设。东欧中亚所应该办成中国关于俄罗斯、东欧和中亚的研究中心。要成为这样的中心，必须建立丰富的资料数据库。要采取多种渠道、方式来不断充实、完善资料中心。一个大型课题，如果不占有翔实的资料，是不可能高质量完成的。研究人员如果将大量的时间耗费在寻找和查证资料上，也很难出成果。老中青研究人员应该平等地享受一切资源。数字化和网络化就是解决学者平等享受资源的问题。解决这个问题之后，剩下的问题是如何利用这些资料进行思考研究，理论探索。研究所要积极想办法同国外同行建立广泛的联系，通过这种广泛的联系收集资料。

从事国别问题研究的，要研究透一个国家很不简单。应建立关于每个研究对象国的数据库，每个研究人员也都应该有自己的数据库，而且每个人的数据库都应该由研究人员自己建立。每个专业也应该有自己的数据库。要迅速改变资料室的功能，使它变成信息化中心。要扫除"机盲"，不懂计算机的人不能来研究所工作。

第三，大力加强队伍建设。研究所要将国内本学科第一流的研究人员团结在自己周围。研究国际问题，不掌握外语这门工具不行。研究人员不能是"聋哑人"，必须在外语方面达到听、读、说、写"四会"。要制定出规划，力争在几年内解决"聋哑人"现象，外语不达标的不能晋升职称，不能承担课题，研究所还应该适当吸收具有其他学科背景，又愿意从事俄罗斯问题研究的复合型人才来工作。学术活动的环境要宽松。对研究人员的要求无非是两个：一个是守法，另一个是出成果。要杜绝滥竽充数现象，使没有研究成果的人都感受到很大的压力。要提倡凭劳动（成果）而不凭"帽子"（学位）领取报酬。

国际问题研究所的任务主要是研究"彼学"，即研究对象国。"关系学"为"彼学"和"己学"之合，如果没有"彼学"和"己学"，"关系学"就很难建立起来。要帮助每个研究人员奠定"彼学"和"己学"的基础。年轻人进研究所要先从基础做起，基础牢，学问好！

第四，要建立学术交流制度。研究所要建立学术交流的制度，尽可能用俄文来讨论俄罗斯问题，还要请俄国人参加讨论，开展俄语日活动，这样坚持数年，必有大起色。增加同俄罗斯学者的交流，有助于培养一批俄中友好的使者。

第五，建立中俄交流中心，促进中俄交流。一些愿意从事中俄交流的人可以从事此项工作。可以广泛联系中俄的企业，为企业服务，通过这种联系、服务了解俄罗斯的制度习俗。要创办俄文杂志，同研究生院共同创办俄文网站。

当前我国关于俄罗斯的研究，无论在资金投入方面，还是在队伍建设方面，均落后于美国和德国。社科院东欧中亚研究所要成为中国一流、在国际上有影响的研究所，应拥有"大家"，出传世之作。你们任重道远，寄希望于你们。

注释：

[1] "二月革命"是指 1848 年 2 月爆发的法国资产阶级民主革命。代表金融资产阶级利益的"七月王朝"推行极端反动的政策，反对任何政治改革和经

济改革，阻碍资本主义发展，加剧对无产阶级和农民的剥削，引起全国人民的不满，农业歉收和经济危机进一步加深了国内矛盾。1848 年 2 月 22 日至 24 日巴黎爆发了革命，推翻了"七月王朝"，建立了资产阶级共和派的临时政府，宣布成立法兰西第二共和国。无产阶级和小资产阶级积极参加了这次革命，但革命果实却落到资产阶级手里。

社会科学界道远任重[*]

（2002 年 8 月 27 日）

今天，我请省委书记宋照肃[1]同志、省长陆浩[2]同志到甘肃省社会科学院来视察并与大家座谈。我希望通过今天的会议，使甘肃省社会科学院进入一个新的发展时期。

下面，我讲两个问题。

第一个问题就是，江泽民总书记到中国社会科学院考察后，我们在想什么、做什么。

关于社会科学的地位和作用，关于中国社会科学院的定位，江总书记在考察中国社会科学院时已作了明确指示。江总书记指出："我们一定要办好中国社会科学院。"江总书记的指示说明，在我们这样一个社会主义大国，不可能没有社会科学院这样一个研究机构，不可能没有一支专门的哲学社会科学研究队伍，更不可能没有发达的、繁荣的哲学社会科学。对于一个国家和民族而言，哲学社会科学的落后，在一定程度上比自然科学的落后更危险。历史的经验证明，没有自己的理论，就会成为别人理论的俘虏；没有自己的理论，就没有自己的精神支柱，就会迷失方向，就没有光明的前途。在社会科学上出了问题，同样会亡党亡国的。

中国革命和建设的实践证明，没有马克思主义，就没有中国共

＊ 这是李铁映同志在甘肃省社会科学院调研时的讲话。

产党；没有马克思主义的中国化，就不可能有今天中国的社会主义，也不可能实现中华民族的振兴。正确地认识和解决中国自身的问题，探寻中国自身的发展道路和发展模式，要靠中国共产党领导下的中国人民自己，其中一支重要的方面军，就是从事人文社会科学研究的高素质的专门队伍。这支队伍，是认识和揭示人类社会发展规律的队伍，是探索如何才能科学地改造客观世界的队伍，是服务于人类社会自身不断发展的队伍。

还有什么能够比认识我们自己和我们自己的社会更重要呢？一个在理论上落后的国家和民族，不可能有光明的前途。从去年在北戴河的"八七"讲话，到今年的 4 月 28 日考察中国人民大学时的讲话，以及 7 月 16 日考察中国社会科学院时的讲话，江总书记都全面地论述了哲学社会科学在实现中华民族伟大复兴中的地位和作用。

历史的经验告诉我们，既不能搞"东教条"，也不能搞"西教条"。把马克思主义作为教条，我们吃了很多亏。如果我们今天再把西方的一些思想、学说、模式当作教条，我们将会付出更加惨痛的代价。我们只能从自己的实际出发，走自己的路。世界上什么最宝贵？自己的实践经验最宝贵。关键是我们自己怎么看、怎么说，我们如何认识我们自己的事情。中国社会科学界最根本的任务，就是创立具有中国特色、中国风格、中国气派、中国话语体系的哲学社会科学。如果我们一味因袭西方的逻辑思维，搬用西方的概念、范畴，是不可能创立解决中国未来发展所面对的各种问题的理论体系的。

理论的唯一源泉是实践。所以，中国的哲学社会科学今后要发展和繁荣，就必须深入地研究中国的社会主义现代化所面临的各种问题，科学地总结我国亿万劳动人民走有中国特色社会主义道路的实践经验。当然，这里有一个借鉴人类文明的成就，学习一切先进思想和方法的问题。无论怎样，目的只有一个，就是解决我们自己的问题。谁能回答、解决中国的未来发展问题，谁就是国家和人民所需要的专家学者。

江总书记考察中国社会科学院后，我院将传达、学习、贯彻江总书记的讲话精神作为大事来抓，特别是就如何"办好中国社会科学院"、怎样才算办好了中国社会科学院，以及我们离这一目标还存在什么差距等问题，发动全院职工进行讨论。今年夏天，我院在北戴河开了7天工作会议，院领导和各所所长都参加了。学术委员也专门开了会。会议研究的第一个问题，就是中国社会科学院的工作还存在哪些差距。大家一致认为，同党和国家的要求相比，我院的工作存在四个"不适应"：第一个不适应，是现在书出得多，但精品、上品少；第二个不适应，就是人多、"大家"少；第三个不适应，就是体制落后，基本上是机关行政体制；第四个不适应，就是研究手段落后，基本上还停留在"一支笔一张纸"的状态，社科研究工作不能胜任当前科学发展的形势。当前，信息爆炸，社会急剧变化，问题越来越复杂。社会科学研究手段、方法也必须现代化，彻底改变"一支笔一张纸"的研究方式。只有全面地、准确地掌握了信息资源，才有可能在理论上有所建树。信息都不灵，还搞什么创新，那不是奇思遐想吗？

针对目前存在的这四个不适应，我们提出了这样几个办法：针对书多好的少、科研精品少的问题，一是采取课题制。无论是基础理论研究，还是应用对策研究，都一律按课题研究计划确定经费。政府要增加对哲学社会科学的投入，但增加的不是工资，而是课题研究经费。只给极个别领域的人大幅度增加工资，很难行得通。但是，较大幅度地增加科研经费是可能的。对研究人员，实行按劳付酬，谁在研究中付出的劳动多，得到和完成的课题多，他就应该拿到更多的收入。因此，中国社科院的课题制采取了研究津贴制，即将课题经费的27%以科研津贴的形式给研究人员个人做劳务收入。二是实行评估制。对科研成果进行评估，是科研管理的重要环节。评估采取匿名方式，邀请院内外的专家参与。应用性课题，则由应用课题的资助单位如政府部门或企业来评估。三是实行奖励制。只要是得到社会各界认可的优秀科研成果，就应该实行奖励。中国社会科学院实行的是双奖制度，凡是在院外得到国家有关部门奖励的，我院再奖一次。

　　为解决队伍建设不适应的问题，我们将逐步实行全员合同聘任制度，以构建有利于人才成长的激励机制。实行合同聘任制，目的在于奖勤罚懒、优胜劣汰。不做事情，就不要在这里待了，即使你待在这里，有多难受啊！所以，要逐渐将这种养人制度改为养学制度。养学不养人，人才能流动起来，学问也才会做得好。关于人才的培养和队伍的稳定，你们院也讲了四个方面。我认为，在这个问题上，最重要的是改革人事管理体制。国家实行的公务员制度，以及公示制、聘任制、合同制、考核制等一套人才管理体制，我们都可以借鉴。但是，就社会科学院的考核而言，第一位的是科研成果。在考核的时候，可能会遇到这样的问题：有人说这个教授脾气不大好，不爱理人，爱发火，等等。但这无法检验一个学者的本质。考核一位学者，不像提拔干部，我们主要是看他的学问。学问是考核学者的主要指标。有的学者可能有时候说话不太妥当，人际关系也可能处理得不好，但我们主要是看他的学问做得怎么样。一个学者，如果没有学问，怎么能说你好在什么地方。评价一个人，各个行业有各个行业的标准。就像运动员一样，要争金牌，要当优秀的运动员。当时我在国务院分管国家体委的时候，体委一直在强调"友谊第一"。但是，在赛场上，你不拿第一行吗？所以，后来我就将这句话改成了："赛场上金牌第一，赛场下友谊第一。"

　　在管理体制上，我们也必须进行全面改革。我希望我们大家都来研究如何改革现行的社会科学院体制，建立适应新的时代和新的形势发展要求的现代办院、办所新体制。我们应提倡院办院事，所办所事，个人办个人的事。如果长时间不出成果，谁也不要在这儿待着。我在中国社会科学院多次讲过，现在要尽一切力量，创造有利于科学研究，有利于出精品、出人才的物质条件、环境条件和政策条件。经过努力，虽然还不是那么尽如人意，但毕竟有了成效。舞台搭起来了，该登台表演了，可还是演不出戏，我们就要思考是哪里出了问题？我看是脑子出了问题，是观念出了问题。你不想潜心做学问，学问就会出来了？你不动脑筋钻研，怎么能有学问？我也不相信学问是"抓"出来的。当院长的抓几个课题，就能抓出学问来？理论创新，理论思维，不是行政工作，不是靠"抓"能"抓"出来的，它只能靠每一个学者个人的潜心研究、深思熟虑，而且只有积数年、数十年之功，才可能有所心得，有所收获。

社会科学研究机构的领导者的职责，就是创造这样一个环境，搭建这样一个舞台，学问做得怎么样，或者说，舞跳得怎么样，那是你学者个人的事情。所以，我们提出来一定要把中国社会科学院办好，这是今后我们的办院方针。我们还提出来要办好每一个研究所、每一个学科、每一个研究室，培养好每一个学者。我为你创造了条件，而你还是拿不出成果来，那我不能为你承担责任。就中国社会科学院来说，这样一个几千人的大院，有那么多人不好好做学问，长期不出成果，就不能只怪我们的现行体制不好。客观地讲，我们的现行体制比"文革"的时候要好多了，环境要宽松多了，至少现在不再打棍子，也不再抓辫子。当然，体制是要不断改革和完善的。在社会科学院系统中，一些人不潜心做学问，长期不出成果，是我们在进行体制改革时要解决的一大问题。

关于研究手段现代化问题，我们提出来要建立数字化研究院、数字化研究所、数字化研究学者。中国社会科学院正在采取措施，全面推进以数字化为基础的研究手段和研究方法的现代化。现在，很多科学研究的方法是和数字化连在一起的，是与迅速地占有和使用信息直接相关联的。所以，我建议甘肃省政府首先解决社科院的数字化问题，逐渐做到让每一位研究人员都拥有一台计算机，充分运用现代化的手段进行科学研究。社科院只要把上网费付了，那就解决了大问题。实现这一目标之后，也就是说创造了现代化的科研条件，学问就靠学者去做了。建议你们院马上进行计算机培训。还要做出相关规定，谁计算机操作不过关，就不发给谁计算机。到时，编辑部的同志也可以在计算机上收发稿件和排版定稿，不用再浪费很多的笔、纸和时间。

中国社会科学院现在有一个做法，即涉及个人利益的事情一律不开会通知，而是请大家到网上去查询。只有关乎公共利益的事情，我们才开会讨论研究。我们是搞社会科学的，我们给国家提出了很多好的建议和方案，也为别人提供了许多"济世良方"和"治病救人"的良药，却没有注重研究我们自身的问题。社科院首先要把自己的肌体保养得充满活力，要不断提高自己的工作效率。我看首先是要眼睛向内，然后才能眼睛向外。眼睛不向内而只向外，是不行的。

目前，社会科学界普遍感到有一种压力，就是交不出令人满意的答卷来。政府不重视，冷板凳难坐；政府重视了，热板凳又不会坐，或者是浮躁，坐不住。三五天就写出一篇论文来，不过是蜻蜓点水而已，很难说有什么独到的、有价值的观点。过去钱锺书先生曾经批评这种学者说，做社会科学研究，就是把别人的书从书架上拿下来，摘摘抄抄，然后再把自己写成的书放到书架上去，一点新东西都没有。

当前，中国哲学社会科学界正处于一个新的历史时期，有很多重大的理论和现实问题需要研究。社会科学大有可为，社会科学界任重道远。

今天我要谈的第二个问题，就是西部大开发与甘肃省水资源的关系。

我认为，甘肃省要在 21 世纪实现第三步发展目标，实现现代化，最大的自然制约因素就是水。水资源问题是甘肃省经济发展的最大障碍。对甘肃的经济发展来说，最大机遇是西部大开发。

如果说甘肃省国民生产总值达到了 1000 亿元，而现在的水资源却不足以支撑这 1000 亿元的国民生产总值。怎么办？这需要很好地加以研究。过去，我们总是要算一个账，即经济增长和能源增长的比例关系。现在，我们更要细致地算一笔账，即经济增长与水资源的关系，要算清楚有多大的水资源才能够支撑甘肃的经济增长。再过 10 年，国民生产总值增加到 2000 亿元，再过 10 年增加到 4000 亿元，到了 2050 年增加到 6000 亿元时，需要什么样的水资源才能支持这样一个经济规模，那时候水资源的匮乏会达到一个什么程度。就经济和社会生活的发展而言，自然条件的约束是对甘肃的第一约束。

据国际上的统计，现在世界上有 12 亿人得不到安全用水，每年大约有 200 万人死于水污染。据说，在 2025 年，世界上将有 2/3 的人处于缺水的困境。现在，对有些省市，如江南地区，水资源问题不是一个大问题，但对甘肃来讲，我认为它是第一大问题。

我国水资源的情况又怎么样呢？平均只占世界的 1/4，甘肃又远远低于这个水平。我国是世界上 13 个最缺水的国家之一。我国的水资源只占世界的 1/4，而且这 1/4 的 4/5 还是在长江以南，长江以北缺水的情况将更加严重。我国人均水资源是 2253 立方米，甘肃是 1088 立方米，仅仅比宁夏的 1069 立方米多一点，在西北是第二大缺水的省份。西北地区平均年降水量 230 毫米，其中 40% 的地区降水量只有 100 毫米，而蒸发量在 1000 毫米到 2600 毫米。西北地区不缺太阳，不缺土地面积，但就是缺水。就甘肃来讲，全省水的面积，地表水只占全国的 1%，居全国第 27 位，人均还不到全国的 1/2，人均水占有量居全国第 22 位。水的总量和水土流失都是很严峻的问题。

但是，甘肃也有一些水系，有黄河、长江、内陆河，还有很多支流，地表水还没有得到充分利用。资料显示，甘肃省自己的水大约有 2 万亿立方米，包括黄河水、长江水、内陆河水；地下水还有 150 多亿立方米，这些水有一些留在了甘肃，有相当一部分流出了甘肃；同时甘肃还有较大的冰川蓄积量，还可以供应一些水。甘肃省如果靠天吃饭，降水量是比较少的。兰州降水是比较多的，年降水量只有 324 毫米，天水是 640 毫米，陇南是 400—1000 毫米，定西是 400—600 毫米，再往西就越来越少了，像敦煌、玉门只有 40—60 毫米。现在，粮食生产的灌溉用水在逐年增长，灌溉用水的消耗都已经达到了极限。就西部开发来讲，现在甘肃的用水已经达到饱和，可以说已经达到充分饱和。如果说是逐渐达到饱和用水、充分用水，那么支持甘肃进一步发展的水支撑"度"是多少？这直接涉及甘肃工业化和城市化的进程，涉及甘肃产业结构的调整。离开了水，无论什么设想都失去了一个重要的自然物质条件。

世界上有几个地方在解决用水问题方面取得了一些成绩。首先是美国的加利福尼亚州，大概从19世纪末到20世纪约一百年的时间，该州都一直在全面研究水，因为它也是一个沙漠干旱地区，特别是太平洋的暖流从墨西哥湾上去，造成长期干旱，一年从头到尾几乎不下雨，但现在加州成了美国农业、水果、花卉的基地，其城市的高科技发展得也很好。再就是以色列，也处在一个干旱沙漠地区。还有一些国家和地区，像中东、阿拉伯国家，也采取了一些措施，但为此花了很多钱，不光是靠科技搞起来的。

就甘肃来讲，如果不长期坚持对水资源的科学研究和合理利用，整个甘肃经济发展的物质基础平台怎么构筑？一些国家在缺乏或没有资源的情况下，也发展得很好。像日本、韩国、新加坡，本身没有什么自然资源，也处在迅速发展的阶段。但是，一个缺水的内陆地区，怎么发展？加州和以色列还可以靠海水淡化，甘肃没有海水，怎么办？我建议省社科院、中科院有关研究所联合组建一个现代化的水资源研究所，对甘肃省的水资源问题进行长期的、不间断的研究。可以说，这个研究所比经济研究所还要重要。这是甘肃省的一个独特问题，别人无法替你解决。对地表水、地下水、冰川上储存的水和降雨，都要研究清楚。一滴水不只是一滴油啊，而是一滴黄金啊！大胆设想一下，到2050年，甘肃省能达到6000亿元的国民生产总值，或者比这个更多一点，不是翻两番，而是翻三番，水的问题怎么解决？兰州南北两山，种一棵树的成本是300元，这还是第一次投入，还不算以后的养护费用。这里，水的费用是最大的一笔开支。

现在，国际上对包括水的充分利用、水的净化以及节水等水资源问题的研究都非常重视。在许多国家，甚至可以说是把每一滴水当作一块钱来用。如果没有几十年的研究和宣传，它们不可能在全社会和整个经济生活领域树立起"滴水如油"的意识。在水资源问题上，我们的根本方针是什么，局部方针是什么，都要提出来。就拿办旅游来说，旅游者的用水比居民用水还要多。大办旅游，一个旅游者需要消耗多少水，必须清楚地算出来。甘肃省要建设工业强省，在这里就需要算一算，每一个工业企业需要多少水。你们要把各个产业、各个消费层次的用水算一算。如何减少蒸发量的问题，也需要研究。

谈到西部大开发与水的关系问题，可以再引出一个问题。不管搞什么产业，对甘肃来讲，你的客户是谁？你的产品卖给谁？主要的不是如何生产出来的问题，而是卖给谁的问题。我们要弄清楚谁是甘肃产品的买主。在计划经济体制下，人们想的是怎么生产更多的产品，至于卖给谁，则是国家的事。但在市场经济条件下，如果产品没有市场，卖不出去，谁也不敢生产。所以，要首先研究甘肃省所有产品的市场在哪里，生产出来以后卖给谁，谁是它们的长期客户。

为什么西方很多企业破产了呢？美国一年破产150多万家企业，关键问题是它失去了市场。美国不缺技术，不缺管理，不缺资金，可以说什么都不缺，它缺的就是市场。日本为什么经济萧条？不是因为它技术落后，不是因为缺资金，也不是因为缺乏管理，它缺少的也是市场。甘肃在发展自己的经济时，首先要考虑把产品卖给谁。甘肃省社会科学院经济研究所首先要研究的，就是甘肃整个的产业结构，自己产品的市场在哪里，长期市场在哪里，长期客户在哪里。如果解决不了产品卖给谁的问题，我看不管哪个企业，最后都要面临破产。

甘肃现在或将来是以中国的东部作为市场，还是把中国的西部作为市场，还是把日本、美国、欧洲、东南亚作为市场，这些问题都需要研究。加入WTO后，我们也要划分市场。没有哪一个国家在发展经济时是不划分市场的。所谓划分市场，就是研究市场、争夺市场。只有你的产品有了准确的市场定位，你才能去争夺这个市场。只有经过长期的争夺、竞争，市场才能成熟。在现代市场经济条件下，无论是技术、生产、管理，都建立在市场准确定位的基础上。

我认为，经济学不研究市场，只研究生产，甚至只研究管理，是不行的。从某种意义上说，美国的管理要比我们好，日本也比我们好，甚至可以说比我们好得多，但是它们尤其是美国仍然出了不少问题，而且是比较严重的问题。在中国，对个体户也没有太多的管理，但是他们能发展起来，关键是他们能够找到市场。个体户的财产是个人的，所以他才看得紧。那么，欧美的企业也是个人的，为什么没看住，破了产，关键是他没有找到市场。个体户生产的是市场需要的东西，所以他的产品有市场。如果没有市场，管你是国有企业，还是私营企业，照样要垮掉。你们的经济研究所现在要全面研究甘肃省的产业结构，研究你们的市场在哪里。市场定位问题，需要专家学者会同企业家和政府有关部门静下心来研究。

既然要研究市场在哪里，就要重视培养人才，去全面开拓未来市场。我个人认为，中国东部市场不要放弃。现在甘肃首先面临的不是外国的竞争，而是国内的竞争。东部有几亿人口，仅山东就有9000多万人，广东、浙江、江苏都有6000万—7000万人，还有上海，人口也不算少。在同样激烈的国内竞争面前，甘肃的比较优势是什么？你们的廉价劳动力是不是比较优势？你们能竞争过他们吗？所以，你们首先必须研究你们的产品竞争力在哪里。不研究这个问题，光靠主观想象不行。你的俄文、英文学得再好，你到俄罗斯、欧洲卖不出东西来，怎么办？我有个想法，就是在不放弃中国东部市场的前提下，全面研究俄罗斯、欧亚、东亚、西亚的市场，把甘肃省建成一个东西方贸易的集散中心，也就是把中国东部的东西倒到甘肃来，然后再从甘肃倒到俄罗斯、西亚和欧洲去。做这些事没有人是不行的。如果有1万人懂俄语，1万人懂阿拉伯语，再有1万人懂其他语种，把他们都放到中亚、西亚和俄罗斯去做生意，不要管他是国营代表、私营企业主，还是乡镇企业家，有了人才就有了贸易，没有人才就谈不上贸易。所以，人流和物流是辩证的统一，只有物流，没有人流，物流长不了；只有人流，没有物流，经济效益就不高。有了每年赚100亿美元的人流，就要伴随数百亿元的物流。我建议你们社科院在研究这个问题时，要解放思想，眼光要放远一点。

刚才，你们经济研究所所长讲了，关于甘肃的发展，要看20年、30年、50年，而且向省委提出一个大战略。对这个战略，省委可能一时接受不了，你们就要反复论证，反复建议。你们不要设想学者提出一项建议，两三个月就能被接受，我看三五年能被接受就不错了。越是大的理论，就越是需要时间，谁叫你是理论家呢！我曾经说过，实际工作中的领导都是救火队员，而你们理论家则要冷静观察、冥思苦想，提出一些大的思路。决不要有这样的想法，即我社科院的研究报告提出来两三年没人听，研究工作就没有什么意义。理论家对决策者的影响，是需要潜移默化的。理论对现实的影响，就是潜移默化。行政官员不是经济学家，他不可能马上听得懂经济学家的话。你不能说他三年后才听懂就不对。亡羊尚可补牢嘛！我认为，什么时候看准了都不错，关键是要看准，所以学者要有一种平常心态，要学会怎么去为社会服务。

说到这里，我认为地方社科院应发挥如下职能：第一，要为党和政府服务，为当地的经济社会发展服务，也就是说要把当地经济社会发展中面临的最大问题、最根本的问题，省委书记、省长所急、所想，他们遇到的困难作为课题拿来研究，而且短期、中期、长期的课题都要研究。你不为社会服务，社会能知道你在干什么？第二，要确立具有自己优势的研究项目。每一个地方社科院都应该有与其他地方社科院不同的优势项目，就是要根据当地的历史、地理、文化的独特优势确立项目。如广东社科院研究孙中山、湖北社科院研究辛亥革命、陕西社科院研究丝绸之路，都是他们的优势项目。甘肃社科院也应该形成具有甘肃传统文化特色和自己优势的、稳定的研究项目和学者队伍。有了这样一支队伍，就为中华文化、中华文明的绵延继承，创造了条件，做出了贡献。如果全国几十个社科院都有两到三个优势项目，并且长期研究下去，就必能形成中国人文社会科学百花齐放的局面。当然，这些研究可以同中国社会科学院合作，也可以同其他社科院合作，但最好是有独特的优势，而不是重复研究。对地方社科院来说，重复研究是一种浪费。地方社科院不要比照中国社会科学院在各个方面求大、求全，因为这是不现实的，也是不必要的。中国社会科学院已经形成的传统优势项目，地方社科院把成果拿来用就行了，用不着再去花费人力、财力去研究。

我认为，只要坚持这样两个方向，即确立优势项目和为地方服务，那么就会形成地方社科院自己的特色。只要是促进了学术的繁荣，为地方的发展做出自己的应有贡献，甘肃省社会科学院就一定会越办越好。

注释：

[1] 宋照肃（1941— ），河南省人，1965 年 5 月加入中国共产党，1964 年 8 月参加工作，2001 年 1 月—2003 年 1 月任中共甘肃省委书记。

[2] 陆浩（1947— ），河北昌黎人，时任甘肃省省长。他是中共第十五届候补中央委员，第十六、十七届中央委员；第十一届全国人大常委会委员，全国人大外事委员会副主任委员；第十二届全国人大常委会委员。

回 沈 阳*

（2002 年 8 月 30 日）

　　我在沈阳工作多年，对沈阳是有感情的，时时关注和挂念着沈阳的发展。关于沈阳今后的工作，讲几点看法，供市委参考。

　　第一，要抓观念更新。思想观念问题，一直是影响沈阳发展的最大问题。民国以前，沈阳是盛京，是清朝皇族的"后花园"。辛亥革命后，东北出现权力真空，陷入了各方列强相互割据的状态，既没有什么商品经济，也没有什么市场发育，甚至连自然经济也没有关内发达。"九一八"事变后，日本在东北搞的是纯粹的掠夺式统治经济，还谈不上是殖民地经济，因为殖民地经济还有商品，还有市场。1945 年以后，这里又成了战场。1949 年以后则是典型的计划经济。存在决定意识。正是由于近现代以来，沈阳人经历了这样一个历史过程，所以在发展社会主义市场经济中，对很多事情的看法与南方不同。别人认为是正常的，你们认为不正常；你们认为正常的，别人认为不正常。在处理一些问题上也是这样。改革开放 20 多年来，沈阳有很多机会，可以取得更大的发展。在计划经济体制下，思想观念容易产生"等靠要"，这是最致命的。所以，我认为解决思想观念问题是沈阳的一项长期任务，必须认真抓好。自己的经验是最宝贵的，要深刻总结沈阳在这方

---

* 这是李铁映同志在辽宁沈阳调研时的讲话。

面的经验。

第二，要恢复形象。沈阳要认真地、长期地、深入地开展"三个代表"重要思想和反腐倡廉的教育，尽快恢复沈阳市的形象。老工业基地的工人阶级曾经为国家做出过巨大贡献。几十年来沈阳在国家的政治、经济生活中占有重要地位，这是其他地区所代替不了的。当然，"慕马"案件[1]的发生，给沈阳抹了黑，对各方面工作造成了负面的影响。现在，我们必须下大力气恢复沈阳的形象，这涉及各个方面，是一项系统工程。什么是干部的政绩？群众脸上的笑容就是干部的政绩！如果群众见了你就骂娘，你还有什么政绩可谈？是否有政绩，群众的心里有个标准，早就给你打好了分。形象就是精神支柱。新一届市委、市政府领导班子注意抓供水、供气、供暖、交通、绿化、住房等同群众生活密切相关的问题，非常好。形象反映在人们的心里。恢复形象是综合性工程，形象怎么样最后还是老百姓说了算。恢复形象是全市人民共同参与和创造的过程。凡是我们过去工作中的好的东西，要坚持、要发扬；坏的、不好的东西，要坚决改掉，让沈阳人为自己作为沈阳人而感到骄傲和自豪。

第三，要振奋精神。各级领导干部，都必须振奋精神，直起腰杆干。"慕马"案件已经结案，犯有错误的要改正错误，甩掉包袱，将功补过。不管是什么人都要挺起腰杆干工作。做出成绩来，这样才能体现精神状态的明显转变。来沈阳之前，我还带有一些疑虑，担心沈阳压力过大，包袱太重。刚才听了介绍，今天上午还看了几家企业，目睹了沈阳市民在"制博会"上的良好精神风貌，我感到很高兴。在这种时候，应当多讲一些鼓舞人心的话，当然这要和办实事结合起来，不办实事，鼓舞人心的话就会成为空话。各级干部都要挺起胸膛，为群众办实事。

第四，要改革体制。出现问题，有个人因素，有偶然因素，但还有体制因素。因为漏洞很多，所以一些人才能钻空子。一个人出了问题，那是偶然因素，相当一部分人出问题，那就是体制问题。沈阳出现的问题，暴露出沈阳在体制改革方面存在严重的缺陷。所以，大家要很好研究体制问题。体制改革的目的就是促进发展，解放生产力。只要有发展，就要改革，事物在发展，制度就要调整。因此，体制改革是一项长期任务。要振兴沈阳的经济，必须坚定不移地推进体制改革。沈阳市决定铁西区与经济技术开发区领导班子合署办公，用新区的活力把老区盘活，扩大老区的空间，是一个新鲜经验，这就是体制改革，这给我们很好的启示。要把那些有利于解放生产力，有利于劳动者通过劳动致富的做法和经验，用制度的形式肯定下来。这样既可以保证经济发展，又可以防止一些人由于制度上的漏洞而栽跟头。沈阳要创造一个充满活力的经济秩序，没有发展活力，经济难以振兴，新的形象也树立不起来。如果不注意解决制度上的问题，一两年内精神可能振奋一下，但不可能持久。建设充满活力的新沈阳，必须改变过去计划经济的旧体制，一改过去不规范的东西，善于通过制度创新来保证发展。

第五，要全面振兴沈阳，建设21世纪的新沈阳。谁也不要破坏沈阳的形象，谁也不能给沈阳抹黑。沈阳人首先要爱自己的沈阳，不爱自己的家爱谁的家？既然是沈阳人，就要爱沈阳，一草一木都是我们的家。要通过一些文学作品、影视作品，全面反映沈阳的新形象、新精神、新面貌。要注意让沈阳人自己来展示沈阳的新形象，这是非常重要的。720万沈阳人的认同，才是你们工作的标准和努力的方向。恢复形象是前提，落脚点和目的还是要创造充满生机活力的新沈阳。要抓住机遇，做好振兴沈阳这大文章，努力使沈阳在21世纪实现全面振兴。这篇文章可能要做很长时间，沈阳要通过一代一代人的努力创造自己的新形象，坚持不懈地做下去。沈阳有诸多优势、多种机遇，潜力很大，不要采取"单打一"的办法；而要充分依靠全市人民，促进沈阳的全面振兴、全面发展。

注释:

[1] 2001 年 10 月，原辽宁省沈阳市委副书记、市长慕绥新，沈阳市常务副市长
马向东因贪污受贿罪分别被判处死缓和死刑。此前，中央纪委和监察部已
决定开除二人的党籍和公职。

利益分析是国际问题
研究的出发点[*]

（2002 年 9 月 6 日）

当今世界很不稳定，我们要特别关注世界将会发生怎样的变化。国际片各研究所的内部设置要做必要的调整，比如说设立国际战略研究室，以适应国际形势的发展。

各所的研究要有重点，要有深度，不能够停留在事件层面，而要深入各国的哲学、思想、文化和法律层面，要有历史厚度，要有纵深感。

在"9·11"事件一周年之际，各所都要写出一篇关于一年来国际形势变化的总结报告，同时对未来一年的国际形势走势做出预测。

国际问题研究的根本出发点在于研究利益。不研究利益的国际关系只能是一句空话。所谓国际政治，无非是谋取最大国家利益。国家利益分析是"纲"，其他都是"目"。

我们研究国际问题，根本目的就是要解读中国的国家利益，探讨在国际舞台上最大限度地保护和扩大中国国家利益的有效途径。

当今我们研究的重点是美国，是所谓的"布什主义"，也就是借反恐为口实而施行的先发制人战略，以保障它在未来三四十年内的

---

* 这是李铁映同志在"9·11"事件一周年国际形势讨论会上的讲话。

"既得利益"。

在利益和实力处于均衡状态时，美国便用国际法来实现利益；当均衡被打破时，美国就会不惜违反国际法。权力和权利是两个不同的概念。前者讲的是实力、强国力、霸权，后者讲的是依靠权力或凭借以权力建立起来的规则来谋取利益。

美国的政客和学术界的许许多多观点，都是美国人为了自身利益而释放的烟雾，是眼罩，是"密码"。我们要破译这些密码，认清他们的本来面目。

美国在霸权主义的道路上走得越远，它就陷得越深；它对各国人民压迫得越厉害，各国人民的觉醒就越彻底，反抗也就越强烈。

创办一流名校[*]

（2002 年 9 月 9 日）

在我国第 18 个教师节来临之际，我谨向研究生院的全体教师致以热烈的节日祝贺。

伴随着我国改革开放和社会主义现代化建设的步伐，研究生院走过了 24 个春秋。24 年来，研究生院的广大教师，坚持以马列主义、毛泽东思想为指导，高举邓小平理论伟大旗帜，认真贯彻党的教育方针，培养了一大批优秀的哲学社会科学专门人才和高素质的管理人才，为我国哲学社会科学的繁荣与发展，为建设有中国特色社会主义的伟大事业做出了应有的贡献。在此，我向你们表示崇高的敬意！

前不久，江总书记考察我院并发表重要讲话，明确指示"一定要办好中国社会科学院"。9 月 8 日，江总书记在北京师范大学建校 100 周年庆祝大会上的讲话中，提出了"必须不断推进教育创新"的思想。我们要认真学习江总书记的重要讲话，贯彻落实江总书记"把中国社会科学院研究生院办成一流的人文社会科学人才培养基地"的题词，振奋精神，与时俱进，开拓创新，把研究生院办成世界知名的高等学府。

---

[*] 这是李铁映同志在 2002 年教师节来临之际致中国社会科学院研究生院全体教师的信。

借此机会，我提五点希望：

第一，大力推进体制改革，建设世界一流名校。这是我们党和国家进入新世纪，面对新形势、新任务和新挑战，加快发展哲学社会科学，顺利推进建设有中国特色社会主义的宏伟事业，实现中华民族的伟大复兴的客观需要，也是办好中国社会科学院的必然要求。办好研究生院，就要全面改革现行的教学、科研和行政后勤管理体制，建立"面向现代化，面向世界，面向未来"，具有中国社会科学院特色和优势的一流办学新体制。

第二，全面提高素质，建设一流的教师队伍。建设世界一流名校，关键是要有一流的教师队伍。广大教师要响应江总书记的号召，努力成为人类灵魂的工程师；要志存高远，爱国敬业；要为人师表，教书育人；要严谨笃学，与时俱进。要加强学习，不断更新知识结构，努力掌握人文社会科学理论前沿。要积极开展双语教学，建立聘请外籍教师制度。要充分发挥教授委员会的作用，实行民主办学。

第三，充分发挥中国社会科学院的科研优势，建立一流的教材体系。教材是教学的基础。教材质量高低，对教学水平具有重要影响。每个系、每个学科都要组织高水平的专家编写具有权威性的硕士、博士课程教材；要把国内外经典论著，特别是马克思主义经典著作纳入教材体系，拟定学生必读和选读书目，引导学生读原著，为培养博古通今、学贯中西的学术大家打好基础理论功底。

第四，加快数字化步伐，建设一流的网络教学系统。教学手段和方法落后，也不可能提高教学水平。要将研究生院的信息化、数字化建设，纳入全院数字化工程建设规划。要建设"虚拟研究生院"，让广大师生尽快拥有充分的学习资源，拥有自己的"数字图书馆"。要大力发展远程教学，将面对面教学和网上教学结合起来，让每一位教师和学生都能够充分地利用信息资源，以不断提高教学效率和质量。

第五，加快基建步伐，建设一流的新校园。要充分吸收、借鉴其他院校的经验，精心设计、构思基建方案，建设一个现代化、花园式的新校园，为广大教师和同学提供优美、温馨的教学环境。

21 世纪，是中华民族实现全面振兴的世纪，也是哲学社会科学大有作为的世纪。我衷心期望广大教师，继续坚持以马列主义、毛泽东思想为指导，高举邓小平理论伟大旗帜，认真贯彻"三个代表"重要思想，解放思想，实事求是，与时俱进，不断推进教育创新，努力实现建设世界一流名校、培养世界一流人才的目标，为新世纪中国哲学社会科学事业的发展和繁荣，为建设有中国特色社会主义的伟大事业，做出更大的贡献。

加强精神文明建设的几个问题

（2002 年 9 月 10 日）

社会主义精神文明建设的理论与实践，是我们党建设有中国特色社会主义事业过程中的伟大创造，是中国共产党人对马克思主义的新贡献。

改革开放二十多年来，在以邓小平同志为核心的第二代中央领导集体和以江泽民同志为核心的第三代中央领导集体的带领下，全党全国人民同心同德，在开创有中国特色社会主义事业的进程中，不仅取得了物质文明建设的辉煌成就，而且也取得了精神文明建设的历史性进步。特别是进入新世纪，进入全面建设小康社会，加快推进社会主义现代化的新的发展阶段，在江总书记"三个代表"重要思想指导下，精神文明建设方向更明确，工作更主动，取得了新突破，呈现出新气象。同时，复杂多变的国际形势，突飞猛进的科技进步，日益激烈的国际竞争，广泛深刻的国内变革，也对精神文明建设提出了更高的要求和更多的任务，使加强精神文明建设面临着许多亟待研究解决的新情况、新问题。

我们要深入学习江总书记"七一"重要讲话、"5·31"重要讲话和最近的一系列重要讲话，坚持以"三个代表"重要思想为指导，紧密结合《共产党宣言》发表一百五十多年来世界政治、经济、文化、科技等发生的重大变化，紧密结合我国社会主义建设发生的重大变化，紧密结合广大党员干部和人民群众工作、生活条件和社会环境发生的重大变化，全面总结精神文明建设二十多年来的历史进程和成功经验，正确估计国内外各方面重大变化对精神文明建设产生的深刻影响，与时俱进地认真研究精神文明建设面临的全局性、前瞻性、战略性重大理论和实践课题，坚持在解放思想中统一思想，努力把我们的认识统一到"三个代表"重要思想上来，统一到江总书记提出的发展先进文化的新任务、新要求上来，进一步开创精神文明建设的新局面。

一　关于在社会主义市场经济条件下建设精神文明的问题

社会主义精神文明建设既是社会主义现代化建设的重要目标，是不断前进的方向，也是社会主义现代化建设的重要组成部分，是不断发展的进程。在社会主义的不同历史阶段，精神文明所体现的文化形态的先进性具有不同的内容和要求。

改革开放前很长一个时期，我们曾在计划经济条件下建设社会主义精神文明，各方面的情况和现在相比有很大不同，影响和效果也不一样。在社会主义市场经济条件下建设社会主义精神文明，是一项全新的事业，马克思没有讲过，我们的前人没有做过，其他社会主义国家也没有可资借鉴的经验，所以只能摸着石头过河，在干中学习。二十多年的实践探索和理论思考，使我们对马克思主义关于经济基础和上层建筑的基本原理有了更全面的理解，对邓小平理论和江总书记"三个代表"重要思想中阐述的物质文明建设和精神文明建设的辩证关系有了更深刻的体会。

历史和现实的经验教训告诉我们，在社会发展的特定历史阶段上，就总体而言，不存在超越现实生产力和经济基础的所谓先进的上层建筑。坚持精神文明的先进性，归根到底，是要真正反映先进生产力的发展要求，反映一定时代的社会进步和人民群众的需要和利益。如果离开具体的国情和特定的历史条件，单纯执着于良好的主观愿望，或者拘守传统的经验和做法，甚至片面固守经典著作的某些词句或个别论断，就会使社会主义精神文明教条化、凝固化。这种教条的、停滞的精神文明，不仅会失去自身的生机和活力，而且会成为生产力发展和社会进步的束缚和障碍。

改革开放以来特别是近十多年，我们党坚持从社会主义初级阶段的实际出发，坚持精神文明建设与社会主义市场经济的发展要求相适应，与以公有制为主体、多种所有制经济共同发展的基本经济制度相适应。在工作实践中，坚持围绕经济建设中心，服务改革发展稳定大局，不断提高工人、农民、知识分子和其他劳动群众的思想道德和科学文化素质，不断提高他们的劳动技能和创造才能，充分发挥他们的积极性、主动性、创造性，努力建立与社会主义市场经济发展要求相适应的思想道德体系。始终不渝地用邓小平理论、"三个代表"重要思想教育干部群众，在全社会认真倡导社会主义、共产主义思想道德，同时把先进性要求和广泛性要求结合起来，鼓励一切有利于国家统一、民族团结、经济发展、社会进步的思想道德，团结和引导亿万人民积极向上，不断丰富人们的精神世界，不断增强人们的精神力量，为发展社会主义市场经济和建设社会主义现代化提供强大的思想保障、精神动力和智力支持。

我们也清醒地看到，社会主义市场经济的发展，增强了综合国力、提高了人民生活水平、促进了人们思想观念进步，同时也引起了经济和社会生活的许多重大变革，由此带来了人们思想观念、价值取向、生活方式等方面复杂而深刻的变化，市场自身的弱点和消极方面也反映到精神生活中来。由于历史和现实的原因，社会上还存在封建残余和资产阶级腐朽思想的影响，还存在迷信、愚昧、颓废、庸俗等落后文化，甚至还存在腐蚀人们精神世界、危害社会主义事业的腐朽文化。如何在以经济建设为中心的前提下，实现物质文明建设和精神文明建设相互促进、协调发展，防止和克服一手硬、一手软；如何在深化改革、建立社会主义市场经济体制的条件下，形成有利于社会主义现代化建设的共同理想、价值观念和道德规范，防止和遏制腐朽思想和丑恶现象的滋长蔓延，是我们必须认真研究和解决的重大课题。如果精神文明搞不好，物质文明也要受破坏，甚至社会也会变质。

我们要时刻怀有忧患意识，进一步增强搞好精神文明建设的紧迫感和使命感。既要认识发展市场经济是一个不可逾越的历史阶段，又要清醒地认识到市场经济的发展，对人们的精神世界产生着积极和消极的双重影响。加强精神文明建设，消除市场经济的负面影响，规范市场经济朝着有序文明的方向发展，将是一项艰巨复杂、循序渐进、久久为功的长期历史任务。既要防止和克服无所作为的悲观情绪，又要防止和克服一蹴而就的急躁情绪。要针对存在的问题，采取更有效的方式，把社会主义思想道德教育的一致性，与社会不同群体的特点的多样性统一起来；把社会主义思想道德教育的理论性，与人民群众日常工作和生活的实践性统一起来，努力增强工作的针对性和实效性，引导广大群众从思想上、精神上正确武装起来，在建设有中国特色社会主义的征途上始终保持奋发有为、昂扬向上的精神状态。

二　关于在全面建设小康社会新阶段满足 群众精神文化需求的问题

从新世纪开始，我国进入全面建设小康社会的新阶段。这一具有里程碑意义的历史性进步，带来了社会生活的深刻变化。

在精神文化发展和精神文明建设方面，小康社会较之于温饱社会有几个明显的特点：随着人民群众用于基本生活的物质消费支出比重的下降和用于精神文化消费支出比重的上升，人们对精神文化产品数量的需求迅速增长，对精神文化生活质量的要求不断提高；随着经济领域、社会生活和价值观念的多样性和差异性不断增强，社会不同群体的精神文化需求呈现出多层次、多变化、多选择的趋势；随着在职人员的假日和休闲时间增多，退休的老龄人口增多，中小学生减负后课外活动时间增多，以往的文化工作渠道和文化活动组织方式难以适应，由此形成了新的文化工作空白点和薄弱环节。面对这些新情况新问题，需要我们尽快拿出切实可行的对策。

全面建设小康社会的目标对精神文明建设提出了新的更高标准，同时也使社会精神文化产品生产不能完全满足人民群众日益增长的多方面精神文化需求的矛盾凸显出来。当然，这一矛盾是由目前我国的小康社会仍处在经济不发达的社会主义初级阶段决定的，是前进中出现的矛盾，发展中遇到的问题。产生这种矛盾，有客观方面的原因，主要是我国精神文化产品的生产能力受到现实经济技术条件的制约。要实现精神文化生活质量的进一步提高，文化设施建设的进一步完善，休闲娱乐条件的进一步丰富，最终要靠加快经济发展。但目前这种矛盾的突出存在，有很大一部分原因，是人们只从市场效益的角度看待精神文化生产，结果出现了目前在我国城市中，一方面，面向高消费人群的经营性娱乐服务场所很多，有的地方甚至过滥；另一方面，面对广大群众和青少年的文明健康向上的公益性休闲娱乐场所明显不足。对这个问题我们一定要有清醒的认识。

必须看到，进一步完善社会主义市场机制，充分发挥市场对资源配置的基础性作用，是我们在新世纪加快发展的根本要求，物质文明建设如此，精神文明建设也必须如此。同时，社会主义精神文化生产的根本目的决定了我们的精神文化生产必须坚持把社会效益放在第一位，必须坚持先进文化的前进方向，在这个基础上实现社会主义价值要求与经济效益的统一。如何把握好社会主义精神文化生产的客观规律，建立一种既能适应市场经济又能体现先进文化发展规律的体制，是我们在建设小康社会过程中必须从理论和实践上认真加以解决的新问题。我们要从代表人民群众根本利益的高度，充分认识解决好这一矛盾的重要性和紧迫性。

要牢固树立这样的思想观念：无论是物质文明建设还是精神文明建设，都必须从人民群众的现实需要出发。物质文明建设是满足人民群众的物质生活需求，为实现人民群众的物质利益服务；精神文明建设是满足人民群众的精神文化需求，为实现人民群众的精神文化利益服务。我们必须更及时、更全面地了解群众多方面的精神文化需求，更主动、更有效地推动精神文化产品的创作生产，更积极、更全面地加快文化事业发展，更充分、更好地满足群众的精神文化需求。

江总书记在"七一"重要讲话中阐述建设社会主义新社会的本质要求时，强调要把着眼于人民现实的物质文化生活需要与着眼于促进人民素质的提高统一起来，把实现人的全面发展与实现社会全面进步统一起来，这标志着我们党对社会主义发展规律和人类文明发展规律认识的新飞跃，也为加强精神文明建设指明了大有可为的广阔天地。

近些年来，随着我国经济迅速发展，群众的生活水平和质量明显提高，精神文化生活日益丰富，全民族的科学文化素质不断提高，人们的工作、学习、生活有了更多的选择机会。这些都为人的全面发展奠定了良好基础。只要我们继续推动经济持续健康快速发展，切实加强精神文明建设，使更多的人过上殷实的小康生活，使群众的文化生活质量和社会文明程度显著提高，使人们受到更多的教育和培养，拥有更多的资源和机会来提高素质、锻炼能力、发掘潜能、展示才干，就能使广大人民群众在建设有中国特色社会主义的伟大进程中，更充分地发挥自己的聪明才智，更尽情地展现自己的人生价值，不断提高自己全面发展的程度。

三　关于在全面对外开放新形势下
振兴民族文化的问题

一个国家、一个民族的文化，是这个国家和民族的精神和文明长期积聚的集中反映，也是这个国家和民族的根之所系、脉之所维。同时，一个民族的精神风貌、一个社会的文明程度、一个国家的创新能力，一个时代的进取精神，又都是一定的民族文化对社会发挥影响作用的结果。

在现代社会中，文化的范畴越来越广泛，文化的内涵越来越丰富，文化的功能越来越突出，文化的作用越来越重要。文化力对经济社会发展所具有的凝聚、激励、推动作用，被公认为综合国力的重要组成部分。特别是在国际交往中，许多经济的、政治的东西常常以文化的形式出现，或借助于文化载体发挥作用。二十多年来对外开放的不断扩大，使我国综合国力不断增强，国际地位日益提高。特别是加入世贸组织，为我们集中精力加快社会主义经济和文化建设提供了更开放的环境，为加强与各国的科技文化交流、学习借鉴外国先进科技和优秀文化成果，提供了更广阔的渠道。同时，我们也面临着西方文化产品和文化资本更大规模的冲击，面临着西方意识形态更直接的侵袭影响。面对综合国力激烈竞争和世界范围内各种思想文化的相互激荡，我们这样一个泱泱大国，这样一个历史悠久的世界文明古国，如何在扩大对外开放的情况下，吸收外国优秀文明成果，弘扬祖国传统文化精华，防止和消除文化垃圾的传播，抵御敌对势力对我"西化"、"分化"的图谋，是精神文明建设必须认真解决的历史性课题。

江总书记指出："在加入世贸组织的新形势下继续推进改革开放和社会主义现代化建设，对我们全党来说，是一次新的学习，也是一场新的考试。这是对我们的学习能力、应对能力、竞争能力、决策能力、创新能力很实际、很具体的检验。"[1]对精神文明建设来说更是如此。如果我们不能有效地用社会主义先进文化抵御资本主义意识形态的侵袭和影响，就会在意识形态领域、在精神文化战线上失去安全、失去屏障；如果我们不能有效地回击西方国家文化霸权主义的入侵，中华民族就会失去自己的文化传统、失去精神领域的主权。这是一个关系到民族文化发展的现实问题，也是一个严肃的政治问题。我们要适应加入世贸组织的新形势，坚持以马克思主义为指导，认真研究外来文化冲击对我国精神文明建设的影响，研究其他国家文化被外来文化"染色"从而导致自身文化"褪色"的经验教训，借鉴经济领域和其他国家的成功做法，综合运用政治、行政、文化、法律、经济的手段，不断推进文化体制改革与文化创新，支持和发展社会主义先进文化，扶持和振兴中华民族的优秀文化，抵御和遏制落后腐朽文化，使我们在激烈的文化竞争和综合国力竞争中增强实力，赢得主动。

民族精神是民族的脊梁，是民族文化的灵魂。一个民族、一个国家，如果没有自己的精神支柱，就会失去凝聚力和生命力。几千年来，源远流长、辉煌灿烂的中华文化，为人类文明进步做出了不可磨灭的贡献；博大精深、奋发向上的伟大民族精神，哺育着中华民族生生不息、发展壮大。

我们要在新世纪里实现国家富强、民族复兴，不仅需要通过改革来解放和发展生产力，加快经济发展，而且要把培育和弘扬民族精神作为一个极为重要的任务，放在精神文明建设的突出位置。要积极继承和发扬中华民族的优秀文化传统，发扬党和人民从五四运动以来形成的革命文化传统，借鉴人类社会创造的一切先进文明成果，同时要适应新的实践和新的时代要求，积极进行文化创新，努力使历史悠久的中华文化适应 21 世纪人类社会的深刻变化，焕发出蓬勃生机，形成时代精神与中国风格相统一的、蕴含巨大吸引力、感召力、推动力、创造力的民族文化和民族精神，引导中华民族以崭新的精神面貌走向世界，自豪地屹立于世界民族之林。这是实现新世纪中华民族伟大复兴的宏伟事业赋予精神文明建设的重要历史使命。

四　关于运用现代科学技术加强精神文明建设的问题

科学技术是人类认识和运用自然规律、社会规律的能力和成果的集中反映。自古以来，人类文明的每一次重大进步，都依赖科学的重大发现和技术的重大发明，以及由此形成的技术科学和工程技术的发展和应用。

当今世界，科学技术突飞猛进，成为生产力中最活跃的因素，给世界生产力和人类经济社会的发展带来了极大的推动；成为国际综合国力竞争的最关键因素，决定着一个国家、一个民族的兴旺发达；同时也成为对人类的物质生活和精神生活影响最深刻的因素，极大地改变了人类的生存方式和整个世界的面貌。加强精神文明建设必须敏锐把握并认真对待这一客观趋势。

随着科学技术特别是高新科技日益成为推动现代社会经济发展的主导力量，知识经济已见端倪，经济发展越来越转移到依靠科技进步和提高建设者素质的轨道上来。在精神文明建设中，要高度重视科教兴国战略的实施，积极推动理论创新、制度创新、科技创新，注重用现代自然科学技术知识和哲学社会科学知识来全面提高人民群众的思想道德素质、科学文化素质和精神心理素质，培养同现代化要求相适应的数以亿计的高素质建设者和数以千万计的专门人才，使我国巨大的人力资源优势转变为现实的人才优势，为 21 世纪社会主义现代化建设事业提供强大的智力支持。要充分利用先进的技术手段推动文化创新，提高文化产品的生产质量，增强文化产业的竞争实力，拓宽文化宣传的传播渠道，加快文化事业的发展，不断扩大中国文化在世界的影响。

科学技术既是推动人类文明和人类社会发展的进步力量，其成果也日益渗透到经济、政治、文化和社会生活等各个领域。在人类社会的发展进程中，科技成果的使用从来都是一柄利弊并存的双刃剑。马克思主义者对待这个问题的正确态度是，辩证地认识和处理人类文明及其成果的工具属性和价值属性。价值属性是文明在不同社会制度及不同历史阶段所具有的属性，体现的是文明发展的社会规律。在阶级社会中，阶级性是价值属性的本质。而文明的工具属性是人类改造自然和社会的共有成果，体现的是文明发展的客观规律。

就科技成果而言，物在人用，因人而异。人类社会要发展、要进步，不能因噎废食，必须审时度势，趋利避害。诸如因特网、卫星一类工具，国外敌对势力在利用，国内各种反社会的势力也在利用，由此产生罪恶、造成堕落，但根源并不在工具本身，而在使用工具的那些社会力量。对因特网、卫星这些工具，我们也要用，而且要充分地用，用得更好，让它为社会主义服务，为社会主义精神文明建设服务。要把防御与进攻结合起来，打好主动仗。例如对待网吧，要主动积极地加强引导和管理，尽快地占领这些阵地，把它们建设成为普及科技知识、推广健康生活方式的工具。

对科学技术的贫乏和无知，是种种愚昧、迷信和错误产生的重要原因，而科学技术恰恰是战胜愚昧落后的强大力量。江总书记指出，"科学技术是精神文明建设的重要基石"。这一科学论断精辟概括和高度评价了科学技术对于促进人们增长知识、更新观念、战胜愚昧、崇尚文明的重要作用。加强精神文明建设必须认真做好科学教育和科学普及工作，努力传播科学知识、科学精神、科学思想、科学方法。要联系社会上的一些热点问题，摆事实、讲道理，帮助群众明白事理，认清是非，增强识别和抵制唯心主义、封建迷信和各种歪理邪说的能力，引导群众用科学战胜迷信，用文明战胜愚昧，不断提高人民群众的科学素养，努力在全社会形成相信科学、依靠科学、运用科学、崇尚科学的良好风气和环境。

五　关于借鉴外国经验教训使我国精神文明建设实现博采众长的问题

有中国特色社会主义的精神文明，必然是立足中国现实、继承优秀历史文化传统、吸收外国文化有益成果的精神文明。而最根本、最重要的是立足中国现实。

经过改革开放二十多年来的实践，我们党已经形成了一套完整的精神文明建设理论，探索出一套富有成效的工作方法。这对于进一步开创精神文明建设新局面是最可宝贵的，因为这是我们立足中国现实、在自己的实践中探索总结出来的，并经过了实践的检验；是凝聚了广大人民群众聪明才智的成果，并得到了群众的认可。我们要在"三个代表"重要思想指导下，不断总结精神文明建设的规律性认识，并且付诸实践，长期坚持下去。要注意防止不顾中国实际、离开自己实践、盲目照抄照搬别国做法或盲目与国际接轨的教条主义。

过去曾经有一些很好的精神文明建设活动没能坚持下来，这不是因为它们不对，而是由于仅仅把它们停留在活动层面，没有更紧密地与社会生产和生活融为一体。近些年的实践使我们认识到，要使精神文明建设持续健康发展，不仅要常抓不懈，而且要善于把成功的实践上升为规律性的认识，进一步使其成为社会生活、社会活动、社会制度的重要组成部分，形成一整套能够保证精神文明建设随着形势和时代的发展变化而不断发展、不断调整、不断完善、不断创新的有效机制。这是精神文明建设与时俱进的重要保证。

建设社会主义精神文明，在坚持以我为主的前提下，必须面向世界、面向未来，博采众长。人类发展的一切历史阶段都有当时先进的精神文明成果，这些精神文明的成果如同物质文明的成果一样，是人民群众创造的，是全人类共同的精神财富。资本主义在人类文明发展史上，也创造了很多好东西，这些好东西是人类文明的组成部分。建设社会主义精神文明，要坚持正确方向，坚决抵制和反对资本主义腐朽思想文化，也要开阔眼界，积极借鉴发达资本主义国家在提高人的素质和社会文明程度方面的一些成功做法。

在人类历史上具有特殊意义的20世纪中，对人类社会产生深刻影响并继续影响21世纪的，莫过于社会主义制度的横空出世。社会主义制度的产生和发展，推动了人类历史的发展和人类文明的进步。每一个社会主义国家都有自己的历史经验，无论是成功、辉煌，还是挫折、失败，都是人类的伟大探索，都有值得我们很好地学习借鉴的东西。比如苏联，在科技、教育、艺术建设方面，还有人的文明素质、社会秩序等方面，取得了很大成绩；但在理论文化建设方面，他们的教训是非常沉痛而深刻的。苏联的实践，提供了社会主义发展史上重要的经验和教训。我们要立足于当今社会主义的实践来思考和借鉴，继续进行探索和奋斗，不断丰富和发展马克思主义，最终在中国建成物质文明和精神文明高度发达、协调发展的社会主义。

注释：

[1] 参见《人民日报》2002 年 2 月 25 日第 1 版。

中国经济学要有一个大发展[*]

（2002 年 9 月 17 日）

今天，看到经济研究所全面展示的建所以来的成就，十分高兴。下面我就经济学研究和经济研究所的发展问题，谈几点看法。

一　经济学研究要紧密结合中国经济建设的实际

江总书记在最近关于社会科学问题的几次重要讲话中，都强调要建设具有中国特色、中国风格、中国气派的哲学社会科学。我国的经济学研究尤其应该如此，因为它直接关系到中国的经济发展。不懂得经济学不能致富，没有自己特色的经济学的国家和民族，不可能走向发达和繁荣。

在当今的世界格局下，一个国家尤其是一个发展中国家，如果不加快发展本国经济，在国际竞争中就会面临各种威胁，在世界舞台上就不可能有自己的地位。因此，我们重视经济研究，首先就是要重视对中国经济发展问题的研究。但是，过去在一个很长的时期

---

[*] 这是李铁映同志在中国社会科学院经济研究所所庆会上的讲话。

里，特别是在"文革"期间，我们对经济学的理解存在着某些偏差，将经济学的许多问题放到政治层面上去考虑，而不是放到科学层面上来考虑，致使很多经济理论的研究不能正常进行，影响了经济理论的发展和繁荣。

十一届三中全会以来，思想解放特别体现在经济学的解放，拨乱反正特别体现在经济理论方面的拨乱反正。如果没有这个成就，我们怎么可能搞改革开放，怎么可能有长达二十多年的高速经济增长！今天我们研究经济学，还要进一步解放思想，还要继续消除对经济学的某些误解。

经济学总体上说是一门应用性学科，是为发展经济服务的，是可以通过经济建设实践来检验的理论。一种经济理论，只有当它的运用促进了经济的发展，才说明它具有科学性；相反，如果某一种经济理论的运用阻碍了经济的发展，它的科学性就要受到怀疑。也就是说，经济学的理论观点，不能由其他学术理论或由政治观点来检验，而只能通过经济建设实践来检验。西方经济理论，经过了西方特别是资本主义经济几百年发展历史的检验，当然有很多的科学成分，值得我们学习和借鉴。但是，毕竟西方经济学是研究资本主义经济现象的，是在解决资本主义经济的各种矛盾问题中形成和发展的，它没有也不可能给出一个关于社会主义经济发展的理论，没有也不可能解决社会主义经济发展的道路、模式或方法问题。

任何经济学理论，都有它的历史局限性、实践局限性和社会局限性。不论什么经济理论，都产生于某一国家或民族的某一特定历史阶段的经济实践，回答的是特定国家特定历史阶段的经济发展中出现的问题。西方经济学是在资本主义的特殊历史时期逐渐发展起来的一种理论，如果说它的方法论基础是西方哲学，它的文化基础是西方文化，那么，作为它的制度基础或者经济基础则是资本主义制度。

而中国，作为当代一个发展中的社会主义国家，不仅经济发展的背景、状况和条件与西方不同，而且经济制度和哲学文化的基础也不一样。我们是一个人口众多、经济相对落后的发展中大国，在经济发展方面，面临着与西方国家的历史和现实完全不同的国内国际背景；在提高人均收入水平方面，面临着更加艰巨的任务和更大的压力。在这种情况下，如何促进中国经济的持续、健康、高速发展，加快实现工业化和国民经济现代化，就迫切需要有我们自己的经济学理论。这直接关系到中华民族的前途，关系到有中国特色的社会主义道路如何走，以及它的成与败。因此，中国的经济学需要有一个大发展。

中国的经济学必须站在时代的最前沿。所谓站在时代的最前沿，不是说我们要回答美国那样的超级大国的经济问题，而是要回答中国这样特殊的发展中大国实现工业化和现代化所面临的各种经济问题。纵观世界，资本主义经济发展了几百年，也只是使七八亿人达到了经济发达的水平，而中国是一个具有十三亿人口的大国，正在向工业化全面推进，这在人类历史上是空前的壮举，是一部伟大的历史画卷。如果中国全面实现了工业化，那对整个人类将会产生非常巨大的影响。

中国目前要实现的工业化，不同于近代资本主义国家的工业化，而是具有现代意义的工业化。实际上，中国的工业化，就是要用具有中国特色的社会主义模式、道路和方法，实现资本主义用了三百多年才实现的经济发展，完成资本主义国家用了几百年时间才完成的工业化任务。工业化这个发展的历史阶段，任何国家和民族都不能逾越，它是经济现代化的一个阶段或一个组成部分。在这里我们是彻底的唯物主义者。我们实现工业化当然要借鉴资本主义国家的经验教训，但更重要的是要走出一条我们自己的道路。中国的经济理论要站到世界经济学的前沿，就是与中国正在走的这条工业化和现代化道路直接相联系的。

中国实现工业化和现代化的理论探索，当然要学习和借鉴人类历史上的一切文明成果。但任何有用的东西都不能照抄照搬。能解决别人发展问题的理论，不一定能解决中国的发展问题。马克思主义传播到中国，也有一个"中国化"的问题；如果不实现"中国化"，不与中国实际相结合，也不可能指导中国的革命和建设。西方经济学，如果不能与中国的经济建设实践相结合，更不会有什么意义。

所以我们反复强调，"东教条"不行，"西教条"也不行，任何形式的教条主义都是行不通的。历史的经验告诉我们，教条主义不仅不能解决问题，还会带来一些意想不到的失误和损失。只有适合自己的理论，才能解决自己的问题，才是正确的。

二　经济理论必须与时俱进，不断创新

既然任何经济理论，都具有历史局限性、实践局限性和社会局限性，那么，经济学理论，包括马克思主义经济学，也需要随着时代的发展、实践的深入而不断丰富和发展。

比如，在社会主义初级阶段，劳动力是不是商品？目前学术界有的人说劳动力就是商品。"劳动力商品"是什么含义？劳动力成为商品的理论，是马克思研究资本主义经济，揭示资本主义条件下劳动力的本质时所建立的一种理论，它是与剩余价值理论紧密联系在一起的，是对资本主义经济制度的批判。对于"劳动力是商品"这种说法，资产阶级、资产阶级经济学家，包括现代的西方经济学家，都一直讳莫如深，他们不承认资本主义社会的劳动力是商品，而说成人力资本或生产要素。何况我们是社会主义经济。

"劳动力商品"的适用性问题，不只是一个名词的问题，更重要的，是如何认识我们社会主义国家的劳动力和劳动积累的问题。中国工业化的资本积累从哪里来？我们显然不可能像当初资本主义搞原始资本积累那样，靠剥夺本国农民，靠掠夺殖民地人民，实现资本积累；也不能像某些发展中国家那样，靠大量举借外债来实现资本积累。我们只能靠劳动积累。如果没有劳动积累就不可能实现工业化。所以，对社会主义条件下劳动力本质的看法，不仅直接涉及

我们是否承认劳动者是社会主义社会的主人的问题，而且还直接关系到如何理解中国工业化和经济发展的基础问题。

对劳动的任何形式的束缚，都是对经济发展的直接束缚。支持和保护劳动者、解放劳动和劳动力，是解放和发展生产力的一个极其重要的问题。为什么存在着对劳动和劳动者的束缚呢？原因就是劳动过程与劳动目的的分离，是劳动者与劳动结果的分离。如果劳动过程与劳动目的相分离，劳动过程怎么长期进行下去？如果劳动者与劳动结果相分离，劳动者能够有劳动的积极性吗？进一步解放生产力，就应该更大程度地解放劳动和劳动者。社会主义优越性的最大体现，就在于对劳动实行更加彻底的解放，并促进劳动者进行更多的劳动积累。因此，鉴于在社会主义经济中，劳动者的主人翁地位已经确立，劳动力在本质上已经不是商品，仅"有商品的形式"。不仅如此，我们还应用"劳动所得神圣不可侵犯"的口号，代替所谓"私人财产神圣不可侵犯"的口号，以最大限度地调动和发挥所有劳动者的积极性。

再比如，对剩余价值问题的理解。马克思在揭示资本主义经济本质，特别是揭示资本主义剥削本质时，创立了剩余价值理论。剩余价值生产，是资本主义的基本生产方式，剩余价值这个概念，就是特指包括雇佣劳动和无偿占有的资本主义生产方式。因此，剩余价值这个概念，是与资本主义的基本生产方式相联系的。研究社会主义经济可不可以使用"剩余价值"这个范畴呢？如果说在社会主义初级阶段，由于还存在着多种所有制经济成分，比如有外资企业、私人经济，因而存在剩余价值的现象，这可以理解。但是，如果说社会主义经济也存在剩余价值，或者说社会主义市场经济理论要建立在剩余价值理论的基础之上，那就等于说社会主义市场经济同资本主义市场经济在本质上没有区别，社会主义的基本生产方式是剩余价值的生产。所以，剩余价值这个范畴在社会主义政治经济学中不再适用。理论源于实践，实践呼唤理论。我国社会主义市场经济实践的不断深入，迫切要求我国经济理论界构筑一个能够说明中国社会主义市场经济基本生产方式的理论体系，并用这个理论体系来解释社会主义市场经济的运行机制和发展机制。比如，在社会主义市场经济条件下，可否用"净增价值"这一概念，来说明社会主义社会劳动积累的净增过程，用以解释社会主义市场经济的基本生产方式和经济运行规律，取代马克思用以揭示资本主义经济规律和剥削秘密的"剩余价值"范畴？

当前，我国政治经济学研究的最重要的课题，就是要研究如何不断解放生产力和发展生产力，也就是要研究如何不断解放生产要素，不断增加生产要素，并按经济规律配置生产要素，创造最大的经济效益。改革开放二十多年来，我国经济学的最大成就，就是把马克思主义的经济理论与中国经济实践相结合，同时借鉴其他经济理论中的科学成分，从而推动了生产力的解放和发展，并在这个过程中创立了有中国特色的社会主义市场经济理论。而且，当前我们还在根据新的实践，不断地丰富和发展这一理论。

三　努力把经济所办成世界一流的经济研究机构

对于一个国家和民族来说，没有自己的理论，就会成为别人理论的俘虏。别人的理论产生于别人的实践，自己的理论产生于自己的实践。学习是永恒的，照搬是不行的。中国要成为一流的经济大国，必须要有一流的经济学理论。没有一流的经济学理论，很难支撑中国在21世纪成为一个发达的经济大国。政府部门对宏观经济的管理能力，国民对本国经济的理解和支持，都与经济理论的发展水平有直接关系。

世界各国之间的竞争说到底是经济实力的竞争，而经济实力竞争的背后存在着一个理论问题。经济理论落后，可能导致经济上的长期落后。如果中国的经济理论，不能回答和解决21世纪中华民族振兴所必需的经济发展机制问题，那就只能做别人的经济理论的俘房。人家的经济学能直接回答中国经济发展的道路、模式等问题吗？我看不可能。比如说，美国的经济学家能回答和解决中国经济发展的道路和模式问题吗？我认为不可能。能解决中国经济发展道路和模式的经济理论，只能产生于中国的经济建设实践。要使中国成为世界上的经济大国，我们的经济理论必须站到世界经济理论的前沿。

要创立一流的经济理论，必须有一流的经济研究机构。中国社会科学院经济研究所必须办成世界一流的研究所。这也是江总书记"7·16"重要讲话的精神。因此，我们要用国际一流研究所的标准，来构思21世纪经济研究所的各方面工作，从学科的调整、研究室的建设，到研究力量的配置，以及相应的管理机制等，都要向国际一流水平看齐。要把经济所办成国际一流的研究机构，必须形成一系列支柱性的品牌，如一流的研究人才、一流的刊物、一流的学术论坛和一流的网站，等等。

要把经济研究所办成国际一流研究所，必须处理好以下几个关系：一是所长治学与治所的关系；二是出成果和出人才的关系；三是硬件建设和软件建设的关系；四是实体研究所与虚拟研究所的关系；五是基础研究与应用研究的关系；等等。希望你们在这些方面大胆探索，取得成效，积累经验。

加强中蒙学术交流[*]

（2002 年 9 月 26 日）

今天，蒙古科学院在这里举行隆重仪式，授予我蒙古科学院科学博士学位，我深感荣幸。这不仅是我个人的荣誉，也是中国社会科学院全体科研人员的荣誉，体现了蒙古人民对中国人民、蒙古科学院对中国社会科学院的深厚情谊。在此，请允许我以个人的名义，并以中国社会科学院的名义，向恰德拉院长和蒙古科学院的同行们表示衷心的感谢！

成立于 1961 年的蒙古科学院，不仅是蒙古国家最高科学机构，而且在世界科学领域也享有盛誉。这里是科学家们会聚的圣殿，在40 余年的发展历程中，涌现了一大批杰出的科学家，他们以献身科学的崇高精神，以艰苦卓绝的创造性劳动，推动着蒙古科学事业的发展，为人类文明的发展做出了重要贡献。

中国有句古语，"亲仁善邻，国之宝也"[1]。中国和蒙古作为友好近邻，早在半个世纪以前就建立了外交关系。20 世纪 90 年代以来，两国关系进入了崭新的发展阶段，双方高层领导人互访不断，两国在推进双边关系发展方面的成绩十分显著，在处理地区和国际事务方面的共识不断增多；两国在经济贸易方面的互利合作关系不

---

* 这是李铁映同志在蒙古科学院接受科学博士学位仪式上的答谢词。

断扩大，中国已成为蒙古最大的贸易伙伴和投资国；两国在文化、教育、科学等领域的交流与合作也取得了显著的发展。在此基础上，我希望中国社会科学院与蒙古科学院，能够通过加强人文社会科学的交流与合作，为进一步推动两国关系的发展做出新的努力。

中国社会科学院是中国人文社会科学的最高学府，现有35个研究所（中心），几乎涵盖了人文社会科学的各个学科。目前，全院从事科学研究的学者达3700多人。中国社会科学院同国际社会科学界有着广泛的学术交往与联系，其中也包括同蒙古科学院的学术交流与合作。例如，我们两院之间达成的学术交流协议，我院民族研究所同贵院的国际游牧文明研究院之间的合作，此外还有在蒙古学、历史学、文学、语言学等学科方面的交流等。当然，我认为这种交流还不够广泛，需要进一步加强双方在人文社会科学方面的多学科交流与合作。

进入21世纪，和平与发展仍然是时代的主题。世界多极化和经济全球化的趋势深入发展，科技革命日新月异，世界要和平、人民要合作、国家要发展、社会要进步是时代的潮流。人文社会科学事业的发展要顺应这一时代潮流，要推动这一时代潮流。中国和蒙古都是发展中国家，都在为实现国家的现代化而努力，两国之间不仅在经济社会发展方面具有很多互补性，而且在自然科学和人文社会科学领域也具有许多互补性。

我相信，在我们双方的共同努力下，中国社会科学院同蒙古科学院将建立起广泛而稳定的学术交流关系，共同推动科学事业的发展，为发展中蒙两国长期稳定、健康互信的睦邻友好关系做出贡献。

最后，衷心祝愿蒙古科学院与中国社会科学院的友谊之花，在21世纪绽放得更加光彩夺目！

注释：

[1]《左传·隐公六年》。

研究台湾历史　维护祖国统一[*]

（2002 年 9 月 28 日）

经过一年的精心筹备，中国社会科学院台湾史研究中心于今天正式成立，我谨致以热烈的祝贺！

台湾是中国的第一宝岛，自古以来就是祖国领土神圣不可分割的一部分。推动台湾历史研究，对于完善中国历史学的学科体系，对于深入了解台湾的历史和现状，对于批驳妄图分裂祖国的种种"台独"言论，维护祖国统一，具有重要的意义。

历史研究要为中华民族的全面振兴服务，台湾史研究也是如此。我相信，台湾史研究中心的成立，能积极推动海峡两岸学者的交流与合作，早日完成《台湾通史》[1]的写作任务。希望你们以唯物史观为指导，崇尚科学，坚持真理，拓清历史，服务现实，为早日实现祖国完全统一，为中华民族的伟大复兴，做出更大的贡献。

注释：

[1]《台湾通史》即张海鹏、陶文钊著《台湾史稿》，凤凰出版社 2012 年版。

---

[*] 这是李铁映同志致中国社会科学院台湾史研究中心成立大会的贺信。

《台湾史稿》（套装共 2 册）是凤凰出版社"中国社科院台湾史研究中心丛刊"之一，是迄今为止全面、系统、完整叙述台湾历史的一部通史性著作。《台湾史稿》（套装共 2 册）从台湾的三处旧石器时代文化开始一直叙写到 2010 年底，对台湾古代、近代、当代的历史做了细致的考察、研究和叙述，观点正确、资料丰富、叙述准确。

哲学是文明的魂[*]

（2002 年 10 月 8 日）

今天，中外哲学家聚集一堂，举行"'世纪之交的哲学'国际学术研讨会"。这是中外学术交流的盛事，也是世界哲学发展的盛事。

参加这次研讨会，同各位哲学家一起探讨"世纪之交的哲学"，我感到十分高兴。我从年轻时代起，就一直对哲学和哲学家怀有崇高敬意，并从中学到了很多重要的东西。哲学作为关于天地人生的学问，立意高远，博大精深，是"智慧之学"。从古代希腊时期和中国先秦时期，人们就是这样看待哲学的。哲学用独特的思维和语言，概括了人类的思想品格、价值观念和精神追求，集中了人类最精致、最珍贵和看不见的精髓。在人类历史的长河中，真正的哲学，通过解放人们的头脑，促进社会的进步，推动着文明的发展，成为"文明的活的灵魂"。历史不止一次地证明，人类文明的发展，从而一个民族要登上人类文明的巅峰，都不能没有哲学，不能没有创新的哲学思维。

哲学既是"文明的活的灵魂"，更是"时代精神的精华"[1]。每一个时代的哲学，都深刻地体现了它所处时代的精神。哲学与其时

　＊　这是李铁映同志在"'世纪之交的哲学'国际学术研讨会"开幕式上的讲话。

代血肉相连。哲学的历史表明，在世界发生变化的时代，哲学总是站在时代前沿，体现着时代的要求、社会进步的方向，成为革故鼎新的先导和推动者。而时代的变化越剧烈，则哲学对时代精神的体现也就越强烈、越深刻。这是哲学的本性，也是它的使命，更是它的荣耀。欧洲文艺复兴时期的哲学和启蒙哲学，高举人和人的理性的大旗，对宗教神学进行了彻底清算，为近代社会开辟了道路。正因为如此，我们才能够享有近代以来的繁荣和文明。如果没有近代哲学对宗教神学的这种全面清算，则很难想象人类社会将是一种什么面貌。

　　过去的历史使我们看到，哲学在人类社会历史发展中，具有不可替代的作用。社会需要哲学，时代需要哲学，而急剧变化的时代则更需要哲学。我们所处的正是这样一个时代，我们现在比任何时候都更需要哲学。哲学是生活的产物，是实践的结晶。哲学必须跟上历史的步伐，才能成为时代的精神！

　　时代发展也一再呼唤马克思主义哲学的大发展。20 世纪百年的中国历史发展表明，马克思主义哲学中国化，不断地同中国具体实际相结合，对中国人民精神境界的提升，对中国的社会变革和文明进步产生了巨大的推动作用。进入 21 世纪，马克思主义哲学要有新的更大的发展，这关系到中华民族的前途和命运。

　　进入 21 世纪，人类社会正处在一个新的转变和发展时期，世界的经济、政治和文化格局正在发生着引人注目的变化；科学技术革命和"经济全球化"的影响，使许多全球性的和涉及人们日常生活的问题大量涌现，各种不同社会发展模式、经济发展方式，各种不同的文化也正在经受着巨大考验。世界多极化、多样化趋势不可逆转，和平与发展成为时代主题。人类面临着前所未有的机遇，但是天下并不太平。贫困、暴力触目惊心，全球性生态危机日益加剧，霸权主义、恐怖主义甚嚣尘上，战争阴影笼罩着世界的许多地方。世界和平、自由、平等、正义、价值观等构成人类文明之基础的基本概念，遇到了严重困难和挑战。这些困难和问题，迫使全世界必须共同面对。既需要世界各国政要、各种团体探求行之有效的解决途径，更需要世界各国哲学家发展哲学，创新学说，为解决上述问题提供理论支持、精神动力，为发展人类文明奠定新的基础。

中国有句古话，"国将兴，必重学"[2]，说的是国家兴盛，为人文科学创造出兴盛和发展的机遇，也给人文学者提出新的要求。当今世界的兴盛和危机，为世界哲学的发展提供了丰富的素材和资源，开拓了广阔的思想空间，也给世界各国的哲学家提出了更高要求。时代再一次把哲学置于前沿，要求哲学把握时代，发展创新，为新的世纪开辟道路。这是时代的召唤，也是一种责任和使命。哲学家要勇敢响应召唤，担当起历史使命。

我这里强调哲学必须把握时代，真正掌握时代潮流和时代精神；强调哲学家必须共同面对当今世界的问题，并不是只要一种哲学，只听一种声音。相反，我认为，哲学必须"百花齐放、百家争鸣"，惟其如此，哲学才能真正展现出思想的力量。世界的多样性、发展性，决定着人类认识的多样性、发展性。绝对的观念，归一化的模式，唯一性的观念，都是不符合实际，不符合哲学精神的。在这里，任何教条主义的、僵化的思想都是应该抛弃的，无论是"东教条"，还是"西教条"，都不行，任何教条都是人类思想发展的羁绊和束缚。

中国和西方的历史上，都曾出现过哲学的辉煌时代。欧洲的古希腊时期，出现了苏格拉底、柏拉图、亚里士多德等众多的思想家，中国的先秦时期，出现了孔子、孟子、墨子等众多的思想家。他们从自己所处的时代出发，对天地人生进行了广泛、严肃的思考，对人类文明的发展做出了重大贡献。

当然，东西方哲学存在着许多差异。但这些差异，体现着世界和文化的多样性、丰富性，形成了世界文化的人文生态共同体；正是由于这些差异，世界哲学的殿堂才如此多姿多彩、绚丽夺目；正是这些差异，构成了哲学的活力、哲学的发展。东西方的哲学，不同程度地探讨了人类社会的客观规律，不同角度、不同层次地探讨了人类共同的情感、共同的价值，各有特色，各有千秋，它们都是全人类最珍贵的精神遗产。

21世纪哲学的创新与发展，既包括如何共同面对时代提出的课题，也包括如何消化、继承和发展东西方的哲学遗产。这就必须进行对话与交流。对话与哲学有不解之缘，这不仅是因为哲学史上的许多名著都是以对话体裁写成的，更是因为对话本身就是一种追寻真理的方式。辩论是哲学的基本方式，对话是一种新形式的辩论。中国先秦时代哲学和古代希腊哲学的辉煌，早已使这一点无可置疑。对话，不仅可以获得真理，使思想的翅膀更加自由地翱翔，而且可以增进了解，扩大共识，共同进步。更为重要的是，对话本身就是一种哲学探索的方式，一种创造过程。通过对话打开一个新的视域，在这个视域内，我们共同面对和思考人类文明遇到的问题，研究探索解决这些问题的途径。对话是一种平等、共融、双赢的方式，是人类文明的一大进步。在21世纪，对话应是人类不同文化、不同制度、不同民族、不同国家共存共荣的基本模式，也是哲学的基本方式。在平等、自由的基础上进行对话、加强对话，是一种新的哲学交往方式，也是哲学发展和创新的有效途径。

中国是个十分重视学习、对话与交流的国家。中华民族兼容并蓄，继承吸收，自古以来，十分重视与世界各民族的文化对话与交流，从而不断发展、不断繁荣。改革开放以来，我们与世界各国的对话与交流更加广泛，更加多样，更加深入。我们重视与其他国家的各种交流，更重视哲学方面的交流。这是与哲学在中国社会、中国学术中的地位分不开的。中国近代以来的历史深刻表明，中华民族的振兴，在许多方面都得益于哲学。中国共产党和政府十分重视哲学，中国国家主席江泽民多次强调，哲学社会科学在国家建设中具有不可替代的重要作用。在中国，从事哲学教学和研究的专业人员，有数万之众；哲学肩负着"认识世界、传承文明、创新理论、资政育人、服务社会"的特殊功能和重要使命。中国社会科学院是中国哲学社会科学的最高学术机构，拥有一大批哲学社会科学的专门人才，在哲学社会科学研究及中外哲学的对话与交流中，发挥着广泛的作用。此次研讨会，就是这种对话与交流的一个重要成果。

迄今为止，中国社会科学院已与80多个国家的大学和科研机构建立并保持着良好的交往关系。我们希望进一步扩大这种学术交往，在相互理解的基础上，共同拓展，共同升华。FISP[3]其指导委员会作为国际哲学的最高学术机构，为世界哲学的对话与交流做出了重要贡献。中国哲学界和中国社会科学院，愿和FISP加强联系，扩大合作，也希望和各国哲学家广泛交流与合作，共同促进世界哲学的发展。

中国需要世界，世界需要中国。21世纪将是中华民族大规模地学习世界文明，创造新思想、新精神的伟大时代，也是中国的哲学家们坚持和发展马克思主义哲学，吸收和弘扬中国传统哲学，学习和借鉴世界各国哲学，进而创造和发展新时代精神的伟大时代。让我们把握时代，加强对话，加强交流，共同创造21世纪哲学的辉煌！

注释：

[1] 参见《马克思恩格斯全集》第1卷，人民出版社1995年版，第220页。
[2] 《荀子·大略》中说："国将兴，必贵师而重傅……国将衰，必贱师而轻傅。"
[3] 国际哲学团体联合会的英文名称缩写。

存在的多样性*

(2002 年 10 月 10 日)

今天,再次与诸位哲学家相聚,我感到很高兴。两天来,大家就一系列哲学问题,展开了广泛而深入的对话与交流。我对哲学家们的辛勤劳动表示敬意,对会议取得的成果表示祝贺!

哲学思考是一种愉快的思考。借此机会,我想提出一个问题,请教各位,并顺便表达我的观点。

进入 21 世纪,大家越来越关注生态环境等全球性问题。我的问题是:在关心自然生态问题的同时,我们是否更应该关注人类文化生态问题呢?

正像在自然界,我们不能用一种色彩来看待无限复杂多样的事物一样,我们也不能用一种模式、一种观念、一种色彩来看待人类社会、人类文化的发展。

人类文明的发展史昭示我们,多样性是人类文化前进的动力。多样性是发展之母,发展是多样性之果。存在的多样性,发展的多样性,是客观世界的普通形式。各民族不同的制度、文明、发展道路、模式相互作用,共同推动着人类社会、人类文化的发展,这乃是一条规律。

---

* 这是李铁映同志在招待 FISP 指导委员会成员午餐会上的致辞。

人类文化，就像一个百花园，是由无数朵花、许多种色彩构成的，每一种文化，都有其不可替代的存在和价值，都散发出独特的色彩和芳香。正因如此，人类的文化，才多姿多彩，才绵延不绝。试想，如果人类文明，只有一种模式，只有一种价值，只有一种色彩，那该是多么的单调、乏味和悲哀。这绝不是人类文明的光明前景，而是一种危险和灾难。

从这个意义上说，不同文明、不同文化之间的和平共处、平等对话，才是人类进步的正确选择，而所谓的"文明冲突论"则是不明智的。

普遍性是什么？任何现实的存在的东西，都是特色的。普遍性总是存在于特殊性之中，存在于不同的个性之中。我们理解的"世界公民"，首先应是一个民族、国家的公民，所谓"世界公民"，只能是各个民族、国家的公民的总和。

为了世界的和平与发展，大家都渴望公正、平等。而公正、平等，最重要的是尊重他人，尊重他人的利益、意志、追求和价值观念。尊重对方，平等相待，善于倾听和学习，以对话的方式解决分歧，理应成为21世纪人类基本的价值观念。而霸权主义和恐怖主义，之所以遭到大家的反对，正是因为二者都体现了对他人的不尊重，它们本质上是反人类、反文明的。

中国正在推进现代化建设。我们注重学习别人的经验，但绝不照抄照搬。任何哲学都不是超越时空的天马行空。我们所理解的现代性，是对中国现代化进程的哲学思考，这种思考有三个主要内容：对中国几千年文明传统的思考，主题词是"继承和弘扬"；对世界文明的思考，主题词是"吸收和借鉴"；对20世纪中国人民百年奋斗历程，包括马克思主义哲学的思考，主题词是"坚持和发展"。在这三方面基础上，构筑中华民族全面振兴的新时代精神，这就是中国人对现代性的基本认识。

我们相处的时间虽然短暂，但由于对哲学的挚爱，使得我们心灵的空间距离大大缩短了。愿我们的友谊永恒！

谱写灿烂篇章[*]

（2002 年 10 月 16 日）

在这秋色宜人的美好季节，我们隆重集会，庆祝中国社会科学院建院 25 周年。首先，我代表院党组、院务会议，向在全院各岗位上辛勤工作的全体同志，表示热烈的祝贺！向光临大会的中央有关部门领导同志、各兄弟单位领导同志和专家学者，表示热烈的欢迎！向所有支持、关心我院建设和发展的社会各界人士，致以衷心的感谢！

中国社会科学院成长和发展的 25 年，是与我国改革开放和社会主义现代化建设事业一道前进的。在这 25 年里，我国经济、政治、文化、思想等各个领域，都发生了极其广泛而深刻的变化。这为我国哲学社会科学的发展，既提供了广阔的舞台，又提供了无比丰富、新鲜的实践素材。我们社科院欣逢祖国繁荣振兴的伟大变革时代，经历着世界前所未有的历史巨变，广大科研人员积极投身于时代发展的大潮，与国家、民族同呼吸、共命运，因而获得了成长、壮大的深厚基础和不竭动力。

——25 年来，我们积极推动理论创新，为丰富和发展马克思主义做出了重要贡献。我院广大学者积极探索马克思主义中国化的方式和途径，反对各种形式的教条主义，在有中国特色社会主义理论

---

[*] 这是李铁映同志在中国社会科学院建院 25 周年庆祝大会上的讲话。

与实践的双重探索中，提出了许多创新的理论观点、思路和见解。在诸多对我们国家的发展具有重大影响的思想、理论、政策中，都凝聚着我院专家学者的智慧。

——25 年来，我们深入研究时代重大课题，为党和国家的宏观决策提供了咨询服务。我们以改革开放各时期的重大理论和实践问题为科研主攻方向，以服务于党和国家的宏观决策为重要目标。特别是近些年来，我们充分发挥多学科综合性研究优势，组织精干力量，深入研究全局性、前瞻性、战略性的重大时代课题。如"三个代表"重要思想研究、社会主义民主法制建设问题研究、劳动和劳动价值理论研究等，这些研究和成果为社会主义物质文明、政治文明和精神文明建设，提供了理论支持、精神动力和智力保障。

——25 年来，我们积极促进多学科共同发展，为建设有中国特色的哲学社会科学体系做出了重要努力。我们遵循科学发展规律，积极倡导建立有中国特色、中国风格、中国气派的哲学社会科学；我们高度重视基础理论研究，大力加强应用理论和对策研究，大力加强新兴学科、交叉学科的建设，逐步形成了以基础理论研究为依托、以宏观性战略性问题研究为重点、以综合性研究为特长的科学研究体系。

——25 年来，我们大力加强人才队伍建设，为我院及社会培养了许多高素质的科研和管理人才。我们始终坚持走人才强院强所之路，以雄厚的研究资源为依托，在科研实践中锻炼培养人才；积极稳妥地推进人事管理体制改革，注重人才结构和研究梯队建设，为优秀人才脱颖而出创造良好的环境。这为把我院建设成为高素质的人才基地打下了坚实的基础。

——25 年来，我们努力拓展对外学术交流与合作，积极推动中国哲学社会科学走向世界。伴随中国对外开放的不断扩大，我院也从广度和深度上发展对外学术交流与合作。现在我院对外学术交流已遍及世界 80 多个国家和地区，已成为向世界展示我国社会科学最新研究成果的重要窗口，成为我国对外人文社会科学交流的重要渠道。

总之，经过25年的发展，经过几代哲学社会科学工作者的辛勤努力，我院涌现出了不少饮誉海内外的学术大师，会集了众多造诣精深的专家学者，推出了诸多颇具影响的精品力作。据不完全统计，建院以来，共完成专著7045部，论文80715篇，研究报告12115份。此外还有大量的学术资料、译著、教材、学术工具书、古籍整理、理论宣传文章等其他形式的成果。其中，共有1027项获院优秀成果奖和国家、省部级奖励。

中国社会科学院的成长和发展，一直得到党中央的高度重视和殷切关怀。以毛泽东同志为核心的第一代领导集体，对我院的前身中国科学院哲学社会科学学部的工作，给予了大力支持和指导。毛泽东同志就曾明确提出，要在国内建立马克思主义指导的研究机构。25年前，在邓小平同志的亲自关心和指导下，在中国科学院哲学社会科学学部的基础上，成立了中国社会科学院。以江泽民同志为核心的第三代领导集体，在社会主义改革开放的新阶段，从党、国家、民族前途命运的高度，重视哲学社会科学事业，重视中国社科院的发展。在近十年的时间里，江总书记和其他中央领导同志，先后三次听取我院的工作汇报。江总书记还先后于1994年和1998年，为我院及研究生院题词，为我们明确了办院方针。

特别是今年7月16日，江总书记亲临我院考察并发表重要讲话，使广大专家学者备受鼓舞。"7·16"讲话从治党兴国的战略高度，科学地阐述了哲学社会科学的重要地位和作用，提出了两个"不可替代"的精辟论断，以及繁荣和发展我国哲学社会科学必须坚持的五条基本方针。讲话高屋建瓴，内涵丰富，寓意深刻，是新世纪加快发展我国哲学社会科学的纲领性文献。总书记在讲话中再次语重心长地强调，"我们一定要办好中国社会科学院"。这是党中央对我们的高度信任和殷切期望。

深入学习、贯彻江总书记的讲话精神，是当前和今后我院一项长期的重要任务；真正办好中国社科院，为新世纪加快发展我国哲学社会科学做出更大的贡献，是我们每个人义不容辞的神圣职责。虽然我们在过去的 25 年里取得了显著成绩，但同党、国家和人民的要求相比，还存在很大差距。我们一定要加倍努力，励精图治。

志存高远，方有作为。要办好中国社会科学院，我们必须树立更高、更远的目标，并朝着它坚定不移地迈进。在今年我院暑期工作会议上，我提出我院至少要实现七项具体目标，我把它们概括为"五个基地，一个中心，一个平台"，即在 21 世纪的最初十年或更长一些时间，把中国社科院建设成为马克思主义理论创新的基地、重大时代课题研究的基地、主要学科基础理论研究的基地、新兴和交叉学科建设和发展的基地、高素质人才的培养基地；成为国家哲学社会科学的信息中心；成为我国哲学社会科学对外学术交流与合作的主要平台。这些目标和任务，是同我院近些年努力实施的"三五一"发展战略是一致的。概括起来说，就是把中国社科院建设成为国际一流的哲学社会科学研究机构，建设成为党中央和国务院的智囊团和理论创新基地。我相信，有全院同志的同心同德和辛勤努力，我们一定能克服前进中遇到的各种困难，圆满实现我们的目标。

办好中国社科院，是一篇大"文章"。"文章"做得如何，取决于全院每个人，要调动各方面的积极性。办好中国社科院，核心是把各研究所办成国际一流的研究所。因为研究所不仅是一级法人单位，而且是相关学科的载体，是科研工作和人才培养规划的具体组织者、实施者。怎样才能算国际一流的研究所呢？大家可以讨论和研究。我这里提出六条标准，供大家考虑，这就是：一流的成果，一流的队伍，一流的期刊，一流的论坛，一流的网站，一流的研究环境。所谓研究环境，包括硬环境和软环境。硬环境是随着国家的发展逐步改善的，但软环境的建设完全取决于我们自己。如果软环境搞不好，各所书记、所长要负主要责任。今天我们庆祝建院 25 周年，各所首先要把本所的人文环境搞好。围绕上述六个标准，各研究所要认真研究和制定自己的发展规划，积极地推进体制改革和制度创新，进一步解放思想。要推动理论创新，首先必须解放自己的思想，跟上时代前进的步伐。

21 世纪是世界变化更加迅速的时代，也是中华民族实现伟大复兴的世纪。目前，我国已进入全面建设小康社会、加快推进社会主义现代化的新的发展阶段，我们面临着许多新情况、新问题。研究新情况，解决新问题，需要我们在实践和理论上进行创造性的探索。我院作为国家创办的哲学社会科学研究机构，一定要充分发挥自己的特色和优势，大力推进理论创新，更好地为社会主义现代化建设提供精神动力和智力支持。时不我待，只争朝夕。我们必须怀有高度的责任感、紧迫感，更有深切的忧患意识，为新世纪加快发展我国哲学社会科学而加倍努力。

"群才属休（修）明，乘运共跃鳞。"[1]目前我国经济快速健康发展，政治有序昌明，社会繁荣稳定。这是哲学社会科学快速发展的大好时期，是广大专家学者施展才华、实现抱负、大有作为的重要机遇期，希望大家万分珍惜。

"天行健，君子以自强不息。"[2]25 岁是充满活力和希望的美好年代，更是走向成熟、塑造内蕴的重要转折期。我们取得的成绩属于过去，关键是要抓住机遇，抓住未来，未来要在新的规划和发展中创造。我们要以庆祝建院 25 周年为发展的新契机，锐意进取，扎实工作，使我院各项工作再上新台阶，真正办好中国社会科学院。

同志们，具有伟大历史意义、为世界所瞩目的党的十六大即将胜利召开。今天，我们庆祝建院 25 周年，具有更为特殊的意义。让我们紧密团结在以江泽民同志为核心的党中央周围，高举邓小平理论伟大旗帜，坚决贯彻"三个代表"的重要思想，与时俱进，开拓创新，以出成果、出人才的优异成绩，迎接党的十六大；为加快发展我国哲学社会科学，实现中华民族的伟大复兴，谱写无愧于时代的灿烂篇章。

注释：

[1] 李白《古风》中的两句诗句。
[2]《周易·乾卦》。

为国家兴盛提供智力支持

（2002 年 10 月 16 日）

　　欣悉大会隆重召开，我代表中国社会科学院，并以我个人的名义，致以热烈的祝贺！

　　进入新的世纪，我们面临着新的形势、新的任务、新的挑战。时代向我国哲学社会科学提出了更高的要求，需要我们在建设有中国特色社会主义的理论与实践的双重探索中，大力推进理论创新，更好地为国家昌盛和民族振兴提供精神动力和智力支持。

　　希望你们高举邓小平理论伟大旗帜，以"三个代表"重要思想为指导，认真贯彻落实江总书记关于哲学社会科学重要讲话的精神，立足时代，立足实践，与时俱进，开拓进取，以优异成绩迎接党的十六大，为建设具有中国特色、中国风格、中国气派的哲学社会科学做出应有的贡献。

　　预祝会议圆满成功！

相互理解　相互支持[*]

（2002 年 10 月 21 日）

　　今天，我们欢聚一堂，举行隆重仪式，授予奥希波夫院长"中国社会科学院荣誉教授"称号。首先，我代表中国社会科学院和在座的中国同事们，对远道而来的奥希波夫院长和夫人，对俄罗斯科学院代表团的其他成员以及罗高寿大使访问我院，表示热烈的欢迎！

　　奥希波夫院士是世界著名的应用数学和物理学学家，目前正在卓有成效地领导着俄罗斯科学院的科学研究和改革工作。我们授予他"中国社会科学院荣誉教授"称号，一方面是为了表彰他在科学研究和领导工作方面做的卓越贡献，另一方面也是为了表彰他为促进俄罗斯和世界科学进步，促进中俄两国科学特别是人文社会科学的合作所做出的杰出贡献。

　　奥希波夫院士 1936 年 7 月 7 日出生于秋晚州托博尔斯科市，1959 年毕业于国立乌拉尔高尔基大学物理数学系。1984 年成为苏联科学院通讯院士，1987 年成为苏联科学院院士，1991 年 12 月起担任俄罗斯科学院院长，1992 年成为俄罗斯总统科学技术国家奖励委

---

[*] 这是李铁映同志在授予俄罗斯科学院院长奥希波夫"中国社会科学院荣誉教授"称号仪式上的讲话。

员会主席和俄罗斯跨部门航天鉴定委员会主席。

奥希波夫院士是应用数学和力学方面的著名专家。他科研活动的主要方面有：管理理论、稳定性理论、微分方程的理论及其应用等。同新技术有关的应用性课题也是奥希波夫院士研究工作的重要组成部分。他是《俄罗斯科学院报告》、《计算数学与数学物理》、《俄罗斯科学院通报和技术控制论》、《自动化技术和遥控力学》、《微分方程》、《应用数学和力学》等杂志编委会的成员和国际性年刊《科学与人类》编委会主席。

奥希波夫院士撰写过 150 多篇学术著作。他的学术生涯和学术成就得到了世界的广泛承认。他曾于 1976 年荣获列宁奖金；1978 年荣获劳动红旗勋章；1993 年荣获俄罗斯联邦国家科技奖金。现在，他是美国数学学会成员、华盛顿科学院院士、华盛顿世界艺术与科学研究院院士、以色列巴依兰大学名誉博士、智利圣地亚哥大学名誉博士和世界骑士联合会的白十字勋章骑士。

今年 6 月 18 日我在俄罗斯科学院曾经讲道：俄罗斯科学院素以悠久的历史闻名于世。俄罗斯科学院是科学家的会聚殿堂，在历史上名人辈出，群星灿烂。俄罗斯科学院不仅是属于俄罗斯的，而且也是属于全人类的。今天，奥希波夫院长正在殚精竭虑，全力推动科学院的改革事业，以开创俄罗斯科学院璀璨的未来。

作为俄罗斯科学院院长，奥希波夫院士十分关注中俄两国科学交流与合作。他曾两次访华，为发展两国科学和促进两国人民的传统友谊做出了贡献。

中国社会科学院和俄罗斯科学院的前身苏联科学院于 1986 年建立学术交流关系。而中国社会科学院的前身中国科学院哲学社会科学学部同苏联科学院早在 20 世纪 50 年代初就已开展交流与合作，双方在半个世纪的交往中，两国科学家和科学界互相帮助、互相支持、互相谅解，建立了深厚的友谊。两国科学合作，特别是人文社会科学合作取得了丰硕成果。回顾历史，我们不会忘记苏联人民在中国的抗日战争、解放战争、抗美援朝战争和社会主义革命、社会主义建设中所给予的同情、支持和帮助。在当前新的国际形势下，更需要我们两国人民携起手来，相互支持、相互理解、克服困难，争取光明的前途和美好的未来。

科学技术是第一生产力。人文社会科学同自然科学一样都是科学的重要组成部分。两国的经济发展离不开科学技术的发展。在人类的知识体系中，自然科学与社会科学，如车之两轮、鸟之两翼，共同推动着人类社会的发展。

中国社会科学院肩负着发展中国社会科学、振兴中华的历史使命，为完成这一使命，必须加强世界人文社会科学界的交流与合作。

我衷心希望我们两个科学院之间继续大力加强在人文社会科学各个领域的学术交流与合作，加强院、所和学者个人之间的交流，为繁荣两国的科学事业，促进中俄两国人民，特别是年青一代之间的相互理解和友谊，做出共同的努力。

最后，祝奥希波夫和夫人以及其他俄罗斯科学院代表团成员在中国生活愉快，并祝访问取得圆满成功。

网络时代的文学与文化[*]

（2002 年 10 月 24 日）

办好中国社科院，是一篇大文章。这篇文章做得怎么样，和我院每个人都有关系。刚才听了 6 位同志的发言，感到同志们都有办好社科院的强烈愿望和决心，我很高兴。

文学研究所是一个重要的研究所，一定要办成国内一流、世界知名的研究所，这是时代赋予我们的使命和职责。能否完成这一使命，所党委、所长要负主要责任。要办好研究所，必须有一个好的发展规划，所党委、所长要抓好这项工作，各研究室都要围绕如何把文学研究所办成一流的研究所，制定自己的发展规划。

我们要努力创造良好的硬环境和人文环境。近年来，我们的硬环境得到一定程度的改善，随着国家的不断发展，还会进一步改善。人文环境的建设主要靠我们大家了。人类社会是丰富多彩的，我们的研究环境应该是宽松、和谐、愉快的。我们都是学者，都是文明人，应该是文人相亲，应该是"人间喜剧"。特别是所领导，要尽心尽力，尽职尽责，做团结的模范，做奉献的模范，把精力和智慧都用在治所上。

在硬件建设上，一个重要问题是建立数字化、网络化的公共平台，为学者创造平等占有研究资料与资源的机会。有为才有位。在

---

* 这是李铁映同志在同中国社会科学院文学所学者们座谈时的讲话。

研究所建设方面，院里的方针是支持先进，哪一个研究所搞得好就支持哪一个，不是支持落后，更不是扶贫。

时代在发展，社会在变化，文化也在发展。文化已经不单纯是观念形态的文化了，我们的文学也不单纯是过去的那种文学了。网络上往往出现虚拟的世界，作为现实世界的对应与参照，其作用往往会超过纸张文化或纸张文学。鉴于这种情况，文学所是否应当建立一个文化研究室？同时，还要搞一点文化工程，以加强对基础研究资料的积累。以上建议是否可行，大家充分讨论。

总之，还是那句话：我们一定要办好文学所。

建设社会主义新文化[*]

（2002 年 10 月）

加入 WTO 以后，我国的文化发展问题相当复杂。这个问题能否很好地解决，关系到我们国家、民族的生死存亡。

一　应该吸取苏联的教训

苏联解体和东欧剧变后，这些地区的国家很快背叛了原来的价值观，文化发生了倒戈和转向。俄罗斯现在崇尚的是什么文化？20 世纪 50 年代至 60 年代，苏联有很多优秀的文化，令我们羡慕，为我们效仿，为什么 70 多年的历史能够形成一种具有创造力、生命力、凝聚力的优势文化？为什么会出现今天这样的形势？社会主义文化应该如何建设和发展？它的发展规律是什么？这些问题值得我们思考。

如果社会主义中国没有自己先进的、发达的、有很强生命力和凝聚力的文化，那就没有办法与外来的腐朽文化抗衡。没有自己的

---

* 2002 年 10 月下旬，李铁映同志召集部分学者就"加入 WTO 与中国文化战略"举行了数次座谈会。本文是根据他的几次谈话整理而成的。

东西，就必然要模仿别人的东西。自己的文化如果站不住，不能形成强势，就必然会成为外来文化的俘虏。这不只是"染色"的问题，而是变质的问题。

观察今天社会主义的新形势和新发展，一定不要忘了这样一个大背景：中国尚处在资本主义世界的包围之中，西方发达国家的经济、科技力量要比我们强大得多。就是在这种背景下，形成了我们与西方各国既合作又斗争、既相互需要又激烈竞争的关系。我们党在民主革命、社会主义革命中积累了成功的、丰富的经验，但在同外部资本主义国家进行斗争与合作方面，经验还不足。中国主动地、全面地向全世界开放，不过是 20 世纪 80 年代以后的事情。我们走出了闭关锁国的状态后，肯定会在经济上、文化上遇到很多复杂的问题。对此，我们一定要进行长期、深入、系统的研究，一定要做好充分的思想准备。

二　从利弊两个方面分析经济全球化对文化的影响

对于加入 WTO 后我们在经济方面的利弊得失，现在已经有了比较充分的研究。但是，对于加入 WTO 后我国文化方面的利弊得失、文化的发展战略、文化的产业政策，以及国际文化产业贸易中经济、法律乃至国家权力手段的运用等问题，现在研究得还不够深入。

加入 WTO 后，文化产品贸易的比重将进一步加大，文化和经济的联系也更加紧密。文化的产业化、产业的文化化已成为一种趋势。在经济全球化的背景下，我们的文化必然要受到外来文化的强烈影响和冲击。这种影响和冲击有利有弊。但利在哪里，弊在哪里，需要认真加以研究。

社科院应该义不容辞地承担起"加入 WTO 与中国文化战略"的研究任务。从理论到制度、对策，进行全面研究，从各种理论层次进行研究，从不同的学科角度进行研究。要加强对这方面研究的组织领导，充实科研力量，增加经费投入。这一研究不仅涉及与 WTO

的关系，而且还涉及德治、文化建设、文化发展战略，涉及我们如何看待世界文明、吸收世界文化精华的问题，涉及如何继承和弘扬我们自己的文化问题。

三　文化保存是文化建设的前提

近几年来，在我们的文化中出现了一些不正常的现象，就是有些人不是去创造英雄、肯定英雄、保护英雄，而是总想着把英雄打倒、把历史抹黑。这种现象实在要不得。如果把人都打倒了，文化还怎么保存？如果把历史都抹黑了，文化还怎么保护？文化、历史都没有了，精神在哪里？

在欧洲的很多小地方，都有自己的英雄人物、历史人物，它们想方设法地保存自己的文化。中国历史上由于改朝换代频繁，历代的很多文化没能很好地保存下来。中国历史曾多次发生文化灾难，上个世纪还发生过"破四旧"。否定自己的文化，挖祖坟，实际上是挖我们中华民族的根基。

继承优秀文化传统，同建设社会主义新文化是统一的、一致的。必须注意培育我们民族的自强精神、独立精神、创造精神，当然还必须培育学习精神、兼容精神、批判精神。爱国就要爱自己的历史、爱自己的文化。如果我们对自己的文化遗产，对自己民族的历史传统采取虚无主义的态度，我们就不能建设社会主义新文化。世界上哪种文化没有不足？哪种艺术没有缺陷？但如果总是看到缺点、缺陷，文化怎么积累？中国人创造了很多好东西，但是有许多没有保存下来。没有自己的东西不得了，自己的东西站不住也不得了。今天我们要走向现代化，走向中华民族的全面振兴，必须保存好自己的文化，要让自己的文化站得住。

中国社科院作为全国哲学社会科学的研究中心，要在推动新的价值观、新的风气、新的话语体系的形成和传播方面，要在造就我们自己的社会主义文化方面，发挥重要作用。各研究所的课题要根据需要进行调整，做到与时俱进，在过去已有研究的基础上，增加新的时代性课题。

　　始终高举社会主义先进文化旗帜，是 21 世纪中国共产党人、中国人民的神圣职责，是理论界、文化界的崇高使命。

在稳定中建设、发展[*]

——在十五届七中全会上的发言

（2002 年 11 月 4 日）

　　我完全赞成十六大报告。报告的灵魂是"三个代表"重要思想。报告系统地总结了十三届四中全会以来党的基本经验，规划了党在新世纪的宏伟蓝图，对于我们党团结、带领全国各族人民，全面建设小康社会，开创中国特色社会主义事业新局面，具有极其重要的指导意义。

一　中国未来发展的关键是保持长期稳定

　　21 世纪的头 20 年，对于中国的发展、社会主义的发展、马克思主义的发展来说，都是一个关键时期。

　　全面建设小康社会，加快推进中国特色的社会主义现代化，必须保持政治稳定和国家持续健康发展。

　　发展是执政兴国的第一要务。解决中国的所有问题，要靠发展。

　　* 这是李铁映同志在中共十五届七中全会上的发言。

检验我们的各项方针、政策正确与否，合理与否，标准也是发展。面对新世纪的新形势、新任务、新挑战，我们必须具有强烈的忧患意识，集中精力、集思广益，共谋发展。

发展，就要有一个稳定的社会环境。没有稳定，什么事也干不成。这既是鉴于苏联的教训，也是鉴于我国几十年来的经验。

苏联解体，是苏联党和国家自己倒下去的，是自己投降、自我解体的。

我有时候想，一些敌对势力最希望看到的是什么？是希望中国乱。最感到迷惑和沮丧的是什么？是中国不乱，还在稳定中不断发展；中国为什么不乱呢？乱了，才更符合他们的利益。

我们每一位同志，要像爱护自己的眼睛一样，珍惜我们党和国家来之不易的大好局面。

当然，保持稳定，从根本上说，要靠国家的持续发展，这是实现中华民族伟大复兴的关键。

二　稳步、稳妥地实施各项方针政策

目前，"人心思定"是大势所趋，我们国家从总体上已进入一个稳步发展的阶段。

诚然，我们还面临着一系列困难和问题。问题永远都会有。从一定意义上说，问题解决之时，也是新问题产生之际。加之各地经济社会发展不平衡，所面临的问题也会大不相同。

但无论如何，从全国范围来说，人民最希望国家稳定，不希望乱，这是大局。

我们的改革措施，发展政策，要充分考虑到"三种承受能力"，即我国的经济发展承受能力、人民群众的认识和承受能力、各级干部的领导操作能力。

各级干部，在指导思想上，都应克服思想浮躁。如果说哲学社会科学界的浮躁，会阻碍哲学社会科学的繁荣和发展，那么，干部的思想浮躁，也会给党和国家的稳定发展造成重大损失。

新中国成立以来，很多曲折和失误就是出在"急"上，急躁，不切实际，违反客观规律。急则生"变"，生"乱"。

市场经济是一所伟大的学校。要在这所学校里合格地毕业，并不容易，需要我们在哲学、经济学、法学乃至领导方式、决策思维等各方面都要有大的改进。要改变过去计划经济体制下，那种单纯靠"行政命令"来管理经济和社会事务的方式，学会在市场经济和经济全球化的大海中游泳。

三　在实践探索基础上大力推进理论探索

十六大报告指出："实践基础上的理论创新是社会发展和变革的先导"，"必须把党的思想理论建设摆在更加突出的位置。"这既是对人类历史发展经验的总结，又是鉴于新世纪的新形势、新任务，中央向全党同志发出的动员令。

对于一个马克思主义政党来说，理论上的成熟，从来都是政治成熟上的根本前提。

江总书记今年7月16日考察社科院并发表重要讲话，其重大意义，就是唤起全党对理论、理论研究的重视。

理论是国家发展、民族振兴的灵魂和旗帜。一个国家、民族，必须有自己的理论。没有自己的理论，只能充当别人理论的俘虏。没有自己的理论，也就失去前进的方向，是注定没有希望、没有未来的。

自己的理论，是在自己的实践中产生的，是对自己实践经验的总结，是对自己实践中面临的问题的回答，反过来又指导自己的实践。

任何理论都来源于实践，都有实践的、社会的、历史的局限性。理论的局限性并不表明理论一定是错误的，而是表明，理论总是一定时代、一定历史条件下的思想认识。正因如此，理论必须随着实践的发展而发展，要与时俱进。

苏联解体，苏共垮台，一个重要教训在于，理论上长期搞教条主义、思想僵化。自己不能发展理论，后来又跳到另一个极端，照抄照搬西方的理论，盲目崇拜西方，从而导致失去"主心骨"，解体、垮台也就成了必然。

在实践探索基础上推动理论探索，就要进一步解放思想、实事求是、与时俱进。教条主义是思想解放的大敌。既要反对"东教条"，也要反对"西教条"。

在当代中国，理论的目的就是为了解决中国自己的问题，推动中国的发展。离开中国发展的实际，离开中国人民的根本利益，离开中华民族的前途、命运，这样的理论是为谁服务的？代表谁的利益？回答哪个国家、民族的问题？十六大报告，正是回答了中国新时代的问题，正是我们自己的理论。

中国的马克思主义理论，就是在回答中国问题、在总结中国共产党和中国人民的历史实践经验中形成和发展的。一句话，中国的理论，就是有利于中国发展的理论。

我们坚持马克思主义理论，不是为了固守个别论断和结论，不是把它当成教条。我们发展理论，不是否定理论，而是站在前人的肩膀上，看得更远一些。归根到底，就是探索发展中国的理论。

我们讲理论创新，就是在实践的基础上，进一步推进马克思主义中国化，丰富和发展马克思主义。十六大报告，就是马克思主义中国化的最新篇章，是理论创新的典范。

什么是社会主义小康社会，怎样全面建设社会主义小康社会？这是新世纪初全党同志最大的政治任务、理论任务，也是理论界、哲学社会科学工作者必须着力研究的重大时代课题。

为了推动理论创新这一崇高事业，党必须掌握一支专门的理论队伍和战线，这是一支"特殊军队"。特别是面对新世纪的新形势、新任务，在世界社会主义处于低潮时期，我们要打赢全球化背景下的思想理论文化之战，就必须拥有理论、发展理论，为国家发展和民族振兴不断提供理论支持和精神动力。

　　提出问题是任务，解决问题是经验，总结经验是理论。我们正处于一个出思想、出理论、出"大家"的时代。

　　我们坚信，在党中央正确领导下，在邓小平理论和"三个代表"重要思想指引下，在十六大精神鼓舞下，全党同志、全国各族人民，同心同德，与时俱进，开拓创新，一定能够在建设中国特色社会主义的双重探索中，谱写出无愧于时代的、更加壮美的新篇章！

推进马克思主义中国化[*]

——在十六大湖南代表团发言

（2002 年 11 月 10 日）

　　我完全赞同江泽民同志做的十六大报告。报告通篇贯穿了"三个代表"重要思想，全面总结了十三届四中全会以来党的基本经验，提出了党在新时期的路线、方针和政策，科学地回答了我们党和国家在新世纪举什么旗、走什么路、实现什么奋斗目标等根本性问题，对于我们党团结、带领全国各族人民，全面建设小康社会，加快推进社会主义现代化建设，具有极其重要的指导意义。

　　进入新世纪、新阶段，我们党和国家如何进一步发展？这既为世界所瞩目，也为全国人民所期待。十六大报告就是中国人民自己实践经验的总结，是进一步发展中国的理论宣言，是马克思主义基本原理同当代中国实际相结合的最新成果，是有中国特色的理论体系、概念和话语体系，是中国共产党人在 21 世纪的行动纲领。

　　大会之后，我们还要继续学习、研究、宣传、坚持十六大精神。学习就是要学习报告中提出的思想、理论。研究就是要把这些理论，变成自己的精神力量，同时研究报告中提出的问题和党在新时期的历史任务，在实践中推动理论的发展。宣传就是运用多种形式，结

---

　　* 这是李铁映同志在十六大湖南代表团分组会上的发言。

合实践，特别是新的经验，让报告中提出的思想、路线、方针、政策深入人心。坚持就是要坚持报告中提出的一系列重大的理论、路线、方针和政策。

下面，我讲四点学习心得。

一　理论是党的灵魂和旗帜

"三个代表"重要思想，是十六大的灵魂。确立"三个代表"重要思想作为党必须长期坚持的指导思想，是十六大的一大历史性贡献。十六大，无疑将以这一点为标志，载入中国共产党的发展史册，载入马克思主义的发展史册。

十六大报告指出："实践基础上的理论创新是社会发展和变革的先导。""必须把党的思想理论建设摆在更加突出的位置。"这既是对人类历史发展经验的总结，又是鉴于新世纪的新形势、新任务，中央向全党同志发出的动员令。

对于一个马克思主义政党来说，理论上的成熟，从来都是政治上成熟的根本前提。

江总书记今年7月16日考察社科院并发表重要讲话，其重大意义，就是唤起全党对理论、理论研究的重视。

一个民族要兴旺发达，要屹立于世界民族之林，就不能没有创新的理论思维。这是人类社会发展史给我们的一个宝贵启示。

理论是党的灵魂和旗帜，是国家发展、民族振兴的强大精神力量。一个政党、国家、民族，必须有自己的理论。没有自己的理论，只能做别人理论的俘虏。没有自己的理论，也就失去前进的精神动力和方向，是注定没有希望的。十六大报告，正是我们自己的理论华章。

自己的理论，是在自己的实践中产生的，是对自己实践经验的总结，是对自己实践中面临的问题的回答，反过来又指导自己的实践。什么是最宝贵的？自己的经验是最宝贵的！对于一个国家、民族、政党来说，最重要、最宝贵的就是自己的实践经验的总结。十六大报告，正是对我们自己的经验的科学总结。

建设中国特色社会主义，是实践和理论的双重探索。小平同志讲建设有中国特色社会主义，不仅我们的制度是中国特色的社会主义制度，而且我们的道路也是中国特色的社会主义道路。我们是通过马克思主义基本原理同中国实际相结合，来探索、发展社会主义的，既不是在理论上照抄、照搬本本，也不是在实践上照抄、照搬别国模式。

实践探索，为理论探索提供源泉和动力。理论探索反过来指导实践探索，进一步推进实践探索的深化和科学化。两种探索相辅相成，共同推动了有中国特色社会主义的深入发展。

"三个代表"是双重探索的伟大结晶，是对我们自己实践经验的总结，是中国共产党人自己的理论，是马克思主义中国化的最新成果。"三个代表"的核心是代表最广大人民的根本利益。离开了最广大人民的根本利益，既不能理解社会主义，也不能理解共产党的先进性。共产党的理论、路线、纲领、代表性和活力都来源于全心全意为人民服务，全面、彻底地代表人民的利益。

进入新世纪，面对大量新情况、新问题，我们必须在实践探索的基础上大力推进理论探索。我们应大力弘扬学习的风气，调查研究的风气，重视理论、深入思考的风气。只要我们在理论上不停顿，党和国家的事业就能够永葆生机和活力。

二　解放思想、实事求是、与时俱进，是党在新世纪的思想路线

确立解放思想、实事求是、与时俱进的思想路线，是十六大的又一历史性贡献。这条思想路线既反映了我们对实践的探索，也反映了我们对理论的探索；反映了马克思主义基本的思想理论方法；反映了我们所处时代的哲学思想。

从毛泽东同志提出实事求是，到邓小平同志把解放思想与实事求是并提，再到江泽民同志倡导解放思想、实事求是、与时俱进，党的思想路线的形成、丰富和发展，集中反映了我们党马克思主义思想理论水平的不断提高。

解放思想、实事求是、与时俱进是辩证制约、内在统一的，解放思想就是实事求是，也就是与时俱进。这样一条思想路线所强调的，也就是理论与实践相结合，主观与客观相结合，思想、理论不能脱离实践、脱离时代的发展。不解放思想，就不可能真正做到实事求是和与时俱进；不实事求是，也不是真正的解放思想和与时俱进；而不与时俱进，解放思想、实事求是也就失去了方向和动力。

理论为什么要与时俱进？这是由理论的特性所决定的。

一是实践性。实践特别是人民群众的社会实践，是理论的源泉、动力、价值体现，检验理论真理性的标准归根到底也是实践。客观事物的发展没有止境，人类的认识就没有止境。实践不停顿，理论就必须随着实践的发展而发展，就要与时俱进。

理论如何发展呢？理论发展首先是实践提出的要求，实践中出现的问题需要理性的回答，实践中形成的经验需要把它上升为理论。正如马克思所讲的，理论在一个国家的实现程度和意义，取决于它满足社会需要的程度。

二是社会性。任何理论都是人们对一定社会存在的认识，而社会存在是无限丰富、复杂多变的。社会存在的多样性决定了人们的思想认识的多样性，决定了理论都具有一定的社会局限性。因此，任何归一化的观念、唯一化的模式都是荒谬的。

我们正处于社会主义初级阶段，正在为实现中国特色社会主义现代化而奋斗。这就是我们的社会存在。今天中国的利益同西方的利益不一样，所处的历史阶段也不一样，客观存在更不一样。西方的理论、学说是他们的客观存在、利益的反映。而我们的理论反映的，则是中国人民的客观存在、利益。

三是历史性。任何理论，都是一定时代、一定历史条件下的思想认识，都具有一定的历史局限性。超时空、超历史的所谓"普世理论"、"绝对真理"，是没有的，也不可能有。

正确的理论是一套完整、严密的科学体系，要求我们必须用科学的态度来对待它，来不得半点主观随意性。

三　教条主义是思想解放的大敌

在实践探索基础上推动理论探索，必须反对教条主义。教条主义是思想解放的大敌。

教条主义有多种表现形式。既要反对"东教条"，也要反对"西教条"。"东教条"，就是把马克思主义教条化。当年教条主义者王明就曾提出，马克思主义"至矣，尽矣，不可复加矣"（"加"了就不"纯洁"了）。"西教条"，就是"西化"，照抄照搬西方的理论、制度、模式。

历史经验告诉我们，什么教条都不灵，都不能解决中国的问题。解放思想，就要从"两个教条"中解放出来，走自己的路。

一切教条主义都有其共同的哲学特点，这就是理论和实践、主观和客观相分离，实际上是各种唯心主义、主观主义、形而上学的表现。教条主义既是一种思维方式，又是一种价值观，还是一种话语体系。

克服"两个教条"，就要努力创建和发展有中国特色的理论、概念和话语体系。我们既要抢占理论制高点，也要抢占概念和话语体系的制高点。我们不能全部接受西方的概念和话语体系。西方的概念和话语体系反映了他们的社会存在，反映了他们的制度、道路、模式、利益和价值观念，很多并不适合我们的实际，有不少甚至带有"话语霸权"和歧视性含义。存在不同，利益不同，话语体系也必然有所不同，必然会有自己的特点。

理论的创造，总是伴以概念和话语体系的创造。"实事求是"、"中国特色社会主义"、"社会主义初级阶段"、"社会主义市场经济"、"社会主义法治国家"、"社会主义精神文明"、"三个代表"等，既是有中国特色的理论体系，又是有中国特色的概念和话语体系。

我们应努力创建和发展中国自己的概念和话语体系，这种概念和话语体系反映中国人民的实践，是科学的、民族的、大众的，具有鲜明的中国特色、中国气派、中国风格。

四　理论创新的实质是不断推进马克思主义中国化

十六大报告是理论创新的历史鸿篇，是马克思主义中国化的最新篇章。

在当代中国，理论的目的就是为了解决中国自己的问题，推动中国的发展，就是为了实现中国人民的根本利益，实现中华民族的伟大复兴。离开中国发展的实际，离开中国人民的根本利益，离开中华民族的前途、命运，这样的理论是为谁服务的？代表谁的利益？回答哪个国家、民族的问题？

中国的马克思主义理论，就是在回答中国问题，在总结中国共产党和中国人民的历史实践中形成、发展的。一句话，中国的理论，就是有利于中国发展的理论。

我们坚持马克思主义理论，不是为了固守个别论断和结论，不是把它当成教条。我们发展理论，不是否定理论，更不是苛责前贤，而是站在前人的肩膀上，力图看得更远一些。归根到底，就是探索发展中国的理论。

我们讲理论创新，就是在实践的基础上，进一步推进马克思主义中国化，不断开拓马克思主义理论发展的新境界，丰富和发展马克思主义。什么是社会主义小康社会，如何全面建设小康社会，这是进入新世纪，全党同志的重大政治任务、理论任务，也是理论界、哲学社会科学工作者必须面对的重大时代课题。

创造性地开展理论研究，是理论创新的重要前提。为了推动理论创新的崇高事业，党必须掌握一支专门的理论队伍和战线，这是一支"特殊军队"。特别是面对新世纪的新形势、新任务，在世界社会主义处于低潮时期，我们要打赢全球化背景下的思想理论之战，要拥有真理、运用真理，就必须拥有理论、发展理论，为国家发展、民族振兴不断提供理论支持和精神动力。

十六大报告反复强调创新，与时俱进是我们这个时代的时代精神，创新是新世纪、新阶段的主题词。任何新局面、新开拓、新发展都是理论和实践相结合的新成就。如果实践没有得到很好的发展，必然是理论没有很好地指导，不是僵死就是偏颇。如果实践有了很大的发展，理论没有及时总结，实践发展就不能持续。十六大报告，正是理论和实践相结合的最新成果。

我们正在全面建设小康社会，加快推进社会主义现代化，13亿人民一齐奔向现代化，这是人类历史上从来没有过的。我国的经济迅速发展，社会生活深刻变革，我们的思想、认识、观念、理论也在发展变化。可以说，我们正处于一个出思想、出理论、出"大家"的时代，我们对未来充满信心。

我们相信，在党中央正确领导下，在邓小平理论和"三个代表"重要思想指导下，在十六大精神鼓舞下，全党、全国各族人民，同心同德，与时俱进，开拓创新，一定能够在建设有中国特色社会主义的双重探索中，谱写出无愧于时代、更加壮美的新篇章。

让我们在十六大的旗帜下，开创伟大的新时代！

学习、研究、宣传、坚持[*]

——传达十六大精神

（2002 年 11 月 15 日）

党的十六大已胜利闭幕。十六大是新世纪我们党召开的第一次全国代表大会，是团结的大会、胜利的大会、奋进的大会。江泽民同志做的十六大报告是一个十分重要的历史文献。报告的灵魂是"三个代表"重要思想。报告写出了新世纪马克思主义基本原理同中国具体实际相结合的科学社会主义。报告深化了我们对"什么是社会主义，怎样建设社会主义"的认识，深化了对"建设一个什么样的党，怎样建设党"的认识，深化了对"什么是马克思主义，怎样坚持和发展马克思主义"的认识，是具有里程碑意义的历史文献。

十六大完成了两大任务：一是全面总结了十三届四中全会以来我们党的基本经验；规划了新世纪、新阶段的宏伟蓝图；通过了新的党章修正案，将"三个代表"重要思想写入党章，作为我们党必须长期坚持的指导思想。二是选举产生了新的中央领导集体。党的领导集体顺利实现新老交接，昭示着我们党、国家和民族的兴旺发

　＊　这是李铁映同志在中国社会科学院传达贯彻十六大精神大会上的讲话。

达和美好前景。

我完全赞同十六大报告，赞同新的党章修正案，坚决拥护新的中央领导集体。

学习、贯彻十六大精神，是当前全党全国人民的首要政治任务，也是我院当前和今后一个时期的首要工作。下面，我就社科院的学习、贯彻，讲四点意见：学习、研究、宣传、坚持。

一 关于学习

对我们理论工作者、学者来说，学习是第一位的。不学习就搞不懂，不懂就谈不上宣传、坚持。社科院是研究机构，学习十六大精神，不仅是重大的政治任务，而且是重大的理论研究任务。

——学习十六大精神，既要全面领会，又要突出重点。十六大文件内容非常丰富，我们的学习既要全面、系统，又要突出重点，领会精神实质。

要认真学习中国共产党领导人民建设中国特色社会主义必须坚持的"十条基本经验"；

要认真学习关于贯彻"三个代表"重要思想的"四个必须"的要求；

要认真学习全面建设小康社会的四项奋斗目标；

要认真学习关于新世纪初我国经济、政治、文化建设和改革等各方面的任务和基本方针、政策；

要认真学习全面推进党的建设新的伟大工程的重大部署，以及加强和改进党的建设的"四个一定要"的要求；

要认真学习十六大通过的新的《中国共产党章程》，等等。

——要在一个大的时空背景下，学习和理解十六大精神。在中国，搞社会主义现代化，我们没有现成的道路和模式可以照搬。必须进行不懈的实践探索；我们没有现成的理论和本本可以照抄。如中国特色社会主义、小康社会、社会主义市场经济等，都是理论的创新，必须依靠全党的理论智慧，依靠哲学社会科学工作者的理论探索。

今天的世界已不再是先哲们所预想的世界。科学技术的日新月异、经济全球化和政治多极化的曲折发展等，都是前所未有的新的发展现象。

今天的中国仍然处在外部资本主义的包围中，彼强我弱。在革命时期，我们同国内资产阶级长期打交道，积累了成功的、丰富的历史经验。但在建设时期，同整个外部资本主义世界长期共存，既斗争又合作，在这方面，我们经验还不够多，也就是改革开放后20多年。

我们要独立自主地探索中国特色社会主义道路，探索中国自己的工业化和现代化道路。这是伟大的历史性创造。

所有这些，也就是十六大报告所回答的问题，所提出的理论和任务。十六大报告就是我们自己的经验总结，是党13年来领导人民进行实践和理论的双重探索的结晶。什么是理论？实践经验的理性认识，对客观世界的规律性认识，这就是理论。从一定意义上说，大问题产生大理论。十六大报告，就是我们时代的理论，因为它回答的是新世纪初中国所面临的一系列重大问题。全院同志必须认真学习，深刻领会，真正搞懂。要懂，就要首先学习好。

关于我院对十六大精神的学习，我提出三点要求：

第一，全院各级党政领导要精心组织学习，切实负起责任。院党组首先要抓好党组理论学习中心组的学习，同时制订出全院的学习方案。院属各单位要根据院党组的统一部署，召开党委扩大会，认真传达和学习；要就本单位的进一步学习，做出详细安排。

第二，学习形式要多样化。要生动活泼、畅所欲言。除认真学习大会文件外，还可以组织一系列座谈会、研讨会、报告会，也可以就某些专题请专家来做报告。

第三，学习要富有成效，要结合实际、结合历史。把学习十六大精神同我国社会主义建设、改革的伟大实践密切结合起来，同我们党 80 多年不断开拓创新的伟大历史密切结合起来。

二　关于研究

研究是学习的深化，是一种特殊形式的学习。不研究，不思考，认识总是肤浅的，学习也就不能深入。

——研究一定要立足于现时代及其发展变化，立足于我们党和国家的实践。十六大报告紧紧把握我们当前所处的时代，反映了我们时代的重大课题，明确了我们的历史任务。我们现在所处的时代，比先哲们所处的历史时代要复杂得多。无论在理论上还是实践上，都有大量复杂的问题。对于这些问题，是没有现成的答案的，要靠我们在实践的基础上大胆探索。

中国正在发生巨大变化，世界也在发生巨大变化。无论国内还是国际，都有许多未被认识清楚的事物和问题，亟须我们从党、国家、民族前途命运的高度，进行深入研究，不断推动理论创新。

时代和实践为我们的研究提供了广阔的舞台。我们的时代，是追求创新、崇尚创造性劳动的时代，是出巨著、出思想、出理论、出"大家"的时代。理论工作者，一定要在时代和实践的变化中，在中国与世界的新的关系中，解放思想、实事求是、与时俱进，提出自己的理论思考和真知灼见。这就要求我们认真学习和研究十六大报告。

——研究要有无畏的理论勇气和严谨的科学态度。如果没有巨大的理论勇气，没有严肃的科学态度，没有把二者结合起来的创造精神，也不可能使我们的理论回答关系当代中国前途命运的问题。

马克思说："在科学上没有平坦的大道，只有不畏劳苦沿着陡峭山路攀登的人，才有希望达到光辉的顶点。"[1]理论工作者，要向马克思主义经典作家和革命领袖学习，在不懈的探索中实现理论创新。

在新世纪、新阶段，我们党作为执政党，面临着繁重的历史性任务，增强党的阶级基础，扩大党的群众基础，是时代发展对我们党自身建设的必然要求。代表少数人的党不是先进的党，先进的党一定要得到绝大多数人民的拥护和热爱。拥护、热爱的人越多，党也就越具有先进性。"三个代表"也正是阶级性与群众性、先进性与广泛性的统一。

我们应该看到，我们建设的社会主义不是少数人的事情，而是13亿人民的共同事业。只有全体人民通过诚实、合法的劳动，获得成果，富裕起来，拥护社会主义的人越来越多，这样的社会主义才是有生命力的。在当代中国，社会主义就是实现最广大人民的富裕和幸福，实现国家的繁荣和富强，实现中华民族的伟大复兴。十六大报告正是这样的一个规划，正是这样的一个蓝图，正是回答这一伟大任务的理论。

——社科界、社科院在理论研究方面肩负着重大使命。这是党中央对我们的期待和信任。十六大报告是一篇大文章，报告同时为理论界开出了一张大单子，提出了一系列重大理论和实践课题，进一步呼唤理论的繁荣和发展。

科研局、各所要组织一批重大研究课题。例如，深入研究"三个代表"重要思想；深入研究党的思想路线的丰富和发展；深入研究什么是小康社会，怎样建设小康社会；深入研究我国经济、政治、文化体制建设和改革面临的新问题；深入研究执政党建设的重大课题；等等。

在深入研究的基础上，力争尽快拿出高质量研究成果。要以此为契机，切实改变"书多好的少"、"文长平庸多"的状况。

三　关于宣传

在学习和研究的基础上，社科界、社科院当然要为社会服务。我们要用出色的理论成果，用我们对十六大精神的理解、认识和研究，来回报社会。这是我们的责任。宣传既是一种为政治、为社会服务的工作，同时，也是一种再学习、再研究。我们的宣传，要在研究的基础上、从理论层面上来深化对十六大精神的学习。

院有关部门，比如科研局、邓小平理论研究中心、青年中心及各所，都要组织一批有水平的重点理论宣传文章，在中央重点报刊上发表。院内有关报刊要大力配合，推出一批重要的、有理论深度的宣传文章。

——我们的宣传要自觉地同党中央保持一致。在重大基本问题上，在根本方针和原则上，我们的宣传必须在政治上同党中央保持高度一致，这是我们宣传的政治纪律。

坚持政治纪律与贯彻"双百"方针并不矛盾。政治是利益的声音。在当代中国，理论的目的就是为了解决中国自己的问题，推动中国的发展，就是为了实现中国人民的根本利益，实现中华民族的伟大复兴。离开中国发展的实际，离开中国人民的根本利益，离开中华民族的前途命运，这样的理论是为谁服务的？是回答哪个国家、民族的问题的？

总之，我们的原则是：思想有自由，学术无禁区，宣传有纪律，行为守法律。

——宣传要以深入的研究和说理为基础。没有深入的研究，就不可能收到好的宣传效果。只有把理论、思想搞明白、搞懂了，我们才能讲清楚、讲透彻。理论的真理性也就是理论的彻底性，理论只有彻底，才能掌握群众。理论不彻底，就会发生摇摆，这是一条历史经验。要强调理论宣传的说理性、可读性。

中国社科院作为理论研究机构，作为社会科学专门研究机构，是有优势、有能力的，是有深厚科学基础的。一定要充分发挥优势，使我们的宣传成果有深厚的理论内蕴，有严谨的理论逻辑，有新颖的理论创意。要引导社会全面、准确地理解十六大精神。

——要用科学的态度和方法对待宣传。既要避免语言晦涩难懂，又要避免语言花哨、自我加冕。有理不在声高。真理是朴实的，是不需要包装的。毛主席曾经批评过"嘴尖皮厚腹中空"[2]的党八股，我们要加以避免和克服。

我们的宣传工作要生动活泼，形式多样，要运用人民喜闻乐见的形式；宣传方法要新颖，深入人心，真正把人们的思想认识统一到十六大精神上来。

四　关于坚持

我们要坚持十六大的精神和方针，就是坚持高举邓小平理论伟大旗帜、全面贯彻"三个代表"重要思想；坚持走中国特色社会主义道路；坚持十一届三中全会以来党的基本路线、基本纲领；坚持我们党对国际国内局势的基本看法。

——坚持以马列主义、毛泽东思想、邓小平理论和"三个代表"重要思想为指导；

——坚持解放思想、实事求是、与时俱进的思想路线；

——坚持走中国特色社会主义道路；

——坚持以经济建设为中心，不断解放和发展生产力；

——坚持四项基本原则；

——坚持改革开放；

——坚持不断完善社会主义市场经济体制；

——坚持发展社会主义民主政治，建设社会主义法治国家；

——坚持发展社会主义先进文化；

——坚持加强和改进党的领导；

——坚持我们党对时代问题、国际国内局势的基本看法。十六大报告明确指出，21世纪头20年，对我国来说，是一个必须紧紧抓住并且可以大有作为的重要战略机遇期。这是一个十分准确、重要的基本判断。

以上这些，是我们长期以来形成的基本理论、基本路线，必须坚定不移地坚持。因为它们是我们自己实践经验的总结。什么是最宝贵的？自己的经验、自己经验的总结才是最宝贵的。只有符合我们自己的实际、能够解决我们自己的问题的理论，才是我们所需要的、好的理论。我们的理论只能产生于中国人民自己的实践。自己的经验上升为理性认识，就是我们的理论。十六大报告，就是我们自己实践经验的科学总结，是理论创新的重大成果。

无论是学习、研究，还是宣传、坚持，都要立足于我们党领导人民正在进行的伟大实践。学习、研究、宣传、坚持的统一，是实践基础上的统一，是理论与实践的统一。学习、宣传是理论运用的环节，是理论与实践相结合的思想前提。研究是一种深入的学习，是理论与实践相结合的过程，是不断探索的过程。任何时代的理论，都是对这个时代大问题的思考和认识；任何一种理论的坚持，都是在实践中的坚持与运用，同时又是对理论的再认识。没有在实践中的再认识，也就没有理论的发展。理论只有在实践中运用，在指导人们认识世界、改造世界的过程中，才能获得自身的发展，才能得到真正的坚持。

让我们紧密地团结在以胡锦涛同志为总书记的党中央周围，以邓小平理论和"三个代表"重要思想为指导，在十六大的旗帜下，开创中华民族伟大复兴的新时代！

注释：

[1] 《马克思恩格斯全集》第 44 卷，人民出版社 2001 年版，第 24 页。

[2] 参见《毛泽东选集》第 3 卷，人民出版社 1991 年版，第 800 页。

创造中华民族新文化

——纪念郭沫若同志诞辰 110 周年

（2002 年 11 月）

今年 11 月 16 日，是杰出的科学家、文学家，卓越的革命活动家郭沫若同志 110 周年诞辰。我们将举办"郭沫若与百年文化"为主题的系列文化活动，纪念这位在 20 世纪中国，与时俱进，努力创造民族新文化的伟大战士。

一

20 世纪初，在新世纪曙光的照耀下，在科学、民主旗帜的召唤下，郭沫若把全部热情倾注到国民的解放、祖国的新生中。

在新文化运动热潮中，尚在"尝试"的白话诗，经郭沫若等被推向新诗的高峰。

"革命文学"新潮涌起，郭沫若从理性上开始接受马克思主义，明确表示："在大众未得发展个性、未得享受个性自由之时，少数先觉者倒应该牺牲自己的个性，牺牲自己的自由，以为大众人请命，以争回大众人的个性与自由！"[1]

时局动荡，军阀混战，造成绝大多数人生活在水平线下，郭沫若感到："我们中国人只剩着一条路好走——便是走社会主义的道路。"[2]不久，他毅然投笔从戎，参加北伐战争。发现蒋介石叛变革命的阴谋，立即奋笔疾书讨蒋檄文《请看今日之蒋介石》。蒋介石发动"四一二"政变，多少先烈付出宝贵的生命，但没有动摇郭沫若的信念，他坚信中国共产党代表中国历史前进的方向，代表中国最广大人民的利益，毫不犹豫地奔赴中国共产党领导的武装起义队伍，加入中国共产党的行列中来。

大革命失败后，中国向何处去，成为全民族最关注的社会问题。郭沫若身居海外，心系祖国。"对于未来社会的待望"，迫使他"生出清算过往社会的要求"[3]。他紧紧把握着时代脉搏，坚信马克思主义才能为中国的历史、现状和未来提供科学的解释，走出一条唯物主义的研究道路。《中国古代社会研究》一书在风雨如晦的年代，如报晓的雄鸡一声长鸣，引导着多少热血青年投奔中国共产党领导的中国人民解放事业。

抗日战争爆发，郭沫若秘密归国，投笔请缨，投身民族解放战争的洪波。他一方面协助周恩来同志担负起文化界抗日民族统一战线的组织工作，另一方面在建设和发展抗战文化方面倾注大量心血，成为继鲁迅之后，在中国共产党领导下，文化战线的又一面光辉的旗帜。他的史剧，激发广大群众的民族精神，成为教育人民、打击敌人的有力武器。他的史论《甲申三百年祭》，总结明末清初李自成起义失败的教训，被中国共产党列为整风学习文件，教育全党始终密切联系群众，保持谦虚谨慎、艰苦奋斗的优良作风。

抗日战争胜利后，在两个中国、两种命运的决战中，郭沫若冒着白色恐怖的危险，英勇地站在民主爱国阵线的前头，同蒋介石的内战阴谋和法西斯统治进行针锋相对的斗争，为迎接新中国的诞生，而辛勤地、创造性地开展工作。

在中国人民的解放和振兴事业中，郭沫若做出了独特而杰出的贡献，赢得了人民的尊敬。

新中国成立后，1949—1959年的十余年间，郭沫若出席18次国际性的世界和平会议，连选连任保卫世界和平大会副主席，与主席约里奥·居里一道，为维护世界和平进行不间断的努力，被誉为新中国的"和平使者"。

晚年虽身遭"四人帮"迫害，郭沫若仍然对中国共产党、对中国共产党的老一辈革命家抱着崇高的敬仰和坚定的信念。当粉碎"四人帮"之际，他由衷地欢呼党和人民的胜利，激励劫后的华夏子孙，迎接人民的春天！

郭沫若"把生命奉献给中国人民"，不断追求真理、努力攀登，反映的正是他身上所具有的与时俱进的一贯精神！没有这种精神，郭沫若可以是一位杰出的学者，却不一定能够成为新文化战线的一面旗帜。

二

与时俱进的精神，激发着郭沫若的创造精神。一步入文坛，他就以创造者的姿态，大力提倡创造精神，为创造精神欢呼：

> 不断的毁坏，不断的创造，不断的努力哟！[4]

不断地毁坏，不断地创造，正是进入 20 世纪的中华民族迫切需要的时代精神。20 世纪最初的十多年间，中国社会经历了一次推翻帝制与复辟帝制的较量。君主专制、窒息个性、顽固守旧，作为一种文化传统，依然积淀在国民心灵的深处。不彻底清算这个旧传统，社会就无从发展。于是，以砸碎精神枷锁、实现个性解放、改造国民素质、创造新生文化为宗旨的新文化运动应运而生。

郭沫若自己首先实现了这种文化心理的转换，他渴望光明、追求革新，雄心勃勃地"要创造个新鲜的太阳"，"照彻天内的世界，天外的世界"[5]。在以创造者的姿态努力创造光明的世界的同时，郭沫若更以创造者的姿态努力创造新文化。

他的最早的新诗集《女神》，站在时代创造精神的高度，成为当时最富创造精神的诗作。正是这永生的女神，以崭新的内容和独特的风格，开一代诗风，给五四以来的新诗以最深刻的影响，成为中国新诗发展史上一块巍峨的丰碑。

20 世纪最初的 30 年间，中国思想文化领域发生着两项重大变化。一是国外思想进一步被引进，国人的观念正在不断更新。二是数量众多的本土文化遗存被重新认识，大大地拓展着学术文化的范围。

在引进热潮中，郭沫若的眼界始终放在整个人类思想文化进程上，并较早地认识到："马克思主义在我们所处的这个时代是唯一的宝筏"[6]，"辩证唯物论是人类的思维对于自然观察上所获得的最高的成就。"[7]他以当时最新的思想观念——唯物史观为指导研究中国古代社会，创造性地把古文字、古器物研究与古代史研究结合起来，确立起唯物史观的中国古代文化体系，成为中国马克思主义历史学的开拓者。

在发掘本土文化遗存中，当时最为瞩目的是 1928—1937 年河南安阳殷墟甲骨的科学发掘。身居海外的郭沫若，与国内发掘同步，独自完成了他关于甲骨文的系统研究，形成"甲骨四堂"各展其长的美谈。与此同时，郭沫若将青铜器研究纳入"美术的视野"，建立起认识中国青铜器的科学体系，再次展示了他的巨大的创造精神！

从事研究，也从事创作，贯穿郭沫若的整个文化生涯。他创造性地提出：研究历史为着"发掘历史精神"，创作史剧为了"发展历史精神"。二者相辅相成，彼此促进，使他创作出《屈原》、《虎符》、《蔡文姬》等历史剧，标志着中国现代史剧创作走向成熟，并产生着久远的影响；同时，在探索历史研究与艺术表现的关系方面，为中国现代文化发展留下宝贵的财富。

新中国成立后，作为新中国学术文化领域的负责人，郭沫若一方面参与制定和积极贯彻有关方针、政策，另一方面在政务之余继续从事研究和创作，推动着新中国学术文化的繁荣与发展。他不仅反复强调"提高民族自信心、促进民族新文化的创造"，而且在开拓研究领域、启迪观念更新方面，依然不失带领大家一道前进的旗手的风采。直至生命的最后时刻，在呼唤"人民的春天，科学的春天"到来之时，他仍然以澎湃的激情强调："勇于探索、勇于创造。"

　　郭沫若一生追求和实践的创造精神，是最可宝贵的精神财富。有了这种创造精神，也才有我们民族文化事业的兴旺发达！

三

　　自 19 世纪下半叶起，中国的思想文化领域出现新文化与旧文化、外来文化与本土文化一次次的剧烈碰撞。正是在这种汇聚碰撞火花的进程中，郭沫若成为与时俱进、创造民族新文化的一代文化巨人，并形成影响他日后思想认识和学术研究的世界文化观——吞吐中外学说，瞩目异民族优秀文化；以国情为基点，考验外来文化适应度；吸吮科学甘乳，填写世界文化的白页。

　　20 世纪 20 年代，郭沫若就已明确指出："我们要唤醒我们固有的文化精神，而吸吮欧西的纯粹科学的甘乳。"[8]并认为："要宣传民众艺术，要建设新文化，不先以国民情调为基点，只图介绍些外人言论，或发表些小己底玄思，终竟是凿枘不相容的。"[9]时至 20 年代末，他虽然认识到辩证唯物论与历史唯物论正在逐渐成为中国思想界的主流，但没有仅仅作为纯粹的方法来介绍，而是以"中国的思想，中国的社会，中国的历史，来考验辩证唯物论的适应度"[10]，并"使它中国化"。更进一步提出："世界文化史的关于中国方面的记载，正还是一片白纸"，"在这时中国人是应该自己起来，写满这半部世界文化史上的白页。"[11]因此，在《中国古代社会研究》中提出了恩格斯《家庭、私有制和国家的起源》"未曾提及一字的中国的古代"，第一次运用唯物史观填写世界文化史的白页。

　　在 40 年代的艰难岁月里，郭沫若看到：世界各民族的文化大都有兴有替、有盛有衰，唯独中国文化"五千年中永远保持着了它的一贯的进化体系"，"我们因以创建与时俱进的优秀的文化，并吸收异民族的文化之优秀成分使之成为自己的血肉，或成为自己文化创造力的触媒"。[12]

翻译出版马克思主义理论著作和外国进步文艺作品，是郭沫若吸收异民族优秀文化的一个重要途径。郭沫若的译著包括马克思、恩格斯著作，德、英、俄、美、爱尔兰、日本、印度、波斯等国的诗歌、小说、戏剧、艺术以及考古、科学等方方面面的作品，共计30种。从中，我们不仅可以看出郭沫若瞩目异民族优秀文化的视野之广、领域之宽，还可以发现他如何吸吮其科学甘乳，作为创造自己民族文化的借鉴。

新中国成立以后，郭沫若进一步指出："我们需要从历史发展中来进行爱国主义教育、提高民族自信心、促进民族新文化的创造。""然而在世界史中关于中国方面的研究却差不多还是一片白页。这责任是落在我们的肩头上的，我们须得满足内外人民的需要，把世界史的白页写满……"[13]这既是郭沫若自己学术生涯的一个概括性总结，同时又为新中国学术文化发展指出方向、提出要求。

引进外来思想，以中国的传统考验其适应度，吸吮其科学的甘乳，促进民族新文化的创造，再走出去，填写世界文化史的白页，这是郭沫若给我们留下的又一非常重要的启示。

四

虽然郭沫若的主要成就在哲学社会科学领域，包括文学、艺术、哲学、历史学、考古学，以及马克思主义理论著作和外国进步文艺的翻译介绍等方面，但他对于科学的认识和理解却不仅仅局限于哲学社会科学的这些方面，而是形成了一个关于"科学的中国化"的系统思想：

今天要接受科学，主要的途径应该是科学的中国化。要使科学在中国的土壤里生根，从那儿发育出来，开花结实。科学的理论和实践要能和中国的现实生活配合起来，要使它不再是借来的衣裳，而是很合身的剪裁，或甚至是自己的血肉。[14]

接受科学，走科学的中国化之路，郭沫若为此努力奋斗了一生。这一思想，包含着"以大众化为其目标，以文学化为其手段"[15]和"政治的民主化以为前提"的完整内容。

1947年5月，郭沫若为《大众科学丛书》出版写序，高屋建瓴地提出科学的定义：

> 科学在今天是我们的思维方式，也是我们的生活方式，是我们人类精神所发展到的最高阶段。

这是科学在最高层次上的综合，即人文科学、社会科学与自然科学的全方位的综合！

郭沫若"科学的中国化"认识，与他反对愚昧迷信、主张科学大众化的思想紧紧联系在一起。他这样写道："不仅要使科学知识大众化，而且要使科学精神大众化。"[16]真正做到科学知识大众化、科学精神大众化，愚昧迷信自然而然就无存身之地了。

新中国成立，郭沫若关于接受科学，走科学的中国化之路的理想得以实现。1949年10月，郭沫若出任中央人民政府政务院副总理兼文化教育委员会主任，同时兼任中国科学院院长。11月，他在中国科学院提出："科学院的任务是执行共同纲领，发扬新民主主义文化，即民族的形式，科学的内容，与大众的方向，及反对封建的法西斯主义的文化。"特别强调："现在的政治重点应该放在经济建设方面。提高发展生产需要的技术科学、自然科学。现在人才太少，我们得赶快训练大批人才，掌握住进步的技术以达到发展生产的目的。"如今，郭沫若的夙愿已经成为现实！

为筹建中国科学院，郭沫若与副院长及有关人员经过实地考察和论证，确定基本建设方案，1951年底在中关村拉开中国科学院科研基地建设的序幕，为今天中关村地区的发展奠定了最初的基础。为组建中国科学院，郭沫若尽心竭力集聚各方面人才。他为争取、营救钱学森、赵忠尧等一批留美科学家归国所做的努力，在国际科学界久久传颂。郭沫若为培养人才，创办中国科技大学，付出大量心血。他生前将15万元稿费作为党费交给中国科学院党组，逝世后中国科学院决定用这笔党费在中国科技大学设立"郭沫若奖学金"。奖学金设立20多年来，获奖学子遍及世界各地，留在国内的获奖者已成长为有突出贡献的中青年科学家和部分高新技术企业的骨干。

郭沫若的科学思想，又是与民主思想联系在一起的，反对"科学的恶用"。他指出第二次世界大战中"科学的恶用"，落在法西斯手里，到了登峰造极的地步。"救济科学的要径也就是国际民主。在国际民主精神的保障之下，科学的利用厚生之道必然会使人类更加幸福而安全的。"

我们今天需要真正的科学，要使科学回复到为人民服务的本位上来，使它成为不折不扣的人民科学。[17]

郭沫若关于接受科学，走科学的中国化之路的思想，在今天更加显现出重要的现实意义，而且还有着世界范围内的深远意义。

郭沫若在中国革命实践中立下的功绩，在20世纪科学文化领域的地位与贡献，是不可磨灭的。郭沫若这个名字，将同鲁迅一起，在中国革命史和中华民族文化史上永放光芒。时代造就了鲁迅，造就了郭沫若，这是我们中华民族应当引以为骄傲的！

与时俱进，创造中华民族新文化，包括走"科学的中国化"道路，是郭沫若给我们留下的最可宝贵的精神财富。进入21世纪，我们国家进入全面建设小康社会，加快推进社会主义现代化的新的发展阶段。在这样的时候纪念郭沫若，就是要继承他与时俱进，努力创造民族新文化的精神，坚持先进文化的前进方向，着眼世界科学文化发展前沿，不断增强有中国特色社会主义文化的吸引力和感召力，为中华民族创造出更加辉煌灿烂的科学文化！

高举社会主义先进文化的旗帜，全面提升中华民族的精神文化素质，为中国实现社会主义现代化，为实现中华民族的伟大振兴而奋斗，就是 21 世纪中国社会科学界和文化界的伟大历史使命！

注释：

［1］《〈文艺论集〉序》，《郭沫若全集》文学编第 15 卷，第 146 页。

［2］《一个伟大的教训》，《郭沫若全集》文学编第 18 卷，第 16 页。

［3］《〈中国古代社会研究〉自序》，《郭沫若全集》历史编第 1 卷，第 6 页。

［4］《立在地球边上的放号》，《郭沫若全集》文学编第 1 卷，第 72 页。

［5］《女神之再生》，《郭沫若全集》文学编第 1 卷，第 8、12 页。

［6］《孤鸿——致成仿吾的一封信》，《郭沫若全集》文学编第 16 卷，第 8 页。

［7］《跨着东海》，《郭沫若全集》文学编第 13 卷，第 312 页。

［8］《论中德文化书》，《郭沫若全集》文学编第 15 卷，第 157 页。

［9］《郭沫若致宗白华》，《郭沫若全集》文学编第 15 卷，第 20 页。"凿枘"《全集》误作"凿柄"，应予更正。

［10］《跨着东海》，《郭沫若全集》文学编第 13 卷，第 331 页。

［11］《〈中国古代社会研究〉自序》，《郭沫若全集》历史编第 1 卷，第 9 页。

［12］《青年化，永远青年化》，《郭沫若全集》文学编第 18 卷，第 323—324 页。

［13］《开展历史研究，迎接文化建设高潮》，《郭沫若全集》历史编第 3 卷，人民文学出版社 1984 年版，第 443 页。

［14］参见《"五四"课题的重提》，《郭沫若全集》文学编第 19 卷，人民文学出版社 1992 年版，第 544—545 页。

［15］《〈生命之科学〉译者弁言》，《郭沫若集外序跋集》，四川人民出版社 1983 年版，第 315—316 页。

［16］《〈大众科学丛书〉序》，《郭沫若集外序跋集》，四川人民出版社 1983 年版，第 121—122 页。

［17］《〈大众科学丛书〉序》，《郭沫若集外序跋集》，四川人民出版社 1983 年版，第 121—122 页。

小康社会[*]

（2002 年 12 月 10 日）

十六大确立了全面建设小康社会的奋斗目标，规划了 21 世纪头 20 年我国现代化建设的宏伟蓝图。

全面建设小康社会目标的确立，是根据我国现代化建设的客观进程和社会经济发展阶段性变化的实际情况做出的。经过 20 多年的改革和发展，中国社会经济面貌发生了深刻的历史性变化。当人类社会跨入 21 世纪的时候，中国社会经济也进入了新的发展阶段。

从大的社会发展阶段来说，我国目前还处于社会主义初级阶段。我们提出的小康社会，是整个社会主义初级阶段发展进程中所经历的一个阶段。

小康社会这个概念，在马克思、恩格斯、列宁等经典作家的理论文献中是没有的。小平同志提出了小康社会的概念，作为中国社会主义现代化的最低目标。"小康"一词源自中国的第一部诗歌总集《诗经》："民亦劳止，汔可小康。"[1] 而作为一种社会模式，"小康社会"早在西汉《礼记·礼运》中就得到了描绘，作为一种次于"大同"的理想社会。中国历史文化上的小康，是对实现温饱、田园生活的向往，是农民在自然经济条件下的一种社会理想。小平同志提出的小康，是对中国文化语言的借鉴，并赋予其新的内涵，人民群

＊ 这是李铁映同志在会见即将离任的越南驻华大使时的谈话要点。

众容易接受这一概念。

十六大关于全面建设小康社会的理论和纲领，是崭新的社会主义理论，是对科学社会主义的新发展，是建设中国特色社会主义理论和实践的丰富和发展，为全党和全国人民指明了在新世纪、新阶段继续前进的方向。

马克思科学地揭示了社会主义必然代替资本主义的历史发展规律。列宁区分了社会主义与共产主义，明确指出，社会主义是共产主义的初级阶段。中国的建设实践证明，中国目前的发展阶段，只能是社会主义的初级阶段。从人类漫长的历史看，社会主义要最终战胜资本主义，从不发达走向发达和比较发达，最终过渡到共产主义，则是一个长期的历史过程，需要经过若干个发展阶段。对中国来说，社会主义初级阶段，就是一个必经的发展阶段，而小康社会则是初级阶段中的一个阶段。如此来看，我们不仅对社会主义的发展，而且对整个人类历史的发展，都会有一个更加清醒的认识。

对于小康社会，我们应该将其作为社会主义工业化、现代化的一个阶段来加以认识。我国历史上没有出现过小康社会，资本主义发展历史上也没有，在当今的发达资本主义国家也没有实现小康社会。因为，小康社会指的是没有巨大的贫富差距，不是仅仅实现一部分人的富裕。两极分化不是社会主义，也不是小康社会。十六大提出的全面建设小康社会，强调要实现全体人民的共同富裕，只有在共同富裕基础上人们才可以接受富裕程度上的差距。

关于小康社会的认识，要搞清楚两个问题：一是什么是小康社会；二是如何全面建设小康社会。为了更加准确地认识这两个问题，需要进行深入的理论思考，在对历史发展以及人类社会全面的分析基础上进行研究。我们需要集中精力思考：什么是中国的小康社会或社会主义小康社会？如何全面建设小康社会？收入达到几千美元，是否就是小康？是一部分人的小康还是全体人民的小康？

小康社会是政治、经济、文化、社会全面发展的形态。将社会这个方面纳入其中，使"小康社会"有了更丰富的内涵。我们建设的社会，是拥有更多的民主自由、民主自治的社会，不是来自外部的，而是源自内部的、人民自己管理自己的"法治社会"。这种社会究竟是什么样的，也需要进行历史唯物主义的思考和研究。

对以上问题进行研究时，必须紧密联系时代，与时俱进，否则就会脱离实际。

注释：

[1]《诗经·大雅·民劳》。

大有作为的时代

（2003 年 1 月 8 日）

我坚决拥护中央的决定，热烈欢迎陈奎元[1]同志到中国社会科学院工作，这也是全院广大干部和学者的共同心愿。同时，坚决支持陈奎元同志的工作，相信在陈奎元同志的领导下，在院党组和全院同志的共同努力下，贯彻党的十六大精神，落实江泽民同志考察中国社科院时所提出的任务和要求，中国社科院一定会越办越好！

感谢过去几年中，全院广大干部和学者对我工作的支持。今天社科院取得一定进步，是在党中央、国务院领导下，在历届班子工作基础上，通过党组成员和全院同志共同努力的结果。我刚到社科院时，深知自己的能力和水平基薄根浅，对社会科学的很多学术、理论问题不懂，这几年在和大家相处中学到了很多东西，明白了很多过去不懂或似懂非懂的学问和知识，仿佛自己又上了一次大学。这使我进一步加深了对马克思主义的理解，更加坚定了对党、国家和民族的前途和命运的信念。

几年中我结识了许多颇有学问和才识的学者，他们的学术素养和品德给我留下了深刻的印象，我从中受益匪浅。当我不再担任中国社科院院长的时候，我感到欣慰的是，许多同志把我视为同行和朋友，可以倾心畅谈理论和学术，在学术殿堂里研讨、领悟深邃而玄妙的思想。今后我将继续和广大学者交朋友，继续和大家探讨学术问题。大家希望我继续关心社科院、关心社会科学，我想最好的关心就是继续读书和研究，身体力行做一点事情。

对于中国社科院和社科界来说，当今时代是一个大有作为的时代。时代在迅速发展和变化，提出了大量的理论问题。人类历史的发展，既是实践的发展，又是理论的发展。实践和理论的发展相辅相成、共同前进。如果没有理论的指导，实践就是盲目的，就会付出很大的代价，乃至受到历史的惩罚；如果没有实践，理论就成了无源之水，也就失去其价值和意义。

哲学社会科学工作者的主要任务是以实践为对象，研究人类历史发展的客观规律，研究人类实践的发展变化，提高人们对社会发展的理论思维和科学认识，从必然王国进入自由王国。在新的时代更是如此。面对新世纪、新阶段的新任务，我们一刻也不能没有理论思维，一刻也不能没有对未来发展的科学的认识。中国社科院就是研究理论发展的殿堂。我们的一切理论都是为中华民族的全面振兴而服务的，我们的研究都是为了实现中国特色社会主义现代化。一句话，我们的理论是为中国人民服务的。

我坚信，在以胡锦涛同志为总书记的党中央领导下，在十六大精神指引下，中国的发展一定会越来越好。我对新世纪我们国家的发展前景充满信心。我们已经进入了一个可以持续发展的良好机遇期，只要我们扎扎实实地做好各项工作，全面建设小康社会的目标就一定会在中华大地上实现。

最后，祝愿全院同志新春佳节万事如意！

注释：

[1] 陈奎元（1941—　），辽宁康平人，1965 年 5 月加入中国共产党，是中共第十四、第十五、第十六、第十七届中央委员。时任中国社会科学院院长、党组书记。2003 年 3 月当选为第十届全国政协副主席。

关于修志工作[*]

（2003 年 1 月 8 日）

这次会议开得很好，大家的积极性都很高，提了很多具体建议。没有发言的同志可以以短函的形式，将意见交给指导小组办公室，请他们在今年的工作安排中考虑、采纳。关于去年工作的总结和今年工作的安排，我原则上同意，当然还可以再继续完善。下面，讲几点意见。

一　用十六大精神指导修志工作

学习贯彻党的十六大精神，是地方志工作当前和今后一个时期的中心任务。十六大精神对全党全国各项工作，包括地方志工作都具有十分重大的指导意义。

我们要按照十六大报告中提出的"发展要有新思路，改革要有新突破，开放要有新局面，各方面工作要有新举措"的要求，振奋精神，采取多种多样、有针对性的措施和方法，拓宽方志工作的思路，在方志工作的理论和实践、内容和形式、方法和手段等方面不断改革创新，开创方志工作的新局面。

要牢牢把握方志工作的前进方向，坚持用方志成果为全面建设小康社会服务、为中华民族伟大复兴服务的根本宗旨，使志书真正发挥资政育人、培育和弘扬民族精神的作用。

二　经世致用，质量第一

志书要经世致用，要注重质量。质量问题是关乎新世纪方志事业前途和命运的核心问题。

编修志书必须始终坚持质量第一、经世致用的基本方针。只有真实的历史和资料才能做到经世致用，没有质量的书会贻误后人，根本谈不上经世致用。我感觉现在有的地方修志急于追求速度和质量。这种状况值得重视。片面追求修志速度，也可以说是学风不正的表现。

志书之所以能感召天下，还是取决于质量，不取决于我们的辛苦。我们付出了辛苦和汗水，留给后人的应该是高质量的志书。质量问题反映的是我们的学风、志向、精神风貌和我们队伍的素质。所以，志书质量问题应引起我们的高度重视。

三　加强队伍建设和方志学科建设

决定志书质量高低的关键在于人才。因此，要将志书队伍建设作为今后一段时期的工作重点抓紧抓好。

队伍建设离不开修志过程。应该把撰修和研究相结合，把修志和用志相结合，在修志和用志的历史过程中培养造就一支修志队伍。我们搞了十几年的修志工作，完成了4700余部志书，今后还要续修。如果志书修成了，队伍没有锻炼出来，没有培养出一支专家队伍、一批铁心修志的骨干，就不能算是修志事业的成功，还可能是一个重大失误。所以培养人才是修志的一个必然结果，修志成果和修志人才是方志事业的两大根基。

现在我们面临的问题，已经不是有没有志书或者说修志的数量问题、进度问题，更重要的是志书的质量问题，是队伍素质问题。当前修志队伍素质参差不齐，有的地方队伍非常不适应地方志事业的现状和发展要求。修志事业的生命在于队伍，在于绵绵不断的修志过程中。要认真开展修志队伍的培训，努力造就一大批优秀修志人才。

当然，培养人才和修志，和理论研究，和规范化、制度化的指导都有很大关系。要请专家学者对修志队伍进行培训，指导小组成员中社科院和高校的专家教授都可以承担培训任务。要具体解剖若干志书，研究良志、名志，很好地加以讲解，作为范例。志书的整个规则、规范制度和质量，是在编修的历史过程中形成的，也只有对这些志书进行深刻的剖析、归纳，才会有更高质量的新的志书出现。如果没有理论研究，没有规范的或者范例式的规则，地方志就形不成一门学问，也不可能培养新一代的修志人。

可以考虑在社科院研究生院的史学方向设置方志专业，建立起学术体系。现在一些大学已经开设了方志专业课程，将来如果能培养一些研究生，把地方志作为一种新类型的学科来建设，没有理论，没有自己的学术体系，是不行的。要鼓励地方和高校写一些方志理论著作，以加强方志学科建设和人才培养。

四　积极开展国际交流

我赞成工作总结中关于加强国际交流的做法。国际交流首先要搜集、征集分散在世界各大图书馆、大学的有关方志的中文材料。志书作为中国悠久历史文化的一部分，在过去100多年的历史过程中，被劫掠、偷盗得很多，分散在世界各地。办公室可以通过国际协作，通过志书交换和回赠等方式，把分散在世界各地的志书和有关志书的材料以复制、光盘等形式收集回来，供全国学者研究，同时也可以填补国内方志收藏的空白。

我们史学界的研究范围，应该包括把中华民族散失在外面的史志资料征集回来，当然不一定是原件。这可以作为今后国际学术交流的一个重要任务。同时要积极开展与港、澳、台的交流与协作，促进地方志事业的发展。应当明确，与台湾的志书交流是文化性质的，不涉及政治问题。

五　加快方志事业的数字化建设

关于加快数字化建设，这一点大家都谈到了。方志系统要建立一个数字化的志书图书馆，通过互联网供社会各界乃至国际上使用。这需要专门经费才能完成，同时还要与建设国家·北京方志馆结合起来。

以上所讲的，是我对今年工作的一些想法。我建议把全年的工作安排变成可操作、可检查、有具体成果的事情，特别是对全国修志工作有指导意义的事情。开会只是一种形式、一种活动，应该抓几件能见诸成效的事情，列出今年能做的几件具体工作。有些事情当年做不成，要做好几年，就要年年列，年年做，年年抓；有些应该今年完成的就要在今年内完成。

六　关于 2003 年工作的建议

除了大家谈的以外，建议做这样几件事情：

第一，编写志书质量指南。现在要搞出一个规范的东西很难，但我们已经出了 4700 余部志书，已经有了经验，可以在这个基础上编一个指南供各地参考，也可以把它作为教材用来培训。

第二，编写续修志书指南。续修志书怎样开始，如何收集资料，如何培训队伍，如何制定规范，如何总结经验，如何利用现代化的手段，这些问题都需要研究。续修不能在原来的基础上简单重复，要有新的起点，从一开始就建立在新的质量要求、新的方法、新的志书体例的基础上。指南可以年年修改，经过讨论逐渐完善。

第三，《地方志工作条例》在国务院未批准之前，可以由指导小组作为试行方案发到各地。作为试行方案，不是强制性的，而是工作指导性的文件。

第四，编写数字化方志工作的指南。探讨如何建立数字化工程，如何建设数字化图书馆，如何联网。上了网就要规范，标题、数字、语言等必须规范化、标准化，否则就没有办法使用。我们要建立的国家方志馆，同时也就是数字化图书馆，从一开始就要用符合数字化工程的标准来建设，使传统的实物图书馆与虚拟的数字化图书馆并存。对于地方上已经有方志馆但没有做到这一步的，应该给予指导，以实现全国的统一。这项工作绝非一年半载就能完成，但必须有指南来指导，避免花费不必要的时间和经费。

第五，建立培训制度，编写队伍培训指南。培训一定要规范化、制度化地长期进行，这也绝非一朝一夕的事情，不是办了两期培训班就算完成了。培训制度是任何一支队伍都必不可少的制度，队伍的素质取决于培训。指导小组的培训可以作为一个方面，但不可能涵盖全国的培训，指导小组的培训和各地的培训要上下纵横，交叉培训、多重培训，各级培训各级，逐步提高队伍素质。

全国各地方志机构的情况差别很大，指导小组也不是一个纯行政单位，不涉及较大的权力、利益的调整。但是要坚持一点，凡是有利于方志工作、有利于提高方志质量、有利于调动方志队伍积极性的事情，指导小组都可以大胆地去做。

法、法治、法学研究[*]

（2003 年 1 月）

　　国有九鼎，既表示法的最高级别，也表现法的重要性。随着中国的发展，法律的地位和作用只能与日俱增。法是地平线，不是君子行为之典范，而是大众行为之基准。所以，一切法都宛若一条地平线，地下的是违法的罪人；与地平线契合的，就是合法的良民；高于地平线的，则是谦谦"君子"。要使法保护绝大多数人的利益，成为大众的行为规范，成为多数人都能够遵循的准则，就既不是构筑"君子"之法，也不是构筑地平线下的"小鬼"之法。如果法律规范的要求大多数人做不到，违法现象势必屡屡出现，而法学理论的基准就存在偏颇。

　　从某种意义上讲，法的进步，实际上是习惯成为法律，法律成为习惯的历史过程。或是今日的法律成为将来的习惯，或是昨日的习惯变成今日的法律。习惯是人民在长期的社会生活实践中，约定俗成的规则，是人与人的关系秩序，是无文的规章，未形成的法律。法是保护多数人的利益的制度。只有多数人能够做到、拥护的法才是人民的"护身符"。只有随着经济的发展，人的素质的提高，社会

---

　　* 这是李铁映同志为《中国法治报告》开卷所作的序。

文明程度的提高，法才能不断发展。所以，任何时代的法，都应该以当时的生产力发展程度为依据，适应社会进步要求，采纳多数人都能够做到的行为规范，保护绝大多数人的正当、合理的利益。

从这一角度讲，法应该首先保护劳动者和劳动者所得到的财富以及劳动者得到财富的使用权。今日的物权法不同于旧时代私有经济的所谓物权法，它首先应当保护一切通过合法劳动获得的财产，提倡"劳动所得神圣不可侵犯"而非"私有财产神圣不可侵犯"。因为"私有财产神圣不可侵犯"没有分析财产的性质和取得的方法。今天中国的物权法，首先是劳动所得的权利法。讲劳动所得，既讲了财产的性质，又讲了财产的来源、方式。劳动所得"神圣不可侵犯"是劳动解放的基本含义。劳动者的劳动，目的就是获得劳动结果，满足自己的需要。这是一个很重大的法律观念问题。如果不保护劳动者的财产，使劳动所得神圣不可侵犯，人类就会失去一切劳动的目的和对劳动本身的需要。没有劳动，就更谈不上解放和发展生产力！

法是捍卫国家主权和国家利益的重器。随着中国的进一步改革开放，国内法与国际法的关系问题将更加突出。从保障中国的国家利益的角度出发，国内法在最终权力意义上应高于国际法。所谓最终权力，就是任何国际法律在中国的实行权、限制权、调整权、终止权都必须由中国法律最后决定，不存在国际法高于中国法的问题。中国签订国际条约，承认国际法，是中国主权范围内的事情。我们参与、签署、批准了国际条约和协定，我们就必须执行国际法，但并不意味着国际法就高于中国法。国际法不可能完全无条件地实行或者自动生效，一定要通过某种程序。我国的法律制度，是将国际法变成国内法，以国内法的形式施行。

现在世界上很多有挑战性的新理论提出来了，诸如"人权高于主权"、"主权有限论"、"主权让渡论"、"先发制人论"等，这些都是法律问题。从资本主义发展伊始到殖民地时代，是资本主义列强的主权不断膨胀，夺取、践踏别国主权的历史。第二次世界大战后，民族独立运动兴起，通过反殖民斗争，一些新独立的国家收回了自己的权利。霸权主义从来都是只要求别国限制主权或把主权让渡给他们，自己从来没有什么主权让渡。中国的主权，是中国人民艰苦奋斗、流血牺牲争来的，是中国人民根本利益的代表、保障。符合别国利益的中国主权是什么意思？一切背离中国人民根本利益的概念、话语，是为谁服务的？中国法律和法学的根本立场，就是中国人民的根本利益。

法治是人类文明的一个标志。一个文明的社会，一个稳定、发展的社会，没有法治是不可想象的。迄今为止的西方法治，是资本主义的法治国家在三四百年的发展历程中，继承了欧洲的哲学、文化逐渐予以完善的。中国要走自己的路，也只能走自己的路，创建中国特色的社会主义法治国家。法治是不可逾越的，就像商品经济不可逾越一样。任何一个国家、民族都要经历法治阶段，而且还要不断地随着经济、社会的发展，随着文明的进步完善法治。对当代中国人来讲，法治、法治社会、法治国家就是中华民族的法律保障。我们前途命运的利益体现，就是要构筑一个能够实现中华民族振兴，能够实现社会主义现代化的法律制度、法律保障。

法学研究必须围绕中国人民利益的法律保障这个中心进行，这是国之"重器"之所系、所在。一切的出发点、落脚点、实践检验都是看我们的法律能不能从最根本上保证我们国家的稳定和发展。即使构筑了由大量的、成百万的法律条文组成的宏大体系，如果不能够保证国家的稳定和发展，也是不成功的。苏联的法律也很多，但不能保障国家的安全，甚至不能保障国家不分裂、不解体。从一定意义上说是法律制度的失败，也可以说是苏联法学的失败，是从理论到制度的失败。西欧、美国的法律，保障了国家的稳定、发展，是值得我们深入研究和借鉴的。

中国的法治、法治国家理论，归根结底，要靠中国人自己来建立。中国到底有没有法治传统？中国的法治理论和中国文化、中华民族的关系是什么？为什么社会主义国家必须是法治国家，什么是社会主义法治国家？社会主义法治国家与资本主义法治国家有哪些区别？社会主义法治国家的基本理论点是什么？这些都是需要研究和回答的问题。没有自己的理论，就会成为别人理论的俘虏。别国的理论是别国实践的总结、利益的反映。

总之，我们必须走一条符合中国实际的道路。我们的一切法律都必须是符合中国实际的。历史条件已经发生了根本变化，我们决不能照搬西方那套理论、方法、模式。资本主义几百年的发展，给人类历史创造了高度的文明，我们不排斥这个文明，而是吸收、借鉴其积极成果。但是，任何的文明、优秀成果都不是照抄、照搬的文明，必须和中国自己的实际结合才能有所进步，换言之，就是中国化的问题。中国不仅有自己的法治实践，还必须有自己的法学理论和法学大家。此谓法之"重器"，国之要害也。

在《中国法治报告》出版之际，写了上面一些话，是为序。

关于劳动价值论的读书笔记[*]

（2003 年 1 月）

一 劳动和劳动价值论问题研究的背景

1. **《资本论》是一部伟大的历史鸿篇**。马克思在《资本论》及其手稿等论著中，对劳动和劳动价值理论进行了精辟的阐述。要研究劳动和劳动价值理论，必须认真攻读《资本论》。

《资本论》是马克思用毕生心血考察和研究资本主义生产方式写成的科学巨著。

马克思原计划以《政治经济学批判》为总标题，分六册写作：《资本》；《土地所有制》；《雇佣劳动》；《国家》；《对外贸易》和《世界市场》。[1]1859 年 6 月，《政治经济学批判》第一分册出版后，他又决定改变他的写作计划，着手写作《资本论》三卷本。1867 年 9 月 14 日，由马克思撰写并亲自校订的《资本论》第一卷出版。

1883 年马克思逝世后，恩格斯对马克思的遗稿进行了整理，先后于 1885 年和 1894 年出版了《资本论》第二卷、第三卷。恩格斯逝世后，有关剩余价值学说的其他遗稿，由考茨基以《剩余价值理论》为书名编辑出版，但他对马克思的手稿作了许多删改和变动。

---

* 本文原载《中国社会科学》2003 年第 1 期。

1954—1961 年，苏共中央编译局按马克思的手稿次序和内容重新编辑出版了《剩余价值理论》。

《资本论》把高度的科学性和革命性统一在一起，是一部系统的、逻辑严密的经济学著作。它既批判地继承了资产阶级古典政治经济学的科学成分，又批判了其阶级偏见、掩饰和谬误；既论证了资本主义产生的历史必然性，肯定了它的历史地位，又揭示了它内部不可克服的矛盾，及其必然被社会主义所取代的客观规律。

《资本论》不仅是一部经济学巨著，而且是一部哲学巨著、一部科学社会主义巨著，是马克思主义的百科全书，"工人阶级的圣经"。[2]

《资本论》问世后，对人类历史的发展进程，产生了深远的影响，成为无产阶级和共产党人的必读书。

中国共产党人历来注重对《资本论》的学习和研究。

2. 中华人民共和国成立以来，我国理论界对马克思劳动价值论的讨论大约有五次：

第一次是 20 世纪 50 年代中后期关于社会主义制度下商品生产和价值规律问题的讨论。在生产资料所有制的社会主义改造基本完成后，以孙冶方为代表的经济学家，开始关注社会主义制度下商品生产和价值规律的地位、作用问题。从 1958 年开始，毛泽东同志和党内部分高级干部、理论家研读了《苏联社会主义经济问题》和《政治经济学教科书》，明确提出"价值法则（即价值规律）是一个伟大的学校"[3]，推动了对劳动价值理论的研究和社会主义经济规律的探讨。

第二次是 20 世纪 70 年代末关于价值规律问题的讨论。这场讨论涉及价值规律在社会主义经济中的地位和作用、社会主义商品经济、市场经济、计划与市场的关系等问题。

第三次是 20 世纪 80 年代初关于"生产劳动"的讨论。在 60 年代初关于生产劳动问题的讨论基础上，于光远又提出：只要是参与物质产品生产的，包括教育、科研、文艺、服务等行业的劳动，都属于创造价值的生产劳动。[4]孙冶方不同意于的观点，指出：创造价值的生产劳动，只能是物质生产劳动。[5]由此引发了理论界的讨论和争鸣，并逐步形成了"宽派"、"中派"、"窄派"三种不同观点。

第四次是 20 世纪 90 年代初关于"价值创造源泉"的讨论。苏星针对南开大学谷书堂教授关于非劳动生产要素也创造价值的观点，[6]在《中国社会科学》发表《劳动价值一元论》，提出：只有物质生产领域的活劳动，才是价值的唯一源泉。[7]于是，由"谷、苏之争"，引发了"一元论与多元论"的讨论。

第五次是中央提出"在新的历史条件下，要深化对劳动和劳动价值理论的认识和研究"[8]后，全国上下展开的新一轮关于劳动价值理论的学习和讨论。这次讨论有两个鲜明特点：一是从深化对当代劳动的认识入手，探讨社会主义社会劳动的新特点；二是结合新的实际，围绕社会主义市场经济条件下价值形成的源泉问题，提出了多种不同观点和见解。

二　新时期我国经济理论的若干重大发展

3. 科学的理论，来源于伟大的实践。随着改革开放和社会主义现代化建设实践的不断深入，经济理论方面也取得了一系列重要成果。其中，与劳动和劳动价值论有关的，有如下几个方面：

——提出了社会主义本质论和初级阶段论；

——提出了改革经济体制，解放和发展生产力，最终实现共同富裕的理论；

——确认商品经济的充分发展，是人类社会不可逾越的阶段，并初步形成了社会主义市场经济理论；

——确立了社会主义初级阶段以公有制为主体、多种所有制经济共同发展的基本经济制度理论；

——确立了社会主义初级阶段以按劳分配为主体、多种分配方式并存的分配制度，以及劳动、资本、技术和管理等生产要素参与分配的原则；

——提出了以市场为基础的社会主义经济运行机制的理论；

——提出了一套与市场经济相适应的宏观经济管理理论；

——形成了关于社会主义公有制企业、尤其是国有企业制度改革、发展的理论；

——提出了科学技术是第一生产力的理论，确立了科教兴国战略；

——确立了中国对外开放的理论和对外开放的基本国策。

在改革开放 20 多年的实践中，还有许多新的理论建树，这里就不一一列举了。

4. 《资本论》问世一百多年来，科技革命突飞猛进，经济全球化、市场化趋势不断加强，西方资产阶级经济学理论也在变化和发展。当代西方主流经济学派较少从社会基本制度层面研究经济问题，大多是在经济运行层面、发展生产力即提高效率、效益方面做文章。从某种意义上说，是研究如何增加、聚积、拥有财富的理论，是"赚钱的学问"。当然，西方经济学作为一门经济学问，已形成一个比较完整的理论体系，推动了资本主义经济的发展。也就是说，它是有实践基础的，有许多有价值的、科学的成分，我们应予很好地研究和借鉴。

例如：

关于商品经济和市场机制的基本理论；

市场失灵理论与有效需求不足理论，论证了政府干预经济生活的必要性；

供求理论和边际效用理论，分析了价格的形成和作用；

人力资本理论、新增长理论和可持续发展理论，强调了技术、知识和教育在经济、社会协调发展中的重要作用。

像成本收益分析、投入产出分析、边际分析、计量分析、企业管理等具体分析工具和方法，我们在分析经济问题时，可大胆学习、积极借鉴。关于银行、保险、证券、营销及其他服务业、文化产业等方面的理论，也应认真学习和研究。

但是，由于社会制度不同，国情不同，经济发展水平不同，我们对于当代西方主流派经济学理论，是不能完全照抄照搬的。在借鉴、运用这些理论或方法时，也要结合我们的具体实际。

三　马克思劳动价值论是经受了实践检验的科学理论

5. 经济学研究，特别是社会主义政治经济学研究，其根本目的和出发点，是解放和发展生产力。或者说，**马克思主义经济学就是研究解放和发展生产力的学问。**

我们今天研究马克思主义或社会主义政治经济学，就是要科学认识社会主义初级阶段的基本生产方式和基本生产关系，推动社会主义社会生产力的解放和发展。

我们过去较多地讲生产关系和所有制，而对生产力的最终决定性作用重视不够。社会主义的根本任务，在于解放和发展生产力。这一问题，在小平同志论述社会主义的本质后，已经解决了。

马克思主义经济学，核心是如何解放和发展生产力，首先是解放生产力！解放生产力最根本的就是解放劳动，解放劳动者。马克思当时批判资本主义，一个很重要的原因，是资本主义阻碍社会生产力进一步的解放和发展。

6. 在《资本论》中，马克思以商品作为其理论分析的逻辑起点。在《资本论》第一卷第一章，马克思集中分析了商品的二重性（使用价值和价值）和劳动的二重性（具体劳动和抽象劳动），认为**劳动的二重性决定了商品的二重性，劳动是价值的实体，是创造价值的唯一源泉**，从而创立了劳动价值论。在此后各卷、各篇、各章中，马克思以劳动价值理论为基础，通过对资本主义生产、流通、分配和消费的整个过程的分析，创立了剩余价值学说，揭示了资本主义生产方式的基本矛盾，以及由于这一基本矛盾的发展，资本主义必然被社会主义所取代的客观规律。

7. **马克思的劳动价值论，是马克思主义政治经济学的基础。**马克思的劳动价值论，是马克思在批判继承古典经济学劳动价值论的基础之上创立的，是一个完整的、科学的理论体系，包括诸多范畴，例如：商品的二重性、劳动的二重性、价值的本质、价值实体、价值量、价值载体、价值形式、价值构成、价值转型、价值规律、国际价值等。如果只把其中的一两个方面视为马克思的劳动价值论，将陷入片面性。深化和发展劳动价值论，必须全面理解马克思的劳动价值论，这是基础。

8. 马克思的以劳动价值论为基础的剩余价值理论，是揭示资本主义生产方式的内在矛盾，揭示资本主义剥削的秘密，揭示资本主义产生、发展、灭亡规律的学说。**按照恩格斯的说法，"唯物主义历史观和通过剩余价值揭开资本主义生产的秘密"，是马克思的两个伟大发现**[9]；**按照列宁的说法，历史唯物主义和剩余价值学说，是马克思主义的两大理论基石**[10]。由于这两个伟大发现，社会主义从空想变成了科学。

9. 我们今天讨论劳动价值论的目的是什么？是强调劳动、劳动者，还是强调资本等其他生产要素的地位和作用？对于后者，当然要重视，这是毫无疑问的。没有生产资料，任何财富、使用价值也生产不出来。但是，**首先应当突出的是劳动、劳动者！"劳动是生产的真正灵魂"。**[11]

尊重劳动、劳动者，根本目的在于解放劳动、劳动者，在于解放和发展生产力。也就是说，解放和发展生产力，第一位的是不断解放劳动、劳动者；发展生产力，第一位的是不断提高劳动者素质和劳动效率（文化、科技）。中国的现代化过程，就是劳动积累的过程，就是劳动、劳动者解放的过程，就是劳动者素质和劳动效率不断提高的过程。

10. 自马克思《资本论》发表一百多年来，世界经济领域发生了很大变化，出现了很多新情况、新问题。**主要是三大变化，即科学技术的进步、资本主义的新发展、社会主义制度与社会主义市场**

经济的出现。这三大变化，促成了经济全球化趋势，进而使劳动形态和商品形式、财富构成发生了重大变化，资本、科技等生产要素与财富和价值创造的关系，以及在社会主义市场经济条件下，资本、科技等生产要素参与分配等问题，均被尖锐地提到了马克思主义理论工作者的面前，都要求我们在深入研究劳动和劳动价值论的基础上，做出科学的回答。

　　一百多年来的实践证明，马克思劳动价值论的基本观点是科学的！是我们必须坚持的！科学是不能丢的，规律是不能违背的。今天，密切结合当代中国的实践，结合经济全球化的趋势，重读马克思的《资本论》，深入研究新形势下的劳动和劳动价值论问题，是十分必要和有重大意义的。

四　劳动和劳动力问题

　　11. **今天研究经济问题，有两个基本出发点：劳动和商品。**劳动是一个过程。劳动者是劳动过程的主体。劳动的结果用于交换，就形成商品。商品是用于交换的劳动成果，是客体。这两者是经济问题研究的两个角度和两个出发点。

　　劳动是人区别于一般动物的本质特征，是人类社会生存和发展的根本条件。在一定意义上说，人类历史就是劳动在一定社会形式中不断展开的历史。劳动创造了人，劳动促使人类自身的发展；劳动创造了物质产品和精神产品，劳动创造了社会财富和人类文明；劳动创造了人类社会，并推动人类社会的不断进步与发展。一句话，劳动创造了人，创造了世界，创造了人类社会。人类历史，在一定意义上，可以看做是一部人类劳动史。

　　12. 人的劳动是具有社会性的。人类劳动是在一定的社会历史形态中进行的，是不断发展的。对于劳动，应从不同的角度进行考察：

　　从劳动分工和社会技术形态来看，人类经历了采集和渔猎经济、农业经济、工业经济、后工业经济（有人称为知识经济、信息经济、服务经济等，还需要研究）。

从经济运行的基本形式（或简称"经济形式"）**来看**，人类经历了自然经济、商品经济，将来还会出现后商品经济（过去称之为产品经济，也需要研究）。

从社会基本经济制度（生产资料的占有关系和劳动成果的分配关系）**来看**，人类经历了原始公社制度、奴隶制度、封建制度、资本主义制度、社会主义制度。与此相适应，人类劳动也经历了原始共同劳动、奴隶强制劳动、封建依附劳动、资本主义雇佣劳动、社会主义商品生产劳动。

对于不同社会基本制度、不同经济运行形式、不同劳动分工和社会技术形态下的劳动，应做具体分析。

13. **创造性是劳动的本质特性。"劳动是积极的、创造性的活动。"**[12]劳动者的创造能力，是人类社会经济发展的根本动力和源泉。一切物质的和精神的产品，都是人类劳动运用自然资源创造出来的。"土地是财富之母，劳动是财富之父"。**科学技术的发展，是劳动创造性不断提高的集中体现。**人类劳动所独有的创造性，正是科学技术发展的源泉。

生产力是劳动者和生产资料的结合，科学技术既渗透到生产资料中，也体现在劳动者身上。劳动者的科学技术素质，是劳动能力的基本要素。劳动能力的提高，劳动能力的大小，主要取决于劳动者的科学技术素质。在这个意义上，我们可以更深刻地理解马克思对科学技术的高度评价[13]，邓小平同志关于**科学技术是第一生产力**的论断[14]，以及江泽民同志关于**"人才资源是第一资源"**的思想。[15]科学技术，正是在人们认识世界、改造世界的创造性的劳动过程中不断发展的。

14. **"劳动力的使用就是劳动本身"，劳动是劳动力的实现。**劳动力从自然和生理方面看是属于劳动者的，是不能脱离劳动者本身而独立存在的。但从社会关系的角度和历史发展的实际情况看，却存在不同情况：在奴隶制下，奴隶的人身属于奴隶主；在封建制下，农奴的人身仍然依附于封建主。

在资本主义制度下，劳动者的人身依附关系被废除了，劳动者可以自主地出卖自己的劳动力，**劳动力变成了一种特殊商品——这是资本主义的本质特征之一**。劳动力作为商品一经卖出，其使用权就属于资本家，形成雇佣劳动，劳动异化了。

在社会主义经济中，劳动者的主人翁地位已经确立，在一定程度上改变了人对物的依附关系，即资本—雇佣关系，**劳动力在本质上已经不是商品**。但在社会主义市场经济条件下，劳动力作为一种生产要素，仍然要进入市场和流通，因而**劳动力仍具有商品的形式**。

五　劳动所得神圣不可侵犯

15. 劳动所得神圣不可侵犯。社会主义社会，是劳动者当家做主的社会。保护和解放劳动者，就表现为保护和解放劳动本身。劳动所得的财产不可侵犯，是社会主义社会对劳动者的根本保障，体现了劳动的目的和社会主义的本质，实现了劳动和劳动结果的统一。应提出"劳动所得神圣不可侵犯"这个口号，以充分体现劳动者的主人翁地位和人民当家做主的本质。

从这一基本点出发，对下述三条，要在法律上予以充分保障：

①充分保护劳动权；

②充分保护劳动所得权；

③充分保护劳动者对劳动所得的支配权。

劳动权、劳动所得权以及对劳动所得的支配权，是劳动者最基本的权利，是劳动解放的最基本的含义，是劳动者解放、保护的最基本内容。

改变劳动者与生产资料分离的状态，消除无产者的"无产"状态，是无产阶级及其政党的追求和历史使命，是劳动解放的标志与象征。

劳动者只有在政治解放的基础上，才能通过劳动满足自身的需要和实现发展。**劳动和劳动结果相统一，是劳动者的基本权利和劳动解放的标志。**

资产阶级的"私有财产神圣不可侵犯"这个口号，不问财产的来源和财产占有的性质，实质上是资产阶级保护资本主义私有制和无偿占有别人劳动的口号，是"资本"的口号！

在社会主义社会，要使所有有劳动能力的人都从事劳动，并获得劳动成果；要制约（而不是立即消灭）不劳而获和无偿占有别人的劳动。当然，社会主义的最终目标是要消灭剥削，但那是生产力高度发达的将来的事情。要实现这一目标，我们还有很长的一段路要走。

16. 在生产力中，劳动者是首要的、起主导作用的因素。**生产力的发展过程，在本质上就是劳动的创造性和劳动者的创造能力不断提高的过程。**

人类的历史，是劳动解放和劳动发展的历史。马克思主义"在劳动发展史中找到了理解全部社会史的锁钥。"[16]劳动的解放和发展，是一个有着内在的一般规律的历史过程。"整个所谓世界历史，不外是通过人的劳动诞生的过程。"[17]在一定意义上讲，马克思主义就是揭示这一历史过程中的客观规律的科学。

人类社会，告别剥削社会，走向无剥削社会；告别阶级社会，走向无阶级社会，实质上是一个不断解放劳动、解放劳动者的历史过程。

马克思认为，资本主义私有制中的雇佣劳动，是资本对劳动的统治，是劳动的一种异化。社会主义从本质上讲，就是为了克服资本对劳动的奴役，以实现劳动的解放和发展。

资本主义是奴役劳动者、占有劳动的历史过程，社会主义则是不断解放劳动、解放劳动者的历史过程。解放劳动、解放劳动者，也就是解放和发展生产力。对劳动者的解放，最主要体现为保障其劳动所得神圣不可侵犯。劳动者只有通过劳动，得到自己的劳动成果，才能实现不断解放自己，最终达到共同富裕。社会主义就是劳动和劳动者的不断解放的社会制度。

解放劳动，也就是解放劳动者、解放人本身。

社会主义政治经济学、社会主义市场经济理论研究的逻辑起点，是劳动和商品。

17. 当代市场竞争，突出表现为科学技术的竞争。科技劳动在经济活动中的地位和作用日益突出；所有权和经营权的分离，使管理职能独立化、职业化，尤其是劳动分工的细化，使得劳动过程成为一个庞大复杂的系统工程，于是管理劳动的作用显得尤为突出；产业升级导致了大量劳动力向第三产业转移，从而使服务劳动逐渐占据主体地位。科学技术的发展和生产的规模化、社会化，促进了分工和协作在更高的层次上发展，因而产生了大量新的劳动形态。科技劳动、管理劳动、服务劳动等，成为当代突出的劳动形态。

生产力越发展，具体劳动的形式越发达，就必然不断产生新的具体的劳动形式。

六 商品生产劳动

18. 讨论商品经济和劳动价值问题，必然要涉及对"生产劳动与非生产劳动"这对范畴的理解。这是理论界长期讨论的问题。由于可以从不同的角度和层次进行界定，所以至今仍存在不同的看法。

马克思主要是从生产劳动一般、商品生产劳动和资本主义生产劳动这三个层次来界定"生产劳动"范畴的。

从有利于社会进步和发展的角度看，人类的社会劳动，即社会化的劳动，都属于生产劳动一般。生产劳动（一般）创造物质产品和精神产品，创造人类自身和人类社会。一切有益于社会、满足社会需要的劳动，是生产劳动一般；**劳动结果是商品并进行交换的劳动，是商品生产劳动。**

商品生产劳动，是商品经济阶段的基本劳动形式，而且也只存在于商品经济阶段。在马克思的劳动和劳动价值论体系内的多数场合下，马克思所说的**"生产劳动就是一切加入商品生产的劳动"**[18]。在商品经济社会，商品生产劳动是主要的劳动形式。

在商品经济中，要注意区别，是商品生产劳动，还是非商品生产劳动。在我们的讨论中，**创造商品价值的"生产劳动"一词可用"商品生产劳动"代替；"生产劳动与非生产劳动"这对范畴，可用"商品生产劳动与非商品生产劳动"代替**。这样可以避免一些歧义。

商品生产劳动是商品经济的基本劳动形式。如前所述，凡劳动产品采取商品形式，并进行交换的劳动，都是商品生产劳动，其他为非商品生产劳动。

资本主义生产劳动，即资本主义商品生产劳动，按马克思所说，是指生产剩余价值的劳动。没有这种生产劳动，就没有资本主义。社会主义社会和资本主义社会劳动性质的区别，不在于是不是商品生产劳动，而在于是不是雇佣劳动，在于劳动成果的占有形式。

19. **流通领域的劳动与价值创造问题**。按照马克思《资本论》第 2 卷第 6 章的说法，作为生产过程在流通过程中继续的那些劳动是（商品）生产劳动，创造（商品的）价值；而纯粹流通领域的劳动，虽然是促使价值实现的必要劳动，但不是（商品）生产劳动，不直接创造（商品的）价值。

在这个问题上，有以下几点应予注意：

①据前述第"18"点，马克思关于价值源泉的要点是：**商品生产劳动创造商品的价值。**

②随着现代生产力的发展，分工不断细化、专业化；随着市场化、商品化的不断拓展和深化，纯粹流通领域里的某些劳动环节所提供的服务，如商业经营、金融服务等，日益商品化，成为无形商品，进入市场进行交换；完成这种服务的劳动，或者是生产这种无形商品的劳动，成为商品生产劳动。**根据马克思的商品生产劳动创造价值的原理，这些劳动也创造商品的价值。**

③商业服务这种商品是一种无形的商品，其使用价值，就是实

现商品价值形态的转形，即对生产者来说，通过商业买卖，价值形态实现了由商品形态向货币形态的转化；对于消费者来说，实现了由货币形态向消费品的转化。**商业服务所耗费的劳动，是商品生产劳动，创造商业服务这种无形商品的价值。这种服务商品的价值，不是附加进原商品中，而是独立存在于服务商品中**。商业领域中服务商品的价值，也正是这种商品经济关系的体现。

服务产业，是一个非常广泛的领域，其中有些问题还十分复杂，还须继续深入研究。

20. 在现代社会，随着社会分工与协作的不断深化，生产深化程度的不断提高，劳动领域不断扩展，劳动的具体形态更加丰富多样，商品生产劳动无论在广度还是深度上，都大大拓展了，复杂了。

从人类整体的需要看，可把劳动归纳为三种具体形态：一是物质生产劳动，创造新的物质产品；二是精神生产劳动，创造精神文化产品；三是社会服务性劳动，既为生产服务，又为生活服务，这类劳动在现代经济中占有越来越重要的、相对独立的地位（科学技术劳动渗透在上述三种劳动形态中，而且也存在从这三种劳动形态中独立出来的趋势）。

从产业的角度看，可将劳动划分为三个或四个层次。继第一产业、第二产业之后，第三产业得到了巨大发展。产业升级导致了大量劳动力向第三产业转移，从而使服务劳动逐渐占据主体地位。现在包括在第三产业中的以科学研究、精神文化产品、教育培训和信息传播为主要内容的产业，也有从第三产业分离出来、形成第四产业的趋势。

从劳动职能的角度来看，劳动的具体形态可分为直接生产劳动、科技劳动、管理劳动等，而且科技劳动、管理劳动的作用日益突出。

信息产业、信息化带来生产方式、交往方式、生活方式的变化，使经济、政治、社会、文化等领域也发生了深刻的变化，具有更加复杂的情况和特点。它们对当代经济理论和劳动价值论产生了什么影响，必须深入研究。这些产业的劳动是具体形态的劳动，是商品生产劳动，是一般商品生产劳动的具体形态。

一切创造商品并进行交换的劳动，都是商品生产劳动，不同的是商品生产劳动的分工和具体形态。分配给不同劳动者的劳动职能，构成商品生产的总体劳动。**政府、公共管理部门、公益事业等，如果它们的劳动不生产商品，劳动结果不进入商品交换，就不是商品，尽管这种劳动非常重要、非常复杂，但也不是商品生产劳动，而是非商品生产劳动。**这种劳动不是没有意义，没有贡献，而是不创造商品的价值。这种劳动有着巨大的社会意义和价值，但不是经济学意义上的商品价值。

七　商品价值

21. 作为有形的商品，表面看来是一种物，但在物的背后，却蕴含和体现着丰富的经济关系。商品，是具有多种经济和社会属性、具有多种形式和作用的"魔幻物"，马克思说它具有拜物教性质。[19] 商品不仅是人类劳动创造的产品，而且是劳动交换的中介和社会经济关系的载体。商品是人类劳动的创造品。离开了人，离开了人的劳动，就无所谓商品、价值问题。

透过商品的物的表象，揭示其中所蕴涵的经济关系，是马克思主义政治经济学的伟大之处。西方经济学理论大多是见物不见人的。在那里，谈论的一般是物，是商品、货币、资本，基本不谈商品、货币、资本背后隐藏的人与人之间的关系，使商品具有独立于人、独立于社会的虚幻形式，因而具有拜物教性质。

列宁曾经说过，"凡是资产阶级经济学家看到物与物之间的关系（商品交换商品）的地方，**马克思都揭示了人与人之间的关系**"[20]。商品是人类社会的创造物。马克思的经济理论，是既见物又见人，在物与物的关系背后揭示人与人的关系的科学理论，它揭开了商品拜物教的面纱。

22. **商品的二重性和劳动的二重性。**所谓商品的二重性，即：使用价值和价值。所谓使用价值是具体劳动的成果，它可以用来满足人们的某种需要。在商品生产条件下，财富的物质内容总是由使用价值构成的。使用价值同时是交换价值和经济关系的载体，是价值的物质承担者。使用价值是商品的自然属性、自然形态。

使用价值，在性质上，可以是商品，也可以不是。

使用价值，一般指具体劳动的结果，既指产品、商品本身，同时又指产品、商品的有用性。

商品的具体形态，有实物形态的、有形的，还有非实物形态的、无形的。

所谓劳动的二重性，即具体劳动和抽象劳动。一切现实的、个别的、具体的商品生产劳动，都是具体劳动；而抽象劳动则是一般社会性的劳动，是人类劳动一般。劳动的二重性，创造商品的二重性，即使用价值和价值。使用价值体现为财富，价值体现商品中凝结的劳动、体现着劳动交换关系。**劳动的二重性是理解整个政治经济学的枢纽**。

23. **商品生产劳动形成商品的价值**。价值，是商品经济理论的基本范畴，是认识和把握商品经济的核心问题。

价值是商品的社会属性。在马克思的劳动价值论中，有一个完整的关于价值的概念体系。价值的实体是劳动的凝结（即抽象劳动的凝结）。价值量是指商品中凝结的劳动量。作为无差别的抽象劳动，无论生产方式怎样变化，它作为人的体力与脑力的耗费这一本质是不会改变的。"劳动是一切价值的创造者。只有劳动才赋予已发现的自然产物以一种经济学意义上的价值。"[21]当劳动产品进入交换成为商品时，生产这种商品的劳动才能表现为价值，即表现为一种社会关系。这里主要指的是生产关系的性质。价值本身不是物，不是使用价值。价值的本质体现着商品生产者之间的社会关系。

这里所谈的"价值"，**不是哲学意义上的价值概念**。它仅仅是指经济学意义上的商品的价值。离开商品，就不是马克思在《资本论》中所论述的价值概念。正如恩格斯所说：**"经济学所知道的惟一的价**

值就是商品的价值。"[22] 商品的交换，实质是劳动的交换。这个劳动交换体现为价值，其实质指的是社会关系、生产关系，即商品的社会属性。没有交换，商品卖不出去，就实现不了其价值，也就不具有社会性质。这正是交换价值作为价值形式的意义。

商品的使用价值和价值等范畴，是马克思用来说明商品的自然属性和社会属性的概念，深刻地揭示了商品的本质。正确理解商品价值这个概念，是理解劳动价值论的一个关键。

八　活劳动与物化劳动

24. 讨论商品生产劳动，还有一对范畴：活劳动和物化劳动。这是马克思用来分析价值和剩余价值的一对经济学范畴。**马克思用"活劳动"指商品生产劳动过程中人的体力和脑力的支出；用"物化劳动"指凝结在生产资料中的、体现为过去劳动创造的产品中的人的劳动。**物化劳动，在今天就是指一切劳动创造的非劳动生产要素，如机器、厂房、原材料等实物形态的资本。马克思用活劳动、物化劳动这两个概念，解释它们在商品价值形成过程中不同作用。

生产要素就是商品生产劳动的必要条件、必要因素。从一般的意义上看，劳动力与生产资料都是生产过程不可缺少的要素。人的劳动所创造的一切非劳动生产要素，马克思称之为物化劳动，作为生产要素，称之为非劳动生产要素。

在生产过程中，人的因素与物的因素的作用是不一样的。**劳动，或者说劳动力，不是一般的生产要素，而是主导的、起决定性作用的生产要素。**没有活劳动，即人的劳动，就没有生产劳动，没有商品生产劳动，人类及人类社会的发展就无从谈起。**这是马克思主义经济学与西方经济学在理论前提上的根本区别之一。**把劳动或劳动力看做一般的生产要素，把人的作用等同于一般非劳动条件，否定其在生产中的主导的、决定性作用，这是资产阶级经济学的一个基本特点。

当然，没有非劳动生产要素（包括物化劳动和自然资源），绝不可能进行生产，也不可能创造财富。随着经济的发展，非劳动生产要素在量上不断增加，在种类、形式上不断拓展，出现了许多新的非劳动生产要素，它们成为生产力的重要因素。非劳动生产要素的扩展，正是人的劳动的创造能力不断提高的体现和直接结果。一切忽视非劳动生产要素的观点、做法都是错误的。在这方面，我们有不少的深刻的教训。

25. **劳动创造价值，活劳动是商品价值创造的唯一源泉**。虽然，物化劳动在价值的形成中起着不可或缺的重要的作用，但商品的新价值是活劳动创造的，物化劳动只是借助活劳动保存、转移原有的商品价值，即保存、转移原有的劳动量。

马克思所说的活劳动——即人的劳动本身，人的体力和脑力的耗费——创造商品的价值，是商品价值的唯一源泉。在当代，无论是劳动领域的拓展、劳动形态的变化，还是脑力劳动比重的增加，都没有改变这一实质。从本质上看，商品的价值体现社会生产关系、人与人之间的关系。**人类社会的生产关系，是在劳动过程中形成的。商品经济的生产关系，是在商品生产、交换的过程中形成的。商品的价值，正是商品经济中这种关系的体现。**因此，价值实体中除了活劳动的凝结以外，仍然不包含其他任何物质的因素。这种意义上的"价值"，不是商品，不能买卖。正如马克思所说，价值不包含任何一个物质原子。[23]商品价值，反映的仅仅是商品交换关系，商品、货币交换的社会关系。

物化劳动，不管它是物质形态，还是非物质形态；不管它是采取资本形式，还是其他形式，都是劳动创造物。**物化劳动在生产劳动过程中起着重要的作用，缺少了它们，任何生产劳动都无法进行。**它们是劳动、劳动过程的必要条件，是创造使用价值和财富的基本条件之一，是生产力的组成因素。可以说，物化劳动和活劳动，过去的劳动和现在的劳动，构成了整个商品生产劳动的过程，是商品生产劳动的历史链条。

物化劳动是相对于活劳动而言，是过去的劳动，是死劳动；但它不是活的主体，不是主动、能动的因素，不能创造社会关系、人与人之间的关系，只能表现这种关系。**物化劳动只把自身被消耗的价值保存、转移到新产品中，不创造商品的新价值。**物化劳动是人的创造物。当它是商品时，当然也反映人与人的关系，但它不是价值的源泉。

物化劳动是过去的活劳动的创造物，是活劳动的凝结，是活劳动的物化，是已经完成了的活劳动，是"活劳动的过去形态"。从交换价值角度看，商品的价值是生产资料转移的价值与活劳动新创造的价值之和，即过去劳动和现在劳动凝结之和。

物化劳动是非劳动生产要素，是生产资料。它只有靠活劳动的推动，借助活劳动，并与活劳动结合在一起，才能"复活"，发挥作用。活劳动是商品价值的唯一源泉，是商品价值的创造者；物化劳动是商品价值创造的必要条件，但不是商品价值的创造者。

26. 如果物化劳动创造价值，而不是仅仅保存、转移价值，其结果就是人类劳动的创造物反过来决定人与人的关系，死劳动统治活劳动，"机器统治人"，物统治人。

如果物化劳动创造价值，就意味着资本创造价值，也就意味着物质财富统治人、资本统治人是合理的（这正是资产阶级经济学所蕴涵的一个内在逻辑），也就没有什么劳动解放、人的解放了。**物化劳动创造价值，资本创造价值，是资产阶级经济学的基本观点，这是生产要素价值论的核心。**

之所以会有人误认为物化劳动也是价值的源泉，是因为他们混淆了使用价值、财富的源泉与价值的源泉；混淆了具体劳动与抽象劳动；混淆了同一劳动过程中旧价值（原有价值）的转移与新价值的创造；混淆了价值创造理论和分配理论。

资产阶级经济学家确实是有意掩盖和混淆这两个概念，而决不是无意识的。

九 生产要素论问题

27. 生产要素论强调土地、资本在财富创造中的作用，无疑是对的，是有很大意义的。但这个理论的致命之处在于，它把人等同于物。资产阶级经济学的生产要素价值论，是生产资料私人占有制的价值论；生产要素分配论，是生产资料私人占有制的分配理论。这些理论，是与马克思的劳动价值论相对立的。生产要素价值论已经有近两百年的历史了。从萨伊（1767—1832 年）的"三位一体"公式，到西方现代经济学的分配理论，其基本内容是一脉相承的。

这套理论，把劳动要素与非劳动生产要素完全等同；混淆价值和使用价值，将使用价值、财富的源泉说成是价值的源泉；把劳动力等同于一般生产要素，把生产要素参与财富创造的过程，等同于参与价值创造的过程，进而推导出生产要素分配论。这样，就**回避了要素所有权的问题，否定了剩余价值的存在，掩盖了剥削和雇佣劳动的本质。**

否定马克思的劳动价值论，目的在于否定剩余价值论，这是西方经济学的特点，是由其阶级属性决定的。

28. 由生产力的发展水平所决定，在一定经济发展阶段所产生的所有制形式和所有制结构，是这一阶段经济发展的必然结果。同时，所有制的形式和结构又决定着分配的形式和结构。

我们不能将资本、技术和管理等生产要素参与分配直接等同于以萨伊为代表的生产要素分配论。生产要素分配论，就是把劳动力等同于物，等同于一般生产要素，甚至只作为一般的成本项目计算，而把它排斥于剩余价值的分配之外。我们认为，按劳分配还包括对部分剩余产品的分配。也就是说，劳动力参与的分配不仅包括成本中相当于工资部分的分配，还应包括部分利润的分配。

生产要素参与分配是所有制决定的。商品经济，商品生产，是各种要素共同参与的活动。有要素存在，就有要素的所有制、所有权问题。归根结底，这是由生产力的发展水平最终决定的。即使在生产力高度发展之后，生产要素作为生产的必要条件，不仅仍然存在，而且还要大大发展。那时，改变的只是要素的所有制、所有权的社会属性，消亡的只是其阶级性。

生产要素的存在和发展，是一个自然历史过程，是伴随一切生产过程始终的、必然的、自然的形态。在商品经济条件下，生产要素参与分配是必然的、自然的形态。我们所主张的生产要素参与分配论，是不同于生产要素价值论所说的生产要素分配论的。

按劳分配，按生产要素分配，按劳分配为主、非劳动生产要素参与分配，这三个概念、三种分配制度和分配方式是不同的。

29. 马克思的劳动价值论和收入分配理论，是一种解放劳动、保护劳动的理论。根据马克思的劳动价值论，劳动和劳动结果、劳动和劳动目的相统一，是劳动解放的标志。马克思进而得出结论说：按劳分配是这一理论的分配理论，是实现这两个统一的分配制度，是消除劳动者与生产资料分离状态的制度。

按劳分配制度，依照我们原来的理解，是一种单一的、纯粹的、排斥非劳动生产要素参与分配的制度。现在，我们应当这样来理解：按劳分配作为一种分配制度，并不排斥非劳动生产要素同时参与分配。按劳分配可以与非劳动生产要素参与分配相结合，构成社会分配制度，即按劳分配原则与非劳动生产要素参与分配原则相结合的制度。实行这样一种分配制度，在社会主义发展的一个相当长的历史时期内，是不可避免的，也是一个不可逾越的历史阶段。

按劳分配和非劳动生产要素参与分配相结合的分配制度，在我国社会主义初级阶段，就是按劳分配为主和非劳动生产要素参与分配相结合的原则。要保护劳动权，同样也要保护非劳动生产要素权：

①依法保护非劳动要素所有权；

②依法保护非劳动要素所有权的所得权；

③依法保护非劳动要素所得的支配权。

非劳动要素是生产过程的必要条件，是财富之母，是人类在任何历史阶段的经济活动都离不开的基本条件，在社会主义社会，要给予其充分保障。问题在于，如何运用这些要素为我们发展生产力、发展经济服务。今天，限制生产要素，破坏生产要素，就是限制生产本身，破坏生产力本身。一定要充分保护和发挥生产要素的作用。

十　剩余价值和净增价值

30. 物质资料的生产，是人类社会存在和发展的基础。不论在什么社会形态下，在物质资料的生产过程中，劳动者为生产自己及其家属的生活必需品而付出的劳动，是必要劳动，除此以外的劳动是剩余劳动。

剩余劳动的物化状态是剩余产品。剩余劳动的出现和发展，是社会生产力发展和劳动生产率提高的结果。从原始社会末期开始，人类社会发展的各个阶段都存在剩余劳动。剩余劳动构成社会进步和发展的最基本的条件。没有剩余，就没有积累，就不能发展。剩余劳动的多寡，正是生产力发展的重要标志。

对剩余劳动的占有状况，所体现的是不同的生产关系。无偿占有别人的劳动和劳动成果，即为剥削。**被资本家无偿占有的、由雇佣工人的剩余劳动创造的价值，为剩余价值。它所体现的是资本主义的基本经济关系、社会关系。**榨取尽可能多的剩余价值，"是资本主义生产的直接目的和决定性动机"。[24]

31. **剩余价值是揭示资本的剥削秘密，理解资本主义生产方式的钥匙。**雇佣劳动、剩余价值，是反映资本主义经济关系的核心范畴。可以说，剩余价值理论所研究的，是资本主义经济的基本生产方式、基本社会矛盾。

搞社会主义，也必须不断追求剩余劳动、剩余产品。**剩余劳动、剩余产品**"是整个社会发展和全部文化的物质基础"[25]，是人类社会发展、进步的基础。但是，**社会主义条件下的剩余劳动、剩余产品，应体现社会主义的生产关系，社会主义商品经济的基本生产方**

式。剩余价值理论，是马克思揭示资本主义剥削秘密的基本理论；剩余价值，是资本主义雇佣劳动条件下、被资本家无偿占有的剩余劳动和剩余产品。无偿占有雇佣劳动创造的剩余价值，是资本主义商品经济的本质特征、基本生产方式。因此，在社会主义经济理论体系中，**不宜再沿用"剩余价值"这个范畴，来指称社会主义社会的剩余产品的价值或剩余劳动所创造的价值。**

在社会主义初级阶段，在私营经济和外资经济中，存在雇佣劳动和无偿占有，当然存在剩余价值。在社会主义初级阶段，这一现象是不可避免的，是长期存在的。但这种剩余价值，是与资本主义制度下的剩余价值有一定差别的，要受到社会主义社会的法律制约和调节。只要是合法的非劳动收入，应该得到保护。

这个问题，是我国在建立社会主义市场经济后出现的新问题，是与我国处于社会主义初级阶段，实行以公有制为主体、多种所有制经济共同发展的基本经济制度，以及实行按劳分配为主体、多种分配方式并存的分配制度相联系的，应深入研究。

32. 对于用什么概念来表示**社会主义经济中剩余产品的价值或剩余劳动创造的价值**，我国经济学界提出了许多见解。**是否可以设想用"净增价值"这个概念来表示。"净增价值"在性质上与资本主义的"剩余价值"有所不同，而且在构成上也不同。在社**会主义条件下，劳动者所得的比重增加了，社会公共必要劳动所占的比重增加了，这是社会主义制度决定的，是社会主义商品经济的特点。

净增价值所代表的财富、利润，是在社会主义社会做了必要扣除以后，仅按生产要素所有权分配的部分。这样可以把按劳分配与非劳动生产要素参与分配相结合，形成社会主义初级阶段，多种经济成分共存条件下的分配制度。

我们所说的**必要扣除**包括：

第一，劳动者除工资以外的应得部分，比如利润中用于保险、福利、公积金、公益基金、奖金等的那一部分，这部分也是劳动所得，即劳动者应直接获得的自己的剩余劳动的一部分。

第二，为国家、为社会做出的扣除，包括国防、教育、科研、卫生和环保，等等。

做出这些扣除，是符合全体劳动者的根本利益的，体现了社会主义初级阶段的基本经济制度。它有利于保障劳动者、投资者、国家三者之间的利益关系，有利于不断解放生产力，发展生产力，有利于调动各方面的积极性，使劳动者尽快富裕起来。在资本主义社会，也存在上述第二项扣除，但不同之处在于：资本主义国家的上述扣除，本质上是为了维护资产阶级的阶级统治。

在做了以上扣除之后，剩下的即为净增价值[26]。净增价值不同于剩余价值，它所代表的利润财富，**是按生产要素（包括劳动要素和资本、知识产权、专利、股权等非劳动生产要素）所有权进行分配的部分，而且国家应当进行调节。**这样，就坚持了社会主义初级阶段按劳分配为主体、多种分配方式并存的分配制度。

当然，这是一个重大理论问题和实践问题，学术界提出了多种方案，应继续研究，充分讨论。无论哪种分配制度和分配方式，归根结底要有利于生产力的解放和发展。这是实践的、历史的判据。

33. 在社会主义条件下，劳动者除了获得生活必需品之外，还要不断改善和提高自己及其家庭的物质文化生活水平，**并将逐渐拥有财产，摆脱"无产"状态。**因此，劳动者还要分得一部分企业利润，即与其他生产要素一道参与企业利润的分配。**这一部分也是劳动所得，是社会主义性质的，属于按劳分配的范畴。**当然，其大小、多寡是由经济发展水平和国家制度所决定的。在社会主义市场经济条件下，劳动者（劳动力）创造的财富，尤其是他们的剩余劳动创造的财富，归谁占有，如何分配，构成社会主义初级阶段的基本生产关系。无论哪种分配制度和分配方式，都必须有利于生产力的不断解放和发展。在现实经济生活中，要坚持效率优先，兼顾公平。

在资本主义条件下，所谓国家和社会的扣除，是与社会主义有所不同的。在社会主义条件下，这个扣除是完全用于社会的、属于全体人民的，是和全体劳动者的利益一致的。没有这个社会扣除，即用于社会发展、公共消费、公益事业的部分，工人阶级和全体劳动者的个人利益，也就没有保障。这是由人民的根本利益决定的。

十一　资本问题

34. 在社会主义市场经济条件下，除剩余价值问题外，"资本"这个范畴的适用性问题，也是一个值得研究的重大理论和实践问题。

"资本"是一个内涵很丰富的经济范畴，可以从不同角度考察和定义。马克思曾经说过："资本不是物，而是一定的、社会的、属于一定历史社会形态的生产关系，它体现在一个物上，并赋予这个物以特有的社会性质。"[27] **资本是商品经济的集中代表。资本既有自然属性，也有社会属性，是二者的辩证统一。**

资本是商品经济发展到一定历史阶段的产物，是现代商品经济的一个核心范畴。资本主义商品经济有资本，社会主义商品经济也有资本。问题不在于有没有资本，而在于资本的社会属性，在于资本归谁所有，为谁服务。资本将随着商品经济的发展而变化，也将随着商品经济的消亡而消亡。但是，消亡的仅是其社会属性，而不是其自然属性。

从自然属性看，资本是商品生产的产物，是财富，是人类劳动的积累。在这一点上，我们可以说，"资本"是人类剩余劳动、剩余产品的一种特殊形式。它本身不仅无错、无过，而且是发展生产力和市场经济所必需的，是人类社会的生存和发展所必需的，是人类劳动的直接目的。

从社会属性看，可以分为两个层次：

一是从商品经济一般和价值运动一般的层次去分析，**资本不是一般的货币和资金，而是在运动中带来商品价值的价值、不断增值**

的资金。资本是特殊形式的商品，是生产要素。资本是流动的资金。资本是资本主义的产物，但它首先是商品经济的创造物。

二是作为"**带来剩余价值的价值**"[28]，资本反映的是资本主义的生产关系，具有鲜明的社会制度属性。在资本主义社会中，资本是剩余价值形成的，为资本家所有，是资产阶级统治劳动的力量和工具。可以说，无偿占有由雇佣工人的剩余劳动创造的剩余价值，是资本主义生产的直接目的。

35. 马克思当年所设想的社会主义经济，是没有商品、货币的经济，自然也不会涉及社会主义经济中的资本问题。实践表明，社会主义经济也必然是商品经济。如果抽象掉资本是"带来剩余价值的价值"这个特定的资本主义社会制度属性，**从资本的自然属性和商品经济一般的角度去把握和予以规定，在社会主义市场经济条件下，"资本"这个范畴是必不可少的、必须用的。但其内涵有所发展。我们要发扬其有利于生产要素的优化配置，有利于解放和发展生产力的一面，促进社会主义市场经济的发展，促进社会财富的不断增加；同时要限制其消极的、影响解放和发展生产力的一面。**

总之，在社会主义市场经济中，"剩余价值"概念不可用，而"资本"概念则是要用的。

36. 在社会主义初级阶段，与公有制为主体、多种所有制经济共同发展的基本经济制度相适应，"资本"有国家资本、集体资本、私人资本和外来资本等。在法律允许的范围内，各种资本的经营活动，都应予以支持和保护，以利其健康发展。同时，由资本所有权决定的剩余索取权，也应依法予以保护。为避免两极分化，在支持非公有制经济发展的同时，要努力探索公有制的实现形式，把国有经济和集体经济搞好，使其不断壮大。对于按生产要素所有权获得的收入，要保护，也要调节，在生产力不断发展的基础上，最终实现共同富裕。

当然，我们对社会主义条件下的资本问题，研究得还很不够；

对于资本的运用和配置等问题，还需要深入研究和讨论。我们今天重读马克思的《资本论》，一个重要的目的在于研究社会主义市场经济条件下的资本问题。这是社会主义经济学的一个大课题。

十二　发展社会主义市场经济是实践和理论的双重探索

37. 马克思认为，社会主义代替资本主义，是人类历史发展的必然。根据马克思的设想，未来的社会主义是建立在生产力高度发达、商品经济消亡基础之上的社会主义，是资本主义社会之后的社会形态；社会主义社会的经济，是建立在生产力高度发展基础上的经济，它不是商品经济，不存在商品货币关系。

发展社会主义经济的问题，是社会主义建立以后的事情。研究社会主义经济问题，不是马克思的任务。在这方面，我们不应苛责前贤。

38. 列宁领导俄国人民在经济不发达的资本主义俄国，建立了第一个社会主义国家。对于在这样一个国家如何发展社会主义经济，建立怎样的经济制度，列宁进行了很多探索。他逐步意识到，在社会主义经济中还必然存在商品货币关系，不能简单地否定商品经济。1921 年，列宁提出实行新经济政策，指出："应当把商品交换提到首要地位，把它作为新经济政策的主要杠杆。"[29]

我们是在一个半殖民地、半封建的中国建立社会主义制度的。同马克思关于未来社会的设想相比，中国的经济还很落后，生产力发展水平还非常低。新中国成立后的几十年，我们实行的是计划经济，即用计划经济的办法发展社会主义，取得了巨大的成就。同时，计划经济体制也逐渐暴露出一些弊端。我们在实践中逐渐认识到，发展社会主义经济，不能只靠计划这一手，还必须利用市场这一手；必须改革我们的经济体制。这也是对社会主义发展道路的一次探索。

39. 改革开放以后，我们更深刻地认识到，商品经济是人类社会不可逾越的一个经济形态，是经济发展的一个必然的、长期的历史阶段；它的发展是一个自然历史过程。**社会主义经济也必然采取商品经济的形式**。商品经济不是被消灭，而是随着生产力的高度发展逐渐消亡的。当然，这还是非常遥远的事情。而且，这种消亡，只是商品形式的消亡。而劳动本身、劳动过程、劳动产品、经济活动，是不会消亡的，只是采取了新的形式，进入更高的阶段。

市场经济是商品经济的发达形态。社会主义经济采取商品经济的形式，就是建立社会主义市场经济。社会主义市场经济这个理论命题的提出，是我国经济理论研究最重大的理论成果，是社会主义经济学理论的一次革命性变革。我国为建立社会主义市场经济体制所进行的探索，以及当前在创建新体制中的大量新问题，都要求我们深入研究价值理论、价值规律的作用形式、现代劳动的新特点、保护和解放劳动等问题，研究社会主义市场经济的基本经济规律问题。

40. 发展社会主义市场经济，是一项前无古人的宏伟事业，是社会主义发展史上的伟大创举。在社会主义商品经济之前，历史上存在的只是自然经济条件下的简单商品经济和资本主义的商品经济。因此，社会主义商品经济 —市场经济的发展，是一个实践、理论的探索与创造的历史过程。

资本主义商品经济和社会主义商品经济，是商品经济产生以来两种不同的经济形式，两条不同的经济发展道路。资本主义商品经济是建立在私有制基础之上的。社会主义商品经济则是在社会主义条件下，使商品经济与公有制有机结合，通过商品经济发展社会主义，实现社会主义的现代化。

社会主义市场经济，是新型的社会主义经济，同时又是新型的市场经济。社会主义市场经济，不是从天上掉下来的，它当然要继承资本主义市场经济所创造的一切文明成就，一切有益的东西。也可以说，社会主义市场经济是市场经济的基础的一种新理论、新模式、新道路。在商品经济理论中，一切适用于中国情况的，有利于中国经济发展的理论和方法，都要大胆地学习、借鉴、利用。问题的实质在于中国化。学习、借鉴、运用，从来都是一个逐步消化和中国化的问题，而不是一个照抄照搬的问题。所谓"化"，就是理论和实际的一个结合。

社会主义市场经济所要解决的，是社会主义发展过程中的基本经济问题，即如何在更大程度上解放和发展生产力的问题。从理论上揭示社会主义商品经济发展的基本规律，推动经济的更大发展，是社会主义经济学面临的一个时代性课题。

我们在社会主义条件下发展商品经济，搞社会主义市场经济，时间不长，确切地说，只有二十几年。实践很不充分，所积累的经验和资料还不够丰富，因而我们今天的理论研究，还很不充分，需要进一步解放思想，实事求是，与时俱进。我们不仅要研究一百多年来资本主义的新变化，而且要研究科技进步、经济全球化带来的新问题，重点是要研究在中国如何进一步完善和发展社会主义市场经济的问题。这是一个历史性大课题。现在所取得的成就还是初步的，我们还有很长的路要走。

马克思主义是科学，随着社会实践的发展而发展。发展、与时俱进是它的基本品格。任何教条主义都是马克思主义的大敌，都是要不得的。作为马克思主义政治经济学基础的劳动价值论，也是随着时代的发展而不断丰富和发展的。

今天，随着科学技术革命的迅猛发展，经济全球化的日益加深，社会主义市场经济的不断推进，大量新情况、新问题涌现出来。我们必须正视这些问题，深入研究这些问题。

建设中国特色的社会主义，是实践和理论的双重探索。人类社会始终是沿着实践探索和理论探索两条轨迹发展的，是实践和理论相伴、相依、相辅相成的历史过程。不断丰富和发展马克思主义的政治经济学，建立和完善社会主义市场经济理论体系，为社会主义市场经济建设提供理论支持，是我国理论界的神圣使命和长期任务。

注释：

[1] 马克思：《政治经济学批判》，《马克思恩格斯全集》第13卷，人民出版社1962年版，第7页。

[2] 恩格斯：《〈资本论〉英文版序言》，《马克思恩格斯全集》第23卷，人民出版社1972年版，第36页。

[3] 毛泽东：《价值法则是一个伟大的学校》（1959年3月、4月），《毛泽东文集》第8卷，人民出版社1999年第1版，第34—37页。同时参阅《毛泽东读社会主义政治经济学批注和谈话》（清样本，上下），中华人民共和国国史学会编，1998年1月刊印。

[4] 参见于光远《社会主义制度下的生产劳动与非生产劳动》，载《中国经济问题》1981年第1期。

[5] 参见孙冶方《生产劳动只能是物质生产劳动》，载《经济学动态》1981年第8期。

[6] 参见谷书堂主编《社会主义经济学通论》，上海人民出版社1989年版，第110—112页。

[7] 苏星：《劳动价值论一元论》，载《中国社会科学》1992年第6期。

[8] 《中共中央关于制定国民经济和社会发展第十个五年计划的建议》。

[9] 参见《马克思恩格斯选集》第3卷，人民出版社1995年版，第740页。

[10] 参见《列宁选集》第2卷，人民出版社1995年版，第312页。

[11] 《马克思恩格斯全集》第42卷，人民出版社1979年版，第100页。

[12] 《马克思恩格斯全集》第46卷（下），人民出版社1980年版，第116页。

[13] 马克思：《经济学手稿》（1861—1863年），《马克思恩格斯全集》第47卷，人民出版社1979年版。

[14] 《邓小平文选》第3卷，人民出版社1993年版，第274—275页。

[15] 江泽民：《在北戴河同国防科技和社会科学专家座谈时的讲话》（2001年8月7日）。

[16] 《马克思恩格斯选集》第4卷，人民出版社1995年版，第258页。

[17] 马克思：《1844年经济学—哲学手稿》，人民出版社1985年版，第88页。

[18] 《马克思恩格斯全集》第26卷（下），人民出版社1973年版，第476页。

[19] 参见马克思《资本论》，《马克思恩格斯全集》第23卷，人民出版社1972年版，第87页。

[20] 《列宁选集》第2卷，人民出版社1995年第3版，第312页。

[21] 《马克思恩格斯选集》第3卷，人民出版社1995年版，第544页。

[22] 恩格斯：《反杜林论》，人民出版社1993年第2版，第313页；《马克思恩

格斯选集》第 3 卷，人民出版社 1995 年 6 月第 2 版，第 657 页；《马克思恩格斯全集》第 20 卷，人民出版社 1971 年版，第 331 页。

[23] 参见《马克思恩格斯全集》第 23 卷，人民出版社 1972 年版，第 50 页。

[24]《马克思恩格斯全集》第 25 卷，人民出版社 1974 年版，第 272 页。

[25]《马克思恩格斯全集》第 47 卷，人民出版社 1979 年版，第 257 页。

[26] 在资本主义生产中，一个商品的价值量 $w = c + v + m$。在社会主义条件下，如果我们仍假设：商品的价值量为 w，c 和 v 不变；且假设上述第一项扣除为 v_1，第二项扣除为 s，"净增价值"为 n，则商品的价值量为：$w = c + v + [(v_1 + s) + n]$。在价值量上，$(v_1 + s) + n$ 相当于 m，即 $n = m - (v_1 + s)$。

[27]《马克思恩格斯全集》第 25 卷，人民出版社 1974 年版，第 920 页。

[28] 参见《资本论》第 1 卷，人民出版社 1975 年版，第 172 页。

[29]《列宁选集》第 4 卷，人民出版社 1995 年第 3 版，第 533 页。

哲学是一把圣火[*]

——中国哲学大会学术报告

（2003 年 8 月）

我们这个时代需要什么样的哲学？换言之，哲学能够向时代说些什么？这是今天每一位哲学家都不得不深而思之的大课题。本文记录了一名哲学爱好者对哲学的点滴思考，肤浅与不当之处，请方家指正。

一　哲学不是宣示绝对真理

哲学是时代的精神家园，是文明的活的灵魂。每个时代最精致、最深刻的思想，都集中在哲学的殿堂。哲学能够为世界，为时代，为我们每一个人，提供一种理性的思维方式，提供某种共同繁荣、和睦友好的思维图景。总之，哲学是人创造的精神宝剑，又是为人的发展服务的智慧之学。

中国古代的先哲说过："君子和而不同。"[1] "夫和实生物，同

　＊　本文是李铁映同志向第 21 届世界哲学大会提交的书面发言，后以"金维"为笔名发表于《哲学研究》2003 年第 9 期。

则不继。"[2] "和" 如五味的调和，八音的和谐，一定要有水、火、酱、醋等各种不同的材料，才能调和滋味；一定要有高下、长短、快慢等各种不同的声调，才能奏出美妙和谐的音乐。

两千多年前的中国哲学家的上述思想，即使在今天，仍然给我们以深刻的启迪。

所谓 "和"，即和谐、调和、融合。"和" 的前提是承认、赞成、允许事物之间的差异、区别与分歧，然后使这些差异、区别、分歧调整、配置、处理到某种适当的地位、情景、结构中，于是各得其所，而后整体便有 "和" ——和谐或发展。事物的差异是客观的、普遍的。正是差异表现为矛盾，表现为事物发展的动力、生命力。有差异，才有百花，才有万物。

"同" 在中国古代哲学中，既有强调一律、一致、一心的一面，又有强调共同性、统一性、综合性的一面。把前一方面推向极端，主张某种归一化的观念和模式，宣示绝对真理，因而绝对，因而唯一、排他。其结果，就会窒息事物的发展，窒息思想的火焰。

存在的多样性，发展的多样性，是客观世界的普遍形式。正像在自然界，我们不能用一种色彩来看待无限复杂多样的事物一样，我们也不能用一种模式、一种观念、一种色彩来看待人类社会、文化和思想的发展。

有多样性，才会有自然界，才会有人类社会的发展。这是自然史、人类史、思想史的结论。多样性是发展之母，发展是多样性之果。各民族不同的制度、文明、发展道路、模式相互作用，共同推动着人类社会的发展，这乃是一条规律。多样性是人类社会前进的动力，是生命力，而单一性必然导致死亡。

有多样性，才会有人类文化的繁荣。人类文化，就像一个百花园，是由无数朵花、许多种色彩构成的。每一种文化，都有其独特的存在和价值，都散发出独特的色彩和芳香。正因如此，人类的文化世界，才多姿多彩，才绵延不绝。设想一下：如果人类文明，只有一种模式，只有一种价值，只有一种色彩，那不仅是一种悲哀，而且人类也不会发展到今天。这绝不是人类文明的光明前景，而是一种危险和灾难。

有多样性，才会有自由的思想创造。在人类哲学史上，自从黑格尔以后，那种企图建立绝对观念、绝对真理的时代一去不复返了。绝对观念来自绝对事物，世界上没有绝对事物，也就不会有绝对观念。越来越多的哲学家认识到：任何一种哲学，都是人们智慧的结晶，都在人类的思想谱系中具有自己独特的谱线，表达着一种思维。用一种哲学否定另一种哲学，用一种观念否定另一种观念，不是哲学思维，说到底，是一种思想、文化和话语霸权的表现。思想一定要有自由。思想自由是伟大的哲学精神！话语霸权、教条主义则是哲学的桎梏，是精神的枷锁。

当然，强调多样性，并不否认共同性、统一性。异而求同，同而存异，相辅相成。现在，大家都在谈论所谓"世界公民"、"普世伦理"、"全人类利益"等话题。问题在于：脱离民族国家的"世界公民"是什么？离开民族国家伦理的"普世伦理"是什么？离开民族国家利益的"全人类利益"又是什么？即便有"地球村"，有"普世伦理"，有"人类共同利益"，也绝不是大鱼吃小鱼的弱肉强食，只能是多样并存、和睦相处、共同繁荣和发展。

进入 21 世纪，哲学应该而且能够大有作为。在哲学上，在对待世界一切文明成果方面，我们的态度是："海纳百川，有容乃大。"[3]哲学是智慧之学，哲学家是睿智之士。智慧需要撞击，需要讨论、辩论，哲学家更需要多方面汲取营养。

总之，哲学是使人聪明的学问，而不是束缚人的思想和行动的教条。哲学是小溪，翠鸣山谷，余音袅袅；哲学是清茗，沁人心脾，明目醒神。

二　对话是世界哲学发展的必由之路

世界哲学大会，为世界各国的哲学家交流学术，进行思想对话，提供了绝佳的舞台。它的成功举办，本身就启发我们，哲学的发展，离不开对话与交流。学术理论的对话、讨论、辩论就是科学试验，是达到真理的科学方法、科学道路。对话，可以增进了解，扩大共识，共同进步；可以使思想的翅膀更加自由地翱翔。对话，是一种态度，更是一种境界；对话是一种艺术，更是一种哲学。对话，是人类伟大的文明。

对话，是达到真理性认识的桥梁。世界是复杂多变的。客观世界的多样性，决定了人们对它的认识也不是单一的、刻板的。对事物的认识，只能是多层次、多侧面地由浅入深、由表及里的过程，不可能一次、一时完成。更何况，人们的社会文化不同、生活阅历不同、思维背景不同，即使是对同一事物，人们的思想、认识，也会呈现多种多样的风格。人类思想史表明，任何终极真理，都是荒谬的。一切追求真理的人们，都必然要重视对话，通过对话来取他人之长，补自己之短，来克服谬误，逐步接近或达到真理。

对话，是催生新思想的助产士。思想不等于独白。一种思想要影响社会，总要通过适当的方式表达和传播。思想也不是情绪化的宣言和口号，而是对事物、对实践的理性辨析和认识。对话，不仅可以使思想得到传播，而且有助于催生新思想。一位哲学家说过，两种物品相交换，结果仍然是两种物品，而两种思想交换，却可以产生第三种思想。这是思想的伟大，更是思想对话、交流的伟大。中国的佛学，最初是从印度传入的，但在中国大地上生根开花后，其发展则呈现出有别于印度佛学的另一种风姿。这是思想的对话、交流催生新思想的范例。简言之，对话、讨论、辩论，是思想、理论的"接生婆"。

对话，是消除误解、实现共同发展的方法。当今世界，各国之间、各国思想家之间的联系日益紧密。对于世界的和平与发展，大家有着共同的向往，也面临着共同的问题。解决这些共同问题，需要各国政府和人民、各国思想家的合作。对话，则是合作的前提。交流、对话，才能相互理解。当代中国有一句流行语说得好：理解万岁！

历史经验证明，霸权主义无助于世界的和平与发展，而只会适得其反。话语霸权是哲学上的僵化、教条主义的表现，是以真理裁判官面貌出现的教条主义，是一种十分有害的思维方式，是一种新的枷锁。

历史上，人类曾经遭受过太多的劫难，而缺乏应有的理解与尊重，缺乏必要的沟通与交流，乃至积怨日久，则是造成这些劫难的一个原因。对话，可以帮助人们消除误解，增进了解，共同繁荣发展。尊重对话，善于对话，是一个民族精神上成熟的重要标志。

对话，是世界哲学发展的必由之路。当今世界各国的哲学、思想、理论，无不带有一定国家、民族的特点，无不带有一定社会阶级的痕迹，无不打上历史文化传统的烙印。文化是一个民族的"护照"，也是该民族对人类的贡献。在文化上，越是民族的，就越是世界的。所谓世界文化，是世界各国的民族文化的总和，而不是以某国、某民族、某地域为核心的单一文化。同样，世界哲学则是世界各国的哲学的总和，是思想的百花园。

人类有着光明的未来，这是毫无疑问的，但也面临着诸多复杂的问题。解决这些问题的最大思想障碍，就是思想僵化、教条主义、话语霸权。当今中国流行着这样一句话：解放思想、实事求是、与时俱进。一言以蔽之，解放思想万岁！

世界各国的哲学，在思维方式、价值观念、概念、话语上有不同的特点，这是好事，可以丰富我们对自然界、人类社会和人本身的认识，防止片面性和简单化。把不同哲学之间的差异，看成有无哲学的差异，这本身就有悖于哲学精神。哲学是有检验标准的，这就是实践！但哲学界没有裁判官。

进入 21 世纪，经济全球化趋势的迅猛发展，日益凸显出不同文化、思想、哲学之间对话的价值和必要。我们认为，各国的国情不同、社会制度不同、历史传统不同，因而各国文化、思想、哲学上的多样性是必然的、必需的。这种多样性，既是全球化的前提，又是全球化的资源；既是全球化的基础，又是全球化进一步发展的条件。

所谓一体化的"单质世界"，是危险的陷阱！没有多样性的世界存在吗？人类文明失去多样性，将面临什么样的前景？是光明还是黑暗？只能是黑暗、死亡！全球化是一个繁荣茂盛的植物园，共荣并茂是其特性，不是一种树，更不是独木。

任何现实的、具体存在的东西，总是具有特色的。没有特色，就没有文化，就没有思想，就没有哲学，就没有人类，就没有世界。现在，大家都在谈论自然生态环境的多样性，而人类文化生态的多样性，不是更应该关注吗？保护人类文化生态的多样性，促进世界各民族文化、思想、哲学的共同发展和繁荣，已经成为各国人民、思想家的共同课题，成为人类共同的历史任务。应大声疾呼：保护人类文化的多样性，就是保护人类的未来。

全球化理应成为世界各国、各民族共同繁荣和发展的舞台，而不应成为以大欺小、以强凌弱、以富榨贫的陷阱。国家要民主，世界更要民主。国家不要独裁，世界更不要霸权。在全球化进程中，任何国家、民族，都没有高人一等的特权。不平等是世界的一大公害。

人有人权，国有国权。国权不存，人权无保！既要争人权，更要争国权。国家有主权，人民有自己决定本国的制度、发展道路、生活方式的权力。世界各国，不分大小、贫富、强弱，一律平等，在平等的基础上对话、交流，通过对话达到互信、互利、共赢，是世界稳定、和平与发展的基石，也理应成为21世纪国际政治、经济新秩序的基本价值观念。应大声疾呼：世界要民主化，各国、各民族要平等化！

三　哲学是中华民族全面振兴的灵魂

英国哲学家罗素说过："要了解一个时代或一个民族，我们必须了解它的哲学。"[4] 当代中国的哲学，是当代中国社会的存在和发展的理性表达，是研究、解决中国问题的学问，是中国人民利益的声音，是关乎中华民族的前途命运的理论，是中华民族全面振兴的灵魂。

一个民族要兴旺发达，要屹立于世界民族之林，就不能没有创新的理论思维，就不能没有与时俱进的哲学。这既是人类文明发展史给我们的有益启示，也是中华民族五千年奋斗历程的必然结论。

中国哲学的历史，从某种意义上说，就是一部中华民族精神形成和发展的历史，是中国人民思想解放的历史。哲学是推动中国社会变革和发展的理论先导。

哲学的根本功能是解放人们的思想。怀疑、反思、批判、创新，是哲学的基本方式。而哲学要真正解放人们的思想，必须首先实现哲学自身的解放。

哲学自身的解放，实质上就是哲学家的思想解放。谁来解放哲学家的头脑，怎样解放哲学家的思维呢？这成了当代哲学的一大问题。

哲学家应有高度的使命感和责任感。要具备悲天悯人的博大情怀，把自己的理论研究与国家民族的前途命运紧密联系起来。中国北宋时期的哲学家张载曾把哲学家的使命概括为："为天地立心，为生民立命，为往圣继绝学，为万世开太平。"[5] 这四句话的意思是说：哲学家要探索宇宙和自然界的原本道理，把它们贯彻于人心（精神）之中；要启迪民众，反映他们的要求和愿望；要传承文明；要为最终实现人类（天下）的永久和平而奋斗。

哲学家的思想解放，要同国家、民族、人民的前途命运结合起来。离开国家、民族的命运，离开实践的哲学是什么？岂不成了无本之木、无源之水？

哲学家应有强烈的问题意识。问题是时代的声音。对于哲学的发展来说，提出问题比解决问题更重要。提出好的问题本身就是学问。当代中国的哲学，理所当然地要以研究中国现代化建设和发展中的问题为己任，在研究、解决重大时代问题的过程中，构筑哲学的新的生长点，使哲学更好地为中国的发展服务，为中华民族的全面振兴服务。抓中国的"老鼠"，要靠中国"猫"！

哲学家应有非凡的理论勇气。在哲学的入口处，正像在地狱的入口处一样，任何怯懦和犹豫都是无济于事的。哲学家不仅要有智慧，更要有对智慧的挚爱激情、对真理的不懈追求，虽历经磨难而不改其衷。哲学家应该走在时代的最前列。探求真理，坚持真理是勇敢者的精神。没有足够的勇气，是摘不到真理的圣果的！

哲学家的母亲是实践，空中楼阁式的哲学只能是幻想和梦呓。卡尔·马克思说过："哲学家们只是用不同的方式解释世界，而问题在于改造世界。"[6]这当然不是说解释世界没有意义，而是强调实践的极端重要性。如果说哲学是解放思想的学问，那么，谁来解放哲学家的思想？是实践！实践是哲学理论产生和发展的源泉、动力，是哲学的检验标准和价值体现。离开中国人民的实践，要理解当代中国的哲学是不可能的，更遑论要发展这种哲学了。

中国有着悠久、灿烂的哲学传统。早在2500多年前的春秋战国时期，就出现了诸子百家、百派竞相登场、争鸣的局面。"百家争鸣"造成了中国哲学的空前繁荣，而这种学术繁荣又极大地推动了中国历史的发展、中华文明的进步。中国古代最著名的思想家之一孔子，就是对中华民族的精神产生深远影响的伟大哲学家。

1949年新中国成立后，中国的哲学获得大发展。1978年改革开放后，中国的哲学研究，进入了思想活跃、成果丰硕、社会作用显著的新阶段。在这一时期，中国的哲学家，开始大规模地与世界各国哲学界对话和交流。这在中国几千年文明史上也是空前的。

今天中国的哲学，可以说正处于东西融汇、百流竞发的空前繁荣时代。哲学家们摘掉有色眼镜，抛弃教条和僵化，像勤劳的蜜蜂一样，采世界思想之"花粉"，酿造中华文明之"蜜"，滋养着中华民族的精神，振奋着中国人民的心灵！要探索，要创新，要学习，不仅已成为时代的号角，而且正在成为新时代中国人的民族精神、思维方式和生活方式。中华民族只有成为一个善于学习的民族，才有光明的未来。中华民族的救世主，是中国人民自己！坚定不移地沿着自己的道路走下去，这就是中国人民的思想认识和历史结论。

中国政府高度重视和支持哲学事业的发展。中国党和国家的众多领导人，都对哲学抱有浓厚的兴趣，并身体力行地钻研哲学、运用哲学、发展和创新哲学。在中国，从事哲学研究和教学的专业人员，有数万之众；哲学肩负着传承文明、繁荣学术、创新理论、资政育人、服务社会的崇高职责。

中国的哲学家愿意与世界各国的同行们，加强对话和交流。中国哲学家是世界各国哲学家的真诚朋友，愿同大家共同构筑人类未来的思想"伊甸园"！

让哲学的光芒照亮我们的心灵！

哲学是一把圣火，你要触摸它，难道还怕被它烧着吗?！

注释：

[1]《论语·子路》。
[2]《国语·郑语》。
[3] 林则徐任两广总督查禁鸦片时期，曾在自己的府衙写了一副对联："海纳百川，有容乃大；壁立千仞，无欲则刚。"
[4] 罗素：《西方哲学史》上卷，商务印书馆 1963 年版，第 12 页。
[5]《张子全集·张子语录》。
[6]《马克思恩格斯选集》第 1 卷，人民出版社 1995 年版，第 57 页。

中国经济改革的双重探索 [*]

（2003 年 11 月 19 日）

20 世纪 70 年代末 80 年代初，中国经济开始改革开放，这是整个 20 世纪中国最伟大的事件之一。当代中国的一切成就，都与此息息相关。中国人民真心拥护改革，积极参与改革，并从中普遍受益。世界各国也十分关注中国的经济改革。这里，我就中国的经济改革问题，谈几点看法。

一　中国经济改革的基本历程

从 1978 年开始，中国经济改革迄今已走过 25 年的探索历程，大体经历了四个发展阶段。

第一阶段（1978 年 12 月至 1984 年 9 月），改革的起步阶段。

1978 年 12 月，中国共产党召开了十一届三中全会，拉开了中国经济改革的序幕。随后近 6 年的时间里，改革的重点在农村。家庭联产承包责任制逐步取代人民公社制，大大调动了农民发展商品生

---

[*] 这是李铁映同志在突尼斯战略研究所的演讲，后经删节发表于《经济研究》2004 年第 2 期。

产的积极性，粮食产量大幅度增加。乡镇企业异军突起，亿万农民进城打工，出现了中国特色的"农民工"现象（家在农村，进城打工）。

在城市，主要进行了企业改革试点，扩大企业经营自主权。同时，创建经济特区，开放14个沿海港口城市，开始用引进外资的办法，加快开发中国的劳动资源。

第二阶段（1984年10月至1991年12月），改革的展开阶段。

1984年10月，中共十二届三中全会通过《中共中央关于经济体制改革的决定》，标志着改革的重点转向城市。国有企业是整个改革的中心环节，价格改革是关键，培育和壮大市场是突破口。进行了承包经营、租赁经营、股份制等多种形式的试点，设法使国有企业成为真正的市场主体。个体经济、私营经济和外资企业等非国有经济，在整个国民经济中的比重，越来越高。改革由经济领域扩展到科技、教育等社会各个领域。对外开放进一步扩大，开放了珠江三角洲、长江三角洲和闽南三角地带。

但是，中国的经济改革毕竟是在探索中前进的。新的经济体制，从摸索到试点、调整、完善，不可能一帆风顺。20世纪80年代末，国民经济的高速增长引发了通货膨胀和经济秩序混乱。1989年后，国内市场疲软，经济增长速度放慢；国际上一些国家对中国制裁，不少社会主义国家发生动荡，这在一定程度上增加了我们的困难。中国领导层沉着应对，一方面，对宏观经济进行治理整顿；另一方面，继续对经济改革进行大胆探索和尝试。

第三阶段（1992年初至2002年10月），初步建立社会主义市场经济体制阶段。

在这一阶段，改革向纵深发展，重点是制度创新。1992年初，邓小平同志视察南方并发表重要谈话，深刻回答了长期困扰和束缚人们思想的许多重大理论和实践问题，推动了全党和全国人民的思想解放。1992年10月，中共十四大明确提出，中国经济体制改革的目标是建立社会主义市场经济体制。1993年11月，中共十四届三中全会做出相关决定。随后短短数年间，中国按照建立社会主义市场经济体制的目标，大幅度地改革了财政体制、金融体制、外汇管理体制等宏观经济体制。1997 年 9 月，中共十五大提出，公有制为主体、多种所有制经济共同发展，是中国社会主义初级阶段的基本经济制度。调整和完善所有制结构，成为经济改革的首要任务。

经过改革，中国的所有制结构，逐渐呈现出新的格局：以多种形式的公有制为主体，各种所有制经济成分平等竞争、共同发展。股份制、股份合作制等现代企业制度，在国有经济中广泛推行。非公有制经济迅速发展。社会保障制度逐步建立。2001 年，中国正式加入 WTO。

第四阶段（2002 年 11 月至今），逐步完善社会主义市场经济体制阶段。

21 世纪初，中国进入全面建设小康社会、加快推进社会主义现代化的新的发展阶段。2002 年 11 月，中共十六大报告提出：21 世纪头 20 年，对中国来说，是一个必须紧紧抓住，并且可以大有作为的重要战略机遇期。这一时期的战略目标是：全面建设惠及十几亿人口的更高水平的小康社会，使经济更加发展、民主更加健全、科教更加进步、文化更加繁荣、社会更加和谐、人民生活更加殷实。

为适应经济全球化和科技进步加快的国际环境，适应全面建设小康社会的新形势，中国共产党和中国人民确信：必须加快推进改革，建成完善的社会主义市场经济体制，建成更具活力、更加开放的经济体系，进一步解放和发展生产力，为经济发展和社会全面进步注入强大动力。

经过 25 年的不懈探索，中国经济改革取得重大进展。传统的计划经济体制，逐步被社会主义市场经济体制所代替；公有制为主体、多种所有制经济共同发展的基本经济制度已经确立；全方位、宽领域、多层次的对外开放格局基本形成。

改革的不断深化，极大地解放和发展了中国社会生产力，提高了综合国力，改善了人民生活，使中国经受住了一系列严峻考验，如国际金融动荡，国内严重自然灾害、重大疫情等。

1978—2002年，中国GDP年均增长9.4%，比同期世界经济年均增长速度高6.1个百分点，人均GDP由190美元增长到接近1000美元。1990年，中国GDP在世界上居第10位。从2000年开始，中国GDP已连续三年居世界第6位。

2002年，中国GDP达到10.4万亿元人民币，增长8%。进出口贸易额为6207.7亿美元，增长21.2%。

人民生活水平总体上步入小康。从1979年到2002年，城镇居民家庭人均可支配收入年均增长6.4%，农村居民家庭人均纯收入年均增长7.3%。2002年，城镇居民家庭人均可支配收入7703元，农村居民家庭人均纯收入2476元。

二　中国经济改革的理论成果

如同人类历史上一切重大进步一样，中国经济改革也是实践与理论的双重探索。实践探索推动理论探索，推动人们不断解放思想。理论探索总结实践探索的经验，使之升华为思想、理论、学说，进而指导实践探索的深化。两种探索相辅相成，交相辉映，共同演奏出中国经济改革的动人乐章。

中国经济改革，所以能取得重大成就，一方面得益于我们大胆试，大胆闯，不拘泥于书本，不拘泥于条条框框，不墨守成规；另一方面，也得益于我们不断解放思想，实事求是，总结经验，根据实践的要求，进行理论创新，用创新的理论指导改革实践的进一步发展。

这里，我只能粗线条地勾勒一下这些理论创新的具体成果。

——社会主义本质论。社会主义的本质，是解放生产力，发展生产力，消灭剥削，消除两极分化，最终达到共同富裕。社会主义的本质是具体的，不是抽象的。不能从书本、概念和原则出发，来判断是否是社会主义。社会主义没有一成不变的模式。现实的社会主义，总是有特色的，是共同性与多样性的统一。中国特色的社会主义，就是能够实现国家强盛、人民富裕、中华民族全面振兴的社会主义。僵化封闭不能发展社会主义，改革开放是社会主义发展、完善的必由之路。在整个改革开放和社会主义现代化建设时期，必须始终注意处理好改革、发展、稳定三者之间的关系。改革是方法，是动力；发展是目的，是硬道理；稳定是前提，是必备条件。要把改革的力度、发展的速度和社会的承受程度协调统一起来，使改革、发展、稳定三者相辅相成、相得益彰。

　　——社会主义初级阶段论。总结多年的经验教训，我们认识到，搞社会主义，不能犯"急性病"。从中国的国情出发，我们确认：中国目前处于并将长期处于社会主义初级阶段，一切工作，都要从这个实际出发。社会主义初级阶段，也就是不发达的社会主义阶段，是由落后的农业国逐步转变为工业化国家的历史阶段，是逐步实现全体人民共同富裕的历史阶段，是实现中华民族伟大复兴的历史阶段。一句话，是中国人民在社会主义基础上，实现工业化、现代化的历史阶段。这样的历史进程，至少需要一百年。

　　——社会主义市场经济理论。确认商品经济是人类社会不可逾越的历史阶段。计划经济不等于社会主义，资本主义也有计划；市场经济不等于资本主义，社会主义也有市场。要充分发挥市场在资源配置中的基础性作用。社会主义市场经济理论的确立，主要有两方面的创新意义：一是打破了将市场经济看做资本主义"专利"的传统观念，市场经济作为人类的文明成果，资本主义可以用，社会主义也可以用。二是强调社会主义制度与市场经济相结合，这在人类历史上是从未有过的。西方市场经济符合社会化大生产、符合市场一般规律的东西，我们要积极学习和借鉴。但西方市场经济是在资本主义制度下搞的，中国的市场经济是在社会主义制度下搞的，我们的创造性也就体现在这里。

　　——所有制理论。创新集中表现在两个方面：一是从单一的公有制理论，向以公有制为主体、多种所有制经济共同发展的理论转变，强调毫不动摇地巩固和发展公有制经济，毫不动摇地鼓励、支持和引导非公有制经济发展。二是把所有制与所有制的实现形式区分开来，提出公有制实现形式可以而且应当多样化。从战略上调整国有经济布局。大力发展国有资本、集体资本和非公有资本等参股的混合所有制经济，使股份制成为公有制的主要实现形式。

——分配理论。允许一部分地区、一部分人先富起来，鼓励先富帮后富，最终实现共同富裕。实行效率优先、兼顾公平的政策。坚持和完善按劳分配为主体的多种分配方式，把按劳分配和按生产要素分配结合起来，确立劳动、资本、技术和管理等生产要素按贡献参与分配的原则。建立和完善多层次、社会化的社会保障体系，创建社会统筹和个人账户相结合的制度。注意解决不同地区、不同人群的收入差距问题。

——市场体系理论。强调建立统一开放、竞争有序的市场体系。消除地区壁垒，打破行业垄断，建立全国统一市场。实施"走出去"战略，充分利用国内和国际两种资源和两个市场。承认生产资料、生产要素都是商品，都有价格，大力发展资本市场、劳动力市场等生产要素市场，积极推进资本市场的改革开放和稳定发展。形成以道德为支撑、产权为基础、法律为保障的社会信用制度，建设企业和个人信用服务体系，增强全社会的信用意识。

——宏观管理体制改革理论。改革政府管理模式，从行政性的直接管理，转向以经济和法律手段为主的间接管理。深化行政审批制度改革，切实把政府经济管理职能，转到主要为市场主体服务和创造良好发展环境上来，不直接干预微观经济活动。深化计划、财政、税收、金融等体制改革，建立健全协调统一的宏观调控体系。辩证处理宏观调控和市场机制的关系，"看不见的手"与"看得见的手"两手并用。

——企业制度改革理论。确认国有企业改革是经济体制改革的中心环节。改变企业是行政附属物的观念，确立企业的市场主体和法人资格。实行政企分开，所有权和经营权、所有者职能和经营者职能分离。按照"产权清晰、权责明确、政企分开、管理科学"的要求，建立现代企业制度。按照"归属清晰、权责明确、保护严格、流转顺畅"的原则，建立现代产权制度，从整体上搞活国有企业。支持非公有制企业的发展，非公有制企业在投融资、税收、土地使用和对外贸易等方面，与其他企业享有同等待遇。

——农村改革理论。废除人民公社体制，形成以家庭承包经营为基础的体制。完善农村土地制度，实行最严格的耕地保护制度。健全农业社会化服务体系、农产品市场体系和国家对农业的支持保护体系。根据中国国情，大力发展乡镇企业，发展小城镇，走中国特色的农村工业化、城镇化道路，促进农村富余劳动力转移就业。推动农业产业化，逐步实现农业现代化。

——对外开放理论。改变封闭半封闭发展观念和模式，确立对外开放基本国策，建立开放型经济体制。抛弃"有色眼镜"，大胆吸收人类社会，包括资本主义社会所创造的一切文明成果。创建经济特区，发展外向型经济。适应加入 WTO 的新形势，形成稳定、透明的涉外经济管理体制和相关法律法规，全面提高对外开放水平，以开放促改革、促发展。处理好对外开放和自力更生的关系。对外开放是以自力更生为基础的对外开放。中国解决所有问题的关键，是靠自己的发展。

——法制建设理论。确立依法治国、建设社会主义法治国家的基本方略。强调社会主义市场经济是法制经济。着眼于确立制度、规范权责、保障权益，加强经济立法，建立和完善社会主义市场经济法律制度。完善市场主体和中介组织法律制度，产权法律制度，市场交易法律制度；完善预算、税收、金融和投资等法律法规，劳动、就业和社会保障等方面的法律法规，社会领域和可持续发展等方面的法律法规，涉外经济法律法规。加强执法和监督，为社会主义市场经济的发展，提供完备的法制保证。

此外，还有一些其他理论成果，限于时间和篇幅，这里就不一一列举了。必须指出，所有这些理论成果，都在邓小平理论和"三个代表"重要思想中，得到了集中体现和阐发。

三 中国经济改革的展望

当前，中国经济发展势头强劲，运行良好。今年上半年，尽管受到伊拉克战争和 SARS 疫情的不利影响，中国 GDP 仍增长 8.2%。1—8 月，全国规模以上工业完成增加值 25271 亿元人民币，同比增长 16.5%；固定资产投资 22365 亿元，同比增长 32.4%；社会消费品零售总额 28727 亿元，同比增长 8.5%；财政收入 14351 亿元，同比增长 23.1%；进出口总额 5227 亿美元，同比增长 36.3%。中国经济的快速稳定发展，获得了世界的广泛赞誉。

但是，我们清醒地认识到，中国是世界上最大的发展中国家，有近 13 亿人口，经济文化还不发达，地区之间发展不平衡，将长期处在社会主义初级阶段，要实现现代化，有很长的路要走，需要进行不懈的艰苦努力。中国共产党和中国人民，始终抱有强烈的忧患意识。我们认为，对一个国家和民族来说，具有忧患意识，是成熟的表现，有忧患则生，无忧患则亡。

现在，中国经济也面临一些亟待解决的突出问题，如经济体制不完善，产业结构不合理，分配关系尚未理顺，农民收入增长缓慢，就业和社会保障压力加大，生态环境保护需要加强，经济整体竞争力不强，等等。对这些问题，我们正采取一系列措施加以解决。前不久，中共十六届三中全会通过了《中共中央关于完善社会主义市场经济体制若干问题的决定》，根据十六大提出的建成完善的社会主义市场经济体制和更具活力、更加开放的经济体系的战略部署，明确了完善社会主义市场经济体制的目标、任务、指导思想和原则，就深化经济体制改革制定了总体方案。决定还明确提出了坚持以人为本，实现全面、协调、可持续发展的科学发展观的战略指导思想。

这里，我简要介绍一下这个新的总体方案的主要思想。从中，朋友们大致可以了解中国经济改革的趋势。

新世纪初期中国经济改革的基本目标是：统筹城乡发展、统筹区域发展、统筹经济社会发展、统筹人与自然和谐发展、统筹国内发展和对外开放，更大程度地发挥市场在资源配置中的基础性作用，增强企业活力和竞争力，健全国家宏观调控，完善政府社会管理和公共服务职能，为全面建设小康社会提供强有力的体制保障。

主要任务是：完善公有制为主体、多种所有制经济共同发展的基本经济制度；建立有利于改变城乡二元经济结构的体制；形成促进区域经济协调发展的机制；建设统一开放、竞争有序的现代市场体系；完善宏观调控体系、行政管理体制和经济法律制度；健全就业、收入分配和社会保障制度；建立促进经济社会可持续发展的机制。

为实现上述目标，完成经济改革的历史任务，我们强调要坚持五个原则：坚持社会主义市场经济的改革方向，注重制度建设和体制创新；坚持尊重人民群众的首创精神，充分发挥各方面的积极性；坚持正确处理改革、发展、稳定的关系，有重点、有步骤地推进改革；坚持统筹兼顾，协调好改革进程中的各种利益关系；坚决贯彻落实以人为本，全面、协调、可持续发展的科学发展观，促进经济社会和人的全面发展。

近来，国际社会关注人民币汇率问题。我愿借此机会，谈谈我的看法。一个国家的货币制度和政策，不能脱离这个国家的经济发展实际。根据当前中国经济的发展阶段、金融监管水平和企业承受能力，中国实行浮动汇率制度，其特点是：以市场供求关系为基础，单一和有管理。在这一制度基础上，保持人民币汇率基本稳定，有利于中国经济的正常运行，也有利于世界经济的稳步发展。

1997年亚洲金融危机爆发时，在周边许多国家货币大幅度贬值的情况下，中国保持人民币不贬值，保持汇率稳定，为维护亚洲乃至全球金融和经济稳定做出了贡献。一些国家和人士出于种种目的，在国际上散布"中国威胁论"，威逼利诱，企图迫使中国放弃现行的货币制度和政策，让人民币升值。这是我们所不能接受的。因为它不符合中国的实际，对全球经济也没有什么好处。中国是负责任的发展中国家，我们将保持人民币汇率在合理、均衡水平上的基本稳定，同时进一步深化金融改革，探索和完善人民币汇率形成机制。

经过 25 年的艰苦努力，中国经济改革在实践和理论的双重探索方面，取得了重大成果，积累了一些经验。对一个国家和民族来说，什么是最宝贵的？自己的经验是最宝贵的！但我们并不自满。我们深知，探索永无止境，更大的挑战还在后头。中国人民将坚定不移地继续推进双重探索。我们对中国经济改革的前景充满信心。

哲学的解放与解放的哲学[*]

（2004 年 8 月 9 日）

一个国家、民族，要兴旺发达，拥有光明的未来，就必须拥有创新的理论思维，拥有自己的哲学。哲学是思想的花朵，文明的灵魂，精神的王冠；哲学是推动社会变革和发展的理论先导，是激发人、塑造人、引导人的精神力量。哲学锻造我们的思维，净化我们的心灵，照亮我们前进的道路。

一 哲学是什么？

哲学的解放，从根本上说，首先在于哲学观的解放，在于对哲学是什么等问题的再思考、再认识。

哲学是什么？这既是一个古老的问题，又是当代哲学的前沿问题，也可以说是哲学永恒的话题。从哲学诞生的那一天起，哲学家们就在不停地追问，给出了一个又一个的答案。可以说，每个时代对此都有自己的回答。

哲学是一种思维？苏格拉底说过，"未经考查（深思熟虑）的生活是毫无意义的生活"。可见，思维对人的重要性。但属于人的思维

---

[*] 本文系作者 2004 年 8 月 9 日在"中国哲学大会"上的学术报告，原载《哲学研究》2005 年第 1 期。

都是哲学吗？人们在日常生活中的思维就是哲学吗？人们在科学研究中的思维就是哲学吗？如果说是，岂不是将思维等同于哲学了吗？如果说不是，那哲学思维与日常思维、科学思维的区别究竟在哪里？哲学是一种追根究底的思维，它不仅是问"是什么"，而且主要是追问"为什么"，特别是追问"为什么的为什么"。哲学所思考的问题，是一切具体科学回答之后的下一个"为什么"。哲学把思维本身作为自己的研究对象，是一种反思性的思维。

哲学是一种知识？哲学给人以知识，给人以力量，但哲学不是包罗万象、可以为我们生活中的一切问题提供现成答案的知识体系，也不是专门科学知识；哲学家需要广博的知识，但仅有知识还不能成为哲学家。哲学所提供的知识，是关于如何获得知识的知识，是关于如何探索未知世界的知识，是推动人们对已有知识进行深入反思的知识；哲学所提供的知识，是为人们的信仰提供理性根据的知识，只有建立在这种知识基础上的信仰才是坚定的信仰。马克思说过，对于哲学而言，重要的不是提供某种现成的答案，而是不断地向人们提出一个又一个的问题，以推动人类的思想、文明向前发展。哲学并不要求人们信仰它的结论，而是帮助人们探解疑团。

哲学是一种真理？哲学是对真理的追求和探索，但不是宣示绝对真理。自从黑格尔以后，那种企图建立绝对观念、终极真理的时代就一去不复返了。绝对观念、绝对真理来自对事物的绝对理解，来自哲学知识的绝对化。任何一种哲学，都是人们的一种认识，是人们在一定历史阶段、一定时空和社会条件下的认识、思考或看法，其真理性都要通过社会实践来检验。真理是具体的，人们对真理的认识是随着实践的发展而不断深化的。只有教条才宣示绝对真理，但那已不是真正的哲学。

哲学是一种方法？人类认识世界、改造世界的方法很多，哲学不是具体的方法。有人说哲学是最高层次的方法论，是方法的方法。哲学是揭示规律、探索真理、改造客观世界的根本方法，是发展人的理论思维能力、确立价值观念、改造人的主观世界的根本方法。

哲学是科学？如果哲学不是科学，那么，非科学的哲学是什么？非科学的哲学和科学是什么关系？如果哲学是一种科学，那么它与具体科学和横断科学的区别又在哪里？哲学要回答的，是各门具体科学和横断科学难以回答的问题。它不仅要解决科学认识问题，还要解决价值判断问题。当然，哲学也不是"科学的科学"，它不可能代替各门具体科学去回答一切问题。

哲学是一种艺术？哲学不等于艺术，但哲学同样给人以美的享受。哲学不是情绪化的宣泄，而是高度理性化、思辨性的思维活动，但哲学家又不能没有激情。哲学不仅研究真和善的问题，还研究美的问题，美学就是艺术的哲学。我接触不少画家，他们常常告诉我，他们画的画，也是哲学。

哲学是一种话语？画家最痛苦的是没有自己的风格，作家最苦恼的是找不到自己的语言，哲学家最困难的是创建自己的概念和理论。而概念和理论总是要通过一定的话语来表达的。从这个意义上说，话语就是编织概念、理论的花环。孔子说，"名不正则言不顺"。我看，应该说，"言不顺则名不正"。如果一个学者，说的都是别人的语言，那只能是复制、临摹别人的作品，只是别人思想和话语的"传声筒"。这样，能"名"副其实么？

哲学是一种境界？哲学要达到的境界，是人类智慧的最高目标，是人生价值的高度自觉，是世界观、价值观和人生观的集中表现，是真、善、美的统一。"格物致知"是一种哲学境界，"改变世界"更是一种哲学境界。人在实践活动中，通过怀疑、反思、批判和创造，永不满足当下的状况，不断提出新的实践目的，确立新的价值追求。哲学不断地激发人的探索和创造精神，使人在认识和改造世界的过程中，达到新的更高的境界，达到人的不断发展和完善，实现从必然王国到自由王国的飞跃。

存在的多样性、发展的多样性，是客观世界的普遍性质，理应成为当代哲学关注的基本问题。正像在自然界，我们不能用一种色彩、一种形式来看待复杂多样的事物一样，我们也不能用一种模式、一种观念来看待人类社会、文化和思想的发展。只讲"一"而不讲"多"，就否定了世界的丰富性和多样性；只讲"多"而不讲"一"，就否定了世界的普遍性和统一性。任何现实存在的事物，都是具体的、特色的，是"一"与"多"的辩证统一。

自然科学的发展，向我们昭示了人类认识自然界的无限可能性，同时也不断展现出大自然的无穷复杂性。每一次重大的科学发现，都宣告了先前所谓绝对真理的终结，都为人类认识和改造自然，开辟了新的道路。从牛顿力学，到爱因斯坦的相对论和玻尔等人的量子力学，再到量子宇宙学的深入发展，充分说明了这一点。

社会科学的发展，为人类揭示社会历史发展规律提供了理论和方法，马克思主义就是近代社会科学不断发展的产物。马克思主义以前，在人类对社会和自身的认识中，有许多所谓的"绝对真理"，在很大程度上束缚了人们的思想，阻碍了社会的变革和发展。马克思主义的杰出贡献，在于结束了"绝对真理"，打破了教条主义、神秘主义的精神枷锁，实现了人类文明史上空前的思想大解放。人类历史既不是一团乱麻，也不是观念的演绎，而是有其客观发展规律的。人们对自身的历史发展的认识，打破了长时期受唯心主义历史观束缚的局面，由此踏上了科学的大道。

但是，马克思主义并没有结束真理。从诞生之日起，它就是一个与时俱进的理论体系。马克思主义是发展的，而不是静止的；是开放的，而不是封闭的；是科学的世界观和方法论，而不是教条。把马克思主义当成"绝对真理"，恰恰是违背马克思主义哲学精神的。

人类社会历史发展表明，每一民族的文化都有其独特的、不可取代的价值，都对人类文明做出了贡献。文化的多样性是前进动力，是生命力。各民族不同的文化、文明的相互作用，共同推动着人类社会的发展，这乃是一条规律。从这个意义上说，所谓的"欧洲中心论"，是不符合人类发展史的。

近代以来，西方走在世界的前列，这是事实。但这不意味着其他国家、民族的文明，只是可有可无的点缀。恰恰相反，它们都是人类文化百花园中的花朵，各有其风姿、香韵。就东、西方的文化交流而言，"西学东渐"和"东学西渐"都具有深远的历史影响，是相辅相成的。

哲学实质上是自然史、社会史和人类思维史的总结和概括。而自然史、社会史和人类思维史的发展证明：自然界是多样的，社会是多样的，人类思维是多样的。对象的多样性、复杂性，决定了哲学的多样性；即使对同一事物，人们往往也会产生不同的哲学认识，形成不同的哲学派别。

哲学的多样性是什么？就是哲学观点、思潮、流派及其表现形式上的区别，这种区别来自于哲学的时代性、地域性和民族性的差异。哲学的多样性，应当是哲学的常态，是哲学进步、发展和繁荣的标志。从单一性到多样性，从简单性到复杂性，是哲学思维的一大变革。当年，黑格尔认为真正的哲学是自西方开始的，在古代中国人的意识中尚找不到哲学的知识。事实证明，这是一种哲学思想和话语上的偏见。中国有数千年的思想文化传统，我认为，中国的思想发展史，其核心内容是中国的哲学发展史。中国哲学，同世界上其他国家、民族的哲学一样，都是人类哲学的重要一脉，都为人类哲学思维的发展，做出了重大贡献，都是不可磨灭的。我们不应当用一种哲学话语和方法否定另一种哲学话语和方法，正如不能用西医否定中医一样。

强调多样性并不否定共同性、统一性、普遍性。求同存异，是一种哲学思维；存异求同，也是一种哲学思维。求同存异是在追求"同"的过程中承认差异，承认多样性；而存异求同是在承认多样性的前提下，寻找共同点。把"一"推向极端，主张某种归一化的观念和模式，宣示绝对真理，就会阻碍事物的发展，窒息思想的火焰。

哲学不是在是与非的两极作非此即彼的判断，不是在对与错的两岸跳跃，不是镜面思维，设定某种绝对的亘古不变的标准，以此来裁定是非。客观世界的复杂性、多样性，造成了哲学对象的模糊性。正是由于哲学对象的模糊性、不确定性、不具体性，哲学才能不断提出问题，不断得到发展；也正是由于这种模糊性、不确定性、不具体性，我们很难给哲学一个确定性、清晰的定义。这是哲学的一大特点，也是哲学不断发展的条件。

总之，哲学不是鱼肉，让人脑满肠肥；哲学不是黄金屋，让人腰缠万贯；哲学不是花瓶，点缀你的客厅。哲学是利剑，披荆斩棘，势不可挡；哲学是大海，波涛汹涌，奔腾不息；哲学是小溪，翠鸣山谷，余音袅袅；哲学是清茶，沁人心脾，明智醒神。哲学是一把圣火，始终燃烧着人们的精神！

二 哲学为谁服务？

谈到哲学的解放，还必须进一步思考：哲学是为谁服务的？

"哲学为谁服务"这一问题，实质上是哲学的实践性、社会性和价值性问题。哲学是为实践服务的，是为社会服务的，是为人的利益服务的。

实践是哲学的母亲。实践是哲学思维最深厚的基础，是哲学发展的不竭动力。人们认识世界、探索规律的根本目的是改造世界。因此，哲学问题的提出、回答及判定，都离不开实践。实践是哲学的源泉、动力、检验标准和价值体现。正如马克思所说："全部社会生活在本质上是实践的。凡是把理论引向神秘主义的神秘东西，都能在人的实践中以及对这个实践的理解中得到合理的解决。"[1]

当然，哲学回到实践，指导实践，要通过很多中间环节。哲学不是简单地跟在实践后面，成为当下实践的奴仆，而是以特有的方式关注着实践的发展，不断提升人的实践水平。从直接的、急功近利的要求出发，来理解和从事哲学，无异于向哲学提出它本身不可能完成的任务。其结果，既无助于实践，也会最终损害哲学。哲学是深沉的反思，厚重的智慧，是思考的再思考，它有别于那些不断制造"轰动效应"的行当。

人类的实践是多方面的，具有多样性、复杂性、发展性，但大体上可以分为改造自然界的实践，改造人类社会的实践，改造人本身特别是人的思想、精神的实践。这些不同的实践对象，形成了不同的哲学领域。

实践的社会性，决定了哲学的社会性。哲学不是超社会的，不是脱离社会现实生活的某种遐想，而是社会现实生活的观念表现，是文明进步的重要标志，是人的发展水平的重要维度。哲学的发展状况，反映着一个社会的理性成熟程度。

哲学总是特定时代的精神，总是一定历史条件下人的思考。在不同的时代，哲学具有不同的内容和形式，因此发挥着不同的社会功能和历史作用。黑格尔说："就个人来说，每个人都是他那时代的产儿。哲学也是这样，它是被把握在思想中的它的时代。妄想一种哲学可以超出它那个时代，这与妄想个人可以跳出他的时代，跳出罗陀斯岛，是同样愚蠢的。"[2]

哲学具有一定的民族性。由于地域和历史条件的不同，文化传统和民族性格的差异，不同的民族会有不同风格的哲学。近代哲学家鲍桑葵说："哲学与语言、艺术、诗歌一样，是整个人（或人格）的产物，如果失掉了它的民族性格就会失掉它的某些本质。"[3]例如，在人类的哲学百花园里，中国哲学、西方哲学、印度哲学、阿拉伯哲学就具有不同的风格；即使同为西方近代哲学，英国哲学、法国哲学、德国哲学，也具有不同的形式和内容。哲学的民族性，使不同的哲学谱系之间，存在着明显的差异，而这恰恰是人类哲学繁荣发展的动力和标志。哲学是人类思维的七彩光谱，试想，如果人类只有一种哲学，哲学的天空岂不是星光暗淡、一片静寂了吗？

在阶级社会，哲学也必然带有阶级性。不同的社会集团有不同的价值观，有不同的思维方式，从而就有不同的哲学。"老爷"的哲学同奴隶的哲学，压迫者与被压迫者的哲学，饱汉与饿汉的哲学，不是同一种哲学。当然，承认哲学的阶级性，并不否定哲学的一般社会性。

哲学不但要关注真理，还要关注价值。哲学是真理观和价值观的统一。真理观要回答是非，是什么，为什么；价值观要回答利弊，对谁有利，为谁服务。是非之中有利害，利害之中也有是非。道亘天地，理释万物。

价值的基础是利益，是人基于生存和发展的需要，对事物的利弊权衡。哲学要解放人，提高人，就要回答人的利益是什么，如何实现人的利益的问题。从这个意义上讲，哲学归根到底是一种为人的利益服务的特殊学问。

人民群众是历史的主体和创造者。讲为人的利益服务，就必须维护广大人民群众的根本利益。社会主义是以解放劳动，维护、实现全体劳动者的利益为目标的。社会主义的口号，是解放劳动，解放生产力。只有不断解放劳动，解放生产力，才能实现人的不断解放和全面发展，才能实现社会主义现代化，并最终实现共产主义。

今天中国社会的价值观，既承认和维护社会、国家、集体的共同利益，也承认和保护个人利益。每个人都有自己的利益，但作为社会共同体又有共同的利益。共同利益产生共同价值。我们的国家、民族、社会就是一个利益共同体，因为我们有共同的前途命运，有共同的历史任务。在强调共同利益的同时也要重视个人利益，在保护个人利益的同时必须首先保护共同利益。否定个人利益，共同利益就是虚幻的；否定共同利益，个人利益是不会受到社会承认和保护的。只有国家、集体、社会和每个人的利益的辩证统一，才能实现社会的和谐、繁荣和不断发展。

我们过去一段时间内对个人利益保护不够，往往在强调共同利益的时候忽视了个人利益。总结历史经验，要正确处理个人利益和共同利益的关系，必须实行统筹兼顾的原则。统筹的基础是兼顾，只有兼顾才会有统筹。如何实现个人利益和共同利益的统筹兼顾？要以"三个代表"重要思想为指导，贯彻全面、协调和可持续的科学发展观。而且，统筹兼顾还必须制度化、法律化。通过法律和制度，规范人的行为，保护各类社会主体的权力和利益。保护是前提，规范是为了保护。对合法非法的界定，对行为的规范，必须以保护人民的权力和利益为基础。法律只有成为人民的"护身符"，人民才能成为自觉的守法者，社会才能成为真正的法治社会。为了适应建设法治社会的需要，我们应该重视法哲学和政治哲学的研究。

有人把唯利是图作为价值的唯一判断标准，认为人的本质是自私的，提出所谓"经济人"假设，据此解释人类的经济活动，解释市场经济。有人甚至提出，只有私有制才能发展中国，中国必须私有化才能发展。这些观点不单纯是经济学观点，也是政治学观点，是关于人性、人的本质、人类社会发展史的哲学观点。它们不是什么新观点，而是剥削阶级讲了几千年，资产阶级讲了几百年的话语。一切被压迫、被剥削阶级，是不能靠私有制获得解放的。

存在不同，利益不同，价值不同，必然会有不同的哲学。现在，国际上一些人热衷谈论所谓"地球村"、"世界公民"、"普世价值"、"全人类利益"等话题。问题在于：脱离民族国家的"地球村"是什么，是谁的"地球村"？脱离民族国家的"世界公民"是什么，是哪个世界的"世界公民"？离开民族国家价值的"普世价值"是什么，是谁的"普世价值"？离开民族国家利益的"全人类利益"是什么，是谁的利益？即使有"地球村"、"普世价值"和"人类共同利益"，也绝不应该是大鱼吃小鱼的弱肉强食，只能是世界各民族国家的多样共存、和睦相处、相互学习、共同繁荣和共同发展。这些属于政治哲学的范畴。关于民主、人权、主权、全球化、文明多样性等问题，都是哲学思考的对象，是哲学应该关注、研究的问题。

当代中国的哲学，是为中华民族振兴和中国人民的利益服务的哲学。世界上的好东西，多得很！我们当然要学习、借鉴，为什么要拒绝好的、成功的东西呢？但是否都适合我们，都是我们所需要的？不一定！世界上的理论也多得很，是否都能为我所用，都要拿来在中国试一试？不可能！别人那里可行的，我们这里都可行？不一定！条件不同嘛。只有有利于中国发展的，适合中国的，才是我们需要的，才是好的！即使这些好的东西，也要吸收、消化，也要中国化，才能成为中国自己的。总之，一切都要同中国实际相结合，都要中国化。

三　今天中国需要什么样的哲学

哲学是时代的火焰，是一个时代最精致、最深刻的思想。社会越是向前发展，人们的实践越是复杂，社会生活越是丰富多彩，时代的变革越是深刻剧烈，就越是需要哲学，越是需要我们重视哲学，学好哲学，用好哲学，发展并创新哲学。

从社会变革的意义上看，任何一次巨大的社会变革，总是以理论变革为先导，理论变革总是以思想观念的空前解放为前提，而吹响人类思想解放的第一声号角的，往往就是代表时代精神的哲学。

今天中国人所面临的历史时代，是史无前例的。13亿人齐步迈向工业化、现代化，这是怎样的一幅历史画卷，是何等壮丽、威武和令人震撼！不仅中国历史上亘古未有，而且在世界历史上也从未有过。这就需要我们不断探索，不断创造，推动中华民族理论思维的发展。伟大的时代呼唤哲学的解放、哲学的创造、哲学的繁荣，呼唤伟大哲学家的诞生。因此，哲学不会"边缘化"，不会过时。"边缘化"的是我们对哲学的不恰当认识和观念，是无所作为的哲学家；过时的是那些教条和精神枷锁。

今天中国人民正在进行的伟大实践，是实现社会主义工业化、现代化，实现国强民富，实现民族振兴。哲学要无愧于时代，就必须同中华民族的历史任务、前途命运相结合，着眼于当代中国人民的社会实践，在对重大时代课题的敏锐反映、深刻解答中，建构哲学新的生长点。

今天中国人需要的哲学，就是能够服务并指导这一伟大实践和历史任务的哲学，就是为中华民族的全面振兴提供精神力量的哲学，就是解放中国人民的思想、凝聚中国人民的精神、激励中国人民走向未来的哲学。一言以蔽之，今天中国人需要的是解放的哲学，是解放中国人精神的哲学。要让哲学成为中国人民思想解放的锐利武器，使他们释放和迸发出无穷的创造力。

今天中国人需要的哲学，不是从天上掉下来的，不是凭空杜撰的。因此，学习、继承、吸收、借鉴，是必须的。不能继承中华优秀传统，不能吸收、融汇人类文明的一切成果，中华民族的全面振兴就是一种空想。在继承、吸收、借鉴的基础上，创造性地回答今天中国人的问题，创建今天中国人所需要的哲学，这正是中国哲学家的历史使命。

创建今天中国人需要的哲学，首要的任务是实现哲学的解放和哲学家的解放。哲学是解放思想的利剑。哲学靠什么来为中华民族的全面振兴服务？那就是哲学强大的思想解放力量，是哲学不断解除那些妨碍中国人民前进步伐的思想束缚的能力。哲学要能够承担起思想解放的历史责任，必须首先实现哲学自身的解放和哲学家的解放，不断清除那些束缚当代中国人的哲学观点和哲学思想。

实现哲学自身的解放和哲学家的解放，就要克服教条主义的思想束缚。现在仍然有种种思想束缚我们，最大的束缚还是教条主义。教条主义也有多种表现形式，既有"东教条"，也有"西教条"。"东教条"即把马克思主义教条化，靠背诵经典作家的词句、本本来剪裁我们今天复杂多变的现实生活。"西教条"即照抄照搬西方的理论、概念、话语和模式，成为别人理论的附庸。

一切教条主义在哲学思维上有一个共同的特点，那就是宣示绝对真理，把理论、认识绝对化。教条主义认识不到事物的多样性，不懂得中间状态，不理解发展过程，不懂得理论来源于实践。时代要前进，就必须不断批判教条、僵化，批判静止、绝对的思维方式。只有克服教条主义，才能真正坚持和发展马克思主义。历史证明，马克思主义是科学，它没有过时，但是它必须随着实践的发展而与时俱进。

中国改革开放已经走过20多年的历程。20多年来，中国社会的变化，一日千里，深刻无比。但是，如何从哲学上对此加以总结、概括，仍然是一大课题。一些过时的不适合中国国情的思想、观念和话语，还在束缚着我们的头脑。因此，我们必须大声疾呼：解放我们的思想！解放我们的哲学！创建具有当今时代特征、适应中华民族全面振兴需要的哲学！

今天中国人需要研究回答中国问题的哲学。问题是时代的声音。哲学要发展，要创新，就必须深入研究今天中国的政治、经济、社会、文化发展中的问题。我们不可能靠外国人的哲学来解决中国的问题。抓中国的"老鼠"要靠中国"猫"，作为宠物的"洋猫"，可能连中国的"老鼠洞"在哪里都不清楚。即使马克思主义哲学也要中国化，才能在中国大地上生根。今天中国人需要的哲学，是同中华民族的前途命运、历史任务紧密联系在一起的，就是回答、解决中国问题的世界观、历史观、价值观和方法论。

今天中国人需要探索的哲学。建设中国特色社会主义，是理论和实践的双重探索。我们所从事的是全新的事业，前人没有说过，也没有做过，没有现成的经验、道路和模式可以借鉴。例如，马克思没有说过，社会主义要搞市场经济，用市场经济发展社会主义；马克思没有说过，社会主义要同国际垄断资本主义长期共处、激烈竞争；马克思也没有说过，共产党要在以公有制为主体、多种所有制共同发展、改革开放和市场经济条件下长期执政，等等。但是，马克思限制我们探索了吗？马克思设置篱笆了吗？没有。正是马克思主义解放了人类的思想，指出了人类光明的未来。推动马克思主义的新发展，是我们这个时代的必然要求，也是当代中国哲学界的重大责任。马克思主义的生命力就在于回答解决新问题，并在这一过程中发展自己。

今天中国人需要总结和概括新的时代精神的哲学。改革开放是一种新的时代精神。改革是社会主义制度的自我完善。不改革，社会主义就没有活力，就死路一条。开放就是吸收人类文明的优秀成果，与世界各国和平共处、对话交流、友好合作。不开放，社会主义就不能发展，也是死路一条。社会主义社会是一个改革开放的社会。民主法治也是一种新的时代精神。民主是一种国家制度和人民权利，是一种国家政治设施，也是一种观念；是人类为之奋斗的理想，也是国家组织管理的具体实践。有什么样的社会经济形态，就需要什么样的民主政治制度。民主是社会主义的内在要求，没有民主，就没有社会主义。社会主义民主是更高类型的民主，是人民真正当家做主的形式。民主和法治是统一的。社会主义应当成为高度文明的法治社会。哲学如何提炼新的时代精神，为发展社会主义民主，依法治国，建设社会主义法治国家，提供哲学基础？

物质文明、政治文明、精神文明协调发展，科学发展观，走自己的路，和平发展等等，同样是新的时代精神，是我们这个时代的哲学。从当代社会实践和科学技术发展中概括出体现时代精神的哲学思想，从新的历史任务中提炼出哲学课题，总结人类哲学思维发展的规律和成果，译介世界哲学典籍，汇粹世界哲学精华，发展我们的哲学，是当代中国哲学家的重要任务。

今天中国人需要创造的哲学。创新是哲学发展的必由之路。任何创新都不是天马行空。创新是艰苦的科学研究过程，是理论和实践相结合的过程，是回答、解决现实问题的过程。今天中国所需要的创新，就是一切从中国的社会现实出发，站在时代、实践和科学的前沿，研究解决中国的实际问题。

为此，就要提倡"坐得住，进得去，出得来"，力戒浮躁。现在有一种浮躁之风，浸染到社会生活的各个方面，学风、文风都受到侵害。这是一股歪风，应引起我们的高度警觉。浮躁是学界和学者的大敌。浮躁的学者，只会胡编乱造，只是把学问、理论当成商品叫卖。

今天中国人需要学习的哲学。学习是一种态度，是一种方法，更是一种境界。建设学习型民族、学习型社会，哲学和哲学家担负着特殊的历史使命，要把学习本身作为哲学研究的对象。重视学习的人是不断进步的人，重视学习的民族是伟大的民族。停止了学习，人的思想就老了；停止了学习，民族和国家就会落后。我们既要学习马克思主义哲学，学习中国古代和近现代哲学，学习西方哲学，还要学习历史、文学，学习社会科学知识，特别是当代自然科学知识，学习人类文明的一切优秀成果，采"万花粉"，酿"中华蜜"，滋养我们的民族精神。学而不老，学而永生。

今天中国人需要中国特色、中国风格、中国气派的哲学。近代以来，中国的思想家们，从孙中山到毛泽东，再到邓小平，都以不同方式、不同角度回答着中华民族振兴的问题。他们不仅梳理、总结中国数千年的哲学思想，吸收、借鉴外国哲学，而且从毛泽东开始就以马克思主义哲学为主体，形成了中国特色、中国风格、中国气派的哲学体系。毛泽东思想、邓小平理论、"三个代表"重要思想，就是我们自己的哲学，是中国化的马克思主义。今天中国哲学的使命，就是在此基础上继续前进、发展，回答中华民族全面振兴进程中面临的问题。

让哲学在中华民族的伟大振兴中，实现新的解放，实现新的繁荣，为中国人民走向更加光明美好的未来，提供强大的精神力量！

注释：

[1]《马克思恩格斯选集》第 1 卷，人民出版社 1995 年版，第 56 页。
[2]《法哲学原理》序言，商务印书馆 1961 年版，第 12 页。
[3] 转引自贺麟《现代西方哲学讲演集》，上海人民出版社 1984 年版，第 370 页。

李铁映社科文集 中

中国社会科学出版社

社会科学文献出版社
SOCIAL SCIENCES ACADEMIC PRESS (CHINA)

李铁映

在中国社会科学院任职时间（1998—2003）

1998—2003年，担任中共中央政治局委员，中国社会科学院党组书记、院长。曾担任中央候补委员、中央委员、中央政治局委员、沈阳市市委书记、辽宁省省委书记、电子工业部部长、国务委员兼国家教委主任、国务委员兼国家经济体制改革委员会主任、全国人大常委会副委员长等党和国家重要职务。

1998年9月25日，李铁映院长参加中国社会科学院建院20周年庆祝大会

2000年4月3日，李铁映院长与马克思主义研究专家座谈

2000年5月12日，李铁映院长接见来访的丹麦首相波尔·尼·拉斯穆森

2000年9月28日，李铁映院长接见日本作家大江健三郎并赠书

2002年12月11日，俄罗斯远东大学授予李铁映院长博士学位

今天研究经济问题，有两个基本出发点：劳动创阶品。劳动是人，已经，劳动是劳动也经……样一句话，劳动创造了人，劳动创造了世界，劳动创造了人类社会。一部人类史，可以著作一部人类劳动史。

中国社会科学院

经济学研究，特别是研究、汇集马义经济学研究，其现实意义加上发经济理论，是师放和发展生产力。政治经济理论，为发展生产经济学，社是研究解放和发展展生产力为研究说。解放生产力是根本根本在于改革。改革的根本在于发展的设劳动，解放劳动劳动者。

李铁映手迹

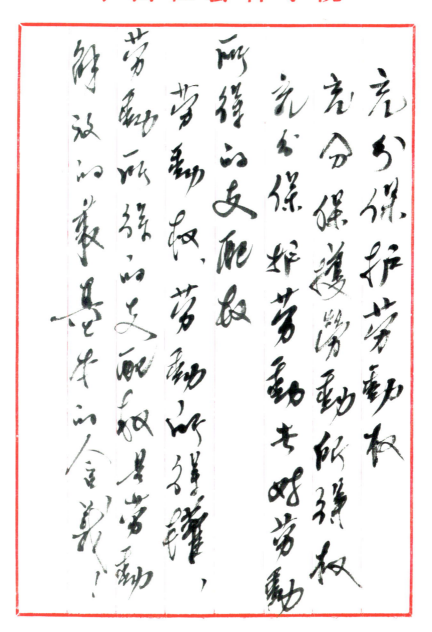

李铁映手迹

全国人大常委会

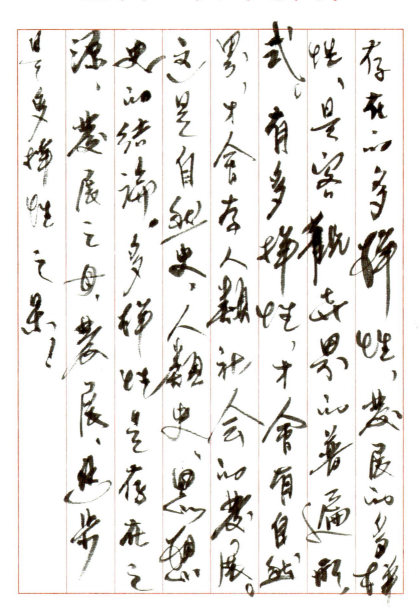

存在而多样性，发展而多样性，是客观世界的普遍形武。有多样性，才会有自然界，才会有人类社会的发展。这是自然史、人类史、思想史而结论。多样性是存在之源、发展之母，发展、进步是多样性之果。

李铁映手迹

目 录

中　卷

关于学风[*]

（2000 年 6 月 2 日）

    这次我们学术委员会研究的问题是西部大开发。西部大开发是全国当前乃至 21 世纪发展的重大战略问题。希望学术委员会能够通过这次调查和今后的研究，为我国西部开发的大战略提出很好的建议和对策。社会科学院有一个西部开发研究中心，在工经所。希望大家积极参与这个研究中心的工作，重要的是能够持续研究下去，为国家提出真知灼见。刚才很多同志特别是贺国强同志[1]作了很好的介绍，对我们进一步了解重庆的情况，以及地方党政领导对西部开发的总体思路有很大的帮助。

    下面，我想谈一下学术委员会的工作。学术委员会已成立一年半的时间，开了六次会议，对我院工作提出了很好的意见，例如对课题制进行了两次研讨，最终我院确立了 147 个课题；对"法轮功"现象进行了讨论；对西部大开发作了一些研究。今后学术委员会如何工作，我的想法是，充分尊重大家的意见，不要搞成行政性机构，而是要建成学术机构，能够为社科院和国家的社会科学事业提出一

  * 这是李铁映同志在重庆举行的中国社会科学院学术委员会第六次会议上的讲话。

些意见和建议。

学术委员会成立到现在，委员们可以做一些总结。前不久，一些委员向我提出，学术委员会的作用发挥得不太理想，我接受这个意见。这里，我也想提几点具体意见，供大家参考。

1. 设立秘书长和副秘书长，主持日常工作，健全学术委员会机构，同时可以适当增加活动经费。

2. 成立学科小组，例如经济片或文史哲片小组，或者是大家自愿结合的交叉型学科小组。这些小组对重大的、综合性的问题进行研究。

3. 根据我院的重大课题和我们在 21 世纪面临的重大问题，确立若干综合性的课题。因为专业性的课题、学科性的课题，委员们可以在自己所里研究，而学术委员会研究的是一些跨学科的综合性的课题。

我院将成立 5 个中心，有的目前正在筹备。我希望这些中心成为我国社科研究领域的权威机构。学术委员会应当参与这 5 个中心的学术活动，参与研究重大的理论问题。我建议，学术委员会成立综合性的研究课题，牵头进行研究。这些课题如果必要的话可以列入重大课题，当然最好是从重大课题里选，因为这些重大课题是经过大家讨论通过的。至于对重大问题的咨询、参谋活动仍按原工作要求进行。这次讨论就是总结我们这一年半来的工作、活动的经验，提出一些可以制度化的、更好发挥自身作用的意见。

目前社科院从物质条件、重大课题、体制改革、干部调整等诸方面都采取了一些措施。最近，许多学者包括学术委员会委员都建议我关注一下学风问题。学风问题很重要，需要认真加以考虑和解决。同时，它又是一个复杂的问题，不可能一蹴而就地加以解决。因为过去长时期我们受"左"的思想的影响，比如说把学术问题和政治问题相混淆，还因为我们社科院办院方针中有很多行政性的做法。

要克服我们现在领导工作中和学者当中存在的一些不利于出成

果、出人才的问题。领导工作中也有一些问题，当然首先是意识上的，即我们的领导是否有利于学术的发展，是否尊重学术发展的规律，是否恰当地处理学术问题和政治问题，等等。这是小平同志在1978年后反复讲的问题。那么我们现在到底做得怎么样？是否有一个比较好的学术环境？这个环境应当是有利于出成果、成人才，尊重学术研究和科研规律的环境。这个环境包括体制环境、人文环境和学术氛围。大家都是几十年来从事学术研究的老同志了，把我们的学术环境、学风搞好，我看是学术委员会的一个重要任务。在这个问题上，我们要汲取历史经验教训，同时也要面对新的世纪把这个问题解决好。我建议学术委员会讨论一下当前在学术研究方面，在学风方面存在的问题，做一些深入系统的分析。

最近我看到一些人给我写的东西和意见，我还没有扣什么帽子，看成什么了不起的事情，但是写来的东西火药味浓得很，政治帽子也是很吓人的，不亚于"文革"时期，有的是很难令我接受的。本来是学者之间相互批评的事情，却和政治挂钩，更何况根本不是那么回事。

另外还有一种现象，就是追名逐利、浮躁。随便拼凑出一篇文章来，内容、观点、语法都是经不起推敲的。很多人一年一两本，其中很多是没有经过深思熟虑的。现在是以数量来立学，这样一种倾向值得我们警惕。社科院如果不能出精品，而是数量越来越多，那么我看也是一种浪费，误人子弟。我们要端正学风，形成大家都蔑视、轻视这种粗制滥造的基本态度，努力提高自身学术研究水平，做到精益求精。

还有一种现象是不结合实际，"言必称西方"。既不是从中国的实际出发提出问题，论述的观点也不解决中国的问题，而是在复述西方某个人的观点，没有自己的观点。我看有些西方人就是我们给吹起来的。例如亨廷顿的《文明的冲突》，我不知道西方社会对这篇文章有何种评价，是不是有那么高的评价，什么"三次民主的浪潮"[2]，有多少人承认？我们几乎每本书都把他搬出来，有什么根据呢？他的话成为经典了？我看不一定吧！

　　最后一个倾向是，认为学术自由、学术民主、研究无禁区就是什么都可以说；认为无法无天就是百家争鸣、学术自由。如果不无法无天就是干涉学术自由。这些问题影响了社科院声誉，影响了学术研究，同时对青年人产生了不好的影响。

　　面向新世纪，我们的任务是继续从多方面来建设社科院，使之成为真正的担负起国家、民族重任的学术机构。学风问题应提到我们的议事日程上，提到学者的面前。我建议学术委员会对学风问题进行讨论，也可以以学术委员会的名义，写一些文章，提一些意见和建议，来促进社会科学研究的发展。

注释：

[1] 贺国强，1943 年生，湖南湘乡人，时任中共重庆市委书记。

[2] "三次民主的浪潮"由美国著名学者塞缪尔·P. 亨廷顿在其著作《第三波——20 世纪后期民主化浪潮》中提出，主张世界范围的民主化运动主要有三波，第一波发生在 1828—1926 年，世界上有 33 个国家建立了民主制；第二波在 1943—1962 年间，约有 40 个；第三波起始于 1974 年，延续至今。

关于城市科学研究

（2000 年 6 月 10 日）

今天，中国城市发展研究会第四届代表大会在深圳市召开，我谨向大会致以热烈的祝贺！

中国城市发展研究会成立至今已经走过十五个年头，先后历经了三届理事会，在党和国家领导的关怀下，得到了各城市的有力支持，在城市发展的理论研究和促进国内外城市之间的信息交流，推动城市现代化建设和管理等方面，做了很多有益的工作。希望通过这次研讨和换届，在新的理事会领导下，把研究会的工作愈做愈好，更好地为城市现代化建设服务。

21 世纪是信息经济、知识经济的时代，我们要赶上时代前进的步伐，加快城市化进程，逐步实现城市现代化。这不仅是推动我国新世纪经济社会发展的强大动力，而且是实现中华民族伟大复兴的总体战略的重要组成部分。

城市化和城市现代化需要研究的问题很多，包括城市经济、社会、文化、历史、法律、生态、基础设施，等等。我们要拓宽城市科学的研究领域。城市是极其复杂的综合体，不仅是经济的载体，也是政治、文化、科技、人文、生态的载体。对于城市的研究必须从多领域、多视角展开，建立由多学科组成的、相辅相成的、相互促进的城市科学研究体系。这些学科包括城市经济学、城市发展学、城市社会学、城市法学、城市文化学、城市规划学、城市管理学、城市地理学、城市环境学等。

经济是城市生存和发展的基础，城市经济学居于基础地位。但城市经济问题与城市文化、城市社会、城市法律以及城市生态等密切相关。文化促进居民素质的提高和科技的发展，法律规范城市经济的运行，保证社会的稳定。所以，作为城市科学研究人员，除了熟悉本学科外，还应具备广博的知识，如有条件，还应该具有一些自然科学和工程技术的知识。尤其作为城市领导人，还应该较全面地掌握城市管理的各方面知识。

同时，要从国情出发，研究中国城市的特色。中国城市积淀和浓缩着五千年的文明，具有丰厚的文化底蕴，这对中国城市发展乃至整个国民经济都有巨大的长期的影响，从而形成了具有东方文明的城市模式和特色。我国城市在规划布局、建筑风格、园林绿化、雕塑艺术、民宅民居，以至经济模式、生活方式等许多方面都有不同的特色。

中国的历史渊源、文化背景、社会制度、民族心理和地域风貌等因素，形成了中国城市独特的条件和环境。这就决定了研究中国城市必须从我国的国情出发，探索有中国特色的社会主义城市化和城市现代化道路，研究中国城市发展的总体特征，以至每个城市的具体特色，处理好保持中国传统历史文化、城市特色和现代化建设之间的关系。

对发达国家城市建设和发展中好的东西，我们要学习、借鉴，但必须与中国的现实结合起来，不能照搬照抄。对不适合我国国情的东西，则要摒弃。应该指出，当前在城市建设中，确实存在着脱离中国国情，对国外某些东西盲目效仿的现象，需要引起注意。

此外，要建立城市信息资源库。信息是财富，是科学研究的基础，也是研究的翅膀。研究成果的水平有多高，能否在实践中应用，并转化为生产力，关键在于掌握的信息量的多少，处理信息的方法是否科学。城市的信息量浩如烟海，而且变化非常快，只有不失时机地掌握信息，并进行科学的分析整理，才能得出正确的结论，发挥科学研究的作用。当前，在我国城市研究和管理中，信息技术是相对落后的，要改变这种状况，推进城市科学研究的信息化、网络化，就必须从现在起，尽快建立和充实信息资源库或信息中心，使城市研究在坚实的基础上得以升华。

　　最后，祝大会圆满成功！祝与会代表身体健康！

社会主义的理论与实践[*]
——在中越理论研讨会讲话

（2000 年 6 月 13 日）

　　首先，请允许我代表中国社会科学院，并以我个人的名义，向以越共中央政治局委员阮德平[1]同志为团长的越南社会科学代表团，表示热烈的欢迎！向出席会议的全体同志致以亲切的问候！

　　今天，能与越南理论工作者欢聚一堂，我感到格外高兴。在这世纪交替和千年更迭之际，中越两国理论工作者，就社会主义的理论与实践问题交流看法，积极探索适合各自国情的社会主义发展道路，无疑具有重要的理论价值和现实意义。

　　下面，我就会议的主题，谈几点看法。

一　在实践中深化对社会主义的认识

　　马克思、恩格斯创立的科学社会主义，以唯物史观和剩余价值学说为理论基石，深刻地阐明了社会主义必然代替资本主义的历史发展规律。当各国工人阶级及其政党运用科学社会主义理论指导实

---

* 这是李铁映同志在中越"社会主义的普遍性和特殊性"理论学术研讨会上的主旨报告。

践时，必须把马克思主义基本原理同各国具体实际和时代特征结合起来。这是科学社会主义的内在本质要求，也是科学社会主义不断获得蓬勃生机的力量源泉。因此，对社会主义国家来说，如何把基本原理同具体实践结合起来，的确是一个利害攸关的重大问题。特别是在今天的历史条件下，这个问题更加显现出它的重要性、艰巨性和紧迫性。

即将迈向终点的 20 世纪，是一个辉煌与沉重并存、凯歌高奏与艰难挫折并行的世纪。社会主义制度的产生、发展和曲折前进，构成了本世纪历史画卷的主页。世纪之初的俄国十月革命，使共产主义从欧洲大陆徘徊的"幽灵"，变成了现实的社会主义制度；世纪中叶，社会主义又进一步发展到多国实践，成为改造世界的强大力量。然而，80 年代末 90 年代初，苏联解体、东欧剧变，社会主义遭遇了空前严重的挫折。尽管如此，社会主义并没有"终结"，中国、越南等一批国家仍然高擎着社会主义旗帜，并且取得了举世瞩目的伟大成就。它向全世界昭示，科学社会主义仍然具有强大的生命力。

20 世纪世界社会主义发展的成就和挫折、高潮与低潮，其原因比较复杂，其中一个关键问题，是能否正确认识和处理社会主义的普遍性与特殊性的关系。

从《共产党宣言》发表、科学社会主义理论诞生至今，已有一百五十余年；苏联作为世界上第一个社会主义国家，率先有过几十年的社会主义实践；中华人民共和国和越南社会主义共和国成立至今，也都有五十多年的社会主义实践探索。无论从理论的积淀与发展方面讲，还是从实践上的探索和经历方面讲，现在我们对社会主义的认识，要比以往深刻、丰富、具体得多。

正确认识社会主义的普遍性和特殊性，其实质是回答"什么是社会主义，怎样建设社会主义"。过去，我们对此并没有完全搞清楚。

所谓事物的普遍性，就是事物的本质及其历史发展的必然性。什么是社会主义？从普遍意义上看，首先是指社会主义发展道路的必然性，是指代表未来的、终究要取代资本主义的高级的崭新社会形态。也就是说，每个国家和民族，都必然要走上社会主义道路，这是不可抗拒的客观规律。尽管目前世界社会主义运动遭受严重的挫折，但是，社会主义必然代替资本主义的历史发展总趋势并没有改变。

其次，这种普遍性还进一步表现为从事社会主义革命和建设的国家必须遵循和坚持的一般原则，即社会主义制度的质的规定性，也就是社会主义的本质。正是社会主义本质的规定性，将社会主义制度与资本主义及其他剥削制度区别开来。对于这些本质的规定性，马克思主义经典作家在不同时期和不同场合，从不同角度做出过概括。邓小平同志认为："社会主义的本质，是解放生产力，发展生产力，消灭剥削，消除两极分化，最终达到共同富裕。"[2] 邓小平对社会主义本质的新概括，既坚持了马克思主义科学社会主义理论的基本原理，又赋予了新的含义和新的时代内容。这一新的概括既强调了社会主义的根本任务是解放和发展生产力，又明确社会主义的目的是消灭剥削、消除两极分化，最终达到共同富裕；还告诉我们消灭剥削、消除两极分化是必须坚持的历史方向，而且是一个历史过程。邓小平同志关于社会主义本质的概括既揭示了社会主义的核心内容，又包含了社会主义的基本特征和基本原则，集中反映了社会主义的普遍性，即社会主义的本质规定性。

马克思主义认为，事物的本质是内在的、深刻的。事物的内在本质要通过基本原则和特征反映和体现出来。社会主义制度的建立和发展是一个很长的历史过程。根据世界社会主义运动的历史经验，特别是中国的实践，我们认为，社会主义的基本特征和原则主要有以下几点：社会主义必须尽快发展生产力，创造出高于资本主义的劳动生产率；必须确立生产资料公有制和按劳分配的主体地位，并逐步以生产资料公有制代替私有制；必须实行以工农联盟为基础的某种形式的无产阶级专政；必须以工人阶级的先锋队共产党为领导核心；必须在意识形态领域确立马克思主义的指导地位，建设社会主义思想文化；必须致力于爱国主义和无产阶级国际主义的统一，坚持对外开放和平等互利合作，反对霸权主义，维护世界和平，促进国际合作和发展，等等。上述这些本质特征和基本原则已集中反映在我们党的基本路线和基本纲领之中。我们认为，坚持这些基本原则，一定意义上说，也就是坚持社会主义的道路和方向。

普遍性寓于特殊性之中。社会主义的基本原则及其共同的制度性特征，不能离开具体的社会主义实践和社会主义的特殊性。所谓社会主义的特殊性，就是指社会主义的普遍性在各个国家和民族，及其各个不同发展阶段上的具体实现形式，是社会主义基本原则在不同的历史条件下的创造性运用与实际体现。一切现实的、具体社会主义，都是有特色的，都是普遍性和特殊性、本质和现实的统一。正因如此，社会主义的特殊性和具体实践，更具有直接的现实性，并赋予普遍性以具体形态和多样性的发展模式。这也就是说，各国国情不同，历史文化传统不同，发展水平各异，无论是搞社会主义革命，还是搞社会主义建设，必然会具有各自不同的特色；并且，在其发展过程中的不同阶段，也会呈现出阶段性的特征和差异。有中国特色的社会主义和符合越南国情的社会主义，就是社会主义普遍性与特殊性的有机结合。

社会主义的普遍性与特殊性的具体、历史的统一，是现实社会主义制度的本质要求。始终坚持这一点，就能使社会发展的普遍规律与特殊国情，使历史必然性与人民群众的历史主动性，较好地结合起来，社会主义事业就会生机勃发，不断发展；违背了这种本质要求，社会主义事业就会出偏差，以致挫折。因此，我们要正确认识和把握社会主义普遍性与特殊性的辩证统一关系，就必须反对两种错误倾向：无视社会主义的特殊性，片面强调普遍性，这本身就贬损了科学理论，使其丧失指导实践的功能；离开普遍性，盲目地强调特殊性，轻视普遍原理的指导作用，甚至否定或背离社会主义的基本原则，就会使社会主义迷失方向，乃至倒退。社会主义运动的经验教训反复证明了这一道理。

必须强调指出，我们在承认社会主义基本原则的同时，应当把着眼点和注意力，放在对本国国情的深刻了解把握上，放在自己的实践探索上。因为社会主义普遍性与特殊性相结合的基础和唯一途径，只能是人民群众生机勃勃的社会主义实践。仅从书本上谈论社会主义的时代，已经一去不复返了。一切理论和原则都来源于实践，并接受实践的检验。只有在实践中产生，并被反复验证过的理论和原则，才具有生命力，并对实践发挥巨大的指导作用。

毛泽东同志在60年代初就曾指出："我们搞社会主义是边建设边学习的。搞社会主义，才有社会主义经验。"[3]中越两国人民正是以马克思主义的基本原理为指导，坚持一切从本国国情出发，在实践中学习，在实践中探索，在实践中提高，不断创造和积累新的经验，从而为丰富马克思主义的理论宝库做出了自己应有的贡献。我们坚信，只要沿着这个方向和道路走下去，我们就一定能够干出一番惊天动地的伟业。

二　有中国特色社会主义的基本内容

中国共产党人在把马克思主义的基本原理同本国革命与建设的具体实际相结合的过程中，成功地实现了两次历史性飞跃，形成了两大理论成果。第一次飞跃的理论成果是被实践证明了的关于中国革命和建设的正确的理论，它的主要创立者是毛泽东，我们党把它称为毛泽东思想；第二次飞跃的理论成果是建设有中国特色的社会主义理论，它的主要创立者是邓小平，我们党把它称为邓小平理论。这两大理论成果都是党和人民实践经验和集体智慧的结晶。

有中国特色社会主义理论的产生、形成和确立来之不易。中国人民为此进行了半个世纪的艰难探索和总结经验，取得过重要成就，也经历过多次曲折，甚至还付出了沉重的代价，才基本实现了社会主义的普遍性与特殊性在新的历史条件下的有机统一。对我们来说，马克思主义必须是同中国实际相结合的马克思主义，社会主义必须是切合中国实际的社会主义。解放思想、实事求是，是有中国特色社会主义理论的精髓。这一理论是在和平发展成为时代主题的历史条件下，在我国改革开放和现代化建设二十年的伟大实践中，在总结我国社会主义实践的经验，并借鉴其他社会主义国家兴衰成败经验的基础上，逐步形成、丰富和发展起来的。这一理论，第一次比较系统地初步回答了中国社会主义的发展道路、发展阶段、根本任务、发展动力、外部条件、政治保证、战略步骤、党的领导和依靠力量以及祖国统一等一系列基本问题，从而形成了一个贯通哲学、政治经济学、科学社会主义等领域，涵盖政治、经济、科技、教育、文化、民族、军事、外交、统一战线、党的建设等方面的比较完备的科学体系。这一理论，是当代中国的马克思主义。在这里，我扼要地谈一谈对其中几个重大问题的认识。

（一）关于社会主义本质

在中国这样经济文化比较落后的东方国家建设社会主义，是马克思主义发展史上的新课题。我们所面对的国情现实，既不是马克思主义创始人设想的在资本主义高度发展的基础上建设社会主义，也有别于其他社会主义国家。照抄书本不行，照搬外国也不行，必须从实际出发，把马克思主义基本原理同中国实践结合起来，不断开辟有中国特色社会主义道路。

在如何对待社会主义社会的生产力和生产关系这个重大问题上，我们曾经有过两种失误：一是以为社会主义所有制形式越大越公就越好；二是长时期没有把发展生产力置于首位。一方面，把许多束缚生产力发展的、并不具有社会主义本质属性的东西，或者只适合于某种特殊历史条件的东西，当作"社会主义原则"加以固守；另一方面，把许多在社会主义条件下有利于生产力发展的东西，当作"资本主义复辟"加以反对。

中国改革开放的总设计师邓小平，紧紧抓住"什么是社会主义，怎样建设社会主义"这个根本问题，深刻地揭示了社会主义的本质，把对社会主义的认识提高到了新的科学水平。他把解放和发展生产力上升到社会主义的根本任务和首要任务的高度，将其纳入社会主义的本质内涵，从而突出了马克思主义经典作家揭示的社会主义应该创造更高的劳动生产率这一最本质的属性。这一论断，对于经济文化落后的国家尤其具有现实意义。我国新时期的思想解放，说到底，就是对社会主义本质认识的思想解放。我国社会主义建设在改革开放前所经历的曲折和失误，改革开放以来在前进中遇到一些犹疑和困惑，归根结底都在于对这个问题没有完全搞清楚。

当然，我们强调发展生产力的重要性，绝不可忽视社会主义的其他本质规定性，而是要将发展生产力这一根本任务与社会主义的其他本质有机地统一起来，从而体现了社会生产力和生产关系的统一、社会主义根本任务和根本目的的统一。邓小平曾反复强调：贫穷不是社会主义[4]，发展太慢也不是社会主义；平均主义不是社会主义，两极分化也不是社会主义；僵化封闭不能发展社会主义，照搬外国也不能发展社会主义；没有民主就没有社会主义，没有法制也没有社会主义；不重视物质文明搞不好社会主义，不重视精神文明也搞不好社会主义。我们党还同时强调了社会主义经济的基本属性和根本目的，即逐步消灭剥削，最终达到共同富裕。这就内在地规定了实现社会主义本质要求的制度属性和体制特征，即必须坚持以公有制和按劳分配为主体，必须寻求这些本质的多种实现形式，从而为我们坚持经济发展的社会主义道路，改革和完善所有制结构指明了方向。

（二）关于社会主义初级阶段

正确认识我国社会现在所处的历史阶段，是建设有中国特色社会主义的首要问题，是我们制定和执行正确的路线和政策的根本依据。这么多年来，我们党对国情认识的最大收获，就是对我们的发展阶段做出了科学而准确的定位，即中国现在处于并将长期处于社会主义初级阶段。我们讲要搞清楚"什么是社会主义，怎样建设社会主义"，从根本上说，也就是要搞清楚什么是初级阶段的社会主义，怎样建设初级阶段的社会主义。中国共产党十一届三中全会前，我们在社会主义建设中出现失误的根本原因之一，就在于提出并实施了一些超越社会主义初级阶段的任务和政策；二十年来改革开放和现代化建设取得成功的根本原因之一，就在于克服了那些超越阶段的"左"的观念和政策，又抵制了抛弃社会主义基本制度的错误主张。

社会主义初级阶段包括两层含义。第一，我国社会已经是社会主义社会，我们必须坚持而不能背离社会主义的基本原则。第二，总的说来，中国人口多、底子薄，地区发展不平衡，生产力不发达的状况没有根本改变；社会主义制度还不完善，社会主义市场经济体制和社会主义民主法制还不够成熟和健全，封建主义、资本主义腐朽思想在社会上还有一定影响。这就决定了我们必须经历一个相当长的社会主义初级阶段，去实现工业化和经济的市场化、信息化、现代化。这是不可逾越的历史阶段。

我们党在社会主义初级阶段的基本路线是：领导和团结全国各族人民，以经济建设为中心，坚持四项基本原则，坚持改革开放，自力更生，艰苦创业，为把我国建设成为富强、民主、文明的社会主义现代化国家而奋斗。社会主义的根本任务是集中精力，发展社会生产力。在这一阶段中，由于国际国内因素的影响，阶级矛盾还会在一定范围内长期存在，但社会的主要矛盾是人民群众日益增长的物质文化需要同落后的社会生产之间的矛盾。这个主要矛盾贯穿于社会主义初级阶段的全过程，因此，我们必须把经济建设作为全党全国工作的中心，各项工作都要服从和服务于这个中心。只有这样，才能有效地解决各种社会矛盾，发展社会主义。

正确处理改革、发展与稳定的关系，保持稳定的社会政治环境，在社会主义初级阶段具有极其重要的意义。没有稳定，什么事也干不成。必须把改革的力度、发展的速度和社会可以承受的程度统一起来，在社会稳定中推进改革和发展，在改革和发展中实现社会政治稳定。判断我们各项工作的成败得失，归根结底，要坚持"三个有利于"[5]的标准，即是否有利于发展社会主义社会的生产力，是否有利于增强社会主义国家的综合国力，是否有利于提高人民的生活水平。

我们党已经把社会主义初级阶段这一科学概念写进了党的纲领中，这在马克思主义发展史上还是第一次。我们清醒地认识到，社会主义初级阶段，是一个长期的复杂的历史过程。这样的历史进程，至少需要一百年。至于巩固和发展社会主义制度，则需要更长得多的时间，需要几代人、十几代人，甚至几十代人坚持不懈地奋斗。

（三）关于社会主义市场经济体制

社会主义与市场经济的关系究竟怎样，一直是我们倍感困惑的问题。这个问题，不仅在中国，而且在其他社会主义国家都进行过长期的论争和反复的探索。1984 年 10 月，我们党在十二届三中全会上通过的《中共中央关于经济体制改革的决定》中明确指出，社会主义经济是在公有制基础上的有计划的商品经济，商品经济的充分发展是社会经济发展不可逾越的阶段。

1992 年年初，邓小平同志一针见血地指出："计划多一点还是市场多一点，不是社会主义与资本主义的本质区别"，"计划和市场都是经济手段"[6]。这一重要论断，使我们突破了计划经济属于社会主义、市场经济属于资本主义的传统观念，认识到社会主义和市场经济之间不存在根本矛盾，市场机制是社会化生产中资源配置的基本方式，资本主义可以用，社会主义也可以用。1992 年 10 月，我们党的十四大明确把社会主义市场经济作为经济体制改革的目标，从而解决了关系社会主义现代化建设全局的一个重大问题。我们认为，把社会主义同市场经济结合起来，是一个伟大创举，是对马克思主义政治经济学的重大贡献。

建立社会主义市场经济体制，是我国经济体制改革的目标模式，是对过去高度集中的传统计划经济体制的扬弃，它与资本主义市场经济有着本质区别。主要表现为，它建立在社会主义基本经济制度基础之上并与之有机结合，公有制经济和按劳分配在整个国民经济中占据主体地位。我们利用市场在资源配置方面发挥基础作用的同时，努力建设和完善国家的宏观调控体系，最大限度地弥补市场缺陷，防止和克服市场经济的消极作用。

创建社会主义市场经济体制，是我们党正视现实、尊重实际的结果，也是解放和发展生产力的必然要求。当代中国正处在由自然经济、半自然经济占很大比重，逐步向经济市场化程度较高方向转变的历史阶段。中国社会发展的这种特殊过程和历史逻辑，使经济的社会化、市场化、现代化和社会主义建设交织在一起，融合在同一时代，这就从根本上决定了中国创建社会主义市场经济的特定道路和模式。社会主义和市场经济的结合，使社会化、市场化、现代化和社会主义都具有新的内涵和特征。历史经验证明，市场经济能够解放和发展生产力，是不可逾越的历史阶段。

（四）关于建设社会主义法治国家

随着我国经济体制改革和社会主义现代化建设的发展，根据客观形势的要求，江泽民同志在党的第十五次全国代表大会上明确指出："我国经济体制改革的深入和社会主义现代化建设跨世纪的发展，要求我们在坚持四项基本原则的前提下，继续推进政治体制改革，进一步扩大社会主义民主，健全社会主义法制，依法治国，建设社会主义法治国家。"[7] 这是我们党面向新世纪提出的最新治国方略。

发展社会主义民主政治，是我们党始终不渝的奋斗目标。没有民主就没有社会主义，就没有社会主义现代化。所谓民主，主要指民主政治，属政治范畴，属上层建筑。民主政治主要指国家制度和人民权利。我国实行的人民民主专政的国体和人民代表大会制度的政体，是人民奋斗的成果和历史的选择，它既符合我国国情，又能体现社会主义的本质要求，是我国政治制度的基石。我们必须坚持和完善这个根本政治制度，绝不照搬西方国家的政治制度模式，绝不搞"三权分立"、多党制，坚定地走适合中国国情的、有中国特色的民主政治建设道路。

发展民主必须同健全法制紧密结合，实行依法治国。依法治国，就是广大人民群众在党的领导下，依照宪法和法律规定，通过各种途径和形式管理国家事务，管理经济文化事业，管理社会事务，保证国家各项工作都依法进行，逐步实现社会主义民主的制度化、法律化，使制度和法律不因领导人的改变而改变，不因领导人看法和注意力的改变而改变。党领导人民制定宪法和法律，并在宪法和法律范围内活动。

依法治国，是发展社会主义市场经济的客观需要，也是社会文明的重要标志和国家长治久安的重要保障。发展社会主义民主政治，制度更带有根本性、全局性、稳定性和长期性。要把改革和发展的重大决策同立法结合起来，逐步形成深入了解民情、充分反映民意、广泛集中民智的决策机制；要不断完善民主监督制度，把党内监督、法律监督、群众监督结合起来，发挥舆论监督的作用。尤其要加强对各级干部特别是领导干部的监督，防止滥用权力。只有这样，才能把坚持党的领导、发扬人民民主和严格依法办事统一起来，才能使我国的基本经济制度同广大人民群众的根本利益和民主权利，获得政治制度上的保证。

发展社会主义民主，建设社会主义法治国家，是一个历史过程，要从我国的国情出发，在党的领导下，有步骤、有秩序地推进。社会主义愈发展，民主、法制愈发展。我们要在实践中探索规律，积累经验，不断推进有中国特色社会主义民主法制建设，使它在21世纪展现出更加蓬勃的生命力。

（五）关于建设社会主义精神文明

社会主义不仅要有高度发达的经济，而且要有高度发达的文化；不仅要有高度的物质文明，而且要有高度的精神文明。在建设有中国特色社会主义的实践中，我们深深体会到，精神文明搞不好，物质文明也要受破坏，甚至社会还会变质。只有物质文明和精神文明都搞好，才是有中国特色的社会主义。经济的发展，为精神文明建设提供物质基础；精神文明的进步，为物质文明建设提供精神动力和智力支持。

改革开放一开始，我们党就强调物质文明和精神文明建设一起抓。这是因为，社会主义精神文明是社会主义社会的重要特征，是现代化建设的重要目标和重要保证。它直接关系到社会主义事业的兴旺发达。

我国社会主义精神文明建设总的指导思想和要求是：以马列主义、毛泽东思想和邓小平理论为指导，坚持党的基本路线和基本方针，加强思想道德建设，发展科学文化，以科学的理论武装人，以正确的舆论引导人，以高尚的精神塑造人，以优秀的作品鼓舞人，培育有理想、有道德、有文化、有纪律的社会主义公民，提高全民族的思想道德素质和科学文化素质，团结和动员全国各族人民，把我国建设成为富强、民主、文明的社会主义现代化国家。所谓精神文明建设，它包括思想道德建设和教育科学文化建设两个方面，渗透在整个物质文明建设之中，体现在经济、政治、文化、社会生活的各个方面。

社会主义精神文明建设的核心是以科学的理论武装人。我们坚持用马列主义、毛泽东思想特别是邓小平理论武装全党，教育人民，在全社会形成共同理想和精神支柱。

我们注意引导人们树立正确的世界观、人生观、价值观，大力弘扬爱国主义、集体主义、社会主义和艰苦创业精神，鼓励一切有利于国家统一、民族团结、经济发展、社会进步的思想道德。既发扬民族优秀文化传统，又博采世界各国文明之长，同时坚决抵制各种腐朽价值观念的侵蚀。

我们大力实施"科教兴国"战略，在全社会倡导尊重知识、尊重人才、热爱科学、尊师重教的良好风气。

（六）关于加强党的建设

半个世纪以来，特别是二十年来，中国共产党领导人民，在建设有中国特色社会主义的道路上，奋力开拓，取得了举世瞩目的伟大成就。从城市到乡村，从沿海到边疆，从经济、政治到思想、文化，从社会到家庭和个人，从生产方式、生活方式到思维方式、价值观念，无不已经和正在发生广泛而深刻的变化，这种变化的程度之深、幅度之大、范围之广、规模之巨，在中国几千年的历史上都是罕见的。

面对如此广泛而深刻的社会变革，要驾驭如此艰巨而复杂的局势，把有中国特色社会主义的伟大事业全面推向 21 世纪，就必须坚持、加强和改善党的领导，进一步把党建设好。

中国共产党是领导和团结全国各族人民，建设有中国特色社会主义伟大事业的核心力量。解决中国的所有问题，关键在于党。面向新世纪，我们党正在围绕在改革开放和现代化建设的条件下，建设一个什么样的党、怎样建设党这一重大课题，继续推进党的建设新的伟大工程。我们确定的目标，就是要把党建设成为用邓小平理论武装起来、全心全意为人民服务、思想上政治上组织上完全巩固、能够经受住各种风险考验、始终走在时代前列、领导全国人民建设有中国特色社会主义的马克思主义政党。目前，我们党正在按照这个总目标，从思想、组织、作风上全面加强党的建设，不断提高领导水平和执政水平，不断增强抵御风险和拒腐防变的能力，以新的风貌，带领人民完成新的历史任务。

治国必先治党，治党务必从严。从严治党，是保持党的先进性和纯洁性、增强党的凝聚力和战斗力的保证。反对腐败是关系党和国家生死存亡的严重政治斗争，如果腐败得不到有效整治，党就会丧失人民群众的信任和支持。在整个改革开放的过程中，我们要始终坚定不移地反对腐败，做到警钟长鸣，决不允许腐败分子在党内有任何藏身之地。近一年来，在以江泽民同志为核心的党中央领导下，我们开展了在县级以上领导干部中深入进行以"讲学习、讲政治、讲正气"为主要内容的党性党风教育，已经并将继续取得成效。

最近，江泽民同志提出了"三个代表"重要思想，强调：我们党要始终成为中国先进社会生产力的发展要求、中国先进文化的前进方向、中国最广大人民的根本利益的忠实代表。这是我们党的立党之本，执政之基，力量之源。"三个代表"重要思想，是对马列主义、毛泽东思想和邓小平理论的继承、丰富和发展，是中国共产党人面向新世纪的理论宣言和行动纲领，为我们党进一步全面加强党的建设，指明了新的前进方向。我们党领导人民在 20 世纪写下了光辉篇章，也一定能在 21 世纪再创新的辉煌！

三　社会主义在实践探索中开拓前进

我们正处于一个伟大的变革时代。在这世纪之交、千年之交，我们回顾过去，展望未来，思考社会主义和全人类的历史命运，就是要认识和把握时代潮流，抓住机遇，迎接挑战，推动人类社会的进步。

社会主义是人类历史上最广泛、最深刻的社会变革，是一项艰巨、复杂和长期的事业。在当前和今后一个较长的时期，资本主义旧制度仍将包围着社会主义的新制度，年轻的、远未成熟的社会主义制度，只能在当今国际政治经济旧秩序居于支配地位、占有实力优势的资本主义国家的压力下求生存、谋发展。我们必须深刻认识社会主义在当今世界面临的处境和风险。

从国际上说，政治多极化在曲折中发展，国际形势总体上趋向缓和，但是天下仍不太平，超级大国推行霸权主义，宣扬"人权高于主权"、"合法的人道主义干预"等谬论，并以这些谬论为其武力侵略和扩张进行狡辩；经济全球化趋势日益加深，但它是一柄"双刃剑"，既有利于国际范围内生产要素的优化配置，又使发展中国家和经济弱势国家面临更加严峻的竞争和挑战；肇始于东南亚并波及世界的金融危机还有很多的变数；世界科技迅猛发展，知识在经济中的作用越来越突出；新一轮国际竞争日趋激烈。

从中国国内看，我国有十二亿多人口，经济建设的总规模越来越大，对外开放的步伐明显加快，经济、文化等与国际上的交往日益紧密，加入 WTO 将给我们带来一系列新的情况和问题。我们的改革也已进入攻坚阶段，经济发展正处于关键时期，多年来积累的矛盾和问题还有不少。总之，我们面对着一系列亟待研究和解决的重大理论和实践课题。

社会主义的根本任务是发展生产力。在方兴未艾的新科技革命和经济全球化背景下，如何加快推进社会主义现代化建设，是我们党和国家面临的最大课题。围绕这一问题，我们既要继续推进改革，扩大开放，又要处理好改革、发展、稳定三者的关系。

就经济体制改革而言，如何寻求社会主义公有制的合理实现形式？如何搞活国有经济？如何在多种所有制经济共同发展的情况下，保证公有制的主体地位？如何使社会主义基本的经济制度与市场经济体制相结合？

就政治体制改革而言，如何在坚持共产党领导的人民民主专政和人民代表大会制度这一根本政治制度的前提下，进一步发扬社会主义民主，建设社会主义法治国家？

就社会主义思想文化和精神文明建设而言，在坚持马克思主义指导的前提下，如何贯彻"百花齐放、百家争鸣"的方针，遵循文化发展的内在规律，繁荣社会主义思想文化事业？如何在发展社会主义市场经济的条件下，形成和坚持有利于社会主义现代化建设的共同理想、价值观念和道德规范，克服拜金主义、享乐主义和极端利己主义？如何既善于吸收西方文明成果，又弘扬祖国优秀传统文化，建设社会主义新文化？

就党的建设而言，在保证党的领导地位的前提下，如何进一步改善党的领导，切实提高各级干部思想政治理论素养，始终做到"三个代表"，不断提高领导水平和执政水平？

就对外政策而言，如何既坚持和平共处五项原则，争取良好的国际环境，又有力地抵御西方敌对势力对我"西化"、"分化"的图谋？如何改变由少数西方发达国家控制的国际政治经济旧秩序，建立公正合理的国际政治经济新秩序？如何团结国际上的进步力量，反对霸权主义，驳斥其"人权高于主权"等谬论，维护世界和平，促进共同繁荣和发展？

上述这些重大的理论和实践问题，亟须我们研究和应对。

社会主义道路是曲折的，但其前途却是光明的。我们对社会主义的信念是坚定的、毫不动摇的。苏联解体、东欧剧变，西方有些人断言，这标志着"共产主义的终结"。对此，邓小平同志1992年在著名的南方谈话中一针见血地指出："哪有这回事！""我坚信，世界上赞成马克思主义的人会多起来的"[8]。辉煌与经验、挫折与教训使我们变得更加冷静、成熟、聪明和坚定。我们是马克思主义的历史唯物主义者，坚信社会主义必将代替资本主义的客观规律。我们也坚信，只有走社会主义道路，中国才能实现现代化。

坚持社会主义，是共产党人的庄严历史使命。只要中国、越南等国家，社会主义旗帜不倒，并坚持把自己本国的事情做好，不断增强国力，实现民富国强，就必将大大增强社会主义的说服力、吸引力，推动国际共产主义运动重新走向高潮。我们对社会主义的前途充满信心。

我们必须始终坚持在实践中探索。社会主义国家没有既成的模式可以照抄。社会主义还在实践中探索，在实践中发展。只有继续解放思想，大胆探索，勇于实践，善于总结，才能巩固和发展社会主义。这正如《国际歌》中所唱的，"从来就没有什么救世主，也不靠神仙皇帝"。要创造人类的幸福，全靠我们自己！

理论工作者要为坚持和发展马克思主义做出应有的贡献。社会主义制度在20世纪的诞生、壮大和后来的挫折以及困境中的奋起，无论是经验，还是教训，只要正确地加以总结，不仅是社会主义国家的宝贵财富，而且是全人类的宝贵财富。一个民族要想登上科学的最高峰，究竟是不能离开理论思维的。作为社会主义国家的理论工作者，我们应该认真总结20世纪世界社会主义的历史经验，为坚持和发展马克思主义做出我们的独特贡献，以更好地指导社会主义在21世纪的实践和探索。马克思主义是开放的发展的科学，必将随着实践的发展而发展。中越两国理论工作者应进一步加强这方面的联系、交流与合作。

越南有一句谚语说得好："朋友往来愈勤，友谊就会愈深。"中越两国山水相连，往来便利，共同的志向和目标把我们两国联系得更加紧密。我希望这次会议能为社会主义这一崇高事业添砖加瓦，预祝会议取得圆满成功！

祝越南同志和朋友们在北京一切顺利，身体健康！

注释：

[1] 阮德平，时任越共中央政治局委员、越共中央理论委员会主席、越南国家政治学院院长。

[2]《邓小平文选》第3卷，人民出版社1993年版，第373页。

[3] 毛泽东在中央常委和大区负责人会议上讲话的传达记录，1961年8月23日，参见《毛泽东传（1949—1976）》下卷，中央文献出版社2003年版，第1169页。

[4] 1987年4月26日，邓小平同志在会见捷克斯洛伐克总理什特劳加尔时指出："搞社会主义，一定要使生产力发达，贫穷不是社会主义。我们坚持社会主义，要建设对资本主义具有优越性的社会主义，首先必须摆脱贫穷。"参见《邓小平文选》第3卷，人民出版社1993年版，第225页。

[5]"三个有利于"是1992年年初由邓小平在视察南方时提出，他说："改革开放迈不开步子，不敢闯，说来说去就是怕资本主义的东西多了，走了资本主义道路。要害是姓'资'还是姓'社'的问题。判断的标准，应该主要看是否有利于发展社会主义社会的生产力，是否有利于增强社会主义国家的综合国力，是否有利于提高人民的生活水平。"参见《邓小平文选》第3卷，人民出版社1993年版，第372页。

[6]《邓小平文选》第3卷，人民出版社1993年版，第373页。

[7]《江泽民文选》第2卷，人民出版社2006年版，第28页。

[8]《邓小平文选》第3卷，人民出版社1993年版，第382—383页。

关于中国语言学[*]

（2000 年 6 月 20 日）

　　欣闻语言研究所今天召开建所五十周年纪念会，我因身在外地不能赴会，特此致信表示衷心的祝贺！

　　语言所是我院的前身——中国科学院哲学社会科学学部在中华人民共和国成立后较早组建的几个研究所之一。从它成立并开展工作以来，一直得到党中央和国务院领导同志的亲切关怀和指导。一些重大的成果，如在国内外享有盛誉的《现代汉语词典》，是直接根据国务院的指示编撰问世的。另外，语言研究所也积极贯彻执行中央有关语言文字工作的方针政策，包括民族语言政策、现代汉语规范化、汉字改革、推广普通话等，做出了为社会所公认的重要贡献。

　　五十年来，语言所先后汇集了一批出类拔萃的语言学大师，如罗常培[1]、吕叔湘[2]、丁声树[3]、陆志韦[4]、傅懋勣[5]等著名学者，他们以卓越的学术成就和崇高的人格风范，奠定了新中国语言学大厦的坚实基础，培育了新中国语言学事业的后继人才，促进了国内外的语言学学术交流，使新中国语言学在国际学术界占有重要的一席之地。

---

　　* 这是李铁映同志致中国社会科学院语言研究所成立五十周年纪念会的贺信。

五十年来，语言所遵循这样的研究方向，即，以研究汉语的历史和现状为主，在语音、词汇、语法、文字等方面，研究并介绍国外语言学的理论和方法；编纂汉语辞书；开展语音分析、合成与识别以及机器翻译—中文信息处理等方面的应用研究。经过几代学者的不懈努力，取得了举世瞩目的丰硕成果，在国内外学术界产生了重大影响。

在总结和肯定成绩的同时，我们也要看到目前存在的局限和不足。我们现在身处改革开放的历史时期，面临新旧世纪的交替之际，从优秀传统民族文化的阐释与继承，到知识经济网络时代的学习与创新，都对我们提出了更高的要求和严峻的挑战，可谓事繁而时迫，任重而道远。

我希望语言研究所的全体同志百尺竿头，更进一步，在新的形势下继续奋发努力，多出成果，多出精品，多出人才，为发展社会主义祖国的社会科学、人文科学，为发展世界和中国的语言学事业做出更大的贡献！

注释：

[1] 罗常培（1899—1958），字莘田，号恬庵，笔名贾尹耕，北京人，满族。中国语言学家、语言教育家，历任西北大学、厦门大学、中山大学、北京大学教授，历史语言研究所研究员，北京大学文科研究所所长职。著有《汉语音韵学导论》等。

[2] 吕叔湘（1904—1998），江苏省丹阳市人，中国语言学家，新中国成立前曾任云南大学文史系副教授、华西协和大学中国文化研究所研究员、金陵大学中国文化研究所研究员兼中央大学中文系教授以及开明书店编辑等职，新中国成立后，1952年起任中国科学院语言研究所（1977年起改属中国社会科学院）研究员、中国科学院哲学社会科学学部委员（院士）、语言研究所副所长、所长、名誉所长。主要著作有《中国方法要略》等。

[3] 丁声树（1909—1989），号梧梓，河南邓州人，中国杰出的语言学家，词典编纂专家，曾任中国科学院哲学社会科学部委员，中国社会科学院语言研究所研究员。曾主持编写《现代汉语词典》、《昌黎方言志》，编录《古今

字音对照手册》等。

[4] 陆志韦（1894—1970），别名陆保琦，浙江省吴兴县人，中国语言学家、心理学家。曾任第一届全国政协委员、中国科学院心理研究所筹备委员会主任、中国文字改革委员会委员、汉语拼音方案委员会委员等。他在语言学方面的研究主要包括音韵学，现代汉语的词汇、语法及文字改革等几个领域，主要著作有《证广韵五十一声类》、《北京话单音词汇》等。

[5] 傅懋勣（1911—1988），曾用名傅兹嘉，山东省聊城人，中国语言学家，1951 年在中国科学院语言研究所（1977 年改名为中国社会科学院语言研究所）工作。先后任语言研究所研究员，少数民族语言研究所副所长、研究员，民族研究所副所长、研究员，《民族语文》杂志主编，中国民族语言学会会长，中国民族古文字学会会长等多种职务。他与人合作主编了高等院校的第一本彝语课本《凉山彝语课本》。

创建企业文化[*]

（2000 年 6 月 22 日）

　　江泽民总书记今年年初在广东考察时发表了极其重要的讲话，提出了"三个代表"重要思想。这是我们党的立党之本、执政之基、力量之源。"三个代表"是相互联系、相互促进、有机统一的整体。一个是基础，一个是灵魂，一个是本质，三者统一于建设有中国特色社会主义的伟大实践之中。

　　"三个代表"重要思想总揽全局，内涵深刻，从根本上回答了在新的历史条件下，我们要建设一个什么样的党和怎样建设党，这一当代马克思主义政党建设的重大课题。

　　这一重要思想，是对我们党的性质、宗旨和任务的新的科学概括，是对马克思主义建党学说的重大发展和重大贡献，是面向 21 世纪治党、安邦、强国的伟大战略思想。我们党的路线、方针、政策，党的各项工作都要坚持、体现、贯彻"三个代表"的要求。

　　"三个代表"重要思想，把始终代表"先进文化的前进方向"作为党的先进性的重要特征和标志。这在马克思主义建党学说发展史上，是前所未有的第一次。文化建设历来是我们党的事业的重要组成部分，而"三个代表"特别地把文化建设的先进性问题，提升到党的性质、宗旨和任务的高度，足见在新的历史时期加强先进文

---

　　* 这是李铁映同志在中国企业文化高层论坛上演讲的主要内容。

化建设是何等重要。

文化是一个国家、民族根之所系、脉之所维,是其精神和智慧的长期积累和凝聚。马克思曾经指出,从根本上说,文化就是使人的素质不断提高的活动及其成果[1]。人创造文化,反过来文化又熏陶人、塑造人、发展人。先进的社会生产力,是先进文化发展的物质基础;而生产力的发展又离不开包括科技、教育、思想道德在内的文化的发展,离不开文化的能动的反作用。科学技术本身就是第一生产力。历史的经验告诉我们,人类社会经济越是向前发展,文化对经济、对社会生活各方面的推动作用就越大。

值得指出的是,不同的文化的历史作用是大不相同的,只有先进文化才能对社会发展产生长远、积极的推动作用。先进文化是一切优秀历史文化的荟萃,是时代精神的升华,是人类文明进步的结晶,是推动社会持久发展的精神动力。衡量一种文化是否先进,从根本上说,就看它是否反映了先进社会生产力的发展需求;是否反映了人类社会历史发展的客观规律和趋势。由此可见,是否拥有先进文化,决定着一个国家、一个民族、一个政党的素质和兴衰。马克思主义是人类文明史上最优秀的成果,是工人阶级和广大劳动人民认识世界、改造世界的强大思想武器。马克思主义的诞生,社会主义国家的出现,不仅开辟了社会历史发展的新纪元,而且在人类文化发展史上也开辟了一个新时代。由此开始,马克思主义必然地成为先进文化的核心、灵魂和伟大旗帜。

回顾20世纪中国波澜壮阔的社会发展史,我们党之所以能够从小到大,由弱到强,领导全国人民前仆后继,取得新民主主义革命的胜利,建立了新中国,确立了社会主义制度,并实行改革开放,推动经济和社会各方面迅速发展,取得举世瞩目的成就,走出一条有中国特色社会主义道路,其根本原因在于,我们党拥有马克思主义这一先进的思想武器,并把它创造性地运用于中国革命和建设的具体实践,始终代表着中国先进社会生产力的发展要求,始终代表着最广大人民的根本利益,从而成为中国先进文化的前进方向的忠实代表。邓小平同志说得好，对马克思主义的信仰，是中国革命胜利的一种精神动力[2]。

先进文化既是前进的方向、目标，又是实际的运动和不断创新的过程，与时俱进是其当然的品格。在不同的历史阶段，先进文化具有不同的内容、要求和任务。党的十五大提出了我国现阶段发展先进文化的目标和方向，就是努力创建社会主义初级阶段有中国特色的社会主义文化。它是凝聚和激励全国各族人民的重要力量，是综合国力的重要标志。要创建这一先进文化，必须以马克思主义为指导，用邓小平理论武装我们的头脑，大力加强社会主义精神文明建设，立足中国现实，继承优秀传统，吸取外国文明成果，面向现代化、面向世界、面向未来，形成民族的科学的大众的文化，不断提高全民族的思想道德素质和教育科学文化水平，以推动我们的事业不断向前发展。

社会主义现代化，不仅要建设物质文明，也要建设精神文明；不仅要有繁荣的经济，而且要有繁荣的文化。只有这样，才能不断满足人民日益增长的物质需求和文化需求，从而使我们能清醒地全面地把握社会主要矛盾这个关键环节，有效处理好各种矛盾和问题。

在新世纪来临之际，面对当代科学技术的迅猛发展，面对经济全球化背景下各种思想文化的相互激荡，面对小康社会人民群众日益增长的精神文化需求，面对前进道路上的种种机遇与挑战，我们必须从巩固党的执政地位、提高党的执政水平的高度，从把建设有中国特色社会主义事业全面推向 21 世纪的高度，从中华民族全面振兴的高度，充分认识文化建设的重要性和紧迫性。

创建社会主义精神文明活动，是建设有中国特色社会主义文化的伟大实践。现代化建设和改革开放越是向前发展，越要抓好精神文明建设，这直接关系到党和社会主义的前途命运，关系到国家的长治久安。中央关于加强精神文明建设的大政方针已定，现在的关键是需要我们常抓不懈，落到实处。具体地说，就是要落实到全面提高人的素质上来，落实到我们社会的所有基层组织中去，使社会主义精神文明建设既有广泛的微观基础，又能切实抓出成效。

这里讲的社会基层组织，主要包括两个方面，一是工作单位，二是社区。我们过去仅仅把人们的工作单位看做精神文明建设的基层组织，但实际上，人们在社区活动的时间远远多于上班的工作时间。因此，我们不但要加强工作单位的精神文明建设，更要注重社区的精神文明建设。要从战略的高度充分认识社区组织在精神文明建设和维护社会安定方面的重要作用。社区作为精神文明建设的基层组织和载体，应为人们提供更多的文化活动设施和服务，并积极探索创造新的健康文明的活动方式，以满足人们日益增长的精神文化需求。

科学，是文化的重要组成部分。未来综合国力的竞争，集中体现为科学技术的竞争。这里所说的科学，既包括自然科学，也包括社会科学。自然科学是人们认识自然、改造自然的强大武器；社会科学是人们认识社会、改造社会的强大武器。而人类历史的发展过程，本来就包含改造自然、改造社会两个大的方面，因此，既需要自然科学，又需要社会科学，两者缺一不可。自然科学和社会科学是科学的两翼，两者共同构成科学的完整体系。只有两者共同繁荣，科学才能获得全面发展。

在全面推进建设有中国特色社会主义伟大事业的过程中，以马列主义、毛泽东思想和邓小平理论为指导的社会科学，是中国特色社会主义文化的重要组成部分，对推动经济发展、社会进步具有十分重要的作用。

历史的经验表明，社会科学是实现社会变革、创造制度文明的理论先导和强大推动力。特别是在我国深化改革、扩大开放、建立和完善社会主义市场经济体制的今天，这一作用更为明显。它帮助人们科学地认识和掌握社会历史发展规律，为完成历史所赋予的重任、实现中华民族的伟大复兴，提供知识、理论和智力支持。

社会科学对于解放生产力有着不可替代的作用。二十多年前的那场"实践是检验真理的唯一标准"大讨论，推动了全国范围内的思想大解放，为党的十一届三中全会的召开作了思想理论准备，对我国改革开放和现代化建设产生了深远的影响。这充分表明，社会科学产生的作用，有时是难以估量的。

社会科学对精神文明建设、对提高人的素质的作用是不言而喻的。它帮助人们科学认识人类社会发展规律，形成道德和法律规范，树立理想目标。21 世纪综合国力的竞争，说到底是国民素质和人才的竞争，社会科学对开发人的聪明才智、培养德才兼具的人才、激发人们的主动性和创造性、增加全国人民的凝聚力，具有十分重要、不可替代的作用。

21 世纪将是人类社会深刻变革的时代，是中华民族全面振兴的时代。面对 21 世纪国际国内的严峻挑战，社会科学必须有一个大的繁荣和发展。但是，目前我国社会科学的发展现状、水平同时代的需要相比，还有相当大的距离。我国的社会科学必须紧紧把握时代脉搏，科学地解答新世纪我们所面临的国际国内一系列重大问题；必须加强和改善党和国家对社会科学事业的领导；必须深化改革，建立适应社会主义市场经济和社会科学自身发展规律的科研体制，实现科研手段的现代化；必须创造良好的学术环境，培养一大批饮誉海内外的学术大家。只有这样，社会科学才能无愧于我们的党、我们的国家、我们的人民、我们的时代。

创造社会主义新文化是一个巨大的系统工程，企业文化建设是其中的一个重要组成部分。当今科学技术突飞猛进，信息革命不断深化，网络经济迅速发展，经济全球化趋势日益明显，产业结构大规模快速调整，市场竞争日趋激烈。这一切对于企业而言，显然是无法回避的严峻挑战。搞好企业文化建设，提高企业管理者、企业员工的文化素质和管理水平，对于企业参与国际国内市场竞争，具有重要意义。

当今时代，文化不仅是综合国力的重要组成部分，而且是企业竞争力的重要组成部分。纵观国际上的一流企业，无不重视企业整体素质的提高和自身的文化建设。企业文化所形成的智力、凝聚力、创造力等，即文化力，是一种无形的资产。从某种意义上说，也是一种"生产力"。因此，企业文化建设是现代企业生存发展的基础工程。解放生产力，首先要解放人自身这个最活跃并具决定作用的生产要素。

与过去任何时候相比，我们现在应更加重视企业文化建设。相对发达国家的企业而言，我国的经济技术文化还落后，企业员工的科学文化水平还不高；我们的现代企业文化建设还刚刚起步，且经验不足；尤其是我们尚处于经济体制变革时期，新的企业经营机制和制度尚未建立起来。因此，我国企业文化的建设，要付出更多的努力，才能赶上世界时代的潮流。况且，我国加入 WTO 的步伐在加快，我国企业普遍面临着国际国内市场激烈竞争的压力。我们必须从战略的高度，充分认识加强企业文化建设的重要性和紧迫性。

在 21 世纪，谁拥有文化优势，谁就拥有竞争优势，谁就能掌握主动，在激烈竞争中立于不败之地。加强企业文化建设，是我们提高企业整体素质，增强其凝聚力、竞争力的重大的战略性举措。我们在经济文化还比较落后的起跑线上，要赶上国际一流企业，要充分发挥"后发优势"，除了要加强企业技术设施等硬件建设外，更要注重加强企业文化等软件建设，因为后者是尽快增强竞争力的有效途径。

一个国家、一个民族的发展，需要生机勃勃、奋发向上的精神和文化。一个企业的发展，同样需要勇于拼搏、不断创新的企业精神和文化。当今时代，忽视企业文化建设，忽视企业整体素质提高，就不会有企业自己的经营哲学和战略，就不会有科学的管理，就会在瞬息万变的市场竞争中被淘汰出局。如果企业文化素质不高，就连引进、消化外来先进技术都难以做到，更谈不上创新技术和赶超世界先进技术了。

没有现代的企业文化，也就没有企业的现代化。现代的企业文化，是创建现代企业制度的重要组成部分，包含的内容十分丰富。当前中国企业文化的建设，着重要在制度创新、科技进步、强化管理、加强思想和职业道德教育、普及科学文化知识等方面下功夫。企业文化建设要以人为本，以增强凝聚力、提高竞争力为目标。要把企业文化建设与解决企业改革和发展中的实际问题结合起来，与建设社会主义精神文明，建设有中国特色的社会主义文化结合起来，以推动其不断健康向前发展。

怎样建设有中国特色的社会主义企业文化呢？

其一，要坚持以马列主义、毛泽东思想特别是邓小平理论为指导。在当前，应当把江泽民同志所倡导的"四个一切"贯彻到企业文化建设中去，即用一切有利于发扬爱国主义、集体主义、社会主义的精神，一切有利于改革开放和现代化建设的思想和精神，一切有利于民族团结、社会进步、人民幸福的思想和精神，一切有利于用诚实劳动争取美好生活的思想和精神来武装我们的企业。要转变观念，高度认识企业文化建设的重要性；要充分发挥企业党组织的作用，紧紧依靠广大职工；要调动企业内部各方面的积极性，齐抓共管，切实抓出成效。

其二，要从中国社会主义初级阶段的实际出发，从行业、企业自身的特点出发，面向市场，勇于实践，大胆探索，建设既有中国特色又符合时代要求，既丰富多彩又具有鲜明个性的企业文化。创新是企业文化的灵魂，是企业活力的源泉。要把创新精神贯彻到企业文化建设的方方面面。要大力加强员工的文化教育和技术培训，全面提高员工的素质，迅速改变我国企业文化落后的现状。这也是落实科教兴国战略的重要举措。

其三，要继承和发扬中华民族优秀传统文化。我国的企业文化建设要植根于民族传统文化之中，吸取其精华。在我国的传统文化中，有许多瑰宝。如我国古代的《孙子兵法》[3]，被西方企业界奉为商界的至胜之首的经营法宝，它对于今天的企业竞争仍有现实意义。在祖国和世界各地的华人企业家，他们以其卓越的管理才能、杰出的经营业绩令世人瞩目。他们所取得的成功与中国传统文化所孕育的勤俭敬业、锐意进取、诚实守信、坚忍不拔、自强不息的精神是分不开的。

从我国的企业发展史看，新中国成立以来，国有大中型企业在物质文明和精神文明建设中，不仅为国家的经济发展做出了巨大贡献，而且还创造了诸如"三老四严"[4]的大庆精神、勤俭建国的"孟泰精神"[5]、"两参一改三结合"的"鞍钢宪法"[6]等独具特色的企业文化。这些都是我们在新时期创建有中国特色社会主义企业文化的宝贵精神遗产。

其四，要借鉴和吸收国外企业文化的先进成果，大胆引进、消化、创新。我国的企业文化建设不可能离开世界文明而自我封闭。我们历来重视学习和吸取世界一切优秀文化成果，坚持以我为主、为我所用的原则，博采各国企业文化之所长。国外优秀企业在经营中所创立的企业文化和企业精神，是人类文明的共同成果。学习和借鉴这些企业的优秀文明成果，并结合自身实际不断创新，对于建设我国的现代企业文化，增强我国企业竞争力，意义重大。

其五，要培育和弘扬正确的价值观、人生观，增强企业的凝聚力。要正确处理好国家、集体、个人三者之间的利益关系。提倡科学求实、改革创新、平等互信、竞争协作、效率信誉和主人翁精神。要反对封建的家长制、小生产的狭隘偏见、资产阶级的拜金主义和利己主义，以及一切腐朽没落的思想观念。同时，也要打破大锅饭，克服平均主义，以保障我国的现代企业文化建设顺利健康发展。

总之，我们应当创造面向市场、面向大众、面向世界、面向未来，能不断增强凝聚力和竞争力的现代企业文化。这种新型的企业文化，主要包括企业先进的物质文化、先进的制度文化、先进的行为文化、先进的精神文化和先进的企业形象。

注释：

[1] 参见《马克思恩格斯全集》第 46 卷（上），人民出版社 1979 年版，第

494 页。

[2]《邓小平文选》第 3 卷，人民出版社 1993 年版，第 63 页。

[3]《孙子兵法》参见上卷《在实践中坚持、发展马克思主义》一文注〔7〕，见本书第 326 页。

[4]"三老四严"是指一种作风与精神，即对待革命事业，要当老实人，说老实话，办老实事；对待工作，要有严格的要求，严密的组织，严肃的态度，严明的纪律。这是大庆采油一厂中四队的经验提炼而成的精神，最早出现于 1962 年，到 1963 年就形成了完整的表述。

[5]孟泰是新中国成立后第一代全国著名的劳动模范，河北省丰润县人，于 1898 年出生于一个贫苦农民的家庭。他爱厂如家，艰苦创业，在恢复和发展鞍钢生产中做出了重大贡献，8 次受到毛泽东主席的接见，先后当选为第一、二、三届全国人民代表大会代表，当选为中国工会第七、八次全国代表大会执行委员。

[6]"鞍钢宪法"是毛泽东在 60 年代对我国鞍山钢铁公司企业经营管理工作原则的总称。其内容包括：坚持政治挂帅，实行党委领导下的厂长负责制，开展技术革新和技术革命，大搞群众运动，实行两参一改三结合。1960 年 3 月 20 日，毛泽东在中共鞍山市委的报告批示中指出："过去他们认为这个企业是现代化的厂，用不着再有所谓技术革命，更反对大搞群众运动，反对两参一改三结合的方针，反对政治挂帅，只信任少数人冷冷清清地去干，许多人主张一长制，反对党委领导下的厂长负责制。他们认为'马钢宪法'（苏联一个大钢厂的一套权威性的办法）是神圣不可侵犯的。"现在"人们开始想问题，开始相信群众运动，开始怀疑一长制，开始怀疑马钢宪法。现在（1960 年 3 月）的这个报告更加进步；不是马钢宪法那一套，而是创造了一个鞍钢宪法。鞍钢宪法在远东，在中国出现了"。鞍钢宪法体现出党的优良传统同现代化大生产有机结合的精神，对促进我国社会主义企业提高经营管理水平曾经发挥了积极有效的作用。

关于价值论研究[*]

（2000 年 6 月 30 日）

价值是一种与人俱在的现象，价值观问题更是社会生活中不可避免地会遇到的问题。改革开放以来，我国哲学研究上的重大理论进展之一就是价值论研究的兴起与发展。

中华民族具有几千年的历史文化，价值思想十分丰富，要认真地加以发掘整理。同时，改革开放以来，又提出了大量的新问题。思想、理论、政治、经济、文化等领域的很多问题，都需要加以研究。每一个人既有自我需求，也有社会需求；既有物质方面的需求，也有精神方面的需求。人们对这些需求的追求与满足，都与其特定的价值观密切相连。我们看待信仰和宗教问题，就要注意其中对于人自身精神方面的需求的满足。信仰并不就是迷信，而是人自身发展中的一种精神现象。人总要有精神寄托，我们共产党人也有，只不过不是宗教，而是以科学的世界观和方法论为指导的崇高理想。

现实的情况是，人们的价值观往往不尽相同。同样一件事情，在不同的人那里会有不同的意义和价值，而不同的人们对它也会有不同的评价。对于人们所拥有的各种各样的价值观，该怎样评价呢？人们常常用科学的、正确的、合理的、先进的，或不科学的、不正确的、不合理的、落后乃至有害的等评语来对不同的价值观做出评

---

* 这是李铁映同志与部分专家学者座谈价值论研究时的谈话。

价。然而根据什么标准来做出上述如此不同的评价呢？是根据权力、地位、知识，还是别的什么标准？从唯物史观来看，这些问题又该怎样回答？这就需要加以研究、说明和引导。当前对价值观的研究具有重要性、紧迫性。

我们正处在一个伟大的社会变革时期。由于社会处于剧烈变化之中，经济基础变了，人们思想上必然会有所反映。从价值观的角度来说，比如当人们生活达到小康后，个人、家庭、社会都更趋开放，人们的自主意识明显增强。人们更注重自身的参与、体验，如看戏、看球赛、旅游等，自己花钱、付出体力精力"买"体验，也愿意表现自己。这是十分值得注意的变化。当然，由此也产生了不少问题。对于社会转型时期的许多现象，应该辩证地看，作具体的分析、评价。存在的不一定都是应该的，合理的不一定合法，合法的不一定合理。如一些人说大话、空话、假话。如果一个社会"假、大、空"盛行，造成体内衰败，病入膏肓，就会出大问题。"文革"为我们提供了鉴证。其实，大话、空话、假话也是一种腐败，一种话语腐败，归根到底是一种政治思想上的腐败，伦理道德上的腐败。腐败也反映了一种价值观。

对于腐败的价值观根源，我们要很好地研究。从人们的价值行为分析，有不少是封建价值观的表现，有不少是西方极端个人主义价值观的表现，也有些是长期"左"的僵化价值观的反映。现实生活中人们的价值追求，无论是物质利益方面的追求，还是精神上的追求，只要是理性地控制在合理、合法的范围内，那么这种追求本身并不必然导致腐败，但是如果人们的追求变得非理性、不合理甚至不合法，这种变态、无序、失控的追求就一定会导致腐败。孔子说："君子爱财，取之有道。"[1]这个"道"包括合法、正当的手段，更是指制度、机制、法律的规则和程序。我们要从完善社会主义市场经济秩序和民主法治入手，从社会历史发展的具体阶段的实际出发，以是否符合"三个有利于"标准，进行改革和建设。

总之，我们要研究社会转型期的种种变化，从理论上搞清问题，并从价值观的角度，从社会思想、伦理观念的角度，进行一些新的探索，带来一些清风，以去除目前的种种社会毛病，建设更加先进的社会主义文明。

（一）关于价值的多样性

事实上，对于现实的人来说，由于利益、需要是多种多样的，因而价值追求必然是多种多样的。利益和文化的多样性决定了价值观念的多样性。多样化是一种正常的社会现象。没有多样化，事物就没有发展，世界也就终结了。而且，人们的认识也是不断发展的，对于狭隘、片面、错误的东西，可以在实践的发展中加以克服。在处理多样化的价值追求、价值取向时，有必要用"角色互换"的方法，大家相互尊重、理解、沟通。当冲突各方统一不了时，不一定非要马上统一、强求一致。可以争论，可以商榷，可以保留，最后交由实践去裁决。

（二）价值论研究的组织、方法和任务

在哲学所成立一个新的开放式的价值论研究室，聘请国内外一些对价值论有研究的学者为研究人员。可以民主推荐研究室主任、副主任，由研究室组织开展学术研究，进行国际学术交流。

在价值论研究中，要创造一个和谐、宽松的环境。要研究学术研究中的价值观，形成好的学风。一方面，敢讲真话，勇于论辩，畅所欲言。"研究无禁区"，学者什么都可以说，当然，要用学术的语言讲学术；另一方面，不要"文人相轻"，而要"文人相亲"，不伤和气，以探索真理为己任。学术探索中应该有学派，因为学派不过反映了一个群体的观点和理论体系，不同学派可以互相论争，而"对错看实践"。

价值论研究离不开社会生活，离不开具体的社会经济、文化，每一时代的价值观都是这一时代具体社会生活和精神的体现。新时期人们的价值观处于极大的变化之中，为了把握广大人民群众社会

价值观念的变化动向，可以和地方价值论、伦理学工作者合作，搞些社会调查，进行有针对性的研究。

要注意研究调查方法，避免那种单调、过于直白的调查方式。可以通过多种方式、途径进行，比如访谈、问卷、抽样等现场调查，再比如对文艺作品、新闻报道和有关文献等进行分析，等等。要注意通过调查研究一些典型现象，把握、引导人们的心理和价值取向。

要总结我们的历史文化传统，研究当代面临的各种问题，构建一套新的话语系统，来阐述我们的价值理论。要建设有利于改革、有利于发展、有利于国家兴旺发达的价值观念体系，建设反映有中国特色社会主义事业发展要求的价值观念体系，建设有益于中华民族面向 21 世纪全面振兴的、具有时代特征的价值观念体系。

注释：

[1] 语出自《增广贤文》又名《昔时贤文》、《古今贤文》。原文为："子曰：君子爱财，取之有道；贞妇爱色，纳之以礼。"

中国是世界人民的好朋友[*]

（2000 年 9 月 4 日）

中国共产党在新世纪，就是要在中国建设富强、民主、文明的社会主义现代化国家，在国内谋求稳定和发展，在国际谋求和平与合作。我们要成为世界各个国家、各个民族最可靠最真诚的朋友。这就是中国共产党的历史任务。

有人说，中国的经济改革取得了很大的成绩，但搞的是资本主义。他们既不了解中国改革要达到的目标，也不知道中国改革走的是什么道路。我们的目标就是永远摆脱贫穷、落后和愚昧，实现社会主义现代化。世界上有两种制度——社会主义和资本主义。这两种制度都可以实现现代化。有人说中国为什么不实现资本主义现代化？孙中山就曾经在中国搞过资本主义，并企图以此实现现代化。但是，在这个过程中，我们的西方"老师"不断侵略、封锁和打击我们。中国人民很不理解，"老师"为什么总是欺负学生，不允许走他们走过的路？因此，我们重新审视了中国的国情，研究了中国应该走的道路，认为照抄照搬国外走过的路，在中国是实现不了现代化的。只有社会主义才能救中国，只有社会主义才能发展中国，中

---

* 这是李铁映同志在中国驻哥伦比亚大使馆举行的招待会上的讲话。

国只能搞社会主义。

中国共产党人接受了马克思主义之后，选择了社会主义道路。在这个问题上，我们也犯过教条主义的错误、照抄照搬的错误。在中国，我们要搞现代化，绝不能照抄照搬外国的东西，我们必须选择符合中国特色的社会主义道路。我们搞有中国特色的社会主义，特别是提出建立社会主义市场经济体制，有人或者不理解，或者是别有用心，说我们在搞有中国特色的资本主义。我们说，我们是用市场经济的办法建设社会主义，是在社会主义的条件下搞市场经济。我们要用世界上一切好的东西来建设中国。改革仅仅是方法，不是目的。世界上的好东西中国应该有，不能因此说中国搞的就是资本主义。就像我们吃饭，左边放着刀叉，右边放着筷子，用哪种餐具吃得快、吃着方便，就用哪种餐具。世界上凡是好的东西、成功的东西，我们都要拿来，都要学习、吸取、借鉴。今天，中国人、中国共产党人戴的是水晶玻璃眼镜，不带任何色彩看世界。

中国需要世界，中国人民是世界人民最好的朋友。不管是"东"的、"西"的，只要是好的、美的，对我有益的，能够发展中国的，我们都要吸收、借鉴。这就是今天中国人民的哲学。

改革是手段，发展是目的*

（2000 年 9 月 7 日）

古巴不仅在社会主义事业中，而且在世界历史上创造了奇迹。1959 年的革命就是一个奇迹。在美国的眼皮底下建设了 30 年，这就是奇迹。苏联解体后的 10 年，古巴人民在巨大的压力下，又创造了人间奇迹。你们创造的奇迹，令世界人民钦佩，令中国人民骄傲和敬佩。

在你们最困难的时候，我正担任中国国家体改委主任。坦率地说，当时我对古巴如何克服困难捏着一把汗。你刚才的介绍和我们得到的信息都说明，你们成功地创造了奇迹。谁说古巴没有创造？把马克思主义与古巴的实际相结合，这就是创造。谁说古巴没有改革？古巴的社会主义，既不同于苏联，也不同于中国的社会主义，这正是社会主义的探索，也是社会主义制度的不断发展和创新。

古巴最近 10 年，还有革命后的 40 年，就是不断改革的实践。否则，如果僵化，不改革，不可能抗拒大西洋的飓风。改革是手段，发展是目的，稳定是前提和条件。古巴没有进行像西方人希望的改革，没有犯西方人哲学上的错误。古巴实现了自己的发展，这就是

---

* 这是李铁映同志会见古巴政府部部长卡布里萨斯时的谈话。

改革。这一点古巴人就比苏联领导人聪明得多。古巴进行了许多有效的改革，是从古巴的实际出发的，是以解决古巴的实际问题为目的的，是得到人民的共识和参与的。

我们中国在改革时，要考虑三个承受能力。一是物质承受能力，即是否有物质条件。二是精神承受能力，即社会满意、赞成的程度。没有这种社会的共识，再好的事情也会办坏。古巴在这方面做得相当成功。你们交给人民去讨论，交给人代会去讨论，这都是社会基础和社会共识。三是各级干部的操作能力，即干部是否有能力把事情办好。大河彼岸是琳琅满目的美景。目的很明确，社会共识也有，都想过河采集香甜可口的水果，如果指挥员不好，也会翻船，也会死人，也不会到达彼岸。世界上好事多得很，光有漂亮的语言不行，重要的是谁能拿到它。

有人说中国的改革很成功，有很好的理论和目标，但他们忘记了我们是摸着石头过河，走一步看一步，稳步前进。在这方面，我们不是浪漫主义，而是现实主义。有人批评我们步子不大，胆子不大，改革太慢了。我告诉他们，不能以改革快慢、步子大小论英雄，而应以成败论英雄。因为没有现成的道路可走，只能在实践中积累经验，探索着走。只有中国人最了解自己，最了解自己需要什么，把命运掌握在自己手中，走自己的路。古巴40年的经验，10年克服困难的经验，也得出了和我们同样的结论。成功的经验和方法比什么都重要。

中国重视古巴的经验[*]

（2000 年 9 月 7 日）

　　古巴的社会主义，是在革命的事业上走了一条英雄的道路，被中国人民所敬仰，所崇敬。我本人就很敬佩。1959 年，我还是个学生，听到卡斯特罗[1]率领游击队解放了古巴，当时非常兴奋、非常激动。那时我正在布拉格上大学四年级，我们大家进行了热烈的讨论。我们都非常崇敬古巴革命[2]、崇敬卡斯特罗，将卡斯特罗视为英雄。

　　我们经历了朝鲜战争，对美国是有所了解的。古巴在美国的眼皮底下，作为一个小国、岛国，举起反美大旗，与美国进行坚决的斗争。我认为，古巴革命是 20 世纪社会主义发展的壮举。我在青年时对社会主义充满憧憬和向往，是理想主义者。我们坚信社会主义必将战胜资本主义，但我们也同样担心美国的干涉和古巴的前途命运。我们对古巴抱着极大的同情和关切。40 年过去了，古巴人民无论是在革命的道路上，还是在建设的道路上，都取得了历史性的成就。英雄的古巴依然屹立在世界，依然屹立在加勒比地区。40 年来，我的初衷没有改变，一直希望到古巴来，看望我们的同志、战

---

　　* 这是李铁映同志与古共中央国际部部长巴拉格尔举行工作会谈时的谈话摘要。

友、最亲密的兄弟。这可以反映我们这一代人对古巴革命和建设所抱有的深切的感情。

40年来，中古关系一直在稳步发展，特别是在社会主义事业发生曲折、变化时，中古两国更加紧密团结。可以说，当我们站在新世纪的门槛时，在政治、经济等各个领域，两国都有许多共同的认识，共同的目标。

关于古巴的发展、中古人民之间的热情友好和中古关系，所有来过古巴的中国代表团都感受到和谈到了。我们特别重视古巴在如下三个方面的经验：

第一，在极其困难、特殊的情况下，发展自己经济的经验。你们发展经济的条件比中国更艰难。

第二，在极特殊、复杂的环境下，坚持走符合古巴特色的社会主义道路。今天我们对社会主义的认识已有了83年的经验。早在80年前列宁就曾说过，从书本上认识社会主义的时代已经过去[3]。意思是说，我们已经开始搞社会主义，在实践社会主义。毛泽东在1950年也说过，我们只有搞了社会主义才会有社会主义的经验[4]。社会主义的彼岸是美好的，到达彼岸有很多方法。我们搞了51年社会主义，你们搞了41年社会主义，都有了丰富的经验，这在理论上、实践上，在发展社会主义上，是最为宝贵的精神财富。在没有经验时，我们都敢于迈上我们的道路，现在有了丰富的经验后，我们会更成熟，步子会更稳健。

第三，我们还非常重视你们在最前沿，对美进行了坚决、巧妙和成功的斗争。你们与山姆大叔[5]进行了几十年的周旋。你们斗争的历史经验对世界各国也是非常宝贵的。

在世界形势发生变化时，多极化、霸权主义、全球化等是一场新的斗争。第三世界国家为了自己的主权、自己的利益，都要团结起来，与霸权主义进行斗争。中国有两句话叫"众志成城"、"撼山易，撼人心难"。美国人在哲学上犯了一个巨大的错误。他们高喊人权，实际上是美国人的人权，个人的人权，是霸权。霸权就是排斥他人权利的人权、排斥他国主权的人权。是利己、利一国之人权，是损人利己之人权。他们的"主权有限论"，实际上是在排斥别国的主权，而主权恰恰是人权的代表和保护。一个国家主权不存，何谈人权？他们讲的这套人权是悖论，让人们将自己的主权交给美国。

一个国家首先要掌握自己的主权和命运，才能有自己的人权。多行不义必自毙。这是一切霸权主义、帝国主义走向灭亡的哲学。当然需要世界人民的斗争，包括美国人民的斗争，也需要相当长的一段时间。人权有普遍性和特殊性，各国有各自的人权观。我们主张生存权、发展权，反对将人权作为"软武器"干涉别人。

我们研究美国的政治，研究他们怎样发动一场没有硝烟的战争，在制造怎样的"软武器"。我们把它称为"话语霸权"，例如："文明冲突论"、"主权有限论"、"人权高于主权论"，等等，总之都是在为美国服务。许多善良的人们不理解。这是意识形态、理论、舆论和话语上的霸权，他们抢占了有利地位。也可以说"热战"转变成了"语言战"、"思想战"、"谈判战"。在理论上、在意识形态上，我们非常重视这场斗争，研究这场斗争。严重的问题在于教育青年。在古巴充分维护国家主权、尊严和人道主义的斗争中，埃连事件为我们提供了启示。你们在这场斗争中创造了很好的经验。我们的党很重视古巴在这场斗争中创造的经验。我们的学者准备写一部有关埃连事件的书。我们希望获得更多有关埃连事件的材料，使此书写得更生动。

我们此次来访，除了促进党际关系、两国关系，促进相互了解，全面合作外，还有一项任务：在社会科学特别是理论研究方面，与古巴学者建立密切的联系和交流。包括党建，古巴党在密切与群众关系、教育青年人、保持党的纯洁性等方面的看法和做法，这些都是我们深感兴趣的。

社会主义能否建设好，能否长期发展下去，关键取决于党。党的理论正确与否，领导队伍的素质如何，是决定社会主义事业成败的关键。所以，在改革开放条件下，在市场经济条件下，我们党要始终代表中国先进生产力的发展要求、中国先进文化的前进方向、中国最广大人民的根本利益。这"三个代表"是我党党建理论的新的思想和原则。中国 20 年改革开放的经验告诉我们，保持党的理论的正确，保持党的队伍的先进性，至关重要。

苏联解体的原因很多，但其中重要的一条是，苏共腐败了，理论上僵化了，制度僵化了，造成发展停滞，党脱离了苏联人民的愿望，脱离了历史前进的方向，因此苏联解体也就成了必然。

中国共产党正在领导人民，满怀信心地把有中国特色社会主义伟大事业全面推向 21 世纪。我们面临着历史性的新任务、新使命。我们要制定 21 世纪第一个五年计划。计划的核心是，中国在进入小康社会后，如何使经济保持健康、持续的发展。我们过去存在供求短缺，现在供求关系有了全面改善。但是，在人们收入还较低时，出现了上千万工人下岗，还有东西部差距，发展不平衡，出现了新的问题，新的矛盾。我们认为，重点是全面调整国民经济结构，提高科技水平和人民的素质。

有人说，现在的经济是信息经济、新经济、知识经济。我认为以提知识经济为好。美国经济出现了较长一段时间的增长现象，这其中有三个前提。

第一个前提是和平红利。苏联流出了 4000 亿—5000 亿美元，阿拉伯 5000 亿石油美元，另外还有 5000 亿美元的存款和投资。这些钱都到哪里去了？

第二个前提是全球化。什么是全球化？这是美国倡导的，以它的生产方式为主导、由它推行的经济的全球化。我们不否定全球化的必然性、进步性和为人类带来的积极因素。但美国人宣传的全球化就是美国经济制度的全球化。现在的危险是"富人俱乐部"制定了规则，让"穷人"参与赌博。这场斗争的残酷性不亚于殖民时期的掠夺。全球化的组织，就是国际货币基金组织、世界银行、世贸组织和八国集团[6]，它们控制着世界经济的走向。这是它们的宏观经济体系。让世界各国放弃主权，打开大门，任它们自由出入。它们的微观经济制度就是跨国公司。其兼并浪潮更加剧了全球化的进程。从为美国带来的利益可以看出全球化是它的重要战略。世界上有多少钱流到了美国！世界上可以开动机器印钞票的就只有美国。美国不怕通货膨胀，不怕经济过热，因为实际上财富都流向了美国。第三世界国家在美国投资的损失要比美国大。美国构筑的国际体系，就是它们的市场体系。唯有它们可以在世界市场内配置资源，其他国家是做不到的。

第三个前提是，美国利用它的机构，在世界制造危机，特别是东南亚金融危机和科索沃战争。有人估计，东南亚金融危机总共流失了6000亿美元，最多时一天流出60亿美元。科索沃战争的实质是美国利用一场局部战争，加强了对欧洲的控制，遏制俄罗斯，阻止了资金向欧洲的流入。

苏联解体、东南亚危机、科索沃战争……所有这些都促成了美国的新经济，促成了美国经济的发展。当然，科技进步的作用，特别是信息产业的发展，要肯定，不能忽视，但也不能神化。树立神话都是为了欺骗人。我们是彻底的唯物主义者。我们的任务就是研究这些理论，告诉我们的人民。当然要进行深入、长期的考察。所以，最近我们的党中央提出了三个创新：科技创新、理论创新和制度创新。我们的社会科学学者有23万，有2000多个研究机构，人不少，但缺少"大家"。我的任务是在社科院为出"大家"，出传世之作，出理论创新成果创造条件。这是中国人民对我们的期望。中华要振兴，国家要富强，人民要富裕、幸福，我们责无旁贷。

注释：

[1] 卡斯特罗全名菲德尔·亚历杭德罗·卡斯特罗·鲁斯（Fidel Alejandro Castro Ruz），1926年生，古巴前领导人，杰出的马克思主义者，享誉世界的无产阶级革命家、政治家、思想家、军事家，是当今国际共产主义运动中最德高望重的领导人。20世纪50年代，领导古巴革命，推翻了巴蒂斯塔亲

美独裁政权，成功地将古巴转变为社会主义国家，并取得了一系列重大社会经济成就。

[2] 古巴革命是由菲德尔·卡斯特罗领导古巴人民推翻了美国扶持的古巴独裁者富尔亨西奥·巴蒂斯塔的武装革命，以卡斯特罗为首的七二六运动组织在 1959 年 1 月取得了胜利，后建立了西半球第一个社会主义国家。

[3] 参见《列宁全集》第 34 卷，人民出版社 1985 年版，第 466 页。

[4] 毛泽东在中央常委和大区负责人会议上讲话的传达记录，1961 年 8 月 23 日，参见《毛泽东（1949—1976）》下卷，中央文献出版社 2003 年版，第 1169 页。

[5] 山姆大叔是美国的绰号和拟人化形象，一般被描绘成穿着星条旗纹样的礼服，头戴星条旗纹样的高礼帽，身材高瘦，留着山羊胡子，鹰钩鼻，精神矍铄的老人形象。此漫画形象由著名画家詹姆斯·蒙哥马利·弗拉格（James Montgomery Flagg）依照自己的长相为公共资讯委员会而绘画。一般认为，"山姆大叔"一名源于 1812 年美英战争时期，一位名叫撒米尔·威尔逊（Samuel Wilson，1766—1854）的美国人在战争中向美国军队供应牛肉，桶上的牌子写的是"EA—US"。EA 为公司名，US 为生产地美国，而 Uncle Samuel（山姆大叔）的缩写恰好也是 U. S.，于是在一次玩笑中，山姆大叔的说法很快传开，其后成了美国的绰号。美国人将"山姆大叔"诚实可靠、吃苦耐劳及爱国主义精神视为自己公民的骄傲和共有的品性。1961 年，美国国会在决议中以"国家象征"称呼"山姆大叔"。

[6] 八国集团（Group-8，G8）的前身是七国集团，是主要工业国家会晤和讨论政策的论坛，成员国包括加拿大、法国、德国、意大利、日本、英国和美国。20 世纪 70 年代初，在第一次石油危机重创西方国家经济后，在法国倡议下，1975 年 11 月，美、日、英、法、德、意六大工业国成立了六国集团，加拿大在次年加入，七国集团（简称 G7）就此诞生。1997 年俄罗斯的加入使得 G7 转变为 G8。

新形势和我们的任务[*]

（2000 年 9 月 8 日）

首先，我代表中国社科院 7000 多名专家学者，并以我个人的名义，向大使馆的全体同志，向远离祖国的亲人们问好！祝大家身体健康，工作顺利，万事如意！

借此机会，我给大家简要介绍一下目前的形势和我们的任务。

一　关于台湾问题

台湾问题心系全体中华儿女。中华民族在历史上统一的时间比分裂的时间要长。历史上，中华民族是团结的，凝聚力非常强，宁死不做亡国奴。中华民族的复兴，全靠我们自己的力量，这一点是大家的共识。要想分裂中国是不得人心的。中国讲汉奸是从宋代开始的，把汉奸作为民族不齿的败类。爱国在不同国家是有不同含义的。西方把我们的爱国主义说成民族主义，这是美国使用的"软武器"。

台湾问题，只要 12 亿中国人不答应，谁也没办法。有些人要我

---

[*]　这是李铁映同志接见我驻古巴大使馆全体人员时的讲话。

们保持现状，其中有的是好心，有的则未必。12 亿人不答应，台湾就能"独立"了?! 核心问题是大陆的稳定、繁荣与发展，在 21 世纪振兴起来，台湾有什么能力分裂出去？所以，关于台湾问题，什么时间、什么方式解决，要审时度势，急是不行的，这是关系到我们 21 世纪发展的战略问题。

二　关于反腐败

腐败问题有历史性、世界性。共产党克服不了腐败就会下台；社会主义克服不了腐败就会垮台。苏联先是政治上腐败，理论上僵化。僵化就会停止，就会解体、垮台。列宁把马克思主义基本原理与俄国具体实际相结合，建立了世界上第一个社会主义国家，在人类历史上开创了新境界、新前途。斯大林时期，在开始的 12 年间，苏联经济增长都是两位数以上，并且把世界上最强大的法西斯打败了，二战后又敢于同世界上最强大的资本主义国家美国对抗。这是很了不起的。但是，后来由于苏联的僵化，入侵阿富汗，再加上内部原因，苏联解体了。

现在的中国人知道自己干什么，这很了不起！中国共产党作为代表人民的根本利益的党，就要解决腐败这一人类社会的"癌症"。谁也不想生病，但谁也保证不了不生病。作为共产党员，我们不仅自己要有抗腐能力，还要努力提高全民族的抗腐能力。我们要使党风有个根本的好转。邓小平同志说过，搞社会主义是几代人、十几代人、几十代人的事。有苍蝇、蚊子就打，一直打下去。当社会发达、进步、文明到一定程度时，腐败问题就可以彻底解决。这既是紧迫的现实任务，又是长期的历史任务。

三　关于改革

外国人说我们改革很成功，他们很钦佩。但他们不知道我们改革是为了什么。改革只是方法。他们不愿看到一个发达的社会主义中国。我们就是摸着石头过河，搞实践论。当然，我们不是不要理论，我们的理论来自自己的实践，并接受实践的检验。

改革的核心，还是要搞清楚"什么是社会主义，怎样建设社会主义"这一根本问题。我们搞的是社会主义，但远不是发达、完善的社会主义。社会主义是个长期的历史过程，而且需要有更多的社会主义国家共同奋斗。列宁在这个问题上是清醒的。斯大林前期是正确的，但后来理论和实践上都出了些问题。我们对社会主义的认识还远远不够丰富，我们不能苛求先哲。因为只有搞了社会主义，才有社会主义的经验。

共产党是干什么的？社会主义是干什么的？是为了实现中华民族的繁荣和振兴！我们为什么搞社会主义？不搞社会主义，中华民族怎么独立？怎么会有繁荣？20世纪有了两种制度，也就有了两种制度的争论。与100年前相比，现在的人们不是空前地认识了社会主义吗？！如何看20世纪的发展？20世纪发生的第一件大事就是出现了社会主义制度。美国的社会保障、人权、缩小贫富差距等，都是学习社会主义的结果。

从20世纪来看，改革首先是从资本主义开始的。资本主义为了缓和社会矛盾，只有调整和改革。社会主义还在探索。如果已经有了既成答案，我们还干什么？我们在搞社会主义，但不能说我们已经对社会主义的所有东西都认识清楚了。你们年轻人还要研究什么是社会主义，什么是资本主义。

社会主义只有83年的历史，资本主义已有360年的历史。资本主义还有潜力，还在发展，还在改革，它也是一大文明，也是人类创造的优于封建主义的文明。社会主义是在继承人类一切文明成果的基础上发展起来的。任何好的东西我们都要吸收过来，但是不能照抄照搬。

四　面向 21 世纪的四大任务

面向 21 世纪，我认为有四个大问题，研究、解决这四大问题，也就是我们的四大任务。

第一，总结 20 世纪，研究分析和预测 21 世纪。要科学总结 20 世纪人类实践的经验。重要的是把昨天的事想透，是怎么走过来的。还要研究分析和预测 21 世纪。大家都想执 21 世纪的牛耳。西方想"西化"、"分化"我们。如果中国人没有勇气、能力和魄力，中国就没有前途。中国人的骨头是最硬的，否则就站不起来。我们要研究 21 世纪，预测 21 世纪的世界。

第二，还是要回答什么是社会主义，什么是资本主义。20 世纪两种制度共存了 83 年，21 世纪还会共存下去。21 世纪是个什么时代？青年人要回答，因为这是你们的时代。要深入地研究社会主义和资本主义。两者相互交往，又相互斗争，你中有我，我中有你，有合作，也有斗争。资本主义凡是好的东西，我们都要。好的不要，坏的才要，这怎么行！

第三，全球化和多极化。全球化是历史的必然，既是机遇，又是风险，机遇与风险取决于如何把握。全球化是美国主导下的资本主义制度的全球化。游戏规则是美国人制定的。他们利用强大的科技，不断抛出理论、概念和话语。一会儿抛出一个全球化，一会儿是信息化社会，一会儿是知识社会。西方人讲的话是为谁的利益服务？美国人都是在为他们的利益讲话。戴高乐[1]说过，在国际关系中，只有永恒的利益，没有永恒的友谊。我在加拿大见了一位教授，他提出购买力评价指数体系。他说，根据这一体系估算，中国是一个中等发达国家。我们人均 GDP 还很低，怎么成了中等发达国家！

第四，中国和美国。我们要研究中国，美国人也在研究中国。美国人研究美国，中国人也要研究美国。我们要抓主要矛盾。我们的时代主题是和平与发展问题。中美两国要打太极拳，总之两者分不开。处理中美关系是关系到 21 世纪和平与发展的大事。要处理好中美关系，我们就要学会打太极拳。我们韬光养晦，永不当头。当头有什么好？与大家和平共处不是很好吗？集中精力发展自己，坚持不懈地发展下去。这要靠你们年轻一代。邓小平理论还要发展，在实践中发展。马克思主义在中国不发展就会僵化。失去了发展的理论还有什么价值？邓小平说我们还没搞清楚社会主义。我说我们还没搞清楚马克思主义。恩格斯说，甚至随着自然科学领域中的每一个划时代的发现，唯物主义也必然要改变自己的形式[2]。我们希望马克思主义永远指导我们走向辉煌！

注释：

[1] 戴高乐全名夏尔·安德烈·约瑟夫·马里·戴高乐（1890—1970），是法国军事家、政治家，曾在第二次世界大战期间领导自由法国运动，战后短暂出任临时总统，后由于左派反对他要求加强总统权力的宪法被迫辞职。2005 年，法国国家二台举行的"法国十大伟人榜"评选，电视观众评选戴高乐为法国历史上最伟大的人。
[2] 参见《马克思恩格斯选集》第 4 卷，人民出版社 1995 年版，第 228 页。

加强学术合作　扩大学者交流[*]

（2000 年 9 月 11 日）

　　人类在 21 世纪的繁荣和发展要靠科学，其中包括自然科学和社会科学。第一，把科学技术看做第一生产力，解决了科学技术在人类发展中的地位和作用问题。第二，我们确定了"科教兴国"战略，现在每年招收大学生 160 万人左右。第三，科学技术在推动社会进步方面是永无止境的创造力。我们提出了三个创新：科技创新、制度创新和理论创新。后两个创新是中国社科院的使命。

　　人类社会所面临的问题，都是社会科学家所要研究的问题。中国的社会科学研究有 5 大体系，有 2000 多个研究机构，23 万人，几乎覆盖了这一领域的所有问题。中国社科院是其中最大的社会科学和人文科学研究中心，是我们党中央领导的、国家办的。目前在职人员有 4000 人，如果包括离退休人员 2400 人，全院研究人员 6400 余人。中国社会科学院研究的范围除军事外，覆盖了社会科学和人文科学所有领域。我们院从事国际问题研究的有 8 个研究所。

　　我们当前面临的问题是如何面对世界的变化，全面构筑社会科

---

[*] 这是李铁映同志会见古巴科技环保部部长埃雷那和科学院院长斯梅尔时的谈话。

学研究体系，改革过去以行政为主导的领导体制，目的是出优秀成果、优秀人才，为中国在 21 世纪的发展，为中华民族的全面振兴服务。我们正着眼于建设一批能达到世界相当水平的著名研究所。我们同时还办了一个研究生院，主要招收硕士生和博士生，也接收国外留学生。我们办院完全是开放式的，希望与世界各国进行学术交流。

我此次还以中国社会科学院院长的身份来访，探讨今后双方学术交流与合作的可能性，首先要建立网上信息交流。对拉美研究、美国研究，古巴有自己的看法和成就。合作领域和方法可以是多种多样的，例如：交换学者、交换资料、合作研究、举办研讨会，等等。例如，我们的世界历史所正在编写一套世界历史巨著，我们不仅需要重要资料，也需要世界著名学者参与，欢迎古巴学者参加。

中俄经济的改革和发展[*]

（2000 年 9 月 15 日）

第三次中俄经济学家学术研讨会今天就要闭幕了。会议期间，与会学者围绕中俄两国经济改革和经济发展问题，特别是大家共同关心的问题，如 21 世纪经济发展的前景、中俄经贸关系、经济运行中的宏观调控、经济全球化等，进行了广泛而深入的探讨和交流。俄罗斯科学院的朋友们还到上海进行了参观访问。

通过这次会议，双方学者加深了对中俄经济发展和改革问题的认识和理解，不仅取得了丰硕的学术成果，也增进了中俄社会科学家之间的友谊。我对这次会议的圆满成功表示衷心的祝贺！

借此机会，我就中国经济发展与改革取得的成就，以及 21 世纪面临的机遇和挑战，作一个简要的回顾与展望。

一　1978 年以来中国经济发展与改革的主要成就

1978 年 12 月中共十一届三中全会以来，中国的社会主义事业进入了一个新的历史时期。20 多年来，中国的改革开放和现代化建设取得了重要成就，社会经济面貌发生了深刻的变化，国家综合实力显著增强。1999 年与 1978 年相比较，中国的 GDP 增长了 5.84 倍，年均增

---

* 这是李铁映同志在第三次中俄经济学家学术研讨会上的演讲。

长 9.69%。到 20 世纪 90 年代后期，中国主要工农业产品产量，如粮食、棉花、油料、煤炭、钢铁、发电量、化纤、家用电器等，大多进入世界前列。中国的进出口贸易总额由 1978 年的 206.4 亿美元，上升到 1999 年的 3400 亿美元，年均增长 14.2%。20 世纪 80 年代初期确定的"两步走"的战略目标已经实现，即到 20 世纪末基本实现国民生产总值比 1980 年翻两番，使人民的生活达到小康水平。从 2001 年开始，中国的社会经济发展将向第三步战略目标迈进，即力争 21 世纪中叶基本实现现代化，人均收入达到中等发达国家水平。

1979 年中国开始实行了市场取向的改革，经过理论和实践的不断探索，1992 年中共十四大明确提出建立社会主义市场经济的改革目标。经过 20 多年的改革，中国目前已初步建立起社会主义市场经济体制，主要表现在：

第一，农村经济体制和运行机制发生了根本性的变化。按照"一大二公"、"政企合一"的计划经济模式建立的农村人民公社，在 80 年代初期宣告解体，取而代之的是符合市场经济要求的、以农村家庭承包经营为基础、统分结合的双层经营体制，农民享有充分的生产经营自主权和劳动力自由流动的权利。

第二，调整和改革了所有制结构，实行了以公有制经济为主体、多种所有制经济共同发展的基本经济制度。国有经济的比重已由 1978 年的 78% 调整到 1999 年的 40%，非国有经济由 1978 年的 22% 上升到 1999 年的 60%，其中，集体经济为 35%；个体及私人经济由 1978 年的 0.9 上升到 1999 年的 25% 左右。国有、集体公有经济为 75%，公有经济仍占主体地位。所有制结构的调整，更有利于生产力的发展。

第三，国有经济改革取得突破性进展，国有企业的性质和地位发生了重要变化，已从计划经济体制下行政机关的附属物，逐步转变为自主经营、自负盈亏的市场经济主体。目前绝大多数国有企业已改为有限责任公司，其中一部分已改为上市股份公司，正在建立产权主体多元化的现代企业制度。大量的小型国有企业通过股份合作制、拍卖、合资等途径，转变为产权多元的企业。有些则通过租赁、承包等形式，改变了经营方式。

第四，价格体系改革获得成效，形成了主要由市场决定的价格机制。在价格形成机制上，除少数关系国计民生的重要产品和服务价格仍由计划定价外，95%以上的产品和服务价格已由市场来决定。市场定价的机制已基本确立，并成为调节供求关系、实现资源合理配置的主要杠杆。要素市场，尤其是资本市场发展已初具规模。

第五，改革了政府职能和宏观调控的方式，初步建立起以间接手段为主要特征的宏观调控体系。中国宏观调控体系的改革着重从五个方面有步骤地推进：一是改革了计划体系。逐步减少直至基本取消对企业下达生产和流通计划，转向主要制定国民经济发展的长远规划和协调重大比例关系。二是改革了投资体制，使各种所有制经济的企业成为真正的投资主体，逐步扩大企业从资本市场进行直接融资的范围。三是改革了财政体制，在明确中央和地方政府事权的基础上实行分税制，并向经济落后地区实行财政转移支付的政策。四是改革了金融体制，中央银行的宏观调控和监控体系初步建立，政策性金融与商业性金融基本实现分离，工商银行、农业银行、中国银行、建设银行等专业银行逐步转变为商业银行。五是改革政府经济管理方式，实行政企分开，合并和撤销了专业的经济管理部门，政府不再直接管理企业的人、财、物和供、产、销，而是主要用经济和法律手段间接引导和规范企业的生产经营活动。

第六，对外开放取得显著成效，我国经济基本实现从封闭半封闭到开放的根本转变。20世纪80年代初，中国建立了深圳、珠海、汕头和厦门四个经济特区。80年代中期，从东北大连到广西北海，开放了14个沿海城市，后又建立海南经济特区和浦东开发新区。90年代以来，中国实行了全方位对外开放的方针。目前基本形成多层次、多形式、宽领域、全方位的对外开放格局。

外贸体制改革不断深化，减少了指令性计划，实行了人民币经常项目下的可兑换制度。20年来，累计引进外资3500多亿美元，建立起多种类型的合资或独资企业 30 多万家，安置了 1700 多万劳动力就业。外商投资企业产品出口交货值占全部工业品出口的 40%。通过实行对外开放的政策，不仅引进了资本和先进技术、促进了产品的升级换代和进出口规模的扩大，同时还引进了先进的管理方法和适应市场经济要求的经营机制。

1978 年以来，中国之所以取得改革开放与经济发展的巨大成就，最根本的一条是中国共产党人通过认真总结历史的经验教训，纠正了 1978 年以前的"左"的错误，重新确立了解放思想，实事求是的思想路线。中国的改革和经济发展坚持从中国的国情出发，尊重人民群众的首创精神，学习和借鉴国外的先进经验，把是否有利于发展生产力、是否有利于增强综合国力、是否有利于提高人民生活水平，作为判断改革开放正确与否、成败得失的主要标准，从而探索出一条建设有中国特色社会主义的道路。

二　21 世纪初中国经济发展面临的挑战

21 世纪已经来临。我们既对新世纪中国的经济发展充满信心，也清醒地认识到所面临的挑战。

第一，资源、生态与环境对实现可持续发展构成很大压力。中国虽然资源丰富，但人均资源拥有量相对不足，多数自然资源的人均拥有量低于世界平均水平。例如，中国淡水资源总量为 2.8 万亿立方米，居世界第 6 位，但人均水资源拥有量只有 2400 立方米，仅相当于世界平均水平的 1/4，居世界第 109 位。中国现有森林 1.34 亿公顷，森林覆盖率为 13.92%，人均林木蓄积量只相当于世界平均水平的 13%。中国耕地总面积为 9500 万公顷，人均仅 0.07 公顷，尚不及世界平均水平的 1/3。由于水土流失和土地荒漠化的影响，现有耕地面积还有进一步减少的趋势。此外，优质能源等重要资源也严重短缺。这些都对实现可持续发展形成了严峻的挑战。

第二，人口总量的持续增长和人口老龄化，增加了就业和社会养老保障的压力。在 21 世纪前半期，由于人口基数大，中国人口总量仍将保持继续增长的态势，社会就业的压力很大。同时，中国人口的老龄化进程迅速。到 2010 年，中国 65 岁及以上老年人口将达到 11378 万，占总人口的比重达 8.2%。在中国经济发展水平仍然比较低的情况下，老龄人口的过分庞大，加大了社会养老保障的压力，并将对经济增长和居民消费水平的提高产生不利影响。

第三，中国产业结构不合理的问题比较突出，主要表现在：农业的基础地位还不够巩固，农业劳动生产率低，尤其是农村剩余劳动力难以转移，农民收入增长缓慢。在工业结构中，技术与知识密集型的高新技术产业比重低，附加价值低的一般加工工业生产能力相对过剩，产品供大于求。在企业组织结构中，规模不经济的问题普遍存在，还缺少能够和大型跨国公司相竞争的大型企业。服务业所占国民生产总值比重和从业人员比重偏低，技术含量不高。

第四，城乡之间、地区之间发展不平衡，差距大。中国仍然是一个发展中国家，呈现出典型的二元经济结构[1]特征，即一方面已经建立起庞大的工业体系，在 GDP 的构成中，第二产业占 50%，但另一方面仍然有 70% 的人口滞留在传统农业领域，城乡之间存在着明显的差距，城市化水平低。城镇居民与农村居民的收入差距平均为 3:1。与此同时，在区域经济发展方面，存在明显的东西差距。东部沿海地区比较发达，人均 GDP 是中西部地区的 3 至 4 倍。

第五，中国已经初步建立起社会主义市场经济体制，但经济体制改革的任务还没完成，特别是国有企业改革还面临着许多难题，例如：在企业成为自主经营的主体以后，国家作为所有者，如何对经营者实行有效的激励与约束？我们目前还没有完全建立起既符合市场经济规律要求又符合中国国情的现代企业制度。国有企业负债率过高，富余人员的比重高，都直接影响其竞争力。金融体制改革有待深化，如何化解和防范金融风险有待进一步探讨，资本、劳动力等要素市场需进一步拓展和完善。社会保险制度刚刚建立，还需要进一步完善和规范化。

第六，腐败问题是世界各国普遍存在的一种历史现象。中国在向社会主义市场经济转变的过程中，由于传统的高度集中的行政约束力逐步弱化，新的体制和机制又不完善，法制还不健全，容易产生体制摩擦，出现许多矛盾和漏洞。因此，近年来出现了较为严重的权钱交易、以权谋私等腐败现象，损害了党和政府与人民群众的关系，对改革开放和经济建设造成了消极影响。

第七，继香港、澳门回归祖国之后，解决台湾问题，实现中国的完全统一，是摆在中国人民面前的一项重大历史任务。中国共产党和中国政府一再申明，坚持"和平统一、一国两制"的方针。但是台湾当局在国际反华势力的纵容和支持下，有意回避和拒不承认"一个中国"的原则，继续坚持"台独"立场，不断扩充军备，企图阻挠台湾与祖国大陆的和平统一。如何实现祖国和平统一大业，是我们面临的又一重大问题。

从国际局势看：首先，经济全球化的进程将进一步加快，中国国内市场将面临跨国公司的竞争，将出现国际竞争国内化的局面。尤其是中国即将加入WTO。这对中国的改革开放和经济发展具有积极的推动作用，同时，也给中国的经济增加了新的压力，特别是在农业、技术密集型的产业、金融保险业等领域，中国与发达国家还存在较大差距。

其次，面对发达国家经济和科学技术竞争的压力。21世纪，科学技术的进步将成为人类社会发展的第一推动力。国与国之间经济竞争的支撑点，在于科技创新能力及其转化能力的高低。由于历史和体制的原因，中国虽然在改革开放以来科技创新能力有了重大提高，但从总体上看，中国的科技创新能力仍然不强，科技成果转化为现实生产力的途径仍然不畅，科技进步对经济增长的贡献率远远低于发达国家。中国要赶上发达国家科技水平，还有很长一段距离。

此外，国际上还面临霸权主义和强权政治的压力。冷战结束后，国际上极个别超级大国仍然推行霸权主义和强权政治，继续坚持冷战思维[2]，利用种种借口干涉别国内政，甚至使用武力或以武力相威胁，侵犯别国主权。他们不愿意看到中国发展壮大，企图对中国实行遏制政策，阻止中国的发展。

三　中国经济发展面临的任务和机遇

展望新的世纪，中国经济发展既面临着严峻的挑战，也具备许多有利条件。从 2001 年起，中国将开始实施国民经济与社会发展的第十个五年计划。中国的发展目标是：在未来的 10 年，GDP 年均增长率 7% 左右，争取到 2010 年 GDP 总量比 2000 年翻一番，使人民的小康生活更加宽裕，经济结构得到调整和优化，国家的综合经济实力进一步增强。

冷战结束后，尽管世界仍然充满矛盾，地区性的局部冲突时有发生，但世界要和平，国家要发展，社会要进步，经济要繁荣，是各国人民的普遍要求和不可阻挡的历史潮流，是新世纪的主题。中国仍将坚持独立自主的和平外交政策[3]，努力争取较长时期的国际和平环境，集中精力进行经济建设。

中国仍处在工业化的进程中，工业化任务远没有完成，人均GDP 不到 1000 美元，仍然属于中低收入国家，经济发展的"后发优势"还没有完全发挥出来。同时，中国作为世界上人口最多的发展中大国，无论城市还是农村，无论东部、中部还是西部，从基础设施到制造业、服务业，都有着广阔的发展空间和市场潜力。这将对中国实现经济社会发展第三步战略目标，实现工业化和国民经济现代化产生长期的拉动作用。

改革开放 20 多年来，中国国民经济持续快速增长，综合国力显著增强。长期制约中国经济发展的基础产业的"瓶颈"障碍已明显缓解。在科学技术领域，现已形成包括基础研究、应用研究和开发研究在内的学科门类比较齐全的研究与开发体系，为中国在 21 世纪的经济发展奠定了良好的基础。

经过 20 多年的改革，中国已初步建立起社会主义市场经济体制，公有制经济为主体、多种所有制经济共同发展的所有制结构已基本形成，市场在国家宏观调控下对资源配置已开始发挥基础性作用，这些变革都将为 21 世纪中国经济的发展提供体制保障。

以信息技术为先导的世界科技革命方兴未艾，并逐步实现商品化和产业化。新兴的高技术产业部门将不断产生，传统产业部门正经历着高新技术的改造，这都为中国通过吸收世界各国新技术革命的成果，充分利用"后发优势"，实现跨越式发展带来新的机遇。

20 世纪 90 年代以来，世界经济全球化的趋势日益加深。中国作为一个发展中的大国，既积极参与国际分工、国际交换和国际竞争，迎接经济全球化的挑战，同时也将为建立公正、合理的国际经济新秩序而不懈努力。

中国已经与 WTO 绝大部分成员达成了双边协议，中国加入世界贸易组织在即。加入 WTO，将有利于中国更广泛地参与国际分工和合作，使中国企业和产品能够在更广阔的国际市场上寻找发展的机会，从而扩大出口。由于中国劳动力资源丰富，因此，在国际竞争中劳动力成本相对低的比较优势还将继续保持。

为抓住机遇，迎接挑战，实现新世纪中国经济社会的发展目标，我们将继续坚持以邓小平理论为指导，坚定不移地沿着建设有中国特色社会主义道路前进。

第一，将继续坚持以经济建设为中心，正确处理改革、发展与稳定的关系，为经济发展创造一个良好的社会环境。

第二，深化经济体制改革，进一步加强对国有经济的战略性调整和对国有企业的战略性改组，积极探索公有制的多种实现形式；建立和完善现代企业制度和社会保障制度；积极规范和发展要素市场；健全宏观调控体系，包括改革和完善财税体制、金融体制、投资体制。

第三，以增强产业和企业竞争力为重点，调整和优化产业结构。其主要任务是：以增加农民收入为重点，调整农村产业结构，推进农业产业化、城镇化，加快农业现代化的进程；加速以信息产业为主导的高新技术产业的发展，推进国民经济的信息化，并把信息化与工业化结合起来；采用先进技术和设备改造传统产业，加快传统产业的技术升级和产品的更新换代；大力发展第三产业，开拓服务领域，提高服务水平。

第四，实施"科教兴国"战略，提高国家的科技创新能力和全体国民的素质。主要措施是：随着经济的发展，逐步增加对科学研究、技术开发和教育的投入；以改革为动力，通过制度创新，解决科技、教育与经济发展脱节的问题，使企业成为技术创新的主体；跟踪世界科技革命和知识经济发展的前沿，有选择、有重点地集中必要的力量，加快高新技术的研究开发及其产业化步伐。

第五，促进地区协调发展，逐步缩小地区之间的发展差距。东部地区将继续发挥改革开放的先导作用，加快现代化进程；中部地区积极推进农业产业化和工业化，改造传统产业，提高工业生产经营效率；实施西部大开发战略，把合理开发和利用自然资源、保护和改善生态环境、加强基础设施建设作为西部大开发的战略重点。

第六，继续扩大对外开放，以加入 WTO 为契机，适应经济全球化趋势的要求，广泛地参与国际经济合作和国际竞争，努力提高利用外资的水平和质量，鼓励外资投向中西部开发，投向对现有企业的技术改造，投向高新技术产业。

科学是没有国界的。中俄两国的社会科学家经常开展学术交流，进行比较研究，相互学习，相互借鉴，取长补短，不仅惠及两国学界，而且将造福于两国人民。希望中俄两国的社会科学家保持和扩大双方的学术交流与合作，为中俄两国社会经济的发展、繁荣做出新的更大的贡献。

注释：

[1] 二元经济结构是指发展中国家现代化的工业和技术落后的传统农业同时并

存的经济结构，即在农业发展还比较落后的情况下，超前进行了工业化，优先建立了现代工业部门。二元经济结构理论是由美国经济学家刘易斯（W. A. Lewis, 1915—1991）于 1954 年首先提出的，在其《劳动无限供给条件下的经济发展》一文中，阐述了"两个部门结构发展模型"的概念，揭示了发展中国家并存着由传统的自给自足的农业经济体系和城市现代工业体系两种不同的经济体系，这两种体系构成了"二元经济结构"。

[2] 冷战思维是指沿用冷战时期两大军事政治集团对抗性的思维模式而非平等协商的模式处理双边或多边的国际问题。

[3] 独立自主的和平外交政策是中国奉行的外交政策。1986 年 3 月 25 日，赵紫阳总理代表国务院在六届全国人大四次会议上所作的《关于第七个五年计划的报告》中，阐述了我国奉行的独立自主的和平外交政策的主要内容和十项基本原则；同年 4 月 12 日，六届人大四次会议批准该报告，确立其为我国外交政策的一项基本原则。具体而言，独立自主的和平外交政策是指对于一切国际事务，都从中国人民和世界人民的根本利益出发，根据事情本身的是非曲直，决定自己的立场和政策，不屈从于任何外来压力。中国不同任何大国或国家集团结盟，不搞军事集团，不参加军备竞赛，不进行军事扩张。维护世界和平，促进共同发展。

文化研究的紧迫任务 *

（2000 年 10 月 13 日）

根据目前国内国际文化发展的战略形势，我们认为需要建立一个文化理论和发展战略研究机构——中国社会科学院文化研究中心。

（一）对于文化，我们要有一个总体性的、深入的理解，从社会发展战略全局的高度去把握。例如：

——文化的现实形式是多方面的，包括物质文化、精神文化、制度文化等几大方面。就是说，文化并不仅仅指精神文化，不能忽视它的物质形态和制度形态。如果把文化仅仅理解为文字或文学层面的东西，那么视野就会过于狭隘。

——但是，文化最重要的特征，也正在于它总是贯彻着一定的精神实质。如果不能把握它的精神实质，那么又会走向表面化，成为现象的罗列。

——文化，尤其是精神文化，一般是包括意识形态的。不同的意识形态有不同的社会基础和文化背景，并在一定范围内成为一定文化系统的重心。但意识形态毕竟只是文化的一个部分，不是全部。因此我们要避免简单化地对待文化。例如：无论是以"非意识形态化"的观点，还是以"单纯意识形态化"的观点看待文化，都是片面的、不科学的。

* 这是李铁映同志在中国社会科学院文化研究中心成立大会上的讲话。

（二）20世纪即将过去。这一世纪留下了许多重大的世界性问题，都直接或间接地突出了"文化"的意义，因而被一些敏锐的分析家诊断为"文化问题"或"文明模式问题"，并认为"文化的困惑"或"文明的冲突"正在成为20世纪末的一大特征。例如：

——临近世纪末发生的"亚洲金融危机"，究竟是向整个资本主义的世界经济，还是仅仅向"非正统的资本主义经济模式"敲响了警钟？它与所谓"亚洲价值观"有何关系？各国在思考全球经济秩序时，也不能不注意不同的人文秩序问题。

——发生在科索沃的那场野蛮战争，使人们对近年西方热衷的"人权高于主权"、"全球伦理"和"普世价值"，以及与之相联系的未来国际政治秩序等，不能不有更高的警惕，同时更需要探讨能够与之抗衡，并正确引导世界秩序的思路和理念。

——20世纪积累了众多的全球性问题，如"南北问题"、"东西问题"、环境生态问题、资源和能源问题、人口问题、战争与和平问题等。在这些问题之上或背后，存在着多样化的民族文化与经济"全球化"趋势之间的重大矛盾。亨廷顿甚至认为，第三次世界大战可能由此而引发。我们对此也需要重视和研究。

——科技与人文的关系问题，目前由于科技的发展而更加突出。如关于"克隆人"、"信息网络社会"的预测和争论等。这意味着人的生活方式可能出现重大变异，对此也要有所准备。

如何解决这些新问题，对于人类的未来将有重大的影响。21世纪的各国发展之争，在很大意义上将是文化，特别是思想文化之争。我国虽有一定传统的特色和优势，但面对未来也需要加快准备，力争走在前列。

（三）在这场世界性的"文化思考"中，我国还有自己特殊的文化问题和建设任务，需要下大力气解决。例如：

——邓小平理论是马列主义、毛泽东思想在当代的新发展，是全党和全国人民经验智慧的结晶，也是中华民族文化未来发展的思想旗帜。如何进一步具体化、系统化地研究和阐述这一理论的深刻文化内涵，并在实践中丰富和发展这一理论，将成为中国特色社会主义新文化建设的重大任务。

——关于怎样看待中华民族传统文化的现代化，怎样处理从计划经济向市场经济转型时期特有的社会矛盾，怎样解决经济转型过程中的文化转型或创新问题等，20多年来已有许多成功的经验，但还是有些亟待解决的问题。经验需要总结提炼，问题需要深入研究，从而为实现十五大提出的建设"民族的、科学的、大众的"社会主义新文化的目标，提供更加完整系统的理论、方法和观念。

——我国社会主义政治文化建设与社会主义市场经济建设之间，是一个过程的两个方面，相互影响，相互促进。十五大已规定了现阶段的基本目标和纲领。在逐步实现的过程中，必然还要解决大量的理论和实践问题，包括政治体制和人的素质、思想认识、心理特征、传统习俗等，也包括如何应对西方政治文化渗透侵袭的问题。在这方面需要有专门的深度研究、动态预测、综合分析，以及中长期对策研究等，不仅用于对内服务，而且要对外（西方）进行更强有力的学术对话。

——群众的文化生活必将随着社会发展而发生各方面的变化。在"三观"[1]和信念、信仰等领域会提出大量新的问题，需要着重从哲学和人文社会科学的高度给予充分的研究、评价和引导，以保持思想导向，支持思想政治工作和群众文化建设事业向前发展。"法轮功"邪教和伪科学等现象的干扰，说明了这方面工作的紧迫性。

总之，将整体性的文化研究提上日程是十分必要的。我希望，通过中心的成立和开展工作，能够调动全院现有各个学科的精干力量，并联系和组织国内有关部门和专家队伍合作，把这项重大的科研责任充分地承担起来。

注释：

[1]"三观"即世界观、人生观、价值观。

揭示规律，探索真理[*]

（2000 年 10 月 14 日）

  非常高兴参加江苏省社科院建院 20 周年的庆祝大会。我代表中国社会科学院，对贵院 20 年来所取得的优异成绩，表示热烈的祝贺！向贵院全体同志，致以亲切的问候！

  我来参加你们的院庆，一是表示祝贺，二是想讲讲中国社会科学院面向新世纪所遇到的一些问题，以及我们的一些想法和看法，供同志们参考。

  到中国社会科学院工作以后，我明显感觉到，社会科学界普遍希望解决社会科学界、社会科学研究在国家发展中的地位和作用问题，一再呼吁党和国家要重视社会科学，提高社会科学在现代化建设中的地位。从毛泽东到邓小平，再到江泽民同志，在他们的多次重要讲话中都表明了对社会科学的高度重视。在我们党和国家的历史上，无论是革命时期还是建设时期，社会科学都发挥了巨大作用。社会科学的桂冠是马克思主义。我们的看家本领就是马克思主义理论，不能说我们还没有认识到社会科学的地位。

  然而，许多同志深切感觉到的客观事实，是社会的各个方面对

---

  * 这是李铁映同志在江苏省社会科学院建院 20 周年庆祝大会上的讲话。

社会科学还不够重视，或者有轻视、忽视社会科学的现象发生。这需要我们研究，需要党和政府各级领导加以解决。怎样解决这个问题呢？我看，首先是"用"的问题。用，就是要给社会科学界、社会科学院加担子、交任务；用，就必须把一些当前所遇到的重大理论和对策研究课题拿出来，交给学界，请他们深入研究，请他们拿出对策来。这就是我们常说的理论支持和精神动力问题。我在这里为江苏省社会科学院向省委、省政府提出呼吁，要用好社科院，每年最好有一个计划，给他们一批当前急需回答和解决的重大课题，让他们研究。

其次是"地位和作用"问题。这是社会科学界自身应该研究的问题。所谓地位，就是社会科学在现代化建设中居于何种位置的问题；所谓作用，就是社会科学工作者如何用自己的聪明才智和辛勤劳动，多出成果，为现代化建设服务的问题。这两个问题合起来，就是"有为"和"有位"的问题。只有位置，没有作为，位置也坐不住；没有位置，相应的作为也很难得到充分的发挥。有了突出的贡献和作为，社会就会承认你的地位，位置也就逐步提升。所以，"有位"和"有为"是辩证的统一。对社会科学界来讲，眼睛要向内看，要研究探索如何能够贡献出优异的成果，有所作为。有为才能有位。

从社会科学界自身来看，始终存在着四个问题：

第一，指导思想问题。社会科学研究必须坚持以马克思主义为指导。有的人讲，可以不要以马克思主义为指导，这是完全错误的。社会科学研究，不可能没有一种思想做指导。不要马克思主义，必然就要用另外一种思想做指导。实践证明，正是由于将马克思主义同中国革命与建设实际相结合，中华民族在 20 世纪奋起抗争，赢得了民族独立与国家兴旺。在 21 世纪，我们还要靠马克思主义，因为它是科学的理论。中国的哲学社会科学必须坚持以马克思主义为指导，这是最重要的原则。

第二，社会科学对社会最大的贡献就是出成果。用我们的辛勤劳动揭示规律，探索真理，科学地认识社会，服务社会，这就需要我们拿出科研成果。成果不仅要多，而且要精，要出优秀成果，真正能够揭示真理和客观规律，对社会有积极的推动作用。按经济学观点，社会科学界的投入产出是什么呢？它的产出就是科研成果。没有科研成果，就谈不上我们对社会的贡献。

第三，社会科学目前面临的最大问题是缺乏优秀人才。哲学社会科学研究工作毕竟是一种智力型的复杂劳动，它的产品是精神成果，需要人们对社会进行创造性的思维。纵观我国社会科学界，优秀的、出类拔萃的大师级的人才还是太少。出现这种状况有历史的原因。社会现在越来越呼唤着大师的出现。在历史发展的重要转折关头，在发生深刻变化的时代，任何社会都呼唤理论、呼唤人才、呼唤巨著、呼唤巨匠。

第四，社会科学当前最大的困难，还是经费不足。缺乏必要的物质条件，社会科学研究是难以开展的。特别是对当代许多重大问题的研究，已经不仅仅是个体劳动，也不仅仅是一个地区、一个部门，甚至一个国家在封闭情况下所能完成的，因为需要更广泛的信息资源。在当今的科学研究中，谁掌握了更多的信息，谁就能够掌握时代发展的脉搏和前进的方向，就可以针对这些问题进行卓有成效的研究。信息不灵，资源没有掌握，就难以做出像样的成绩。尽管会有一些灵感、思想火花，有一些连珠妙语，却未必能够形成理论。

当前，社会科学界自身也有几个不适应：

第一，研究水平不适应，即整个社会科学界的研究水平不适应时代发展的要求。小平同志在 20 年前讲过一句话：就社会科学来说，在可比的方面我们也落后了[1]。这是一句非常精辟的话。当时由于封闭，我们在社会科学的一些学科的确落后了，信息也不灵。从整体上看，中国社会科学界，主要是指社会科学院、大学、党校系统，再加上政府部门、军队部门，现在共有 2000 多个研究机构，23 万多科研人员。人不算少了，关键问题还在于水平。现在出版的书也不算少。中国社科院1999年一年出版的专著有900多种，建院20余年出了近8000种著作，但是能够称得上经典的，能够传世的，能够对社会有重大影响、有推动作用的成果，还不多。社会科学研究水平的高低，反映一个国家理论的成熟程度和深度，而理论的成熟程度和深度历来是一个国家、政党、民族成熟的重要标志。任何民族要想站在世界的前沿、历史的顶峰，就一刻也不能离开理论思维，一刻也不能没有理论的高度发展。总之，研究水平总体不高，是我们极为不适应的一个问题。

第二，体制不适应。社会科学界现在的体制基本上是计划经济的产物，因而，也就比较多地运用了计划经济、行政管理的办法。中国社科院也是如此。我建议我们的社会科学界好好研究一下，究竟什么是研究工作体制，什么是研究工作条件，如何创造一个有利于出成果、出人才，有利于学术研究的条件和体制。原来的那种体制，由于对许多事情的思考、处理用的是行政办法，因而对学者形成了很多束缚，对领导也有很多束缚。新时期社会科学研究的体制，要适应社会主义市场经济。为了适应我们社会的巨大变化，体制也必须充分反映哲学社会科学研究的特点和需要。搞学术研究，就是要讨论问题、研究问题。对学者个人来说，要做到研究无禁区，宣传有纪律，行为守法律。一个专家学者的学术成果、学风，应当体现他的人格、品德、科学精神和学术水平。这是我们评价一个学者的主要依据。我一直强调，中国社科院要积极大胆地进行探索，以求建立起现代科研院所管理体制。中国社科院的基础是研究所，一个研究所办得好不好是根本性的。集中力量办好研究所，是我们办院的一个基本思想。

第三，社会科学研究的手段不适应。现在仍有相当一批人停留在一张纸、一支笔搞研究的阶段。这样来搞研究，不能适应信息迅速膨胀的时代，这是一个很大的问题。到国外去看一下，社会科学研究之所以能赶上时代的发展、满足社会的需要，现代研究手段发挥了极为重要的作用。牛车总是赶不上汽车，汽车又赶不上飞机。

今天，改变我们研究手段落后的状态，极为迫切。在此，我建议省委、省政府能够给江苏省社会科学院一笔投资，争取在"十五"期间，江苏省社会科学院能率先实现研究手段现代化。从全国来看，还要努力争取条件，使我国整个社会科学界的研究手段实现现代化。否则，我们就难以回答21世纪向我们提出的各种问题。

第四，研究方法不适应。现代研究方法，无论是个人研究的方法、各学科研究的方法，还是群体研究、综合研究、国内外的交流与合作的方法，都发生了深刻的变化，而我们现在使用的研究方法还相当落后。在相当大程度上，社会科学界比企业界，甚至比文化界还要更封闭一点。这是因为经费不足，学术交流总量很少。没有见过的东西，怎么去研究呢？我们是在探索真理，揭示规律，如果连感性认识都没有，怎么能达到理性认识的高度呢？研究方法的落后，在一些需要迅速掌握信息进行分析、梳理的领域，在需要用数学、计算机加以分析归纳综合的领域，在需要进行跨学科、跨文化研究的领域，表现得特别突出。社会科学研究需要思想火花和灵感，需要从新的视角来看待问题。社会科学要研究一切新的历史现象，研究众多新的问题。对这些问题的透彻理解，用旧的视角、旧的方法是难以完成的。新锁只能用新钥匙才能够打开，新问题只能用新的研究方法去回答。

关于对社会科学的投入问题，归纳起来，大致有三种思路：

第一，事先的投入，主要是对研究人员的基本工资待遇等方面的投入。当然，不能把它看成是社科院的全部经费，因为只有"人头费"是不行的，那只能养人，不能支撑研究事业。过去长期存在的"养人不养学问"的现象，必须采取切实措施加以改变。

第二，直接的科研投入。为了规范直接的科研投入，中国社科院搞了一个重大课题制度，不管是基础理论研究，还是对策研究和现实问题研究，都用课题这种方式进行投入。这个投入比例要加大，而且根据课题的具体情况，随着经济的发展，给予必要的增加。直接科研投入中除了与科研直接相关的部分外，还有作为劳务费的一部分，有带研究生的一部分经费。应该区分事先投入与直接投入这两个不同的投入，要使直接的科研投入和整个学术研究过程结合在一起。

尽管有了这两个投入，但对于优秀社会科学研究工作者，他的劳动报酬还是远远不够的。学者得到的报酬应按其对社会的贡献来计算，要看他对社会回报的程度、服务的程度以及被社会认可的程度。这些都是其理论价值的体现。为此，我们搞了一个社会科学评奖制度，对贡献大的科研成果进行奖励。这可以说是第三种投入。总之，对社会科学的投资就是事先投入、直接的科研投入和奖励。

作为地方社科院，第一是要发挥优势。所有的社会科学院都要发挥自己的优势。已有的优势不能丢，同时还必须有新的优势。第二是要为地方服务，服好务。第三是着力培养人才。没有人才，一切都是空话。

注释：

[1]《邓小平文选》第2卷，人民出版社1994年版，第181页。

研究社会主义理论[*]

（2000 年 10 月 17 日）

　　20 世纪是具有特殊意义的世纪，在这个世纪里发生过许多重大事件。但是，对人类社会发生了如此深刻影响，并将继续影响着 21 世纪的，莫过于社会主义制度的横空出世。从此，社会主义与资本主义两种制度、两种思想体系，在相当长的历史时期里主宰着人类历史，规定着时代的本质，影响着世界的格局。

　　社会主义是作为资本主义的对立物而产生的。作为更高级的社会形态，它是对资本主义社会形态的一种否定。但这种否定不是简单的否定，而是扬弃，是在吸纳了资本主义创造的一切文明成果的基础上的否定。人类社会形态更替的逻辑总是这样，前一种社会形态为后一种社会形态的出现准备了物质的和精神的条件。一旦社会变革的时机成熟，新的社会形态取代旧的社会形态便成为历史的必然。这是不可抗拒的历史法则。依据这个法则，资本主义也不是永恒的，迟早要被社会主义所取代。

　　社会主义作为一种思潮，从英国人莫尔[1]于 1516 年发表《乌托邦》算起，已近 500 年了。社会主义由空想变为科学，从 1848 年

* 这是李铁映同志为《当代世界社会主义研究丛书》所作的总序。

《共产党宣言》问世起，也已经一个半世纪了。在这一个半世纪里，社会主义经历了对这种学说的理论论证、完善和发展，经历了由理论变成现实的波澜壮阔的斗争历程。其间，有高潮和低潮，有凯歌行进的辉煌，也有受挫甚至局部失败的记录。人类进入阶级社会以来，任何一种新社会形态的出现，都伴随着激烈的阶级冲突，都经历了胜利与挫折、复辟与反复辟的长期的斗争过程。这已是人类社会发展的规律。

社会主义作为一种全新的社会形态，它同历史上已出现过的社会形态有本质的区别。它要根本变革旧的剥削制度和这种剥削制度赖以存在的旧的生产关系，建立一个没有阶级压迫、没有剥削、实现人与人之间真正平等和人的自由全面发展的社会。所以，社会主义革命是更为深刻、更为彻底的变革，正如《共产党宣言》所说："共产主义革命就是同传统的所有制关系进行最彻底的决裂；毫不奇怪它在自己的发展进程中要同传统的观念实行最彻底的决裂。"[2]正因如此，社会主义的实现必然会经历更长期、更艰苦的斗争，会出现更大的曲折。20世纪社会主义发展的历史已经清楚地证明了这一点。

20世纪给人类历史打上了深深的印记。在这个世纪，诞生了世界上第一个社会主义制度，开创了人类历史发展的新纪元。人类社会从此开始了从资本主义向社会主义历史阶段的过渡。列宁领导的布尔什维克党带领俄国人民进行伟大的十月革命，在世界上建立了第一个社会主义国家。随后，包括中国在内的其他一些国家也相继建立了社会主义制度，以至于出现了一个社会主义阵营。无论后来出现了怎样的挫折，都不能否定这是20世纪人类历史上最伟大的壮举，它对人类社会产生了重大而深远的影响。世界政治格局也因而出现了很大变化，即改变了资本主义的一统天下，出现了社会主义同资本主义并存，既相互联系和交往，又相互竞争和斗争的新格局。21世纪将是这样一个大格局的继续。

20世纪社会主义实践的伟大历史意义就在于：一是为人类社会

开辟了崭新的发展道路，展示了美好的前景；二是在很大程度上遏制了帝国主义在全世界的扩张，并改变了世界的政治格局，出现了社会主义同资本主义并存、共处、竞争和斗争的复杂局面；三是社会主义制度的建立，消灭了剥削和压迫，实现了真正的平等和民主，改变了工人阶级和劳动人民的历史地位，事实证明了社会主义制度优于资本主义制度；四是社会主义阵营的出现和社会主义运动的发展，导致了殖民体系的瓦解，使绝大多数殖民地国家取得了国家独立、人民解放的胜利。总之，社会主义制度的产生，推动了人类历史的进步。它作为一种新生事物有着不可抗拒的生命力和吸引力，就连它的敌人也不能无视它的存在，并从它那里学习和借鉴了许多好的东西。无论社会主义是成功、辉煌，还是暂时的挫折，甚至是失败，这都是人类社会的伟大探索、宝贵遗产。人类必将继承这份遗产继续进行探索和奋争而最终实现社会主义。

　　放在人类历史的长河中来看，社会主义制度的存在还很短暂，但在短短半个多世纪里，它已显示出巨大的优越性和生命力，得到工人阶级和广大劳动人民的拥护。尽管 20 世纪末期发生了苏联解体、东欧剧变，但这并不表明社会主义已经失败。这只是社会主义实践过程中出现的一个小的波折。邓小平以历史唯物主义的观点深刻分析了这一历史事件，他指出："我坚信，世界上赞成马克思主义的人会多起来的，因为马克思主义是科学。它运用历史唯物主义揭示了人类社会发展的规律。封建社会代替奴隶社会，资本主义代替封建主义，社会主义经历一个长过程发展后必然代替资本主义。这是社会历史发展不可逆转的总趋势，但道路是曲折的。……一些国家出现严重曲折，社会主义好像被削弱了，但人民经受锻炼，从中吸取教训，将促使社会主义向着更加健康的方向发展。"[3]这是高屋建瓴的分析，为我们研究重大历史事件提供了理论指导，增强了对社会主义的必胜信心。

　　当前，世界社会主义运动处于低潮，但并不意味着马克思主义理论研究也处于低潮。相反，世界范围内新一轮研究马克思主义、研讨社会主义的热潮正在悄然兴起。短短几年间，世界性的马克思主义国际学术讨论会一个接一个，与会学者和自愿参加的群众达数千人。其中影响比较大的有：1995 年为纪念恩格斯逝世 100 周年，在巴黎举办的"马克思主义一百年回顾与探索"大型国际研讨会；1996 年 4 月由十多个国家千余名学者在纽约召开的"社会主义再展望"国际学术会议；同年 7 月在英国伦敦云集世界各地六千多人，举行了声势浩大的"96 伦敦马克思主义大会"；1998 年 3 月有六十多个国家和地区一千五百多名马克思主义学者聚集巴黎，召开"纪念《共产党宣言》发表 150 周年国际大会"，接着，是年秋天在巴黎又召开了"第二届国际马克思大会"，来自世界各地的五百多名学者参加了研讨活动；前不久在美国召开的由两千多名学者参加的"2000 世界社会主义学者大会"。此外，今年 11 月还将在巴黎举行题为"全球化与人类解放"马克思主义国际学术讨论会。至于在世界其他地区召开的小型讨论会更是不计其数。

这种现象的出现绝非偶然。它是当今社会矛盾的反映，是世界进步人士要求变革社会的情绪的表现。当今世界的诸多社会问题和社会矛盾，重新激起了人们研究马克思主义的热情。为了解决当代社会问题和全球性问题，人们到马克思主义那里寻找思想武器。于是，便出现了法国《世界报》所说的"回归马克思"的热潮。"让马克思主义活起来"，"《共产党宣言》仍将是 21 世纪的宣言"，就成为这些国际学术会议的主调。

革命低潮对马克思主义是一个严峻考验，但也是一个很好的发展机遇。社会主义经过近百年的实践，积累了极其丰富的经验，但也有十分惨痛的教训，各种问题、矛盾暴露得也比较充分。马克思主义者在总结，在反思，反社会主义的敌对势力在诘难，在攻击。所有这一切，都迫使我们去思考、探讨和研究，总结当前社会主义实践的经验，以丰富和发展马克思主义。众所周知，列宁正是在低潮时期，研究了资本主义发展的新阶段，结合新的实际，丰富和发展了马克思主义理论，领导俄国工人阶级取得了社会主义革命的胜利，迎来了国际共产主义运动的新高涨。今天，我们又面临着同样的历史重任。一切真诚的马克思主义者应该勇于承担起这一历史重任。

法共政治局委员、《马克思园地》负责人弗·拉扎尔夫人在巴黎纪念《共产党宣言》发表150周年国际大会的开幕词中讲道："取代资本主义的选择是什么？人类解放的前景是什么？这两个问题值得在世界范围展开最广泛、最深入和最富创造性的讨论。因为在马克思提出解放全人类口号150年后的今天，《共产党宣言》依然具有伟大意义。马克思揭示了资本主义给人类带来的灾难。150年来，为着人类的解放，各国人民和无数志士仁人雄心勃勃地进行了众多的探索和尝试，但也经历了许多苦难、悲剧和失败。值此世纪之交，面对社会生活的新挑战，我们认为，所有的进步势力应在保持各自特性的同时，摒弃几十年间形成的分歧，共同思考，一起工作和进行讨论。"她动情地说，"《共产党宣言》不是一般的书，它不是冰，而是炭，放在锅里能使水沸腾起来。我们为什么不让历史重新沸腾起来呢"？

可见，关心世界社会主义的前途命运，探讨世界社会主义面临的问题和前景，总结20世纪社会主义的历史经验，特别是苏东社会主义国家演变的沉痛教训，是当前各国马克思主义者都关注的重要问题。拉扎尔夫人的上述话语，表达了各国马克思主义者共同探讨社会主义理论，推动社会主义事业前进的强烈愿望。

中国共产党人和中国广大马克思主义理论工作者，对于研究和发展科学社会主义学说肩负着特殊的历史责任。正如江泽民同志在纪念中国共产党成立78周年座谈会上的讲话中所指出的：我们共产党人的根本政治信仰是社会主义和共产主义，世界观是马克思主义的辩证唯物主义和历史唯物主义，这是任何时候都丝毫不能动摇的，一个党员特别是领导干部，如果在思想上动摇了这些根本的东西，也就动摇了共产党人的根本政治立场，必然偏离正确的政治方向[4]。江泽民同志还专门就世界社会主义跟踪研究做出重要批示。这充分体现了中国共产党第三代领导集体对世界社会主义运动的关注，对研究马克思主义和用科学理论武装广大党员干部的高度重视。

理论研究和创新，是社会变革和社会进步的先导。面对国际国内出现的新情况、新问题，加强对马克思主义和社会主义问题的研究，具有重大而深远的意义。立足于时代的新高度，结合新的实践经验，研究和发展社会主义理论，已经成为马克思主义在当代发展的突出问题。这是一个十分光荣而艰巨的历史任务，我们应该为此而付出极大的努力。《当代世界社会主义研究丛书》（分三套系列：《当代世界社会主义研究国外学者丛书》、《当代世界社会主义研究国内学者丛书》、《当代世界社会主义研究资料丛书》），就是试图在马克思主义和世界社会主义研究方面，在翻译和介绍国内外社会主义研究成果方面，做出自己应有的贡献。

注释：

[1] 莫尔全名托马斯·莫尔（Thomas More，1478—1535），由于被天主教会封为圣人，又称"圣托马斯·莫尔"（Saint Thomas More），是英格兰政治家、作家与空想社会主义者。1516 年用拉丁文写成《乌托邦》一书，此书对以后社会主义思想的发展有很大影响。

[2] 《马克思恩格斯选集》第 1 卷，人民出版社 1995 年版，第 293 页。

[3] 《邓小平文选》第 3 卷，人民出版社 1993 年版，第 382—383 页。

[4] 《江泽民文选》第 2 卷，人民出版社 2006 年版，第 361 页。

为发展提供理论支持[*]

（2000 年 10 月 18 日）

　　首先，我对新疆发展研究中心的成立表示热烈祝贺！在此，我想讲三个问题。

　　第一，新疆的全面发展和实现现代化，是全国实现现代化和建设有中国特色社会主义的重要一环。可以说，如果没有新疆的现代化，全国的现代化就不能说已经完成。因此，从这个重大意义上看，新疆发展研究中心的成立就不是一个权宜之计。中心是一个长期研究新疆在 21 世纪如何实现现代化的专门研究机构。

　　第二，在新疆的问题中，有发展的方面，也有改革的方面，更有稳定的方面。这几方面的问题都是相互联系的，尽管与我国的其他地方存在的问题本质上有类似之处，但又有很大的特殊性。新疆的特殊性主要是国外敌对势力的插手，导致新疆出现一些新的不稳定因素，为他们对我新疆实行分化并最终分裂、分化中国的阴谋服务。

　　因此新疆发展研究中心在研究新疆发展问题的时候，必须进行全面的综合性研究，不能只进行一些现实性的、临时性的对策研究，

---

　　* 这是李铁映同志在中国社会科学院新疆发展研究中心成立大会上的讲话。

而要从战略上、治本上来考虑研究新疆问题。比如，如何使新疆尽快实现现代化，如何使新疆社会更加稳定，如何使新疆各民族更加团结等战略问题。新疆的发展是新疆稳定的最基本的条件。如果保持新疆对周边国家经济发展的很好的态势，保持新疆在现代化建设中的优势局面，新疆稳定的基础就有了，敌对势力的分化也就不可能从根本上动摇新疆的稳定。相反，经济如果得不到较快较大的发展，其他方面必然也会产生更多问题。正如小平同志所讲的，"发展才是硬道理"[1]，解决新疆问题最根本的还是靠发展。

第三，新疆发展研究中心的成立，正值中央采取重大的战略措施，进行西部大开发之际。而在西部大开发中，新疆的发展战略，正是我们新疆发展研究中心需要研究和解决的课题。这就与我院已有的边疆史地中心的任务有所不同，而是更加扩展了。研究新疆的发展、改革与西部大开发的关系，研究如何使新疆的经济迅速赶上全国发展的速度，如何在全国的现代化过程中实现新疆的现代化，这是一个很重要的问题。今天我们成立这个中心，既有西部大开发的战略，又有江总书记近来就新疆问题发表的重要讲话和指示，这些构成了我院新疆发展研究中心今后对新疆发展问题进行研究的指导思想。

中心要接受中国社会科学院和新疆维吾尔自治区党委的双重领导。最后，祝中心的同志精诚合作，共同努力，推出一批对新疆发展有重大长远意义的研究成果。

注释：

[1]《邓小平文选》第3卷，人民出版社1993年版，第377页。

哲学是"解放的头脑"

——写在《大众哲学》重新出版之际

（2000 年 10 月 18 日）

摆在面前的这本著作，使我们仿佛又回到了 60 多年前那个风雨如磐的岁月。当时，正值"九一八"[1]事变后不久，国民党反动势力对内残酷镇压革命、镇压人民，对外投降日本帝国主义，民族危机空前严重。"中国向何处去"这一问题以无比尖锐与急迫的形式，提到每一个有良知的中国人面前。

正是在这样一个历史大背景下，针对人民大众，特别是广大青年在思想深处产生的种种疑惑和问题，时任《读书生活》杂志编辑的艾思奇[2]同志，在 1934 年 11 月至 1935 年 10 月的一年时间里，连续发表了 24 篇有现实针对性、发人深省的哲学论文，这就是后来结集出版的《大众哲学》（原题为《哲学讲话》，从 1936 年印行第 4 版起改名《大众哲学》）。这本书并无高深莫测的道理、艰涩难懂的词句，但以平凡的真理和朴实无华的文字赢得了无数的读者，在新中国成立前就印行了 32 版。这本看似平淡的小书，在当时所起到的振聋发聩的作用，只有亲身经历过的人才能深切地体会到。不少在黑暗中徘徊、摸索的青年，正是读了它，看到了希望，看到了光明；不少青年正是在《大众哲学》的启发和影响下，奔向革命，奔向抗日前线，奔向革命圣地延安。

　　著名的民主人士、学者、《读书生活》杂志的主编李公朴[3]先生热情地赞扬了它的开拓性价值："这本书是用最通俗的笔法，日常谈话的体裁，融化专门的理论，使大众的读者不必费很大气力就能够接受。这种写法，在目前出版界中还是仅有的贡献。"[4]我本人时至今日仍能清晰地回味起最初阅读它时在心灵深处所迸发的那种愉悦和激动。艾思奇同志在他24岁时写就的《大众哲学》，是中国学者把马克思主义哲学大众化、通俗化的开山之作，曾长时期地影响了我国的哲学界。就是今天，人们读它，仍能获得莫大的教益。《大众哲学》的成功，雄辩地说明：哲学，特别是马克思主义哲学，是能够对社会变革、对人民大众的社会生活产生重大影响的。哲学，是普遍之至道，是人类文明的一道亮丽的彩虹。

　　哲学，作为系统化、理论化的世界观和方法论，历来被看做最高意义上的"智慧之学"。马克思主义创始人则进一步揭示了哲学与社会变革、哲学与历史进步之间的内在联系。他们把哲学称为"时代精神的精华"和"文化的活的灵魂"[5]。在他们看来，不同时代的真正的哲学，是每个时代最精深的思想成果，是每种社会文化的精神实质的集中体现。

　　马克思在谈到德国人民的解放时，曾用非常明确的语言指出："这个解放的头脑是哲学"[6]。这个比喻非常精辟地说明了先进哲学的巨大社会功能。从历史上看，哲学首先是"头脑的解放"，即解放思想的科学；而思想的解放，又是启动和引导整个解放事业的中枢，从而成为"解放的头脑"。从社会变革的意义上看，任何一次巨大的社会变革总是以理论变革为先导，理论变革无不以思想观念的空前解放作为前提，而吹响人类思想解放的第一声号角的，往往就是代表时代精神的哲学。社会越是向前发展，人们的社会实践越是复杂，社会生活越是丰富多彩，就越是需要哲学，越是需要我们重视哲学，学好哲学，运用哲学，发展并创新哲学。人们头脑中的哲学无时不在起作用，问题是要清醒地意识到那是一种什么样的哲学。真正的哲学不是贵族或有闲阶层的奢侈品，不是装饰门面的彩旗，不是单纯谋生的手段，不是追名逐利的敲门砖。一句话，真正的哲学不是僵死的教条，而是思想解放的强大武器。

马克思主义哲学是整个马克思主义思想体系的基础和灵魂，是无产阶级政党和广大劳动人民认识世界、改造世界的强大思想武器，是哲学迄今为止所取得的最高成果。正是由于马克思主义哲学科学地揭示了人类社会历史发展的客观规律，人们对自身的历史发展的认识，才打破了长时期受唯心主义历史观束缚的局面，由此踏上了科学的大道。马克思主义哲学的诞生，是人类文明史上空前的思想大解放。从诞生之日起，它就是一个开放的体系。它不是教义，而是方法；不是教条，而是人们的行动指南。它为后人不断地丰富、发展它留下了无比广阔的空间，并不断地吸纳着人类创造的一切科学成就，发展和丰富着自己。不断地解放思想，研究新情况，解决新问题，是马克思主义哲学的天职和生命力所在。马克思主义哲学一旦被教条化、凝固化，就会走向它的反面。

马克思主义哲学从来不故作神秘。把理论神秘化与把理论教条化，是一对孪生兄弟，二者都是为马克思主义所反对的。在马克思主义经典作家看来，哲学要真正成为"解放的头脑"，就必须紧紧把握时代脉搏，为人民大众所掌握。正因为"人民最美好、最珍贵、最隐蔽的精髓都汇集在哲学思想里"[7]，所以，哲学本质上是属于全体人民的智慧，而不是少数人的专利。它产生于实践，也应该而且必须由广大人民来掌握。哲学也只有为人民大众所掌握，它的生命力才是持久的，才能变成指导社会变革的巨大的物质力量。不能设想，哲学，特别是马克思主义哲学，只是停留在书斋和头脑里，只是少数专业哲学家才有权或有能力研究的一门学问。

我们的事业需要一大批马克思主义哲学的专门理论家、思想家（从目前来看，这样的人才不是太多而是太少了），但同样，甚至更加需要把马克思主义哲学通俗化、大众化的专门人才，而且二者并不矛盾。难道深刻的思想只有通过艰涩的语言才能表达？隽永的哲理与通俗化根本绝缘么？我看未必。哲学的通俗化是一个表达形式问题，无论内容深浅，其表达都应明白易懂。"生造除自己之外，谁也不懂"[8]（鲁迅语）的概念、词句，只能说明思想的贫乏。哲学的通俗化说到底是一个哲学大众化的问题，不能理解为哲学的庸俗化。哲学的庸俗化我们要反对，哲学的大众化我们要提倡。"是真佛只说家常"[9]嘛！

艾思奇同志作为一个爱国知识分子，从走向社会的第一天起，就自觉地选择了用马克思主义哲学作武器批判旧世界、开创新时代的道路，并且在这条道路上工作了一生，战斗了一生。他为传播马克思主义真理、为学习研究马克思主义哲学做出了卓越的历史性贡献，赢得了党和人民的赞誉。毛泽东同志曾高度评价他的著作"相当深刻"。他是毛泽东同志倡导的让哲学走出课堂的杰出实践者。艾思奇同志走过的道路不是平坦的，不是没有坎坷和风险的，在这条道路上他也不是没有闪失的。用今天的眼光来看，《大众哲学》也许不是很完美的著作，而它的作者生前也从未把它看做一个高不可及的范本。艾思奇同志曾经形象地把《大众哲学》比作"干烧的大饼"，而非"装潢美丽的西点"。我们也不应苛求它完美，毕竟，我们今天对马克思主义哲学的理解，比起20世纪30年代的人们来说是大大地深化了。但是，《大众哲学》所体现的思想与时代相结合、理论与实际相结合、哲学与人民相结合的精神，永远值得我们肯定并发扬光大。艾思奇同志终其一生所体现出的对马克思主义哲学的坚定信念和科学精神，永远值得我们学习。

我们即将推开21世纪的大门。中国人民正在中国共产党的领导下，高举邓小平理论伟大旗帜，满怀信心地把建设有中国特色社会主义的伟大事业全面推向新世纪。今天的中国早已不再是20世纪30年代积贫积弱、四分五裂的中国。中国已开始步入小康社会，中国人民也不再只满足于"干烧的大饼"，而不去追求漂亮的"西点"了。时代变了，历史使命变了。为了实现21世纪中华民族的伟大复兴，抓住各种机遇，迎接各种挑战，战胜各种风险，我们更加需要哲学，需要哲学的大发展、大普及，需要在理论上进行更深的开拓，需要进一步解放思想，敢于和善于创新，不断开创马克思主义哲学的新境界。一句话：需要理论创新和精神动力。

从这个意义上说，《大众哲学》虽然已经成为历史的一部分，但是《大众哲学》所体现出的，为马克思主义经典作家所倡导的，让哲学成为"解放的头脑"、让哲学掌握群众的精神并没有过时，而且永远不会过时。我们相信，迈向 21 世纪的我国哲学界，必将进一步弘扬这种精神，创造出更多更新更好的哲学成果，开辟出一个大众哲学的新时代。

是为序。

注释：

[1] "九一八"指 1931 年 9 月 18 日在中国东北爆发的一次军事冲突和政治事件。冲突双方是中国东北军和日本关东军，日军以中国军队炸毁日本修筑的南满铁路为借口而占领沈阳。"九一八"事变爆发后，日本与中国之间的矛盾进一步激化，为抗日战争的全面爆发埋下了导火索。中国东北三省全部被日本关东军占领，并利用前清废帝溥仪在东北建立了满洲国傀儡政权。9 月 18 日在中国许多非正式场合都被称为"中国国耻日"。

[2] 艾思奇（1910—1966），云南腾冲人，蒙古族，中国著名哲学家。毛泽东对他所做的贡献给予了极高的评价，称他是学者、战士、真诚的人。他的著作有《大众哲学》、《哲学与生活》、《艾思奇文集》，主编有《辩证唯物主义与历史唯物主义》等。

[3] 李公朴（1902—1946），号仆如，原名永祥，号晋祥，原籍武进县湖塘桥，中国现代伟大的爱国主义者，坚定的民主战士，中国民主同盟早期领导人，杰出的社会教育家。1946 年 7 月 11 日在昆明市遭国民党特务开枪暗杀牺牲。

[4]《大众哲学》编者序，三联书店 1979 年版，第 1 页。

[5]《马克思恩格斯全集》第 1 卷，人民出版社 1995 年版，第 220 页。

[6]《马克思恩格斯选集》第 1 卷，人民出版社 1995 年版，第 16 页。

[7]《马克思恩格斯全集》第 1 卷，人民出版社 1995 年版，第 219—220 页。

[8] 参见《鲁迅全集》第 4 卷，人民文学出版社 1981 年版，第 364 页。

[9] 九华寺的一副对联："非名山不留仙住，是真佛只说家常。"

树立良好学风[*]

（2000 年 10 月 20 日）

首先，对这次优秀科研成果评奖中获奖的同志表示祝贺。你们的研究成果，代表了全院近几年来在科研工作方面的整体成绩，希望今后能有更多的成果、更多的同志获得社会的认可，为繁荣人文社会科学做出更大的贡献。

结合这次评奖，我着重讲两个问题：

一　关于创新问题

近来，党和国家领导人在不同场合反复强调，创新是一个国家、民族兴旺发达的不竭动力。任何国家或民族要发展，没有创新性的理论思维是不行的。当今时代是创新的时代，创新问题已不仅被提升到科技和经济的范畴来认识，而且被提高到事关国家、民族兴旺发达的高度，即提高到一个政治的高度来认识。创新，是继"百花齐放，百家争鸣"之后，党对科学界、学术界提出的又一重要方针。

创新，包括一般所说的知识创新、技术创新、理论创新和制度

---

* 这是李铁映同志在中国社会科学院第三届优秀科研成果颁奖大会上的讲话。

创新等，即我们在认识世界、推动社会发展的过程中提出新思想、新观点及解决问题的新方法。就广义而言，创新是指创新性的思维，即对人类所面临的一切自然界、社会以及人自身发展的问题，都能够解放思想，实事求是，大胆探索，进行独立的思考。没有这种创造性的思维，就不能对客观世界进行深入的研究，探索其真理，揭示其规律，也就不会有新的认识；没有新的认识，就不会有改造客观世界的新方法，也就不会有社会的进步和发展。因此，社会科学工作者所应具有的创新精神，不仅包括狭义的创新，还应包括广义的创新性思维。理论创新应该是对客观世界真理的探索，是对规律的揭示，是一种创造性的思维和独立的思考。

最近，党的十五届五中全会明确提出了要加强科技创新、理论创新和制度创新。对于人文社会科学而言，理论创新、知识创新、制度创新无疑也是一种独立思考、创造性的思维劳动。比如，获本届优秀科研成果奖的这些成果，就都具有创新的特点。如果没有独立思考、创造性的思维劳动，就不可能有新的知识、新的发现、新的方法，从而解决新的问题。我们在科研工作中抓"精品"，抓重大课题，必须提倡一种独立思考、进行创造性劳动、敢于大胆探索的创新精神。

党的十五届五中全会，提出了新世纪开篇的五年计划。从中我们可以提炼出许多值得认真研究的问题。中国的社会主义事业是全新的，是人类历史上所没有的，是理论和制度上的伟大创新。21世纪中国所面临的问题也是20世纪所没有的。因此，我们要研究和解决的问题也是前所未有的。江泽民总书记在五中全会上曾两次提到，社会科学工作者任重而道远，有大量的问题需要研究。这就要求我们每一个学者都要成为专门人才。如果一个学者专一行，中国社会科学院三千个学者就是三千个专家，这就是一股很大的力量。在专业知识上，不应你知我也知，你不知我也不知，彼此彼此。每个人都要有自己的特长、专业，在知识积累、思维方式、研究方法上有自己的特点，能够独树一帜，立论、成学、树派。

当前，我们处在一个大变革的时代，创新问题应该很严肃地提到每一个社会科学工作者面前。没有创造性的思维，没有独立思考，没有大胆的创作、大胆的探索，也就无所谓"精品战略"，就不可能出传世之作，就做不到"成家"、"立业"。还是那句话：解放思想，实事求是。

社会科学的创新，大致可以概括为以下几方面的内容：

第一，所谓"新"，应包括观点创新、材料创新、方法创新等。什么叫"新"？以前没有的叫"新"。如何才能出"新"？有创造性思维和独立思考的能力，才能出"新"。社会的进步，人类的前进，都源于这个"新"。每出一个新的理论，解决了新的问题，社会就前进一步。我们正处于社会需要巨大进步的时代，时代呼唤着理论的创新。

第二，建立新的体系。建立新的体系，也是创造性思维的体现。因为把散乱的东西构筑成一个体系，需要科学家的辛勤劳动和创造性思维。我们迫切需要有自己的理论体系。例如，社会主义市场经济的理论体系，社会主义法治国家的理论体系，中国人关于全球化的理论体系，中国人关于多极化的理论体系。过去我们批评过"言必称希腊"，现在言必谈西方同样不合适。我们应该有自己对时代问题、理论问题的系统研究。这是时代的需要。

第三，要有新的发现、新的材料、新的诠释，特别需要提出新的问题。我们常说，问题的提出就是问题解决的一半。面对新时代，要能够提出时代面临的重大问题。而提出新的问题也需要一定的研究，需要战略的眼光、深邃的思考。

第四，创立新的方法。任何学术研究，都体现一种研究的方法，自然科学如此，社会科学也如此。比如，达尔文提出进化论后，也形成了进化论的研究方法。换言之，他不仅创造了知识，揭示了规律，同时也创造了一种探索规律的科学方法。现在有些学者言必称西方，对问题没有自己的见解，而我们需要的恰恰是学者自己的观点、自己的方法。比如对于"全球化"问题，我们中国人如何理解，中国的学者如何解释，这些重要而关键的问题都需要社会科学工作者有自己的观点和方法。现实社会就是要通过改革来实现前进，现存的问题就是要通过创造性的思维劳动才能解决。

二　关于学风问题

当前，无论是领导同志还是学者，无论是社会科学界还是自然科学界，以及社会各方面，都对树立良好的学风寄予了很大的期望。学风问题从来都是学术界的大问题，因为，任何一个科学家都应遵循科学规律，拥有科学态度、科学精神，否则怎么进行科学研究呢？

学风问题可以说是一个国家、一个社会的科学精神的体现。政治环境和国家民族的现实环境，会对学风产生一定影响，它们构成学风形成的外部条件。对于一个研究机构、研究集体而言，学风是科学精神、学术水平、整体素质的体现，也可以引导社会风气。对于学者个人而言，学风是一种综合素质的反映。它是学者的人格品德、科学精神的主要体现，在一定程度上也反映了学者的学术水平。没有好的科学精神，怎么会达到学术的顶峰呢？看一个学者，看一个研究群体，不仅要看学术水平如何，也要看学风如何。对于青年人来说，可能学术水平尚未达到世人关注的高度，但是由于有了良好的学风，他就有可能成为大家。

坚持好的学风是理论学术研究的必要条件。学风的好坏不仅反映学者个人的素质，也会影响一个群体的活力和一个机构的凝聚力。坚持好的学风就要坚持学术界的百花齐放、百家争鸣。学者的争鸣要处在良好的学风环境下，不然就会引起矛盾。好的学风有利于学者潜心研究，深邃思考，坐得住，钻得深；有利于学术机构、学术群体相互切磋，协作合作，进行综合性、系统性的深入研究。好的学风是科学精神的体现，也是政治上成熟的表现。不好的学风则使机构变成一盘散沙，内斗不止，内耗严重，以至于人际关系紧张，影响学者进行正常的科学研究。

目前，学风建设上仍存在许多问题，不仅有我们常说的理论脱离实践，思想不解放等方面的问题，还有一些其他方面的问题值得我们重视。

1. 浮躁情绪普遍存在

目前我们正处在社会变革时期，由于受社会上某些不良风气的影响，使得学术界普遍存在浮躁情绪。一些人坐不住，心不静，做学问三五天就想成名。在历史上，每每大变革时期，也都存在这种浮躁情绪，但真正做出学问的，则是那些能够潜心研究的人。我们应该提倡那种坐得住、钻得深的严肃的科学探索精神。

所有的研究工作都要立足于出"精品"。从课题设立开始，就要确立出"精品"的目标。从评奖来说，不能只看数量，还必须要看质量。在奖励力度上，也要解放思想，使奖励能够体现出重视理论创新、尊重科学研究的原则。

2. 思想仍不够解放

任何时代的发展，都要求并会带来思想的解放。思想的解放是与时俱进的。对旧的问题，思想解放了，认识会前进一步；对新的问题，还是要坚持思想解放。解放思想，实事求是，是我们做学问须臾不可或缺的基本原则。

3. 学术民主气氛还不够浓厚

提倡学术自由，研究无禁区，充分发扬学术民主，这是我们党在 1978 年以后一再重申的。早在 20 世纪 50 年代，毛泽东同志就讲过，学者要研究什么就让他们去研究，错了也没关系。如果一本书就能把一个主义、一个党搞垮，那说明这样的主义、这样的党也没有什么根基，是站不住的。我们不能因为有个别人离经叛道，就不尊重大多数人的学术自由、学术民主。有些人不是从学术研究、学术民主的角度，看待别人的研究，而是从政治的角度，甚至从个人行为举止的角度来看待。这未必妥当。我认为，看一个学者最重要的是看他的学术精神。

4. 理论联系实际仍需加强

任何重大理论都是对现实问题的科学解释和探索。躲在象牙塔中闭门造车，想入非非，凭空构筑一些体系、理论，不会有什么价值，也不可能得到社会的承认和历史的公认。社会实践是理论的源泉，理论的生命力在于不断在实践中经受住检验并得到丰富和发展。因此，理论必须联系实际，这是出"精品"、出"大家"的基石。

5. 贯彻"双百"方针，还有大量工作要做

当前，在学术争鸣时，存在着只讲好话或好话讲得过多的现象，而真正的学术争鸣、学术批评却无法开展。我们对勇于开展学术争鸣、提出不同学术观点的人，不能戴帽子、打棍子。学术问题、科学问题不能一概用政治标准来裁判，也不能用行政手段来解决，而要通过争鸣的办法、实践检验的办法加以解决。学术讨论、学术争鸣，是所有学术研究过程中必不可少的、有益的部分。没有争论、争鸣，任何学问不仅做不到让人心悦诚服，而且不能得到发展。我们要积极开展学术争鸣、学术争论。学术权威也要允许别人发表不同意见，哪怕是错误的意见，不要总把自己当作真理的裁判。我们要建立宽松的学术环境，包容不同意见。

总之，学风好，则人气平和，心情舒畅；学风不好，则心散气紧，难以静坐深思。院、所、室和广大学者都要集中力量创造良好的学风。特别是各级党委，要把创造好的学风，作为党委建设的一个重要工作来做。今天社科院的政治，就是要创造一个以自己的优秀成果为社会服务的环境。出大作品、大学者，这就是我们的政治。不出成果，不出学者，何谈政治？建立良好的学风，要作为一个长期的持久的工作任务来抓。

我们的学术研究机构，特别是研究所，是社会科学研究的基本单位。因此，研究所的学风建设要抓紧。各所应该有良好的学风，通过多出优秀成果增强凝聚力。好的学风是学术界的精神财富，是无形资产，是学术界的活力和凝聚力，要一代一代传下去，并不断发展。好的学风能形成高水平的学术群体，形成学派，形成多学科的协作，形成系统的综合研究。

　　建立良好的学风，离不开学术理论研究的对象、目的，这就是中国、中国的社会主义现代化、中国在 21 世纪的全面振兴。因此，中国的学术理论界必须坚持以马克思主义、毛泽东思想、邓小平理论为指导，坚决在政治上和中央保持一致，为中国的社会主义现代化建设服务。这三条是良好学风的基本要求和原则，是必须坚定不移的。

　　在此，我希望全院各单位都制订一个旨在树立良好学风的计划。通过努力，在"十五"期间，在学风建设上迈出新的步伐，以保证我院科研工作取得新的更大的成绩。

关于考古学[*]

（2000 年 10 月 29 日）

在中国，近代考古学的出现虽然可以上溯到 20 世纪 20 年代，但中国考古事业的"黄金时代"是随着新中国的成立而出现的。

半个世纪以来，在党和政府的领导下，经过广大文物考古工作者的共同努力，我国的文物考古事业取得了辉煌的成就，有一系列举世瞩目的重大考古发现。如云南元谋猿人等古人类化石，西安半坡等史前聚落，河南偃师二里头等古代都城遗址，殷墟及其小屯南地甲骨、妇好墓的发掘，四川广汉三星堆商代蜀文化遗存，秦始皇陵园及兵马俑坑，汉晋简牍，河北满城汉墓、长沙马王堆汉墓、广州南越王墓等汉代王陵，陕西扶风法门寺地宫，北京明代定陵等。

这些重大考古发现，极大地推进了人类起源及史前文化、中国古代文明和社会历史发展的研究。我过去在国务院工作期间，曾经分管过文物考古工作，向同志们学到不少知识，深感文物考古工作十分重要。在这里，我想就新世纪如何进一步发展和繁荣我国文物考古事业讲几点意见。

第一，坚决贯彻执行党和政府关于文物考古工作的一系列方针和政策。党中央和国务院历来十分重视文物考古工作，早在 50 年代后期就确定了"重点保护、重点发掘，既对基本建设有利，又对文

---

[*] 这是李铁映同志在中国社会科学院考古研究所调研时的讲话。

物保护有利"的方针。改革开放以来，更明确地提出了"保护为主，抢救第一"和"有效保护，合理利用，加强管理"的文物考古工作方针和原则，为我国文物考古事业提供了正确的指导思想，开辟了广阔的前景。这是我们党在新中国成立以来，特别是改革开放以来文物考古工作经验的基础上，从我国社会主义初级阶段的实际出发，深刻分析文物考古工作的固有特点和自身规律以及面临的形势和任务后提出的，具有很强的针对性和指导性，完全符合我国的基本国情和文物考古工作的实际。

几十年来的实践表明，在现有经济、科学水平下，文物考古工作首先是抢救，主要工作是保护。正是在这些方针和原则的指导下，进行了全国性大规模文物普查，重要的考古发现与日俱增，大批珍贵文物及众多古遗址、古墓群和古建筑得到妥善的维修、保护及展示；正是遵循了这些方针和原则，新中国的文物考古事业才得以迅速发展。这不仅有效地保护了文物，而且为研究人类起源与文化演进、为重建中国史前史、为揭示中国文明起源和中国历史发展，积累了大量的科学材料。今后，这些方针仍然是我们开展文物考古工作必须遵循的准则。

大家知道，保存至今的古代遗址、墓葬、建筑和各类文物，是中华民族五千年文明的真实见证，是民族历史文化的物质载体，是中华民族的"铁券文书"。一旦失去，将不可复得。因此，我们的首要任务，是对它加以保护。维护是保护，原装保存是保护，科学的发掘和研究也是一种积极的保护。只有有效地保护，才能谈得上开发和利用。

当前，社会上存在着一种倾向，急于对文物古迹进行大开发，急于对古代帝王陵墓进行发掘和展示，这是脱离目前我国社会经济和文物保护水平实际的。盲目地开发和发掘，实际上是一种破坏，将造成无法弥补的损失。唯有科学的开发和发掘，才能起到有效保护的作用。我们今天做不到的事情，不能不顾现实去做。比较稳妥的做法是加强保护，留给我们的子孙。这是我们的责任。一切不具备条件，或现在可挖可不挖的地下文物，包括帝王陵墓，都应保护好。要挖，必须严格执行报批制度，绝不能擅自开挖。这是国务院的权限。

当前我国正在进行大规模的经济建设，不断出现文物考古新发现，文物考古工作，尤其是文物保护面临着前所未有的机遇和挑战，希望文物考古战线的同志们，努力探索新形势下文物保护的新机制、新途径、新办法，开创文物考古事业的新局面。

第二，坚持按客观规律办事，充分发挥专家学者在文物考古，尤其是在文物保护方面的作用。文物考古工作有其自身的特点，有其自身的发展规律，如果违背了这些特点和规律，就会事与愿违，就会好心办坏事，造成巨大的损失，甚至是不可挽回的损失。在这方面，过去既有成功的经验，也有不少惨痛的失败的教训，我们要认真记取。

充分发挥专家学者的作用，一是要在决定重大问题之前认真听取专家学者的意见和建议；二是要在工程和项目的实施过程中和完成以后，发挥专家学者的指导、检查和监督作用；三是要建立和完善相应的咨询和监督机制。文物考古工作是一项专业性、科学性很强的工作，依靠专家学者是这项工作的特点和基本经验。新中国成立初期周总理就定了这样一个原则，几十年来行之有效。专家学者是这个行业的保护力量、科学力量，是支持者，不是阻力。这条经验，也是世界考古界、文物界的共识。要多听专家的意见。

现在文物考古领域学者多起来，是好事，要鼓励交流、讨论、争鸣。一个古墓挖不挖，如何办，争论争论只有好处，越辩越明，不会造成什么损失，只会更周全，更稳妥。我始终认为，在文物保护与考古发掘这些问题上，争论只能带来益处。不要认为有不同意见、有争论就好像损失了什么似的。保存了一千年、两千年的东西还是在地下保存着嘛，我们在地上争论争论会有什么损失呢？重要决策，是不能离开科学研究和科学讨论的。

第三，要把中国社会科学院考古研究所办得更好，使其充分发挥一个国家专门研究机构的作用。为此，一是要积极研究考古学理论和方法，要大胆学习国际上的先进方法，先进的技术，努力提高我国考古学的水平。要赶上去！

二是要正确处理好考古发掘研究和文物保护的关系，积极探索通过考古发掘促进文物保护的新路子。科学的考古发掘，对文化遗址来说是一种积极的保护。过去做了很大的努力，有不少成功的经验。不但文物要保护，重大遗址也要尽可能保护。例如西安半坡、偃师商城、汉唐长安和洛阳城等许多大型聚落遗址，都是通过科学、有效的调查钻探和重点发掘，搞清楚遗址的分布范围和文化内涵，为实施保护提供了必要的学术支持，也预防了在大规模经济建设中对文物可能造成的破坏。

三是要始终把"出成果、出人才"作为全所一切工作的重点，多出精品科研成果，多培养和造就优秀的科研人才。要有一批铁心探古释疑的研究人员，既要有老中年专家，也要有年轻人，代代相继，永续篇章。

四是要加强国内外的合作和交流。文化遗产、考古发掘的遗迹和遗物，不仅是属于中华民族的，也是属于全人类的。我们要更好地加强国内学术界的友好合作，也要大力加强同世界文物考古界的交流。

最后我想说的是，文物考古事业是一项崇高的文化事业和社会科学事业，是建设有中国特色社会主义伟大事业的有机组成部分，奋斗在文物考古战线上的同志们应当进一步增强使命感和责任感。文物古迹、文化遗址，是我国五千年文明的历史积淀，是各民族创造出的灿烂文化的实物载体，是祖先留给我们的文化遗产，是一部中华民族永恒的史鉴。我们必须把它们保护好。保护好文物，就是保护我们优秀的传统文化，也就是保护中华民族伟大历史的见证。因此，做好这项工作，也就是对中华民族的重要贡献。

考古学作为根据实物资料研究古代历史的一门学科，是人文社会科学的重要组成部分，对于弘扬伟大祖国的优秀历史文化传统，增强民族自尊心，激发爱国热情，提高全民族的思想道德素质和科学文化水平，无疑都具有积极的推动作用。

希望考古研究所的专家同全国考古学家一道，中国的考古学家同世界考古学家一道，在新的世纪进一步发展和繁荣中国和世界的考古事业，为中华民族的伟大复兴做出更大的贡献。

社会科学与未来[*]

（2000 年 11 月 2 日）

在霜叶红于二月花、物情潇洒的深秋，我们聚会北京，怀着对今日世界的深切关注和对人类未来的美好憧憬，共同探讨 21 世纪人文社会科学面临的新任务及其发展趋势，很有意义。我代表中国社会科学院，对各位同仁的莅临表示热烈的欢迎，并预祝会议取得圆满成功！

人文社会科学是人类认识世界、改造世界和完善人自身的一种强大思想武器。人文社会科学研究，关注人类的前途和命运，不断揭示社会真理，为解决人类社会发展的各种问题，提供理论、知识和方法。人文社会科学知识的教育和普及，对于人类形成美好道德风尚，培育崇高理想境界，具有深远影响。人文社会科学素养，是任何具有创新能力的现代民族所必备的。人文社会科学和自然科学技术是现代社会的基石，是保障人类社会可持续发展的无尽的资源。

人文社会科学的发展，体现着它所处时代的精神和特点。它的内容、形式、结构和功能的变化，都反映着那个时代经济、社会、政治和文化的诸多特征和需求。它描述和解释了人类的成就与苦难、

　＊　这是李铁映同志在"21 世纪社会科学与人文科学的展望"国际研讨会上的演讲。

发展与挫折、理想与失望、向往与徘徊、欢乐与悲哀、胜利与失败。人文社会科学家，应当是时代的社会良心和智慧；其研究成果，应当体现该时代可能达到的文明程度和思维水平。

每个时代，总有属于它自己的问题。人文社会科学的地位和作用，从根本上说来，取决于它把握、认识和解决时代课题的程度和水平。面向新世纪的人文社会科学，必须紧紧抓住 21 世纪人类面临的重大课题，在对时代重大问题的准确把握、敏锐反映和科学解答中，构筑学科发展的生长点。

人类历史已进入新的千年，21 世纪的曙光已现。从人文社会科学整体的发展来看，新世纪面临哪些综合性的重大课题呢？

明天的世界是今天的世界的发展。只有从历史发展的本质内容中去探寻未来变化的方向。

回顾 20 世纪百年的历史进程，人类既取得了空前伟大的成就，同时又经历了空前的灾难，这是一个充满矛盾的大变革的世纪。20 世纪，科学技术取得了前所未有的革命性进步，从而极大地推动了社会生产力和世界经济的空前发展；同时，人类经历了两次世界大战的灾难和人类生存环境的巨大破坏。波澜壮阔的争取民族解放和国家独立的运动，瓦解了历时几个世纪的殖民统治体系；而强权政治和霸权主义依然存在。经济全球化和信息革命，为发展中国家提供了经济发展的机遇，同时也扩大着"数字鸿沟"。冷战体制消失了，冷战思维仍然在作祟。

20 世纪人类社会历史发展表明，人类社会在物质技术方面的巨大进步，为创造人类的幸福提供了空前未有的能力，但社会公正和普遍的幸福并未实现。相反，世界上贫富的差距在加大，环境、资源、能源、人口、犯罪、安全等全球性问题日益严重。这些问题不仅在整体上影响着人类的全局利益、长远利益，也分别影响着各个国家、民族、地区的人们的生存和发展。

全球性问题日益尖锐化，给人类敲响了警钟，引起了各国政府和社会公众的广泛注意。人们开始对工业化以来形成的传统的发展观念、发展模式、发展道路、发展战略进行反思。可持续发展越来越成为人们的普遍共识。随着冷战的结束和经济全球化的发展，建立新型的国际经济政治秩序，就全球性问题开展各国间的对话与合作，已经成为不可阻挡的世界性潮流，和平与发展已成为当今时代的主题。

解决社会现实中诸多问题的迫切需求，推动了人文社会科学在20世纪的大发展。

人文社会科学不仅在高等教育中获得了重视和大的发展，而且其研究成果在解放和发展生产力、推动文明进步以及促进人的全面发展方面的作用，也明显增强。

由于社会现实问题的复杂性不是单一学科所能解决的，人文社会科学研究越来越具有明显的综合化特点。跨学科、跨文化研究突破了19世纪形成的各学科的界限，人文社会科学已形成了一个多学科、多层次的，从理论研究到应用研究的完整学科体系。人文社会科学研究已不限于个人研究方式，具有明显的"大科学"模式，并且进入规划科学阶段。

20世纪的人文社会科学，已经成为社会公众广泛注意并寄予期望的科学。人文社会科学研究，与自然科学不同，公众对它也应有不同的期望。由于学者们的背景各异，表现出来的研究思路和研究方法也是丰富多彩的，同一问题的研究，可能有多种观点和不同的结论。但他们敏锐的洞察力和充满智慧的创见，能够开拓人们的视野。他们的研究不一定面面俱到，但能提供独特的视角；他们未必百分之百正确，但能给人以启迪；他们也许给不出答案，但能拓展人们的思考空间。20世纪的人文社会科学，以多种形式增强了人们对社会重大问题的感受能力、判断能力、理解能力和驾驭能力，丰富了人们的精神生活。

新世纪的钟声就要敲响了。新世纪伴随着技术、经济、社会、政治和文化的巨大变革来到我们面前，人类社会进入了一个崭新的时代。以信息科技和生命科技为主导的高科技的飞速发展，将使社会生产力发展跃进到一个崭新的质的阶段，以知识为基础的经济迅速发展，经济全球化的进程势不可当。

新的时代为每个国家和民族的发展，提供了难得的机遇，同时也蕴含着众多的未知和风险。21世纪为人类展现出美好的光明前景，使人们对未来充满希望和憧憬，但也使未来笼罩上阴影，使人不无忧虑和担心。

我记得，狄更斯[1]在描写人类社会进入工业文明时代时，曾经写到：这是一个最坏的时代，这是一个最好的时代……这是一个令人绝望的冬天，这是一个充满希望的春天。我们面前什么也没有，我们面前什么都有。

借用狄更斯的这一描写，可以很好地说明人类进入信息文明时代所面临的状况。当今，人类掌握的技术手段所能创造的财富可呈指数曲线增长，如果把它们全部致力于和平与发展，消除贫困，创造人的幸福和自由发展，21世纪将是一个最美好的时代，人类将迎来一个充满希望的春天，我们面前什么都会有。

21世纪，应该是建立公正合理的国际政治经济新秩序，和平与发展的世纪。

21世纪，应该是探索新的社会发展模式，实现可持续发展的世纪。

21世纪，应该是确立人类新的价值观，创建新的制度文明的世纪。

21世纪，应该是尊重世界文化的多样性，推动世界各民族文化共同发展的世纪。

人文社会科学要深入研究这些时代的重大课题。

思想没有国界，科学研究从来就是一种国际性的现象。不同文明的人文社会科学思想的洪流，像江河一样奔向世界科学的汪洋大海。当代人文社会科学的国际合作与交流趋势日益增强。全球性问题，吸引着各国人文社会科学家开展广泛的合作研究；信息网络为各国文献信息资源共享，为各国思想和研究成果的交流，提供了极为便捷的手段。

当然，人文社会科学研究的国际化趋势，并不排除它在每个国家有其历史的、民族的特点。要充分意识到世界文明的多样性，承认和尊重这种多样性。生物多样性，对保持生命维持系统和生命进化是至关重要的；同样，人类文明的多样性，对人类社会的存在和发展也是至关重要的。各国人文社会科学家要相互尊重，互相学习，紧密合作，携手共进。普遍性与特殊性、共性与个性的有机结合，是当代人文社会科学的一大特点。各具特色的各国和各民族的人文社会科学研究，相互促进和共同繁荣，形成了姹紫嫣红、百花盛开的现代人文社会科学的百花园。

具有五千年悠久历史的中华文明，曾经是人类文明的四大发源地之一。她的丰富的人文社会科学思想，一直在人类社会历史发展中发挥着重要作用，并引起各国学者的浓厚兴趣和注意。现在，我把新中国五十年来人文社会科学事业的发展，向各位作一简要的介绍。

我国政府高度重视人文社会科学的发展。"百花齐放、百家争鸣"，是我国发展和繁荣人文社会科学事业的指导方针。五十年来，尽管在前进的道路上有过曲折，但新中国人文社会科学事业仍然获得了长足的发展。

我国人文社会科学研究事业已具相当规模。全国设有人文社会科学专业系科的大学815所，并附设研究机构1754个。全国各省和中心城市的社会科学院46个。国家和地方政府部门的研究机构298个。全国从事人文社会科学教学和研究的人员已超过30万。

中国人文社会科学现已形成一个学科门类齐全，从理论性研究到应用性研究的较为完整的学科体系。研究方法取得了不少突破和创新。

中国人文社会科学研究取得了一系列重要的理论成果。哲学、宗教学、史学、文学、语言学等人文学科，在对中国传统思想、文化和汉语及方言的研究方面取得可喜的成就；考古学的发现和研究为世界瞩目；社会科学围绕改革开放和现代化建设，作了一系列理论探索和创新。如，马克思主义特别是邓小平理论研究、国情研究、社会主义市场经济、民主法治理论研究、农村改革与发展、一国两制、对外开放、社会保障体系研究、可持续发展研究，等等，都取得了重要进展。

当然，我们也清醒地认识到，与时代飞速发展的需要相比，在某些方面与世界人文社会科学的发展相比，我们还有差距与不足，还存在着不少的困难与问题。

我们要更积极地广泛开展国际交流与合作研究。中国的改革开放、社会主义市场经济的发展和现代化建设，为人文社会科学研究提供了广阔的"实验基地"。悠久的中华文化是人类宝贵的精神遗产。我们热切地欢迎各国的人文社会科学家，积极参与我国的研究工作。我国将积极参与全球性问题的研究。

我们将虚心学习、借鉴和吸取世界各国、各民族一切优秀文明成果，为我国人文社会科学的发展和现代化建设服务。我国政府鼓励各种形式的国际学术交流与合作，为中外学者创造尽可能好的条件，共同研究中国，研究世界。

德国的思想家和诗人亨利希·海涅有一句名言：思想走在行动之前，正像闪电走在雷鸣之前一样。21世纪开创人类崭新文明的伟大实践，呼唤着人文社会科学理论的创新。理论的一个重要作用，就在于通过对未来发展的洞察力和预见能力，帮助人们开辟一条创造性的通向美好未来的道路。

让我们携手合作，不畏艰难险阻，解读时代课题，繁荣和发展人文社会科学，共创人类美好的未来。

注释：

[1] 狄更斯全名查尔斯·约翰·赫芬姆·狄更斯（Charles John Huffam Dickens, 1812—1870），19世纪英国最伟大的作家、批判现实主义文学最杰出的代表，代表作有《双城记》、《雾都孤儿》等。

机遇与挑战[*]

——在中越理论研讨会讲话

（2000 年 11 月 10 日）

值此世纪更替、千年交接之际，我们中越两国社会科学理论工作者，继今年 6 月北京研讨会之后，今天聚会河内，再度探讨有关社会主义前途和命运的重大问题，意义非常深远。它有力地证明，中越两国不仅在地理上山水相连，唇齿相依，而且在事业上也是志同道合，休戚与共。在此，我代表中国社会科学与理论工作者代表团，向越南同志对会议的周到安排，对我们的热情接待，表示诚挚的谢意！

站在新世纪的门槛上，回首百年，我们首先看到的，是世界历史起伏跌宕而发生的巨大变化。20 世纪是人类辉煌壮丽的一百年，将永垂史册。

20 世纪生产力的迅猛发展，科学技术的辉煌成就，社会文明的显著进步及其达到的高度，远远胜于以往任何世纪。但是，由资本主义制度带来的两次世界大战，以及种种社会痼疾和全球性危机，又使人类遭受到空前残酷的浩劫和灾难。20 世纪最伟大的历史事件

---

* 这是李铁映同志在"社会主义：越南的经验、中国的经验"越中理论学术研讨会上的主旨报告。

和社会进步，就是社会主义制度先后在一批国家的创立和发展，由此促进了全球民族解放运动的壮大，殖民统治体系迅速瓦解，并推动了第三世界国家的兴起，开创了人类历史的新纪元。而社会主义和资本主义国家之间的斗争、共处与合作，则直接地决定了近百年来世界历史的进程。

回首百年，我们更为激动的是，中华民族历经残酷磨难，通过艰苦卓绝的抗争，开始走向全面振兴。

一部中国近代史，既是中国遭受西方列强蹂躏的屈辱史，更是中国人民不屈不挠、前赴后继的斗争史。20世纪的一百年是中国人民英勇革命的一百年。从1900年八国联军攻入北京，中国面临亡国灭种的空前危机，到2000年中国进入小康社会，是中华民族史上，社会发生最深刻的历史性变革，开始走向繁荣富强的一百年。在这一百年中，中国社会经历了三次历史性的伟大革命：孙中山先生领导了辛亥革命，推翻了数千年的封建君主专制制度；中国共产党和毛泽东同志领导了新民主主义革命，推翻了帝国主义、封建主义和官僚资本主义"三座大山"，建立了新中国和社会主义制度；在改革开放新时期，我们党和邓小平同志领导中国人民建设有中国特色的社会主义，为实现社会主义现代化而进行了大胆的理论和实践探索，并取得了举世瞩目的成就。

百年巨变的历史进程，使中国人民懂得了两条最基本的颠扑不破的真理：一是没有共产党，就没有新中国；二是只有社会主义才能救中国，只有社会主义才能发展中国。这一百年的伟大实践，通过把马克思主义基本原理同中国的具体实际相结合，产生了两大理论成果，这就是毛泽东思想和邓小平理论。在21世纪新的征途上，中国人民将继续坚定不移地用马列主义、毛泽东思想和邓小平理论，来指导我们的整个事业，并在社会主义现代化建设的实践中不断丰富和发展马克思主义。

纵观全球风云变幻，可以看到，当今世界正在发生着极其深刻的变化。为了获得在新世纪发展与进步的主动权，现在世界各国都在加紧谋划，积极准备，增强应对能力。能否抓住机遇，迎接挑战，争取主动，是直接关系到中华民族在新世纪的前途与命运的重大问题。展望21世纪，我们中国共产党人的坚定信念和庄严历史责任，就是高举马克思主义的伟大旗帜，深入研究重大时代问题，正确应对形势，加快发展自己，积极推进有中国特色社会主义的伟大事业。

下面，我想就21世纪初期中国面临的机遇与挑战，向同志们介绍一下我们的思考。

一　有利条件和机遇

从国际上看：

第一，和平与发展仍然是当今时代的主题，世界和平就是发展的最大机遇。世界形势总体上趋向缓和，谋求和平与发展是世界各国人民的共同愿望，也是我们这个时代不可阻挡的历史潮流。当前，世界上绝大多数国家，主张在国际事务中，不论国家大小强弱，都应一律平等。推动国际格局走向多极化，是时代进步的要求。这一切不仅为我国集中精力进行国内经济建设，而且还为我们充分利用外部条件来加快自身发展，提供了历史机遇。

第二，经济全球化是当今世界经济发展的必然趋势，是全球生产力和科学技术发展的必然要求。这种趋势在21世纪将进一步加强。中国将坚持趋利避害的原则，积极参与经济全球化进程，充分利用经济全球化提供的可能和机遇，更好地利用国际国内两种资源、两个市场，争取以更快的速度发展本国经济。

第三，高新技术革命和全球范围的产业结构调整，为世界经济带来了新的发展。科学技术无疑是人类社会发展的根本动力，是第一生产力。20世纪80年代以来，新技术革命尤其是信息技术革命，对全球经济产生了巨大影响。随着信息技术的发展，全球范围内的产业结构调整还将不断进行。这为包括中国在内的广大发展中国家吸收较为先进的技术，实现产业结构调整、升级和加快发展，提供了可能和机遇。

从国内来看：

第一，我国生产力水平已经迈上了一个大台阶。人民生活总体上第一次达到了小康水平，这是中华民族发展史上一个新的里程碑。从1978年到1999年，中国GDP年均增长9.1%，市场繁荣，商品丰富，人民生活得到显著改善。这就为我们抓住新的历史机遇，加快发展，提供了重要条件。

第二，社会主义市场经济体制已经初步建立。20多年来，随着改革逐步推进和深化，经济体制已发生了根本性变化。一是初步形成了以公有制为主体、多种所有制经济共同发展的所有制结构。二是初步形成了商品、资金、技术、人才等生产要素的多层次市场体系。目前我国90%以上的商品价格和80%以上的投入品价格主要由市场决定，市场机制已经在资源配置中发挥着越来越明显的作用。三是国有企业改革取得重大进展。目前，重点国有工业企业，已经有多数完成了企业改制。一批国有和国有控股企业的技术装备水平明显提高，竞争能力大大增强。四是政府管理经济的方式发生了重要转变。政府管理经济的重点，转向建立宏观调控体系，保持经济总量平衡，抑制通货膨胀，促进经济结构优化，以实现经济持续、健康、稳定增长。

第三，教育和科技实力明显增强，国民文化素质得到很大提高。到1999年，青壮年文盲率已经降到5.5%以下，学龄儿童入学率达99.1%；普通高等学校在校学生达到413万人，大专以上文化程度的人口占总人口比重上升至2.9%。新中国成立后，中国政府对科技事业的发展非常重视。1978年以来，随着综合国力的不断增强，科技事业也得到较快发展。

更重要的是，我们已形成了尊重知识、尊重人才的良好社会风气，"科教兴国"已成为基本国策。

第四，社会主义民主法制建设取得很大成就。我们积极推进政治体制改革，依法治国，建设社会主义法治国家。健全了人民代表大会制度，改革了干部人事制度，通过精简机构，转变政府职能，实现了政企分开、权力下放等一系列改革。社会主义法制建设不断发展，社会主义现代化建设的法律框架已初步形成。改革开放以来，全国人大共制定了300多件法律和一批法律问题的规定，国务院共制定了700多件行政法规。如何遏制和铲除腐败，建设一个廉洁、勤政、务实、高效的政府，是全国人民十分关心的问题。中国共产党和中国政府对这个问题高度重视，加大了惩治腐败的力度。最近我们依法处理了一批身居高位的腐败分子，表明了我们打击腐败的决心。这些都为我们抓住机遇，加快发展，提供了制度和法治上的保证。

第五，最重要的是，我们党有了建设有中国特色社会主义的基本理论和基本路线，积累了推进改革开放和现代化建设的新经验和新方法。这一理论、路线、方针和政策深入人心，受到全国人民的衷心拥护。实践证明，我们的做法完全符合中国实际。这既是我们的根本优势，也是我们的最大机遇。

分析和研究有利条件和机遇，就是研究成功的可能性，就是为了充分利用有利条件，更好地抓住历史机遇，以实现我们的发展。在看到有利条件和机遇的同时，还必须深入地分析和研究不利因素与挑战。这是我们认识任何事物所必须坚持的唯物辩证法的基本要求。

二　不利因素和挑战

从国际上看：

第一，尽管国际局势总体上趋于缓和，但是，霸权主义和强权政治还在不断发展，世界和平还面临着威胁；不公正、不合理的国际政治经济秩序仍在继续；南北国家发展差距、贫富悬殊越来越大；民族、宗教、领土、资源等因素引发的局部冲突此起彼伏；各种分裂势力、宗教极端势力和国际恐怖势力给国际社会不断带来危害；

环境、毒品、难民等全球性问题日益突出。一句话，我们这个星球仍不太平，它们将直接或间接地影响到我国的发展。

第二，现代科学技术和经济全球化的发展，远没有使世界各国普遍受益。更令人担忧的是，目前，发展中国家的经济安全、经济主权正面临着空前的压力和挑战。作为发展中国家，中国加入 WTO 之后，势必面临激烈的来自发达国家在经济、科技实力方面的竞争压力。如何在进一步扩大开放，接受主要由发达国家制定的"游戏规则"的同时，更好地维护国家利益和民族文化优秀传统，是我们面临的又一挑战。

第三，战略上"西强我弱"的态势在较长时间内不会改变。美国利用唯一超级大国的地位，一方面，继续大幅度增加军费开支，大力发展自己的"硬力量"；另一方面，继续凭借其经济和信息资源的优势，通过文化、意识形态等"软力量"输出其价值观，谋求建立美国控制下的世界秩序。因此，社会主义国家面临的渗透与反渗透、遏制与反遏制、演变与反演变方面的斗争，将是长期的、复杂的和曲折的，有时甚至是尖锐的。对此，我们必须保持高度的警惕和清醒的头脑。

从国内来看：

第一，中国人口多，底子薄，资源相对不足，仍然是基本国情。中国现在人口已超过 12 亿，许多重要的资源如淡水、耕地、森林、矿产等的人均占有量，不足世界平均水平的 1/3。从长期看，人口压力和资源短缺压力将变得更加沉重，这是中国发展的硬约束。

第二，经济和社会生活中，还存在许多深层次的矛盾和问题。如：产业结构不合理，地区经济发展不够协调，市场体系还不成熟，科学技术和教育还比较落后，企业的整体素质和竞争能力不高，就业压力增大和部分地区生态环境恶化，收入分配差距较大，贫困人口、下岗职工等部分群众生活还相当困难，等等，这些都严重地制约着经济发展。

第三，在新的形势下，我们党的建设也面临着新的挑战和前所未有的新情况、新问题。从总体上看，我们党的队伍是好的，但是，一些消极甚至腐朽的东西不断滋生，党员领导干部中的违纪犯法、腐化堕落案件时有发生。近年来有些案情之恶劣，涉案人数之多，严重地败坏了党的形象，人民群众对此深恶痛绝。腐败将意味着死亡！如何有效地遏制腐败，铲除腐败温床，关系党的生死存亡，是我党所面临的重大历史课题和挑战。

第四，在思想文化领域内，有人鼓吹历史虚无主义，主张指导思想多元化，否定马克思主义的指导地位；有人主张全面私有化，全盘西化，否定社会主义；社会上拜金主义、享乐主义和其他封建主义、资本主义腐朽思想的影响，还有一定影响；一些政府工作人员漠视群众疾苦，官僚主义、形式主义和虚报浮夸作风等问题，还在一定范围内严重存在。

不利因素与挑战是客观存在的。必须对此进行深入分析和研究。解决困难，战胜挑战，就是发展，就是进步。这是社会发展不可逾越的过程。

三　正确把握机遇与挑战的关系

纵观 21 世纪初的内外形势，中国既有难得的发展机遇，也将面临严峻的挑战。从一定意义上说，继续推进建设有中国特色社会主义事业，就是不断抓住机遇和迎接挑战的过程。这就要求我们，必须从关系社会主义的前途、命运和中华民族兴衰成败的战略高度，正确认识、把握机遇和挑战的辩证关系，善于抓住机遇，迎接挑战，加快发展自己。

机遇和挑战作为同一事物的两个方面，在不同的历史时期和不同的历史条件下，具有不同的表现方式和特点。中国古代的先哲有句名言："祸兮福所倚，福兮祸所伏"[1]，说的就是这个道理。

在社会历史领域，同样一件事情，对不同的国家、阶级而言，则往往具有不同的性质和意义。在一些国家看来是大好机遇，对另一些国家也许正是更残酷的挑战；对一些国家而言是大机遇，对另一些国家或许只是小机遇。在分析判断机遇和挑战的问题上，我们的基本观点是，权衡利弊，坚持把人民利益同历史进步紧密地结合起来。

把握机遇与挑战的辩证关系，更为重要的是分析、研究二者在一定条件下的相互转化。事物内部矛盾着的两个方面，可在一定的条件下向着自己相反的方向转化。

中国加入 WTO，参与经济全球化进程，既是机遇，又是挑战。如果我们积极创造条件，应对得当，就有可能利大于弊，成为发展机遇。反之，则有可能弊大于利，变成严峻挑战。WTO 不是金矿，任人挖掘，而是一个充满变数的竞争市场，激烈而残酷，优胜而劣汰。奥运会不是一个奉送金牌的慈善机构，而是一个顽强拼搏、向运动极限挑战的赛场。

21 世纪初的世界，就是这样一个"竞技场"，合理与不合理为伴，正义与邪恶相生，机遇与挑战并存。奥运会的失利，仅仅是拿不到金牌而已，而世界市场竞争上的失误，则将带来重大的危险和损失。我们必须正确估量，恰当把握机遇和挑战的各种相关因素，善于化不利因素为有利因素，化消极为积极，变被动为主动；善于抓住各种机遇，化挑战为前进的动力。在这里必须承认，在机遇和挑战面前，人不是无能为力的，不是无所作为的。人是有能动性的，是完全可以有所作为的。问题不仅在于认识世界，更重要的在于改造世界。

能否抓住机遇，不断加快发展，历来是关系革命和建设事业兴衰成败的大问题。得时则昌，失时则亡。1927 年，中国大革命失败后，面对白色恐怖的严峻形势，中国共产党毫无畏惧，紧紧抓住国民党新旧军阀混战等历史机遇，大力发展红色武装，开辟了以农村包围城市、武装夺取政权的革命道路。昔日星星之火，终成燎原大势。

1978 年，在结束十年"文革"、百废待兴的重要历史关头，我们党基于对当时世界局势的冷静思考，认为：虽然战争的危险还存在，但制止战争的力量也在增强，争取一个较长时期的国际和平环境是可能的。这为我们实现工作重点的战略转移，实行改革开放，一心一意地搞经济建设，提供了难得的历史机遇。由此开始，我们党领导中国人民，开创了改革开放和社会主义现代化建设的新时代。

对于一个无产阶级政党来说，理论上的成熟从来都是政治上成熟的前提。政治上成熟的一个显著标志在于，每当处于重大转折时期，在每一历史发展阶段，党能够不断研究分析所面临的机遇和挑战，不失时机地提出实践的新任务，以引导、激励和凝聚人民，激发他们的聪明才智，去实现自己的伟大任务。

放眼 21 世纪，尽管霸权主义、强权政治还会发展，尽管社会主义运动遇到暂时的曲折，尽管我们前进道路上还会有各种困难和风险，但是我们仍然确信，当今各国发展的最大历史机遇，就是世界上爱好与追求和平的力量，占据着主导地位，人类争取到一个较长时期的国际和平环境是可能的。这样，我们就可以集中精力加快发展。中国的根本问题在于发展，解决中国的问题，归根结底靠发展。

四　抓住机遇，迎接挑战，加快发展自己

最近，我们党的十五届五中全会指出："对于当今世界形势的深刻变化和发展趋势给我国带来的机遇和挑战，我们要有清醒的认识，要有紧迫感和忧患意识。"[2]这是我们党对于中国进入 21 世纪所面临处境的客观估计。依据这样的认识，正确应对国际国内局势，抓住机遇，迎接挑战，我们才能加快社会主义现代化建设。

大家知道，20 世纪末期，世界社会主义遭受严重挫折。但这种历史曲折，并不能证明社会主义的"失败"或"终结"，更不能证明资本主义制度会永世长存。社会主义必然代替资本主义，这是社会历史发展客观的规律。我们共产党人在即将到来的21 世纪，必须加强实践和理论探索，紧紧依靠人民群众，搞好本国的社会主义事

业。21世纪必将是社会主义发展的新世纪，是人类更加辉煌的新世纪。

在新世纪，中国人民的历史任务，就是高举马列主义、毛泽东思想、邓小平理论伟大旗帜，解放思想，实事求是，坚持我党的基本路线一百年不动摇，实践我党的建设有中国特色社会主义经济、政治、文化的基本纲领，按照"三步走"的战略步骤，推进社会主义现代化建设。

我国在21世纪初期的总目标是，国民经济保持较快发展速度，经济结构战略性调整取得明显成效，经济增长质量和效益明显提高。到2010年，国内生产总值比2000年翻一番，使人民的小康生活更加宽裕；建立起比较完善的社会主义市场经济体制，国家的综合实力进一步增强；再经过十年努力，到中国共产党建党一百年时，各项制度更加完善，形成一整套比较成熟、比较定型的制度，国民经济再上新的台阶；到21世纪中叶，即中华人民共和国成立一百年时，达到第三步发展目标，人均国内生产总值达到中等发达国家水平，基本实现现代化，初步建成富强、民主、文明的社会主义国家。

我国人民在以江泽民同志为核心的党中央领导下，正在按照这个发展目标及其战略思路，抓住机遇，迎接挑战，团结奋斗，稳步前进。

在这里，我想就中国在21世纪初期发展中的几个原则问题，谈一点看法。

第一，坚持和发展马克思主义。马克思主义的生命力在于：必须把其基本原理与本国的具体实际相结合；必须随着社会实践的发展而不断丰富和发展。只有把马克思主义同当代中国实践和时代特征结合起来，才能解决中国社会主义的前途和命运问题。这是我们共产党人的历史任务。

我党的历史经验告诉我们，在对待马克思主义态度问题上，既要反对教条主义，又要反对经验主义。面对新世纪的机遇和挑战，我们既要坚持又要发展马克思主义。不坚持就谈不上发展，不发展就不可能坚持。不发展的东西，僵化的东西，必然失去生命力，没有价值。马克思主义的生命力、科学性，正在于它的实践性，在于它的发展性品格。

为此，我们要紧密结合改革开放和现代化建设的伟大实践，认真研究和总结国际国内社会主义建设正反两方面的经验，密切关注当代科技进步和人类社会发展的一切优秀成果，从哲学、政治经济学、科学社会主义等各个方面，坚持、丰富和发展马克思主义，科学地回答当今时代所提出的一系列重大问题，指导我们的实践沿着正确的方向前进。

第二，坚持、探索和发展社会主义。社会主义是前无古人的开创性事业，是一个不断探索、不断改革、不断进行体制创新、不断自我完善的历史过程。社会主义就是一个不断通过改革而发展、创新的社会。社会主义制度还很年轻，具有远大的前程和旺盛的生命力。这种生命力的源泉，不仅在于社会主义制度必然创造出比资本主义更高的劳动生产率，而且还在于它通过自我完善、体制创新，适应和促进现代化社会化大生产的发展，为发挥劳动人民的积极性、创造性，开辟无比广阔的空间。改革是一个伴随着发展的历史进程。社会主义制度本质上是发展的制度，是创新的制度。不断地发展，就要不断地改革。

改革是我国社会主义制度的自我完善和发展。社会主义经济体制、政治体制和其他相关体制的改革，必须配套进行。在我国当前的改革中，有两大历史性任务：一是深化经济体制改革，建立和完善社会主义市场经济体制；二是继续推进政治体制改革，建设社会主义法治国家。要发展和健全社会主义民主，但绝不搞政治上的"多元化"。我们所建设的社会主义民主政治，必须有利于坚持四项基本原则，真正实现人民当家做主；必须有利于解放和发展生产力，促进经济发展和社会全面进步；必须有利于维护国家统一、民族团结和社会稳定；必须有利于增强党和国家的活力，调动一切积极因素。

　　第三，加强和改善党的领导，确保党的先进性和党的机体充满生机活力。坚持共产党的领导地位、执政地位，是社会主义事业最根本的政治保证。而要加强和改善共产党的领导，就必须以马克思主义建党学说为指导，结合当代共产党人的历史使命，加强和改进党的建设。如何使中国共产党始终"成为中国先进社会生产力的发展要求、中国先进文化的前进方向、中国最广大人民的根本利益的忠实代表"，是我们党在21世纪面临的伟大历史任务。中国共产党将按照"三个代表"重要思想，全面加强党的建设，加强和改善党的领导，使我们党始终充满蓬勃的生机和活力，始终成为中国社会主义事业的中流砥柱。

　　第四，坚持以经济建设为中心，以发展为主题，促进社会全面进步。发展是硬道理，是人类社会永恒的主题。人类社会发展的基础是生产力的发展。社会主义的本质首先是解放和发展生产力，况且我国是在生产力十分落后的国度建立起社会主义制度的，因而应始终把发展社会生产力放在第一位，逐步创造出高于资本主义的劳动生产率，这是解决其他一切社会问题的根本基础。我们在抓紧物质文明建设的同时，要进一步加强社会主义精神文明建设。要坚持"两手抓，两手都要硬"的方针。决不能以牺牲精神文明为代价，来换取一时的经济发展。只有两个文明协调发展，才能使社会全面进步。

　　第五，坚持扩大对外开放，积极参与国际合作和竞争，谋求平等和共同发展。我国将始终不渝地奉行独立自主的和平外交政策，主张在和平共处五项原则的基础上，发展同一切国家的友好合作关系。我国要进一步扩大开放，积极参与经济全球化的发展进程，加强对外的经济、科技和文化的交流与合作，在竞争中提高综合国力。在国际事务中，中国一贯主张所有国家平等参与、共同发展，反对霸权主义和强权政治，维护世界和平，与各国人民一道，为建立公正合理的国际政治经济新秩序而努力。中国永远是世界和平的强大力量，永远不称霸。在对外交往中，中国绝不干涉别国内政，也坚决反对别国干涉中国内政，反对国内外敌对势力"西化"、"分化"和"弱化"我国的政治图谋。

在越南共产党的领导下，自革新开放以来，越南的社会主义建设取得了很大的成就。对此，我们感到十分高兴。我们深信，在新的世纪，在马列主义、胡志明思想指导下，越南社会主义事业必将取得更伟大的成就。我们将按照江泽民同志和黎可漂同志[3]共同确定的"长期稳定，面向未来，睦邻友好，全面合作"的两国关系原则，进一步发展两党和两国人民的相互交流和友好合作，不断扩大两国在经济和文化等各方面的合作。中国人民永远是越南人民的"同志加兄弟"。

对即将到来的 21 世纪，人们充满了憧憬。世界要和平，国家要发展，人民要幸福，社会要进步，这一大趋势是不可阻挡的。历史总是要走向光明、不断进步的。在新的世纪，人类将创造更加美好的未来。

社会主义事业是正义的事业，而正义的事业终究是不可战胜的。我坚信，只要我们共产党人和人民一道，继续把马克思主义与本国实践进一步结合起来，不断开拓前进，社会主义事业在 21 世纪必将获得新的发展，新的胜利。

中越两国人民的友谊万古长青！

注释：

[1]《老子·五十八章》。
[2] 参见《人民日报》2005 年 10 月 12 日第 1 版。
[3] 黎可漂，1931 年生人，1949 年加入越南共产党，1997 年 12 月越共八届四中全会上当选为越南共产党总书记。2001 年在越共九大被农德孟取代，成为越南统一以来除长征外任职时间最短的总书记。

探讨庄子思想

——致第三届庄子国际学术研讨会的贺信

(2000 年 11 月 15 日)

庄子[1]是中国历史上伟大的思想家、哲学家、文学家。他特别善于运用文学性的语言，通过寓言、比喻、象征等方式来表达深刻的哲理，思想恢宏诡诡，文笔汪洋自恣。其人其书对中国古代思想学术和文学艺术的发展，都产生了深远的影响。

庄子思想是中华民族历史文化宝库中的瑰宝，也是世界历史文化宝库中的重要财富。世纪之交，来自不同国家和地区的专家学者会聚一堂，纪念这位先哲和伟大的世界文化名人，探讨庄子思想，批判继承中华民族的文化遗产，具有重要意义。

预祝"第三届庄子国际学术研讨会"圆满成功！

注释：

[1] 庄子（约公元前 369—前 286），战国时道家学派代表人物，老子思想的继承者和发展者，著作有《庄子》。

人权是人类社会的基本权利[*]

（2000 年 11 月 20 日）

　　首先，请允许我代表中国社会科学院热烈欢迎罗宾逊夫人一行访问北京，并对您多年来致力于国际人权事业，倡导不同政治制度、不同历史和文化之间的人权对话表示感谢和赞赏。欢迎您参加此次关于经济、社会、文化权利的研讨会，同我们的学者就共同关心的问题进行讨论。

　　享有充分的人权，是中国人民长期以来追求的理想。中华人民共和国成立前，中国无数志士仁人为了实现这个理想进行了艰苦卓绝的探索和斗争。但是，在半封建、半殖民地的中国，中国人民的人权遭到帝国主义列强的野蛮践踏，不仅公民和政治权利没有保障，而且由于帝国主义对中国的财富和资源的掠夺，中国人民的经济、社会和文化权利也失去了基本的保障。

　　中国人民从痛苦的经历中认识到，国家主权是人权的前提和保障，没有国家的独立，就不会有个人的尊严。中华人民共和国的建立，结束了中国 100 多年来任人宰割的屈辱历史和长期战乱的动荡局面。占人类总数近四分之一的中国人民以国家主人的姿态站立起

---

　　* 这是李铁映同志在"经济、社会、文化权利研讨会"上的致辞。

来了。

在过去的 50 年中，中国政府致力于人权的保护和发展，为消灭贫穷落后，建设富强、民主、文明的社会主义国家，保障和发展人权，进行了不懈的努力，取得了很大的成就。特别是改革开放 20 多年来，中国经济的迅速发展，为中国公民经济、社会和文化权利的发展提供了丰富的资源。中国公民的工作权、享受社会保障的权利、受教育的权利、参加文化生活的权利、享受科学进步及其所产生的利益以及知识产权保护等方面的法律保障，已经成为中国社会全面进步的一个重要方面。

在此我愿举几个例子加以说明。例如，1949 年中华人民共和国成立时，中国人的平均预期寿命是 35 岁，1999 年是 70.8 岁，比发展中国家的平均人均寿命高出 10 岁，达到了中等发达国家的水平。1949 年以前，中国儿童入学率仅为 20%，现在我国儿童入学率达到了 99.3%。在世界贫困人口逐年递增的形势下，由于中国政府采取了有效的政策措施，近 20 年来中国有两亿人口脱离了贫困。1999 年世界银行和联合国开发计划署对此给予了极高的评价，认为"中国政府在减少贫困人口方面的成就是举世瞩目的"，"是一个例外"。

再如，中国在进行市场经济改革和面临巨大人口压力的情况下，一方面努力保障公民的劳动权，另一方面逐步建立和健全社会保障体系。到 1999 年 10 月，中国的 668 个城市和 1638 个县城全部建立了最低社会保障制度。

为了保护人权，我国近年来制定了大量的相关法律，公民通过法律机制保护自己权利的可能性大大提高了。例如，《行政诉讼法》赋予公民对侵犯自己权利的政府部门及其工作人员提起诉讼的权利，《国家赔偿法》对由于政府侵权行为给公民造成的损害给予赔偿。当然，我们也注意到，法律和法律的实施之间存在着距离，这个距离需要通过法律教育和完善机制来逐步缩小。

1997 年 10 月，中华人民共和国主席江泽民代表中国政府签署了联合国《经济、社会与文化权利国际公约》（以下简称《公约》），郑重地表达了中国政府致力于人权事业的承诺。今年10月28日，全国人民代表大会常务委员会第十八次会议对提请审议《公约》的议案进行了审议。审议的结果表明，我国批准《经济、社会与文化权利国际公约》的条件日趋成熟。

由于《公约》涉及我国经济、社会及文化生活的方方面面，有些问题仍然需要进一步研究，我院的学者正在积极地参与这项工作。我国的立法机关对批准《公约》持积极态度，主张在认真准备的基础上适时尽早批准《公约》。我们相信，随着中国经济的发展和社会的全面进步，中国人民享有的人权会更加充实。

中国是一个具有悠久历史的文明古国，中华文化曾经为国际人权保护的理论和实践提供了智慧和原则。中国孔子的"己所不欲，勿施于人"的思想，曾经对联合国人权宪章的起草产生了很大的影响。中国人民从自己的历史、文化和国情出发，对人权形成了自己的见解和主张。

我们认为，人权是人类共同的理想。但是，人权不是抽象的，它是由具体的政治和法律制度所保护的。不同的文化传统，经济发展的不同阶段，都会对人权保护的具体方式产生影响。一个国家、一个民族，有权利根据自己的实际情况决定自己的人权保护制度，有权利决定自己人权保护的优先选择。

我们正处在一个经济全球化的时代。这个时代的特征之一是，由于经济的全球化，一个国家的人权保护状况更多地受到国际环境的制约。跨国公司、国际组织，以及整个国际社会，对人权的保护都负有越来越大的责任，我们需要一个更为公正合理的国际政治经济新秩序以有效地保护人权。联合国人权高专办公室在这方面负有重要使命。

中国一贯主张并且积极促进国际人权领域里的合作，我们希望通过对话和交流，受不同文化、不同历史传统、不同政治和社会制度制约的人权发展模式，能够得到充分理解和尊重，从而推动整个人权保护事业的进展。

　　罗宾逊夫人是我们熟悉的老朋友。我们诚挚地希望您能够常来中国看一看，多了解一些中国的现实、历史和文化，多与我国学者交流。

　　预祝研讨会圆满成功。

理论与实践的新发展[*]

(2000 年 12 月 19 日)

在新世纪的曙光即将来临之际，"走向 21 世纪的社会主义"理论研讨会隆重开幕了，我对此表示热烈的祝贺！

社会主义是人类美好的理想社会。十月革命和一系列社会主义国家的诞生，开创了人类历史的新纪元，开创了从资本主义向社会主义过渡的新时代！20 世纪产生的这一重大事件，使亿万劳动大众的政治经济地位发生了根本性的变化，使一大批第三世界国家的人民迅速觉醒，原殖民地半殖民地国家的民族解放运动风起云涌，纷纷走上独立富强的道路。这不仅有力地遏制了帝国主义的侵略扩张行径，促进了世界和平与进步事业的发展，还对发达资本主义国家的工人运动和资本主义制度本身产生了深刻的影响。

与此同时，我们也清醒地认识到，社会主义的大道并不是笔直、平坦的。苏联东欧社会主义国家的垮台，表明社会主义发展历程的艰难曲折性。社会主义事业是长期的事业，需要几代人、十几代人甚至几十代人的艰苦奋斗。在这长期的发展过程中，必然会出现高潮与低潮。但是，我们对社会主义的信念不能动摇，我们对社会主义的信念也不会动摇！

社会主义振兴的重要前提是社会主义的理论创新。江泽民总书

---

* 这是李铁映同志致"走向 21 世纪的社会主义"理论研讨会的贺信。

记最近多次强调理论创新的重要性。对于理论工作者来说，推动理论创新是我们重要的历史使命。我们要深入总结 20 世纪社会主义运动的经验与教训，密切关注社会主义理论与实践的最新发展，为 21 世纪世界社会主义运动的重新振兴储备理论和思想资料。当今世界的发展走势为我们理论工作者发挥聪明才智提供了广阔的空间。我们要深入研究社会主义的发展规律，坚持和发展马克思主义。

社会主义制度也是在实践中不断创新和发展的。恩格斯曾经指出："所谓'社会主义'不是一成不变的东西，而应当和其他社会制度一样，把它看成是经常变化和改革的社会。"[1]理论创新与制度创新是辩证统一的。实践中的制度创新为理论创新提供现实基础，理论创新又反过来成为制度创新的指导。

中国是当前世界上最大的社会主义国家。建设有中国特色的社会主义，是对科学社会主义理论的继承和发展。中国有一支强大的马克思主义理论队伍，我们应该担负历史重任，对社会主义理论创新做出更大的贡献。

岁末寒冬很快就要过去，21 世纪的曙光就在前头，让我们以饱满的激情拥抱崭新的世界。祝愿社会主义事业兴旺发达！祝这次研讨会圆满成功！

注释：

[1] 十月革命参见上卷《重视研究经济全球化和政治多极化这两个问题》一文注〔4〕，见本书第 69 页。

关于政治学研究*

（2000 年 12 月 21 日）

值此中国政治学会成立 20 周年之际，我谨向大会表示热烈的祝贺！向全国政治学界的专家学者致以诚挚的问候！

伴随着中国改革开放的步伐，中国政治学会已经走过了 20 个春秋。在马列主义、毛泽东思想和邓小平理论的指导下，你们积极开展理论研究，取得了不少科研成果，并在学科建设方面做了很多有益的工作。特别是党的十五大以来，围绕什么是和怎样建设有中国特色社会主义政治这个中心问题，进行了探讨，对积极稳妥地推进社会主义民主政治建设做出了一定的贡献。

21 世纪将是人类社会发生深刻变化的世纪，是中国实现现代化战略目标、中华民族全面振兴的世纪。伟大的实践需要理论的创新。我国政治学研究将面临许多新的课题。希望中国政治学会在组织研究和开展活动方面，创造更多的形式，取得更多的成果。

预祝大会圆满成功！

---

* 这是李铁映同志致中国政治学会成立 20 周年大会的贺词。

加强中国文化[*]

（2000 年 12 月 25 日）

一　一年来精神文明建设工作卓有成效

2000 年的精神文明建设，在以往的工作基础上继续推进，健康发展，思路越来越清晰，工作越来越有成效。主要表现在以下几个方面：

一是进一步明确了工作指导思想。江总书记提出的"三个代表"重要思想，为加强精神文明建设指明了方向。各地各部门认真贯彻落实"三个代表"的要求，更加自觉地坚持"两手抓、两手硬"，在努力发展先进生产力的同时，努力发展先进文化；在大力加强物质文明建设的同时，切实加强精神文明建设。

二是进一步把工作落到了实处。《2000 年精神文明建设工作情况和 2001 年的工作安排》对 2000 年的工作作了实事求是的总结。在过去的一年里，各地各部门组织了各具特色的精神文明创建活动，开展了卓有成效的工作，精神文明建设不断深入发展，取得了新的成绩，应当予以充分肯定。

---

　* 这是李铁映同志在中央精神文明建设指导委员会第九次全体会议上的讲话要点。

　　三是创造了新的工作经验。重视加强精神文明建设，需要从政治上理解，从理论上阐述，同时更需要从实际出发，在实践中不断创新，不断寻找有效的载体和形式。中央文明委成立以来，一直在工作中积极探索把精神文明建设的目标与群众的需要相结合的有效形式，努力寻找把精神文明建设工作与实现群众的利益、体现群众的意愿、服务群众的生活相结合的有效途径。今年在这方面又有了创新，积累了新的经验。各地各部门要认真总结，积极推广成功的做法。

　　四是进一步增强了做好工作的信心。以江泽民同志为核心的党中央高度重视，各级党委政府切实加强领导，广大人民群众积极参与，精神文明建设工作呈现良好的发展态势，积累了宝贵经验，这些都使我们的信心越来越坚定。

　　在看到成绩的同时，我们要进一步认清新世纪精神文明建设工作面临的艰巨任务和严峻挑战。从国际形势看，政治多极化和经济全球化趋势在曲折中发展，科技进步日新月异，综合国力竞争激烈。西方敌对势力不愿看到社会主义中国发展壮大，亡我之心不死，乱我之心不变，加紧对我实施"西化"、"分化"、"弱化"的图谋。因此，渗透与反渗透、遏制与反遏制、颠覆与反颠覆的斗争必将长期存在。

　　从国内情况看，我国开始进入全面建设小康社会的新阶段，改革开放和社会主义现代化建设正处在关键时期。随着改革的深入、经济结构和利益关系的调整，社会结构将继续发生深刻变化，一些深层次的社会矛盾将逐渐暴露出来，社会制度和社会生活中仍然存在着许多不完善、不成熟的地方，潜伏着不稳定的因素；加入WTO，将给我国经济和社会生活带来不少新情况、新问题；形形色色的西方政治主张、价值观念和封建主义、资本主义腐朽思想、生活方式，会以各种方式顽强地表现与渗透，并与我们争夺群众。

　　由此可见，精神文明建设工作的难度将比过去增大，要求比过去更高。面对世界日新月异的新发展、新变化，面对我国现代化建设的新形势、新任务，面对加强精神文明建设的新环境、新问题，我们必须看到这项工作的长期性、艰巨性和复杂性，要做好打硬仗的思想准备和工作准备。

二　以"三个代表"重要思想为指针，加强新世纪精神文明建设

邓小平同志科学地回答了什么是社会主义、怎样建设社会主义这一根本问题。世纪之交，另一个重大而尖锐的问题显现出来，即我们要建设一个什么样的党、怎样建设党。

在千年更迭、世纪交替的重要历史关头，江泽民总书记从历史唯物主义的高度，科学总结了国际共产主义运动正反两方面的经验，总结了我们党80年的历史经验，特别是50年的执政经验，提出了"三个代表"重要思想，对我们党的性质、宗旨和任务做出了新的科学概括，对马克思主义建党学说的发展做出了重大贡献。

我认为，"三个代表"的重要思想，核心在于先进性。工人阶级是先进的阶级，共产党是其先锋队。共产党以解放全人类为己任，这就决定了它必须始终代表人民的根本利益。加快社会生产力的发展，加快精神文化的发展，是满足人民日益增长的物质文化需要、服务于人民根本利益的基本要求。实现人民的根本利益，实现人民的追求、向往，是社会发展的动力和前进方向，是先进性的基础。因此，所谓先进性，归根到底要体现为代表人民的根本利益。

由此可见，"三个代表"是相互联系的。三者以先进性为核心，辩证地统一于建设有中国特色社会主义的伟大实践中。始终代表先进生产力的发展要求，是党的先进性的基石；始终代表先进文化的前进方向，是党的先进性的灵魂；始终代表最广大人民的根本利益，是党的先进性的本质。正因为具有先进性，坚持先进性，我们党才能够成为中国革命和建设的领导者，才能够赢得全国各族人民和社会各阶层的信任，才能够带领社会主义中国走向现代化。

　　"三个代表"重要思想，是面向新世纪治党、安邦、强国的战略思想，也是新时期精神文明建设必须长期坚持的战略方针。"三个代表"重要思想把物质文明建设、精神文明建设和人民的根本利益有机联系在一起。它深刻阐明了社会主义不仅要有繁荣的经济，也要有繁荣的文化；不仅要建设高度的物质文明，而且要建设高度的精神文明；不仅要实现人民的当家做主，而且要实现人民的富裕幸福。这对于加强新世纪的精神文明建设，具有广泛而深远的指导意义。

　　加强社会主义精神文明建设，就是要在全社会建立适应先进生产力发展要求的思想道德观念，弘扬时代精神和社会正气，全面提高人的素质，为改革开放和现代化建设提供强大的思想保证、精神动力和智力支持。如果我们不能做到两手抓、两手硬，用先进文化武装人、引导人、塑造人、鼓舞人，就会让一些歪门邪道或不健康的东西乘虚而入；如果我们不用马克思主义占领一切思想文化阵地，不能创造各种群众乐于接受的精神文化活动方式，非马克思主义的、反马克思主义的东西就会泛滥；如果我们不能做到用积极向上的世界观、人生观、价值观去武装广大青少年，某些消极、萎靡、不健康的东西就会去侵蚀和毒害他们，同我们争夺祖国的未来。

　　因此，大力加强精神文明建设，同解放和发展生产力，增强国家经济实力一样，关系到党和国家的前途命运，关系到我们事业的兴衰成败。我们一定要从政治的高度，充分认识加强精神文明建设的重要性和紧迫性，自觉担负起新世纪精神文明建设的历史使命，在工作中坚决贯彻"三个代表"的要求，加强对精神文明建设前瞻性、全局性、战略性和基础性问题的理论研究，制定科学的方针原则和政策措施，并狠抓落实，使精神文明建设工作不断取得新的成绩，努力促进物质文明和精神文明的协调发展。

三　关于加强社会主义文化建设

　　"三个代表"重要思想，特别把始终代表"先进文化的前进方向"，提升到党的性质、宗旨和任务的高度，作为党的先进性的重要特征和标志，这就使我们对新时期建设先进文化的重要性有了更深刻的认识。

文化是一个国家、一个民族文明的身份证，是其根脉所系。优秀文化是国家和民族的宝贵财富。在人类历史上，社会越是向前发展，越是进步，文化对经济和社会生活各方面的推动作用就越大。正如有人所说，今天的文化就是明天的经济。当今国际竞争的实质是综合国力的较量，而文化力对经济社会发展所具有的凝聚、激励、推动作用，已被公认为综合国力的重要组成部分。优秀文化是民族的内在凝聚力和活力。一个没有强大的优秀文化的民族，是没有希望的民族；一个在文化上落后、封闭、缺乏创新的政党，是没有前途的政党。

我们要在新世纪里实现国家富强、民族复兴，不仅需要通过解放和发展生产力来加快经济发展，而且要面向现代化、面向世界、面向未来，大胆吸收人类文明的一切积极成果，努力使历史悠久的中华文化适应21世纪人类社会的深刻变化，适应小康社会人民群众丰富多彩的精神文化需求，焕发出蓬勃生机，形成时代精神与中国风格相统一的，蕴含巨大凝聚力、推动力和创造力的有中国特色社会主义文化。这样，才能在当今世界的激烈竞争中不断增强综合国力，屹立于世界民族之林。

从新世纪开始，我们将进入全面建设小康社会的新阶段。这是中华民族历史上的第一次。这一具有里程碑意义的历史性进步和由此带来的社会生活的深刻变化，对我们建设先进文化，加快社会主义文化发展，提出了新的更高要求。随着人们物质生活水平的提高，随着经济、社会结构的快速变化，进入小康社会后，人们的精神文化消费，比起温饱社会要高出很多，对精神文化需求的多样化，也明显增多。全面建设小康社会，不仅要进一步丰富人们的物质生活，而且要使人们的精神文化生活更为丰富。这是一个重大课题，需要深入实际进行调查研究，以提出对策。

　　加强新世纪精神文明建设，必须把满足小康社会人民群众日益增长的精神文化需求，作为一项重要任务，努力加强精品生产，推出一批思想性、艺术性、观赏性相统一的精品力作，唱响主旋律，发挥精神文化产品的积极导向作用。同时，要善于运用人民群众喜闻乐见的音乐戏剧、图书音像、报纸刊物、广播影视等文化载体，努力提供更多内容健康、思想向上、形式多样、寓教于乐、文明愉悦的精神产品，满足人民群众不同层次的文化需求。

　　有中国特色社会主义文化是人民大众的文化，繁荣发展文化的动力来源于群众的需要，来源于群众的创造。满足人民的精神文化需求，是精神文明建设的出发点和落脚点。只有把丰富群众文化生活的任务落到实处，落到基层，加快社会主义文化建设才能获得坚实的基础。要把群众性创建活动与群众文化活动结合起来，把丰富群众文化生活与创造文明城市、文明行业、文明单位、文明社区、文明村镇工作有机结合起来，努力为人们提供更多的文体活动设施和多方面的文化服务。要大力加强社区文化、村镇文化、企业文化建设，积极倡导健康文明科学的生活方式。这不仅有助于提高群众生活质量，也有助于社会的安定团结。

　　面对加入WTO带来的新形势，我们一定要增强创新意识和竞争意识，立足中国现实，坚持以我为主，采百花之粉，酿中华之蜜，大力繁荣和发展社会主义文化。要通过深化文化体制改革，加快文化事业的发展。要充分利用高新科技，提高文化产品的生产质量，增强文化产业的竞争实力，拓宽文化宣传的传播渠道，有效反击西方文化霸权主义，不断扩大中国文化在世界的影响，一步一步向着振兴中华文化的伟大目标迈进。

研究时代重大问题[*]

（2001 年 1 月 4 日）

一　充分认识哲学社会科学的重要地位和作用

哲学社会科学是揭示人类社会发展及其规律的学问，是人类认识世界、改造世界和完善自身的强大思想武器。哲学社会科学研究，为解决人类社会发展中的各种问题提供理论、知识和方法。哲学社会科学知识的教育和普及，对形成科学的世界观、人生观和价值观，提高国民的文化素养和精神气质，具有重要意义。

纵观古今中外，哲学社会科学在不同的历史时期都起着不可替代的作用。如，自14世纪和15世纪开始的文艺复兴运动及后来的资产阶级思想启蒙运动，为行将到来的资产阶级革命做了舆论准备。如果没有文艺复兴和思想启蒙运动，也就没有近几百年的西方资本主义文明。

19世纪马克思主义的产生，使哲学社会科学发生了根本性的变革。马克思、恩格斯创立了唯物史观和剩余价值理论，使社会主义由空想变成科学，从而出现了轰轰烈烈的国际共产主义运动。列宁

＊　这是李铁映同志在中国社会科学院学术委员会上的讲话。

则把马克思主义理论应用于帝国主义时代和俄国的实际而发展为列宁主义，并成功地领导了十月革命，建立了世界上第一个社会主义国家，开创了人类历史新纪元。事实证明，马克思主义经典作家所创立的哲学社会科学理论，是有史以来最伟大、最科学的理论，其影响是任何其他理论所无法比拟的。

从 1840 年鸦片战争到 1921 年中国共产党诞生，中国人民为争取民族解放和国家富强进行了艰苦卓绝的斗争，但这些斗争无不以失败告终。而中国共产党领导的新民主主义革命之所以一步步走向胜利，就是因为有了马克思主义这一科学理论的指导。以毛泽东为代表的中国共产党第一代领导人，把马克思主义基本原理与中国革命的具体实际相结合，形成了毛泽东思想。没有毛泽东思想的正确指导，就没有中国新民主主义革命的胜利，也就没有中华人民共和国的诞生。

在结束十年动乱之初，由哲学社会科学界首先发起、邓小平同志给予大力支持的关于"实践是检验真理的唯一标准"的大讨论，推动了全国范围的思想解放，为党的十一届三中全会的召开，作了思想和理论上的准备。在改革开放的实践过程中，以邓小平为代表的中国共产党第二代领导人，把马克思主义与中国改革开放和现代化建设的具体实际相结合，科学地回答了"什么是社会主义，怎样建设社会主义"这一根本问题，形成了我们这个时代具有指导性的理论，即邓小平理论，从而开创了建设有中国特色的社会主义道路。

以江泽民同志为核心的党的第三代领导集体，不仅对丰富和发展邓小平理论做出了重大贡献，而且对发展我国哲学社会科学事业给予了极大关怀和支持。江泽民同志早在 1991 年初就曾指出：社会科学研究的方向正确与否，社会科学发展状况如何，对于人们的思想意识和社会的道德风尚，对经济建设，对社会的稳定和发展，都会产生巨大而深刻的影响，甚至关系到中华民族的兴衰和社会主义的命运[1]。1997 年，江泽民同志在十五大报告中进一步指出：积极发展哲学社会科学，对于探索有中国特色社会主义的发展规律，增强我们认识世界、改造世界的能力,有着重要的意义[2]。

因此可以说,马列主义、毛泽东思想、邓小平理论与江泽民同志的有关重要思想,是在不同时期形成的具有指导意义的科学的思想理论体系,是对社会实践的集中概括和总结,是对哲学社会科学的高度综合和理论升华。

总之,哲学社会科学是实现社会变革、创建制度文明的理论先导,是解放和发展社会生产力、创造物质文明的巨大动力,是创造精神文明、实现人类全面发展的强大支柱。应该引起我们的高度重视。

二 要像重视自然科学那样重视哲学社会科学

马克思说过,科学的本质就是"理性地处理感性材料"。哲学社会科学的主要任务,就是从社会各个领域纷繁复杂的现象和感性素材中,揭示社会现象背后的本质,探求人类社会发展的规律,并以此指导人们的社会实践。因此,哲学社会科学具有与自然科学同样的科学本质和功能。正如邓小平同志所说:"科学当然包括社会科学。"[3]以马克思主义为指导的我国哲学社会科学,是我国整个科学事业不可分割的重要组成部分。

科学的发展日益表明,自然科学和社会科学是科学的两翼,两者构成完整的科学体系。只有两翼共振,共同发展,才能有整个科学事业的全面振兴和繁荣,才能共同为人类社会的发展提供指导和动力。

当前社会上存在着忽视哲学社会科学、忽视理论的某种倾向,这对我们建设有中国特色社会主义事业是不利的。哲学社会科学的研究成果虽然是无形产品,难以计价,但其产生的影响和作用是很大的。如关于"实践是检验真理标准"的大讨论,其产生的巨大作用和影响,是难以估量的。因此物质的贫困不是真正的贫困,真正的贫困是哲学社会科学的贫困。

恩格斯曾经说过，一个民族要想登上科学的最高峰，就一刻也不能离开理论思维[4]。离开了辩证的思维方法，科学的发展和实践应用就难免有片面性，难免会走弯路。当今世界，一方面科技迅猛发展，另一方面面临着生态失衡、环境污染、资源枯竭等全球性问题。解决这些问题，要求自然科学与哲学社会科学多学科交叉研究，单靠自然科学，或单靠社会科学，都是难以胜任的。因此，自然科学技术和哲学社会科学是人类物质文明和精神文明前进的两个历史车轮，两者相辅相成，相互促进。倚重或偏废一方，都会付出巨大的代价。

随着经济社会的发展和人类自身的不断完善，哲学社会科学独特的地位、作用和社会功能愈加凸显，愈加重要。一些世界上知名的社会科学家和自然科学家普遍认为，在21世纪争夺科学的制高点，除了微电子、生物科学领域外，社会科学和人文科学将是十分重要的领域。在西方发达国家，对社会科学和人文科学，也呈愈来愈加重视的趋势。

我们必须从战略的高度充分认识到，哲学社会科学研究直接关系到我国社会主义事业的全局，关系到中华民族的振兴大计，要切实重视哲学社会科学事业的发展。要在全社会营造重视哲学社会科学的良好氛围。在发展我国的科学事业中，也要"两手抓"，即一手抓自然科学的繁荣，一手抓哲学社会科学的繁荣。哲学社会科学素质和自然科学素质同样重要，都是任何立于世界民族之林的现代民族所必须具备的基本素质。重视哲学社会科学，历来是我党的一大优势。在新的历史时期，我们更要发挥好这一优势。

三 "十五"时期哲学社会科学面临的艰巨任务

人类社会已经跨入新的世纪。世界的发展、中国的发展、马克思主义和社会主义的发展，都处在一个关键时期。中国既面临前所未有的发展机遇，也面临着亘古未遇的严峻挑战。在前进的道路上，有一系列重大问题需要我们从理论上去探索和解决。因此，21 世纪既是人类社会深刻变革的时代，是中华民族全面振兴的时代，也将是中国哲学社会科学大发展的时代。

马克思曾经说过，每个时代总有属于它自己的问题[5]，准确地把握并解决这些问题，就会把人类社会大大推向前进。"十五"时期哲学社会科学研究，必须牢牢把握时代的脉搏，紧密联系实际，紧紧围绕新世纪面临的国际国内一系列重大问题来进行。其主要任务是：

1. 深入研究邓小平理论，丰富和发展马克思主义

马克思主义是我党的理论基础，是社会主义现代化建设的指导思想。邓小平理论是当代中国的马克思主义，是马克思主义在中国发展的新阶段。坚持以邓小平理论为指导，就要深入、全面、系统、科学地研究这个理论体系，并在实践中不断丰富和发展邓小平理论。这既是重大的政治任务，又是重大的理论任务。

要紧密结合建设有中国特色社会主义，包括改革开放和现代化建设的伟大实践，认真总结国际国内社会主义建设正反两方面的经验，密切关注当代科技进步和人类社会的发展，从哲学、政治经济学、科学社会主义等各个方面，深入学习、系统研究邓小平理论，深入探索有中国特色社会主义经济、政治、文化的具体规律，以新的实践经验丰富和发展邓小平理论，不断开拓马克思主义发展的新境界。

2. 着力研究中国国内在新世纪初面临的重大理论和实践问题

世纪之交，我国改革开放和现代化建设正处在关键时期。哲学社会科学必须对关乎我国前途和命运的全局性、战略性、前瞻性、基础性的重大问题，进行系统研究。

在经济体制改革方面，重点研究社会主义市场经济理论，为我国改革开放提供坚实的科学理论依据。科学地回答如何实现公有制经济与市场经济的有机结合，怎样实现国有企业的战略性改组，怎样建立和完善社会主义市场体系，如何进一步改革劳动就业与社会保障体制，如何进一步扩大开放、应对加入 WTO 后的挑战等问题。

在经济建设方面，围绕保持国民经济持续、快速、健康发展，重点研究增长方式的根本转变、产业结构的调整升级、经济发展战略等问题。同时要研究如何实施"科教兴国"战略和西部大开发战略，怎样解决就业问题，怎样处理好经济增长与可持续发展的关系，如何建立健全我国的经济安全体系等问题。

在政治制度建设方面，围绕推进政治体制改革、健全民主法制重大问题，着重研究怎样进一步完善人民代表大会制度、共产党领导下的多党合作和政治协商制度；怎样从中国的实际出发，推进政治体制改革；怎样建立现代高效的行政管理体制；社会主义民主的本质及其实现形式；如何建设社会主义法治国家；如何有效遏制和克服腐败现象，等等。

在精神文明建设和文化建设方面，需要研究：进入小康社会如何搞好精神文明建设；如何使物质文明与精神文明建设协调发展；如何在新形势下形成有利于现代化建设的共同理想、价值观念和道德规范；怎样提高全民族的思想道德和科学文化素质；如何进一步反对伪科学和邪教思想；怎样建设社会主义新文化，等等。

3. 深入研究世界发展的新趋势、新特征及其他重大问题

紧紧围绕世界的和平与发展两大主题，为我国改革开放和现代化建设创造良好的国际环境，着重研究：

一是世界政治格局化趋势。如何有力推动世界向多极化的方向演进，反对霸权主义和强权政治，维护世界的和平、稳定与繁荣，需要我们给予科学回答。

二是经济全球化趋势。当前经济全球化的发展趋势日益明显，如何应对全球化所带来的影响，建立与新形势相适应的公正、合理的国际贸易与国际金融运作规则与机制，亟待探索和解决。

三是世界科技革命带来的影响。科技革命将给世界经济、产业结构、经济管理、生产形式，以及人类社会、人们的生活方式、思维方式等，带来哪些变化，如何应对，都需要我们认真深入研究。

四是各种文化碰撞、交融发展的态势，批驳西方"新霸权主义"理论。伴随着经济全球化的浪潮和信息网络技术的飞速发展，出现了世界各种文化碰撞、交融发展的态势。如何继承和弘扬民族优秀传统文化，借鉴和吸纳其他民族的优秀文明成果，是我们面临的又一任务。

近些年来，一些西方人士提出"人权高于主权论"、"合法的人道主义国际干预论"、"文明冲突论"等新霸权主义理论。揭穿这些理论的欺骗性、荒谬性，对其进行有力回击，无疑是我们的一项重要任务。

五是要跟踪研究其他国家社会主义的发展和变化趋势。21世纪有可能是社会主义在曲折中重新走向兴盛的世纪。我们必须抓紧认真总结和借鉴国际社会主义运动的经验教训，对其他国家的社会主义进行跟踪研究，以了解其新的发展趋势。

上述这些都是涉及我国改革、发展、稳定大局的重大问题，是我国哲学社会科学在"十五"时期要着力研究的重大课题。

四　搞好规划，深化科研体制改革

目前，我国哲学社会科学已基本形成以马克思主义为指导、学科门类较为齐全、研究队伍已具相当规模的科研体系。这为我们肩负起新的时代使命打下了良好基础。

经过五十多年的曲折发展，我们积累了宝贵的经验教训，基本明确了发展和繁荣中国社会科学的主要原则：第一，必须坚持以马列主义、毛泽东思想特别是邓小平理论为指导，坚持正确的政治方向、理论方向和科研方向。第二，必须坚持为我国的社会主义现代化建设服务，为中华民族的全面振兴服务。第三，必须坚持解放思想、实事求是的思想路线，坚持理论联系实际，实践是检验真理的唯一标准。第四，必须坚持"双百"方针，鼓励科研人员大胆探索和勇于创新。"十五"期间，我们必须继续坚持这些原则，确保学术研究的正确方向和重大方针政策的贯彻执行。

但必须看到，我国的哲学社会科学事业的发展还存在诸如学科建设发展不平衡，科研队伍整体水平亟待提高，科研体制改革滞后，经费投入不足、使用不善，科研手段和方式落后等问题。这些问题制约着我国哲学社会科学事业的发展，"十五"期间应逐步予以解决。为此建议：

1. 组织力量着手制订面向 21 世纪的全国哲学社会科学"十五"发展规划

整个"规划"要立足于马克思主义指导下的理论创新，立足于解决实际问题。"规划"应明确发展和繁荣哲学社会科学的指导思想、基本原则、方针政策，包括发展目标、主要任务、人才培养、有关法规建设、科研体制改革、科研手段现代化等方面的内容。

2. 召开全国哲学社会科学工作座谈会

1982 年 10 月，中宣部和中国社会科学院联合召开全国哲学社会科学规划座谈会，形成《全国哲学社会科学规划座谈会纪要》，并由中央转发全国；随后设立了国家社会科学基金。这都对促进我国哲学社会科学的繁荣与发展，发挥了重要作用和深远影响。

目前距离 1982 年全国哲学社会科学规划座谈会的召开已近 20 年。面对新世纪的迫切需要，建议以中央的名义召开全国哲学社会科学工作座谈会，发布关于"十五"期间发展全国哲学社会科学的若干意见。这必将对营造全社会重视哲学社会科学的良好氛围，保障其发展的正确方向，改善发展条件，振奋精神，繁荣和发展哲学社会科学产生巨大的影响。

3. 改革不适应时代发展要求的哲学社会科学研究体制，形成富有生机和活力的新体制

改革目标是：由原有的计划行政体制，逐步转变为符合当代哲学社会科学发展规律、适应社会主义市场经济体制的现代科研体制。改革应循序渐进，稳中求进，有先有后，先试点、后推广，尤其是要做好协调配套工作，不搞"一哄而起"。改革的最终目的就是要多出优秀作品和优秀人才。

4. 加大对哲学社会科学的投入,实现科研手段、科研方法的现代化

哲学社会科学研究属于基础性研究,其事业发展主要靠国家财政拨款。要改变过去那种资金使用不善的做法,形成新的科研投入产出机制。同时,要推动哲学社会科学研究资金来源的多样化,制定适当政策,调动社会各方支持哲学社会科学研究的积极性,逐步建立和完善哲学社会科学研究基金制度,使哲学社会科学成为全社会关心和支持的事业。

注释:

[1] 参见《人民日报》1991 年 2 月 24 日第 1 版。

[2]《江泽民文选》第 2 卷,人民出版社 2006 年版,第 34 页。

[3]《邓小平文选》第 2 卷,人民出版社 1994 年版,第 48 页。

[4]《马克思恩格斯选集》第 4 卷,人民出版社 1995 年版,第 285 页。

[5]《马克思恩格斯全集》第 1 卷,人民出版社 1995 年版,第 203 页。

托起时代的文学精神[*]

（2001 年 1 月 15 日）

新世纪要有新气象。新世纪刚开头，我们一起畅谈文学，畅谈文化，议论文学如何托出时代的精神，很好，我感到很高兴，这样的座谈会应该经常开。

创作者与研究者相互沟通，相互了解，很有必要。今年元旦刚过，我就对文学研究所的同志们讲，文学研究要面向时代，多同作家联系，共同努力，托出时代精神。

对文学，我很喜爱，《红处方》我看了数遍。西方人有了钱，渡海爬山，探险，去磨炼自己的意志，强健自己的身体。我们有的人发了财，就去赌，去吸毒，找"小姐"，危险呀！这是个值得思索、研究、表现和引导的问题。

理论与实践，理想与现实的关系很重要，不是很容易解决的问题。比方说哲学要研究矛盾，但不一定解决得好；研究马列也有不懂马列的；研究社会学不一定善于处理社会稳定问题。

文学研究所是大所，产生过有广泛影响的大师和著述，有自己的独特品格和社会价值。我始终对文学研究所寄予厚望：要开创新

---

[*] 这是李铁映同志与部分知名作家座谈时的谈话。

的研究方法，办成一流的世界级的研究所。在文学理论等方面，不能让西方思想占主导地位。

作家是研究人、研究社会的，文学所是研究作家、研究社会的。研究者和创作者，要经常联系，经常聊天，实现思想的交锋。在研究方法和手段上都要努力现代化。

我们处在 21 世纪，这是一个极不寻常的时代。美国人横行天下，不能容忍"不听话"的中国，我们要努力实现振兴之梦。中国是打不垮的。我说的是外国人打不垮我们，危险往往出自内部。中华民族经过百年的抗争，外国人已不可能用武力征服我们，有无可能自己打垮自己倒是个值得警醒的问题。美国人最怕中国稳定，"西化"、"分化"中国，关键是"乱华"，在政治、经济和文化各方面，通过各种手段想把我们搞乱。我们如何保持稳定，就是个很大的课题，很大的学问。只要不乱，就能实现"四个现代化"，实现中华民族的全面振兴。

西强我弱，人家包围着我们，虎狼觊觎在门，焉能无忧？我们必须有忧患意识，不能沉湎于歌舞升平。要小心"捧杀"，历史上有不少民族和国家吃过"捧杀"的苦头。对于"21 世纪是中国世纪"的说法，要保持清醒头脑。光钱多了不行，钱多也可一夜间垮下去。苏联钱比我们多，是两极之一极，超级大国呀！也可一夜之间垮下来。关键是民族精神不能垮，先烈们那种前仆后继，从地上爬起来擦干血迹奋斗不息的精神，我们要发扬光大。对于国外有价值的东西，我们也要积极吸收。能吸收的，能"中国化"的东西才是好的，不能消化的东西不能生搬。

党和国家对大家抱有期望，望我们共勉。

最后，祝各位新春愉快、阖家幸福！

发展就是创新[*]

（2001 年 1 月 16 日）

2001 年中国社会科学院工作会议，现在开幕了。

我们这次会议，是新世纪召开的第一次全院工作会议，是一次继往开来的重要会议。

下面，我讲两个问题：一，学习、研究"三个代表"重要思想，进一步繁荣和发展哲学社会科学；二，关于我院的改革。

一　学习研究"三个代表"重要思想，进一步　繁荣和发展哲学社会科学

江泽民同志提出的"三个代表"重要思想，在党内外引起了强烈反响，在国际上也引起了普遍关注。

"三个代表"重要思想，是在总结 20 世纪的基础上，站在面向 21 世纪的高度，根据我们党的性质、宗旨和任务而提出的进一步加强党的建设的行动纲领。

世纪之交，中国共产党人面临的一个重大的理论和实践课题，就是"建设一个什么样的执政党，怎样建设执政党"的问题。中国共产党要在 21 世纪，带领全国人民，坚定不移地沿着建设有中国特

＊　这是李铁映同志在中国社会科学院 2001 年工作会议开幕式上的讲话。

色社会主义道路走下去，实现中华民族的全面振兴，实现社会主义现代化，就必须科学地回答、解决这一关系党和国家前途命运的时代课题。

"三个代表"思想的重大理论意义，在于它具有鲜明的与时俱进的思想品格，充分体现了面向21世纪，努力开拓马克思主义新境界的创新精神。这种精神，无论是对于加强党的建设，改善党的领导，提高党的执政水平，还是对于进一步繁荣和发展我国哲学社会科学，都是极其重要的。

（一）理解"三个代表"重要思想的丰富内涵，要把握"四个特性"和"一个主题"

我们学习、理解"三个代表"思想，要在把握"四个特性"、"一个主题"上狠下工夫。

先进性。先进性是"三个代表"的核心。先进性，从根本上说，也就是社会发展的前进方向、历史发展的客观规律、人民的根本利益的集中表现。谁代表了这种方向、规律和根本利益，谁就具有了先进性，就具有了时代力量，也就有了领导能力、执政能力。纵观历史，任何不代表先进的政治力量、政治制度，都要被历史所否定；任何不具有先进性的理论学说，都要被历史所淘汰；任何不具备先进性的文化，也一定要被抛进历史的垃圾堆。一个国家、民族，如果不具有先进的政治、经济、文化，这个国家和民族就不可能振兴，就注定是没有希望的。

工人阶级是人类历史上最先进的阶级。工人阶级的先进性，不仅在于它是先进生产力及其发展要求的代表，不仅在于它有先进的思想、文化、理论（马克思主义）作为精神武装，而且在于工人阶级的历史使命决定了它只有解放全人类，然后才能彻底解放自己。工人阶级没有自己的私利，而是最广大人民根本利益的忠实代表。共产党作为工人阶级的先锋队，理所当然地具有这样的先进性，共产党之所以有力量，就在于这种先进性。是否代表人民的根本利益，是判断一个政党是否具有先进性的主要标志。

代表性。关键是如何代表的问题。先进性是一种客观存在，但先进性并非谁都能够代表。为少数人或小集团谋利益不能代表先进性，固守落后的生产力、生产关系不能代表先进性，沉溺于腐朽的文化不能代表先进性。

共产党怎样代表先进性呢？共产党必须紧紧把握先进社会生产力的发展要求，这个要求，就是不断地解放和发展生产力；必须紧紧把握先进文化的前进方向，这个方向，就是人类文化、精神文明不断发展的方向。共产党没有也不能有自己的私利，只能是人民根本利益的代表，以全心全意为人民服务为根本宗旨。

共产党必须以马克思主义作为自己的理论基础，因为它是人类文明史上最优秀的成果，是工人阶级获得解放和实现自己利益的活的行动指南。共产党必须是工人阶级和一切劳动者实现政治、经济、社会和文化解放的组织者和领导者，保证人民真正当家做主。共产党必须从人民的根本利益出发，制定一切符合这个利益的铁的纪律和民主集中制的政治、组织原则，制定实现这个利益的路线、方针、政策。共产党必须是一支由掌握先进科学文化知识的人们组成的工人阶级的先锋队。

始终性。就是要始终如一，始终保持先进性，始终当好"三个代表"。我们党是执政党，要有忧患意识。理论上要解决"始终"问题，制度上要保证"始终"，法律上要保证"始终"，经济上要保证"始终"，文化上要保证"始终"，社会上也要保证"始终"。解决始终坚持的问题，是关系党、国家和民族盛衰成败、生死存亡的大事。

从历史上看，巴黎公社曾试图代表历史的先进性，但被资产阶级镇压了。苏联共产党也曾代表了历史的先进性，建立了第一个社会主义国家，历时73年。但遗憾的是，苏共没有做到始终如一，没有能够持之以恒地代表历史的先进性。它在经历了70多年的发展之后，僵化了，蜕化了，演变了，最终丧失了执政地位。这就给我们提出了极其严肃的问题：社会主义是有可能演变、倒退到资本主义的；共产党是有可能因僵化、蜕化而垮台的。

怎样代表先进性，怎样始终代表先进性，是一个无产阶级政党，尤其是执政的共产党必须解决的、生死攸关的理论和实践问题，是马克思主义的大课题。要从理论和制度上保证党的先进性，保证党永不变质，不改变方向。在社会主义市场经济条件下，在经济全球化、政治多极化、高科技迅速发展的时代条件下，在西方敌对势力对我实施"西化"、"分化"、"弱化"战略的包围之中，在我国进入全面建设小康社会之后，研究、解决这一课题尤为迫切、重要。夺取政权不易，巩固政权特别是始终掌握政权更难。对此，我们必须高度重视，切不可掉以轻心。

系统性。系统性就是指其整体性。"三个代表"相互联系、相互促进，缺一不可，是辩证统一的有机整体。始终代表中国先进社会生产力的发展要求，是党的先进性的基石；始终代表中国先进文化的前进方向，是党的先进性的灵魂；始终代表中国最广大人民的根本利益，是党的先进性的本质，三者统一于建设有中国特色社会主义的伟大实践中。

一个主题。即"建设一个什么样的党，怎样建设党"的问题。马克思主义经典作家关于建党的理论十分丰富，但更多地集中于解决党在夺取政权以前，如何保持其革命性、先进性的问题。而夺取政权以后，建设一个什么样的党，怎样建设党，则是一个尚未完全解决的重大历史性课题。

政治上，坚持共产党的领导，坚持社会主义道路，坚持人民民主专政，坚持人民代表大会制度，坚持共产党领导的多党合作与政治协商制度，坚持从严治党，依法治国，德、法并举，建设社会主义民主政治，建设社会主义法治国家，维护国家的稳定、主权、安全、尊严和领土完整。

经济上，坚持以经济建设为中心，坚持改革开放，不断解放和发展生产力，逐步探索、完善适合我国生产力发展水平和要求的生产关系，建立社会主义市场经济体制。

文化上，坚持并发展马克思主义，推动马克思主义的理论创新，继承中华民族优秀传统，借鉴国外文明成果，以德治国，建设有中国特色的社会主义文化。就是要创造更高的社会主义新文化，为中华民族的大团结、大鼓劲、大发展提供精神动力。

社会上，坚持"从群众中来，到群众中去"的群众路线，一切相信群众，一切依靠群众，一切为了实现人民的根本利益，用共同的理想、信念把人民凝聚起来，充分调动人民当家做主的积极性、主动性、创造性，建设富强、民主、文明的社会主义现代化国家，为实现中华民族的伟大复兴而奋斗。

放眼全球，在 20 世纪结束、21 世纪来临之际，我们不能不注意到这样一些事实：苏联共产党、墨西哥革命制度党，南斯拉夫社会党以及台湾地区国民党的相继下台。其中原因很复杂，但从根本上说，是它们党内出了问题，是人心向背的结果。江泽民同志告诫我们，要认真分析这些政党兴衰的教训，引以为戒。这对于我们加强党的建设，巩固党的执政地位，提高党的执政水平有重要意义。

（二）"三个代表"重要思想是马克思主义政党理论的发展

"三个代表"重要思想，强调党要始终代表"中国先进社会生产力的发展要求"、"中国先进文化的前进方向"和"中国最广大人民的根本利益"，既继承了马克思主义经典作家的思想，但又不是单纯复述经典作家的原有见解，而是结合新的历史条件，以新的概括、新的论断丰富和发展了马克思主义。

共产党是工人阶级的先锋队，这是为每一个共产党员所熟知的对党的性质的基本规定。问题在于，党如何才能真正成为工人阶级的先锋队呢？共产党要真正成为工人阶级的先锋队，就必须代表先进社会生产力的发展要求，代表先进文化的前进方向，代表最广大人民的根本利益。

代表中国先进社会生产力的发展要求的实质，就是根据我国社会生产力的发展规律和趋势，改革、调整和完善社会主义的生产关系和上层建筑，为解放和发展我国的生产力开辟广阔的社会空间。代表中国先进文化的前进方向的实质，就是以马克思主义为指导，与时俱进，建设有中国特色的社会主义文化。代表中国最广大人民的根本利益的实质，就是要在对我国国情特别是社会主要矛盾的科学认识的基础上，制定正确的路线、方针、政策，从制度上把人民的根本利益维护好、实现好。

人们的一切劳动，其最终目的就是为了提升和满足物质文化的需要。先进生产力的发展要求，体现了人们对物质文明的追求和创造；先进文化的前进方向，体现了人们对精神文明、精神文化的追求和创造；先进生产力的发展要求和先进文化的前进方向，归根到底，体现为最广大人民根本利益的发展和实现。

在当代，文化在经济社会发展中的作用越来越突出。一个没有文化的民族，是没有希望的民族，一个在文化上僵化、封闭、缺乏创新的政党，是没有前途的政党。

每个时代总有属于它自己的问题。"问题是时代的格言"[1]。毛泽东思想的最大贡献，在于科学地解决了中国革命的道路问题；邓小平理论的最大贡献，在于科学地回答了"什么是社会主义，怎样建设社会主义"的问题；江泽民同志"三个代表"重要思想的最大贡献，则在于回答"建设一个什么样的党，怎样建设党"的问题，质言之，也就是回答共产党作为执政党，如何始终保持党的先进性，这样一个重大时代课题。

总之，"三个代表"重要思想，是以江泽民同志为核心的党的第三代领导集体的标志性理论成果，是对邓小平理论的继承、丰富和发展，是中国共产党人对马克思主义理论宝库的新贡献。

（三）以"三个代表"重要思想为指导，推动 21 世纪我国哲学社会科学的大发展

哲学社会科学研究如何贯彻"三个代表"重要思想？

知识界应该成为"三个代表"重要思想的研究者和实践者。我们的学者是研究、揭示社会发展规律，传承文明，探索社会前进方向的。学习、研究、实践"三个代表"思想，知识分子肩负着重大责任。知识分子的先进性，一个重要标志，是通过创造性的科学研究，传播、创建并发展科学知识、科学方法、科学精神和科学思想。我们的成果，应当反映人类社会发展的规律和文明进步要求。

中国社科院的学者，应从各个学科、各个角度来思考：我们的历史责任是什么？我们的研究成果对社会的价值如何，我们在传承什么，发展什么，创造什么，为社会的进步发展做什么？什么是时代的声音？我们所研究的问题是否真正代表了时代的声音，是否代表了时代的需要，是否反映了时代的发展要求和人民的根本利益，是否代表了人民所向往并为之奋斗的理想？时代的声音，就是时代问题的集中体现，就是人民的意愿和要求。

今年是中国共产党成立 80 周年，深入学习、研究、实践"三个代表"重要思想，是全党的一件大事，更是我们哲学社会科学工作者义不容辞的职责。

首先，学习、研究、实践"三个代表"重要思想，必须紧紧把握 21 世纪我国所面临的重大时代课题，解放思想、实事求是地加以研究，创造无愧于时代的社会科学研究成果。

20 世纪结束，21 世纪来临，中国和世界都正发生巨大而深刻的变化，出现了许多新情况，面临许多新问题。

20 世纪的 100 年间，人类取得了超过以往任何一个世纪的文明成就，同时也经历了无比惨烈的灾难与挫折。成功与失败、欢乐与痛苦、辉煌与悲怆，构成了一幅壮丽奇伟又无比凝重的历史画卷。对于中国来说，20 世纪，是中华民族万众一心、顽强抗争、摆脱屈

辱，从积贫积弱走向独立、富强和民主的一百年。一定要认真总结20世纪的历史经验，继承这份财富。自己的经验是最宝贵的！

展望21世纪，人类发展的道路仍然不会平坦，曲折不可避免，但是我们坚信，人类的前途必将是美好的、光明的。

从世界范围内来看，政治多极化与单极化的矛盾将长期存在，但多极化趋势不可阻挡，和平与发展仍然是当今世界的主题。面对世界的风云变幻，我们要思考和回答：美国的霸权主义是逐渐衰落，还是日益膨胀，甚至挑起战争？对"人权高于主权"等新霸权主义理论如何给予有效的回击？经济全球化不可避免，是"双刃剑"，如何应对，趋利避害？科学技术突飞猛进，如何把社会主义建设同当代科技革命潮流很好地结合起来？社会主义在曲折中发展，如何在与资本主义的激烈竞争中发展壮大社会主义？

对于中国来说，进入新世纪，我国人民的三大任务，就是继续推进现代化建设，完成祖国统一，维护世界和平与促进共同发展。完成这三大任务，沿着建设有中国特色社会主义道路坚定地走下去，必将实现中华民族的伟大复兴。无疑，前面的路是曲折的，问题是新的、复杂的，挑战是严峻的、不可避免的，没有现成的答案。怎么做，怎么走？要研究，要回答。

如何认识社会主义发展的历史进程？如何认识资本主义发展的历史进程？如何认识我国社会主义改革实践过程对人们思想的影响？如何认识当今的国际环境和国际政治斗争带来的影响？江总书记向全党提出必须着力研究的这"四个如何认识"，是我们时代的根本性课题，也是哲学社会科学工作者必须下苦工夫研究清楚的课题。20世纪社会主义与资本主义的长期较量告诉我们，不可把资本主义看轻了，把社会主义看易了；不能把资本主义的寿命看短了，把社会主义的最终胜利看近了。

我们的党在面对21世纪时要有忧患意识，我们的学者在研究21世纪的时候，也必须有忧患意识。要研究可能出现的机遇，更要研究挑战、风险、危机。忧患可以思进，可以看清未来的问题和困难，可以催人奋进。发展、成功都是应对挑战的胜利。机遇也是应对挑战的胜利。没有忧患意识，就会陷入盲目，后果是极其危险的！历史经验表明，有忧患则生，无忧患则亡。

其次，学习、研究、实践"三个代表"重要思想，必须用先进的理论武装全党，用科学的世界观、人生观、价值观凝聚人民，为实现中华民族的伟大复兴而奋斗。

"三个代表"重要思想，是中国共产党人创造性地运用马克思主义立场、观点和方法，思考现时代，思考中国发展问题的最新理论成果。就其精神实质而言，它与马列主义、毛泽东思想、邓小平理论，是一脉相承的统一的科学体系。学习、研究、实践"三个代表"重要思想，用先进的理论武装全党，也就是用马列主义、毛泽东思想、邓小平理论武装全党特别是党的各级领导干部，巩固马克思主义的指导地位，旗帜鲜明地反对指导思想多元化，提高全党的马克思主义理论水平，提高驾驭复杂局势的能力。

理论来自于实践，理论的作用归根到底在于指导人民群众的实践。而理论要指导实践，就必须掌握群众。我们的研究成果究竟是满足于孤芳自赏，还是最终要掌握群众？每一个学者都要深思。历史反复表明，理论一经掌握群众，就能变成巨大的物质力量[2]，就能极大地推动社会的变革和发展。

理论怎样才能掌握群众？一是必须彻底。所谓彻底，就是透过现象，抓住事物的根本[3]，不是浮光掠影，不是隔靴搔痒，不是表面文章；就是要具有真理性，反映事物发展的内在本质和规律，反映历史发展的客观必然性。二是必须具有为人民大众所喜闻乐见的生动活泼的形式，具有鲜明的中国气派，中国风格。食洋不化，追求晦涩，唯恐别人看得懂，这样的作品，这样的理论怎能为人民所喜爱，怎能不被人民所疏远、拒绝呢？又怎能成为传世之作呢？"东"教条不行，"西"教条也不行，什么教条都不灵。

从今年开始，我国将进入全面建设小康社会、加快社会主义现代化进程的新阶段。这是中国几千年历史上崭新的一页。这一具有里程碑意义的历史性进步，以及由此带来的社会生活的深刻变革，对我们的哲学社会科学研究，提出了新的更高的要求。

进入小康社会，人民的精神文化需求，比起温饱社会更高，精神文化的多样性，明显增强。如果我们不能用先进的精神产品来满足人们的需要，就会有一些歪理邪说和腐朽没落的东西乘虚而入；如果我们不能通过群众喜闻乐见的形式，用马克思主义、社会主义占领一切思想文化阵地，反科学、反社会主义的东西就会去占领；如果我们不能用积极向上的世界观、人生观、价值观武装广大青少年，某些消极、萎靡、颓废的精神垃圾就会去毒害他们，同我们争夺祖国的未来。资产阶级自由化的一度泛滥和近年来"法轮功"邪教组织的出现，就是一个深刻教训。

前不久，江泽民同志在全国宣传部长会议的讲话中，提出了"以德治国"的重要思想。他指出，在建设有中国特色社会主义、发展社会主义市场经济的过程中，要坚持不懈地加强社会主义法制建设，依法治国，同时也要坚持不懈地加强社会主义道德建设，以德治国。依法治国与以德治国，二者相辅相成，相互促进，不可偏废[4]。法治属于政治建设、属于政治文明，德治属于思想建设、属于精神文明。二者范畴不同，但其地位和功能都是非常重要的。要始终注意把法制建设与道德建设紧密结合起来，把依法治国与以德治国紧密结合起来。这是我们党对依法治国方略的新发展，必将对21世纪我国社会的发展产生重大而深远的影响。

在建设有中国特色社会主义的伟大事业中，如何进一步加强社会主义法制建设与道德建设，把依法治国与以德治国紧密结合起来，把建设社会主义法律体系与建设社会主义道德体系紧密结合起来，是21世纪我国哲学社会科学面临的新的时代课题。

最后，学习、研究、实践"三个代表"重要思想，必须坚持和发展马克思主义，推动马克思主义的理论创新。

创新，是一个民族的灵魂，是一个国家兴旺发达的不竭动力，也是一个政党永葆生命力的源泉。创新，包括理论创新、制度创新、科技创新和其他创新，其中最重要的则是理论创新。

马克思主义是人类最先进的科学理论，它的诞生本身就是伟大的理论创新，是人类思想史上的根本变革。马克思主义的本质特征，在于它的实践性、科学性与革命性的高度统一，是实践的科学、发展的科学，这正是马克思主义的生命力所在。列宁主义、毛泽东思想、邓小平理论，就是把马克思主义与具体实际相结合所取得的重大理论成果。不断地研究和解决实践中的新情况、新问题，是马克思主义不断发展的源泉。马克思主义一旦被教条化、凝固化，就会失去它的生命力。

恩格斯指出："我们党有个很大的优点，就是有一个新的科学的世界观作为理论的基础。"[5]列宁说，没有理论，党就会失去生存的权利，而且不可避免地迟早注定要在政治上遭到破产。"没有革命的理论，就不会有革命的运动。"[6]

历史经验表明，没有正确理论指导、武装的政党、国家、民族，就没有灵魂，就会迷失方向，就会丧失凝聚力，如一盘散沙，就会亡党亡国，被历史所抛弃。历史经验还表明，一个在理论上缺乏创新，跟不上时代前进步伐，僵化、落后的政党、国家、民族，也是注定没有前途的。

创新，是哲学社会科学繁荣、发展的必由之路，是继"双百"方针之后，党对科学界、学术界提出的一个重要方针。

我们所说的理论创新，是在马克思主义指导下进行的，同时又涵盖了马克思主义本身的理论发展。发展就是创新。

20世纪百年马克思主义的发展充分表明：不坚持马克思主义，就谈不上发展马克思主义；不发展马克思主义，就不可能真正坚持马克思主义。任何僵化、教条化的东西，都是坚持不了的！

迎着21世纪的曙光，面对当代社会实践的深刻变化，面对科学技术的新发展，面对世界范围内各种思想文化思潮的相互激荡，应该看到，马克思主义已经有了很大发展，在中国，就有两次马克思主义的重大发展。同时，也要看到，大量新情况、新问题需要给予正确认识和回答。时代要求繁荣和发展哲学社会科学，丰富、发展马克思主义。因而，坚持和发展马克思主义，是每一个真诚的马克思主义者，所应该担负起的崇高历史使命。

这就是"三个代表"重要思想，给我们哲学社会科学工作者最可宝贵的启示。

对我们社科院来说，21 世纪最大的发展、最大的创新，就是马克思主义的丰富和发展。我们必须坚持马克思主义，同时又要学会运用马克思主义的立场、观点和方法，研究、解答马克思主义经典作家未曾遇到和研究的现时代的重大课题。21 世纪中国的前途命运，很大程度上，就在于马克思主义的丰富和发展。

二　关于我院的改革

（一）改革的指导思想

一是要改革，要充分认识改革的必要性和意义，不要抽象接受，具体拒绝；二是要符合中央精神；三是要符合社会科学发展的规律。

改革的基本原则是鼓励创新，充分调动各方面的积极性。

改革的目标是多出成果、多出人才。

检验我院改革成败的标准在于，是否充分调动了我院所有成员的积极性，是否有利于出成果、出人才，是否有利于更好地为社会主义现代化建设服务，为中华民族的全面振兴服务。这是实践的标准，也是改革的目的。

（二）改革的内容

带全局性的改革有五项：科研、机构、人事、后勤、研究生院。

这五项改革中，两项推进，两项深化，一项探索。积极推进人事、机构改革；深化科研、后勤改革；努力探索研究生院新的办学体制。

今年我院改革的基本任务是：机构改革、研究生院改革要启动，人事改革要试点，科研后勤改革要完善。

（三）改革的原则和措施

不能让改革者吃亏，同时又尽量不伤害既得利益、不伤害感情，不做伤人心的事，努力做到皆大欢喜。改革是解放和发展生产力，是要更好地促进我院科研工作和其他各项工作的更大发展。

实施改革的过程中要注意几条：

一要实事求是。有条件的，大家赞同的，先干起来。

二要逐步实施，稳步前进。允许少数部门按照自己的情况试点，进行探索，不强求一律。没条件的，在不影响大局的前提下，容许等待。

三要教育。要做耐心、细致、周到的思想政治工作。可以请有关单位来人讲一下他们的做法，介绍经验。

四要尊重多数，保护少数。承认少数的差异性，允许等、看、试。

关于人员调整及培训问题。要积极关心、帮助他们，支持他们实现其愿望，不采取把他们推向社会的办法。具体措施有两条：一条是学习，一条是服务。学习包括两个方面：一是加强思想学习，二是加强技能培训。服务就是要努力给人事变动的同志提供方便。

我院的改革方案已经下发。希望大家本着对党、人民的事业高度负责的精神，从关系我院在21世纪的发展的战略角度，认真审议，积极提建议，使之更加丰富和完善。

改革方案一旦通过，就要抓紧落实，各所要紧密结合本所的实际，积极推进。

人民群众是改革的主体，我院的改革也是只有全院同志的广泛参与才能做好的大文章。那种事不关己、高高挂起的习气应该改掉；那种唯恐改革触及自身利益，并对改革满腹牢骚的态度应该转变；那种对因为改革没有经验，改革措施不完善而出现的失误幸灾乐祸的言行应该废止。我院的学者为中央和有关部门提供了不少改革建议和方案，一定会对本院的改革提出更多更好的意见。

我相信，只要我们把全院同志的积极性、主动性和创造性充分调动起来，我院的改革任务就一定能如期完成，从而为我院在 21 世纪的更大发展，为我国哲学社会科学事业的更大繁荣奠定坚实的基础。

同志们，2001 年是极为重要的一年。今年我国的一个具有重大历史意义的事件，是中国共产党建党 80 周年。要围绕这个事件，全面总结 20 世纪的历史经验，更要面向 21 世纪，深入思考、研究一些重大问题。我希望，全院同志充分发挥聪明才智，为中华民族在 21 世纪的全面振兴，做出自己应有的贡献！

最后，祝大家新年好，新世纪好！

注释：

[1]《马克思恩格斯全集》第 1 卷，人民出版社 1995 年版，第 203 页。
[2]《马克思恩格斯选集》第 1 卷，人民出版社 1995 年版，第 9 页。
[3]《马克思恩格斯选集》第 1 卷，人民出版社 1995 年版，第 9 页。
[4]《江泽民文选》第 3 卷，人民出版社 2006 年 8 月第 1 版，第 200 页。
[5]《马克思恩格斯选集》第 2 卷，人民出版社 1995 年版，第 39—40 页。
[6]《列宁选集》第 1 卷，人民出版社 1995 年版，第 311 页。

关于老学者[*]

（2001 年 1 月 18 日）

今天，我想讲一下最近参加老干部工作会议想到的几个问题。

第一，老龄化问题。无论什么时代，什么社会，什么国家，什么民族，什么地方，都有老人，都会遇到老年问题。家家有老人，人人都会老，谁都不可能避免自己走向老年。随着小康社会的发展，随着经济生活的进步，人口老龄化问题日益成为一个重要的社会问题。没有老人的幸福，如何讲社会的幸福？总之，老龄问题是一个谁都不能回避，谁也躲不开、绕不过的社会问题，应该提到全社会面前认真加以研究。

第二，老年人如何对待老龄、如何对待自己晚年生活的问题。我认为，重要的是应认识到，每个人都要走到这一步，这是不可抗拒的自然规律，所以学会自己对待自己、自己研究自己，自己使自己的晚年生活幸福，才是问题的主要方面，其他都是条件因素。

前几天，我在院工作会议老干部小组会上曾讲过，有的老同志养花非常细心，早上看，晚上看，又怕水多了，又怕水少了，关爱备至。这也是一种爱好、一种情趣。不过，我想提醒我们的老同志，

---

[*] 这是李铁映同志在中国社会科学院 2001 年老干部迎春联欢会上的讲话。

还要像精心养花那样地关心自己的身体健康和晚年生活，要看到老年人晚年生活幸福主要靠老年人自身。当然，这不是推脱社会责任，不是推脱院里应该承担的责任。但是，无论国家、社会、我院还是他人，都不能代替你的幸福，不能替你睡觉，不能替你吃饭，不能替你喜怒哀乐。因此，如何使晚年的生活幸福，不仅是社会、研究机构，也是我们每个老同志自己非常值得研究的问题。

退休以后，可以说是走向一种新生活。如果每位老同志都能像对待自己所养的花草那样精心于自己的身心健康，注意关爱和保养自己，自然会从中悟出许多道理。希望老同志忘掉几十年风风雨雨中那些不愉快的东西，珍存那些值得回忆的愉快的东西，重新开始一种新的生活，走好人生幸福生活的最后里程。

第三，老年问题研究。社科院的老同志都是饱学之士，都有丰富的阅历和满腹的经纶。这不仅对自己，而且对社会也是一个极为宝贵的财富。社会要回答解决老年人怎样幸福的问题，要回答和解决老年人怎样生活的问题。我认为，这是一个具有共性的世界问题，目前中国社会也还没有解决好这个问题。

我们成立了老年科学研究中心，通过看他们的报告，我感觉该中心研究"他学"比较多，研究"己学"比较少。但是，重要的是要首先研究自己，研究已占我国人口10%的老年人的晚年幸福生活问题。这是我们学者的责任，是一门学问，是一门科学。我讲老年人要学会自养、自医、自乐，并不是推卸责任。人病了，当然要上医院，但是你保养好了，不生病或者少生病，不是更好吗？保持自己的身心健康，比什么都好。有一个健康的身体，才会有幸福的晚年。在这个问题上，老同志要转变观念，要自己去研究和回答这个社会性的问题，可以就此写很多东西，做很多学术研究。

第四，中青年人如何看老龄问题。在职的年轻同志也要转变观念。如上所述，老年问题、老龄问题，是个社会问题，无论哪个时代，哪个历史时期，都会遇到这个问题。老同志绝不是社会的负担，他们对国家、对社会做出了自己历史性的贡献，可以说奉献了自己的青春、才智和力量，而且还会在晚年继续做出自己的贡献。一些年轻同志对此认识不够，体会不深。我自己年轻的时候也曾经是这样。

　　我院的工作会议，老同志支部有 30 多人参加，作为院工作会议的正式成员参与院事，提出了许多很好的意见和建议。当然，参与不等于干预，参与的目的在于集思广益。有一些人说老同志难管，什么叫难管？在这个问题上，必须转变观念。任何把老同志、老年人、老龄化看成是负担的想法和做法，都是极端陈旧和落后，也是极其错误的。在此我郑重呼吁，在职的中青年干部要转变观念，理解、关心和爱护老同志，形成不同代人相互理解、相互关爱、相互支持的良好氛围，共同健康幸福地走向新世纪。

造就青年思想家[*]

（2001 年 2 月 8 日）

　　热烈祝贺中国社会科学院青年人文社会科学研究中心的成立！
（以下简称"青年研究中心"）

　　首先，我想借此机会和青年同志们谈谈心，希望成为"青年之友"，也希望青年人承认我这个朋友。我们的干部和老学者成为青年的朋友，很有必要，是时代的需要。任何时候都需要不同年龄段的人成为朋友，只有大家团结协作，才能创造美好的未来。老年人有老年人的优势和特点，青年人有青年人的优势和特点。年轻就是无价的资本，年轻就是不可多得的优势，因为他有势如破竹、锐不可当的进取精神和力量。

　　我们社科院的年轻人，能够坐在这样一个殿堂里，不仅研究中国的问题，而且研究世界的未来发展问题，这是非常令人羡慕的。这个殿堂有什么优势呢？我看只有一个优势，那就是有利于出成果，有利于出人才。它没有什么物质条件上的优势。有些人注重物质条件，说是留不住人要走。对此，我表示充分的理解，因为人的价值

　　＊　这是李铁映同志在中国社会科学院青年人文社会科学研究中心成立大会上的
　　讲话。

观不同，"道不同，不相与谋"[1]。

　　当然，不能认为重视物质条件的价值观就是不好的。他可以在另外的领域里创造辉煌，但是如果决定留在这个殿堂里，则只能是重视学术、重视理论。没有"孔方兄"，我们搞不了研究，但唯"孔方兄"是从，也是搞不好研究的。所以我们只能创造必要的条件，努力创造出有利于出成果、出人才的环境。社科院有没有吸引力，能不能留住人、发现人、培养人，关键取决于能否创造出有利于出成果、出人才的环境。

　　成立青年研究中心一直是我的一个愿望，我也多次和有关领导同志谈过如何加强青年工作的问题。青年代表着一个民族、国家的未来，青年工作是我们的一项宏伟事业，这已成为全院同志的共识。

　　为什么成立这个中心和怎样办好中心？我想，成立这个中心，就是希望青年人自己来创造这样一个"家"、这样一个基地，由你们青年人去探索怎样才有利于青年人成才，有利于青年人出成果，而不是由院里通过行政的手段"拔苗助长"。中心强调自主、自律、自我管理、自我服务。有事情你们大家商量、出主意、想办法。有问题、有意见你们自己去讨论、去争论。

　　我相信，青年人中的大多数，在人类历史发展的过程中，都代表着时代前进的方向，向往美好，向往未来，向往进步。对青年人的爱护不仅仅是要关心、支持，更应该体现在对青年人的信任上。我主张我们这个青年研究中心不搞什么"监护人"，而是让年轻人自己去搞，搞得好是你们的，不好也是你们的。哪有学走路不摔跤的？哪有只做好事不做错事的？做好了我们就鼓励，做错了、摔了跤，也不一定马上就要扶起来。摔了跤自己爬起来比扶起来更好。建立这个中心，就是希望你们自己去探索、去创造这样一个有利于自己成才、出成果的"家"。

　　今天在座的都是理事。理事在一定意义上就是代表，代表社科院1300多名青年人，代表那些将来不断进入社科院的青年。你们如何去代表这一千多青年人的共同愿望呢？我想，到社科院来的青年人，都不是来谋利的，而是希望来出成果的。青年中心一成立，就要把自己的指导思想放在如何共同创造一个新"家"上。这个"家"能办多久以及办得怎么样，不取决于院长，也不取决于院党组，而是取决于青年人自己。经费问题院里要给予支持，同时你们还要多方去筹集。青年人有这个能力。院里打算给青年研究中心每年一定的经费支持，但要纳入预算，要靠你们自己去争取，要把道理说清楚，以理服人。

我想讲的第二点是，21世纪的重大问题是什么？我们青年人应该研究些什么？青年成才和21世纪有什么直接关系？我认为，研究历史和研究未来两者有直接关系。研究历史无非是把历史说清楚，吸取经验教训，掌握历史发展的规律，以便更好地走向未来。社会科学要研究21世纪初中国面临的重大时代问题。这既是时代发展对社会科学工作者提出的要求，也是社会科学工作者价值的最充分的体现。

离开了时代性，脱离了社会潮流，社会科学研究的价值就要受到影响。什么是名呢？名，就是他的价值得到了社会的承认。如果没有得到社会、人民的承认，他的价值又表现在哪里呢？所以说，价值就在于对社会重大问题的回答和解决。一旦回答了时代性的大课题，就必然会对社会产生巨大而深刻的影响，因此你就体现出了你的价值。不想当元帅的士兵不是好士兵，不想当大家的学者也不是好学者。

我赞成青年研究中心去参与一切课题的竞争。青年科研人员完全有这个条件，也有很大的优势。现在有很多中老年学者愿意跟青年人合作搞研究，因为青年人精力旺盛，思维敏捷，不辞劳苦。青年学者要多向老一辈学者学习。通过和老一辈学者接触、对话、讨论问题，青年人可以学到很多东西，可以成长得更快。

什么是当前时代的重大问题呢？纵观当今世界，无外乎两种主要的、基本的社会制度，一种是资本主义制度，一种是社会主义制度。所有的世界观问题、政治问题、理论问题，实际上都离不开对这两大制度的基本看法。对于社会主义，马克思主义者和资本主义世界的学者都有很多的研究和论述；对于资本主义，马克思主义者和资本主义世界的学者也有过很多研究和论述。面对这些众说纷纭的思潮和学说，我们应该如何认识？

从主流看，资本主义国家的学者、政治家论证的，是资本主义的合理性和长期存在的"必然性"。中国的马克思主义者，中国的社会科学工作者，当然要向世界、向社会讲清楚，中国一定能实现现代化，中国一定要走自己的道路，中华民族一定要通过社会主义来实现全面的振兴。中国的问题只能由中国人来解决。如果用外国人的理论来解决中国的问题，就等于让外国人来解决中国的问题，这是行不通的。

也许有的同志会说，马克思主义也是外来的，但马克思主义只有在中国化以后才能解决中国的问题。如果没有马克思主义的基本原理与中国具体实际相结合而形成的毛泽东思想、邓小平理论，马克思主义同样不能解决中国的问题。

在20世纪，社会主义与资本主义这两大社会制度都经历了重大改革，尽管性质不同，程度各异。进入21世纪，这种改革还在进行。实践证明，无论是社会主义，还是资本主义，不改革就不能发展。改革是制度创新的一种方法，制度创新就是要对经济基础（特别是经济体制）和上层建筑进行调整，以适应生产力发展的要求。在21世纪，人类所面对的最重大的问题仍然是两大制度问题：这两个制度的前途、命运如何？资本主义会如何变化？社会主义怎么发展？中国特色的社会主义怎么发展？

无论是研究资本主义，还是研究社会主义，最终总是要落脚到解决中国的现实与未来问题。我看中国的未来问题就是如何保持长期的稳定和发展。只要能长期稳定，就能长期发展；只要能长期发展，中国的社会主义现代化就能实现。

什么是21世纪的重大理论问题？我看还是马克思主义的发展问题。解决中国问题的关键，取决于我们能否更好地坚持和发展马克

思主义。不能发展马克思主义也就不能坚持马克思主义。一切不发
展的、僵化的东西都是坚持不住的，也不可能坚持住。坚持马克思
主义，就是要随着社会、经济各方面的发展，不断地发展马克思
主义。

　　马克思主义没有穷尽真理，也没有包揽一切答案。它所提供给
我们的，更多的是认识世界、改造世界的世界观、方法论、价值观，
是立场，是方法。我们必须学会运用科学的世界观、方法论来认识
社会的发展，在实践中不断地丰富和发展马克思主义。把中国社科
院办成马克思主义的坚强阵地，就是要坚持马克思主义、发展马克
思主义。而最重要的是，只有发展马克思主义才能真正坚持马克思
主义。

　　我建议，青年研究中心成立以后，大家要经常讨论一些大问题。
只有问题看得准、提得恰当，研究工作才会有很好的效果。马克思
讲过，对人类思想、理论的推动作用而言，重要的不是答案，而是
问题。在一定意义上，提出问题比给出答案更重要[2]。因为，答案
毕竟是一种学术理论或看法，其正确性及作用大小是要经过实践才
能检验的，而问题则直接是时代的声音。科学地提出问题是科学地
解决问题的根本前提。所以，善于提出问题，是我们社会科学研究
工作者应具有的基本素质。

　　最后，希望我们这个中心越办越好，成为中国社科院青年成才
的基地。祝贺你们，为你们服务。

注释：

　　[1] 原句为"道不同不相为谋，亦各从其志也"，语出《论语·卫灵公》。
　　[2]《马克思恩格斯全集》第 1 卷，人民出版社 1995 年版，第 203 页。

政治与学术[*]

（2001 年 2 月 20 日）

　　这次中央工作会议，采取了比较特殊的方式来进行，也是多年来没有这样开过的。比如，所有政治局常委都讲了话，而且是常委集体轮流主持会议。

　　在新世纪之初，新年之初，中央召开这样的会议，是从国内形势和国际大势着眼，来全面阐述我们党的方针政策，阐述我们党对当前国内国际形势的基本看法。这是因为，进入新世纪之后，国内国际形势出现了一些新情况、新问题，有必要把我们党对这些新情况、新问题的基本认识告诉全党同志。

　　在这次中央工作会议上，9 位中央领导同志的讲话，不仅具有方针、政策方面的重要意义，不仅部署了今年或者今后一个时期的工作和任务，而且带有重要的经验总结和理论色彩。也可以说是我们党在新世纪开局的时候，对于我国改革开放以来的新鲜经验，从政治上、理论上给予的总结和阐述。这次会议，对于统一全党的思想，进一步增强信心，做好我们的工作，对于迎接党的十六大[1]，都具有重大意义。从目前来看，这次会议具有重大的现实意义；若干年

---

　　* 这是李铁映同志在中国社会科学院传达中央工作会议精神干部大会上的讲话。

后再回头来看，它将是一次具有深远历史意义的重要会议。

这次中央工作会议对我们社科院、社科界、理论学术战线来讲，具有重大的指导意义，我们应该很好学习和认真贯彻会议的精神。这是我要讲的第一点。

第二，在政治上必须和党中央保持一致。什么是在政治上和党中央保持一致？就是要坚持党的领导，坚持我们党对大局的看法，坚持党的路线、方针、政策，不得在政治上违反党的原则和纪律。社科界长期争论的一个问题，什么是学术，什么是政治。我个人认为，凡是关系我们党、国家和人民根本利益的，就是我们最大的政治。"三个代表"，归根到底，是代表人民的根本利益，实现社会主义现代化，实现中华民族的全面振兴。这就是我们需要的政治。在这个问题上，我们全体社会科学工作者必须有共同的认识。

我们的理论、学术的价值最终体现在什么地方呢？不就是中华民族的全面振兴吗？不就是实现社会主义现代化吗？我们需要的是这种理论、这种学术，难道我们还需要别的理论、别的学术吗？难道我们需要那些损害中国人民的根本利益，损害国家的美好前途，危害社会、制造动乱的学术和理论吗？这是哪一家的学术和理论呢？

我曾跟一些学者谈过这样的观点。宗教不就是论述上帝的存在和宗教的合理性吗？如果用宗教来论述世俗社会和人类历史的发展，会得出什么样的结论呢？资本主义的思想家和理论家所构筑的理论体系，不就是证明私有制和资本主义制度的合理性及长期存在的必然性吗？社会主义、马克思主义的理论，不就是要论证资本主义制度最终要灭亡，社会主义必然要代替资本主义吗？不就是论证社会主义的合理性和必然性吗？我们今天的各种学术和理论，不就是要研究中国怎样向前发展，怎样实现人民的根本利益，怎样实现国家和民族的兴旺发达、长治久安、繁荣昌盛吗？难道我们需要论证中国垮台或者使中国垮台，使中国人民的利益受损的学术和理论吗？

所以，对社科院来讲，在政治上同党中央保持一致，这是一条最基本的原则。在这个问题上，我们是没有任何可以让步的余地的，是丝毫不能动摇的。社科院是从事理论和学术研究的地方，对于那些所谓的"持不同政见者"，我们这里容不下他们，也不能拿人民的钱去养这样的人，让他们来搞乱我们自己。按照江总书记给社科院的题词，我们社科院是马克思主义的坚强阵地，是为国家的繁荣昌盛和社会主义现代化建设服务的单位，不是危害国家的"持不同政见者"活动的地方。

第三，社科院必须始终坚持马列主义、毛泽东思想和邓小平理论为指导。理论来源于实践，马克思主义就是在人类历史发展过程中所产生的科学的世界观、历史观和方法论，是不以人的意志为转移的真理。真理不是人们头脑凭空杜撰出来的，恰恰是人们对客观世界、对世界的历史发展的规律性的正确认识。有人主张不要以马克思主义为指导，实际上无非是要用西方资产阶级的思想和理论，来代替马克思主义的指导地位。

所以，在学习贯彻中央工作会议精神的时候，我想再次强调：一定要在政治上同党中央保持一致，坚持中央的方针政策，坚持党的领导；一定要在思想上、理论上坚持以马克思主义为指导。这也是长期以来实践证明了的两条基本原则，符合党的四项基本原则，符合党的基本路线。

我们在观察国际国内形势的时候，要注意当前一些非常显著的特点。一是它的复杂性。表现在一切重大的国内问题都和国际问题联系在一起，即便是没有直接联系，国外敌对势力也要把它炒作为可以利用的国际化问题。西方国家在所谓"全球化"、"地球村"、"一体化"、"共同利益"等说法下，无时无刻不把中国的一些重大问题，特别是有害于中国的重大问题，都看做它们的可乘之机加以利用，都要进行插手。所以，我们在观察问题的时候，要认识到，现在所有的重大问题，都不是孤立的、单纯的国内问题。

二是政治化。几乎所有重大问题，不管是经济的、文化的、社会的，甚至是一些突发的个人事件，国内外的敌对势力总要把它变成一个全局化的政治问题来炒作。所以，国际化和政治化是现在很多重大事件的特征。

三是利用高科技，利用网络化、信息化，迅速把它扩大、放大，把一个局部性的小问题变成全社会乃至全世界的大问题。这就是当前重大事件的复杂性、尖锐性、长期性、政治性和国际性。

我们社会科学工作者是研究人类社会发展的各种问题和规律的。实际上，我们党的领导工作，也是在研究和回答这些问题，推动社会的发展和进步。我们要成为党中央和国务院得力的助手和参谋，积极为我们国家在新世纪的发展提供精神动力和智力支持。江总书记的讲话和会议的纪要都反复强调要解放思想，实事求是，要大胆地进行理论创新，要有理论勇气，要敢于回答现实的问题。这也是我们每一个学者在新时期无限光荣的历史责任和使命，是中国人民对我们广大学者的殷切希望和所寄予的厚望。希望大家能拿出真知灼见来，回答这些复杂的问题。

这次中央工作会议，我们要把它看做对社科院在新世纪做好社会科学研究工作，做好理论、学术研究的动员令，是对我们的号召。我们每个学者都应该集中精力，认真钻研自己的学术问题，为新世纪人文社会科学的繁荣发展，做出自己的贡献。

注释：

[1] 十六大于 2002 年 11 月 8 日至 14 日在北京召开。

关于社会主义民主*

——在国防大学的演讲

（2001 年 3 月 20 日）

今天，我十分高兴到国防大学来，向大家介绍关于民主的几个理论问题。首先，让我代表中国社会科学院，向伟大的中国人民解放军，致以崇高的敬意！

三年前，根据江总书记关于要开展民主问题研究的指示精神，中国社会科学院成立了民主问题研究课题组，由我担任组长，对民主问题进行系统研究。去年，在课题组的基础上，又成立了中国社会科学院民主问题研究中心。今天我要讲的，是这些年来的一些研究成果和心得体会，希望能起到抛砖引玉的作用。

下面，我讲三个问题：一，马克思主义的民主观；二，有中国特色社会主义民主的理论与实践；三，积极稳妥地推进社会主义民主政治建设。

第一个问题：马克思主义的民主观

关于这个问题，下面分四点来谈：

---

* 这是李铁映同志在国防大学的演讲。

一　马克思主义产生以前民主概念的演变

　　"民主"一词起源于古希腊语的 δημοκρατία。δημοs，意思是民众，κρατία 意思是掌握、做主，合在一起就是民众掌握、做主。因此，后人把 δημοκρατία 译为"人民统治"，就是人民管理自己的事务。史料表明，民主概念最早出现于公元前 5 世纪 60—50 年代的雅典。古希腊历史学家希罗多德（公元前 484—前 430/420）在其所著《历史》一书中，最早把雅典的政治制度称为民主政治。雅典著名政治家伯里克利（公元前 495—前 429）说，我们的制度所以被称为民主制度，是因为政权在多数公民手中，而不是在少数人手中。古希腊著名思想家亚里士多德[1]（公元前 384—前 322）曾依据城邦统治者为一人、少数人或多数人，把古希腊政治制度分为君主、贵族和共和三种常态政体，以及僭主、寡头和民主三种变态政体。可以看出，希罗多德、伯里克利、亚里士多德对于民主的理解大体一致。这是人类文明史上最早的民主概念。不过，必须指出，他们讲的"人民"或"多数人"并不包括奴隶在内。

　　需要指出，古希腊罗马使用民主概念、共和概念指称的政治制度实际上只限于单个城邦的范围。后来，随着民族国家的形成，法国思想家布丹提出了"主权"（souveraineté, sovereignty）的概念，并认为君权是国家的最高权力，即君主主权。

　　在英国资产阶级革命[2]中，发生过这样一件事。英王最主要的支持者白金汉公爵出征爱尔兰失败，议会的一些议员主张处死他。英王查理一世（1625—1649 年在位）认为，"朕即国家"，议会无权处死他。一时议员们不知所措，处死一事就被搁置。随着革命形势的发展，支持克伦威尔的议员认为，现在议会代表国家，于是，他们按照议会的决定处死了这位大臣。这说明，资产阶级革命动摇了君主主权论的统治地位。

　　到了 18 世纪，法国激进启蒙思想家卢梭（1712—1778）在《社会契约论》这一著作中，就论证了人民主权原则，用人民主权论代替了君主主权论。他认为主权是公意的运用，公意就是人民共同体的意志。国家的目的是实现公意，因此主权属于人民，政府不过是执行人民的意志而已。

在资产阶级革命的过程中，资产阶级思想家们继承了以往民主的思想，并根据斗争的需要，加进了新内容，有了新发展，并用"民主"（democracy）这一概念，来描述他们追求的政治制度。

这里，我想指出，"民主"一词在汉语中出现得较早。约三千年前的周初官方文件《尚书·多方》中，"民主"一词就反复出现了三次，其中有一次说，"天惟时求民主，乃大降显休命于成汤，刑殄有夏"。意思是说：商王成汤应顺天命，联合多方，殄灭夏朝革而代之，作了"民主"。"天惟时求民主"表达的是为民作主思想，与近代民主观念是迥然不同的。但就其注重民心向背的重要性来说，依然可以看到一些与早期民主有渊源关系的传统因素。[3]在我国，把民主理解为人民统治，是到了近代才开始的。孙中山的民权思想就是代表。他认为，国家为人民之公产，凡人民之事，人民公理之。

二　马克思主义的民主观

（一）马克思、恩格斯、列宁对民主概念的理解

卢梭的人民主权理论对马克思和恩格斯产生了较大影响。马克思在 1843 年 3 月写的《黑格尔法哲学批判》一书中，就运用人民主权的思想批判封建专制制度，批判了德国唯心主义哲学家黑格尔（1770—1831）对君主立宪制度所作的辩护。

马克思认为，君主主权和人民主权"是两个完全对立的主权概念"，是不能调和的。就国家制度和人民的关系而言，"不是国家制度创造人民，而是人民创造国家制度"[4]，因此，人民应该有权建立

一种真正表现人民意志的新的国家制度。

后来，马克思在总结巴黎公社经验和批判"哥达纲领"的时候，都进一步地论述了他对民主的理解。他称赞巴黎公社就是属于人民、由人民掌权的政府。他在《哥达纲领批判》中指出："民主的"这个词，在德语里就是"人民当权的"意思[5]。

在马克思看来，民主就是人民主权、人民意志的实现，就是人民自己创造、自己建立、自己规定的国家制度，以及运用这种国家制度决定自己的事情。通俗地说，民主就是人民当家做主。

恩格斯和列宁也表达了类似的看法。列宁在论述苏维埃民主的时候，就说过，苏维埃民主应该使全体居民真正平等地、真正普遍地参与一切国家事务[6]。

关于马克思主义民主概念的科学规定，这里还要作两点说明：

第一，它是对人类民主发展史的深刻总结，既批判地继承了古希腊思想家的民主概念和卢梭人民主权概念的合理思想，又与前人有根本区别。马克思主义民主概念是建立在唯物史观的基础上的。马克思主义认为，人民是一个历史的范畴，在历史的不同时期，人民的含义和范围是不同的。在阶级社会中，人民总是同阶级联系在一起；在不同的历史时期，当家做主的实现程度和实现形式也是不同的。因此，虽然不同时期的思想家都是把民主规定为人民统治、人民主权，但只要联系具体历史阶段上的实际内容，就会看出不同历史阶段上的民主之间的本质差别。

以古希腊雅典的民主来说，雅典城邦，在最繁荣的时期，境内人口约 40 万人，其中奴隶 20 万人，外邦侨民 3.2 万人，公民及其家属 16.8 万人。有权参加议事和审判的公民约 4 万人，仅占人口的 1/10。这就是说，古希腊政治家、思想家们讲的"人民统治"实际上是奴隶主的统治。雅典民主制实质上是奴隶主的民主制，是奴隶主对奴隶的统治。

资产阶级思想家把资产阶级民主政治制度，标榜为"人民主权"，但在资产阶级国家，工人阶级及其他劳动人民只享有法律上规定的形式上的权利，实际的政治经济权利都抓在资本家或资本家集团的手里，所谓自由、平等、民主和人权，都不过是资本的特权。所谓"人民主权"实际上是"资本主权"。

马克思主义民主概念中讲的人民，是指工人阶级及其他劳动人民。马克思主义针对资产阶级民主，提出了无产阶级民主、工人阶级民主、社会主义民主。主张通过革命，用工人阶级及其他劳动人民当家做主的民主，取代资产阶级的民主。马克思主义民主理论是工人阶级及其他劳动人民反对资产阶级统治、建立新型民主政治制度的理论武器。

不同的理论是为不同的政治目的服务的。宗教是为了论证上帝的存在及其合理性；资产阶级的理论是为了论证资本主义的存在和合理性；马克思主义理论是论证社会主义代替资本主义的必然性和合理性。

总之，自马克思主义产生以来，世界上有两种世界观、历史观和价值观，一种代表资产阶级的利益，一种代表无产阶级的利益，反映在民主政治上，产生了两种根本对立的民主理论体系和民主政治制度，即资产阶级的民主理论体系、民主政治制度和无产阶级的民主理论体系、民主政治制度。它们本质上对立，但形式上、方法上可以相互借鉴、利用。两者的哲学基础和现实的政治追求也是不同的。

第二，对马克思主义民主概念要有一个正确理解。有人说，古希腊雅典民主是一种直接民主，思想家们概括为人民统治，现在马克思又把民主规定为人民当家做主，这不是也在主张直接民主吗？应该指出，把马克思讲的民主概念简单地等同于直接民主是错误的。在马克思主义民主概念里，人民当家做主是讲民主的实质，至于人民如何当家做主，那是民主实现的形式问题。民主的实质和民主的形式虽然有联系，但还是应该加以区别的两个问题。

在形式问题上，马克思主义既主张直接民主的形式，也主张间接民主的形式，更确切地说是主张把这两种形式结合起来。

　　列宁进一步论述了这个问题，他在指出苏维埃民主的实质是工人阶级及其他劳动人民当家做主的时候，并没有把苏维埃民主仅仅理解为直接民主，俄文中"苏维埃"的意思就是代表大会，所以苏维埃民主也是通过各级代表大会的形式实现的。他认为苏维埃民主、社会主义民主要"保证能够把议会制的长处和直接民主制的长处结合起来"[7]。

（二）马克思主义在社会的不同层面和不同领域中使用民主概念

　　马克思主义经常在社会不同层面上和不同领域中使用民主概念。在国家政治制度层面上，把民主理解为一种国家形态或国家形式，称作民主的政治制度或民主政体；在人民权利层面上，指广义的民主权利；在管理层面上，指组织管理的民主原则、民主体制；在思想观念层面上，指民主观念、民主精神；在行为方式层面上，指民主作风、民主的工作方法。在把民主概念扩展到政治领域以外的其他领域，如经济、文化和社会生活领域，则形成了经济民主、文化民主和社会民主。

　　总之，民主既有基本的含义，又有扩展和延伸的含义，但作为人民权利和国家制度的民主是它的基本含义，是马克思主义民主理论研究的重点。

（三）要辩证地认识民主在社会结构中的地位、作用和属性

　　历史唯物主义所阐明的社会经济政治结构由生产力、生产关系（经济基础）、上层建筑（包括政治设施和意识形态）组成。大家知道，在这个社会结构中，生产力决定生产关系；生产关系的总和作为经济基础又决定着上层建筑，同时上层建筑对于经济基础，生产关系对于生产力又起反作用。

　　在这个社会结构中，民主处在何种地位呢？马克思主义历来有明确的回答，民主属于上层建筑，民主政治制度和民主权利属于上

层建筑的政治设施范畴，民主观念、民主精神属于上层建筑的社会意识形态范畴。

作为上层建筑设施，民主政治制度和民主权利，往往要通过法律的形式加以固定和规范。在历史上，法的最初形式是自然法，即由长期习惯而形成的法。西方历史上第一部成文法，是公元前 5 世纪中叶颁布的"罗马十二铜表法"，它是一部奴隶主的法典。我国古代的"唐律"，被认为是封建社会的法典。法国的"拿破仑法典"则是资产阶级法典。一定阶级的民主政治的制度化、法律化，严格依照法律进行国家管理，就是法制。民主是法制的前提和基础，也只有实行法制才能有效地维护统治阶级的民主制度，因而，法制又是民主的保障。

在社会结构中，民主是由经济基础决定的，而阶级斗争、政治斗争、思想文化、历史传统等因素，也对民主产生着重大影响。

用历史唯物主义社会结构理论分析民主问题，就是要求我们对民主的性质及作用进行具体的、历史的、辩证的分析；要正确认识民主的阶级性和社会性、民主的历史性和继承性、民主的手段性和目的性的相互关系；正确认识民主在历史上的作用。

关于民主的目的性和工具性的关系，我想多说几句。民主是政治文明的成果，是政治工具、政治形式，资本主义民主和社会主义民主有本质的不同，但作为政治形式和工具，都可以为自己的目的服务。不能因为资产阶级用了坦克、飞机，无产阶级及其劳动人民就不能用了。像共和国、宪法、选举等，我们都用了。关键是要看是否符合中国人民的根本利益，是否符合中国的国情，是否符合中国的社会主义制度。即使是资本主义国家之间，民主的形式在许多方面也是不同的，存在很大差异。

我不同意抽象地谈论民主的作用。民主总是具体的、历史的。绝对好的、完满无缺的民主制度，历史上没有，今天也不存在。

三　对资产阶级民主要进行历史的辩证的分析

如何对待资产阶级民主，是一个大问题。对资产阶级民主，马克思主义历来采取历史的、辩证的分析态度。下面我想着重讲两点：

（一）马克思主义充分肯定了资产阶级民主的历史进步性，同时又揭露其资产阶级专政的实质

马克思、恩格斯、列宁都曾经高度评价资本主义取代封建主义、资产阶级民主取代封建专制的历史进步性，认为它"在'自由''平等''民主''文明'的道路上向前迈进了具有世界历史意义的一步"，"从全世界社会发展来看，是一大进步"[8]。

同时，马克思、恩格斯、列宁总是告诫工人阶级及其政党，不要被资产阶级的民主形式所迷惑，要透过其形式认清其资产阶级专政的实质。

民主并不是资产阶级的发明。不能一谈民主，就以为是资产阶级的。前面说过，民主概念在古代就有了。资产阶级对民主理论有较大发展，但在其统治地位确立后，对原来的民主理论进行了改造、诠释、包装，使之更加符合资产阶级的统治，符合它的利益。巧妙包装是资产阶级民主的一大特征，资产阶级是最高级的"包装师"。

资产阶级民主的实质，是资产阶级专政，这是以唯物史观为哲学基础的马克思主义国家学说的必然结论。在阶级社会里，国家是阶级斗争的产物，也是阶级斗争的工具，是统治阶级压迫被统治阶级的工具。资产阶级民主共和国虽然是历史上发展最为完备的国家形式，但它仍然是资产阶级用来统治、剥削工人阶级及其他劳动人民的机器，仍然是资产阶级专政的工具。为了实现资产阶级的统治，资产阶级发明了许多统治工具，不仅发明了许多军事武器，也发明了许多维护资产阶级统治的政治工具。自资产阶级革命以来，无论是政权结构、法律结构、意识形态的发展变化，包括资产阶级的概

念体系和话语系统，都是为不断完善资产阶级国家机器服务的。

马克思主义并不认为，资产阶级民主的形式是固定不变的。马克思逝世以来，特别是在 20 世纪中，资产阶级民主的形式发生了许多变化，例如相继取消了在选举权上的关于财产、教育程度、性别和种族的限制，选举制度也变得更加周密，权力制衡机制也有不少新的形式。但是，这些形式上的变化，并没有改变其资产阶级专政的实质。

（二）马克思主义深刻分析了资产阶级民主的内在矛盾，揭示了它的历史局限性

关于资产阶级民主的内在矛盾，根据马克思、恩格斯、列宁的分析，可以归纳为下列几个方面：

第一，资产阶级民主包含着理论上标榜代表社会普遍利益与实践上保护资本特殊利益的矛盾。

资产阶级成为统治阶级之后，加紧了对无产阶级及其他劳动人民的剥削和压迫。它的阶级利益和广大人民群众的利益处于尖锐激烈的对抗之中，但它仍然利用民主形式，把其阶级利益和价值观念说成全社会的普遍利益和普遍的价值观念。这就使得资产阶级民主在形式上、理论上标榜的东西和在实际中、现实中存在的东西之间形成极大的矛盾。

第二，资产阶级民主包含着政治法律形式上的平等与社会经济上事实上的不平等的矛盾。

马克思恩格斯指出，自由、平等、民主等政治权利，在社会经济生活中是为了体现和维护私有财产，是为了在市场上进行交换和竞争。于是法律上形式上规定的权利，经过资本主义生产和市场机制的运作，导致了事实上、经济上的不平等。

资本为了榨取更多的剩余价值，在生产、经营、管理过程中对劳动者不讲平等、自由、民主，劳动者甚至连基本人身权利都得不到保障。马克思说："平等地剥削劳动力，是资本的首要的人

权。"[9]恩格斯也说，在资本主义社会中，"金钱代替刀剑成了社会权力的第一杠杆"[10]。这就道破了资产阶级人权、民主的实质。

当代社会的现实表明，在资本主义社会的政治生活中，资本和金钱还把法律上的自由、平等、民主彻底变成形式性、规则性、程序性的把戏，代议制的选举政治完全成了由资本操纵的金钱政治。真正享有政治上自由、平等、民主权利的只是资本的人格化身，民主成了"金钱笼子里的自由鸟"，人权成了资本项下的权利。

第三，资产阶级民主包含着国家政权形式上的权力分立与实际上国家政权仍然凌驾于社会之上的矛盾。

立法权、司法权和行政权三权分立的理论，是18世纪法国资产阶级启蒙思想家孟德斯鸠系统提出来的。

马克思认为，资产阶级利用立法权和议会使自己的统治遵循一定的法律程序，实行民主的运作，以协调资产阶级内部各集团之间的利益关系。

但是，在议会的决定可能损害资产阶级或资产阶级的某一派的根本利益的时候，资产阶级或其某个派别就会设法使议会民主失去作用。资产阶级为了"要挽救它的钱包，必须把它头上的王冠摘下来，而把保护它的剑像达摩克利斯剑一样地悬在它自己的头上"[11]。资产阶级一方面从根本上破坏一切议会权力；另一方面则使得行政权成为不可克制的权力。马克思尖锐地指出，"议会形式只是行政权用以骗人的附属物而已"[12]。

马克思的阐述表明，资产阶级"三权分立"并没有改变资产阶级专政的实质。国家权力仍然凌驾于社会之上，人民群众无法对国家权力进行监督。但是，马克思批判、否定资产阶级"三权分立"原则，并不意味着他要否定对国家权力的监督和制约，相反，而是要探索一种能够使人民群众真正监督和制约国家权力的民主政治形式。

此外，还应当指出，一些发达的资本主义"民主"国家，不仅在国内用资产阶级民主掩盖其资产阶级专政的实质，而且在世界上一贯打着"文明、自由、民主、人权"等旗号，干涉别国内政，进行扩张、侵略和掠夺，推行殖民主义、帝国主义和霸权主义。（仅仅在 1763—1818 年的 55 年间，英国就从印度搜刮了多达 50 亿英镑的财富。在中华人民共和国成立前的一百多年间，英国和法、德、美、俄、日等列强，强迫中国签订了 1100 多个不平等条约，割让了 150 万平方公里的领土，勒索了总计约折合 19 亿 5300 万银元的惊人的战争赔款。为强占印第安人的土地，仅在 19 世纪初，美国政府就对印第安人发动了 200 多次的袭击和军事征伐。在公元 1500 年左右，美国境内有 100 万—200 万土著民族，到 19 世纪末时，仅存 24 万人了。还在 15 世纪中叶时，西方殖民者就开始了奴隶贸易。非洲因奴隶贸易损失 1 亿—2 亿人口。被运到美洲的黑奴，16 世纪为 90 万人，17 世纪为 275 万人，18 世纪为 700 万人。此外，西方"民主国家"还掠卖了数以万计的华工。）我们认为，这里也存在着旗号和实质之间的矛盾。这是资产阶级民主的内在矛盾在对外关系上的表现，反映了资本主义国家对外掠夺、扩张、侵略的本质。

近代历史上，资本主义国家就打着"文明"的旗号，利用大炮和军舰在世界各地发动侵略战争，抢占殖民地。20 世纪中期，面对人民革命和民族解放运动的浪潮，西方资本主义发达国家把自己标榜为"自由国家"，对取得革命胜利和民族独立的国家，进行一次又一次的武装干涉和侵略战争；在国际交往中把不平等、不公正的国际经济政治秩序强加给发展中国家。

20 世纪 70 年代以来，美国等国又极力把自己标榜为"民主国家"，利用经济全球化浪潮，仰仗其经济、科技、军事和文化实力，推行资本主义的全球一体化战略。美国为实现霸权主义的全球战略，打着人权、民主、自由的旗号，提出"人权高于主权"、以"人权"取代主权的干涉主义"新原则"，利用人权对别国施加压力，干涉别国内政。以美国为首的北约就是在这种旗号下，对南斯拉夫这个主权国家进行狂轰滥炸达两个半月，还公然轰炸我驻南使馆。这种干涉就是对人权最严重的践踏。

资产阶级民主的上述矛盾，都是由资本主义社会的生产力和生产关系、经济基础和上层建筑之间的矛盾引起的。只要资本主义社会的基本矛盾存在，资产阶级民主的上述矛盾就不可能克服。无论资产阶级民主的形式如何千变万化，它都不会改变其为资产阶级的阶级私利服务的阶级属性，必然具有掩盖资产阶级专政和资产阶级经济剥削实质的虚伪性。这就是资产阶级民主的历史局限性。当资产阶级利用民主形式反对、阻挠无产阶级和人民群众推动社会根本改造的时候，资产阶级民主便充分暴露了它的反动性。这预示着它本身只能在无产阶级改造旧世界、创造新世界的过程中被扬弃。

四 社会主义民主是历史上新的民主类型

马克思主义不仅深刻揭示了资产阶级民主的阶级本质和历史局限，而且还论证了社会主义民主是人类历史上新的更高类型的民主。

（一）社会主义民主的本质特征

马克思在《法兰西内战》中阐述无产阶级民主概念时指出，巴黎公社给共和国奠定了真正民主制度的基础[13]。恩格斯也称巴黎公社是"新的真正民主的国家"[14]。列宁也多次指出，苏维埃民主是无产阶级和劳动人民的民主，是社会主义民主，苏维埃制度是新的国家类型，新的民主类型，它意味着同资产阶级民主制的决裂和具有世界历史意义的新型民主制的产生[15]。

为什么说社会主义民主是历史上新的民主类型？它的本质特征是什么呢？这可以从下列四个主要方面来考察。

第一，社会主义民主是工人阶级及其他劳动人民当家做主的民主。

在马克思主义看来，古希腊的民主制是奴隶主民主制；中世纪欧洲历史上的城邦共和国是城邦大商人、大作坊主的民主制；近代资产阶级革命后建立的民主制是资产阶级民主制。总之，这些民主制都是剥削阶级的民主制。在这些制度下，作为劳动人民的奴隶、农民、工人，一般都被排除在民主的主体之外。而巴黎公社、苏维埃政权却是工人阶级及其他劳动人民掌握了国家政权之后实行的民主制，其主体是工人阶级及其他劳动群众。民主主体的根本不同，是社会主义民主与资产阶级民主及其他剥削阶级民主的根本区别。

第二，社会主义民主是社会成员中绝大多数人享有的民主。

历史上，奴隶主民主制和资产阶级民主制，都是少数人享有民主权利，而绝大多数人则不享有民主权利或形式上享有而实际上被剥夺。列宁说："苏维埃革命无论在深度和广度方面都空前地推动了民主的发展，而且它所推动的正是受资本主义压迫的广大劳动群众享受的民主，因而也就是绝大多数人享受的民主，也就是不同于资产阶级民主（剥削者的、资本家的、富人的民主）的社会主义民主（劳动人民的民主）。"[16]

在社会主义社会中，由于国家还不可能立即消亡，因而社会主义民主在相当长的时期内仍然要作为国家形态继续存在，但社会成员中享受民主人数的极度扩大和被统治人数的极度缩小，引起了民主类型的质变。因而，社会主义民主是历史上的新型民主。

第三，社会主义民主是由工人阶级政党领导、组织工人阶级和广大劳动群众参加管理和监督的民主。

马克思主义认为，工人阶级及其他劳动人民要翻身解放，就必须将自己组织起来。工人阶级政党就是工人阶级的最高组织形式，也是劳动人民的最高组织形式。工人阶级政党领导人民群众在革命中夺取政权的过程，就是用工人阶级政党领导下的人民群众的有组织力量去代替以往压迫人民群众的有组织力量，建立自己的国家政权。列宁说，在社会主义民主制度下，工人阶级先锋队能够领导最广大的被剥削群众，吸收他们参加独立的政治生活，根据他们亲自的体验对他们进行政治教育——因而是空前第一次使真正的全体人民都学习管理国家，并且开始管理国家，"使全体居民群众真正平等地、真正普遍地参与一切国家事务"[17]。

因此，社会主义民主之所以不同于资产阶级民主，就是因为它是工人阶级政党领导人民群众对国家事务进行管理和监督的民主。

第四，社会主义民主是实现劳动解放的民主。

马克思在总结巴黎公社经验的时候，认为公社是劳动在经济上获得解放的政治形式，是劳动的社会解放的政治形式[18]。

社会主义民主的根本目的，不仅要使工人阶级和劳动人民获得政治解放，还要使工人阶级及其他劳动人民获得经济解放和社会解放。

（二）要重视探索社会主义民主的实现形式

马克思、恩格斯总结了巴黎公社的经验，但没有涉及社会主义民主实现形式的多样性、特殊性问题。

十月革命后，列宁在领导苏维埃民主制度建设的实践中提出了这个问题。他明确指出："一切民族都将走向社会主义，这是不可避免的，但是一切民族的走法却不会完全一样，在民主的这种或那种形式上，在无产阶级专政的这种或那种形态上，在社会生活各方面的社会主义改造的速度上，每个民族都会有自己的特点。"[19]他提出要采取和实行多种多样的形式让群众参加监督和管理。他认为形式愈多愈好，对于群众创造的形式应该详细地记录下来，加以研究，使之系统化，在经过更多经验检查之后定为法规。

我们进行政治体制改革，其中一项重要任务就是要探索社会主义民主的实现形式。社会主义民主的实现形式问题解决不好，社会主义民主本质所具有的优越性就不可能充分地发挥出来，社会主义政治制度的优越性也不可能充分体现出来。因此，探索社会主义民主的实现形式是逐步完善社会主义民主，加强社会主义政治制度建设极其重要的内容。

（三）要总结社会主义国家民主实践的经验教训

马克思主义很重视总结正反两个方面的历史经验。马克思、恩格斯对巴黎公社经验的总结是第一次。

列宁对俄国苏维埃民主实践的总结，是马克思主义发展史上的第二次总结。苏维埃政权建立之后，经过几年实践，国家机关中出现了官僚主义，有些苏维埃代表也开始脱离群众，列宁敏锐地发现了这些问题，担心官僚主义会把苏维埃政权毁掉。为了解决这个问题，他主张普遍吸收劳动者来管理国家，主张通过长期的教育工作、组织工作、文化工作来改变这种状况，不断完善社会主义民主。

列宁逝世以后，斯大林领导了苏联的社会主义建设，取得了很大的成就，但也犯了严重的错误。赫鲁晓夫在揭露斯大林错误的时候，把斯大林的错误仅仅归之于斯大林的个人品质。我党以毛泽东为核心的党中央领导集体进行了认真讨论和总结，发表了《论无产阶级专政的历史经验》和《再论无产阶级专政的历史经验》，在批评斯大林错误的同时，全面评价了斯大林，认为斯大林犯错误的原因，除了个人因素之外，主要还有社会历史条件上的种种原因。从我们的观点来看，这是马克思主义发展史上，对社会主义民主实践经验的第三次总结。

但是，大家知道，毛泽东晚年重犯了和斯大林相类似的错误，特别是错误地发动了"文化大革命"，造成了十年动乱。毛泽东的晚年错误，被林彪、"四人帮"利用，大搞封建法西斯专政，肆意破坏社会主义民主和法制。

粉碎"四人帮"、结束"文化大革命"，特别是在党的十一届三中全会以后，在以邓小平为核心的党的第二代领导集体的领导下，我们党纠正了毛泽东的晚年错误，总结了新中国成立以来我们党的历史经验。邓小平全面评价了毛泽东的功过，认为毛泽东晚年错误的悲剧，主要原因是我们在制度、体制上存在缺陷，提出要对党和国家的领导制度进行改革，从制度、体制上防止这类错误的发生。这就在《一论》、《再论》的总结的基础上向前大大推进了一步。从我们的观点来看，这是马克思主义发展史上对社会主义民主实践的第四次总结。

第五次总结则是在苏联解体和东欧剧变之后。苏联解体、东欧剧变的原因是多方面的，但主要的是政治上的腐败，理论上的僵化和体制上的僵化。

概括地说，社会主义制度出现至今80多年，最大的教训有两个：一个是苏东剧变，一个是中国的"文革"。可以说，邓小平理论和江泽民同志的一系列论述，对此进行了深刻总结。

社会主义国家的民主实践及其经验教训，是一个需要进一步研究和总结的课题。历史是一面镜子，我们自己的历史实践，就是我们最好的教科书。认真总结历史的经验教训，是我们更加健康顺利地进行社会主义民主政治建设实践所不可缺少的。

第二个问题：有中国特色社会主义民主理论与实践

有中国特色社会主义民主理论与实践，是中国共产党人对马克思主义民主理论的运用和发展，是中国人民在中国共产党领导下实现当家做主过程中的伟大创造，它既是马克思主义的，又是具有鲜明中国特色的。关于这个问题，下面讲三点：

一　中国共产党三代领导集体对马克思主义民主理论的运用和发展

1921年7月，中国共产党成立的时候，就把马克思列宁主义作为自己的指导思想，把社会主义和共产主义作为自己的奋斗目标。1922年7月，党的二大又把"打倒军阀；推翻国际帝国主义的压迫；统一中国使它成为真正的民主共和国"作为党在那个阶段的具体的革命纲领。从此，中国共产党领导中国革命和建设的过程，也就包括了在中国建立民主政治的过程。

马克思列宁主义和中国实际相结合的过程，经历了两次历史性飞跃，第一次飞跃的理论成果是毛泽东思想，第二次飞跃的理论成果是邓小平理论。这个过程也是有中国特色社会主义民主的理论和制度的产生和形成的过程。

以毛泽东为核心的党中央第一代领导集体创立了人民民主理论，建立了社会主义基本制度，对有中国特色社会主义民主进行了初步探索。人民民主理论对马克思主义民主理论的主要贡献表现为：第一，人民民主专政的国体理论；第二，人民代表大会制的政体理论；第三，统一战线和多党合作与政治协商理论；第四，民族区域自治理论；第五，正确处理人民内部矛盾的理论。

以邓小平为核心的党中央第二代领导集体，总结了我国及其他社会主义国家的历史经验，在引导我国进入改革开放和社会主义现代化建设新时期的同时，也开创了我国民主政治建设的新局面，初步形成了有中国特色社会主义民主的理论体系。邓小平理论对马克思主义民主理论的主要贡献表现为：第一，进一步论证了民主对于社会主义、社会主义现代化建设的重要意义；第二，提出了民主要制度化、法律化的理论；第三，提出了政治体制改革理论；第四，提出了"一国两制"理论；第五，提出了进行民主政治建设要坚持正确方向的理论。

以江泽民为核心的党中央第三代领导集体，高举邓小平理论的伟大旗帜，在全面推进有中国特色社会主义伟大事业的过程中，进一步丰富了有中国特色社会主义民主理论，对马克思主义民主理论的主要贡献表现为：第一，提出了继续推进政治体制改革的理论；第二，提出了依法治国，建设社会主义法治国家的理论；第三，提出了加强精神文明建设，以德治国的理论；第四，提出了以人民当家做主的制度保障人权的真正实现的理论（我们已经签订了《经济、社会和文化权利公约》，我们讲人权，当然包括经济、社会、文化等权利）；第五，提出了"三个代表"的重要思想。

在中国革命和建设的过程中，中国共产党是怎样将马克思主义民主理论和中国实际相结合的呢？对民主的认识和实践，大体经历了从工农民主到人民民主或新民主主义民主，再到社会主义民主和有中国特色社会主义民主的形成和演变过程。

（一）工农民主概念

这是中国共产党作为中国工人阶级的政党，在其成立之初就提出的具有鲜明中国特色的民主概念。1927 年大革命失败之后，中国共产党高举武装斗争的旗帜，深入农村，开辟了工农武装割据的革命根据地，于是提出了工农民主的概念。所谓工农民主，就是由根据地的工人、农民和城市小资产阶级结成联盟作为政权主体的民主[20]。

（二）人民民主和新民主主义民主概念

这是毛泽东在领导中国革命过程中，根据当时国内阶级关系的发展变化所创立的。随着新民主主义革命的胜利，新民主主义民主的概念已不再使用，但人民民主这个概念一直沿用至今。

1931 年"九一八"事变后，民族矛盾成为国内主要矛盾。1935 年，毛泽东提出了"人民共和国"的口号[21]。

1936 年 8 月，毛泽东提出了"民主共和国"的口号。

1939 年 5 月，毛泽东提出了"人民民主主义"的新概念[22]。他认为：中国人民民主革命的目的，就是打倒帝国主义和封建主义，建立人民民主主义的制度。

1939 年 12 月，毛泽东又提出了"新民主主义"概念[23]。他认为：现时中国的资产阶级民主主义的革命，已不是旧式的一般的资产阶级民主主义的革命，而是新式的特殊的资产阶级民主主义的革命。我们称这种革命为新民主主义的革命。在《新民主主义论》中，他全面论述了新民主主义的经济、政治、文化及其相互关系。

1949 年 6 月，新中国诞生前夕，毛泽东在《论人民民主专政》[24]中，将新民主主义和人民民主主义这两个概念统一了起来。他在总结中国人民自 1840 年以来寻找救国真理的曲折过程之后指出：西方资产阶级的文明，资产阶级的民主主义，资产阶级共和国的方案，在中国人民的心目中，一起破了产。资产阶级的民主主义让位给工人阶级领导的人民民主主义，资产阶级共和国让位给人民共和国。

什么是人民民主或新民主主义的民主呢？这就是在中国共产党领导下，由工人阶级、农民阶级、小资产阶级、民族资产阶级及其他反帝反封建人士作为人民主体的民主。

（三）社会主义民主概念

在我国生产资料所有制的社会主义改造基本完成以后，毛泽东在使用"人民民主"这个概念的同时，把我国实行的民主称作"社会主义的民主"。他说："我们的这个社会主义的民主是任何资产阶级国家所不可能有的最广大的民主。"[25]民主概念使用上的这种新变化表明，毛泽东已经开始对我国如何实行社会主义民主这一问题，进行深入思考和探索。但后来，由于他关于民主的思想发生了重大偏差，以及其他一些原因，导致了十年"文化大革命"的大劫难。

进入新的历史发展时期后，邓小平带领全党拨乱反正。他指出，社会主义民主"是工人、农民、知识分子和其他劳动者所共同享受的民主，是历史上最广泛的民主"，这种民主"只能是社会主义民主或称人民民主，而不是资产阶级的个人主义的民主"[26]。

1998年，江泽民同志号召全党，努力建设有中国特色社会主义民主政治。这种民主政治，指的就是在我国社会主义初级阶段实行的社会主义民主，它既受现阶段有中国特色社会主义经济、社会和文化等条件的制约，又为经济、社会和文化的顺利发展提供服务[27]。

中国共产党不仅形成了人民民主的基本概念，而且还把它应用于社会实践的各个方面和各个层面，并提出了一系列相应的概念。就各个方面而言，有政治民主（或民主政治）、经济民主、文化民主、社会民主、党内民主、军事民主和国际民主等；就各个层面而言，有民主政治制度、民主权利、民主管理原则、民主精神、民主素质、民主作风和民主方法等。这就形成了以人民民主概念为核心的民主理论体系。

二　有中国特色社会主义民主的制度建设

有中国特色社会主义民主制度，是中国人民在中国共产党的领导下的伟大创造。中国共产党人在将马克思主义民主理论中国化的过程中，在指导中国进行民主政治建设的过程中，创造了许多实现人民民主的形式和方法。

（一）有中国特色社会主义民主制度经历了一个长期的形成过程

1927年，党领导了南昌起义、秋收起义等各地的武装起义，之后建立了十几个革命根据地，开始了党领导下的政权建设和民主制度建设。1931年11月，在江西瑞金召开了中华苏维埃工农兵第一次全国代表大会，成立了工农民主专政的国家政权——中华苏维埃共和国临时中央政府，通过了革命根据地历史上的第一部宪法——《中华苏维埃共和国宪法大纲》，建立了工农兵代表大会的制度，还设立了最高法院。

1937年抗日战争爆发以后，随着抗日民族统一战线的建立，革命根据地的政权形式和制度形式作了相应改变，原来的工农民主政权扩大为抗日民主政权，工农兵代表大会制度也改为参议会制度。由人民选出的参议员组成参议会，参议会选举产生同级政府委员会。在参议会和政府中都实行"三三制"，即共产党员、党外进步分子和中间派（包括中等资产阶级和开明绅士）各占三分之一。抗日根据地的基层政权是直接选举产生的。由于一些选民没有文化，在选举中采用了"掷豆子"等方法。

解放战争开始后，1946年陕甘宁边区第三届参议会通过的《陕甘宁边区宪法原则》，规定了解放区政权的基本制度，将参议会制度改为人民代表会议制度，人民选举代表，人民代表会议选举同级政府。在少数民族集中的地区，实行了民族自治。

1949 年 10 月 1 日，中华人民共和国成立。当时召开的中国人民政治协商会议代行了全国人民代表大会的职权，会议通过的《共同纲领》起了临时宪法的作用。由政协会议选举产生的中央人民政府委员会，是全国政协会议的常设机构。中央人民政府委员会组织的政务院，是国家政务的最高执行机关。根据《共同纲领》还组织了人民革命军事委员会、最高人民法院和最高人民检察署。

1954 年 9 月召开了中华人民共和国第一届全国人民代表大会第一次会议，通过了第一部《中华人民共和国宪法》，建立了有中国特色社会主义民主的基本制度。

后来的历次政治运动，特别是"文化大革命"，出现了用"群众专政"、"大民主"等错误方法对待人民内部性质的矛盾的问题，严重破坏了民主和法制，社会主义民主制度建设经受了曲折和破坏。党的十一届三中全会以后，我国社会主义民主制度建设重新走上了健康发展的道路。

（二）有中国特色的社会主义民主制度体系

这个体系包括下列制度：

第一，人民民主专政的国体制度；

第二，人民代表大会制的政体制度；

第三，共产党领导的多党合作和政治协商制度；

第四，民族区域自治制度；

第五，"一国两制"的制度；

第六，依法行政制度；

第七，司法独立公正制度；

第八，人权保障制度；

第九，干部人事与廉政反腐制度；

第十，民主监督制度；

第十一，基层民主制度。

党的十一届三中全会以来，我们在制度建设上有一个很大的创造。这就是形成了社会主义基本制度（包括社会主义的基本经济制度和基本政治制度）和体制（如经济体制、政治体制及其他体制）这两个概念，认为社会主义基本制度必须始终坚持，但对不适应经济社会发展的体制要进行改革。这就为我们改革指明了正确的原则和方向，也是我们进行制度建设的重要理论依据。这是社会主义制度理论的重大突破和发展。

三　有中国特色社会主义民主的基本特征

有中国特色的社会主义民主与资本主义民主相比，具有本质的区别；与马克思主义经典作家所设想的社会主义民主相比，它是社会主义初级阶段的民主，是具有鲜明中国特色的民主。那么，有中国特色的社会主义民主有哪些基本特征呢？我想着重强调以下几点：（1）共产党领导和人民当家做主的高度统一；（2）多党合作和民主协商的新型政党政治；（3）对最广大人民的民主和对敌对分子的依法专政相结合；（4）以人民当家做主的制度确保人权的真正实现；（5）以民主集中制保障民主政治正常有序地运转。

总之，中国共产党在领导全国人民进行革命和建设的伟大实践中，逐步创立了有中国特色的社会主义民主。这种民主坚持了马克思主义民主理论的基本原则，与中国的具体实际相结合，而不是教条式的搬用。这种民主借鉴了世界文明包括西方民主的优秀成果，但与资产阶级民主有着本质的不同。这种民主深深扎根于中华沃土，它吸收了中国传统思想和制度文明中的民主性精华，摒弃了其封建性糟粕。有中国特色的社会主义民主是中国人民真正需要的民主，是人民普遍享有的民主，是能够实现国家的长治久安和兴旺发达的民主。它是世界民主发展史上的伟大创造。

需要指出的是，有中国特色的社会主义民主，同我国正在进行的改革开放和现代化建设的要求相比，还有许多不成熟、不完善的地方，现实生活中也存在着不少违背民主和法制的社会现象。发展和完善有中国特色的社会主义民主是全党和全国人民所面临的重大历史任务。我们强调它是有中国特色的，就是要说明，中国的民主只能在我们自己的实践探索中发展和完善。它必须适合中国的社会制度和经济、文化发展水平，适应中国的社会环境和社会需要，而绝不能照抄照搬人家的东西。在别人那里可行的，在我们这里由于国情不同就不一定可行；适合别人的，不一定就适合我们。世界上一切对我们有用的东西，我们都要加以借鉴和吸收，为我所用，从而使有中国特色社会主义民主更快地完善和成熟起来。

第三个问题：积极稳妥地推进社会主义民主政治建设

如何推进我国的社会主义民主政治建设，这是大家普遍关心的问题，也是涉及党、国家和社会主义的前途和命运的问题。搞好了，我国的社会主义建设事业就将兴旺发达；搞不好，苏联的解体和东欧剧变就是先例。这个问题也很复杂，所以我用了"积极稳妥"这四个字来表达我们应取的态度。我想大家不会苛求我为我国的民主政治建设提供什么方案，我只是根据对马克思列宁主义、毛泽东思想、邓小平理论的理解，对党的十五大精神的体会，谈一些我的想法。下面讲三点：

一　要从国内外两个大局出发，进一步认识推进社会主义民主政治建设的必要性、复杂性、长期性

（一）要从全面推进有中国特色社会主义事业的大局出发，认识推进社会主义民主政治建设的必要性、复杂性、长期性

在新世纪中，积极稳妥地推进民主政治建设，是一件很必要、

很紧迫的事情。为什么呢？

第一，这是推进社会主义现代化建设事业的需要。

推进社会主义民主政治建设，不断增强各级领导干部的民主决策水平。只有推进社会主义民主政治建设，才能使人民群众充分表达自己的要求；才能使各级领导者及时、准确、全面地了解人民群众的意愿，集中群众的智慧，做出科学、正确的决策。

第二，这是社会主义市场经济发展的需要。

市场经济是一种竞争经济，又是一种法治经济。这就要求我们推进政治体制改革，通过一定的法律、法规、规则去保证和规范市场主体的经营权利及相互之间的自由、公正、平等的竞争秩序。

市场机制具有一定程度的自发性、盲目性，有时会推动市场主体片面地追求经济利益，甚至从事不正当、不合法的经济活动，破坏市场秩序，扩大人们在收入和财富上的差距，造成分配不公甚至两极分化。党政机关的某些干部也会利用手中掌握的权力，进行权钱交易，以权谋私，滋生腐败现象。规范市场主体的行为，规范政府调控和管理行为，消除市场机制的自发性和盲目性，消除权钱交易、以权谋私的现象，除了进一步完善市场经济体制之外，也需要政治体制提供相应的政治法律设施。

社会主义市场经济越是发展，社会主义民主政治建设越是重要，这是我们必须充分认识到的。资本主义市场经济的发展过程为我们提供了一面镜子。资产阶级民主政治是为资本主义市场经济和资本主义制度服务的，但这种服务是通过不断调节市场经济发展过程中出现的矛盾来实现的。

第三，这是加强党和政权建设的需要。

我们党是建设有中国特色社会主义事业的领导核心，国家政权是人民群众当家做主的政治形式。在市场经济和改革开放的条件下，党的建设和政权建设不仅面临着新任务，而且面临着新形势、新问题。在党政干部队伍中，有些人共产主义信念不坚定、意志薄弱，经不起金钱和美色的诱惑，以权谋私，权钱交易，贪污受贿，腐化堕落，渎职失职，其丑恶行为令人发指，败坏了党风、政风和社会风气，严重地损害了党和政府的威信和形象，破坏了党、政府和人民群众的血肉联系。

邓小平曾经告诫全党："要整好我们的党，实现我们的战略目标，不惩治腐败，特别是党内高层的腐败，确实有失败的危险。"[28] 江泽民也指出："反对腐败是关系党和国家生死存亡的严重斗争。我们党是任何敌人都压不倒、摧不垮的。堡垒最容易从内部攻破，绝不能自己毁掉自己。如果腐败得不到有效惩治，党就会丧失人民群众的信任和支持。在整个改革开放过程中都要反对腐败，警钟长鸣。"[29]

某些社会主义国家的历史教训，也说明了加强党和国家政权建设的重要性。苏联解体、东欧剧变的原因是多方面的，但其中一个重要原因是社会主义民主政治没有建设好，党和国家政权严重脱离群众，腐败变质。

为什么我们有些共产党员、党政干部乃至高级干部会腐败变质，为什么某些社会主义国家因腐败变质而亡党亡国？权力失去了制约和监督是一个十分重要的原因。无数事实说明，没有制约和监督的权力必然导致权力的滥用，以权谋私，腐败堕落。腐败是社会、政治的溃疡和癌症，腐蚀着社会、政权和政党。腐败如果不制止，就会导致亡党亡国。

如何防止党政干部特别是高级干部滥用权力、腐败变质呢？毛泽东在延安时期曾经认为，民主可以帮助共产党执政之后跳出历史上封建王朝由兴而衰、由衰而亡的周期律。他说："只有让人民监督政府，政府才不会放松。只有人人起来负责，才不会人亡政息。"[30] 邓小平也曾经指出，民主政治可以使党得到群众的监督，克服党员堕落腐化的危险，使党得到锻炼，成为真正代表广大人民群众根本利益的党[31]。因此，推进社会主义民主政治建设，是反腐倡廉的需要，是选拔和监督干部的需要，是用"三个代表"的重要思想推进党的建设的需要。

　　当然我们在认识推进社会主义民主政治建设的必要性、紧迫性的同时，还要充分认识其复杂性和长期性。

　　为什么说具有复杂性、长期性呢？首先，经济体制改革的复杂性，我们大家都已深深地体会到了。经济体制改革涉及人们之间利益关系的调整，要处理好实际存在的各种利益上的矛盾是很不容易的。政治是经济的集中表现，因此推进政治体制改革，建设社会主义民主政治，更牵扯着人们的各种利益关系的调整，大量的人民内部矛盾会表现出来。国内外敌对势力还会利用某些人民内部矛盾兴风作浪，事情能不复杂吗？

　　其次，政治体制改革、社会主义民主政治建设这件事本身也很复杂。西方国家的资产阶级民主搞了几百年，但现在还有人写书说民主政治是极其复杂的事情。美国有个学者说："要找到一个选举制度满足我们所有的标准，则是不可能的。和通常一样，这里也会有利弊的权衡，一种制度使我们实现了某些价值，却丧失了另外一些价值。"[32] 又说："设计一部新宪法，或者对旧的宪法加以重新改造，这样的事情绝不可以等闲视之，论难度，论复杂程度，它不下于设计一艘探测外空的载人宇宙飞船。"[33] 社会主义民主政治实践才有七八十年的历史，积累了一些经验，但留下的教训也不少。

　　我们是在坚持社会主义根本政治制度的前提下进行政治体制改革，所以避免了苏联共产党那种悲剧，但也出现过 1989 年的政治风波。究竟什么是社会主义根本制度所需要的政治体制，社会主义初级阶段有中国特色社会主义民主的实现形式是什么，我们还没有一套成熟的理论和经验。

　　现在，经常有人要为我们开药方，要我们照搬西方资产阶级民主，特别是照搬美国的民主，可是美国一个学者却说：美国这一套民主体制异常复杂，"在别的国家很可能就不会运行得这么好。无论怎么说，照搬的例子还不多。很可能根本不应照搬。"奇怪的是连美国的学者都说不应照搬，而我们这里却有人口口声声说要照搬美国的民主制度。应当指出，有中国特色社会主义民主的体制形式，只能靠我们在实践中探索和创造，这就是事情的复杂性。

最后，我们国家这么大，人口这么多，民族那么多，经济文化上的发展、地区与地区之间又很不平衡，这也增加了复杂性。小范围可以做得到、做得好的事情，大范围内则可能做不到、做不好。我们国家在历史上经历了相当长的封建社会，古代传统文化，特别是政治文化中，当然有民主性的精华，有追求自由、平等、大同的思想，但占统治地位的主流文化则是等级制观念、家长制观念，缺乏法制观念，不懂得依靠法律解决问题。这种传统观念和习惯势力，极大地增加了我们民主政治建设的复杂性。

为什么是长期的呢？马克思主义经典作家在论述社会主义民主的时候，为我们描述了一个标准很高的民主。在他们看来，社会主义民主应该克服资产阶级民主的内在矛盾和历史局限性，应该建立没有压迫、没有剥削的自由人的联合体，真正实现自由和平等。但经过几十年的实践，我们深深地体会到民主的理想和民主的现实（或者说理想的民主和现实的民主）还是有区别的。

我们已经认识到，我国现在正处于并且还将长期处于社会主义的初级阶段，所以我国的社会主义民主政治建设必然要经历一个长期的发展过程。社会主义初级阶段的长期性，决定了建设社会主义民主政治必然是逐步发展的历史过程，它的发展必须是渐进式的。发展社会主义民主，我们要有时代的紧迫感，但却不能急于求成，超越历史的发展阶段。任何民主的发展都是有条件的，都要受到政治、经济、文化、历史传统和人民的素质等综合因素的制约，不可能一蹴而就。社会主义民主政治建设是一项长期的历史任务，需要多少代人艰苦卓绝的努力。因此，我们必须充分认识社会主义民主政治建设的长期性。

过去，人们对社会主义国家有两种误会，一种是社会主义制度的建立就意味着生产力发达，经济繁荣。这些年的改革开放和现代化建设使人们认识到，发展社会主义经济、提高人民生活水平，是一个长期艰苦奋斗的过程。这种误解已逐步消除了。

第二种误解就是以为社会主义制度一建立，就天然地有了完备的民主形态。实际上，民主政治建设在某种意义上更复杂，更需要时间。它不仅要受经济发展水平的制约，还要受历史文化等因素的制约。在发展经济的方式上，西方有许多方面的经验可以为我们借鉴和利用。在民主政治建设方面，虽然也有可借鉴的东西，但更多地需要我们自己去创造。要创造新的更高类型的民主形态。所以，我们更要认识到民主政治建设的长期性和复杂性，要有长期奋斗的思想准备。

（二）要从我们在国际上面临的挑战和机遇出发，认识社会主义民主政治建设的必要性、复杂性和长期性

从我国社会主义民主政治建设面临的重大影响和挑战来看，当前国际环境中已经存在并将继续得到发展的新态势主要有下列几个方面：

第一，经济全球化及发达国家资本在全球范围内扩张的新态势。

经济全球化意味着跨国、跨地区，乃至在全球范围内组织生产、流通、分配和消费，意味着资本、商品、信息超越国界的流动和使用。对于发展中国家来说，经济全球化既为它们的发展提供了机遇和条件，但也对它们提出了严峻的挑战，冲击和影响这些国家的经济、政治和文化的发展。同时，某些工业发达国家特别是美国试图把经济全球化过程变成它们干涉、控制发展中国家的经济、政治、文化的过程。

面对经济全球化的趋势，我们应该坚持改革开放，以更加积极主动的姿态参与国际经济的竞争与合作，把"引进来"和"走出去"结合起来；要大胆吸收和利用国外的资金、技术和一切进步的东西，同时又要坚持独立自主，确保我国的金融和经济安全。我们要为外国资本在我国的经营活动提供必要的经济、政治环境，但又必须维护国家的主权和独立。这就要求我们充分认识推进政治体制改革的必要性、紧迫性和复杂性，努力把我们的社会主义民主政治建设搞得更好。

第二，西方大国在全球范围内推行资产阶级民主政治的新态势。

东欧剧变、苏联解体使社会主义事业在世界范围内转入低潮。西方发达国家的资产阶级政治家和思想家，在大肆批判社会主义的同时，掀起了推行资产阶级民主政治的新浪潮，声称资产阶级民主将成为世界上的"主流政体"、"普遍政体"，扬言历史将以西方自由民主的胜利而"终结"。

美国作为当今世界唯一的超级大国，在世界各地推行强权政治和霸权主义，推行美国式的资产阶级民主政治，在其他国家建立听命于美国的国家政权，其根本目的是为了维护美国的国家利益。20世纪80年代以来，美国领导人不是制定"民主规划"，设立民主基金会，促进"民主的全球化"，就是提出以"全球民主化"为核心内容的全球战略，强调要以经济和军事实力为后盾，广泛"参与"国际与各地区事务，实现美国的"领导世界地位"。以美国为首的北约集团还提出了所谓的"新干涉主义"的原则，打着维护"人权"的旗号，肆意干涉主权国家的内政，甚至用武力来推行它们的民主政治模式。这是我国社会主义民主政治建设必须面对的严峻挑战。

第三，西方资产阶级力图将其价值观念推广为世界主流价值观念的新态势。

在很长一个时期内，社会主义和资本主义、工人阶级和资产阶级在价值观念上的斗争形势起伏曲折，尖锐复杂。但是，在东欧剧变、苏联解体之后，这种斗争形势发生了急剧变化。西方资产阶级思想家、理论家认为，社会主义和资本主义在经济制度、政治制度上的斗争，已经以资本主义的胜利而结束了，剩下的问题就是西方的价值观念与非西方的价值观念之间的矛盾和冲突。

美国历届领导人都直言不讳地承认，美国外交政策就是确保在国际社会中推广美国的价值观。美国有的政客甚至声称，对美国的民主价值观和自由市场理念的任何挑战，都是对美国安全和利益的威胁，美国将严惩拒绝遵守"华盛顿规则"的国家。

西方国家的统治阶级认为它们已处在有利地位，在推行其价值观念上采取了大举进攻的态势，实行文化帝国主义和文化霸权主义的政策，炮制出了花样翻新的"意识形态软武器"，开辟所谓"第四战场"；利用所掌握的文化输出上的主导权，通过传媒把它们的价值观念、意识形态和话语体系，强制性地灌输给发展中国家，使它们的文化传统面临威胁，母语流失，意识形态受到不断的渗透。这是一场没有硝烟的战争，关乎生死存亡的战争。苏东就是这场战争的牺牲品，教训是极其惨痛的。我们要高度重视这一点。在这场斗争中，同样是敌强我弱，因为世界上的新闻媒体大多掌握在西方资产阶级手中。这是值得我们深思和警惕的。

第四，现代信息技术革命浪潮带来的新问题。

20世纪下半叶以来，电子信息技术飞跃发展，日新月异。人们预计，在21世纪的初期，飞速发展的数字信息革命浪潮将进一步席卷全球。

信息技术革命对人们生活和社会发展的影响是巨大而深远的。它正在改变人们的生产方式、交往方式、思维方式和生活方式。因此，政治制度也必然会受到信息技术发展带来的深刻影响。利用现代信息系统和互联网系统，发动信息战，已成为某些西方发达国家干涉别国内政、侵犯别国主权、威胁别国安全的新手段、新形式。我们要高度重视互联网的舆论宣传，积极发展，充分运用，加强管理，趋利避害，不断增强网上宣传的影响力和战斗力，使之成为思想政治工作的新阵地，对外宣传的新渠道。

上述诸方面的新态势，是我们必须认真对待的。西方国家利用经济全球化和现代信息技术推行资产阶级民主政治和西方文化价值观念，也是我们必须应对的挑战。

在西方资产阶级的政治和文化攻势面前，在敌对势力对我进行的西化、分化和弱化的攻势面前，软弱退让，就会丧失政治和思想文化阵地。我们必须运用马克思列宁主义、毛泽东思想和邓小平理论的思想武器，依托中华民族五千年的优秀传统文化，对西方文化价值观念和资产阶级民主政治进行及时的科学的分析和批判。

我们还应该清醒地认识到，仅有思想、理论和文化观念上的批判是不可能完全解决问题的。事实胜于雄辩，对于资产阶级民主政治的最有力的驳斥，是把我们有中国特色社会主义民主政治建设好，保证人民群众真正当家做主，真正享受应有的各项权利，使人民群众从内心深处拥护社会主义民主政治制度，积极投身于民主政治建设。社会主义民主政治制度是一个强大的国家力量。制度好，就更稳定，更安全，更有力量。

二　努力完成十五大提出的社会主义民主政治建设的基本任务

随着我国经济体制改革的深入和社会主义现代化建设的发展，面对以美国为首的西方国家推行所谓"民主化浪潮"的挑战，我们必须积极稳妥地推进政治体制改革，进一步扩大社会主义民主，健全社会主义法制，依法治国，建设社会主义法治国家。

必须指出，民主政治是不能照抄照搬的，特别是我们与西方政治制度存在本质上的不同。西方搞三权分立是它们自己的事，我们要实行的民主形式必须符合中国人民的根本利益，符合中国的国情，符合中国的社会主义制度。

下面我们着重讲三个方面：

（一）继续推进社会主义民主的制度建设

发展社会主义民主政治，关键在于加强社会主义政治制度建设。我们必须坚持和完善我国已经实行的人民民主专政和人民代表大会的根本政治制度，必须在此基础上进一步实现社会主义民主的制度化、法律化，使广大人民的意志在国家政治和社会生活中得到更充分体现。在社会主义民主制度的建设方面，我们的主要任务是：

1. 坚持和完善人民代表大会制度

人民代表大会制度是我国的根本政治制度，决不能动摇。在改革中，我们绝对不可照搬西方资产阶级的议会制度。但我国的人民代表大会制度要不断完善。一是完善人大立法权制度；二是完善人大的决定权制度；三是完善人大的监督权制度；四是要完善选举制度。

要使人大的立法权制度、决定权制度、任免权制度、监督权制度和选举制度，按照宪法、法律的精神和规定，更有效地运转。要加强人大及其常委会的自身建设，充分发挥人大的各项职能，进一步密切各级人大同选民的联系，更好地发挥人民代表的作用。要通过上述一系列的改革和完善措施，使我国人民代表大会制度的优越性更加充分地展示出来。

2. 坚持和完善共产党领导的多党合作和政治协商制度

共产党领导的多党合作和政治协商制度，是我国的一项基本政治制度，也是我国的政党制度，其显著特征在于：共产党领导、多党合作，共产党执政、多党派参政，各民主党派不是在野党和反对党，而是同共产党亲密合作的友党和参政党，共产党和各民主党派在国家重大问题上进行民主协商、科学决策，集中力量办大事，共产党与各民主党派互相监督，促进共产党领导的改善和参政党建设的加强。

在这个问题上，我们决不能搬用西方资产阶级国家的"两党制"或"多党制"。否则，就会动摇共产党的领导地位，会造成国家政治生活的不稳定，不利于我们集中力量搞建设。改革的方向只能是在坚持这一基本制度的前提下，使其不断完善。

要建立健全配套措施，使多党合作进一步规范化、制度化。

一是各级党委进行重大决策，要同民主党派、无党派人士进行协商，要充分发挥民主党派成员、无党派人士在人民代表大会、人民政协、各级政府和司法机关中的作用。

二是要扩大民主党派的知情范围和参与程度，要鼓励各民主党派当共产党的诤友，能够说心里话，敢于讲不同意见，进一步搞好参政议政，在社会主义现代化建设和祖国统一大业中，进一步发挥作用。

三是进一步加强民主党派的自身建设，加强民主党派依法对执政党的监督。要按照发展社会主义民主、依法治国、建设社会主义法治国家的要求，创造新形式、总结新经验，使这一基本政治制度在参政议政、民主协商和民主监督等方面，更好地发挥作用。

多党合作和政治协商制度的坚持和完善取决于参加者的共同努力。由于共产党是执政党，在这一制度中处于领导地位，因此，共产党的作用显得更为关键。共产党只有在加强领导的过程中不断地改善自己的领导，不断发扬共产党的民主传统，在多党合作和政治协商中发扬民主精神，才能有效地完善这一制度。

3. 坚持和完善民族区域自治制度

民族区域自治，是我们党正确处理民族问题的一项基本政策和国家的一项基本政治制度。它反映了多民族统一国家历史长期演变的客观结果，反映了各民族共同发展的根本利益。它既能保证少数民族在自己的聚居区内实现当家做主的权利，又能保证国家的统一和中华民族的团结，以共同建设社会主义。

完善民族区域自治制度，要加强民族区域自治的法制建设，保障《中华人民共和国民族区域自治法》的实施；要大力培养少数民族干部和各种专业人才，保障民族自治地方充分行使自治权利；要在实施西部大开发战略的过程中，采取必要的措施，继续帮助和支持民族地区发展经济、教育、文化和其他事业，为逐步消除历史遗留的民族之间不同程度上的差距而进行长期不懈的努力；要切实加强民族工作，反对大汉族主义和民族分裂主义，巩固和发展平等、团结、互助的社会主义民族关系，促进各民族共同繁荣进步。

4. 进一步扩大基层民主

扩大基层民主是社会主义民主广泛性的现实要求。它是社会主义中国民主发展的重大措施和方法，是建设社会主义法治国家过程中的创造。

一是城乡基层政权机关和基层群众性自治组织，都要逐步健全民主选举制度，实现政务和财务公开，让群众参与讨论和决定基层公共事务和公益事业，对干部实行民主监督。

二是认真实施《城市居民委员会组织法》、《村民委员会组织法》，实现民主选举、民主决策、民主管理和民主监督的制度化、规范化，切实保证人民群众直接行使民主权利，让人民群众依法管理自己的事情，创造自己的幸福生活。

三是坚持和完善以职工代表大会为基本形式的企事业民主管理制度，组织职工参与改革和管理，维护职工合法权益。通过扩大基层民主，培养广大群众的民主意识，积累民主的实践经验，逐步扩大直接选举的范围，推动整个社会主义民主的发展。

5. 坚持和完善民主监督制度

我国民主监督制度具有机构体系比较齐全，各项规定比较详细的特点，但由于机构体系未形成合力，各项规定未得到有力执行，因而仍然是民主政治建设中的薄弱环节。要加强对宪法和法律实施的监督，加强对党和国家方针政策贯彻的监督，加强对各级干部特别是领导干部的监督，使各级国家机关及其工作人员特别是领导干部置于广大人民群众的有效监督之下。

在积极推进政治体制改革的过程中，要继续坚持和完善民主监督制度，完善监督法制，建立健全依法行使权力的制约机制，积极探索和创造具有中国特色社会主义民主监督的新形式、新渠道和新制度，将党内监督、法律监督、群众监督、舆论监督更好地结合起来。应当尽快按照监督政府及其工作人员、保障言论自由的原则，进一步健全新闻法制，加强社会舆论监督。要充分认识群众监督的重要性，不断提高全体公民监督国家干部的民主意识。

（二）大力推进依法治国、以德治国

推进依法治国的进程，必须加强法制建设，在进行政治体制改革的同时，积极稳妥地推进法制的改革和发展。

1. 应当维护宪法和法律的至高权威和尊严，树立宪法和法律至上的观念，并从制度和程序上切实保障宪法和法律的实施。

2. 应当进一步加强立法工作。民主的法律化和依法治国，首先要有法可依，为此，必须加强立法工作，不断提高立法质量，到2010 年形成有中国特色社会主义法律体系。同时要加强立法解释，完善立法监督，及时对法律进行修改、废止，使社会主义法律体系与社会经济、政治和文化协调发展，与改革开放协调发展，与人民日益增长的民主要求协调发展。

3. 应当做到依法行政，切实保障公民权利。我国法律是人民当家做主、行使国家权力的产物，是人民意志和利益的集中体现。依法实施行政行为，就是执行人民的意志，维护人民的利益。要通过依法行政，正确解决政府与人民、行政权与法律的关系，保证行政机关及其工作人员全心全意地为人民服务；要通过依法行政，提高行政效率，保证行政管理既不失职，也不越权，保证对行政管理进行统一有效的监督制约。

4. 应当积极推进司法改革，切实保证司法机关依法独立公正地行使审判权和检察权。司法改革是政治体制改革的组成部分，必须有领导、有步骤、有秩序地进行。我国司法改革的目标，是实现司法的公正、独立和高效率；司法改革的主要内容，是实现司法权的合理配置，完善司法体制，改革司法机关的人事制度、财政制度、审判和检察制度，保证法律的公正实施。

5. 应当正确处理依法治国与坚持党的领导的关系。依法治国基本方略的确立，对我们党的领导方式和执政方式提出了新的课题。实行依法治国，我们依然要坚持和加强党的领导，绝不能有丝毫削弱。党的领导与依法治国是统一的、一致的，绝不能将两者割裂开来，甚至对立起来。实行依法治国，对执政党的要求是：党应当善于运用法律方式实现对国家和社会事务的领导，把改革、发展和稳定的重大决策同立法结合起来，将自己的主张通过立法程序变为国家意志；党必须在宪法和法律范围内活动，应把宪法和法律作为活动的基本准则。

　　说到这里，我想指出，江泽民同志在全国宣传工作会议上的讲话中所提出的以德治国的思想是十分重要的。他认为，我们在建设有中国特色社会主义，发展社会主义市场经济的过程中，要坚持不懈地加强社会主义道德建设，以德治国。依法治国和以德治国是一个紧密结合的整体。法治属于政治建设，属于政治文明；德治属于思想建设，属于精神文明。二者都有其独特的地位和功能[34]。这是对我们党领导人民治理国家基本方略的完善和发展，是对马克思主义国家学说的丰富和贡献。今天，我们实行依法治国和以德治国，根本目的是为了保证人民群众真正成为国家的主人。

（三）进一步健全和完善党内民主

　　发展社会主义民主的一个重要方面，是要健全和完善党内民主，以党内民主推进社会主义民主。中国的问题关键在党，建设和发展有中国特色社会主义民主政治的关键也在于党，在于进一步健全和不断完善党内民主。

　　健全和完善党内民主，第一，要坚持和完善党的代表大会制度，要完善和健全党内的选举制度，要定期召开代表大会，尊重和维护代表大会的职权。

　　第二，要坚持民主集中制和健全集体领导制度，要在充分发扬民主的基础上，按照少数服从多数的民主原则进行决策，防止个人专断；要在集体领导的前提下，实行严格的个人分工负责制，使集体领导与个人分工负责有机结合起来；要制定并严格执行党委的议事规则和决策程序，实现党委决策的制度化和程序化。

　　第三，要健全党内民主监督制度，把党内监督同群众监督、舆论监督、民主党派和无党派人士监督结合起来，把自上而下和自下而上的监督结合起来，逐步形成强有力的监督体系。

　　第四，要从严管理干部，特别是要健全领导干部选举、任免、考核、轮换、职务任期以及离休、退休等制度，废除干部领导职务终身制，逐步形成使优秀人才能够脱颖而出、富有生机与活力的用人机制。

第五，要坚持定期举行民主生活会、组织生活会的制度，开展批评与自我批评，加强党规党纪建设和党内监督机构建设。

第六，要维护党的集中统一，维护中央的权威，严格按照党章的规定，做到全党服从中央。既要保障党员的民主权利，又要求党员认真履行义务；既要坚持集体领导，又要明确个人责任；既要服从多数，遵守党的纪律，又要保护少数，允许反对意见，尊重不同声音；既要调动党员和党组织的主动性、积极性，又要求党员和党组织在政治上同中央保持一致。

总之，健全和完善党内民主制度，最根本的是要切实贯彻民主集中制原则。

健全和完善党内民主，要坚决清除个人专断和家长制作风。历史经验证明，哪里有个人专断和家长制作风，哪里的民主集中制原则就得不到正确的贯彻，党内民主就会遭到破坏。

为了健全和完善党内民主，必须根据江泽民同志提出的"三个代表"的重要思想，加强党的思想建设、组织建设和作风建设。只有当好"三个代表"，才能保持我们党在人民群众中的先进性，才能用正确的理论、路线、方针、政策动员群众、组织群众，带领群众前进，我们党的领导地位才能得到人民群众的拥护和支持；只有当好"三个代表"，才能保持人民群众支持的广泛性，使我们党的领导地位具有广泛而深厚的群众基础。

江泽民特别指出，我们党要始终成为"三个代表"。这是对全党同志语重心长的忠告。当好"三个代表"贵在始终，难在一贯。有些国家的共产党，就是因为在这个问题上没有做到始终和一贯，最后因失去群众的支持而下台了、衰亡了。所以，我们党一定要始终当好"三个代表"，坚持当好"三个代表"的一贯性。

总之，只要我们党始终当好"三个代表"，我们党就会得到人民群众的支持和拥护。我们党就一定能够领导人民群众全面推进有中国特色社会主义的伟大事业，就一定能够在本世纪中叶，基本实现社会主义现代化，把我国建设成为富强、民主、文明的社会主义国家，实现中华民族的伟大振兴。

三　评价社会主义民主政治建设的基本标准

改革开放以来，邓小平理论总结了我国及其他社会主义国家建设社会主义民主政治的正反两方面的历史经验，开辟了解决人民当家做主实现形式问题的正确道路，取得了很大成功。但是，随着有中国特色社会主义事业在新世纪的全面推进，人民当家做主的实现形式问题仍然是我们推进社会主义民主政治过程中需要下大力气加以解决的问题。这就需要我们在马列主义、毛泽东思想特别是邓小平理论的指导下，在以江泽民同志为核心的党中央领导下，继续发扬在实践中勇于探索、勇于创造、勇于开拓的精神。

在长期的实践中，我们党把马克思主义与中国实际相结合，形成了毛泽东思想和邓小平理论，今后，我们要继续丰富和发展马克思主义。通过理论研究和实践探索，我们要构造有中国特色社会主义的政治话语系统和概念体系。要阐释政治与经济、文化等方面关系，要形成为中国人民根本利益服务的马克思主义政治哲学体系。

推进社会主义民主政治建设，解决人民当家做主的实现形式问题，是一项极其宏大和繁杂的社会系统工程，仅有热情、勇气和积极性是不够的，还需要有实事求是的科学精神、讲究方式方法的谨慎态度，要将探索创造精神和科学求实精神结合起来。最根本的就是要坚持马克思主义思想认识路线，坚持从实际出发、实事求是、理论和实践相结合，把实践作为检验真理的唯一标准。为了使我们在探索创造中保持科学的、求实的、冷静的头脑，我们认为，提出衡量社会主义民主政治建设成败得失的若干基本标准是很有必要的。这样的基本标准有四个：第一，要看它是否有利于坚持四项基本原则，真正实现人民当家做主；第二，要看它是否有利于解放和发展生产力，促进经济发展；第三，要看它是否有利于维护国家统一、民族团结和社会稳定；第四，要看它是否有利于增强党和国家的活力，调动一切积极因素，实现社会的全面进步。

上述四个标准，即人民当家做主标准、生产力标准、国家利益标准、社会进步标准，是统一的整体。它们相互联系，相辅相成，缺一不可，构成一个完整的评价体系。

社会主义民主政治建设是一项探索性很强的实践活动。一个构想，一项政策，一种制度安排，重要的是符合了上述这些标准，就应该积极稳妥地去试，在实践中不断地加以完善，使之逐步成熟和定型。

按照马克思主义的观点，将来到了共产主义社会，作为政治制度的民主是要消亡的。列宁说过："从专制制度到资产阶级民主；从资产阶级民主到无产阶级民主；从无产阶级民主到没有任何民主，这就是民主发展的辩证法。"[35]当然，在阶级和国家都消灭了的未来共产主义社会中，还会存在组织和管理制度，还会存在公众权力。但由于那时的人类已经实现了从必然王国到自由王国的飞跃，人们真正获得了平等和自由，因而那种组织和管理制度就不具有阶级社会中的国家政治制度的性质，管理的公众权力也不再是社会少数成员的特权。

中国是一个拥有近 13 亿人口的泱泱大国。在这样一个国家建设和发展社会主义民主政治，是一项前无古人的创造性事业，是极其复杂而艰巨的。它所遇到的问题之多，困难之大，将是前所未有的。但是，这些都难不住伟大的中国共产党和中国人民。

注释：

[1] 亚里士多德参见上卷《繁荣哲学社会科学，为中华民族全面振兴做出更大贡献》一文注［3］，见本书第 404 页。

[2] 英国资产阶级革命又称"清教徒革命"，是从 1640 年查理一世召开新议会的事件开始到 1688 年詹姆斯二世退位的事件结束，以新贵族阶级为代表推

翻封建统治建立起英国资本主义制度的社会革命。

[3] 参见施治生、郭方主编《古代民主与共和制度》，中国社会科学出版社 1998 年版，第 81 页。

[4]《马克思恩格斯全集》第 1 卷，人民出版社 1956 年版，第 281 页。

[5]《马克思恩格斯选集》第 3 卷，人民出版社 1995 年版，第 312 页。

[6]《列宁全集》第 28 卷，人民出版社 1990 年版，第 111 页。

[7]《列宁选集》第 3 卷，人民出版社 1995 年版，第 296 页。

[8]《列宁选集》第 4 卷，人民出版社 1995 年版，第 38 页。

[9]《马克思恩格斯全集》第 23 卷，人民出版社 1972 年版，第 324 页。

[10]《马克思恩格斯选集》第 3 卷，人民出版社 1995 年版，第 723 页。

[11]《马克思恩格斯选集》第 1 卷，人民出版社 1995 年版，第 628 页。

[12]《马克思恩格斯选集》第 3 卷，人民出版社 1995 年版，第 94 页。

[13]《马克思恩格斯选集》第 3 卷，人民出版社 1995 年版，第 58 页。

[14]《马克思恩格斯选集》第 3 卷，人民出版社 1995 年版，第 13 页。

[15]《列宁选集》第 3 卷，人民出版社 1995 年版，第 568 页。

[16]《列宁全集》第 37 卷，人民出版社 1986 年版，第 280 页。

[17]《列宁全集》第 28 卷，人民出版社 1990 年版，第 111 页。

[18]《马克思恩格斯选集》第 3 卷，人民出版社 1995 年版，第 97—98 页。

[19]《列宁选集》第 2 卷，人民出版社 1995 年版，第 777 页。

[20]《毛泽东选集》第 1 卷，人民出版社 1991 年版，第 98 页。

[21]《毛泽东选集》第 1 卷，人民出版社 1991 年版，第 158 页。

[22]《毛泽东选集》第 2 卷，人民出版社 1991 年版，第 563 页。

[23]《毛泽东选集》第 2 卷，人民出版社 1991 年版，第 675 页。

[24]《毛泽东选集》第 4 卷，人民出版社 1991 年版，第 1471 页。

[25]《毛泽东著作选读》（下册），人民出版社 1986 年版，第 760 页。

[26]《邓小平文选》第 2 卷，人民出版社 1994 年版，第 168、175 页。

[27]《江泽民文选》第 2 卷，人民出版社 2006 年版，第 257 页。

[28]《邓小平文选》第 3 卷，人民出版社 1993 年版，第 313 页。

[29]《江泽民文选》第 2 卷，人民出版社 2006 年版，第 45—46 页。

[30]《毛泽东传（1893—1949）》，中央文献出版社 1996 年版，第 719—720 页。

[31]《邓小平文选》第 1 卷，人民出版社 1994 年版，第 12 页。

[32] ［美］罗伯特·达尔：《论民主》，商务印书馆 1999 年版，第 140 页。

[33] ［美］罗伯特·达尔：《论民主》，商务印书馆 1999 年版，第 146 页。

[34]《江泽民文选》第 3 卷，人民出版社 2006 年版，第 200 页。

[35]《列宁选集》第 31 卷，人民出版社 1985 年版，第 156 页。

社会科学与自然科学的融合[*]

（2001 年 3 月 25 日）

早在 150 多年前，马克思就曾预言过自然科学与社会科学的相互渗透和融合的发展趋势。他在《1844 年经济学哲学手稿》中指出："正像关于人的科学将包括自然科学一样，自然科学往后也将包括关于人的科学，这将是一门科学"[1]。1914 年，列宁在《又一次消灭社会主义》这篇文章中，把自然科学与社会科学的相互渗透和融合的发展趋势，称为"从自然科学奔向社会科学的强大潮流"。他说："大家知道，从自然科学奔向社会科学的强大潮流，不仅在配第时代存在，在马克思时代也是存在的。在 20 世纪，这个潮流是同样强大，甚至可说更加强大了。"[2]

纵观历史，自然科学和社会科学，从来就是人类社会前进之两轮，携手共进，共同推动着历史的前进。凡是两轮协调共进之时，人类社会就健康迅速发展；凡是不协调时，进步、发展就受到阻碍。不仅社会不健康，而且发展滞缓。这是一个在历史中反复出现的现象。

当今，社会科学与自然科学的紧密结合与合作，已经成为发展的大趋势和强大的世界潮流。

当代社会历史进程的空前复杂性，社会实践问题本身的高度综

---

* 这是李铁映同志在中国社会科学院学术委员会上的讲话。

合性，决定了科学研究的综合化发展。当代任何重大的科学技术问题、经济问题、社会发展问题、环境问题乃至国际政治与军事问题等，都具有空前复杂和高度的综合性质，不仅要求自然科学和社会科学的各主要部门进行多方面的广泛合作，综合运用多学科、跨学科的知识和方法，而且要求把自然科学和社会科学知识紧密结合成为一个创造性的综合体系。当代人类面临的各类问题的高度综合性和跨学科性质，决定了当代自然科学必须与社会科学相互配合，协同攻关。这是当今社会历史发展和科学发展的新趋势和新特点。

我国社会主义现代化建设的伟大实践，呼唤着自然科学家、技术专家与社会科学家密切合作、协同攻关。实现我国国民经济发展"十五"计划的各项任务，需要采取有效的组织形式和切实的步骤，把自然科学和社会科学这两支大军联合起来，共同研究解决一系列重大课题，以保证我国科技、经济、社会和环境的协调和可持续发展。西部大开发、青藏铁路建设、南水北调工程、环境生态建设、加快高新产业发展与产业结构调整、农业发展与城市化等诸多问题，都需要自然科学与社会科学的密切合作研究。

迎接 21 世纪知识经济的挑战，需要创新，包括知识创新、体制和管理创新、理论创新。这也需要自然科学与社会科学的紧密结合。科技创新需要有体制和管理创新加以保障，由社会科学知识提供的体制和管理创新能力，可以激励和推动科学技术的创新和发展。知识经济是高技术与高文化相结合的经济。当今时代具有竞争力的产品和劳务，不仅具有高科技含量，也具有高文化含量，提高产品和劳务的文化含量同提高科技含量同样重要。作为当今时代最重要战略资源的"知识"，不仅包括自然科学知识，而且包括社会科学知识。

一个国家的综合国力，是由科技、经济和军事等方面的"硬实力"，与国家的政治、理论、文化和社会管理等方面的"软实力"紧密结合形成的。全球性战略的策划能力，重大挑战的应对能力、制定国际规则的参与能力，是一个国家和民族生存力、竞争力的体现。社会科学在参与国家与企业的战略决策，增强"软实力"方面具有不可替代的作用，它与自然科学紧密配合，在增强综合国力的竞争中共同发挥作用。

社会科学是研究如何提高人类运用自然科学、自然力量和一切社会资源之能力（特别是政治、经济、军事、文化）的科学。谁掌握了它，谁就能充分有效地利用自然科学、自然力量、自然资源，谁就能充分合理地整合社会，创建先进的制度，保证国家和民族的持续、稳定、健康发展，谁就能掌握人类历史发展的方向，掌握历史发展的舵轮。可以说，社会科学就是历史航船的驾驶学。落后不仅要挨打，还将被淘汰出局。

21世纪，将是自然科学与社会科学创造性融合的时代。自然科学与社会科学相互渗透、紧密结合，形成了一系列时代性的、需要共同研究的重大课题。这些课题具有高度综合和跨学科的性质，这些问题的解决，将会对社会经济发展产生巨大的积极作用，并可以带来关于科技、经济和社会发展的有用的新知识，开拓新的科学研究领域，产生出新的学科。这种跨学科的研究对于取得高质量的研究成果是至关重要的，不但可以提高科学研究的效率，而且可以保证研究成果具有广泛的应用性。

注释：

[1]《马克思恩格斯全集》第42卷，人民出版社1979年版，第128页。
[2]《列宁全集》第20卷，人民出版社1990年版，第189页。

正教与邪教[*]

——在社科院党组会讲话

（2001 年 3 月 25 日）

"法轮功"问题暴露后，人们经常感到困惑不解的一个问题是：为什么在科学昌明、理性发达的时代，在提倡科教兴国的社会主义中国，竟然会出现像邪教"法轮功"这样极其愚昧的东西？为什么会有为数不少的人群，其中包括部分党员、干部和受过高等教育的知识分子，竟如此痴迷于"法轮功"？这类现象和问题，现在极需要进行研究和分析。

一　文化历史根源

不论在中国还是在外国，邪教的出现和存在都不是偶然的、孤立的现象。有正教就有邪教，历来如此。有人用一群傻子遇到一个骗子来解释邪教，但问题不那么简单，从深层次分析，还要从中国传统文化的糟粕中寻找原因。李洪志文化水平很低，行骗能够"立竿见影"，值得深思。一个重要原因是他巧妙地利用了中国历史上的封建迷信、巫术等消极思想材料。没有这样的材料，也就不会有中

---

* 这是李铁映在社科院党组的讲话。

国的邪教。李洪志的歪理邪说是大杂烩，但大杂烩离开母体文化也无法编造出来；即使编造出来也不会有那么多的人相信。可以认为，"法轮功"正是从中国传统文化某些糟粕中滋生出来的一颗毒瘤。

——儒家不是宗教，但也有类似宗教的教化作用。儒家在自然观上强调"天人合一"。对这种思想如果加以曲解或进行庸俗的解释，似乎就可以"证明"有限的人与无限的天不仅可以"互相感应"，而且完全可以"合一"；进而，"成圣升天"不完全是形而上的东西，也是可望而又可即的。这种愚昧迷信思想使中国人容易接受在现世就修成正果的功利主义宗教观，天国就在眼前，因而不同于西方基督教形而上的宗教观。

——佛教传入东土后逐渐本土化，深深地受到中国文化的影响。"法轮功"借用佛教的许多教义思想来宣扬歪理邪说，侵犯了佛家领地，因而佛教界最早起来批判"法轮功"，称其为"附佛外道"。那么多人上当受骗，说明"法轮功"有很大迷惑性，这是因为它利用了佛教在中国老百姓当中的深广影响，使人们正邪难分，真伪难辨。例如：佛教讲法轮常转，李洪志讲"转法轮"；佛教讲业报轮回，李洪志有"消业之说"；佛教讲修成正果，李洪志讲"功德圆满"、得到善报；佛教讲顿悟成佛，李洪志讲只要得到他的"真传"，常人可以"开天目"看破红尘，变成无所不能的神。佛教有末法时代之说，李洪志则把此说歪曲为"末世论"。如此等等。

——道教是中国土生土长的宗教，可被"法轮功"歪曲、利用的东西也很多。有两个东西特别值得注意。一个是道教的神仙系统多而杂，不仅有远离人们的形上神仙，也有许多近在眼前、有名有姓、得道成仙的活人。这种形下神仙观念很合中国老百姓的胃口。邪教朝这一方向发挥，似乎可以证明人与神本来就距离不大，人完全可以变成神仙。另一个东西叫作"修道"。今天所说的"气功"，也就是过去的"修道"途径。"修道"的主要目的不是为了"强身健体"，而是指在师父的严格指导下修成长生不老的神仙。所以，李洪志也强调，只练功而不修法不算真正的法轮弟子。修法就要受师父的精神控制，这种情况古已有之。

二　现实社会根源

如同世界各种邪教一样，"法轮功"在中国社会也有其一定的土壤和条件。中国是刚刚脱贫的发展中国家，现代化进程中仍有不少困难和问题，社会上各种思想都有，相当复杂。解放初期，我们进行过破除封建迷信和取缔反动的会道门的斗争，效果显著。可是近二十年来，我们在两个文明建设中也存在一些问题，很长一段时间对社会上出现的许多"练功修法"、伪气功、伪科学现象重视不够，未及时加以正确的引导和严格的管理。我们比较重视依法管理宗教事务，而对社会上的邪教和介于教与非教之间的"准宗教现象"，对以"功"行骗的邪恶组织疏于管理，结果出现了许多所谓"气功大师"、江湖骗子和五花八门的"功法"。"法轮功"只是其中最邪恶、害人反社会罪恶组织的一个典型。教训是深刻的。

三　应当加强综合研究

邪教"法轮功"不是正教意义上的宗教。严打邪教才能保护爱国的正教，去邪才能扶正。邪教已成为危害社会稳定、国家安全的政治问题，应当提高到"讲政治"高度开展多学科综合研究。

——从哲学角度看，应侧重于世界观、认识论、价值观方面的研究，以弘扬科学精神和科学无神论思想。

——从史学角度看，应侧重于对中国历史文化传统研究，讲清楚邪教与会道门的关系，分清中国传统文化中的精华与糟粕。

——从宗教学角度看，应侧重于世界与中国宗教思想史研究，从理论、历史、现实三方面廓清正教与邪教的关系，说明邪教产生的根源。

——从社会学角度看，应侧重于研究邪教的社会基础及其对社会的危害，特别要重视社会调查。

　　——从心理学角度看，应侧重于研究中国和世界各地受邪教控制的人群的精神世界、心理状态，提出使之得以解脱的办法。

　　——从法学角度看，应侧重研究依法管理的经验，为国家提供打击、取缔邪教和非法组织的理论和法律。

法治与德治*

（2001 年 3 月）

今年 1 月 10 日，江泽民总书记在全国宣传部长会议上指出："在建设有中国特色社会主义、发展社会主义市场经济的过程中，要坚持不懈地加强社会主义法制建设，依法治国，同时也要坚持不懈地加强社会主义道德建设，以德治国。"[1] 这两个"坚持不懈"，高屋建瓴而又简洁明了，是对我们党领导人民治理国家的历史经验和现实任务的高度概括和总结，给社科界提出了一个重大的理论课题。我们应该认真学习、研究。

大家知道，依法治国，建设社会主义法治国家，是国家的一个基本方略，已经成为一项宪法原则。在人类历史上，把社会主义与依法治国结合起来，就像把社会主义与市场经济结合起来那样，是一件了不起的事情，是理论和制度创新，具有重大而深远的历史意义和现实意义。依法治国，建设法治国家，资本主义已经这样做了。对于社会主义，仅仅强调依法治国是不够的，还必须强调以德治国。

所谓"以德治国"，从字面上讲，就是治国必须发扬文明道德，也必须借助道德，依靠道德的力量。它主要有这么两层含义，一是治国须用德，也就是重视精神文明建设，继承人类文明的道德伦理，创造、总结社会主义现代化的文明、伦理、道德，通过道德教化手

---

* 这是李铁映同志在社科院法学所的讲话。

段来治理国家教育人民，达到长治久安；二是治国者须有德，也就是社会管理者本身要具备较高的文明、伦理、道德素质，通过率先垂范，使治理既正当、合法，又合理、有效。

以德治国与依法治国从来都是相辅相成、相互促进的，不能相互排斥，偏废任何一方。我们要在理论和实践中把二者更加紧密地结合起来。法如地平线，其下为违法犯罪之人，其上是守法有德之人。德化则可以教育人，使其成为高尚之人。

把依法治国与以德治国紧密结合起来，就是要在充分重视和发挥法律的法治性、强制性和威慑性作用的同时，充分重视和发挥道德的基础性、本源性、规范性和引导性作用。道德是基于人们关于善与恶、荣与辱、正当与非正当等问题的价值判断，而形成的一系列自觉性行为准则。法律之所以是必要的，就是因为一些重要的社会道德准则不能光靠人们的内心信念、社会舆论和传统习惯和规范来维系，还必须制定成为明确、具体的法律，通过国家强制力来保证实施。

有了法律，不意味着道德的作用就不重要了。道德的作用丝毫不会因法律作用的加强而减弱。一方面，经济、政治、文化和社会生活秩序有许多方面是不能直接通过法律来调整的，只能通过道德伦理来调整；另一方面，法律的遵守和实施也有赖于道德的引导和保证。一个人违法犯罪，贪赃枉法，首先是因为道德约束出了问题。只有有道德之人，才能站在法律这道地平线的上面。良好的社会道德风尚，是良好的法治秩序的重要基础和保障。没有道德，法律就不灵。古语说"道之以政，齐之以刑，民免而无耻；道之以德，齐之以礼，有耻且格"[2]，"徒法不足以自行"[3]，讲的都是这个道理。

把依法治国与以德治国紧密结合起来，就是要在健全社会主义法律体系的同时，加快社会主义伦理、文明、道德体系建设。道德准则是法律准则的重要来源和基础。法律上的权利义务与道德上的权利义务，有着密切的联系。道德体系与法律体系是相互依存的。无论是依法治国，还是以德治国，都要求建设一个先进的、发达的道德体系。否则，法律体系就成了无源之水，无本之木，同时，以德治国也就会失去根据。

社会主义道德体系建设，是在党的基本理论和基本路线的指导下，贯彻爱祖国、爱人民、爱劳动、爱科学、爱社会主义的基本要求，以社会公德、职业道德和家庭美德为立足点，以造就有理想、有道德、有文化、有纪律的社会主义"四有"新人为目标的伟大历史工程。道德伦理要发展，要把优秀的传统文化与社会主义，与现代化的价值、道德要求结合起来。例如，行业自律是什么？就是德治，就是解决法治所不能解决的一些问题，就是精神文明。

把依法治国与以德治国紧密结合起来，要进一步贯彻"三个代表"的要求，加强党的思想道德建设，不断开拓建设有中国特色社会主义理论与实践的新境界。共产党人靠什么团结人民，领导人民，夺取一个又一个的胜利？说到底，靠的就是代表社会生产力发展的要求，代表中国先进文化的前进方向，代表最广大人民群众的根本利益。共产党的德，就是全心全意为人民服务的高尚品德。

关于以德治国，要有新的诠释和理论，不能理解为儒家所说的德、仁之说，而是要把"德"置于社会主义现代化时代之中，放在社会主义市场经济条件之下，放在社会主义法治国家的环境之内，去思考，去实践。以德治国，是社会主义精神文明问题。

党和国家政权机关的道德建设与依法治国也是相互促进的。我国是中国共产党领导的人民当家做主的社会主义国家，社会主义法律是广大人民的利益和意志的体现。因此，依法治国又是社会主义道德的基本要求。为政有德，还应当包括遵纪守法，依法行政，公正司法。这样，我们就可以把依法治国与以德治国进一步统一起来。

注释：

[1]《江泽民文选》第3卷，人民出版社1995年版，第200页。

[2]《论语·为政》。

[3]《孟子·离娄上》第一章："徒善不足以为政，徒法不能以自行。"

中国更多地了解世界
世界更多地了解中国[*]
——在德国研究联合会讲话

（2001 年 5 月 3 日）

今天，在美丽的莱茵河畔的彼得斯贝格山庄，久负盛名的德意志研究联合会设宴款待中国社会科学院代表团，并邀请学界的朋友们欢聚一堂，我感到十分荣幸和欣慰。这是中德学术交流中的一件盛事，也是中德两国人民友好交往中的一件盛事。

这次由我率领的代表团，可以说，是中国社会科学院学者出访的历史上规模最大、高级学者最多、学科最齐整的一个代表团。我们的使命，是在新世纪伊始，就全世界在经济、政治、法律、宗教等领域里共同面临的若干重大问题，与欧亚学界、政界、企业界及宗教界的朋友坐下来交换意见，深入探讨，并建立和发展多形式、多渠道的长久而牢固的学术交流与合作关系。

到达波恩之前，我们刚刚结束对法国、西班牙和波兰的访问，今天上午又先后在德国学术交流协会（DAAD）和洪堡基金会与合作伙伴们举行了座谈，明天一早，我还要赶赴柏林，分别会见贵国司法部部长梅林女士和社会民主党总书记特费林先生，并应邀在亚欧论坛发表演讲。行程如此匆匆，对于年逾花甲的我来说或许显得

＊ 这是李铁映同志在德国德意志研究联合会举办的欢迎午宴上的演讲。

有些繁重，但是，在我的心中有一个强烈而坚定的信念，这就是，中国应该更多地了解世界，世界也应该更多地了解中国。从目前情况来看，中国人文社会科学与国外人文社会科学之间的交流与合作不是太多，而是太少了；国外对中国人文社会科学的了解和理解不是太多，而是太少了。

中国是一个具有五千多年文字记载历史的文明古国。人文社会科学是源远流长的中华文明的重要组成部分。正如欧洲的希腊罗马时代出现了柏拉图、亚里士多德、西塞罗[1]等一批思想家那样，在中国的春秋战国时代，出现了孔子、孟子、庄子等一批思想家。他们分别是西方和中国人文社会学术的早期创始人。随着历史的演进，西方和中国的人文社会科学不断发展、变化，并逐渐发生交流和碰撞。

近一百多年来，苦难深重的中华民族在奋力抵抗侵略，救亡图存的同时，认真学习和借鉴世界上的先进知识、技术和智慧，不断奋发图强，革故鼎新。在这一伟大的历史过程中，中国的人文社会科学发挥了极为重要的作用，并因此获得了巨大的发展。特别是最近二十多年改革开放以来，经济、政治、文化和社会的深刻变革，为人文社会科学的研究和发展提供了丰富的素材和资源，开拓了广阔的思维空间。可以说，这是中国现代史上人文社会科学发展最迅速、气氛最活跃、成果最丰硕、对外交流也最广泛的一个时期。社会科学和自然科学，犹如车之两轮，鸟之两翼，共同推动着中国的改革开放和现代化事业，推动着中华文明的进步。

迈入新世纪的门槛，整个世界都面临着许多新的问题和新的挑战。科学技术突飞猛进，知识经济悄然来临，经济全球化势头强劲，多极化态势已露端倪，霸权主义依然嚣张，贫穷、饥饿、污染、战争的阴影笼罩着世界的许多地方。当此之际，中国的国际国内环境与20世纪80年代改革开放初期相比，已经有了很大的不同。

中国的经济改革已经走到一个新的历史阶段，中国的改革开放和现代化事业正在进入一个关键时期。饱经沧桑的中华民族依然怀着深切的忧患意识，认真关注着这些问题和挑战，努力寻求和把握实现伟大复兴的历史机遇。卡尔·马克思曾说过："理论在一个国家实现的程度，总是决定于理论满足这个国家的需要的程度。"[2]现在，中国比以往任何时候都需要知识更新和理论创新，比任何时候都需要人文社会科学的大发展。

为了无愧于时代赋予的使命，我们要进一步研究世界发展的总趋势，研究世界科技发展、国际政治格局演变、世界各国的经济和国际经济尤其是区域经济，以及知识经济、可持续发展、新霸权主义和强权政治等重大问题。我们要进一步研究如何实现经济增长方式的根本转变，保持经济的持续增长，实现资源的合理有效配置，完善社会主义市场经济体制。我们要进一步研究法治理论和制度，努力推进依法治国，将建设社会主义法治国家与社会政治体制改革紧密结合起来。尤其是在中国即将加入WTO之际，要把国际法研究摆到一个特别重要的位置。我们还要大力推进关于道德、哲学、宗教、文学、艺术的研究，尤其是关于中国固有文化传统及其与外域文化的比较研究，发展适应这个时代的哲学学说和文化理论。

在完成这些重大历史任务的过程中，中国的人文社会科学必须加强与国外人文社会科学的交流与合作。中国古语云："海纳百川，有容乃大。"又云，学问之道，须"读万卷书，行万里路"。这次我率团出访，就是这"万里路"的一部分。

中国要进一步加强对国际社会的了解，国际社会也要进一步加强对中国的了解。真正了解一个具有悠久历史文化传统、占世界人口五分之一而且正在奋发图强、蒸蒸日上的亚洲国家，无论是对于欧盟的发展，还是对于世界各国的政治、经济和文化发展，都有着极其重要而深远的意义。但是，要做到真正了解，是不容易的。

这里不妨举个例子。汉语中的"龙"在英文里被译成"dragon"。这样的翻译和理解是不妥的。尽管任何一种语言翻译都会不可避免地丢失某些原初的含义，但是，我可以明确地讲，龙就是龙，而不是什么"dragon"。在中国，龙是远古时代的初民们集中若干种动物的若干种特征，抽象地表现出来的一种图腾，包含着丰富而深厚的文化意蕴和哲学思想。在西方，"dragon"只是一种怪兽。认龙为"dragon"，或者，认"dragon"为龙，犹如指鹿为马，怎么能够真正理解"龙"呢？You cannot understand, but Chinese can understand（你们不明白，但中国人懂）。为什么要通过这样的误读、误解来人为地扩大而不是缩小我们之间的距离呢？这个例子还给我们提出了一个文化的多样性和共同性的问题。

我们生存的自然界，大至天体群星，小至鸟兽花木，可谓林林总总，千姿百态。如果丧失了多样性，自然界也就消失了。人世间的万事万物也是这样。世界文化是各民族文化共存并茂的人文生态共同体。我们必须承认文化的多样性、制度的多样性、道路和方式的多样性。

同时，我们也不否认共同性，不否认自然界和人类社会有着共同的客观规律，不否认全人类有着共同的情感、共同的价值和共同的利益。从一定意义上讲，越是具有民族性的东西，也就越具有世界性。多样性与共同性是辩证统一的。共同性实际上只能存在于多样性、特殊性之中，并且只有通过多样性、特殊性才能具体地表现出来。现实的、存在的、我们所拥有的，都是多样的。正因为是多样的，我们才会拥有一个丰富多彩的美好的世界。正是因为多样性，中国的人文社会科学和世界各国的人文社会科学才有进行交流与合作的必要和基础。

中国社会科学院是中国人文社会科学的最高学府，肩负着传承文明、繁荣学术、资政育人、服务社会的重大责任。现在，它拥有30多个研究所、4000多名学者、80多份国家级学术杂志、3个出版社，还有一个研究生院，培养硕士和博士。它是一个专门的科学研究机构，不同于大学，但又具有教育的功能。它与中国自汉代以来的庠学传统有某种程度的关联，但在学科设置和办院方针上则全然没有古代庠学国监的封闭与褊狭，它是多学科的，既有社会科学，又有人文科学；它是开放的，迄今已经同80多个国家的大学和科研机构保持着良好的交往关系。

近些年来，在伟大时代的感召下，中国社会科学院的学者们不畏艰难、呕心沥血、竭忠尽智、努力探索，在哲学、伦理学、历史学、经济学、法学、政治学、语言文学以及国际关系学等领域都取得了许多令人瞩目乃至彪炳史册的重大成果。我真诚地希望，他们的学术成果能够通过更多的国际学术交流与合作，更多地让国外的同行们分享，并得到进一步的拓展和升华。

中国社会科学院向你们敞开大门。欢迎访问中国，欢迎访问中国社会科学院。

注释：

[1] 西塞罗全名马库斯·图留斯·西塞罗（Marcus Tullius Cicero，公元前106—前43），古罗马共和国晚期的哲学家、政治家、雄辩家。他一生著述颇丰，在政治方面主要有《论国家》（又译《共和国》）、《国家论》、《论法律》等。

[2]《马克思恩格斯选集》第1卷，人民出版社1995年版，第11页。

要有自己的话语[*]

（2001 年 5 月 23 日）

一　关于政治多极化

我们倡导的多极化，要争取广大中小国家的理解和支持，不要让人觉得只是几个大国说了算。历史上有过各种各样的多极化，它们对地区稳定和全球格局也不一定都有利。因此，评论和提倡多极化时要区分不同的情况。我们所说的多极化，着眼于国际关系的公正与国家间的平等，反对一个国家说了算的局面，具体说是针对美国的独断专行和强权政治。此外，我们所说的多极化，是基于对世界和人类社会多样性、多色调的看法之上的，反对那种定于一式尤其是以美国的制度和价值观为准绳的论调。

二　关于欧洲的经验

此次我率团到欧洲访问，一个重要目的是了解欧洲一体化的进展和欧洲人对此的想法，从中借鉴一些可用之处。政治是什么？政

---

[*]　这是李铁映同志率中国社会科学院代表团出访欧亚六国期间与代表团成员的谈话要点。

治归根是利益的声音。政治有好坏之分。好的政治是使各种力量凝聚起来，各方都能获得利益。坏的政治是相互争斗相互牵制，结果谁都无法获取利益。欧盟就是一种比较巧妙的也可以说比较好的政治，德国人、法国人等在这中间有很深的考虑和谋略，他们吸取了历史上坏的政治的教训，相互谅解与磋商，战后这几十年从欧洲的战争策源地变成了新欧洲成长的火车头。

对比之下，亚洲各国做得不够，大家不是说别人的好话，而是互相批评指责，结果都受损失。因此，我们的学者要研究一下，怎样提倡亚洲人的团结与理解，怎样推动合作与整体的发展，这种合作与发展如何既有内部的凝聚力又对其他地区开放，这中间需要什么样的调整与变化，发展什么样的精神，等等。亚洲人未来要靠亚洲各国的共同努力，靠彼此间真正的理解与长远的合作。中国学者先研究起来，到一定时候再邀请亚洲其他国家的有识之士共同参与研讨，逐渐形成一种风气和共识，最终推动亚洲各国的团结和亚洲合作精神的实现。

三　关于购买力评价指标

现在国外有不少人在谈论它，国内也有一些经济学者随意附和。我不赞成盲从的做法。任何东西都有它背后的设计与考虑。西方有些势力巴不得用这种评价指标夸大中国的实力与威胁。这不难解释。但国内一些人盲目相信和使用它就不应该了，这可能造成误判误导现阶段中国发展水平的结果。这种评价指标固然有它的特点，对实际购买力作了一些新的测度，其方法可能会有一些用处，因为传统上用美元汇率计量各国经济实力，一旦汇率剧烈变动，计量就可能出现偏差。不过，我们需要中国自己的话语、自己的研究指标和自己的评价尺度，它既能够符合实际要求，又结合了国际上各种现有尺度的优点，同时避免了外国方法不适合我们国情的毛病。这方面，欧盟各国有一些经验值得重视，他们建立的欧元就是对美元计量方式的某种替代，至少也是一种新的办法，而欧元是在欧洲各国尤其是大国内部反复磋商和协作的结果，是区域内部的一种共赢形式。

四　关于如何看待国际制度和规则

近一段时间，美国在日内瓦国际人权委员会的落选和它退出"全球气候变化公约"后遭到各国批评的事态，很值得研究。它至少证明国际制度并不完全受美国人的操纵与摆布。当然，冷战结束后，美国实力和野心都在膨胀，它对国际制度的支配力也相应加强，不少国际规则和制度事实上沦为美国的工具。但另一方面，制约与反制约的力量都在上升，许多国家不满美国的霸道行径和操纵企图，因此出现了美国落选人权委员会的事情。我们要学会利用这些场合，呼应多数国家的要求，对美国的独断专行加以抵制和巧妙周旋。与此同时要注意不当头，不要让中国成为注意的焦点和美国人专门对付的对象。还是要"韬光养晦"，这是一门大学问。

五　关于台湾问题

台湾问题要有新思路，一切不应离开发展这一主线。中国人不打中国人，要用和平办法统一。让中国人民有一个活生生的反面教材，知道虎狼在外，总有人想用台湾问题来分裂和制约我。中国人民有这种反面激励，可能让坏事变成好事。最终当我们发展起来，强大之后，台湾问题的解决就比较容易了。

六　关于建立华人研究中心的问题

中国在世界有五千万外侨，分布在全球各个角落，用他们的勤劳和智慧，不仅给所在国的发展，也给中国和世界的发展做出了巨大的贡献。这是其他任何国家没有的一个优势和资源。中国的崛起和强盛，不仅要靠我们国内的努力，同样需要海外华人华侨的支持和帮助。中国社会科学院应当建立专门的世界华人研究中心，好好分析一下，如何开发和利用好这种优势和资源。这是一个大课题。

不妨与全国侨联等单位合作，利用他们的渠道和资金，把这个中心办起来。

七　关于中国自己的研究话语

中国学者要有雄心壮志，建立自己的话语体系和分析框架，切忌事事跟在外国的后面走，尤其不能照抄照搬他人的东西。输入过来的东西不要随便附和，哪怕是好东西也不一定能够适应中国的国情。打个比方说：好吃的东西很多，但不是样样都能吃，还要看是否能够消化，是否合乎吃东西的人的身体状况。时代的特点，国家和社会的需要，民族的总体利益，党和国家的重大思路，这些都是我们的学者要认真思索和研究的内容。我们的学者要有大智慧，有崇高尊严，有伟大抱负。形成真正的重大科学发现和结论，可能需要很艰难的探索，需要非凡的勇气，可能短时间内难以奏效，但我们的学者要有这种信心和胆识。

从国际问题研究来说，我们的学者研究一个对象国，不能简单地只看它的政治经济和外交，还要探讨和学习它的历史与文化，了解这个民族的起源和地理环境。同时，外交和国际问题研究要有大的长远眼光和高度，要殚精竭虑地实现理论的创新，出色回答我们时代重大的问题。

八　关于治所思路及方法

我经常劝你们这些所长、副所长们，要学会用现代化的手段、思维治理和管好研究所。要集中精力、资源和时间，抓大事，抓精品，抓人才。各所要想方设法，比如可以搞自己的基金会，办经常性的茶座，多邀请一些国内外的知名人士；各所主要应依靠自己的力量，把办公条件尽量搞好，让人一来就有一种良好的气氛和环境。"粉要擦到脸上"。学者首先要自己尊重自己，别人才会尊重你；不要搞内耗、闹矛盾。学术单位又不是经济单位、行政单位，有什么大的利害冲突，有什么不得了的问题?!院里和我本人给你们充分的自主权，让你们一心一意投入研究组织工作和对外学术交流。所长们不要被一些无聊的事情缠住了手脚，不要短视，一定要有大局意识、时代意识、精品意识。有为才能有位。

人类文化生态的多样性[*]

(2001 年 5 月 28 日)

今天，第 75 届国际科学院联盟大会在北京隆重开幕了，请允许我代表中国社会科学院向来宾们表示诚挚的欢迎，代表中国 30 万人文科学和社会科学学者向大会致以热烈的祝贺！

—

当今社会，人类的物质生活和精神生活都在发生着日新月异的变化。中国古代思想家孔子，站在滚滚东流的大江之畔，曾感叹说：逝者如斯夫，不舍昼夜[1]。在最近的几百年中，这种变化尤其显著，涉及社会的经济、政治、科学、文化各个领域和从宏观到微观的多个层面。对此，外国人说是大变革（great transformation），用我们中国人的话说，是时世沧桑。

在这种巨大的社会变革面前，特别是在信息技术和生物技术飞速发展和广泛应用的今天，人类在过去几千年中所积累和形成的文明形态和文化价值如何传承？古往今来，先哲们所憧憬的所谓"大

---

* 这是李铁映同志在第 75 届国际科学院联盟大会上的开幕词。

同"的社会理想，在新的经济全球化浪潮冲击下是否还是可能的、如何才是可能的？我们怎样开启和拓展人文社会科学学者思维和想象的空间？怎样通过我们的不断探索，在一个文化多样性的世界上，走出各具自己特色的发展道路？这一类问题，我愿意在这里提出来与大家一起讨论。

关于人类未来发展的问题，我们没有现成的答案，却有许多未知的必然王国。但是，我们应该有积极健康的讨论和争论。我想，这类问题本身，是我们不能也不应该回避的。否则，人文社会科学学者和人文社会科学学科也就失去了存在的意义。

二

参加我们这次会议的各位学者，来自不同的学科和不同的学术文化传统。我们应当承认，每一种文化传统和文明形态，都有其独特的历史和价值，都对整个人类文明做出了贡献。今天，一方面，经济、科技、信息全球化的趋势愈益明显；另一方面，不同文明和文化也越来越呈现出互相沟通和交融的趋向，但也间有摩擦或碰撞。有一种观点认为，冷战结束后，我们将迎来文明冲突的时代。这种观点，如果说是一种担心和忧虑，是可以理解的。

但是，问题在于：不同的文明和文化之间存在差异，是否一定要通过冲突乃至战争的形式来解决它们之间的问题？我们有无可能在尊重文明和文化多样性的前提下，建立起融洽的沟通渠道和平等的对话关系？有差异，为什么一定要冲突呢？人类的文明和文化发展到今天，已经遭受了太多的曲折和痛苦，也应该有足够的智慧来齐心协力地避免使它们毁于一旦。文明和文化是多样性的，也应该是协调的、互补的。历史是现实和未来的一面镜子。如果我们的人文学者能够坐下来，冷静思考造成以往文化摩擦的历史根源，以史为鉴，对于探讨在今后减少冲突、化解矛盾的可能性，的确是很有必要，很有意义的。

正是由于人类文明形态的多样性，才使我们今天的世界如此丰富多彩，使一代又一代的后来者得以领略、欣赏、继承这些文明中蕴含的丰富宝藏，并使它们发扬光大或重放异彩。离开了这些丰富性和多样性，就谈不上共识、统一、大同，也就没有人类文化的整体。如果说自然界不可能只有一种色彩，那么人类社会更不可能只有一种文化。求同存异，异中见同，交融互补，共同提高，才是不同文明共存共荣、共同发展的重要条件。多样性是自然界和人类社会发展的客观规律。我们既要关注自然生态的多样性，更要注意保护人类文化生态的多样性。搞单一化，不仅违背客观规律，而且会造成自然界和人类社会的毁灭。

三

如果说各种文明之间应该相互沟通和交流，共同寻求通往人类和平之道，那么，各个学科之间、各种学派之间，就更应相互学习，取长补短。百花齐放，各呈其艳；百家争鸣，各鸣其声。我们强调自然科学与人文社会科学之间的联盟，同样，我们也要重视人文社会科学各学科之间的结合。学科虽有不同的类别和划分，但关注人与社会的发展，是一切有良知的科学家共同的责任。

中国几千年优秀的文化传统，向来主张百花齐放，注重海纳百川。历史上，我们有过在中国文化内各种文化传统相互交往、彼此交融的经历，也有过与各种文化交流共处的经验。先秦时期，中国的儒家、法家、道家、墨家之间彼此争鸣和相互渗透。后来，中华民族大家庭内各民族文化之间相互吸收和相互影响，中国文化对外来的佛教文化、伊斯兰文化和基督教文化等也持有相当宽容和包容的态度。这也是中国文化作为世界上最古老的文明和文化形态能够连绵不断，至今仍然保持着活力的原因之一。多彩繁荣是人文社会科学的基本特点，因为人类社会本身就是丰富多彩的。

四

毫无疑问，学术上的宽容精神和文化上的包容态度，是以严格的治学为前提的。我注意到，这次前来参加第 75 届大会的学者，有历史学家、语言学家、哲学家、考古学家、文学史和艺术史学家，也有经济学家、人口学家、人类学家。各位所专攻的这些领域和学科，有的已经非常古老了，有的要相对年轻一些。不论什么学科，所以能走到今天，并不断壮大和繁荣，都是同一代又一代学者们孜孜不倦的辛勤耕耘和新老传承密不可分的。

通过文化传承，既把知识留下来了，成为培育人们的道德情操和精神气质的宝贵财富，也把学风留下来了，成为后来一批又一批学子们走入知识和科学大门的起点。今天，虽然科技日新月异、社会突飞猛进，但如果没有学风上的踏实和严谨，没有知识上的周密和系统性，就不能保证我们能够适应任何一种变化，更不能确保我们能够理解这些变化。

我们的先哲强调要以"学而不厌"、"三省吾身"的态度对待学术。孔子说："知之为知之，不知为不知，是知也。"[2]苏格拉底也说过："我只知道我的无知。"这里不只是谦虚为学、谨慎为人的问题，而是在更久远的意义上，说明了我们现在所掌握的知识，对于未被认识的必然王国来说，其实还是一个很小的部分。这样才有"三人行，必有我师焉"[3]的道理。

我想，来宾们所以能够在各自的领域中取得突出的成就，也正是因为你们一直遵循着先哲们的教诲。我希望，通过这次大会，通过你们的言传身教，我们的年轻学者们能够感受到严谨的治学态度，并能够从中受益良多。

五

我们讲治学要严谨，指的是不能华而不实、花拳绣腿，而要以前人为师，以历史为鉴，一步一个脚印，进行艰苦而漫长的攀登，即所谓"路漫漫其修远兮，吾将上下而求索"。但另一方面，我们又必须以实践为师，实事求是，理论联系实际，破除迷信，破除教条。世界之大，变化之快，决定了我们不可能有什么现成的包医百病的灵丹妙药。

在中国近现代历史上，我们曾经有过备受教条之苦的经历。虽然我们也怀着探索真理的热忱，但是忽略了具体国情，以为只要是书上讲的就是原则，就是"圣经"，这给了我们很多教训。现在，中国人民正在推进建设有中国特色的社会主义事业。20 多年来，我们的一条重要经验，就是一切从中国的实际出发，不唯书，只唯实。外国的经验，我们要学习、借鉴，但要以解决我们自己的问题为出发点和归宿。

邓小平先生曾引用中国农民"不管白猫黑猫，能抓住老鼠就是好猫"的朴素语言来说明实事求是的重要性。我想，我们是不是也可以说，不管什么学问、什么理论，能够解决人类面临的问题的，就是好学问、好理论。如今流行的说法很多，时髦的理论也很多，判别它们是不是好的，也就是看它们能不能抓住"老鼠"，即能否解决人类面临的问题。而对于中国来说，就是看它们能不能抓住中国的"老鼠"，解决中国的问题。

当然，这里有个眼前和长远、直接和间接的问题。有的研究，不是马上就能看到效果的；有的学术，不是可以直接加以应用的。我们必须要有战略的眼光和开阔的眼界。学问不是一朝一夕能够搞成的，研究也不是急功近利能够做出来的。所谓做学生要十年寒窗，做研究也要十年磨一剑。但不论治学的道路多么漫长，能否从实际出发，实事求是，总是成败的关键。

如今，"全球化"正在成为越来越多的人关心的话题。对于"全球化"，我们也要冷静地分析。我们需要做的，是从具体情境入手，分析到底哪些东西正在全球化，哪些仍然是区域化、地方化的，还有哪些东西不会全球化。还要看到，全球化也是多样性的全球化，不能理解为归一化、同一化。

六

我们要有理论创新的勇气和信心。学术传承和理论创新，是一个铜板的两面。如果没有传承当然不可能有创新，但是如果没有创新，传承也就不是真正的传承，而是抄袭、重复。当代的许多现象，比如多媒体技术和转基因技术，的确给传统的道德价值和生活方式提出了新问题，甚至在一定程度上构成了挑战。这种情况下，我们是以不变应万变，还是审时度势，理性地直面这些挑战，使它们转化为积极的机遇，这不仅是一个个人选择的问题，而且是涉及未来人类"是生存还是毁灭"的问题。这迫切要求我们做出创新性的探索，既在体制上，也在理论上有所发现、有所发明、有所创造、有所前进。

要在学术领域内有所创新，就要有一定的学术制度和学术氛围来保证，这也就是我们中国人所说的"百花齐放、百家争鸣"。就是说，在风格上，我们要百花齐放；在理论上，我们要百家争鸣。学术上我们有各种学科，学科内我们有各种学派。学术问题，理论问题，都要经过反反复复的争论、争鸣，才能探索出具有真理性、原创性的东西。在人类学术和思想的漫长里程中，经常都有这样的现象：一开始的时候，富有创见的东西被视为异端，真理也在少数人手里。经过了讨论、交流、辩论甚至是激烈的思想斗争，创见才慢慢地被更多的人所认识，真理才逐渐被更多的人所接受。

七

我们提倡积极的讨论和交流，建设性的辩论和争鸣。学术上的分歧，学派上的差异，不应该是阻碍我们成为朋友的理由。相反，经过学术上的交流和辩论，我们可以成为挚友和诤友。

中国社会科学院是中国人文社会科学研究的最高学术研究机构，它以学科齐全、人才集中和资料丰富为优势，以坚持"百花齐放、百家争鸣"为基本方针。我院现有教授级研究员 1500 多人，其中既有一批享有盛誉、造诣高深的老学者，也有一批崭露头角的中青年骨干。我院在历史学、考古学、语言学、宗教学、民族学、哲学和文学理论等方面在全国处于领先地位，在经济学、财贸学、法学、社会学和国际关系研究等方面也为中国社会科学研究事业的繁荣，为国家有关政策和决策的制定做出了巨大的贡献。

我院的国际学术交流越来越频繁，越来越活跃。这些交流活动，对开阔我院学者的视野，增进我院学者与海外同仁的联系和合作起到了很好的作用。在此，我愿再次重申，我们将继续加强与各国学者的学术交往，互相学习，取长补短，共同切磋，共同提高。

各位学者和朋友，国际科学院联盟成立至今已经有 80 多年了，中国社会科学院加入国际科学院联盟也有 20 多年，而在中国举行国际科学院联盟大会，还是首次。中国古代伟大的思想家孔子说过，"有朋自远方来，不亦乐乎"！我们是怀着喜悦心情，本着认真的态度来筹备和组织这次大会的。我们也真诚地希望，通过这次大会，不同国家和地区的人文社会科学学者能够增进交流与合作，既切磋学问，也交流感情，建立和巩固学者、学科之间的平等、融洽关系，营造良好的国际学术文化氛围，为 21 世纪人类的知识创新和文明进步，做出富有创造性的贡献。

注释：

[1]《论语·子罕》。
[2]《论语·为政》。
[3] 语出《论语·述而》。

有为才能有位*

（2001 年 6 月 2 日）

大家谈了很多很好的意见。下面，我讲四个问题。

第一，关于社会科学的地位和作用。社会科学的地位和作用，首先表现在社会科学的研究成果上。如果社会科学不能推动社会的发展、历史的前进，不能回答和解决社会发展的历史性、时代性课题，我看再怎么呼吁也很难引起全社会的高度重视。还是那句话，有"为"才能有"位"。

这次社科院学术委员会组织研讨时代性的大课题，就是希望借此形成全国社科界的共识，团结一大批老中青学者，研究时代性大课题。如果说在自然科学界有攻关，有重大工程，有"863"，那么，社会科学界同样也应该有。我们一定要深入思考、研究和回答时代性的大课题。时代性的大课题之所以重要，就是因为它关系到中国的前途和命运、发展道路和发展模式。中国的社会科学，应该集中力量研究那些事关中华民族前途和命运的问题，为在 21 世纪中国实现现代化提供精神动力、理论支持、对策措施。这是中国社会科学

---

* 这是李铁映同志在"21 世纪初中国面临的重大理论和对策问题"——政法、社会、民族、新闻学学科选题研讨会上的讲话。

界的历史使命。

第二，关于研究方法。也想借此形成大家的共识，采取综合性、跨学科的研究。自然科学和社会科学相结合、国内研究和国际研究相结合、研究工作者和实际工作部门相结合，以开辟时代性大课题研究的新的道路和方法，这涉及社科界研究方法和研究制度改革的问题。

在研究中要提倡建立学派，建立各种不同的学术研究组织、机构（紧密的、松散的均可）。中国要发展、要实现现代化，没有中国学派怎么行？没有中国的气派，没有中国的概念范畴体系、话语体系，怎么去解释中国的问题？如果用西方的概念、话语体系来解释中国的问题，有很多问题是解释不了的。在西方的词典里没有社会主义市场经济，也没有社会主义法治国家。解决中国的问题，必须靠中国人民的实践，靠中国的学者创造一套中国的概念体系、话语体系，形成中国学派。这种学派是从中国的实际出发，以回答、解决中国的实际问题为己任，并且最后达到了规律性、真理性的认识。只有这样，才能对中华民族的全面振兴做出贡献，对人类做出贡献。理论只有符合实际，才具有真理性，才有价值。

目前，我们的研究工作还存在一些不适应的现象：一是不适应世界形势的变化；二是不适应中国发展的要求。这两个"不适应"不仅反映了我们学者的素质和水平问题，也反映了社会科学的研究方法、研究体制等方面的问题。体制要靠学者在课题的研究中去探索、创造，也要靠政府积极支持，推进体制改革。就像中国的经济体制改革一样。我国经济体制改革所取得的成就，就是立足于人民的实践创造，总结他们的经验，不断推动改革向前发展的结果。

我在体改委工作的时候，就注意观察群众在经济生活中的创造，从经济学理论的高度加以总结、提炼并予以推广。我举一个例子，当股份合作制刚刚出现的时候，有人说是"非驴非马"，但实践的发展证明，股份合作制是个好形式。在改革的过程中这类现象很多。任何新生事物，都有一个逐步完善的过程。不断改革、调整、创新，这也是不断否定、扬弃的过程。这不是错误，正是发展、是改革的必然过程。人们在前进的过程中总是两条腿走路的，不能在迈左脚时，说上一步右脚迈错了；再迈出右脚的时候，又说上一步左脚迈错了。这是一种前进的历史过程，不能从对错是非上看待这些历史过程，它们是发展的环节。

现在很多社会科学研究，都具有综合性、群体性，是多方合作的结果。要鼓励学者去创造、去探索创立学派，没有学派怎么行啊？所谓学派，无非是某一种学术观点逐渐为相当多的人所接受、所偏爱，进而去研究，形成一个流派。所谓争论，不仅是学术观点之间的争论，还有学派之间的争论。实践是检验真理的标准，争论，则是达到真理性认识的必要环节。在一定意义上，我们甚至可以说，争论就是社会科学研究的一种实验方式。

第三，要多渠道筹集科研资金。现在的社会科学研究经费主要靠国家财政拨款，来源太单一。自然科学界已比较注意筹集资金了。大学和中科院，都努力向社会筹集资金。向社会筹集资金就要为社会服务，这是科学发展的一个规律，服务社会的同时向社会索取回报，包括资金。而社会科学研究很多仍然表现为政府行为，由政府资助，这是不够的。社会科学界目前还没有向社会筹集资金的能力。我们是捧着"金饭碗"要饭吃。在社会主义市场经济条件下，利益需求已多样化了。注意把握这种多样化，多方筹集资金，进而多方面地服务社会，应当成为我们的一个努力方向。

第四，要结合重大课题培养人才。要吸收青年科研人员直接参与到时代性的大课题中来，锻炼几年就可能成才。没有这样一些重大的课题研究，就不能吸引造就大批的人才。我不反对有些青年人去研究一些自己感兴趣的题目，但是作为导向，还是希望一大批优秀青年研究时代性课题。大胆设想一下，如果我们这次能够确定一百个左右的课题，每个课题能够形成一个群体，其中又有一半左右的年轻人，那么滚雪球式研究下去，若干年以后，必有大的成绩。自然科学的"863计划"刚提出时，似乎感觉到很难办，但是过了

20年以后，成绩就很显著了。

　　这次社科院学术委员会和院内外学者们论证这些课题，目的在于吸引广大学者来研究时代性大课题，形成社科界的"863工程"。我们研究者的共识要能够反映社会的共识、人民的共识。这些题目要有操作性，有吸引力。如研究西部开发问题和民族问题就同西部若干省（区）结合起来，同西部的一些大学、研究机构结合起来。如果研究，就应该同经贸部、同一些跨国的集团公司等国内外的机构联合起来。总之，谁掌握了最充分的信息，谁获得了尽可能多的资源上的支持，谁就可以运用这些资源信息，进行比较深入的研究，拿出高水平的成果来。反之，闭门造车是造不出什么像样的"车"来的。

经济学要解决经济发展[*]

（2001 年 6 月 8 日）

在山东的政法片会议上，我已经讲过人文社会科学的作用了。下面只就经济学谈一点意见。中国的未来发展，在相当大程度上取决于中国经济学的发展。

如果没有正确的经济理论做指导，就不能保证经济的持续快速发展，也找不到一条正确的途径来大力发展生产力。中国的经济学，要为中国的经济发展服务。

中国经济学，要阐述中国经济的发展过程，揭示中国经济的发展规律。改革开放 20 多年来，中国经济学发展有几个特点：发展得最快、最有活力、影响最大，也是在国际上最有地位的学科之一。

中国经济学在未来有三个研究重点：对马克思主义经济学理论的发展，对西方经济学的研究和借鉴，对我国经济建设和经济体制改革理论的进一步发展。丰富和拓展有中国特色的社会主义市场经济理论，是经济学的首要任务。

经济学家可以在繁荣我国社会科学事业中大有作为，站在时代

---

* 这是李铁映同志在"21 世纪初中国面临的重大理论和对策问题"——经济学学科选题研讨会上的讲话。

的前列，进行研究体制、研究方法的创新，推动理论创新并指导制度创新和管理创新。只有这样，中国经济学家若干年后才能站在世界的前列。

哲学是时代精神的精华[*]

（2001 年 6 月 15 日）

哲学是最高意义的智慧之学。我素来喜爱哲学。听了大家的发言，有几点想法，提出来与大家交流。

一 哲学的地位和作用

哲学是世界观，是方法论，是人类理论思维的最高体现。从历史上看，哲学的落后，往往导致整个社会科学的落后；哲学的僵化，往往导致整个社会科学的僵化。哲学如不能正确回答和解释世界与时代的大问题，会影响社会科学的其他学科，进而影响社会的健康发展。苏联的解体，一个重要原因，就是理论的教条和僵化，不能回答现实问题，失去了正确的方向。这其中也包括哲学的僵化，哲学没有得到应有的发展。

---

[*] 这是李铁映同志在"21 世纪初中国面临的重大理论和对策问题"——哲学、马列、宗教学学科选题研讨会上的讲话。

二　价值观问题

在 20 世纪末，世界上一些人打出价值观的旗帜，这与 18 世纪打出的"自由、平等、博爱"的口号一样，都有相应的历史背景与时代特征。在人类发展的历史长河中，西方社会从古希腊经文艺复兴至今，形成了当代的西方价值观。而古老的中华民族、中华文明，在历史上长期受儒家思想的影响，后来接受马克思主义的熏陶，并在 20 世纪的革命斗争中逐步形成了我们现在的价值观。价值观有人把它提到政治层面，有人把它提到文化层面，也有人把它提到经济利益层面。这既有历史传统的原因，也有文化、宗教和社会制度等方面的差别。价值观已不仅是哲学问题，而且是政治、社会、文化问题，乃至国际斗争问题。

美国人现在打出一种旗号："为价值观而战"，其目的无非是要捍卫和推行美国的价值观。这将形成 21 世纪世界意识形态斗争、外交斗争的一个重点，绝不可忽视，要抓紧研究。以往我们谈世界观、人生观和价值观，这对学者、政治家来说是可以的，但面对社会，对普通百姓来说，价值观可能更有意义。应该看到，普及哲学、普及马克思主义理论并非一朝一夕之事，需要几代甚至十几代哲学工作者，坚持不懈的创造性劳动，要永远做下去。而一旦我们坚持这样做，我们民族的理论思维水平必有大的提升，中华民族必将对人类文明做出更大的贡献。

三　思维方式和思想方法

哲学上的唯物论和辩证法，着重研究人们的思维方式和思想方法。马克思主义批评唯心主义和形而上学，也着重批评其认识论、方法论问题。中国人的思维方式和思想方法，来自传统的华夏文明，这其中包含朴素的唯物论和辩证法，在接受马克思主义之后，融合现代文明，逐步形成了中国共产党人的思维方式和思想方法。新中国成立后，社会主义建设事业的成败，都与这种思维方式和思想方法有关。这是一个哲学问题，也是一个有关政治的问题。革命时期强调"破"，强调斗争；建设时期强调构筑系统、制度，强调发展、创新。

建设有中国特色的社会主义要有什么样的哲学，还需要我们哲学工作者，在实践中进一步探索、发展、完善。当代中国的哲学，要回答中国社会主义现代化，中华民族全面振兴进程中所面临的哲学问题。哲学应成为中华民族新时代精神的精华。

四　社会主义和马克思主义的发展

在 21 世纪，我们所面临的最大问题，就是坚持和发展马克思主义。社会科学工作者有责任回答、研究这个最大问题。我们要坚持马克思主义，坚持走有中国特色的社会主义道路。坚持、继承是发展的前提，发展、创新是为了更好地坚持。这既是一个实践探索问题，也是一个理论创新问题。社会主义建设既有成功的经验，也有失败的教训。建设有中国特色的社会主义，没有现成的模式，即便有，也绝不能照搬照抄。社会主义建设过程是长期、复杂而曲折的。

中国共产党是中国社会主义建设事业的领导核心。中国共产党作为革命党是成功的，带领全国人民战胜国内外强大敌人，建立了新中国；在建设社会主义过程中，中国共产党要不断加强自身建设，认真总结执政经验，逐步完善执政方式、执政制度和执政理论。

五　关于信仰问题

我们要用共同的理想和信念，来塑造中华民族的统一意志，建设有中国特色的社会主义文化，形成高雅的丰富多彩的社会生活方式，增强我们民族的活力和凝聚力，实现中华民族的伟大复兴。信仰、信念、理想这类问题也要不断深入研究，赋予它们以新的时代内涵。

"彼学"、"己学"*

（2001 年 6 月 18 日）

坐了一天，像听新鲜的故事一样，学到很多东西。这次讨论选题有这样几个目的：一是把目前学术界公认为重要的课题集中起来，以作为我们今后研究的课题和方向；二是希望把这些课题、重大问题作为学术界、理论界的看法，向中央反映，让中央知道学术界在考虑什么问题；三是希望能够把这些重大课题，作为今后一段时间全国社科理论界研究的课题，以期在这些问题上有所建树和突破，对国家有所贡献。

国际问题研究很重要，越来越重要。随着中国参与国际事务的程度越来越深，国际问题研究的地位和作用也越来越重要。特别是全球化、多极化的发展，使得国际问题研究的重要性愈益凸显出来。很多国家都把国际问题研究当作一个极为重要的领域，这也是历史的一个趋势。

当前，世界各国在国际问题上都很重视学术界的观点。我认为，有两大力量能够为国家的外交政策提供重要的研究成果：一个是企业界，一个是学术界。下面，我讲几点意见供大家参考。

---

* 这是李铁映同志在"21 世纪初中国面临的重大理论和对策问题"——国际问题学科选题研讨会上的讲话。

一　时代问题

任何一个国家发展战略的确定，都同对时代的本质和特征的把握有关。20 世纪初，列宁对时代提出了看法。50 年代，我们自己对时代问题提出了看法。改革开放初期，小平同志讲，和平与发展是当今世界的两大问题、两个基本问题。

进入新世纪，我们对时代问题怎么看，这是关系到党的方针政策的大问题。国际问题研究就要研究国际趋势。什么叫时代问题呢？国际形势发展的总趋势，就是时代问题。

二　"己学"与"彼学"

第一，研究国际问题，有两个方面：一个方面是研究国际关系，一个方面是研究外国（国别）问题。国际关系问题无非就是国际战略，国际政治、经济、外交的关系；外国（国别）问题就是研究对象国的根本问题，研究它的国内问题。这两个方面的问题是相互影响的。外国问题研究，例如美国的国际战略、国际政策都是从美国的利益出发的，所以就要研究美国外交政策的根源是什么，它的国际关系、国际战略的利益基础是什么，这就有一个深入研究对象国的问题。

我提出一个说法，即"彼学"和"己学"及"关系学"的问题。"己学"就是关于自身问题的学说。"己学"是国内众多研究机构、国务院各部门及其研究机构所研究的课题。国内的研究力量主要还是研究"己学"。"彼学"就是外国问题研究。如研究阿拉伯世界问题，研究东盟内在的利益关系问题，欧盟的形成与发展问题，日本的国内问题及对外关系问题，等等。

昨天有一位学者谈到了日本不敢承认对外侵略战争罪行，主要是怕赔款。它承认了战争罪，那它就要向亚洲赎罪、赔偿。这就是外国问题研究。既然我们认为国际战略、国际关系主要是以其国内发展、国内利益为基础,那么不研究它的国内问题(对我们来说就是国外问题),就很难界定它为什么实行这种战略。国内问题是国际战略、外交政策的基础。内政是外交的基础。为了深层次地了解对象国的国际战略、外交政策,必须了解它的国内问题。

第二,"关系学",就是研究双边、多边国际关系的理论、方针和政策,实质上是关于国家间利益的相互关系、制约、互动的学说。外交关系、国际关系本质上是个利益关系。我们讲互利、公正、合理,而西方往往讲自己的利益、妥协,少让多得。处理双边关系必须考虑双方的共同利益,国际关系一定程度上也是国际利益的调整问题,也是双边关系、多边关系的利益调整问题。

我们提出"双赢"原则、共同利益问题,实际上就是强调,在当今世界,国与国之间应寻找共同利益,求同存异,实现共同发展,建立共赢、互利的国际关系。国际关系没有共赢、互利是维持不下去的,这是我们的一个基本观点。而美国则不是,一切以它的利益为标准,都要服从它的利益。

研究外国问题,要注意对象国的经济、政治、文化等方面,还要注意它的价值观,注意其社会发展产生什么样的国内利益要求,这些国内利益要求、国内矛盾在国际问题上怎么表现出来。当前研究美国问题,对美国国内经济、政治、文化、社会及各个阶层的研究,还是很不够的。而美国人对中国的研究是下了很大工夫的。

有个例子。美国人为研究中国的计划生育,就曾选派了他们认为最可靠的 20 多岁的女大学毕业生,作为学生、旅游者到中国来,在中国农村待了很长时间,又学中国话,又做生意。她是从社会细胞的角度,来研究中国的家庭、计划生育、传统观念发生了什么变化,计划生育将来会对中国社会发展产生什么影响。这种研究,将解剖学方法应用到社会科学。我们现在还是侧重宏观研究,还没有研究到"社会细胞"这个层次。

国际问题的"细胞学"研究,这在外国问题、对象国研究上是必不可少的，这是基本功。例如，价值观问题，你不深入到实地去了解，很难深刻理解当地人们的价值观。我们很多人是靠翻译外国人的著作来了解它的价值观。我看"误读"还是很多的。这种研究多半是隔岸观火式的，坐在北京、坐在中国望别国、望世界。有的时候去看一下，也是跑马观花，蹲不下来，深入不进去。

这里就提出一个"彼学"怎么进一步深入下去的问题。现在需要大量的国际问题专家研究"彼学"，而且要深入对象国中，要待相当长时间。我们目前有个有利条件：既有很多留学生，又有很多企业界的人。要鼓励他们长期生活在那里，深入研究"彼学"，成为专家。光靠我们这些人研究不够，我们的优势是我们懂"己学"，然后研究国际关系学。没有"彼学"基础，国际关系学也很难搞好。

国际关系学是在"己学"、"彼学"基础上的一种学问。我建议各单位培植一批人去研究"彼学"。我们现在亟须懂得"彼学"的专家。比如研究苏联解体，只有深入到独联体各国，大量地搜集资料，进行深入研究，才会有真知灼见。

为了把国际问题研究引向深入，我们需要有一个基础性工程，建立研究成果数据库，包括搜集外国人写的东西。

1998 年我到美国访问，先到了波士顿，哈佛大学、麻省理工学院，然后到了华盛顿。一开始，美国研究中国问题的人把我包围了，向我问这问那，想从我这儿了解中国人对美国怎么看、对中国怎么看，等等。我访美本来是要去了解美国的，开始几天，对美国了解并不多，只给人家提供信息，在哈佛大学、马里兰大学演讲，等于去送免费午餐了。后来我调整了访问日程，我要听美国人怎么看中美关系、国际关系，怎么看美国。到了纽约、洛杉矶、兰德公司，都是他们讲，我听。

在各种国际交往中，我们如何更多地了解人家，这是一个大问题。在"知彼"问题上要花更多的工夫。既然外交政策的基础是国内问题，那么，研究国际关系的基础就是研究对象国的国内问题。

三　"韬光养晦"是一个大战略

中国有良好的国际关系。在国际事务中，我们无论是有限参与还是更大范围地参与，无论是有所作为还是作为更大一点，甚至无论是"韬光养晦"还是"挺身而出"，都是为了中国的发展，都是为了维护世界和平，促进共同发展。正如今天在座有的学者所说，处理国际关系要立足于现实主义。现代国际关系的一个很大支配力就是经济利益，但并不等于说就没有价值观这样一些理念的东西。外交是一个战场，国际斗争是一场软战争。力量的对比仍是关键性因素。一定意义上说，实力就是武力，就是国家安全。

社会科学有没有"高科技"？像人权、民主、主权、全球化、多极化、和平与发展、经济政治新秩序，等等，这些都是社会科学中的"高科技"。马克思主义的发展，社会主义，资本主义等基本问题，也是"高科技"。有中国特色的社会主义理论，社会主义市场经济，社会主义法治国家，等等，也是"高科技"。在这方面我们面临的一个重要问题，是如何建立中国自己的理论体系。

迄今很多概念的产生我们是被动的，发明权不在我们这儿，我们是忙于引进、注释。我们要自己创造一些概念和语汇。小平同志创造了"有中国特色的社会主义"，"一国两制"，"搁置争议，共同开发"，"和平与发展"，等等，这都属于社会科学中的"高科技"，是最前沿的理论体系、范畴体系和话语体系。

比方说，"韬光养晦"，我看哪个国家韬光养晦做得好，哪个国家就成功，谁翘尾巴谁倒霉。日本人翘了两次尾巴：一次是"二战"，一次是20世纪80年代。日本从20世纪80年代开始翘尾巴，觉得不得了了，可以称为世界头号经济大国了。当人家说它是经济动物时，它自鸣得意。结果被捧杀了。

韬光养晦很不简单，是一个大智慧，大战略。你看刘备在和曹操煮酒论英雄的时候，听到曹操称他为英雄，吓得筷子都掉了。为掩饰，他谎称是被雷声所吓，战战兢兢。这不简单啊。英雄嘛，老婆不要了，孩子也不要了，自己孤身一人逃跑。韬光养晦，要有一套哲学、文化理念的东西。欧洲也在韬光养晦。韬光养晦，不仅是政治策略，也是哲学上的大智慧。

韬光养晦也是实事求是。韬光养晦不等于不努力、不奋斗，不等于没有自强之心，无所作为。对小平同志讲的韬光养晦，要很好地研究，形成一种民族心理，作为中国长期发展的法宝。

四 "硬武器"与"软武器"

我们在国际问题研究中，用了很多西方的概念和话语体系。对待这些概念和话语体系，应该加以分析：第一种，合理的、带有普遍性的，我们要拿过来，不需要做太多的改动就可以用，比如海事法律体系；第二种，有些要做解释，不能完全照搬。如人权、民主乃至全球化、多极化等，词是同一个词，但其内涵应有所区别；第三种，有些不适合于我们，违背我们的利益，这就要重新构筑概念和话语体系。要批判，就要有批判的武器。

什么是公正、合理的国际新秩序？这就需要在理论、概念、话语上进行创新，要构筑中国人关于国际问题的概念和话语。无论是研究国内问题还是研究国际问题，都要有自己的一套概念和话语。比如人权，我们讲生存权、发展权，现在国际社会逐渐都接受了，而且还讲人权的普遍性和特殊性，这就是话语体系。

西方学术界有所谓制度霸权的说法。实际上制度霸权包括几个方面：一是机构问题，二是法律体系问题，三是语汇体系问题。因为法律也好，机构也好，如果用的全是别人的语言，实际上还是难于符合我的利益，还是在别人的概念、圈子里来讨论问题，这就是话语霸权。用同样的变量 X、Y、Z，代入同一个公式中，结果只能一样，这点要警惕。

在现实的国际事务中，"硬武器"、"软武器"都是相互补充、交替使用的，而且更多地用"软武器"来包装、掩盖"硬武器"。所谓"硬武器"，不仅指军事，也包括经济、科技和政治外交。带有强制性的叫"硬武器"；带有渗透性、影响力的，像媒体、价值观、意识形态等叫"软武器"。在学术界，运用"软武器"的斗争是非常激烈的，一开会就争论这些东西。这是另一个"战场"。我们要用中国的价值观，中国的思维方式，发展自己的"软武器"，还要用国际的思维方式加以解释，以在世界上确立我们的理论、概念、话语体系，并使之发挥作用。

五　在国际事务中充分发挥第二管道的作用

外交部、中联部等部门主要从事官方外交事务。官方外交和学术界应有区别、有分工，表现为通过第一管道、第二管道这两个管道来对话，第二管道是为第一管道服务的。这是国际上的通行做法，学术界当然要为官方外交服务。在力量有限的条件下，要合理地利用我们的研究资源，充分发挥学术界的作用。目前，第二管道的作用发挥得还不充分，这既有制度上的问题、经费方面的问题，也有我们学术界长期形成的观念上的问题。

现在我们研究欧盟，为了提供更多的基础性研究成果，除研究经济问题之外，还要研究它的政治思维，包括欧洲政府将来会怎么样，大国国家意识如何演变的？也要研究欧洲社会民主党的思潮变化，包括其政治家的思想体系。

研究布什，不仅要研究他对当前某一个具体问题怎么做，还要从美国社会、经济及社会意识形态的变化入手，分析布什政府今后四年的政策走向，有哪些因素会影响其走向。中美建交以来，两国关系最紧张的时候应该是1989年，那时美国人趾高气昂，对中国采取种种所谓"制裁"措施。第二次恶化是美国炸我国驻南使馆。现在还没有迹象说要演变到最坏的局面。当然，还要看到美国政策变化的可能性。苏联解体至今才10年，这10年中，美国正逐步摸索采取什么方式，来构筑美国领导下的世界秩序。克林顿是一种方式，这种方式收到一些效果，但美国统治阶级不满意，还想取得更大的利益。所谓从另外一种方式来取得更大的利益，实际上是压它的盟国及更多的国家屈从于美国利益，遏制中国实际上也是压其盟友，压它的周边国家。

自然科学和社会科学*

（2001 年 6 月 20 日）

今天，我很高兴来到这里，参加国际欧亚科学院中国中心组织的会议，并就人文社会科学与自然科学的结合问题，谈一些自己的看法。我想，这一问题不仅关乎人文社会科学和自然科学的发展，而且涉及人类未来发展的方向。因此，它是一个时代性的大课题。

一　自然科学和人文社会科学：交融互补、相辅相成

今天在座的大多是自然科学领域的专家，有好几位是我长期很好的同事。关于自然科学包括技术科学概念的界定，大家都比较熟悉。

现在我们称作人文社会科学的知识体系，在人类历史上经历了长期的历史发展过程。社会科学这个概念，是 19 世纪中叶在欧洲产生并逐渐传播开来的。到 20 世纪初，由自然科学和人文社会科学组成的人类知识体系已经基本形成。

---

* 这是李铁映同志在国际欧亚科学院中国科学中心的演讲。

　　社会科学有广义和狭义两种理解。狭义的"社会科学"一词，通常不包括人文科学。广义的"社会科学"，即今天我们普遍使用的"社会科学"一词，是指包括人文科学在内的社会科学，有时又称人文社会科学。一般地说，人文社会科学是探索和揭示人类社会发展规律的学问，是人类认识世界、改造世界和完善自身的强大思想武器，它为人们提供世界观、认识论、价值观、方法论，以及关于社会和人的存在与发展的知识和理论。自然科学则是揭示自然规律并帮助我们掌握这样一些规律的学问。

　　人文社会科学的主要任务，就是从社会各个领域的纷繁复杂的现象和感性素材中，揭示社会现象的本质，探求人和社会发展的规律，并以此指导人们的社会实践。人文社会科学具有与自然科学同样的科学本质和功能。

　　现代科学的发展也已经证明，自然科学与人文社会科学犹如车之两轮，鸟之两翼，两者构成完整的科学体系。只有两轮共转，协同前行，两翼共振，携手同飞，才能共同为人类社会的发展提供指导和动力，推动整个科学事业的发展和繁荣。

　　自然科学作为技术之母转化为生产力，可以提供推动人文社会科学发展所必不可少的物质技术条件，但人文社会科学又为自然科学发展提供着必要的思想、文化和理论基础，成为自然科学特别是科学技术转化为现实生产力所不可缺少的重要条件，为自然科学技术在实践中的应用提供合理性的论证，帮助自然科学家正确选择自己所从事的科学技术研究的价值方向，帮助他们正确理解那些处于社会和人的活动深刻影响下的研究对象。其他如自然科学人才的培养、战略的选择等，都离不开人文社会科学。

　　当今社会，一方面科技迅猛发展，另一方面又面临着生态失衡、环境污染、土地沙漠化和资源枯竭等全球性危机。要解决这些全球性问题，既要解决技术上的问题，又要解决人们的观念问题和社会制度上的问题，因此必须采取自然科学与人文社会科学多学科交叉的研究方法，单靠自然科学，或单靠社会科学，都是难以胜任的。

在刚刚过去的 20 世纪，在解决涉及人类社会的生存和发展的问题方面，我们曾经有许多沉痛的教训。爱因斯坦的相对论打开了人类利用核能的大门，却最终导致了原子弹的制造，给人类带来了巨大灾难，爱因斯坦本人也曾为此悔恨不已。所以，他强调："在我们这个时代，科学家和工程师担负着特别沉重的道义责任。"[1]

第二次世界大战以后，许多科学家开始就科技发展与人类的前途进行反省，而且愈益感觉到这一反省特有的紧迫性：因为人类在所有领域都面对着现代科学技术，面对着它的飞速发展，面对着它向人类、自然和社会展示的种种难题。

当代科学技术每一项新的发明，科学技术的每一个进步，都与人类社会自身的生存和发展密切相关。核技术、信息技术、纳米技术、生命科学，特别是现在引起广泛争论的克隆技术和基因工程技术等高科技的发展和进步，无疑将给人类社会带来巨大的物质利益，但是，它们的实际应用可能给人类社会所带来的负面影响，所产生的伦理道德难题，却是科学技术本身无法克服和解决的。这就需要人文社会科学的广泛参与，以发挥其"校正"功能。我们可以断言，只有自然科学和人文社会科学的携手合作，人类才会有光明的前景。

当代科学研究的整体性趋势进一步增强。在传统学科的基础上，又分蘖出大量分支学科；在传统学科相互接壤的领域，出现了大量边缘学科、交叉学科和综合性学科。科学的变革揭示了事物之间的普遍联系，打破了各学科之间壁垒分明的界限，为社会科学与自然科学更加紧密的联盟创造了条件。因此，如上所言，自然科学技术和人文社会科学，是人类文明前进的两个历史车轮，两者相辅相成，相互促进。倚重或偏废一方，都会付出巨大的代价。

我原来是学自然科学的，而且从事了二十多年物理学的应用研究。现在走到社会科学研究和管理这样一个岗位上，对自然科学和人文社会科学的作用及其相互依赖性，有着切身的体会和认识。我衷心希望，在新的时代，为两个学科的发展和繁荣，为创造人类更加美好的未来，人文社会科学和自然科学能够携手同行，互相促进，共同提高。

二　社会科学与自然科学结合的历史回顾

早在 20 世纪初，科学界已初见自然科学与社会科学走向结合与联盟的端倪。当然，这一结合与联盟的道路是曲折和漫长的。

1959 年 5 月，英国物理学家兼作家斯诺在剑桥大学发表题为《两种文化》的著名讲演。这一讲演引起了人们对两种文化分离的普遍关注。斯诺认为，世界文化被分割为人文文化与科学文化，二者间语言不通，存在着互不理解的鸿沟，甚至有时还互相憎恨和厌恶，以致双方都荒谬地歪曲对方的形象。

实际上，自人类文明产生之日起，科学与人文就是结合在一起的。在人类漫长的认识发展史上，它们是深沉而持久的"伴侣"。而它们之间的分化，则是近代的事情，而且，这种分化，是人类知识体系发展到一定阶段上的必然结果。在当代，人类社会的发展，则呼唤科学与人文的新融合，这也是科学发展的本身要求。事实上，由于多方面的努力，科学文化与人文文化间、自然科学与社会科学间的鸿沟，正在不断地为人们所填补。

回顾历史，我们可以看到，人文社会科学与自然科学的结合，曾为人类文明的进步创造了辉煌。近代科学的兴起源于文艺复兴。在文艺复兴以后的一段时期，科技与人文是和谐互补的，科技理性塑造了超越狭隘经验的科学思维和理性活动方式，人文精神体现了自由自觉的主体参与意识、批判思想和创造精神，二者共同促进了近代社会的蓬勃发展。文艺复兴的先驱，如达·芬奇等，都是集自然科学和人文社会科学知识于一身的巨人。

科学中的革命往往是以思想文化领域的革命变革为先导的。近代科学的先驱者培根和笛卡儿，首先在科学观和方法论上取得了突破，由此推动了科学的进展。牛顿在此基础上集其大成，发现了万有引力定律，创立了经典物理学，从而形成了完整意义上的近代自然科学。近代自然科学的辉煌成就又大大启迪了西方人的智慧，造就了一大批天才的哲人和人文社会科学家。

最初兴起的社会科学，以牛顿物理学为楷模，试图针对社会现实而发展出一种系统的、在经验范围内加以确证的社会知识。尽管在16—18世纪这三百年间，已经有许多科学家和思想家涉及政治制度的运作，国家的宏观经济政策，国际关系准则以及政治体系的描述和有关社会犯罪的讨论，但社会科学的真正创立还是从19世纪才开始的。除最早就产生的哲学外，历史学、经济学、法学、社会学、政治学、人类学，等等，逐渐在大学里和研究机构中被制度化为具有明确研究领域的学科。但是，这种以自然科学为蓝本，以揭示普遍法则为己任的研究方式和学术方向，一开始就受到人文学者的责难。

在后来的发展中，社会科学又逐渐开辟了强调人和社会发展特殊性的学术研究和发展道路。到20世纪上半叶末期，则形成了一方面与自然科学相区别，另一方面又与人文科学相区别的社会科学。

20世纪下半叶以来，随着科学技术的迅猛发展，特别是高新技术的突飞猛进，经济社会发展面临复杂多变的新环境，社会实践面临大量高度综合性的新问题，因此要求各学科领域广泛合作。社会科学的发展出现了崭新的局面，社会科学与自然科学的结合也出现了新的势头。

首先，两者的研究对象不再严格限定在一个研究自然，一个研究社会。因为人与自然是一个不可分割的有机整体，在人和自然之间、社会和自然之间存在着复杂的相互作用，只有通过自然科学与社会科学的密切结合，才能正确认识。

其次，两者的研究目的不再如以前那样，自然科学是对事实的认识，社会科学是对价值的认识。事实上，事实与价值正在相互渗透。

最后，社会科学历来由于与研究主体利益的直接相关性，以及研究对象的复杂性，因而在事实与价值的判定上都突出地存在着解释问题。当代自然科学的发展也出现了类似的现象，被称为从实证向解释的转向。这意味着自然科学在方法论思想上正向社会科学靠拢。

这种发展态势表明，正像马克思所说的那样，自然科学与社会科学最终将成为一门科学，即人的科学[2]。

自然科学与社会科学的结合，在 20 世纪已取得了许多成果。如数学家冯·诺伊曼和经济学家摩根斯坦于 1944 年合作创立了对策论。他们两人在《对策论与经济行为》一书中，概括了经济主体的典型行为特征，提出了相应的对策模型。

许多科学家运用自然科学的理论和方法，研究经济和社会问题并获得丰硕成果，如美国经济学家保尔·丁的《超越经济学》、乔治基库·罗根的《熵定律与经济过程》，中国科学家华罗庚的《运筹学》、钱学森的《工程控制论》以及宋健等人的《人口控制论》，等等，都是这方面的杰出成果。

三　人文社会科学与自然科学结合的基础

自然科学与人文社会科学结合的基础是客观世界的统一性，社会实践的统一性，人类思维的统一性。自然科学帮助人们认识自然、改造自然，社会科学帮助人们认识社会、改造社会。而认识自然、改造自然与认识社会、改造社会，本来就是同一过程的两个不可分割的方面，它们相互影响、相互渗透、相辅相成。

自然科学与人文社会科学的结合，在一定意义上说，乃是人文精神与科学精神的结合。所谓人文精神是指人存在和发展的意义和价值，人生的追求、目的、理想、信念、道德，等等；所谓科学精神是指追求真理，追求知识。二者是相互激励，相互促进的。只有有了崇高的人文精神，才会有追求真理、勇于探索的科学精神。我们提倡人文精神应是具有现代科学意识的人文精神，科学精神应是具有高度人文关怀的科学精神。从文化层面上说，是人文文化与科学文化的结合。

爱因斯坦曾说过："科学研究的最高境界和对科学理论的普遍兴趣具有巨大的意义，因为它推动人们更正确地评价精神活动的成果。"这就是说，科学与人文的最高精神境界是一致的。

"本是同根生，何必不相识。"[3]自然科学和人文社会科学本质上都是科学探索，二者有着许多共同的特征：它们都是人类物质和精神生活的需要；它们都受某种哲学思想的支配；它们具有相同的起源；它们体现出共同的求实和理性精神，即进取精神、批判怀疑精神和创新精神。

而且，自然科学家和社会科学家都遵从相同的行为规范，即对真理的执着追求，将理论交付实践检验，独立思考和批判，对批评开放，等等。

应当强调指出的是，价值问题不是社会科学的专利品，它已进入到自然科学领域。科学技术是特定环境下负荷着价值的社会过程，这个特定环境是由文化的、政治的和经济的因素所决定的。现在，诸如生态科学、环境科学等新兴学科再也不能忽视价值理性了。过去，那种认为"自然科学重事实，社会科学主价值"的"事实—价值"二分法的褊狭观念已被彻底打破了。最近二三十年，一些自然科学家和社会科学家相继提出 STS（Science，Technology，Society）、VSTS（Value，Science，Technology，Society）等观念。就目前而言，至少在方法论上，自然科学与社会科学已表现出共同的趋向和一致性。

四　人文社会科学与自然科学结合的态势

人文社会科学与自然科学的结合，以学科的交叉与综合的形式，正在逐渐改变几百年来形成的科学知识结构，也冲击着人们头脑中根深蒂固的科学专业化的观念。

在两大科学交叉的区域内，有着肥沃的土地可供耕耘，有着丰富的矿藏等待开采。研究对象的复杂性和多维性，使科学的新概念、新理论、新方法层出不穷，由此开创了科学的新局面，改变了科学的整体结构和形象。这个过程，同时也改变着人们的世界观和关于世界的整体图像。

1. 人类社会的发展，不断向科学提出人类生活和生产需求等方面的新问题，这是推动科学前进的外部动力

在人口膨胀、资源短缺、能源匮乏、环境恶化等全球性问题的巨大压力下，粮食增产和农业结构的调整问题，寻找新材料和降低材料消耗问题，开发新能源和提高能效、降低能耗的问题，环境保护、生态平衡和防灾抗灾的问题，以及当前各国都在探索的如何完善国家创新体系，通过创新推动经济社会和科学技术的快速发展等问题愈益突出。人类为改善自然的生存环境，实现社会的可持续发展，都对科学寄予了强烈的期望。这已成为推动自然科学与社会科学的结合，促进科学发展的巨大动力。

2. 许多自然科学的概念和方法，越来越广泛地被运用于社会科学领域

耗散结构理论、协同学、突变论、分形理论、混沌理论、动态系统论与信息论、系统论、控制论相结合，又与当前蓬勃发展的复杂性科学共同构成了一个巨大的学科群，使自然科学与社会科学真正结合在一起。有越来越多的人认识到，这是自相对论和量子力学问世以来，对人类整个知识体系的又一次巨大冲击，同时也是自然科学和社会科学的一次新结合。

3. 人类的认识和实践难题的解决，也为自然科学与社会科学的结合创造了契机

例如，像大脑的神经网络系统、语言系统、人工智能系统等难题，都需要自然科学与社会科学包括哲学的结合，才能获得有效的解决。成功与否，除解决学科本身的内在问题外，诸如技术手段、社会需求、社会经济文化条件，都是必须考虑在内的因素，都要求自然科学与社会科学的充分结合。

4. 科技创新、理论创新和制度创新活动，为自然科学和社会科学的结合提供了广阔的领域

人类的文明进步，需要知识的综合运用和创造性的发挥，需要创新。科技创新需要有体制创新、管理创新和文化创新加以保证。科技创新不单纯是一个科学技术问题，也不单纯是个经济问题，而是一个科技与经济社会文化发展有机结合的系统问题，需要自然科学和社会科学两者结合才能加以解决。创新是达到社会科学与自然科学结合的熔炉，是加速两者结合的催化剂。

5. 人文社会科学与自然科学的结合，还需要世界观的转变，而当前的发展正在促成这种转变

标志着人类社会进步的，不只是物质资料生产的增长，而且还有社会的进步与文化的发展，包括交往的发展、精神生活的丰富、智慧和创造力的发挥、道德水准的提升、选择空间的扩大和生活质量的提高等。正是在这个意义上我们说，当代科技革命的信息化、知识化，开启着人类历史上一个崭新的文明形态。这种新的文明所追求的，是人与自然、自然和社会的协调发展。这是一种新型的世界观和价值观，它为人文社会科学与自然科学的结合提供思想基础和理论指导。

6. 当今时代的社会结构具有整体性、综合性、开放性、复杂性等特征，相应的，人们的思维方式也会发生很大的变革

当代人类实践的复杂性愈益增加。现代社会任何一项重大的实践活动，都要涉及大量的技术、经济以及环境、社会心理和伦理等方面的问题。其中一些还超越了国界，并且对未来产生影响。它打破了传统分工的界限，要求我们的思维方式适合于对复杂事物的整体分析。

20 世纪科学技术的发展，也是以跨学科的综合研究为特征的。这种新的综合性思维的特征在于把自然科学、技术科学和人文社会科学的知识有机地结合起来，打破空间界限和层次界限，解决开放的复杂巨系统问题。

社会历史的进步创造着新的思维方式，新的思维方式又成为社会历史前进的催化力量，也同时为自然科学和社会科学的结合提供了方法论的保证。

五　人文社会科学与自然科学结合所面临的问题

人文社会科学与自然科学的结合，是大势所趋，是时代的滚滚潮流，但要真正实现，还存在着理论和实践上的许多困难和障碍。

首先，要消除思想观念上存在的障碍。

以往当我们面临复杂问题时，总是习惯于将其分割成可以处理的片段、碎块来思考，然后再把两者加以综合。当面对一个重大问题时，往往首先区分它是社会科学的任务还是自然科学的任务，殊不知它是一个综合的任务。

这种思维方式，用阿尔文·托夫勒的话说，叫作"拆零"，即把问题分解成尽可能小的一些部分。"我们非常擅长此技，以至我们竟时常忘记把这些细部重新装到一起。"[4]用系统动力学专家彼得·圣吉[5]的话说，叫做"系统的危机"，也就是说，人们还没有真正意识到这样一点：当前"人类面临的真正的大问题，是没有能力理解和掌握人类自己的种种复杂系统"。今日的环境科学，正在将人文环境与自然环境结合起来，它意味着社会科学与自然科学的结合。

目前，关于社会科学的地位和作用问题，在某种程度上和一定范围内，还存在轻视论和远离论的倾向。所谓轻视论，就是把社会科学看成是"软"的，是无关紧要、可有可无的。所谓远离论，就是以为社会科学研究的某些问题非常敏感，因而害怕接近社会科学。其实，人文社会科学是共产党人世界观的思想和文化基础，马克思主义就是人文社会科学的桂冠。我们党天天都在研究的，就是人文社会科学的问题，各种决策、报告、战略、理论，都涉及人文社会科学。因此，我们要大声呼吁，要切实重视人文社会科学。

实践证明，忽视或轻视社会科学，将付出沉重的历史代价。人文社会科学发展的落后，必然给一个国家和民族带来灾难，使这个国家和民族不可能站在人类发展的前沿。对于中国这样一个大国来说，就不可能实现现代化，更不可能实现中华民族的全面振兴。苏联解体是自然科学落后，是物质资源匮乏吗？不是。是理论出了问题，是它的理论没有看到时代发生的巨大变化，回答不了当时苏联社会存在的各种问题，提不出解决社会发展过程中各种矛盾的办法。

就我们中国而言，1958 年出了什么问题？是我们的人文社会科学出了问题，不是自然科学出了问题。十年"文革"是什么原因？也是人文社会科学出了问题，是我们没有搞懂什么是马克思主义，什么是社会主义。1949 年我们为什么会胜利？非常重要的一个原因在于，我们的人文社会科学是正确的，我们正确地认识了中国的历史和社会状况，确立了正确认识和改造这个社会的理论体系。今年是建党 80 周年。我们党之所以能够走到今天，能够领导中国人民的事业，取得这样辉煌的历史成就，正是由于我们正确地认识了人类历史和中国的社会历史发展，找到了一条中国自己的发展道路。

其次，要建立实现自然科学和社会科学结合的组织机制。

人文社会科学与自然科学的结合，需要有一套良好的组织机制来保证。我们在发展科学技术方面曾经创造出"组织力量，集体攻关"的经验。随着市场经济的发展，在国家层次上组织"优势兵力"集体攻关，也许只能是极少量的大工程，不可能全面、长期地开展。大量的问题恐怕只能用市场机制来调节。

目前，真正实现自然科学与社会科学的结合，应当说还是一个相当有难度的工作。为了实现两科的结合，我们需要进行知识结构的重组和深化两大学科人员之间的交流与合作，并为此而创造必要的条件。国际欧亚科学院开创了一个很好的先例，这就是把自然科学和社会科学工作者聚集到一起，让他们共同讨论和研究一些重大问题。在中国社会科学院，我们也高度重视这个问题，并努力做一些具体的事情。例如，从研究生的招生开始，注意更多地吸收一些学过自然科学的年轻人来学社会科学。我们认为，这是实现自然科学与社会科学结合的一个重要环节。

"落霞与孤鹜齐飞，秋水共长天一色。"[6]人文社会科学与自然科学的结合，自然科学家与社会科学家的结盟，是当代科学技术发展的要求，也是人类实现经济社会可持续发展的重要前提。

在过去的一百年，科学技术的飞速发展给人类社会带来了空前的辉煌，同时也提出了许多涉及人类自身生存和发展的重大课题。进入新的世纪，人类将面对许多更为复杂而艰巨的任务。这有待科学技术发挥更大的作用，有待人文社会科学扮演更加重要的角色。

21世纪将是人类社会深刻变革的时代，是中华民族迎来全面振兴的时代，也将是中国科学事业大发展的时代。在新的世纪，中国的自然科学和人文社会科学要取得大发展，要达到世界先进水平，站在人类科学的制高点上，就必须有这两大科学的密切结合和相互促进。

这是时代向我们提出的任务。完成这个任务的时机已经到来。让我们携手同行，为实现时代赋予我们的神圣任务，共创人类更加美好的未来而不懈奋斗！

注释：

[1]《爱因斯坦文集》第3卷，商务印书馆1979年版，第287页。

[2]参见《马克思恩格斯全集》第42卷，人民出版社1979年版，第128页。

[3]"本是同根生"取自曹植《七步诗》"煮豆燃豆萁，豆在釜中泣。本是同根生，相煎何太急。""相识"取自白居易的诗句"同是天涯沦落人，相逢何必曾相识"。

[4]引自阿尔温·托夫勒为伊·普里戈金著《从混沌到有序》一书所写的前言《科学和变化》。

[5]彼得·圣吉（Peret M. Senge），1947年生，美国管理学家，麻省理工学院资深教授。代表著作有《第五项修炼：学习型组织的艺术与实务》。

[6]是唐代诗人王勃的《滕王阁序》的名句。

史学话语体系[*]

（2001 年 6 月 21 日）

21 世纪的史学研究，要以科学的世界观、历史观，正确认识人类历史发展规律，为中华民族的全面振兴服务。此次研讨会旨在从历史学的角度，提出中国在新世纪初面临的一些重大理论和对策问题，集中财力和智力进行研究，形成有深度有分量的研究成果，为 21 世纪中国的全面发展，提供智力和理论支持。

一个民族，如果不能很好地总结和珍惜自己的历史，就不可能有大的发展。优秀的历史传统是一个民族的精神支柱，是凝聚力。中国几千年的历史，尤其是我们党 80 年领导革命、建设和改革的伟大实践，为史学界提供了丰富的研究素材和广阔的研究领域。历史是一面镜子。进入新世纪，我们要立足现实，以史为镜，鉴往知今，资政育人，为我国今后的发展服务。

当前社会上存在一种"造史"现象，即伪造、杜撰历史，这是一股歪风。历史研究首先要树立科学的历史观。"造史浊流"的泛滥，是对中华民族历史的歪曲和污蔑，如果任其发展下去，势必会造成学术混乱、思想混乱甚至社会动乱，贻害我们的子孙后代。怎么能通过"造史"来毁灭本民族的历史呢？"欲灭其国，必先去其

---

[*] 这是李铁映同志在"21 世纪初中国面临的重大理论和对策问题"历史学学科选题研讨会上的讲话。

史"（龚自珍语）。史鉴不可忘！

　　史学界应该撰写一些文章，对"造史"现象，从理论、学术上加以批判，告诉我们的人民，要警惕其危险性。"造史"无异于给我们的民族历史泼"脏水"，把历史搞得混乱不堪、庸俗不堪，它将会波及当代史、党史，甚至波及我们社会的各个层面。苏联垮台过程中一个值得注意的现象，就是给苏联党和国家泼"脏水"。现在西方图谋颠覆我们，并不是靠"热战"，他们在研究"不战而胜"，靠意识形态取胜。我建议史学家们研究这个问题。以历史为题材的文学影视作品，要尊重我们民族的历史，不要自毁历史、自毁长城。一个民族自惭形秽是十分危险的！

　　对一些历史问题进行争论是正常的和必要的，但必须用唯物史观指导历史研究。爱史与爱国是一致的。中华民族有几千年的文明史。我们要通过研究历史，发掘、弘扬中华民族的优秀文化，增强民族自信心。同时，也要注意吸收世界其他民族文化的精华，不断丰富、发展中华民族文化，增强其活力，创造崭新的有中国特色的社会主义文化。

　　世界是丰富多彩的。多样性是世界发展的特点。参与世界的各种活动，包括经济活动，应根据我们自己的发展需要，要以维护我们的利益为前提。同样是实现工业化，资本主义与社会主义实现的方法、形式和道路却很不相同。关于生态的多样性，世界各国都主张要保护，那么文化的多样性，人类社会制度发展的多样性，是否也应该得到保护呢？

　　西方把我们捍卫国家利益、捍卫民族尊严说成是搞民族主义，这是别有用心的。关于这个问题，我同澳大利亚总理霍克谈过。西方对民族主义的理解是片面的：为什么我们讲爱国主义，是"民族主义"，而你们讲国家利益，甚至要中国变成你们的附庸，不是"民族主义"?! 我看他们这是地地道道的民族利己主义。今天，闭关锁国是走不通的。我们不但直面现实，而且强调借鉴世界优秀文化，不存在狭隘的民族主义问题。因此，对什么是爱国主义、什么是民族主义，我们的历史学家应严格加以澄清。

我们如果没有自己的概念，就解释不了中国的道路、中国的现实、中国的问题。任何一个概念，都是特定客观存在的反映。我们的客观存在与他们的客观存在不同，我们的历史道路与他们的历史道路也不同，看不到不同民族、地区和国家在发展道路上的这种区别，用千篇一律的概念、话语去解释，是行不通的。今天的历史学面临着一个紧迫任务，就是在科学研究中，如何用创造性的思维，创造符合中国实际的、能够解释和回答中国问题的史学理论、概念和话语体系。

如果马克思主义没有实现其中国化，那么马克思主义在中国就没有意义。例如，美国、欧洲搞"三权分立"，好不好，那是他们的事。人家已经搞了几百年，但是中国不能搞。为什么？因为我们的国情不同，中国的历史及其发展道路决定了我们不能搞。只有适合中国、能够解决中国问题的，才是中国所需要的。

每一个国家、民族，实现其现代化的道路、模式、制度是不相同的，各有特色的。没有科学的历史观，就不能正确认识世界和中国。中国是不是一定要走一条自己的道路呢？我们的回答是肯定的。只有走中国特色的道路、符合中国实际的道路，才能行得通。对待世界其他一切文明，我们必须学习和借鉴，但绝不能照抄照搬。如果照抄照搬，就标志着自己文化的结束和自己民族历史的终结。历史学要回答这个问题，要从多方面来说明世界的多样性。

没有忧患意识的民族，是没有希望的民族。一个政党、一个马克思主义者，应始终保持强烈的忧患意识，要正确看待曲折、困难和失败。美国很善于"捧杀"，把中国吹得那么高干什么？我们无论在综合国力，还是在人均占有财富方面，都远远落后于他们，自然地理环境也比他们差。我们又不像他们那样靠炮舰掠夺、靠殖民地、靠大量借贷来发展自己。我们不能靠剥削进行工业化的原始积累，只有靠劳动积累。纵观历史，忧患意识很重要。有忧患则生，无忧患则亡。忧患意识，是理性的认识，是成熟的认识。

在历史学研究中，我们要旗帜鲜明地反对民族分裂主义。一是在通史范畴内，解决中华民族共同史的认同问题。如果不认同自己的祖先，不认同我们的共同史，就会分裂。中华民族是在中国这块土地上，各民族长期融合的共同体，中华文化是各民族文化的统一体。二是在地方史方面，要加强新疆史、西藏史、台湾史、东北史的研究。要从历史的角度，阐述搞分裂，就是对中华民族的背叛。边疆史不是哪一个省能够完成的。我们至少有六大陆地边疆、四大海域。边疆史研究要把历代的疆域、近代以来的边界条约、历代治边战略和政策、边疆历史变迁，直至现在的边疆状况搞清楚。边疆史地中心的研究工作，不仅要研究当代边疆地区的政治、民族、宗教状况，还要加强边疆史的研究。

关于世界史的研究问题。要特别重视研究苏联史、苏共党史。总结世界上第一个社会主义国家的兴亡过程、经验教训，无论是从坚持和发展马克思主义的角度看，还是从社会主义现实需要来看，都极为重要。

要加强日本法西斯史的研究。过去我们写了许多抗日战争史方面的著作，对日本法西斯史、日本军国主义史研究还不够。这个问题，日本人不愿意写，美国人写得也不多，中国人应该写。如果写出日本军国主义史，从政治、军事、文化、思想等方面，进行研究，我看，不仅对中国人，而且对日本人、对世界都很有价值。

要加强欧洲统一史的研究。欧洲，在经历了近两千年的战乱纷争之后，正在走向统一。要从历史、文化、宗教、哲学等各个侧面加以研究。

我赞成这样一个题目，即中国人如何用历史唯物主义来纵观人类历史发展的总趋势。人类史把全球各个民族作为一个整体来看待。马克思、恩格斯为我们建立了从分析社会基本矛盾入手，论述社会经济形态的更替，来揭示人类社会发展规律的理论和方法。我们应当在坚持历史唯物主义基本原理的同时，结合时代需要，开阔视野，着重从总体上研究人类文明、人类进步、人类发展。

　　总之，史学研究，要围绕实现中华民族的全面振兴，实现社会主义现代化这一历史性任务，提出一批不仅具有重要的学术价值，而且具有重大现实意义的课题。在新世纪，我们的史学研究，不仅应该而且能够大有作为。

马克思主义研究[*]

——社科院庆祝党八十华诞

（2001 年 6 月 25 日）

今天，我们在这里隆重集会，庆祝中国共产党成立 80 周年。作为一名在党的集体中成长，为党的事业奋斗多年的共产党员，我和大家一样，心情格外激动。

首先，我代表院党组、院务会议向今天受到表彰的优秀党员、优秀党务工作者、先进基层党组织和新入党的同志表示热烈的祝贺，向长期为党的事业呕心沥血的老同志表示崇高的敬意，向全院同志表示亲切的问候！让我们共同祝愿伟大的党永远年轻，永远朝气蓬勃，永远充满生机与活力！

中国共产党是以马克思主义为指导的党。在庆祝建党 80 周年之际，总结我们党 80 年来对马克思主义究竟有哪些重大的发展，对于党在 21 世纪夺取有中国特色社会主义伟大事业的新胜利，推动马克思主义的新发展，无疑具有极其重要的意义。

　＊ 这是李铁映同志在中国社会科学院庆祝建党 80 周年大会上的讲话。

一　马克思主义在中国不断胜利的 80 年

80 年，在中华民族五千年的文明史上，不过是短暂的一瞬。可是，在古老的神州大地上诞生的中国共产党，却经历了天翻地覆的变化：由最初 53 名党员组成的秘密组织，发展成今天拥有 6400 多万党员，并在世界人口最多、幅员辽阔的社会主义国家掌握政权的大党。

80 年来，党领导人民为中国社会的发展，为中华民族文明的进步，进行了艰苦卓绝的斗争，取得了举世瞩目的伟大成就。

——赢得了新民主主义革命的胜利，结束了一百多年来中华民族任人宰割，受尽欺凌、掠夺的历史，建立了中华人民共和国，中国人民从此站起来了。

——建立了崭新的社会主义政治、经济、文化和法律制度，结束了数千年剥削阶级统治中国的历史，劳动人民当家做了主人。

——成功地开辟了建设有中国特色社会主义的新道路。社会主义的改革开放，为亿万群众发挥积极性、主动性、创造性，开辟了无比广阔的天地和前景。

——从根本上改变了旧中国贫穷落后的状况，人民生活大大改善，综合国力显著增强，中国的国际地位空前提高。

可以说，中国共产党成立以来的 80 年，中国所取得的进步，是历史上任何一个时期都无可比拟的！

中国共产党及其领导下的中国人民，何以能在 80 年间创造出如此惊天动地的人间奇迹？原因是多方面的，最重要的就是党以马克思主义为指导，坚持把马克思主义基本原理与中国实际相结合，在实践中创造性地运用和发展马克思主义。

马克思主义在 20 世纪初期传入中国，并被先进的人们所接受，是中国近代历史发展的必然。从 1840 年中国沦为半殖民地半封建社会以后，中国的先进知识分子为了救国图强，普遍把探求真理的目光投向西方。西方资本主义世界几乎所有有影响的思潮或学说，诸如自由主义、实用主义、进化论，等等，都曾被当作救国图强的"真理"传播和运用，结果都未能成功。民族危机和阶级矛盾非但没有解决，反而日益加深。大批中国知识分子陷入了迷惘：中国的出路究竟在哪里呢？

1917 年俄国十月革命爆发。"十月革命一声炮响，给我们送来了马克思列宁主义。"[1]1921 年，中国共产党宣告成立。党从诞生的那一天起，就把以马克思主义为指导写到了自己的旗帜上，发动了轰轰烈烈的工人运动和广大人民反帝反封建的斗争，很快成为中国人民前所未有的领导力量。

但是，在半殖民地半封建的中国，如何正确地运用马克思主义指导革命，党经历了一个艰难的探索过程。其间，不知经过了多少次挫折和失败。特别是以王明等人为代表的党内"左"倾错误，几乎断送了党、红军和中国革命，更是马克思主义在中国的发展、中国共产党的成长过程中所遭受到的重大曲折。

挫折使党逐步变得成熟起来。经过井冈山的斗争、遵义会议和延安整风，终于形成了以毛泽东为核心的党中央第一代领导集体。毛泽东及其战友们坚定地把马克思主义与中国革命的具体实践相结合，从而使中国革命终于在"山重水复疑无路"的艰难境况中，开拓出"柳暗花明又一村"[2]的崭新天地。

实现马克思主义与中国革命具体实践的结合，使党认识到了中国革命的客观规律，找到了中国革命的独特道路，创立了新民主主义革命理论，总结出武装斗争、统一战线、党的建设等一整套经验，形成了关于中国革命的完整的思想体系——毛泽东思想。在这个思想指引下，党领导人民取得了抗日战争和解放战争的伟大胜利，建立了中华人民共和国。——这是中国共产党创造性地发展马克思主义所取得的第一个辉煌。

新中国成立后，党领导人民，成功地进行了社会主义革命，建立了社会主义制度。在经济建设方面，强调独立自主，探索适合中国国情的社会主义建设道路。

遗憾的是，这种符合实际的探索，被党内逐渐膨胀起来的"左"倾错误所干扰，最后被"文化大革命"这一长时间、全局性的严重内乱所否定，使马克思主义在中国的发展、中国共产党的发展遭受了又一次重大曲折。

1978年党的十一届三中全会以后，以邓小平为核心的党中央第二代领导集体，拨乱反正，重新确立了解放思想、实事求是的思想路线。在这条思想路线指引下，党正确地总结了新中国成立以来社会主义建设正反两方面的历史经验，强调把马克思主义与中国实际相结合，与时代特征相结合，建设有中国特色的社会主义。在这一历史过程中，党把马克思主义在中国的发展，推进到一个新的阶段，形成了"邓小平建设有中国特色社会主义理论"。——这是中国共产党创造性地发展马克思主义所取得的第二个辉煌。

20世纪90年代以来，以江泽民为核心的党中央第三代领导集体，带领全党和全国人民，高举邓小平理论伟大旗帜，紧紧抓住经济建设这个中心，深化改革，扩大开放，全面推进有中国特色社会主义伟大事业。在世界社会主义运动处于低潮的时候，在西方反华反社会主义势力的各种压力面前，社会主义中国不仅没有被压垮，反而呈现出勃勃生机。

中国共产党在80年间，领导中国人民，并和人民一起创建了新中国；领导中国人民，并和人民一起建设社会主义，为实现社会主义现代化、实现中华民族的伟大复兴而孜孜以求、奋斗不息。

中国共产党的80年，是成功地坚持马克思主义的80年。无论是新民主主义革命的胜利，还是社会主义革命、建设和改革开放的胜利，都是马克思主义的胜利、马克思主义中国化的胜利。

中国共产党的80年，是成功地传播、普及马克思主义的80年。80年间，马克思主义成为唤醒民众、武装民众的最重要的精神力量。马克思主义，使中华民族的理论思维能力获得空前提高，将源远流长的中华文明推向一个崭新的发展阶段。

中国共产党的 80 年，又是成功地发展马克思主义的 80 年，是马克思主义中国化的 80 年。马克思主义是与时俱进、不断发展的理论，而不是一成不变的僵死的教条。80 年间，关于是否和怎样把马克思主义同中国实际相结合，始终是党要探索和解决的头等大事。毛泽东思想和邓小平理论，就是实现这种结合的两次历史性飞跃中产生的两大理论成果。进入新世纪，党领导人民，为实现社会主义现代化而奋斗，仍然要结合新的历史条件创造性地发展马克思主义，这也正是目前我们党在做的一件大事。

中国共产党的 80 年说明：马克思主义是在坚持中发展，在发展中坚持的；不坚持马克思主义，就谈不上发展马克思主义；不发展马克思主义，就不能真正坚持马克思主义。

这是党在 80 年奋斗历程中得出的基本结论。

二　中国共产党对马克思主义的重大发展

80 年间，党坚持把马克思主义与中国实际相结合，在实践中不断推动马克思主义的中国化。在这方面，毛泽东、邓小平、江泽民三代领导核心做出了历史性的贡献。毛泽东思想和邓小平理论，就是马克思主义中国化的集大成者。在这两大理论成果的形成和发展过程中，党在哲学、政治经济学、科学社会主义、建党学说等各个领域系统地丰富和发展了马克思主义理论宝库。

（一）丰富和发展了马克思主义哲学

马克思主义哲学，是整个马克思主义思想理论体系的基础与灵魂。在中国革命、建设和改革开放的不同历史时期，党的三代领导集体，都一再强调全党特别是党的高级干部学习马克思主义哲学的极端重要性。党在长期实践中形成并不断完善的马克思主义思想路线、工作方法等，既是党在新世纪不断前进的巨大精神动力，也是党对马克思主义哲学的丰富和发展。

　　——确立了解放思想、实事求是的思想路线。毛泽东把马克思主义哲学乃至整个马克思主义的"精髓"，归结为"实事求是"，并对这一中国古代哲学中的术语，进行了一番马克思主义的改造："'实事'就是客观存在着的一切事物，'是'就是客观事物的内部联系，即规律性，'求'就是我们去研究。"[3]这是马克思主义哲学吸收中国古代哲学精华并加以升华的思想结晶。实事求是就是一切从实际出发，把马克思主义基本原理与中国实际相结合。实事求是内在地要求解放思想，反对主观主义特别是教条主义，克服思想僵化。正如邓小平所指出的："解放思想，就是使思想和实际相符合，使主观和客观相符合，就是实事求是。"[4]他进一步强调了实事求是在马克思主义理论体系中的重要地位，认为实事求是是无产阶级世界观的基础，是马克思主义的基础和精髓。

　　解放思想、实事求是的思想路线的确立过程，也是党对马克思主义哲学，特别是马克思主义认识论的发展过程。其中，关于认识过程的两个飞跃的理论，关于认识的辩证运动总规律的论述，关于"社会实践是检验真理的唯一标准"的科学论断，等等，为党制定和贯彻正确的政治路线、组织路线提供了哲学基础，从而也丰富和发展了马克思主义认识论。

　　——创造了党的群众路线的思想方法和工作方法。历史唯物主义认为，历史活动归根到底是群众性的事业，随着这个活动的不断深入，必然是群众队伍的不断扩大。党从创立时起，就紧紧依靠群众，放手发动群众，并在长期的斗争实践中形成了群众路线。其基本点是：在一方面，它认为人民群众必须自己解放自己；党的全部任务就是全心全意地为人民群众服务；党对于人民群众的领导作用，就是正确地给人民指出斗争的方向，帮助人民群众自己动手，争取和创造自己的幸福生活。因此，党必须密切联系群众和依靠群众，而不能脱离群众，不能站在群众之上；每一个共产党员必须养成为人民服务、向群众负责、遇事同群众商量和同群众共甘苦的工作作风。在另一方面，它认为党的领导工作能否保持正确，决定于它能否采取"从群众中来，到群众中去"的方法。群众路线，是党创造性地运用和发展历史唯物主义的光辉范例。

改革开放以来，党又提出把人民群众"赞成不赞成"、"拥护不拥护"、"答应不答应"、"高兴不高兴"作为一切工作的根本出发点和归宿。"三个有利于"最根本的是有利于提高人民的生活水平，"三个代表"最重要的也是代表最广大人民群众的根本利益。这些都是群众路线在新时期的丰富和发展，是马克思主义政党价值观的集中体现。

——发展了马克思主义的矛盾学说。毛泽东继列宁之后阐发了事物的"矛盾法则"，即矛盾的斗争性和同一性的相互联结是事物发展的根本动力的观点，系统地深化了对唯物辩证法的实质与核心，即对立统一规律的认识，阐明了普遍性与特殊性（更重视特殊性）、一般与个别（更重视个别）相统一，两点论和重点论相结合，"解剖麻雀"，先试点后推广等一系列辩证的思维方法和工作方法。以人民战争和人民军队建设为基础的军事辩证法，以"一个国家，两种制度"来解决香港、澳门和台湾问题，维护国家统一的构想与实践，则是创造性地运用马克思主义辩证法和认识论的范例。

1956年4月、1957年2月，毛泽东相继发表《论十大关系》和《正确处理人民内部矛盾的问题》，阐明了正确区分、处理敌我矛盾和人民内部矛盾的思想。进而提出人民内部要在政治上实行"团结—批评—团结"，在科学文化工作中实行"百花齐放、百家争鸣"，在经济工作中实行统筹兼顾国家、集体和个人三者利益关系等一系列正确方针。但由于种种原因，这些正确思想在当时并未得到全面有效的贯彻。

十一届三中全会后，在推进改革开放和现代化建设的历史进程中，党不仅继承了毛泽东关于正确处理人民内部矛盾的科学思想，而且有所前进，有所发展。其基本点是：第一，建设以革命为历史前提，但是，革命与建设毕竟有不同的规律、任务和特点；党在革命战争年代形成的优良传统要发扬，但在社会主义建设时期，仍然沿用革命时期大搞群众运动的老经验、老做法来发展经济和处理人民内部矛盾，其结果是非常有害的。第二，社会主义建设时期的人民内部矛盾，集中表现为不同利益之间的矛盾。党认识和处理这些矛盾，一方面，强调人民根本利益、价值目标上的一致性；另一方面，又不能忽视人民内部在利益追求上的差别。重要的是尊重人民对物质利益的追求，并为实现这种利益创造必要的条件。改革，从一定意义上说，就是调整、解决人民内部各种不同的利益关系。上述理论和政策，是党对马克思主义的重要贡献。

　　——深化了对社会发展动力的认识。社会主义基本制度确立以后，社会主要矛盾是什么？解决方式如何？党经过多年的实践，包括付出沉痛代价，终于认识到，在我国社会主义建设时期，虽然阶级斗争在一定范围内将长期存在，一定条件下甚至会激化，但是，阶级斗争已不是主要矛盾。我国社会的主要矛盾是人民群众日益增长的物质文化生活需要与落后的社会生产力之间的矛盾。因此，党在社会主义时期的根本任务，就是发展社会生产力。而要发展生产力，就必须打破束缚生产力发展的僵化的计划经济体制，进行改革。革命是解放生产力，改革也是解放生产力。

　　"改革是中国的第二次革命"。改革是全面的，不仅包括经济体制改革，而且包括政治、教育、科技、文化等各方面体制的改革；不仅包括对内的改革，而且包括对外的改革，即开放。开放不仅包括对社会主义国家的开放，而且包括对资本主义国家的开放。对外开放与独立自主并不矛盾。要大胆吸收和借鉴人类社会包括资本主义国家创造的一切文明成果。根据邓小平提出的"科学技术是第一生产力"的科学论断，党制定了"科教兴国"战略和可持续发展战略，强调以改革开放和科技进步作为我国经济和社会发展的动力。这些思想，丰富了历史唯物主义关于社会发展动力的理论。

（二）创立了有中国特色的革命理论

　　在民主革命阶段，党在领导人民同帝国主义、封建主义和官僚资本主义作殊死斗争的同时，科学地总结革命的正反两方面经验，发展了马克思主义关于无产阶级革命的学说，创立并成功实践了一整套具有中国特色的革命理论。

——创立了有中国特色的革命道路的理论。以毛泽东为代表的中国共产党人，从中国处于半殖民地半封建社会，资本主义发展薄弱，农民占人口中的绝大多数这种实际出发，总结革命实践的经验，走出了建立农村革命根据地，在无产阶级领导下武装农民，农村包围城市，最后夺取全国胜利的中国革命特殊道路。这样一条革命道路，既在马克思主义经典作家的本本上找不到，又有别于俄国十月革命所代表的"城市中心论"革命模式。实践证明，这条革命道路符合中国国情，是夺取中国革命胜利的必由之路，是党对马克思主义关于无产阶级革命理论的创造性发展。

——创立了人民军队和人民战争的理论。党在领导中国人民的革命斗争中，创建了人民军队，用武装的革命人民，反对武装的敌人；确立了党指挥枪，党对军队的绝对领导的原则，保证中国的武装力量永远是中国人民根本利益的保卫者。党实施并坚持了党委领导下的首长分工负责制、党支部建在连上、设立政治委员和政治工作机关等一系列重要制度，以确保党对军队的绝对领导。在指导人民军队的革命战争中，毛泽东还提出了一整套中国革命的军事战略思想。他把游击战争提到战略的高度，为人民军队制定了在战略上藐视敌人、在战术上重视敌人，集中优势兵力、各个歼灭敌人等一系列人民战争的战略战术。上述思想和原则，是对马克思主义军事理论的极为杰出的贡献，并在新中国成立以后特别是改革开放新时期，得到了成功的坚持、丰富和发展。

——提出了关于统一战线的理论和策略原则。革命要最大限度地团结一切可以团结的力量，结成广泛的统一战线，这是马克思主义的基本原理。但在国际共产主义运动史上，这方面的成功经验并不多。中国共产党也是经历了几次重大的挫折（包括第一次国共合作的失败），总结了正反两方面的经验之后，才逐步形成了独特的统一战线的理论和政策。其基本点是：第一，鉴于中国的特殊国情和民族资产阶级的两重性，将官僚买办资产阶级和民族资产阶级区别对待，建立无产阶级领导的、工农联盟为基础的统一战线，在不同阶段有区别地最大限度孤立最主要的敌人。第二，建立最广泛的统一战线，最重要也是最难处理的，就是中国共产党与国民党的关系。在抗日战争时期，党正确认识和巧妙利用了错综复杂的形势，提出了"发展进步势力，争取中间势力，孤立顽固势力"，"既联合，又斗争，以斗争求团结"，在斗争中"有理、有利、有节"等一系列思想、方针和政策。第三，在处理与民主党派、党外人士的关系问题上，党提出了"长期共存、互相监督、肝胆相照、荣辱与共"的思想和政策。上述思想和策略，是对马克思主义统一战线理论的重大贡献。

　　——提出了完整的新民主主义理论和纲领。党根据马克思主义的基本原理，从中国社会的历史和现实出发，深刻地揭示中国革命的特点和规律，科学地解决了革命发展阶段和衔接问题：中国革命要分两步走，"民主主义革命是社会主义革命的必要准备，社会主义革命是民主主义革命的必然趋势。"[5]新民主主义革命之所以"新"，之所以不同于旧民主主义革命，因为它是无产阶级（通过共产党）领导的，它的前途不是资本主义，而是社会主义。但它又不是社会主义革命，因为它所完成的任务——推翻帝国主义、封建主义和官僚资本主义，属于民主革命的范围。基于此，毛泽东提出了完整的新民主主义理论和纲领。

　　新民主主义的政治，其主要内容，是建立"在无产阶级领导下的一切反帝反封建的人们联合专政的民主共和国"[6]，即新民主主义共和国。

　　新民主主义的经济，其主要内容，是实行"节制资本"、"平均地权"和保护民族工商业的方针。具体地说，没收官僚资本主义大银行、大工业、大商业，归新民主主义共和国所有，使它成为社会主义性质的国有经济，成为整个国民经济的领导力量。没收地主土地，分配给无地和少地的农民，并发展合作经济；允许民族资本主义经济在一定范围内的发展。

新民主主义的文化，其主要内容，是"无产阶级领导的人民大众反帝反封建的文化"，即民族的、科学的、大众的文化。

新民主主义的理论和基本纲领，是把马克思主义基本原理同中国革命具体实践相结合的产物，集中反映了中国革命的历史特点和规律，是以毛泽东为代表的中国共产党人，对马克思主义的一个极其重要的贡献。

——提出了人民民主专政的理论和纲领。新民主主义革命在全国完成以后，党创造性地提出和实施"工人阶级（经过共产党）领导的、以工农联盟为基础的人民民主专政"的建国纲领，从而奠定了中国社会主义制度的基本政治构架。在此基础上，形成和巩固了以人民民主专政为国体、以人民代表大会制度为政体、以共产党领导的多党合作和政治协商及民族区域自治为基本政治制度的人民民主政权。人民民主专政的实质，就是无产阶级专政。这是在一个工业不发达、农业人口众多的国度实行无产阶级专政的特殊形式，是对马克思主义国家学说的创造性运用和发展。

——制定了"一化三改造"的过渡时期总路线。在没收官僚资本企业并将其改造为社会主义国营企业，通过"三反"、"五反"运动，打退资产阶级进攻之后，党适时提出了"一化三改造"的过渡时期总路线。其基本点是：要在一个相当长的时期内，逐步实现国家的社会主义工业化，并逐步实现国家对农业、手工业和资本主义工商业的社会主义改造。根据这条总路线，党创造了一系列从低级到高级的国家资本主义的过渡形式，实现了马克思、列宁关于对资产阶级和平赎买的设想；创造了个体农业和个体手工业向社会主义性质的集体经济的过渡形式。所有制的这些改造，虽然存在着过急、过粗、过快、形式简单划一等缺陷，但整个来说，在一个几亿人口的大国中，比较顺利地实现如此复杂、困难和深刻的社会变革，为以后大规模的社会主义经济建设奠定了制度基础，终究是对马克思主义关于社会主义革命理论的重大贡献。

（三）创立了建设有中国特色的社会主义理论

建设有中国特色社会主义理论，是科学社会主义在当代中国应用和发展的最重要成果。创立这一理论，党经过了多年的探索。在基本完成社会主义改造之后，毛泽东领导全党和全国人民，开始探索中国社会主义建设的独特道路，提出并实施了独立自主、自力更生，建立完整的工业体系和国民经济体系的发展战略，提出了农业、轻工业、重工业要按比例协调发展的思想，提出了社会主义"四个现代化"的总任务等。这些探索并不因为后来"左"的错误和"文化大革命"的重大曲折而失去其价值，其中许多内容成为邓小平建设有中国特色社会主义理论的直接思想前提。

邓小平强调，在中国，搞社会主义，必须要有中国特色。什么叫"特色"？任何存在的、具体的、现实的事物，都是有特色的，所谓普遍、一般，不过是无数个鲜活的、特色的东西的抽象和归纳。没有特色就不可能做到实事求是。"特色"理论的提出，一下子就把关于社会主义的认识，从理想纳入到现实，从一般纳入个别，从普遍纳入到特殊，从抽象纳入到具体中来，使人们在"什么是社会主义，怎样建设社会主义"这个根本问题上，实现了空前的思想解放，达到了实事求是。

——提出了关于社会主义本质的理论。马克思主义创始人曾经提出了关于社会主义社会的科学构想。但是，限于当时的历史条件，他们不可能把尚未创建的社会主义社会的特征、模式规划得那么具体，他们也不认为这是自己的历史任务。社会主义是现实的，发展变化的。对发展变化中的社会主义，只有用发展的眼光来认识，否则就不可能搞清楚什么是社会主义。

在认识什么是社会主义的问题上，邓小平理论的突出贡献是准确地把握了社会主义的本质。"社会主义的本质，是解放生产力，发展生产力，消灭剥削，消除两极分化，最终达到共同富裕。"[7]

邓小平的社会主义本质论包含着十分丰富的思想内涵，就其主要方面来说：第一，强调社会主义的根本任务是解放生产力、发展生产力，这是社会主义存在和发展的最终根据。在中国，因为落后，更要注重大力发展社会生产力。第二，强调社会主义的根本目的是消灭剥削，消除两极分化，最终达到共同富裕。这是社会主义与资本主义的最大区别。共同富裕不是少数人富裕，不是两极分化；共同富裕也不是同步富裕，同步富裕只能导致共同贫穷；共同富裕要实现，就必须大力发展生产力，允许和鼓励一部分地区、一部分人先富起来，先富带后富，逐步达到共同富裕。第三，邓小平社会主义本质论的突出特点，是从生产力与生产关系的相互关系的矛盾运动中，用发展变化的眼光看待社会主义，从而突破了那种主要从生产关系的角度，来规定社会主义本质的传统观念。这一论述还有一层重要含义，就是"把解放生产力和发展生产力两个讲全了"，即不仅要强调在社会主义条件下发展生产力，还要强调通过改革解放生产力。改革是社会主义制度的自我完善。

——提出了社会主义初级阶段理论。社会主义初级阶段理论是有中国特色社会主义的理论基石。这一理论的提出，是对马克思主义经典作家关于社会发展阶段理论的丰富和发展。从世界范围来看，在 20 世纪，社会主义国家都程度不同地犯过超越本国实际发展阶段的急性病。十一届三中全会以后，党做出了中国现在并将长期处于社会主义初级阶段的论断，这无疑具有极为重要的理论和实践意义。这一理论，一方面肯定了我国已经是社会主义社会，从而坚持了社会主义方向，抵制了抛弃社会主义基本制度的错误主张；另一方面又把我国现在的社会同未来的社会主义较高阶段区别开来，从而正确地认识了中国现阶段最大最根本的国情，避免重蹈过去超越阶段、急于求成的"左"倾错误。

社会主义初级阶段，也就是逐步摆脱不发达状态，基本实现社会主义现代化的历史阶段。党根据社会主义初级阶段的实际，制定了有中国特色社会主义的政治、经济、文化纲领，提出了"一个中心，两个基本点"的基本路线，即以经济建设为中心，坚持四项基本原则，坚持改革开放。强调除非发生大规模的外敌入侵，经济建设这个中心就要始终抓住不放；改革开放是强国之路；四项基本原则是立国之本，是社会主义区别于其他社会制度的根本标志。这一基本路线是我国社会主义初级阶段建设规律的集中反映，是建设有中国特色社会主义的核心内容。

　　——提出了社会主义市场经济理论。社会主义市场经济理论的创立，是党在探索有中国特色社会主义过程中，取得的重大理论成果。

　　众所周知，按照对马克思主义的传统理解，社会主义与市场经济，特别是社会主义公有制与市场经济不能相容，因而社会主义国家似乎只能实行计划经济体制。在改革实践中，我们党解放思想，逐步认识到，计划经济或市场经济并不是社会制度范畴，"计划经济不等于社会主义，资本主义也有计划；市场经济不等于资本主义，社会主义也有市场。计划和市场都是经济手段。"[8]还认识到，在我国社会主义初级阶段，在生产资料所有制上只实行单一的公有制不利于生产力的发展。因此党的十四大决定，把建立和完善社会主义市场经济体制，作为我国经济体制改革的目标。党的十五大又进一步确认，以公有制为主体、多种所有制经济共同发展，是我国社会主义初级阶段的基本经济制度，并阐明了相应的社会分配制度、现代企业制度及其他具体制度。

　　实践证明，在我国社会主义初级阶段，建立和完善社会主义市场经济体制及其他相关体制，有利于发展我国社会生产力，有利于中国实现社会主义现代化。社会主义市场经济理论的提出，是一个伟大的创举。

　　——提出了发展社会主义民主政治、建设社会主义法治国家的理论。党在领导人民进行长期的革命和建设实践中，大胆探索和不断完善适合中国国情的民主和法制形式，创立了有中国特色的社会主义民主政治理论和依法治国方略。

社会主义民主政治理论的基本内容是：第一，强调没有民主就没有社会主义，社会主义越发展，民主越发展。民主不是抽象的，而是具体的。第二，民主必须制度化、法律化。第三，党内民主是社会主义民主的关键与保证，党内民主搞不好，社会主义国家的民主就不可能搞好。第四，民主要发展，特别是要向基层发展，基层自治民主是社会主义民主深厚的基础。党创造性地提出并实行以民族区域自治制度为民族地方的政权组织形式，实施村民委员会直接选举等扩大基层民主的一系列方针、政策。

发展社会主义民主必须同完善社会主义法制、实行依法治国紧密结合起来。依法治国，就是广大人民群众在党的领导下，依照宪法和法律规定，通过各种途径和形式管理国家事务，管理经济文化事业，管理社会事务，保证国家各项工作都依法进行，逐步实现社会主义民主的制度化、法律化，使这种制度和法律不因领导人的改变而改变，不因领导人看法和注意力的改变而改变。

——提出了关于社会主义精神文明建设的理论。马克思、恩格斯曾经指出，社会主义必须建立在吸收人类以往全部文明成果的基础上，列宁也曾强调社会主义必须高度重视文化建设。但是，提出相对完整的关于社会主义精神文明建设的理论，则是中国共产党人的创造。

这个理论的基本点是：第一，强调社会主义不仅要有繁荣的经济，也要有繁荣的文化；不仅要有高度的物质文明，而且要有高度的精神文明。经济、政治、文化协调发展，两个文明都搞好，才是有中国特色的社会主义。第二，在两个文明建设的关系问题上，强调物质文明建设为精神文明的发展提供物质基础、社会需求和实践检验；同时，精神文明建设又为物质文明的发展提供精神动力、智力支持和思想保证。两个文明建设互为条件，相辅相成，缺一不可。鉴于此，党提出了在新时期"两个文明一齐抓，两手都要硬"的战略方针，强调决不能以牺牲精神文明为代价换取经济一时的发展。第三，社会主义精神文明建设的根本任务是，提高全民族的思想道德素质和科学文化素质，培养一代又一代有理想、有道德、有文化、有纪律的社会主义新人，基本特征是把先进性要求同广泛性要求结合起来。第四，在提出依法治国方略的同时，强调以德治国，把法制建设与道德建设紧密结合起来，把依法治国与以德治国紧密结合起来。

（四）丰富和发展了马克思主义的建党学说

毛泽东曾经把党的建设与统一战线、武装斗争，称为中国革命的"三大法宝"。80年间，党的三代领导集体在不同的历史时期，根据革命、建设和改革实际的需要，推进党的建设事业，形成了中国共产党人独具特色的建党理论。

——提出了"着重从思想上建党"、把党建设成为坚强的马克思主义政党的理论和政策。中国革命的基本动力是农民，中国农民与西欧各国的农民有一个重大的区别，那就是他们的革命要求非常强烈，但受小生产方式和文化水平的限制，党要把他们吸收进革命队伍中，就不能不对他们进行马克思主义理论和无产阶级思想的教育、改造。毛泽东明确地对全体共产党员提出不仅要在组织上入党，而且首先要在思想上入党的要求，要用马克思主义武装自己，用无产阶级思想克服一切非无产阶级思想。党在中国革命的不同阶段，都向全体党员发出"不断学习"的号召。在一个封建主义历史很长、经济文化十分落后的东方大国，党以马克思列宁主义、毛泽东思想为指导，把如此众多的农民和其他非无产阶级出身的人员，在艰苦的革命斗争中教育改造成为共产主义战士，这在国际共产主义运动史上是没有先例的。

加强党的思想理论建设，关键是提高全党把马克思主义基本原理与中国实际相结合的水平，这是中国共产党的一大传统。邓小平曾高度评价1978年全国范围内的"真理标准"大讨论，认为思想路线是一项"基本建设"，这场争论的实质，是要不要坚持马克思主义思想路线的大问题。江泽民强调，在全面推进建设有中国特色社会主义的伟大事业中，一定要高度重视党的思想理论建设，要始终不渝地坚持以马列主义、毛泽东思想、邓小平理论为指导，在实践中推动马克思主义的理论创新。

——创造了加强和改进党的作风的成功经验。党的作风，是党的形象，是党的生命，是党区别于其他一切政党的重要标志。著名的延安整风就是党在加强党的作风建设方面的成功实践。在整风运动中形成并发展起来的党的"三大作风"，即理论联系实际，密切联系群众，批评与自我批评相结合，是中国共产党人对马克思主义建党思想的创造性运用和发展。

理论联系实际，就是要坚持把马克思主义基本原理与中国实际相结合，废除静止地孤立地研究马克思主义的方法。密切联系群众，就是坚持党的群众路线，反对任何形式的官僚主义。批评与自我批评相结合，就是充分发扬党内民主，在增强党性原则的基础上，对待犯错误的同志，采取"惩前毖后，治病救人"的方针，坚决摒弃"残酷斗争，无情打击"的错误做法。

新时期，党还郑重提出，执政党的党风是关系党的生死存亡的大事。改革开放和现代化建设越是深入，党风廉政建设越是要抓紧抓好。要从制度上和体制上铲除腐败滋生、蔓延的土壤。进入20世纪90年代，为了进一步加强和改进党的领导，全面推进有中国特色社会主义伟大事业，党又开展了以"讲学习、讲政治、讲正气"为主要内容的党性党风教育。"三讲"教育，是党在和平建设时期，既不搞政治运动又切实有效地加强党的建设，提高党的领导水平、执政能力的成功实践。

——提出了在正确总结历史经验中加强党的建设的思想和方法。恩格斯说，伟大的阶级，正如伟大的民族一样，从来没有比从自己所犯错误的后果中学习来得更快[9]。党在80年间能够领导人民，取得革命、建设和改革开放一个又一个了不起的胜利，能够形成毛泽东思想和邓小平理论两大理论成果，从一定意义上说，是党正确总结历史经验，善于从错误中学习，从挫折中奋起的结果。

　　党重视总结历史经验，并且由此形成了一系列独具特色的思想和方法。第一，总结经验的目的是坚持真理，修正错误，发展真理，是增强党的团结而不是削弱党的团结。第二，总结经验，必须坚持历史进步与人民的根本利益的一致性原则。为此，就要从大局着眼，而不能纠缠于细枝末节，要"向前看"，而不要"向后看"。第三，总结经验，必须坚持历史唯物主义，正确对待历史上的人和事，不能苛责前人，不能采取历史虚无主义的态度。总结经验，要着眼于思想上解决问题，而不是追究个人责任。第四，总结经验，既要正确地对待成功，也要正确地对待挫折和失败。成功的经验和失败的经验，只要正确地总结了，都是宝贵的财富。第五，总结历史经验，党认识到，无论革命和建设，都要独立自主。自己的经验是最宝贵的。外国的经验应该借鉴，但不能照抄照搬。第六，总结经验不是一劳永逸的，必须不断根据实践的新变化，创造并总结新的经验。

　　——提出了"三个代表"重要思想。进入新世纪前夕，基于对时代发展、中国发展和党的自身建设的深入思考，江泽民同志提出了"三个代表"重要思想，强调："要把中国的事情办好，关键取决于我们党"，"只要我们党始终成为中国先进生产力的发展要求、中国先进文化的前进方向、中国最广大人民的根本利益的忠实代表，我们党就能永远立于不败之地"[10]。这一思想紧紧围绕"建设一个什么样的执政党，怎样建设执政党"的主题，以保持并发展党的先进性为核心，科学地阐明了党的立党之本、执政之基、力量之源。

　　共产党是工人阶级的先锋队，这是为每一个共产党员所熟知的对党的性质的基本规定。问题在于，党如何才能真正成为工人阶级的先锋队呢？"三个代表"重要思想表明，共产党要保证其先进性，就必须始终代表先进社会生产力的发展要求，代表先进文化的前进方向，代表最广大人民的根本利益。代表中国先进社会生产力的发展要求的实质，就是根据我国社会生产力的发展规律和趋势，改革、调整和完善社会主义的生产关系和上层建筑，为解放和发展我国的生产力开辟广阔的社会空间。代表中国先进文化的前进方向的实质，就是以马克思主义为指导，与时俱进，建设有中国特色的社会主义文化。代表中国最广大人民的根本利益的实质，就是要在对我国国情特别是社会主要矛盾的科学认识的基础上，制定正确的路线、方针、政策，从制度上把人民的根本利益实现好、发展好、维护好。因此，"三个代表"重要思想，是历史唯物主义基本原理在当代中国的创造性运用，它大大丰富了人们对党的性质、宗旨和任务的认识。

"三个代表"重要思想突出了党的建设与人类社会发展的根本性力量（生产力、文化和人民利益）之间的内在联系，揭示了党的先进性的基础、灵魂和本质。这一思想特别地把文化建设，从党领导的一个方面的工作，提升到党的性质、宗旨和任务的层次上来，把"始终代表中国先进文化的前进方向"，作为党的先进性的重要标志。这是马克思主义思想发展史上的第一次，反映了党对当代人类社会发展的特征和趋势的深刻理解。"三个代表"重要思想，是对党80年实践，特别是50年执政经验的科学总结，是中国共产党人对马克思主义建党学说的重大发展。

必须指出，中国共产党对马克思主义的发展绝不限于上述四个方面，其他如对世界、时代的认识和外交思想，文化思想和文艺理论，还有民族宗教观等方面，党都有重要的理论建树。系统深入地总结党在80年间对马克思主义的发展，需要理论界的共同努力。

对于一个无产阶级政党来说，理论上的成熟从来都是政治上成熟的根本前提。80年来，中国共产党，不但因为领导中国革命、建设和改革开放的成功实践，而且因为对马克思主义理论大厦的卓越贡献，形成了中国化的马克思主义，充分证明自己是一个成熟的马克思主义大党。有了自己科学的理论，即毛泽东思想和邓小平理论，这是党在新世纪夺取新胜利的最可靠的思想保证。

三　继往开来，谱写马克思主义的新篇章

我们已经胜利地跨入21世纪。我国人民正在党的领导下，高举

邓小平理论伟大旗帜，沿着有中国特色社会主义道路，满怀信心地走向富强、民主和文明。

伟大的事业需要伟大的理论。正因为中国共产党在20世纪的80年间，成功地坚持和发展了马克思主义，所以它才能战胜各种艰难险阻，不断地从胜利走向新的胜利。

在21世纪，进一步坚持和发展马克思主义，进一步推进马克思主义中国化，是中国共产党人庄严的历史责任。回想党幼年时期的状况，应该说，我们今天的马克思主义理论水平是大大提高了；回顾党80年奋斗历程中所遭受的曲折，应该承认，我们今天对马克思主义的理解是大大深化了。但是，我们没有理由停滞不前。

从根本上说，马克思主义在中国的发展，关系到党和国家的前途命运，关系到中华民族的前途命运。马克思主义的发展，是新世纪、新时代最大的课题，是中国共产党最重要的思想、理论、政治建设。

马克思主义发展最深厚的源泉和动力来自社会实践。跨入21世纪的人类社会，正在经历一场广泛而深刻的变革，世界的发展，中国的发展，社会主义的发展，都处在一个关键时期。新的变化、新的问题，需要当代马克思主义者进一步解放思想，给予科学的解答，以推动马克思主义的理论创新。

列宁指出："正因为马克思主义不是死的教条，不是什么一成不变的学说，而是活的行动指南，所以它就不能不反映社会生活条件的异常剧烈的变化。"[11]应该说，当代"社会生活条件"，确实出现了马克思主义者必须高度重视的、"异常剧烈的变化"，向我们提出了一系列必须深入研究的重大时代课题。

——关于时代问题。时代问题，也就是关于世界发展的总趋势问题。在经济全球化日益加深、政治多极化曲折中发展、科技革命突飞猛进和社会主义运动处于低潮的条件下，如何认识我们所处的时代？怎样切实有效地推动建立公正合理的国际政治经济新秩序，推进政治多极化，反对"单极主义"、霸权主义和强权政治，维护世界和平，促进共同发展？

——关于总结 20 世纪世界社会主义实践的历史经验问题。如何把科学社会主义的基本理论与经济不发达国家的建设实际结合起来？在 20 世纪快要结束时，东欧剧变，苏联解体，社会主义事业遭到前所未有的挫折。导致这种挫折的原因究竟是什么？社会主义国家从中应该吸取怎样的历史经验和教训？20 世纪后半期，在社会主义国家中普遍发生的改革，如中国的改革、越南的革新，在哪些方面深化了人们对社会主义的认识？

——关于正确认识当代资本主义的新变化、新特征问题。恩格斯曾指出："实际的社会主义是在于对资本主义生产方式各个方面的正确认识。"[12] 因此，不能科学地认识当代资本主义，也就不可能搞清楚，在当代如何更好地建设社会主义。问题在于：当代资本主义究竟出现了哪些重要的新变化、新特征？这些新变化、新特征与资本主义制度的关系怎样？对现实的社会主义提出的挑战是什么？如何科学地认识经济全球化？经济全球化与民族国家的关系怎样？如何有效反击"人权高于主权"等新霸权主义理论的挑战？当代资本主义社会的基本矛盾、阶级结构发生了怎样的变化？

——关于有中国特色的社会主义现代化建设道路问题。目前，我国已经顺利地实现了社会主义现代化建设的第二步战略目标，正在向第三步战略目标迈进；已经初步建立了社会主义市场经济体制，经济运行机制也发生了重大变化。随之，一些深层次的矛盾和问题愈益凸显出来。如何深化社会主义市场经济理论研究，进一步完善市场经济体制？加入 WTO 对我国经济格局所带来的机遇和挑战是什么？如何进一步把依法治国与以德治国结合起来，在大力加强社会主义民主法制建设的同时，大力加强社会主义道德建设？等等。特别是如何切实有效地研究解决"三农"即农业、农村、农民问题，不仅关系到我国的社会稳定基础是否牢固，而且在决定意义上，关系到本世纪中叶，我国能否顺利地实现社会主义现代化。我们的同志在逆境中要看到光明的前途，在胜利时要看到困难和挑战。要有忧患意识，要看到事物发展的长期性、曲折性、复杂性。在困难和挑战面前丧失信心的民族、政党，是没有前途的。缺乏忧患意识的民族、政党，则是不成熟的。

——关于社会主义执政党建设问题。马克思主义经典作家关于建党的理论十分丰富，但更多集中于解决无产阶级夺取政权以前，党如何保持党的革命性与先进性问题。而党在执政时期，"建设一个什么样的执政党，怎样建设执政党"，则是一个崭新的重大时代课题，关系党的生死存亡，关系国家和民族的前途命运。党在革命时期与在执政时期，面临着不同的历史任务。革命党的理论需要发展，而执政党的理论更需认真探索、大胆创新。怎样以"三个代表"重要思想为指导，从制度上保证党的先进性与代表性，有效地遏制腐败现象对党的干部队伍的侵蚀，巩固党的执政地位，提高党的执政能力和执政水平？

每个时代总有属于它自己的问题。"问题就是时代的声音"[13]（马克思语）。当着我们今天纪念建党 80 周年的时候，回顾党 80 年在发展马克思主义方面的重大成就，我们倍感自豪；展望马克思主义在 21 世纪的发展前景，面对新世纪初层出不穷的新问题，我们又深感责任重大。

作为党领导下的一支重要力量，哲学社会科学界要为发展马克思主义做出应有的贡献。

发展马克思主义，要立足于实践的新变化，立足于研究解决中国的实际问题。所谓马克思主义与中国实际相结合，也就是以解决中国的实际问题为实践标准。离开本国实际来谈马克思主义，没有意义。不解决实践中提出的问题，马克思主义就没有前途。不解决中国问题的马克思主义，不是中国化的马克思主义，不是中国人民所需要的马克思主义，也就不可能在中国生根，不可能成为中华民族的精神动力和前进方向。

发展马克思主义，要立足于时代的新发展，与时代特征相结合。这种时代特征包括人类的文明进步，科技发展，社会基本矛盾及人民群众的思维方式、交往方式、生活方式诸方面的变化等。只有与时代特征相结合，才能在总体上把握世界格局和世界发展趋势，才能不断增强马克思主义的生机与活力。

发展马克思主义，要尊重人民的首创精神，不断推进马克思主义的理论创新。理论创新，从根本上说，是理论与实践不断结合的过程，是回答和解决实践中提出的问题的过程。理论创新就是理论发展，就是对客观规律的新揭示，对真理的新认识，对新事物、新问题的科学思考。

发展马克思主义，要吸收人类文明的一切优秀成果，同时又必须坚决反对指导思想多元化。指导思想多元化之所以要反对，因为它的实质是否定马克思主义的指导作用，否定党和国家前进的方向，否定人民的根本利益。吸收人类历史的优秀文明成果，借鉴多种文化，不是搞指导思想的多元化，而是为我所用，为发展马克思主义服务。"他山之石，可以攻玉"[14]，我们的马克思主义者，要勇于参加世界范围的百家争鸣。

发展马克思主义，要努力开展积极的思想理论斗争。马克思主义150多年的发展历史证明，中国共产党80年的奋斗历史证明：无论教条主义，还是经验主义，都不是科学，都不能解决中国的问题。"东"教条不灵，"西"教条也不灵；"东"经验不行，"西"经验也不行。无论以"左"的面貌，还是以"右"的面貌出现，都是脱离中国实际的错误的东西，都会危害我们的事业。马克思主义的生命力，在于它是与时俱进、不断发展的科学，在于它是在实践中，在不断批判各种错误思潮，特别是"左"的和"右"的错误中前进的。过去如此，现在如此，将来也必然如此！

发展马克思主义，要树立优良的学风。主观主义要克服，空洞无物的调子要少唱，浮躁、炒作、急功近利的习气要改掉。严谨而不保守，活跃而不轻浮，坚持原则而不故步自封，锐意创新而不哗众取宠，追求真理而不逐名夺利，才是急需提倡的科学态度，也才是发展马克思主义的必要条件。

中国古代的先哲说过："其作始也简，其将毕也必巨。"[15]20世纪的 80 年间，用马列主义、毛泽东思想和邓小平理论武装起来的中国共产党，领导人民，在中国这块巨大的舞台上，上演了一幕又一幕波澜壮阔的伟大诗剧。

但是，放在历史的长河中来看，我们所取得的胜利，仍然不过是一出长剧的序幕，更精彩壮美、更激动人心的演出还在后头。

我们坚信，在 21 世纪，中国共产党和中国人民，一定能够上演出一幕又一幕气势恢弘的新的伟大诗剧。

我们坚信，在 21 世纪，马克思主义，一定能够拥有更加灿烂的发展前景！

让我们为谱写马克思主义的新篇章而努力奋斗！

注释：

[1]《毛泽东选集》第 4 卷，人民出版社 1991 年版，第 1471 页。

[2] 陆游:《游山西村》，全诗为："莫笑农家腊酒浑，丰年留客足鸡豚。山重水复疑无路，柳暗花明又一村。箫鼓追随春社近，衣冠简朴古风存。从今若许闲乘月，拄杖无时夜叩门。"

[3]《毛泽东选集》第 3 卷，人民出版社 1991 年版，第 801 页。

[4]《邓小平选集》第 2 卷，人民出版社 1994 年版，第 364 页。

[5]《毛泽东选集》第 2 卷，人民出版社 1991 年版，第 651 页。

[6] 同上书，第 675 页。

[7]《邓小平文选》第 3 卷，人民出版社 1993 年版，第 373 页。

[8]《邓小平选集》第 3 卷，人民出版社 1993 年版，第 373 页。

[9] 参见《马克思恩格斯选集》第 4 卷，人民出版社 1995 年版，第 432 页。

[10] 参见《人民日报》2000 年 2 月 26 日第 1 版。

[11]《列宁选集》第 2 卷，人民出版社 1995 年版，第 281 页。

[12]《马克思恩格斯全集》第 18 卷，人民出版社 1979 年版，第 321 页。

[13]《马克思恩格斯全集》第 1 卷，人民出版社 1995 年版，第 203 页。

[14]"他山之石，可以攻玉"语出《诗经·小雅·鹤鸣》："他山之石，可以攻玉。"词义是"别的山上的石头，能够用来琢磨玉器。原比喻别国的贤才可为本国效力。后比喻能帮助自己改正缺点的人或意见"。

[15]《庄子》。

文化与自信*

（2001 年 6 月 27 日）

对于文学，我是外行。我想从一个读者、一个政府工作人员的角度，简要讲几点希望。

第一，要大力宣传文学艺术的地位和作用。文学艺术是人类文明的重要组成部分。经济落后，科技落后，必然导致文化的落后。反过来说，文化落后，也必然制约经济和科技的发展。落后就要挨打，文化落后就会丧失民族性。意识形态的落后、失误，甚至会导致亡党亡国。社会主义现代化，不仅要有繁荣的经济，而且要有繁荣的文化。对文化的重要地位和作用还要反复强调。特别是在新世纪，面对西方文化对我们的影响、渗透和侵入，更是如此。

有同志说到，随着西方文化的侵入，民族文化会"褪色"。我看对我们来说是不是用"染色"更合适，把我们的民族文化"染色"了，"染"到一定程度，我们自己的颜色就淡漠了，就变了。这样大的一个国家，如果我们的文化，没有了自己的特色，不仅文化传统不能得以保存和发扬，而且精神支柱也没有了。文化在很大程度上，

---

　　* 这是李铁映同志在"21 世纪初中国面临的重大理论和对策问题"文学学科选题研讨会上的讲话。

是一个民族的民族精神、价值观和意识形态。

第二，文艺界要增强责任感。中华民族在新的世纪要振兴和发展，没有文化的发展是不可能的。试想一下，再过几十年以后，如果我们的文化变味了，如何树立民族的自尊心、自信心？如何体现我们民族的精神和特点？又如何弘扬民族文化的优秀传统？我和广电部、文化部、文物局在搞中华文明五千年的一部片子，已经搞了三四年了，可能还得搞两三年，中心是反映中华民族创造的辉煌文明。

我们的任务是十分繁重的。文艺界要增强责任感。文艺界现在面临的竞争、压力和经济战线是一样的。如果说加入世贸组织以后，商业企业面临生死存亡的竞争，文化也同样如此。没有自己的东西，别人就要占领。没有市场的文化，和没有市场的商品一样，也将被淘汰！占领市场就是占领资源。现在要研究如何利用市场去发展自己的文化。无论从继承还是从创新角度，无论从弘扬还是从吸收角度，我们只有创造更多、更新、更好的文化产品，才能占领市场，发展本民族的文化。

第三，努力创造更多、更新、更好的文化精神产品。我看这里有三个问题：一是理论问题；二是战略问题；三是体制问题。解决这些问题，要尊重群众的首创精神。以解决体制问题为例，新体制不是哪个人凭空想出来的，而是在实践中逐渐探索创新，总结规范出来的。精神产品的生产和物质产品的生产不一样，不能完全照搬。文化体制改革，就不能完全照搬经济体制改革、科技体制改革和教育体制改革的方式和方法。

今天我们站在21世纪的门槛上，中国人民的生活，第一次从总体上达到小康水平。在我国历史上，还没有反映小康社会的文化。将来再达到中等发达国家水平，中华民族会怎么样？文化生活会怎么样？这就需要我们进行前瞻性的研究。

哲学的发展[*]

（2001 年 7 月 3 日）

　　在举国上下欢庆中国共产党建党 80 周年之际，欣闻"中国共产党与马克思主义哲学创新"学术研讨会在深圳举行，我谨代表中国社会科学院并以我个人的名义，向大会表示热烈的祝贺！

　　坚持马克思主义哲学的指导作用，是我们党的一贯方针。中国共产党 80 年的历程，是与马克思主义哲学在中国的传播、应用和发展分不开的。中国革命和建设的胜利，是马克思主义基本原理同中国实际相结合的胜利。

　　正是在马克思列宁主义思想认识路线的指导下，以毛泽东同志为核心的党的第一代领导集体，创立了毛泽东思想，找到了具有中国特点的革命道路，赢得了新民主主义革命和社会主义革命的胜利。

　　正是在马克思列宁主义思想认识路线的指导下，以邓小平同志为核心的党的第二代领导集体，形成了邓小平理论，开辟了有中国特色社会主义的建设道路，赢得了改革开放和社会主义现代化建设的举世瞩目的伟大成就。

　　正是在马克思列宁主义思想认识路线的指导下，以江泽民同志为核心的党的第三代领导集体，丰富和发展了邓小平理论，提出了"三个代表"重要思想，将建设有中国特色社会主义的伟大事业不断

---

　　[*] 这是李铁映同志致"中国共产党与马克思主义哲学创新"理论研讨会的贺信。

推向前进。

可以这样说，我们党在过去80年中所取得的伟大胜利，就是马克思列宁主义思想认识路线的胜利，就是马克思主义哲学的胜利。

马克思说过，任何真正的哲学都是时代精神的精华，是文明的活的灵魂[1]。马克思主义要随着实践的发展而发展，作为其理论基础的马克思主义哲学，同样要随着实践的发展而发展。

当今世界，人类实践出现了前人所难以想象的许多新情况、新问题、新特点。在全面推进有中国特色社会主义事业的过程中，有许多新问题要我们去认识、去解决；世界范围内出现的种种新变化、新现象，也要我们做出解释。我们要在回答时代新问题的过程中，大胆进行理论创新，力求取得丰硕的理论成果。这是时代赋予我们哲学理论工作者的历史使命，任重而道远。

在当今的世界上，中国共产党人如何不断推进和实现马克思主义哲学的理论创新，不仅对中国人民的未来，而且对于人类的解放都将产生深远的影响。

我相信，我国哲学理论工作者在以江泽民同志为核心的党中央领导下，高举邓小平理论伟大旗帜，以"三个代表"重要思想为指导，解放思想，实事求是，与时俱进，开拓创新，一定会为我国马克思主义哲学事业的繁荣和发展做出新的更大的贡献。

注释：

[1] 参见《马克思恩格斯全集》第1卷，人民出版社1956年版，第121页。

关于西亚非洲研究*

（2001 年 7 月 4 日）

　　值此西亚非洲研究所建所 40 周年之际，我谨向你们表示热烈的祝贺，祝愿你们在新的世纪里，继续以马克思主义为指导，发展西亚非洲研究事业，为繁荣我国的人文社会科学，增进我国对西亚非洲国家的了解做出更大贡献，努力把西亚非洲研究所建设成为我国中东非洲研究的重要基地。

---

* 这是李铁映同志致中国社会科学院西亚非洲研究所庆祝建所 40 周年的贺信。

关于拉美研究[*]

（2001 年 7 月 4 日）

在拉丁美洲研究所建所 40 周年之际，我谨向拉美所全体同志表示热烈的祝贺，并向在 40 年来为我国拉美研究辛勤劳动的全所同志们表示诚挚的问候！

40 年前的 7 月 4 日，在毛主席和周总理的亲切关怀下，我国创建了拉丁美洲研究所。拉美所的创建和发展历程以及我国在拉美研究领域所取得的丰硕成果，无不体现着我们党的正确领导和高度重视，同时也充分反映了拉美所全体同志的辛勤劳动和艰苦努力。

拉丁美洲地域辽阔，资源丰富，人民勤劳智慧，是一个充满活力和具有巨大发展潜力的地区。中国和拉美各国同属发展中国家，有着类似的遭遇和命运，在众多领域有着共同的利益。特别是在人类进入 21 世纪的今天，中国和拉美国家既面临实现更大发展的机遇，也面临必须认真应对的挑战。中国和拉美国家正在共同努力致力于推动世界多极化，促进建立公正合理的国际政治经济新秩序。中国和拉美国家对推动世界的和平、发展与繁荣负有共同的历史使命。我们必须从战略的高度认识拉美地区的重要性和我国拉美研究的重要性。进一步深入研究拉美，促进中拉友好合作关系的全面发展，是从事拉美研究的学者们的崇高使命。

---

* 这是李铁映同志致中国社会科学院拉丁美洲研究所庆祝建所 40 周年的贺信。

面对世界的变化，我们要全面构筑有中国特色的社会科学体系。新的形势赋予包括拉美所在内的全院同志新的任务。我衷心希望拉美所的同志们，在已有成就的基础上，更加认真刻苦地学习马列主义、毛泽东思想和邓小平理论，坚持正确的政治方向、理论方向和科研方向，进一步树立严谨踏实的学风，努力进取，开拓创新，特别是要培养更多拉美研究的优秀人才，推出更多具有创新性的成果，为建设具有世界水平的著名研究所，为促进我国拉美研究的新繁荣而努力奋斗！

培育一流的人才[*]

（2001 年 7 月 12 日）

我首先对张佑才同志^[1]的讲话表示感谢。关于我们社科院研究生院现在的物质条件、经费情况，刚才张佑才同志概括得很好，就是"基础太差，基数太小，管理不规范"。这也可能是文人办事的一个特点吧，"文人不理钱"嘛。目前我们许多方面的困难都与这一点有直接的关系。

社科院的基础条件要想改善，一靠计委，二靠财政部。不可能通过其他途径从根本上解决我们的问题，从其他方面争取到的一些支持，只能用于小修小补。不主动，这是我们工作中一个很大的问题。不论是政治方面的事，还是其他各个方面的事，包括改善物质条件，都是如此。

过去我们爱说的一句话叫"无为而治"^[2]，我看应改为"无为不治"或"有为而治"，"无为"绝不可能"有治"。今后我们各个所、局，也包括研究生院，都要提倡"有为而治"。什么事情能够"无为而治"呢？我还不知道什么事情能够"无为而治"。比如田里种的菜，如果你不去管理，也会长满虫子，就要死掉。

为开好这次会，我思考了很长时间。会议所要解决的问题基本都反映在李慎明同志^[3]、晋保平同志^[4]的报告中。我认为他们已经

---

* 这是李铁映同志在中国社会科学院研究生院工作会议上的讲话。

把我们考虑到的工作、问题都表述出来了。他们所讲的是否适合社科院的状况？是否适合研究生院的状况？希望大家讨论，畅所欲言。主要讨论这三个问题：

第一，这两个报告所反映的情况，是不是把问题、工作都已经恰当地反映出来了？如果问题没有找准，工作着眼点也没有找准，那么，今后研究生院还是办不好。

第二，社科院和研究生院提出的关于今后工作的设想、安排，是否可以作为研究生院"十五"期间工作的根本任务？无论是研究生院内的教学，还是同社科院的关系，以及同外部的一些关系，是不是就这几项工作？如果是这几项工作，这几项解决了，研究生院的工作会有根本的改观，那就必须作为研究生院最重要的工作。以后研究生院的工作，就按这几项来考核。在这几项工作中，应该由社科院解决的，社科院要列入工作日程；应该由研究生院自己解决的，研究生院要作为自己今后几年的工作任务。做事，就一定要实实在在、一件一件地做。

第三，还有哪些问题需要提出来？如果这些问题不能得到根本解决，矛盾还会很突出。前一段大家对研究生院工作的意见，主要集中在三个方面：一是属于条件问题；二是属于体制问题；三是属于工作问题，包括属于社科院的工作问题和研究生院自身的工作问题。关于这方面的问题，我的想法是，研究生院第一位的任务是对学生负责。研究生院和其他大学的不同之处，就是它基本上不管科研。在大学里，科研和教学是两个主要任务。研究生院的科研是属于第二位的任务，主要的研究工作是在各研究所进行。而这些研究工作是各个所的工作，它不属于教学系的研究工作。所以，研究生院的教学系和研究生院自身的主要任务是培养学生。对学生负责应该成为研究生院工作的第一位的任务，也就是要强调教育第一，对学生负责。无论是研究生院内部的各项工作，还是各个系，或者是导师、教职工，第一位的任务就是培养学生，工作目标就是要建成江总书记在题词中所要求的一流人才基地。

　　评价研究生院工作的好与坏，第一位的是看学生是否满意，学生是否学到了东西。不能倒过来，看社科院是不是满意，或者研究生院内部职工是否满意，或者各个系导师是否满意，我看这都不能列为第一位的标准。当然，他们的意见值得重视，要创造条件，使各个方面都来支持研究生院的工作。但是，作为实践标准来讲，学生是否学到真本事，是否成才，学生是否满意，这是最主要的。也正像社科院的工作成绩一样，主要是看出成果、出人才。作为社科院办的研究生院，第一位任务就是要培养出一流的人文社会科学人才。

　　我再强调一下，研究生院的工作就是培养高级的人文社会科学人才。大家讨论时要围绕这个中心来谈。不管是各个系，或者导师，或者是社科院的机关，或者是研究生院内部的职工，都要围绕能否培养一流人才，学生是否满意来展开工作。社科院的领导或者院党组是不是满意，我这个院长是不是满意，这都不是实践的标准。只要学生都说研究生院好，学到了真本事，将来能在社会上做出很大贡献，就说明研究生院办得好。尽管还会有其他矛盾，但这些矛盾都可以围绕着这个中心来逐步加以解决。

　　我到社科院以后，听到许多对研究生院工作的意见。我兼任这个院长的目的，就是希望帮助解决研究生院最基本的矛盾。研究生院地位很高，国家很重视，但就是以上几个问题始终没有解决好，没能走上正轨。

　　要解决好这几个问题，我认为必须处理好两个关系。

　　第一个关系：关于社科院和研究生院的关系问题。

　　社科院各个局、所要全力支持研究生院，把研究生院办好。它有什么要求，有什么困难，要给予解决。要把研究生院当成是社科院第一大研究所来看待，把研究生院的工作纳入各个局的工作范围，而不是当成一个额外负担。对研究所，是必须要关照的。有人觉得研究生院是个独立单位，因此就不大愿意更多地承担研究生院提出的任务。

　　我这里提出一条，各个局都要把研究生院的工作纳入自己的工作中，而且是作为第一大所来看待。为什么呢？研究生院人数最多，有上千的学生，弄不好要出乱子，要出问题。只要没有让学生学到本事，学生当然要有意见，甚至还要闹。我看要从观念上解决这个问题，把研究生院当作第一大所，把给研究生院办事当作各个局分内之事，各个局都要有专人，而且要有一位副局长负责分工联系、处理研究生院所提出来的问题，协助研究生院去解决问题。因为研究生院直属社科院，它自己不像其他大学那样完全独立，它完全独立不了，导师不属于它，各个系、导师不隶属于研究生院，这是它最大的一个体制上的特点。所以，没有社科院对它的支持，是办不好的。

　　今后社科院每年要定期召开一次党组会议，专门听取研究生院的工作汇报。这个汇报要学习院工作会议的办法，每年定下来要办的几件事情，然后就这几件事情的实施情况，对研究生院进行监督。这是我们院党组、院领导、院机关的一个基本态度。

　　这一次研究生院的班子配备，就考虑到形成一个综合性的、同我们社科院研究生院的特点相适应的班子。当然大家还有一些意见，如对他们的学历、职务、职称等不满意，这些意见是有道理的。但我考虑的一个问题是如何把研究生院搞好，领导班子怎样才能够集中精力、全力以赴地去把研究生院办好。

　　我们有数百名导师，现在在册的硕士生导师、博士生导师一共995位，正在带研究生的导师是396个，占总数的1/3左右。大家的愿望很好，都希望带研究生，如果九百多个导师都带研究生，每人带一到两个，那我们就有几千名学生。但是，如果学生不满意，我们就不能这么办。这个愿望不取决于导师本人，而取决于我们能不能创造一个让研究生满意的教学环境。从社科院来讲，就是全力支持，督促检查。

　　第二个关系：关于系、导师和研究生院的关系问题。

　　要进一步下放权力给各个系，研究生院要建立起以各个系为基础的研究生院。也正像社科院的基础在各个研究所一样。研究生院的基础在各个系，因此，要支持、尊重各个系，大家共同办好研究生教育。现在，各教学系不能说没有权，但是，系和研究生院之间的关系又非常淡漠、松散。我多次对研究生院的领导同志说，有问题你们找系主任来谈一谈。可他们找不着，召开一个系主任会，来的都是系秘书。这可能就是社科院的特点。这次会议原来准备召开一个包括全体导师在内的工作会，在大报告厅召开，我们有900多个导师嘛，这个规模、阵容是相当可观的了。但是今天实际到会的，有很多是我们社科院机关的人、研究生院的教职工，以及一些学生代表，而真正代表各个系的以及导师共有多少人？有人告诉我，可能不足两百人。这就是说，连正在带学生的396个导师都没有到齐！在大学里要召开这样的导师会议、系主任会议，或者召开研究生院的工作会议，可能不会出现这种情况。

我在这儿讲几句可能有些同志不大爱听的话，就是我们各个系和教授对研究生院有很多批评的权利，但研究生院呢，对各个系和教授基本上采取敬而不闻的态度，就是对你很尊敬，但是，不便于说什么话。这次研究生院工作会议，如果不能把研究生院和各个系的关系处理好，如果各个系不能在领导、管理自己的导师方面切实发挥作用，仍然要研究生院直接面对这几百名导师，开起会来基本上还是处于大家提意见，研究生院仍然处于被告状态，也就是说，管理体制方面的问题还是解决不了，就不能说这次会议开得很成功。

对于我们研究生院现有的这种体制，我一直认为必须进行改革。改革体制的核心，就是建立以培养学生为主要任务，充分发挥各个系和导师作用的领导管理体制。系里必须要有权，同时，系、导师和研究生院之间的关系，如何协调呢？我感觉到这中间要有一级组织，这个组织就是将要成立的教授委员会。也就是根据我院的特殊情况，请各个学科片推举出一个教授代表系一级的领导，组成一个教授委员会。

教授委员会的职责是，能够联系各个系，能够代表各个系和校方打交道，能够代表导师直接反映他们的要求和愿望。教授委员会成员的责任不是代表学生，而是代表导师、代表系。凡是导师的各种要求、各种问题或困难，各个系有什么要求或困难，都拿到教授委员会来讨论；讨论通过了，交给校方，校方基本上要尊重教授委员会所提出的意见，落实解决方案。不论是带研究生、实习、参加科研，还是写论文、答辩等，所有的事情都要通过教授委员会来决定。如果这些事情都让学校行政领导来决定，将必然是矛盾重重，一片不大满意的声音。导师不满意，将导致学生不满意，导致社科院广泛的不满。总之，最重要的一点就是涉及教授们、导师们怎么管理，怎样充分发挥他们的积极性，怎样代表他们的意愿，怎样帮助解决他们的困难。这就是为什么要成立一个教授委员会的初衷。

但教授委员会采取什么方式产生，又成了一个大问题。有的人说，就由社科院任命吧；有的说，是不是各个系推举呀；有的说，民主选举吧。既然教授委员会是代表导师和各个系的，我看最好的办法就是召开全体导师会议选举产生。有人觉得这也有困难，因为要开会，导师来不全。我倒是有一个办法：缺席就表示同意。当投票表决的时候你不参加，给你发言权你不发言，可事后又有很多意见，又要保留自己的发言权，这就很难办了，谁也办不了。你看在国际会议上，凡是缺席的，对于通过的事情，是无权再推翻的，也不能发表任何意见。

我们将来召开导师、教授委员会会议，是不是可以不采取超过总数半数才算通过的办法，反正开会是按程序办，都准备好，开完会，不管有多少人，超过了到会人数半数就算数。这也是我们的特点呢。我也不能强求每一个教授都必须到会，大家很忙，我很体谅这一点。事先把材料发给你，让别人代表你发言也可以，你也可以自己到会。但是要表决投票的时候，还是一人一票，缺席就是表示同意。这要有个约定啊，这也算是一个办法呀。如果觉得召开全体导师会议民主选举产生教授委员会有困难，那就采取召开系主任会，通过民主协商、民主选举解决问题。

要制定、通过教授委员会的章程，按章程办事。社科院的一个很大的特点，就是办事可以规范化、制度化。成立教授委员会，就要通过一个章程，确定教授委员会的人选，规定教授委员会的职责、权限、任务。将来全院所有导师的意见都汇集到教授委员会，逐渐完善这个教授委员会。教授委员会就是学校教学方面的一级领导，委员要拿出相当的精力，要有教学管理方面的能力，才能做好教授委员会的工作。当然，一开始也可能会有很多意见，那没有关系，逐步完善嘛。但是，一定要赋予它权力，由教授委员会讨论通过的东西要以学校正式文件的形式下发。

同时，还要成立教工委员会。研究生院里这一百多名教职工，他们的愿望可以通过教工委员会来反映，也要实行在学校领导下的自律。他们不仅要把自己的内部事务处理好，还要根据学生、导师所提出的要求进行管理。

学生的事情也不能完全采取大学里的管理办法。这就要完善、加强学生会，由学生会来充分代表学生的意愿，实行自律、自我管理、自我服务。研究生院应有一位副院长专门联系学生工作。要让学生在校期间，不仅从事学习，而且能够直接从事一些社会管理方面的事情，这是提高学生才能的一项重要途径。

以后，社科院研究生院每年至少要召开一次研究生院工作会议。在这个工作会议上，不仅是职工要很好地讨论，而且学生也要参加讨论。最重要的是教授委员会，在它的直接领导下召开导师工作会议、召开各个系的工作会议。在这个会议上将对每一学年导师的工作提出要求，包括带多少研究生、由谁带、毕业了没有，各种各样属于教学范畴的工作内容，都要在教授委员会上来进行讨论。教授委员会不是虚设，而是一个职能部门，是研究生院的一个重要组成部分，也可以说是最重要的一个部分，是为学生提供好的学习条件和充分发挥导师作用的一个组织机构。

教授委员会是一个新事物，是为了充分发挥导师作用而设立的，也是为了解决好系、导师和研究生院的关系问题，这是此次研究生院工作会议涉及体制问题的重要议题，希望各个系的同志们和导师充分酝酿，提出好的建议，提出一个教授委员会的名单来。至于教授委员会的人数，有人说是 7 个，有人说是 9 个，有人说是 11 个。开了很多次会，社科院开会也研究过成立教授委员会的相关事宜，但是最后我们认为还是交给导师们自己决定，交给各个系最后研究决定，而不是采取行政决定的办法。这也是我们的特色。教授委员会是对教授、导师们负责，也对学生负责。在这两个负责的前提下，履行教授委员会的职责。

像今天这样的会议，以后不可能多开，以后主要是召开研究生院的工作会议。研究生院的工作会议包括学生工作、研究生院职工工作、导师教学工作这三个方面。在研究生院工作会议上，学校行政领导，包括学校党委，都要向全校汇报工作，听取各个方面的意见。每年都要举行一次全校的工作会议，汇报工作，大家讨论，确定新学年的几项工作任务。

要借鉴各个大学的经验，把研究生院的工作制度完善起来。凡是没有制度化、规范化的地方就要出乱子，矛盾就很多。规范化、制度化以后出现问题，就变成完善和修改规章制度的问题，事情就比较好办。有章可循，矛盾就会少，矛盾就不是随意性的，而是制度性的，我们就好办了。

这次会议是我们社会科学院召开的一次研究生院工作会议。导师们对研究生院的意见很多，但从到会的情况来看，参加会议又不太积极，这也可以理解。今后再召开研究生院工作会议，不是所长到会，而是系主任到会。既然是系主任到会，就要对系主任有要求。他是研究生院的一个教学系的系主任，他的身份不是社科院某个所的所长，就要以对系主任的要求来要求他。导师是研究生院的一个教授，要根据这一点对他提出有关要求。我们力争在"十五"期间，不仅在条件方面，而且在体制方面，还有研究生院工作方面都能上一个新台阶，基本上能达到江总书记提出的要求。总书记提出的一流人才基地，应该是整个社科院、广大教授和研究生院职工共同努力奋斗的目标。

希望这次会议能够开成一个统一思想、振奋精神、开创新局面的会议。

注释：

[1] 张佑才同志，时任国家财政部副部长。

[2] 无为而治是中国春秋时期道家代表人物老子提出的政治主张。老子认为宇宙万物的本源是"道"，"道"是自然而然的（无为），人们效法"道"，就应顺其自然之势，实行"无为"。他反对儒家和法家以仁义、法令治天下，认为社会混乱，人相争斗，就是因为社会财货有了增殖，法令繁多，人们有了过分的欲望，追求知识，讲求虚伪的仁义道德等。为使社会安宁、没有争斗，应该"不尚贤"、"不贵难得之货"、"绝圣绝智"、"绝仁弃义"，通过这种消极的"无为"达到积极的"无不为"的结果。"无为而治"曾被封建统治者作为统治人民的方法之一。如汉初崇奉"无为"治术，实行与民休息政策，对农民作了一定的让步，对生产的发展和阶级矛盾的缓和起到一定的作用。但它本质是消极的，不利于社会发展。

[3] 李慎明同志，时任中国社会科学院党组副书记、副院长。

[4] 晋保平同志，时任中国社会科学院研究生院党委书记。

思想有自由，研究无禁区，宣传有纪律，行为守法律[*]

（2001 年 7 月 13 日）

中国社会科学院搞社会科学研究，为党中央服务是我们很重要的责任，为中央决策提供参考意见，这有很强的政治性。因此，在政治上与党中央保持一致是十分重要的。

第一是要抓政治纪律。思想有自由，理论研究无禁区，对外宣传有纪律，行为守法律，要内外有别。在社科院，大家发表文章、出版书籍、到外讲课作报告、与国外联系及学者来往都很多，交往情况复杂，这是主要的特点。因此，我院纪检、监察工作的重点是抓政治方向和纪律。廉洁自律方面也要抓，领导干部和学者一般都能自尊自爱。最重要的是政治。

要经常和各方面接触，了解情况，核心是所、局领导干部和知名学者，要交朋友。有些同志退休了，也很有影响。对在公开场所发表与中央不一致的言论的人，要找他谈话，指出错误，要求与中央保持一致。谈话前，一定要先看他的著作理论的政治倾向，谈话不是去裁判学术方面的是非，而是判明政治上的是非。学术问题可以讨论，认真研究，坚持"双百"方针，应支持争鸣，保护讨论。

---

* 这是李铁映同志同中纪委驻中国社会科学院纪检组负责同志的谈话要点。

政治问题最重要，要防止这方面出问题。杜甫有一诗句，"好雨知时节"，"润物细无声"[1]，工作要做到思想里面。

所里有纪检、监察，分别对党内和党外，这方面工作比较清楚。有案件就查。有违纪的，按党纪政纪办；有违法的，不管是刑事的、民事的或经济的，按有关法律办。

首要的要求是领导班子的政治纪律和廉洁自律。现在院领导班子比较团结，有积极性。你来这里工作，我们都欢迎，我全力支持你的工作。我们要在中央纪委的领导下开展纪检工作。你从中央纪委来，与中央纪委有很多联系，有利于工作。在社会科学院，领导工作方法与中央纪委有很大不同，要逐步适应。

纪检组的一些工作，与干部人事工作是相互联系的，要互相配合。对被提拔干部，纪检要看一看：有无反映其违反纪律特别是政治纪律方面的问题。纪检组可调出一些干部到所里去当副所长，可补充一些年轻干部，如博士生，让他们大胆工作和研究问题，不要怕他们犯点错误。一个正确的认识，不可能一次就完成，往往要反复多次。要让年轻人在实践中多锻炼、学习，不断提高。

李英唐同志[2]搞纪检监察工作稳稳当当，注意联系实际，该查证的就查证，工作是有成绩的。对前任的工作要肯定，对今后的工作要根据实际去大胆做。

其次要搞好反腐倡廉理论研究。我曾经同健行同志[3]谈过，从理论上研究反腐败问题，提供一些历史性、世界性方面的研究，为反腐败提供理论支持。首先要从中外历史中的吏治腐败问题、从外国资本主义国家的反腐败问题，选择课题，长期研究下去。研究要与实际结合，纪检组的同志每人都要联系一个所、一个局，经常参加一些学术会议，经常性地研究一些问题。

要把纪检作为高明的医生，关键是治病救人，不是为了处分人，除非个别不可救药的以外。医生到哪里都受欢迎。作为医生，不仅医德要高，而且医术要精，懂得什么病应该怎么治疗。纪检组一方面抓纪检，另一方面搞些理论研究，才能更好地做好纪检工作，这也是社会科学院纪检工作的一项任务，是我们对党的纪检事业的贡献。要有理论研究的兴趣和愿望，在不影响纪检工作的前提下，尽可能搞些研究。研究问题不在多，而在于精，搞精了就好了。

腐败一是历史性的，二是世界性的，三是在改革开放和现代化建设的过程中难以避免。要打碎一个旧世界，创造一个新世界，荡涤历史上一切污泥浊水，谈何容易。中国反腐败是一个长期的历史过程。我同外宾讲，正如每一个人都不愿生病，有谁愿意生病？但谁又能没有病呢？问题是要同疾病作斗争。我们党与腐败这个社会毒瘤作斗争最坚决，措施最有力，做出了那么多有关反腐败方面的规定，世界上还没有一个党能像我们党这样做。

我认为，腐败有以下几个方面。经济腐败：贪污受贿，假冒伪劣，坑蒙拐骗，走私偷税等；社会腐败：黄赌毒黑，强抢杀掠等；政权腐败：吏治腐败，政党腐败等；精神腐败：道德沦丧，出卖灵魂和人格，一切都金钱化、商品化。

今后一段时期要认真组织学习江泽民同志在庆祝中国共产党成立80周年大会上的重要讲话。学习要联系实际，结合我们党80年来的历史来学，结合走中国特色社会主义道路和中国发生巨大而深刻的变化来学，结合世界的发展变化来学，结合社会科学领域研究的问题来学，提高认识，指导工作。要组织纪检监察干部认真学习马列主义、毛泽东思想和邓小平理论，联系中国社会科学院的特点，做好纪检监察工作。

注释：

[1] 引自杜甫诗《春夜喜雨》，全诗为："好雨知时节，当春乃发生。随风潜入夜，润物细无声。野径云俱黑，江船火独明。晓看红湿处，花重锦官城。"
[2] 李英唐同志，原中国社会科学院党组成员、纪检组组长。
[3] 尉健行，时任中共中央政治局常委、中央纪律检查委员会书记。

中国哲学与中国化

（2001 年 7 月 21 日）

值此第十二届国际中国哲学大会在北京开幕之际，我谨代表中国社会科学院、中国社会科学院研究生院，对大会的召开表示热烈祝贺！对来自世界各国的专家学者表示热烈欢迎！

中国文化博大精深，是人类文明多元发展的重要源泉之一。中国传统文化中热爱和平、崇尚诚信、自强不息、厚德载物等精神，以及西方文化中热爱科学、推崇理性、重视法制、讲求效率等原则，都是推动人类社会进步的动力。我们相信文化是互补的，是互相尊重、互相促进的。历史和现实都一再证明，任何文化的发展和繁荣，都离不开对外来文化的借鉴、吸收。

对于当今时代来说，无论是悠久的中国传统文化，还是丰富的海外文明，都既有值得珍惜和发扬的内容，也有需要扬弃和批判的地方。值得珍惜、发扬的和需要扬弃、批判的究竟是什么，如何对待，都是具有重要意义而亟待解决的问题。20 世纪，对于中国人来说，向西方文化学习占据了很突出的位置，同时，20 世纪也是中国文化逐渐走向世界的世纪。那么，已经来临的 21 世纪，中国哲学与世界文明进程又会是一种怎样的联系呢？这次国际中国哲学大会确定的主题，"中国哲学与 21 世纪文化走向"，就是一个具有丰富内涵和深远意义的题目。

当今世界，经济全球化和政治多极化在曲折中深入发展，中国经济和文化也正以积极开放的姿态参与其中，中国人对于外国文化的了解和吸收会更加广泛和深入。中国哲学和文化在推动国家发展、民族振兴的同时，也必将为世界哲学和文化的发展做出越来越重要的贡献。因此，我衷心希望与会专家学者畅所欲言，充分交流，在探讨中国哲学和21世纪文化走向方面，提出重要的思想见解，取得丰硕的学术成果！

最后，我想借此机会，向所有关心中国文化建设并为之付出辛勤努力的朋友们，表示衷心感谢！

深化中国古代文明研究[*]

（2001 年 8 月 1 日）

　　值此"中国古代文明的起源与早期发展"国际学术研讨会召开之际，我代表中国社会科学院向大会的召开表示热烈祝贺！

　　中国古代文明的起源与发展模式，一直是世界学术史上备受关注的重大课题。加强对这一重点课题的研究，对于弘扬传统文化，振奋民族精神，具有极其重要的意义。

　　本次大会旨在推进对中国古代文明起源与早期发展的研究，希望与会专家按照"百花齐放、百家争鸣"的方针，畅所欲言，为深化中国古代文明的研究而共同努力。

　　预祝大会取得圆满成功！

＊　这是李铁映同志致"中国古代文明的起源与早期发展"国际学术研讨会的贺词。

马克思主义是发展的科学[*]

（2001 年 8 月 10 日）

我今天主要讲两个问题：一是马克思主义要随着时代的发展而发展；二是以江泽民同志"七一"[1]讲话精神为指导，进一步丰富和发展马克思主义。

一 马克思主义要随着时代的发展而发展

江总书记的"七一"讲话，立足于新的世纪、新的历史时期，面对新的历史任务，全面而深刻地总结了中国共产党建党 80 年和新中国成立 50 年的历史经验，是指导我们党在 21 世纪，加强自身建设的马克思主义纲领性文献。这一讲话与时俱进，具有鲜明的时代特征，对于全面推进建设有中国特色的社会主义宏伟事业，具有重要的理论和实践意义。它的发表，是党和国家政治生活中的一件大事。全党全国都必须认真学习，社科界特别是中国社会科学院更不能例外。

在迈入新世纪的时候，我们党 80 年的奋斗历程，给我们留下了

---

[*] 这是李铁映同志在中国社会科学院 2001 年暑期工作会议上的讲话。

最可宝贵的历史经验。无论成功还是失败，都是我们自己走过的路，我们自己的实践经验。如果讲发展思想，讲创新理论，首先是要正确总结自己的历史经验。别人的实践，别人的经验，是别人在其特定的历史和社会文化条件下的产物，我们要学习、借鉴，但不能照搬。我们自己的经验，是在我们中国的历史和社会文化条件下的产物，直接关系到我们的前途和命运。我们党之所以能够一步一步地从胜利走向新的胜利，就是因为不断地用科学的世界观、历史观来总结自己的实践经验。

无产阶级政党的一个非常重大的特点和优势，就是理论上的彻底性、实践性、发展性，就是能够用马克思主义的立场、观点、方法，科学地总结历史经验，正视并克服自己的缺点和错误；能够不断地随着时代的进步，推动理论创新、制度创新及其他创新，提出符合实际的理论、路线、纲领和政策。否则，中国共产党不可能走到今天，也不可能领导中国人民走向未来，也就不是一个马克思主义的政党。

作为一个政党，作为一个马克思主义者，无论什么时候，都要研究形势的变化，研究社会到底发生了什么变革。观察时代的发展和变化，研究、解释这些变化，解决由此而产生的问题，推动时代前进，这是一切政党特别是马克思主义政党和马克思主义者的历史任务。

没有科学理论的指导，不以马克思主义为思想和理论武装的政党，当然不是马克思主义政党。但是，不能把马克思主义和具体实践相结合，并不断地随着时代的进步而发展的政党，也不是马克思主义政党。

作为一个国家级的理论和学术研究机构，中国社会科学院无论什么时候、研究什么问题，都要注意观察时代的变化，即要弄明白我们处在什么时代，这个时代有哪些问题。马克思曾经讲过，每个时代都有属于自己的问题，问题就是时代的声音[2]。这个声音反映了这个时代的矛盾的激烈变化，反映了这个时代矛盾运动的规律，也就反映了这个时代前进所要解决的主要问题。

我们这个时代发生了什么变化呢？我们所处的时代，同马克思当年分析、研究和批判的自由资本主义的时代有很大的不同，同80多年前列宁分析、研究和批判的帝国主义时代有所不同，同50多年前毛泽东领导中国人民建立新中国的时代也有所不同。

当然，我们说时代有了变化，并不是说它与过去完全不同了。我们要研究的是：与过去相比，哪些是没有变的东西，哪些是已经变化了的东西。对于已经发生的变化，就要分析、研究和回答，并做出相应的理论和政策调整，以推动社会前进。《共产党宣言》发表150多年来，世界究竟发生了什么变化呢？可以肯定地说，世界经济、政治、文化、科学技术发生了变化，资本主义发生了变化，社会主义也发生了变化。

20世纪资本主义有了很大的发展和调整。这些调整也可以称为改革。特别是第二次世界大战以后，资本主义国家进行了大幅度的改革。现在资本主义社会的发展还有一定潜力，还没有"寿终正寝"。这是客观事实。作为马克思主义者，应当承认资本主义的发展和变化。

按照马克思当年的设想，社会主义制度是在发达资本主义国家产生的。因此，就有一个要继承资本主义所创造的人类文明的一切优秀成果问题。对这些优秀的文明成果，马克思主义者、社会主义者是要承认、学习和发扬的。我们连中华民族五千年的文明，包括奴隶社会、封建社会的优秀文化都要继承和弘扬嘛！为什么对资本主义所创造的属于人类文明的优秀成果不学习、不研究、不借鉴、不继承、不弘扬呢？马克思主义和科学社会主义，本身就是在对资本主义研究的基础上，批判地吸收了包括资本主义所创造的一切人类文明成果的基础上而创立的。在这方面，我们不是历史虚无主义者，而是历史唯物主义者。

20世纪社会主义发生了重大的变化。马克思主义创始人所设想的社会主义，是在大多数发达资本主义国家实现的社会主义，而且是取消了商品经济和货币关系的社会主义，是在世界范围内人类同时进入的社会主义。但是，这一设想并没有实现。历史的事实是，社会主义革命首先在比较落后的俄国发生，社会主义制度首先在一个不发达的资本主义国家建立起来。至少到目前，数个国家同时进入社会主义的情形没有出现。这是马克思主义经典作家没有预料到的。

但是，马克思当时所设想的两个前提并没有消失，并没有被否定，不能说马克思所设想的那两个前提是不对的。马克思所设想的是实现社会主义的充分条件：一是要在发达的资本主义国家实现；二是要在世界范围内同时进行，至少在一批发达资本主义国家同时进行。在第一个社会主义国家政权建立以后，这两个前提条件是否还有效呢？我看应该是肯定的。第一，不断地发展社会生产力，达到进而超过发达资本主义国家生产力发展的水平，是社会主义的根本任务。如果做不到这一点，社会主义的优越性就体现不出来，社会主义的生存就会发生问题，可以说，社会主义在世界上还站不住脚。第二，只在一个国家搞了社会主义，并不标志着社会主义在世界范围内的胜利，还要有更多的国家逐渐走入社会主义。

马克思提出的两个前提，仍是建立了社会主义制度的国家将长期面对的历史任务。如果不解决这两个问题，任何一个社会主义国家都将面临极大的危险。在苏联和中国建立了社会主义制度之后，这两个问题都没有能够得到根本解决，而且在认识上还产生了偏差。在资本主义的重重包围之中，社会主义国家不能高枕无忧，不能设想一个国家就可以把红旗扛到底。

社会主义的另一个变化，就是东欧剧变、苏联解体、苏共下台。这是20世纪社会主义最沉痛的教训，也可以说是社会主义在世界范围内发展的最大挫折。作为马克思主义者，作为社会主义国家，对这样一份政治和理论遗产，这样一个惨痛教训，是要认真反思、引以为戒的。任何一个马克思主义政党，任何一个社会主义国家，任何一个马克思主义者和社会主义者，都决不能回避这样一个客观事实：资本主义可以复辟，社会主义也可以垮台，可以演变。列宁当年曾意识到，因为国外敌对势力的侵略，可能造成社会主义革命的夭折和社会主义政权的被颠覆。但是，苏联的解体、苏共的下台，固然有外部的原因，但主要还是苏联党和国家自己蜕变的，是自己倒下去的，不能说完全是以美国为首的西方资本主义国家从外部搞垮的。如果苏共自己不倒下去，如果苏联自己不倒下去，外部力量能战胜它吗？

所以，共产党人和马克思主义者观察时代的时候，必须清醒地认识到社会主义历史发展进程的长期性、曲折性和复杂性。搞不好，社会主义就会演变，共产党就会垮台；搞得好，就会发展，就会兴旺发达，就会不可战胜。

我们今天考虑中国的事情，也必须置身于这样一个时代和历史背景当中，即世界发生了变化，资本主义发生了变化，社会主义发生了变化。中国发生了变化没有？当然也发生了变化，而且是极其深刻、广泛、激烈、迅速的变化。纵观中国几千年的历史，在如此短的时间内，在经济、政治、社会制度、文化、意识形态等诸方面，发生如此深刻、广泛、激烈的变化，是前所未有的。几十年来，我国人民在思想观念上发生的变化，比辛亥革命时期的变化还要大。社会面貌和人们的精神面貌得到完全改观，是全新的。就中国的社会主义制度而言，也已经发生了重大变化。以经济体制为例，已经由高度集中的计划经济体制转变为社会主义市场经济体制。

早在十月革命后不久，列宁就曾谈到，仅从书本上谈论社会主义的时代已经一去不复返了。关于这句话的意思，我想了很长时间。是因为马克思主义说得不对？是科学社会主义的理论观念不对？我对列宁这个论断的理解是，我们现在更重要的是应从我们的社会主义实践中把握社会主义。既然已经有了社会主义实践，就不能仅从书本上去理解和研究社会主义。

毛主席在 20 世纪 50 年代也讲过，只有搞了社会主义，才会有社会主义的经验[3]。如果不搞社会主义，怎么认识社会主义呢？那还只能是在理念上的认识，不可能有实践的感性的认识。我们已经搞了50多年的社会主义，应该说，无论从理论、学术上，还是从政治、经济、文化、社会各个层面上，我们对社会主义都有了更深刻、更科学的认识。所以，不能仅从书本上来认识和理解社会主义，而更多的是要研究社会主义的实践经验。如果当年马克思不从资本主义历史发展的实际出发研究资本主义，也就不可能创立科学社会主义。

理论发展最深厚的源泉和动力，来自人们的社会实践。离开实践，怎么去检验和认识理论的真理性呢？怎么去理解理论的价值呢？理论的价值，就在于它能够回答和解决实际问题。束之高阁，或泛论空谈，不仅没有价值，而且还会误国，更谈不上有什么科学性。

我们今天搞的社会主义，不完全是马克思当年所设想的社会主义。我们是在一个落后的、半殖民地半封建社会中搞的社会主义革命。我们今天的社会主义仍然是一个不发达的社会主义。这个社会主义，在马克思主义经典作家那里是不曾论到的。我们是在中国的土地上，在有着五千多年历史文化传统，有着很深的文化积淀的国家搞社会主义。因此，我们对中国几千年的传统文化，既要继承、弘扬其精华，也要摆脱、剔除其糟粕，把中国建设成为一个社会主义的现代化的文明国家，实现中华民族的伟大复兴。这将使中国发生多大的变化啊！这个历史任务由谁来完成？只有中国共产党和在中国共产党领导下的中国人民，才有资格、有能力完成这样一个伟大的历史任务。

我们搞的社会主义，也不是马克思所设想的全面实行计划经济的社会主义，而是实行市场经济的社会主义。也就是说，我们是用市场经济的办法来发展和建设社会主义。市场经济是属于人类文明的一种经济制度，我们为什么不用？世界上一切好的东西，我们都要拿过来，为我所用。为什么要拒绝好的、先进的、文明的东西呢？我们要拒绝的是那些垃圾和糟粕。马克思主义最宽广的视野和胸怀，就在于能够吸收一切优秀的东西，不管它们是谁创造的。

在社会主义初级阶段，我们就是要完成当年马克思所设想的建设生产力高度发达国家的历史任务。如果再通俗一点讲，就是用社会主义和社会主义市场经济这样一种制度和机制，来实现人类历史发展进程中的工业化、现代化。工业化、现代化，是人类历史发展过程中的一个必经阶段，是任何社会都不可逾越的历史阶段。

当然，工业化和现代化的概念和标准，也是随着时代的发展而有所不同的。如果以三百多年前西方产业革命时期的指标来衡量，中国现在有很多东西比它先进得多，那是否因此就可以说中国已经完成了工业化了呢？我看还不能这样说。如果讲一百年前，即20世纪初资本主义国家的工业化水平，中国现在有很多方面也已经达到了，那是否可以说中国已经完成现代化了呢？也不能这样说。工业化、现代化既是一个历史阶段的概念，也是一个现实的、随着时代和人类历史的发展而不断变换和丰富其内容的概念。如何实现工业化和现代化呢？资本主义国家，或者说少数资本主义国家，是用资本主义制度完成工业化和现代化的，其间还充斥着殖民主义对国内外人民的残酷剥削和掠夺。

问题在于，一切国家和民族，是否只能用一种制度和方法来完成工业化和现代化？实现工业化、现代化的方式、方法、道路是否完全一样呢？我看，绝非如此。数千年来，在人类历史的发展中，许多国家和民族都有过辉煌的文明发展时期，但是它们的道路、方式都不一样，甚至许多内在的特征和因素都是很不一样的。所以，讲多样化，不仅是讲现在已经存在的文化、经济、政治各个方面的多样化，还要承认数千年来各国在发展模式、道路上的多样化。

中国实现工业化和现代化要采用什么方式呢？历史条件是否还允许中国采用发达资本主义国家所走过的道路、模式和方法，实现工业化和现代化呢？历史已经证明，中国绝对不能再走资本主义道路，也根本没有这种可能。国际环境变了，历史条件变了，中国的国内环境也变了。五千年来，中华民族走了一条符合实际的独特的道路，有着自己的特色和优势。20世纪中国的发展证明：中国只能走自己的道路。他人的东西，再好，再成功，我们也只能是学习、研究和借鉴，最终还是要走自己的路。

这就要求我们有一套符合自己实际的、能够回答和解决中国实际问题的理论。这种理论只能是中国人民的创造，这就是毛泽东思想、邓小平理论和江泽民同志"三个代表"重要思想，任何其他的理论都不可能回答中国的问题。中国自身的发展道路问题，中国共产党人不回答，谁回答？中国人民不回答，谁回答？中国的理论界、学术界不研究、不回答，谁研究、谁回答？难道让美国人来回答关乎中国人民前途和命运的问题吗？来提供一个解决中国问题的方案吗？

科学、学术有些是没有阶级性的，但是每一个研究科学和学术的人都要受到自身利益、立场和社会环境、社会地位等因素的制约。这些制约因素怎么可能摆脱呢？怎么会有这样一种人，完全生活在真空之中，与任何人都没有利益关系，能够这样那样地、"客观地"提出一套又一套不受时间和空间、地理和历史约束的理论呢？怎么会有这样一种人，可以不受历史发展水平的制约而认识永恒的、终极的真理呢？更何况所谓终极真理本身就是荒谬的话题。这实质上是一种唯心主义，是不可能成功的。不管你贴上什么标签，不管你如何标榜自己的所谓"公正"和"科学"，都不可能摆脱自己的历史局限性、社会和阶级的局限性。

我们一定要确立这样一种态度，即以我们正在做的事情为中心，着力研究解决中国的实际问题。当然，任何对中国问题的研究和回答都不可能一劳永逸，因为实践是不断发展的，对它们的认识只能是渐进的。我们要有勇气不断地提出问题，研究问题，回答问题。我们党的三代领导人，正是在回答、解决时代性问题的过程中，领导党和人民推动了历史的进步，发展了中国。我认为，今天中国有许多问题是必须回答的，其中最重要的是中国的社会主义如何完善和发展。再搞一百年，再搞几十代，还是需要回答这个问题，因为社会主义还要不断发展。我们要回答当代社会主义所面临的时代条件是什么，要搞清楚世界到底发生了哪些根本性的变化，怎样正确认识这些变化。还要研究中国当前所面临的问题以及今后可能发生的问题，以推动社会主义在中国的健康发展。

中国现在所面临的问题，是历史上从未遇到过的。譬如说，中国是第一次进入社会主义的小康社会。进入小康社会的我国人民，在生活方式、思维方式和价值观念等方面，都发生了深刻变化。对此我们如何认识？中国搞的是初级阶段的社会主义，中国搞的是社会主义市场经济，中国所面临的世界，是一个全球化迅速发展的世界，所有这些都是马克思主义经典著作中没有或没有充分论述过的，只有靠我们当代人来研究、阐释和回答。有些研究和回答，难免会带有一定的局限性、片面性。只要我们能够随着实践的发展，审时度势，与时俱进，不断地研究新情况，解决新问题，我们的理论就能够发展，社会主义制度就能逐步完善起来，我们就能够为马克思主义的发展做出应有的贡献。

二　以江泽民同志"七一"讲话精神为指导，
　　进一步丰富和发展马克思主义

（一）发展马克思主义，必须始终坚持解放思想、实事求是的思想路线

马克思主义在新世纪、在中国的发展，也就是有中国特色社会主义实践和理论的发展。搞教条主义、照抄书本是不行的，照搬别国的模式也是不行的。教条主义、经验主义、照搬照抄，实质上是唯心主义和形而上学。这种思想方法在我们的学术界、理论界甚至干部当中影响还很深。

我们党只有80多年的历史，新中国也只有50多年的历史。我们离开封建统治才刚刚90年。如果说在我们的思想当中，没有唯心主义，没有形而上学，没有教条主义，没有经验主义的东西，那是

不符合事实的。重要的是，我们要意识到这一点，要认识到我们的思想当中可能有某些唯心主义、形而上学和教条主义的因素。把马克思主义作为教条不行，把西方的理论和学术观点当成教条更不行。"东"教条不行，"西"教条也不行，什么教条都不行。

什么叫解放思想？就是实事求是！就是反对教条主义，反对用脱离实践的过时的思想观念来束缚我们。一切从实际出发，认真研究和解决实际问题，摒弃那些落后的、不合时宜的思想观念，就是解放思想。解放思想就是实事求是，这是近来江总书记反复强调的思想，是在新时期对全党发出的号召。

总书记的"七一"讲话，是马克思主义在当代中国新发展的理论宣言，是面向新世纪、新形势、新任务、新挑战，加强和改善党的领导，提高党的执政水平的行动纲领，是推动全党进一步解放思想的动员令。《讲话》贯穿解放思想、实事求是的思想路线，在许多方面都有重大的理论创新，同时，提出了一系列重大的理论和实践问题，诸如在新的历史时期，如何正确认识我们所处的国内外环境及其变化？在对外开放和发展社会主义市场经济条件下，如何建设我们的党？等等。

对于中国的发展来说，中国共产党的领导是最关键的。如果说中国的社会制度与其他国家的社会制度有什么不同，最根本的是我们坚持社会主义制度，坚持中国共产党的领导。小平同志讲过，四项基本原则中，最关键的是坚持社会主义和共产党的领导这两条。一切搞自由化的人，包括一切海外敌对势力，妄图使中国改变颜色，其要害就是否定中国共产党的领导。

恩格斯曾经说过，伟大的阶级和政党，正如伟大的民族一样，也是会犯错误的[4]。中国共产党也不例外。但是，不管它有什么缺点和错误，坚持中国共产党的领导，不断地发展和完善中国共产党，始终是中国人民的根本利益和前途所在。中国共产党是不断克服自身的缺点乃至错误、不断完善、不断发展的党。面对苏共的下台，中国共产党在新的历史条件下怎样建设、怎样发展？在相当长的历史时期内，共产党是在计划经济而不是市场经济条件下执政的，主要是在相对封闭的状况下建党和发展党的。

今天的中国共产党，是在和资本主义国家长期共存、合作、竞争、斗争的时代条件下建设自己和领导中国人民，是在社会主义市场经济条件下执政的。这是史无前例的，因而也不可能有什么现成的经验。我们党现在所面临的自身建设的任务，就是研究解决在新的历史条件下，如何才能始终执政，如何才能始终保持自己的本色，如何才能始终具有旺盛的生命力和活力，如何才能始终得到中国最广大人民的信任、支持和拥护。这正是江总书记在"七一"讲话中所论述的问题。如何建设中国共产党？要以"三个代表"重要思想为指导。

任何一个政党的政治纲领都是根据它的历史任务来确定的。中国共产党任何时期的纲领，都是为了实现国家富强、民族振兴，为了实现中国人民的根本利益。所以，离开了中国最广大人民的根本利益，就反映不出中国共产党的马克思主义性质，也体现不了它的先进性。中国人民的根本利益决定了中国共产党的基本任务。党的现实纲领、最低纲领，可以理解为实现社会主义工业化、现代化，把我国建设成为经济发达、高度民主、高度文明的社会主义强国。

（二）发展马克思主义，必须研究解决中国的实际问题

中国共产党今天所面临的形势如此复杂、任务如此艰巨、挑战如此严峻，是任何一个共产党都不曾遇到的。中国共产党是一个大党，而且，苏联解体、苏共下台以后，中国共产党前面没有能够用以自我保护的天然屏障或缓冲地带，而是直面西方发达国家，特别是要直面霸权主义。既要有坚定的信念，也要有强烈的忧患意识。

当今的中国已经成为世界的一个重要组成部分。中国离不开世界，世界也离不开中国。但中国还要保持自己的本色，还要坚持走自己的道路，要保障中国人民的根本利益和人权，谈何容易啊！你想保持自己的本色，可有人还不让你保持；你要发展、强大，有人

坚决阻止、破坏。所以，重要的是，把我们的思想认识放到这样一个环境和背景之中，去思考研究一系列重大问题。所谓马克思主义在中国的发展，就是指对中国现实问题的解释、回答和解决。如果不能回答中国经济社会发展过程中的现实问题，那还叫什么中国的马克思主义？

小平同志在80年代初期讲过两句话，十分精辟。他说，马克思主义必须是同中国实际相结合的马克思主义，社会主义必须是切合中国实际的有中国特色的社会主义[5]。所以，马克思主义的生命力、价值和科学性，就在于它不断地研究和揭示事物的发展规律，推动实践的发展。我们坚持马克思主义，就是因为它能解决中国的实际问题，能够推动中国社会的进步和发展；发展马克思主义，是为了更好地坚持马克思主义，也是为了解决实际问题，推动中国社会的进步和发展。

坚持才能发展，发展就必须坚持。不发展的东西，是坚持不了的。坚持马克思主义，就要不断地丰富和发展马克思主义；坚持社会主义，就必须不断发展壮大社会主义。这是中国共产党人在新世纪最大的历史任务。

我们的学者、理论界，应当充分发挥自己的聪明才智，研究时代性的重大问题。对中国社会科学界、理论界来说，最重大的时代课题就是发展马克思主义，就是根据时代的发展和实践的变化，研究解决实际问题，为中华民族的伟大复兴提供理论依据和精神动力。这正是江总书记"八七"[6]讲话对整个社科界的期望和要求。

（三）发展马克思主义，既要反对思想僵化，又要反对指导思想多元化

80多年来，我们党发生了很大变化，江总书记在"七一"讲话中就此谈了很多。概括起来讲，我认为主要是两个变化：一是由革命党成为执政党。在1949年之前，我们党是一个革命党；新中国成立后，我们党成为一个执政党。在这个过程当中，我们既有成功的

经验，也有失败的教训。

十一届三中全会以后，我们党又实现了第二个转变，就是从过去计划经济条件下的执政党，成为社会主义市场经济条件下的执政党，而且是一个全面向国际社会开放的国家的执政党，是一个进行社会主义改革的执政党，是一个发展社会主义的执政党，是一个长期领导中国人民推进社会主义现代化建设的执政党。任务不同，领导方式和工作方法都要发生变化。不仅如此，我们的理论、路线、方针、政策，都要随着任务的变化而有所发展。

现在我们党已经胜利地跨入新世纪，是一个长期领导人民，实现社会主义工业化、现代化的执政党，因而是一个面临全新任务的21世纪的伟大的共产党。

在党的七届二中全会^[7]上，毛主席就曾讲过，我们要进城"赶考"了，我们绝不能做李自成^[8]。我们今天也面临着重大考验，即中国共产党要避免重蹈苏联共产党下台的覆辙。为此，思想和理论上不能僵化。苏联共产党垮台，其中一个重要原因，就是理论上的僵化导致它回答不了现实问题，人民失去了对社会主义和共产党的信念，失去了对马克思主义的信仰，思想发生了混乱。

中国这么大，有十几亿人口，如果没有统一的指导思想，怎么能够有统一的行动，怎么能够实现国家的共同繁荣和富强呢？指导思想的多元化只会使中国成为一盘散沙。既然中国人民有着统一的共同利益，那么反映这个共同利益的指导思想就不可能是多元的。如果不用统一的指导思想把中国人民凝聚起来，共同奋斗，而是用分散的方式、多元的方式、动乱和混乱的方式，能够走向中华民族的全面振兴吗？谁能够设想这样一个局面呢？有人也许会说，美国社会就是多元化的，不是也很好吗？这种看法是没有透过现象看本质。美国所谓的多元化是表面现象，其统治阶级从来就是一元化的，只不过它善于演戏、表演罢了。把表象看成本质，是不行的。美国正是把指导思想多元化作为"软武器"，向别国兜售，搞乱别国人民的思想，进而造成该国政治多元，国无宁日，以实现其霸权控制。

（四）学习贯彻"七一"讲话，要具体化、制度化

对"七一"讲话的学习应当具体化。一是要组织一系列的学习活动。二是要组织一批文章，在各种报纸杂志上发表。三是要组织落实一批课题。这项工作十分重要。江总书记亲自对我多次交代，对此反复强调。特别要指出的是，明年我们党将召开十六大。"七一"讲话中提出的一系列重大理论问题，亟须我们去研究。这也正是我们中国社会科学院的任务所在，是我们社科院的责任和应做的贡献。四是要组织一系列的研讨会。

要警惕右，也要防止"左"，但主要是防止"左"。从方法论上看，"左"和右同源。"东"教条，"西"教条，都是教条主义，在思想方法上都是形而上学的。我们应当通过学习江总书记的"七一"讲话，进一步排除"左"的干扰，把思想认识统一到中央的精神上来。

希望大家共同努力，把中国社会科学院建设成为真正体现现代科学和人文精神的一流学府，在新的历史时期做出更多更大的贡献。希望大家大胆探索，扎实工作，以新的精神风貌，新的优秀科研成果，迎接党的十六大召开。

注释：

[1] 2001年7月7日，中共中央举行大会隆重庆祝中国共产党成立80周年。江泽民同志发表"七一"讲话。江泽民的讲话围绕在新的历史条件下建设一个什么样的党和怎样建设党的问题，深刻阐述了"三个代表"重要思想的科学内涵，进一步阐明了党在新世纪的历史任务和奋斗目标，对进一步做好党和国家的各项工作，具有重大而深远的意义。

[2] 参见《马克思恩格斯全集》第1卷，人民出版社1995年版，第203页。

[3] 毛泽东在中央常委和大区负责人会议上讲话的传达记录，1961年8月23日，参见《毛泽东传（1949—1976）》下卷，中央文献出版社2003年版，第1169页。

［4］参见《马克思恩格斯选集》第4卷，人民出版社1995年版，第432页。

［5］参见《邓小平文选》第3卷，人民出版社1993年版，第63页。

［6］2001年8月7日，江泽民与政治局常委朱镕基、胡锦涛、李岚清等党和国家领导人，在北戴河亲切会见了受邀到北戴河休假的国防科技专家和社会科学专家，并同他们进行了座谈。会上，江泽民提出"人才资源是第一资源"的思想。这次讲话后来被称为江泽民"八七"重要讲话。

［7］七届二中全会是在1949年3月5日至13日在河北省平山县西柏坡村召开的一次中央全会，这也是解放战争时期唯一的一次中央全会。毛泽东主持了会议并作了《在中国共产党第七届中央委员会第二次全体会议上的报告》。

［8］李自成（1606—1645），原名鸿基，陕西米脂人，人称闯王、李闯，明末农民军领袖之一，大顺政权的建立者。1644年3月18日，李自成攻克北京，明朝灭亡。1644年5月27日，吴三桂与李自成在山海关决战，李自成兵败，1645年5月17日，在湖北通城九宫山元帝庙遭村民误杀致死。

全球化[*]

（2001 年 8 月 22 日）

就我们正在研究的全球化课题，提几点不成熟的想法，供研究、讨论。

自冷战结束以来的这一次全球化，是 21 世纪的时代特征，是一个时代性大课题。

这次全球化是资本主义世界的新变化，是社会主义改革发展的新特征，是资本主义和社会主义长期共存、斗争、合作并相互影响的世纪特征。

目前人类正在经历的全球化，是资本主义生产方式的一次世界性大扩张，是市场经济的一次大扩展，是在世界工人运动、社会主义运动、民族独立和解放运动经历了从 20 世纪初到 20 世纪 60 年代的高涨和胜利并在 80 年代末随着苏联解体、东欧剧变进入低潮之后所出现的一种世界趋势。

这一次全球化是在当代科学技术革命推动下出现的，它的技术基础是高科技，是高科技生产力发展的要求。同时，这一次全球化也是在国际垄断资本基础上的全球化。它在政治上推行西方制度，在文化上推行西方理念和价值观，在军事上和外交上推行霸权主义。

---

　* 这是李铁映同志致中国社会科学院全球化研究课题组的信。

所谓"人权高于主权"、"民主阵营"、"新干涉主义"、"地球村"等理论，都是为此服务的。

第一次全球化发生在 17 世纪资产阶级革命和工业化以后。英国资产阶级通过炮舰政策，逐步建立起了贸易自由和殖民地的世界。当时的南北美、澳新、非洲、南亚、东亚相继沦为殖民地。在自由贸易和殖民化过程中，资本主义扩张了！但那是一次血与火的、人类历史上最黑暗的全球化，它导致了数以亿计的人民死亡，给数以亿计的人民带来了苦难。这段历史持续了 300 年左右。

第一次全球化进程因十月革命和二战后社会主义的崛起而受阻、中断。广大殖民地人民为争取民族独立和解放进行了艰苦卓绝的斗争，并最终彻底打碎了殖民体系。社会主义和资本主义两个世界的对立，形成了广大的中间地带，随之第三世界出现了。两大阵营间的斗争阻止了资本主义的扩张。

在 20 世纪最后十余年间，苏联解体，东欧剧变，冷战结束，美国坐大。以美为霸主，世界开始步入新一轮资本主义生产方式、社会制度、文化意识的全球扩张。此次全球化远比第一次深刻得多，其影响也大得多！历史的相似之处不可不察！历史的新异特点更须精研！

经历了 19 世纪以前的自由资本主义和 19 世纪后半叶的垄断资本主义，又经历了帝国主义时期的国家垄断资本主义，今天的资本主义已经发展到了国际垄断资本主义。

社会主义在 20 世纪末发生了两大事件。一件是中国改革开放的成功，中国特色社会主义道路和制度的发展；另一件就是苏联解体和东欧剧变。一个发人深省的问题是，社会主义仍在发展，而且必将取得新的辉煌。这是历史的必然，历史的规律。20 世纪末，社会主义国家开始进入全球市场，开始和世界发生更广泛、更深刻的经济联系。这一点，不仅是社会主义国家发展的新特点，而且也是这一次全球化的新特点。

今天，新形式的"冷战"、"热战"并行，"硬武器"、"软武器"

并用，经济、文化互动！国家、制度、主权、价值观、文化、行为都在变化。国际组织、非政府组织、世界经济宏观体系、世界经济微观体系、法律准则等，都处在重组与演进的过程中。

全球化是世界发展的必然趋势，是经济、科学、文化近代发展的结果，是 21 世纪的历史进程。21 世纪将是一个充满神奇、充满激励、充满机遇与风险的世纪，将是人类历史长河中辉煌壮丽的丰碑。信息网络，生物工程，纳米技术，宇宙行走，海底世界，人类将由此进入一个加速进步的时代！世界各国都在研究它，争取对自己有利的生存发展空间。

对中国而言，我们要解决的不仅是国内问题，还有世界问题。没有有利的国际环境，中国发展面临的就不是机遇，而是危险。我们要处理的不仅是国内政治、经济、文化、社会等方面的各种复杂问题，而且还直接面对着整个资本主义世界！中国是世界的一部分，而且与世界的联系日趋密切。中国离不开世界，世界也离不开中国。

正是在这样的世界里，中国要发展，要实现工业化、现代化，而且是通过社会主义基本制度，去完成人类历史上的工业化和现代化。中国的制度、道路、理论，都是为实现中国工业化、现代化这一历史任务服务的。

在历史上实现了工业化、现代化的国家，有两种制度，两种模式，两条道路。一条是西方发达资本主义国家美、欧、日所走过的道路，另一条是苏联等国走过、我们中国也走过的第一个社会主义实践模式所开辟的道路。工业化、现代化是人类发展的阶段，是任何国家、民族，在文明程度不断提升的过程中都必须实现的目标，必须达到的水平。但实现目标的方法，达到目的的途径，各国各民族肯定是不一样的。时代不同了，基础不同了，进步之路的条件变化了。资本主义国家在实现工业化过程中的殖民地主义、炮舰掠夺、残酷剥削内外人民、不平等贸易等，书写了一部人类历史的血泪史、黑暗史。后发国家的人民既无可能更不愿意重走此路！中国绝不可能通过走资本主义道路来实现现代化。如果搞资本主义，中国就只能重新沦为殖民地，只能动乱、解体，沦为世界乞丐，被开除球籍。其结局将会比苏联解体更悲惨！但是，我们也不能继续走第一个社会主义实践模式的那种工业化道路了。在邓小平理论指引下，通过改革开放，我们正在开辟中国特色社会主义的新型的工业化道路。

全球化时代的本质是什么？中国特色社会主义的新型的工业化道路具体该怎么走？它们是国际问题研究中最重大的时代性课题！

按照美国人勾勒的全球化理论来描绘、规制世界，其结果不可能是有利于世界人民的全球化。美国人看的地图，是以美国为中心组成的美国世界。欧洲人看的地图自然要以欧洲为中心。其他国家和地区被边缘化了、扭曲了！中国人如果没有自己的全球化理论，中国就不可能推动全球化向有利于世界和平与繁荣的方向发展，就不可能成功应对全球化！怎样认识世界，怎样参与到世界发展中去，怎样绘制中国人自己的蓝图，是一个大的理论和战略问题。

今天的全球化理论、全球制度都在美国化。针对这种全球化，在世界范围内出现了反全球化浪潮。反贫困化，反主权弱化，反控制，反文化脱色、染色，反霸权，其声音日见高涨！摆在世界人民面前的全球化不外乎两种，一是有利于世界人民共同繁荣与发展的全球化；二是有利于少数发达国家的美国式全球化。两条道路，两个前途。这就是当今以及今后一段时期内全球化斗争的焦点。

今天，我们是站在前人的肩膀上，站在历史的新起点，站在马克思的肩膀上来看世界，应该看得更远，应该前进。

所谓世界政府、世界观念、世界法律、世界人、世界组织、世界市场、地球村等问题，都值得深入研究！

任务和责任[*]

（2001 年 9 月 10 日）

对于我们研究生院来说，今天是一个具有特殊意义的日子。在同一天，我们迎来了新世纪的第一个开学典礼，同时也迎来了新世纪的第一个教师节。在此，我首先向新入学的 400 多位国内外博士、硕士研究生同学们，表示热烈的欢迎！祝同学们身体好、学习好！向研究生院的全体研究生导师和教职员工同志们，致以衷心的节日祝贺！

借此机会，我讲几点意见，供大家参考。

一　认真学习和领会江总书记"七一"讲话精神

今年是中国共产党建党 80 周年。江泽民总书记的"七一"讲话，对中国共产党建党 80 年和新中国成立 50 年的历史经验，进行了全面而深刻的概括和总结，系统地阐发了"三个代表"重要思想，是马克思主义中国化的新篇章，是新世纪治党兴国的纲领性文献，具有重要的理论和实践意义。

---

[*] 这是李铁映同志在中国社会科学院研究生院 2001—2002 学年开学典礼暨第 17 届教师节庆祝大会上的讲话。

讲话的发表，是党和国家政治生活中的一件大事。研究生院的全体教职员工和在校学生都要认真学习，深刻领会，并结合不同学科和专业的具体实际，对讲话所提出的重大理论和实践问题，进行深入研究。这也是中国社会科学工作者义不容辞的责任。研究生院要组织一系列讲座、报告会、讨论会，设立一些重点研究课题，写出一批优秀文章，为新世纪中国共产党的建设和国家的发展做出应有的贡献。

要坚持基本理论，就必须不断地发展和丰富这个理论。坚持马克思主义，不断地丰富和发展马克思主义，是中国共产党人在新世纪一项最伟大的历史任务，是中华民族的前途和中国人民的根本利益之所在，也是我国哲学社会科学工作者的崇高历史使命。没有马克思主义的发展，我们的理论就会枯竭，党和国家就会失去生命力。

二　哲学社会科学在新时代面临的新任务

哲学社会科学是揭示人类社会发展及其规律的学问，是人类认识世界、改造世界和完善自身的强大思想武器。它既为人们提供世界观、认识论、价值观、方法论，同时也为人们提供关于社会发展的知识和理论。

纵观一个多世纪以来人类所走过的艰难曲折的历程，哲学社会科学在促进人类社会的发展和人类文明的进步方面，发挥了不可替代的历史作用。历史和实践已经证明，哲学社会科学是实现社会变革、创建制度文明的理论先导；是解放和发展社会生产力、创造物质文明的巨大动力；是创造精神文明、实现人的全面发展的强大支柱。在未来的经济社会发展中，哲学社会科学必将发挥更大的作用。

人类社会已经跨入 21 世纪。在新的历史条件下，无论是国际国内，都出现了许多新情况、新问题。随着现代科学技术的迅猛发展，不仅人类的生产方式、交往方式、生活方式和思维方式要改变，而且人们的历史观、时空观、价值观等也会发生变化。因此，在新的世纪，我们哲学社会科学工作者面临着新的形势，也面临着新的任务、新的课题和新的挑战。

例如，在国际方面，我们要进一步深入研究时代发展的趋势和特征，研究世界政治多极化；要深入研究经济全球化；要深入研究科学技术尤其是高新技术的发展，给人类社会的发展和进步所带来的影响；要深入研究各种文化相互碰撞和交融的发展态势；要全面而系统地研究社会主义和资本主义的变化和发展趋势，等等。

就中国国内而言，我们要深入研究我国社会主义现代化建设进程中一系列重大理论和实践问题；深入研究中国特色社会主义经济、政治、文化发展的具体规律。

马克思说过，每个时代总有属于它自己的问题，问题就是时代的声音[1]。准确地把握并解决这些问题，就会把人类社会大大地向前推进一步。

今年8月7日，江泽民总书记在与部分国防科技专家和社会科学专家座谈时指出："在认识改造世界的过程中，哲学社会科学与自然科学同样重要；培养高水平的哲学社会科学家，与培养高水平的自然科学家同样重要；提高全民族的哲学社会科学素质，与提高全民族的自然科学素质同样重要；任用好哲学社会科学人才并充分发挥他们的作用，与任用好自然科学人才并发挥他们的作用同样重要。"[2]这充分体现了以江泽民同志为核心的党中央对哲学社会科学工作的高度重视和殷切期望，是对哲学社会科学在我国经济社会发展中重要地位和作用的高度评价。哲学社会科学工作者任重而道远。

三　对同学们的两点希望

（一）关于做学问

我多次讲过，作为学者，或者有志于做学问和从事科学研究的人，应当首先搞清楚"什么是学问"、"为什么做学问"和"如何做学问"这三个基本问题。而学风问题则始终贯穿于这三个问题之中，体现着学者的世界观、人生观和价值观。

对于哲学社会科学研究来说，学风问题是一个带有全局性和根本性的问题。同学们务必高度重视这一问题，从学生时代起，就要努力养成一种良好的学风。我想，这对你们的一生都会大有裨益。

具体地说，要做好学问，一是要讲求科学精神和科学态度，也就是要崇尚科学、追求真理，解放思想，实事求是。只有具备了科学精神和科学态度，才不会盲从，才能有自己独立的学术品格，才有可能彻底摈弃世俗功利与浮躁，才有可能在孜孜以求的学习和研究工作中，拓展新思路，提出新问题、新思想、新观点、新方法，得出新结论，推进理论创新。

二是要有使命感和责任感。作为客观世界的分析者、研究者和观察者，作为知识的掌握者、创造者和传播者，作为真理的追求者、发现者和捍卫者，同学们应该代表社会的良知。因此，不应该仅仅满足于"独善其身"，还应当志存高远、"兼济天下"[3]，主动肩负起服务社会的重任，促进人类社会的进步与繁荣。

三是要做到"两个跨越"。在本专业的研究领域中，不能囿于个人的狭隘眼界，"闭门造车"，故步自封，而是要胸襟开阔，兼收并蓄，博采众家之长。此外，在掌握好本学科的丰富知识的同时，还要注意认真学习其他学科的知识。哲学社会科学各学科之间本来是相通的，学科之间的界限也毕竟是相对的。希望同学们能够跨出自己的学科之门，关注和借鉴其他学科的研究成果，从多个视角观察和分析社会，观察和分析时代。我院学科众多，专业比较齐全，研究方向和研究方法也各具特色，同学们完全可以相互学习，共同提高。

四是要积极开展健康的学术争鸣和学术批评。希望同学们能够经常进行各种方式的开诚布公的学术争鸣和学术批评，为研究生院，也为中国哲学社会科学界营造良好的学术研究环境做出贡献。学术争鸣、学术讨论和学术批评，是接近和达到真理的重要手段和方法。

在学习和研究工作中，同学们要力戒互相吹捧、旁敲侧击或互相攻讦。

（二）关于做人

做学问与做人是统一的。这里所说的，也就是"文格"与"人格"的关系。

中华民族历来崇尚德才并重。北宋政治家和历史学家司马光[4]关于"德"、"才"有过一段比较精彩的论述。他说："夫才与德异，而世俗莫之能辨，通谓之贤，此其所以失人也。夫聪察强毅之谓才，正直中和之谓德。才者，德之资也；德者，才之帅也。"[5]希望同学们进德修学，德学双馨，做一个真正有益于国家，有益于社会的人。

在新世纪，面对新的历史任务，我们要努力造就一批德才兼备、品学兼优的高层次人才。新的时代，新的形势，新的任务，对人才的标准提出了更高的要求。江泽民总书记在"八七"讲话中，就人才的培养问题明确提出：要"造就一批用马克思主义武装起来，立足中国、面向世界、学贯中西的思想家和理论家"，"造就一批理论功底扎实、勇于开拓创新的学科带头人"，"造就一批年富力强、政治和业务素质良好、锐意进取的青年理论骨干"[6]。这应当成为我们研究生院建设和发展的一个奋斗目标。

今天在座的导师们，多是海内外享有很高学术声誉的专家学者。但是，"青出于蓝而胜于蓝"。同学们是发展和繁荣中国哲学社会科学的后备军。希望你们认真学习、刻苦钻研，在将来的某一天，能够赶上和超过你们的师长，取得更为骄人的成就。

21世纪开创人类崭新文明的伟大实践，呼唤着哲学社会科学理论的创新。在新的时代，新的世纪，让我们共同努力，把中国社会科学院研究生院建设成为中国哲学社会科学最重要的人才培养和科学研究基地之一，建设成为具有自己特色的世界一流学府。

最后，我以八个字与大家共勉：科学、责任、奉献、荣誉。

注释：

[1] 参见《马克思恩格斯全集》第 1 卷，人民出版社 1995 年版，第 203 页。

[2] 参见《人民日报》2001 年 8 月 8 日第 1 版。

[3] "兼济天下"原句为"穷则独善其身，达则兼济天下"语出《孟子·尽心上》，意思是得志时恩惠施于百姓；不得志时修养自身。

[4] 司马光（1019—1086），北宋政治家、史学家、文学家。历仕仁宗、英宗、神宗、哲宗四朝，卒赠太师、温国公，谥文正。著有《资治通鉴》，这是中国历史上第一本编年体通史，记述了从周威烈王二十三年（公元前 403）到五代后周显德六年（公元 959），共计 1362 年的历史，另著有《稽古录》、《涑水纪闻》，等等。

[5] 《资治通鉴》第一卷周纪，周威烈王二十三年（戊寅，公元前 403）。

[6] 参见《人民日报》2001 年 8 月 8 日第 1 版。

价值观与信仰[*]

（2001 年 9 月 20 日）

当前，中国正处在发展最迅速、变化最深刻的时期。发展快、变化深刻，矛盾和冲突也就难以避免。各种矛盾和冲突，归根到底是利益的矛盾和冲突。这就为哲学家、思想家提出了一系列值得研究的时代课题。

大家刚才讲了许多矛盾，我认为都是客观存在的。既然人们的利益是多样的，人们的价值观念也必然是多样的。价值观是利益的反映，价值观的基础是利益。国家观念是国家利益的体现。爱国主义从一定意义上说，就是人们对国家利益的认同。国之不存，人将焉保？物质利益不同，国家利益不同，思想观念也不一致。西方资本主义国家占统治地位的思想观念，是资产阶级的物质利益和国家利益的反映。不管它们经过多么精美的包装，讲得多么美妙、诱人，甚至披上宗教、神学的外衣，终究是由物质利益决定的，是物质利益的反映。自从人类进入阶级社会以后，不同阶级的价值观和思想观念，都是其基本利益的反映。

关于价值论研究，我想提出这么几个问题：

---

[*] 这是李铁映同志在中国社会科学院价值理论研究室召开的学术研讨会上的讲话。

一　价值观与信仰、宗教

西方人说中国人没有信仰，据说是因为中国人不信宗教。这种说法站不住脚。有着五千年灿烂文明的中华民族，怎能没有信仰呢？一个没有信仰的国家和民族，是没有凝聚力的。没有精神支柱，没有文化传统，是根本不可能形成长期统一、稳定的社会的。要回答中国人民的信仰问题，历史上中华民族的信仰问题，当代中国人的信仰问题，还需要对信仰、宗教等概念和话语，进行认真的分析和研究，其中包括信仰和理想的关系，等等。

西方价值观的主要内容有两个方面：一是宗教信仰，二是个人主义。在中国历史上，也有宗教和个人主义的传统，但与西方很不一样。西方的宗教经历了从多神教到一神教的发展。一神教具有"排他性"，在一种宗教看来，信奉其他宗教的人都是异教徒。而中国的宗教，从古至今，一直具有多神观念的特点，主要是引导大家行善，或进行自我超脱。宗教的政治色彩较弱，精神道德色彩较重。

所谓宗教，西方有三条：一本《圣经》；一个组织；一套信仰崇拜的仪式。中国古代也有若干本"圣经"，像佛经、道经、孔夫子的《论语》等。但是中国的宗教，既没有一套严密的组织，也没有一套严格的顶礼膜拜的宗教仪式。当然，儒家思想是否是宗教，学界有不同看法，值得我们好好研究。这涉及宗教的定义问题。宗教包含信仰，但信仰不等同于宗教。有人问我们信仰什么，我们说信仰马克思主义，信仰辩证唯物主义和历史唯物主义。但马克思主义，辩证唯物主义和历史唯物主义不是宗教。

在西方，普遍存在着人格分裂现象，即双重人格。比如，有的人在教堂里高唱美妙的圣歌或进行所谓的忏悔时，显得很虔诚，但出了教堂，他们又手握屠刀，残杀很多无辜的生灵。资本主义诞生几百年来，疯狂地对外扩张，推行种族主义，有多少人惨死于西方列强的屠刀之下？

信仰是一种最高的、居于支配地位的价值观念。信仰有理性的，也有非理性的。我们共产党人信仰马克思主义、社会主义、共产主义，是理性思考的结果。信仰马克思主义、社会主义、共产主义，对当代中国人来说，就是要忠实于中国人民的根本利益，这是我们应有的价值观。这一根本利益是和每个人的利益结合在一起的。如果仅仅强调国家利益，忽视个人利益，这样的价值观，是难以被大多数人接受的。我们的价值观，是有利于实现中华民族全面振兴的价值观。我们所需要的，是符合中国人民的根本利益，兼顾个人利益，同时又是现代化的、有利于中华民族振兴的、科学的价值观。

有人说，中国人的价值观在分化。我认为，价值观本来就是多样的、多重的。由于人们的物质生活水平不同，精神文化生活各异，因而人们的价值观就必然会是多样的、多重的。在中国，我们讲国家利益、集体利益和个人利益的统一。这个统一如何实现，如何引导个人利益，是价值观研究不能回避的问题。

关于信仰问题的研究，要长期进行下去。只要社会在发展，人们在信仰问题上就会发生变化。在不同的时期，我们要从不同的侧重点进行研究，要赋予信仰以新的生命和活力，对信仰做出新的解释。

二 价值观与道德、利益

道德观是价值观的一个重要方面。现代社会，道德观念上的碰撞和冲突很激烈，变化也很快。一般而言，人类自进入阶级社会后，一个社会的道德观往往是多样性的，但多样性并不排除某种共性的存在。多样性总是与共同性并存的。共同性往往体现在个性、特殊性和多样性之中。共同与差异并存，是一个普遍规律。体现在价值观和道德观中，也是如此。

西方人很强调法治，但在涉及其利益的时候，他们是寸步不让的。一切法律都以阶级利益为基础，没有超阶级、超利益的法律。

正如列宁所说，任何法律都是统治阶级意志的表现。我们不否认，法律具有一般社会性和共性的一面，但阶级性是法律的本质属性。

在一定意义上说，政治就是谋利的学说，而且是谋取最大利益的学说。国家的政治就是谋取国家利益的学说。中国共产党的政治，就是谋取和捍卫中国人民的根本利益的学说。如果脱离人民群众的根本利益，谋取一己一党之私利，人民群众就不需要你这种政治，就不需要你这样的政党。

理论界要深入研究我国社会各阶层利益关系的变化。要研究各个地区、各个阶层、各个群体，如何在共同利益的基础上建立共同的价值观。有了共同的利益，才会有共同的价值观。

社会价值观、集体价值观，是在共同利益的基础之上形成的。我们要整合社会，消解或缓和价值观上的冲突和矛盾，就是寻求共同利益，发展共同利益，实现共同利益。我不主张过多地讲价值观的分化，因为人们的利益关系本来就是多层次的，价值观本来就是多重的、多样的。但是，不能因为承认多层次性、多样性，而否认共同利益。没有共同利益，国家就不存在，社会就要解体。正因为有共同利益，所以必然有共同的价值观。

如何寻求、发展和实现中华民族的共同利益？我们的共同价值观应该是什么？我们的理论研究就是要解决这样的问题，并且要用大家都能够接受的概念和话语体系表达清楚。如果我们的认识还仅仅停留在感性阶段，还不能用我们自己的概念和话语体系表达出来，那么，这种认识还不是理性的，还未升华为理论，当然也谈不上深刻。理论研究的任务，就在于把握共同利益，并用有中国特色的概念和话语体系，把它清楚地表达出来。

三　价值观和社会发展

价值观的稳定性取决于社会变革的速度和程度。社会发展得越快，社会变革越深刻，价值观的变化就越快、越深刻。进入 21 世纪，我国人民的生活水平从总体上步入小康。小康社会有小康社会的价值观。我们今天的价值观和20多年前相比，就大不一样。为什么呢？价值观的基础是利益。随着社会的发展，人们的利益关系是不断调整和变化的。当然，人要生存，社会要稳定发展，就要有长远的共同利益。长远的共同利益，是价值观稳定性的基础。我们开展价值论研究的目的，就是要把握共同的利益关系，据此构筑中华民族在21世纪的价值观。这一价值观，就是我们共同的利益、共同的前途和命运的反映。

当然，价值观研究也要关注价值观的变化及其发展趋势，并提出调节人们利益关系的理论和方法。我们进行价值观研究，就是要从理论和实践的结合上，为这些利益关系的调整，提供建设性的意见和建议。

我在体改委工作的时候，很注意三个承受能力：一个是物质承受能力，一个是精神承受能力，一个是干部的操作能力。现在，社会公平问题，引起大家的普遍关注。从观念的角度看，"公平"，是一个价值观问题。"公平"不能理解为没有差异，但这种差异应该是社会可以接受、承受的。所以，我们所理解的"公平"，就是利益差异的社会认同。世上历来没有抽象的、绝对的公平。我们的价值观研究，就是引导人们理性地对待这种差异。差异是客观存在的，但是不能无限扩大。问题在于如何去调节差异。社会、国家只能调节差异，使之控制在人们可以承受的程度。对每个人来讲，在社会生活中，应主要通过自己的劳动去缓解这种差异。

一切价值观都是随着人类社会的发展而变化的，一切新的价值观念都是随着时代的发展而产生的。当代中国有一个很好的价值观，即一切为了发展，一切要适应发展，一切要有利于发展。中国的前途命运在于发展。因此，我们的价值观念，要跟上时代的发展，跟上中国现代化的步伐。只有发展的东西，才是有生命力的；一切不发展的东西，是注定要走向死亡，走进历史博物馆的。

我们要以一种非常积极的生活态度和价值观念，去迎接发展，推动发展。西方有的学派，对人类前景持悲观态度，对未来充满恐惧。而我们对客观事物的发展，对时代的变化，要怀着一种喜悦、一种积极迎接挑战的心态。要敢于跳到发展的激流当中去冲浪，才能正确对待发展问题。在封建社会小农经济条件下，人们最崇尚的是一池清水，田园生活。现在则是滚滚长江，不进则退。

任何发展，任何改革措施，都会带来利益关系的调整和变化，必然带来人们社会生活条件的变化，进而对每个人的价值观都会产生很大的影响。发展、改革，还涉及竞争、效率、共同命运以及个人前途等问题，对这些问题，我们的价值论研究都要予以重视。

四　价值观和社会主义信仰

在当代中国，所谓社会主义信仰，其落脚点在于为实现中华民族的全面振兴而奋斗。因为，只有这种振兴，才是社会主义制度优越性在当代中国的生动体现。因此，一切不利于实现社会主义工业化和现代化，不利于解放和发展社会生产力的东西，都要改革。我们正是围绕这个基本点，来完善我国的经济制度、政治制度和社会制度。资本主义的发展史是一部血泪史。中国作为社会主义国家，作为后发国家，不可能再走人家已走过的老路。但是，这不等于我们不去吸取和借鉴别人的经验教训。别人的经验教训，包括资本主义的成败经验，资本主义所创造的一切文明的东西，只要对我们有用，都要借鉴。因为这些东西不属于资本主义，也不属于资产阶级，而是属于人类的共同财富。

价值观研究，在当代人文社会科学及国家经济社会发展中，具有重要的地位和作用。要特别注意研究两个问题：其一，共同价值观是什么？其二，价值观变化的趋势如何？认清变化趋势和共同价值观，就可以引导社会，用科学的价值观武装人，坚定社会主义的理想和信念。

价值观研究，必须与中华民族的前途、命运结合在一起。要研究我们的信仰、道德、利益和发展。要把发展作为价值观的一个很重要的课题，用发展的价值观来统一我们的思想。

价值观研究，需要搞社会调查。我们的研究如果只停留在书斋里、概念和文字上，就不可能解决任何实际问题。价值观研究要密切关注现实中的利益关系问题，最好是搞些重点群体和重点地区的调查。没有社会调查，我们的研究也不过是纸上谈兵，没有什么说服力。

价值观研究，必须同理论创新、制度创新结合起来。推动理论创新和科学研究，必须创造一个良好环境，以便让学者静下心来研究。高水平的科研成果，要靠科学家、学者不懈探索，靠他们创造性的精神劳动来获得。

总之，我们的价值观研究，要对中国社会已经和将要发生的变化，从价值观念层次上进行论证分析。要批判地继承、借鉴中国古代和西方在价值观问题上的理论成果，从中国社会的现实情况出发，力求形成科学的、理性的、能够为大众所普遍接受的观念和学说，写出像当年艾思奇的《大众哲学》那样的关于价值观的普及读本，让广大读者把它当成人生的一面镜子。我衷心希望价值观研究能够有所作为。

史学研究的时代使命[*]

（2001 年 9 月 28 日）

今天，我想就当前理论研究特别是史学研究中的几个问题，谈一点自己的看法。

一 发展是马克思主义最根本的品格

江泽民总书记在"七一"讲话中指出，要不断推进马克思主义中国化。把马克思主义基本原理与中国的具体实际相结合，这是我们反复强调的。

马克思主义传入中国后，成为我们党的指导思想。但是，在相当一段时间内，我们把马克思主义当成了教条。当革命事业遭受一次又一次挫折之后，我们党逐渐认识到，马克思主义必须始终与中国的具体实际相结合，否则，它是不可能解决中国实际问题的。教条主义是一大祸害，我们党曾经长期开展了对教条主义的批判。新中国成立后，特别是"文革"时期，我们也曾一度把马克思主义与中国具体实际相结合的产物——毛泽东思想，当作了教条。毛泽东思想就是我们中国自己的经验总结，是中国共产党和中国人民长期奋斗的经验总结。但是，我们不能把由自己的经验上升为理论的毛

＊ 这是李铁映同志在中国社会科学院史学工作会议上的讲话。

泽东思想也当作教条。这是我们的一个教训。可以说，任何理论一旦教条化，就必定走向自己的反面。

1978年党的十一届三中全会后，我们认识到，既不能把马克思主义当作教条，也不能把我们自己的经验总结当作教条。这是我们党的历史上又一次伟大的思想解放。20多年过去了，今天我们仍然面临着同样的问题，即无论是马克思主义，还是我们自己的经验总结，都不能当作教条，都应当随着时代的变化、实践的发展，而不断地丰富和发展。这并不是背离和否定马克思主义，而是真正坚持马克思主义。

马克思主义最根本的品格，就是实践性和发展，即它能随着实践、时代的变化而不断发展。在马克思主义不断发展的过程中，当然不排除我们有一些说法或论断，与马克思当时所提出的某些说法或结论不一致，但这并不能说我们否定了马克思主义。实践发展了，任务变了，理论当然要发展。如何对待马克思？如何对待马克思主义？第一次正确提出并解决这个问题的是列宁。列宁在俄国领导社会主义革命，提出社会主义革命可以在落后国家、在一个国家取得胜利。实践证明，列宁坚持并发展了马克思主义。

十月革命以后，马克思讲的社会主义实现的两个前提——一是在资本主义发达国家实现，二是至少在几个主要发达资本主义国家同时进行——是否就过时了呢？恐怕不能这样说。马克思讲的这两个前提始终存在。革命胜利了，夺取了政权，是否意味着社会主义就完全成功了呢？远远没有。社会主义的生存、发展，社会主义的胜利、成功，要经历一个相当长的历史发展阶段。而且如马克思所说，只有一大批发达国家都进入社会主义时，才可以说社会主义成功了。

马克思讲的这两个前提，恰恰是夺取了政权的无产阶级、共产党人要完成的两大历史性任务。第一，不断地发展生产力，达到并超过发达资本主义国家生产力发展的水平，是社会主义长期生存并不断发展的根本前提，是社会主义的根本任务；第二，要充分估计到社会主义取得胜利的长期性、复杂性和曲折性。只是一个国家搞了社会主义，并不意味着社会主义的最终胜利，还要有更多的国家逐步进入社会主义。如果不解决这两个问题，任何一个社会主义国家都将面临极大的危险，社会主义事业就会遭受挫折。苏联解体和东欧剧变之后，在这个地区中的大多数国家中，社会主义的挫折和资本主义的复辟，已经成为一个客观的历史事实。

中国和俄国各自的政治、经济、文化、社会等情况不同，因而革命的道路、建设的道路也就不同。这不是我们的主观臆断，而是我们从长期实践中得出的结论，是鲜血凝成的历史经验教训。

科学地对待马克思主义，首先应当弄清楚什么是马克思主义，怎样发展马克思主义。这正如科学地对待社会主义，就要首先回答什么是社会主义，怎样建设社会主义。分析和回答上述问题，是理论界的神圣职责。

目前，中国的社会主义现代化建设已经进入一个新的历史阶段，迫切需要理论的指导，并不断进行理论创新，以解释时代出现的新变化，为我们走向新世纪提供智力支持。所以，发展马克思主义就是这个时代的命题。从历史学的角度看，马克思回答的是他所处的那个时代的问题，而我们要回答的是我们这个时代的问题。这不是一个简单否定的问题。发展马克思主义的问题，今天已经非常紧迫和明确地提到了我们面前。这就是时代的声音，这就是时代的问题，这就是时代的召唤。

江总书记的"七一"讲话，对于全党和全国人民来说，是马克思主义的再学习和再教育。马克思主义诞生后的150多年间，人类社会发生了巨大的变化，我们自己也有了新的实践经验。我们要发展马克思主义，就要回答这150多年世界到底发生了怎样的变化。对马克思主义的再学习、再研究，也就是科学地总结150多年来社会主义的历史经验，正确认识当代资本主义的新变化。

历史的实践反复证明，凡是不发展的东西都不可能坚持。所谓不发展，就是不能回答现实问题。不能解释已经变化了的客观事物，不能回答新的问题，那还怎么能坚持呢？凡是不发展的东西，都是没有生命力的，都要退出历史舞台。理论不发展，就会失去其价值，是不可能坚持的。只有发展才是最好的坚持。我们坚持某一理论，是因为这个理论是可以发展的，是因为它能解决新问题。

要发展马克思主义，就必须从客观事物出发，从客观实践出发，从时代的深刻变化出发。离开了客观事物，离开了客观实践，离开了时代的变化，是不可能发展马克思主义的。所谓理论，就是对客观事物的认识，对实践经验的总结，对客观规律的揭示。

二　中国史学界的新任务

历史是对人类文明的写照。在21世纪，中国史学界要用中国人自己的眼光，编纂出一套全新的中国历史和世界历史。如果说，对马克思主义有一个再学习、再研究的问题，那么，我们同样也需要用时代的眼光，对中国历史和世界史进行重新撰写、修改、补充和完善。

我热切希望并且相信，在21世纪的第一个十年，我院史学片的广大学者，能够撰写出一部新世纪版本的历史。中国史学界应该有这样的气魄和决心。在我们已经出版的著作中，《甲骨学一百年》就写得不错，它把甲骨文的历史说得很清楚。

研究历史，有它独特的难度、复杂性。难就难在历史不是当下、不是今天，是过去、是昨天，当下、今天是过去、昨天的继续和发展，但当下、今天不是过去、昨天的简单重复和翻版。从人类实践的时间向度上的不可逆性的角度看，人类的历史过程是不可重复的。生活在当下、今天的历史学家要研究他不曾生活过的过去、昨天，这就是历史研究的难度和复杂性。按照唯物史观的观点，人类社会的发展过程是从低级到高级、简单到复杂的发展过程。因此，与历史上的社会相比，复杂性是现代社会的特点。而且，随着时代的发展，现代社会将日益复杂化。历史研究应该知难而进。我们的史学家应写出一本经典的、科学的史学著作——它应当成为人们的案头之卷，成为我们的"镇宅之作"。

比如说，在边疆问题研究中，国外一些人拿"麦克马洪线"[1]来炒作。假如我们根据详尽的史料，写出一本书，形成"铁卷"，那么，印度人也好，西方人也罢，要想把"麦克马洪线"从历史版图上抹掉，在法理上和史实上，就得首先驳倒我们这本书。否则，他们就站不住脚。

最近我和有关同志商量，要写一本台湾史，要从上古写到现在。而且，不仅要写历史，还要写法理，要使我们的论述合史、合法。在台湾问题上，任何要搞"台独"的人，任何企图干涉中国内政的人，可以骂这本书，但是，我们所列举的史实和确立的法理，他是驳不倒的！在新的历史时期，史学界面临着比以往任何时期都更为复杂的情况，担负着更为艰巨的任务。现在，写中国史的人不少，香港人在写，台湾人在写，美籍华人在写，甚至美国人、欧洲人、日本人也都在写。所以，无论是在学术上，还是在政治上，我们都面临着十分复杂的情况，有一个纠正偏颇、以正视听的任务。而且，在一些问题上，我们与他们是完全对立的，不仅是纠正其偏颇，还要反击其荒谬。

有的同志谈到，目前在史学研究领域存在一些混乱现象。那么，怎样消除这些混乱呢？我看要靠正史。没有正史，没有以科学的态度和精神撰写出来的正史，那么，一些乱七八糟的东西就会大行其道。我们的任务，就是以严谨的科学态度去撰写正史。这样写出来的历史，无论是通史、断代史，还是专题史，其价值都是不可限量的。而且，不论是观点还是所依据的史料，别人不敢轻言驳倒和推翻。也就是说，我们出手的正史，应当成为"铁券文书"，其势其力犹如雷霆万钧。

要正确认识历史，不研究马克思主义不行，不坚持历史唯物主义不行。历史发展到今天，我们对许多问题已经有了新的认识。我们所说的讨论，也只能在科学的基础上进行。鲁迅先生曾经说过，辱骂和恐吓不是战斗[2]。我们还可以说，谩骂更不是科学。科学是论战最好的武器，离开了科学，论战将是苍白无力的。

三　要认真吸取历史学研究的经验教训

从《共产党宣言》发表以来，国际共产主义运动已经有150多年的发展史了。在这150多年间，国际共运史上最伟大的历史事件主要有两个：一个是十月革命，一个就是中国的革命和改革开放。如果讲经验，一是十月革命的胜利和苏联社会主义建设的一些成功经验，一是中国革命、建设和改革开放的经验。如果讲教训，主要也是两个，即苏联的解体和中国的十年"文革"，这是对国际共产主义运动产生最深刻影响的两个"反面"事件。我们要走向未来，就不能不总结这150多年的社会主义发展史。不仅要总结成功的经验，还要总结失败和挫折的教训。

关于苏联解体的原因，众说纷纭。有人说，是外部力量的作用，是西方的"和平演变"战略使然；有人说，是因为戈尔巴乔夫对社会主义的背叛；还有人说，是由于苏联政权内部特权阶层的腐败，或党和政府中存在严重的官僚主义、严重脱离群众等。苏联解体原因很复杂，但其中最重要的一个原因，就是思想理论的教条化、僵化，直至背叛，造成苏共在理论和意识形态上跟不上时代的步伐，以致不能解释社会实践的新变化，不能解释和应对它所面临的问题。

在苏联解体过程中，有一个非常值得注意的现象，就是有那么几个小丑跳出来，向苏联70多年的历史泼脏水，把它抹得一团漆黑。在他们的笔下，苏联人民70多年艰苦奋斗的辉煌历史，反倒成了黑暗史！可悲的是，当时的苏联理论界、史学界，居然很少有人理直气壮地站出来，为苏联70多年的历史辩护。而在西方则是一片欢呼声，一些政治家、理论家也恶毒地、变本加厉地向苏联历史泼脏水，唯恐天下不乱。

古人说："欲灭其国，必先去其史。"[3]这个问题值得人们深思。

如果一个国家、民族，被外国侵占，被侵略战争打倒了，但自己的历史还站得住，则仍然有重新崛起和振兴的精神支柱。当年日本为了把中国变成"东亚病夫"，将中国纳入自己的势力范围，构筑所谓"大东亚共荣圈"，侵略中国达八年之久。可是，日本人并没有把中国人打垮。中华民族五千年的辉煌历史，作为全体中华儿女的精神支柱，具有多么强大的凝聚力和战斗力！

在中国走向现代化的过程中，文化是极大的精神力量，是我们的凝聚力和向心力所在，是综合国力的重要组成部分，也是民族的智慧的重要标志。对于文化和文化建设，一定要提到国力的高度，提到民族精神支柱的高度来认识。我们的史学，是中华民族的重要精神支柱。发展马克思主义，当然包括发展马克思主义史学。

中国人向来有尊重自己历史的传统。要屹立于世界民族之林，就要自己站得住脚啊！所以，我建议你们讨论一下：苏联史为什么站不住了？苏联共产党史为什么站不住了？在这方面，苏联史学界理论上到底出了什么问题？苏联史学研究方法出了什么问题？目前，关于苏联史的研究确实相当混乱。现在有不少人，通过大量的政治回忆录，进行所谓"大揭秘"，"重建"历史档案。一些人则根据这些所谓"新材料"，连篇累牍地杜撰，推出了一部又一部的所谓"巨著"，向苏联历史泼脏水。这是历史的悲剧！

一些东欧国家，在对待自己历史的问题上，也出现了与苏联类似的情况。许多国家搞社会主义50多年的历史，也都被否定了。这样，在哲学上，在思想史上，会产生什么样的困惑？尽管他们自己在回避这50多年的历史问题，可美国人没有回避，相反，却极尽抹涂之能事，不断地泼洒着污垢。结果，这些国家有不少人就有了民族自卑感、依附感和屈辱感。既然自卑，那就只好依附别人。在我看来，西方一些人竭力污蔑和贬低别人历史的那一套，就是"政治邪教"，就是"慑心战"。

歪曲历史、丑化历史、"造史"，历来是一种杀人灭国的武器。有一些人，因为根底不深，常常为其左右，受其影响。现代的"造史"者、"丑史"者，手法高明，往往真伪难辨，如果不是真正有功底的学者，是看不透他的真面目的。

你们应该去研究这种"造史学"。在史学理论上，这是一个挑战。我们应当去和"造史学"家们开展有关史学理论的斗争。"造史学"也有它的"事实"、"根据"，也进行所谓的"理论分析"，有的甚至已经建立起一个体系和框架。明明是殖民主义史，他们却说成是"大开发史"；明明是被压迫民族和人民反抗殖民主义的民族民主革命，而他们却说成是"非殖民化"。这些都是经过长期策划和精心炮制的，今后我们还会遇到。

在那些"造史者"中，不乏有历史背景、社会背景的人。一些敌对势力，必然要网罗这些御用文人，炮制一些能够瓦解中国人民精神的假史学。这是一种"软武器"，危害极大。我们切不可掉以轻心。

我们这一代人，应该认真地研究和总结自己的历史，严谨而科学地纂修自己的历史。不管前人已经写了什么，我们都应该写出我们这一代人对历史的看法。历史学就是在不断的纂修和充实过程中前进的。我期望中国史学界的同志共同努力，把我们这一代人对历史的看法写出来，确立起我们这一代人的历史学。

对于一个国家和民族来说，没有历史就等于没有灵魂。忘记或背叛自己的历史，就等于失掉自己的灵魂；不正确地对待别人的历史，也就不能更好地认识自己。历史学的重大价值还在于，它能够帮助和引导人们更好地从今天走向明天，为人类走向未来提供精神力量。

关于历史研究的目的，有一句话我认为是有道理的，即一切历史都可被看做是当代史。研究历史是为我们从今天走向明天、走向未来服务的。这也正是历史学的价值所在。历史学中的许多重大问题，为什么直到今天还在反复争论呢？就是因为它们和我们今天的生活、前途命运紧密相连。人们争论的可能是古代的某种思想或某件事，但实际上却关系到当代人的生活。对于世界历史，我们为什么如此重视？就是因为它与中国历史密不可分，与中华民族的发展历程结合在一起。我们甚至可以说，对世界史的研究，也直接或间接地关系到中国的发展。

四　历史学的真实性与时代性

有一些问题，是任何研究历史的人都必须回答的，如：什么是历史？研究历史想说明什么，为谁服务？怎样研究历史？如何对待本国的历史和世界史？

历史学研究具有较强的政治性，或者说，研究历史有一个历史观的问题，或者是唯物史观，或者是唯心史观。研究当代史，政治性就更强。越是贴近我们的时代和生活的主题，其政治性就越强。什么是政治？政治就是利益，就是利益的集中表现。关乎我们最大利益或根本利益的东西，就是最大的政治。

人类历史发展过程中，一些历史事件总是要折射出当时那个时代和社会的精神，并在后人中产生反响。因此，人们就要从另外一个角度，即从当代人生活的角度，对这些历史事件进行再研究和再发掘。这方面最典型的例子，就是在孔夫子诞辰 2500 年后，今人对以他为代表的儒家思想还在讨论、批判。在我看来，即使再过 2500 年，也不能说就没有讨论、批判了。历史证明，越是重大的事件，就越会产生长期的争论；越是影响深远的思想，人们就越是争论不休；越是伟大的人物，就越是让人难以忘却。在现实生活中，人们之所以经常围绕着某一问题进行争论，就是因为它的影响太大了，以至于无论人们持有怎样的观点，抱有什么样的目的，都无法回避它，都要研究它。

我们的理论研究，包括史学研究，要为中华民族的振兴服务，为国家的发展服务。这既是我们从事理论研究的目的，也是检验我们的理论是否具有真理性和价值的标准。一本书，如果能引起讨论，这是好事。在科学研究中，包括在历史学研究中，存在各种各样的观点和看法是正常的，也是必然的。既然存在不同的利益，存在各种矛盾，那么，即使是对同样的历史事件、人物和思潮，也会有各种各样的看法。历史学家的责任，就在于揭示人类历史发展的规律，帮助人们树立起正确的历史观。

同人文社会科学领域的其他学科相比，历史学有自己的特点，有自己特定的研究对象。每个时代的历史学，都是和这个时代人们的利益、前途命运紧密联系在一起的。所以，不同时代撰写的史书，都有侧重点，都有昭示这个时代思想灵魂的地方。反过来说，这一代人所关心的一些问题，也往往反映在他们对历史的看法上。

当然，这也是一种历史局限性。这种局限性是正常的。一部史书所反映的，必然是那一代人对历史的看法，反映了那一代人的生活。与一代人的根本利益相关的问题，必然要在他们这代人撰写的史书中有所反映。当前，与我们中国人民的根本利益相关的问题，涉及中华民族前途和命运的重大问题，也应该反映在我们的历史学和历史研究中。

我们这一代人写史，就要反映这个时代的历史任务和历史使命。江总书记在"七一"讲话中，讲到最高纲领和最低纲领的辩证统一关系。我们的最高纲领是实现共产主义。最低纲领是在现阶段，在中国共产党的领导下，实现社会主义工业化和现代化，实现中华民族的全面振兴。我们这一代人写史，就要为上述目的服务。

工业化和现代化，是人类历史发展进程中一个不可逾越的历史阶段。但不同国家和民族走向工业化和现代化的道路，却是多种多样的。一些发达资本主义国家实现工业化和现代化，是以制造其他国家和民族的灾难为前提的。在资本主义的发展史上，它们贩卖了多少黑奴，侵犯了多少国家，对别的国家和民族进行了多么残酷的掠夺、剥削和压迫！在资本主义的扩张进程中，一些民族和文明甚至被消灭。可以说，西方发达资本主义的发展，是建立在对其他国家和民族血腥压迫和掠夺的基础之上的。

我们不但承认资本主义工业化和现代化是历史的进步，而且要学习和继承它所创造的属于人类文明的成就。但是，资本主义国家给人类带来灾难的发展道路，是任何其他后发展国家走向工业化和现代化的进程中都要避免的。事实上，今天所有国家和民族，也不可能再走这条道路。时代变了。而且，西方发达国家也不会允许哪个后发展国家重新按它们的路子走！

有人说，后发展国家要实现工业化和现代化，必须先当"孙子"，做殖民地。试问，近现代以来，有哪一个国家是在当"孙子"、成为殖民地的时候走向工业化、现代化的？即使在个别国家可能，也不带有普遍意义。"老爷"们从来不想当"孙子"，总是要别人去当"孙子"。"孙子理论"其实是"老爷"们的理论，而不是"孙子"们的理论。要别人甘做"孙子"、做殖民地的人，良心何在？

所以，首先要弄清楚历史学家为谁服务的问题，以及历史学的真理性、客观性问题。美国人的历史学，一些美国人写的史书，当然是为美国人服务的。为美国的社会制度辩护，为它的内外政策唱赞歌，是美国统治阶级培养的所谓社会精英分子的精神支柱。

我们现在撰写史书，就是为中国走向现代化，为中华民族的全面振兴服务。离开了这一点，就是离开了中国人民的根本利益；离开了人民的利益，就离开了历史的主人，也就失去了史学的真理性。

史学的真理性和局限性，是永相伴随的。任何史书，都不具有绝对的真理性，都有局限性。不管是个人写的，还是集体写的，不管是政府主持写的，还是民间组织创作的，都是这样。所以，我们的史学研究，要紧扣时代主题。

五　历史学研究要解放思想

解放思想，是人文社会科学界面临的共同课题，历史学界也不例外。

历史学是最古老的学科之一，是关于人类社会自身发展过程的学问。它在中国有着悠久的传统，在世界各国也有丰厚的文献记载。具有中国优势和中国特色的历史学，是中华民族的精神支柱，是弘扬中华民族优秀文化传统的文献基础。如果没有这个精神支柱和文献基础，中国的历史文化传统怎么体现，怎样传承？当然，我们也要看到，中国古代的历史学，特别是中国历史上汗牛充栋的史书，是两千多年封建社会历史的记载。它既有非常显著的优点、特点，也有其内在的矛盾和问题。

　　在史学研究方法论问题上，西方某些历史学家经常是己所不欲，却施于人。在对己、对人的历史问题上，奉行双重标准。双重标准，正是两种立场、两种历史观的反映。他们对待苏联历史、苏共党史，对待中国古代史、近代史和当代史，都是运用他们惯常使用的一套。马克思主义历史学家与西方资产阶级历史学家，在历史问题研究上，不仅在思想理论观念上根本不同，而且在方法论上也不同。我们的史学工作者，应研究一下西方史学的双重标准问题。

　　要解放思想，就要科学地总结历史经验：一是要科学地总结我们自己的历史经验，特别是新中国成立 50 多年、改革开放 20 多年社会主义实践的经验；二是要学习和借鉴国外好的经验。只有这样，我们才能在前人的基础上有所创造、有所前进。

　　如何看待国外史学，也有一个解放思想的问题。中国的史学界要研究如何正确地看待人类文明的问题。任何人类文明成果，都有一般社会性、普遍性，也有其民族性和历史局限性。这是理论界特别是史学界值得重视和深思的问题。

　　在当代史问题上，我们应如何看待西方各国关于世界当代史的研究？如何从世界历史发展的全过程观察中国的历史，观察中国当代史？就整个世界而言，目前东西方文明、文化的相互碰撞程度之剧，规模之大，影响之深，前所未有。这是一个互相作用、互相激荡，甚至还会产生许多矛盾的历史过程。

　　借鉴和吸取世界优秀文明成果的过程，也就是不断认识世界的过程。如果我们既弘扬中华民族的优秀传统，又融合世界优秀的文明成果，中华民族的全面振兴就一定能够实现。

总之，研究历史，不仅有一个正确看待我们自己历史的问题，也有一个如何看待世界史的问题；不仅有一个如何看待古代史的问题，也有一个如何看待当代史的问题；不仅有一个如何反映历史发展规律的问题，还有一个服务当代社会的问题。应该用多种工具、多种方法研究历史，而且手段一定要现代化。历史是不断向前发展的，历史学也是不断发展的。

注释：

[1] "麦克马洪线"是一条由英国探险家为印度测量时划的一条位于英属印度和西藏的边界，是英国外交官亨利·麦克马洪爵士在1914年构想出来的，故以其名命名。其走向起自不丹和西藏交界处，大致沿分水岭和山脊线至云南独龙江东南的伊素拉希山口，将传统上西藏当局享有管辖权、税收权和放牧权的约9万平方公里领土（这是传统说法，但根据矢量地图的测量方法，这块地方的面积大约是6.7万平方公里）都划进印度去。英属印度政府和印度都声称这条边界就是正式疆界。中华民国政府不承认该线，但西姆拉条约的签约方英国和西藏噶厦政府承认这个划分。

[2] 参见《鲁迅全集》第4卷，人民文学出版社1981年版，第451页。

[3] 清代龚自珍说："灭人之国，必先去其史；灭人之枋，败人之纲纪，必先去其史；绝人之材，湮塞人之教，必先去其史；夷人之祖宗，必先去其史。"后章太炎将其概括为："欲灭其国者，先灭其史。"